（普通话对照）

GUANGZHOUYIN ZIDIAN

广州音字典

饶秉才　编

第4版

SPM 南方传媒 | 广东人民出版社

·广州·

图书在版编目（CIP）数据

广州音字典／饶秉才编．—4版．—广州：广东人民出版社，2025.5
ISBN 978-7-218-13771-1

Ⅰ.①广… Ⅱ.①饶… Ⅲ.①粤语—方言词典 Ⅳ.①H178-61

中国版本图书馆CIP数据核字（2019）第168051号

GUANGZHOUYIN ZIDIAN（DI 4 BAN）
广州音字典（第4版）
饶秉才 编

出 版 人：肖风华

责任编辑：钱飞遥 陈泽洪 唐 芸
责任技编：吴彦斌

出版发行：广东人民出版社
地 址：广州市越秀区大沙头四马路10号（邮政编码：510199）
电 话：（020）85716809（总编室）
传 真：（020）83289585
网 址：https://www.gdpph.com
印 刷：广东鹏腾宇文化创新有限公司
开 本：890mm×1240mm 1/32
印 张：32.125 **字 数**：1300千
版 次：2025年5月第4版
印 次：2025年5月第1次印刷
定 价：88.00元

如发现印装质量问题，影响阅读，请与出版社（020-85716849）**联系调换。**
售书热线：020-87716172

总目录

第 4 版修订说明

《广州音字典》成稿于 1977 年，1983 年 5 月出版发行。它是新中国第一部广州话字典。它以其严谨、简明、实用的特点深受粤方言地区广大读者，尤其是中小学师生的欢迎。这本字典对他们学习普通话和方言字音起到了很好的作用；对加强识字教学、推广普通话、提高语文教学质量以及学习文化科学知识更是发挥了难以比拟的作用。另外，自 20 世纪 80 年代以来，进入广东务工、经商的人当中有不少人需要简单掌握本地方言以便于交际。《广州音字典》虽然不是一本帮助外省人学习广州话的教科书或学习手册，但通过学习广州话的字音，对学习广州话是有帮助的。本字典出版发行至今已 40 多年，曾先后修订过两次，深受广大读者欢迎。2016 年之前，重印出版发行 50 多次，总共 100 多万册。本次修订在保持《广州音字典》原有特色的基础上，根据时代发展变化和读者的需求，对全书进行了系统的修订。主要内容有：

一、《新华字典》是我国发行量最大、最具代表性的一部汉语字典。本字典的释义主要参考第 11 版《新华字典》进行注解。

二、改动了个别体例；删去了个别过于陈旧的异读音；有选择地增收了某些字的读音。

三、对有些释义进行修改；适当增补了一些新的义项和增补及删减一些复音词。

四、删改了一些难懂或过时、过长的例证，增加了一些新例证。

五、增补了数百个广州话常用的方言字字条。相对此前的《广州音字典》，本次修订单独列出广州话的释义及用例，在某种程度上可以说这已是一本简明实用的“广州话字典”了。

希望新版的《广州音字典》更能适合新时代的需要，在为粤方言地区进一步推广普通话的同时，对外来人员学习广州话也能起到更好的作用。

衷心感谢肖风华社长、柏峰女士及张贤明先生对本字典的修订出版工作的大力支持和帮助；感谢为出版本字典付出辛勤劳动的责任编辑、责任校对和电脑输入、封面设计的同志们。衷心感谢周无忌先生认真审订本字典。此外，还得衷心感谢兢兢业业、全力协助我修订本字典的老伴周之英女士。

凡　例

壹　收字

一、本字典收字范围包括《新华字典》（第 11 版）所收各字。另外，还加收广州话地区流行的 300 多个方言用字。

二、本字典以单字做字头，用大字号字排印。同字形而音义有别的字只列一个字头。繁体字、异体字附在字头后面，外加圆括号“（）”。不带 * 号的为繁体字，带一个 * 号的是《第一批异体字整理表》中的繁体字，带两个 * 号的是《第一批异体字整理表》以外的异体字。有些繁体字、异体字的左上方附有义项序号，表示只适用于某义项；有些繁体字、异体字的左上方带△号，表示另外也做字头。

三、本字典正文的字头，先按部首依次归类，同一部首的字，按每个字的实际笔数由少到多排列；笔画数相同的，按起笔笔形横、竖、撇、点、折的顺序排列。广州话方言字依以上规则插入其中。本字典的部首归类，主要参考《新潮汕字典（普通话潮州话对照）》第 2 版的归部。

四、字头下所收带注解的复音词或词组，外加实心方头括号“【】”。意义上有联系的，放在相关义项之下；意义上联系不明确的，放在注解最后，并另起行。

贰　注音

一、本字典标注普通话读音及广州话读音。每个字头的字音，一般先依据普通话语音系统，用汉语拼音字母注普通话读音，普通话读音后附有注音字母；注音字母后，依据《广州话拼音方案》注广州话读音以及广州话同音字（话音的直音字均按该字的话音来读）。广州话同音字有时也使用方言反切（无同音字或者同音字比较冷僻难认的注反切）。广州话注音外加中括号“［］”以示区别（凡《新华字典》未收的广州话方言用字或广州话特有的字音，不注普通话读音）。为了便于广州话地区人学习普通话和有利于广州话向民族共同语靠拢，凡其他地区方言字或广州话无此字音的冷僻字，尽量按普通话或接近普通话语音注音。如“钋”pō 注［po¹］，“匼”kē 注［ko¹］、“孬”nāo 注［nao¹］。

二、一个字头，如普通话是多音多义字，用㊀、㊁、㊂……分列几个读音，逐项释义；如广州话是多音多义字，用□、□、□……分列几个读音，逐项释义。如属一义多音者，第一个注音标注常用或推荐的读音，后面标注其他较为流行的又读音，又读音前用㊅标示。有时某义项内注“又某音”，表示“又音”用于某义。有些字头注有“旧读”，表示旧时的不同读法。对行文中的一些生僻字、多音字或复音词中读轻声的字加注读音。

三、广州话同音字，尽可能使用声、韵、调全同的字，如果没有声、韵、调全同的字或这些字比较冷僻时，则选用声、韵相同而声调不同的字，另用 1、2、3、4、5、6 等声调符号标注于汉字的右上角，以表明方言字的调类。如“俸”字注［fung² 丰²］，即表示“丰”字读为阴上调，即成“俸”音。声、韵代表字的字，如无常见的同音字，一般不再直音。

四、方言反切上下字尽可能使用固定的声、韵代表字（代表字是《广州话拼音方案》声母、韵母所用的例字，见附录），反切下字与被切字声调相同的不再表示声调，如二者声调不同，于反切下字右上角注明调类。如“踼”字注“拖尺”即表示“拖”字的声母 t 与

“尺”字的韵母 ég 拼读声调为 3，即得出“踢”字的读音［tég³］。

五、本字典只标注音字调，一般不标连读变调。

叁　释义

一、本字典以现代汉语和广州地区通行的意义为标准进行释义。普通话释义主要以《新华字典》（第 11 版）为主，酌参《新华字典》（第 12 版）、《现代汉语词典》（第 7 版）。

二、同一音项下的意义不止一项的，分条注解，用❶等表示义项。一个义项下如果再分条以及前面有总括性文字说明的，用 1．2．3．4．等表示。【】中的复音词或词组，如果分条解说，也用 1．2．3．4．等表示。

三、注解中㊦㊮㊰㊯㊱㊲㊳的用法如下：

㊦㊮　表示一个字有读书音和说话音的区别。单有㊮这个符号的，表示这个音只限于口语。有时读书音与说话音的区别已不甚明显，则不加标注，或当又音处理。

㊰　表示已普遍流行的“误读”（指已在群众中“约定俗成”的）。如纠［giu² 矫，㊀ geo² 九，㊰ deo² 抖］。

㊯　表示由原义引申出来的意义。如“急 jí”字条❶义项下，“㊯气恼，发怒”是由“焦躁”引申出来的。

㊱　表示由比喻形成的意义（包括独立使用的比喻义和在复音词或词组中用于比喻而产生的意义）。如“晶 jīng”字条【结晶】义项下“㊱成果”。

㊲　表示由风俗、故事、成语等转化而成的意义，或由没有直接的理据而产生的意义。如“白 bái”字条❶义项下注“㊲ 1．有关丧事的……2．反动的”。

㊟ 表示本字可以跟一个意义相同或相近的字并列起来构成大致相同的词，不另加注解。

〈古〉 表示本字是古代用的字或本义项所注的是古代的用法。

四、本字典单独列出部分字头的广州话释义。在普通话之后，使用“■”表示广州话地区方言字的释义。广州话的释义，尽可能对每个义项标明词性。为突出显示，在“■”之前另外加“☞”以提醒所列为广州话义项。

五、注解中的（－子）、（－儿）、（－头）表示本字可以加上这类词尾，构成大致同义的词，不另加注解。注解中的（叠）表示本字可以重叠。放在注解前的表示必须叠用。放在注解后的表示可以叠用也可以不叠用。从兄弟民族语言中来的词，加注民族简称，如“哈 hā”字条【哈达】是从藏语来的，注“（藏）”。有些词后面注（外），表示是外来语。历史上相沿已久的外来语，一般不注来源。

六、注解后举例中，用“～”号代替所释的字或词、词组。一个“～”号代替一个字或一个词、词组。不止一个例子的中间用“｜”号隔开，句子完了用句号（或问号、叹号）。“·”（圆点）用于注音字母的标音时，表示后面的音节读轻声。

七、释义在“－子、－儿、－头”中的“－”和连字后的“－”代替本字；拼音字母注音中，“－”号代替省略的音节。

八、空心方头括号内的为提示性内容。

新旧字形对照表

（字形后圆圈内的数字表示字形的笔画数）

旧字形	新字形	新字举例	旧字形	新字形	新字举例
〖++④〗	【艹③】	花/草	〖直⑧〗	【直⑧】	值/植
〖辶④〗	【辶③】	连/速	〖黽⑧〗	【黾⑧】	绳/鼋
〖幵⑥〗	【开④】	型/形	〖咼⑨〗	【呙⑧】	過/蝸
〖丯④〗	【丰④】	艳/沣	〖垂⑨〗	【垂⑧】	睡/郵
〖巨⑤〗	【巨④】	苣/渠	〖飠⑨〗	【𩙿⑧】	飲/飽
〖屯④〗	【屯④】	纯/顿	〖郎⑨〗	【郎⑧】	廊/螂
〖瓦⑤〗	【瓦④】	瓶/瓷	〖彔⑧〗	【录⑧】	渌/箓
〖反④〗	【反④】	板/饭	〖昷⑩〗	【昷⑨】	温/瘟
〖丑④〗	【丑④】	纽/杻	〖骨⑩〗	【骨⑨】	滑/骼
〖犮⑤〗	【犮⑤】	拔/茇	〖鬼⑩〗	【鬼⑨】	槐/嵬
〖印⑥〗	【印⑤】	茚	〖兪⑨〗	【俞⑨】	偷/渝
〖耒⑥〗	【耒⑥】	耕/耘	〖旣⑪〗	【既⑨】	溉/厩
〖呂⑦〗	【吕⑥】	侣/营	〖蚤⑩〗	【蚤⑨】	搔/骚
〖攸⑦〗	【攸⑥】	修/倏	〖敖⑪〗	【敖⑩】	傲/遨
〖爭⑧〗	【争⑥】	净/静	〖莽⑫〗	【莽⑩】	漭/蟒
〖产⑥〗	【产⑥】	彦/産	〖眞⑩〗	【真⑩】	慎/填
〖𦍌⑦〗	【⺶⑥】	差/养	〖䍃⑩〗	【䍃⑩】	摇/遥
〖幷⑧〗	【并⑥】	屏/拼	〖殺⑪〗	【殺⑩】	摋/鎩
〖吳⑦〗	【吴⑦】	蜈/虞	〖黃⑫〗	【黄⑪】	廣/横
〖角⑦〗	【角⑦】	解/确	〖虛⑫〗	【虚⑪】	墟/歔
〖奐⑨〗	【奂⑦】	换/痪	〖異⑫〗	【異⑪】	冀/戴
〖㡀⑧〗	【㡀⑦】	敝/弊	〖象⑫〗	【象⑪】	像/橡
〖耳⑧〗	【耳⑦】	敢/嚴	〖奧⑬〗	【奥⑫】	澳/襖
〖者⑨〗	【者⑧】	都/著	〖普⑬〗	【普⑫】	谱/氆

笔画检字表

【说明】①本检字表按笔画数由少到多排列。同笔画数的，按起笔笔形横、竖、撇、点、折的顺序排列；第一笔相同的，按第二笔，依此类推。②带( )的是繁体字或异体字。③字右的数字是字头在本字典正文的页码。

5 画

9画

【一一】

【一丨】

10 画

【丿一】

【丿丨】

13 画

【丿一】

14 画

15 画

20 画

21 画

音序检字表

【说明】①本表包括普通话音序检字表和广州话方言字音序检字表，后者为没有普通话读音的广州话方言字检字表。②本表按汉语拼音方案字母表顺序从A、B、C到X、Y、Z排列；第一个字母相同的，第二个字母亦按从A、B、C到X、Y、Z顺序排列，依此类推。③音节相同的，按声调阴平（第1声）、阳平（第2声）、上声（第3声）、去声（第4声）、轻声（第5声）的顺序排列。④一字多音的，按不同读音分列。⑤带（）的是繁体字或异体字。⑥字右的号码是字头在本字典正文的页码。⑦没有普通话读音的广州话方言字，放在最后，按广州话读音顺序排列。

（一）普通话音序检字表

DAN

【dān】

【dǎn】

【dàn】

DANG

【dāng】

【dǎng】

【dàng】

DAO

【dāo】

【dáo】

【dǎo】

【dào】

JIA

【jiā】

【jiá】

【jiǎ】

【jià】

JIAN

【jiān】

【jiǎn】

JIE

JIN

LÜ

LUAN

LÜE

LUN

LUO

WEN

WENG

XIA

XIAN

YUAN

（二）广州话方言字音序检字表（广州话读音）

[1]一部

一 yī 丨 [yed¹ 壹]

❶数目字，最小的正整数。❷纯，专：~心~意。【一定】1. 特定：~的程序。2. 相当的：取得~的成绩。3. 副词。必定：~按期完成。❸满，全：~屋子人丨~冬丨~生。❹相同：~样丨大小不~。❺另外的：番茄~名西红柿。❻放在重叠的动词中间，表示稍微，轻微：看~看丨摸~摸。❼与“就”呼应。1. 表示两事时间紧接：天~亮他就起来。2. 表示每逢：~想起大家的期望，就感到自己的责任重大。❽起加强语气的作用：~至于此！丨~何怒丨~何悲。

1 画

二 èr 儿 [yi⁶ 义]

❶数目字：十~个丨两元~角。〖“二”与“两”用法不同，参看9页“两”字注。〗❷第二，次的：~等货丨~把刀(指技术不高)。【二手】1. 旧的，用过的：~车丨~货。2. 间接的：~资料。❸两样：心无~用。

丁 ㊀dīng ㄉㄧㄥ ㊁[ding¹ 仃]

❶天干的第四位，用作顺序的第四。❷成年男子：壮~。㊀1. 指人口：人~丨~口。2. 指从事某种劳动的人：园~。❸当，遭逢：~兹盛世丨~忧(旧指遭父母丧)。❹(-儿)小方块：肉~儿丨咸菜~儿。【丁点儿】表示极少或极小：一~毛病都没有。❺姓。

【丁当】(-dāng)同“叮当”。

㊁zhēng ㄓㄥ ㊁[zeng¹ 争]

【丁丁】形容伐木、弹琴等的声音。

七 qī ㄑㄧ [ced¹ 漆]

数目字。

2 画

三 sān ㄙㄢ [sam¹ 衫]

数目字。㊀表示再三、多次：~令五申丨~番五次。

亍 chù ㄔㄨˋ [cug¹ 促]

见225页“彳”字条【彳亍】(chì-)。

于 yú ㄩˊ [yu¹ 迂]

介词。1. 在：写~北京丨生~1949年。2. 对于，对：~人民有益丨忠~祖国丨勇~负责。3. 给：勿诿过~人丨光荣归~党丨取之于民，用之~民。4. 自，由：出~自愿丨取之~民，用之于民。5. 向：问道~盲。6. 在形容词后，表示比较，跟“过”的意思相同：霜叶红~二月花丨人民的利益高~一切。7. 在动词后，表示被动：见笑~大方。

【于是】连词。表示两件事前后紧接：他听完报告，~就回去了。

亏 (虧)kuī ㄎㄨㄟ [kuei¹ 规]

❶缺损，折(shé)耗：月有盈~(圆和缺)丨气衰血~丨~本。㊀1. 缺少，

缺，欠：功～一篑｜～秤｜理～。2. 损失：吃～（受损失）。【亏空】（－kong）所欠的钱物：弥补～。❷亏负，对不起：～心｜人不～地，地不～人。❸多亏，幸而：～了你提醒我，我才想起来。❹表示讥讽：～你还学过算术，连这么简单的账都不会算。

才

（❸纔）cái ㄘㄞˊ［coi⁴ 财］

❶能力（㊀－能）：口～｜～干。❷从才能方面指称某类人：干（gàn）～｜奇～｜庸～。❸副词。1. 表示事情发生在前不久或结束得晚，刚刚（㊀刚－、方－）：昨天～来｜现在～懂得这个道理。2. 仅仅：～用了两元｜来了～十天。

下

xià ㄒㄧㄚˋ ㊀［ha⁶ 夏］

❶位置在低处的，跟"上"相对：～面｜楼～｜山～。㊀1. 次序靠后的：～篇｜～卷｜～月。2. 等级低的：～级服从上级。谦辞：正中（zhòng）～怀（正合自己的心意）。3. 质量低的：～品｜～策。❷由高处到低处：～山｜～楼。㊀1. 进：～水游泳。2. 离开：～班｜～课。3. 往……去：～乡｜～江南。4. 投送，颁布：～书｜～令。5. 向下面：～达｜权力～放。6. 降落：～雨｜～雪。❸方面，方位：两～里都同意｜向四～一看。❹减除。1. 卸掉：～货。2. 除去：～火｜～泥。❺用：～功夫。❻攻克，攻陷：连～数城｜攻～。❼退让：各不相～。❽用在名词后。1. 表示在里面：言～｜意～｜都～（京城之内）。2. 表示当某个时节：年～｜节～。❾用在动词后。1. 表示属于一定范围、情况、条件等：属～｜鼓舞～｜在老师指导～。2. 表示动作的完成或结果：打～基础｜准备～材料。3. 跟"来""去"连用表示趋向或继续：滑～去｜慢慢停～来｜念～去。

xià ㄒㄧㄚˋ ㊁［ha⁵ 哈⁵］

❶（－子、－儿）量词。指动作的次数：打十～｜轮子转了两～子。❷（动物）生产：猫～小猫了｜鸡～蛋。❸少于（某数）：不～三百人。

xià ㄒㄧㄚˋ ㊂［ha² 夏²］

【上下】表示大概是这个数量，程度：十斤～。

丈

zhàng ㄓㄤˋ［zêng⁶ 象］

❶市制长度单位，1 丈是 10 尺，约合 3.33 米。❷测量长度、面积：～量｜～地。❸对成年或老年男子的尊称：老～。【丈夫】1. 成年男子的通称。2.（－fu）妇女的配偶，跟"妻子"相对。【丈人】1. 旧称老年男子。2.（－ren）称妻子的父亲。

与

（與）㊀yú ㄩˊ ㊀［yu⁴ 余］

同"欤"。

㊁yǔ ㄩˇ ㊁［yu⁵ 雨］

❶介词。跟：～疾病做斗争｜～虎谋皮。❷连词。和：批评～自我批评｜父亲～母亲都来。❸给：赠～｜交～本人｜～人方便。❹交往，交好：此人易～｜相～｜～国（相交好的国家）。❺赞助：～人为善（原指赞助人学好，后多指善意助人）。【与其】连词。常跟"宁""宁可""不如""不若"等连用，表示比较：～坐车，不如坐船。

㊂yù ㄩˋ ㊂［yu⁶ 预］

参与，参加：～会｜～闻此事（参与并且得知此事的内情）。

万 （㊁萬）㊀mò ㄇㄛˋ ㊁［meg⁶ 墨］

【万俟】（－qí）复姓。

㊁wàn ㄨㄢˋ ㊁［man⁶ 慢］

❶数目，十个一千。㊙表示极多：～物｜气象～千｜～能胶。【万岁】千秋万代永远存在（祝颂语）：人民～｜祖国～。【万一】㊕意外，意外地：以防～｜～下雨也不要紧，我带着伞呢。❷极，很，绝对：～难｜～全｜～不得已。❸姓。

上 ㊀shǎng ㄕㄤˇ ㊁［sêng⁶ 尚］

“上声”（shàng－）的“上”的又音。

㊁shàng ㄕㄤˋ ㊁［sêng⁶ 尚］

❶位置在高处的，跟“下”相对：山～｜～面。㊙1. 次序在前的：～篇｜～卷｜～星期。2. 等级高的：～等｜～级。3. 质量高的，好的：～策｜～等货。❷放在名词后。1. 表示在某一物体的表面：地～｜墙～｜桌子～。2. 表示在中间：半路～｜心～。3. 表示在某一事物的范围内：会～｜书～。4. 表示方面：组织～｜思想～｜理论～。❸（又 shǎng）上声，汉语四声之一。普通话上声的调子是拐弯的，先降低再升高，符号作“ˇ”。

㊂shàng ㄕㄤˋ ㊁［sêng⁵ 尚⁵］

❶由低处到高处：～山｜～楼。㊙1. 去，到：你～哪儿？～北京｜～街去。2. 向前进：同志们快～啊！3. 进呈：～书｜谨～。❷增加。1. 添补：～水｜～货。2. 安装：～刺刀｜～螺丝。3. 涂上：～颜色｜～药。4. 登载，记上：～报｜～光荣榜｜～账。❸按规定时间进行某种活动：～课｜～班。❹拧紧发条：～弦｜表该～了。❺在动词后，表示完成：选～代表｜排～队。❻在动词后。1. 跟“来”“去”连用，表示趋向：骑～去｜爬～来。2. 表示要求达到目标或已达到目标：锁～锁｜沏～茶｜考～大学。❼达到一定程度或数量：～档次｜成千～万。

3　画

丰 （❷❸豐）fēng ㄈㄥ ［fung¹ 风］

❶容貌、姿态美好。【丰采】见 480 页“风”字条【风采】。❷盛，多（㊃－盛）：～年｜～衣足食。❸大：～碑｜～功伟绩。

亓 qí ㄑㄧˊ ［kéi⁴ 其］

姓。

开 （開）kāi ㄎㄞ ［hoi¹ 海¹］

❶把关闭的东西打开：～门｜～抽屉｜～口说话。㊙1. 收拢的东西放散：～花｜～颜（笑）。2. 把整体的东西划分成部分的：三十二～本。3. 凝结的东西融化：～冻｜～河（河水化冻）。【开交】分解，脱离（多用于否定式）：忙得不可～｜闹得不可～。❷通，使通：想不～｜～路先锋。【开通】（－tong）思想不守旧，容易接受新事物。❸使显露出来：～采｜～发｜～矿。❹扩大，发展：～拓（tuò）｜～源节流｜～展。❺发动，操纵：～车｜～船｜～炮｜～动脑筋。【开火】指发生军事冲突。㊥两方

面冲突。❻起始：~端｜~春｜~学｜~工｜~演｜刚~了个头儿。❼设置，建立：~医院。【开国】建立新的国家。❽支付：~支｜~销。❾沸，滚：~水｜水~了。❿举行：~会。⓫写：~发票｜~药方。⓬放在动词后面，表示趋向或结果。1. 表示分开或扩展：睁~眼｜张~嘴｜打~窗户｜消息传~了。2. 表示开始并继续下去：雨下~了｜唱~了。3. 表示容下：屋子小，坐不~。⓭(外)黄金的纯度单位(以二十四开为纯金)：十八~金。⓮热力学温度单位名开尔文的简称，符号K。

井

jǐng ㄐㄧㄥˇ［㊥jing² 整，㊄zéng² 郑²］

❶从地面向下挖成的能取出水的深洞，洞壁多砌上砖石。❷形状跟井相像的物体：天~｜盐~｜矿~。❸整齐，有秩序(叠)：~~有条｜秩序~然。❹星宿名，二十八宿之一。

天

tiān ㄊㄧㄢ［tin¹ 田¹］

❶地面以上的高空。㊦在上的：~头(书页上部空白部分)｜~桥(架在空中的高桥，桥下可以通行)。【天文】日月星辰等天体在宇宙间分布、运行等现象。❷自然的，天生的：~生｜~性｜~险｜~然。❸日，一昼夜，或专指昼间：今~｜一整~｜白~黑夜。㊀一日之内的某一段时间：~不早了。❹气候：~冷｜阴~。【天气】1. 冷、热、阴、晴等现象：~要变。2. 时间：~不早了。❺季节，时节：春~｜热~。❻迷信的人指神佛仙人或他们所住的地方：~堂｜老~爷。【天子】古代指统治天下的帝王。

夫

㊀fū ㄈㄨ ㊁［fu¹ 呼］

❶成年男子的通称：农~｜渔~。㊀旧时称服务役的人(㊥-役)。❷丈夫(fu)，跟"妻""妇"相对：~妻｜~妇｜姐~｜妹~。【夫人】对别人妻子的敬称。【夫子】1. 旧时尊称老师或学者。2. 旧时妻称丈夫。

☞㊂量词。块，丘(用于田地)：一~田｜呢~地准备种番薯(这块地准备种甘薯)。

㊁fú ㄈㄨˊ ㊁［fu⁴ 乎］

❶文言发语词：~战，勇气也。❷文言助词：逝者如斯~。

元

yuán ㄩㄢˊ［yun⁴ 完］

❶开始，第一(㊥-始)：~旦｜~月｜~年。【元音】发音的时候，从肺里出来的气使声带颤动，在口腔的通路上不受阻碍而发出的声音。汉语拼音字母 ɑ、o、u 等都是元音。❷为首的：~首｜~帅｜~勋。❸构成一个整体的：单~｜~件。❹朝代名(公元1206—1368年)，公元1206年蒙古孛儿只斤・铁木真称成吉思汗，建蒙古汗国。1271年忽必烈改国号为元，1279年灭南宋。❺同"圆❹"。

云

(❸雲)yún ㄩㄣˊ［wen⁴ 匀］

❶说：诗~｜人~亦~。❷文言助词。句首、句中、句末都用：~谁之思？｜岁~暮矣｜盖记时也~。❸由微小的水滴或冰晶聚集形成的、在空中飘浮的成团的物体：~彩｜~消雾散｜~集(形容许多人或事物聚集在一起)。

专 (專、❶❷△* 耑) zhuān ㄓㄨㄢ [jun¹ 尊]

❶单纯，独一，集中在一件事上：~心｜~卖｜~修科。【专家】学术技能有专长的人。❷独自掌握或享有：~权｜~政。❸姓。

"耑"另见217页duān。

丐 (△* 匄、* 匃) gài ㄍㄞ [koi³ 概]

❶乞求。❷乞丐，讨饭人。❸给予。

"匄"另见71页gài。

廿 niàn ㄋㄧㄢ [㊥nim⁶ 念，㊦ya⁶]

二十：~四史。

五 wǔ ㄨ [ng⁵ 午]

数目字。

丏 miǎn ㄇㄧㄢ [min⁵ 免]

遮蔽，看不见。

卅 sà ㄙㄚ [sa¹ 沙]

三十：五~运动。

不 bù ㄅㄨ [bed¹ 笔]

副词。1. 表示否定的意义：他~来｜~好｜~错｜~简单。2. 表示否定对方的话：他刚来农村吧？——~，他到农村很久了。3. 表示不可能达到某种结果，用法上跟"得"相反：拿~动｜说~明白｜跑~很远。4. 跟"就"搭用，表示选择，他一有空儿，~是看书，就是看报。5.〈方〉用在句末，表示疑问：他来~？｜你知道~？【不过】1. 副词。仅仅，不超过：一共~五六个人。2. 连词。但是，可是：时间虽然很紧，~我们会按时完成的。

屯 ㊀tún ㄊㄨㄣ ㊁[tün⁴ 团]

❶聚集，储存：~粮。㊂(军队)驻扎：~兵。❷(-子、-儿)村庄，多用于地名：皇姑~(在辽宁省沈阳)。

㊁zhūn ㄓㄨㄣ ㊁[zên¹ 津]

困难。【屯邅】(-zhān)同"迍邅"。

互 hù ㄏㄨ [wu⁶ 户]

互相，彼此：~助｜~动｜~致问候｜~为因果。【互联网】由若干个计算机网络相互连接而成的网络。

4 画

未 wèi ㄨㄟ [méi⁶ 味]

❶地支的第八位。❷未时，指下午一点到三点。❸副词。表示否定。1. 不：~知可否。2. 没有，不曾：~成年｜此人~来。❹放在句末，表示疑问：君知其意~？

末 mò ㄇㄛ [mud⁶ 没]

❶梢，尖端，跟"本"相对：~梢｜本~倒置｜秋毫之~｜细枝~节(喻事情不重要的部分)。❷最后，终了(liǎo)，跟"始"相对(㊥-尾)：~代｜周~｜十二月三十一日是一年的最~一天。❸(-子、-儿)碎屑(㊥粉-)：粉笔~儿｜茶叶~儿｜把药材研成~儿。❹传统戏曲里扮演中年男子的角色。

戋 (戔)jiān ㄐㄧㄢ [jin¹ 煎]

小，少(叠)：所得～～。

正 ㊀zhèng ㄓㄥˋ ㊀[㊢jing³ 政]

❶不偏，不斜，使不歪斜：～午｜～中｜～一～帽子。㊁ 1. 合于法则、规矩的：～派｜～当｜～楷。2. 图形的各个边和各个角都相等的：～方形。❷副词。表示恰好：～合我意。❸副词。表示动作在进行中：现在～开着会｜我～吃饭，他来了。❹改去偏差或错误(㊃改－)：～误｜给他～音。❺纯，不杂(指色、味)：～黄｜味道不～。❻大于零的，跟"负"相对：～数。❼指相对的两方面中积极的一面。1. 跟"反"相对：～面｜～比。2. 跟"负"相对：～电｜～极。3. 跟"副"相对：～本｜～册。❽姓。

㊁zhēng ㄓㄥ ㊀[jing¹ 蒸]

正月，农历一年的第一个月：新～。

㊂[zéng³ 井³]

☞㊅❶形容词。正宗的，真正的，地道的：～牌(正宗的)｜～货(正牌货)｜好难见到～嘅增城挂绿荔枝(很难见到纯正的增城挂绿荔枝)。❷形容词。好，美：～嘢(好东西)｜平靓～(又便宜又好又是上等货)｜呢度风景真～(这里的风景真美)。❸副词。(什么时候)才：荔枝几时～熟(荔枝什么时候才成熟)｜你几时～改得过嚟(你什么时候才能改过)？｜佢要等陈仔嚟～一齐去(他要等小陈来才一起去)。

世 (＊＊丗)shì ㄕˋ [sei³ 细]

❶一个时代：近～。❷一辈一辈相传的：～袭｜～医。❸人的一生：一～为人｜今生今～。❹指从先辈起就有交往、友谊的：～伯｜～兄。❺世界，宇宙，全球：～上｜～人。

本 běn ㄅㄣˇ [bun² 苯]

❶草木的根，跟"末"相对：无～之木｜木～水源。㊁ 事物的根源：翻身不忘～。【本末】头尾，始终，事情整个的过程：～倒置｜纪事～(史书的一种体裁)。【根本】1. 事物的根源或主要的部分。㊁ 彻底：～解决。2. 本质上：～不同。【基本】1. 主要的部分：～建设。2. 大体上：大坝已经～建成。❷草的茎或树的干：草～植物｜木～植物。❸中心的，主要的：校～部。❹本来，原来：～意｜我～想去游泳，结果没去成。❺自己这方面的：～国｜～厂。【本位】1. 自己的责任范围：做好～工作。2. 计算货币用作标准的单位：～货币。❻现今的：～年｜～月。❼(－儿)本钱，用来做生意、生利息的资财：小～儿生意｜老～儿｜够～儿。❽根据：有所～｜～着负责的态度去做。❾(－子、－儿)册子：日记～｜笔记～。❿(－儿)版本或底本：刻～｜稿～｜剧～儿。⓫量词。用于书籍等：一～书｜两～账。

丙 bǐng ㄅㄧㄥˇ [bing² 炳]

❶天干的第三位，用作顺序的第三：～等。❷指火：付～(烧掉)。

丕 pī ㄆㄧ [péi¹ 披]

大：～业｜～变。

灭 (滅)miè ㄇㄧㄝˋ [mid⁶ 蔑]

❶火熄，使火熄(㊀熄－)：～火器｜～灯｜火～了。❷完，尽，使不存在(㊀消－)：～亡｜磨～｜自生自～｜长自己的志气，～敌人的威风。❸被水漫过：～顶之灾(致命的灾祸)。

东 (東)dōng ㄉㄨㄥ [dung¹ 冬]

❶方向，太阳出来的那一边，跟"西"相对：～方红，太阳升｜面朝～｜黄河以～｜华～。【东西】(－xi)物件，有时也指人或动物。❷主人：房～。❸东道(请人吃饭出钱的人，也简称"东")：做～。

【东乡族】我国少数民族，参看附表。

从 (叢、** 菆)cóng ㄘㄨㄥˊ [cung⁴ 虫]

❶聚集，许多事物凑在一起：草木～生｜百事～集。❷聚在一起的人或物：人～｜草～。

丝 (絲)sī ㄙ [xi¹ 司]

❶蚕吐出的像线的东西，是织绸缎等的原料。㊅细微，极少：纹～不动。❷(－儿)像丝的东西：铁～｜萝卜～儿。❸计量单位名，10 忽是 1 丝，10 丝是 1 毫。【丝毫】极少，极小，一点(多和否定词连用)：～不错。❹量词。表示极少、极小的量：一～笑容｜一～风也没有。

5 画

亚 (亞)yà ㄧㄚˋ [a³ 阿，㊁ nga³ 瓦³]

❶次，次一等的：～军｜～热带。❷指亚洲，世界七大洲之一。

☞广 词头。❶用于亲属称谓之前。使用"亚"的亲属一般为单音称谓的长辈或平辈中年纪比自己大的：～爸｜～妈｜～伯｜～姑｜～哥｜～姐。但伯娘、舅父等双音的亲属称谓，不用加"亚"。【亚爷】1. 祖父，爷爷。2. 戏称公家、国家：唔好以为系～嘅就随便浪费(不要以为是公家的就随便浪费)。【亚姐】1. 庶母：佢系我～(她是我的庶母)。2. 对声望很高或正在走红的女艺人的俗称：佢系～级人物(她是顶尖的女演员)。〖读 a³zé²⁻¹ 时指姐姐。〗❷用于朋友、熟人间的称呼。从对方的姓氏或名字中抽取一个字，前面再加上"亚"组成：～陈｜～曾｜～雄｜～强｜～冰｜～珍。❸用于谑称身体有胖、瘦、高、矮等特征或有某些残疾的人(不尊敬的称呼)：～肥(胖子)｜～奀(瘦子)｜～崩(缺齿的人)｜～单(盲了一只眼睛的人)｜～驼(驼背的人，罗锅儿)。❹用于称呼愚蠢、无能或好吃懒做的人：～斗官(生活奢侈、庸碌无能的"富二代"，败家子)｜～福(傻福傻脑，容易被捉弄、被欺骗的人)｜～茂(傻瓜，傻子)｜～丁(既无知识又无本事的人)。❺用于指某些人：～灿(香港有人谑称新从内地来定居的人)｜～初(第一次干某一事的人；生手)｜～头(首领，头头)｜～蛇(先生；警察；尊称老师。〖"蛇"为英语 sir 的音译〗)。❻用于泛指任何人：～乜人(谁人；不管什么人)｜～谁(谁人，什么人〖并无疑问意思〗)。【亚保亚胜】张三李四。泛指任何一个人。

亘 (*亙)gèn ㄍㄣˋ [geng² 耿]

空间或时间上延续不断：绵～数十里｜～古及今。

吏 lì ㄌㄧˋ［léi6 利］

旧时代的官员：贪官污～。

再 （*再、*再）zài ㄗㄞˋ［zoi3 灾3］

❶两次，第二次：一而～，～而三。❷第二次出现，重复发生：良辰难～｜青春不～。❸副词。1. 表示又一次：～版｜～接～厉｜一错～错。【再三】副词。不止一次地，一次又一次地：～考虑。2. 表示事情或行为重复、继续，多指未然（与“又”不同）：明天～来｜雨不会～下了。3. 用在两个动词之间，表示动作的先后关系：吃完饭～去学习｜把材料整理好了～动笔写。4. 更，更加：～好没有了｜字～大一点儿就好了。5. 表示另外有所补充：～则｜盘里放着葡萄、鸭梨，～就是苹果。

百 bǎi ㄅㄞˇ［bag3 伯］

❶数目，十个十。㊀表示众多或所有的：～花齐放，～家争鸣｜～战～胜。【百姓】人民。❷法定计量单位中十进倍数单位词头之一，表示 10^2，符号 h。

夹 （夾、㊂*裌、㊂△*袷）㊀gā ㄍㄚ［gab3 甲］

【夹肢窝】（－zhiwō）腋窝。

㊁jiā ㄐㄧㄚ［gab3 甲］

❶从东西的两旁钳住：～菜｜用镊（niè）子～邮票。㊀1. 处在两者之间，两旁有东西限制住：书里～着一张纸｜～道｜两山～一水。2. 从两面来的：～攻。❷胳膊向胁部用力，使腋下放着的东西不掉下：～着书包。❸掺杂（㊤－杂）：～七杂八｜～生。❹（－子、－儿）夹东西的器具：文件～｜皮～儿。

㊂jiá ㄐㄧㄚˊ［gab3 甲］

两层的（衣、被等）：～裤｜～被。

☞袷名词。袷（衣服腋下前后相连的部分）：埋～（杀袷，把袷缝上）。

“袷”另见623页 qiā。

夷 yí ㄧˊ［yi4 移］

❶我国古代称东方的民族。❷旧指外国或外国的。❸平坦，平安：化险为～。❹弄平：～为平地。㊀消灭：～灭。

丞 chéng ㄔㄥˊ［xing4 城］

❶帮助，辅佐：～辅。【丞相】（－xiàng）古代帮助皇帝处理政务的最高一级官吏。❷古代起辅佐作用的官吏，副职：县～｜府～。

6 画

严 （嚴）yán ㄧㄢˊ［yim4 阎］

❶紧密，没有空隙：把罐子盖～了｜场地上的草都长（zhǎng）～了｜嘴～（不乱说话）。❷认真，不放松：规矩～｜～厉｜～格｜～办。㊕指父亲：家～。【严肃】郑重，庄重：态度很～。❸程度深，厉害：～冬｜～寒。【严重】紧急，重大：事态～｜～的错误。

求 qiú ㄑㄧㄡˊ［keo4 球］

❶设法得到：不～名，不～利｜～学｜～出百分比。❷恳请，乞助：～教

(jiào)丨~人。❸需要：供~。

甫

fǔ ㄈㄨˇ ㊀[fu² 苦]

❶古代在男子名字下加的美称。也作“父”。【台甫】旧时询问别人名号的用语。❷刚，才：~入门丨年~十岁。

㊁[pou¹ 普¹]

☞广【甫士】姿势：攞好~，影个靓相(摆好姿势，拍个漂亮照)。〖英语 pose 的音译。〗【甫士咭】明信片。〖英语 postcard 的音译。〗

㊂[pou² 普]

☞广名词。广州市地名用字：第十~丨十八~。

㊃[pou³ 铺³]

☞广量词。十里为一甫：三~路(三十里路)。

更

㊀gēng ㄍㄥ ㊀[geng¹ 庚]

❶改变，改换(㊇-改、-换、变-)：~动丨万象~新丨~番(轮流调换)丨~正。❷经历：少(shào)不~事。❸旧时一夜分五更：三~半夜丨打~(打梆敲锣报时巡夜)。

㊁gèng ㄍㄥˋ ㊀[geng³ 庚³]

副词：1. 再，又：~上一层楼。2. 越发，愈加：~好丨~明显了。

束

shù ㄕㄨˋ [cug¹ 促]

❶捆住：~发(fà)丨~手~脚。【束缚】(-fù)捆绑。㊃使受到限制：不要~群众的创造性。❷成捆儿或成条的东西：花~丨光~。❸量词。捆儿：一~鲜花。❹控制(㊇约-)：拘~丨管~丨~身自爱。

两

(兩)liǎng ㄌㄧㄤˇ ㊀[lêng⁵ 俩]

❶数目，一般用于量词和“半、千、万、亿”前：~本书丨~匹马丨~个月丨~半丨~万。〖“两”和“二”用法不全同。读数目字只用“二”不用“两”，如“一、二、三、四；二、四、六、八”。小数和分数只用“二”不用“两”，如“零点二(0.2)，三分之二，二分之一”。序数也只用“二”，如“第二，二哥”。在一般量词前，用“两”不用“二”。如：“两个人用两种方法”，“两条路通两个地方”。在传统的度量衡单位前，“两”和“二”一般都可用，用“二”为多(“二两”不能说“两两”)。新的度量衡单位前一般用“两”，如“两吨、两公里”。在多位数中，百、十、个位用“二”不用“两”，如“二百二十二”。“千、万、亿”的前面，“两”和“二”一般都可用，如“三万二千”“两亿二千万”，但“千”在“万、亿”后，以用“二”为常。〗❷双方：~便丨~可丨~全丨~相情愿。❸表示不定的数目(十以内的)：过~天再说吧丨他真有~下子。

liǎng ㄌㄧㄤˇ ㊀[lêng² 良²]

市制重量单位，1斤是10两(旧制16两)，1两合50克。

丽

(麗)㊀lí ㄌㄧˊ [lei⁶ 例]

【高丽】1. 我国古族名，古国名。又叫高句(gōu)丽。2. 朝鲜半岛历史上的王朝，即王氏高丽。【丽水】地名，在浙江省。

㊁lì ㄌㄧˋ [léi⁶ 例]

❶好看，漂亮：美~丨秀~丨壮~丨富~丨风和日~。❷附着(㊇附-)。

尨 ㊀máng ㄇㄤˊ ㊂[mong⁴ 亡]

❶毛多而长的狗。❷杂色。

㊁méng ㄇㄥˊ ㊂[mung⁴ 蒙]

【尨茸】(-róng)蓬松。

来 (來)lái ㄌㄞˊ [loi⁴ 莱]

❶从别的地方到说话人所在的地方，由另一方面到这一方面，跟“去”相对：我~北京三年了丨~信丨~源。【来往】交际。❷表示时间的经过。1. 某一个时间以后：自古以~丨从~丨向~丨这一年~他的进步很大。2. 现在以后：未~丨~年(明年)。❸表示约略估计的数目，将近或略超过某一数目：十~个丨三米~长丨五十~岁。❹做某一动作(代替前面的动词)：再~一个！丨这样可~不得！丨我办不了，你~吧！❺在动词前，表示要做某事：我~问你丨大家~想想办法丨我~念一遍吧！❻在动词后，表示曾经做过。也说“来着”(-zhe)：昨天开会你跟谁辩论~？丨这话我哪儿说~？❼在动词后，表示动作的趋向：一只燕子飞过~丨大哥托人捎~了一封信丨拿~丨进~丨上~。❽表示发生，出现：房屋失修，夏天一下暴雨，麻烦就~了丨问题~了丨困难~了。❾助词。在数词“一、二、三”后，表示列举：一~领导正确，二~自己努力，所以能胜利地完成任务。❿在诗歌等中用作衬字：正月里~是新春。

7 画

奉 fèng ㄈㄥˋ [fung⁶ 凤]

❶恭敬地用手捧着。㊀引 尊重，遵守：~行丨~公守法。敬辞：~陪丨~劝丨~送丨~还。【奉承】恭维，谄媚。❷献给(多指对上级或长辈)：双手~上。❸接受(多指上级或长辈的)：~命丨昨~手书。❹信奉，信仰：素~佛教。❺供养，伺候(㊀连 -养、供-、侍-)。

表 (㊀❶ 錶) biǎo ㄅㄧㄠˇ ㊂[biu² 标²]

❶外部，跟“里”相对。1. 在外的：~面丨~皮。2. 外面，外貌：外~丨~里如一丨虚有其~。❷表示，显示：略~心意。【表白】对人解释说明自己的意思。【表决】会议上用举手、投票等方式取得多数意见而做出决定：这个议案已经~通过了。【表现】1. 显露：医疗队的行动充分~了救死扶伤的人道主义精神。2. 所显露出来的行为，作风：他在工作中的~还不错。【表扬】对集体或个人，用语言、文字公开表示赞美、夸奖：~好人好事。❸中医指用药物把感受的风寒发散出来。❹分类分项记录事物的东西：历史年~丨时间~丨统计~。❺树立的标志。【表率】(-shuài)榜样：干部要做群众的~。❻称呼父亲或祖父的姊妹、母亲或祖母的兄弟姊妹生的子女，用来表示亲属关系：~兄弟丨~叔丨~姑。❼封建时代称臣子给君主的奏章。

biǎo ㄅㄧㄠˇ ㊁[biu¹ 标]

❶计时的器具，通常比钟小，可带在身边：手~丨怀~。❷计量某种量的器具：电~丨水~。

画 (畫) huà ㄏㄨㄚˋ ㊂[wad⁶ 或]

❶用笔等做出图形：~画儿|~人像。❷用笔或手等做出线或作为标记的文字：~个圈|~十字|~押。❸汉字的一笔叫一画："人"字是两~|"天"字是四~。❹〈古〉同"划"(huà)。

huà ㄏㄨㄚˋ ㊁ [wa⁶ 话，㊅ wa² 话²]

(-儿)画成的作品(㊌图-)：一张~儿|年~儿|油~。

事 shì ㄕˋ [xi⁶ 是]

❶(-儿)事情，自然界和社会中的一切现象和活动。【事变】突然发生的重大政治、军事性事件：七七~。【事态】形势或局面：~严重。❷职业：谋~|他现在做什么~？❸关系或责任：你回去吧，没有你的~了|这件案子里还有他的~呢。❹变故，事故：出~|平安无~。【事故】出于某种原因而发生的不幸事情，如工作中的死伤等。❺做，从事：大~宣扬|不~生产。❻旧指侍奉：~亲。

枣 (棗)zǎo ㄗㄠˇ [zou² 早]

枣树，落叶乔木，枝有刺，花黄色，果实叫枣子或枣儿，椭圆形，熟时红色，可以吃。

亟 ㊀jí ㄐㄧˊ ㊁ [gig⁶ 击⁶]

文言副词。急切地：~待解决|缺点~应纠正。

㊁qì ㄑㄧˋ ㊁ [kéi³ 冀]

屡次：~来问讯。

8 画

奏 zòu ㄗㄡˋ [zeo³ 绉]

❶演奏，依照曲调吹弹乐器：~乐|提琴独~|伴~。❷封建时代臣子对皇帝进言或上书：上~。❸呈现，做出：~效|~功。

甚 ㊀shén ㄕㄣˊ [sem⁶ 心⁶]

同"什"(shén)。

㊁shèn ㄕㄣˋ [sem⁶ 心⁶]

❶很，极：进步~快|他说得未免过~。【甚至】【甚至于】连词。表示更进一层：不学习就会落后，~会犯错误|这件事扰乱了他的生活，~影响了他的工作。❷超过，胜过：更有~者|日~一日。❸〈方〉代词。什么：要它做~？|姓~名谁？

柬 jiǎn ㄐㄧㄢˇ [gan² 简]

信件、名片、帖子等的泛称：请~(请客的帖子)。

歪 wāi ㄨㄞ [wai¹ 怀¹，㊆ mé² 咩²]

❶不正，偏斜：~着头|这张画挂~了。【歪曲】故意颠倒是非：~事实。❷不正当的，不正派的：~门邪道|~风。

☞㊛ 形容词。不正，歪斜：镜架挂~咗(镜架挂歪了)|嗰条电灯杉系~嘅(那根路灯杆子是歪斜的)|~零秤(歪歪斜斜的)。【借歪】借光，让一让：唔该，~(对不起，请让一让)。

甭 béng ㄅㄥˊ [bung² 波瓮²]

〈方〉副词。不用：你～说了｜～惦记他。

昼 (晝)zhòu ㄓㄡˋ [zeo³ 皱]

白天，跟“夜”相对：～夜不停。

☞粤 名词词素。白天，与“夜”相对，一般不单用：上～（上午）｜晏～（中午；也指下午）｜下～（下午）。

9 画

彧 yù ㄩˋ [yug¹ 沃]

有文采。

哥 gē ㄍㄜ [go¹ 歌]

❶兄，同父母（或只同父、只同母）或亲属中同辈而年龄比自己大的男子（叠）：大～｜表～。❷称呼年龄跟自己差不多的男子：张大～。

10 画以上

焉 yān ㄧㄢ ㊀ [yin⁴ 言]

文言虚词。1. 跟介词“于”加代词“是”相当：心不在～｜罪莫大～。2. 连词。乃，才：必知疾之所自起，～能攻之。

yān ㄧㄢ ㊁ [yin¹ 燕¹]

❶代词。表示疑问，怎么，哪儿：～能如此？｜其子～往？❷助词。表示肯定语气：因以为号～｜有厚望～。

堇 jǐn ㄐㄧㄣˇ [gen² 谨]

❶堇菜，草本植物，花白色，带紫色条纹，全草可入药。❷紫堇，草本植物，花紫色。全草味苦，可入药。

棘 jí ㄐㄧˊ [gig¹ 击]

❶酸枣树，落叶灌木，茎上多刺。花黄绿色。果实小，味酸。❷针形的刺：～皮动物。【棘手】[㊇ kig¹ －]刺手，扎手。㊗事情难办。❸指有刺的草木：披荆斩～。

奡 ào ㄠˋ [ngou⁶ 傲]

❶同“傲”。❷矫健：排～（文章有力）。

皕 bì ㄅㄧˋ [big¹ 迫]

二百。

叆 (靉)ài ㄞˋ [oi² 蔼]

【叆叇】（－dài）云彩很厚的样子：乌云～。

叇 dài ㄉㄞˋ [doi⁶ 代]

见12页“叆”字条【叆叇】（ài－）。

樳 [hong⁶⁻² 项⁶⁻²]

☞粤 鸡樳，未生蛋的小母鸡。多写作“鸡项”。

橁 [cên¹ 春]

☞粤 名词。蛋，卵（一般不独用，常与某些动物名称构成合成词：鸡～｜鱼～｜

虾~丨鱼散~(鱼排卵)丨~袋(阴囊)丨石~(卵石)。又作“春”。

檑 [méng⁴ 摸更]

☞🅕副词。还没有，未曾：~嚟(还没来)丨~得(还不成)。

囊 ㊀nāng ㄋㄤ [nong⁴ 瓤]

【囊膪】(-chuài)见475页“膪”字条。

㊁náng ㄋㄤˊ [nong⁴ 瓤]

口袋：探~取物(喻极容易)。【囊括】全部包罗：~四海丨~本次比赛全部金牌。

[2]丨部

3画

中 ㊀zhōng ㄓㄨㄥ ㊁[zung¹ 钟]

❶和四周、上下或两端距离同等的位置：~心丨~途丨路~。【中央】1. 中心的地方。2. 政党、国家等的最高领导机构：党~。❷在一定的范围内，里面：空~丨房~丨水~。❸性质、等级在两端之间的：~等丨~学。㊀引不偏不倚：~庸丨适~。【中子】构成原子核的一种不带电荷的微粒。❹用在动词后，表示动作正在进行：在研究~丨在印刷~丨前进~丨发展~。❺指中国：~文丨古今~外。❻适于，合于：~看丨~听。【中用】有用，有能力。❼〈方〉成，行，好：~不~？~。

㊁zhòng ㄓㄨㄥˋ ㊂[zung³ 众]

❶正对上，恰好合上：~的(dì，箭中靶心。比喻切中要害)丨~肯丨正~下怀。❷感受，受到：~毒丨~暑丨~弹(dàn)。

内 nèi ㄋㄟˋ [noi⁶ 耐]

❶里面，跟“外”相对：~室丨~衣丨~情丨国~丨党~。特指体内或内心：~伤丨~功丨~科丨~疚丨~省(xǐng)。【内行】(-háng)对于某种事情有经验。【内务】1. 集体生活中室内的日常事务：整理~。2. 指国内事务(多指民政)：~部。❷指妻子或妻子的亲属：~人丨~兄丨~侄。

〈古〉又同“纳”(nà)。

4画

凸 tū ㄊㄨ [ded⁶ 突]

高出，跟“凹”(āo)相对：~出丨~透镜。

旧 (舊)jiù ㄐㄧㄡˋ [geo⁶ 九⁶]

❶跟“新”相对。1. 过去的，过时的：~俗丨~脑筋丨~社会。2. 因经过长时间而变了样子：衣服~了。❷指交情，有交情的人：有~丨故~。

且 ㊀qiě ㄑㄧㄝˇ ㊁[cé² 扯]

❶连词。表示并列或进一层：既高~大。❷连词。尚且，表示让步：死~不怕，还怕困难吗？❸副词。表示暂时：~慢丨~住。❹文言副词。将要：年~九十。❺且……且……，表示两个动作同时进行：~走~说丨~行~想。❻〈方〉副词。且……呢，表示经久：这双

鞋～穿呢。❼姓。

㈡jū ㄐㄩ ㈢[zêu¹ 追]

❶文言助词。相当于“啊”：狂童之狂也～。❷用于人名。

甲

jiǎ ㄐㄧㄚˇ [gab³ 胛]

❶天干的第一位，用作顺序的第一：～等。㊀居首位，超过所有其他的：桂林山水～天下。【甲子】我国纪日、纪年或计算岁数的一种方法，把十天干和十二地支按顺序配合，六十组干支字轮一周叫一个甲子。❷古代军人打仗穿的护身衣服，用皮革或金属做成：盔～。❸动物身上有保护功能的硬壳：龟～丨～虫丨～骨文。❹手指或脚趾上的角质硬壳：指～。❺现代用金属做成的有保护功用的装备：装～汽车。❻旧时户口的一种编制。参看59页“保❸”。

甲

[gad⁶ 架辣，㊂ ged⁶ 架兀]

☞廣【甲甴】蟑螂。

☞廣【甲甴屎】蟑螂粪便，代指雀斑。

申

shēn ㄕㄣ [sen¹ 新]

❶地支的第九位。❷申时，指下午三点到五点。❸陈述，说明：～请丨～辩丨～冤丨重～丨三令五～。【申斥】斥责。❹上海的别称。

☞廣 动词。折合：1米～翻市尺系3尺(1米折合市尺是3尺)丨你同我～～佢(你替我折算一下)。

电

(電)diàn ㄉㄧㄢˋ [din⁶ 甸]

❶物质中存在的一种能，可利用它来使电灯发光、机械转动等。【电脑】指电子计算机。【电子】构成原子的一种带负电的粒子。❷闪电，阴雨天气空中云层放电的现象：雷～交加。❸电流打击，触电：电门有毛病，～了我一下。❹指电报：急～丨通～。❺打电报：～汇丨～告。

由

yóu ㄧㄡˊ [yeo⁴ 酉]

❶经过：必～之路丨观其所～。❷原因(㊀原－)：情～丨理～。❸顺随，听从：～着性子丨～不得自己。❹介词。1. 自，从：～哪儿来？丨～上到下丨～浅入深。2. 凭借：～此可知。3.(某人去做)：这事～你安排。【由于】1. 介词。表示原因：这项任务～大家的努力才圆满完成了。2. 连词。跟“所以”“因而”等呼应，表示因果关系：～天气炎热，因而用电量猛增。

甴

[zad⁶ 扎⁶，㊂ zed⁶ 侄]

见14页“甲”条“甲甴”。

史

shǐ ㄕˇ [xi² 屎]

❶历史，自然或社会以往发展的过程。也指记载历史的文字和研究历史的学科。❷古代掌管记载史事的官。

央

yāng ㄧㄤ [yêng¹ 秧]

❶中心：大厅中～。❷恳求(㊀－求)：只好～人去找丨～告。❸尽，完了：夜未～。

冉

(*冄)rǎn ㄖㄢˇ [yim⁵ 染]

【冉冉】慢慢地：红旗～上升。

凹 āo ㄠ [ao1 拗1，㊀wa1 娃，㊁neb1 粒]

洼下，跟“凸”相对：~透镜丨~凸不平。

5—7画

师 shī ㄕ [xi1 思]

❶老师，传授知识技能的人。㊀榜样：前事不忘，后事之~。【师傅】1. 传授技艺的老师。2. 对有实践经验的工人的尊称。❷由师徒关系而产生的：~兄。❸掌握专门学术或技艺的人：工程~丨医~丨律~丨理发~。❹仿效：~法。❺军队：誓~丨百万雄~。❻军队的编制单位，是团的上一级。

曳 (**拽)yè ㄧㄝˋ ㊀[yei6 拽]

拖，拉，牵引：~光弹丨弃甲~兵。

㊁[yei5 拽5]

☞广❶形容词。差、劣、次：~嘢(次东西)丨~货(劣货)丨成绩~(成绩差)。❷形容词。淘气，多用于小孩：佢细个嗰阵好~嘅(他小的时候很淘气的)。

曲 (㊀❶麯、㊀❶△*麴)㊀qū ㄑㄩ [kug1 蛐]

❶弯，跟“直”相对(㊀弯~)：~线丨~径通幽丨山间小路~~弯弯。㊀不公正，不合理：~解丨是非~直。❷弯曲的地方：河~。❸偏僻的地方：乡~。❹酿酒或制酱时引起发酵的块状物，用某种霉菌和大麦、大豆、麸皮等制成：酒~。❺姓。

“麴”另见652页“麴”(qū)。

㊁qǔ ㄑㄩˇ [kug1 蛐]

(-子、-儿)❶歌，能唱的文辞(㊀歌-)：戏~丨小~儿丨唱~儿。❷歌的乐调(yuèdiào)：这支歌是他作的~。❸元代盛行的一种韵文体裁，可以入乐。

串 chuàn ㄔㄨㄢˋ [qun3 寸]

❶许多个连贯成一行(háng)：把羊肉块儿用竹签子~起来丨~联丨~讲。㊀(-儿)连贯起来的东西：珠子~儿丨羊肉~儿。❷(-儿)量词。用于成串儿的东西：一~儿项链丨两~钥匙丨一~铃声。❸互相勾结、勾通：~通丨~骗。【串供】(-gòng)互相串通，捏造口供。❹由这里到那里走动：~亲戚丨~门儿。❺指演戏剧、杂耍等，现多用于扮演非本行当的戏曲等角色：客~丨反~。

☞广❶动词。拼写拉丁文单词：你个英文名点~呀(你的英文名字怎么拼写呀)?【串埋】串通，合谋：你哋想~呃人呀(你们想串通起来骗人吗)?❷形容词。嚣张，傲慢：嗰条友好~(那家伙嚣张得很)丨你咪咁~，会有人治你嘅(你别嚣张，会有人整治你的)丨~仔(闲游散荡、行为不正派的男青少年；男阿飞流氓)。❸形容词。指女子打扮得离奇古怪、行为放荡：呢条女够~咯(这个女子够放浪了)。

果 (❶*菓)guǒ ㄍㄨㄛˇ [guo2 裹]

❶(-子)果实，某些植物花落后含有种

子的部分：水～丨干～（如花生、栗子等）。❷结果，事情的结局或成效：成～丨恶～丨前因后～。❸果断，坚决（连 －决）：～敢丨言必信，行必～。❹果然，确实，真的：～不出所料丨～真。

畅（暢）chàng ㄔㄤˋ［cêng³ 唱］

❶没有阻碍：～达丨～行丨～销。❷痛快，尽情地：～谈丨～饮。

☞粤 动词。破开（把大钞票破成零币）：～十文散纸（破十块钱零票）丨有散纸～（没零钱破）丨～唔开（破不开）。

8 画以上

临（臨）lín ㄌㄧㄣˊ［lem⁴ 林］

❶到，来：光～丨莅～丨喜事～门丨身～其境。引 遭遇，碰到：～渴掘井。【临时】1. 到时候，当时：事先有准备，～就不会忙乱。2. 暂时，非长期的：你先～代理一下丨～政府。❷挨着，靠近。1. 指地点，多指较高的靠近较低的：～河丨～街。2. 指时间。将要，快要：～走丨～别。【临床】医学上称医生给人诊治疾病。【临盆】孕妇快要生小孩儿。❸照着字、画模仿：～帖丨～摹。

禺 yú ㄩˊ［yu⁴ 余］

❶古书上说的一种猴子。❷见 677 页“番”字条【番禺】（pān－）。

[3] 丿部

1—2 画

乂 yì ㄧˋ［ngai⁶ 艾］

治理，安定。

九 jiǔ ㄐㄧㄡˇ［geo² 狗］

数目字。【数九】（shǔ－）从冬至日起始的八十一天，每九天为一个单位，从“一九”数到“九九”：～寒天。引 表示多次或多数：～死一生丨～霄。

千（❷韆）qiān ㄑㄧㄢ［qin¹ 迁］

❶数目，十个一百。引 表示极多，常跟“万”“百”连用：～言万语丨～军万马丨～锤百炼。【千万】副词。务必：～不要铺张浪费。❷见 549 页“秋”字条【秋千】。❸法定计量单位中十进倍数单位词头之一，表示 10^3，符号 k。

川 chuān ㄔㄨㄢ［qun¹ 村］

❶河流：高山大～丨～流不息。❷平地，平原：平～丨米粮～。❸指四川：～马丨～贝。

【川资】旅费。

久 jiǔ ㄐㄧㄡˇ［geo² 九］

❶时间长，跟“暂”相对（连长－）：年深日～丨很～没有见面了。❷时间的长短：你来了多～了？丨离别两年之～。

么　(△麽)㊀ma · ㄇㄚ ㊁ [ma¹ 妈]

同"吗"(ma)。

"麽"另见753页mó。

㊁me · ㄇㄜ ㊁ [mo¹ 摩]

❶词尾：怎～丨那～丨多～丨这～丨什～。❷助词。用在句中停顿处：不让你去～，你又偏要去。

㊂yāo ㄧㄠ ㊁ [yiu¹ 腰]

同"幺"。

"麽"另见753页mó。

丸　wán ㄨㄢˊ [yun⁴ 元，㊂ yun² 苑]

❶(－子、－儿)小而圆的东西：弹～丨药～儿丨肉～子。❷专指丸药：～散(sǎn)膏丹。❸量词。用于丸药。

及　jí ㄐㄧˊ [keb⁶ 给⁶，㊇geb⁶ 急⁶]

❶到。1. 从后头跟上：来得～丨赶不～。㊀比得上：我不～他。2. 达到：由表～里丨将～十载丨～格。㊀牵涉到，推广到：言不～义丨不～其余。❷趁着，乘：～时丨～早。❸连词。和，跟(通常主要成分在"及"字前)：给老人买了滋补品～其他一些东西。【以及】连词。连接并列的词、词组，意义和"及❸"相同：花园里种着状元红、矢车菊、夹竹桃～其他各色花木。

3　画

午　wǔ ㄨˇ [ng⁵ 伍]

❶地支的第七位。❷午时，指白天十一点到一点：～饭。特指白天十二点：～前丨下～。【午夜】半夜。

壬　rén ㄖㄣˊ [yem⁴ 吟]

天干的第九位，用作顺序的第九。

升　(❸❹△*昇、❹△*陞)shēng ㄕㄥ [xing¹ 星]

❶容积单位，符号L(l)，1升等于1000毫升。❷量粮食的器具，容量为1斗的十分之一。❸向上移动，使向上移动：～旗丨太阳～起来了。❹提高：～级。

"昇"另见358页shēng。"陞"另见706页shēng。

夭　(㊂*殀)yāo ㄧㄠ ㊁ [yiu¹ 腰]

茂盛(叠)：桃之～～。

yāo ㄧㄠ ㊁ [yiu² 绕²]

未成年的人死去：～亡丨～折。

币　(幣)bì ㄅㄧˋ [bei⁶ 弊]

钱币，交换各种商品的媒介：银～丨纸～丨硬～丨人民～。

爻　yáo ㄧㄠˊ(旧读xiáo) [ngao⁴ 淆]

组成八卦中每一个卦的长短横道，如"—"(阳爻)，"－ －"(阴爻)。

乏　fá ㄈㄚˊ [fed⁶ 佛]

❶缺少(㊀缺－)：～味丨不～其人。❷疲倦(㊀疲－)：人困马～丨跑了一天，身上有点儿～。

丹　dān ㄉㄢ [dan¹ 郸]

❶红色：～心丨～砂(朱砂)。❷依成方

配制成的中药，通常是颗粒状或粉末状的：丸散（sǎn）膏～丨灵～妙药。

乌 （烏）㊀wū ㄨ［wu¹ 污］

❶乌鸦，鸟名，有的地区叫老鸹（guā）、老鸦，羽毛黑色，嘴大而直。【乌合】喻无组织地聚集：～之众。❷黑色：～云丨～木。❸文言代词。表示疑问，哪，何：～足道哉？❹姓。
【乌呼】同"呜呼1"。
【乌孜别克族】我国少数民族，参看附表。

㊁wù ㄨˋ［wu¹ 污］

【乌拉】（－la）同"靰鞡"。

4 画

乍 gǎ ㄍㄚˇ［ga² 假²］

同"嘎"（gǎ）。

失 shī ㄕ［sed¹ 室］

❶丢（连遗－）：～物招领丨机不可～丨～而复得。引 1. 违背：～信丨～约。2. 找不着：～踪丨～群之雁丨迷～。❷没有掌握住：～足丨～言丨～火。❸没有达到目的：～意丨～望丨～策。【失败】1. 被打败。2. 计划或希望没能实现。❹错误，疏忽：千虑一～。❺改变常态：～色丨～声痛哭。

乍 zhà ㄓㄚˋ［za³ 诈³］

❶忽然：～冷～热。❷刚刚：新来～到。❸张开：～翅。

丘 （❸＊坵）qiū ㄑㄧㄡ［yeo¹ 休］

❶土山，土堆：土～丨沙～丨～陵。❷坟墓（连－墓）。❸〈方〉量词。用于水田分隔开的块：一～五亩大的稻田。❹用砖石封闭有尸体的棺材，浮厝（cuò）。

乎 hū ㄏㄨ［fu⁴ 扶］

❶文言助词。表示疑问、感叹等语气。1. 同白话的"吗"：天雨～？2. 同白话的"呢"，用于选择问句：然～？否～？3. 同白话的"吧"，表推测和疑问：日食饮得无衰～？4. 同白话的"啊"：天～！❷词尾，相当于"于"（放在动词或形容词后）：异～寻常丨合～情理丨不在～好看，在～实用。

乐 （樂）㊀lè ㄌㄜˋ ㊁［log⁶ 落］

❶快乐，欢喜，快活：～趣丨～事丨～而忘返。❷乐于：～此不疲。【乐得】正好，正合心愿：～这样做。❸（－子、－儿）使人快乐的事情：取～丨逗～儿。❹笑：可～丨把一屋子人都逗～了丨你～什么？❺姓。

㊁yuè ㄩㄝ ㊁［ngog⁶ 岳］

❶音乐：奏～。【乐清】地名，在浙江省。❷姓。

册 （＊冊）cè ㄘㄜˋ［cag³ 拆］

❶古时称编串好的许多竹简，现在指装订好的纸本子：第三～丨纪念～。❷量词。用于书籍：一～书。

5 画

年 （＊秊）nián ㄋㄧㄢˊ［nin⁴ 挪言］

❶地球绕太阳一周的时间。公历规定平年365天，闰年366天。㊞1. 年节，一年的开始：过～｜～画。2. 时期：光绪～间｜民国初～。【年头儿】1. 全年的时间：看看已是三个～。2. 时代：那～穷人可真苦哇。3. 庄稼的收成：今年～真好，比去年多收一成。❷每年的：～会｜～产量。❸年纪，岁数(㊟－龄、－岁)：～老｜～轻。㊞人一生所经年岁的分期：青～｜壮～。❹年景，年成，收成：丰～。

朱 (❷硃)zhū ㄓㄨ [ju¹ 猪]

❶大红色。❷朱砂，即辰砂，矿物名。化学成分是硫化汞，颜色鲜红，是提炼汞的重要原料，又可用作颜料或药材。

乔 (喬)qiáo ㄑㄧㄠˊ [kiu⁴ 桥]

❶高。【乔木】树干和树枝有明显区别的大树，如松、柏、杨、柳等。【乔迁】称人迁居的客气话。❷作假，装。【乔装】【乔妆】改变服装面貌，掩蔽身份：～打扮。

乒 pīng ㄆㄧㄥ [bing¹ 兵]

❶形容枪声或物体撞击声：～的一声枪响。❷指乒乓球：～协｜～坛。【乒乓】(－pāng)1. 形容物体撞击声：雹子打在玻璃上～乱响。2. 指乒乓球。

乓 pāng ㄆㄤ [bem¹ 泵]

形容枪声、东西撞击声：～的一声枪响。

囟 (＊＊顖)xìn ㄒㄧㄣˋ [sên³ 信]

囟门，婴儿头顶骨未合缝(fèng)的地方。

甪 lù ㄌㄨˋ [lug⁶ 六]

【甪直】地名，在江苏省苏州。

6 画

我 wǒ ㄨㄛˇ [ngo⁵ 卧⁵]

代词。自称，自己：～国｜自～批评｜忘～。

囱 cōng ㄘㄨㄥ [cung¹ 充]

烟囱，炉灶、锅炉出烟的通路。

卵 luǎn ㄌㄨㄢˇ [lên² 论²]

动植物的雌性生殖细胞，特指动物的蛋：鸟～｜鸡～｜～生。

系 (㊀❸❺係、㊀❸❹❻、㊁繫)㊀xì ㄒㄧˋ ㊀ [hei⁶ 兮⁶]

❶系统，有连属关系的：～列｜水～｜世～。❷高等学校中按学科分的教学单位：中文～｜化学～。❸关联：干～。❹联结，拴：～马。㊞牵挂：～念｜情～于民。【联系】联络，接头：时常和他～。❺是：确～实情。❻把人或东西捆住往上提或向下送：从房上把东西～下来。❼地层系统分类的第三级，在“界”之下，是在地质年代“纪”的时期内形成的地层：第四～｜侏罗～｜寒武～。

㊁jì ㄐㄧˋ ㊁ [gei³ 计]

打结，扣：把鞋带～上。

7 画

垂 chuí ㄔㄨㄟˊ [sêu4 谁]

❶东西一头挂下来：~直｜~杨柳｜~钓｜~涎(形容羡慕)。敬辞，多用于长辈或上级对自己的行为：~询｜~念。❷传下去，传留后世：永~不朽｜名~千古。❸接近，快要：~危｜功败~成(快要成功的时候遭到失败)。

乖 guāi ㄍㄨㄞ [guai1 怪1]

❶不顺，不和谐(㊀-僻)。❷指小孩听话，懂事：宝宝很~，大人省事多了。❸机灵，伶俐(㊀-巧)：这孩子嘴~。

秉 bǐng ㄅㄧㄥˇ [bing2 炳]

❶拿着，持：~烛｜~笔。㊀掌握，主持：~公处理。❷古代容量单位，一秉为十六斛(hú)。

臾 yú ㄩˊ [yu4 鱼]

【须臾】片刻，一会儿。

8 画

重 ㊀chóng ㄔㄨㄥˊ ㊁ [cung4 从]

❶重复，再：书买~了｜旧地~游｜~整旗鼓｜~来一次。【重阳】【重九】农历九月九日。我国传统节日，有登高的习俗。❷层：双~领导｜~~围住。

㊁zhòng ㄓㄨㄥˋ ㊁ [zung6 仲]

❶分量大，跟“轻”相对：铁很~｜~于泰山。【重力】又叫地心引力，地球对物体的吸引力。力的方向指向地心。【重心】1. 物体各部分受到的重力作用集中于一点，这一点叫作这个物体的重心。2. 事物的主要部分。❷重量，分量：体~｜箱子~二十斤。❸程度深：色~｜~病｜~伤。❹价格高：~金收买。❺数量多：眉毛~｜工作很~。❻主要，要紧：~镇｜军事~地｜~任。❼认为重要：~视｜~男轻女是错误的。㊀敬重，尊重，尊敬：人皆~之。❽言行不轻率：慎~。

☞广❶副词。还：~未够钟(还没到点)｜~等边个(还等谁)？｜~争啲乜嘢(还差点什么)？❷副词。更加：今年收成~好(今年收成更加好)｜你赞佢，佢~落力添(你赞扬他，他更积极干了)。❸而且还：自己唔啱~闹人(自己不对，而且还骂人)。也作“仲”。

禹 yǔ ㄩˇ [yu5 汝]

传说中的古代部落联盟首领，曾治服洪水。

胤 yìn ㄧㄣˋ [yen6 刃]

后代。

11 画以上

粤 yuè ㄩㄝˋ [yud6 月]

广东省的别称。【两粤】指广东省和广西壮族自治区。

睾 gāo ㄍㄠ [gou¹ 高]

睾丸，又叫精巢、外肾，男子和雄性哺乳动物生殖器官的一部分，在体腔或阴囊内，能产生精子。

[4]丶部

2—3 画

义 (義) yì ㄧˋ [yi⁶ 二]

❶公正合宜的道理或举动(㊀正－)：见～勇为｜～不容辞。㊀指合乎正义或公益的：～举。【义务】1. 应尽的责任。2. 不受报酬的：～劳动。❷感情的联系：朋友的情～。❸意义，意思：定～｜字～｜歧～。❹指认作亲属的：～父｜～子。㊀人工制造的(人体的某部分)：～齿(假牙)｜～肢(假肢)。

之 zhī ㄓ [ji¹ 知]

❶助词。1. 表示修饰关系，在形容词、名词或数量词后：光荣～家｜淮河～南｜三分～一｜三天～后("之"也可省略)。2. 表示领属关系，在名词或代词后：人民～子｜余～身体大不如前。3. 置于主谓结构之间，使其变成偏正结构：大道～行也，天下为公。❷代词。代替人或事物，限于做宾语：爱～重～｜取～不尽｜偶一为～。❸代词。虚指：总～｜久而久～。❹文言代词。这，这个：～二虫又何知！❺往，到：尔将何～？

☞广【之嘛】[ji¹ ma³]罢了；而已。表示无所谓、不过如此的语气：十零文～，买啦(十来块罢了，买吧)。

为 (爲、**為) ㊀ wéi ㄨㄟˊ ㊂ [wei⁴ 围]

❶做，行：事在人～｜所作所～。㊀作为，做事的能力：年轻有～。❷做，当：他被选～人大代表｜拜他～师。❸成为，变成：一分～二｜高岸～谷，深谷～陵。❹是：十二个～一打。❺介词。被：～人所笑。❻文言助词。常跟"何"相应，表疑问：何以家～？❼附于单音形容词后，构成表示程度、范围的副词：大～增色｜广～传播。❽附于表程度的单音副词后，加强语气：极～重要｜尤～出色。

㊁wèi ㄨㄟˋ ㊂ [wei⁶ 卫]

❶介词。表示行为的对象：～人民服务。❷介词。表示原因、目的(可以和"了"连用)：别～一点儿小事而争吵｜～了美好的明天而努力。❸介词。对，向：且～诸君言之。❹帮助，卫护。

4 画

半 bàn ㄅㄢˋ [bun³ 本³]

❶二分之一：十个的一～是五个｜～米布｜一吨～｜分给他一～。❷在中间：～夜｜～途而废。❸不完全的：～透明｜～脱产。

必 bì ㄅㄧˋ [bid¹ 别¹]

副词。1. 必定，一定：～能成功｜骄兵～败。【必然】必定如此：种族歧视制度～要灭亡。【必需】一定要有，不可少：~品。2. 必须，一定要：事~躬亲｜不~着急。【必须】副词。一定要：个人利益~服从整体利益。

永 yǒng ㄩㄥˇ [wing5 荣5]

❶长：江之~矣。❷长久，久远(㊟-久、-远)：~不掉队｜~记历史的教训。

5画以上

州 zhōu ㄓㄡ [zeo1 周]

❶旧时的一种行政区划。多用于地名，如杭州、柳州。❷一种民族自治行政区划单位。

农 (農、*蕽)nóng ㄋㄨㄥˊ [nung4 浓]

❶种庄稼：务~｜~业｜~机｜~谚。❷农民：菜~｜老~｜工~联盟。

良 liáng ㄌㄧㄤˊ [lêng4 粮]

❶好(㊟-好、优-、善-)：~药｜~田｜消化不~。❷很：~久｜获益~多｜用心~苦。

叛 pàn ㄆㄢˋ [bun6 拌]

背叛，叛离：~徒｜~国投敌。

举 (舉、*擧)jǔ ㄐㄩˇ [gêu2 矩]

❶向上抬，向上托：~手｜高~红旗。㊂1. 动作行为：~止｜一~一动。2. 发起，兴起：~义｜~事｜~办。❷提出：~证｜~例｜~出一件事实来。❸推选，推荐：大家~他做代表。❹全：~国｜~世。❺举人的简称：中(zhòng)~｜武~。

隺 hè ㄏㄜˋ [hog6 学]

〈古〉❶鸟往高处飞。❷同"鹤"。

[5]乛(㇆⺄乚乙)部

乙 yǐ ㄧˇ [yud3 月]

❶天干的第二位，用作顺序的第二：~等。❷画乙字形的符号，作用有二：1. 古时没有标点符号，遇有大的段落用墨笔勾一个∠符号，形似乙字。2. 遇有颠倒、遗漏的文字用∠符号改正过来或把遗漏的字勾进去。

1—3画

刁 diāo ㄉㄧㄠ [diu1 丢]

❶狡猾，无赖：~棍(恶人)｜这个人真~。❷挑剔，难应付：嘴~｜眼~。【刁难】(-nàn)故意难为人。

了 (㊁❶△瞭)㊀le·ㄌㄜ [liu5 料5]

助词。1. 放在动词或形容词后，表示动作或变化已经完成：买~一本书｜水位低~一米。2. 用在句子末尾或句中停顿的地方，表示变化或出现新的情况。〈1〉指明已经出现或将要出现某种情况：下雨~｜明天就是星期日~。〈2〉认识、想法、主张、行动等有变化：我现在明白他的意思~｜他今年暑假不回家~｜我本来没打算去，后来还是去

~。〈3〉随假设的条件转移：你早来一天就见着他~。〈4〉催促或劝止：走~，走~，不能再等~！丨算~，不要老说这些事~！

㊁liǎo ㄌㄧㄠˇ [liu⁵ 料⁵]

❶明白：明~丨~解丨一目~然丨不甚~~。❷完了，结束：事情已经~了(le)丨话犹未~丨不~~之丨没完没~丨敷衍~事。【直截了当】言语行动简单爽快。❸在动词后，跟"不""得"连用，表示不可能或可能：这本书我看不~丨这事你办得~。

"瞭"另见538页liào。

乃

(△*迺、*廼)nǎi ㄋㄞˇ [nai⁵ 奶]

❶文言代词。你，你的：~父丨~兄。❷副词。才，就：吾求之久矣，今~得之丨知己知彼，胜~不殆。❸是，就是：失败~成功之母。

【乃至】1. 甚至：全班~全校都行动起来了。2. 以至于：平日疏于管理，~如此。

"迺"另见256页nǎi。

乜

㊀niè ㄋㄧㄝˋ ㊁[mé⁶ 咩⁶]

姓。

㊁miē ㄇㄧㄝ ㊁[mé¹ 咩]

【乜斜】(-xie)1. 眼睛因困倦而眯成一条缝：~的睡眼。2. 眼睛略眯而斜着看，多指不满意或看不起的神情。

㊂[med¹ 勿¹，㊋mé¹ 咩]

☞粤❶代词。什么：~都唔要(什么都不要)丨有~讲~(有什么说什么)丨叫~名(叫什么名字)？丨为~唔出声(为什么不吭声)？【乜都假】1. 表示意愿坚决：唔成功，~(不成功，什么都别说)丨佢唔公开道歉，~(他不公开道歉，决不答应)。2. 表示无能为力：咁迟至嚟，~啦(这么晚才来，白搭了)丨佢唔同意嘅话，~(他如果不同意，说什么都没用)！【乜嘢】1. 什么东西：里头装啲~(里面装的是什么)？丨~嚟架(什么东西啊)？2. 什么：佢讲~(他说什么)？丨~人讲~话(什么人说什么话)。【使乜】1. 何必：~咁麻烦(何必那么麻烦)丨你~咁客气(你何必那么客气)。2. 用不着，不需要：~你理(用不着你管)丨~你多嘴(不需要你多嘴)。❷代词。怎么，为什么：~唔见人嘅(怎么不见人了)？丨~做得咁快呀(为什么干得那么快)！丨~你唔知咩(怎么你不知道吗)？❸词素。【乜滞】助词。用在否定词和动词或形容词之后，有"(不)怎么""(没有)什么""几乎(没有)"等意思：佢唔中意~(也不怎么喜欢)丨饭未熟~(饭还不怎么熟)丨有~(几乎没有了，快没有了)。

乞

qǐ ㄑㄧˇ [hed¹ 核¹]

乞求，问人讨、要、求：~怜丨~恕丨~食丨行~。

孑

jié ㄐㄧㄝˊ [kid³ 揭]

单独，孤单：~立丨~然一身。

卫

(衛、**衞)wèi ㄨㄟˋ [wei⁶ 胃]

❶保护，防护(㊋保-)：保家~国丨自~。【卫生】有益于身体的健康，能预防疾病：院内不太~。也指合乎卫生的情况：讲~丨环境~。❷防护人员：警~丨后~。❸明代驻兵的地点：~所。❹周代诸侯国名，在今河南省北部和河北省南部一带。

孓

jué ㄐㄩㄝˊ [küd³ 决]

【孑孓】(jié－)蚊子的幼虫。

也 yě ㄧㄝˇ [ya⁵ 衣呀⁵]

❶副词。1. 表示同样、并行等意义：你去，我～去｜～好，～不好。2. 跟“再”“一点儿”“连”等连用表示语气的加强(多用在否定句里)：再～不敢闹了｜这话一点儿～不错｜连一个人影～没找到。3. (常跟前文的“虽然、即便”等呼应)表示转折或让步：我虽然没仔细读过这本书，～略知内容梗概｜即便天下雨，我～要出门。4. 表示委婉语气：我看～只好如此了｜节目倒～不错。❷文言助词。1. 用在句末，表示判断语气：环滁皆山～。2. 表示疑问或感叹语气：何～？｜何为不去～？｜是何言～？3. 用在句中，表示停顿：向～不怒而今～怒，何也？

习 (習)xí ㄒㄧˊ [zab⁶ 杂]

❶学过后再温熟，反复地学使熟练：自～｜复～｜～字｜～作。❷对某事熟悉：～兵(熟于军事)。㊀常常：～见｜～闻。❸习惯，长期重复地做，逐渐养成的不自觉的行为：积～｜～气｜恶～｜相沿成～。

乡 (鄉)xiāng ㄒㄧㄤ [hêng¹ 香]

❶城市外的区域：下～｜城～交流。❷自己生长的地方或祖籍：故～｜还～｜同～｜背井离～。【老乡】生长在同一地方的人。❸行政区划单位，由县或区等领导。

尹 yǐn ㄧㄣˇ [wen⁵ 允]

旧时官名：令～｜府～｜道～。

夬 guài ㄍㄨㄞˋ [guai³ 怪]

坚决，果断。

丑 (❹❺醜)chǒu ㄔㄡˇ [ceo² 抽²]

❶地支的第二位。❷丑时，指夜里一点到三点。❸(－儿)戏剧里的滑稽角色。❹相貌难看：长得～。❺可厌恶的，可耻的，不光彩的：～态｜～名。㊀不好的、不光彩的事情：出～｜家～。

予 ㊀yú ㄩˊ ㊂[yu⁴ 余]

文言代词。我。

㊁yǔ ㄩˇ ㊂[yu⁵ 雨]

给予：授～奖状｜～以协助｜～以处分。

毌 guàn ㄍㄨㄢˋ [gun³ 灌]

❶“贯”的古字。❷姓。

书 (書)shū ㄕㄨ [xu¹ 输]

❶成本儿的著作：读～｜著～。❷信(㊁－信)：家～｜～札｜来～已悉。❸文件：证明～｜申请～。❹写字(㊁－写)：～法。㊁字体：楷～｜隶～。

4 画

司 sī ㄙ [xi¹ 师]

❶主管，主持，经办：各～其职｜～令｜～法。❷中央各部中所设立的分工办事的单位：外交部礼宾～｜～长。

民 mín ㄇㄧㄣˊ [men⁴ 文]

❶人民：为国为～丨以～为本。【民主】1. 指人民有管理国家和自由发表意见的权利。2. 根据大多数群众意见处理问题的工作方式：作风～。【民生】人民的生计：关注～。❷指人或人群。【民族】历史上形成的稳定的人群共同体，其特征是有共同语言、共同地域、共同经济生活和表现于共同文化上的共同心理素质。❸民间的：～俗丨～歌。❹指从事某种职业或具有某种身份、特征的人：农～丨牧～丨渔～丨灾～丨侨～丨股～丨网～。❺非军事的：～用丨～航。❻同"苠"。

弗 fú ㄈㄨˊ [fed¹ 忽]

文言副词。不：～去丨～许。

氹 dàng ㄉㄤˋ [tem⁵ 拖暗⁵]

☞🅱 名词。坑：水～丨泥～丨屎～(粪坑)。也作"凼""窞"。

5 画

乩 jī ㄐㄧ [géi¹ 机]

【扶乩】迷信的人占卜问疑的一种活动。

豖 (**豛)dū ㄉㄨ [dug¹ 督]

用指头、棍棒等轻击轻点：～一个点儿。【点豖】画家随意点染。

买 (買)mǎi ㄇㄞˇ [mai⁵ 卖⁵]

拿钱换东西，跟"卖"相对(㊣购－)：～戏票丨～了一台电脑。㊞ 贿赂：～通。【买办】1. 采购货物的人。2. 殖民地、半殖民地国家里替外国资本家在本国市场上经管商业、银行业、工矿业、运输业等等的中间人和经纪人。【买卖】(－mai)生意，商业：做～。㊞ 铺子。

6—7 画

甬 yǒng ㄩㄥˇ [yung² 拥]

浙江省宁波的别称。

【甬道】1. 院落中用砖石砌成的路。又叫甬路。2. 走廊，过道。

乳 rǔ ㄖㄨˇ [yu⁵ 雨]

❶乳房。❷乳房中分泌出来的白色奶汁：母～。❸像乳汁的东西：豆～。❹生，繁殖：孳(zī)～。❺初生的，幼小的：～燕丨～鸭丨～猪。

承 chéng ㄔㄥˊ [xing⁴ 绳]

❶在下面接受，托着：～尘(天花板)。❷承担，担当：～应(yìng)丨～包丨～当。㊞ 蒙，受到，接受(别人的好意)：～情丨～教(jiào)丨～大家热心招待。【承认】1. 表示肯定，同意，认可：～错误丨他～有这么回事。2. 国际上指肯定新国家、新政权的法律地位。❸继续，接连：～上启下丨继～丨～接。

虱 (*蝨)shī ㄕ [sed¹ 失]

(－子)昆虫，身体小，寄生在人畜身上，吸食血液，能传染疾病。

13 画

犟 [nin¹ 年¹]

☞🅵❶名词。乳房。❷名词。奶，乳汁：食~(吃奶)。

[6]十部

十 shí ㄕˊ [seb⁶ 拾]

❶数目字。㊀表示达到顶点：~足｜~分｜~全~美。❷法定计量单位中十进倍数单位词头之一，表示10¹，符号da。

3—5 画

卉 huì ㄏㄨㄟˋ [wei² 毁]

草的总称：花~。

古 gǔ ㄍㄨˇ [gu² 股]

❶时代久远的，过去的，跟"今"相对(㊥-老)：~书｜~迹｜~为今用。【古板】守旧固执，呆板。【古怪】奇怪，罕见，不合常情。❷古体诗：五~｜七~。

【古董】(*骨董)古代留传下来的器物。㊎顽固守旧的人或过时的东西。

协 (協)xié ㄒㄧㄝˊ [hib³ 何叶³]

❶共同合作，辅助：~商｜~办｜~查。❷调和、和谐：~调｜~和。

华 (華)㊀huā ㄏㄨㄚ ㊀[fa¹ 花]

〈古〉同"花❶"。

㊁huá ㄏㄨㄚˊ ㊁[wa⁴ 铧]

❶美丽有光彩的(㊥-丽)：~灯｜光~。敬辞，用于跟对方有关的事物：~诞(生日)｜~翰(书信)。❷繁荣昌盛：繁~。❸事物最好的部分：精~｜英~。❹指时光，岁月：韶~｜年~。❺(头发)花白：~发(fà)。❻指中华民族或中国：~夏｜~侨｜~北。

㊂huà ㄏㄨㄚˋ ㊂[wa⁶ 话]

❶华山，五岳中的西岳，在陕西省华阴。❷姓。

克 (❷-❺△剋、❷❹❺*尅)kè ㄎㄜˋ [heg¹ 黑]

❶能：不~分身｜~勤~俭。❷战胜：~敌制胜。㊀战胜而取得据点：攻无不~｜连~数城。【克复】战胜而收回失地。❸克服，克制，制伏：~己奉公｜以柔~刚。❹严格限定：~期｜~日完成。❺消化：~食。❻(藏)容量单位，1克青稞约重25市斤。也是地积单位，播种1克种子的土地称为1克地，1克约合1市亩。❼(外)质量单位，符号g，1克等于1千克的千分之一。

【克隆】(外)1. 生物体通过体细胞进行无性繁殖，复制出遗传性状完全相同的生命物质或生命体。2. 借指复制。

"剋(*尅)"另见89页kēi。

6 画

直 zhí ㄓˊ [jig⁶ 席]

❶像拉紧的线那样不弯曲，跟“曲”相对：~线丨~立。㊞公正合理：正~丨是非曲~丨理~气壮。【直接】不经过第三者而发生关系的，跟“间接”相对。❷使直，把弯曲的伸开：~起腰来。❸爽快，坦率（㊝-爽）：~言丨心~口快。❹副词。1. 径直，一直：~通北京丨~达客车。2. 一个劲儿地，连续不断：~哭丨逗得大家~笑。❺竖，跟“横”相对。汉字自上往下写的一种笔形（丨）。❻古同“值”。

丧 （喪、** 䘮）㊀sāng ㄙㄤ ㊁[song¹ 桑]

跟死了人有关的事：~事丨治~。

㊀sàng ㄙㄤˋ ㊁[song³ 爽³]

丢掉，失去（㊝-失）：~命丨~失立场。【丧气】1. 情绪低落：灰心~。2.（-qi）不吉利，倒霉：钱包丢了，真~！

☞㊦❶形容词。（心）野，（心）散：玩到~晒（玩得心都散了）。❷形容词。不正经，疯疯癫癫的样子：~仔（没点正经的男青年）丨咪咁~啦，正经啲做（别那么不正经，用心点干吧）。

卖 （賣）mài ㄇㄞˋ [mai⁶ 迈⁶]

❶拿东西换钱，跟“买”相对：~菜。㊞出卖国家、民族或别人的利益：叛~丨~国贼。❷尽量使出（力气）：~力丨~劲儿。❸卖弄，显示、表现自己：~功丨~乖丨~弄才能。

卑 bēi ㄅㄟ [béi¹ 悲]

低下：地势~湿丨自~。㊞低劣（㊝-鄙）：~劣。

7—10 画

贲 （賁）㊀bēn ㄅㄣ ㊁[ben¹ 奔]

❶奔走，快跑。【虎贲】古时指勇士。❷姓。

【贲门】胃与食管相连的部分。

㊀bì ㄅㄧˋ ㊁[béi³ 秘]

装饰得很好：~临（客人盛装光临）。

南 nán ㄋㄢˊ [nam⁴ 楠]

方向，早晨面对太阳右手的一边，跟“北”相对：~方丨指~针。

真 zhēn ㄓㄣ [zen¹ 珍]

❶真实，跟客观事物相符合，跟“假”相对：~相大白丨千~万确。【真理】正确反映客观世界发展规律的思想。【天真】1. 心地单纯，性格很直率。2. 头脑简单，容易被假象迷惑：这种想法太~。❷人和物的本样：写~丨传~。❸副词。确实，的确：~好丨~高兴。❹清楚，显明：字太小，看不~丨听得很~。❺真书（楷书）：~草隶篆。❻本性，本原：返璞归~。

啬 （嗇）sè ㄙㄜˋ [xig¹ 色]

小气，当用的财物舍不得用（㊝吝-）。

博 （❶❷* 愽）bó ㄅㄛˊ [bog³ 搏]

❶多，广(㊫广－)：地大物～｜～学｜～览。【博士】1. 学位名，在硕士之上。2. 古代掌管学术的官名。【博物】动物、植物、矿物、生理等学科的总称。❷知道得多：～古通今。❸用自己的行动换取：～得同情。❹古代的一种棋戏，后泛指赌博。

11 画以上

兢 jīng ㄐㄧㄥ [ging¹ 京]

【兢兢】小心，谨慎：战战～｜～业业。

嘏 gǔ ㄍㄨˇ，㊂jiǎ ㄐㄧㄚˇ [gu² 古，㊂ga² 加²]

福。

戴 dài ㄉㄞˋ [dai³ 戴]

❶加在头、面、颈、手等处：～帽子｜～眼镜｜～红领巾。❷遵奉，推崇：推～｜拥～｜爱～。

矗 chù ㄔㄨˋ [cug¹ 促]

直立，高耸：～立｜高～。

[7]厂部

厂 (㊁廠、㊁** 厰) ㊀ān ㄢ ㊁ [em¹ 庵]

同"庵"，多用于人名。

㊁chǎng ㄔㄤˇ ㊁ [cong² 敞]

❶工厂：机械～｜造纸～｜纱～。❷有空地可以存货或进行加工的场所：木材～｜煤～。❸跟棚子类似的房屋。

2—6 画

厅 (廳) tīng ㄊㄧㄥ [㊄ting¹ 汀，㊅téng¹ 听]

❶聚会或招待客人用的大房间：客～｜餐～。❷政府机关的办事单位：办公～。

仄 zè ㄗㄜˋ [zeg¹ 则]

❶倾斜。【仄声】古汉语里上声、去声、入声的总称。❷狭窄：逼～。❸心里不安：歉～。

历 (❶-❸歷、❹曆、❶* 厤) lì ㄌㄧˋ [lig⁶ 力]

❶经历，经过：～尽甘苦｜～时十年。❷经过了的：～年｜～代｜～史。【历来】副词。从来，一向：中国人民～就是勤劳勇敢的。【历历】一个一个很清楚的：～在目｜～可数。❸遍，逐一：～览｜～访名家。❹历法，推算年、月、日和节气的方法：阴～｜阳～。㊊记录年、月、日、节气的书、表、册页：日～｜～书。

厄 (❸* 阨、* 戹) è ㄜˋ [eg¹，㊂ngeg¹ 握]

❶困苦，灾难：～运。❷阻塞，受困：～于海上。❸险要的地方：险～。

厉 (厲) lì ㄌㄧˋ [lei⁶ 丽]

❶严格，切实：～行节约｜～禁。❷严厉，严肃：正言～色。❸凶猛。【厉害】【利害】(－hai) 1. 凶猛：老虎很～。2. 过甚，很：疼得～｜闹得～。❹古同"砺"：秣马～兵。

压 (壓)㊀yā ㄧㄚ [ad³ 遏, ⊗ngad³ 遏]

❶从上面加重力，也指压力：~住｜~碎｜减~。㊟ 搁置不动：积~。❷用威力制服，镇服：镇~｜~制。㊟ 胜过，超过：~倒一切｜技~群芳。❸抑制，控制：~咳嗽｜~住气｜~不住火。❹逼近：~境｜太阳~树梢。❺赌博时在某一门上下注：~宝。

㊁yà ㄧㄚˋ [ad³ 遏, ⊗ngad³ 遏]

【压根儿】副词。根本，从来(多用于否定句)：我~没去过那个地方。

厌 (厭)yàn ㄧㄢˋ [yim³ 淹³]

❶嫌恶，憎恶(㊟-恶)：讨~｜~弃。❷满足：贪得无~。

厍 (厙)shè ㄕㄜˋ [sé³ 泻]

〈方〉村庄(多用于村庄名)。

厔 zhì ㄓˋ [zed⁶ 侄]

见545页“盩”字条【盩厔】(zhōu-)。

厕 (厠、*廁)cè ㄘㄜˋ [qi³ 次]

❶厕所，大小便的地方：公~。❷参与(yù)，混杂在里面：~身其间。

7—8画

厖 máng ㄇㄤˊ [mong⁴ 忙]

❶大，厚重。❷姓。

厘 (△*釐)lí ㄌㄧˊ [léi⁴ 离]

❶法定计量单位中十进分数单位词头之一，表示10^{-2}，符号c。❷计量单位名，10厘是1分。1. 市制长度，1厘约合0.333毫米。2. 市制地积，1厘约合6.667平方米。3. 市制重量，1厘合50毫克。❸利率，年利率1厘按百分之一计，月利率1厘按千分之一计。❹治理，整理：~正｜~定。

“釐”另见356页xī。

厚 hòu ㄏㄡˋ ㊀[heo⁵ 口⁵]

❶扁平物体上下两个面的距离较大的，跟“薄”相对：~纸｜~棉袄。❷厚度：长宽~｜木板~五厘米。

hòu ㄏㄡˋ ㊁[heo⁶ 后]

❶深，重，浓，大：~望｜~礼｜~情｜~味｜深~的友谊。❷不刻薄(bó)，待人好：~道｜忠~。❸重视，注重：~今薄古｜~此薄彼。

厝 cuò ㄘㄨㄛˋ [cou³ 措]

❶放置：~火积薪(把火放在柴堆下，喻隐藏祸患)。❷停柩(jiù)，把棺材停放待葬，或浅埋以待改葬。

原 yuán ㄩㄢˊ [yun⁴ 元]

❶最初的，开始的(㊟-始)：~稿｜~创。㊟ 没有经过加工的：~油｜~煤。❷原来，本来：这话~不错｜~打算去请他｜放还~处。❸谅解，宽容(㊟-谅)：情有可~。❹宽广平坦的地方：~野｜平~｜高~｜大草~。❺同“塬”。

9—10 画

厢 (*廂)xiāng ㄒㄧㄤ [sêng¹ 伤]

❶厢房，正房前面两旁的房屋：东～｜西～。㊀边，方面：这～｜两～。❷靠近城的地区：城～｜关～。❸包厢，戏院里特设的单间座位。❹车厢，车里容纳人或东西的地方。

厣 (靨)yǎn ㄧㄢˇ [yim² 掩]

螺类介壳口圆片状的盖。蟹腹下面的薄壳有时也叫厣。

☞🅟名词。较小的遮盖物：有～鸡笼(没有门儿的鸡笼)｜袋～(口袋盖儿)。

㕓 [yim² 掩]

☞🅟名词。痂：疮结～咯(疮结痂了)。

厩 (*廄、*廐)jiù ㄐㄧㄡˋ [geo³ 救]

马棚，泛指牲口棚：～肥。

厨 (*廚、*㕑)chú ㄔㄨˊ [qu⁴ 橱，㊁cêu⁴ 徐]

厨房，做饭做菜的地方：下～。

厦 (*廈)㊀shà ㄕㄚˋ [ha⁶ 夏]

❶大屋子：广～｜高楼大～。❷房子后面突出的部分：前廊后～。

㊁xià ㄒㄧㄚˋ [ha⁶ 夏]

【厦门】地名，在福建省。

雁 (*鴈)yàn ㄧㄢˋ [ngan⁶ 眼⁶]

大雁，鸟名，多指鸿雁。羽毛褐色，腿短，群居在水边，飞时排列成行。是候鸟。

厥 jué ㄐㄩㄝˊ [küd³ 决]

❶气闭，昏倒：晕～｜痰～。❷文言代词。其，他的，那个的：～父｜～后｜大放～词。

12 画以上

厮 (*廝)sī ㄙ [xi¹ 思]

❶旧时对服杂役的男子的蔑称：小～。㊀对人轻慢的称呼(宋以来的小说中常用)：这～｜那～。❷互相：～守｜～打｜～混(hùn)。

愿 (❶-❸願)yuàn ㄩㄢˋ [yun⁶ 元⁶]

❶乐意：甘心情～｜自觉自～。❷希望(㊥-望)：生平之～｜如～以偿。【愿景】所向往的前景。❸迷信的人对神佛许下的酬谢：许～｜还～。❹恭谨。

靥 (靨)yè ㄧㄝˋ [yib³ 叶³]

酒窝儿，嘴两旁的小圆窝儿：脸上露出笑～。

魇 (魘)yǎn ㄧㄢˇ [yim² 掩]

做可怕的梦，梦中觉得有什么东西压住不能动弹(tan)。

餍 (饜)yàn ㄧㄢˋ [yim³ 厌]

吃饱。㊀满足：～足(多指私欲)。

赝 (贋、*贗)yàn ㄧㄢˋ [ngan⁶ 雁]

假的，伪造的：～品。

黡 (黶)yǎn ㄧㄢˇ [yim² 掩]

黑色的痣。

擪 [yib³ 叶³]

☞粤❶动词。掖：～蚊帐。❷动词。撸起，卷起：～起衫袖(撸起衣袖)｜～高裤脚(卷起裤腿)。

[7]厂部

反 fǎn ㄈㄢˇ [fan² 返]

❶翻转，颠倒：～败为胜｜～守为攻｜易如～掌。㊀翻转的，颠倒的，跟“正”相对：～面｜～穿皮袄｜放～了｜图章上刻的字是～的。【反复】1. 翻来覆去：～无常。2. 重复：～练习。❷表示和原来的或预想的不同：～常｜画虎不成～类犬。【反而】【反倒】(－dào)副词。表示跟上文意思正相反或出乎预期和常情：希望他走，他～坐下了。❸反对，反抗：～浪费｜～腐败｜～封建｜～法西斯。❹类推：举一～三。❺回，还：～攻｜～求诸己。【反省】(－xǐng)对自己的思想行为加以检查。❻古同“返”。

斥 chì ㄔˋ [qig¹ 戚]

❶责备(㊀－责)：痛～谬论。❷使退去，使离开：排～｜～退。❸多，广。【充斥】多得到处都是(含贬义)：满纸～着谎言。【斥资】支付费用，出资：～百万建造福利院。

卮 (*巵)zhī ㄓ [ji¹ 支]

古代盛酒的器皿。

后 (❸❹後)hòu ㄏㄡˋ [heo⁶ 候]

❶上古称君王：商之先～(先王)。❷皇后，帝王的妻子。❸跟“前”相对。1. 指空间，在背面的，在反面的：～门｜村～。2. 指时间，较晚的，未到的：日～｜先来～到。3. 指次序靠末尾的：～排｜～十名。【后备】准备以后使用的：～军。❹后代，子孙：～嗣｜无～。

质 (質) zhì ㄓˋ ㊀ [zed¹ 侄]

❶本体，本性：物～｜流～｜铁～｜实～。【质量】1. 产品或工作的优劣程度：提高～。2. 物理学上指物体所含物质的量。过去习惯上称为重量。【质子】原子核内带有正电的粒子。【本质】跟“现象”相对，指事物的内在联系，是这一事物和其他事物相区别的根本属性。它是由事物内部矛盾所规定的。❷朴实(㊀－朴)。❸依据事实来问明或辨别是非：～询｜～问｜～疑｜～之高明。

zhì ㄓˋ ㊁ [ji³ 志]

抵押，抵押品：～押｜人～｜以房子为～。

盾 dùn ㄉㄨㄣˋ [tên⁵ 拖春⁵]

❶古代打仗时防护身体，挡住敌人刀、箭等的牌。【后盾】指后方护卫、支援的

力量。❷盾形的东西：金～｜银～。❸越南等国的货币单位。

厑 sī ㄙ［xi1 司］

【厑亭】地名，在山西省襄垣。

[8]匚部

2—4画

区 （區）㊀qū ㄑㄩ ㊀［kêu1 驱］

❶分别（㊜－别、－分）。❷地域：山～｜工业～｜开发～｜自然保护～。❸行政区划单位，有跟省平级的自治区和比市低一级的市辖区等。

【区区】小，细微：～小事。

㊁ōu ㄡ㊁［eo1，㊋ngeo1 欧］

姓。

匹 （❶*疋）pǐ ㄆㄧˇ［ped1 婆乞］

❶量词。1. 用于骡、马等：三～马。2. 用于整卷的布或绸缎等：一～红布。❷相当，相敌，比得上。【匹敌】彼此相等。【匹配】1. 婚配。2.（元器件等）配合。

巨 （❶△*鉅）jù ㄐㄩˋ［gêu6 具］

❶大：～浪｜～型飞机｜～款。❷姓。

“鉅”另见712页“钜”（jù）。

叵 pǒ ㄆㄛˇ［po2 颇］

不可：～信｜居心～测。

匝 （*帀）zā ㄗㄚ［zab3 砸］

❶周：绕树三～。❷满，环绕：柳荫～地｜～月（满一个月）。

匜 yí ㄧˊ［yi4 移］

〈古〉❶一种洗手用的器具。❷一种盛酒的器具。

匡 kuāng ㄎㄨㄤ［hong1 康］

❶纠正：～谬（miù）｜～正。❷救，帮助：～救｜～助。❸〈方〉粗略计算，估算：～算｜～计。

匠 jiàng ㄐㄧㄤˋ［zêng6 丈］

❶有专门手艺的人：木～｜瓦～｜能工巧～。❷灵巧，巧妙：～心。❸指在某方面有很深造诣的人：文学巨～。

5画以上

匣 xiá ㄒㄧㄚˊ［hab6 峡］

（－子、－儿）收藏东西的器具，通常指小型的，有盖可以开合。【话匣子】1. 留声机的俗称。2. 指话多的人（含讽刺义）。

医 （醫、**毉）yī ㄧ［yi1 依］

❶医生，治病的人：老中～｜名～｜军～。❷医学，增进健康、预防和治疗疾病的科学：中～｜西～｜学～。❸治病（㊜－疗、－治）：～术｜有病早～。

匭（匦）guǐ ㄍㄨㄟˇ [guei² 鬼]

箱子，匣子：票～。

匼 kē ㄎㄜ [heb¹ 恰]

古代的一种头巾。

匿 nì ㄋㄧˋ [nig¹ 搦]

隐藏，躲避（㊥隐－、藏－）：～名信｜销声～迹。

☞🅖动词。躲藏：睇你～去边度（看你躲哪儿去）！｜有定～（没地方躲）｜～埋（躲藏起来）｜伏～～（捉迷藏）。

匪 fěi ㄈㄟˇ [féi² 诽]

❶强盗，抢劫财物的坏人：惯～｜土～。❷不，不是：获益～浅｜～夷所思（不是常人所能想到的）。

匱（匮）kuì ㄎㄨㄟˋ [guei⁶ 跪]

缺乏（㊥－乏）。

〈古〉又同"柜"（guì）。

匾 biǎn ㄅㄧㄢˇ [bin² 扁]

匾额，题字的横牌，挂在门、墙的上部：金字红～｜光荣～。

[9]卜部

卜 ㊀bo·ㄅㄛ ㊁ [bag⁶ 白]

见 138 页"萝"字条【萝卜】。

㊁bǔ ㄅㄨˇ ㊁ [bug¹ 波屋]

❶占卜，古时用龟甲、兽骨等预测吉凶的一种活动。后泛指用其他方法预测吉凶。㊀料定，先知道：预～｜吉凶未～。【卜辞】商代刻在龟甲、兽骨上记录占卜事情的文字。❷姓。

☞🅖动词。预定：～位（预订座位）。〖英语 book 的音译。〗

卦 guà ㄍㄨㄚˋ [gua³ 挂]

八卦，我国古代用来占卜的象征各种自然或人事现象的八种符号，相传是伏羲氏所创。【变卦】㊖已定的事情忽然改变（含贬义）。

[9]⺊部

3画

卡 ㊀kǎ ㄎㄚˇ ㊁ [ka¹ 咖]

（外）❶卡车，载重的大汽车：十轮～。❷卡片，小的纸片（一般是比较硬的纸）：资料～｜贺年～。❸卡路里的简称，热量的非法定计量单位，符号 cal，1 克纯水的温度升高 1 摄氏度所需的热量为 1 卡，合 4.1868 焦。

【卡通】（外）1. 动画片。2. 漫画。

㊁qiǎ ㄑㄧㄚˇ ㊁ [ka³ 咖³]

❶（－子）在交通要道设置的检查或收税的地方：关～。❷（－子）夹东西的器具：头发～子。❸夹在中间，堵塞：鱼刺～在嗓子里｜纸～在打印机里拿不出来了。

占（㊁* 佔）㊀zhān ㄓㄢ ㊁ [jim¹ 尖]

古代用龟甲、蓍(shī)草等，后世用铜钱或牙牌等判断吉凶：~卦｜~课。

☞广❶名词。果酱。又叫“果占”。❷名词。占米(包括粳米、籼米)，黏性较小的米：油~(一种优质籼米)｜银~(一种较好的籼米)。

㊁zhàn ㄓㄢˋ ㊁[jim³ 尖³]

❶据有，用强力取得(㊐-据)：~领｜强~｜攻~。❷处于某种地位或情势：~上风｜~优势｜~多数。

卢 (盧)lú ㄌㄨˊ [lou⁴ 炉]

姓。

4—7 画

贞 (貞) zhēn ㄓㄣ (旧读 zhēng) [jing¹ 征]

❶坚定，有节操：忠~｜坚~不屈。❷旧礼教中指女子不改嫁或不失身：~女｜~节。❸占，卜，问卦：~卜。

芈 mǐ ㄇㄧˇ [méi¹ 咩]

姓。

卣 yǒu ㄧㄡˇ [yeo⁵ 有]

古代一种盛酒的器皿。

卓 zhuó ㄓㄨㄛˊ [cêg³ 绰]

❶高而直：~立。❷高明，高超，杰出，不平凡：~见｜~越。【卓绝】超过寻常，没有能比的：艰苦~。

☞广形容词。见机行事，机灵，精明(带贬义)：呢个人真~(这个人真会见机行事)｜老~(处理精明、老到)。

禼 (卨、**禼)xiè ㄒㄧㄝˋ [xid³ 泄]

用于人名。万俟禼(mòqí-)，宋代人。

8 画以上

桌 (*棹)zhuō ㄓㄨㄛ [zêg³ 雀]

❶(-子、-儿)一种日用家具，上面可以放东西：书~｜饭~｜八仙~。❷量词。用于成桌的饭菜或围着桌子坐的客人：一~酒席｜来客可坐三~。

[10]门部

冇 mǎo ㄇㄠˇ [mou⁵ 母]

〈方〉没有。

☞广❶动词。没，没有：有~？｜里头~人｜~边个同意(没有谁同意)｜你~佢用功(你没他努力)｜~两日佢就话唔学咯(没两天他就说不学了)。【冇谱】1. 离谱，没准儿：你都~嘅，老婆生病自己走去玩(你真离谱，老婆生病自己去玩)｜佢嘅话~嘅(他说的话可没准儿)。2. 形容某种状态达到令人难以忍受的程度：今日热到~(今天热得够呛)。【冇研究】1. 没意见，没问题。答应别人的要求时用：~，你要就攞去(没问题，你要就拿走)｜大家话点就点，我~(大家说怎么样就怎么样，我没意见)。2. 无所谓：我几时当值都~(我什么时候值班都无所谓)｜点都~(怎么都成)。❷副词。没，没有：佢~嚟过(他没有来过)｜我~听讲过(我没听说过)｜佢~做错乜嘢呀(他没做错什么呀)。【有修】1. 没办法，没辙儿：碰到噉嘅情况边个都～(碰到这样的情况谁也没办法)。2. 狼狈不堪：畀佢搞到有晒修(给他搞得狼狈不堪)。❸副词。不：～错，系佢唔啱(不错，是他不对)｜～紧要(不要紧)｜呢排～落雨乜滞(近来不怎么下雨)。

冈 (岡)gāng ㄍㄤ [gong¹ 刚]

山脊：山～｜景阳～｜井～山。

同 (㊀△*仝、*㊁衕)㊀tóng ㄊㄨㄥˊ [tung⁴ 筒]

❶一样，没有差异：～等｜～岁｜～感｜大～小异。【同化】使不同的事物变成相同或相近的事物。【同时】1. 在同一个时候。2. 表示进一层，并且：修好淮河可以防止水灾，～还可以防止旱灾。【同志】一般指志同道合的人，为共同的理想、事业而奋斗的人。特指同一个政党的成员。❷跟……相同：～上｜～前｜情～手足。❸共同：会～｜陪～。❹副词。同，一起：～吃～住～劳动｜一路～行。❺介词。跟：他～哥哥一样勤奋｜～坏人做斗争。❻连词。和：我～你都去。

"仝"另见42页tóng。

㊁tòng ㄊㄨㄥˋ [tung⁴ 筒]

【胡同】巷，较窄的街道。

网 (網)wǎng ㄨㄤˇ [mong⁵ 妄]

❶用绳线等结成的捕鱼捉鸟的器具：渔～。【网罗】搜求，设法招致：～人才。❷用网捕捉：～鱼｜～鸟。❸像网的东西：～兜儿｜铁丝～。❹像网样的组织或系统：通信～｜宣传～。特指互联网：～页｜～站｜上～。

冏 jiǒng ㄐㄩㄥˇ [guing² 炯]

❶光。❷明亮。

罔 (*罓)wǎng ㄨㄤˇ [mong⁵ 妄]

❶蒙蔽，诬：欺～。❷无，没有：置若～闻(放在一边不管，好像没听见一样)。

[10]⺆部

用 yòng ㄩㄥˋ [yung⁶ 容⁶]

❶使用，使人、物发挥其功能：～电｜～拖拉机耕田｜公～电话｜～笔写字。❷进饭食：～茶｜～饭。❸费用，花费的钱财：家～｜零～。❹物质使用的效果(㊄功－、效－)：有～之材。❺需要(多用于否定或反问)：不～说｜还～你操心吗？❻因：～此｜～特函达。

甩 shuǎi ㄕㄨㄞˇ ㊀ [soi² 腮²]

❶抡，扔：～袖子｜～手榴弹。❷抛开，抛弃：～车(使列车的车厢与机车分开)｜被～在后面｜～掉了跟踪的特务。

㊁ [led¹ 罗不]

☞广 ❶动词。脱落，掉：～色(掉色)｜～铰(脱臼)｜～青(搪瓷器皿掉瓷)｜～身(脱身)｜～手(脱手，指货物卖出)｜～～离(将要掉落的样子)。【甩底】1. 失约，违背承诺：签咗约唔能够～架(签了约是不能违背的)。2. 失败：千祈唔好～(千万别失败)。3. 丢脸：当堂～(当堂出丑，丢人现眼)。❷动词。脱离：～绳马骝(脱离绳子的猴子，比喻人脱离了约束)。【甩须】丢脸，出丑：当堂～(当场出丑)｜甩晒须(丢尽脸)｜人哋问乜都唔知，你话几～呀(人家问什么都答不出，你说多丢脸呀)。❸组成“笔甩”作形容词的词尾：掂笔～(直直的；径直)｜直笔～(笔直；径直)｜尖笔～(尖尖的)。❹词素。【麻甩】麻雀。【麻甩佬】缺德鬼，喜欢挑逗、调戏妇女的男人(带贬义)。

周 (❶-❻*週) zhōu ㄓㄡ [zeo¹ 舟]

❶量词。用于圈数：绕场一～｜环绕地球一～。❷周围：圆～｜学校四～都种着树。❸环绕，绕一圈：～而复始。【周旋】1. 打交道：四处～。2. 交际，应酬：与客人～。❹指一个星期：～末｜～刊。❺普遍，全面：众所～知｜～身。❻完备：～到｜计划不～。❼给，接济：～济｜～急。❽朝代名。1. 周武王姬发所建立(公元前1046—前256年)。2. 北朝之一，宇文觉取代西魏称帝，国号周(公元557—581年)，史称北周。3. 五代之一，郭威所建立(公元951—960年)，史称后周。

[11]八部

八 bā ㄅㄚ [bad³ 波压]

数目字。

2—4 画

兮 xī ㄒㄧ [hei⁴ 奚]

文言助词。相当于现代的“啊”：大风起～云飞扬｜魂～归来！

分 ㊀fēn ㄈㄣ ㊀[fen¹ 纷]

❶分开，区划开，跟“合”相对：～离｜～类｜～工｜～散｜～解。㊜1. 由整体中取一部分：他～到了五千元。2. 由机构分出的，分设的：～会｜～队｜～局｜～社。【分化】由一种事物演变成几种不同的事物：两极～｜“他”字～成“他”“她”“它”。【分析】把事物、现象、概念等划分成简单的部分，找出它的本质、属性或相互联系：～问题｜化学～。❷分配：～红｜～工。❸辨别(㊟-辨)：不～青红皂白｜～清是非。❹法定计量单位中十进分数单位词头之一，表示10^{-1}，符号 d。❺计量单位名。1. 市制长度，10分是1寸，1分约合3.33毫米。2. 市制地积，10分是1亩，1分约合66.67平方米。3. 市制重量，10分是1钱，1分合0.5克。4. 币制，10分是1角。5. 时间，60秒是1分，60分是1小时。6. 圆弧或角，60秒是1分，60分是1度。7. (-儿)表示成绩：赛篮球赢了三～｜考试得了一百～。8. 利率，月利一分按百分之一计算，年利一分按十分之一计算。【分寸】(-cun)指说话或办事的适当标准或限度：说话要有～。

㊁fèn ㄈㄣ ㊁[fen⁶ 份]

表示分数：二～之一｜百～之八。【分数】数学中表示除法的式子，画一道横线，叫分数线，被除数写在线上面，叫分子，除数写在线下面，叫分母。【分子】1. 物体分成的最细小而不失原物性质的颗粒：水的一个～，含有两个氢原子和一个氧原子。2. 见本字条【分数】。

(另fènzǐ，见“分”㊀fèn)

㊁fèn ㄈㄣˋ ㊂[fen⁶ 份]

❶名位、职责、权利的限度：~所当然|本~|非~|过~。❷成分：水~|糖~|养~。❸同“份”。【分子】(-zǐ)属于一定阶级、阶层、集团或具有某种特征的人：积极~|知识~。(另 fēnzǐ，见“分”㊀fēn)

公 gōng ㄍㄨㄥ [gung¹ 宫]

❶属于国家或集体的，跟“私”相对：~物|~务|~文|因~出差|大~无私。❷公平，公道：~允|~正|秉~办事。❸让大家知道：~开|~告|~布|~示。❹共同的，大家承认的，大多数适用的：~海|~约|~理。【公司】合股(或单股)经营的一种工商业组织，经营产品的生产、商品的流转或某些建设事业：百货~|运输~|煤气~。❺公制的：~里|~尺|~斤。❻雄性的：~鸡|~羊。❼对祖辈和老年男子的称呼(叠)：外~|老~~。❽丈夫的父亲(叠)：~婆。❾古代五等爵位(公、侯、伯、子、男)的第一等。❿对年长男子的尊称：诸~|丁~。

共 gòng ㄍㄨㄥˋ [gung⁶ 公⁶]

❶相同的，都具有的：~识|~性。❷在一起，一齐(㊟-同)：和平~处|同甘~苦|~鸣|~事。❸副词。总，合计(㊟总-)：~二十人|~计。❹共产党的简称：中~。

〈古〉又同“恭”(gōng)。

〈古〉又同“供”(gōng)。

兴 (興)㊀xīng ㄒㄧㄥ ㊂[hing¹ 兄]

❶举办，发动：~工|~利除弊|~修水利。❷起来：夙~夜寐(早起晚睡)|闻风~起。❸旺盛(㊟-盛、-旺)：复~。【兴奋】精神振作或激动。❹流行，盛行：时~。❺准许：不~胡闹。❻〈方〉或许：他~来，~不来。❼姓。

㊁xìng ㄒㄧㄥˋ ㊂[hing³ 庆]

兴趣，对事物喜爱的情绪：游~|助~|~高采烈。【高兴】愉快，喜欢。

5—8 画

兵 bīng ㄅㄧㄥ [bing¹ 冰¹]

❶武器：~器|短~相接。❷战士，军队：官~一致|步~。❸指军事或战争：~法|纸上谈~。

坌 bèn ㄅㄣˋ [ben⁶ 笨]

❶灰尘：尘~满室。❷聚集：响应者~集。

岔 chà ㄔㄚˋ [ca³ 诧]

❶分歧的，由主干分出的：~道|三~路。❷转移主题：拿话~开|打~。❸互相让开(多指时间)：把这两个会的时间~开。❹(-子、-儿)乱子，事故：仔细点儿，别出~子。

其 qí ㄑㄧˊ [kéi⁴ 旗]

❶代词。1. 他，他们：不能任~自流|劝~努力学习。2. 他的，他们的：各得~所|人尽~才，物尽~用。❷那，那个，那些：~他|~次|本无~事|~中有个原因。【其实】实在的，事实上：他说不懂，~早就懂了。❸文言副

词。1. 表示揣测、反诘：岂～然乎？｜～奈我何？2. 表示命令、劝勉：子～勉之！❹词尾：极～快乐｜尤～伟大。

具 jù ㄐㄩˋ［gêu⁶ 巨］

❶器具，器物：工～｜家～｜文～｜农～。❷备，备有：～备｜略～规模。【具体】1. 明确，不抽象，不笼统：这个计划定得很～。2. 特定的：～的人｜～的工作。

典 diǎn ㄉㄧㄢˇ［din² 电²］

❶可以作为标准、典范的书籍：～籍｜词～｜字～｜引经据～。㊀标准，法则：～范｜～章｜据为～要。【典礼】郑重举行的仪式：开学～｜开幕～。【典型】1. 有概括性或代表性的人或事物。2. 具有代表性的：这个案例很～。3. 文艺作品中，用典型化的方法创造出来的能够反映一定社会本质而又具有鲜明个性的艺术形象。❷典礼：盛～｜大～。❸典故，诗文里引用的古书中的故事或词句：用～。❹旧指主持，主管：～试｜～狱。❺活买活卖，到期可以赎：～当(dàng)｜～押。

贫 (貧)pín ㄆㄧㄣˊ［pen⁴ 频］

❶穷，收入少，生活困难，跟"富"相对(㊇－穷)：～困｜清～。❷缺乏，不足(㊇－乏)：～血。❸絮烦可厌：他的嘴太～。

忿 fèn ㄈㄣˋ［fen⁵ 愤］

生气，恨(㊇－怒、－恨)(叠)：～～不平。现多作"愤"。【不忿】不服气，不平。【气不忿儿】看到不平的事，心中不服气。

瓮 (＊甕、＊罋)wèng ㄨㄥˋ［wung³，㊀ngung³ 蕹］

一种盛水、酒等的陶器。

盆 pén ㄆㄣˊ［pun⁴ 盘］

(－子、－儿)盛放或洗涤东西的用具，通常是圆形，口大，底小，不太深：花～｜脸～。【盆地】被山或高地围绕着的平地：四川～｜塔里木～。

翁 wēng ㄨㄥ［yung¹ 雍］

❶老头儿：渔～｜老～。❷父亲。❸丈夫的父亲或妻子的父亲：～姑(公婆)｜～婿。

9 画以上

舆 (輿)yú ㄩˊ［yu⁴ 余］

❶车中载人载物的部分。❷车：舍～登舟。【肩舆】轿子。❸众人：～论。【舆情】群众的意见和态度：洞察～。❹地，疆域：～地｜方～｜～图。

[11]丷部

1—6 画

丫 (❶△＊枒、❶＊桠)yā ㄧㄚ［a¹，㊀nga¹ 鸦］

❶上端分杈的东西：～杈｜树～巴。❷〈方〉女孩子：小～。【丫头】(－tou)1.

女孩子。2. 旧时称供人役使的女孩子。“椏”另见315页“椏”(yā)。

兰 (蘭)lán ㄌㄢˊ [lan⁴ 拦]

植物名。1. 兰花，草本植物，丛生，叶细长，花味清香。有草兰、建兰等多种。2. 兰草，草本植物，叶卵形，边缘锯齿形。秋天开花，有香味，可供观赏。

并 (㊁❶*併、㊁❷-❹*並、㊁❷-❹*竝)㊀bīng ㄅㄧㄥ ㊂[bing¹ 兵]

并州，山西省太原的别称。

㊁bìng ㄅㄧㄥˋ ㊂[bing³ 兵³]

❶合在一起(㊀合-)：归～｜～案办理。❷一齐，平排着：～驾齐驱｜～肩作战｜～排坐着。❸连词。并且：讨论～通过了这项议案。【并且】连词。表示进一层，有时跟“不但”相应：他不但赞成，～愿意帮忙。❹副词。1. 放在否定词前面，加强否定语气，表示不像预料的那样：～不太冷｜～非不知道。2. 同时，一起，同样：两说～存｜相提～论｜二者～重。

关 (關、**関)guān ㄍㄨㄢ [guan¹ 鳏]

❶闭，合拢(㊀-闭)：～门｜～上箱子。㊀拘禁：～监狱。❷古代在险要地方或国界设立的守卫处所：～口｜山海～。㊀征收出口、入口货税的机构：海～｜～税。❸重要的转折点，不易度过的一段时间：难～｜紧要～头。❹起转折关联作用的部分：～节(两骨连接的地方)｜～键。❺牵连，连属：相～｜无～紧要。【关系】1. 事物之间的关涉牵连：这个电门和那盏灯没有～。2. 人事的联系：同志～｜亲戚～。3. 影响：这件事～太大。【关于】介词。引进某种行为或事物的关系者：～促进就业的措施｜～社会学方面的书。❻旧指发给或支领(薪饷)：～饷。

兑 duì ㄉㄨㄟˋ [dêu³ 对]

❶交换(㊀-换)：～款｜汇～｜～现。❷掺和，混合：勾～。❸八卦之一，符号是“☱”，代表沼泽。

弟 dì ㄉㄧˋ [dei⁶ 第]

❶同父母(或只同父、只同母)或亲属中同辈而年龄比自己小的男子(叠)。【弟兄】(-xiong)1. 包括所有的兄和弟(口语里跟“兄弟[di]”有分别，“兄弟[di]”专指弟弟)：我们～三个。2. 同辈共事的朋友间亲热的称呼。❷称呼年龄比自己小的男性：小～｜师～。【弟子】学生对老师自称或别人指称。❸古同“第❶❷❹”。

〈古〉又同“悌”(tì)。

单 (單)㊀chán ㄔㄢˊ ㊂[xim⁴ 婵]

【单于】(-yú)古代匈奴的君主。

㊁dān ㄉㄢ ㊂[dan¹ 丹]

❶种类少，不复杂：简～｜～纯。㊀副词。只，仅：做事～靠热情不够｜不提别的，～说这件事。【单位】1. 计算物体轻重、长短及数量的标准。2. 指机关、团体或属于一个机关、团体的各个部门：事业～｜直属～。❷独，一：～身｜～打一｜～枪匹马｜～数(跟“复数”相对)。❸奇(jī)数的：～日｜～号｜～数(一、三、五、七等，跟“双数”相对)。【单薄】(-bó)1. 薄，少：穿得很～。2. 弱：他身子骨儿太～｜人力

～。❹(－子、－儿)记载事物用的纸片：～据｜传～｜账～儿｜清～｜药～。❺衣服被褥等只有一层的：～衣｜～裤。❻(－子、－儿)覆盖用的布：被～｜床～｜褥～儿。

㊂shàn ㄕㄢˋ ㊀[xin⁶ 善]

❶单县，在山东省。❷姓。

7—8画

养 (養)yǎng ㄧㄤˇ [yêng⁵ 痒]

❶抚育，供给生活品(㊟－育)：～家｜抚～｜赡～。❷饲养(动物)，培植(花草)：～鸡｜～鱼｜～花。❸生育：～了个儿子。❹(非血亲)抚养的：～女｜～父。❺使身心得到滋补和休息：～神｜～精蓄锐｜～病｜休～。㊞保护修补：～路。❻培养：他～成了劳动习惯。❼(品德学业等)良好的积累：修～｜涵～｜教～｜学～。❽扶持，帮助：以农～牧，以牧促农。

前 qián ㄑㄧㄢˊ [qin⁴ 钱]

❶跟"后"相对。1. 指空间，人脸所向的一面，在正面的：～面｜向～走｜天安门～｜楼～｜床～。2. 指时间，往日的，过去的：～天｜史无～例。3. 指次序，靠头里的：～五名。❷向前行进：勇往直～｜畏缩不～。❸未来的(用于展望)：～景｜向～看。

酋 qiú ㄑㄧㄡˊ [yeo⁴ 由]

❶酋长，部落的首领。❷(盗匪、侵略者的)头子：匪～｜敌～。

兹 (㊂**茲)㊀cí ㄘˊ ㊀[qi⁴ 词]

见679页"龟"字条【龟兹】(qiū－)。

㊁zī ㄗ ㊀[ji¹ 之]

❶文言代词。这，这个：～日｜～理易明。❷现在：～不赘述｜～订于明日召开全体职工大会。❸年：今～｜来～。

兼 jiān ㄐㄧㄢ [gim¹ 检¹]

❶加倍，把两份并在一起：～旬(二十天)｜～程(用加倍的速度赶路)｜～并。❷所涉及的或所具有的不只一方面：～任｜德才～备。

9画以上

輾 (䡅)chǎn ㄔㄢˇ [qin² 浅]

笑的样子：～然而笑。

[12]人部

人 rén ㄖㄣˊ [yen⁴ 仁]

❶能制造工具并能使用工具进行劳动的高等动物。【人口】1. 人的数目：～普查。2. 泛指人：拐卖～。【人类】人的总称：造福～。【人手】指参加某项工作的人：缺～｜～齐全。❷指某种人：工～｜客～｜商～｜媒体～。❸别人：～云亦云｜助～为乐。❹指人的品质、性情：老张～不错。㊞人格或面子：丢～。❺指人的身体或意识：我今天～不大舒服。

1—3 画

个 (個、㊁* 箇) ㊀gě ㄍㄜˇ [go³ 哥³]

【自个儿】自己。

㊁gè ㄍㄜˋ [go³ 哥³]

❶量词：洗~澡丨一~人丨离开学还有~七八天丨一~不留神摔倒了丨打他~落花流水。❷单独的：~人丨~体。❸(-子、-儿)身材或物体的大小：高~子丨小~儿丨馒头~儿不小。

介 jiè ㄐㄧㄝˋ [gai³ 界]

❶在两者中间：~乎两者之间丨~绍丨媒~丨中~。【介词】用在名词、代词或名词性词组前，合起来表示对象、方向等的词，如“从、向、在、以、对于”等。❷放在心里：~意丨~怀。❸正直：耿~。❹甲。1. 古代军人穿的护身衣服：~胄在身。2. 动物身上的甲壳：~虫。❺量词。个(用于人，多表示微贱，只与数词“一”搭配)：一~书生。❻旧戏曲脚本里指示演员的动作、表情时的用语：打~丨饮酒~。

从 (從) cóng ㄘㄨㄥˊ (❻❼❽旧读zòng) [cung⁴ 丛]

❶跟随：愿~其后。❷依顺：服~丨胁~丨言听计~。❸参与：~政丨~军。❹介词。表示起点或经由：~南到北丨~古到今丨~小路走。【从而】连词。由此：坚持改革开放，~改变了贫穷和落后的面貌。【从来】副词。向来，一向：他~不说假话。❺采取某种态度或方式：~速解决丨一切~简丨~宽处理。❻跟随的人：仆~丨随~。❼指同宗而非嫡亲的(亲属)：~兄弟丨~伯叔。❽次要的：主~丨分别首~。

【从容】不慌不忙：举止~丨~不迫。㉄充裕：手头~丨时间~。

〈古〉又同纵横的“纵”。

仑 (侖、❷* 崙、❷* 崘) lún ㄌㄨㄣˊ [lên⁴ 轮]

❶条理，伦次。❷见 358 页“昆”字条【昆仑】。

今 jīn ㄐㄧㄣ [gem¹ 金]

❶现在，现代，跟“古”相对：~昔丨博古通~。❷当前：~天丨~年。

仓 (倉) cāng ㄘㄤ [cong¹ 苍]

收藏谷物的建筑物：米~丨谷~。【仓库】储藏东西的房子。

【仓促】【仓猝】(-cù)匆忙。

以 (*㠯) yǐ ㄧˇ [yi⁵ 耳]

❶介词。1. 用，拿，把，将：~少胜多丨晓之~利害丨~身作则丨~理论为行动的指南丨~劳动为荣。【以为】心里想，认为：意~未足丨我~应该这样做。2. 依，顺，按照：众人~次就座丨~时启闭。3. 因，由于：不~失败自馁，不~成功自满。4. 在，于(指时日)：中华人民共和国~1949 年 10 月 1 日宣告成立。❷连词。1. 表示目的的关系：大力发展生产，~提高人民生活水平。2. 表示并列关系，跟“而”用法相同：其责己也重~周，其待人也轻~约。❸放在方位词前表明时间、地位、方向或数量的界限：中等水平~上丨五岭~南，古称百粤丨十天~后交货丨三日~内完成。

仝

tóng ㄊㄨㄥˊ [tung⁴ 筒]

❶见35页“同”。❷姓。

令

㊀lǐng ㄌㄧㄥˇ ㊁ [ling¹ 零¹]

(外)量词。原张的纸500张为1令。

㊁lìng ㄌㄧㄥˋ ㊁ [ling⁶ 另]

❶上级对下级的指示：下～｜明～规定｜法～。❷上级指示下级(㊥命－)：责～｜～全体官兵遵照执行。❸古代官名：县～。❹使，使得：～人起敬｜～人兴奋｜利～智昏。❺时令，时节：月～｜夏～。❻美好，善：～名。敬辞：～兄｜～尊(称对方的父亲)。❼词之短小者叫令：调笑～｜十六字～。

4—6画

全

quán ㄑㄩㄢˊ [qun⁴ 存]

❶完备，齐备，完整，不缺少(㊥齐－)：百货公司的货很～｜这部书不～了。❷整个，遍：～国｜～校｜～力以赴。【全面】顾到各方面的，不片面：～规划｜看问题要～。❸保全，成全，使不受损伤：两～其美。❹副词。都：代表们～来了。

会

(會)㊀huì ㄏㄨㄟˋ ㊁ [wei⁶ 汇]

❶聚合，合在一起(㊥－合)：就在这里～齐吧｜～审｜～师｜～话(对面说话)。❷众人的集合。1. 有一定目的的集会：纪念～｜群众大～｜开个～。2. 指某些团体：工～｜学生～。❸城市(通常指行政中心)：都(dū)～｜省～。❹彼此见面：～客｜～一～面｜你～过他没有？❺付钱：～账｜饭钱我～过了。❻理解，领悟，懂：误～｜～意｜领～。❼能。1. 表示懂得怎样做或有能力做：他～游泳。2. 可能：我想他不～不懂。3. 能够：我们的理想一定～实现。4. 善于：能说～道。❽机会，时机，事情变化的一个时间：适逢其～。❾一定，应当(㊥－当)：长风破浪～有时。❿恰好，正好：～天大雨，道不通。⓫(－儿)一小段时间：一～儿｜这～儿｜那～儿｜多～儿｜用不了多大～儿。

㊁kuài ㄎㄨㄞˋ ㊁ [kui² 溃，㊖wui⁶ 回⁶]

总计。【会计】1. 管理和计算财务的工作。2. 管理和计算财务的人。

合

(㊀❸△閤)㊀gě ㄍㄜˇ ㊁ [geb³ 鸽]

❶市制容量单位，1升的十分之一。❷旧时量粮食的器具。

㊁hé ㄏㄜˊ ㊁ [heb⁶ 盒]

❶闭，合拢：～眼｜～抱｜～围(四面包围)。【合龙】修筑堤坝或桥梁时从两端施工，最后在中间接合。❷聚，集，共同，跟“分”相对：～力｜～办｜～唱。【合同】(－tong)两方或多方为经营事业或在特定的工作中规定彼此权利和义务所订的共同遵守的条文：产销～。【合作】同心协力做某事。❸总共，全：～计｜～家。❹相合，符合：～格｜～法｜～理。㊂应该：理～如此。❺计，折算：这件衣服做成了～多少钱？｜一米～多少市尺？❻姓。

“閤”另见242页“阁”(gé)；242页“阁”(gé)。

企

qǐ ㄑㄧˇ [kéi⁵ 其⁵]

❶踮着脚跟：~踵丨~足而待。❷希望，盼望：~望丨~盼。【企图】图谋，打算（多含贬义）：~逃跑丨政治~。【企业】从事生产、运输、贸易等经济活动的部门，如工厂、矿山、铁路、贸易公司等。

☞粤❶动词。站：~住丨~埋一边（站一边去）丨做售货员系要成日~嘅喇（做售货员是要整天站的）。也作"徛"。❷形容词。直立：啲书~起嚟放（书立着放）。也作"徛"。❸形容词。陡，斜度大：楼梯好~，小心啲上（楼梯很陡，小心点上）丨竹竿放得太~，因住跌（竹竿放得太直了，小心倒下来）。【企戙】旧式店铺一种防护设备，在门口并排紧密竖立若干根粗大木桩，开店时卸开，闭店时装上。【企身】同类器物中较高的一种：~煲（身较高的砂锅，熬汤等用）丨~柜（立柜）。❹名词。家：翻~（回家）丨喺~（在家）。

☞粤【企理】1. 整齐而清洁：将办公室执~啲（把办公室整理得整齐点）丨见工最好着~啲（面试最好穿整洁点）。2. 品质好：我啲货通通都咁~架（我的货通通都是这么好的）。3. 做事认真，效果好：佢做嘢好~嘅（他做事很认真完美的）。

氽

tǔn ㄊㄨㄣˇ [ten² 吞²]

〈方〉❶漂浮：木头在水上~。❷用油炸：油~花生米。

众

（衆、*眾）zhòng ㄓㄨㄥˋ [zung³ 粽]

❶许多：~人丨~志成城（喻团结力量大）丨寡不敌~。❷许多人：群~丨大~丨观~。

伞

（傘、*傘、❶*繖）sǎn ㄙㄢˇ [san³ 汕]

❶挡雨或遮太阳的用具，可张可收：雨~丨阳~。❷像伞的东西：灯~丨降落~丨滑翔~。

佘

shé ㄕㄜˊ [sé⁴ 蛇]

姓。

余

（❶-❸△餘）yú ㄩˊ [yu⁴ 鱼]

❶剩下，多出来（㊀剩-）：~粮丨~兴（xìng）丨业~丨不遗~力。❷十、百、千等整数或度量单位后面的零头：十~人丨三百~米丨两吨~。❸后：兴奋之~，高歌一曲。❹文言代词。我。❺姓。

"餘"另见747页"馀"（yú）。

佥

（僉）qiān ㄑㄧㄢ [qim¹ 签]

〈古〉全，都。

含

hán ㄏㄢˊ [hem⁴ 浛]

❶嘴里放着东西，不吐出来也不吞下去：嘴里~着块糖。❷里面存在着：眼里~着泪丨~水分丨~养分。【含糊】（*含胡）（-hu）1. 不明确，不清晰。2. 不认真，马虎：这事可不能~。3. 怯懦，畏缩（多用于否定）：上场比赛，绝不~。❸带有某种意思、感情等，不完全表露出来：~怒丨~羞丨~笑。

舍

（㊀捨）㊀shě ㄕㄜˇ ㊀ [sé² 写]

❶放弃，不要了：~己为人丨~近求远丨四~五入。❷施舍：~粥丨~药。

㊁shè ㄕㄜˋ ㊂［sé³ 泻］

❶居住的房子：旅～｜宿～。❷养家畜的圈：猪～｜牛～。❸古代行军三十里叫一舍：退避三～（喻对人让步）。❹谦辞，用于对别人称自己的亲戚或年纪小辈分低的亲属：～亲｜～弟｜～侄。❺姓。

命 （*㑹）mìng ㄇㄧㄥˋ ［ming⁶，㊟méng⁶ 摸镜⁶］

❶生命，动物、植物的生活能力，也就是跟矿物、水等所以有区别的地方：性～｜救～｜拼～。❷迷信的人认为生来就注定的贫富、寿数等：算～｜～该如此。❸上级指示下级（㊟－令）：～你前往｜～大军火速前进。❹上级对下级的指示：奉～｜遵～｜恭敬不如从～。❺给予（名称等）：～名｜～题。【命中】（－zhòng）射中或击中目标。❻指派，使用：～驾｜～笔。

贪 （貪）tān ㄊㄢ ［tam¹ 谈¹］

❶贪图，求多，不知足：～玩｜～便宜（piányí）｜～得无厌。❷爱财：～财｜～墨（贪污）。【贪污】利用职权非法地取得财物。

念 （❸❹*唸）niàn ㄋㄧㄢˋ ［nim⁶ 粘⁶］

❶惦记，常常地想（㊟惦－）：思～｜想～｜不～旧恶｜怀～革命先烈。❷想法（－头）：杂～｜一～之差。❸诵读：～书｜～诗。❹指上学：～高中。❺“廿”的大写。

7—10 画

俞 ㊀shù ㄕㄨˋ ㊂［xu⁶ 树］

同“腧”。

㊁yú ㄩˊ ㊂［yu⁴ 余］

❶文言叹词。表示允许。❷姓。

弇 yǎn ㄧㄢˇ ［yim² 掩］

覆盖，遮蔽。

奋 chǒu ㄔㄡˇ ［ceo² 丑］

姓。

组 zǔ ㄗㄨˇ ［zo² 左］

❶古代祭祀时放祭品的器物。❷切肉或菜时垫在下面的砧（zhēn）板：刀～。

拿 （*拏）ná ㄋㄚˊ ［na⁴ 哪⁴］

❶用手取，握在手里：～笔｜～枪｜～张纸来｜～着镰刀割麦子。❷掌握，把握：～主意｜做好做不好，我可～不稳。【拿手】擅长：～好戏｜组织文娱活动，他很～。❸故意做出：～架子｜～腔～调。❹刁难，挟（xié）制：你不干有人干，你～不住人。❺侵蚀，侵害：这块木头让药水～白了。❻逮捕，捉（㊟捉－）：～获｜猫～老鼠。❼介词。1. 把：我～你当朋友看待。2. 用：～这笔钱买身衣服。

衾 qīn ㄑㄧㄣ ［kem¹ 襟］

被子：～枕。

悆 yù ㄩˋ [yu⁶ 预]

❶喜悦。❷舒适。

龛 (龕) kān ㄎㄢ [hem¹ 堪]

供奉佛像、神位等的小阁子：神～。

盒 hé ㄏㄜˊ [heb⁶ 盍]

(－子、－儿)底盖相合的盛东西的器物：饭～儿丨墨～儿。

舒 shū ㄕㄨ [xu¹ 书]

❶展开，伸展：～眉展眼。【舒服】【舒坦】身心愉快。❷从容，缓慢。

畲 shē ㄕㄜ [sé⁴ 蛇]

【畲族】我国少数民族，参看附表。

畬 ㊀shē ㄕㄜ ㊁ [sé⁴ 蛇]

焚烧田地里的草木，草木灰做肥料耕种。

㊁yú ㄩˊ ㊁ [yu⁴ 鱼]

开垦过两年的地。

翕 xī ㄒㄧ [yeb¹ 泣]

❶合，收敛：～动丨～张。❷和顺。

【翕忽】迅速的样子。

☞广动词。眨：～眼佢就走咗(眨眼间他就走了)。也作"瞌"。

禽 qín ㄑㄧㄣˊ [kem⁴ 琴]

❶鸟类的总称：家～丨飞～。❷〈古〉鸟兽的总称。❸古同"擒"。

11 画以上

愈 (❸*瘉、❸*癒) yù ㄩˋ [yu⁶ 预]

❶更，越：～来～好丨病情～甚。❷贤，好：孰～(哪个好)？❸病好了(㊀痊－)：病～。

僰 bó ㄅㄛˊ [bog³ 驳]

我国古代西南地区的少数民族。

盦 ān ㄢ [em¹，㊂ngem¹ 庵]

❶古代一种器皿。❷同"庵"，多用于人名。

[12] 亻部

1 画

亿 (億) yì ㄧˋ [yig¹ 益]

数目，一万万。旧时也指十万。

2 画

仁 rén ㄖㄣˊ [yen⁴ 人]

❶同情，友爱：～慈丨～厚丨～心丨～至义尽。❷敬辞，用于对对方的尊称：～兄丨～弟。❸(－儿)果核的最里面的部分：杏～儿。【不仁】1. 不仁慈，无仁德：～不义。2. 手足丧失感觉，不能运动：麻木～丨四体～。

什 ㊀shén ㄕㄣˊ ㊁[sem⁶ 甚]

【什么】(-me)代词。1. 表示疑问：想~？|~人？2. 指不确定的或任何事物：我想吃点儿~|~事都难不住他。3. 表示惊讶或不满：~！明天就走？|这是~话！

㊁shí ㄕˊ ㊁[seb⁶ 十]

❶同"十❶"(多用于分数或倍数)：~一(十分之一)|~百(十倍或百倍)。❷各种的，杂样的：~物|家~(家用杂物)。【什锦】各种各样东西凑成的(多指食品)：~糖|素~。

仃 dīng ㄉㄧㄥ [ding¹ 叮]

见53页"伶"字条【伶仃】(líng-)。

仆 (㊁僕)㊀pū ㄆㄨ ㊁[fu⁶ 父]

向前跌倒：前~后继。

㊁pú ㄆㄨˊ ㊁[bug⁶ 瀑]

❶被雇到家里做杂事、供役使的人：~人|女~。【仆从】旧时指跟随在身边的仆人。㊄受人控制并追随别人的：~国。❷旧时男子谦称自己。

㊂[pug¹]

☞■动词。趴，俯卧：~低(趴下)|~住瞓(趴着睡)|~喺张台度(趴在桌子上)|~街(指死在街上。骂人语)|~转(反转，扣)。

化 ㊀huā ㄏㄨㄚ ㊁[fa¹ 花]

同"花❻"。

㊁huà ㄏㄨㄚˋ ㊁[fa³ 呼亚]

❶性质或形态改变，使改变：变~|熔~|消~|~石|冰都~了|~整为零|~压力为动力。❷使思想、行为等有所转变：感~|教~|潜移默~。❸指化学：~工|~肥。❹佛教徒、道教徒募集财物：~缘|~斋(乞食)。❺词尾，放在名词或形容词后，表示转变成某种性质或状态：革命~|机械~|现代~|绿~。

仉 zhǎng ㄓㄤˇ [zêng² 掌]

姓。

仇 (㊀*雠、㊁△*雠)㊀chóu ㄔㄡˊ ㊁[ceo⁴ 筹，㊅seo⁴ 愁]

很深的怨恨：~人|报~|恩将~报|~视。

"雠"另见703页"雠"(chóu)。

㊁qiú ㄑㄧㄡˊ ㊁[keo⁴ 求]

姓。

仂 lè ㄌㄜˋ [leg⁶ 勒]

〈古〉余数。

仍 réng ㄖㄥˊ [ying⁴ 形]

副词。仍然，依然，还，照旧：吃了几服(fù)药，病~不见好|他虽然忙，~每天坚持学习。

仅 (僅)㊀jǐn ㄐㄧㄣˇ ㊁[gen² 紧]

副词。只(叠)：小水电站~~三个月就建成了|~写过两篇短文|这些意见~供参考。

㊁jìn ㄐㄧㄣˋ ㊁[gen⁶ 近]

将近，几乎(多见于唐人诗文)：山城~百层|士卒~万人。

3 画

仨 sā ㄙㄚ [sa¹ 沙]

三个(本字后面不能再用“个”字或其他量词)：他们哥儿～。

仕 shì ㄕˋ [xi⁶ 是]

旧称做官：出～｜～途。【仕女】1. 宫女。2. 传统绘画中的美女。

付 fù ㄈㄨˋ [fu⁶ 负]

❶交，给：～款｜～印｜～表决｜～诸实施｜～出。❷量词。1. 同“副❹”：一～手套｜一～笑脸。2. 同“服”(fù)。

仗 zhàng ㄓㄤˋ ㊀ [zêng⁶ 丈]

❶古代兵器的总称：兵～｜仪～｜明火执～。❷凭借，依靠(㊀倚～、～恃)：～着大家的力量｜～势欺人。❸拿着(兵器)：～剑。

zhàng ㄓㄤˋ ㊁ [zêng³ 胀]

战争：打～｜胜～｜败～。

代 dài ㄉㄞˋ [doi⁶ 袋]

❶替(㊀～替、替～)：～理｜～办｜～耕。【代表】1. 受委托或被选举出来替别人或大家办事：我～他去。2. 被选派的人：工会～｜全权～。【代词】代替名词、动词、形容词、数量词的词，如“我、你、他、谁、什么、这样、那么些”等。【代价】获得某种东西所付出的价钱。㊀为达到某种目的所花费的物质和精力。❷历史上划分的时期，世，朝代(㊀世～、时～)：古～｜近～｜现～｜清～。【年代】1. 泛指时间：～久远。2. 十年的时期(前面须有确定的世纪)：20 世纪 50～(1950—1959 年)。❸世系的辈分：第二～｜下一～。【代沟】指两代人之间在思想观念、心理状态、生活方式等方面的巨大差异。❹地质年代分期的第二级，在“宙”之下、“纪”之上：古生～｜中生～｜新生～。

仙 (*僊)xiān ㄒㄧㄢ [xin¹ 先]

神话中称有特殊能力，可以长生不死的人。

☞㊀名词。铜圆，铜子儿：一个～都唔值(一文不值)。又说“仙屎”。“仙屎”又比喻不值钱。〖英语 cent 的音译。〗

仟 qiān ㄑㄧㄢ [qin¹ 千]

“千”字的大写。

仡 ㊀gē ㄍㄜ ㊀ [ged¹ 吉]

【仡佬族】(－lǎo－)我国少数民族，参看附表。

㊁yì ㄧˋ ㊁ [nged⁶ 屹]

【仡仡】1. 强壮勇敢。2. 高大。

仫 mù ㄇㄨˋ [mug⁶ 木]

【仫佬族】(－lǎo－)我国少数民族，参看附表。

伋 jí ㄐㄧˊ [keb¹ 级]

用于人名。孔伋，字子思，孔子的孙

子。

们 （們）men・ㄇㄣ ［mun⁴ 门］

词尾，表人的复数：你~｜咱~｜他~｜学生~｜师徒~。

仪 （儀）yí ㄧˊ ［yi⁴ 移］

❶人的容貌、举止：~表｜~容｜威~。❷仪式，按程序进行的礼节：司~。❸礼物：贺~｜谢~。❹仪器，供测量、绘图、实验等用的有一定准则的器具：~表｜光谱~｜地动~。

仔 ㊀zǎi ㄗㄞˇ ㊁［zei² 济²］

〈方〉同"崽"。

☞广❶名词。儿子：佢有两个~（他有两个儿子）｜~女（儿女）｜两~乸（母子俩）。❷名词。小孩，往往特指男孩：男~｜女~｜呢个~好叻（这个男孩真聪明）。❸用在某些名词之后，表示细小或爱称：猫~（小猫儿）｜樽~（小瓶儿）｜手巾~（小手帕）｜歌~（歌儿）｜亚坚~（亚坚）。【公仔】1. 人像玩具。2. 画中人，人物画：~书（小人书）｜~纸（印有儿童图画的小卡片）｜~佬（戏称画画的人）｜~面（快餐面，方便面）。❹名词。指具有某些特征或从事某种职业的年轻人：肥~（胖子）｜矮~（矬子）｜打工~｜擦鞋~｜打~（打手）。❺用在地名之后，指某个地方的人（有贬义）。❻用在某些名词或动词后面，表示某些特定的人群或个体：客~（客户）｜耕~（佃户）｜工~（打工者）｜债~（债户）。【猪仔】1. 小猪。2. 被收买了的：~议员｜佢做咗~（他被收买了）。3. 指旧时被卖到国外去做苦工的人：佢亚爷系卖~去南洋嘅（他爷爷是被卖到南洋做苦工的）。❼用在某些形容词后面，仍起形容词的作用，多用于年轻人：叻~（聪明）｜靓~（漂亮）｜精~（聪明过头）｜衰~（坏；窝囊）。

㊁zī ㄗ ㊁［ji¹ 之］

【仔肩】所担负的职务，责任。

㊂zǐ ㄗˇ ㊁［ji² 纸］

幼小的（多指家畜、家禽）：~鸡｜~猪。【仔密】衣物等质地紧密：袜子织得十分~。【仔细】1. 周密，细致：~研究｜~考虑。2. 俭省：日子过得~。3. 当心，注意：路很滑，~点儿。

他 tā ㄊㄚ ［ta¹ 它］

代词。1. 称你、我以外的第三人，一般指男性，有时泛指，不分性别。2. 别的：~人｜~乡。【其他】别的。3. 虚指（用于动词和数量词之间）：睡~一觉｜干~一场。4. 指另外的地方：久已~往。

仞 rèn ㄖㄣˋ ［yen⁶ 孕］

古时以八尺或七尺为一仞。

4 画

伟 （偉）wěi ㄨㄟˇ ［wei⁵ 韦］

大（㊖-大）：魁~｜~人（对人民有大功绩的人）｜宏~｜~业。

传 （傳）㊀chuán ㄔㄨㄢˊ ㊁［qun⁴ 全］

❶递，转授（㊖-递）：~球｜~令｜言~身教（jiào）。【传统】世代相传，具有特点的风俗道德、思想作风等：发扬

艰苦奋斗的优良~。❷推广，散布：~单 | 宣~ | 消息~遍全国。【传媒】传播的媒介，多指报纸、广播、电视等。【传染】因接触或由其他媒介而感染疾病。❸叫来：~人 | ~呼。❹传导：~电 | ~热。❺表达：~神 | 眉目~情。

㊁zhuàn ㄓㄨㄢˋ ㊁ [jun⁶ 专⁶]

❶旧时一般指解说儒家经书的文字。❷记载。特指记载某人一生事迹的文字：小~ | 别~ | 外~。❸叙述历史故事的作品：《儿女英雄~》|《水浒~》。

休

xiū ㄒㄧㄡ [yeo¹ 忧]

❶歇息：~假 | ~养。❷停止：~业 | ~学 | ~会 | 争论不~。㊀引 完结（多指失败或死亡）。❸旧社会丈夫把妻子赶回娘家，断绝夫妻关系：~书 | ~妻。❹副词。不要，别：~想 | ~要这样性急。❺吉庆，美善：~咎（吉凶）| ~戚（喜和忧）相关。

伍

wǔ ㄨˇ [ng⁵ 五]

❶古代军队的编制，五个人为一伍。㊀引 军队：入~。❷一伙：相与为~。❸“五”字的大写。

伎

jì ㄐㄧˋ [géi⁶ 技]

❶技巧，才能。【伎俩】（-liǎng）手段，花招。❷古代称以歌舞为业的女子：歌舞~。

伏

fú ㄈㄨˊ ㊀ [fug⁶ 服]

❶趴，脸向下，体前屈：~在地上 | ~案读书。❷低下去：此起彼~ | 时起时~。❸隐藏：~兵 | ~击 | 潜~。❹屈服，承认错误或受到惩罚：~辜（承认自己的罪过）| ~法（被执行死刑）。❺伏日，夏至后第三个庚日叫初伏，第四个庚日叫中伏，立秋后第一个庚日叫末伏，统称三伏。从初伏到末伏一般是一年中天气最热的时期。❻电压单位名伏特的简称，符号V。

㊁ [bug⁶ 瀑，㊀读 fug⁶ 服]

☞广 ❶动词。趴，俯伏：唔好~喺台上面睇书（不要趴在桌子上面看书）。❷动词。藏，匿：~匿匿（捉迷藏）| ~儿人（捉迷藏）。

伛

（傴）yǔ ㄩˇ [yu² 雨²]

驼背：~人 | ~偻（lǚ）。

优

（優）yōu ㄧㄡ [yeo¹ 休]

❶美好的，跟“劣”相对：~等 | ~良 | ~胜劣汰。❷充足，宽裕：~裕 | ~厚。❸优待：拥军~属。❹旧时指演戏的人（㊀连 -伶）：名~。

【优柔】1. 从容。2. 犹豫不决：~寡断。

☞广 动词。提（裤子、鞋）：~裤 | ~鞋踭（提鞋跟）| ~好条裤（把裤子提得好一点）。

佢

[kêu⁵ 拒]

☞广 ❶代词。表示第三人称，他，她，它。【佢哋】他们，她们，它们。❷代词。在祈使句里放在句末，有命令的作用：食埋~（吃完它）| 快啲洗干净~（快点把它洗干净）| 锁埋度门~（把门锁上）。也作“渠”“倮”。

伢 yá ㄧㄚˊ [nga4 芽]

〈方〉(－子、－儿)小孩子。

伐 fá ㄈㄚˊ [fed6 佛]

❶砍：～树｜采～。❷征讨，攻打(㊔讨－)：北～｜口诛笔～。

仳 pǐ ㄆㄧˇ [péi2 鄙]

【仳离】夫妻离散。

佤 wǎ ㄨㄚˇ [nga5 雅]

【佤族】我国少数民族，参看附表。

仲 zhòng ㄓㄨㄥˋ [zung6 颂]

❶兄弟排行常用伯、仲、叔、季做次序，仲是老二：～兄。❷在当中的：～冬(冬季第二月)｜～裁(居间调停，裁判)。

伣 (俔)㊀qiàn ㄑㄧㄢˋ ㊀[xin6 善]

❶譬如，如同。❷古代船上用来观测风向的羽毛。

㊁xiàn ㄒㄧㄢˋ ㊁[yin3 演]

细作，间谍。

仵 wǔ ㄨˇ [ng5 午]

仵作，旧时官署中负责检验死伤的人员。

件 jiàn ㄐㄧㄢˋ [gin6 健]

❶量词。用于个体事物：一～事｜两～衣服。❷(－儿)指可以一一计算的事物：零～儿。❸指文书等：文～｜来～。

任 ㊀rén ㄖㄣˊ ㊀[yem4 吟]

姓。【任县】【任丘】地名，都在河北省。

㊁rèn ㄖㄣˋ ㊁[yem6 赁]

❶相信，依赖(㊔信－)。❷任命。使用，给予职务：～用｜委～。❸负担或担当(㊔担－)：～课｜连选连～｜～劳～怨。❹职务，任务：到～｜重～｜一身而二～。❺由着，听凭：～意｜～性｜放～｜不能～其自然发展。❻连词。不论：～谁说也不听｜～什么都不懂。㊎任何，无论什么：～人皆知。❼量词。用于任同一官职的前后次序或次数：首～大使｜为官一～，造福一方。

伤 (傷)shāng ㄕㄤ [sêng1 双]

❶身体受损的地方：腿上有～｜内～｜外～。❷损害：～了筋骨｜～脑筋(费思索)。❸因某种致病因素而得病：～风｜～寒。❹因过度而感到厌烦：吃糖吃～了。❺妨碍：无～大雅。❻悲哀(㊔悲－)：～感｜～心。❼得罪：～众｜开口～人。

伥 (倀)chāng ㄔㄤ [cêng1 昌，㊋cang1 撑]

古代传说中被老虎咬死的人变成的鬼，它常助虎伤人：为(wèi)虎作～(喻帮恶人作恶)。

仮 [fan2 反]

☞🅶动词。玩耍：做完功课先～(做完功课才玩耍)。也作"仮"。

价 (㊀、㊁價)㊀jià ㄐㄧㄚˋ ㊀[ga3 架]

价钱，商品所值的钱数：～格｜～值｜～目｜物～｜减～。

㊁jie・ㄐㄧㄝ ⊟［ga³ 架］

助词：震天～响｜成天～闹。

㊂jiè ㄐㄧㄝˋ ⊟［gai³ 界］

旧时称派遣传送东西或传达事情的人。

伦 （倫）lún ㄌㄨㄣˊ［lên⁴ 轮］

❶辈，类：无与～比。❷条理，次序：语无～次。❸人伦，指人与人之间的关系，特指长幼尊卑之间的关系：天～之乐｜～常。

份 fèn ㄈㄣˋ［fen⁶ 分⁶］

❶整体分成几部分，每一部分叫一份：分成三～｜每人一～｜～子｜股～。❷（－儿）量词。多用于成组的东西或报刊文件：一～儿工作｜一～儿礼｜一～报。❸用在"省、县、年、月"后面，表示划分的单位：省～｜年～。

〈古〉又同"彬"（bīn）。

伧 （傖）㊀cāng ㄘㄤ［cong¹ 苍］

古代讥人粗俗，鄙贱：～俗。

㊁chen・ㄔㄣ［cong¹ 苍］

【寒伧】旧同"寒碜"。参看528页"碜"（chěn）。

仰 yǎng ㄧㄤˇ［yêng⁵ 养，㊞ ngong⁵］

❶脸向上，跟"俯"相对：～起头来｜～天大笑｜人～马翻。❷敬慕：久～｜信～｜敬～。❸依赖（㊥－赖）：～人鼻息（指依赖人，看人的脸色行事）。❹旧时公文用语，对上行文用在"恳、祈、请"等之前，表示尊敬；对下行文表命令，如"仰即遵照"（指示下属机关遵照公文内容办事）。

☞㊋动词。脸朝上，仰着：打～瞓（仰着睡）。

伉 kàng ㄎㄤˋ［kong³ 抗］

❶对等，相称（chèn）。【伉俪】（－lì）配偶，夫妇。❷正直：～直。

仿 （❶-❸＊倣、❹＊髣）fǎng ㄈㄤˇ［fong² 纺］

❶效法，照样做（㊥－效）：～造｜～制。❷依照范本写的字：写了一张～。❸类似：二人年纪相～。❹【仿佛】（＊彷佛、＊髣髴）（－fú）1. 好像：这个人我～在哪里见过。2. 像，类似：弟兄俩长得相～。

伙 （❶-❺△夥）huǒ ㄏㄨㄛˇ［fo² 火］

❶（－儿）伙计，同伴，一同做事的人（㊥－伴）：同～儿。❷旧指店员：店～。❸合伙，结伴，联合起来：～办｜～同。❹由同伴组成的集体：合～｜入～。❺量词。用于人群：一～歹徒｜十人一～。❻伙食：～补｜起～。

"夥"另见231页huǒ。

☞㊋❶名词。家，居所：入～（搬进新家）。❷量词。家，户：呢处住三～人（这里住着三户人家）｜一梯两～（一道楼梯上去，每层只有两家人）。

伪 （僞、＊＊偽）wěi ㄨㄟˇ［ngei⁶ 艺］

❶假，不真实：去～存真｜～造｜～装。❷不合法的：～政府。

伫 （＊佇、＊竚）zhù ㄓㄨˋ［qu⁵ 柱］

长时间站着：～立｜～候。

伈

xǐn ㄒㄧㄣˇ [sem² 审]

【伈伈】形容恐惧。

伊

yī ㄧ [yi¹ 衣]

❶代词。彼，他，她。❷文言助词。用在某些词语前，加强语气：下车～始。

【伊斯兰教】宗教名。公元7世纪初阿拉伯人穆罕默德所创。

似

(㊁△*佀)㊀shì ㄕˋ [qi⁵ 恃]

【似的】(－de)助词。表示跟某种事物或情况相似：肤色像雪～那么白｜瓢泼～大雨。

㊁sì ㄙˋ [qi⁵ 恃]

❶像，相类(㊣类－)：相～｜～是而非。❷副词。似乎，好像，表示不确定：～应再行研究｜这个建议～欠妥当。❸介词。表示比较，有超过的意思：一个高～一个｜生活一天好～一天。

"佀"另见53页 sì。

5 画

佞

nìng ㄋㄧㄥˋ [ning⁶ 泞]

❶有才智：不～(旧时谦称自己)。❷善辩，巧言谄媚：～口｜～人(有口才而不正派的人)。

估

㊀gū ㄍㄨ ㊂ [gu² 古]

揣测，大致地推算：～计｜～量｜不要低～了群众的力量｜～一～价钱。

㊁gù ㄍㄨˋ ㊂ [gu³ 故]

【估衣】(－yi)旧指贩卖的旧衣服。贩卖旧衣的行业叫估衣业。

体

(體)㊀tī ㄊㄧ [tei² 睇]

【体己】【梯己】(－ji)1．家庭成员个人积蓄的财物。2．亲近的：～话。

㊁tǐ ㄊㄧˇ [tei² 睇]

❶人、动物的全身(㊣身－)：～重｜～温(身体的温度)。㊀身体的一部分：四～｜上～｜肢～。【体面】(－mian)1．身份：有失～。2．光彩，光荣：张口骂人很不～。3．好看：长得～。【体育】指锻炼身体增强体质的教育：～课｜发展～运动，增强人民体质。❷事物的本身或全部：物～｜全～｜个～｜～积。❸形式，规格：字～｜得～(合宜)。❹作品的体裁：文～｜骚～｜骈～｜古～。❺亲身，设身处地：～验｜～会｜～味｜～谅。【体贴】揣度(duó)别人的处境和心情，给予关心、照顾：～入微。

何

hé ㄏㄜˊ [ho⁴ 河]

代词。表示疑问。1．什么：～人？｜～事？｜为～？｜有～困难？2．为什么：～不尝试一下？｜～必如此。3．怎样：～如？｜如～？4．怎么：他学习了好久，～至于一点进步也没有？5．哪里：欲～往？

〈古〉又同"荷"(hè)。

佐

zuǒ ㄗㄨㄛˇ(旧读 zuò) [zo³ 左³]

❶辅佐，帮助：～理｜～助。❷辅助别人的人：僚～。【佐证】(*左证)证据。

伾

pī ㄆㄧ [péi¹ 披]

【伾伾】有力的样子。

佑 yòu ㄧㄡˋ [yeo⁶ 又]

❶辅助，保护：~助 | ~护 | 庇~。❷姓。

伻 bēng ㄅㄥ [ping¹ 拼]

〈古〉使，使者。

佧 kǎ ㄎㄚˇ [ka¹ 卡]

【佧佤族】(-wǎ-)佤族的旧称。

攸 yōu ㄧㄡ [yeo⁴ 由]

所：责有~归 | 性命~关。

但 dàn ㄉㄢˋ [dan⁶ 蛋]

❶只，仅：~愿能成功。【不但】连词。不只，不仅：我们~要按时完成任务，还要保证质量。【但凡】只要：~有工夫，我就去看他。❷连词。但是，不过：我们热爱和平，~也不怕战争。

伸 shēn ㄕㄣ [sen¹ 申]

❶舒展开，跟"屈"相对：~手 | ~缩。❷表白：~冤。

佃 ㊀diàn ㄉㄧㄢˋ ㊀ [din⁶ 电]

一般指旧社会无地或少地的农民，被迫向地主、富农租地耕种：~户 | ~农。

㊁tián ㄊㄧㄢˊ ㊁ [tin⁴ 田]

佃作，耕种田地。

佀 sì ㄙˋ [qi⁵ 似]

❶见 52 页"似"。❷姓。

佚 yì ㄧˋ [yed⁶ 日]

同"逸❷❸"。

作 ㊀zuō ㄗㄨㄛ [zog³ 昨³]

作坊(fang)，手工业制造或加工的地方：油漆~ | 洗衣~。

㊁zuò ㄗㄨㄛˋ [zog³ 昨³]

❶起，兴起：振~ | 锣鼓大~ | 日出而~ | 一鼓~气。【作用】功能，使事物发生变化的力量：起~ | 带头~。❷劳作，制造：深耕细~ | 操~。❸写作：~文 | ~画 | ~曲 | 吟诗~赋。❹作品，指文学、艺术方面的创作：佳~ | 杰~。❺进行某种活动：~乱。【作风】人们在工作或行动中表现出来的态度和风格。

伯 ㊀bǎi ㄅㄞˇ [bag³ 百]

【大伯子】(--zi)丈夫的哥哥。

㊁bó ㄅㄛˊ [bag³ 百]

❶兄弟排行(háng)常用"伯""仲""叔""季"做次序，伯是老大。【伯仲】比喻不相上下的人或事物：二者在~之间 | 两人难分~。❷伯父，父亲的哥哥，大爷(ye)。又对年龄大、辈分高的男子的尊称：老~。❸古代五等爵位(公、侯、伯、子、男)的第三等。❹姓。

伶 líng ㄌㄧㄥˊ [ling⁴ 零]

伶人，旧称以唱戏为职业的人(㊄优-)：坤(女的)~ | 名~。

【伶仃】(*零丁)(-dīng)形容孤独：孤苦~。

【伶俐】(-lì)聪明，灵活：~的孩子｜口齿很~。
【伶俜】(-pīng)形容孤独：~无依。

佣 (㊀傭)㊀yōng ㄩㄥ ㊁[yung⁴ 容]

❶雇用，受雇用：~工。❷受雇用的人：女~。

㊁yòng ㄩㄥˋ ㊁[yung² 拥]

佣金，佣钱，买卖东西时给介绍人的钱。

低 dī ㄉㄧ [dei¹ 底¹]

❶跟"高"相对。1. 由下到上距离近的：这房子太~｜弟弟比哥哥~一头。2. 等级在下的：~年级。3. 在一般标准或平均程度之下：~能｜眼高手~｜政治水平~。4. 声音细小：~声讲话。❷俯，头向下垂：~头。

你 nǐ ㄋㄧˇ [néi⁵ 尼⁵]

代词。指称对方。

佝 gōu ㄍㄡ [kêu¹ 驱，㊂geo¹ 阄]

【佝偻】(-lóu)病名，俗叫小儿软骨病，因身体缺钙、磷和维生素D而引起，症状是方头、鸡胸、驼背、两腿弯曲等。

佟 tóng ㄊㄨㄥˊ [tung⁴ 同]

姓。

㑇 (㑳)zhòu ㄓㄡˋ [zeo³ 奏]

乖巧，伶俐，漂亮(元曲中常用)。

住 zhù ㄓㄨˋ [ju⁶ 主⁶]

❶长期居留或暂时留宿：~了一夜｜他家在这里~了好几代｜我家~在城外。❷停，止：~手｜雨~了。❸用作动词的补语。1. 表示稳当或牢固：站~｜把~方向盘。2. 表示停顿或静止：把他问~了。3. 表示力量够得上(跟"得"或"不"连用)：禁(jīn)得~｜支持不~。

位 wèi ㄨㄟˋ [wei⁶ 胃]

❶位置，所在的地方：座~｜到~｜就~。❷职位，地位。❸特指皇位：即~｜在~｜篡~。❹一个数中，每个数码所占的位置：个~｜十~。❺量词。用于人(含敬意)：诸~同志｜三~客人。

伭 xián ㄒㄧㄢˊ，㊂xuán ㄒㄩㄢˊ [yun⁴ 元]

姓。

伴 bàn ㄅㄢˋ [bun⁶ 叛，㊃pun⁵ 判⁵]

❶(-儿)同在一起生活或活动的人(㊄-侣)：同~｜老~儿。❷陪着，伴随：~游｜~奏。

佗 tuó ㄊㄨㄛˊ [to⁴ 驼]

负荷。
【华佗】东汉末名医。
☞▉❶动词。负荷，背：~住个包袱｜~住支枪｜~手揈脚(拖住手脚，成了累赘)。❷动词。牵累，拖累：~累｜~衰(因牵累以致损坏别人形象)｜~衰家(败家；败家子)。❸动词。怀孕：~仔(怀上孩子)｜佢~咗三四个月咯(她怀孕有三四个月了）。

佖 bì ㄅㄧˋ［bid¹ 必］

相挨排列，布满。

伺 ㊀cì ㄘˋ ㊀［xi⁶ 侍］

【伺候】（－hou）1. 旧指侍奉或受役使：～主子。2. 照料：～病人。

㊁sì ㄙˋ ㊁［ji⁶ 自］

守候，观察：窥～｜～机而动。

伲 ㊀ní ㄋㄧˊ［néi⁴ 尼］

姓。

㊁nì ㄋㄧˋ［néi⁴ 尼］

〈方〉代词。我，我们。

佛（㊁＊彿、㊁＊髴）㊀fó ㄈㄛˊ ㊀［fed⁶ 伐］

梵语音译“佛陀”的省称，是佛教徒对修行圆满的人的称呼。特指佛教的创始人释迦牟尼。【佛教】宗教名。相传公元前6世纪—公元前5世纪释迦牟尼所创。

㊁fú ㄈㄨˊ ㊁［fed¹ 忽］

见51页“仿”字条【仿佛】（fǎng－）。

伽 ㊀gā ㄍㄚ ㊀［ga¹ 加］

【伽马射线】通常写作“γ射线”，又叫丙种射线。波长极短，一些放射性元素的原子能放出这种射线，在工业和医学上用途很广。

㊁jiā ㄐㄧㄚ ㊁［ga¹ 加］

【伽倻】（－yē）伽倻琴，朝鲜族弦乐器。

【伽利略】意大利天文学家、物理学家。

㊂qié ㄑㄧㄝˊ ㊂［ké⁴ 骑］

【伽蓝】梵语音译“僧伽蓝摩”的省称，指僧众所住的园林，后指佛寺。

佁 yǐ ㄧˇ［yi⁵ 以］

❶痴呆的样子。❷静止的样子。

6 画

佳 jiā ㄐㄧㄚ［gai¹ 街］

美，好的：～音（好消息）｜～句｜～作。

侍 shì ㄕˋ［xi⁶ 是］

服侍，伺候，在旁边陪着：～立。

佶 jí ㄐㄧˊ［ged¹ 吉］

健壮。

【佶屈】【诘屈】曲折：～聱（áo）牙（文句拗口）。

佬 lǎo ㄌㄠˇ［lou² 老²］

成年男子（含轻视意）。

☞粤 名词。男人的俗称（多带轻蔑语气）。1. 称某地方的人：广东～｜上海～｜外江～（外省人）｜美国～｜番鬼～（西洋人）。2. 称从事某种职业的人：生意～（商人）｜耕田～｜军～（军人）｜收买～（收破烂的）｜泥水～（泥水匠）｜斗木～（木匠）｜猪肉～（卖猪肉的）。3. 称身体有某些特征或缺陷的人：肥～（胖子）｜高～（高个子）｜盲～（瞎子）｜跛脚～（瘸子）。4. 称具有某些习性或特征的人：懒～（懒汉）｜烂～（恶棍，放肆不讲理的人）。【阔佬】1. 有钱人。2. 阔气：你真～，咁好嘅嘢换手就掉咗（你真阔气，这么好的东西转手就丢掉)。5. 特指情人(男性)：揾~(找汉子)｜勾~(勾引男人)｜跟~(跟男的私奔)。

佴 ㊀èr ㄦˋ ［yi⁵ 耳，㊂yi⁶ 二］

置，停留。

㊁nài ㄋㄞˋ ［yi⁵ 耳，㊂yi⁶ 二］

姓。

供 ㊀gōng ㄍㄨㄥ ㊂［gung¹ 公］

供给(jǐ)，准备着钱物等给需要的人使用：~养｜提~｜~销｜~求相应｜~参考。【供给制】对工作人员不给工资，只供给生活必需品的一种分配制度。

㊁gòng ㄍㄨㄥˋ ㊂［gung³ 贡］

❶向神佛或死者奉献祭品：~佛。❷指奉献的祭品：上~。

㊂gòng ㄍㄨㄥˋ ㊂［gung¹ 公］

被审者述说案情：~出同谋｜~状｜~认。㊄口供，供词：录~｜问出~来。

使 shǐ ㄕˇ ㊂［㊅xi² 史，㊆sei² 洗］

❶用：~劲｜~拖拉机耕种｜这支笔很好~。❷派，差(chāi)遣：支~｜~人前往。❸让，令，叫：~人高兴｜迫~。❹假若，假使。

shǐ ㄕˇ ㊂［xi³ 试］

驻外国的外交长官：大~｜公~。【使命】奉命去完成某种任务。泛指重大的任务：历史~｜外交~。

佰 bǎi ㄅㄞˇ ［bag³ 百］

"百"字的大写。

侑 yòu ㄧㄡˋ ［yeo⁶ 又］

在筵席旁助兴，劝人吃喝：~食。

侉 (**咵)kuǎ ㄎㄨㄚˇ ［kua² 夸²］

❶口音与本地语音不同(多含轻蔑意)：他说话有点儿~。❷土气：这身衣服真~。

佻 (健)tà ㄊㄚˋ ［tad³ 挞］

见 58 页"佻"字条【佻佻】(tiāo－)。

例 lì ㄌㄧˋ ［lei⁶ 丽］

❶(－子)可以做依据的事物：惯~｜举一个~子｜史无前~。❷规定，体例：条~｜发凡起~。【例外】在一般的规律、规定之外：全体参加，没有一个~｜遇到~的事就得灵活处理。❸合于某种条件的事例：病~｜案~。❹按条例规定的，照成规进行的：~会｜~假｜~行公事。

侠 (俠)xiá ㄒㄧㄚˊ ［hab⁶ 峡］

旧称依仗个人力量帮助被欺侮者的人或行为：武~｜~客｜~义｜~骨｜~肝义胆。

侥 (僥、㊀*儌) ㊀jiǎo ㄐㄧㄠˇ ㊂［hiu¹ 嚣］

【侥幸】(*儌倖)由于偶然的原因获得利益或免去不幸：~心理｜~赢了一个球。

㊁yáo ㄧㄠˊ ㊂［yiu⁴ 摇］

见 68 页"僬"字条【僬侥】(jiāo－)。

侄 (*姪)zhí ㄓˊ ［zed⁶ 窒］

(－子、－儿)弟兄的儿子，同辈男性亲

属的儿子。也称朋友的儿子。

侦（偵、*遉）zhēn ㄓㄣ（旧读zhēng）［jing¹ 征］

探听，暗中察看：～探｜～查案件｜～察机。

侣 lǚ ㄌㄩˇ［lêu⁵ 屡］

同伴（㊀伴－）：情～。

侗 ㊀dòng ㄉㄨㄥˋ ㊀［dung⁶ 洞］

【侗族】我国少数民族，参看附表。

㊁tóng ㄊㄨㄥˊ ㊁［tung⁴ 同］

旧指童蒙无知。

㊂tǒng ㄊㄨㄥˇ ㊂［tung² 统］

【优侗】（lǒng－）同“笼统”。

侃 kǎn ㄎㄢˇ［hon² 罕］

闲谈，聊天：他真能～｜～大山。【侃侃】理直气壮、从容不迫的样子：～而谈。

侧（側）㊀cè ㄘㄜˋ［zeg¹ 则］

❶旁：楼～｜～面。❷斜着：～耳细听｜～身而入。【侧目】斜着眼睛看，表示畏惧而又愤恨：世人为之～。【侧重】（－zhòng）偏重。

㊁zè ㄗㄜˋ［zeg¹ 则］

同“仄”。【侧声】同“仄声”。

㊂zhāi ㄓㄞ［zeg¹ 则］

〈方〉倾斜。【侧棱】（－leng）向一边倾斜：～着身子睡觉。【侧歪】（－wai）倾斜：车在山坡上～着走。

侏 zhū ㄓㄨ［ju¹ 猪］

【侏儒】身材特别矮小的人。

侁 shēn ㄕㄣ［sen¹ 身］

❶【侁侁】形容众多。❷姓。

侹 tǐng ㄊㄧㄥˇ［ting⁵ 挺］

平直。

佸 huó ㄏㄨㄛˊ［kud³ 括，㊇ wud⁶ 活］

相会，聚会。

侨（僑）qiáo ㄑㄧㄠˊ［kiu⁴ 桥］

❶寄居在国外（从前也指寄居在外乡）：～居。❷寄居在祖国以外的人：华～。

侜 zhōu ㄓㄡ［zeo¹ 舟］

欺骗。【侜张】作伪，欺骗：～为幻。

佺 quán ㄑㄩㄢˊ［qun⁴ 全］

用于人名。

侩（儈）kuài ㄎㄨㄞˋ［kui³ 溃³，㊇ kui² 溃］

旧指以拉拢买卖、从中取利为职业的人。【市侩】唯利是图、庸俗可厌的人。

佮［teb¹ 蹋］

☞▌形容词词素。【佮佮掂】妥妥当当，有条不紊：佢安排得～咯（他安排得妥妥当当了）｜乜都～（什么都有条不紊）。【佮佮冚】两物相接严丝合缝，配合适当：呢个砂煲用嗰个盖～（这个砂锅用那个盖子刚合适）｜呢张相片镶入嗰个镜架～，唔大唔细（这张照片镶入那个镜框刚刚好，不大不小）。

佻 tiāo ㄊㄧㄠ [tiu¹ 挑]

轻薄，不庄重。【佻㒓】(－tà)轻佻。

佾 yì ㄧˋ [yed⁶ 日]

古时乐舞的行列。

佩 (❸**珮)pèi ㄆㄟˋ [pui³ 沛]

❶佩带，挂：～戴勋章｜警察腰间～着一支手枪。❷佩服，心悦诚服：可敬可～｜钦～｜赞～。❸古代衣带上佩带的玉饰：环～。

侈 chǐ ㄔˇ [qi² 耻]

❶浪费，用财物过度(㊎奢－)：～靡(mí)。❷夸大：～谈。

佁 yì ㄧˋ [yig⁶ 译]

【解佁】(xiè－)中医指困倦无力、懒得说话、抑郁不欢的症状。

侂 tuō ㄊㄨㄛ [tog³ 托]

委托，寄托。

侪 (儕)chái ㄔㄞˊ [cai⁴ 柴]

同辈，同类的人们：吾～(我们)。

佼 jiǎo ㄐㄧㄠˇ [gao² 狡]

美好。【佼佼】胜过一般的：～者。

依 yī ㄧ [yi¹ 衣]

❶靠，仰赖(㊎－靠)：相～为命｜孤独无～。❷介词。按照(㊎－照)：～次前进｜～我看，你最好不去。❸顺从，答应：不～不饶。【依依】1. 形容留恋，不忍分离：～不舍。2. 柔软的东西摇动的样子：杨柳～。

佽 cì ㄘˋ [qi³ 刺]

帮助：～助。

佯 yáng ㄧㄤˊ [yêng⁴ 阳]

【假装】：～攻｜～作不知。

见63页“倘”字条【倘佯】(cháng－)。

侘 chà ㄔㄚˋ [ca³ 诧]

【侘傺】(－chì)形容失意。

侬 (儂)nóng ㄋㄨㄥˊ [nung⁴ 农]

代词。1.〈方〉你。2. 我(多见于旧诗文)。

侔 móu ㄇㄡˊ [meo⁴ 谋]

相等，齐：超五帝，～三王。

7 画

俦 (儔)chóu ㄔㄡˊ [ceo⁴ 绸]

同伴，伴侣。

俨 (儼)yǎn ㄧㄢˇ [yim⁵ 染]

恭敬，庄严。㊕很像真的，活像：～如白昼。【俨然】1. 庄严：望之～。2. 整齐：屋舍～。3. 副词。表示很像：这孩子说起话来～是个大人。

俅

qiú ㄑㄧㄡˊ ［keo⁴ 球］

❶恭顺的样子(叠)。❷俅人，我国少数民族独龙族的旧称。

便

㊀biàn ㄅㄧㄢˋ ㊁［bin⁶ 辨］

❶方便或使方便，顺利，没有困难或阻碍(㊥－利)：行人称～｜～于携带｜～民。❷简单的，非正式的：家常～饭｜～衣｜～条。【便宜】根据实际需要而灵活、适当地：～行事。(另 piányi，见“便”㊁pián)【随便】不勉强，不拘束。❸便利的时候：～中请来信｜得～就送去。❹屎尿或排泄屎尿：粪～｜小～。❺就：没有一个人民的军队，～没有人民的一切。

㊁pián ㄆㄧㄢˊ ㊂［pin⁴ 片⁴］

【便便】肚子肥大的样子：大腹～。【便宜】(－yí)物价较低：这些花布都很～。㊂小利，私利：不要占～。(另 biànyí 见“便”㊀biàn)

俩

(倆)㊀liǎ ㄌㄧㄚˇ ［lêng⁵ 良⁵］

两个(“俩”字后面不能再用“个”字或其他量词)：夫妇～｜买～馒头｜仨瓜～枣。

㊁liǎng ㄌㄧㄤˇ ［lêng⁵ 良⁵］

【伎俩】(jì－)手段，花招。

俪

(儷)lì ㄌㄧˋ ［lei⁶ 丽］

相并的，对偶的：～词｜～句(对偶的文辞)。㊂指夫妇：～影(夫妇的合影)。

侲

zhèn ㄓㄣˋ ㊀［zen³ 振］

童子，古时特指用以驱鬼的童男童女。

㊁［sen⁵ 辰⁵］

☞㊉❶形容词。艮。指芋头、莲藕等含淀粉较多的东西，煮熟后硬而滑，不面的性质：～芋头。❷形容词。比喻人呆板，不机灵：你真～，系要噉样做，唔会改变一下咩(你真呆板，一定要这么干，不会改变一下吗)！也作“肾”。

俫

(倈)lái ㄌㄞˊ ［loi⁴ 来了］

用于地名：大～庄(在山东省潍坊)。

修

(△*脩)xiū ㄒㄧㄡ ［seo¹ 收］

❶使完美或恢复完美：～饰｜～理｜～辞｜～车。❷建造：～铁道｜～桥。❸写，编写：～书｜～史。❹钻研学习，研究(㊥研－)：～业｜自～。❺长(cháng)(㊥－长)：茂林～竹。

“脩”另见63页 xiū。

俏

qiào ㄑㄧㄠˋ ［qiu³ 峭］

❶漂亮，相貌美好：俊～。❷货物的销路好：～货｜走～｜紧～。❸〈方〉烹饪方法，做菜时为增加滋味、色泽，加上少量的青蒜、香菜、木耳之类。

俣

yǔ ㄩˇ ［yu⁵ 雨］

大。

俚

lǐ ㄌㄧˇ ［léi⁵ 理］

民间的，通俗的：～歌｜～语。

保

bǎo ㄅㄠˇ ［bou² 宝］

❶看守住，护着不让受损害或丧失(㊥

－卫、－护）：～家卫国｜～健｜～育。【保持】维持，使持久：～艰苦奋斗的作风。【保守】1. 保住，使不失去：～机密。2. 守旧，不改进：这个想法太～了。【保障】1. 维护：～群众的合法权益。2. 作为卫护的力量：人民解放军是祖国安全的～。❷负责，担保：～证｜～荐｜我敢～他一定做得好。【保险】1. 因自然灾害或意外事故等造成损失而给付保险金的一种经济补偿制度。参与保险的个人或企业按期向保险公司交保险费，发生灾害或遭受损失时，由保险公司按预定保险数额赔偿。2. 靠得住：这样做～不会错。❸旧时户口的一种编制，若干户为一甲，若干甲为一保。

【保安族】我国少数民族，参看附表。

俜 pīng ㄆㄧㄥ［ping¹ 拼］

见 53 页“伶”字条【伶俜】(líng－)。

促 cù ㄘㄨˋ［cug¹ 速］

❶靠近：～膝谈心。❷时间极短，急迫：急～｜短～。❸催，推动：督～｜～进｜～销。

俄 é ㄜˊ［ngo⁴ 鹅］

❶短时间。【俄而】副词。一会儿，不久。【俄顷】很短的时间。❷指俄罗斯。

【俄罗斯族】1. 我国少数民族，参看附表。2. 俄罗斯联邦的主要民族。

俐 lì ㄌㄧˋ［léi⁶ 利］

见 53 页“伶”字条【伶俐】(líng－)。

俬 ［xi¹ 私］

☞🅑 见 67 页“傢”字条【傢俬】。

侮 wǔ ㄨˇ［mou⁵ 母］

欺负，轻慢（㊥－辱、欺－）：中国人民是不可～的｜抵御外～。

俙 xī ㄒㄧ［héi¹ 希］

当面对质。

俭 （儉）jiǎn ㄐㄧㄢˇ［gim⁶ 兼⁶］

节省，不浪费：～朴｜勤～｜省吃～用。

俗 sú ㄙㄨˊ［zung⁶ 浊］

❶风俗，社会上长期形成的风气、习惯等：移风易～。❷大众化的，最通行的，习见的：～语｜通～。❸趣味低，不高雅：～不可耐｜这张画儿画得太～。【庸俗】平庸，鄙俗。❹指没出家的人，区别于出家的佛教徒等：僧～。

俘 fú ㄈㄨˊ［fu¹ 肤］

❶打仗时捉住的敌人（㊥－虏）：战～｜遣～。❷打仗时捉住敌人（㊥－虏）：被～｜～获。

信 xìn ㄒㄧㄣˋ［sên³ 讯］

❶诚实，不欺骗：～用｜失～。❷信任，不怀疑，认为可靠：～赖｜这话我不～。㊞信仰，崇奉：～徒。❸（－儿）消息（㊥－息）：报～｜喜～儿。【信号】传达消息、命令、报告等的记号：放～枪。❹函件（㊥书－）：给他

写封～。❺随便：～步｜～口开河(随便乱说)。❻信石，砒霜。❼同“芯”(xìn)。

〈古〉又同“伸”(shēn)。

俍 liáng ㄌㄧㄤˊ [lêng⁴ 粮]

完美，良好。

侵 qīn ㄑㄧㄣ [cem¹ 寻¹]

❶侵犯，夺取别人的权利：～略｜～害｜～吞。❷渐近：～晨。

☞🅖❶动词。添、加、续：～水(加水)。❷动词。让……参加：～我一齐玩啦(让我参加一块儿玩吧)！也作“挰”。

侯 ㊀hóu ㄏㄡˊ ㊀ [heo⁴ 猴]

❶古代五等爵位(公、侯、伯、子、男)的第二等：封～。❷泛指达官贵人：～门。❸姓。

㊁hòu ㄏㄡˋ ㊁ [heo⁶ 后]

【闽侯】地名，在福建省。

俑 yǒng ㄩㄥˇ [yung² 拥]

古时殉葬用的木制或陶制的偶人。

俟 (㊁*竢)㊀qí ㄑㄧˊ ㊀ [kéi⁴ 旗]

【万俟】(mò－)复姓。

㊁sì ㄙˋ ㊁ [ji⁶ 字]

等待：～机｜～该书出版后即寄去。

俊 (❶*儁、❶*㑺)jùn ㄐㄩㄣˋ [zên³ 进]

❶才智过人的：～杰｜～士。❷容貌美丽：那姑娘真～｜～俏。

8 画

俸 fèng ㄈㄥˋ [fung² 丰²]

旧时称官员等所得的薪金：～禄｜薪～。

倩 qiàn ㄑㄧㄢˋ [xin⁶ 善]

❶美好：～影。❷请人代做：～人代笔。

债 (債)zhài ㄓㄞˋ [zai³ 斋³]

所欠下的钱财：还～｜公～。

俵 biào ㄅㄧㄠˋ [biu² 表]

〈方〉俵分，把东西分给人。

倻 yē ㄧㄝ [yē⁴ 爷]

【伽倻琴】(jiā－－)朝鲜族弦乐器，像筝。

借 (❸❹△藉)jiè ㄐㄧㄝˋ [zé³ 蔗]

❶暂时使用别人的财物等：～钱｜～车｜～用。【借光】请人让路或问事的客气话。❷暂时把财物等给别人使用：～给他几块钱。❸假托：～端｜～故｜～口｜～题发挥。❹凭借，依靠：～助。

“藉”另见151页jí；151页jiè。

偌 ruò ㄖㄨㄛˋ [yé⁶ 夜]

这么，那么：～大年纪。

值 zhí ㄓˊ [jig⁶ 席]

❶价格，价钱：两物之～相等。❷物和价相当：～一百元。㊞值得，有意义或有价值：不～一提。❸用数字表示的量，数学演算所得的结果。❹遇到：相～｜正～新春佳节。㊞当，轮到：～日｜～班。

倕 [ngai¹ 捱¹]

☞㊥形容词。客家的，客家话：～话(客家话)｜～佬(客家人，不大尊敬的说法)｜客家人都讲～(客家人都说客家话)。

倴 bèn ㄅㄣˋ [ben⁶ 笨]

【倴城】地名，在河北省滦南。

倚 yǐ ㄧˇ [yi² 椅]

❶靠着：～门。❷仗恃：～势欺人。❸偏，歪：不偏不～。

俺 ǎn ㄢˇ [an² 晏²，㊂ yim³ 厌]

〈方〉代词。我，我们：～村｜～们｜～那里出棉花。

倾 (傾)qīng ㄑㄧㄥ [king¹ 顷¹]

❶歪，斜(㊀－斜)：身体稍向前～。❷倾向，趋向：左～｜右～。【倾心】一心向往，爱慕。❸倒塌：～颓。【倾轧】(－yà)互相排挤。❹使器物反转或歪斜，倒(dào)出里面的东西：～盆大雨｜～箱倒箧。㊞尽数拿出，毫无保留：～吐(tǔ)。【倾销】一种以低于成本的价格大量抛售商品的不正当竞争手段。

☞㊥动词。谈，聊：我想同你～下(我想跟你谈谈)｜你哋喺处～乜吖(你们在聊什么呀)｜佢好～得(他很健谈)。【倾偈】谈话，聊天：一边唞凉一边～(一边乘凉一边聊天)｜倾闲偈(闲聊，闲谈)｜倾两句偈(谈两句话)。【倾唔埋】1. 话不投机，谈不拢：佢哋各自心怀鬼胎，梗系～啦(他们各自心怀鬼胎，当然谈不拢了)。2. 谈不来，合不来：以为佢两个～，点知合作得几好(本以为他俩合不来，谁知合作得挺好)。

倒 ㊀dǎo ㄉㄠˇ ㊁ [dou² 岛]

❶竖立的东西躺下来：墙～了｜摔～。㊞失败，垮台：～台｜～闭。也指使垮台。～阁。【倒霉】事情不顺利，受挫折。❷转换，更换：～手｜～车｜～换。❸倒买倒卖，进行投机活动：～汇｜～邮票。❹指食欲变得不好：老吃白菜，真～胃口。

㊁dào ㄉㄠˋ ㊁ [dou² 岛]

把容器反转或倾斜使里面的东西出来：～茶｜～水。

㊂dào ㄉㄠˋ ㊂ [dou³ 到]

❶上下或前后颠倒：这幅画挂～了｜把那几本书～过来｜～数第一。❷向后，往回退：～退｜～车(车向后退)。❸副词。反而，却，相反：跑了一天，～不觉得累。

俳 pái ㄆㄞˊ [pai⁴ 排]

古代指杂戏、滑稽戏，也指演这种戏的人：～优。㊕诙谐，玩笑：～谐。

俶 ㊀chù ㄔㄨˋ ㊀ [cug¹ 促]

〈古〉开始。【俶尔】忽然：～远逝。

㊁tì ㄊㄧˋ ㊁ [tig¹ 惕]

【俶傥】(－tǎng)同"倜傥"。

倬 zhuō ㄓㄨㄛ [cêg³ 卓]

❶显著。❷大。

倏 (*倐、*儵) shū ㄕㄨ [sug¹ 宿]

极快地，忽然：～忽｜～尔而逝。

脩 xiū ㄒㄧㄡ [seo¹ 修]

❶干肉。【束脩】一束干肉。㊕旧时指送给老师的酬金。❷见59页"修"。

倘 ㊀cháng ㄔㄤˊ ㊁[sêng⁴ 常]

【倘佯】(－yáng)旧同"徜徉"。

㊁tǎng ㄊㄤˇ ㊁[tong² 躺]

连词。假使，如果：～若｜～能努力，定可成功。

俱 ㊀jū ㄐㄩ [kêu¹ 驱]

姓。

㊁jù ㄐㄩˋ [kêu¹ 驱]

全，都：父母～存｜面面～到。

倮 luǒ ㄌㄨㄛˇ [lo² 裸]

同"裸"。

倡 chàng ㄔㄤˋ [cêng¹ 昌，㊂cêng³ 唱]

发动，首先提出：～议｜～导。

候 hòu ㄏㄡˋ [heo⁶ 后]

❶等待(㊈等－)：～车室｜你先在这儿～一～，他就来。❷问候，问好：致～。❸时节：时～｜气～｜季～。【候鸟】随气候变化而迁移的鸟，如大雁、家燕。❹事物在变化中间的情状：症～｜火～。❺古代称五天为一候，现在气象学上仍沿用。

啰 (㑩) luo・ㄌㄨㄛ [lo⁴ 罗]

见66页"偻"字条【偻啰】(lóu－)。

倕 chuí ㄔㄨㄟˊ [sêu⁴ 谁]

古代传说中的巧匠名。

倭 wō ㄨㄛ [wo¹ 窝]

古代称日本。

倪 ní ㄋㄧˊ [ngei⁴ 危]

端，边际。【端倪】头绪：事情已略有～。

俾 bǐ ㄅㄧˇ [béi² 比]

使：～便考查。

倜 tì ㄊㄧˋ [tig¹ 惕]

【倜傥】(－tǎng)洒脱，不拘束：风流～。

倞 ㊀jìng ㄐㄧㄥˋ ㊁[ging⁶ 劲]

强，强劲。

㊁liàng ㄌㄧㄤˋ ㊁[lêng⁶ 亮]

求索。

俯 (△*頫、*俛) fǔ ㄈㄨˇ [fu² 苦]

脸向下，低头，跟"仰"相对：～视｜～仰之间(很短的时间)。

“頫”另见585页“頫”(fǔ)。

倍

bèi ㄅㄟˋ [pui⁵ 培⁵]

❶跟原数相同的数，某数的几倍就是用几乘某数：二的五～是十丨精神百～(精神旺盛)。❷加倍：事半功～丨勇气～增丨～加努力。

倦

(*勌)juàn ㄐㄩㄢˋ [gün⁶ 捐⁶]

疲乏，懈怠(㊥疲－)：诲人不～丨厌～。

僤

(僤)dàn ㄉㄢˋ [dan⁶ 但]

大，盛。

倓

tán ㄊㄢˊ [tam⁴ 谭]

安然不疑。多用于人名。

倧

zōng ㄗㄨㄥ [zung¹ 钟]

传说中的上古神人。

倌

guān ㄍㄨㄢ [gun¹ 官]

❶农村中专管饲养某些家畜的人：牛～儿丨羊～儿。❷旧时称服杂役的人：堂～儿(茶馆、酒馆、饭馆的服务人员)。

倥

kǒng ㄎㄨㄥˇ [hung² 孔]

【倥偬】(－zǒng)1．事情紧迫匆促：戎马～(形容军务繁忙)。2．穷困。

健

jiàn ㄐㄧㄢˋ [gin⁶ 件]

❶强壮，身体好(㊥－康、强－)：～儿丨～步丨保～。【健全】1．(身体)健康而无缺陷。2．(组织、制度等)完备无缺欠或使完备：制度很～丨～组织。❷善于：～谈。【健忘】容易忘，记忆力不强。

倨

jù ㄐㄩˋ [gêu³ 句]

傲慢：前～后恭丨～傲。

倔

㊀jué ㄐㄩㄝˊ [gued⁶ 掘]

义同“倔”(juè)，只用于“倔强”。【倔强】(－jiàng)(性情)刚强不屈，固执：性格～。

㊁juè ㄐㄩㄝˋ [gued⁶ 掘]

言语直，态度生硬：那老头子真～。

☞广❶形容词。秃，钝：～尾(秃尾巴)丨笔都写～咗(笔都写秃了)丨～锄头(钝锄头)丨～擂槌(擂浆棍；秃)丨～笃(尽头；不能通过)。【倔尾龙】民间传说中的断了尾巴的龙，出现即搅风搅雨，扰害百姓。比喻爱闯祸的人。【倔情】无情，不近人情：又唔系敌人，咁～做乜嘢(又不是敌人，这么无情干什么)！【倔头路】1．死胡同，断头路(不通的路)。2．死路：我劝你谂清楚，咪行～(我劝你考虑清楚，别走死路)！❷形容词。形容人态度生硬，言辞粗鲁，拗，犟：佢嘅脾性好～(他的脾气很犟)。❸动词。瞪：～佢一眼(瞪他一眼)。又作“屈”。

9 画

偰

xiè ㄒㄧㄝˋ [xid³ 泄]

❶见157页“契”。❷姓。

偾（偾）fèn ㄈㄣˋ［fen⁵ 奋］

败坏，破坏：～事｜～军之将。

偡 zhàn ㄓㄢˋ［zam³ 湛］

齐整。

做 zuò ㄗㄨㄛˋ［zou⁶ 皂］

❶干(gàn)，进行工作或活动：～活｜～工｜～买卖｜～报告｜～斗争。❷写作：～诗｜～文章。❸制造：～制服｜甘蔗能～糖。❹当，为(wéi)：～父母的｜～革命事业接班人。❺装，扮：～样子｜～好～歹。【做作】故意装出某种表情或神态。❻举行：～生日｜～寿。❼用为：芦苇可以～造纸原料。

鸺（鵂）xiū ㄒㄧㄡ［yeo¹ 忧］

见557页“鸱”字条【鸱鸺】(chī－)、560页“鹠”字条【鸺鹠】(－liú)。

偃 yǎn ㄧㄢˇ［yim² 掩，㊀yin² 演²］

❶仰面倒下，放倒：～卧｜～旗息鼓。❷停止：～武修文。

偭 miǎn ㄇㄧㄢˇ［min⁵ 免］

❶向，面向。❷违背：～规越矩(违背正常的法度)。

偕 xié ㄒㄧㄝˊ（旧读 jiē）［gai¹ 阶，㊀hai⁴ 鞋］

共同，在一块(㊇－同)：～老｜～行。

偿（償）cháng ㄔㄤˊ［sêng⁴ 常］

❶归还，补还(㊇赔－)：～还｜补～｜得不～失。❷满足：如愿以～。

偶 ǒu ㄡˇ［ngeo⁵ 藕］

❶偶像，用木头或泥土等制成的人形。❷双，成双或成对，跟“奇”(jī)相对：～数｜无独有～。【对偶】文字作品中音调谐和、意义相对、字数相等的语句，骈体文的基本形式。❸偶然：～发事件。【偶然】不经常，不是必然的：～去一次｜这些成就的取得绝不是～的。

偈 ㊀jì ㄐㄧˋ ㊁［gei⁶ 计⁶，㊀gei² 计²］

佛经中的唱词。

☞🅶 名词词素。指有关机械方面的：～油(机器润滑油)。

【大偈】大副，船长的主要助手，负责驾驶、机械工作。

㊁jié ㄐㄧㄝˊ ㊁［gid⁶ 杰］

❶勇武。❷跑得快。

㊂［gei² 计²］

☞🅶 名词。话语：倾～(闲谈、谈心)。

偎 wēi ㄨㄟ［wui¹ 煨］

紧挨着，亲密地靠着：小孩儿～在母亲的怀里。

偲 ㊀cāi ㄘㄞ ㊁［soi¹ 腮］

有才能，多才。

㊁sī ㄙ ㊁［xi¹ 司］

【偲偲】互相切磋，互相督促。

傀 kuǐ ㄎㄨㄟˇ［fai³ 块］

【傀儡】(－lěi)木偶戏里的木头人。㊗徒有虚名，无自主权，受人操纵的人或组织：~政府。

偷 (❸* 媮)tōu ㄊㄡ [teo¹ 头¹]

❶窃取，趁人不知道拿人东西据为己有。【小偷】偷东西的人。❷行动瞒着人(叠)：~看丨~拍丨~~地走了丨~懒(趁人不知道少做事)。❸苟且：~安丨~生。❹抽出(时间)：~空(kòng)丨~闲。

偁 chēng ㄔㄥ [qing¹ 清]

❶用于人名。王禹偁，宋代人。❷姓。

偒 [wu³ 乌³]

☞粤 动词。俯下：~低头(低头)丨~低条腰(向下弯腰)。也作"㐳"。

偬 (*傯)zǒng ㄗㄨㄥˇ [zung² 总]

见64页"倥"字条【倥偬】(kǒng-)。

停 tíng ㄊㄧㄥˊ [ting⁴ 婷]

❶止住，中止不动(连-顿、-止)：一辆汽车~在门口丨钟~了。❷停留：我去天津，在北京~了两天。❸妥当：~妥。【停当】(-dang)齐备，妥当。❹(-儿)总数分成几份，其中一份叫一停儿：三~儿中的两~儿丨十~儿有九~儿是好的。

偻 (僂)㊀lóu ㄌㄡˊ [leo⁴ 留]

❶【偻㑩】(-luo)旧同"喽啰"。❷见54页"佝"字条【佝偻】(gōu-)。

㊁lǚ ㄌㄩˇ [leo⁴ 留]

❶脊背弯曲：伛(yǔ)~。❷迅速：不能~指(不能迅速指出来)。

偏 piān ㄆㄧㄢ [pin¹ 篇]

❶歪，不在中间：镜子挂~了丨太阳~西了。㊀不全面，不正确：~于一端丨~听~信丨~差(chā)。【偏向】1. 无原则地支持，袒护：妈妈总是~弟弟。2. 不正确的倾向：纠正~。❷副词。表示跟愿望、预料或一般情况不相同(叠)：不让他干，他~干丨我去看他，~~他没在家。

假 (㊀❷△* 叚)㊀jiǎ ㄐㄧㄚˇ ㊀ [ga² 加²]

❶不真实的，不是本来的，跟"真"相对：~发丨~话。【假如】【假使】连词。如果。❷借用，利用(连-借)：~手于人丨~公济私。❸据理推断，有待验证的：~设丨~说。

"叚"另见98页xiá。

㊁jià ㄐㄧㄚˋ ㊁ [ga³ 嫁]

照规定或经过批准暂时离开工作、学习场所的时间：放~丨寒~丨~期丨请~。

偓 wò ㄨㄛˋ [eg¹ 握]

用于人名。偓佺(quán)，古代传说中的仙人。

偋 [béng³ 波饼³]

☞粤 ❶动词。收藏：唔知佢将啲嘢~埋边度(不知他把东西藏在哪里)。【收收偋偋】把财产收藏起来。形容人吝啬的样子：佢乜嘢都~埋，惊畀人知(他什么东西都偷偷地藏起来，生怕被人知道)。❷动词。收拾：~好自己嘅房间

（把自己的房间收拾好）。

10 画

傣 dǎi ㄉㄞˇ [dai² 带²，㊗tai³ 态]

【傣族】我国少数民族，参看附表。

傲 ào ㄠˋ [ngou⁶ 敖⁶]

❶自高自大（㊀骄－）：～慢｜高～。❷藐视，不屈：红梅～霜雪。

傃 sù ㄙㄨˋ [sou³ 素]

❶面向，向着。❷平常，平素。

傅 fù ㄈㄨˋ [fu⁶ 父]

❶辅助，教导。❷师傅，教导人的人。❸附着，使附着：～粉。

傈 lì ㄌㄧˋ [lêd⁶ 律]

【傈僳族】（－sù－）我国少数民族，参看附表。

傉 nù ㄋㄨˋ [nug⁶ 挪酷]

用于人名。秃发傉檀，东晋时南凉国君。

傝 [dab³ 嗒³]

☞㊖【有傝儑】形容人做事不正经、不经心、随意、马虎：佢咁～点叫得佢做呢啲嘢呀（他这么不正经怎么能让他干这些事呢！）｜佢讲话都～嘅，千祈咪信佢（他说话没准儿的，千万别信他）。

傦 xiāo ㄒㄧㄠ [xiu¹ 消]

无拘无束，自由自在：～然。
【傦傦】羽毛残破的样子。

傥 （儻）tǎng ㄊㄤˇ [tong² 倘]

❶同“倘”（tǎng）。❷见 63 页“倜”字条【倜傥】（tì－）。

傒 xī ㄒㄧ [hei⁴ 兮]

【傒倖】（－xìng）烦恼，焦躁。

傍 bàng ㄅㄤˋ [bong⁶ 磅]

❶靠：依山～水。❷临近（多指时间）：～亮｜～晚。

傢 [ga¹ 家]

☞㊖【傢俬】家具。【傢俬什物】家什，家具。

傧 （儐）bīn ㄅㄧㄣ [ben³ 殡]

引导：～者。【傧相】（－xiàng）旧指为主人接引宾客的人，今指婚礼时陪伴新郎新娘的人：女～｜男～。

储 （儲）chǔ ㄔㄨˇ（旧读 chú）[qu⁵ 拄，㊂cou⁵ 草⁵]

❶储蓄，积蓄：～存｜～藏｜～备。❷已经确定为继承皇位等最高统治权的人：立～｜王～。

☞㊖ 动词。积蓄，攒：～钱｜～邮票｜～埋咁多烂鬼嘢做乜呀（攒着这么多破烂东西干吗）？｜～～埋埋（积积攒攒；长期积攒）｜我～埋～埋至同你算账（我攒着攒着再跟你算账）。

傕

jué ㄐㄩㄝˊ [gog³ 角]

用于人名。李傕，东汉末人。

傩

(儺) nuó ㄋㄨㄛˊ [no⁴ 挪]

旧指驱逐瘟疫的迎神赛会。

11 画

催

cuī ㄘㄨㄟ [cêu¹ 吹]

❶催促，使赶快行动：~办 | ~他早点儿动身。❷使事物的产生、发展变化加快：~生 | ~化剂。

傻

(**儍) shǎ ㄕㄚˇ [so⁴ 所⁴]

❶愚蠢，糊涂：说~话 | 吓~了。❷死心眼：这样好的事你都不干，真~。

像

xiàng ㄒㄧㄤˋ [zêng⁶ 丈]

❶相似：他很~他母亲。【好像】1. 相似。2. 似乎，仿佛：我~见过他。❷比照人或物做成的图形：画~ | 塑~。❸比如，比方：这件事很多人不知道，~我就是一个。

傺

chì ㄔˋ [cei³ 砌]

见58页“侘”字条【侘傺】(chà –)。

僇

lù ㄌㄨˋ [lug⁶ 六]

❶侮辱。❷同“戮”。

12 画

僖

xī ㄒㄧ [héi¹ 希]

快乐。

儆

jǐng ㄐㄧㄥˇ [ging² 警]

使人警醒，不犯过错：~戒 | 惩(chéng)一~百。

僳

sù ㄙㄨˋ [sug¹ 叔]

见67页“傈”字条【傈僳族】(lì – –)。

僚

liáo ㄌㄧㄠˊ [liu⁴ 辽]

❶官。【官僚】指旧时各级政府里的官吏。现在把脱离人民群众，不深入实际的领导作风和工作作风叫官僚主义。❷旧时指在一块做官的人：同~。

僭

jiàn ㄐㄧㄢˋ [qim³ 堑]

超越本分，古时指地位在下的冒用在上的名义或礼仪、器物等：~越。

僬

jiāo ㄐㄧㄠ [jiu¹ 招]

【僬侥】(– yáo)古代传说中的矮人。

僦

jiù ㄐㄧㄡˋ [zeo⁶ 就]

租赁：~屋。

僮

㊀tóng ㄊㄨㄥˊ ㊀ [tung⁴ 同]

❶封建时代受役使的未成年的人：书~。❷古同“童❶”。

㊂zhuàng ㄓㄨㄤˋ ㊀[zong6 状]
我国少数民族壮族的"壮"字旧作"僮"。

僔 zǔn ㄗㄨㄣˇ [jun2 转2]

❶聚集。❷谦恭。

僧 sēng ㄙㄥ [zeng1 增]

梵语音译"僧伽"的省称。佛教指出家修行的男子；和尚。

僎 zhuàn ㄓㄨㄢˋ [zan6 栈6]

具备。

僜 dèng ㄉㄥˋ [deng6 邓]

僜人，生活在西藏自治区察隅一带。

13 画

僁 sab1

☞粤【有偈僁】见67页"偈"条。

僵 (❶*殭)jiāng ㄐㄧㄤ [gêng1 疆]

❶直挺挺，不灵活：~尸丨~硬丨手冻~了。❷双方相持不下，两种意见不能调和：闹~了丨~局丨~持不下。

儇 xuān ㄒㄩㄢ [hün1 圈]

轻薄而有点儿小聪明。

儋 dān ㄉㄢ [dam1 担1]

儋州，地名，在海南省。

僻 pì ㄆㄧˋ [pig1 辟]

❶偏僻，距离中心地区远的：~静丨穷乡~壤。❷不常见的：冷~丨生~字。❸性情古怪，不合群(㊨乖-)：孤~丨怪~。

14 画以上

儒 rú ㄖㄨˊ [yu4 如]

❶旧时指读书的人：~生丨~商丨腐~(迂腐的书生)。❷儒家，春秋战国时代以孔子、孟子为代表的一个学派。提倡以仁为中心的道德观念，主张德治：~学丨~术。

儡 lěi ㄌㄟˇ [lêu5 吕]

见65页"傀"字条【傀儡】(kuǐ-)。

儦 biāo ㄅㄧㄠ [biu1 标]

【儦儦】1. 行走的样子。2. 众多。

儳 chán ㄔㄢˊ [cam3 杉]

〈古〉杂乱不齐。

☞粤【岩儳】凹凸不平：条路好~(道路高低不平)丨头发剪得咁~(头发剪得这么不平整)。

儴 ráng ㄖㄤˊ [yêng4 羊]

因循，沿袭。

儾 nàng ㄋㄤˋ [nong6 囊6]

❶软弱。❷同"齉"。

[12]入部

入 rù ㄖㄨˋ [yeb⁶ 泣⁶]

❶跟"出"相对。1. 从外面进到里面：~场｜~夜｜纳~轨道。2. 收进，进款：量~为出｜~不敷出。❷参加：~学｜~会。❸合乎，合于：~时｜~情~理。❹入声，古汉语四声之一。普通话没有入声。有的方言(如粤方言)有入声，发音一般比较短促。

氽 cuān ㄘㄨㄢ ㊀ [qun¹ 村]

❶把食物放到开水里稍微一煮：~汤｜~丸子。❷(－子、－儿)烧水用的薄铁筒，能很快地把水煮开。❸用氽子把水烧开：~了一氽子水。

㊁ [ten² 吞²]

☞粤 动词。翻转(里外翻过来)：~转眼皮｜~猪肠｜将猪肚~过嚟洗(把猪肚翻过来洗)。

籴 (糴) dí ㄉㄧˊ [dég⁶ 笛]

买粮食，跟"粜"相对：~米。

[13]勹部

勺 sháo ㄕㄠˊ [zêg³ 雀，㊂ sêg³ 削]

❶(－子、－儿)一种有柄的可以舀(yǎo)取东西的器具：饭~｜铁~。❷市制容量单位，1升的百分之一。

勿 wù ㄨˋ [med⁶ 密]

副词。别，不要：请~动手｜己所不欲，~施于人。

匀 yún ㄩㄣˊ [wen⁴ 云]

❶平均，使平均(㊀均－)：颜色涂得不~｜这两份儿多少不均，~一~吧。❷从中抽出一部分给别人或做他用：把你买的纸~给我一些｜先~出两间房来给新来的同志。

☞粤 ❶形容词。全，遍：揾~都揾唔到(找遍了都找不到)｜行~全市(走遍全市)｜咁多资料都睇~咯(这么多资料全看了)。【匀巡】1. 均匀，匀称：分嘢要~(分东西要分均匀)｜颜色要调得好~。2(品行)差劲到极点：衰得你咁~(你真是次透了)｜佢也傻得咁~㗎(他怎么这么傻呀)！❷量词。次，回：去过两~｜难有第二~｜~~都唔同(次次都不相同)｜呢~佢实走唔甩(这回他肯定跑不掉)。

勾 ㊀gōu ㄍㄡ [ngeo¹ 欧]

❶用笔画出符号，表示删除或截取：~了这笔账｜一笔~销｜把精彩的文句~出来。❷描画，用线条画出形象的边缘：~图样。㊁用灰涂抹建筑物上砖、瓦或石块之间的缝：~墙缝｜用灰~抹房顶。❸招引，引(㊀－引)：~魂｜这一问~起他的话来了。❹结合：~结｜~通。❺我国古代称不等腰直角三角形中构成直角的较短的边。

【勾留】停留：在那里~几天。

㊁gòu ㄍㄡˋ [ngeo¹ 欧]

❶【勾当】(－dong)事情(多指坏事)：见不得人的~。❷同"够"(多见于早期白话)。

句 ㊀gōu ㄍㄡ ㊂［ngeo¹ 勾］

古同“勾”。【高句丽】【高句骊】(－－lí)古族名，古国名。

【句践】春秋时越王名。

㊁jù ㄐㄩˋ ㊂［gêu³ 据］

(－子)由词和词组组成的能表示一个完整意思的话。

匆 (*怱、*悤)cōng ㄘㄨㄥ［cung¹ 充］

急促(叠)：～忙｜来去～～。

匄 gài ㄍㄞˋ［koi³ 概］

❶见5页“丐”。❷用于人名。姬匄，东周敬王。

包 bāo ㄅㄠ［bao¹ 胞］

❶用纸、布等把东西裹起来：把书～起来。❷(－儿)包好了的东西：邮～｜行李～。【包裹】1. 缠裹：把伤口～起来。2. 指邮寄的包。❸装东西的袋：书～｜皮～。❹量词。用于成包的东西：一～花生米。❺(－子、－儿)一种带馅儿的、蒸熟的食物：糖～儿｜肉～子。❻肿起的疙瘩：腿上起个大～。❼容纳在内，总括在一起(㊈－含、－括)：无所不～。【包涵】(－han)客套话，请人宽容或原谅。❽总揽，负全责：～销｜～换。【包办】总负全责办理。㊀专断独行，不让别人参与：～婚姻。❾保证：～你喜欢｜～你玩得痛快。❿约定专用：～饭｜～场｜～了一辆车。

旬 xún ㄒㄩㄣˊ［cên⁴ 巡］

❶十天叫一旬，一个月有三旬，分别称上旬、中旬、下旬。❷指十岁：三～上下年纪｜年过六～。

匈 xiōng ㄒㄩㄥ［hung¹ 凶］

古同“胸”。

【匈奴】我国古代北方的民族。

甸 diàn ㄉㄧㄢˋ［din⁶ 电］

❶古时称郊外的地方。❷〈方〉甸子，放牧的草地，多用于地名。

匍 pú ㄆㄨˊ［pou⁴ 蒲］

【匍匐】(－fú)爬，手足并行：～前进。也作“匍伏”。

訇 hōng ㄏㄨㄥ［gueng¹ 轰，㊉ hung¹ 空］

形容声响很大：～然｜～的一声。【阿訇】我国伊斯兰教称主持教仪、讲授经典的人。

匐 fú ㄈㄨˊ［fug⁶ 伏］

见71页“匍”字条【匍匐】(pú－)。

[14]儿部

儿 (兒)ér ㄦˊ［yi⁴ 而⁴］

❶小孩子(㊈－童)：婴～｜幼～｜～科｜～戏。❷年轻的人(多指青年男子)：健～。❸儿子，男孩子：他有一～一女。㊀雄性的：～马。❹父母对儿女的统称，儿女对父母的自称。❺词尾，同前一字连成一个卷舌音。1. 加在名词后，表示小：小孩～｜乒乓球～｜

小狗～。2. 使动词、形容词等名词化：没救～｜拐弯～｜挡着亮～｜叫好～。3. 表示具体事物抽象化：门～｜根～。

先 xiān ㄒㄧㄢ [xin¹ 仙]

❶时间在前的，次序在前的：占～｜首～｜领～｜争～恐后。【先进】进步快，水平高，值得推广和学习的。❷副词。暂时：这件事～放一放，以后再考虑。❸祖先，上代：～人｜～辈。❹对死去的人的尊称：～父｜～烈。

兆 zhào ㄓㄠˋ [xiu⁶ 绍]

❶古代占验吉凶时灼龟甲所成的裂纹(迷信)。❷预兆：征～｜佳～。❸预示：瑞雪～丰年。❹数目名：1. 百万。2. 古代指万亿。❺法定计量单位中十进倍数单位词头之一，表示 10^6，符号 M。

兕 sì ㄙˋ [ji⁶ 自]

古书上指雌的犀牛。

党 (黨) dǎng ㄉㄤˇ [dong² 挡]

❶政党。在我国特指中国共产党。❷由私人利害关系结成的集团：死～｜结～营私。【党羽】附从的人(指帮同作恶的)。❸偏袒：不偏不～｜～同伐异。❹旧时指亲族：父～｜母～｜妻～。

兜 (*兠) dōu ㄉㄡ [deo¹ 斗¹]

❶(－子、－儿)作用和口袋相同的东西：裤～｜～儿布。❷做成兜形把东西拢住：用手巾～着鸡蛋｜船帆～风。㊀兜揽，招揽：～售。❸承担：没关系，有问题我～着。❹环绕，围绕：～抄｜～圈子。

☞粤❶名词。喂鸡狗等用的器皿：鸡～｜狗～。❷名词。盛饭菜的大搪瓷碗：攞个～去打饭(拿个大搪瓷碗去打饭)。❸动词。捧，掬：～水洗面(捧水洗脸)｜～条金鱼上嚟(掬金鱼上来)。❹动词。从底下托起：～住张台(托住桌子)。❺动词。朝着，对着，迎着：～肚一脚(朝着肚子就是一脚踢过去)｜一盆水～头泼过嚟(一盆水迎头泼过来)。❻动词。用锅铲翻动锅里的菜。❼动词。绕路，拐：前面唔通，～嗰便去啦(前面不通，绕那边去吧)｜半路又～翻转头(半道上又拐了回来)。【兜笃将军】迂回到后面进行打击。

☞粤【兜搭】理睬，招揽，招惹：～生意(招揽生意)｜千祈咪～佢(千万别招他)。

☞粤【兜踎】寒酸，寒碜：去宾馆见朋友，唔好着得～(去宾馆看望朋友，不要穿得那么寒酸)｜“炸鬼白粥唔算～”(油条白粥不算寒碜。龙舟《忆广州》唱词)。

[15]匕部

匕 bǐ ㄅㄧˇ [béi² 比，㊂béi³ 秘]

古代一种类似汤勺的餐具。【匕首】短剑。

北 běi ㄅㄟˇ [béi¹ 波握]

❶方向，早晨面对太阳左手的一边，跟“南”相对：～门｜由南往～。❷败北，打了败仗往回跑：三战三～｜追奔逐～(追击败逃的敌人)。

旨 (❶**指)zhǐ ㄓˇ [ji² 止]

❶意义，目的(㊀意－)：要～｜～趣(目的和意义)｜主～。❷封建时代称帝王的命令：圣～。❸美味：～酒。

顷 (頃)qǐng ㄑㄧㄥˇ [king² 琼²]

❶市制地积单位，1顷是100亩，约合6.6667公顷(66666.7平方米)。❷短时间：有～｜俄～｜～刻。㊀刚才，不久以前：～闻｜～接来信。

〈古〉又同"倾"(qīng)。

鬯 chàng ㄔㄤˋ [cêng³ 唱]

古代祭祀用的一种香酒。

匙 ㊀chí ㄔˊ ㊁[qi⁴ 池]

舀(yǎo)汤用的小勺子。又叫调羹(tiáogēng)。

㊁shi · ㄕ ㊁[xi⁴ 时]

见712页"钥"字条【钥匙】(yào－)。

疑 yí ㄧˊ [yi⁴ 而]

❶不信，因不信而猜度(duó)(㊀－惑)：可～｜半信半～｜～不能决。❷不能解决的，不能断定的：～问｜～案｜～义｜存～(对怀疑的问题暂不做决定)。

冀 jì ㄐㄧˋ [kéi³ 暨]

❶希望(㊀希－)：～其成功。❷河北省的别称。

[16]几部

几 (㊀❷❸、㊁幾)㊀jī ㄐㄧ ㊁[géi¹ 机]

❶(－儿)小或矮的桌子：茶～儿｜条～。❷差一点儿，近乎：～乎｜～为所害｜迄今～四十年。❸苗头：知～其神乎。

㊁jǐ ㄐㄧˇ ㊁[géi² 已]

❶询问数量多少：～个人？｜来～天了？【几何】1. 多少：人生～？2. 几何学，研究点、线、面、体的性质、关系和计算方法的学科。❷表示不定的数目：他才十～岁｜所剩无～。

凡 (*凢)fán ㄈㄢˊ [fan⁴ 烦]

❶平常，普通：～人｜平～。❷宗教、神话或迷信的人称人世间：神仙下～。❸凡是，所有的：～事要多想。❹概要，要略：发～起例。【凡例】书前面说明内容和体例的文字。❺总共：全书～十卷。

朵 (*朶)duǒ ㄉㄨㄛˇ [do² 躲，㊞dê² 多靴²]

❶花朵，植物的花或苞。❷量词。用于花或成团的东西：三～花｜一～蘑菇｜两～云彩。

凫 (鳧)fú ㄈㄨˊ [fu⁴ 扶]

❶鸟名，即野鸭，雄的头部绿色，背部黑褐色，雌的黑褐色，能飞，常群游在水中。❷在水里游：～水。

咒 (*呪)zhòu ㄓㄡˋ [zeo³ 奏]

❶某些宗教或巫术中的密语：～语。❷说希望人不顺利或遭厄运的话：～骂｜～人倒霉。

凯 （凱）kǎi ㄎㄞˇ ［hoi² 海］

军队得胜回来奏的乐曲：～歌｜奏～（指取得胜利）｜～旋（得胜回还）。

凭 （憑、*凴）píng ㄆㄧㄥˊ ［peng⁴ 朋］

❶靠着：～栏｜～几（jī）。❷依靠，仗恃：劳动人民～着双手创造世界｜光～武器不能打胜仗。❸证据（㊀－证、－据）：真～实据｜口说无～。❹介词。根据：～票入场｜～大家的意见做出决定。❺连词。任凭，无论：～你怎么说，我也不信。

［16］几部

凤 （鳳）fèng ㄈㄥˋ ［fung⁶ 奉］

凤凰（huáng），传说中的鸟王。又说雄的叫“凤”，雌的叫“凰”（古作“皇”），通常单称作“凤”：～毛麟角（喻罕见而珍贵的东西）。

夙 sù ㄙㄨˋ ［sug¹ 宿］

❶早：～兴夜寐（早起晚睡）。❷一向有的，旧有的：～愿｜～志。

凰 huáng ㄏㄨㄤˊ ［wong⁴ 王］

见74页“凤”字条“凤凰”（fèng－）。

［17］亠部

1—4画

亡 （*亾）㊀wáng ㄨㄤˊ ㊀［mong⁴ 忙］

❶逃（㊀逃－）：～命｜流～。㊁失去：～羊补牢（喻事后补救）｜唇～齿寒（喻利害相关）。❷死（㊀死－）：伤～。㊁死去的：～弟。❸灭（㊀灭－）：～国｜兴～。

㊁wú ㄨˊ ㊁［mou⁴ 毛］

古同“无”。

卞 biàn ㄅㄧㄢˋ ［bin⁶ 辨］

急躁（㊀－急）。

六 liù ㄌㄧㄡˋ ［lug⁶ 绿］

五加一后所得的数目。

亢 kàng ㄎㄤˋ ［kong³ 抗］

❶高（㊀高－）。㊁高傲：不卑不～。❷过甚，极：～奋｜～旱。❸星宿名，二十八宿之一。

主 zhǔ ㄓㄨˇ ［ju² 煮］

❶主人。1. 权力或财物的所有者：人民是国家的～人｜物～。2. 接待客人的人，跟“宾”“客”相对：宾～｜东道～。3. 事件中的当事人：事～｜失～。4. 旧社会占有奴隶或雇用仆役的人：奴隶～｜～仆。【主观】1. 属于自我意

识方面的，跟“客观”相对：人类意识属于～，物质世界属于客观。2. 不依据客观事物，单凭自己的偏见的：他的意见太～了。3. 属于自身方面的：～努力。【主权】一个国家的独立自主的权力。❷主张，决定：～见｜～和｜婚姻自～。【主义】1. 人们对于自然界、社会以及学术、文艺等问题所持的有系统的理论与主张：马克思～｜达尔文～｜现实～。2. 思想作风：革命乐观～。❸最重要的，最基本的：～力｜以预防为～，治疗为辅。❹主持，负主要责任：～办｜～讲。❺预示：早霞～雨，晚霞～晴。❻对事情的定见：六神无～｜心里没～。

市 shì ㄕˋ [xi5 时5]

❶做买卖或集中做买卖的地方：开～｜菜～｜牲口～。【超市】超级市场的简称。一种任顾客自选商品的综合性零售商店。❷买：～恩｜沽酒～脯(fǔ)。❸卖：转以～人。❹人口密集的行政中心或工商业、文化发达的地方：城～｜都～。❺行政区划单位，有直辖市和省(或自治区)辖市等：北京～｜唐山～。❻属于我国度量衡市用制的：～尺｜～升｜～斤。

玄 xuán ㄒㄩㄢˊ [yun4 元]

❶深奥不容易理解的：～理｜～妙。❷虚伪，不真实，不可靠：那话太～了，不能信。【玄虚】1. 虚幻，不真实。2. 欺骗的手段：故弄～。❸黑色：～狐｜～青(深黑色)。

亦 yì ㄧˋ [yig6 译]

文言副词。也(表示同样)，也是：人云～云｜反之～然｜～步～趋(喻自己没有主张，跟着别人走)。

交 jiāo ㄐㄧㄠ [gao1 胶]

❶付托，付给：这事～给我办｜货已经～齐了。【交代】1. 把经手的事务移交给接替的人：～工作。2. 把事情或意见向有关的人说明：把事情～清楚。❷相连，接合：～界｜目不～睫(jié)｜～叉。㊀相交处：春夏之～。❸互相来往联系：结～｜～朋友｜～流｜～际｜～涉｜～换｜～易｜打～道。❹交情，友谊：我和他没有深～｜一面之～。❺一齐，同时：风雨～加｜饥寒～迫。❻旧同“跤”(jiāo)。

亥 hài ㄏㄞˋ [hoi6 害]

❶地支的第十二位。❷亥时，指晚上九点至十一点。

充 chōng ㄔㄨㄥ [cung1 聪]

❶满，足(㊀－足)：～其量｜～分｜～实。❷填满，装满：～电｜～耳不闻｜～满。❸当，担任：～当｜～任。❹假装：～行家｜～能干。

5—6 画

亩 (畝、*畂、*晦、*畆、*畒、*畮) mǔ ㄇㄨˇ [meo5 某]

市制地积单位，1 亩是 10 分，约合 666.7 平方米。

亨 hēng ㄏㄥ [heng1 肯1]

❶通达，顺利(㊥ -通)。【大亨】称某地或某一行业有势力的人：房地产～。❷(外)电感单位名亨利的简称，符号H。

〈古〉又同"烹"(pēng)。

京

jīng ㄐㄧㄥ [ging¹ 惊]

❶京城，国家的首都。特指我国首都北京：～广铁路｜～剧。❷古代数目名，指一千万。

【京族】1. 我国少数民族，参看附表。2. 越南的主要民族。

享

(*亯)xiǎng ㄒㄧㄤˇ [hêng² 向²]

享受，受用：～福｜久～盛誉｜资源共～。

夜

(*亱)yè ㄧㄝˋ [yé⁶ 野⁶]

从天黑到天亮的一段时间，跟"日""昼"相对：日日～～｜白天黑～｜昼～不停。

卒

(*卆)㊀cù ㄘㄨˋ ㊁ [qud³ 撮]

同"猝"。

㊁zú ㄗㄨˊ ㊁ [zêd¹ 捽]

❶古时指兵：小～｜士～。❷旧称差役：走～｜狱～。❸死亡：生～年月。❹完毕，终了：～业。❺副词。究竟，终于：相持半月，～胜敌军。

兖

yǎn ㄧㄢˇ [yin⁵ 演]

【兖州】地名，在山东省。

氓

(㊁**甿)㊀ máng ㄇㄤˊ ㊁ [mong⁴ 亡]

【流氓】原指无业游民，后来指品质恶劣、不务正业、为非作歹的坏人。

㊁méng ㄇㄥˊ ㊁ [men⁴ 民，㊂ meng⁴ 萌]

〈古〉民(特指外来的)。也作"萌"。

7 画

哀

āi ㄞ [oi¹，㊂ ngoi¹ 爱¹]

❶悲痛(㊥悲-)：喜怒～乐。❷悼念：默～。❸怜悯，同情：～怜｜～其不幸。

亭

tíng ㄊㄧㄥˊ [ting⁴ 婷]

❶(-子)有顶无墙、供休息用的建筑物，多建筑在路旁或花园里。㊃建筑得比较简单的小房子：书～｜邮～。❷适中，均匀：～匀｜～午(正午，中午)。【亭亭】1. 形容高耸。2. 美好：～玉立。也作"婷婷"。

亮

liàng ㄌㄧㄤˋ [lêng⁶ 谅]

❶明，有光：天～了｜敞～｜刀磨得真～。❷(-儿)光线：屋里一点～儿也没有。㊃灯烛等照明物：拿个～儿来。❸明摆出来：～相｜把牌一～｜有本事～几手。❹明朗，清楚：你这一说，我心里头就～了｜打开窗子说～话。❺声音响：洪～。

8 画

衰

㊀cuī ㄘㄨㄟ ㊁ [cêu¹ 催]

〈古〉❶等差，等次，等级：等～(等次)。❷同“缞”。

㊂shuāi ㄕㄨㄞ ㊁[sêu¹ 须]

事物发展转向微弱(㊎－微)：～败｜～老｜～弱。【衰变】指放射性元素放射出粒子后变成另一种元素。

☞㊀❶形容词。坏的，差的，次的：～人(坏家伙)｜～嘢(坏东西；坏事)｜睇～(看扁了)｜～到贴地(坏透了，坏到家了)｜唱～(宣扬别人的缺点、过错，损毁其形象)。❷形容词。缺德，讨厌：～鬼(坏家伙，讨厌鬼)｜～神(坏家伙，坏蛋)｜～公(坏家伙，缺德鬼)｜～仔(浑小子)｜～女包(死丫头)｜边个咁～，乱擗垃圾(谁这么缺德，乱扔垃圾)？❸形容词。下贱：～得你咁交关(你下贱得这么厉害)｜～格(缺德，卑鄙)。❹形容词。倒霉，糟糕：～运(糟糕的运气)｜～晒，唔见咗锁匙(糟糕透了，钥匙不见了)｜～起上嚟有头有路(倒霉的时候就处处倒霉)。❺形容词。居下风，落后；失败：我从嚟有～过(我从来没有落后过)｜呢次唔～得架(这次是不能失败的)｜佢哋最后～咗(他们最后失败了)。

衷 zhōng ㄓㄨㄥ [cung¹ 冲，㊋ zung¹ 忠]

内心：由～之言｜苦～｜～心拥护。

亳 bó ㄅㄛˊ [bog³ 博]

【亳州】地名，在安徽省。

离 (離)lí ㄌㄧˊ [léi⁴ 梨]

❶相距，隔开(㊎距－)：北京～天津一百多公里｜～国庆节很近了。❷离开，分开，分别：～家｜～婚｜～散(sàn)。【离间】(－jiàn)从中挑拨，使人不团结。【离子】原子或原子团失去或得到电子后叫作离子。❸缺少：发展工业～不了钢铁。❹八卦之一，符号是“☲”，代表火。

【离奇】奇怪的，出乎意料的。

衮 gǔn ㄍㄨㄣˇ [guen² 滚]

古代君王的礼服：～服。

9 画

恴 xí ㄒㄧˊ [wei⁶ 惠]

姓。

毫 háo ㄏㄠˊ [hou⁴ 豪]

❶长而尖细的毛：狼～笔。❷秤或戥(děng)子上的提绳：头～｜二～。❸法定计量单位中十进分数单位词头之一，表示 10^{-3}，符号 m。❹计量单位名，10 丝是 1 毫，10 毫是 1 厘。❺〈方〉货币单位，角，毛。❻用在否定词前，加强否定语气，表示一点儿也没有或一点儿也不：～无诚意｜～不费力。

孰 shú ㄕㄨˊ [sug⁶ 属]

文言代词。1. 谁：～谓不可？2. 什么：是(这个)可忍，～不可忍？3. 哪个：～胜～负，尚未可知。

烹 pēng ㄆㄥ [pang¹ 棚¹]

❶煮：～调(tiáo)。【烹饪】(－rèn)做饭做菜。❷烹饪方法，用热油略炒之

后，再加入液体调味品，迅速翻炒：~对虾。

商 shāng ㄕㄤ ［sêng¹ 双］

❶商量，两个以上的人在一起计划，讨论：面~｜有事相~。❷生意，买卖：~业｜~品｜通~｜经~。【商标】企业用来使自己的产品或服务与其他企业的产品或服务相区别的具有明显特征的标志。❸商人，做买卖的人：布~｜富~。❹商数，除法运算的得数：八被二除~数是四。❺用某数做商：二除八~四。❻商代，成汤所建立（公元前1600—前1046年），盘庚迁殷后，又称殷代（公元前1300—前1046年）。❼古代五音"宫、商、角（jué）、徵（zhǐ）、羽"之一。❽星宿名，即心宿，二十八宿之一。

袤 mào ㄇㄠˋ ［meo⁶ 茂］

南北距离的长度：广~数千里。

率 ㊀lǜ ㄌㄩˋ ㊁［lêd⁶ 栗］

两个相关的数在一定条件下的比值：利~｜速~｜增长~｜出勤~。

㊁shuài ㄕㄨㄞˋ ㊂［sêd¹ 恤］

❶带领，统领（㊐-领）：~队｜~师出征。❷轻易地，不细想，不慎重（㊐轻-、草-）：粗~。❸爽直坦白（㊐直-）。❹大率，大概，大略：~皆如此。❺遵循：~由旧章。❻模范：表~。

10 画

亵 （褻）xiè ㄒㄧㄝˋ ［xid³ 泄］

❶轻慢，亲近而不庄重：~渎。❷指贴身的衣服：~衣。❸淫秽：猥~。

就 jiù ㄐㄧㄡˋ ［zeo⁶ 袖］

❶凑近，靠近：~着灯光看书｜避重~轻。❷从事，开始进入：~学｜~业。❸依照现有情况，趁着：~近上学｜~地取材。❹随同着吃、喝下去：小米粥~咸菜｜花生米~酒。❺完成：造~人才。❻副词。1. 加强肯定语气：这么一来~好办了。2. 在选择句中跟否定词相应，表示肯定语气：不是你去，~是我去。❼副词。立刻，不用经过很多时间：他一来，我~走｜他~要参军了。❽连词。就是，即使，表示假定：天~再冷我们也不怕｜你~送来，我也不要。❾副词。单，只，偏偏：他~爱看书｜怎么~我不能去？

裒 póu ㄆㄡˊ ［peo⁴ 婆喉］

❶聚。❷减少：~多益寡（减有余补不足）。

11—14 画

襄 yì ㄧˋ ［yeb¹ 泣］

〈古〉书套。

禀 （*稟）bǐng ㄅㄧㄥˇ ［ben² 品］

❶承受，生成的（㊀－受）：～性。❷下对上报告（㊀－报、－告）：～明一切。

亶 dǎn ㄉㄢˇ ［tan² 坦］

实在，诚然。

雍 （*雝）yōng ㄩㄥ ［yung¹ 翁］

和谐。【雍容】文雅大方、从容不迫的样子：～华贵。

裹 guǒ ㄍㄨㄛˇ ［guo² 果］

包，缠：～伤口｜用纸～上｜～足不前（停止不进行，多指有所顾虑）。㊁把东西卷在里头：洪水～着泥沙。

豪 háo ㄏㄠˊ ［hou⁴ 壕］

❶具有杰出才能的人（㊀－杰）：文～｜英～。【自豪】自己感到骄傲：我们为祖国而～。❷气魄大，直爽痛快，没有拘束的：～放｜～爽｜～迈。❸强横的，有特殊势力的：～门｜土～劣绅｜巧取～夺。

褒 （*襃）bāo ㄅㄠ ［bou¹ 保¹］

赞扬，夸奖，跟"贬"相对（㊀－奖）：～扬｜～义词。

亸 （嚲、**軃）duǒ ㄉㄨㄛˇ ［do² 躲］

下垂。

壅 yōng ㄩㄥ ㊀［yung¹ 雍，㊁ yung² 拥²］

❶堵塞（sè）（㊀－塞）：水道～塞。❷把土或肥料培在植物根上。

㊁［ngung¹ 瓮¹，㊁ yung¹ 拥¹］

☞▇❶动词。埋：生～（活埋）｜泥石流连屋都～埋（泥石流把房子都埋上了）。❷动词。培土：啲粟米要～多啲泥（玉米要多培些土）。❸动词。施肥，一般指施粪肥或土肥：要～多啲肥（要施多点肥）｜已经～过两次肥（已经施了两次肥）。

15画以上

襄 xiāng ㄒㄧㄤ ［sêng¹ 双］

帮助：～办｜～理。

亹 ㊀mén ㄇㄣˊ ㊁［mun⁴ 门］

【亹源】回族自治县，在青海省。今作"门源"。

㊁wěi ㄨㄟˇ ㊁［méi⁵ 尾］

【亹亹】1. 形容勤勉不倦。2. 形容向前推移、行进。

饔 yōng ㄩㄥ ［yung¹ 翁］

❶熟食。❷早饭。

[18] 冫部

3－7画

江 gāng ㄍㄤ ［gong¹ 江］

姓。

冯 （馮）féng ㄈㄥˊ ［fung⁴ 逢］

姓。

〈古〉又同"凭"（píng）。

冱 （**沍）hù ㄏㄨˋ ［wu⁶ 户］

水因寒冷冻结、凝固。

冲 （㊀❷－❹、㊁ 衝、㊀❶❺** 沖）㊀ chōng ㄔㄨㄥ ［cung¹ 充］

❶用开水等浇，水流撞击：～茶｜用水～服｜这道堤不怕水～。㊕〈方〉山区的平地：韶山～（地名，在湖南省韶山市）。【冲淡】加多液体，降低浓度。㊖使某种效果、气氛等减弱。❷向上钻：～入云霄。❸通行的大道：要～｜这是～要地方。❹快速向前闯：～锋｜～入敌阵｜横～直撞。【冲动】1. 神经兴奋而突然产生的情绪或行动。2. 感情强烈，不能自制。【冲突】1. 互相撞击或争斗。2. 意见不同，互相抵触。❺互相抵消：～账。

㊁chòng ㄔㄨㄥˋ ［cung¹ 充］

❶对着，向：～南的大门｜别～着我说。❷猛烈：水流得真～｜大蒜气味～。【冲劲儿】1. 敢做、敢向前冲（chōng）的劲头儿。2. 强烈的刺激性：这酒有股～。❸介词。凭，根据：～他这股子钻劲儿，一定能攻克这道难关。

冰 （*氷）bīng ㄅㄧㄥ ［bing¹ 兵］

❶水因冷凝结成的固体。❷使人感到寒冷：河里的水有点儿～手。❸用冰贴近东西使变凉：把汽水～上。

次 cì ㄘˋ ［qi³ 刺］

❶第二：～日｜～子。❷质量或品质较差：～货｜～品｜这人太～。❸等第，顺序（㊟－序）：名～｜车～｜依～前进。❹量词。回：第一～来北京。❺临时驻扎，也指途中停留的处所：舟～｜旅～。

决 （*決）jué ㄐㄩㄝˊ ［küd³ 缺］

❶原义为疏导水流，后转为堤岸被水冲开口子：～口。【决裂】（指感情、关系、商谈等）破裂：谈判～。❷决定，拿定主意：～心｜迟疑不～。【决议】经过会议讨论决定的事项。㊗副词。一定，必定：他～不会失败。❸决定最后胜负：～赛｜～战。❹执行死刑：枪～。

冻 （凍）dòng ㄉㄨㄥˋ ［dung³ 东³］

❶液体或含水分的东西遇冷凝结：河里～冰了｜天寒地～。❷（－儿）凝结了的汤汁：肉～儿｜鱼～儿｜果子～儿。❸感到寒冷或受到寒冷：外面很冷，真～得慌｜小心别～着。

况 （*況）kuàng ㄎㄨㄤˋ ［fong³ 放］

❶情形（㊟情－）：近～｜实～。❷比，譬：以古～今。❸文言连词。表示更进一层。1. 相当于"况且"：～仓卒吐言，安能皆是？2. 相当于"何况"：此事成人尚不能为，～幼童乎？【况且】连词。表示更进一层：这本书内容很好，～也很便宜，买一本吧。【何况】连词，表示反问，小孩都能办到，～我呢？

冷 lěng ㄌㄥˇ ㊀[lang5 罗罂5]

❶温度低，跟“热”相对(㊄寒－)：昨天下了雪，今天真～。❷寂静，不热闹：～清清｜～落。❸生僻，少见的(㊄－僻)：～字｜～货(不流行或不畅销的货物)。❹不热情，不温和：～脸子｜～言～语｜～笑｜～酷。【冷静】不感情用事：头脑～。❺突然，意料以外的：～不防｜～枪。

㊁[lang1 罗罂1]

☞㊦❶名词。毛线：～衫(毛线衣)｜买二两～(买二两毛线)。〖借自法语laine。〗❷名词。圈儿：打个～(转一个圈儿(我国港澳地区多用)。〖英语round的音译。〗

冶 yě ㄧㄝˇ [yé5 惹]

❶熔炼(金属)：～炼｜～金。❷装饰、打扮得过分艳丽(含贬义)：～容｜妖～。

冽 liè ㄌㄧㄝˋ [lid6 列]

寒冷(㊄凛－)：山高风～。

冼 xiǎn ㄒㄧㄢˇ [xin2 癣]

姓。

净 (*淨) jìng ㄐㄧㄥˋ [㊅jing6 静，㊆zéng6 郑]

❶干净，清洁：～水｜脸要洗～。❷洗，使干净：～面｜～手。❸什么也没有，空，光：钱用～了。❹纯，纯粹的：～利｜～重。❺副词。1. 单，只，仅：好的都挑完了，～剩下次的了。2. 全(没有别的)：秋风一刮，满地～是树叶。❻传统戏曲里称花脸。

8画以上

凌 líng ㄌㄧㄥˊ [ling4 陵]

❶冰：冰～｜黄河～汛｜滴水成～。❷欺凌，侵犯，欺压：～辱｜盛气～人。❸升，高出：～云｜～空而过。❹迫近：～晨。

凇 sōng ㄙㄨㄥ [sung1 嵩]

【雾凇】通称“树挂”，寒冷天水汽在树枝上结成的白色松散冰晶。

凄 (❶❸*淒、❷*悽) qī ㄑㄧ [cei1 妻1]

❶寒凉：～风苦雨。❷悲伤(㊄－惨)。❸冷落寂静：～清｜～凉。

准 (❷-❿準) zhǔn ㄓㄨㄣˇ [zên2 津2]

❶允许，许可：批～｜不～他来。❷依照，依据：～此办理。❸定平直的东西：水～｜～绳。❹标准，法则，可以作为依据的：～则｜以此为～。❺同“埻”。❻正确(㊄－确)：瞄～｜他枪打得很～。❼副词。一定，确实：我～来｜～能完成任务。❽鼻子：隆～(高鼻子)。❾(－儿)把握：心里没～儿。❿可作为某类事物看待的：～将｜～平原。

凋 diāo ㄉㄧㄠ [diu1 丢]

草木零落，衰落(㊄－谢、－零)：松柏后～｜～敝。

凉 (*涼) ㊀liáng ㄌㄧㄤˊ [lêng4 良]

温度低(若指天气，比“冷”的程度浅)：饭～了｜立秋之后天气～了。㊖灰心或失望：听到这消息，我心里就～了。【凉快】(－kuai)1. 清凉爽快。2. 乘凉：到外头～～去。

㊁liàng ㄌㄧㄤˋ [lêng⁴ 良]

放一会儿，使温度降低：～一杯开水。

凑 (＊湊)còu ㄘㄡˋ [ceo³ 臭]

❶聚合：～在一起｜～钱。【凑合】(－he)1. 同“凑❶”。2. 将就：～着用吧。❷接近：～上去｜往前～。【凑巧】碰巧。

☞粤❶动词。照料，带(婴儿或小孩)：～细蚊仔(照料小孩)｜～大两个仔(带大两个儿子)。❷连词或介词。和，跟，与：我～你一齐去(我和你一起去)｜你～佢玩啦(你跟他玩吧)。❸与“嚟”连用，有决定、处理、做的意思：做嚟～(边做边看，再决定怎么办)｜睇嚟～(看着办)。❹形容词词素。碰，赶。【凑跷】碰巧，赶巧：～碰到佢(碰巧遇见他)。【凑啱】恰巧，刚好：～嗰几日佢唔系度(恰巧那几天他不在这里)。

减 (＊減)jiǎn ㄐㄧㄢˇ [gam² 监²]

❶由全体中去掉一部分：～价｜三～二是一。❷降低程度，衰退：～肥｜～灾｜～色｜热情不～。

溧 lì ㄌㄧˋ [lêd⁶ 律]

寒冷：～冽(非常寒冷)。

澌 sī ㄙ [xi¹ 思]

随水流动的冰。

凛 (＊＊凜)lǐn ㄌㄧㄣˇ [lem⁵ 林⁵]

❶寒冷(㊊－冽)。❷严肃，严厉(叠)：威风～～｜大义～然。❸同“懔”。

☞粤❶动词。沾：条鱼～啲面粉再炸(鱼沾点面粉再炸)。❷词素。【凛扰】接连不断地，陆陆续续地：呢类事～有(这类事件不断发生)｜嗰度～起屋(那里不断地建房子)。

凝 níng ㄋㄧㄥˊ [ying⁴ 迎]

❶凝结，液体遇冷变成固体，气体因温度降低或压力增加变成液体：～固｜油～住了。❷聚集，集中：～神｜～视｜独坐～思。

[19]冖部

冗 (＊宂)rǒng ㄖㄨㄥˇ [yung² 拥]

❶闲散的，多余无用的：～员｜文辞～长。❷繁忙，繁忙的事：～务缠身｜拨～(客套话，从繁忙的事务中抽出时间)。❸烦琐：～杂。

冚 [hem⁶ 撼]

☞粤❶形容词。严密，严实(两物接合得紧密，没有空隙)：煲盖扱唔～(锅盖盖不严)｜闩～度门(把门关严)。❷副词。相当于普通话的全部、统统、总共：～啲都有(全体都有)。【冚唪呤】全部；通通：～答对晒(全部回答正确)｜你哋～跟我嚟(你们通通跟我来)｜～有几多(一共有多少)？【冚家铲】骂人的话。全家死光的意思。

写　(寫)xiě ㄒㄧㄝˇ [sé² 些²]

❶用笔在纸或其他东西上做字：~字丨~对联。❷写作：~诗丨~文章。❸描写：~景丨~情。❹绘画：~生。

军　(軍)jūn ㄐㄩㄣ [guen¹ 均]

❶武装部队：~队丨解放~丨海~。❷军队的编制单位，是师的上一级。❸泛指有组织的集体：劳动大~。

冠　㊀guān ㄍㄨㄢ ㊂[gun¹ 官]

❶帽子：~冕堂皇丨衣~楚楚。❷(-子)鸟类头上的肉瘤或高出的羽毛：鸡~子。

㊁guàn ㄍㄨㄢˋ ㊂[gun³ 贯]

❶把帽子戴在头上。❷居第一位：勇~三军。【冠军】㊕比赛的第一名。❸在前面加上某种名号：~名权丨~以诗人的桂冠(guān)。

冢　(*塚)zhǒng ㄓㄨㄥˇ [cung² 宠]

坟墓：衣冠~。

冧　[lem¹ 林¹]

☞🅿❶动词。收拢，垂下：花~咗落嚟(花垂下来了)丨头发~落嚟遮眼(头发垂下来挡着眼睛)。❷名词。花蕾、花骨朵：花~丨嗰茶花几多~(那棵茶花很多花蕾)。❸动词。哄，用好话说(多用于小孩)：佢最会~细路仔(他最会哄小孩)。❹译音用字。【冧巴】号码；编号；门牌。〖英语 number 的音译。〗【冧巴温】1. 第一号。2. 服务员的领班。〖英语 number one 的音译。〗❺词素。【稀冧冧】稀溜溜：啲粥~(粥稀溜溜的)。❻突宝盖：~篷头。

冥　(*寘、*冥)míng ㄇㄧㄥˊ [ming⁴ 明]

❶昏暗。㊀愚昧：~顽不灵。❷深奥，深沉：~想丨~思苦想。❸迷信的人称人死以后进入的世界。

【冥蒙】【溟濛】(-méng)形容烟雾弥漫。

冤　(*寃、*寃)yuān ㄩㄢ [yun¹ 怨¹]

❶冤枉，屈枉(㊀-屈)：鸣~丨伸~丨不白之~。❷仇恨(㊀-仇)：~家丨~孽。❸欺骗：不许~人。❹上当，不合算：白跑一趟，真~丨别花~钱。

☞🅿❶形容词。腐臭，像臭鸡蛋那种味：~臭(腐臭)丨~崩烂臭(臭气熏天)丨腒鸡蛋臭到~(臭鸡蛋臭得要命)丨~猪头遇着盟鼻菩萨(俗语。上供的臭猪头碰到了鼻子塞的菩萨)。❷形容词。形容人晦气、憋屈、愁苦的样子：~口~面(晦气倒霉的样子；愁眉苦脸的样子)丨~气(令人难以忍受的样子；心中不快)。

幂　(*冪)mì ㄇㄧˋ [mig⁶ 觅]

❶覆盖东西的巾。❷覆盖，遮盖。❸表示一个数自乘若干次的形式叫幂。如 t 自乘 n 次的幂为 t^n。

[20]凵部

凶　(❸-❺*兇)xiōng ㄒㄩㄥ [hung¹ 空¹]

❶不幸的，跟“吉”相对：~事(丧事)丨吉~。❷庄稼收成不好：~年。❸恶，

暴（㊇－恶、－暴）：～狠｜穷～极恶。❹指杀伤人的行为，也指行凶作恶的人：～器｜行～｜～手｜帮～。❺厉害，过甚：你闹得太～了｜雨来得很～。

凶 ǒu ㄡˇ［eo² 呕］

凶山，山名，又地名，都在安徽省枞（zōng）阳。

击 （撃）jī ㄐㄧ［gig¹ 激］

❶打，敲打：～鼓｜～柝（tuò）（敲梆子）。❷攻打：袭～｜游～｜痛～。❸碰：冲～｜撞～｜肩摩毂（gǔ）～（形容来往人多，拥挤）。㊀接触：目～（亲眼看见）。

凼 dàng ㄉㄤˋ［tem⁵ 拖庵⁵］

〈方〉塘，水坑：水～｜～肥。

函 （＊圅）hán ㄏㄢˊ［ham⁴ 咸］

❶匣，套子：石～｜镜～｜全书共四～。㊉信件（古代寄信用木函）：～件｜来～｜公～｜～授。❷包容，包含。

［21］卩部

卬 ㊀áng ㄤˊ ㊀［ngong⁴ 昂］

❶人称代词。我。❷同“昂”。❸姓。

㊁yǎng ㄧㄤˇ ㊁［yêng⁵ 养］

同“仰”。

印 yìn ㄧㄣˋ［yen³ 人³］

❶图章，戳记：盖～｜钢～｜～信｜～把（bà）子（也借指政权）。❷（－子、－儿）痕迹：脚～儿｜烙～。❸留下痕迹。特指把文字或图画等留在纸上或器物上：～书｜翻～｜排～。【印刷】把文字图画等制成版，加油墨印在纸上，可以连续印出很多的复制品。印刷术是我国古代四大发明之一。❹合，符合：～证（互相证明）｜心心相～。

卯 （＊夘、＊戼）mǎo ㄇㄠˇ［mao⁵ 牡］

❶地支的第四位。❷卯时，指早晨五点到七点。❸（－子、－儿）器物接榫（sǔn）的地方凹入的部分：对～眼｜凿个～儿。

却 （＊卻、＊郤）què ㄑㄩㄝˋ［kêg³ 卡约³］

❶后退（㊇退－）：望而～步。❷退还，不受：盛情难～。❸和“去”“掉”用法相近：失～力量｜了～一件心事。❹副词。表示转折：这个道理大家都明白，他～不知道。

即 jí ㄐㄧˊ［jig¹ 织］

❶就是：番茄～西红柿。❷当时或当地：～日｜～刻｜～席｜～景生情。❸副词。便，就：胜利～在眼前｜用毕～行奉还。【即使】连词。常和“也”字连用表示假设性让步：～我们的工作取得了很大的成绩，也不能骄傲自满。❹靠近：不～不离。【即位】指封建统治者登上帝王的位子，做君主或诸侯。

卲 shào ㄕㄠˋ［xiu⁶ 绍］

同“劭❷”。

卸 xiè ㄒㄧㄝˋ［sé³ 泻］

❶把东西去掉或拿下来：~货｜~车｜大拆大~。❷解除：~责｜~任｜推~。

卿 qīng ㄑㄧㄥ [hing¹ 兄]

❶古时高级官名：上~｜三公九~。❷古代用作称呼，君称臣，夫称妻或夫妻对称。

[21]㔾部

危 wēi ㄨㄟ [ngei⁴ 霓]

❶不安全，跟"安"相对(㊃-险)：~急｜~重｜转~为安。【危言耸听】故意说吓人的话使听的人吃惊。【临危】将死，面临生命危险。❷损害(㊃-害)：~及家国。❸高的，陡的：~楼。❹端正：正襟~坐。❺星宿名，二十八宿之一。

卷 (㊁*捲) ㊀juǎn ㄐㄩㄢˇ [gün² 捐²]

❶把东西弯转裹成圆筒形：~行李｜~帘子。❷一种大的力量把东西撮(cuō)起或裹住：风~着雨点劈面打来｜~入旋涡(喻被牵连到不利的事件中)。❸(-儿)弯转裹成的筒形的东西：烟~儿｜行李~儿｜纸~儿。❹(-儿)量词。用于成卷儿的东西：一~胶布｜两~纸。

㊁juàn ㄐㄩㄢˋ [gün² 捐²]

❶可以舒卷(juǎn)的书画：手~｜长~。❷书籍的册本或篇章：第一~｜上~｜~二。❸(-子、-儿)考试写答案的纸：试~｜交~｜历史~子。❹案卷，机关里分类汇存的档案、文件：~宗｜查一查底~。

卺 jǐn ㄐㄧㄣˇ [gen² 紧]

瓢，古代结婚时用作酒器。【合卺】旧时成婚的一种仪式。

[22]刀部

刀 dāo ㄉㄠ [dou¹ 都]

❶(-子、-儿)用来切、割、斩、削、刺的工具：镰~｜菜~｜刺~｜旋~｜铅笔~儿。❷量词。纸张单位，通常为100张。❸古代的一种钱币：~币。

刃 rèn ㄖㄣˋ [yen⁶ 孕]

❶(-儿)刀剑等锋利的部分：刀~儿。❷刀：利~｜白~战。❸用刀杀：若遇此贼，必手~之。

切 ㊀qiē ㄑㄧㄝ [qid³ 彻]

❶用刀从上往下割：~成片｜把西瓜~开。【切磋】(-cuō)㊄在业务、思想等方面互相研究讨论，取长补短。❷几何学上指直线与弧线或两条弧线相接于一点：~线｜~点｜两圆相~。

㊁qiè ㄑㄧㄝˋ [qid³ 彻]

❶密合，贴近：~身利害｜不~实际。【切齿】咬牙表示痛恨。❷紧急，殷切：急~｜迫~｜恳~｜回国心~。❸切实，务必：~记｜~忌。❹旧时汉语标音的一种方法，取上一字的声母与下一字的韵母和声调，拼成一个音，又叫反切，如"同"字是徒红切。

召 ㊀shào ㄕㄠˋ ㊁ [xiu⁶ 绍]

❶周代诸侯国名。在今陕西省凤翔一带。❷姓。

㊁zhào ㄓㄠˋ ㊂[jiu⁶ 赵]

❶呼唤，招呼：号～｜～见｜～唤｜～集｜～开会议。❷姓。

券 ㊀quàn ㄑㄩㄢˋ ㊂[hün³ 劝，俗 gün³ 眷]

❶票据或用作凭证的纸片：债～｜入场～。❷"拱券"的"券"(xuàn)的又音。

㊁xuàn ㄒㄩㄢˋ ㊂[hün³ 劝]

拱券，门窗、桥梁等的弧形部分。

剪 jiǎn ㄐㄧㄢˇ [jin² 展]

❶(－子)剪刀，一种铰东西的用具。❷像剪子的器具：火～｜夹～。❸用剪子使东西断开：～断｜～开。【剪影】按人影或物体的轮廓剪成的图形。喻事物的一部分或概况。❹除掉：～灭｜～除。

劈 ㊀pī ㄆㄧ [读 pig¹ 辟，语 pég³ 婆尺³]

❶用刀斧等破开：～木头。❷冲着，正对着：～脸｜大雨～头浇下来。❸雷电毁坏或击中：大树让雷～了。❹尖劈，简单机械，由两斜面合成，刀、斧等都属于这一类。

【劈啪】形容拍打声、爆裂声等。

㊁pǐ ㄆㄧˇ [读 pig¹ 辟，语 pég³ 婆尺³]

分开：～柴｜～成两份儿｜～一半给你。

[22]刂部

2—3画

刈 yì ㄧˋ [ngai⁶ 艾]

割(草或谷类)：～麦｜～除杂草。

4画

刑 xíng ㄒㄧㄥˊ [ying⁴ 仍]

❶刑罚，对犯人各种处罚的总称：判～｜死～｜徒～｜缓～。❷特指对犯人的体罚，如拷打、折磨等：受～｜动～｜严～逼供。

刚 (剛)gāng ㄍㄤ [gong¹ 江]

❶坚强，跟"柔"相对(连－强)：～正。❷副词。正好，恰巧(叠)：～～合适｜～好一杯。❸副词。才，刚才：～来就走｜她～走，还追得上。

创 (創、㊁*剏、㊁*刱)㊀chuāng ㄔㄨㄤ ㊂[cong¹ 疮]

伤(连－伤)：刀～｜重(zhòng)～。

㊁chuàng ㄔㄨㄤˋ ㊂[cong³ 厂³]

开始，开始做：～办｜～造｜首～。【创举】从未有过的举动或事业。【创刊号】报刊开始刊行的一期。【创意】独创、新颖的构思：颇具～。

刎 wěn ㄨㄣˇ [men⁵ 吻]

割脖子：～颈｜自～。

5画

刬 (剗)㊀chǎn ㄔㄢˇ [can² 产]

旧同"铲❷"。

㊁chàn ㄔㄢˋ [can² 产]

【一刬】〈方〉全部，一律：～新｜～都是平川。

别 (㊂彆)㊀bié ㄅㄧㄝˊ [bid⁶ 必⁶]

❶分离(㊥分－、离－)：告～｜临～赠言。❷分辨，区分(㊥辨－)：分门～类｜分～清楚。㊈差别，差异：天渊之～。【区别】1. 划分：正确～和处理不同性质的矛盾。2. 差异：～不大。❸类别，分类：性～｜职～。❹另外，另外的：～人｜～名｜～开生面。【别致】跟寻常不同，新奇：式样～。【别字】写错了的或念错了的字。又叫白字。❺副词。不要(表示禁止或劝阻)：～动手！｜～开玩笑！❻绷住或卡(qiǎ)住：～针｜用大头针把两张表格～在一起｜腰里～着一支手枪。❼姓。

㊁biè ㄅㄧㄝˋ [bid⁶ 必⁶]

【别扭】(－niu)1. 不顺心，不相投：心里～｜闹～。2. 不顺从，难对付：这人脾气很～。3. (话语、文章)不顺畅、有毛病：他的英语听起来有点儿～。

㓦 [pen¹ 批]

☞▇ 动词。削：～铅笔｜～生果(削水果)。也作"㓼"。

删 (*刪)shān ㄕㄢ [san¹ 山]

除去，去掉文字中不妥当的部分：～改｜～除｜这个字应～去。

刨 (㊀*鉋、㊀*鑤)㊀bào ㄅㄠˋ [pao⁴ 咆]

❶(－子)推刮木料等使平滑的工具。❷用刨子或刨床推刮：～得不光｜～平。

㊁páo ㄆㄠˊ [pao⁴ 咆]

❶用镐、锄头等向下向里用力：～花生｜～坑。❷减，除去：～去他还有俩人｜十五天～去五天，只剩下十天了。

判 pàn ㄆㄢˋ [pun³ 盘³]

❶分辨，断定(㊥－断)：～别是非。㊈评定：裁～｜～卷子。【批判】分析、批驳错误的思想、观点和行为。❷分开。㊉截然不同：～若两人。❸判决，司法机关对案件做出决定：～案｜～处徒刑。

到 (剄)jǐng ㄐㄧㄥˇ [ging² 景]

用刀割脖子：自～。

6 画

刲 kuī ㄎㄨㄟ [guei¹ 归]

割。

㓤 [ged¹ 吉]

☞▇ 动词。刺，扎：～个窿(扎一个眼儿)｜由呢度～过去(从这儿刺过去)｜因住～亲手(小心扎破手)。

刺 ㊀cī ㄘ [qi³ 次]

形容撕裂声、摩擦声等：～～地冒火星儿。【刺棱】(－lēng)形容动作迅速的声音。【刺溜】(－liū)形容脚底下滑动的声音，东西迅速滑过的声音。

㊁cì ㄘˋ [qi³ 次]

❶用有尖的东西穿进或杀伤：～绣｜～杀。㊈感觉器官受刺激而感到不舒服：

~耳｜~鼻｜~眼。【刺激】1. 光、声、热等引起生物体活动或变化。㊀一切使事物起变化的作用。2. 推动事物，使起积极的变化：~经济发展。3. 使人精神上受到挫折、打击：这件事对他~很大。❷暗杀：~客｜被~。❸打听，侦探：~探。❹用尖刻的话指摘、嘲笑：讽~。❺尖锐像针的东西：鱼~｜~猬｜~槐。❻名片：名~。

刯 bāi ㄅㄞ［bag³ 百］

【刯划】（-huai）〈方〉1. 处置，安排：这件事让他~吧。2. 修理，整治：这孩子把闹钟~坏了。

刳 kū ㄎㄨ［fu¹ 肤］

从中间破开再挖空：~木为舟。

刿（劌）guì ㄍㄨㄟˋ［guei³ 贵］

刺伤。

剀（剴）kǎi ㄎㄞˇ［hoi² 海］

【剀切】（-qiè）1. 符合事理：~中（zhòng）理。2. 切实：~教导。

制（❶製）zhì ㄓˋ［zei³ 济］

❶规定，订立：~订计划。❷限定，约束，管束：~止｜~裁｜限~。❸制度，法度，法则：民主集中~｜全日~学校。❹造，作（㊁-造）：猪皮~革｜~版｜~图表。

☞㊃❶动词。愿意：边个都~（谁都愿意）｜唔~（不愿意；不干）｜~唔过（划不来）。❷动词。限制：~水（限制用水；不予供水）｜~电（限制用电；不予供电）｜~瘾（某种癖嗜或爱好受到限制）。

刽（劊）guì ㄍㄨㄟˋ［kui² 绘］

砍断。【刽子手】旧指执行斩刑的人。㊀杀害人民的人。

刹 ㊀chà ㄔㄚˋ ㊁［cad³ 察，㊂sad³ 杀］

梵语音译"刹多罗"的省称，原义是土或田，转指佛寺：宝~｜古~。

【刹那】梵语音译，指极短的时间。

㊁shā ㄕㄚ ㊁［sad³ 杀］

止住（车、机器等）：~车。

剁（**剁）duò ㄉㄨㄛˋ［do² 多²，㊂dêg³ 啄］

用刀向下砍：~碎｜~饺子馅儿。

剐［log¹ 落¹］

☞㊃动词。拔硬物：~牙（拔牙）｜~咗眼钉（把钉拔掉）。【剐咗佢/你棚牙】比喻使人无话可说：等我攞出证据，就~（等我拿出证据来，你就无话可说了）｜佢咁牙擦，等我~至得（他这么自负，等我来扫掉他的威风）。

刻 kè ㄎㄜˋ［heg¹ 克］

❶雕，用刀子挖（㊁雕-）：~图章。【深刻】深入，对事理能进一层分析：~地领会｜描写得很~。❷十五分钟为一刻。❸时间：即~｜顷~（极短的时间）。❹不厚道（㊁-薄）：尖~｜苛~。【刻苦】不怕难，肯吃苦：~用功｜生活很~。❺同"克❹"。

刷 ㊀shuā ㄕㄨㄚ ㊁［cad³ 擦］

❶（－子、－儿）用成束的毛、棕等制成的清除东西或涂抹东西的用具。❷用刷子或类似刷子的用具来清除或涂抹：～牙｜～鞋｜～锅｜用石灰～墙。㊀淘汰：第一轮比赛就被～掉了。❸同"唰"。

㊁shuà ㄕㄨㄚˋ ㊁［sad³ 杀］
【刷白】色白而略微发青。

7　画

荆 jīng ㄐㄧㄥ［ging¹ 京］

❶落叶灌木，叶掌状分裂，花蓝紫色，枝条可用来编筐、篮等。古时用荆条做刑具：负～请罪（向人认错）。【荆棘】（－jí）泛指丛生多刺的灌木。㊖障碍和困难。❷春秋时楚国也称荆。

剋（*尅）kēi ㄎㄟ［heg¹ 黑］

〈方〉❶打（人）。❷申斥：狠狠地～了他一顿。

另见26页"克"（kè）。

剌 ㊀lá ㄌㄚˊ ㊀［la¹ 啦］

同"拉"（lá）。

㊁là ㄌㄚˋ ㊁［lad⁶ 辣］

〈古〉违背常情、事理，乖张：乖～｜～谬。

削 ㊀xiāo ㄒㄧㄠ［sêg³ 铄］

用刀平着或斜着去掉物体外面的一层：～铅笔｜把梨皮～掉。

㊁xuē ㄒㄩㄝ［sêg³ 铄］

义同"削"（xiāo），用于一些复合词：～除｜～减｜～弱｜剥～。

☞广❶形容词。（肌肉）松弛，不结实：你咁～，去健身啦（你肌肉这么松弛，去健身吧）｜～仔（讲究外表、轻浮而清瘦的年轻人）。❷形容词。（织物）薄，松软：件衫样式几好，就系面料～啲（这衣服样式不错，只是面料薄些）｜薄～（指织物薄）。❸形容词。稀，稀软：啲粥太～（粥太稀了）｜浆糊煮得太～（糨糊煮得太稀）。

剐（剮）guǎ ㄍㄨㄚˇ［gua² 寡］

❶被尖锐的东西划破：把手～破了｜裤子上～了个口子。❷古代把人的身体割成许多块的酷刑：千刀万～。

剑（劍、*劒）jiàn ㄐㄧㄢˋ［gim³ 兼³］

古代的一种兵器，长条形，两面有刃，安有短柄。

剃（*鬀、△*薙）tì ㄊㄧˋ［tei³ 替］

用特制的刀刮去毛发：～头｜～光。

"薙"另见150页tì。

8　画

剞 jī ㄐㄧ［géi¹ 基］

【剞劂】（－jué）1. 雕刻用的弯刀。2. 雕版，刻书。

剔 tī ㄊㄧ［tig¹ 惕］

❶把肉从骨头上刮下来：～骨肉｜把肉～得干干净净。㊀从缝隙或孔洞里往外挑（tiǎo）拨东西：～牙｜～指甲。❷

把不好的挑(tiāo)出来(㊀连 -除)：把有伤的果子~出去｜~庄(旧指挑出有缺点的货品廉价出卖)。

剒 cuò ㄘㄨㄛˋ [cog³ 错确]

❶琢磨，雕刻。❷斩，割。

☞粤❶动词。扽(突然用力拉)：条绳一~就断(绳子一扽就断了)。❷动词。引申作套了出来：佢头头唔肯讲，卒之畀我~咗出嚟(他开始不肯说，最后终于让我套了出来)。

剖 pōu ㄆㄡ [feo² 否，㊀ peo² 婆欧²]

❶破开(㊀连 解-)：把瓜~开。【剖面】东西切开后现出的平面：横~｜纵~。❷分析，分辨：~析｜~明事理。

剡 ㊀shàn ㄕㄢˋ ㊁[xim⁶ 闪⁶]

剡溪，水名，在浙江省东北部。

㊁yǎn ㄧㄢˇ ㊁[yim⁵ 染]

〈古〉❶尖，锐利。❷削，刮。

剜 wān ㄨㄢ [wun¹ 碗¹]

用刀挖，挖去：~肉补疮(喻只顾眼前，不惜用有害的方法来救急)。

剥 ㊀bāo ㄅㄠ [mog¹ 莫¹]

去掉外面的皮、壳或其他东西(常用于口语)：~花生｜~皮。

㊁bō ㄅㄛ [mog¹ 莫¹]

义同"剥"(bāo)，用于复合词。【剥夺】1. 用强制的方法夺去。2. 依照法律取消：~政治权利。【剥削】(-xuē)凭借生产资料的私人所有权、政治上的特权无偿地占有别人的劳动或产品。

剧 (劇)jù ㄐㄩˋ [kég⁶ 屐]

❶厉害，猛烈：~痛｜加~｜~烈。❷戏剧，文艺的一种形式，作家把剧本编写出来，利用舞台由演员化装演出。

剟 duō ㄉㄨㄛ [jud³ 拙]

❶刺，击。❷削，删除。

9—11 画

副 fù ㄈㄨˋ [fu³ 富]

❶居第二位的，辅助的(区别于"正"或"主")：~主席｜~排长。❷附带的或次要的：~食｜~业｜~作用｜~产品。【副本】1. 书籍原稿以外的誊录本。2. 文件正式、标准的一份文本以外的若干份。【副词】修饰动词或形容词的词，如"都、也、很、太、再三"等。❸相称(chèn)，符合：名不~实｜名实相~。❹量词。1. 用于成组成套的东西：一~对联｜一~担架｜全~武装。2. 用于面部表情、态度等：一~笑容｜一~和蔼的面孔。

剩 (*賸)shèng ㄕㄥˋ [xing⁶ 升⁶]

多余，余留下来(㊀连 -余)：~饭｜~货。

割 gē ㄍㄜ [gog³ 葛]

切断，截下：~麦｜~草｜~阑尾。㊀引 舍去：~舍｜~爱。【割据】一国之内拥有武力的人占据部分地区，形成分裂对抗的局面。【交割】一方交付，一方接收，双方结清手续。【收割】把成熟的庄稼割下收起。

蒯 kuǎi ㄎㄨㄞˇ ㊁ [guai² 拐]

蒯草，草本植物，丛生在水边，叶条形，可用来织席或造纸。

㊁ [kuai⁴ 奇槐]

☞粤 ❶形容词。顽皮，不听教导：呢班细路认真～（这帮小孩非常顽皮）。❷形容词。不整洁。【殀蒯】见340页“殀”条。

剽 piāo ㄆㄧㄠ [piu⁵ 瞟，⊗piu⁴ 瓢]

❶抢劫，掠夺（㊀－掠）。【剽窃】抄袭他人著作。❷轻快而敏捷：～悍。

剿（*勦、*勦）㊀ chāo ㄔㄠ ㊁ [cao¹ 抄]

因袭套用别人的语言文句作为自己的：～说。

㊁jiǎo ㄐㄧㄠˇ ㊁ [jiu² 沼]

讨伐，消灭：～匪｜围～。

12 画以上

劂 jué ㄐㄩㄝˊ [küd³ 决，⊗güd³ 哥月³]

见89页“剞”字条【剞劂】（jī－）。

劄 ㊀zhā ㄓㄚ [zad³ 札]

旧同“扎❶❷”。

另见304页“札”（zhá）。

㊁zhá ㄓㄚˊ [zad³ 札]

❶【目劄】中医指不停地眨眼的病，多见于儿童。❷见304页“札”。

劁 qiāo ㄑㄧㄠ [qiu⁴ 潮]

骟（shàn），割去牲畜的睾丸或卵巢：～猪｜～羊。

劐 huō ㄏㄨㄛ [wog⁶ 获]

❶用刀、剪的尖儿插入物体后顺势划开：用剪刀～开。❷同“耠❷”。

劏 [tong¹ 汤]

☞粤 ❶动词。宰杀：～猪｜～鸡杀鸭（宰杀鸡鸭）｜生～（活着宰杀）。❷动词。剖开，切开，分解：～西瓜（切西瓜）｜～肚（剖开肚子）｜～车（把汽车拆成零件）。【劏白鹤】戏称因醉酒而呕吐。【劏光猪】比喻下棋时棋子全被对方吃光。【劏死牛】指拦路抢劫。

劚 [lég⁶ 叻⁶]

☞粤 动词。用刀划开，不割断：喺呢度～开口（在这里划个口子）｜～咗一刀（划了一刀）｜当心～亲手（小心划了手）。

劖 chán ㄔㄢˊ ㊁ [cam⁴ 蚕]

❶凿开。❷铲。

㊁ [cam⁵ 参⁵]

☞粤 动词。扎（刺）；剐。一般指手脚被小而锐利的东西刺入：畀簕～亲脚（给刺扎了脚）｜畀玻璃～亲手（被玻璃剐伤了手）。也作“搀”。

劘 mó ㄇㄛˊ [mo⁴ 魔⁴]

切削。

劙 lí ㄌㄧˊ [lei⁵ 礼]

割开。

[22]⺈部

刍

(芻)chú ㄔㄨˊ [co¹ 初]

❶喂牲畜的草。❷割草。

负

(負)fù ㄈㄨˋ [fu⁶ 父]

❶背：~重 | ~荆请罪。㊀担任：~责。【负担】1. 担当，承担：邀请方~往返旅费。2. 责任，所担当的事务：减轻~。㊁感到痛苦的不容易解决的思想问题。❷仗恃，倚靠：~险固守 | ~隅(yú)顽抗。【负气】赌气。【自负】自以为了不起。❸遭受：~伤 | ~屈。❹具有：~有名望 | 素~盛名。❺欠(钱)：~债。❻违背，背弃：~盟 | 忘恩~义 | 不~人民的希望。❼败，跟“胜”相对：~于对方。❽小于零的，跟“正”相对：~数。❾指相对的两方面中反的一面，跟“正”相对：~极 | ~电 | ~面。

争

zhēng ㄓㄥ [zeng¹ 增]

❶力求获得，互不相让：~夺 | ~先恐后。❷争执：意气之~ | ~论。❸怎么，如何(多用在古诗词曲中)：~不 | ~知 | ~奈。

☞广❶动词。差，缺，短：~两个(差两个) | 睇下重~啲乜嘢(看看还缺些什么)？ | ~几多至够(差多少才够)？❷动词。欠：我~你五文(我欠你五块钱) | ~住先(先欠着)。❸动词。相差，差距：你同佢~得远咯(你跟他相差太远了) | ~天共地(有天壤之别)。❹动词。偏袒，袒护，向着：你总系~住佢(你总是向着他) | 我边个都唔~(我谁也不偏袒)。【争在】取决于，只在，就看：大家都同意，~你啫(大家都同意，只在你了) | 阵间梗会落雨，~大定细嘅啫(待会儿一定会下雨，就看雨大还是小罢了)。

奂

huàn ㄏㄨㄢˋ [wun⁶ 换]

❶盛，多。❷文采鲜明。

免

miǎn ㄇㄧㄢˇ [min⁵ 勉]

❶去掉，除掉：~冠 | ~职 | ~费。❷避免：~疫 | 做好准备，以~临时抓瞎。❸勿，不可：闲人~进。

兔

(*兎、*兔)tù ㄊㄨˋ [tou³ 套]

(-子、-儿)哺乳动物，耳长，尾短，上唇中间裂开，后腿较长，跑得快。

象

xiàng ㄒㄧㄤˋ [zêng⁶ 丈]

❶哺乳动物，耳朵大，鼻子圆筒形，可以伸卷。多有一对特长的门牙，突出唇外。多产于亚洲的印度、非洲等热带地方。❷形状，样子(㊀形-)：景~ | 万~更新。【象征】用具体的东西表现事物的某种意义，例如鸽子象征和平。

赖

(賴、*頼)lài ㄌㄞˋ [lai⁶ 拉⁶]

❶依赖，仗恃，倚靠：倚~ | 任务的提前完成有~于大家的共同努力。❷抵赖，不承认以前的事：~账 | 事实俱在，~是~不掉的。❸诬赖，硬说别人有过错：自己做错了，不能~别人。❹怪罪，责备：学习不进步只能~自己不努力。❺不好，劣，坏：今年庄稼长得

真不～。❻留在某处不肯离开：～着不走｜每天～在家里，什么也不干。

☞📖❶动词。落，遗下，丢失：～咗一串锁匙(丢了一串钥匙)｜第三行～咗两个字(第三行落了两个字)｜个个走晒，～低你喺度(大家走光，留下你在这里)。❷动词。大小便失禁：～屎｜～尿(尿床，遗尿)。【赖尿虾】1. 一种浅海虾类动物，又叫“弹虾”“琵琶虾”，北京话叫“皮皮虾”。2. 戏称经常尿床的小孩。

詹 zhān ㄓㄢ［jim¹ 尖］

姓。

敻 xiòng ㄒㄩㄥˋ［hing³ 庆］

远，辽阔：～古。

豫 yù ㄩˋ［yu⁶ 预］

❶欢喜，快乐：面有不～之色。❷同“预❶”。❸安闲，舒适：忧劳兴国，逸～亡身。❹河南省的别称。

[23]力部

力 lì ㄌㄧˋ［lig⁶ 历］

❶力量，力气，肌肉的效能：身强～壮。㊞1. 身体器官的效能：目～｜脑～。2. 一切事物的效能：电～｜药～｜浮～｜说服～｜生产～。❷用极大的力量，尽力：纠正不～｜～战｜据理～争。❸改变物体运动状态的作用叫力。力有三个要素，即力的大小、方向和作用点。

2—4画

办(辦)bàn ㄅㄢˋ［ban⁶ 扮］

❶处理：～公｜～事｜好，就这么～。㊞处分，惩治：重(zhòng)～｜首恶者必～。❷创设：～工厂。❸置备：～货｜～酒席。

劢(勱)mài ㄇㄞˋ［mai⁶ 卖］

努力。

加 jiā ㄐㄧㄚ［ga¹ 家］

❶增多，几种事物合起来(㊀增－)：～价｜三个数相～。【加工】把原料制成成品或使粗制物品精良。【加油儿】㊔努力，加劲儿。❷施以某种动作：希～注意｜～以保护。❸把本来没有的添上去(㊀添－)：～上引号。

动(動)dòng ㄉㄨㄥˋ［dung⁶ 洞］

❶改变原来的位置或脱离静止状态，跟“静”相对：站住别～！｜风吹草～｜～弹(tan)。㊞1. 能动的：～物。2. 可以变动的：～产。❷行动，动作，行为：一举一～。【动词】表示动作、行为、变化等的词，如“走、来、去、打、吃、爱、拥护、变化”等。【动静】(－jing)动作或情况：没有～｜侦察敌人的～。❸使动，使有动作：～手｜～脑筋｜～员。❹感动，情感起反应：～心｜～人。❺开始做：～工｜～身(起行)。❻往往：观众～以万计。【动不动】表示很容易发生，常跟“就”连用：～就引古书｜～

就争吵。❼放在动词后，表示有效果：拿得～｜搬不～。

劣 liè ㄌㄧㄝˋ [lüd³ 捋]

恶，不好，跟"优"相对(㊀恶－)：不分优～｜土豪～绅。

5—6 画

劫 (＊刦、＊刧、刼)jié ㄐㄧㄝˊ [gib³ 哥叶³]

❶强取，掠夺(㊀抢－)：趁火打～。❷威逼，胁迫：～持。❸灾难：浩～｜～数。

励 (勵)lì ㄌㄧˋ [lei⁶ 丽]

劝勉，奋勉：～志｜奖～。

助 zhù ㄓㄨˋ [zo⁶ 座]

帮(㊀帮－)，协助：互～｜～理｜～我一臂之力。【助词】不能独立使用，只能依附在别的词、词组或句子后面表示一定语法意义的词，如"的""了""吗"等。

劬 qú ㄑㄩˊ [kêu⁴ 渠]

劳累(㊀－劳)。

努 (❷＊＊拟)nǔ ㄋㄨˇ [nou⁵ 脑]

❶尽量地使出(力量)：～力。❷突出：～嘴。❸〈方〉因用力太过，身体内部受伤：扛太重的东西容易～着腰。

☞粤 动词。憋着气用力：～屎｜～到面都红晒(憋得脸都红了)。

劭 shào ㄕㄠˋ [xiu⁶ 绍]

❶劝勉。❷美好：年高德～。

劲 (勁)㊀jìn ㄐㄧㄣˋ [ging⁶ 竞]

(－儿)力气，力量：有多大～使多大～。㊞1. 效力，作用：酒～儿｜药～。2. 精神、情绪、兴趣等：干活儿起～｜一股子～头儿｜一个～儿地做｜老玩儿这个真没～。3. 指属性的程度：你瞧这块布这个白～儿｜咸～儿｜高兴～儿。

㊁jìng ㄐㄧㄥˋ [ging⁶ 竞]

坚强有力：～旅｜～敌｜刚～｜疾风知～草。

劻 kuāng ㄎㄨㄤ [hong¹ 康]

【劻勷】(－ráng)急促不安。

劼 jié ㄐㄧㄝˊ [kid³ 揭]

❶坚固。❷谨慎。❸勤勉。

势 (勢)shì ㄕˋ [sei³ 世]

❶势力，权力，威力：倚～欺人。❷表现出来的情况，样子。1. 属于自然界的：地～险峻。2. 属于动作的：姿～｜手～。3. 属于政治、军事或其他方面的：时～｜大～所趋｜乘～追击。❸雄性生殖器：去～。

劾 hé ㄏㄜˊ [hed⁶ 瞎]

揭发罪状(㊀弹－)。

7—9 画

勃 bó ㄅㄛˊ [bud6 拔]

旺盛(叠)：～发｜蓬～｜生气～～｜英姿～～。【勃然】1. 兴起或旺盛的样子：～而兴。2. 变脸色的样子：～大怒。

勋 (勳、*勛) xūn ㄒㄩㄣ [fen1 芬]

❶特殊功劳((连)功－)：～章｜屡建奇～。❷勋章：授～。

勉 miǎn ㄇㄧㄢˇ [min5 免]

❶勉力，力量不够还尽力做：～为其难(nán)。【勉强】(－qiǎng) 1. 尽力：～支持下去。2. 刚刚够，不充足：这种说法很～(理由不充足)｜勉勉强强及格。3. 不是心甘情愿的：～答应。4. 让人去做不愿做的事：不要～他。❷勉励，使人努力：互～｜有则改之，无则加～。

勇 yǒng ㄩㄥˇ [yung5 翁5]

❶有胆量，敢干：～敢｜英～｜～气｜奋～。(引)不畏避，不推诿：～于承认错误。❷清代称战争时期临时招募，不在平时编制之内的兵：散兵游～。

勣 (勣) jì ㄐㄧˋ [jig1 积]

用于人名。

"勣"另见 645 页"绩"(jì)。

勍 qíng ㄑㄧㄥˊ [king4 琼]

强：～敌。

勐 měng ㄇㄥˇ [mang5 猛]

❶勇敢。❷云南省西双版纳傣族地区称小块的平地。多用于地名。

哿 gě ㄍㄜˇ [go2 哥2，⊗ho2 可]

赞许，可，嘉。

勘 kān ㄎㄢ [hem3 堪3，⊗ hem1 堪]

❶校对，复看核定((连)校－)：～误｜～正。❷细查，审查：～探｜～验｜～测｜实地～查。

勚 (勩) yì ㄧˋ [yi6 二]

❶劳苦。❷器物逐渐磨损，失去棱角、锋芒等：螺丝扣～了。

勖 (*勗) xù ㄒㄩˋ [yug1 沃]

勉励((连)－勉)。

11 画以上

勤 (❶*懃、❶△**廑) qín ㄑㄧㄣˊ [ken4 芹]

❶做事尽力，不偷懒，跟"懒""惰"相对：～快｜～劳｜～学苦练。(引)经常，次数多：～洗澡｜夏天雨～｜房子要～打扫。❷按规定时间上班的工作：出～｜缺～｜考～｜。❸勤务，公家分派的公共事务：内～｜外～。❹见 481 页"殷"字条【殷勤】。

"廑"另见 238 页 jǐn。

勠 lù ㄌㄨˋ ［lug⁶ 六］

并，合。【勠力】合力，并力：～同心。

勰 xié ㄒㄧㄝˊ ［hib⁶ 协⁶］

和谐，协调。多用于人名。刘勰，南朝人。

勷 ráng ㄖㄤˊ ［yêng⁴ 羊］

见94页“劻”字条【劻勷】(kuāng－)。

［24］又部

又 yòu ㄧㄡˋ ［yeo⁶ 友⁶］

副词。1. 重复，连续，指相同的：他～立功了｜今天～下雨了。2. 表示加重语气，更进一层：他～不傻，怎么会不懂？｜你～不是不会。3. 表示并列关系：～高～大｜～多～快｜～好～省｜我～高兴，～着急。4. 再加上，还有：十～五年｜一～二分之一。5. 表示某种范围之外另有补充：穿上了棉袄～加了一件皮背心。6. 表示转折：刚还想说什么，可～把它忘了。

1—4画

叉 ㊀chā ㄔㄚ ［ca¹ 杈］

❶(－子)一头有两个以上长齿便于扎取东西的器具：鱼～｜三齿～｜粪～子。❷用叉子扎取：～鱼。❸交错：～着手站着。❹形状为“×”的符号，表示错误或不同意等：反对的打～。

㊁chá ㄔㄚˊ ［ca¹ 杈］

挡住，堵塞住，互相卡住：车把路口～住了。

㊂chǎ ㄔㄚˇ ［ca¹ 杈］

分开，张开：～腿。

㊃chà ㄔㄚˋ ［ca¹ 杈］

【劈叉】两腿分开成一字形，臀部着地。是体操或武术等动作。

友 yǒu ㄧㄡˇ ［yeo⁵ 诱］

❶朋友：好～｜战～｜网～。㊞有友好关系的：～军｜～邦。❷相好，互相亲近：～爱｜～好往来。

邓 (鄧)dèng ㄉㄥˋ ［deng⁶ 瞪⁶］

❶邓州，地名，在河南省。❷姓。

劝 (勸)quàn ㄑㄩㄢˋ ［hün³ 圈³］

❶劝说，讲明事理使人听从：规～｜好言相～｜～他不要抽烟。❷勉励(㊟－勉)：～学｜惩恶～善。

双 (雙、**雙)shuāng ㄕㄨㄤ ［sêng¹ 伤］

❶两个，一对，跟“单”相对：～管齐下｜好事成～。❷量词。用于成对的东西：一～鞋｜两～筷子。❸偶数的：～数(二、四、六、八等)。❹加倍的：～份｜～料。

发 (㊀發、㊁髮)㊀fā ㄈㄚ ［fad³ 法］

❶交付，送出，跟“收”相对：分～｜～选民证｜～货｜～了一封信。【发落】处理，处分：从轻～。【打发】(－fa)1. 派遣：～专人去办。2. 使离去：好不容易才把他～走了。3. 消磨(时日)：

~时光。❷表达，说出：~言丨~问丨~誓丨~表。❸放射：~炮丨~光。㉁量词。用于枪弹、炮弹：五十~子弹。❹散开，分散：~汗丨挥~丨蒸~。【发挥】把意思尽量地说出，把能力尽量地表现出：借题~丨~群众的智慧和力量。❺开展，扩大，膨胀：~扬丨~展丨~海带丨面~了。【发育】生物逐渐成长壮大：身体~正常。❻因得到大量资财而兴旺：~家丨暴~户丨这几年他做买卖~了。❼打开，揭露：~掘潜力丨揭~。【发明】创造出以前没有的事物：印刷术是我国首先~的。【发现】1. 找出原先存在而大家不知道的事物或道理：~新油田。2. 发觉：~问题就及时解决。❽显现，散发：脸上~黄丨~潮丨~臭丨~酸。❾产生，发生：~芽丨~病。㉁流露：~怒丨~笑。❿感到（多用于令人不快的情况）：~麻丨~烧。⓫开始动作，启程：~端丨朝~夕至丨~动丨出~。

㊁fà ㄈㄚˋ [fad³ 法]

头发：理~丨脱~丨令人~指（形容使人非常气愤）。

圣

（聖）shèng ㄕㄥˋ [xing³ 性]

❶最崇高的，最有智慧的：~火丨~地丨~明。【圣人】旧时称具有最高智慧和道德的人。❷称学问、技术有特殊成就的人：诗~丨棋~。❸封建时代尊称帝王：~上丨~旨。

对

（對）duì ㄉㄨㄟˋ [dêu³ 兑³]

❶答话，回答：无词可~丨~答如流。❷向着：面~大海。【对象】1. 思考或行动时作为目标的事物或人。2. 特指恋爱的对方。❸对面的：~门丨~岸。❹互相：~调丨~流丨~比丨~照。❺介词。对于，引进对象或事物的关系者：~他说明白丨~人很和气丨我~这件事情还有意见丨他~历史很有研究。❻对待，看待，对付：~事不~人丨刀~刀，枪~枪。❼照着样检查：~笔迹丨校（jiào）~。❽相合，适合：~劲丨~症下药。❾正确：这话很~。㉁用作答语，表示同意：~，你说得不错！❿双，成双的：~联丨配~。㉁1.（－子、－儿）联语：喜~。2. 平分，一半：~开丨~半。⓫掺和（多指液体）：~水。⓬（－儿）量词。双：一~鸳鸯丨两~夫妻。

戏

（戲、*戯）㊀hū ㄏㄨ ㊁[fu¹ 肤]

见483页“於”字条【於戏】（wū－）。

㊁xì ㄒㄧˋ ㊁[héi³ 气]

❶玩耍：游~丨儿~。❷嘲弄，开玩笑：~言丨~弄。❸戏剧，也指杂技：一出~丨唱~丨听~丨马~丨皮影~。

观

（觀）㊀guān ㄍㄨㄢ ㊁[gun¹ 官]

❶看（㊌－看）：坐井~天丨~摩丨走马~花丨~察丨~光。❷看到的景象（㊌景－、－瞻）：奇~丨壮~丨洋洋大~。❸对事物的认识，看法：乐~丨人生~丨宇宙~。【观点】从某一角度或立场出发形成的对事物的看法。【观念】1. 思想，理性认识。2. 客观事物在意识中构成的形象。

㊁guàn ㄍㄨㄢˋ ㊁[gun³ 贯]

道教的庙宇：道~。

欢

（歡、*懽、*讙、*驩）huān ㄏㄨㄢ [fun¹ 宽]

❶快乐，高兴（㊀－喜、－乐）：～庆｜～迎｜～声雷动｜～天喜地。❷活跃，起劲：孩子们真～｜机器转得很～。㊁旺，盛：雨下得正～｜炉子里的火很～。❸喜爱，也指所喜爱的人：～心｜喜～｜新～（新的相好）。

5—10 画

鸡（鷄、*雞）jī ㄐㄧ［gei¹ 笄］

家禽，公鸡能报晓，母鸡能生蛋。

☞粤❶名词。哨子：银～（哨子）｜吹～集合。❷名词。扳机：揿～（扣扳机）｜滑～（走火）。❸名词。植物长在节上的芽：竹～｜蔗～。❹名词。妓女。❺词素。所组的词多带诙谐意味。【文鸡】量词。用于数额不大的钱财，往往强调其少：得几～（才几块钱）｜三几～算得乜呀（三几块钱算得什么呀）｜百零～之嘛（百来块钱罢了）。【小学鸡】戏指小学生。戏指中学生时则称“中学鸡”。

叔 shū ㄕㄨ［sug¹ 缩］

❶兄弟排行常用伯、仲、叔、季为次序，叔是老三。❷叔父，父亲的弟弟。又称跟父亲同辈而年纪较小、没有亲属关系的男子（叠）：大～。❸（－子）丈夫的弟弟：小～子。

受 shòu ㄕㄡˋ［seo⁶ 售］

❶接纳，接受：～贿｜～教育。❷忍耐某种遭遇（㊀忍－）：～不了｜～罪。❸遭到：～批评｜～害｜～风。❹适合：～听（听着入耳）｜～看（看着舒服）。

变（變）biàn ㄅㄧㄢˋ［bin³ 边³］

性质、状态或情形和以前不同，更改（㊀－更、－化）：沙漠～良田｜天气～了｜思想～了。㊁事变，突然发生的非常事件：政～。【变通】改动原定的办法，以适应新情况的需要。

艰（艱）jiān ㄐㄧㄢ［gan¹ 奸］

困难（㊀－难）：～辛｜～苦｜文字～深。

叕 zhuó ㄓㄨㄛˊ［jud³ 啜］

❶连缀。❷短。

叜 sǒu ㄙㄡˇ［seo² 手］

老头儿：童～无欺。

叙（*敘、*敍）xù ㄒㄩˋ［zêu⁶ 罪］

❶述说（㊀－述）：～旧｜～家常。❷记述：～事｜记～。❸旧同“序❶❷❸”。

叚 xiá ㄒㄧㄚˊ［ga² 假²］

姓。

另见 66 页“假”（jiǎ）。

难（難）㊀ nán ㄋㄢˊ ㊀［nan⁴ 挪颜⁴］

❶不容易（㊀艰－）：～事｜～题｜～写｜～产｜～得｜～免｜～保。【难道】副词。加强反问语气：河水～会倒流吗？｜他们能完成任务，～我们就不能吗？❷使人不好办：这可真～住他了。

【难为】(-wei)1. 令人为难：他不会跳舞，就别~他了。2. 亏得，表示感谢：这么冷的天，~你还来看我｜~你把机器修好了。❸不好：~听｜~看。

〈古〉又同“傩”(nuó)[no⁴ 挪]。

㊁nàn ㄋㄢˋ ㊁[nan⁶ 挪雁⁶]

❶灾患，困苦(㊜灾-、患-)：~民｜遭~｜逃~｜大~临头。❷诘责：非~｜责~｜刁~｜问~。

桑 (*桒)sāng ㄙㄤ[song¹ 爽¹]

落叶乔木，叶卵形，花黄绿色。果实叫桑葚，味甜可吃。叶可喂蚕，木材可制器具，皮可造纸。

11 画以上

叠 (*疊、*疉、*曡)dié ㄉㄧㄝˊ [dib⁶ 谍]

❶重复地堆，累积(㊜重-)：~床架屋(形容重复累赘)｜~假山｜~罗汉。❷重复：层见~出。❸折叠：~衣服｜铺床~被。

燮 (*爕)xiè ㄒㄧㄝˋ [xid³ 泄]

谐和，调和。

矍 jué ㄐㄩㄝˊ [fog³ 霍]

【矍铄】(-shuò)形容老年人精神好。

[25] 厶部

厶 sī ㄙ [xi¹ 司]

“私”的古字。

允 yǔn ㄩㄣˇ [wen⁵ 尹]

❶答应，认可(㊜-许)：~诺｜应~｜不~。❷公平得当(dàng)：公~。

弁 biàn ㄅㄧㄢˋ [bin⁶ 辨]

❶古代男子戴的一种帽子。【弁言】书籍或长篇文章的序文，引言。❷旧时称低级武官：马~。

台 (㊁❶❸❹❻❼ 臺、㊁❹ 檯、㊁❺ 颱)㊀tāi ㄊㄞ [toi⁴ 抬]

【天台】山名，在浙江省东部。

㊁tái ㄊㄞˊ [toi⁴ 抬]

❶高而平的建筑物：戏~｜讲~｜主席~｜楼阁亭~。㊞ 1.(-儿)像台的东西：井~｜窗~儿。2. 器物的座子：灯~｜蜡~。❷敬辞：~鉴｜~启｜兄~。❸量词。用于整场演出的节目或机器、仪器等：唱一~戏｜一~机器。❹桌子，案子：写字~｜柜~。❺台风，发生在太平洋西部热带海洋上的一种极猛烈的风暴，中心附近风力达 12 级以上，同时有暴雨。❻指台湾省：~商｜港~。❼某些机构名：电视~｜气象~。

丢 diū ㄉㄧㄡ [diu¹ 刁]

❶失去，遗落：钱包~了｜~脸(失面子)｜~三落(là)四。❷放下，抛开：这件事可以~开不管。

牟 ㊀móu ㄇㄡˊ ㊀[meo⁴ 谋]

❶谋取：~利。❷姓。

㊀mù ㄇㄨˋ ㊁[meo 茂]

❶用于地名：~平（在山东省烟台）。❷姓。

县 （縣）xiàn ㄒㄧㄢˋ [yun⁶ 愿，㊅yun² 阮]

行政区划单位，由直辖市、地级市、自治州等领导。

〈古〉又同“悬”（xuán）。

矣 yǐ ㄧˇ [yi⁵ 以]

文言助词。1. 直陈语气，与“了（le）❷”相当：艰难险阻，备尝之~。2. 感叹语气：大~哉。3. 命令语气：往~，毋多言！

叁 sān ㄙㄢ [sam¹ 衫]

“三”字的大写。

参 （參、㊀㊁*条、㊂❷*葠、㊂❷*蓡）㊀cān ㄘㄢ ㊁[cam¹ 惭¹]

❶参加，加入：~军｜~战。【参半】占半数：疑信~。【参观】实地观察（事业、设施、名胜等）。【参考】用有关的材料帮助了解、研究某事物。【参天】高入云霄：古木~。❷进见：~谒｜~拜。❸探究并领会：~不透这句话的意思。❹封建时代指弹劾（tánhé）：~他一本。

㊁cēn ㄘㄣ ㊁[cem¹ 侵]

【参差】（-cī）[-qi¹ 雌]长短、大小、高低等不齐：~不齐。

㊂shēn ㄕㄣ ㊂[sem¹ 深]

❶星宿名，二十八宿之一。【参商】参和商都是二十八宿之一，两者不同时在天空出现。㊖1. 分离不得相见。2. 不和睦。❷人参，草本植物。根肥大，肉质，略像人形，可入药。

枲 xǐ ㄒㄧˇ [sai² 徙，㊅sei² 洗]

枲麻，大麻的雄株，只开花，不结果实。

炱 tái ㄊㄞˊ [toi⁴ 台]

烟气凝积而成的黑灰，俗叫烟子或煤子：煤~｜松~（松烟）。

怠 dài ㄉㄞˋ [doi⁶ 代，㊅toi⁵ 胎⁵]

懒惰，松懈（㊄-惰、懒-、懈-）。【怠慢】冷淡：态度~。谦辞，表示招待不周：对不起，~各位了。

垒 （壘）lěi ㄌㄟˇ [lêu⁵ 吕]

❶古代军中用作防守的墙壁或工事（㊄壁-）：堡~｜两军对~｜深沟高~。❷把砖、石等重叠砌起来：~墙｜把井口~高一些。

畚 běn ㄅㄣˇ [bun² 本]

簸箕，用竹、木、铁片等做的撮土器具。

能 néng ㄋㄥˊ [neng⁴ 挪莺⁴]

❶能力，才干，本事：各尽其~｜无~｜才~。❷有才干的：~人｜~者多劳｜~手。❸能够，胜任：他~开车｜~完成任务｜~说会道。【能动】自觉努力，积极活动的：主观~性｜~地学习。❹会（表示可能性）：他还~来吗？❺应，该：你不~这样不负责任。❻能量，度量物质运动的一种物理量：电~｜核~。

[26]廴部

廷 tíng ㄊㄧㄥˊ [ting⁴ 庭]

朝廷，封建时代君主受朝问政的地方。【宫廷】1. 帝王的住所。2. 由帝王及其大臣构成的统治集团。

延 yán ㄧㄢˊ [yin⁴ 言]

❶伸展变长：～长｜～年｜蔓(màn)～。❷展缓，推迟：～期｜顺～｜迟～。❸引进，请：～请｜～师｜～医。

建 jiàn ㄐㄧㄢˋ [gin³ 见]

❶立，设立，成立(㊟－立)：八一～军节｜～都｜～筑｜～设。❷提出：～议｜～言献策。

[27]干部

干 (㊀❼-⓭△乾、㊀❼-⓭*亁、㊀❼-⓭*乹、㊁*幹、㊁❶*榦)㊀gān ㄍㄢ ㊂[gon¹ 肝]

❶关联，涉及：相～｜这事与你何～？❷冒犯，触犯：～犯｜有～禁例。【干涉】过问或制止，常指不应管硬管：互不～内政。❸追求，旧指追求职位俸禄：～禄。❹盾：动～戈(指发动战争)。❺天干，历法中用的“甲、乙、丙、丁、戊、己、庚、辛、壬、癸”十个字，也用来编排次序。【干支】天干和地支，历法上把这两组字结合起来，共配成六十组，表示日子或年份，周而复始，循环使用。❻水边：江～｜河～。❼没有水分或水分少，跟“湿”相对(㊟－燥)：～柴｜～粮。【干脆】㊗1. 爽快，简捷：说话～，做事也～。2. 索性：不指望他了，～自己完成。❽(－儿)干的食品或其他东西：饼～｜豆腐～儿。❾枯竭，净尽，空虚：大河没水小河～｜～杯｜外强中～。❿副词。空，徒然：～着急｜～等｜～看着。⓫拜认的(亲属)关系：～娘。⓬当面说怨恨、气愤的话使对方难堪：今天，我又～了他一顿。⓭〈方〉慢待，不理睬：把来人～在一旁。⓮量词。伙：一～人。⓯姓。

【干将】(－jiāng)古宝剑名。

㊁gàn ㄍㄢˋ ㊂[gon³ 肝³]

❶事物的主体，重要的部分：树～｜躯～｜～线。【干部】1. 指机关团体的领导或管理人员。2. 指一般公职人员。❷做，搞：～工作｜你在～什么？㊕有才能的，善于办事的：～才｜～员。【干练】办事能力强，很有经验。【干事】(－shi)负责某些事务的人：宣传～。❸〈方〉坏，糟：不好，事情要～｜～了，要迟到了。

刊 (*栞)kān ㄎㄢ [hon² 罕，㊰hon¹ 看¹]

❶刻：～石｜～印。㊘排印出版：～行｜停～。【刊物】杂志等出版物，也省称刊：周～｜月～。❷删除，修改：不～之论(指至理名言)｜～误表。

邗 hán ㄏㄢˊ [hon⁴ 寒]

【邗江】地名，在江苏省扬州。

平 píng ㄆㄧㄥˊ [ping⁴ 萍]

❶不倾斜，无凹凸，像静止的水面那

样：~地｜把纸铺~了。㉃均等：~分｜公~。❷使平：把地~一~。❸安定，安静：~心静气｜风~浪静。❹经常的，一般的：~日｜~淡。❺平声，汉语四声之一。普通话的平声分阴平和阳平两类：阴平调子高而平，符号作"－"，阳平调子向高扬起，符号作"ˊ"。

罕 hǎn ㄏㄢˇ [hon² 侃]

稀少(㊀稀~)：~见｜~闻｜~物。

顸 (頇)hān ㄏㄢ [hon¹ 看¹]

〈方〉粗，圆柱形的东西直径大的：这线太~｜拿根~杠子来抬。

[28]工部

工 gōng ㄍㄨㄥ [gung¹ 弓]

❶工人：矿~｜技~｜农民~｜~农联盟。❷工业：化~｜~商界。❸工作，工程：做~｜~具｜手~｜动~。【工程】关于制造、建筑、开矿等，有一定计划进行的工作：土木~｜水利~｜文化~。❹一个工人或农民一个劳动日的工作：这件工程需要二十个~才能完成。❺技术，本领：唱~｜做~精细。❻精细：~笔画。❼善于，长于：~书善画。❽旧时乐谱的记音符号。【工尺】(－chě)[－cé¹ 奢]我国旧有的音乐记谱符号，计有合、四、一、上、尺(chě)、工、凡、六、五、乙，分别相当于简谱的5、6、7、1、2、3、4、5、6、7。"工尺"是这些符号的总称。

【工夫】【功夫】(－fu)1. 时间(多用"工夫")：有~来一趟。2. 长期努力实践的成果，本领(多用"功夫")：~深。

巧 qiǎo ㄑㄧㄠˇ [hao² 考]

❶技巧，技术。❷灵巧，灵敏，手的技能好：心灵手~｜他很~。❸虚浮不实(指话)：花言~语｜~取豪夺。❹恰好，正遇在某种机会上：~合｜~遇｜凑~｜碰~｜赶~。

邛 qióng ㄑㄩㄥˊ [kung⁴ 穷]

【邛崃】(－lái)山名，在四川省。又叫崃山。

功 gōng ㄍㄨㄥ [gung¹ 弓]

❶功劳，贡献较大的成绩：记大~一次｜立~｜~臣。❷功夫：用~｜下苦~。❸成就，成效：成~｜徒劳无~。❹物理学上指在外力作用下，物体顺力的方向移动，这个力就对物体做了功。

左 zuǒ ㄗㄨㄛˇ [zo² 阻]

❶面向南时靠东的一边，跟"右"相对：~手。㊕东方(以面向南为准)：山~｜江~。【左右】1. 上下，表示约数：三十岁~。2. 横竖，反正：~是要去的，你还是早点去吧。3. 身边跟从的人。4. 支配，操纵：~局势。❷政治思想上属于较激进的或进步的：~派｜~翼。❸斜，偏，错：~脾气｜越说越~｜你想~了｜~道旁门。❹相反：彼此意见相~。

巩 (鞏)gǒng ㄍㄨㄥˇ [gung² 拱]

【巩固】坚固，结实，使牢固：基础~｜

~学习成果｜~政权。

贡 (貢)gòng ㄍㄨㄥˋ [gung³ 工³]

❶古代指属国或臣民向君主献东西。【贡献】1. 拿出力量或财物来给国家和人民：为祖国~出自己的一切。2. 对人民、人类社会所做的有益的事：革命导师创立的学说，是对人类的伟大~。❷贡品：进~。❸封建时代指选拔人才，推荐给朝廷：~举｜~生。

☞■做某些重叠动词的词尾，表示动作持续进行：岌岌~（摇来晃去）｜嘟嘟~（动来动去）｜震震~（抖个不停；动个不停）｜阻阻~（碍手碍脚，老是妨碍着）。

汞 gǒng ㄍㄨㄥˇ [hung⁶ 哄⁶]

金属元素，通称水银，符号 Hg。银白色液体，有毒，能溶解金、银、锡、钾、钠等。可用来制温度表、气压计、水银灯等。

攻 gōng ㄍㄨㄥ [gung¹ 弓]

❶攻击，打击，进击，跟“守”相对：~守同盟｜~势｜~城。㊀指摘别人的错误：~人之短。❷致力学习、研究：~读｜专~化学。

巫 wū ㄨ [mou⁴ 无]

专以祈祷求神骗取财物的人。

项 (項)xiàng ㄒㄧㄤˋ [hong⁶ 巷⁶]

❶颈的后部。❷事物的种类或条目：事~｜~目｜义~｜强~。㊕钱，经费（㊄款－）：用~｜进~｜欠~。❸量词。用于分项目的事物：两~任务｜三大纪律八~注意。❹代数中不用加号、减号连接的单式，如 $4a^2b$，ax^3。

㊂ [hong⁶⁻² 巷⁶⁻²]

巯 (巰)qiú ㄑㄧㄡˊ [keo⁴ 求]

巯基，有机化合物中含硫和氢的基。

[29]土部

土 tǔ ㄊㄨˇ [tou² 讨]

❶地面上的沙、泥等混合物（㊄－壤）：沙~｜黏~｜~山。❷土地：国~｜领~。❸本地的：~产｜~话。❹指民间生产的，出自民间的：~布｜~专家。❺不开通，不时兴：~里~气｜~头~脑。

【土家族】【土族】都是我国少数民族，参看附表。

2—3 画

圢 tǐng ㄊㄧㄥˇ [ting⁵ 挺]

用于地名：上~坂｜南~坂（都在山西省垣曲）。

去 qù ㄑㄩˋ [hêu³ 许³]

❶离开所在的地方到别处，由自己一方到另一方，跟“来”相对：我要~工厂｜马上就~｜给他~封信。❷距离，差别：相~不远。❸已过的。特指刚过去

的一年：~年｜~冬今春。❹除掉，减掉：~皮｜~病｜太长了，~一段。❺扮演（戏曲里的角色）：他在《西游记》里~孙悟空。❻在动词后，表示趋向：上~｜进~。❼在动词后，表示持续：信步走~｜让他说~。❽去声，汉语四声之一。普通话去声的调子是下降的，符号作“丶”。

圩 ㊀wéi ㄨㄟˊ ㊁［wei⁴ 围］

❶低洼地区周围防水的堤。❷有圩围住的地区：~田｜盐~。❸（-子）围绕村落四周的障碍物：土~子｜树~子。也作“围子”。

㊁xū ㄒㄩ ㊁［hêu¹ 虚］

闽粤等地区称集市。古书里作“虚”。

圬（**杇）wū ㄨ［wu¹ 乌］

❶泥瓦工人用的抹（mǒ）子。❷抹（mò）墙。

圭 guī ㄍㄨㄟ［guei¹ 归］

❶古代帝王、诸侯在举行典礼时拿的一种玉器，上尖下方。❷古代测日影的器具。【圭臬】（-niè）标准，法度：奉为~。❸古代容量单位名，一升的十万分之一。❹姓。

寺 sì ㄙˋ［ji⁶ 治］

❶古代官署名：太常~。❷寺院，佛教出家人居住的地方。❸伊斯兰教徒礼拜、讲经的地方：清真~。

圩 qiān ㄑㄧㄢ［qin¹ 千］

用于地名：清~｜平~（都在安徽省青阳）。

圫 tuō ㄊㄨㄛ［tog³ 拓］

用于地名：黎~（在湖南省长沙，今作“黎托”）。

圪 gē ㄍㄜ［ged¹ 吉］

【圪垯】（-da）1. 同“疙瘩2”。多用于土块等：土~｜冰~。2. 小土丘，多用于地名。

【圪塄】（-láo）〈方〉角落，也用于地名：炕~｜周家~（在陕西省子洲县）。

圳（**甽）zhèn ㄓㄣˋ［zen³ 振］

田边的水沟，水渠：开~（挖水渠）。多用于地名：如深~（在广东省）。

圾 jī ㄐㄧ［sab³ 霎］

见109页“垃”字条【垃圾】（lā-）。

圹（壙）kuàng ㄎㄨㄤˋ［kong³ 抗］

❶墓穴。❷旷野。【圹埌】（-làng）形容原野一望无际的样子。

圮 pǐ ㄆㄧˇ［péi² 鄙］

坍塌，倒塌：倾~。

圯 yí ㄧˊ［yi⁴ 移］

桥。

地 ㊀de · ㄉㄜ ㊁［déi⁶ 多希⁶］

助词。用在状语后，状语与后面的动词、形容词是修饰关系：胜利~完成任务｜天色渐渐～黑了。

㊁dì ㄉㄧˋ ㈠[déi⁶ 多希⁶]

❶地球，太阳系八大行星之一，人类居住的星球：天～｜～心｜～层。㊀引 1. 指土地、地面：～大物博｜草～｜两亩～。2. 指某一地区，地点：此～｜华东各～｜目的～。3. 指路程，用在里数或站数后：三十里～｜两站～。【地道】1. 地下挖成的隧道：～战。2.（－dao）真正原产地出产的，也说"道地"：～药材。㊀引 真正的，纯粹：一口～北京话。【地方】1. 中央下属的省、市、县等各级行政区划的统称：～各级人民政府｜～服从中央。2. 军队方面指军队以外的部门、团队等：从军队转业到了～。3.（－fang）区域：飞机在什么～飞？｜那～出高粱。4.（－fang）点，部分：这话有的～很对。【地位】人在社会关系中所处的位置。【地下】1. 地面下，土里：～铁道。㊀喻 秘密的，不公开的：～工作。2.（－xia）地面上：掉在～了。❷表示思想活动的领域：见～｜心～。❸底子（㊀连 质－）：蓝～白花布。

㈡[déi⁶⁻² 多稀⁶⁻²]

☞广 助词。用在叠音形容词的后面，表示轻微、稍微等意思：衫重湿湿～（衣服还有点儿湿）｜红红～（有点儿红）｜甜甜～（有点儿甜）｜高高～（还算高）｜怕怕～（有点儿怕）。〖广州话的"地"跟普通话的"地"用法不同。广州话的叠音形容词加"地"之后一般只作谓语或补语，而普通话叠音或多音形容词及词组的后面加"地"之后，一般只作状语。〗

场（場、*塲）㊀cháng ㄔㄤˊ [cêng⁴ 祥]

❶平坦的空地，多半用来脱粒、晒粮食：打～｜～院。❷量词。多用于一件事情的经过（在口语里多读 chǎng）：经历了一～激烈的搏斗｜下了一～大雨｜害了一～病。

㊁chǎng ㄔㄤˇ [cêng⁴ 祥]

❶（－子、－儿）处所，能适应某种需要的较大地方：会～｜市～｜广～｜飞机～。㊀引 特定的地点或范围：当～｜现～｜情～｜生意～｜～合。❷戏剧的一节：三幕五～。❸量词。用于文体活动：一～电影｜一～球赛。❹物质相互作用的范围：电～｜磁～｜引力～。

在 zài ㄗㄞˋ [zoi⁶ 再⁶]

❶存在：革命者青春常～｜人～阵地～。❷存在于某地点：书～桌子上呢｜我今天晚上～家。㊀引 留在，处在：～职。❸在于，决定于：事～人为｜学习进步，主要～自己努力。【在乎】（－hu）1. 在于。2. 在意，介意：满不～｜不要～别人的看法。❹副词。正在，表示动作的进行：会议～进行｜我～看报。❺介词。表示事情的时间、地点、情形、范围等：～晚上读书｜～礼堂开会｜～这种条件之下工作。❻"在"和"所"连用，表示强调：～所不辞｜～所不计｜～所难免。

4 画

坛（㈠壇、㈡罈、㈡*壜、㈡*罎）tán ㄊㄢˊ ㈠[tan⁴ 檀⁴]

❶古代举行祭祀、誓师等大典用的土、石等筑的高台：天～｜先农～。㊀引 指文艺界、体育界或舆论阵地：文～｜乒～｜论～。❷用土堆成的平台，多在上

面种花：花～。

tán ㄊㄢˊ 三［tam⁴ 谈］

（－子）一种口小肚大的陶器。

坏 （壞）huài ㄏㄨㄞˋ［wai⁶ 怀⁶］

❶缺点多的或使人不满意的，跟“好”相对：～毛病丨～脾气。❷品质恶劣，起破坏作用的：向～人～事做斗争。❸东西受了损伤，被毁（㊀破－）：手机～了。❹坏主意：使～。❺放在动词或形容词后，表示程度深：忙～了丨气～了丨高兴～了。

坵 （塸）qū ㄑㄩ［kêu¹ 驱］

用于地名：邹～（在江苏省常州）。

坜 （壢）lì ㄌㄧˋ 一［lég⁶ 疬］

坑。

☞🅐❶名词。畦：起～（起垄，分畦）。❷量词。畦：种一～菜丨分成三～。

lì ㄌㄧˋ 二［lig⁶ 力］

多用于地名：中～（在台湾省）。

坉 tún ㄊㄨㄣˊ［tün⁴ 团，㊐ neng⁴ 能］

寨子，多用于地名：大～（在广东省吴川）。

址 （＊阯）zhǐ ㄓˇ［ji² 纸］

地址，地基，地点：旧～丨住～。

坝 （❸垻、壩）bà ㄅㄚˋ［ba³ 霸］

❶截住河流的建筑物：拦河～。❷河工险要处巩固堤防的建筑物。❸（－子）〈方〉平地。常用于西南各省地名。

圻 qí ㄑㄧˊ［kéi⁴ 其］

地的边界。

〈古〉又同“垠”（yín）。

坂 （＊岅）bǎn ㄅㄢˇ［ban² 板］

山坡，斜坡：～上走丸（形容迅速）。

坨 （埨）lǔn ㄌㄨㄣˇ［lên⁴ 轮］

〈方〉田地中的土垄。

坋 fèn ㄈㄣˋ［fen⁵ 奋］

用于地名：长～（在福建省屏南）。

坎 （❷＊埳）kǎn ㄎㄢˇ 一［hem² 砍²］

❶高出地面的埂状凸起：沟沟～～丨越过一道～。❷低陷不平的地方，坑穴。❸八卦之一，符号是“☵”，代表水。❹发光强度单位名坎德拉的简称，符号cd。

【坎坷】（－kě）1. 道路不平的样子。2. 形容不顺利，不得志。

☞🅐❶名词。坑穴：一个～种一窝树（一个坑种一棵树）。❷动词。臼：舂米～。❸量词。1. 臼（用于臼所舂的米）：一～米。2. 门（用于大炮）：十几～炮。

kǎn ㄎㄢˇ 二［hem³ 勘］

广东省地名用字：赤～。

坍 tān ㄊㄢ［tan¹ 摊］

崖岸、建筑物或堆起的东西倒塌，从基部崩坏（㊀－塌）：墙～了。

均 jūn ㄐㄩㄣ［guen¹ 君］

❶平，匀(yún)(㊥－匀、平－)：～分｜平～数｜势～力敌。❷都(dōu)，皆：老小～安｜～已布置就绪。

〈古〉又同"韵"(yùn)。

坞　(塢、*隖)wù ㄨˋ [wu² 浒]

❶小障蔽物，防卫用的小堡。❷四面高中间凹下的地方：山～｜花～。【船坞】在水边建筑的停船或修造船只的地方。

坟　(墳)fén ㄈㄣˊ [fen⁴ 焚]

埋葬死人之后筑起的土堆(㊥－墓)。

坑　(*阬)kēng ㄎㄥ [hang¹ 夯]

❶(－子、－儿)洼下去的地方：水～｜泥～。❷把人活埋：～杀。❸坑害，设计(jì)使人受到损害：～人。❹地洞，地道：～道｜矿～。

☞🅖名词。沟：山～(山涧)｜挖一条～。【坑渠】沟渠，下水道。包括"明渠"(阳沟)和"暗渠"(阴沟)：～鸭(比喻满身脏的小孩)。也叫"沟渠"。

坊　㊀fāng ㄈㄤ [fong¹ 荒]

❶里巷，多用于街巷的名称。㊈街市，市中店铺：～间。❷牌坊，旧时为旌表功德、宣扬封建礼教而建造的建筑物：贞节～。

㊁fáng ㄈㄤˊ [fong¹ 荒]

作(zuō)坊，某些小手工业的工作场所：染～｜油～｜粉～｜磨～。

块　(塊)kuài ㄎㄨㄞˋ [fai³ 筷]

❶(－儿)成疙瘩或成团的东西：糖～儿｜土～｜～根｜～茎。❷量词。1. 用于块状或某些片状的东西：一～地｜一～布｜一～肥皂。2. 用于货币：十～钱。

坚　(堅)jiān ㄐㄧㄢ [gin¹ 肩]

❶结实，硬，不容易破坏(㊥－固、－硬)：～冰｜～不可摧。㊈不动摇：～定｜～强｜～决｜～持｜～守。【中坚】骨干：社会～｜～分子。❷坚固的东西或阵地：攻～战｜无～不摧。

坐　zuò ㄗㄨㄛˋ [㊦zo⁶ 座，㊢co⁵ 楚⁵]

❶臀部放在椅子等物体上以支持身体：席地而～｜～在凳子上。㊈1. 乘，搭：～车｜～船。2. 坐落：房屋～北朝南。❷物体向后施压力：房子往后～了｜这枪～力很小。❸把锅、壶等放在炉火上：～锅｜～水。❹因：～此解职｜停车～爱枫林晚。❺旧指定罪：连～｜反～。❻植物结实(jiēshí)：～果｜～瓜。㊈形成(疾病)：打那以后就～下了病。❼自然而然：孤蓬自振，惊沙～飞。❽同"座❶"。

坠　(墜)zhuì ㄓㄨㄟˋ [zêu⁶ 罪]

❶落，掉下：～马｜摇摇欲～。❷往下沉：船锚往下～。❸(－儿)系在器物上垂着的东西：扇～｜表～。【坠子】1. 耳朵上的一种装饰品。又叫耳坠子、耳坠儿。2. 流行于河南、山东的一种曲艺形式。

5　画

坩　gān ㄍㄢ [hem¹ 堪]

盛东西的陶器。【坩埚】(－guō)[㊗

kim⁴ wo¹ 拑窝]用来熔化金属或其他物质的器皿，多用瓷土、石墨或铂制成，能耐高温。

坷

㊀kē ㄎㄜ ㊁[o¹ 柯]

【坷垃】(－la)土块。

㊁kě ㄎㄜˇ ㊁[ho² 可]

见106页“坎”字条【坎坷】(kǎn－)。

坯

pī ㄆㄧ [pui 胚]

❶没有烧过的砖瓦、陶器等：砖～。特指砌墙用的土坯：打～｜脱～。❷(－子、－儿)半成品：钢～｜酱～子｜面～儿。

埗

bù ㄅㄨˋ [bou³ 报]

【乌茶埗】地名，在广东省花都。

坺

[pad⁶ 婆辣]

☞广❶量词。摊，堆，用于软烂的东西：一～烂滘(一摊烂泥)｜一～糨糊。❷象声词。软物落地声：条蛇～一声跌落地(那条蛇啪的一声掉在地上)。

坪

píng ㄆㄧㄥˊ [ping⁴ 平]

平坦的场地：草～｜～坝｜停机～。

坫

diàn ㄉㄧㄢˋ [dim³ 店]

❶古时室内放东西的土台子。❷屏障。

垆

(壚、❷＊＊罏)lú ㄌㄨˊ [lou⁴ 炉]

❶黑色坚硬的土。❷旧时酒店里安放酒瓮的土台子。也指酒店。

坦

tǎn ㄊㄢˇ [tan² 滩²]

❶平坦，宽而平：～途。❷心地平静：～然。❸直率：～诚。【坦白】1. 直爽，没有隐私：襟怀～。2. 如实地说出(自己的错误或罪行)。

坥

qū ㄑㄩ [cêu¹ 吹]

混杂蚯蚓排泄物的土。

坤

(△＊堃)kūn ㄎㄨㄣ [kuen¹ 群¹]

❶八卦之一，符号是“☷”，代表地。❷称女性的：～包｜～车。

“堃”另见115页kūn。

坳

ào ㄠˋ [ao³，⊗ngao³ 坳]

同“坳”。多用于地名：黄～(在江西省井冈山)。

垌

jiōng ㄐㄩㄥ [guing² 炯]

离城市很远的郊野。

坼

chè ㄔㄜˋ [cag³ 册]

裂开：天寒地～。

☞广❶动词。破裂，皲，裂开：爆～(皮肤皲裂)｜冻到手都～咯(手都冻皲了)｜旱到田都～喇(旱得田都开裂了)。❷形容词。(嗓子)破，沙哑：声喉～(嗓子沙哑)。也作“破”。

坬

㊀guà ㄍㄨㄚˋ ㊁[gua³ 挂]

❶土堆。❷山坡。

㊁wā ㄨㄚ ㊁[wa¹ 洼]

用于地名：朱家～(在陕西省佳县)｜王～子(在陕西省吴起)。

坽

líng ㄌㄧㄥˊ [ling⁴ 零]

用于地名：~头(在广东省潮安)。

坻 ㊀chí 彳 ㊁[qi⁴ 池]

水中的小块高地。

㊁dǐ ㄉㄧˇ ㊁[dei² 底]

山坡。

【宝坻】地名，在天津市。

垃 lā ㄌㄚ [lab⁶ 腊]

【垃圾】(-jī)脏土或扔掉的破烂东西。

坐 (墢)bó ㄅㄛˊ [bog⁶ 博]

名词。❶堤坝：河~。❷塘埂子：塘~。❸园围子(围着园子的土埂，上面多密栽荆棘)。

幸 (❶❺*倖) xìng ㄒㄧㄥˋ [heng⁶ 杏]

❶意外地得到成功或免去灾害：~存｜~免。【幸亏】【幸而】副词。多亏：~你来了。❷幸福，幸运：荣~｜三生有~。❸高兴：庆~｜欣~。❹希望：~勿推却。❺旧指宠爱：宠~｜得~。❻旧指封建帝王到达某地：巡~。

坨 tuó ㄊㄨㄛˊ [to⁴ 驼]

❶(-子、-儿)成块或成堆的东西：泥~子。❷面食煮熟后黏结在一起：饺子~了。❸露天盐堆。

坭 ní ㄋㄧˊ [nei⁴ 泥]

❶同"泥"(ní)。❷用于地名：白~(在广东省佛山)。

坡 pō ㄆㄛ [bo¹ 玻]

(-子、-儿)倾斜的地方：山~｜高~｜上~｜下~。【坡度】斜面与地平面所成的角度。

坳 (*坳)ào ㄠˋ [ao³，ngao³ 拗]

山间平地：山~。

垈 dài ㄉㄞˋ [doi⁶ 袋]

用于地名：封家~｜夏家~(都在江苏省泰兴)。

6 画

型 xíng ㄒㄧㄥˊ [ying⁴ 仍]

❶铸造器物用的模子：砂~。❷样式：新~｜小~汽车。

垚 yáo ㄧㄠˊ [yiu⁴ 摇]

高。多用于人名。

垭 (埡)yā ㄧㄚ，㊇ yá ㄧㄚˊ [a³，㊇nga³ 亚]

〈方〉两山之间的狭窄地方。多用于地名：黄桷(jué)~(在重庆市)。

垣 yuán ㄩㄢˊ [wun⁴ 桓]

❶墙，矮墙：断瓦颓~。❷城：省~(省城)。

垮 kuǎ ㄎㄨㄚˇ [kua¹ 跨]

倒塌，坍塌：房子被大水冲~了。㊞完全破坏：别把身体累~了。【垮台】崩溃瓦解。

垯 (墶)da ·ㄉㄚ [dab³ 搭]

见104页“圪”字条【圪垯】(gē－)。

城 chéng ㄔㄥˊ [xing⁴ 乘]

❶城墙：万里长～。❷城市，都市：～乡互助。也指城区：东～。

垤 dié ㄉㄧㄝˊ [did⁶ 秩]

小土堆(㊥丘－)：蚁～。

垙 guāng ㄍㄨㄤ [guong¹ 光]

❶田间小路。❷用于地名：上～(在北京市延庆)。

垱 (壋)dàng ㄉㄤˋ [dong² 挡]

〈方〉为便于灌溉而筑的小土堤。

垌 ㊀dòng ㄉㄨㄥˋ ㊁ [dung⁶ 洞]

❶田地：田～。❷用于地名：麻～(在广西壮族自治区桂平)。

㊁tóng ㄊㄨㄥˊ ㊂ [tung⁴ 同]

【垌冢】(－zhǒng)地名，在湖北省汉川。

垲 (塏)kǎi ㄎㄞˇ [hoi² 海]

地势高而干燥。

埏 ㊀shān ㄕㄢ ㊁ [san¹ 山]

用水和(huó)泥。

㊁yán ㄧㄢˊ ㊂ [yin⁴ 言]

❶大地的边沿。❷墓道。

垍 jì ㄐㄧˋ [géi⁶ 忌]

坚土。

垧 shǎng ㄕㄤˇ [hêng² 晌²]

旧时地积单位，各地不同。在东北地区1垧一般合15亩。

垢 gòu ㄍㄡˋ [geo³ 救]

❶污秽，脏东西：油～｜牙～｜藏污纳～。❷耻辱。也作“诟”。

垛 (*垜、**朶)㊀duǒ ㄉㄨㄛˇ [do² 躲]

(－子)用泥土、砖石等筑成的掩蔽物：箭～子｜门～子｜城墙～口。

㊁duò ㄉㄨㄛˋ [do² 躲]

❶整齐地堆成的堆：麦～｜砖～。❷整齐地堆积：柴火～得比房还高。❸量词。用于成垛的东西：一～砖｜两～柴火。

垫 (墊)diàn ㄉㄧㄢˋ [din³ 电³]

❶衬托，放在底下或铺在上面：～桌子｜～上个褥子｜路面～上点儿土。❷(－子、－儿)衬托的东西：草～子｜鞋～儿｜椅～子。❸替人暂付款项：～款｜～钱。

垟 gàng ㄍㄤˋ [gong³ 杠]

〈方〉山冈，多用于地名：浮亭～(在浙江省景宁)。

垎 hè ㄏㄜˋ [hag³ 客]

❶土干燥坚硬。❷用于地名：～塔埠

（在山东省枣庄）。

垴 nǎo ㄋㄠˇ [nou⁵ 努]

〈方〉山岗，丘陵较平的顶部。多用于地名。

垓 gāi ㄍㄞ [goi¹ 该]

❶垓下，古地名，在今安徽省灵璧东南，是汉刘邦围困项羽的地方。❷古代数目名，是京的十倍，指一万万。

垟 yáng ㄧㄤˊ [yêng⁴ 阳]

〈方〉田地。多用于地名：翁～（在浙江省乐清）。

垞 chá ㄔㄚˊ [ca⁴ 茶]

小土山。多用于地名。

垵 ㊀ān ㄢ ㊐ [on¹，⊗ngon¹ 安]

用于地名：曾厝～（在福建省厦门）。

㊁ǎn ㄢˇ ㊐ [em² 暗²]

同"埯"。

埭 lù ㄌㄨˋ [lêd⁶ 栗]

土埂。

垠 yín ㄧㄣˊ [ngen⁴ 银]

边，岸，界限：一望无～的麦田。

垩 （堊）è ㄜˋ [og³，⊗ngog³ 岳³]

❶粉刷墙壁用的白土。❷用白土涂饰。

垡 fá ㄈㄚˊ [fed⁶ 佛]

❶〈方〉耕地，把土翻起来：秋～地（秋耕）。也指翻起来的土块：晒～。❷用于地名：榆～（在北京市大兴）。

垕 hòu ㄏㄡˋ [heo⁶ 后]

❶用于地名：神～（在河南省禹州）。❷用于人名。

7 画

崂 （塝）láo ㄌㄠˊ [lou⁴ 劳]

见104页"圪"字条【圪崂】（gē－）。

埔 ㊀bù ㄅㄨˋ [bou³ 布]

【大埔】地名，一在广东省，一在香港。

㊁pǔ ㄆㄨˇ [bou³ 布]

【黄埔】地名，在广东省广州。

埂 gěng ㄍㄥˇ [geng² 梗]

❶（－子、－儿）田间稍稍高起的小路：田～儿｜地～子。❷地势高起的地方。

埗 bù ㄅㄨˋ [bou⁶ 步]

同"埠"。多用于地名（多读 bou⁶⁻²）：深水（在香港）。

☞㊐❶名词。码头：～头（码头。多指小码头）。❷名词。借指目的地：到～打个电话翻嚟（到了目的地打个电话回来）。也作"埠"。

垾 hàn ㄏㄢˋ [hon⁶ 焊]

小堤，多用于地名：中～（在安徽省巢湖）。

埕

chéng ㄔㄥˊ [qing4 程]

蛏埕，福建、广东沿海一带饲养蛏类的田。

☞粤 名词。坛子：酒～｜酸菜～（腌酸菜的坛子）。【埕埕塔塔】1. 坛坛罐罐。2. 因“埕”与“情”同音，又引申指儿女情长（带谐谑意）。

埘

（塒）shí ㄕˊ [xi4 时]

古代称在墙壁上挖洞做成的鸡窝。

埋

㊀mái ㄇㄞˊ [mai4 买4]

把东西放在坑里用土盖上：掩～｜～地雷。㊀隐藏，使不显露：隐姓～名。【埋伏】在敌人将要经过的地方布置下军队，准备袭击。【埋没】（－mò）使人才、功绩、作用等显露不出来：不要～人才。【埋头】㊀专心，下工夫：～苦干。

㊁mán ㄇㄢˊ [mai4 买4]

【埋怨】因为事情不如意而对人或事物表示不满，责怪：他自己不小心，还～别人。

☞粤 ❶动词。1. 靠近：车～站（车靠站）｜～嚟（过来）｜～年（接近过年）｜～尾（收尾，煞尾）。2. 进入，落座：鸡～笼（鸡进入笼子）｜～栈（入住旅店）｜～位（入座）。3. 闭，合：伤口～口（伤口愈合）｜～闸（闸口关闭；店铺关门）。4. 组合，聚合：～堆（扎堆）｜～会（组合成会）。5. 结算，结账：～数（结账）｜～柜（店铺结算当天账目）。【埋单】1. 结账，消费后付款：呢餐饭我～（这顿饭我来结账）。2. 转指对事情负责：如果搞腡咗，边个～（如果黄了，谁负责）？｜你照佢讲嘅做，唔使你～嘅（你照他说的去做，不会要你负责任的）。❷放在动词后面作补语。1. 表示趋向：行～嚟（走过来）｜推～去（推过去）｜扫～一便（扫到一边去）。2. 表示变为某种状态：缩～一嚿（缩成一团）｜黐～一笪（黏在一起）｜炒～唔够一碟（炒起来不够一碟）｜眯～眼（闭上眼睛）｜闩～门（关上门）。3. 表示范围扩充：连我都闹～（连我也骂了）｜连我嗰份都攞～（把我那一份也要了）｜食～嗰两啖饭啦（把那两口饭都吃了吧）｜衫都湿～（衣服全湿了）。4. 表示全部，尽是、净、老是：乜都要～（什么都要了）｜讲～晒啲唔等使嘅嘢（净说些废话）｜行～晒啲冤枉路（老是走弯路）。❸形容词。1. 近，靠里：企～啲（站近一点）｜挨～墙（靠近墙）｜行～去（靠过去；走过去）。2. 合得来，相投合：倾得～（聊得来）｜打唔～（合不来）。3. 合拢，黏合：柜桶推唔～（抽屉推不进去）｜度门闩得～吗（门能关上吗）？｜黐唔～（黏不上）。4. 准：话唔～（说不准）｜讲唔～（说不定）｜呢啲嘢讲得～嘅咩（这些事能说得准吗）！❹方位词。里，内：～便有位（靠里边的地方有位置）｜～低（里边）。

埙

（塤、*壎）xūn ㄒㄩㄣ [hün1 圈]

古代用陶土烧制的一种吹奏乐器。

埚

（堝）guō ㄍㄨㄛ [wo1 窝]

见107页“坩”字条【坩埚】（gān－）。

袁

yuán ㄩㄢˊ [yun4 元]

姓。

埒 liè ㄌㄧㄝˋ [lüd³ 劣]

❶矮墙。❷同等：财力相～。

垺 fú ㄈㄨˊ [feo⁴ 蜉]

用于地名：南仁～(在天津市宝坻)。

埆 què ㄑㄩㄝˋ [kog³ 确]

土地不肥沃。

埗 xù ㄒㄩˋ [zêu⁶ 罪]

古时放食物、酒器等东西的土台子，又叫坫(diàn)或反坫。多用于人名。

垸 yuán ㄩㄢˊ [yun⁶ 愿]

〈方〉(－子)湖南省、湖北省在江湖地带挡水用的堤圩(wéi)。

垽 yìn ㄧㄣˋ [ngen⁶ 银⁶]

沉淀物，渣滓。

埌 làng ㄌㄤˋ [long⁶ 浪]

见104页“圹”字条【圹埌】(kuàng－)。

埇 yǒng ㄩㄥˇ [yung² 拥]

用于地名：～桥(在安徽省宿州)。

埃 āi ㄞ [oi¹，㊣ngoi¹ 哀，㊣ai¹，㊣ngai 挨]

灰尘(㊥尘－)。

塈 jí ㄐㄧˊ [jig¹ 织]

〈古〉❶烧土为砖。❷烛灰。

8 画

埲 běng ㄅㄥˇ ㊀[pung¹ 蓬¹]

尘起。

㊁[bung⁶ 吧哄⁶]

☞❶量词。堵(用于墙)：一～墙(一堵墙)。

堵 dǔ ㄉㄨˇ [dou² 杜²]

❶阻塞(sè)，挡：水沟～住了｜～老鼠洞｜别～着门站着！㊙心中不畅快：心里～得慌。❷墙：观者如～。【安堵】安定地生活，不受骚扰。❸量词。用于墙：一～高墙。

堎 lèng ㄌㄥˋ [ling⁴ 陵]

【长堎】地名，在江西省新建。

埴 zhí ㄓˊ [jig⁶ 直]

黏土。

域 yù ㄩˋ [wig⁶ 华益⁶]

❶在一定疆界内的地方：地～｜疆～｜～外。❷泛指某种范围：音～。

堐 yá ㄧㄚˊ [ngai⁴ 涯]

用于地名：～东｜～西(都在山东省利津)。

埼 (＊＊碕)qí ㄑㄧˊ [kéi⁴ 奇]

弯曲的岸。

埯 ǎn ㄢˇ ［em² 暗²］

❶点播种子挖的小坑。❷挖小坑点种：～瓜｜～豆。❸（－儿）量词。用于点种的植物：一～儿花生。

埫 tǎng ㄊㄤˇ ［cung² 宠］

〈方〉山间平地，平坦的地，多用于地名：贾～（在宁夏回族自治区海原）｜都家～（在陕西省安康。）

埸 yì ㄧˋ ［yig⁶ 亦］

❶田界。❷边境：疆～。

堌 gù ㄍㄨˋ ［gu³ 雇］

堤。多用于地名：牛王～（在河南省夏邑）。

埵 duǒ ㄉㄨㄛˇ ［do² 躲］

坚硬的土。

埿 nì ㄋㄧˋ ［ngei⁶ 艺］

见114页“埤”字条【埤埿】（pì－）。

堆 duī ㄉㄨㄟ ［dêu¹ 对¹］

❶（－子、－儿）累积在一起的东西：土～｜草～｜柴火～。❷累积，聚集在一块（㊀－积）：～肥｜粮食～满仓。【堆砌】㊥写文章用大量华丽而无用的词语。❸量词。用于成堆的事物：两～土｜一～事｜一～人。

埤 ㊀pí ㄆㄧˊ ㊂［péi⁴ 皮］

〈古〉增加：～益。

㊁pì ㄆㄧˋ ㊂［béi³ 秘］

【埤埿】（－nì）〈古〉城上矮墙。也作“埤院”。

埠 bù ㄅㄨˋ ㊀［bou⁶ 部］

埠头，停船的码头。靠近水的地方。古也作“步”。

bù ㄅㄨˋ ㊁［feo⁶ 浮⁶］

多指有码头的城镇：本～｜外～。【商埠】通商口岸。

☞粤❶名词。港口，引申为城市（多指外国的）：出～｜过～（旧指华侨出洋）。【埠头】外国的商埠。❷名词。堆栈：米～。

埝 niàn ㄋㄧㄢˋ ［nim⁶ 念］

用土筑成的小堤或副堤。

堋 péng ㄆㄥˊ ［peng⁴ 凭］

我国战国时期科学家李冰在修建都江堰时所创造的一种分水堤。

堍 tù ㄊㄨˋ ［tou³ 吐］

桥两头靠近平地的地方：桥～。

埻 zhǔn ㄓㄨㄣˇ ［zên² 准］

箭靶上的中心。

培 péi ㄆㄟˊ ［pui⁴ 赔］

为保护植物或墙堤等。在根基部分加土：～土。【培养】1. 训练教育：～干部。2. 使繁殖：～真菌。【培育】培养幼小的生物，使它发育成长：～树苗。

堉 yù ㄩˋ [yug⁶ 育]

〈古〉肥沃的土地。

墠 (壇)shàn ㄕㄢˋ [xin⁶ 善]

古代祭祀用的平地。

埞 dī ㄉㄧ ㊀[tei⁴ 提]

同"堤"。

㊁[déng⁶ 钉⁶]

☞粤 名词。地方，地儿：唔够～(地方不够)｜有～企(没站的地方)。【埞方】地方，位置：呢度做服务台够～(这里做服务台够地方)。

埪 kōng ㄎㄨㄥ [hung¹ 凶]

用于地名：裴家～(在陕西省西安)。

埭 dài ㄉㄞˋ [dei⁶ 弟，㊂doi⁶ 代]

土坝。

埽 sào ㄙㄠˋ [sou³ 素]

❶治理河道的工程上用的材料，以竹木为框架，用树枝、石子、土填实其中，做成柱形，用以堵水。❷用许多埽修成的临时性堤坝或护堤。

掇 duō ㄉㄨㄛ [zui³ 醉]

用于地名：塘～(在广东省吴川)。

基 jī ㄐㄧ [géi¹ 机]

❶建筑物的根脚：地～｜墙～。㊕最下面的，根本的：～数｜～层。【基础】建筑物的根脚和柱石。㊕事物的根基：钢铁是工业的～。【基金】1. 国民经济中有特定用途的资金：消费～｜生产～。2. 为兴办或发展某一事业而集聚、储备的资金或专门的拨款：教育～｜福利～。❷化学上指不带电的原子团：烃(tīng)～｜氨～。❸根据：～于上述理由。

【基督】(外)基督教徒称耶稣，意为"救世主"。

【基督教】宗教名。公元1世纪犹太人耶稣所创。11世纪分为罗马教会(天主教)和希腊教会(东正教)两派；16世纪罗马教会又分为新教和旧教。现在一般称新教为基督教。

【基诺族】我国少数民族，参看附表。

堑 (塹)qiàn ㄑㄧㄢˋ [qim³ 签³]

防御用的壕沟：天～(天然的壕沟，指险要)。㊕挫折：吃一～，长一智。

☞粤 名词。河沟：前面有条～(前面有一道河沟)｜呢条～好深(这道河沟很深)。

堂 táng ㄊㄤˊ [tong⁴ 唐]

❶正房，高大的屋子：～屋｜礼～。【令堂】对对方母亲的尊称。❷专供某种用途的房屋：课～。❸过去官吏审案办事的地方：大～｜过～。❹指同宗但不是嫡亲的(亲属)：～兄弟。❺量词。用于分节的课程、审案的次数等：一～课｜审过两～。

【堂皇】盛大，大方：冠冕～｜富丽～。

【堂堂】仪容端正，有威严：相貌～。

堃 kūn ㄎㄨㄣ [kuen¹ 昆]

❶见 108 页“坤”。❷用于人名。❸姓。

堕（墮）duò ㄉㄨㄛˋ ［do⁶ 惰］

掉下来，坠落：～地。【堕落】㊕思想行为向坏的方向变化：～分子｜腐化～。

☞㊢动词。坠，多指平放的东西部分往下垂：帆布床中间～晒落去（帆布床中间坠了下去）｜衫尾～咗出嚟（衣服下摆垂了下来）。【堕角】偏僻，偏远：佢屋企～啲（他家住得比较偏僻）｜嗰度～啲，有咁旺（那里偏僻些，没那么繁华）。

9 画

堾　chūn ㄔㄨㄣ ［cên¹ 春］

❶〈方〉地边上用石块垒起来的挡土的墙。❷用于地名：～坪（在山西省五台）。

堼　hèng ㄏㄥˋ ［hèng⁶ 幸］

用于地名：大～上（在天津市蓟州）。

堪　kān ㄎㄢ ［hem¹ 砍¹］

❶可以，能，足以：～以告慰｜不～设想。❷忍受，能支持：难～｜狼狈不～。

堞　dié ㄉㄧㄝˊ ［dib⁶ 碟］

城墙上呈⊓⊓形的矮墙。

塔（＊墖）tǎ ㄊㄚˇ ［tab³ 榻］

❶佛教特有的建筑物，尖顶，有很多层。❷像塔形的建筑物：水～｜灯～｜纪念～。

【塔吉克族】1．我国少数民族，参看附表。2．塔吉克斯坦的主要民族。

【塔塔尔族】我国少数民族，参看附表。

☞㊢❶名词。锁（多指旧式的铜锁）：门上便有把～（门上有一把锁）。❷（又音 tab³⁻²）动词。用锁锁上：～实度门（把门锁上）。❸名词。套：笔～（笔套，笔帽）。❹名词。一种底宽口小的坛子：埕埕～～（坛坛罐罐）。❺名词。马桶，“屎塔”的简称。

塃　huāng ㄏㄨㄤ ［fong¹ 方］

〈方〉开采出来的矿石。

堰　yàn ㄧㄢˋ ［yin² 言²］

挡水的低坝：塘～｜围～。

堙（＊陻）yīn ㄧㄣ ［yen¹ 因］

❶堵塞。❷土山。

堧　yāo ㄧㄠ ［yiu¹ 腰］

用于地名：打石～（在山西省永和）。

堧（＊＊壖）ruán ㄖㄨㄢˊ ［yun⁴ 元］

❶城郭旁、宫殿庙宇外或河边的空地。❷用于地名：坑～（在江西省万年）。

堤（＊隄）dī ㄉㄧ ［tei⁴ 提］

用土、石等材料修筑的挡水的高岸：河～｜修～｜～防。

堨　è ㄜˋ ［ad³ 压］

〈方〉堤坝，多用于地名：富~（在安徽省歙县）｜~头（在浙江省建德）。

塄 léng ㄌㄥˊ ［ling⁴ 陵］

田地边上的坡子。又叫地塄。

塅 duàn ㄉㄨㄢˋ ［dün⁶ 段］

〈方〉指面积较大的平坦地形。多用于地名：李家~（在湖南省汨罗）。

堠 hòu ㄏㄡˋ ［heo⁶ 后］

古代瞭望敌情的土堡。

塆（壪）wān ㄨㄢ ［wan¹ 湾］

山沟里的小块平地。多用于地名。

塿（塿）lóu ㄌㄡˊ ［leo¹ 刘¹］

【塿土】褐土的一种，因长期施用粪肥而在原耕作层上形成的上下两层土壤。

𡋣 piǎn ㄆㄧㄢˇ ［pin⁵ 片⁵］

用于地名：长河~（在四川省安岳）。

堡 ㊀bǎo ㄅㄠˇ ［bou² 宝］

❶堡垒：碉~｜桥头~。【堡垒】军事上防守用的建筑物：攻下敌人最坚固的~。㊖难于攻破的事物：攻克科学~。❷小城。

㊁bǔ ㄅㄨˇ ［bou² 宝］

堡子，有围墙的村镇。又多用于地名：吴~（在陕西省）。

㊂pù ㄆㄨˋ ［bou² 宝］

旧时的驿站，现多用于地名：十里~。

塈 jì ㄐㄧˋ ［kéi³ 冀，㊇héi³ 气］

❶用泥涂屋顶。❷休息。❸取。

10 画

塨 gōng ㄍㄨㄥ ［gung¹ 工］

用于人名。李塨，清代人。

填 tián ㄊㄧㄢˊ ［tin⁴ 田］

❶把空缺的地方塞满或补满：~平洼地。❷填写，在空白表格上按照项目写：~志愿书｜~表。

塥 gé ㄍㄜˊ ［gag³ 隔］

〈方〉水边的沙地。多用于地名：青草~（在安徽省桐城）。

塬 yuán ㄩㄢˊ ［yun⁴ 元］

我国西北部黄土高原地区因流水冲刷而形成的高地，四边陡，顶上平。

塌 tā ㄊㄚ ［tab³ 塔］

❶倒（dǎo），下陷：墙~了｜房顶子~了｜人瘦得两腮都~下去了。❷下垂：这棵花晒得~秧了。❸安定，镇定：~下心来。

堽 gāng ㄍㄤ ［gong¹ 江］

用于地名：~城屯（在山东省宁阳）。

塳 ［pung¹ 碰¹］

☞粤❶动词。蒙上(尘土)：~咗一头泥尘(蒙了一头尘土)。❷动词。(尘土)呛人：扫地唔洒水，~到鬼嘱(扫地不洒水，呛得要命)。【墣尘】灰尘，尘土：乜台面咁多~架(怎么桌面那么多灰尘)？

塘

táng ㄊㄤˊ ［tong⁴ 堂］

❶堤岸，堤防：河~｜海~。❷水池(㊀池-)：水~｜荷~｜苇~。❸浴池：澡~。

☞粤【塘蜫】［tong⁴mei¹ 唐尾¹］1. 蜻蜓。2. 无篷小船。

塝

bàng ㄅㄤˋ ［bong⁶ 磅］

〈方〉田边土坡，沟渠或土埂的边，多用于地名：张~(在湖北省蕲春)。

塑

sù ㄙㄨˋ ㊀［sou³ 素］

用泥土等做成人物的形象：~像｜泥~木雕。

㊁［sou³ 素，㊃sog³ 索］

【塑料】具有可塑性的高分子化合物的统称。

塱

(**㙟)lǎng ㄌㄤˇ ［long⁵ 朗］

用于地名：河~(在广东省阳春)。

11 画

塸

㊀yān ㄧㄢ ㊀［yin¹ 烟］

用于地名：梁家~(在山西省灵石)。

㊁yàn ㄧㄢˋ ㊁［yin² 言²］

❶〈方〉两山之间的山地。❷同“堰”。

墈

kàn ㄎㄢˋ ［hem³ 勘³］

〈方〉高的堤岸。多用于地名：~上(在江西省乐平)

☞粤名词。码头：移船就~(移动船只靠近码头。比喻采取主动配合对方)。

墐

jìn ㄐㄧㄣˋ ［gen⁶ 近，㊂gen² 仅］

❶用泥涂塞。❷同“殣❶”。

墘

qián ㄑㄧㄢˊ ［kin⁴ 虔］

用于地名：车路~(在我国台湾地区)｜田~(在广东省汕尾)。

墙

(墻、*牆)qiáng ㄑㄧㄤˊ ［cêng⁴ 详］

用砖、石等砌成承架房顶或隔开内外的建筑物(㊀-壁)：砖~｜城~｜院~。

墟

xū ㄒㄩ ［hêu¹ 虚］

❶有人住过而现在已经荒废的地方：废~｜殷~。【墟里】【墟落】村落。❷〈方〉集市，同“圩”xū。

☞粤乡镇集市：趁~(赶集)｜~场(集市所在地)｜~日(集日，逢集)｜三日一~。【墟吧嘈闭】像集市那样吵闹，形容很多人在大声吵闹：喺度咁多人~，发生乜嘢事呀(那里那么多人吵吵闹闹，发生了什么事)？【墟冚】1. 人多吵闹：隔篱系街市，成日都咁~(隔壁是菜市场，整天都那么嘈杂)。2. 热闹：书展真~，迫满人(书展真热闹，挤满了人)。3. 张扬：咪得啲成绩就咁~啦(别有点成绩就那么张扬啊)。

墁

màn ㄇㄢˋ ［man⁶ 曼］

用砖或石块铺地面：花砖～地。

墉　（**牗）yōng ㄩㄥ［yung⁴ 容］

❶城墙。❷高墙。

墉　kāng ㄎㄤ［hong¹ 康］

用于地名：盛～（在湖北省谷城）。

境　jìng ㄐㄧㄥˋ［ging² 景］

❶疆界（㊣边－）：国～｜入～。❷地方，处所：如入无人之～。㊀1. 品行学业的程度：学有进～。2. 环境，遭遇到的情况：家～｜处～｜事过～迁。

墒　（**䀉）shāng ㄕㄤ［sêng¹ 双］

田地里土壤的湿度：抢～｜保～｜底～｜～情。

墚　liáng ㄌㄧㄤˊ［lêng⁴ 凉］

我国西北地区称条状的黄土山岗。

墂　liào ㄌㄧㄠˋ［liu⁶ 料］

用于地名：圪（gē）～乡（在山西省宁武）。

朅　qiè ㄑㄧㄝˋ［kid³ 揭］

❶离去。❷勇武。

墅　shù ㄕㄨˋ［sêu⁵ 绪］

别墅，住宅以外供游玩休养的园林房屋。

斜　xié ㄒㄧㄝˊ［cé⁴ 斜］

用于地名：麦～（在江西省新干）。

塾　shú ㄕㄨˊ［sug⁶ 属］

旧时私人设立的教学的地方：私～｜村～。

12—14 画

墣　pú ㄆㄨˊ［pog³ 扑］

土块。

墦　fán ㄈㄢˊ［fan⁴ 凡］

坟墓。

墩　（*墪）dūn ㄉㄨㄣ［dên¹ 敦，㊇ den¹ 炖¹］

❶土堆。❷（－子、－儿）厚而粗的木头、石头等，座儿：门～儿｜桥～。❸量词。用于丛生的或几棵合在一起的植物：栽稻秧两万～｜每～五株。

☞㊂名词。人身体上某些多肉凸出来的部分：面珠～（脸蛋儿）｜屎窟～（屁股蛋儿）。

墡　shàn ㄕㄢˋ［xin⁶ 善］

白色黏土。

增　zēng ㄗㄥ［zeng¹ 筝］

加多，添（㊣－加）：为国～光｜～产节约。【增殖】繁殖：～耕牛。㊀大量地增添：～财富。

墀　chí ㄔˊ［qi⁴ 池］

台阶上面的空地。又指台阶。

墼

jī ㄐㄧ ［gig^{1} 击］

土坯。【炭墼】用炭末做成的块状物。【土墼】未烧的砖坯。

壁

bì ㄅㄧˋ ［big^{1} 碧，㊖bég^{3} 波尺］

❶墙（㊦墙－）：四～｜～报｜铜墙铁～。❷陡峭的山石：绝～｜峭～。❸壁垒，军营的围墙：坚～清野｜作～上观（坐观双方胜败，不帮助任何一方）。❹星宿名，二十八宿之一。

壕

háo ㄏㄠˊ ［hou^{4} 毫］

沟：战～。

壑

hè ㄏㄜˋ ［kog^{3} 确］

山沟或大水坑：沟～｜以邻为～（喻把灾祸推给别人）。

15 画以上

壤

rǎng ㄖㄤˇ ［yêng^{6} 让］

❶松软的土。【土壤】陆地表面的一层疏松物质，有养分，能生长植物。❷地：天～之别。

［29］士部

士

shì ㄕˋ ［xi^{6} 是］

❶古代介于卿大夫和庶民之间的一个阶层。❷古代指未婚的男子，泛指男子：～女。❸指读书人：学～｜～农工商。❹对人的美称：志～｜壮～｜烈～。❺军人的一级，在尉以下，也泛指军人：上～｜中～｜～气。❻称某些专业人员：护～｜助产～。

吉

jí ㄐㄧˊ ［geb^{1} 桔］

❶幸运的，吉利的，跟"凶"相对（㊦－祥，－庆）：～日｜～期。❷（外）法定计量单位中十进倍数单位词头之一，表示10^{9}，符号G。

壳

（殼）㊀ké ㄎㄜˊ ［hog^{3} 学^{3}］

（－儿）坚硬的外皮：核桃～儿｜鸡蛋～儿｜贝～儿。

㊁qiào ㄑㄧㄠˋ ［hog^{3} 学^{3}］

坚硬的外皮：甲～｜地～。

☞广❶名词。勺子，瓢：饭～（饭勺）｜汤～（汤勺）｜水～（瓢）｜铜～。❷量词。勺，瓢：一～粥（一勺粥）｜一～水（一瓢水）。

志

（❷－❹*誌）zhì ㄓˋ ［ji^{3} 至］

❶意向，要有所作为的决心：立～｜～同道合｜有～者事竟成。【意志】为了达到既定目的而自觉地努力的心理状态。❷记在心里：～喜｜～哀｜永～不忘。❸记载的文字：杂～｜地理～。❹记号：标～。❺〈方〉称轻重，量长短多少：用秤～～｜拿碗～～。

声

（聲）shēng ㄕㄥ ［㊅xing^{1} 升，㊖séng^{1} 腥］

❶声音，物体振动时所产生的能引起听觉的波：～如洪钟｜大～说话。❷声母，字音开头的辅音，如"报（bào）告（gào）""丰（fēng）收（shōu）"里的b、g、f、sh都是声母。❸声调（diào），字

音的高低升降。参看690页“调(diào)❹”。❹说出来使人知道，扬言：~明｜~讨｜~张｜~东击西。❺名誉：名~｜~望。❻量词。用于声音：一~巨响｜喊了两~。

毐 ǎi ㄞˇ［oi² 蔼］

用于人名。嫪毐(lào-)，战国时秦国人。

壶 (壺)hú ㄏㄨˊ［wu⁴ 胡］

一种有把儿有嘴的容器，通常用来盛茶、酒等液体：酒~｜茶~。

壸 (壼)kǔn ㄎㄨㄣˇ［kuen² 菌］

宫里面的路。

悫 (愨、**慤)què ㄑㄩㄝˋ［kog³ 确］

诚实，谨慎(㊧-诚)。

喆 zhé ㄓㄜˊ［jid³ 节］

❶见183页“哲”。❷用于人名。

喜 xǐ ㄒㄧˇ［héi² 起］

❶高兴，快乐(㊧-欢、欢-)：~出望外。❷可庆贺的，特指关于结婚的：要节约办~事。❸妇女怀孕叫“有喜”。❹爱好：~闻乐见。❺适于：海带~荤｜植物一般都~光。

壹 yī ㄧ［yed¹ 一］

“一”字的大写。

嘉 jiā ㄐㄧㄚ［ga¹ 加］

❶美好：~宾。❷赞美：~许｜精神可~。

熹 xī ㄒㄧ［héi¹ 希］

光明。【熹微】日光微明。

憙 xǐ ㄒㄧˇ［héi² 起］

❶喜悦。❷喜好。

嚭 (**噽)pǐ ㄆㄧˇ［péi² 鄙］

大。

懿 yì ㄧˋ［yi³ 意］

美，好(多指德、行)：~行｜~德。

[30]艹部

1－3画

艺 (藝)yì ㄧˋ［ngei⁶ 伪］

❶才能，技能(㊧技-)：手~｜~高人胆大。【艺术】1. 用形象来反映现实但比现实更有典型性的社会意识形态，包括音乐、舞蹈、美术、雕塑、文学、曲艺、戏剧、电影等。2. 指富有创造性的方式、方法：领导~。❷限度：贪贿无~。

艾 ㊀ài ㄞˋ［ngai⁶ 刈］

❶草本植物，又叫艾蒿，叶有香味，可制成艾绒，供灸病用。❷止，绝：方兴未~。❸漂亮，美：少~(年轻漂亮的人)。❹姓。

㊁yì ㄧˋ [ngai⁶ 刈]

治理。【自怨自艾】本义是悔恨自己的错误，自己改正。现在只指悔恨。

艽 jiāo ㄐㄧㄠ [keo⁴ 求]

【秦艽】草本植物，叶阔而长，花紫色。根可入药。

节 (節)㊀jiē ㄐㄧㄝ [jid³ 折]

【节骨眼儿】(-gu-)〈方〉喻紧要的、能起决定作用的环节或时机。

㊁jié ㄐㄧㄝˊ [jid³ 折]

❶(-儿)植物学上称茎上长叶的部位。❷(-儿)物体的分段或两段之间连接的地方：骨~｜两~火车。❸段落：季~｜时~｜~气｜章~。❹节日，纪念日或庆祝的日子：春~｜清明~｜端午~｜中秋~｜国庆~。❺礼度：礼~。❻音调高低缓急的限度：~奏｜~拍。❼省减，限制(逭-省、-约)：~制｜开源~流｜~衣缩食。㊀扼要摘取：~录｜~译。❽操守(逭-操)：保持晚~｜守~(封建礼教称夫死不再嫁人)。❾事项：情~｜细~。❿古代出使外国所持的凭证。【使节】派到外国的外交官员。⓫航海速度单位，符号 kn，每小时航行 1 海里为 1 节。

艿 nǎi ㄋㄞˇ [nai⁵ 奶]

【芋艿】即芋头。也作"芋奶"。

芋 yù ㄩˋ [wu⁶ 护]

芋头，草本植物，叶略呈卵形，地下茎椭圆形，可以吃。

芏 dù ㄉㄨˋ [dou⁶ 度]

见 133 页"茳"字条【茳芏】(jiāng-)。

芊 qiān ㄑㄧㄢ [qin¹ 千]

草木茂盛(叠)：郁郁~~。【芊绵】【芊眠】草木茂密繁盛。

芍 sháo ㄕㄠˊ [cêg³ 卓]

【芍药】(-yào)草本植物，花像牡丹，供观赏，根可入药。

芃 péng ㄆㄥˊ [pung⁴ 蓬]

【芃芃】形容草木茂盛。

芄 wán ㄨㄢˊ [yun⁴ 丸]

芄兰，多年生蔓(màn)草，叶对生，心脏形，花白色，有紫红色斑点。茎、叶和种子可入药。

芨 jī ㄐㄧ [geb¹ 急]

【白芨】草本植物，叶长形。块茎白色，可入药。

芒 máng ㄇㄤˊ [mong¹ 亡¹]

❶某些禾本科植物籽实壳上的细刺。❷像芒的东西：光~｜锋~。❸草本植物，秋天开花，黄褐色。叶细长有尖，可用来造纸、编鞋。

☞[广]❶形容词。正在发育的(包括人和家禽、家畜)：~仔(小青年)｜~女(小姑娘)｜~鸡｜~猪。❷形容词。差劲的，规模小的，力量弱的：我初初以为好好，原嚟咁~嘅(我最初以为很好，原来是这么差劲的）｜好～嘅咋（很差劲的）。

芝 zhī ㄓ ［ji¹ 知］

❶灵芝，长在枯树上的一种蕈，菌盖赤褐色，有光泽，可入药。古代以为瑞草。❷古书上指白芷：～兰。

芑 qǐ ㄑㄧˇ ［héi² 起］

古书上说的一种植物。

芎 xiōng ㄒㄩㄥ ［gung¹ 公］

【芎䓖】（－qióng）草本植物，又叫川芎，叶像芹菜，秋天开花，花白色，全草有香味，地下茎可入药。

芗 （薌）xiāng ㄒㄧㄤ ［hêng¹ 香］

❶古书上指用以调味的香草。❷芳香。

4 画

芙 fú ㄈㄨˊ ［fu⁴ 符］

【芙蓉】（－róng）1. 落叶灌木，又叫木芙蓉，花有红、白等颜色。2. 荷花的别名。

☞▇【芙胵】【芙翅】［fu⁴qi³ 扶次］鸡鸭鹅的胗肝：炒～。

芫 ㊀yán ㄧㄢˊ ［yun⁴ 元］

【芫荽】（－suī）草本植物，俗叫香菜，又叫胡荽，花白色。果实球形，有香味，可以制药和香料，茎、叶可供调味用。

㊁yuán ㄩㄢˊ ［yun⁴ 元］

芫花，落叶灌木，花紫色，有毒，花蕾可入药。

芜 （蕪）wú ㄨˊ ［mou⁴ 毛］

长满乱草（㊥荒－）：～城。㊎杂乱：～杂｜～词。

苇 （葦）wěi ㄨㄟˇ ［wei⁵ 韦］

（－子）芦苇。参看125页“芦”。

芸 （❷蕓）yún ㄩㄣˊ ［wen⁴ 匀］

❶芸香，草本植物，花黄色，花、叶、茎有香味，可入药。❷芸薹（tái），又叫油菜，草本植物，花黄色，种子可榨油。【芸芸】形容众多：～众生。

芾 ㊀fèi ㄈㄟˋ ㊀［fei³ 费］

【蔽芾】形容树干及树叶小。

㊁fú ㄈㄨˊ ㊁［fed¹ 忽］

❶草木茂盛。❷同“黻”。宋代书画家米芾，也作米黻。

芰 jì ㄐㄧˋ ［géi⁶ 技］

古书上指菱。

芣 fú ㄈㄨˊ ［feo⁴ 浮］

【芣苢】（－yǐ）古书上指车前，草本植物，花淡绿色，叶和种子可入药。

苈 （藶）lì ㄌㄧˋ ［lig⁶ 力］

见143页“葶”字条【葶苈】（tíng－）。

苊 è ㄜˋ ［eg¹ 厄］

有机化合物，无色针状晶体，有致癌作用，可用作媒染剂。

苉 pǐ ㄆㄧˇ [ped¹ 匹]

有机化合物，存在于煤焦油中。

苣 ㊀jù ㄐㄩˋ [gêu⁶ 巨]

见135页"莴"字条【莴苣】(wōju)。

㊁qǔ ㄑㄩˇ [gêu⁶ 巨]

【苣荬菜】(－mai－)草本植物，叶长椭圆披针形，花黄色。茎叶嫩时可以吃。

芽 yá ㄧㄚˊ [nga⁴ 牙]

❶(－儿)植物的幼体，可以发育成茎、叶或花的那一部分：豆～儿 | 发～儿 | ～茶。【萌芽】㊥事情的开端。❷像芽的东西：肉～ | 银～(银矿苗)。

芘 ㊀bǐ ㄅㄧˇ ㊁ [béi³ 庇]

有机化合物，棱形晶体，浅黄色，不溶于水。可用来制合成树脂和染料等。

㊁pí ㄆㄧˊ ㊁ [péi⁴ 皮]

【芘芣】(－fú)古书上指锦葵。

芷 zhǐ ㄓˇ [ji² 止]

白芷，草本植物，花白色，根圆锥形，有香味，可入药。

芮 ruì ㄖㄨㄟˋ [yêu⁶ 锐]

周代诸侯国名。在今陕西省大荔东南。

苋 (莧)xiàn ㄒㄧㄢˋ [yin⁶ 现]

苋菜，草本植物，茎细长，叶椭圆形，茎叶可用作蔬菜。

芼 mào ㄇㄠˋ [mou⁶ 雾]

拔取(菜、草)。

苌 (萇)cháng ㄔㄤˊ [cêng⁴ 祥]

姓。

花 (❶-❺* 苍、❶-❺* 蘤)huā ㄏㄨㄚ [fa¹ 化¹]

❶(－儿)种子植物的有性生殖器官，有各种的形状和颜色，一般花谢后结成果实。㊀供观赏的植物。❷(－儿)样子或形状像花的东西：雪～儿 | 浪～ | 火～儿 | 葱～儿 | 印～ | 礼～ | 棉～。㊥年轻漂亮的女子：校～ | 交际～。【挂花】指在战斗中受伤流血。❸颜色或式样错杂的：～布 | 头发～白 | ～边 | 那只猫是～的。【花哨】(－shao)颜色鲜艳，花样多，变化多：这块布真～。【花搭】错综搭配：粗粮细粮～着吃。【花甲】天干地支配合用来纪年，从甲子起、六十年成一周，因称六十岁为花甲。❹虚伪的、用来迷惑人的：～招 | ～言巧语。❺模糊不清：～眼 | 眼～了。❻用掉：～钱 | ～一年工夫。【花销】(－xiao)费用。也作"花消"。

芹 qín ㄑㄧㄣˊ [ken⁴ 勤]

芹菜，草本植物，羽状复叶，叶柄肥大，茎、叶可用作蔬菜。

芥 ㊀gài ㄍㄞˋ [gai³ 介]

芥菜(也作"盖菜")，是芥(jiè)菜的变种，叶大，表面多皱纹，可用作蔬菜。

㊁jiè ㄐㄧㄝˋ [gai³ 介]
芥菜，草本植物，花黄色，茎叶和块根可以吃。种子味辛辣，研成细末叫芥末，可供调味用。

苁 (蓯)cōng ㄘㄨㄥ [cung¹ 充]
【苁蓉】(－róng)植物名。1. 草苁蓉，草本植物，寄生，茎和叶黄褐色，花淡紫色。2. 肉苁蓉，草本植物，寄生，茎和叶黄褐色，花紫褐色。茎可入药。

芩 qín ㄑㄧㄣˊ [kem⁴ 琴，㊋ sem⁴ 岑]
植物名。1. 古书上指芦苇一类的植物。2. 黄芩，草本植物，花淡紫色，根黄色，可入药。

芬 fēn ㄈㄣ [fen¹ 纷]
芬芳，花草的香气。

苍 (蒼)cāng ㄘㄤ [cong¹ 沧]
❶青色：～天。❷草色，深绿色：～松。❸灰白色：～白｜两鬓～～。【苍老】1. 容貌、声音老。2. 书画笔力雄健：字迹～。

芪 qí ㄑㄧˊ [kéi⁴ 旗]
黄芪，草本植物，茎横卧在地面上，花淡黄色，根可入药。

芴 wù ㄨˋ [fed¹ 忽]
有机化合物，白色片状晶体，存在于煤焦油中。可用来制染料和药物等。

芡 qiàn ㄑㄧㄢˋ ㊀ [him³ 欠]
草本植物，又叫鸡头，生长在水中，茎叶都有刺，花紫色。果实叫芡实。种仁可以吃，也可制淀粉。

qiàn ㄑㄧㄢˋ ㊁ [him³ 献]
烹饪时用淀粉调成的浓汁：勾～｜汤里加点儿～。

芟 shān ㄕㄢ [sam¹ 衫]
割草：～草。㊀除去：～剪繁枝。

苟 gǒu ㄍㄡˇ [geo² 狗]
姓。

苄 biàn ㄅㄧㄢˋ [bin⁶ 辨]
【苄基】一种有机化合物的基，又叫苯甲基。

芠 wén ㄨㄣˊ [men⁴ 文]
古代指一种草。

芳 fāng ㄈㄤ [fong¹ 荒]
芳香，花草的香味。㊗美好的德行或声名：流～百世。

芳 (蔿、**蒍)wěi ㄨㄟˇ [wei² 委]
姓。

苎 (△苧)zhù ㄓㄨˋ [qu⁵ 柱]
苎麻，草本植物，茎皮纤维可以制绳索，又是纺织工业的重要原料。

"苧"另见 129 页 níng。

芦 (蘆)lú ㄌㄨˊ [lou⁴ 卢]

芦苇，草本植物，生长在浅水里，茎中空。可用来造纸、编席等，根状茎可入药。

芯

㊀xīn ㄒㄧㄣ ㊀[sem¹ 心]

去皮的灯心草：灯～。㊀某些物体的中心部分：机～｜岩～。

㊁xìn ㄒㄧㄣˋ ㊀[sem¹ 心]

（－子）装在器物中心的捻子之类的东西，如蜡烛的捻子、爆竹的引线等。

㊂xìn ㄒㄧㄣˋ ㊁[sên³ 讯]

（－子）蛇的舌头。

劳

（勞）láo ㄌㄠˊ [lou⁴ 卢]

❶劳动，人类创造物质或精神财富的活动：按～分配｜不～而获。❷疲劳，辛苦：任～任怨。❸烦劳。【劳驾】请人帮助的客气话：～开门。❹慰劳，用言语或实物慰问：～军。❺功勋：汗马之～。

芭

bā ㄅㄚ [ba¹ 爸]

【芭蕉】（－jiāo）草本植物，叶宽大。果实也叫芭蕉，跟香蕉相似，可以吃。

芤

kōu ㄎㄡ [heo⁴ 侯]

❶古时葱的别名。❷芤脉，中医指按起来中空无力的脉象，好像按葱管的感觉。

苏

（❶-❹蘇、❺嚕、❷△*甦、❶-❹*蘓）sū ㄙㄨ [sou¹ 酥]

❶植物名。1. 紫苏，草本植物，叶紫黑色，花紫红色，叶和种子可入药。2. 白苏，草本植物，茎四棱形，花白色，茎、叶、种子可入药。❷假死后再活过来：～醒｜死而复～。❸指江苏或江苏苏州：～剧｜～绣。❹（外）苏维埃，苏联国家权力机关。我国第二次国内革命战争时期曾把工农民主政权也叫苏维埃：～区。❺见 205 页“噜”字条【噜苏】（lū－）。

苡

yǐ ㄧˇ [yi⁵ 耳]

见 151 页“薏”字条【薏苡】（yì－）。

5 画

茉

mò ㄇㄛˋ [mud⁶ 没]

【茉莉】（－li）1. 常绿灌木，花白色，香味浓，可用来熏制茶叶。2. 紫茉莉，草本植物，又叫草茉莉，花有红、白、黄、紫等颜色。胚乳粉质，可用作化妆粉。

苷

gān ㄍㄢ [gem¹ 金]

有机化合物的一类，即糖苷，旧叫甙（dài），由糖类和其他有机化合物失水缩合而成。

苦

kǔ ㄎㄨˇ [fu² 虎]

❶像胆汁或黄连的味道，跟“甜”“甘”相对：～胆｜良药～口利于病。❷感觉难受的，困苦的：～境｜～日子｜吃～耐劳。【苦主】被害人的家属。❸为某种事物所苦：～夏｜～于不懂英文。❹有耐心地，尽力地：～劝｜～学｜～战｜～求。❺使受苦：这件事～了他。

苯

běn ㄅㄣˇ [bun² 本]

有机化合物，无色液体，有特殊气味，可用来制染料，是化学工业的原料和溶剂。

苛 kē ㄎㄜ [ho¹ 呵]

❶苛刻，过分：～求｜～责。❷苛细，繁重，使人难于忍受：～政｜～捐杂税。

苤 piě ㄆㄧㄝˇ [péi² 鄙]

【苤蓝】(－lan)草本植物，甘蓝的一种，叶有长柄。茎扁球形，也叫苤蓝，可用作蔬菜。

若 ruò ㄖㄨㄛˋ [yêg⁶ 弱]

❶连词。若是，如果，假如：～不努力，就要落后：❷如，像：～无其事｜旁～无人｜年相～｜～有～无。❸文言代词。你：～辈。【若干】(－gān)代词。多少(问数量或指不定量)：价值～？｜关于农业的～问题。

茂 mào ㄇㄠˋ [meo⁶ 贸]

茂盛(shèng)，草木旺盛：～密｜繁～｜根深叶～。㊖丰富而美好：图文并～｜声情并～。

☞㊀❶形容词。谬误，荒谬：乜你咁～架(怎么你这么荒谬的)！❷名词。傻瓜：亚～｜～喳(土里土气、呆头呆脑的样子)。

茏 (蘢)lóng ㄌㄨㄥˊ [lung⁴ 龙]

【茏葱】【葱茏】草木茂盛的样子。

茇 bá ㄅㄚˊ [bed⁶ 拔]

草根。

苹 (△蘋)píng ㄆㄧㄥˊ [ping⁴ 评]

【苹果】落叶乔木，叶椭圆形，花白色，果实也叫苹果，球形，红色、青色或黄色，味甜。

“蘋”另见150页“蘋”(pín)。

苫 ㊀shān ㄕㄢ ㊀[xim¹ 闪¹]

草帘子，草垫子：草～子。

㊁shàn ㄕㄢˋ ㊁[xim³ 闪³]

用席、布等遮盖：拿席～上点儿。

苜 mù ㄇㄨˋ [mug⁶ 沐]

【苜蓿】(－xu)草本植物，叶长圆形，花紫色。可以喂牲口、做肥料。

苴 jū ㄐㄩ [zêu¹ 追]

大麻的雌株，开花后能结果实。

苗 miáo ㄇㄧㄠˊ [miu⁴ 描]

❶(－儿)指幼小的植株：麦～｜树～。【苗条】人的身材细长、好看。❷(－儿)形状像苗的：笤帚～儿｜火～儿。❸某些初生的饲养的动物：鱼～。❹子孙后代(㊣－裔)。❺疫苗，能使机体产生免疫力的微生物制剂：卡介～。

【苗族】我国少数民族，参看附表。

茓 zhī ㄓ [ji¹ 支]

用于地名：～芨(jī)梁(在内蒙古自治区土默特左旗)。

英 yīng ㄧㄥ [ying¹ 鹰]

❶花：落～。❷才能出众：～俊。又指才能出众的人：群～会。【英明】有远见卓识。【英雄】1. 为人民利益英勇斗争而有功绩的人。2. 英武过人的人。

苢 yǐ ㄧˇ [yi⁵ 以]

见123页“芣”字条【芣苢】(fú－)。

苒 rǎn ㄖㄢˇ [yim⁵ 染]

【荏苒】(rěn－)时间不知不觉地过去：光阴～。

苘 (＊＊檾、＊＊蹟)qǐng ㄑㄧㄥˇ [gu-ing² 炯]

苘麻，草本植物，茎直立，茎皮纤维可制绳索。

苲 zhǎ ㄓㄚˇ [za³ 诈]

苲草，指金鱼藻等水生植物。

茌 chí ㄔˊ [qi⁴ 池]

【茌平】地名，在山东省。

苻 fú ㄈㄨˊ [fu⁴ 扶]

❶同“莩”(fú)。❷姓。

苽 gū ㄍㄨ [gu¹ 姑]

〈古〉同“菰❶”。

苶 nié ㄋㄧㄝˊ [nib⁶ 聂]

〈方〉❶疲倦，精神不振：发～｜～呆呆的。❷呆：傻：～子。

苓 líng ㄌㄧㄥˊ [ling⁴ 零]

❶指茯(fú)苓。❷苓耳，古书上说的一种植物。

茚 yìn ㄧㄣˋ [yen³ 印]

有机化合物，无色液体，容易产生聚合反应。是制造合成树脂的原料。

苨 ㊀dǐ ㄉㄧˇ ㊀ [dei² 底]

有机化合物，无色晶体，可用来制染料等。

㊁zhǐ ㄓˇ ㊁ [ji² 纸]

古书上指嫩的蒲草。

苟 gǒu ㄍㄡˇ [geo² 狗]

❶姑且，暂且：～安｜～延残喘。❷马虎，随便：一丝不～。❸文言连词。假如：～可以利民，不循其礼。❹姓。

茆 máo ㄇㄠˊ [mao⁴ 猫⁴]

同“茅”。

茑 (蔦)niǎo ㄋㄧㄠˇ ㊀ [niu⁵ 鸟⁵]

一种小灌木，茎能攀缘其他树木。【茑萝】蔓草，花红色或白色。

㊁ [niu³ 鸟³]

☞▇蔫(瓜果等因干枯而表皮萎缩)：马蹄放到～晒(荸荠放得皮都蔫了)。

苑 yuàn ㄩㄢˋ [yun² 阮]

❶养禽兽植林木的地方，旧时多指帝王的园林：鹿～。❷(学术、文艺)荟萃之处：文～｜艺～奇葩。

苞 bāo ㄅㄠ [bao¹ 包]

❶花苞，苞片，花或花序下面像叶的小片：含～未放。❷茂盛：竹～松茂。

范　(❶-❹範) fàn　ㄈㄢˋ　[fan⁶ 饭]

❶模(mú)子：钱～。❷范围，一定的界限：就～(喻听从支配和控制)。【范畴】1. 概括性最高的基本概念，如化合、分解是化学的范畴；矛盾、质和量等是哲学的范畴。2. 类型，范围。❸模范，榜样：示～｜师～｜～例。❹限制：防～。❺姓。

苧　(薴) níng　ㄋㄧㄥˊ　[ning⁴ 宁]

有机化合物，无色液体，有香味。存在于柑橘类的果皮中，可用来制香料。

另见 125 页“苎”(zhù)。

茓　xué　ㄒㄩㄝˊ　[yud⁶ 月]

(－子)做囤用的窄而长的席，通常是用秫秸篾或芦苇篾编成的。也作“踅”。

茔　(塋) yíng　ㄧㄥˊ　[ying⁴ 形]

坟墓，坟地：～地。

苾　bì　ㄅㄧˋ　[bed⁶ 拔，⊗bid¹ 必]

芳香。

茕　(煢、**惸) qióng　ㄑㄩㄥˊ　[king⁴ 琼]

❶没有弟兄，孤独。❷忧愁。

苠　mín　ㄇㄧㄣˊ　[men⁴ 文]

庄稼生长期较长，成熟期较晚：～穇子(cǎnzi)｜～高粱｜黄谷子比白谷子～。

茀　fú　ㄈㄨˊ　[fed¹ 忽]

道路上草太多，不便通行。

茁　zhuó　ㄓㄨㄛˊ　[jud³ 啜]

植物才生长出来的样子。【茁壮】1. 强壮茂盛：庄稼长得～。2. 健壮：牛羊～｜青少年～成长。

苕　㊀sháo　ㄕㄠˊ　㊁[xiu⁴ 韶]

〈方〉红苕，即甘薯。

㊁tiáo　ㄊㄧㄠˊ　㊁[tiu⁴ 条]

❶古书上指凌霄花，藤本植物，又叫紫葳，花红色。❷苕子，草本植物，花紫色。可用作绿肥。❸苇子的花。

茄　㊀jiā　ㄐㄧㄚ　㊁[ga¹ 加]

〈古〉荷茎。

【雪茄】(外)一种较粗较长用烟叶卷成的卷烟。

㊁qié　ㄑㄧㄝˊ　㊁[ké⁴ 骑]

(－子)草本植物，花紫色。果实也叫茄子，紫色，也有白色或绿色的，可用作蔬菜。

㊂[ké¹ 骑¹]

☞▮【茄喱啡】指无关重要的角色。

☞▮【茄士咩】开司米，用山羊绒制成的毛线或织品。〖英语 cashmere 的音译。〗

茎　(莖) jīng　ㄐㄧㄥ　[ging³ 敬]

❶通常指植物的主干。能起支撑作用，又是养料和水分运输的通道。有些植物有地下茎，作用是储藏养料和进行无性繁殖。❷量词。用于长条形的东西：数

~小草 | 数~白发。

苔 ㊀tāi ㄊㄞ ㊀[toi¹ 胎]

【舌苔】舌头上面的垢腻，由衰死的上皮细胞和黏液等形成，观察它的颜色可以帮助诊断病症。

㊁tái ㄊㄞˊ ㊁[toi⁴ 台]

隐花植物的一类，根、茎、叶的区别不明显，绿色，生长在阴湿的地方。

茅 máo ㄇㄠˊ [mao⁴ 矛]

茅草，草本植物，又叫白茅，叶条形。可用来覆盖屋顶或制绳索。

6 画

荖 lǎo ㄌㄠˇ [lou⁵ 鲁]

荖浓溪，水名，在台湾省。

茸 róng ㄖㄨㄥˊ [yung⁴ 容]

❶草初生纤细柔嫩的样子：绿~~的草地。❷鹿茸，带细毛的才生出来的鹿角，可入药。

萑 huán ㄏㄨㄢˊ [wun⁴ 缓]

草本植物，根状茎粗壮，叶心脏形，花白色带紫色条纹，果实椭圆形。全草入药。

茜 ㊀qiàn ㄑㄧㄢˋ ㊀[xin⁶ 善]

❶茜草，草本植物，茎有刺毛，秋天开花，黄色。根红色，可做染料，也可入药。❷红色。

㊁xī ㄒㄧ ㊁[xin⁶ 善，㊇sei¹ 西]

多用于人名(人名中也有读 qiàn 的)。

萑 kuāng ㄎㄨㄤ ㊀[kuang¹ 箍罂]

草名。

㊁[kuang² 箍罂²]

☞粤❶名词。草本植物的秆子：草~ | 芹菜~(芹菜秆儿)。❷名词。菜茎；菜帮：芥菜~(芥菜帮儿)。

茬 chá ㄔㄚˊ [ca⁴ 茶]

❶(-儿)庄稼收割后余留在地上的短根和茎：麦~儿 | 豆~儿。❷(-儿)在同一块土地上庄稼种植或收割的次数：换~ | 头~ | 二~。❸短而硬的头发、胡子。

荐 (薦)jiàn ㄐㄧㄢˋ [jin⁶ 箭]

❶推举，介绍(㊥举-、推-)：~人 | 毛遂自~。❷草。又指草席。

☞粤动词。垫：~褥(褥子) | 木箱下面要~一块板 | ~平张台(把桌子垫平)。【荐高枕头】把枕头垫高(要对方认真考虑时用)：噉做啱唔啱，你~想想啦(这样做对不对，你认真想想吧)。“荐高枕头”又说“踜高枕头”。

荙 (薘)dá ㄉㄚˊ [dad⁶ 达]

见 137 页“莙”字条【莙荙菜】(jūn --)。

荚 (莢)jiá ㄐㄧㄚˊ ㊀[gab³ 甲]

豆类植物的长形的果实：豆~(豆角) | 皂~ | 槐树~。

㊁[hab³ 呷，㊆gab³ 甲]

☞粤❶名词。菜帮：菜~。❷量词。用

于菜叶：一~芥菜（一片芥菜叶子）。

荑 ㊀tí ㄊㄧˊ ㊁［tei⁴ 题］

❶草木初生的叶芽。❷稗子一类的草。

㊁yí ㄧˊ ㊁［yi⁴ 而］

割去田地里的野草。

荛 （蕘）ráo ㄖㄠˊ ［yiu⁴ 尧］

柴草：薪~。

荜 （蓽）bì ㄅㄧˋ ［bed¹ 不］

❶【荜拨】（-bō）藤本植物，叶卵状心形，浆果卵形。果穗可入药。❷同“筚”。

茈 ㊀cí ㄘˊ ㊁［qi⁴ 池］

【凫茈】（fú-）古书上指荸荠。

㊁zǐ ㄗˇ ㊁［ji² 紫］

茈草，草本植物，即紫草，叶椭圆形，花白色，根皮紫色。根可入药，又可用作紫色染料。

草 （*艸、❺**騲）cǎo ㄘㄠˇ ［cou² 曹²］

❶高等植物中栽培植物以外的草本植物的统称：野~｜青~。【草本植物】茎干通常比较柔软的植物，如小麦、豌豆等。❷马虎，不细致（叠）：潦~｜~~了（liǎo）事｜~率。【草书】汉字形体的一种，笔画牵连曲折，写起来快。❸草稿，文稿：起~。㊁还没有确定的（文件等）：~约｜~案｜~图。❹打稿：~拟｜~檄。【草创】开始创办或创立。❺雌性的（指某些家禽、家畜）：~鸡｜~驴。

茧 （繭、❶*璽、❶*絸）jiǎn ㄐㄧㄢˇ ［gan² 简］

❶（-子、-儿）某些昆虫的幼虫在变成蛹之前吐丝做成的壳。家蚕的茧是缫（sāo）丝的原料。❷同“趼”。

莒 jǔ ㄐㄩˇ ［gêu² 举］

周代诸侯国名，在今山东省莒南一带。

茼 tóng ㄊㄨㄥˊ ［tung⁴ 同］

【茼蒿】（-hāo）草本植物，花黄色或白色，茎、叶有特殊香味，嫩时可吃。

茵 yīn ㄧㄣ ［yen¹ 因］

古代车子上的席、垫。㊁铺（pū）的东西：~褥｜绿草如~。

茴 huí ㄏㄨㄟˊ ［wui⁴ 回］

【茴香】1. 小茴香，草本植物，叶分裂像毛，花黄色，茎叶嫩时可用作蔬菜。籽实大如麦粒，可做香料，又可入药。2. 大茴香，常绿小乔木，叶长椭圆形，花红色，果实呈八角形，也叫八角茴香或大料，可做调料或入药。

茱 zhū ㄓㄨ ［ju¹ 猪］

【茱萸】（-yú）植物名。1. 山茱萸，落叶小乔木，花黄色。果实红色，味酸，可入药。2. 吴茱萸，落叶乔木，花白色。果实红色，可入药。3. 食茱萸，落叶乔木，花淡绿色。果实红色，味苦，可入药。

莛 tíng ㄊㄧㄥˊ ［ting⁴ 亭］

(－儿)某些草本植物的茎：麦～儿｜油菜～儿。

荞 (蕎、△＊荍) qiáo ㄑㄧㄠˊ ［kiu⁴ 桥］

荞麦，谷类作物，茎紫红色，叶三角形，花白色。籽实黑色，磨成粉供食用。

“荍”另见 134 页 qiáo。

茯 fú ㄈㄨˊ ［fug⁶ 服］

【茯苓】(－líng)寄生在松树根上的一种真菌，球状，皮黑色，有皱纹，内部白色或粉红色。可入药。

茽 zhòng ㄓㄨㄥˋ ［zung⁶ 颂］

〈古〉草丛生。

荏 rěn ㄖㄣˇ ［yem⁵ 任⁵，㊀ yem⁶ 任］

❶草本植物，即白苏，叶卵圆形，花白色。种子可入药。❷软弱：色厉内～(外貌刚强，内心懦弱)。

茩 hòu ㄏㄡˋ ［heo⁶ 后］

见 151 页“薢”字条【薢茩】(xiè－)。

荇 (＊＊莕) xìng ㄒㄧㄥˋ ［heng⁶ 幸］

荇菜，草本植物，叶浮在水面，花黄色。茎可以吃，全草可入药。

荃 quán ㄑㄩㄢˊ ［qun⁴ 全］

古书上说的一种香草。

荟 (薈) huì ㄏㄨㄟˋ ［㊁ wei³ 畏，㊂ kui² 溃］

草木繁多。【荟萃】(－cuì)聚集：人才～。

茶 chá ㄔㄚˊ ［ca⁴ 查］

❶茶树，常绿灌木，叶长椭圆形，花白色。嫩叶采下经过加工，就是茶叶。❷用茶叶沏成的饮料。㊀某些饮料的名称：果～｜杏仁～。

荀 xún ㄒㄩㄣˊ ［sên¹ 询¹］

姓。

茗 míng ㄇㄧㄥˊ ［ming⁵ 皿，㊀ ming⁴ 名］

❶茶树的嫩芽。❷茶：香～｜品～。

荠 (薺) ㊀ jì ㄐㄧˋ ㊀ ［cei⁵ 齐⁵］

荠菜，草本植物，叶羽状分裂，花白色。茎、叶嫩时可用作蔬菜，全草可入药。

㊁ qí ㄑㄧˊ ㊁ ［cei⁴ 齐］

见 134 页“荸”字条【荸荠】(bí－)。

茭 jiāo ㄐㄧㄠ ［gao¹ 交］

【茭白】菰经黑粉菌寄生后膨大的嫩茎，可用作蔬菜。

茨 cí ㄘˊ ［qi⁴ 词］

❶用茅或苇盖房子。❷蒺藜。

荒 huāng ㄏㄨㄤ ［fong¹ 方］

❶庄稼没有收成或严重歉收：饥～｜～年｜备～。㊀严重缺乏：煤～｜房～。❷长满野草或无人耕种(㊀－芜)：～

地丨垦~丨开~。㊀1. 废弃：~废。2. 荒凉，偏僻：~村丨~郊。【荒疏】久未练习而生疏：学业~。❸不合情理，不正确：~谬丨~诞。【荒唐】1. 浮夸不实：这话真~。2. 行为放荡。

荄 gāi ㄍㄞ [goi¹ 该]

草根。

茺 chōng ㄔㄨㄥ [cung¹ 充]

【茺蔚】(－wèi)草本植物，即益母草，茎四棱形，叶掌状分裂，花红色或白色。茎、叶、籽实都可入药。

茼 (蔄)màn ㄇㄢˋ [men⁶ 问]

❶用于地名：~山镇(在山东省文登)。❷姓。

荓 píng ㄆㄧㄥˊ [ping⁴ 平]

古书上指马蔺(一种草本植物)。

茳 jiāng ㄐㄧㄤ [gong¹ 缸]

【茳芏】(－dù)草本植物，茎三棱形，可用来编席。

茫 máng ㄇㄤˊ [mong⁴ 亡]

❶对事理全无所知，找不到头绪：迷~丨~然无知丨~无头绪。❷形容水势浩渺。【茫茫】面积大，看不清边沿：大海~丨雾气~。

荡 (蕩、❶-❸*盪)dàng ㄉㄤˋ [dong⁶ 当⁶]

❶清除，弄光：扫~丨倾家~产。❷洗涤：涤~。❸摇动(㊥摇－)：~舟丨~秋千。【荡漾】(－yàng)水波一起一伏地动。❹不受约束或行为不检点(㊥浪－、放－)。❺浅水湖：芦花~。

荣 (榮)róng ㄖㄨㄥˊ [wing⁴ 永⁴]

❶草木茂盛：欣欣向~。㊀兴盛：繁~。❷光荣，跟“辱”相对：~誉丨~耀丨~获冠军。

荤 (葷)hūn ㄏㄨㄣ [fen¹ 分]

❶鸡鸭鱼肉等食物，跟“素”相对：~素丨~菜丨不吃~。❷葱蒜等有特殊气味的菜：五~。❸粗俗的，下流的：~话。

荥 (滎)㊀xíng ㄒㄧㄥˊ [ying⁴ 形]

【荥阳】地名，在河南省。

㊁yíng ㄧㄥˊ [ying⁴ 形]

【荥经】地名，在四川省。

荦 (犖)luò ㄌㄨㄛˋ [log³ 洛]

【荦荦】明显，分明：~大端。

荧 (熒)yíng ㄧㄥˊ [ying⁴ 形]

❶微弱的光亮。【荧光】物理学上称某些物质受光或其他射线照射时所发出的可见光：~屏丨~灯。❷眼光迷乱。【荧惑】迷惑。

荨 (蕁、㊀**蕣)㊀qián ㄑㄧㄢˊ [cem⁴ 寻]

【荨麻】草本植物，茎叶生细毛，皮肤接触时会引起刺痛。茎皮纤维可做纺织原料。

㊁xún ㄒㄩㄣˊ [cem⁴ 寻]

【荨麻疹】俗叫风疹疙瘩，一种过敏性皮

疹，症状是局部皮肤突然红肿，成块状，发痒。

荪 ㊀nà ㄋㄚˋ ㊁［na⁶ 那⁶］

用于地名：~拔林（在台湾省）。

㊁nuó ㄋㄨㄛˊ ㊁［no⁴ 挪］

用于地名：~溪（在湖南省洞口县）。

茛 gèn ㄍㄣˋ［gen³ 近³］

【毛茛】草本植物，喜生在水边湿地，花黄色，果实集合成球状。全草有毒，可用作外用药。

荩 （藎）jìn ㄐㄧㄣˋ［zên² 准］

❶荩草，草本植物，茎很细，花灰绿色或带紫色。茎和叶可做黄色染料，纤维是造纸原料。❷忠诚：~臣。

荪 （蓀）sūn ㄙㄨㄣ［xun¹ 孙］

古书上说的一种香草。

荍 qiáo ㄑㄧㄠˊ［kiu⁴ 乔］

❶草本植物，即锦葵，叶掌状。花紫色或白色，可供观赏。❷见132页“荞”。

荫 （蔭、㊁❷❸*廕）㊀yīn ㄧㄣ ㊁［yem¹ 音］

同“阴❹”。

㊁yìn ㄧㄣˋ ㊁［yem³ 阴³］

❶不见日光，又凉又潮：地下室很~。❷封建时代帝王给功臣的子孙读书或做官的特权：封妻~子。❸保佑，庇护：~庇。

茹 rú ㄖㄨˊ［yu⁴ 如］

吃：~素丨~毛饮血。㊖忍：~痛丨含辛~苦。

荔 （*茘）lì ㄌㄧˋ［lei⁶ 丽］

【荔枝】常绿乔木，果实也叫荔枝。外壳紫红色，有疙瘩，果肉色白多汁，味甜美。

荬 （蕒）mǎi ㄇㄞˇ［mai⁵ 卖⁵］

见124页“苣”字条【苣荬菜】（qǔ--）。

荭 （葒）hóng ㄏㄨㄥˊ［hung⁴ 洪］

荭草，草本植物，叶卵形，花粉红或白色。全草可入药。

药 （藥）yào ㄧㄠˋ［yêg⁶ 若］

❶可以治病的东西。❷有一定作用的化学物品：火~丨焊~丨杀虫~。❸用药物医治：不可救~。❹毒死：~老鼠。

7 画

莰 kǎn ㄎㄢˇ［hem² 坎］

莰烷，有机化合物，白色晶体，有樟脑的香味，易挥发。

茝 chǎi ㄔㄞˇ［coi² 采］

古书上说的一种香草，即白芷（zhǐ）。

荸 bí ㄅㄧˊ［bud⁶ 勃］

【荸荠】（-qi）草本植物，生长在池沼或栽培在水田里。地下茎也叫荸荠，扁球状，皮赤褐色，肉白色，可以吃。

莆 pú ㄆㄨˊ [pou⁴ 蒲]

【莆田】地名，在福建省。

苪 (蒳) liǎng ㄌㄧㄤˇ [long⁵ 朗]

靠近水的平缓高地，多用于地名：~塘丨沙~圩(都在广东省罗定)。

莽 mǎng ㄇㄤˇ [mong⁵ 网]

❶密生的草：草~。❷粗鲁，冒失：~汉丨~撞丨鲁~。

莱 (萊) lái ㄌㄞˊ [loi⁴ 来]

藜。

莲 (蓮) lián ㄌㄧㄢˊ [lin⁴ 怜]

草本植物，又叫荷，生长在浅水中。叶叫荷叶、莲叶，大而圆，花主要为粉红、白色两种。种子叫莲子，包在倒圆锥形的花托内，合称莲蓬。地下茎叫藕。种子和地下茎都可以吃。

莳 (蒔) shì ㄕˋ [xi⁶ 是]

移栽植物：~秧。

莫 mò ㄇㄛˋ [mog⁶ 漠]

❶不要：闲人~入。❷表示没有谁或没有哪一种东西：~不欣喜丨~大的光荣。【莫非】副词。难道：~是他回来了吗？【莫逆】朋友之间感情非常好：~之交。【莫须有】也许有吧。后用来表示凭空捏造。❸不：变化~测丨爱~能助。

【莫邪】(-yé)古宝剑名。

〈古〉又同"暮"(mù)

莴 (萵) wō ㄨㄛ [wo¹ 窝]

【莴苣】(-ju)草本植物，叶多长形，花黄色，分叶用和茎用两种。叶用的叫莴苣菜或生菜，茎用的叫莴笋，都可用作蔬菜。

莪 é ㄜˊ [ngo⁴ 鹅]

莪蒿，草本植物，叶像针，生长在水边。

【莪术】(-zhú)草本植物，叶长椭圆形，根状茎可入药。

莉 lì ㄌㄧˋ [léi⁶ 利]

见126页"茉"字条【茉莉】(mòli)。

莠 yǒu ㄧㄡˇ [yeo⁵ 有]

(-子)狗尾草，草本植物，略像谷子，穗上有毛，像狗的尾巴。㊉品质坏的，不好的人：良~不齐。

莓 méi ㄇㄟˊ [mui⁴ 煤]

指某些果实很小、聚生在球形花托上的植物，常见的是草莓。

荷 ㊀hé ㄏㄜˊ ㊂ [ho⁴ 河]

即莲。

㊁hè ㄏㄜˋ ㊂ [ho⁶ 贺]

❶担，扛：~锄丨~枪。【电荷】构成物质的许多基本粒子所带的电。有的带正电(如质子)，有的带负电(如电子)，习惯上也把物体所带的电叫电荷：正~丨负~。❷承受恩惠(常用在书信里表示客气)：

感～｜请予批准为～。

莜 yóu ㄧㄡˊ［yeo⁴ 由］

【莜麦】谷类作物，叶细长，花绿色。籽实可以吃，茎、叶可用作牧草。也作"油麦"。

莅 (*涖、*蒞) lì ㄌㄧˋ［léi⁶ 利］

到(㊀－临)：～会。

荼 tú ㄊㄨˊ［tou⁴ 途］

❶古书上说的一种苦菜。【荼毒】毒害：百姓惨遭～。❷古书上指茅草的白花：如火如～。

莶 (薟) xiān ㄒㄧㄢ［qim¹ 签］

见 660 页"豨"字条【豨莶】(xī－)。

莝 cuò ㄘㄨㄛˋ［co³ 错］

莝草，铡碎的草。

莩 ㊀fú ㄈㄨˊ ㊀［fu¹ 肤］

芦苇秆子里面的薄膜。

㊁piǎo ㄆㄧㄠˇ ㊁［piu⁵ 剽］

同"殍"。

荽 suī ㄙㄨㄟ［sêu¹ 虽］

【胡荽】即芫荽(yánsuī)，俗叫香菜。

获 (❶獲、❷穫) huò ㄏㄨㄛˋ［wog⁶ 镬］

❶得到，取得(㊀－得)：俘～｜不～全胜，决不收兵。㊀能得到机会或空闲：不～面辞。❷收割庄稼。【收获】割取成熟的农作物。㊀所得到的成果：这次学习有很大的～。

莸 (蕕) yóu ㄧㄡˊ［yeo⁴ 由］

❶古书上说的一种有臭味的草：薰～不同器(喻好人和坏人搞不到一起)。❷落叶小灌木，花蓝色，供观赏。

荻 dí ㄉㄧˊ［dig⁶ 敌］

草本植物，生长在水边，叶像苇叶，秋天开紫色花。

蓧 (蓧) diào ㄉㄧㄠˋ［diu⁶ 掉］

古代一种除草的农具。

菅 yán ㄧㄢˊ［yin⁴ 言］

❶古书上说的一种草。❷姓。

莘 ㊀shēn ㄕㄣ［sen¹ 身］

❶莘县，在山东省。❷姓。

【莘莘】形容众多：～学子。

㊁xīn ㄒㄧㄣ［sen¹ 身］

古指细辛。草本植物，根细，有辣味，花暗紫色，可入药。

【莘庄】地名，在上海市。

莎 ㊀shā ㄕㄚ ㊀［sa¹ 沙］

多用于人名、地名。【莎车】地名，在新疆维吾尔自治区。

㊁suō ㄙㄨㄛ ㊁［so¹ 梳］

莎草，草本植物，茎三棱形，花黄褐色。地下的块茎叫香附子，黑褐色，可入药。

莞 ㊀guǎn ㄍㄨㄢˇ ㊁[gun² 管]

【东莞】地名，在广东省。

㊁wǎn ㄨㄢˇ ㊁[wun⁵ 浣]

【莞尔】微笑的样子：~而笑。

䓖 (藭) qióng ㄑㄩㄥˊ ㊀[kung⁴ 穷]

见123页"芎"字条【芎䓖】(xiōng–)。㊁[kung¹ 穷¹]

☞粤❶量词。嘟噜：一~菩提子(一嘟噜葡萄)。❷量词。包：一~粟米(一包玉米)。

莹 (瑩) yíng ㄧㄥˊ [ying⁴ 形]

❶光洁像玉的石头。❷光洁，透明：晶~。

莨 ㊀làng ㄌㄤˋ ㊁[long⁴ 郎]

【莨菪】(–dàng)草本植物，花黄色微紫，全株有黏性腺毛，并有特殊臭味。有毒。根、茎、叶可入药。

㊁liáng ㄌㄧㄤˊ ㊁[lêng⁴ 良]

【薯莨】藤本植物，地下块茎外紫黑色，内棕红色，可做织物染料，又可入药。

莺 (鶯、*鸎) yīng ㄧㄥ [eng¹，㊉ ngeng¹]

鸟名，身体小，褐色，嘴短而尖，叫的声音清脆。吃昆虫，是益鸟。【黄莺】鸟名，即黄鹂(lí)。

莙 jūn ㄐㄩㄣ [guen¹ 君]

【莙荙菜】(–dá–)甜菜的变种，又叫厚皮菜、牛皮菜、叶大而肥厚，可用作蔬菜。

莼 (蒓、*蓴) chún ㄔㄨㄣˊ [sên⁴ 唇]

莼菜，水草，叶椭圆形，浮生在水面，花暗红色。茎和叶表面都有黏液，可以做汤吃。

8 画

菁 jīng ㄐㄧㄥ [jing¹ 晶]

(叠)草木茂盛。

【菁华】最精美的部分。

菝 bá ㄅㄚˊ [bed⁶ 拔]

【菝葜】(–qiā)[–hed⁶ 辖]藤本植物，叶卵圆形，茎有刺，花黄绿色，浆果红色。根状茎可入药。

菢 [bou⁶ 埗]

☞粤动词。孵：~鸡仔(孵小鸡) | ~窦(鸡等抱窝)。也作"哺"。

著 ㊀zhù ㄓㄨˋ ㊁[ju³ 注]

❶显明，显出(㊟显–、昭–)：卓~ | ~名 | 颇~成效。❷写文章，写书：~书立说。❸著作，写出来的文章或书：名~ | 译~。

【土著】1. 世代居住在一定的地方。2. 世代居住在本地的人。

㊁zhuó ㄓㄨㄛˊ ㊁[zêg⁶ 着⁶]

附着，受到。后作"着"(zhuó)。

㊂zhuó ㄓㄨㄛˊ ㊂[zêg³ 雀]

穿着。后作"着"(zhuó)。

菱 (*蔆) líng ㄌㄧㄥˊ [ling⁴ 陵]

草本植物，生长在池沼中，叶略呈三角形，花白色。果实有硬壳，大都有角，叫菱或菱角，可以吃。

萚

(蘀)tuò ㄊㄨㄛˋ [tog³ 托]

草木脱落的皮或叶。

萁

㊀qí ㄑㄧˊ ㊁[kéi⁴ 旗]

〈方〉豆茎。

㊁jī ㄐㄧ ㊁[géi 基]

草名。

菥

xī ㄒㄧ [xig¹ 析]

【菥蓂】(－mì)草本植物，又叫遏蓝菜，叶匙形，花白色，果实扁圆形。叶可用作蔬菜，种子可榨油，全草可入药。

菘

sōng ㄙㄨㄥ [sung¹ 嵩]

〈方〉菘菜，草本植物，即大白菜。

莿

cì ㄘˋ [qi³ 次]

用于地名：~桐乡(在台湾省)。

萘

nài ㄋㄞˋ [noi⁶ 耐]

有机化合物，无色晶体，有特殊气味，易升华。过去用的卫生球就是萘制成的，现已禁用。

萕

qí ㄑㄧˊ [kéi⁴ 旗]

【萕莱主山】山名，在台湾省。

萋

qī ㄑㄧ [cei¹ 妻]

【萋萋】形容草生长得茂盛：芳草~。

菲

㊀fēi ㄈㄟ ㊁[féi¹ 飞]

花草茂盛：芳~。

㊁fěi ㄈㄟˇ ㊁[féi² 匪]

❶微，薄(㊖－薄)：~礼｜~材。❷古书上说的一种像蔓菁的菜。

菽

(**尗)shū ㄕㄨ [sug⁶ 熟]

豆类的总称。

䓬

zhuó ㄓㄨㄛˊ [cêg³ 绰]

化学上指环庚三烯(一种环烃)的正离子。

菖

chāng ㄔㄤ [cêng¹ 窗]

【菖蒲】草本植物，生长在水边，花穗像棍棒。根状茎可做香料，也可入药。

萌

méng ㄇㄥˊ [meng⁴ 盟]

萌芽，植物生芽。㊀开始发生：知者(有见识的人)见于未~｜故态复~(多用于贬义)。

〈古〉又同"氓"(méng)。

萜

tiē ㄊㄧㄝ [tib³ 贴]

有机化合物的一类，多为有香味的液体。

萝

(蘿)luó ㄌㄨㄛˊ [lo⁴ 罗]

莪蒿。通常指某些能爬蔓的植物：茑~｜女~。

【萝卜】(－bo)草本植物，种类很多。块根也叫萝卜，可用作蔬菜，种子可入药。

菌

㊀jūn ㄐㄩㄣ [kuen² 捆]

低等生物名。1. 真菌，不开花，没有茎和叶子，不含叶绿素，不能自己制造养料，以寄生方式生活，种类很多。2. 细菌，一大类单细胞的微生物，特指能使人生病的病原细菌。

㊁jùn ㄐㄩㄣˋ [kuen² 捆]

就是蕈(xùn)。

萎

wěi ㄨㄟˇ [wei² 毁]

干枯衰落：枯～｜～谢｜气～。【萎缩】1. 体积缩小，表面变皱：肌肉～。2. 衰退：经济～。【萎靡】【委靡】(－mǐ)颓丧，不振作：精神～。

萸

yú ㄩˊ [yu⁴ 余]

见131页“茱”字条【茱萸】(zhū－)。

萑

huán ㄏㄨㄢˊ [wun⁴ 缓]

古书上指芦苇一类的植物。

萆

bì ㄅㄧˋ [béi¹ 悲]

❶【萆薢】(－xiè)藤本植物，叶略呈心脏形，根状茎横生，圆柱形，表面黄褐色，可入药。❷旧同“蓖”。

菂

dì ㄉㄧˋ [dig¹ 嫡]

〈古〉莲子。

菜

cài ㄘㄞˋ [coi³ 赛]

❶蔬菜，供作副食品的植物。❷主食以外的食品，如经过烹调的鱼、肉、蛋等：做了几个～。

苶

niè ㄋㄧㄝˋ [nib⁶ 聂]

【地苶】草本植物，叶倒卵形或椭圆形，花紫红色，全草入药。

棻

fēn ㄈㄣ [fen¹ 纷]

有香味的木头。

菔

fú ㄈㄨˊ [fug⁶ 伏]

【莱菔】(lái－)萝卜。

菟

㊀tú ㄊㄨˊ ㊁ [tou⁴ 陶]

【於菟】(wū－)[wu¹－乌－]〈古〉老虎的别称。

㊁tù ㄊㄨˋ ㊂ [tou³ 吐]

植物名。1. 菟丝子，寄生的蔓草，茎细长，常缠绕在别的植物上，对农作物有害。籽实可入药。2. 菟葵，草本植物，花淡紫红色，多生长在山地树丛里。

萄

táo ㄊㄠˊ [tou⁴ 桃]

见143页“葡”字条【葡萄】(pú－)。

萏

dàn ㄉㄢˋ [dam⁶ 氮]

见141页“菡”字条【菡萏】(hàn－)。

菊

jú ㄐㄩˊ [gug¹ 谷]

菊花，草本植物，秋天开花，颜色、形状各异，供观赏。种类很多，有的花可入药。

萃

cuì ㄘㄨㄟˋ [sêu⁶ 睡]

草丛生。㊀聚在一起的人或物：出类拔~（超出同类）。

菩 pú ㄆㄨˊ［pou⁴ 葡］

【菩萨】（－sà）梵语音译“菩提萨埵（duǒ）”的省称。佛教中指地位仅次于佛的人。泛指佛和某些神。

菼 tǎn ㄊㄢˇ［tam² 谈²］

古书上指荻。

菏 hé ㄏㄜˊ［go¹ 哥，㊀ho⁴ 何］

【菏泽】地名，在山东省。

萍 píng ㄆㄧㄥˊ［ping⁴ 评］

浮萍，草本植物，浮生在水面，茎扁平像叶子，根垂在水里：~踪（喻漂泊不定的行踪）｜~水相逢（喻偶然遇见）。

菹 （**葅）zū ㄗㄨ［zêu¹ 追］

❶酸菜。❷切碎的肉、菜。

菠 bō ㄅㄛ［bo¹ 玻］

【菠菜】草本植物，叶略呈三角形，根带红色。可用作蔬菜。

萣 dìng ㄉㄧㄥˋ［ding⁶ 定］

用于地名：茄（jiā）~乡（在台湾省）。

菪 dàng ㄉㄤˋ［dong⁶ 荡］

见137页“莨”字条【莨菪】（làng－）。

菅 jiān ㄐㄧㄢ［gan¹ 艰］

草本植物，叶细长，根很坚韧，可做炊帚、刷子等。【草菅】㊀轻视：~人命。

菀 ㊀wǎn ㄨㄢˇ ㊀［yun² 婉］

紫菀，草本植物，叶子椭圆状披针形，花蓝紫色。根和根状茎可入药。

㊁yù ㄩˋ ㊁［wed¹ 屈］

茂盛的样子。

萤 （螢）yíng ㄧㄥˊ［ying⁴ 形］

萤火虫，昆虫，身体黄褐色，尾部有发光器，能发绿色的光。

营 （營）yíng ㄧㄥˊ［ying⁴ 形］

❶军队驻扎的地方：军~｜安~扎寨｜露（lù）~。㊀为某种目的设置的集中居住的场所（多为临时性的）：夏令~｜集中~｜难民~。❷军队的编制单位，是连的上一级。❸筹划管理（㊀经－）：~业｜~造防风林。❹谋求：~生｜~救。

莹 （罃）yīng ㄧㄥ［ang¹ 罂］

❶古书上指一种长颈的瓶子。❷同“罂”。

萦 （縈）yíng ㄧㄥˊ［ying⁴ 形］

缠绕：~怀（挂心）｜琐事~身。

萧 （蕭）xiāo ㄒㄧㄠ［xiu¹ 消］

❶冷落、没有生气的样子：~然｜~瑟｜~索。【萧条】寂寞冷落：晚景~。㊀不兴旺：经济~。❷姓。

【萧萧】形容马叫声或风声。

菉 lù ㄌㄨˋ [lug⁶ 六]

用于地名：梅～(在广东省吴川)。

蓲 qū ㄑㄩ [wed¹ 屈]

有机化合物，白色或带银灰色晶体，有毒，在紫外线照射下可发荧光。

菰 gū ㄍㄨ [gu¹ 姑]

❶草本植物，生长在浅水里，花紫红色。嫩茎经黑粉病菌寄生后膨大，叫茭白，果实叫菰米，都可以吃。❷同“菇”。

菡 hàn ㄏㄢˋ [ham⁵ 函⁵]

【菡萏】(－dàn)荷花的别称。

萨 (薩)sà ㄙㄚˋ [sab³ 杀]

姓。

菇 gū ㄍㄨ [gu¹ 姑]

蕈(xùn)，蘑菇：香～ | 金针～。

菑 zī ㄗ [ji¹ 兹]

❶已经开垦了一年的田地。❷除草。❸茂盛的草：～榛秽聚。

〈古〉又同“灾”(zāi)。

9 画

葜 qiā ㄑㄧㄚ [hed⁶ 辖]

见137页“菝”字条【菝葜】(bá－)。

葑 ㊀fēng ㄈㄥ ㊀ [fung¹ 丰]

即芜菁，又叫蔓(mán)菁。

㊁fèng ㄈㄥˋ ㊁ [fung⁶ 凤]

古书上指菰的根。

葚 ㊀rèn ㄖㄣˋ [sem⁶ 甚]

【桑葚儿】桑树结的果实，用于口语。

㊁shèn ㄕㄣˋ [sem⁶ 甚]

【桑葚】桑树结的果实。

葫 hú ㄏㄨˊ [wu⁴ 胡]

【葫芦】(－lu)草本植物，爬蔓，花白色，果实中间细，像大小两个球连在一起，可以做器皿或供观赏。还有一种瓢葫芦，又叫匏(páo)[pao⁴ 刨]，果实梨形，对半剖开，可做舀水的瓢。

葥 nán ㄋㄢˊ [nam⁴ 楠]

一种草。

葙 xiāng ㄒㄧㄤ [sêng¹ 伤]

【青葙】草本植物，叶卵形至披针形，花淡红色。种子叫青葙子，可入药。

葴 zhēn ㄓㄣ [zem¹ 针]

古代指马蓝。

葳 wēi ㄨㄟ [wei¹ 威]

【葳蕤】(－ruí)草木茂盛的样子。

惹 rě ㄖㄜˇ [yé⁵ 野]

招引，挑逗(㊞招－)：～事 | ～人注

意。

蒇
(蕆)chǎn ㄔㄢˇ [qin² 浅]

完成，解决：~事(把事情办完)。

葬
(*塟、*莚)zàng ㄗㄤˋ [zong³ 壮]

掩埋死人，泛指处理死者遗体：埋~|火~。【葬送】㊥断送，毁灭：~前程|~幸福。

蒈
kǎi ㄎㄞˇ [kai² 楷²]

蒈烷，有机化合物，是莰(kǎn)的同分异构体，天然的蒈尚未发现。

募
mù ㄇㄨˋ [mou⁶ 务]

广泛征求：~捐|招~|~了一笔款。

葺
qì ㄑㄧˋ [ceb¹ 辑]

用茅草覆盖房子：修~(修补)房屋。

葛
㊀gé ㄍㄜˊ [god³ 割]

藤本植物，花紫红色。茎皮纤维可织葛布。根肥大，叫葛根，可提制淀粉，也可入药。

㊁gě ㄍㄜˇ [god³ 割]

姓。

蒉
(蕢)kuì ㄎㄨㄟˋ [guei⁶ 跪]

古时用草编的筐子。

葸
xǐ ㄒㄧˇ [sai² 徙]

害怕，畏惧：畏~不前。

萼
(*蕚)è ㄜˋ [ngog⁶ 岳]

花萼，在花瓣下部的一圈绿色小片。

菁
gū ㄍㄨ [gued¹ 骨]

【菁葖】(-tū)1. 果实的一种，成熟时在一面开裂，如芍药、八角的果实。2. 骨朵儿。

萩
qiū ㄑㄧㄡ [ceo¹ 抽]

古书上说的一种蒿类植物。

董
dǒng ㄉㄨㄥˇ [dung² 懂]

监督管理。【董事】某些企业、学校等推举出来代表自己监督和主持业务的人：~会。也省称“董”：校~|刘~。

葆
bǎo ㄅㄠˇ [bou² 保]

❶草木繁盛。❷保持：永~青春。

蒐
sōu ㄙㄡ [seo² 手]

❶草名，即茜草。❷春天打猎。❸见444页“搜”。

葩
pā ㄆㄚ [pa¹ 趴]

花：奇~。

葰
㊀jùn ㄐㄩㄣˋ ㊁ [zên³ 进]

大。

㊁suǒ ㄙㄨㄛˇ ㊂ [so² 所]

姓。

葎
lǜ ㄌㄩˋ [lêd⁶ 栗]

律草，草本植物，茎有倒生的刺，花黄绿色，全草可入药。

葡 pú ㄆㄨˊ [pou4 蒲]

【葡萄】(－tao)藤本植物，茎有卷须，叶掌状分裂，花黄绿色，果实也叫葡萄，圆形或椭圆形，可以吃，也可酿酒。

葱 (*蔥)cōng ㄘㄨㄥ [cung1 充]

❶草本植物，叶圆筒状，中空，花白色。茎叶有辣味，可用作蔬菜，又可供调味用。❷青色：~翠｜郁郁~~。

蒋 (蔣)jiǎng ㄐㄧㄤˇ [zêng2 桨]

姓。

葶 tíng ㄊㄧㄥˊ [ting4 亭]

【葶苈】(－lì)草本植物，花黄色，种子可入药。

蒂 (*蔕)dì ㄉㄧˋ [dei3 帝]

花或瓜果跟枝茎相连的部分：并~莲｜瓜熟~落。

蒌 (蔞)lóu ㄌㄡˊ [leo1 刘1]

【蒌蒿】(－hāo)草本植物，花淡黄色，可入药。

蒎 pài ㄆㄞˋ [pai3 派]

【蒎烯】(－xī)有机化合物，无色液体，是松节油的主要成分。

落 ㊀là ㄌㄚˋ ㊀ [㊖log6 洛6，㊔lai6 赖]

丢下，遗漏：丢三~四｜~了一个字｜大家走得快，把他~下了。

㊁lào ㄌㄠˋ ㊀ [log6 洛6]

义同“落”(luò)，用于一些口语词语，如“落炕、落枕、落不是、落埋怨”等。

㊂luò ㄌㄨㄛˋ ㊀ [log6 洛6]

❶掉下来，往下降：~泪｜降~｜太阳~山了。❷衰败：没(mò)~｜破~户。❸遗留在后面：~后｜~伍｜~选。❹停留：安家~户｜~脚。㊙留下：不~痕迹。❺停留或聚居的地方：村~｜下~｜着~。❻归属：今天政权~在人民手里了。❼古代指庆祝建筑物完工的祭礼，后来建筑物完工称为落成。❽写下：~款｜~账。

【落泊】(－bó)【落魄】(－pò)【落拓】(－tuò)1. 潦倒失意。2. 豪迈，不拘束。

萱 (*蘐、*萲、*藼、*蕿)xuān ㄒㄩㄢ [hün1 圈]

❶萱草，草本植物，叶细长，花红黄色。花蕾可以吃，根可入药。❷萱堂，代指母亲：椿~(父母)。

葖 tū ㄊㄨ [ded6 突]

见142页“蓇”字条【蓇葖】(gū－)。

蒄 guān ㄍㄨㄢ [gun1 官]

有机化合物，针状晶体，淡黄色，可看作是六个苯环组成的环烃。

萹 biān ㄅㄧㄢ [bin1 边]

【萹蓄】(－xù)草本植物，又叫萹竹，叶狭长，略像竹叶，花小。全草可入药。

葭

jiā ㄐㄧㄚ [ga1 家]

初生的芦苇。【葭莩】(-fú)苇子里的薄膜。喻关系疏远的亲戚。

葵

kuí ㄎㄨㄟˊ [kuei4 携]

植物名。1. 向日葵，又叫葵花，草本植物，花序盘状，花常朝向太阳。种子叫葵花子，可以吃，又可榨油。2. 蒲葵，常绿乔木。叶片大，可做蒲扇。

10 画

蓁

zhēn ㄓㄣ [zên1 津]

❶(叠)草木茂盛：其叶~~。❷同“榛❷”：深~(荆棘丛)。

蒜

suàn ㄙㄨㄢˋ [xun3 算]

大蒜，草本植物，花白色，叶和花轴(蒜薹)嫩时可以吃。地下茎通常分瓣，味辣，可供调味用。

蒱

pú ㄆㄨˊ [pou4 蒲]

见449页“摴”字条【摴蒱】(chū-)。

蓍

shī ㄕ [xi1 师]

蓍草，草本植物，俗叫蚰蜒草或锯齿草，茎直立，花白色。全草可入药，也可制香料。

蓐

rù ㄖㄨˋ [yug6 辱]

草席，草垫子。【坐蓐】临产。

蓝

(藍)lán ㄌㄢˊ [lam4 篮]

❶蓼(liǎo)蓝，草本植物，叶长椭圆形。从叶子中提制的靛青可做染料，叶可入药。❷用靛青染成的颜色，像晴天天空的颜色。【蓝本】著作所根据的原本。【蓝领】一般指从事生产、维修等体力劳动的工人。

墓

mù ㄇㄨˋ [mou6 务]

埋死人的地方(连坟-)：公~|烈士~|~碑|扫~。

幕

(*幙)mù ㄇㄨˋ [mog6 莫]

❶帐。1. 覆盖在上面的(连帐-)。2. 垂挂着的：银~|开~。【黑幕】暗中作弊捣鬼的事情。【内幕】内部的实际情形(多指隐秘的事)。❷古代将帅办公的地方：~府。❸话剧或歌剧的较完整的段落：独~剧。

〈古〉又同沙漠的“漠”。

蓦

(驀)mò ㄇㄛˋ [meg6 默]

突然，忽然：他~地站起来|~然回首。

蒽

ēn ㄣ [yen1 因]

有机化合物，无色晶体，有紫色荧光，是制染料的原料。

蒨

qiàn ㄑㄧㄢˋ [xin6 善]

❶同“茜”(qiàn)。多用于人名。❷姓。

蓧

tiáo ㄊㄧㄠˊ [tiu4 条]

草本植物，即羊蹄草，叶子椭圆形。根茎叶浸出的汁液，可防治棉蚜、红蜘蛛、菜青虫等。

蓓 bèi ㄅㄟˋ [pui⁵ 倍，俗pui⁴ 培]

【蓓蕾】（－běi）花骨朵儿，还没开的花。

蓖 bì ㄅㄧˋ [béi⁶ 备，又béi¹ 悲]

【蓖麻】（－má）草本植物，叶子大。种子可榨油，医药上用作轻泻剂，工业上用作润滑油等。

蓏 luǒ ㄌㄨㄛˇ [lo² 裸]

古书上指瓜类植物的果实。

蓊 wěng ㄨㄥˇ [yung² 拥]

形容草木茂盛：～郁｜～茸。

蓟 （薊）jì ㄐㄧˋ [gei³ 计]

草本植物，茎多刺，花紫色，可入药。

蓬 péng ㄆㄥˊ [pung⁴ 篷]

❶飞蓬，草本植物，叶像柳叶，籽实有毛，随风飞扬。❷散乱（叠）：～头散发｜乱～～的茅草。【蓬松】松散（指毛发或茅草等）。【蓬勃】（－bó）旺盛：～发展｜朝气～。

蓑 （*簑）suō ㄙㄨㄛ [so¹ 梳]

蓑衣，用草或棕毛等制成的雨衣。

蒿 hāo ㄏㄠ [hou¹ 好¹]

青蒿、茵陈蒿、艾蒿一类植物，用手揉时常有香味。有的可入药。

蒺 jí ㄐㄧˊ [zed⁶ 侄]

【蒺藜】（－li）1. 草本植物，茎横生在地面上，花黄色。果实也叫蒺藜，有刺，可入药。2. 像蒺藜的东西：铁～。

蓠 （蘺）lí ㄌㄧˊ [léi⁴ 离]

【江蓠】红藻的一种，暗红色，分枝不规则，生长在浅海湾中。可用来制琼脂。

蔀 bù ㄅㄨˋ [bou⁶ 部]

❶遮蔽。❷古代历法称七十六年为一蔀。❸用于地名：蓁（zhēn）～（在浙江省龙泉）。

蒟 jǔ ㄐㄩˇ [gêu² 举]

植物名。1. 蒟蒻（ruò），草本植物，又叫魔芋，地下茎扁球形，生吃有毒，可入药。2. 蒟酱，藤本植物，又叫蒌叶，花绿色。果实有辣味，可制调味品。

蒡 bàng ㄅㄤˋ [bong² 榜]

【牛蒡】草本植物，叶心脏形，很大，花紫红色。果实、根、叶可入药。

蓄 xù ㄒㄩˋ [cug¹ 促]

积聚，储藏（连储－）：～财。引 1. 保存：～电池｜～洪｜养精～锐。2. 心里存着：～意｜～志｜～谋。

蒹 jiān ㄐㄧㄢ [gim¹ 兼]

没长（zhǎng）穗的芦苇。

蒴 shuò ㄕㄨㄛˋ [sog³ 索]

蒴果，果实的一种，由两个以上的心皮构成，成熟后裂开，内含许多种子，如芝麻、棉花、百合等的果实。

蒲 pú ㄆㄨˊ [pou⁴ 菩]

香蒲，草本植物，生长在浅水或池沼中，叶长而尖。可用来编席、蒲包和扇子：～扇。

☞粤 动词。浮，漂浮。比喻在社会上闯荡、胡混：佢好细就出嚟～啦（他从小就出来混了）。

蒗 làng ㄌㄤˋ [long⁶ 浪]

【宁蒗】（níng－）彝族自治县，在云南省。

蓉 róng ㄖㄨㄥˊ [yung⁴ 容]

❶用瓜果豆类等制成的粉状物，常用来做糕点馅儿：椰～｜莲～｜豆～。❷四川省成都的别称。

蒙 （㊀❶❷、㊁❺ 矇、㊁❶ 濛、㊁❻ 懞）㊀ mēng ㄇㄥ [mung⁴ 朦]

❶欺骗（㊥－骗）：别～人｜谁也～不住他。❷胡乱猜测：这回叫你～对了。❸昏迷：他被球打～了。

㊁méng ㄇㄥˊ [mung⁴ 朦]

❶没有知识，愚昧：启～｜发～｜～昧。❷覆盖：～头盖脑｜～上一张纸。【蒙蔽】隐瞒事实，欺骗。❸受：～难（nàn）｜承～招待，感谢之至。❹形容雨点细小（叠）：～～细雨。【空蒙】形容景色迷茫：山色～。❺眼睛失明。【蒙眬】目不明，睡眼～。❻朴实敦厚。❼姓。

㊂měng ㄇㄥˇ [mung⁴ 朦]

【蒙古族】1. 我国少数民族，参看附表。2. 蒙古国的主要民族。

【内蒙古】我国少数民族自治区，1947 年 5 月建立。

蓢 lǎng ㄌㄤˇ [long⁵ 朗]

用于地名：～底（在广东省恩平）｜南～（在广东省中山）。

蓂 ㊀mì ㄇㄧˋ ㊀ [mig⁶ 觅]

见 138 页“菥”字条【菥蓂】（xī－）。

㊁míng ㄇㄧㄥˊ ㊁ [ming⁴ 明]

【蓂荚】（－jiá）传说中尧时的一种瑞草。

蓥 （鎣）yíng ㄧㄥˊ [ying⁴ 形]

【华蓥】山名，在四川省东南和重庆市交界处。

蒻 ruò ㄖㄨㄛˋ [yêg⁶ 若]

古书上指嫩的香蒲，也指用这种草编的席子。

蒸 zhēng ㄓㄥ [jing¹ 贞]

❶热气上升：～发｜～气。【蒸蒸】像气一样向上升：～日上。❷利用水蒸气的热力使食物变熟或变热：～馒头。

蓣 （蕷）yù ㄩˋ [yu⁶ 预]

见 150 页“薯”字条【薯蓣】（shǔ－）。

11 画

蔧 huì ㄏㄨㄟˋ(旧读 suì) [wei⁶ 位]

王蔧，草本植物，即地肤，俗叫扫帚菜，分枝多，叶狭长。嫩苗可以吃，老株可以做扫帚。

蔫 niān ㄋㄧㄢ [yin¹ 烟]

植物因失去水分而萎缩：花~了｜菜~了。㊞精神不振，不活泼。

蓺 yì ㄧˋ [ngei⁶ 艺]

种植：树~五谷｜~菊。

蔷 (薔)qiáng ㄑㄧㄤˊ [cêng⁴ 详]

【蔷薇】(－wēi)落叶或常绿灌木，茎上多刺，花有红、黄、白等颜色。可制香料，也可入药。

蔌 sù ㄙㄨˋ [cug¹ 束]

菜肴，野菜：山肴野~。

蔈 ㊀biāo ㄅㄧㄠ ㊁ [biu¹ 标]

古书指开黄花的凌霄花。

㊁piào ㄆㄧㄠˋ ㊁ [piu 票]

用于地名：~草乡(在重庆市云阳)。

慕 mù ㄇㄨˋ [mou⁶ 务]

❶羡慕，仰慕：~名。❷思念：思~。

暮 mù ㄇㄨˋ [mou⁶ 务]

❶傍晚，太阳落的时候：朝(zhāo)~。【暮气】㊞不振作的精神，不求进取的作风：~沉沉。❷晚，将尽：~春｜~年｜天寒岁~。

摹 mó ㄇㄛˊ [mou⁴ 毛]

仿效，照着样子做：临~｜描~｜把这个字~下来。

蔓 ㊀mán ㄇㄢˊ ㊁ [man⁴ 蛮]

【蔓菁】(－jing)草本植物，即芜菁，叶狭长，花黄色，块根扁圆形。块根也叫蔓菁，可以吃。

㊁màn ㄇㄢˋ ㊁ [man⁶ 曼]

义同"蔓"(wàn)，多用于合成词，如蔓草、蔓延等。【蔓延】形容像蔓草一样地不断扩展滋生。

㊂wàn ㄨㄢˋ ㊁ [man⁶ 曼]

(－儿)细长能缠绕的茎：瓜~儿｜扁豆爬~儿了。

蔑 (❸衊)miè ㄇㄧㄝˋ [mid⁶ 灭]

❶无，没有：~以复加。❷小：~视(看不起，轻视)。❸涂染。【诬蔑】【污蔑】造谣毁坏别人的名誉。

甍 méng ㄇㄥˊ [meng⁴ 盟]

屋脊：碧瓦飞~｜雕~。

蘡 (蘡)yīng ㄧㄥ [ying¹ 英]

【蘡薁】(－yù)落叶藤本植物，枝条细长有棱角，叶子阔卵形，圆锥花序。茎、叶可入药。

蔸 dōu ㄉㄡ [deo¹ 兜]

〈方〉指某些植物的根和靠近根的茎：禾~丨树~脑(树墩儿)。
☞广❶量词。棵，用于幼小的植物：一~草丨种咗两~树。❷量词。丛，用于成丛的植株：一~白菜丨一~禾(一丛水稻)。❸量词。条，用于长条形的动物或所鄙视的人：一~金鱼丨一~蛇丨嗰~友够衰(那条汉子真糟糕)。

蓰

xǐ ㄒㄧˇ [sai² 徙]

五倍：倍~(数倍)。

蔹

(蘞)liǎn ㄌㄧㄢˇ [lim⁵ 廉⁵]

藤本植物，叶多而细，有白蔹、赤蔹等。

蔡

cài ㄘㄞˋ [coi³ 赛]

❶周代诸侯国名，在今河南省上蔡、新蔡一带。❷〈古〉大龟：蓍(shī)~(占卜用的东西)。

蔗

zhè ㄓㄜˋ [zé³ 借]

甘蔗，草本植物，茎圆柱形，有节，含甜汁很多，可以吃，也用来制糖。

蔟

cù ㄘㄨˋ [cug⁶ 促⁶]

蚕蔟，用麦秆等做成，蚕在上面做茧。

蔺

(藺)lìn ㄌㄧㄣˋ [lên⁶ 论]

【马蔺】草本植物，又叫马莲，根状茎粗，叶条形，花蓝紫色。叶坚韧，可捆扎东西，又可造纸。根可制刷子。

蔽

bì ㄅㄧˋ [bei³ 闭]

❶遮，挡(㊀遮-、掩-)：旌旗~日。❷概括：一言以~之。

蔊

hàn ㄏㄢˋ，㊇ hǎn ㄏㄢˇ [hon⁶ 焊]

【蔊菜】草本植物，茎部叶长椭圆形，花小，黄色，嫩茎叶可以吃，全草入药。

蕖

qú ㄑㄩˊ [kêu⁴ 渠]

【芙蕖】(fú-)荷花的别名。

蔻

kòu ㄎㄡˋ [keo³ 扣]

【豆蔻】草本植物，形状像芭蕉。种子扁圆形，暗棕色，有香味，可入药。
【豆蔻年华】指女子十三四岁的年龄。

蓿

xu · ㄒㄩ [sug¹ 叔]

见127页“苜”字条【苜蓿】(mù-)。

蔼

(藹)ǎi ㄞˇ [oi²，㊇ ngoi² 霭]

和气，和善：和~丨~然可亲。
☞广动词。哄婴儿入睡。

蔚

㊀wèi ㄨㄟˋ ㊂ [wei³ 畏]

❶草木茂盛。㊁盛大：~为大观。【蔚蓝】晴天天空的颜色：~的天空。❷云气弥漫：云蒸霞~。

㊁yù ㄩˋ ㊂ [wed¹ 屈]

❶蔚县，在河北省。❷姓。

蓼

liǎo ㄌㄧㄠˇ [liu⁵ 了]

草本植物，生长在水边，花白色或浅红色，种类很多。

12 画

蕙 huì ㄏㄨㄟˋ [wei⁶ 位]

蕙兰，兰花的一种，花淡黄绿色，气味香。

蕈 xùn ㄒㄩㄣˋ [sên³ 信，㊂ cem⁵ 寻⁵]

生长在树林里或草地上的某些菌类，形状略像伞，种类很多，无毒的可以吃：松~｜香~。

蕨 jué ㄐㄩㄝˊ [küd³ 决]

草本植物，野生，用孢子繁殖。嫩叶叫蕨菜，可以吃，地下茎可制淀粉。

蕤 ruí ㄖㄨㄟˊ [yêu⁴ 锐⁴]

见 141 页“葳”字条【葳蕤】(wēi－)。

蕞 zuì ㄗㄨㄟˋ [zêu³ 醉]

小的样子：~尔小国。

蕺 jí ㄐㄧˊ [ceb¹ 辑]

蕺菜，草本植物，又叫鱼腥草，茎上有节，花小而密。茎和叶有腥味。根可用作蔬菜，全草可入药。

瞢 méng ㄇㄥˊ [mung⁴ 蒙]

❶日月昏暗无光。❷目不明。

蕉 jiāo ㄐㄧㄠ [jiu¹ 招]

植物名。1. 香蕉，又叫甘蕉，形状像芭蕉，果实长形，稍弯，果肉软而甜。2. 见 126 页“芭”字条【芭蕉】(bā－)。

薁 ㊀ào ㄠˋ ㊀ [ou³，㊂ ngou³ 奥]

有机化合物，是萘(nài)的同分异构体，青蓝色，有特殊气味，用作药物。

㊁yù ㄩˋ ㊁ [yug¹ 沃]

见 147 页“蘡”字条【蘡薁】(yīng－)。

蕃 ㊀bō ㄅㄛ ㊀ [bo¹ 波]

【吐蕃】(tǔ－)我国古代民族，在今青藏高原。唐时曾建立政权。

㊁fān ㄈㄢ ㊁ [fan¹ 翻]

同“番(fān)❶”。

㊂fán ㄈㄢˊ ㊂ [fan⁴ 凡]

草木茂盛：~盛。㊉繁多：~衍(逐渐增多或增广，现作“繁衍”)。

蕲 (蘄)qí ㄑㄧˊ [kéi⁴ 其]

❶祈求，请求。❷用于地名：~春(在湖北省)。

蕰 wēn ㄨㄣ [wen¹ 温]

【蕰草】〈方〉指水中生长的杂草，可用作肥料。

蕊 (*蕋、*橤、△*蘂)ruǐ ㄖㄨㄟˇ [yêu⁵ 锐⁵]

花蕊，种子植物有性生殖器官的一部分。分雄蕊和雌蕊两种。

“蘂”另见 505 页 ruǐ。

蔃 qiáng ㄑㄧㄤˊ ㊀ [kêng² 强²]

用于地名：黄~(在广东省阳春)。

㊁ [gêng² 姜²]

☞▣名词。植物的根，包括主根与须根。【根蕴】1. 植物的根。2. 来头，缘由：佢发达系有～嘅(他发达是有缘由的)。

蔬 shū ㄕㄨ [so¹ 梳]

蔬菜，可以做菜的植物(多属草本)：～食。

蕴 (蘊)yùn ㄩㄣˋ [wen⁵ 允，⊗wen³ 愠]

❶包含，储藏(㊥ －藏)：～含。❷事理的深奥之处：底～丨精～。

13 画

蕻 ㊀hóng ㄏㄨㄥˊ ㊀[hung⁴ 红]

【雪里蕻】草本植物，芥(jiè)菜的变种，茎、叶可用作蔬菜。也作"雪里红"。

㊁hòng ㄏㄨㄥˋ ㊁[hung⁶ 烘]

❶茂盛。❷〈方〉某些蔬菜的长茎：菜～。

薳 wěi ㄨㄟˇ ㊀[wei² 委]

❶草名。❷姓。

㊁[yün⁵ 宛]

☞▣名词。植物的嫩茎：菜～(嫩菜苔)丨短～(打顶，掐尖儿，打尖儿，掐去农作物的嫩茎，使长出分枝)。

薤 xiè ㄒㄧㄝˋ [hai⁶ 械]

草本植物，又叫藠头(jiàotou)[kiu⁵teo⁴]，叶细长，花紫色。鳞茎和嫩叶可用作蔬菜。

蕾 lěi ㄌㄟˇ [lêu⁵ 吕，⊗lêu 雷]

花骨朵，含苞未放的花：蓓～丨花～。

蘋 (蘋)pín ㄆㄧㄣˊ [pen⁴ 频]

蕨类植物，又叫田字草，茎横卧在浅水的泥中，四片小叶，像"田"字。

"蘋"另见127页"苹"(píng)。

蕗 lù ㄌㄨˋ [lou⁶ 路]

甘草的别名。

薯 (＊藷)shǔ ㄕㄨˇ [xu⁴ 殊]

植物名。1. 甘薯，草本植物，又叫白薯、红薯或番薯，茎细长，块根可以吃。2. 马铃薯。草本植物，又叫土豆、山药蛋，块茎可以吃。3. 【薯蓣】(－yù)草本植物，又叫山药，块根圆柱形，可以吃，也可入药。

☞▣形容词。愚笨：～头(笨；笨蛋)丨～钝(愚笨；不灵活)丨～佬(愚笨、迟钝的人)丨～头～脑(笨头笨脑)。

薨 hōng ㄏㄨㄥ [gueng¹ 轰]

古代称诸侯或有爵位的大官的死。

薙 tì ㄊㄧˋ [tei³ 剃]

❶除去野草。❷见89页"剃"。

薛 xuē ㄒㄩㄝ [xid³ 泄]

周代诸侯国名，在今山东省滕州、薛城一带。

薇 wēi ㄨㄟ [méi⁴ 眉]

草本植物，又叫巢菜、野豌豆，花紫红色，是优良饲料，可入药。

薢 xiè ㄒㄧㄝˋ [hai⁵ 蟹]

【薢茩】(－hòu)即菱。

薪 xīn ㄒㄧㄣ [sen¹ 身]

柴火：杯水车～。【薪水】【薪金】工资。

薏 yì ㄧˋ [yi³ 意]

【薏苡】(－yǐ)草本植物，茎叶略像高粱，果实椭圆形，坚硬而光滑，种仁白色，叫薏仁米，可以吃，又可入药。

蕹 wèng ㄨㄥˋ [ung³，⊗ ngung³ 瓮]

蕹菜，草本植物，俗叫空心菜，茎中空，叶心脏形，叶柄长，花白色，漏斗状。嫩茎叶可用作蔬菜。

薮 (藪)sǒu ㄙㄡˇ [seo² 手]

❶生长着很多草的湖泽。❷人或物聚集的地方：渊～。

薄 ㊀báo ㄅㄠˊ [bog⁶ 泊]

❶扁平物体上下两个面之间的距离较小的，跟“厚”相对：～片｜～饼｜～纸｜这块布太～。❷(感情)冷淡，(情义)不深：待我不～。❸(味道)淡：酒味很～。❹不肥沃：土地～。

㊁bó ㄅㄛˊ [bog⁶ 泊]

❶义同“薄”(báo)。用于合成词或成语，如厚薄、单薄、淡薄、浅薄、薄田、薄弱、尖嘴薄舌、厚古薄今等。❷轻微，少：～技｜～酬。❸不庄重：轻～。❹看不起，轻视，慢待：鄙～｜厚此～彼｜妄自菲～。❺迫近：～暮(天快黑)｜日～西山。❻姓。

㊂bò ㄅㄛˋ [bog⁶ 泊]

【薄荷】(－he)草本植物，茎四棱形。叶和茎有清凉香味，可入药。

薜 bì ㄅㄧˋ [bei⁶ 币]

【薜荔】(－lì)常绿灌木，爬蔓，叶卵形。果实球形，可做凉粉。茎、叶可入药。

薅 hāo ㄏㄠ [hou¹ 好¹]

拔，除去：～草。

14 画

藉 ㊀jí ㄐㄧˊ ㊀ [jig⁶ 席]

❶践踏，凌辱：凌～。【狼藉】(*狼籍)乱七八糟：杯盘～｜声名～。❷姓。

㊁jiè ㄐㄧㄝˋ ㊁ [zé⁶ 谢]

❶垫在下面的东西。❷垫衬：枕～。

㊂jiè ㄐㄧㄝˋ ㊂ [zé³ 借]

❶凭借，依靠：～口｜～力。❷如果，假若：～令。

薹 tái ㄊㄞˊ [toi⁴ 台]

❶草本植物，生长在水田里，茎扁三棱形，叶扁平而长，可用来制蓑衣等。❷韭菜、油菜、蒜等蔬菜长出的花莛(tíng)。

藏 ㊀cáng ㄘㄤˊ ㊀ [cong⁴ 床]

❶隐避(㊟隐－)：埋～｜他～在树后头。❷收存(㊟收－)：～书｜储～。

㊁zàng ㄗㄤˋ ㊂［zong⁶ 撞］

❶储放东西的地方：宝～。❷佛教、道教经典的总称：大～经｜道～。【三藏】佛教经典，包括"经""律""论"三部分，总称三藏。❸西藏自治区的简称。

【藏族】我国少数民族，参看附表。

薷 rú ㄖㄨˊ ［yu⁴ 如］

【香薷】草本植物，茎四棱形，紫色，叶卵形，花粉红色，果实棕色。茎和叶可提取芳香油。

藊 biǎn ㄅㄧㄢˇ ［bin² 贬］

【藊豆】草本植物，爬蔓，开白色或紫色的花，种子和嫩荚可以吃。现作"扁豆"。

薰 xūn ㄒㄩㄣ ［fen¹ 芬］

❶薰草，古书上说的一种香草。㊞花草的香气。❷同"熏(xūn)❶"。

藐 miǎo ㄇㄧㄠˇ ㊀［miu⁵ 秒］

小(㊣－小)：～视。

㊁［miu² 妙²］

☞㊄动词。抿嘴，撇嘴(表示轻蔑)：佢～起个嘴，睇都唔睇一眼(她撇着嘴，看都不看一眼)｜～嘴～舌(撇着嘴)｜嘴～～(抿着嘴，表示对人轻蔑或冷淡)。

蘚 (藓)xiǎn ㄒㄧㄢˇ ［xin² 冼］

隐花植物的一类，茎叶很小，没有真根，生长在阴湿的地方。

薿 nǐ ㄋㄧˇ ［yi⁵ 以］

(叠)形容茂盛：黍稷～～。

藁 gǎo ㄍㄠˇ ［gou² 稿］

藁城，地名，在河北省。

漂 piáo ㄆㄧㄠˊ，㊀piāo ㄆㄧㄠ ［piu⁴ 瓢，㊀piu¹ 飘］

【大漂】水草，又叫水浮莲，叶子可用作猪饲料。

15 画

藕 ǒu ㄡˇ ［ngeo⁵ 偶］

莲的地下茎，长圆形，肥大有节，中间有许多管状的小孔，可以吃。【藕荷】【藕合】淡紫色。

爇 ruò ㄖㄨㄛˋ ［yud³ 乙］

点燃，焚烧：焚香～烛。

虉 (虉)yì ㄧˋ ［yid⁶ 亦］

虉草，草本植物，叶条形，嫩时可用作饲料，茎秆可用来编织器物。

藟 lěi ㄌㄟˇ ［lêu⁵ 吕］

❶藤：葛～。❷缠绕。❸同"蕾"。

藜 (❷*蔾)lí ㄌㄧˊ ［lei⁴ 黎］

❶草本植物，花黄绿色，嫩叶可以吃。茎长(zhǎng)老了可做拐杖。【藜藿】藜和藿都是野菜，泛指粗劣的食物。❷见145页"蒺"字条【蒺藜】(jíli)。

藠 jiào ㄐㄧㄠˋ [kiu⁵ 荞]

(－子、－头)就是薤(xiè)。

藤 (＊籐)téng ㄊㄥˊ [teng⁴ 腾]

❶植物名。1. 紫藤，藤本植物，俗叫藤萝，花紫色。2. 白藤，木本植物，俗叫藤子，茎细长，柔软而坚韧，可用来编篮、椅、箱等。❷蔓：葡萄～｜顺～摸瓜。

蘑 mó ㄇㄛˊ [mo⁴ 蘑]

【萝藦】草本植物，蔓生，叶心脏形，花白色带淡紫色斑纹，全草入药。

藨 biāo ㄅㄧㄠ [biu¹ 标]

藨草，草本植物，茎三棱形，可用来织席、编草鞋，也是造纸原料。

藩 fān ㄈㄢ [fan⁴ 凡]

藩篱，篱笆。㊉用作保卫的屏障，封建时代用来称属国、属地：～国｜～属。

16　画

藿 huò ㄏㄨㄛˋ [fog³ 霍]

藿香，草本植物，茎四棱形，叶对生，茎叶香味浓，可入药。

蘧 qú ㄑㄩˊ [kêu⁴ 渠]

❶【蘧麦】草本植物，叶子狭披针形，花淡红色或白色。全草可入药。❷【蘧然】惊喜的样子。❸姓。

孽 (＊孼)niè ㄋㄧㄝˋ [yib⁶ 业，㊁yid⁶ 热]

❶邪恶，也指邪恶的人：～党｜妖～。❷恶因，恶事：造～｜罪～。❸不忠或不孝：～臣｜～子。

蘅 héng ㄏㄥˊ [heng⁴ 衡]

【杜蘅】草本植物，花暗紫色。全草可入药。今作"杜衡"。

蘑 mó ㄇㄛˊ [mo⁴ 魔⁴]

蘑菇，某些可以吃的蕈(xùn)类，如口蘑、松蘑。

藻 zǎo ㄗㄠˇ [zou² 早]

❶藻类植物，没有真正的根、茎、叶的分化，有叶绿素，可以自己制造养料。种类很多，大多生活在水里。❷华丽的文辞：～饰｜辞～。【藻井】我国传统建筑中的一种顶棚形式，一般呈方形、多边形或圆形的凹面，上有各种花纹、雕刻和彩画。

17 画以上

蘩 fán ㄈㄢˊ [fan⁴ 凡]

草本植物，即白蒿，可入药。

蘖 (＊＊糵)niè ㄋㄧㄝˋ [yid⁶ 热]

酒曲。

蘘 ráng ㄖㄤˊ [yêng⁴ 羊]

【蘘荷】草本植物，花白色或淡黄色，花穗和嫩芽可以吃，根状茎可入药。

蘸 zhàn ㄓㄢˋ [zam³ 湛，㊁yam⁵]

在汁液、粉末或糊状物里沾一下就拿出来：~墨水｜~酱。

蘼 mí ㄇㄧˊ [méi⁴ 眉]

【蘼芜】(-wú)古书上指芎䓖(xiōng-qióng)的苗。

[31]寸部

寸 cùn ㄘㄨㄣˋ [qun³ 串]

市制长度单位，1尺的十分之一，约合3.33厘米。㊞短小：~阴｜~步｜手无~铁｜鼠目~光。

4—6画

寿 (壽)shòu ㄕㄡˋ [seo⁶ 受]

❶活得岁数大：人~年丰。❷年岁，生命：长~｜~命。❸寿辰，生日：祝~｜~礼。❹婉辞，装殓死人的：~材｜~衣。

☞▮形容词。傻笨。【寿仔】傻瓜：正一~(真是一个傻瓜)。

封 fēng ㄈㄥ [fung¹ 疯]

❶严密堵住或关住，使不能随便打开或通行：~存｜~门｜~禁｜~瓶口｜~河(河面冻住)。【封锁】采取军事、政治、经济等措施使跟外界断绝联系：~港口｜~消息｜军事~线。❷(-儿)封起来的或用来封东西的纸袋、纸包：信~｜赏~。❸量词。用于封起来的东西：一~信｜一~厚礼。❹古代帝王把土地或爵位给予亲属、臣属：~侯。❺指疆界，范围：~疆。

8画以上

尉 ㊀wèi ㄨㄟˋ ㊀[wei³ 畏]

❶古官名：太~。❷军衔名，在校级之下：上~。

【尉氏】地名，在河南省。

㊁yù ㄩˋ ㊁[wed¹ 屈]

【尉迟】复姓。【尉犁】地名，在新疆维吾尔自治区。

尊 zūn ㄗㄨㄣ [jun¹ 砖]

❶地位或辈分高：~卑｜~亲｜~长(zhǎng)。敬辞：~姓｜~著｜~府。【令尊】对对方父亲的尊称。❷敬重(㊟-敬)：~师爱徒。❸量词。用于神佛塑像或炮等：一~佛像｜一~大炮。❹同"樽"。

[32]廾部

弃 (棄)qì ㄑㄧˋ [héi³ 器]

舍(shě)去，扔掉：抛~｜丢~｜遗~｜~权｜前功尽~。

弆 jǔ ㄐㄩˇ [gêu² 举]

收藏，保藏：藏~。

弈 yì ㄧˋ [yig⁶ 译]

❶古代称围棋。❷下棋：对～。

弊 (*獘)bì ㄅㄧˋ [pei⁶ 币]

❶欺蒙人的行为：作～｜营私舞～。❷弊病，害处，跟"利"相对：兴利除～｜流～。

[33]大部

大 ㊀dà ㄉㄚˋ [dai⁶ 带⁶]

❶跟"小"相对。1. 占的空间较多，面积较广，容量较多：～山｜～树｜这间房比那间～。2. 数量较多：～众｜～量。3. 程度深，范围广：～冷天｜～干一场｜～快人心。4. 声音响：雷声～｜～嗓门儿。5. 年长，排行第一：～哥｜老～。6. 敬辞，称跟对方有关的事物：～作｜尊姓～名。【大夫】古代官职名称。(另 dàifu，见㊁)【大王】1. 古代尊称国王。2. 指最擅长某种事情的人：爆破～。3. 指垄断某种行业的人：钢铁～。(另 dàiwang，见㊁)❷时间更远：～前年｜～后天。❸不很详细，不很准确：～略｜～概｜～约。❹〈方〉称父亲或伯父。

〈古〉又同"太""泰"(tài)，如"大子""大山"等。

㊁dài ㄉㄞˋ [dai⁶ 带⁶]

【大夫】(－fu)医生。(另 dàfū，见㊀)【大王】(－wang)旧戏曲、小说中对国王、山寨头领或大帮强盗首领的称呼。(另 dàwáng，见㊀)

1—4 画

太 tài ㄊㄞˋ [tai³ 态]

❶副词。过于：～长｜～热。❷副词。极端，最：～好｜人民的事业～伟大了。【太古】最古的时代。【太平】平安无事。❸对大两辈的尊长的称呼所加的字：～老伯。❹高，大：～空｜～学。❺(外)法定计量单位中十进倍数单位词头之一，表示10^{12}，符号 T。

夯 (**㊁硂)㊀bèn ㄅㄣˋ ㊂ [ben⁶ 笨]

同"笨"(多见于明清白话小说)。

㊁hāng ㄏㄤ ㊂ [hang¹ 坑]

❶砸地基的工具：打～。❷用夯砸：～地｜～实。

头 (頭)tóu ㄊㄡˊ [teo⁴ 投]

❶脑袋，人身体的最上部分或动物身体的最前面的部分(㊀连－颅)。㊀转头发：剃～｜分～。【头脑】1. 脑筋，思想：他～清楚｜不要被胜利冲昏～。2. 要领，门路：这事我摸不着～。❷(－儿)事情的起点或终点：开～儿｜从～儿说起｜什么时候才是个～儿呀！❸物体的顶端：山～｜笔～。㊀转(－儿)物品的残余部分：烟～儿｜蜡～儿｜布～儿。【头绪】条理，处理事物的门径：我找不出～来。❹以前，在前面的：～两年｜我在～里走。❺次序在最前，第一：～等｜～号｜～班。❻接近，临：～睡觉最好洗洗脚。❼(－子、－儿)首领("头子"含贬义)：特务～子｜选他当～儿。❽(－儿)方面：他们两个是一～

儿的。❾量词。1. 用于牛驴等牲畜：一~牛 | 两~驴。2. 用于像头的东西：两~蒜。❿表示约计、不定数量的词：三~五百 | 十~八块。⓫(tou)名词词尾。1. 放在名词性语素后：木~ | 石~ | 拳~。2. 放在形容词性语素后：甜~儿 | 苦~儿。3. 放在动词性语素后：有听~儿 | 没个看~儿。⓬(tou)方位词词尾：前~ | 上~ | 外~。

夸 (誇)kuā ㄎㄨㄚ [kua¹ 跨]

❶说大话：~口 | ~大 | ~~其谈。【夸张】1. 说得不切实际，说得过火。2. 一种修辞手法，用夸大的词句来形容事物。❷夸奖，用话赞扬：人人都~他进步快。

夺 (奪)duó ㄉㄨㄛˊ [düd⁶ 多月]

❶抢，强取(㊀抢-)：把敌人的枪~过来。【夺目】耀眼：光彩~。❷争取得到：~丰收 | ~冠。❸冲出：泪水~眶而出 | ~门而出。❹做决定：定~ | 裁~。❺漏掉(文字)：讹~。❻失去，使失去：勿~农时 | 剥~。

夼 kuǎng ㄎㄨㄤˇ [kuong³ 矿]

〈方〉两山间的大沟。多用于地名，刘家~(在山东省烟台) | 马草~(在山东省荣成)。

奀 [ngen¹ 银¹]

☞广❶形容词。瘦小，弱小：~细(瘦小，瘦弱) | 个仔咁~，要食多啲饭至得咯(这孩子这么瘦小，要多吃点饭啊) | 种菜唔落肥，梗系~啦(种菜不施肥，菜肯定长得细小呀) | ~㷫鬼命(形容人十分瘦弱的样子) | ~㷫㷫(高而瘦的样子) | ~雌雄(很瘦弱)。【激奀】气坏：真系畀佢~(真叫他给气坏了) | ~咗佢(气坏了他)。【老奀茄】秋后的茄子，比喻个子长不高而又老成的孩子。❷形容词。(东西、钱)少：呢份工好自在，就系人工~咗啲(这工作很舒服，就是工资低了点) | 呢个月奖金唔会~(这个月的资金不会少)。

奁 (奩、*匳、*匲、*籢)lián ㄌㄧㄢˊ [lim⁴ 帘]

女子梳妆用的镜匣。【妆奁】嫁妆。

5 画

奈 nài ㄋㄞˋ [noi⁶ 耐]

奈何，怎样，如何：无~ | 怎~ | 无~何(无可奈何，没有办法可想)。

奔 (㊀❶△*犇、㊁*逩)㊀bēn ㄅㄣ [ben¹ 宾]

❶急走，跑(㊀-跑)：狂~ | ~驰 | 东~西跑。【奔波】劳苦奔走。❷姓。

“犇”另见412页bēn。

㊁bèn ㄅㄣˋ [ben¹ 宾]

❶直往，投向：投~ | 直~工厂 | ~向祖国最需要的地方。㊂接近(某年龄段)：他是~七十的人了。❷为某种目的而尽力去做：~材料 | ~来两张球票。

奇 ㊀jī ㄐㄧ ㊀[géi¹ 基]

❶数目不成双的，跟“偶”相对：一、三、五、七、九是~数。❷零数，余数：长八分有~。

㊁qí ㄑㄧˊ ㊁[kéi^{4} 其]

❶特殊的，稀罕，不常见的：～事｜～闻｜～冷｜～丑。㊖出人意料的，令人不测的：～兵｜～计｜～袭｜出～制胜。❷惊异，引以为奇：世人～之。❸姓。

奄 yǎn ㄧㄢˇ [yim^{1} 淹]

❶覆盖。❷忽然，突然：～忽。

【奄奄】气息微弱：～一息（生命垂危，快要断气）。

〈古〉又同"阉"yān。

奋 （奮）fèn ㄈㄣˋ [fen^{5} 愤]

振作，鼓劲：～翅｜～斗｜兴～｜～不顾身｜～发图强。

奅 pào ㄆㄠˋ ㊀[pao^{3} 豹]

虚大。

㊁[peo^{3} 破沤]

☞广❶形容词。松软，泡：松～｜～木（泡木头）｜呢块木头～嘅（这块木料发泡）。❷形容词。糠心（多指萝卜因失去水分而中空）：～心（糠心儿）｜～萝卜。❸形容词。不坚硬，不结实：木头畀虫蛀到～晒（木头给虫蛀得全烂了）｜佢以前好～，风一吹就冷亲（以前他很不结实，风一吹就会着凉）。❹形容词。引申指靠不住的、无信用的：乜咁～架，话实嘅嘢又唔算数嘅（怎么那么靠不住的，说定了的又不算了）！

6 画

契 （㊀**栔、㊁△**偰）㊀qì ㄑㄧˋ ㊁[kei^{3} 卡翳]

❶用刀雕刻。❷刻的文字：书～。❸契约，证明买卖、抵押、租赁等关系的合同、文书、字据：地～｜房～｜卖身～。❹相合，情意相投：默～｜相～｜～友。

☞广❶形容词。干亲：～爷（干爹）｜～妈（干妈，干娘）｜～仔（干儿子）｜～家（有干亲关系的双方互称）。【契细佬】干弟弟（不叫"契弟"，"契弟"是骂人语）。❷动词。认干亲：～佢做女（认她做干女儿）｜佢嘅仔～畀我（我认他的儿子做干儿子）｜上～（通过某种仪式认干亲）。❸骂人的话：～弟（混蛋；吃软饭的）｜～家佬（情夫）｜～家婆（情妇）｜老～（姘头）。

㊁qì ㄑㄧˋ ㊁[kid^{3} 揭]

【契阔】久别。〈古〉勤苦。

【契丹】我国古代东北地区的一个民族，曾建立辽国。

㊂xiè ㄒㄧㄝˋ ㊁[xid^{3} 泄]

商朝的祖先，传说是舜的臣。

"偰"另见 64 页 xiè。

奎 kuí ㄎㄨㄟˊ [fui^{1} 灰]

星宿名，二十八宿之一。

奓 dā ㄉㄚ ㊀[dab^{3} 答]

大耳朵。【奓拉】（－la）动词向下垂：狗～着尾巴跑了｜饱满的谷穗～着头。

㊁[deb^{1} 多急]

☞广动词。向下垂：～低头（低头）｜～头～脑（垂头丧气的样子）。也作"耷"。

奓 ㊀zhā ㄓㄚ ㊁[za^{1} 渣]

奓山，地名，在湖北省武汉。

㊁zhà ㄓㄚˋ ㊁[sa^{3} 沙^{3}]

☞广❶动词。张开，挓挲：～开双手（挓

挲着手)。❷形容词。张开的样子：条裙好～(裙子很奓)｜～鼻(鼻翼宽扁)｜～髆(宽肩膀)｜～脚(脚向外撇)。也作"挲、抄"。

牵

(牽)qiān ㄑㄧㄢ [hin¹ 掀]

❶拉，引领向前：～着一头牛｜～牲口｜手～着手。❷连带，带累(㊣－连)：～扯｜～涉｜～累｜～制。【牵强】(－qiǎng)勉强把两件无关或关系很远的事物拉在一起：这话太～｜～附会。❸缠连，挂念：～挂｜～记｜意惹情～。

奖

(獎、*奬)jiǎng ㄐㄧㄤˇ [zêng² 桨²]

❶奖励，夸奖(㊣褒－)：～状｜～金｜～给他一万元。❷为了鼓励或表扬而给予的荣誉或财物等：得～｜发～。❸指彩金：～券｜中～。

奕

yì ㄧˋ [yig⁶ 译]

❶大。❷美丽。【奕奕】精神焕发的样子：神采～。

7—8 画

套

tào ㄊㄠˋ [tou³ 吐]

❶(－子、－儿)罩在外面的东西：褥～｜外～儿｜手～儿｜书～。【河套】地域名，被黄河三面环绕，在内蒙古自治区和宁夏回族自治区境内。❷加罩：～鞋｜～上一件毛背心。❸(－子、－儿)装在衣物里的棉絮：被～｜袄～｜棉花～子。❹事物配合成的整体：～餐｜～装｜成～。❺量词。同类事物合成的一组：一～制服｜一～茶具。❻模拟，照做：这是从那篇文章上～下来的。【套语】【套话】1. 客套话，如"劳驾、借光、慢走、留步"等。2. 行文、说话中的一些不解决实际问题的现成的、公式化的语句。❼(－儿)用绳子等做成的环：双～结｜活～儿｜牲口～。【圈套】陷害人的诡计：他不小心上了～｜那是敌人的～。❽用套拴系：～车(把车上的套栓在牲口身上)。㊀用计骗取：用话～他｜～出他的话来。❾互相衔接或重叠：～耕｜～种。❿拉拢，表示亲近：～交情｜～近乎。

奘

㊀zàng ㄗㄤˋ ㊀ [zong¹ 庄]

❶壮大，多用于人名。玄奘，唐代一位高僧的法名。❷〈方〉说话粗鲁，态度生硬。

㊁zhuǎng ㄓㄨㄤˇ ㊀ [zong⁶ 状]

粗大：这棵树很～｜这人真～。

匏

páo ㄆㄠˊ [pao⁴ 刨]

匏瓜，葫芦的一种，俗叫瓢葫芦，果实比葫芦大，对半剖开可以做水瓢。

奢

shē ㄕㄜ [cé¹ 车]

❶挥霍财物，过分享受(㊣－侈)：～华｜～靡｜穷～极欲。❷过分的：～望。

爽

shuǎng ㄕㄨㄤˇ [song² 嗓]

❶明朗，清亮：秋高气～｜～目。❷清凉，清洁：凉～｜清～。❸痛快，率直：豪～｜直～｜～快。【爽性】索性，干脆：既然晚了，～不去吧。❹舒适，畅快：身体不～｜人逢喜事精神～。❺

不合，违背：～约丨毫厘不～。

☞ 广 ❶形容词。脆：呢种梨好～(这种梨很脆)。❷形容词。软滑，轻松利落：洗完头，头发真～(洗过头，头发真软滑)。❸量词。段，截(用于甘蔗)：一～蔗。

9 画以上

奥 ào ㄠˋ [ou3，㊀ ngou3 噢]

含义深，不容易懂：深～丨～妙。

奠 diàn ㄉㄧㄢˋ [din6 电]

❶陈设祭品向死者致敬(㊈祭－)：～酒丨～仪。❷奠定，稳稳地安置：～基丨～都(dū)。

奭 shì ㄕˋ [xig1 式]

盛大。

樊 fán ㄈㄢˊ [fan4 凡]

篱笆。【樊篱】篱笆。㊩限制人或事物的制度、习俗等。

[34]尢部

尢 ㊀wāng ㄨㄤ ㊂ [wong1 汪]

同"尪"。

㊁yóu ㄧㄡˊ ㊂ [yeo4 由]

❶同"尤"。❷姓。

尤 yóu ㄧㄡˊ [yeo4 由]

❶特异的，突出的：拔其～。❷尤其，更，格外：～甚丨～妙。❸过失：勿效～(不要学着做坏事)。❹怨恨，归咎：怨天～人。

尥 liào ㄌㄧㄠˋ [liu6 料]

【尥蹶子】(－juězi)骡马等跳起来用后腿向后踢。

尪 (＊＊尩) wāng ㄨㄤ [wong1 汪]

❶胫、脊或胸部弯曲的病。❷瘦弱。

尬 gà ㄍㄚˋ [gai3 介]

见159页"尴"字条【尴尬】(gān－)。

尴 (尷、＊＊尲) gān ㄍㄢ [gam1 监1]

【尴尬】(－gà)1. 处境窘困，不易处理。2. 神态不自然。

[34]兀部

兀 wù ㄨˋ [nged6 讫]

❶高而上平。❷高耸特出：突～。❸山顶秃，又泛指秃：～鹰。

尧 (堯)yáo ㄧㄠˊ [yiu4 摇]

传说中上古帝王名。

虺 ㊀huī ㄏㄨㄟ ㊂ [fui1 灰]

【虺隤】(－tuí)疲劳生病(多用于马)。也作"虺颓"。

㊁huǐ ㄏㄨㄟˇ ㊂ [wei2 委]

古书上说的一种毒蛇。

【虺虺】〈古〉形容打雷的声音。

虺 huī ㄏㄨㄟ［fui¹ 灰］

撞击。【喧虺】形容轰响声。

虺 （虺）tuí ㄊㄨㄟˊ［têu¹ 颓］

见 159 页“虺”字条【虺虺】（huī –）。

［35］弋部

弋 yì ㄧˋ［yig⁶ 亦］

用带着绳子的箭来射鸟：～凫与雁。

弌 yī ㄧ［yed¹ 壹］

同“一”。

弍 èr ㄦˋ［yi⁶ 义］

同“二”。

弎 sān ㄙㄢ［sam¹ 衫］

同“三”。

式 shì ㄕˋ［xig¹ 色］

❶物体外形的样子：新～。【形式】事物的外表。❷特定的规格：格～｜程～。❸仪式，典礼：开幕～｜阅兵～。❹自然科学中，表明某些规律的一组符号：公～｜方程～｜分子～。

忒 ㊀tè ㄊㄜˋ［tig¹ 惕］

差错：差～。

㊁tuī ㄊㄨㄟ［tig¹ 惕］

〈方〉副词。太：风～大｜路～滑。

甙 dài ㄉㄞˋ［doi⁶ 待］

“苷”（gān）的旧称。

鸢 （鳶）yuān ㄩㄢ［yun¹ 冤］

鸟名，即老鹰。【纸鸢】风筝。

贰 （貳）èr ㄦˋ［yi⁶ 义］

❶“二”字的大写。❷不专一。㊀离心，背叛：～心｜～臣。

［35］小部

小 xiǎo ㄒㄧㄠˇ［xiu² 筱］

❶跟“大”相对。1. 面积少的，体积占空间少的，容量少的：～山｜地方～。2. 数量少的：数目～｜一～半。3. 程度浅的：学问～｜～学。4. 声音低的：～声说话。5. 年幼，排行最末的：他比你～｜他是我的～弟弟。6. 年幼的人：一家老～。7. 谦辞：～弟｜～店。【小看】轻视，看不起：别～人。❷时间短：～坐｜～住。❸稍微：牛刀～试。❹略微少于，将近：这里离石家庄有～三百里。

少 ㊀shǎo ㄕㄠˇ ㊁［xiu² 小］

❶跟“多”相对。1. 数量小的：～数｜～有｜～见｜稀～。2. 缺（㊦缺–）：文娱活动～不了他。❷短暂：～等｜～待。❸丢，遗失：屋里～了东西。

㊁shào ㄕㄠˋ ㊂［xiu³ 笑］

年纪轻，跟“老”相对：年～｜～年｜～女｜男女老～。

尔

(爾、*尒)ěr ㄦˇ [yi⁵ 耳]

❶代词。1. 你，你的：～辈｜～父｜出～反～(指反复无常)。【尔汝】你我相称，关系亲密：相为～｜～交。2. 如此(叠)：果～｜偶～｜不过～～。3. 那，其(指时间)：～时｜～日｜～后。❷同“耳❸”。❸词尾，相当于“然”：卓～｜率～(轻率)。

尕

gǎ ㄍㄚˇ [ga¹ 加]

〈方〉小：～娃｜～李。

尘

(塵)chén ㄔㄣˊ [cen⁴ 陈]

❶尘土，飞扬的灰土。❷尘世(佛家道家指人间，和他们所幻想的理想世界相对)：～俗｜红～(指人世)。

尖

jiān ㄐㄧㄢ [jim¹ 沾]

❶(－儿)物体锐利的末端或细小的部分：笔～儿｜刀～儿｜针～儿｜塔～儿。【尖锐】1. 刺耳的：～的声音。2. 锋利的，深刻的：～的批评。3. 激烈：～的思想斗争｜矛盾～化。❷末端极细小：把铅笔削～了。❸感觉敏锐：眼～｜耳朵～。❹声音高而细：～声～气。❺出类拔萃的人或物品：～儿货｜～子生。

尜

gá ㄍㄚˊ [ga¹ 加]

【尜尜】(－ga)1. 一种儿童玩具，两头尖中间大。又叫尜儿。2. 像尜尜的：～枣｜～汤(用玉米面等做的食品)。

雀

㊀qiāo ㄑㄧㄠ [zêg³ 酌]

【雀子】即雀(què)斑，一种面部皮肤病。

㊁qiǎo ㄑㄧㄠˇ [zêg³ 酌]

同“雀”(què)。用于“家雀儿”等口语词。

㊂què ㄑㄩㄝˋ [zêg³ 酌]

鸟名，身体小，翅膀长，雌雄羽毛颜色多不相同，吃粮食粒和昆虫。种类很多，特指麻雀，泛指小鸟。【雀跃】㊗喻高兴得像麻雀那样跳跃。

纛

dào ㄉㄠˋ [dou⁶ 道，㊇dug⁶ 独]

古代军队里的大旗。

[36]⺌部

光

guāng ㄍㄨㄤ [guong¹ 广¹]

❶光线，照射在物体上能使视觉感知物体的那种物质：一束～｜灯～｜阳～｜激～｜～盘。【光明】亮。㊗喻襟怀坦白，没有私心：心地～。【光盘】用激光束记录和读取信息的圆盘形存储载体，可分为只读光盘和可刻录光盘。【激光】一种由激光器产生的颜色很纯、能量高度集中并朝单一方向发射的光。广泛应用在工业、军事、医学、通信、探测等方面。❷光彩，荣誉：为国增～｜～荣。敬辞：～临｜～顾。❸景物：春～｜风～｜观～。【光景】1. 同“光❸”。2. 生活的情况：～一年好似一年。❹光滑，平滑：磨～｜～溜(liu)。❺完了，一点儿不剩：把敌人消灭～。❻露着：

～头｜～膀子。❼副词。单，只：大家都走了，～剩下他一个人了。

当 (當、⊖❼嚐) ⊖dāng ㄉㄤ ⊟[dong¹ 珰]

❶充当，担任：开会～主席｜人民～了主人。㊀承担：好汉做事好汉～。【当选】选举时被选上：他～为人民代表。❷掌管，主持：～家｜～权｜～局。❸介词。正在那时候或那地方：～他工作的时候，不要打搅他｜～胸就是一拳。【当面】副词。在面前，面对面：～说清。【当初】指从前的时候。【当即】立刻：～散会。【当年】【当日】从前：想～我离家的时候，这里还没有火车。(另 dàng－，见⊜)【当前】目前，眼下，现阶段：～任务。【当下】马上，立刻：～就去。❹相当，相称(chèn)，相配：旗鼓相～｜门～户对。❺应当，应该：～办就办｜不～问的不问。❻顶端，头：瓜～(瓜蒂)｜瓦～(屋檐顶端的盖瓦头，俗叫猫头)。❼形容撞击金属器物的声音：小锣敲得～～响。【当啷】(－lāng)形容摇铃或其他金属器物撞击的声音：～～，上课铃响了。【当心】留心，小心：～受骗。

⊜dàng ㄉㄤˋ ⊟[dong³ 档]

❶恰当，合宜：得～｜用词不～｜妥～｜适～。❷得上，等于：一个人～俩人用。❸当作，作为：安步～车｜不要把他～外人。㊀认为：你～我不知道吗？❹表示在同一时间。【当年】本年，在同一年：～种｜～收｜～受益。(另 dāng－，见⊖)【当天】【当日】本日，在同一天：～的火车票。(另 dāng－，见⊖)❺用实物做抵押向当铺借钱：这块表～了200块钱。❻押在当铺里的实物：赎～。【上当】吃亏，受骗。

肖 ⊖xiāo ㄒㄧㄠ ⊟[xiu¹ 烧]

姓。

⊜xiào ㄒㄧㄠˋ ⊟[qiu³ 俏]

像，相似：子～其父。【肖像】画像，相片。

尚 shàng ㄕㄤˋ [sêng⁶ 相⁶]

❶还(hái)：年纪～小｜～不可知。【尚且】连词。常跟"何况"连用，表示进一层的意思：你～不行，何况是我｜细心～难免出错，何况粗枝大叶。❷尊崇，注重：～武｜崇～。【高尚】崇高。❸风气习惯：时～｜风～。

尝 (嘗、❶* 嚐、❶* 甞) cháng ㄔㄤˊ [sêng⁴ 常]

❶辨别滋味：～～咸淡。㊁经历，体验：备～艰苦。【尝试】试：～一下。❷曾经：未～。

辉 (輝、* 煇) huī ㄏㄨㄟ [fei¹ 挥]

闪射的光彩(㊉光－)：夕阳的余～。【辉煌】光彩耀眼：金碧～。㊁极其优良，出色：～的成绩。【辉映】光彩照耀：烟花～着夜空。㊀事物互相对照：交相～｜前后～。

耀 (* 燿) yào ㄧㄠˋ [yiu⁶ 要⁶]

❶光线强烈地照射(㊉照－)：～眼。❷显扬，显示出来：～武扬威。❸光荣：荣～。

[37]口部

口 kǒu ㄎㄡˇ [heo² 后²]

❶人和动物吃东西的器官。有的也是发音器官的一部分。【口舌】1. 因说话引起的误会或纠纷。2. 劝说、交涉或搬弄是非时说的话：费尽～。【口吻】从语气间表现出来的意思。❷容器通外面的部分：缸～ | 碗～ | 瓶～。❸(－儿)出入通过的地方：门～ | 胡同～儿 | 河～ | 海～ | 关～。特指长城的某些关口：～北 | ～蘑 | ～马。特指港口：～岸 | 出～ | 转(zhuǎn)～。❹(－子、－儿)破裂的地方：衣服撕了个～儿 | 伤～ | 决～。❺锋刃：刀还没有开～。❻骡马等的年龄(骡马等的年龄可以由牙齿的多少和磨损的程度看出来)：这匹马～还轻 | 六岁～。❼量词。1. 用于人：一家五～。2. 用于牲畜：一～猪。3. 用于器物：一～锅 | 一～钟。

2 画

可 ㊀kě ㄎㄜˇ ㊁[ho² 何²]

❶是，对，表示准许：许～ | 认～ | 不置～否。【可以】1. 表示允许：～，你去吧！2. 适宜，能：现在～穿棉衣了 | 马铃薯～当饭吃。3. 过甚，程度深：这几天冷得真～。4. 还好，差不多：这篇文章还～。❷能够：牢不～破的友谊 | ～大～小。【可能】能够，有实现的条件：这个计划～提前实现。❸值得，够得上(用在动词前)：～怜 | ～爱 | ～恶(wù)。❹适合：～心 | 饭菜～口。㊂尽(jǐn)，就某种范围不加增减：～着钱花 | ～着这块布料做件衣服。❺连词。可是，但，却：大家很累(lèi)，～都很愉快。❻副词。1. 加强语气：这工具使着～得劲了 | 他写字～快了 | 这篇文章～写完了。2. 表示疑问：你～知道？| 这话～是真的？3. 和"岂"字义近：～不是吗！| ～不就糟了吗？4. 大约：年～三十许 | 长～六米。❼义同"可以2"：根～食。❽义同"可以4"：尚～。

㊁kè ㄎㄜˋ ㊁[heg¹ 克]

【可汗】(－hán)[－hon⁴]，古代鲜卑、突厥、回纥、蒙古等族君主的称号。

右 yòu ㄧㄡˋ [yeo⁶ 佑]

❶面向南时靠西的一边，跟"左"相对：～手 | ～边。㊕西方(以面向南为准)：江～ | 山～。❷政治思想上属于保守的或反动的：～倾。❸古以右为上，品质等级高的称右：无出其～。❹崇尚，重视：～文。❺古同"佑"。

叶 (㊁葉) ㊀xié ㄒㄧㄝˊ ㊁[hib³ 协³]

和洽，合：～韵。

㊁yè ㄧㄝˋ ㊁[yib⁶ 页]

❶(－子、－儿)植物的营养器官之一，多呈片状、绿色，长在茎上：树～ | 菜～。❷像叶子的东西：铜～ | 铁～。❸同"页"。❹较长时期的分段：明代末～ | 20世纪中～。❺姓。

叮 dīng ㄉㄧㄥ [ding¹ 丁]

❶再三嘱咐：～嘱。❷蚊子等用针形口器吸食：被蚊子～了一口。❸追问：～问。

【叮当】形容金属等撞击的声音。
【叮咛】(*丁宁)反复地嘱咐：~再三。

号 (號)㊀háo ㄏㄠˊ ㊁[hou⁴ 豪]

❶大声呼喊(㊟呼~)：~叫。❷大声哭：悲~|干~(哭声大而无泪)。【号啕】【号咷】(-táo)大声哭喊。

㊁hào ㄏㄠˋ ㊁[hou⁶ 浩]

❶名称：国~|别~|牌~。㊟商店：本~|分~。❷记号，标志：暗~|信~。❸表示次第或等级：挂~|第一~|大~|中~|~码。【号外】报社报道重要消息临时印发的报纸。❹指某种人：病~|伤~。❺量词。用于人数：全队有几十~人。❻标上记号：把这件东西~上。❼号令，命令：发~施令。【号召】(-zhào)召唤(群众共同去做某一件事)：响应~。【口号】号召群众或表示纪念等的语句。❽军队或乐队里所用的西式喇叭：吹~|~兵。❾用号吹出的表示一定意义的声音：熄灯~|冲锋~。

卟 bǔ ㄅㄨˇ [bug¹ 卜]

【卟吩】有机化合物，是叶绿素、血红蛋白等的重要组成部分。

只 (㊀隻、㊁祇、△*㊁衹、㊁*秖)
㊀zhī ㄓ ㊁[zé³ 脊]

❶量词。1. 用于某些成对的东西中的一个：两~手。2. 用于动物：一~鸡。3. 用于船只和某些器具：一~小船|两~箱子。❷单独的，极少的：~身(一个人)|片纸~字。【只眼】㊟特别的见解：独具~。

㊁zhǐ ㄓˇ ㊁[ji² 止]

❶副词。表示限于某个范围：~知其一，不知其二|万事俱备，~欠东风。❷副词。唯一，仅有：家里~我一个人。【只是】1. 连词。但是：我很想看戏，~没时间。2. 副词。就是：人家问他，他~不开口。3. 仅仅是：对抗~矛盾斗争的一种形式。

“祇”另见518页qí。

叭 bā ㄅㄚ [ba¹ 巴]

形容物体的断裂声、枪声等：~的一声，弦断了|~，~，两声枪响。

叱 chì ㄔˋ [qig¹ 斥]

呼呵(hē)，大声斥骂。【叱咤】(-zhà)发怒吆喝：~风云。

兄 xiōng ㄒㄩㄥ [hing¹ 卿]

哥哥：~嫂。敬辞：老~|仁~|某某~。【兄弟】1. 兄和弟的统称：~三人。㊟有亲密关系的：~单位。2. (-di)弟弟。

叽 (嘰)jī ㄐㄧ [géi¹ 机]

形容小鸟、小鸡等的叫声(叠)：小鸟~~地叫。【叽咕】(-gu)小声说话。

叼 diāo ㄉㄧㄠ [diu¹ 丢]

用嘴衔住：猫~着老鼠|嘴里~着烟斗。

叫 (*呌)jiào ㄐㄧㄠˋ [giu³ 娇³]

❶呼喊(㊟-喊)：大~一声。❷动物发出声音：鸡~。❸称呼，称为：他~

什么名字？｜这～宇宙飞船。❹召唤：～他明天来｜请你把他～来。❺使，令，让：这件事应该～他知道｜～人不容易懂。❻介词。被（后面必须说出主动者）：敌人～我们打得落花流水。

叩 kòu ㄎㄡˋ [keo³ 扣]

❶敲打：～门。❷叩头（首），磕头，一种旧时代的礼节：～拜｜～谢。❸询问，打听：～问。

叨 ㊀dāo ㄉㄠ [tou¹ 滔]

【叨叨】（－dao）【叨唠】（－lao）翻来覆去地说。

㊁tāo ㄊㄠ [tou¹ 滔]

受到（好处）：～光｜～教（jiào）。【叨扰】谢人款待的客套话。

叻 lè ㄌㄜˋ ㊀ [lig⁶ 力]

❶名词。指新加坡，我国侨民称新加坡为石叻、叻埠：～币。❷译音用字。【叻架】清漆〖英语 lacquer 的音译〗。【士叻】虫胶〖英语 slick 的音译〗。

㊁ [lég¹ 沥¹]

☞▆形容词。聪明，能干：佢真～，一点就明（他真聪明，一说就明白）｜你～，你嚟（你能干，你来）！【叻仔】1. 聪明的孩子。2. 聪明人。3. 聪明：佢好～，呢啲本事都系自学嘅（他很聪明，这些本领都是自学的）。

另 lìng ㄌㄧㄥˋ [ling⁶ 玲⁶]

另外，别的：～买一个｜那是～一件事。

叼 [nai³ 乃³]

☞▆动词。附带，拖带：嗰架车～住个拖斗（那辆车带着一个拖斗）｜一个大人准～一个细路人去（一个大人允许带一个小孩进去）｜买一边鱼要～鱼头或者鱼尾（买一边鱼要带上鱼头或鱼尾）。

叹（嘆、*歎）tàn ㄊㄢˋ [tan³ 炭]

❶吟咏：一唱三～。❷因忧闷悲痛而呼出长气：～了一口气｜仰天长～｜～息。❸因高兴而发出长声：赞～｜～为观止。【叹词】表示喜、怒、哀、乐各种情感以及应答、招呼的词，如"嗯、喂、哎呀"等。

☞▆❶动词。享受；休息：～茶（悠闲地品茶）｜佢好识～（他很会享受）｜～下先（先休息一下）。❷形容词。享福；舒服：而家老人真～（现在老人真享福）｜住喺呢度真系～咯（住在这里真舒服啊）！

3 画

吁（㊁籲）㊀xū ㄒㄩ ㊀ [hêu¹ 虚]

❶叹息：长～短叹。❷文言叹词。表示惊疑：～，是何言欤！

㊁yù ㄩˋ ㊁ [yu⁶ 预，㊂yêg⁶ 若]

为某种要求而呼喊：～求｜～请｜呼～。

吐 ㊀tǔ ㄊㄨˇ [tou³ 兔]

使东西从嘴里出来：不要随地～痰｜～唾沫。㊀ 1. 说出：～露（lù）｜坚不～

实。2. 露出，放出：高粱～穗｜蚕～丝。

㊁tù ㄊㄨˋ [tou³ 兔]
消化道或呼吸道里的东西从嘴里涌出(㊌呕－)：上～下泻｜～血。㊍退还(侵吞的财物)：～出赃款。

吓 (嚇)㊀hè ㄏㄜˋ [hag³ 客]

❶恫(dònɡ)吓，恐吓。❷叹词。表示不满：～，怎么能这样呢！

㊁xià ㄒㄧㄚˋ [hag³ 客]
使害怕：困难～不倒英雄汉。【吓唬】(－hu)使人害怕，威胁：你别～人。

吋 cùn ㄘㄨㄣˋ [qun³ 串]

又读 yīngcùn，现写作"英寸"，英美制长度单位，1 呎的十二分之一，1 吋合 2.54 厘米。

吕 lǚ ㄌㄩˇ [lêu⁵ 旅]

❶我国古代音乐十二律中的阴律，有六种，总称六吕。❷姓。

吊 (*弔)diào ㄉㄧㄠˋ [diu³ 钓]

❶祭奠死者或对遭到丧事的人家、团体给予慰问：～丧(sānɡ)｜～唁。❷悬挂：房梁上～着四盏大红灯。❸把毛皮缀在衣面上：～皮袄。❹提取，收回：～卷｜～销。❺旧时货币单位，一般是一千个制钱叫一吊。

吒 zhā ㄓㄚ [za¹ 渣]

❶用于神话中的人名，如金吒、木吒。❷用于地名：～祖村(在广西壮族自治区东兴)。

另见 182 页"咤"(zhà)。

吃 (*喫)chī ㄔ [hed¹ 乞，㊇héɡ 何尺，㊉yaɡ³ 喫]

❶咀嚼(jǔjué)食物后咽下(包括喝、吸)：～饭｜～奶｜～药。㊍消灭(多用于军事、棋戏)：～掉敌人一个团｜黑方的炮被～了。❷靠某种事物生活：～老本｜靠山～山，靠水～水。❸吸(液体)：～墨纸。㊎耗费：～力｜～劲。❹挨，遭受：～惊｜～官司｜～亏。㊎被(宋元小说、戏曲里常用)：～那厮骗了。❺承受：这个任务很～重｜～不住太大的分量。

【口吃】("吃"旧读 jí)结巴。

吸 xī ㄒㄧ [keb¹ 级]

❶从口或鼻把气体引入体内，跟"呼"相对：～气｜～烟。❷引取液体、固体：棉花能～水｜～墨纸｜～铁石｜～尘器。【吸收】摄取，采纳：植物由根～养分｜～先进经验。

吖 ā ㄚ [a¹ ㄚ]

【吖嗪】(－qín)有机化合物的一类，呈环状结构，含有一个或几个氮原子，如吡啶、嘧啶等。

☞㊢❶语气词。表示同意或退让：好～，就噉定(好嘛，就这么定了)｜系～，你讲得啱～(对啊，你说得没错呀)！❷语气词。表示追问或疑问：噉，嗰哋系乜嘢～(那么，那些是什么东西呀)？｜你同意唔同意～(你到底同意还是不同意)？｜我都唔知去好～定唔去好(我都不知道是去好还是不去好)。❸语气词。表示申辩：你话我错喺边度～(你说我错在哪儿)？❹语气词。表示教训或追问：走啰，有乜好睇～(走吧，有什么好看的)！【吖吗】(吖嘛)语气词。表示说理：人心肉做～(人心是肉做的呀)。

吗 (嗎)㊀má ㄇㄚˊ ㊂ [ma¹ 妈]

〈方〉什么：干～呀？｜该吃点～儿了。

㊁mǎ ㄇㄚˇ ㊂ [ma⁵ 马]

【吗啡】(－fei)(外)有机化合物，白色粉末，味苦，用鸦片制成。医药上用作镇痛剂。

㊂ma·ㄇㄚ ㊂ [ma¹ 妈]

助词。1. 表疑问或反问：你听明白了～？｜还要你来教我～？2. 用在句中停顿处：天要下雨～，我就坐车去。

吆 (**吆)yāo ㄧㄠ [yiu¹ 腰]

【吆喝】(－he)喊叫，用于叫卖东西、赶牲口等。

吔 ㊂[ya² 宜哑]

☞粤【威吔】钢丝。

㊂ [ya⁴ 宜霞]

☞粤 词素：～～乌(最差的，与“顶呱呱”相反)。

向 (❶❸❹❻嚮、❻*曏)xiàng ㄒㄧㄤˋ [hêng³ 香³]

❶对着，朝着，特指脸部或胸部对着，跟“背”相对：这间房子～东。【向导】引路的人。❷介词。表示动作的方向或对象：～前看｜～雷锋同志学习。❸方向：我转(zhuàn)～(认错了方向)了。㊀意志所趋：志～｜意～。❹近，临：～晚｜～晓雨停。❺偏袒，袒护：偏～。❻从前：～日｜～者。㊀从开始到现在：本处～无此人。【向来】【一向】副词。从来，表示从很早到现在：他～不喝酒。

4 画

吞 tūn ㄊㄨㄣ [ten¹ 拖恩¹]

不经咀嚼，整个咽到肚子里：囫囵～枣｜狼～虎咽。㊀1. 忍受着不发作出来：忍气～声(不敢作声)。2. 兼并，侵占：～没｜～并。

吾 wú ㄨˊ [ng⁴ 吴]

文言代词。我，我的：～爱～师。

否 ㊀fǒu ㄈㄡˇ ㊂ [feo² 浮²]

❶不。1. 用在表示疑问的词句里：是～？｜可～？｜能～？2. 用在答话里，表示不同意对方的意思：～，此非吾意。【否定】1. 不同意的，反面的。2. 不承认，做出相反的判断。【否决】对问题做不承认、不同意的决定。【否认】不承认。❷不如此，不然。【否则】连词。如果不这样：必须确定计划，～无法施工。

㊁pǐ ㄆㄧˇ ㊂ [péi² 鄙]

❶恶，坏：～极泰来(坏的到了尽头，好的就来了。否和泰都是《周易》六十四卦中的卦名，分别代表坏和好的事情)。❷贬斥：臧(zāng)～人物(评论人物的优劣)。

呈 chéng ㄔㄥˊ [qing⁴ 程]

❶显出，露出：皮肤～红色｜～现。❷恭敬地送上去：送～｜谨～。❸呈文，

下级报告上级的书面文字：辞～。

吴 wú ㄨˊ［ng⁴ 吾］

❶古国名。1. 周代诸侯国名，在今江苏省南部和浙江省北部，后来扩展到淮河下游一带。2. 三国之一，孙权所建立(公元222—280年)，在今长江中下游和东南沿海一带。❷指江苏省南部和浙江省北部一带。

呋 fū ㄈㄨ［fu¹ 呼］

【呋喃】(－nán)有机化合物，无色液体。可用来制药品，也是重要的化工原料。

呒 (嘸)ḿ ㄇˊ［m⁶ 唔⁶］

〈方〉没有。

呓 (囈、＊＊讛)yì ㄧˋ［ngei⁶ 魏］

梦话：梦～｜～语。

呆 (❶❷＊獃)dāi ㄉㄞ［ngoi⁴ 外⁴，⊗dai¹ 歹¹］

❶傻，愚蠢。❷死板，发愣：两眼发～｜他～～地站在那里｜～板。❸同"待"(dāi)。

吱 ㊀zhī ㄓ［ji¹ 支］

形容某些尖细的声音(叠)：门～的一声开了｜车轮～～地响。

㊁zī ㄗ［ji¹ 支］

同"嗞"。

吥 bù ㄅㄨˋ［bed¹ 笔］

见183页"唝"字条【唝吥】(gòng－)。

吠 fèi ㄈㄟˋ［féi⁶ 痱］

狗叫：狂～｜蜀犬～日(喻少见多怪)。

呔 dāi ㄉㄞ［tai¹ 太¹］

叹词。突然大喝一声，使人注意。

☞粤 名词。轮胎，车带。〖英语 tyre 的音译，普通话用"胎"。〗

呕 (嘔)ǒu ㄡˇ［eo²，⊗ngeo² 欧²］

吐(tù)(㊀－吐)：～血(xuè)。【作呕】(zuò－)恶心，形容非常厌恶(wù)。

呖 (嚦)lì ㄌㄧˋ［lig¹ 力¹］

【呖呖】鸟类清脆的叫声：～莺声。

呃 ㊀è ㄜˋ［eg¹，⊗ngeg¹ 握］

呃逆，因膈痉挛引起的打嗝儿。

㊁［ngag¹ 厄，⊗ngeg¹ 握］

☞粤 动词。骗，欺骗：～人系唔好嘅(骗人是不好的)｜真系嗷㗎，～你做乜啫(真是这样的，骗你干什么)！｜佢呢种人，～得过就～(他这种人，能骗人就骗)。【呃秤】指卖东西短斤少两的行为：我宁可你卖贵啲，都唔好～呀(我宁愿你卖贵点，都不要短斤少两呀)｜买一斤畀佢～咗二两秤(买一斤让他短了二两)。【呃晒】完全不知道，被蒙在鼓里：佢要结婚？～嚡(他要结婚？我完全不知道呀)｜呢件事真系～，我一啲都唔知(这件事我真被蒙在鼓里，一点都不知道)。也作"眲"。

咋 (唓)［cé¹ 车］

☞粤 叹词。一般单独放在句首。1. 表不满：~，噉都得嘅咩(嘿，这也成吗)？2. 表反对：~，边系噉呀(嗨，哪里是这样)！3. 表斥责：~，咪乱噏(呸，别胡说)！4. 表不屑：~，我以为何方神圣，原嚟系佢(呸，我以为是何方神圣，原来是他)！

呀 ㊀yā ㄧㄚ ㊀[a¹ 丫，㊇a³ 亚]

❶叹词。表示惊疑：~，这怎么办！❷拟声词：门~的一声开了。

☞粤 ❶语气词。表疑问：系唔系~(是不是呀?)丨里面有冇人~(里边有人吗)？❷语气词。表感叹：嗰出戏几好睇~(那出戏多好看啊)！表嘱咐：记得锁门~(别忘了锁门啊)！❸语气词。表申辩：我冇讲过~(我没有说过啊)！

㊁ya · ㄧㄚ ㊁[a¹ 丫，㊇a² 亚²]

助词。"啊"受前一字韵母 a、e、i、o、ü 收音的影响而发生的变音：大家快来~！丨你怎么不学一学~？丨这个瓜~，甜得很！

㊂[a⁴，亚⁴]

☞粤 ❶语气词。表疑问(对事物略有所知，作进一步发问)：真系噉~(真是这样吗)？丨肯定唔系佢~(肯定不是他吗)？❷语气词。表反诘：唔通净系你至得~(难道只有你才行吗)？丨你以为你好叻~(你以为你很行吗)？

吨 (噸)dūn ㄉㄨㄣ [dên¹ 顿¹]

〈外〉❶质量单位，法定计量单位中1吨等于1000千克。英制1吨(长吨)等于2240磅，合1016.05千克，美制1吨(短吨)等于2000磅，合907.18千克。❷指登记吨，计算船只容积的单位，1吨相当于100立方英尺，合2.83立方米。

吡 bǐ ㄅㄧˇ [béi² 比]

【吡啶】(-dìng)有机化合物，无色液体，有臭味。可用作溶剂、化学试剂。

吵 ㊀chāo ㄔㄠ [cao² 炒]

【吵吵】(-chao)吵嚷。

㊁chǎo ㄔㄠˇ [cao² 炒]

❶声音杂乱搅扰人：~得慌丨把他~醒了。❷打嘴仗，口角：~架丨争~丨他俩~起来了。

呗 (唄)㊀bài ㄅㄞˋ ㊀[bai⁶ 败]

【梵呗】(fàn-)佛教徒念经的声音。

㊁bei · ㄅㄟ ㊁[bé³ 啤³，㊇bé⁶ 啤⁶]

助词。1. 表示"罢了""不过如此"的意思：这就行了~。2. 表示勉强同意的语气，跟"吧"相近：你愿意去就去~。

员 (員)㊀yuán ㄩㄢˊ ㊀[yun⁴ 元]

❶指工作或学习的人：演~丨学~。❷指团体组织中的成员：党~丨团~丨会~。❸量词。用于武将等：一~大将。❹周围：幅~(指疆域)。

㊁yún ㄩㄣˊ ㊁[wen⁴ 云]

用于人名。伍员(即伍子胥)，春秋时人。

㊂yùn ㄩㄣˋ ㊂[wen⁶ 运]

姓。

呐 nà ㄋㄚˋ [nab⁶ 纳]

【呐喊】大声叫喊：摇旗~丨~助威。

呙 （咼）guō ㄍㄨㄛ ［guo¹ 戈］

姓。

吽 hōng ㄏㄨㄥ ㊀［hung¹ 空］

佛教咒语用字。

㊁［ngeo⁶ 牛⁶］

☞🅰形容词。蠢笨，迟钝：～仔（傻小子）｜乜你咁～架（你怎么这么笨哪）！【吽哣】发呆，呆滞，无精打采的样子：嗰只鸡有啲～（那只鸡有点呆滞）｜佢唔舒服，成个人～晒（他不舒服，一副无精打采的样子）｜佢个样系有啲吽吽哣哣（他的样子是有点呆呆的）。【发吽哣】发愣，发呆：佢坐喺角落～（他坐在角落里发愣）｜喺度发乜～呀（在这里发什么呆）？

吃 ［hé² 哈扯］

☞🅰叹词。要求对方同意或回答：唔系噉嘅啫，～（不是这样的，啊）？｜噉样稳阵啲，～（这样稳妥一点，啊）？｜呢本小说好好睇～（这本小说很好看啊）？

吆 ［yao¹］

☞🅰【咿吆】见180页"咿"条。【左吆】左撇子。

听 （聽）tīng ㄊㄧㄥ ㊀［ting¹ 亭¹，㊂téng¹ 厅］

❶用耳朵接受声音：～广播｜你～～外面有什么响声。❷顺从，接受意见：行动～指挥｜我告诉他了，他不～。

☞🅰表示时间的词素，相当于"明天""次日"：～日（明天）｜～早（明天早上，明早）｜～朝（明早）｜～晚（明天晚上，明晚）｜～晚黑（明晚）｜～晚夜（明晚）。【听暇】1. 过一会儿，待一会儿：～佢就翻嚟喇（待一会儿他就回来了）｜你饮生水，～会肚痛㗎（你喝凉水，过一会儿会肚子疼的）。2. 倘若，要是，万一：～出咗事我哋都嚟得切补救（万一出了问题我们都来得及补救）｜～佢唔肯呢（要是他不愿意呢）？

tīng ㄊㄧㄥ ㊁［ting³ 亭³］

❶（旧读 tìng）任凭，随：～其自然｜～便｜～凭。❷治理。判断：～政（指封建帝王临朝处理政事）。❸（外）马口铁筒：～装啤酒｜一～饼干。

☞🅰动词。等着，听候（不好的事情发生）：唔做好作业就～妈妈闹（不做好作业就要挨妈妈骂）｜唔着够衫就～病啦（不穿够衣服就等着生病吧）｜边个乱嚟边个～衰（谁胡来谁等着倒霉）。

㕮 fǔ ㄈㄨˇ ［fu² 苦］

咀嚼。【㕮咀】中医指把药物药切成片或弄碎，以便煎服。㊃商量斟酌。

吟 （*唫）yín ㄧㄣˊ ［yem⁴ 淫］

❶唱，声调抑扬地念：～诗。❷古代诗歌的一种：梁甫～。❸呻吟，叹息。

吩 fēn ㄈㄣ ［fen¹ 纷］

【吩咐】（*分付）（－fu）口头指派或命令：母亲～他早去早回。

呛 （嗆）㊀qiāng ㄑㄧㄤ ㊁［cêng¹ 枪］

❶水或食物进入气管而引起不适或咳嗽：喝水～着了｜吃饭吃～了。❷〈方〉咳嗽。

㊀qiàng ㄑㄧㄤˋ ㊁［cêng³ 唱］

有刺激性的气体使鼻子、嗓子等器官感到不舒服：烟～嗓子｜辣椒味～得难受。【够呛】形容十分厉害，很难支持：这一阵子忙得真～｜他病得～。“够呛”也作“够戗”。

吻 (*脗) wěn ㄨㄣˇ [men⁵ 敏]

❶嘴唇(㊥唇～)：接～。【吻合】相合。❷用嘴唇接触表示喜爱。❸动物的嘴。

吹 chuī ㄔㄨㄟ [cêu¹ 炊]

❶合拢嘴唇用力出气：～灯｜～笛。❷夸口：瞎～。【吹牛】说大话，自夸。【吹嘘】自夸或替人夸张。❸奉承：～捧。❹类似吹的动作：～风机｜风～日晒。❺(事情)失败，(感情)破裂：事情～了｜他们俩～了。

呜 (嗚) wū ㄨ [wu¹ 乌]

拟声词(叠)：工厂汽笛～～地叫。【呜呼】1. 文言叹词，旧时祭文常用“呜呼”表示叹息。2. 借指死亡：一命～。

呅 [men³ 文³]

☞广❶形容词。时间、空间上靠近边缘：你企得咁～，太牙烟嘞(你站得太靠边儿了，很危险的呀)｜嗰个茶杯放得太～喇(那个茶杯放得太靠边儿了)｜～尾(末尾；尽头)。❷形容词。引申指办事资金、材料、时间等紧张，几乎不够：十万文想装修呢套房，有啲～嚡(十万块钱要装修这套房子，有点紧啊)｜六尺布做一条裤，～啲嚡(六尺布做一条裤子，有点儿勉强)｜三日就要完工，太～喇啩(三天就要完工，太紧了吧)？【呅呅莫莫】仅仅够：呢啲经费～啦(这些经费仅仅够吧)｜呢啲板做个柜～啦(这些木板俸柜子仅仅够吧)。【呅秒】时间紧，快要赶不上：差一分钟开车你至赶到，咁～(差一分钟开车你才赶到，真紧张)。❸形容词。极点，尽：叻到～(聪明极了)。

吭 ㊀háng ㄏㄤˊ ㊁[hong⁴ 杭]

喉咙，嗓子：引～(拉长了噪音)高歌。

㊁kēng ㄎㄥ ㊁[heng¹ 亨]

出声，发言：不～声｜一声也不～。

吮 [dem⁴ 特庵⁴]

☞广❶形容词。【吮吮】1. 形容圆圆的样子：圆～～(圆鼓鼓，圆溜溜)｜～～嚡(绕圈子)。2. 形容东西厚实：厚～～(厚厚的，厚墩墩)。3. 形容懒懒散散的样子：～～测(慢条斯理地，懒懒散散地干活)。❷词素。【圆吮哚】形容球状东西很圆，圆溜溜：汤丸梗系～嘅喇(汤丸当然是圆溜溜的呀)。

吣 (**吢、**唚) qìn ㄑㄧㄣˋ [cem³ 侵³]

猫狗呕吐。㊞用脏话骂人：满嘴胡～。

呎 chǐ ㄔˇ 又读 yīngchǐ [ying¹ cég³] ㊁[cég³ 赤]

现写作“英尺”，英美制长度单位，1 呎是 12 吋，合 0.3048 米。

㊁[cég¹ 尺¹，㊋céd¹]

☞广动词。检查，核查，复核：～～条数(核对一下这数目)｜唔该同我～一～(请帮我复核一下)。〖英语 check 的音译。〗

吲 yǐn ㄧㄣˇ [yen⁵ 引]

【吲哚】(－duǒ)有机化合物，无色或淡黄色的片状晶体。可用来制香料和化学试剂。

吧 ㊀bā ㄅㄚ ㊁［ba1 爸］

❶同"叭"。【吧嗒】(－dā)形容物体轻微撞击声、液体滴落声等。【吧唧】(－jī)形容嘴唇开合声、脚踩泥水声等。❷(外)具备特定功能或设施的休闲场所：酒～｜网～｜氧～｜～台。

㊁ba ·ㄅㄚ ㊁［ba6 罢］

助词。用在句末或句中。也作"罢"。1. 表示可以，允许：好～，就这么办～。2. 表示推测，估量：今天不会下雨～？3. 表示命令，请求：快出去～！｜还是你去～！4. 用于停顿处：说～，不好意思；不说～，问题又不能解决。

吼 hǒu ㄏㄡˇ ㊀［heo3 口3，㊇hao1 敲］

兽大声叫：牛～｜狮子～。也指人因愤怒而呼喊：怒～。

㊁［heo1 后1］

☞㊐❶动词。盯住，看住：～住啲猪，唔好畀佢哋入菜地(看着那些猪，不要让它们进菜园子)｜～住嗰条友(盯着那家伙)。❷动词。注意：～住你嘅荷包呀(注意你的钱包啊)。❸动词。看，张望：你去～下佢喺度做乜(你去看看他在干什么)。❹动词。看上，想要：呢啲曳嘢冇人～(这些次货没人想要)｜佢专～呢啲处理品(他专要这些处理品)。【吼斗】感兴趣，光顾：边个都唔～(谁都不感兴趣)。❺动词。等待(时机)：～门卫唔注意溜咗出去(待门卫不注意时溜了出去)。【吼机会】寻找机会，等候时机：佢～发展起嚟(他寻找机会发展起来)｜因住佢～报复你(小心他找机会报复你)。❻动词。追求(异性)：～女。

吮 shǔn ㄕㄨㄣˇ ［xun5 船5］

聚拢嘴唇来吸(㊎－吸)：～乳。

告 gào ㄍㄠˋ ［gou3 高3］

❶把事情说给别人，通知(㊎－诉)：报～｜奔走相～。【告白】对公众的通告。【忠告】规劝，也指规劝的话。❷提起诉讼(㊎控－)：～发｜原～｜被～。❸请求：～假(jià)｜～饶。❹表明：～辞｜自～奋勇。❺宣布或表示某种情况的出现：大功～成｜～急。

君 jūn ㄐㄩㄣ ［guen1 军］

封建时代指帝王、诸侯等。敬辞：张～。【君子】古指有地位的人，后又指品行好的人。

5 画

味 wèi ㄨㄟˋ ［méi6 未］

❶(－儿)味道，滋味，舌头尝东西所得到的感觉：五～｜带甜～儿｜～同嚼蜡。❷(－儿)气味，鼻子闻东西所得到的感觉：香～儿｜臭～儿。❸指某些菜肴、食物：海～｜野～。❹(－儿)意味，情趣：趣～｜意～深长。❺体会，研究：细～其言｜体～。❻量词。用于中药的种类：这个方子一共七～药。

哋 dā ㄉㄚ ［da1 打1］

(发音短促)吆喝牲口前进的声音。
☞广【啲咑】唢呐：~佬(唢呐手)。

咁　[gem³ 禁]

☞广❶指示代词。相当于普通话的“这么”“这样”：~大(这么大)。❷助词。用在某些词或词组的后面，共同作后面的动词的状语：猛~锄(一个劲儿地锄)｜猛~食(拼命地吃)｜定住眼~睇(定着眼睛看)｜有停嘴~讲(不停口地说)。
【咁滞】用在动词或形容词后面，表示即将、快要、差不多等意思：佢到~咯(他快要到了)｜佢有四十~咯(他差不多有四十岁了)｜饭熟~咯(饭快要熟了)。
【几咁】多么：做得~好｜行得~快(走得多么快)！

哎　āi ㄞ [ai¹ 唉]

叹词。表示不满或提醒：~，你怎么能这么说呢！｜~，你们看，谁来了！【哎呀】叹词。表示惊讶。【哎哟】(-yō)叹词，表示惊讶、痛苦。

咕　gū ㄍㄨ ⊖ [gu¹ 姑]

形容母鸡、某些鸟叫的声音：布谷鸟~~地叫。【咕咚】(-dōng)形容重东西落下的声音。【咕嘟】1.(-dū)形容液体沸腾、水流涌出或大口喝水的声音。2.(-du)煮，用火长时间煮：再~几分钟，粥就好了。3.(-du)(嘴)鼓起：他气得把嘴~起来。【咕唧】【咕叽】(-ji)小声交谈或自言自语。【咕噜】(-lū)形容水流动或东西滚动的声音。【咕哝】(-nong)小声说话(多指自言自语，并带不满情绪)。
☞广【咕咕】(gu⁴ gu¹)戏称小男孩的生殖器。
☞广【咕喱】苦力(旧时对搬运工人不尊敬的称呼)。〖英语coolie的音译。〗

⊜ [gu⁴ 姑⁴]

☞广【咕咕声】1. 咕咕响(肠鸣的声音)。2. 形容人因不满而发牢骚：嬲到佢~(气得他直哼哼)｜有意见就去申诉，喺度~系冇用嘅(有意见就去申诉，在这儿发牢骚是没用的)。

呵　㊀ā ㄚ ⊖ [a¹ 呀]

同“啊”(ā)。

㊁á ㄚˊ ⊜ [a² 哑]

同“啊”(á)。

㊂ǎ ㄚˇ ⊜ [a² 哑]

同“啊”(ǎ)。

㊃à ㄚˋ ⊜ [a⁶ 呀⁶]

同“啊”(à)。

㊄a ·ㄚ ⊜ [a⁶ 呀⁶]

同“啊”(a)。

㊅hē ㄏㄜ ㊃ [ho¹ 苛]

❶怒责(㊟ -斥、-责)：~禁。❷呼气：~冻｜~气。【呵呵】笑声：笑~。【呵护】爱护，保护。❸同“嗬”。

咂　zā ㄗㄚ [zab³ 砸]

❶舌尖与腭接触发声：~嘴。❷吸，呷：~一口酒。❸仔细辨别：~滋味。

咗　[zo² 左]

☞广用在动词后面表示动作已经完成，相当于普通话的“了”：劳动~一日(劳动了一天)｜食完~(吃完了)。

呸　pēi ㄆㄟ [péi¹ 披]

叹词。表示斥责或唾弃：～！胡说八道。

咙 （嚨）lóng ㄌㄨㄥˊ ［lung⁴ 龙］

喉咙，咽喉。参看196页“喉”（hóu）。

咔 ㊀kā ㄎㄚ ［ka¹ 卡］

形容器物清脆的撞击声或断裂声：～，门锁撞上了。【咔嚓】（－chā）形容树枝等折断的声音。

㊁kǎ ㄎㄚˇ ［ka¹ 卡］

【咔叽】（－jī）（外）一种很厚的斜纹布。

凸 ［ded¹ 突¹］

☞粤❶动词。随意放置：啲行李～喺度得咯（行李随便放在这里就行了）｜个煲～喺风炉上面（锅放在炉子上面）。❷动词。引申指乱坐或重重地坐下：佢声都唔声～喺处（他一声不吭坐在那里）｜佢重成身水就～喺床度（他还满身是水就坐在床上）｜佢入嚟～一～就走咗（他进来坐了一小会就走了）。❸动词。堵塞，阻挡，盖着：用嘢～实个埕口（用东西堵紧瓮口）｜你啲嘢咪～喺处阻路（你的东西别放在这里挡道）｜～到冚晒（堵得严严的）。❹动词。噎，用言词顶撞：～到佢冇声出（噎得他说不出话来）｜人哋都未讲完，佢就一句话～过嚟（别人还没讲完，他就一句话噎过来）。❺指示代词。比较粗俗的说法：呢～（这里）｜嗰～（那里）。❻作形容词词尾。【肥凸凸】胖嘟嘟，胖墩墩：细蚊仔～嗽真得意（小孩子胖嘟嘟真有趣）。

咀 ㊀jǔ ㄐㄩˇ ［zêu² 嘴］

含在嘴里细细玩味：含英～华（喻读书吸取精华）。【咀嚼】（－jué）嚼（jiáo）。喻体味。

㊁zuǐ ㄗㄨㄟˇ ［zêu² 嘴］

“嘴”俗作“咀”。

呷 xiā ㄒㄧㄚ ［hab³ 掐］

小口儿地喝：～茶｜～一口酒。

呻 shēn ㄕㄣ ㊀ ［sen¹ 申］

吟诵。【呻吟】（－yín）哼哼，病痛时发出声音：无病～。

㊁ ［sen³ 申³，读 sen¹ 申］

☞粤❶动词。呻吟：～下就舒服啲（哼哼一下就舒服一点）。❷动词。叹，慨叹：自己～笨（自叹愚蠢）。❸动词。诉苦：～穷～苦。

呥 yem¹

☞粤逗引小儿进食的用语。

呹 ㊀yāng ㄧㄤ ［yêng¹ 央］

应答声。

㊁yǎng ㄧㄤˇ ［yêng¹ 央］

【呹咽】（－yè）水流阻滞的样子。

昅 ［nib¹ 聂¹］

☞粤形容词。瘪：踩～咗个波（踩瘪了球）｜个唛～咗（那个罐瘪了）。

咝 ［seng⁴ 擤］

☞粤重叠后作某些词的词尾：厚～～（厚厚的，厚墩墩）｜毛～～（毛发浓密的样子）｜懵～～（形容人十分糊涂）。

咋　（*㊀怎）㊀zǎ　ㄗㄚˇ　㊂［za³ 炸］

〈方〉代词。怎，怎么：不知～好｜这可～办？

☞粤 语气词。表仅仅如此：就净低咁多～（就剩下这么多了）｜得翻我一个喺度～（只剩下我一个在这儿呢）｜学咗三个月～（才学了三个月呢）。

㊁zé　ㄗㄜˊ　㊂［za³ 炸］

❶大声呼叫。❷咬，啃。【咋舌】形容因惊讶、害怕而说不出话来。

㊂zhā　ㄓㄚ　㊂［za¹ 渣］

【咋呼】（－hu）〈方〉1. 吆喝。2. 炫耀。

㊂［za³ 炸，㊇ za⁴ 炸⁴］

☞粤 语气词。表示提醒或肯定、声明，相当于普通话的“仅仅（只，才）……呢（啊）”：得五个位～（只有五个位子呢）！｜就净低咁多～（就剩下这么多吗）？｜学咗三个月～（才学了三个月了吗）？｜就你一个人嚟～（仅仅你一个人来吗）？

咐　fù　ㄈㄨˋ　［fu⁶ 付］

见170页“吩”字条【吩咐】（fēnfu）。

呱　㊀gū　ㄍㄨ　㊂［gu¹ 姑］

【呱呱】古书上指小儿哭声：～坠地（指婴儿出生）。

㊁guā　ㄍㄨㄚ　㊂［gua¹ 瓜］

【呱嗒】（－dā）形容短而脆的撞击声。【呱嗒板儿】1. 唱莲花落（lào）等打拍子的器具。2. 木拖鞋。【呱呱】形容鸭子、青蛙等的响亮叫声。㊕形容好：～叫｜顶～。

㊂guǎ　ㄍㄨㄚˇ　㊂［gua¹ 瓜］

【拉呱儿】（lāguǎr）〈方〉聊天。

呼　（*嘑）hū　ㄏㄨ　［fu¹ 肤］

❶喊（㊖－喊）：高～万岁｜欢～。❷唤，叫（㊖－唤、－叫）：～之即来｜～应（yìng）（彼此声气相通，互相照应）。【呼声】群众的希望和要求。【呼吁】（－yù）向个人或社会公众提出要求。❸把体内的气体排出体外，跟“吸”相对：～吸｜～出一口气。❹形容风声等（叠）：风～～地吹。

呤　lìng　ㄌㄧㄥˋ　［ling⁶ 另］

见202页“嘌”字条【嘌呤】（piào－）。

昫　［gê¹ 哥靴］

☞粤 动词。嘟（嘴），噘（嘴）：～起个嘴做乜吖（嘟着嘴干吗）？

咚　dōng　ㄉㄨㄥ　［dung¹ 东］

形容敲鼓、敲门等的声音（叠）。

鸣　（鳴）míng　ㄇㄧㄥˊ　［ming⁴ 明］

❶鸟兽或昆虫叫：鸟～｜驴～｜蝉～。❷发出声音，使发出声音：自～钟｜孤掌难～｜～炮。❸表达，发表（情感、意见、主张）：～谢｜～不平｜百家争～。

咆　páo　ㄆㄠˊ　［pao⁴ 刨］

【咆哮】（－xiào）猛兽怒吼。㊗江河奔腾轰鸣或人暴怒叫喊：黄河在～｜～如雷。

咛　（嚀）níng　ㄋㄧㄥˊ　［ning⁴ 柠］

见163页“叮”字条【叮咛】。

咇

bì ㄅㄧˋ [bid¹ 别¹]

用于地名：哈～嘎（在河北省康保）。

☞▮动词。液体因受挤压而喷射，北京话叫“吱”（zī）：一揿佢，水就～出嚟（一压它，水就吱出来）。

咏

（*詠）yǒng ㄩㄥˇ [wing⁶ 泳⁶]

❶声调抑扬地念，唱（㊀歌－、吟－）。❷用诗词等来叙述：～梅｜～雪。

呢

㊀ne·ㄋㄜ ㊁ [né¹ 挪诶¹]

助词。1. 表示疑问（句中含有疑问词）：你到哪儿去～？｜怎么办～？2. 表示确定的语气：早着～｜还没有来～。3. 表示动作正在进行：他睡觉～。4. 用在句中表示停顿：喜欢～，就买下；不喜欢～，就不买。

㊁ní ㄋㄧˊ ㊁ [nei⁴ 泥]

（－子）一种毛织物。【呢喃】（－nán）形容燕子的叫声。

㊂ [ni¹ 挪衣]

☞▮❶指示代词。这：～几个人｜～两年｜～次｜～便（这边）｜～度（这里，这儿）｜～排（近来，最近一段时间）｜～啲嘢（这些东西）｜～槓嘢（这种事儿）｜～世人（这辈子）。❷词素。【呢嗱】语气词。相当于“欸”：～，呢啲至系正嘢呀（欸，这些才是好东西呀）！【呢粒】丁儿，把肉类、蔬菜等切成小块（有时加上花生、腰果等）炒成的菜肴。又叫“粒粒”。【呢呢粒粒】人皮肤上起的红色小粒。

咈

[fid¹ 科热¹]

☞▮词素。有花哨、轻浮意思。【花花咈】轻浮、轻佻的样子：睇佢～噉，唔知可唔可靠（看他那轻浮的样子，不知可靠不可靠）。【花咈】花俏，爱打扮：佢都几～嘅嚅（她也挺花俏的）。

咄

duō ㄉㄨㄛ [dêd¹ 多律¹]

呵斥或表示惊异。【咄咄】表示惊怪：～怪事。【咄嗟】（－jiē）吆喝：～立办（马上就办到）。

呶

náo ㄋㄠˊ [nao⁴ 挠]

喧哗（叠）：～～不休。

咖

㊀gā ㄍㄚ [ga³ 架]

【咖喱】（－lí）（外）用胡椒、姜黄等做的调味品。

㊁kā ㄎㄚ [ga³ 架]

【咖啡】（－fēi）（外）常绿灌木或小乔木，生长在热带，花白色，果实红色，种子可制饮料。也指这种饮料。

咍

hāi ㄏㄞ [hoi¹ 开]

❶讥笑：为众人所～。❷欢笑，喜悦：欢～。❸同“咳（hāi）❷”。

呣

㊀ḿ ㄇˊ ㊁ [m² 唔²]

（单纯的双唇鼻音）叹词。表示疑问：～，你说什么？

㊁m̀ ㄇˋ ㊁ [m⁶ 唔⁶]

叹词。表示答应：～，我知道了。

呦

yōu ㄧㄡ [yeo¹ 休]

叹词，表示惊异：～，你怎么也来了？｜

～，碗怎么破了！【呦呦】形容鹿叫声：～鹿鸣。

咝　(噝)sī ㄙ [xi¹ 司]

形容枪弹等很快地在空中飞过的声音(叠)：子弹～～地从身旁飞过｜蛇～～地吐着舌头。

咎　jiù ㄐㄧㄡˋ [geo³ 救]

❶过失，罪：～由自取。❷怪罪，处分：既往不～。❸凶：休～(吉凶)。

6　画

哉　zāi ㄗㄞ [zoi¹ 栽]

文言助词。1. 表疑问或反问语气：有何难～？｜岂有他～？2. 表感叹语气：呜呼哀～！｜诚～斯言！

哐　kuāng ㄎㄨㄤ [hong¹ 康]

形容物体撞击震动声：～啷(lāng)｜～的一声脸盆掉在地上了。

哪　bāng ㄅㄤ [bong¹ 帮]

形容敲打木头等的声音：～～的敲门声。

哇　㊀wā ㄨㄚ [wa¹ 娃]

形容哭叫声、呕吐声等：哭得～～的｜～的一声吐了一地。

㊁wa ·ㄨㄚ [wa¹ 娃]

助词(前面紧挨着的音一定是 u、ao、ou 等结尾的)：你别哭～｜多好～｜快走～。

咭　jī ㄐㄧ ㊀[get¹ 吉]

形容人多说话的声音：～～呱呱。

☞🅖❶名词。球队后卫：我喺球队打～(我在球队充当后卫)。〖英语 guard 的音译。〗❷转作动词，指紧盯着：～实佢(盯紧他)！

㊁[ked¹ 咳]

☞🅖名词。卡片：～片(名片)。〖英语 card 的音译。〗

哋　[déi⁶ 地]

☞🅖❶人称代词复数词尾：我～(我们；咱们)｜你～(你们)｜佢～(他们；她们)。❷用在人名或亲属称谓之后，表示某某人等的意思，是"佢哋"的省说：亚英～翻嚟食饭吗(亚英她们回来吃饭吗?)｜亚姑～重喺广州做嘢(姑姑她们还在广州做事)。❸【爹哋】爸爸。〖英语 daddy 的音译。〗

咡　èr ㄦˋ [yi⁶ 义]

❶口旁；两颊。❷用于地名：咪～(在云南省彝良)。

哄　(㊂*閧)㊀hōng ㄏㄨㄥ ㊀[hung¹ 空]

好多人同时发声：～传(chuán)｜～堂大笑。

㊁hǒng ㄏㄨㄥˇ ㊁[hung³ 控]

❶说假话骗人(㊟-骗)：你不要～我。❷用语言或行动使人欢喜：他很会～小孩儿。

㊂hòng ㄏㄨㄥˋ ㊁[hung³ 控]

吵闹，搅扰：一～而散｜起～(故意吵闹扰乱)。

㈢[hung⁶ 控]

☞粤❶名词。水锈、汗碱等痕迹：背心上面有笪～好难洗(背心那块水锈很难洗)。❷名词。日晕，月晕：热头有个～(太阳有日晕)。❸动词。围拢，团聚：咁多人～喺度唔知做乜(那么多人围在一起不知干什么)？｜～埋去睇下(走过去看看)。

哑

(啞)㈠yā ㄧㄚ ㈡[a¹ 呀]

同"呀"(yā)。【哑哑】形容乌鸦叫声或小儿学语声。

㈡yǎ ㄧㄚˇ ㈡[a², ⊗nga² 亚²]

❶由于生理缺陷或疾病等而不能说话：聋～｜～口无言(喻无话可说)。❷嗓子干涩发音困难或不清楚：沙～｜嗓子喊～了。❸无声的：～剧｜～铃(一种运动器械)。❹(旧读 è)笑声：～然失笑(不由自主地笑出声来)。

☞粤形容词。形容颜色暗淡，无光泽：呢只布品质几好，就系颜色太～(这种布品质不错，就是颜色不鲜艳)。

咺

xuǎn ㄒㄩㄢˇ [hün² 犬]

❶哭泣不止。❷姓。

哂

shěn ㄕㄣˇ [cen² 诊]

微笑：～存｜～纳｜聊博一～。

咴

huī ㄏㄨㄟ [fui¹ 恢]

【咴儿咴儿】形容马叫声。

☞粤【咴士】保险丝〖英语 fuse 的音译〗。

哒

(噠)dā ㄉㄚ [dad⁶ 达]

同"嗒"(dā)。

咧

㈠liē ㄌㄧㄝ ㈡[lé⁴ 罗诶⁴]

【咧咧】(－lie)〈方〉1. 乱说，乱讲：瞎～。2. 小孩儿哭：这孩子一～起来就没完。

☞粤❶语气词。1. 表示商量：坐下～(坐一坐吧)｜一齐去～(一起去吧)？2. 表示轻度的责备：系唔系～，我早就话唔得嘅啦(是不是呀，我早就说不行的呀)｜唔听我话～，又撞板咯(不听我的话呢，又碰钉子了)。3. 表示央求、使令：买～，我好中意呀(买吧，我很喜欢呀)｜行快啲～，够钟嘅喇(走快点吧，快到时间了)。4. 表示证实自己原先的看法：几好睇～(很好看吧)｜冇错～(没有错吧)。❷词素。【咧啡】衣冠不整，吊儿郎当：参加会议唔好着得咁～(参加会议不要穿得太随便)。【咧撻】1. 穿着不整洁：连纽都唔扣好，真～(连纽扣都没扣好，真肋腻)｜出场面千祈唔好～(去正式场合千万不要穿着太随便)。2. 狼狈，措手不及：一啲准备都冇，好～(一点准备都没有，真狼狈)｜几件麻烦事堆埋一齐，搞到我～(几件麻烦事堆在一起，弄得我十分狼狈)。【骑咧】1. 人的服饰或姿态奇形怪状：个嘢着得咁～(那家伙穿得那么古怪)｜～蚂(一种树蛙；指穿着古怪的年轻人)。2. 别扭，尴尬：噉做会好～嘅嚅(这样做会很别扭的)。

㈡liě ㄌㄧㄝˇ ㈡[lé² 罗诶²]

嘴向旁边斜着张开：～嘴｜～着嘴笑。

㈢lie · ㄌㄧㄝ ㈢[lé³ 罗诶³]

〈方〉助词。意思相当于"了""啦"：好～｜他来～。

㈣[lé⁵ 罗野]

☞粤❶语气词。表示肯定或申辩：唔系

~(不是的)| 呢啲嘢确实系佢嘅~(这些东西确实是他的)| 佢确实系噉讲~(他确实是这样说的)。❷语气词。表示不出所料：系~，有错啩(是吧，没错吧)？| 我都话佢会应承嘅~(我不是说他会同意的吗)？

咦 yí ㄧˊ [yi² 椅]

叹词。表示惊讶：~！这是怎么回事？

哓 (嘵)xiāo ㄒㄧㄠ [hiu¹ 器]

【哓哓】形容争辩声或鸟类因恐惧而发出的鸣叫声。

哔 (嗶)bì ㄅㄧˋ [bed¹ 不]

【哔叽】(-jī)(外)一种斜纹的纺织品。

咥 ㊀dié ㄉㄧㄝˊ ㊂ [did⁶ 秩]

咬。

㊁xì ㄒㄧˋ ㊂ [héi³ 气]

大笑的样子。

呲 ㊀cī ㄘ ㊂ [qi¹ 雌]

(-儿)斥责，责骂：挨~儿|~儿了他一顿。

㊁zī ㄗ ㊂ [ji¹ 之]

同"龇"。

咣 guāng ㄍㄨㄤ [guong¹ 光]

形容撞击或振动的声音：~的一声，门被关上了。

虽 (雖)suī ㄙㄨㄟ [sêu¹ 需]

连词。虽然，用在上半句，表示"即使""纵然"的意思，下半句多有"可是""但是"相应：为人民而死，~死犹生|工作~忙，可是学习也没有放松。

品 pǐn ㄆㄧㄣˇ [ben² 禀]

❶物品，物件：~名|商~|赠~|非卖~。【品牌】产品的牌子。特指知名产品的牌子：~效应。❷等级，种类：上~|下~|精~。❸性质：人~|~质。❹辨别好坏、优劣等：~茶|我~出他的为人来了。

哃 tóng ㄊㄨㄥˊ [tung⁴ 同]

用于地名：哃~(在上海市崇明)。

咽 (㊁*嚥)㊀yān ㄧㄢ ㊂ [yin¹ 烟]

咽头，食物和气体的共同通道，位于鼻腔、口腔和喉腔的后方，通常混称咽喉。

㊁yàn ㄧㄢˋ ㊂[yin³ 宴]

使嘴里的食物等通过咽喉到食道里去：细嚼慢~|狼吞虎~。【咽气】人死时断气。

㊂yè ㄧㄝˋ ㊂ [yid³ 噎]

呜咽，哽咽，悲哀得说不出话来。

哕 (噦)yuě ㄩㄝˇ [yud⁶ 月]

呕吐：刚吃完药，都~出来了。【干哕】(gānyue)要吐(tù)而吐(tù)不出东西来。

☞粤 ❶名词。饱嗝：打咗一个~(打了一个嗝)|饱到打~(饱得打嗝)。❷象声词。打饱嗝的声音。

咮 zhòu ㄓㄡˋ [zeo³ 皱]

鸟嘴。

咻 xiū ㄒㄧㄡ [yeo¹ 忧]

吵，乱说话。【咻咻】1. 形容喘气的声音。2. 形容某些动物的叫声：小鸭～地叫着。

哗 (嘩、㊁* 譁) ㊀huā ㄏㄨㄚ ㊂[wa⁴ 华]

形容撞击、水流等的声音：水～～地流｜老师走进教室，学生们～的一声站了起来。

☞广 ❶叹词。表示惊叹：～，真靓(啊，真漂亮)！｜～，确实犀利(啊，的确了不起)！｜～，噉都得(啊，这样也能做到)！❷叹词。表示惊讶：～，咁多人呀(嗬，那么多人哪)！｜～，噉嘅事你都做得出(哎呀，这样的事你也做出来)！｜～，呢啲嘢你都敢食(哎呦，这样的东西你都敢吃)！

㊁huá ㄏㄨㄚˊ ㊂[wa¹ 蛙]

人多声杂，乱吵(㊇喧－)：全体大～｜～众取宠(在别人面前夸耀自己，以博取别人称赞)。

咱 (*喒、*偺) zán ㄗㄢˊ [za¹ 渣]

❶代词。我：～不懂他的话。❷代词。咱们：～村全都富起来了。【咱们】"我"的多数，跟"我们"不同，包括听话的人在内：同志，你别客气，～军民是一家嘛！

咿 (*吚) yī ㄧ [yi¹ 依]

【咿呀】(－yā) 小孩子学话的声音，摇桨的声音。

【咿唔】(－wú) 读书的声音：～吟诵。

☞广【咿吠】马虎，随便：呢度装修得太～喇(这里装修得太马虎了)｜做嘢唔好咁～(干活不能那么随便)。

☞广【咿挹】暧昧的事，偷偷摸摸的事：佢两个好多～嘅(他俩很多暧昧事儿)｜你哋咿咿挹挹做乜(你们偷偷摸摸做什么)？

☞广【咿郁】1. 动来动去：静啲，咪咁多～(安静点，别动来动去)。2. 动静，风吹草动，三长两短：有乜～嚟话我知(有什么动静来告诉我)｜佢有乜～，我唯你是问(他有什么三长两短，我唯你是问)。

响 (響) xiǎng ㄒㄧㄤˇ [hêng² 享]

❶(－儿)声音：听不见～儿了。❷发出声音：大炮～了｜钟～了｜一声不～。❸响亮，声音高，声音大：这个铃真～。❹回声：如～斯应(形容反应迅速)。【响应】(－yìng) 回声相应。比喻用言语、行动表示赞同：～祖国的号召。

☞广 在，从。同"喺"：我～呢度(我在这里)｜我～广州嚟(我从广州来)。

哌 pài ㄆㄞˋ [pai³ 派]

【哌嗪】(－qín) 有机化合物，白色晶体，易溶于水。有驱除蛔虫等作用。

哙 (噲) kuài ㄎㄨㄞˋ [fai³ 快]

咽下去。

哈 (㊀❸**躲) ㊀hā ㄏㄚ [ha¹ 虾]

❶张口呼气：～一口气。【哈哈】笑声。❷叹词。表示得意或惊喜(叠)：～，我赢啦！❸哈腰，稍微弯腰，表示礼貌。

【哈喇】(－la) 1. 含油的食物日子久了起

了变化的味道。2. 杀死(元曲多用)。

【哈尼族】我国少数民族，参看附表。

【哈萨克族】1. 我国少数民族，参看附表。2. 哈萨克斯坦的主要民族。

㊁hǎ ㄏㄚˇ [ha¹ 虾]

姓。

【哈达】(藏)一种长条形薄绢，藏族和部分蒙古族人用以表示敬意或祝贺。

【哈巴狗】(－ba－)一种狗，又叫狮子狗、巴儿狗，个儿小腿短。常用来比喻驯顺的奴才。

㊂hà ㄏㄚˋ [ha¹ 虾]

【哈什蚂】(－shimǎ)一种蛙，又叫哈士蟆，身体灰褐色，生活在阴湿的地方。雌的腹内有脂肪状物质，叫哈什蚂油，可入药。主要产于我国东北各省。

咷

táo ㄊㄠˊ [tou⁴ 挑]

哭。【号咷】(háo－)同"号啕"。

嘞

[leg¹ 勒¹]

☞粤 动词。眼、喉等器官受到外物刺激或发炎所感受的疼痛或不适：今日只眼有啲～(今天眼睛有点不舒服)。

☞粤【嘞嘁】[leg¹ 勒 keg¹ 奇握] 1. 凹凸不平：条路咁～(这条路凹凸不平)。2. 不顺畅：读得好～(念得不顺畅)。

哚

(＊＊哚)duǒ ㄉㄨㄛˇ [do² 朵]

见171页"吲"字条【吲哚】(yǐn－)。

☞粤【圆吺哚】见171页"(吺)"字条。

咯

㊀gē ㄍㄜ ㊀[gog³ 各]

【咯噔】(－dēng)形容皮鞋踏地或物体撞击等声音：～～的皮鞋声。【咯咯】形容笑声或咬牙声等：传来一阵～的笑声｜牙齿咬得～响。【咯吱】(－zhī)形容竹、木等器物受挤压发出的声音：把地板踩得～～直响。

㊁kǎ ㄎㄚˇ ㊁[hag³ 客]

用力使东西从食道或气管里出来：把鱼刺～出来｜～血｜～痰。

㊂lo·ㄌㄛ ㊂[log³ 络，㊅lo³ 罗³]

助词：那倒好～！

哆

duō ㄉㄨㄛ ㊀[do¹ 多]

【哆嗦】(－suo)发抖，战栗：冷得打～｜吓得浑身～。

㊁[dê¹ 朵¹]

☞粤 形容词。"多"的变音，表示少：就畀咁～～(就给这么一点点)。【啲哆】一丁点儿：要～就够喇(要一点点就够了)。

咬

(＊齩、＊＊䶧)yǎo ㄧㄠˇ [ngao⁵ 肴⁵]

❶上下牙对住，压碎或夹住东西：～了一口馒头。❷钳子等夹住或螺丝齿轮等卡住：螺丝勚(yì)了，～不住扣。❸受责问或审讯时拉扯上不相关的人：不许乱～好人。❹狗叫：鸡叫狗～。❺读字音：这个字我～不准。

咳

(㊁△＊欬)㊀hāi ㄏㄞ ㊀[hai¹ 揩]

❶叹息：～声叹气。❷叹词。1. 表示惋惜或后悔：～，我为什么这么糊涂！2. 招呼人，提醒人注意：～，到这儿来。

㊁ké ㄎㄜˊ ㊁[ked¹ 卡乞]

咳嗽，呼吸器官受刺激而迅速吸气，又猛烈呼出，声带振动发声。

"欬"另见478页kài。

☞粤 动词。使中断，删节：呢段话～咗佢(这段话删掉它)。

咩 (*哶、*咩)miē ㄇㄧㄝ [mé¹ 摸欸¹]

形容羊叫的声音。

☞粤 语气词。表示疑问的语气，接近于普通话的“吗”：佢识讲英语～(他会说英语吗)？｜你估我唔知～(你以为我不知道吗)？〖“咩”表示一般的疑问读高平调，表示反诘语气或其他意思读高降调。〗

咪 mī ㄇㄧ ㊀ [mi¹ 摸衣¹，㊥ méi¹ 微¹]

形容猫叫声(叠)。

☞粤【咪妈烂臭】形容人满嘴粗言秽语，不堪入耳。

☞粤【咪嚤】做事慢，磨蹭：佢做嘢零舍～(他做事特别磨蹭)。

☞粤【咪咪嚤嚤】磨磨蹭蹭；似乎忙忙碌碌却没干成什么事：快手啲，咪～(快点干活，别磨磨蹭蹭的)｜成朝～，唔知做咗乜嘢(一个早上忙忙碌碌，不知干了些什么)。

㊁ [mei¹ 米¹]

☞粤 ❶名词。话筒，麦克风。❷动词。(用指甲)掐：菜好老，指甲都～唔入(菜很老，指甲都掐不进去)。❸动词。用小刀切割，削，刻：将蔗～开三橛(把甘蔗切开三截)｜～铅笔(削铅笔)｜千祈唔好喺书台上面～字(千万不要在书桌上刻字)。❹动词。啃书本，钻研：唔好死～书(不要死啃书本)｜呢个问题佢～得好深(这个问题他钻研得很深)。❺动词。转指用功，勤奋：佢好～得㗎(他读书很勤奋)｜～家(戏称整天捧着书本看的人)。

㊂ [mei⁵ 米⁵]

☞粤 副词。别，不要：～嘟(别动)｜～行自(先别走)｜～话佢知(别告诉他)。【咪搞我】1. 别来麻烦我：我周身唔得闲，～咯(我很忙，别来麻烦我)。2. 表示拒绝做某事：呢啲事～(这类事可别找我)。【咪拘】1. 别客气：嚟到我屋企，～呀(来到我家，不要客气呀)。2. 别，别价：～，呢啲事咪揾我(别，这种事不要找我)。

㊃ [mei⁶ 米⁶]

☞粤 “唔系”的合音，相当于不是、不就、就等意思：噉样更好，系～(这样更好，是不是)？｜你当时识谂～好啰(你当时懂得这样想不就好了)｜你想去～去啰(你想去就去呗)。

咤 (△*吒)zhà ㄓㄚˋ [za³ 炸]

生气时对人大声嚷。

“吒”另见166页zhā。

哝 (噥)nóng ㄋㄨㄥˊ [nung⁴ 农]

【哝哝】(－nóng)小声说话。

咰 (噚)xún ㄒㄩㄣˊ [cem⁴ 寻]

又读yīngxún，现写作“英寻”，英美制计量水深的单位，1咰是6英尺，合1.828米。

哪 ㊀nǎ ㄋㄚˇ ㊀ [na⁵ 挪呀⁵]

代词。1. 表示疑问，后面跟量词或数量词，要求在所问范围中有所确定：你喜欢读～种书？【哪儿】【哪里】什么地方：你在～住？｜～有困难，就到～去。㊟用于反问句：我～知道？(我不知道)｜他～笨啊？(他不笨)。2. 表示反问：没有耕耘，～有收获？

㊁na·ㄋㄚ ㊁ [na³ 那³]

助词。“啊”受到前一字韵母n收音的影响而发生的变音：同志们，加油干～！

㊂né ㄋㄜˊ ㊂ [na⁴ 拿]

【哪吒】(－zhā)[na⁴za¹]神话里神的名字。

㊃něi ㄋㄟˇ ㊀[na⁵ 挪呀⁵]

“哪”(nǎ)和“一”的合音，但指数量时不限于一：～个｜～些｜～年｜～几年。

哏 gén ㄍㄣˊ [gen¹ 斤]

〈方〉❶滑稽，可笑，有趣：这话真～。❷滑稽的话或表情：捧～｜逗～。

哞 mōu ㄇㄡ [meo⁴ 谋]

形容牛叫的声音。

哟（喲）㊀yō ㄧㄛ [yo¹ 唷]

同“唷”。

㊁yo·ㄧㄛ [yo¹ 唷]

❶助词。用在句末或句中停顿处：大家齐用力～！｜话剧～，京戏～，他都很喜欢。❷歌词中做衬字：呼儿嗨～！

咨 zī ㄗ [ji¹ 之]

跟别人商议，询问(㊆－询)：～商｜～议。【咨文】旧时用于同级机关的一种公文。

7 画

哲（△*喆）zhé ㄓㄜˊ [jid³ 节]

❶有智慧：～人。【哲学】社会意识形态之一，它研究自然界、社会和思维的普遍规律，是关于自然知识和社会知识的概括和总结，是关于世界观的理论。❷聪明有智慧的人：先～。

“喆”另见121页zhé。

哢 lòng ㄌㄨㄥˋ [lung⁶ 龙⁶]

❶鸟叫。❷用于地名：～村(在广东省潮安)。

唛（嘜）mài ㄇㄞˋ [meg¹ 麦¹]

译音用字。商标，进出口货物的包装上所做的标记。

☞粤❶名词。商标：三角～｜肥仔～(小胖子)｜猪～(蠢猪；猪一样的蠢)。〖英语mark的音译。〗【唛头】样子(含贬意)：睇你嗰个～唔知似乜(看你那样子不知像什么)！❷名词。玄孙(曾孙的儿子，孙子的孙子)。❸名词。空罐头盒：罐头～｜牛奶～｜烟仔～。〖英语mug的音译。〗❹量词。筒(空罐头盒)：一～米。

哣 dōu ㄉㄡ [deo¹ 兜]

斥责声，多见于旧小说或戏曲中。

唝（嗊）gòng ㄍㄨㄥˋ [gung³ 贡]

【唝吥】(－bù)柬埔寨地名。今作“贡布”。

哧 chī ㄔ [qi¹ 雌]

形容笑声或布、纸等的撕裂声：～～地笑｜～地撕下一块布。

哳 zhā ㄓㄚ [zad³ 札]

见192页“啁”字条【啁哳】(zhāo－)。

哮 xiào ㄒㄧㄠˋ [hao¹ 敲]

吼叫：咆～。【哮喘】呼吸急促困难的症状。

唞 [teo² 头²]

☞广❶动词。休息，歇：瘡就～下先（累了就歇一下吧）｜就喺呢度～阵啦（就在这里歇会儿吧）｜～凉（乘凉）。❷动词。引申指睡觉：早～（早点睡吧）｜佢～未呀（他睡了没有）？

呦 [kib¹ 卡镍¹]

☞广❶动词。盯，守（多为球赛用语）：～住中锋（守住中锋）。❷动词。控制：佢～得嗰男嘅好紧（她把那个男的控制得很紧）。〖英语 keep 的音译。〗

唠 （嘮）㊀láo ㄌㄠˊ [lou⁴ 劳]

【唠叨】（－dao）没完没了地说，絮叨：人老了就爱～。

㊁lào ㄌㄠˋ [lou⁴ 劳]

〈方〉说话，闲谈：来，咱们～一～。

哱 bō ㄅㄛ [bud³ 钵]

【哱罗】1. 古代军中的一种号角。2. 用于地名：～寨（在山东省宁津）。

哺 bǔ ㄅㄨˇ [bou⁶ 步]

❶喂不会取食的幼儿：～养｜～育｜～乳。❷嘴里嚼着的食物：一饭三吐（tǔ）～。

哽 gěng ㄍㄥˇ ㊀ [geng² 梗]

声气阻塞：～咽（yè）。

㊁ [ngeng² 莺²，㊖ geng² 梗]

☞广❶动词。堵塞：～心（事情堵在心里）｜～心～肺（心里堵得厉害）。❷动词。硌：～脚～到死死下（硌脚硌得要命）｜～耳（话不中听，不顺耳）。也作“硬”。

㊂ [ngeng³ 莺³，㊖ geng² 梗]

☞广再，更，怎么……也……：～好嘅嘢我都唔要（再好的东西我都不要）｜～叻都唔好自夸（再怎么能干也不要自夸）。

唔 ㊀ń ㄋˊ ㊀ [m⁴，㊂ng⁴]

同“嗯”（ń）。

㊁ńg ㄫˊ，㊂ń ㄋˊ ㊁ [m⁴，㊂ng⁴]

同“嗯”（ńg）。

㊂wú ㄨˊ ㊂ [ng⁴]

见180页“咿”字条【咿唔】（yī－）。

㊃ [m⁴]

☞广❶副词。不。用在动词、形容词和其他副词前面表示否定：～走｜～好｜～少｜～一定。❷副词。不。加在名词或名词性词素前面，构成形容词：～经济｜～规则。❸副词。不。用在动补结构中间，表示不可能达到某种结果：睇～出｜做～好｜讲～出。❹副词。不。“唔”字的前后使用相同的词，表示不在乎或不相干（在前面加“乜嘢”）：有乜嘢好～好，佢自己中意就得喇（没什么好不好，他自己喜欢就成了）。❺副词。不。跟“就”搭配使用，表示选择：得闲佢～系睇电视就睇电脑（他有空时不是看电视就是看电脑）。

☞广【唔该】客套话，请求或感谢他人时用，相当于“谢谢、请、劳驾、借光、对不起”等：～你喇（谢谢你了）｜～帮我叫声佢（请帮我喊他一声）｜～同我递张纸畀佢（劳驾帮我送一张字条给他）｜～借歪（借光，请让一让）｜踩亲你添，真系~(踩到你了，真对不起)。

☞粤【唔系】1. 不是：~佢(不是他)｜佢原先~噉讲嘅(他原来不是这样说的)。2. 不然：你要准时到，~大家就唔等你㗎喇(你要准时到，不然大家就不等你了)｜你要听话，~就唔带你去喇(你要听话，不然就不带你去)。3. 不就，可不是：噉~得啰(这不就成了吗)？｜噉~，我早就讲过嘅啦(可不是，我早就说过的了)！

☞粤【唔嗲耕】1. 不相干，沾不上边儿：呢两件事~，唔好捞埋讲(这两件事互不相干，不要混在一起说)｜人哋问呢样你答嗰样，都~嘅(人家问这样你答那样，都不相干)。

☞粤【唔啱】1. 不对：你噉做系~嘅(你这样做是不对的)｜条数噉计~(这道题目这样算不对；账不能这样算)。2. 不合适：呢粒螺丝~(这枚螺丝不匹配)｜件衫~佢着(这衣服不合他穿)。3. 不然，要不然：~噉啦(要不然这样吧)｜~你哋一齐参加啦(不然你们一起参加吧)。

☞粤【唔使指拟】别指望，别梦想：~佢会帮你(别指望他会帮你)｜边个都~我会开后门(谁也别指望我会开后门)｜想坐喺处就有得食？~喇(想坐着就有吃的？别梦想了)。

嘛

(唡)liǎng ㄌㄧㄤˇ [lêng² 良²]

又读 yīngliǎng，现写作"英两"，英美制重量单位，常衡1唡是1磅的1/16，约合28.35克。现用"盎司"。

哨

shào ㄕㄠˋ [sao³ 梢³]

❶巡逻，侦察：~探。❷警戒防守的岗位：放~｜~兵｜观察~。❸(-子、-儿)一种小笛：吹~集合。❹鸟叫：黄莺~得真好听。

☞粤【哨牙】龇牙，上门牙外露。

☞粤【哨街猪】戏称喜欢在街上到处溜达的小孩。

唢

(嗩)suǒ ㄙㄨㄛˇ [so² 锁]

【唢呐】(-nà)管乐器，形状像喇叭。

哩

㊀li·ㄌㄧ ㊀[lé¹ 罗诶¹]

助词。同"呢"(ne)。

㊁lī ㄌㄧ ㊁[léi¹ 里¹]

【哩哩啦啦】形容零零散散或断断续续的样子：瓶子漏了，水~地洒了一地｜雨~下了一天。

㊂lǐ ㄌㄧˇ ㊂[léi⁵ 李]

又读 yīnglǐ，现写作"英里"，英美制长度单位，1哩等于5280呎，合1609米。

㊃[li⁴]

☞粤【哩啦】说话多，多管闲事：咪咁~(别多嘴)｜唔使你~(用不着你来多管闲事)。

☞粤【沙哩弄挖】见375页"沙"字条。

☞粤【乌哩单刀】一塌糊涂，乱七八糟：你哋将呢度搞得~(你们把这里搞得乱七八糟)｜幅画画到~(那画画得一塌糊涂)。

㊄[li⁴]

☞粤【哩哩啦啦】动作迅速的样子：大家~就将会场布置好咯(大家迅速把会场布置好了)。

喎

(喎)㊁[wo³ 禾³]

☞粤❶语气词。表商量：噉样好唔好~(这样好吗)？❷语气词。表提醒：记住啰~(记住啦)｜我畀咗钱啰~(我给了钱的呀)。❸语气词。表醒悟：系~，佢当时系噉讲嘅嚸(对啊，他当时是这

样说的呀)。❹语气词。表肯定，确认：几好睇～(挺好看的) | 味道唔错～(味道不错呀) | 佢唔喺度～(他不在这里呢)。

㊁［wo⁵ 禾⁵］

☞粤❶语气词。表转达：佢话佢唔同意～(他说他不同意啊) | 佢叫你哋食饭先～(他叫你们先吃饭)。❷语气词。表反诘：你以为系你至得～(你以为只有你才行啊)。❸语气词。表嫌弃：咁贵～，我唔买(这么贵啊，我可不买)。

哦 ㊀é ㄜ ㊁［ngo⁴ 俄］

吟哦，低声地唱。

㊁ó ㄛ ㊁［o⁴ 柯⁴］

叹词。表示疑问、惊奇等：～，是这样的吗？| ～，是那么一回事。

㊂ò ㄛ ㊁［o⁶ 柯⁶］

叹词。表示领会、醒悟：～，我明白了。

嗨 ［mui² 妹²］

☞粤动词。没有牙齿用牙床嚼咬：有咗牙梗系～唔嘟啦(没牙齿了，肯定是嚼不动了) | 咁老大牙唔好，食条菜都靠～(年纪这么大了，牙不好，吃青菜都是用牙床咬)。

唣 (＊啅)zào ㄗㄠ ［zou⁶ 做］

【啰唣】吵闹。

唦 ［sê⁴ 蛇］

☞粤 动词。从上往下滑：～滑梯(溜滑梯) | 顺住斜坡～落去(顺着斜坡滑下去)。【乌唦唦】1. 不了解，不知情：呢件事我都～(这件事我一点也不了解)。2. 一点不懂，莫名其妙：佢讲咗半日我重系～(他说了半天我还是莫名其妙)。

唏 xī ㄒㄧ ［héi¹ 希］

叹息。【唏嘘】【嘘唏】抽搭，哭泣后不自主地急促呼吸。

唑 zuò ㄗㄨㄛ ［zo⁶ 坐］

见207页“噻”字条【噻唑】(sāi－)。

唤 huàn ㄏㄨㄢ ［wun⁶ 焕］

呼叫，喊(㊥呼－)：～鸡 | ～醒。

唃 ［gog⁶ 角⁶］

☞粤【硬唃唃】硬邦邦。

唁 yàn ㄧㄢ ［yin⁶ 现］

吊丧(sāng)，对遭遇丧事的人表示慰问(㊥吊－)：～电(吊丧的电报)。

哼 ㊀hēng ㄏㄥ ㊁［heng¹ 亨］

❶鼻子发出痛苦的声音：他病很重，却从不～一声。❷轻声随口地唱：他一面走一面～着歌。

㊁hng ㄏㄫ ㊁［hng¹ 何误⁶］

［h跟单纯的舌根鼻音拼合的音］叹词。表示不满意或不信任：～，走着瞧吧！| ～，你信他的!。

唥 ㊁［lang¹ 冷¹］

☞粤❶名词。两幢建筑物之间的狭窄空间。❷名词。潮州的：～话(潮州话) |

潮州～(潮州人)｜～佬(说潮州话的人，带戏谑意味)。【打吟】到潮州风味小吃店吃东西。❸象声词。铃声。【吟钟】1. 铃，电铃。2. 自行车铃铛。3. 闹钟。

㊁ [lang⁶ 冷⁶]

见 82 页“冚”字条【冚嗙吟】。

啲

[di⁴ 特移⁴]

☞粤【啲啲震】不停地发抖，直打哆嗦：吓到佢～(吓得他直打哆嗦)。

咗

[wang¹ 横¹]

☞粤 动词。黄了，砸锅，失败：噉搞落去肯定～(这样做下去肯定会砸锅)｜差啲畀佢搞～咗(差点被他搞黄了)｜佢两个～咗咯(他们俩吹了)。

唔

[weng⁶ 宏⁶]

☞粤 名词。圈儿：抌块石头落去，水面起咗好多～(扔块石头下去，水面起了很多圈儿)。

唧

jī ㄐㄧ [jig¹ 即]

❶用水射击：～筒｜～他一身水。❷形容虫叫声(叠)。【唧咕】(－gu)同“叽咕”。

啊

㊀ā ㄚ ㊁ [a¹ 呀]

叹词。表示赞叹或惊异：～，这花多好哇！｜～，下雪了！

㊁á ㄚˊ ㊁ [a² 哑]

叹词。表示追问：～，你说什么？｜～，你再说！

㊂ǎ ㄚˇ ㊁ [a² 哑]

叹词。表示疑惑：～，这是怎么回事？

㊃à ㄚˋ ㊁ [a⁶ 呀⁶]

叹词。1. 表示应诺或醒悟(音较短)：～，好吧｜～，原来是你呀！2. 表示惊异或赞叹(音较长)：～，伟大的祖国！

㊄a ·ㄚ ㊁ [a⁶ 呀⁶]

助词。1. 用在句末，表示赞叹、催促、嘱咐等语气(常因前面字音不同而发生变音，可用不同的字来表示)：快些来～(呀)！｜您好～(哇)！｜同志们加油干～(哪)！2. 用在列举的事项之后：纸～、笔～，摆满了一桌子。

唉

㊀āi ㄞ ㊁ [ai¹ 哎，㊇oi¹ 哀]

叹词。1. 表示答应：～，听见了。2. 表示叹息：～，一天的工夫又白费了。3. 表示招呼：～你来一下。

㊁ài ㄞˋ ㊁ [ai⁶，哎⁶]

叹词。表示伤感或惋惜：～，病了两个月，把工作都耽搁了。

唆

suō ㄙㄨㄛ [so¹ 梳]

调唆，挑动别人去做坏事：～使｜～讼｜教(jiào)～。

8 画

唪

fěng ㄈㄥˇ [fung² 俸]

唪经，佛教徒、道教徒高声念经。

啧

(嘖)zé ㄗㄜˊ [zag³ 窄]

争辩：～有烦言(很多人说不满意的话)。【啧啧】1. 形容咂嘴或说话声：

~称羡 | 人言~。2. 形容鸟鸣声。

咭 [gua³ 卦]

☞粤❶语气词。表示对某事有疑问或不十分肯定：唔系~(不是吧)？| 借畀我，得~(借给我，可以吧)？❷语气词。表示用不肯定方式提出自己的意见(同时否定对方意见)：今日星期三~ | 佢系广州人~(他是广州人吧)？

啫 zhě ㄓㄜˇ ㊀[zé¹ 遮¹]

【啫喱】(-lí)(外)从天然海藻或某些动物皮、骨中提取制作的胶性物质，可以作为某些食品和某些化妆品的原料。

㊁[zég¹ 脊¹]

☞粤语气词。语气比较委婉，女孩子多用。1. 表肯定：唔系~(不是的)| 系佢~(是他啊)| 佢呃你~(他骗你的)。2. 表劝止：唔好去~(不要去啊)| 咪讲佢听~(别告诉他啊)。

啪 pā ㄆㄚ [pag¹ 柏¹]

形容放枪、拍掌或东西撞击等的声音。

啦 ㊀lā ㄌㄚ ㊀[la¹ 罗呀¹]

【呼啦】【哇啦】【叽哩呱啦】拟声词。

㊁la·ㄌㄚ ㊀[la¹ 罗呀¹]

助词。"了"(le)、"啊"(a)合音，作用大致和"了(le)❷"接近，但感情较为强烈：他已经来~ | 他早就走~。

☞粤❶语气词。表请求，使令：应承佢~(答应他吧)| 行快啲~(走快点吧)。❷语气词。表同意，决定：就噉~(就这样吧)| 就照你讲嘅做~(就按你说的做吧)。【啦吗】语气词。1. 表示反诘语气：你早就应承过~(你不是早就答应了吗)？| 而家肯去~(现在愿意去了吧)？2. 表示理应如此：当然系你去~(当然是你去了)| 去~，怕乜嘢(去呀，怕什么)！

㊁[la⁴ 罅⁴]

☞粤语气词。表示疑问：冇~(没有了吗)？

哼 hēng ㄏㄥ [heng¹ 亨]

叹词。表示禁止。

啵 [pé¹ 破些]

☞粤❶量词。对(用于情侣或夫妇)；打桥牌时的搭档或同样的牌：一~两~(一对两对情侣)| 一~"10"(一对"10")。❷扑克牌：一副~。〖英语 pair 的音译词。〗

唶 jiè ㄐㄧㄝˋ [zé³ 蔗]

赞叹。

喏 ㊀nuò ㄋㄨㄛˋ ㊀[no⁶ 糯]

❶〈方〉叹词。表示让人注意自己所指示的事物：~，这不就是你的那把伞？❷同"诺"。

㊁rě ㄖㄜˇ ㊁[yé⁵ 野]

古代表示敬意的呼喊：唱~(对人作揖，同时小声致敬)。

喵 miāo ㄇㄧㄠ [miu¹ 苗¹]

形容猫叫的声音。

啉 lín ㄌㄧㄣˊ [lem⁴ 林]

见195页“喹”字条【喹啉】(kuí－)。

嘟 [yug¹ 沃]

☞粤❶动词。动：咪～(别动)｜心～～(动了心)｜唔～得(动不了)｜～动(活动；走动)｜～～贡(动来动去)｜～唔～(动不动，动辄)｜～不得其正(动弹不得)。❷动词。碰，弄：唔好～我啲嘢(别动我的东西)。

啇 [ki¹ 奇之]

☞粤象声词词素。【啇卡】笑声：～嗽笑(嘻哈地笑)。【啇啇卡卡】笑声：放假咯，成班女仔～去野外玩(放假了，一群姑娘嘻嘻哈哈地去郊外玩)。

唵 ǎn ㄢˇ [em² 暗²]

❶把食物放在手里吞食：～了几口炒米。❷佛教咒语的发声词。

啄 zhuó ㄓㄨㄛˊ ㊀ [㊕dêg³ 琢]

鸟类用嘴叩击或吃食：鸡～米｜～木鸟。

㊁ [dêng¹ 多香，㊕dêg³ 琢]

☞粤❶动词。禽类取食：鸡～米｜雀仔～条虫(鸟儿把虫啄了)。❷动词。叮咬：呢啲虫会唔会～人㗎(这些虫会不会叮人啊)？

㊂ [dêng¹ 多香]

☞粤❶动词。针对：佢讲话总系～住我(他说话总是针对我)。❷动词。监督，紧盯：要搞清楚呢件事，～紧佢实冇错(要搞清楚这件事，盯着他准没错)。❸名词。小尖儿，小勾儿：鼻哥～(鼻子尖儿)｜番～(鹤嘴锄)。❹名词。指某些不良行为比较突出的人：是非～(喜爱拨弄是非的人)｜为食～(馋嘴的人)｜恶婆～(凶恶的女人)。

啭 (囀) zhuàn ㄓㄨㄢˋ [jun² 转²]

鸟婉转地叫：莺啼鸟～。

啡 fēi ㄈㄟ ㊀ [féi¹ 飞，㊋ fé¹ 科耶¹]

见167页“吗”字条【吗啡】(mǎ－)、176页“咖”字条【咖啡】(kā－)。

㊁ [fé⁴ 扶耶]

☞粤❶象声词。喷气、漏气声：车辘～～嗽漏气(轱辘刺刺地漏气)。【啡啡流】吊儿郎当的样子，形容人做事不认真、不负责任：佢都～嘅，叫佢做乜都唔放心(他那吊儿郎当的样子，让他干什么都不放心)。【屙啡啡】见“屙”条。❷词素。有不整洁、(衣服)不称身的意思。【阔咧啡】(衣服)过宽过大：件衫～，唔好睇(衣服肥肥大大的，不好看)。【咧啡】见178页“咧”条。

啃 kěn ㄎㄣˇ [heng² 肯²]

用力从较硬的东西上一点一点地咬下来：～老玉米｜老鼠把抽屉～坏了。

啮 (嚙、*齧、*囓) niè ㄋㄧㄝˋ [ngad⁶ 我压⁶]

咬：虫咬鼠～。

☞粤❶动词。磨擦：呢条绳差唔多畀铁链～断(这条绳子差不多被铁链磨断了)。❷动词。(睡熟后)磨(牙)：细蚊仔瞓觉有时会～牙(小孩子睡觉有时候

会磨牙)。❸动词。啃,蛀,咬:狗~骨头|条柱畀虫~烂(柱子给虫蛀烂了)。

唬 ㊀hǔ ㄏㄨˇ ㊁[fu² 虎]

威吓(hè)或蒙混:你别~人了。

㊀xià ㄒㄧㄚˋ ㊁[hag³ 客]

同"吓"。

啯 (嘓)guō ㄍㄨㄛ ㊁[guog³ 国]

形容蛙鸣声(叠):蛙鸣~~。

㊁[gueg⁶ 古厄⁶,㊀guog⁶ 古岳]

☞广【硬啯啯】硬邦邦:块饼~,咬唔入(这块饼硬邦邦,咬不动)。【实啯啯】硬邦邦:笪地~,好难锄(这块地硬邦邦的,很难锄)。

唱 chàng ㄔㄤˋ [cêng³ 畅]

❶歌唱,依照音律发声:~歌|~戏|~曲。㊃高呼:~名|~票。❷(-儿)歌曲:小~儿|唱个~儿。

☞广动词。贬损;宣扬:周围~(到处说某人的坏话)。【唱好】看好,赞扬,作肯定性的宣扬。【唱衰】看差,批评甚至诋毁,作负面宣扬。

啱 [ngam¹ 岩¹]

☞广❶形容词。对,正确:佢嘅话系~嘅(他的话是对的)|呢条题噉解好似唔~嚕(这道题目这样解似乎不对呀)|我噉想,你话~定唔~(我这样想,你说对还是不对)?❷形容词。合适,刚好:~身(合身)|~使(合用)|呢件事佢去做最~(这件事他去做最合适)。【啱牙】1. 螺纹吻合:呢个螺母同嗰个螺丝~(这个螺母跟那个螺栓吻合)。2. 指二物结合最密:配呢个原厂嘅零件实~(用这个原厂的零件肯定配合得好)。3. 比喻两个人合得来:佢两个好~嘅(他们两很合得来)。【啱晒】1. 全部正确,全对:条条题都答~(每道题目都答对了)。2. 非常合适:件衫~佢着(这件衣服非常适合她穿)|~佢嘅要求(完全符合他的要求)。3. 太好了:佢肯帮手,真系~咯(他愿意帮忙,真是太好了)|得你参加,~啦(你能参加,太好了)。❸形容词。合意:呢味餸~我(这个菜合我的口味)|~心水(合意)|~听(中听)。❹副词。凑巧,碰巧:咁~大家都喺度(碰巧大家都在这里)。|碰~(碰巧,恰巧,刚好)。❺副词。刚,刚刚:我~到(我刚刚到)|佢~嚟有几耐,情况唔熟(他刚来没多久,不熟悉情况)。【啱啱】1. 刚,刚刚:邮件~到(邮件刚到)|我~至讲过,又唔记得啦(我刚说过,又忘了)?2. 刚好:呢袋米~一百斤(这袋米刚好一百斤)。❻副词。刚才:~先(刚才)。❼副词。该是……的时候了:去都~喇(该去了)|煮饭~喇(该煮饭了)。❽合得来:佢两个好~㗎(他俩挺合得来的)|佢哋唔系几~(他们不怎么合得来)|~偈(合得来,投合,融洽)|~倾(谈得拢,说得来)。【啱蹺】1. 合得来。2. 凑巧:我正想揾你你就嚟电话咯,咁~嘅(我正想找你你就来电话了,真凑巧)。

啰 (囉)㊀luō ㄌㄨㄛ ㊁[lo¹ 罗¹]

【啰唆】【啰嗦】(－suo)1. 说话絮絮叨叨。2. 办事使人感觉麻烦。

☞❶语气词。用于反诘：噉唔系得～(这不就行了吗)！❷词素：～柚(屁股)｜～气(劳神)｜百～(婴儿出生一百天)。【啰啰挛】因烦躁不安而折腾、吵闹(多用于小孩)：个仔唔知边度唔妥，成晚～(孩子不知哪儿不舒服，闹腾一个晚上)｜呢两日我嘅心一直～(这两天我一直心神不宁)。【啰挛】1. 小儿由于不舒服而哭闹：个鳇虾仔咁～，唔知系唔系肚痛呢(这小孩这样哭闹，不知道是不是肚子疼)？2. 肚子不舒服的感觉：今日个肚有啲～(今天肚子有点不舒服)。3. 由于身体不舒服而在床上辗转反侧。

㊁luó ㄌㄨㄛˊ ㊁[lo⁴ 罗]

【啰唣】(－zào)吵闹。

㊂luo · ㄌㄨㄛ ㊁[lo⁴ 罗]

❶助词。作用大致和"了(le)❷"一样：你去就成～。❷见196页"喽"字条【喽啰】(lóu－)。

☞❶语气词。用在陈述句末，相当于了、啦：开饭～｜翻风～(起风啦)｜系噉嘅～(是这样的了)。❷语气词。喽，吧：走～｜行快啲～(走快点吧)。❸语气词词素。【啰咩】表示疑问：做好～(做完了吗)？｜整翻好～(修好了吗)？【啰喂】表示提醒、使令(语气比"啰嚸"重)：交卷～(该交卷了)｜到你～(该你了)。【啰喎】1. 表示提醒、催促：够钟～(时间到了)｜好食药～(该吃药了)｜走～(该走了)。2. 表示提醒、商量，语气比"啰嚸"轻：好打个电话畀佢～(该打个电话给他了)｜赶唔切～(要赶不及了)。

唾 tuò ㄊㄨㄛˋ [to³ 妥³，⊗ tê³ 拖靴³]

❶唾液，通称唾沫，口腔里分泌的液体，有湿润口腔、帮助消化等作用。❷啐(cuì)，从嘴里吐(tǔ)出来：～手可得(形容极容易得到)｜～弃(轻视、鄙弃)。

咊 [wo⁴ 禾]

☞❶语气词。表示转达别人的意见：佢话唔去～(他说不去呀)。❷语气词。表示惊讶：噉都得～(这样也行啊)。

咢 [og⁶ 岳⁶]

☞叹词。表示确认，回答询问时用：甲：你同意佢嘅意见？乙：～(甲：你同意他的意见？乙：是)。

唯 wéi ㄨㄟˊ [wei⁴ 围]

❶单单，只：～有｜～恐｜～利是图。❷文言叹词。表示答应。【唯唯诺诺】形容一味顺从别人的意见。

啤 pí ㄆㄧˊ ㊁[bé¹ 波诶]

【啤酒】用大麦做主要原料制成的酒。

☞❶名词。一种民间响器，一小截竹子插入薄膜，吹之能响；也有用草叶、树叶或稻茎做的。❷名词。喇叭，汽笛：水车响～咯(火车鸣笛了)。【啤把】喇叭(市区已少用)。❸动词。焊接：将两块钢板～实佢(把两块钢板焊接起来)。❹译音用字。【啤梨】洋梨

〖英语 pear 的音译〗。【啤令】滚珠轴承〖英语 bearing 的音译〗。

㊁［bi¹ 波衣］

☞广【啤啤】婴儿。【啤啤仔】［bi¹⁻⁴bi¹ –］婴儿(不分性别。今多写作 BB)。

啲

［di¹ 多衣，㊋ did¹ 跌¹］

☞广❶数量词。些，表示不定的数量：有～人(有些人)｜嗰～比呢～好(那些比这些好)。❷数量词。极少的量，一点儿，一些：我要～就够咯(我要一点儿就够了)｜呢只荔枝好食，就系贵～(这种荔枝好吃，就是贵一些)。【啲啲】1. 一点点儿：整呢味餸要落～糖(做这道菜要下一点点糖)。2. 所有的，通通，一切：呢度嘅书，～佢都睇过(这里的书，通通他都看过)｜呢间铺头嘅嘢～两文一件(这间店的东西通通两元一件)。【啲哆】1. 一点点儿：剩翻～(剩下一点点)｜我要～就够嘞(我要一丁点儿就够了)。又说"啲咁多"。2. 说话多，多嘴：唔使你喺度咁～(用不着你在这里多嘴)。【得啲】动不动：～就喊(动不动就哭)｜～就闹人(动不动就骂人)。【迟啲】1. 待会儿，晚些时候：～佢就翻嚟嘅嘞(待会儿他就回来的)。2. 过些时候，过些日子：我打算～去旅游(我打算过些日子去旅游)。❸放在名词前，前头不加任何成分，表示这些或那些：～书系我嘅(这些书是我的)｜～人去晒边处呢(那些人都去哪儿了)？❹放在形容词后面，表示有变化但不大或相比较略微有差距：佢嘅病好翻～咯(他的病好点了)｜重系佢高～(还是他高一点)｜行快～(走快点)｜大声～(声音大点)。

啥

shá ㄕㄚˊ ［sa² 洒］

〈方〉代词。什么：干～？｜你姓～？｜他是～地方人？

啋

［coi¹ 采¹］

☞广叹词。表斥责或嫌弃。妇女多用：～，讲埋啲噉嘅衰嘢(呸，净说这些下流的东西)！｜～，有人有你咁衰(呸，你比谁都讨厌)！【啋过你】去你的！(意思是把对方所说的不吉利、不中听的东西通通打回去。)

啁

㊀zhāo ㄓㄠ ［zeo¹ 周］

【啁哳】【嘲哳】(–zhā)形容声音杂乱细碎。

㊁zhōu ㄓㄡ ［zeo¹ 周］

【啁啾】(–jiū)形容鸟叫的声音。

啕

táo ㄊㄠˊ ［tou⁴ 桃］

见 164 页"号"字条【号啕】(háo –)。

啒

hū ㄏㄨ ［fed¹ 拂］

【啒哨】同"呼哨"。把手指放在嘴里吹出的高尖音：打～。

啐

cuì ㄘㄨㄟˋ ［cêu³ 趣］

用力从嘴里吐出来：～一口痰。

啑

shà ㄕㄚˋ ［sad³ 霎］

【啑喋】(–zhá)形容鱼、鸟等吃东西的声音。

唷

yō ㄧㄛ ［yo¹ 也柯］

叹词。表示惊讶或疑问：～，这是怎么

了？

啴 (嘽)㊀chǎn ㄔㄢˇ ㊁[qin^2 浅]

宽舒，和缓：~缓。

㊁tān ㄊㄢ ㊁[tan^1 滩]

【啴啴】形容牲畜喘息的样子。

啖 (*啗、*噉)dàn ㄉㄢˋ [dam^6 氮]

❶吃或给人吃。❷拿利益引诱人：~以私利。

☞ 量词。口：嚟呢度揾~饭食(来这里找口饭食)｜随便呷咗~粥(随便喝了两口粥)｜有~好食(形容日子过得艰难)。

啵 bo · ㄅㄛ˙ [bo^3 播]

助词。相当于“吧”。

啶 dìng ㄉㄧㄥˋ [ding^6 定]

见 169 页“吡”字条【吡啶】(bǐ –)、204 页“嘧”字条【嘧啶】(mì –)。

喧 [ngi^4 俄宜]

☞【喧喧牙牙】支支吾吾：佢~噉唔肯正面回答(他支支吾吾的不愿意正面回答)。

☞【喧喧哦哦】支支吾吾。

啷 lāng ㄌㄤ [long^1 郎^1]

见 162 页“当”字条【当啷】(dāng –)。

☞ ❶象声词。铃铛的响声。❷词素。【啷箕】一种蕨草，茎细长，硬而有心。广东农村多用作柴火。【发啷戾】突然放肆地发脾气。

唳 lì ㄌㄧˋ [lêu^6 类]

鸟鸣：鹤~。

啸 (嘯)xiào ㄒㄧㄠˋ [xiu^3 笑]

❶人撮口发出长而清脆的声音，打口哨：长~一声，山鸣谷应。❷禽兽拉长声音叫：虎~｜猿~。❸自然界发出的或飞机、子弹等飞掠而过的声音：海~｜子弹尖~着掠过头上。

啹 [gê^4 哥靴^4]

☞ 动词。甘心，满意。多用于否定句：如果系噉，我梗系唔~啦(如果是这样，我一定不甘心了)。

唰 shuā ㄕㄨㄚ [cad^3 擦]

形容迅速擦过去的声音：小雨~~地下起来了。

嗌 [meng^1 盟^1]

☞【嗌鸡】1. 眼皮上的疤痢。2. 疤痢眼儿(眼皮上有疤痕的人)。

啜 ㊀chuài ㄔㄨㄞˋ ㊀[cai^3 猜^3]

姓。

㊁chuò ㄔㄨㄛˋ ㊁[jud^3 拙，㊇qud^3 撮]

❶饮，吃：~茗(喝茶)｜~粥。❷哭泣的时候抽噎的样子：~泣。

㊂[jud^3 拙^3]

☞ ❶动词。吸饮，吸食。❷动词。亲吻：~一啖(亲一下)。

兽 (獸)shòu ㄕㄡˋ [seo^3 瘦]

❶哺乳动物的通称，一般指有四条腿、全身生毛的哺乳动物。❷形容野蛮，下流：~欲｜~行。

9 画

喫 ［yag³ 也额］

☞▊动词。吃：~饭｜好~｜有病~乜嘢都冇味（生病吃什么都没有味道）。

见166页“吃”（chī）。

喷 （噴）㊀pēn ㄆㄣ ［pen³ 贫³］

散着射出：~壶｜~泉｜~气式飞机｜火山~火。【喷嚏】（-tì）因鼻黏膜受刺激而引起的一种猛烈带声的喷气现象。又叫嚏喷（tìpen）。

㊁pèn ㄆㄣˋ ［pen³ 贫³］

❶香气扑鼻：~香｜~鼻儿香。❷（-儿）蔬菜、鱼虾、瓜果等上市正盛的时期：西瓜~儿｜对虾正在~儿上。❸（-儿）开花结实的次数或成熟收割的次数：头~棉花｜二~棉花｜绿豆结二~角了。

戢 jí ㄐㄧˊ ［ceb¹ 缉］

收敛，收藏：载~干戈（把兵器收藏起来）。㊀止，停止：~怒。

喋 ㊀dié ㄉㄧㄝˊ ㊁［dib⁶ 谍］

【喋喋】形容说话烦琐：~不休。

【喋血】血流满地。

㊁zhá ㄓㄚˊ ㊁［zab⁶ 闸］

见192页“唼”字条【唼喋】（shà-）。

嗒 ㊀dā ㄉㄚ ㊁［dad⁶ 达］

形容马蹄声、机关枪声等（叠）。

㊁tà ㄊㄚˋ ㊁［tab³ 塔］

失意的样子：~丧｜~然若失。

㊂［dab¹ 答¹］

☞▊❶动词。1. 咂：~出味道咯（咂出味道来了）。2. 品味：~下，睇系乜嘢味（咂一下，看看是什么味儿）。❷象声词。尝味道或吃糖果等时发出的声音：食到~~声（吃得津津有味）。

嘞 ［log¹ 剢］

☞▊【嘞嘞声】形容清脆响亮的声音。1. 比喻人能说会道：佢把嘴~嘅，有人讲得过佢（他非常能说会道，没人说得过他）。2. 比喻名声响亮：佢喺我哋县系~嘌（他在我们县里是名声响亮的）。

喃 nán ㄋㄢˊ ［nam⁴ 楠］

【喃喃】小声叨唠：~自语。

喳 ㊀chā ㄔㄚ ㊁［ca¹ 叉］

【喳喳】1. （-chā）形容小声说话的声音：嘁嘁~。2. （-cha）小声说话：打~。

㊁zhā ㄓㄚ ㊁［za¹ 渣］

鸟叫声：唧唧~~｜喜鹊~~叫。

喇 lǎ ㄌㄚˇ ［la³ 罅］

【喇叭】（-ba）1. 一种管乐器。2. 像喇叭的东西：汽车~｜扩音~。

【喇嘛】（-ma）（藏）藏传佛教的僧侣，原为尊称，意思是“上人”。

☞▊❶语气词。表提示，用在陈述句，

相当于“了”：人齐~(人到齐了)｜到时间食药~(到吃药时间了)｜好走~(该走了)。❷语气词。表催促、叮嘱、使令：快啲行~(快点走吧)｜记住~(记住啦)｜就噉定~(就这么定了)。

喊 hǎn ㄏㄢˇ [ham³ 咸³]

大声叫，呼(㊟呼-、叫-)：~口号｜~他一声。

☞粤 动词。哭：~得好凄凉(哭得好伤心)。

喱 lí ㄌㄧˊ ㊀ [léi¹ 里¹]

见176页“咖”字条【咖喱】(gā-)。

☞粤【斜喱眼】1. 斜眼，斜视。2. 患斜视的人。又说“蛇喱眼”。

【咕喱】见“咕”条。

㊁ [léi² 里²]

见188页“啫”字条【啫喱】(zhě-)。

喹 kuí ㄎㄨㄟˊ [fui¹ 恢]

【喹啉】(-lín)有机化合物，无色油状液体，有特殊臭味。可用来制药和制染料。

喈 jiē ㄐㄧㄝ [gai¹ 佳]

(叠)1. 形容敲击钟、铃等的声音：钟鼓~~。2. 形容鸟鸣声：鸡鸣~~。

喁 ㊀yóng ㄩㄥˊ ㊀ [yung⁴ 容]

鱼口向上，露出水面。【喁喁】众人景仰归向的样子。

㊁yú ㄩˊ ㊁ [yu⁴ 余]

【喁喁】形容低声细语：~私语。

喝 (**欱)㊀hē ㄏㄜ [hod³ 渴]

吸食液体饮料或流质食物，饮：~水｜~酒｜~粥。

㊁hè ㄏㄜˋ [hod³ 渴]

大声喊叫：~令｜呼~｜大~一声。【喝彩】大声叫好。

☞粤 动词。钢，鐾(把刀在石、缸沿等上面用力摩擦几下，使锋利)：把刀唔利，~下佢啦(刀不锋利，钢一钢吧)。

喂 (❷❸*餵、❷❸*餧) wèi ㄨㄟˋ [wei³ 慰]

❶叹词。打招呼时用：~，是谁？｜~，快来呀！❷把食物送进人嘴里：~小孩儿。❸给动物东西吃：~牲口。㊁畜(xù)养：~鸡｜~猪。

喟 kuì ㄎㄨㄟˋ [wei² 委]

叹气：感~｜~叹。

喘 chuǎn ㄔㄨㄢˇ [qun² 川²]

❶急促地呼吸：~息｜累得直~｜苟延残~。【喘气】呼吸。❷气喘的简称：爷爷一到冬天就~。

㗑 bai·ㄅㄞ [bai³ 拜]

助词。用法相当于“呗”(bei)。

啾 jiū ㄐㄧㄡ [zeo¹ 周]

【啾啾】多形容动物的细小的叫声。

嗖 sōu ㄙㄡ [seo¹ 收]

形容迅速通过的声音：标枪~的一声过去了｜子弹~~地飞过。

喺 ［hei² 坎抵］

☞廣❶动词。在：我～屋企（我在家里）｜趁大家都～度，我有件事要讲讲（趁大家都在这里，我有一件事要说说）。❷介词。在，于：我～楼下等你｜生～嗰个年代嘅人都经历过艰苦（生于那个年代的人都经历过艰苦）。

喤 huáng ㄏㄨㄤˊ ［wong⁴ 王］

（叠）形容钟鼓声、小儿啼哭声。

喉 hóu ㄏㄡˊ ［heo⁴ 猴］

介于咽和气管之间的部分，喉内有声带，又是发音器官。

喻 yù ㄩˋ ［yu⁶ 预］

❶比方（㊥比－）：用花朵～儿童。❷明白，了解：不言而～｜家～户晓。❸说明，使人了解：～之以理。

喼 ［gib¹ 劫¹］

☞廣❶箱子（用木或金属制造的除外）：皮～｜藤～。❷底火（子弹或炮弹底部的发火装置）。❸火帽（火枪上的发火器）。❹译音用字。【喼咈】减肥〖英语 keep fit 的音译〗。【喼汁】一种调味汁，用西红柿、酱油等制成〖英语 ketchup 或 catchup 的音译〗。

喺 éi ㄟˊ ［éi¹］

叹词。表示诧异或忽然想起：～，他怎么病了！｜～，我三点钟还有一场电影呢！

喑 （＊瘖）yīn ㄧㄣ ［yem¹ 音］

❶哑，不能说话：～哑。❷沉默不语，又指动物不鸣叫：～默｜万马齐～。

☞廣【发喑话】说梦话，说昏话：～，冇噉嘅事（胡说，没这样的事）！｜咪喺度～（别在这里胡说八道）。

啼 （＊嗁）tí ㄊㄧˊ ［tei⁴ 蹄］

❶哭，出声地哭（㊥－哭）：悲～｜用不着哭哭～～。❷某些鸟兽叫：鸡～｜猿～。

嗟 jiē ㄐㄧㄝ ［zé¹ 遮］

文言叹词：～，来食｜～叹｜～乎。

喽 （嘍）㊀lóu ㄌㄡˊ ㊁［leo⁴ 留］

【喽啰】（＊偻啰）（－luo）旧时称盗贼的部下，现在多比喻追随恶人的人。

㊁lou·ㄌㄡ ㊁［lo³ 罗³］

助词。意思相当于“啦”：下雪～！｜看，他们来～！

㊂［leo³ 楼³，㊥ leo⁴ 留］

☞廣❶动词。邀约（较随便的，一般是口头的）：佢～我去听音乐会（他约我去听音乐会）。❷动词。劝，鼓励：佢～我买咗嗰部车（他劝我买那辆车）。❸词素。【喽口】口吃，结巴。

嗞 zī ㄗ ［ji¹ 兹］

（－儿）拟声词（叠）：老鼠～的一声跑了｜鸟～～地叫。

咕 ［gud⁶ 姑活］

☞广 象声词。喝水声，吞咽声：~~噉饮水(咕嘟咕嘟地喝水)｜~一声吞咗(咕嘟一声吞下去了)。

喧 (*諠)xuān ㄒㄩㄢ [hün¹ 圈]

大声说话，声音大而杂乱(㊟-哗)：~闹｜锣鼓~天｜~宾夺主。

喀 kā ㄎㄚ ㊀ [hag³ 客]

形容呕吐、咳嗽等的声音。

kā ㄎㄚ ㊁ [ka¹ 卡]

同"咔"(kā)。

嘅 ㊀ [gé² 哥扯]

☞广 ❶语气词。表反诘、疑问：真~(真的吗)？｜边会噉~(哪里会这样)？｜系佢做~(是他干的吗?)❷语气词。表同意：都好~(也好)。❸语气词。表肯定：佢会去~(他会去的)｜唔关佢事~(与他无关)。

㊁ [gé³ 哥借]

☞广 ❶助词。表示修饰、领属关系的结构助词，相当于普通话的"的"：佢~车(他的车)｜支笔系你~(这笔是你的)｜我~睇法(我的看法)｜有噉~规定咩(有这样的规定吗)？❷语气词。用在句子末尾，表示决断和肯定的语气，相当于普通话句末的"的"：呢件事系真~(这件事是真的)｜佢系三日前嚟过~(他是三天前来过的)｜呢笔钱系佢寄嚟~(这笔钱是他寄来的)。❸语气词。用在句子末尾，表叙述：唔怕~(不怕的)｜嗰度好多人~(那里人很多)｜佢好叻~(他很能干的)。

喔 wō ㄨㄛ [og¹ 恶¹]

形容公鸡的叫声。

嗱 [na¹ 那¹]

☞广 ❶连词。和，同，跟：我~你一齐做(我同你一起做)｜你~佢一个组(你跟他一个组)。又说"嗱埋"。❷粘连；牵连：~家(着家，待在家里)｜~脷(说话发音不清楚)。【嗱挂】连带，关系：呢件事同我冇啲~(这件事跟我毫无关系)｜唔知佢哋有乜~呢(不知道他们之间有什么关系)？【无嗱嗱】无缘无故：~畀佢闹一餐(无缘无故被他骂了一顿)。也作"拏"。

㗎 ㊀ [ga³ 架]

☞广 ❶语气词。用在陈述句或疑问句里，相当于"的"：系我~(是我的)｜佢好叻~(他很能干的)｜边个~(谁的)？【㗎喇】1. 表示肯定或语气加强：系咁多~(就这么多了)｜佢改咗好多~(他已经改了很多了)。2. 表示提醒：再唔走就嚟唔切~(再不走就来不及了)｜考埋呢项就唔使考~(考完这一项就不用考了)。【㗎啦】表示疑问：噉就算做好~(这个样子就算做好了吗?)｜放工~(下班了吗?)❷语气词。表疑问或反诘(带责备语气)：点会打烂~(为什么会打破的呀)？｜噉点得~(这怎么行)？❸语气词。表教导：噉做至啱~(这样做才对呀)｜唔系噉~(不是这样的)。

㊁ [ga⁴ 架⁴]

☞广 ❶语气词。表疑问：系你~(是你的吗?)｜我哋~(我们的吗)？❷语气词。表反诘：唔通系你~(难道是你的吗)？❸语气词。表感叹：原来噉~(原来是这样的)！

喙 huì ㄏㄨㄟˋ [fui³ 悔]

嘴，特指鸟兽的嘴：毋庸置～（不要插嘴）。

啻 chì ㄔˋ [qi³ 翅]

但，只。【不啻】1. 不只，不止：～如此。2. 不异于，如同：～兄弟。

善 shàn ㄕㄢˋ [xin⁶ 擅]

❶善良，品质或言行好：心～｜～举｜～事。❷好的事情、行为、品质，跟“恶”相时：行～｜劝～规过。❸交好，和好：友～｜相～。㊀熟习：面～。❹高明的，良好的：～策。【善后】妥善地料理和解决事故、事件发生以后的问题。❺长（cháng）于，能做好：勇敢～战｜～辞令（长于讲话）。㊀好好地：～待｜～为说辞。❻爱，容易：～变｜～疑。

喾 （嚳）kù ㄎㄨˋ [gug¹ 谷]

传说中上古帝王名。

10 画

嗪 qín ㄑㄧㄣˊ [cên⁴ 旬]

见180页“哌”字条【哌嗪】（pài－）。

嗷 áo ㄠˊ [ngou⁴ 敖]

嘈杂声，喊叫声（叠）：～～待哺。

嗉 （❶＊＊膆）sù ㄙㄨˋ [sou³ 素]

❶（－子）嗉囊，鸟类食管下储存食物的地方：鸡～子。❷（－子）装酒的小壶。

喱 [neg¹ 挪握]

☞粤【喱牙】口齿不清：佢讲话有啲～（他说话有点口齿不清）｜～仔（口齿不清的孩子）。

【喱生】米饭夹生：啲饭～嘅（饭夹生了）。

嘟 dū ㄉㄨ [dou¹ 刀]

形容喇叭等的声音：喇叭～～响。【嘟囔】（－nang）小声、连续地自言自语，常带有抱怨的意思：别瞎～啦！【嘟噜】（－lu）1. 向下垂着：～着脸，显得很不高兴。2. 量词。用于连成一簇的东西：一～钥匙｜一～葡萄。3.（－儿）舌或小舌连续颤动发出的声音：打～儿。

嗜 shì ㄕˋ [xi³ 试]

喜爱，特别爱好：～学｜～睡。【嗜好】（－hào）对于某种东西特别爱好，爱好成癖。也指特殊的爱好。

嗑 kè ㄎㄜˋ [hab⁶ 掐，㊀heb⁶ 合]

上下门牙对咬有壳的或硬的东西：～瓜子。

嗫 （囁）niè ㄋㄧㄝˋ [jib³ 接]

【嗫嚅】（－rú）口动，吞吞吐吐，想说又停止。

嗬 hē ㄏㄜ [ho⁴ 河]

叹词。表示惊讶：～，真不得了！

唊 [wog¹ 获¹]

☞粤 电压单位名伏特的广州话译音。

嘌 (噁)è ㄜˋ ⊟ [ngog³ 恶¹]

【二噁英】一类有毒的含氯有机化合物，有强烈的致畸或致癌作用。进入人体的主要途径是饮食。

“噁”另见502页“恶”(ě)。

⊟ [ngog¹ 恶¹]

☞粤 象声词。形容吃脆的东西的声音：～～脆(嘎崩脆)。

嗔 chēn ㄔㄣ [cen¹ 亲]

生气(㊃－怒)：～怪｜～责｜转～为喜。【嗔着】(－zhe)对人不满，嫌：～他多事。

喀 [gag³ 格]

☞粤 ❶语气词。表示十分肯定或理所当然：佢亲口同我讲～(他亲口对我说的)｜畀嚟至得～(拿来才行嘛)。❷语气词。表申辩：你当时唔系噉讲～(你当时可不是这样说的)。

嗦 suo ·ㄙㄨㄛ [so¹ 梳]

见181页“哆”字条【哆嗦】(duō－)、191页“啰”字条【啰嗦】(luō－)。

嗝 gé ㄍㄜˊ [gag³ 隔]

(－儿)胃里的气体从嘴里出来而发出的声音，或因膈痉挛，气体冲过关闭的声带而发出的声音：打～。

嗄 ㊀á ㄚˊ ⊟ [á 哑]

同“啊”(á)。

㊁shà ㄕㄚˋ ⊟ [sa³ 沙³]

嗓音嘶哑。

嗣 sì ㄙˋ [ji⁶ 字]

❶接续，继承：～位。❷子孙：后～。

嗯 (㊂**叽、㊁**呸)

㊀ńg ㄫˊ，ⓧń ㄣˊ ⊟ [ng² 五²]

叹词。表示疑问：～？你说什么？

㊁ňg ㄫˇ，ⓧň ㄣˇ ⊟ [ng⁵ 五]

叹词。表示不以为然或出乎意外：～！我看不一定是那么回事｜～！你怎么还没去？

㊂ǹg ㄫˋ，ⓧǹ ㄣˋ ⊟ [ng⁴ 吾]

叹词。表示答应：～，就这么办吧。

嗰 [go² 个²]

☞粤 指示代词。那：～个｜～啲(那些)｜～处(那里，那儿)｜～笪(那儿，那里)｜～排(那段时间，那些日子)｜～阵(那时)。

嗅 xiù ㄒㄧㄡˋ [ceo³ 臭]

闻，用鼻子辨别气味：～觉。

嗥 (*嘷)háo ㄏㄠˊ [hou⁴ 豪]

野兽吼(hǒu)叫：虎啸熊～。

嗱 [na4 拿]

☞粤 叹词。1. 指物时用：~，本书喺嗰度(喏，书在那里)。2. 表示提示：~，噉做至啱(欸，这样做才对)。

嗲 diǎ ㄉㄧㄚˇ ㊀ [dé2 爹2]

〈方〉形容撒娇的声音或姿态：~声~气 | ~得很。

☞粤 ❶动词。撒娇：佢最中意~亚妈嘅(她最喜欢在妈妈面前撒娇)。❷形容词。娇声娇气：娇~(娇气，娇纵) | 细路女系~啲嘅喇(小女孩是娇气一点的)。❸词素。【嗲嗲吊】形容做事拖沓、散漫：佢做嘢~嘅，冇人督促唔得㗎(他做事吊儿郎当的，没人督促着是不成的)。

㊁ [dé4 爹4]

☞粤 ❶象声词。连续滴水声：水喉~~流(水龙头滴答滴答的流个不停)。【口水嗲嗲渧】口水不停地往下流。形容人非常喜爱或渴望得到某东西。❷象声词。引申指较长时间的说话：呢个电话足足~咗半个钟头(这个电话整整聊了半个小时)。

嗳 (噯)㊀āi ㄞ ㊀ [ai1 哎]

同"哎"。

㊁ǎi ㄞˇ ㊀ [ai2 霭]

叹词。表示否定或不同意：~，别那么说 | ~，不是这样放。

㊂ài ㄞˋ ㊀ [ai1 哎]

叹词。表示懊恼、悔恨：~，早知道是这样，我就不来了。

嗡 wēng ㄨㄥ [yung1 雍]

形容昆虫飞动等声音(叠)：蜜蜂~~地飞 | 飞机~~响。

嗙 pǎng ㄆㄤˇ [pong3 谤]

〈方〉夸大，吹牛，信口开河：你别听他瞎~ | 胡吹乱~。

嗌 ㊀ài ㄞˋ ㊀ [ai3 挨3，⊗ ngai3 隘]

噎，食物塞住嗓子。

☞粤 ❶动词。叫，喊：~名(喊名字；点名) | ~佢嚟(叫他来) | 佢喺度~乜嘢呀(他在喊什么)？ | ~数(旧时饮食让顾客付账时，服务员大声对柜台喊出应付的钱数)。❷动词。骂：再嘈人哋就~㗎喇(再吵闹人家就要骂的了) | ~交(吵架)。

㊁yì ㄧˋ ㊀ [yig1 益]

咽喉。

嗛 qiǎn ㄑㄧㄢˇ [hib3 怯]

颊囊，猴子等嘴里两腮上暂时贮存食物的地方。

〈古〉又同"谦"(qiān)、"歉"(qiàn)。

嗍 suō ㄙㄨㄛ [sog3 朔]

用唇舌裹食，吮吸。

☞粤 ❶动词。吮吸，吸：~奶 | ~骨髓 | ~两啖粥水(喝两口稀粥) | ~咗一啖烟(吸了一口烟)。❷吸收：呢条手巾唔~水(这条毛巾不吸水) | 攞块布嚟~干啲水(拿块布来吸干水)。【嗍油】指对妇

女占便宜的行为。习惯写作“索油”。❸动词。喘气，用于“嘞气”一词：佢行上八楼，猛咁～气(他走上八楼，拼命地喘气) | 做到～气(干活干得直喘气)。引申作吃力，费劲，够呛：行上八楼，几～气㗎(走上八楼，挺够呛的) | 一个人搦咁多嘢，好～气架(一个人拿那么多东西，很吃力的)。

嗨 ㊀hāi ㄏㄞ 〔一〕[hoi^1 开]

叹词。同“咳(hāi)❷”。

㊁hēi ㄏㄟ 〔二〕[héi^1 希]

同“嘿”(hēi)。

哴 [long^2 狼^2]

☞广 动词。涮，漱：用水～一下 | ～口(漱口) | ～口盅(漱口杯)。【哴釉】1. 搪瓷器皿或陶瓷器烧制前上釉。2. 形容人油嘴滑舌：佢把嘴～过釉嘅(他的嘴巴油滑得很)。

嗐 hài ㄏㄞˋ [hoi^6 害]

叹词。表示伤感、惋惜、悔恨等：～！想不到他病得这样重。

嗤 chī ㄔ [qi^1 雌]

讥笑：～之以鼻。

嗵 tōng ㄊㄨㄥ [tung^1 通]

形容脚步声、心跳声等：心～～地跳。

嗓 sǎng ㄙㄤˇ [song^2 爽]

❶(－子)喉咙。❷(－儿)发音器官的声带及发出的声音：～门儿 | 哑～儿。

辔 (轡)pèi ㄆㄟˋ [béi^3 秘]

驾驭牲口的嚼子和缰绳：鞍～。【辔头】辔。

11 画

嘞 lei · ㄌㄟ 〔一〕[la^3 啦^3，(又) lag^3 肋^3]

助词。跟“喽”(lou)相似：雨不下了，走～！

〔二〕[lag^3 肋^3]

☞广 语气词。与“喇❶”相通。有时肯定的语气会更强些：你知道就得～(你知道了就行了) | 人齐～(人到齐了)。

嗌 [mang^1 盲^1]

☞广 ❶动词。张挂：～蚊帐。❷动词。拉：～条绳晒衫(拉条绳子晾衣服)。

嘈 cáo ㄘㄠˊ [cou^4 曹]

杂乱(多指声音)：人声～杂。

嗽 (*嗽)sòu ㄙㄡˋ [seo^3 秀]

咳嗽。参看181页“咳”(ké)。

嘌 piào ㄆㄧㄠˋ [piu^3 票]

【嘌呤】(－lìng)有机化合物，无色晶体，易溶于水，在人体内嘌呤氧化而变成尿酸。

嘁 qī ㄑㄧ [qi^1 痴]

【嘁嘁喳喳】形容细碎的说话声：～地说个不停。

嘎

(*嘎)㊀gā ㄍㄚ ㊁[ga¹ 家]

拟声词。【嘎吧】【嘎叭】(－bā)形容树枝等折断的声音。【嘎吱】(－zhī)形容物体受压发出的声音。

【嘎巴】(－ba)1. 黏东西凝结在器物上。2. (－儿)凝结在器物上的东西：衣服上有好多～。

【嘎渣】(－zha)1. 疮口或伤口结的痂。2. (－儿)食物烤黄的焦皮：饭～｜饼子～儿。

㊁gá ㄍㄚˊ ㊁[ga⁴ 加⁴]

【嘎嘎】(－ga)同"尜尜"。

㊂gǎ ㄍㄚˇ ㊁[ga² 假²]

〈方〉❶乖僻。❷调皮：～小子。

嘘

㊀shī ㄕ ㊁[xi¹ 诗，㊇xu¹ 书]

叹词。表示反对、制止、驱逐等：～，小点儿声！

㊁xū ㄒㄩ ㊁[hêu¹ 虚]

❶从嘴里慢慢地吐气，呵气。❷叹气：仰天而～。❸火或汽的热力熏炙：小心别～着手｜把馒头放在锅里～一～。

【嘘唏】见186页"唏"字条【唏嘘】。

嘡

tāng ㄊㄤ [tong¹ 汤]

形容打钟、敲锣、放枪等的声音：～的一声，锣响了。

嘢

[ye⁵ 野]

☞粤❶名词。物件，东西；货：靓～(好东西)｜食～(吃东西)｜有～睇(有东西看)｜正～(上等货)｜平～(便宜货)｜扮～(装模作样，装假)｜领～(上当；惹上不好的东西)｜晒～(炫耀自己)｜玩～(耍手段；转指玩弄人)。【好嘢】1. 好东西，好货：～嚟㗎，唔怕买(是好东西呀，不怕买)。2. 好，行：呢个展览几～(这个展览真好)｜你～，攞咗第一(你真行，夺得冠军)！3. 叹词。喝彩声，欢呼声：～，我哋赢喇(好啊，我们赢了)！❷名词。事情，事儿；活儿：嗰件～搞掂(那件事办妥了)｜冇～，你放心(没事儿，你放心)｜揾～做(找活干)。❸名词。家伙(指人或物，指人时有贬义)：因住嗰个～(当心那家伙)｜呢个～唔听话(这家伙不听话)｜买油要带～装(买油要带家伙盛)。❹量词。1. 下(比较活用)：打佢两～(打他两下)｜一～就扑过嚟(一下子就扑过来)。2. 指某种容器：呷咗两～粥(喝了两碗粥)。

嘣

bēng ㄅㄥ [beng¹ 崩]

形容东西跳动或爆裂的声音：气球～的一声破了。

嘤

(嚶)yīng ㄧㄥ [ying¹ 英]

鸟叫的声音(叠)。

嘥

[bud¹ 卜]

☞粤象声词。汽车喇叭声：～～车(汽车(小孩证)。

嗡

[ngei¹ 危¹]

☞粤动词。恳求，央求：～求(恳求)｜再～下佢会得嘅(再恳求他一下，他会答应的)｜"人怕～，米怕筛"(俗语)｜～筛(恳求)｜唔使～人(不必求人)。也作"晲"。

嗮

[sai¹ 徙¹]

☞广 ❶动词。浪费：重用得就掛咗，～晒了(还能用就丢掉，浪费了)｜买呢啲唔等使嘅嘢，～钱嘅啫(买这些没用的东西，浪费钱罢了)｜～心机(费神，费心思)｜～抌(浪费；糟蹋)｜大～(浪费)。【嘥气】1. 白费唇舌：懒得同你讲，～(懒得跟你说，白费唇舌)！又说“嘥口水”。2. 白费劲，做无用功：有钱有人，讲乜都系～(没钱没人，说什么都是白费劲)｜噉做唔得㗎，～嘅啫(这样干不行的，白费劲罢了)。3. 不切实际的：用呢架烂车去接贵宾？～啦(用这辆破车去接贵宾？算了吧)！❷动词。错过(机会)：咁好嘅机会～咗，真可惜(这么好的机会给错过了，真可惜)。❸动词。贬低，损；讽刺，挖苦：～到佢一钱不值(把他损得一钱不值)｜一味～佢系唔好嘅(老是挖苦他是不好的)。

嘚

dē ㄉㄜ [deg¹ 德]

形容马蹄踏地声。【嘚啵】(－bo)〈方〉唠叨：别瞎～了，赶紧干活儿吧。

嗻

zhè ㄓㄜˋ ㊀ [zé¹ 遮]

叹词，旧时表示答应，“是”的意思。

☞广 ❶语气词。表申辩：十文八文～(十块八块而已)｜边个想噉～(谁愿意这样呀)｜噉又得～(这样也行嘛)｜大家都系一样～(大家都是一样的)。【话嗻】说是这么说。用于句首，有对对方的话不以为然的意思：～，好麻烦嘅(说是这么说，很麻烦的)｜～，我重系唔去好(说是这么说，我还是不去好)。❷形容词。话多：吱～(话多；叽叽喳喳的)｜嘴～～(贫嘴薄舌)｜～～声(哇啦哇啦地叫)。❸动词。喋喋不休地责难：你咪成日～住我(你别整天喋喋不休地责难我)。

㊁ [zé⁴ 遮⁴]

☞广 象声词。形容挤水声、炝锅声。

嘛

㊀má ㄇㄚˊ ㊀ [ma⁴ 麻，㊂ ma³ 麻³]

代词。什么：于～呀？｜有～说～。

㊁ma·ㄇㄚ ㊀ [ma⁴ 麻，㊂ma³ 麻³]

助词。表示很明显，事理就是如此(有时有提示意)：有意见就提～｜不会不要紧，边干边学～。

㊁ [ma³ 麻³]

☞广 见21页“之”字条【之嘛】(ji¹－)。

嘀

(＊＊啾)dí ㄉㄧˊ [dig¹ 嫡]

【嘀咕】(－gu)1. 小声说私话：他们俩～什么呢？2. 心中不安，犹疑不定：拿定主意，别犯～。

嗾

sǒu ㄙㄡˇ [seo² 手，㊄zug⁶ 族]

❶指使狗时发出的声音。❷教唆指使：～使。

嘧

mì ㄇㄧˋ [med⁶ 勿]

【嘧啶】(－dìng)有机化合物，无色晶体，有刺激性气味，溶于水、乙醇和乙醚。可用来制药等。

噉

[gem² 敢]

☞广 ❶指示代词。这样，那样：～做有错嘅(这样做没错)｜～嘅机会实在难得(这样的机会实在难得)。❷助词。(像)……似的：佢瘦到只马骝干～(他瘦得像猴子干似的)｜细胆到乜～(胆小得像什么似的)｜打雀～眼(像打鸟那样的眼睛。比喻聚精会神地盯着)。❸助词。用在象声词、形容词、短语或重叠的数量词后面，作为状语的标志，相当于普通话的"地"或"的"：风呼呼～吹｜雀仔吱吱喳喳～嘈（小鸟吱吱喳喳地闹）｜佢面红红～认咗（他脸红红地承认了）｜揸住手～教佢（手把手地教他）。

嘢 [wé⁵ 华野]

☞粤❶动词。指衣服过于柔软，穿着挺不起来。❷动词。咧开：成日～起个嘴（整天咧开嘴巴）。

12 画

嘻 xī ㄒㄧ [héi¹ 希]

喜笑的样子或声音（叠）：笑～～｜～～哈哈。

嘭 pēng ㄆㄥ [pang⁴ 彭]

形容敲门声等（叠）：～～的敲门声。

噎 yē ㄧㄝ [yid³ 热³]

食物堵住食道：吃得太快，～住了｜因～废食（喻因为偶然出毛病而停止正常的活动）。喻用话顶撞人，使对方说不出话来：说话别～人。

☞粤【打思噎】打嗝儿。

嘶 sī ㄙ [xi¹ 斯]

❶马叫：人喊马～。❷声音哑：～哑｜声～力竭。

噶 gá ㄍㄚˊ [ga¹ 加]

译音用字。

嘰 [kig¹ 卡益]

☞粤❶名词。坎儿：担挑两头都有～（扁担两头都有坎）｜头发飞成一个～（头发剪出一个坎）。❷动词。卡住：柜桶～住拉唔出（抽屉卡住拉不出来）。

【嘰手】棘手，难办：呢件事好～（这件事很难办）｜佢碰到唔少～事（他碰到不少棘手事）。

嘲 (**謿)㊀cháo ㄔㄠˊ（旧读 zhāo）[zao¹ 爪¹]

讥笑，取笑（连 –笑、–讽）：冷～热讽。

㊁zhāo ㄓㄠ [zao¹ 爪¹]

【嘲哳】（–zhā）同"啁哳"。

嗙 [bang⁴ 波罂⁴]

☞粤❶象声词。枪声：嗰边"～～"嗽响咗两枪（那边"砰砰"的响了两枪）。❷象声词。大力打门声；关门声：打门打到～～声都有人应（把门打得嘭嘭响都没人应答）｜佢气冲冲嗽翻入房，～声关实度门（她气鼓鼓地回房间去，砰的一声关上门）。

噘 juē ㄐㄩㄝ [küd³ 决]

翘起（嘴唇）：～嘴。

嘹 liáo ㄌㄧㄠˊ [liu⁴ 辽]

【嘹亮】声音响亮。

噆 zǎn ㄗㄢˇ [cem² 寝，㊉zem² 枕]

❶叮，衔。❷咬。

噗 pū ㄆㄨ [pog³ 璞]

形容水或气喷出的声音：~的一声吹灭了蜡烛。【噗嗤】(-chī)同"扑哧"。

嘬 ㊀chuài ㄔㄨㄞ ㊁[cai³ 猜³]

咬，吃。

㊁zuō ㄗㄨㄛ ㊁[jud³ 绝³]

聚缩嘴唇吸取：小孩~奶。

嘁 [pé⁵ 婆野]

☞广 动词。歪着身子：做乜佢行路总系~下~下嘁(为什么他走路总是歪着身子那样)？

嘿 ㊀hēi ㄏㄟ ㊁[héi¹ 希]

叹词。1. 表示惊异或赞叹：~，你倒有理啦！| ~，这个真好！2. 表示招呼或提醒注意：~，老张，快走吧！| ~，小心点儿，别滑倒！

【嘿嘿】形容冷笑声。

㊁mò ㄇㄛ ㊁[meg⁶ 默]

同"默"。

嗪 [zab⁶ 杂]

☞广 象声词。嚼东西声：食嘢食到~~声(吃东西吃得咂咂地响)。

噍 jiào ㄐㄧㄠ [㊅jiu⁶ 召]

【倒噍】(dǎo-)同"倒嚼"。参看210页"嚼"(jiào)。

☞广 动词。嚼：~唔郁(嚼不动)| ~烂啲(嚼烂点)。

噢 ō ㄛ [o¹ 柯]

叹词。表示了解：~，就是他！| ~，我懂了。

噏 xī ㄒㄧ ㊁[keb¹ 吸]

同"吸"。

㊁[ngeb¹ 我急]

☞广 动词。胡说：唔知你~乜(不知道你胡说些什么)| 咪乱~(别胡说)| ~三~四(说三道四，妄加评论)| 乱~廿四(胡说八道)| ~得就~(能说得出的都说了。指人说话口没遮拦)。【发噏风】胡说八道，胡言乱语：成日喺度~(整天胡说八道)。【好噏唔噏】字面意思是"该说的不说"，实际意思是"不该说的你偏说"：~，你噏埋啲嗽嘅嘢(该说的你不说，说这些不该说的)。

噃 [bo³ 播]

☞广 ❶语气词。表提醒：听日个会你唔好迟到~(明天的会议你别迟到啊)。❷语气词。表劝告：嗽做好危险嘅~(这样做很危险的呀)。❸语气词。表转告：大家要你讲清楚~| 主任交带嗽做嘅~(主任交代要这样做的)。❹语气词。表赞叹：几靓~(确实漂亮呀)| 系几好~(是不错呀)。

噙 qín ㄑㄧㄣ [kem⁴ 禽]

含在里面：嘴里~了一口水| 眼里~着泪水。

噜 (嚕)lū ㄌㄨ ㊁[lou¹ 捞]

【噜苏】(-su)〈方〉啰唆。

㊁［lou³ 老³］

☞粤代词。那：～便（那边）｜讲呢讲～（说这说那）｜嫌呢嫌～（嫌这嫌那）。〖“噜”广州市区一般不用，广州四乡有些地区可以单独用。〗

噇 chuáng ㄔㄨㄤˊ ［zong⁶ 状］

〈方〉大吃大喝。

嗱 ［lem¹ 凛¹］

☞粤动词。啃，多指啃咬小的东西：～杬核（啃橄榄核）｜～猪骨｜马骝将个桃～得几干净（猴子把桃子啃得多干净）。

【嗱谆】啰里啰唆：佢讲话好～嘅（他说话很啰唆）。

噂 zǔn ㄗㄨㄣˇ ［jun² 转²］

聚在～起议论。

噌 cēng ㄘㄥ ［zeng¹ 增］

形容短促磨擦或快速行动的声音：～的一声，火柴划着了｜～地站了起来。

嚄 ［wag¹ 画¹］

☞粤形容词。能说会道（有贬意）：嗰把嘴真～（那张嘴真会说）｜嘴～～（吱吱喳喳地说话）。

嘱 （囑）zhǔ ㄓㄨˇ ［zug¹ 足］

托付，告诫：以事相～｜～托｜～咐｜叮～｜遗～。

噀 （＊＊潠）xùn ㄒㄩㄣˋ ［sên³ 迅］

把含在口中的液体喷出来：～水｜～酒。

噔 dēng ㄉㄥ ㊀［deng¹ 登］

形容重东西落地或撞击物体的响声。

㊁［deng⁴ 登⁴］

☞粤象声词。脚步声。

13 画

嚄 ㊀huō ㄏㄨㄛ ㊁［wog⁶ 获］

叹词。表示惊讶：～，好大的水库！

㊁ǒ ㄛˇ ㊁［o² 哦²］

叹词。表示惊讶：～，这是怎么搞的？

嚆 hāo ㄏㄠ ［hou¹ 好¹］

呼叫。【嚆矢】带响声的箭。㊑发生在先的事物，事物的开端。

嚡 ㊁［hê¹ 靴，㊋ ê¹］

☞粤❶动词。嘘，起哄：～佢（嘘他）｜呢度啲观众一味～客队（这里的观众一味对客队起哄）。❷动词。引申为喝倒彩：佢哋畀人～得真惨（他们被人家喝倒彩，弄得真狼狈）。

㊁［hê⁴ 靴⁴］

☞粤动词。哈气：～咗一啖气（哈了一口气）。【气嚡嚡】气喘吁吁：走到佢～（跑得他气喘吁吁）。

【嚡哆】喇叭（市区已少用）：～嘞嘅嘴（喇叭样的嘴唇）｜～花（喇叭花）。

噤 jìn ㄐㄧㄣˋ ［gem³ 禁］

闭口，不作声：～若寒蝉。

嘴 zuǐ ㄗㄨㄟˇ [zêu² 沮]

❶同"口"：张～。❷(－子、－儿)形状或作用像嘴的东西：山～｜壶～儿。❸指说的话：别多～｜～甜。

噱 ㊀jué ㄐㄩㄝˊ [kêg⁶ 却⁶]

大笑。

㊁xué ㄒㄩㄝˊ [kêg⁶ 却⁶]

〈方〉笑：发～。【噱头】逗笑的话或举动。

器 (＊＊噐)qì ㄑㄧˋ [héi³ 气]

❶用具的总称：武～｜容～。【器官】生物体中具有某种独立生理机能的部分，如耳、眼、花、叶等：消化～｜生殖～。❷人的度量、才干：～量｜成～。❸器重，看重，看得起。

噪 (❷＊譟)zào ㄗㄠˋ [cou³ 措]

❶许多鸟或虫子乱叫：鹊～｜蝉～。㊖声音杂乱：～音。❷许多人大声吵嚷：聒～｜鼓～而进。❸(名声)广为传扬：名～一时。

噬 shì ㄕˋ [sei⁶ 逝]

☞粤 咬：吞～｜～脐莫及(喻后悔无及)｜畀狗～咗一啖(被狗咬了一口)。

【笑口噬噬】1. 龇牙咧嘴地笑。2. 咧着嘴假笑。

噉 hm ㄏㄇ [hm¹ 堪]

【h跟单纯的双唇鼻音拼合的音】叹词。表示申斥或禁止：～，你还闹哇！｜～，你还想骗我！

噫 yī ㄧ [yi¹ 衣]

文言叹词。【噫嘻】(－xī)表示悲痛或叹息。

噻 sāi ㄙㄞ [seg¹ 梳握]

【噻唑】(－zuò)有机化合物，无色液体，易挥发。可用来制药物和染料。

噼 pī ㄆㄧ [pig¹ 僻]

【噼啪】同"劈啪"。

14　画

嚱 [jid¹ 节¹]

☞粤 动词。胳肢，抓挠别人使发痛：我好怕～(我很怕被胳肢)｜～到佢碌地(胳肢得他在地上打滚)。

嚏 tì ㄊㄧˋ [tei³ 剃]

【嚏喷】(－pen)见194页【喷嚏】(pēn－)。

嚀 [düd¹ 夺¹]

☞粤 动词。噘嘴：～起个嘴(嘟起嘴巴)。【肥嚀嚀】胖乎乎：细蚊仔～好得意(小孩子胖嘟嘟的很有趣)。

嚅 rú ㄖㄨˊ [yu⁴ 如]

见198页"嗫"字条【嗫嚅】(niè－)。

嚊 [bé⁴ 啤⁴]

☞粤❶助词。用在句中表示停顿(现已少用)：排前排后~，都无所谓(至于排前排后呢，都无所谓)。❷助词。用在句末表示勉强或无可奈何：去就去~(去就去吧)。

【脍嗅嗅】见471页“脍”条。

嗾 [ngé¹ 牙耶¹]

☞粤❶象声词。婴儿哭叫声；羊等哀叫声。❷动词。引申作吭声或呼喊。【嗾都唔敢嗾】不敢吭一声：吓到佢~(吓得他不敢吭一声)。【嗾都冇得嗾】1. 来不及吭一声：只羊~就畀佢劏咗嘞(那羊来不及叫一声就让他宰了)。2. 一句话都说不出：攞出证据，佢~(拿出证据，他一句话都说不出)。

嚎 háo ㄏㄠˊ [hou⁴ 毫]

大声叫或哭喊。【嚎啕】【嚎咷】同“号啕”。

嚝 [guang⁴ 莄⁴]

☞粤【红嚝嚝】红红的(指红得俗气、难看)：搽到块面~噉，几难睇(涂得满脸红红的，多难看)。

噉 (嚂)hǎn ㄏㄢˇ [ham² 咸²，㊀ ham³ 喊]

同“阚”(hǎn)(柳宗元文《黔之驴》用此字)。

嚉 [bei⁶ 币]

☞粤糟糕，糟：~，唔记得带锁匙添(糟糕，忘了带锁匙了)！｜重唔落雨就~咯(还不下雨就糟了)。又说“嚉家伙”。

【嚉嚉冇咁嚉】俗语。没有比这更糟糕的了。

嚓 ㊀cā ㄘㄚ [cad³ 察]

形容物体磨擦声：摩托车~的一声停住了。

㊁chā ㄔㄚ [cad³ 察]

见174页“咔”字条【咔嚓】(kā-)。

嚔 [cêu⁴ 除]

☞粤名词。气味，多指不好闻的气味：房间里面有飕烟~(屋子里有股烟味儿)｜呢飕馊~好难闻(这股臊臭味儿真难闻)。

嚛 ㊀[kuag¹ 箍扼¹]

☞粤名词。圈儿，弯儿：兜咗一个大~(兜了一个圈儿)。

㊁[kuag³ 箍客]

☞粤❶动词。(用绳子)围：攞条绳~住，唔畀人入去(拿根绳子围着，不让人进去)。❷动词。绕(路)：~嗰边行(绕那边走)。❸动词。游逛：我想去百货公司~下(我想到百货公司逛逛)。

15—17画

嚫 [léng¹]

☞粤【嚫嚤】小子，小家伙：花~(蔑称轻佻的男青年)｜死~(臭小子，骂男青年的话)。也作“笭”。

☞粤【嚫仔】小子，蔑称男青年。

嚡 [hai⁴ 鞋]

☞粤❶形容词。粗糙：粗～丨木板冇刨过，好～(木板没刨，很粗糙)。❷形容词。涩：条脷好～(舌头很涩)。【嚡涩】粗粗的，粗糙的：落田多，对手梗系～啦(下田劳动多，双手肯定是粗糙的)丨张纸～，唔写得字(纸太粗糙，写不了字)。【口嚡脷素】口淡而涩：呢两日～，唔想食饭(这两天嘴巴又淡又涩，不想吃饭)。

噌 [mung³ 梦³]

☞粤形容词。由于闷热等而使人烦躁：热到佢～晒(热得他很烦躁)丨热痱～(痱子痒得人烦躁)。

嚂 [gém¹]

☞粤❶(球赛的)局：五～三胜。❷(球赛)输了一局：佢～咗(他输了)。〖英语 game 的音译。〗

嚚 yín ㄧㄣˊ [ngen⁴ 银]

❶愚蠢而顽固。❷奸诈。

嚣 (囂)xiāo ㄒㄧㄠ [hiu¹ 晓¹]

喧哗：叫～。【嚣张】放肆，邪恶势力上升：气焰～。

嚟 [lei⁴ 黎，㊇ léi⁴ 离]

☞粤❶动词。来：你得闲就～啦(你有空就来吧)丨近～丨行埋～(走过来)丨攞把士巴拿～(拿个扳手来)丨～唔切(来不及)丨攞我～出气(拿我来出气)。【嚟㗎】语气词。表示强调、加重肯定的语气：佢系老师～(他是老师而不是别的身份)丨呢张系羊皮～(这是羊皮而不是其他皮毛)丨呢啲系乜～(这是什么东西呀)？【嚟神】来劲儿：你表扬佢佢就～喇(你表扬他他就来劲儿了)。【监粗嚟】1. 硬干，蛮干：安装机器要睇清图纸先，～系唔得㗎(安装机器先要看清图纸，蛮干是不行的)。2. 强制进行：大家思想唔通，你唔好～(大家思想不通，你不要强行执行)。❷助词。用在动词后面，表示曾经发生什么事情，类似普通话的“来着”：佢头先重喺呢度～(他刚才还在这里来着)丨啱先你哋去做乜嘢～(刚才你们去干什么来着)？❸放在动词和助词“住”之后，表示后面动作的方式：坐住～慢慢倾(坐着慢慢谈)丨睇住～做(看着做)丨喺操场晒住～听(在操场上晒着听)。

嚤 [mo¹ 么]

☞粤形容词。慢：行得～(走得慢)丨食饭好～(吃饭吃得慢)丨做乜嘢都～过人(干什么都比别人慢)。【嚤㕭】动作迟缓：佢做嘢好～(他做事很慢)。【嚤佗】(动作)缓慢：快手啲，重咁～就赶唔切喇(动作快点，还这么慢慢吞吞就赶不上了)。〖一般只作谓语和补语，不能作定语和状语。如“慢车”“慢慢行”的“慢”都不能改用“嚤”。〗

嚶 [fing³ 夫定³]

☞粤【吊吊嚶】1. 形容悬挂着的东西摇来晃去：风吹灯笼～(风把灯笼吹得摇来晃去)。2. 形容事情还在挂着，未有结果：嗰件事到而家重系～，未有着落(那件事到现在还在挂着，没有着落)。

嚓

㊁［kéng¹ 卡鲮¹］

【嘅嚓】见 208 页"嘅"条。

㊂［kéng⁴ 卡鲮］

☞粤 名词。缸、盘、碗等的四周边沿：缸～｜碗～。

☞粤【轻嚓】轻便灵巧，小巧玲珑：嗰部影印机好～嘅，呢度完全放得落（那台影印机很轻巧的，这地方完全能放下）。

☞粤【灵嚓】灵验：呢种膏药医风湿骨痛好～（这种药膏治风湿骨痛很灵验）｜佢话嗰度啲菩萨好～咧（他说那里的菩萨很灵验啊）。

嚯

huò ㄏㄨㄛˋ［ho¹ 呵］

❶叹词。表示惊讶或赞叹：～，几年不见，孩子长这么高了！❷形容笑声：～～一笑。

嚿

［geo⁶ 笱⁶］

☞粤 量词。相当于普通话的"块""团"：一～石（一块石头）｜一～泥（一块土）｜缩埋一～（缩作一团）。【风嚿】旧指台风：打～（吹台风）。【一嚿饭】形容人不灵活，笨拙无能：你都唔识做，～嘅（你什么都不会干，真笨）。

嚼

㊀jiáo ㄐㄧㄠˊ ㊁［zêg³ 雀］

用牙齿磨碎食物。【嚼舌】信口胡说，搬弄是非。

㊁jiào ㄐㄧㄠˋ ㊂［㊁jiu⁶ 召］

【倒嚼】（dǎo－）反刍。

㊂jué ㄐㄩㄝˊ ㊁［zêg³ 雀］

义同"嚼"（jiáo），用于书面语复合词：咀（jǔ）～。

嚷

㊀rāng ㄖㄤ［yêng⁶ 让］

【嚷嚷】（－rang）1. 吵闹：大家别乱～。2. 声张：这事先别～出去。

㊁rǎng ㄖㄤˇ［yêng⁶ 让］

大声喊叫：大～大叫｜你别～了，大家都睡觉了。

18 画以上

嚶

［ngeng⁴ 莺］

☞粤【嚶嚶声】1. 呻吟声：痛到佢～（疼得他直哼哼）。2. 不满声：佢好有意见，成日～（他很有意见，整天嘀嘀咕咕的）。

嚹

［géng⁶ 镜⁶］

☞粤 ❶动词。提防：呢个人心地唔好，你要～住佢（这个人心地不正，你要提防他）。❷动词。忍让：大个要～细个（大的要忍让小的）。❸动词。小心：大家要～住啲嘢，咪打烂（大家对东西要小心，别打破）。【嚹惜】爱惜，珍惜：米粮种出嚟唔容易，大家要～（粮食种出来不容易，大家要爱惜）。❹形容词。形容缩手缩脚：～手～脚（处处小心谨慎）。

囔

nāng ㄋㄤ［nong⁴ 齉⁴］

【囔囔】（－nang）小声说话。

囉

［lo¹ 罗¹］

☞粤 名词。小箩，小篮子。

[38]口部

〇 líng ㄌㄧㄥˊ [ling⁴ 零]

数的空位，用于数字中：三～六号丨二～一一年。

2—3画

囚 qiú ㄑㄧㄡˊ [ceo⁴ 筹]

❶拘禁(㊀－禁)：～犯丨～在牢里。❷被拘禁的人：死～丨阶下～。

四 sì ㄙˋ [séi³ 时气³]

数目字。

团 (團、❸糰) tuán ㄊㄨㄢˊ [tün⁴ 屯]

❶圆形(叠)：～扇丨雌蟹是～脐的。❷(－子、－儿)圆形或球形的东西：纸～丨云～丨蒲～。❸指球形的食品：饭～儿丨菜～子。㊁量词。用于成团的东西或抽象的事物：一～线丨两～废纸丨一～和气丨一～糟。❹把东西揉弄成球形：～泥球丨～饭团子。❺会合在一起：～聚丨～圆。【团结】为了实现共同理想或完成共同任务而联合或结合：～起来，争取胜利。❻工作或活动的集体组织：文工～丨代表～丨～体。❼在我国特指共产主义青年团。❽军队的编制单位，是营的上一级。

因 (＊囙) yīn ㄧㄣ [yen¹ 恩]

❶原因，缘故，事物发生前已具备的条件：事出有～丨内～丨外～。❷介词。因为，由于：会议～故改期丨～病缺席。❸连词。连接分句，表示因果关系：～雾气太重，高速路暂时关闭。【因为】连词。表示因果关系：～今天下雨，我没有出门。❹沿袭(㊀－袭)：陈陈相～。【因循】1. 沿袭，不改变：～守旧丨～成规。2. 拖沓(tà)：～误事。❺凭借，根据：～势利导丨～陋就简丨～地制宜。

回 (❸迴、❸＊廻、＊＊囬) huí ㄏㄨㄟˊ [wui⁴ 蛔]

❶还(huán)，走向原来的地方：～家丨～国丨～到原单位工作。❷掉转：～过身来。【回头】1. 把头转向后方：～观望。2. 回归，返回：一去不～。3. 等一会儿：～再说吧。4. 改邪归正：现在～还不晚。❸曲折，环绕，旋转：～形针丨巡～。【回避】避免，躲开。❹答复，报答：～信丨～话丨～敬。❺量词。指事件的次数：两～丨他来过一～。㊁我国长篇小说分的章节：《红楼梦》一共一百二十～。

【回纥】(－hé)唐代西北的民族。又叫回鹘(hú)。

【回族】我国少数民族，参看附表。

囝 ㊀jiǎn ㄐㄧㄢˇ ㊀ [zei¹ 仔]

〈方〉儿子。

㊁nān ㄋㄢ ㊁ [nam⁴ 南]

〈方〉同“囡”。

囡 nān ㄋㄢ [nam⁴ 南]

〈方〉小孩儿。

4 画

园 （園）yuán ㄩㄢˊ ［yun⁴ 元］

❶（－子、－儿）种植菜蔬花果等的地方。【园地】1. 菜园、花园、果园等的统称。2. 借指开展某些活动的地方：艺术～。❷供人游玩或娱乐的地方：公～｜动物～。

围 （圍）wéi ㄨㄟˊ ［wei⁴ 为⁴］

❶环绕，四周拦挡起来：～巾｜～墙｜包～。❷四周：四～｜周～。❸（－子）圈起来用作拦阻或遮挡的东西：土～子｜床～子。❹量词。1. 两只手的拇指和食指合拢起来的长度：腰大十～。2. 两只胳膊合拢起来的长度：树大十～。

困 （❸❹睏）kùn ㄎㄨㄣˋ ［kuen³ 窘］

❶陷在艰难痛苦里面：为病所～。㊀包围住：把敌人～在城里。❷穷苦，艰难：～难｜～境。❸疲乏，困倦：孩子～了，该睡觉了。❹〈方〉睡：～觉。

囤 ㊀dùn ㄉㄨㄣˋ ㊀［dên⁶ 顿］

用竹篾、荆条等编成的或用席箔等围成的盛粮食等的器物：大～满，小～流。

㊁tún ㄊㄨㄣˊ ㊁［tün⁴ 团］

囤积，积存，存储货物、粮食：～货。

囮 é ㄜˊ ［㊀ngo⁴ 鹅，㊁yeo⁴ 由］

（－子）捕鸟时用来引诱同类鸟的鸟。又叫圝（yóu）。

囵 （圇）lún ㄌㄨㄣˊ ［lên⁴ 轮］

见212页“囫”字条【囫囵】（hú－）。

囫 hú ㄏㄨˊ ［fed¹ 忽］

【囫囵】（－lún）整个的，完整：～吞枣（喻不加分析地笼统接受）。

5—7 画

国 （國、＊＊囯）guó ㄍㄨㄛˊ ［guog³ 帼］

❶国家：保家卫～｜～内｜～际｜外～｜祖～。【国家】1. 阶级统治和管理的工具，是统治阶级对被统治阶级实行专政的暴力组织，主要由军队、警察、法庭、监狱等组成。国家是阶级矛盾不可调和的产物和表现，它随着阶级的产生而产生，也将随着阶级的消灭而自行消亡。2. 一个独立的国家政权所领有的区域。❷代表国家的，属于本国的：～旗｜～徽｜～歌｜～产｜～画｜～货。

固 gù ㄍㄨˋ ［gu³ 雇］

❶结实，牢靠（㊀坚－）：稳～｜牢～。㊀使坚固、牢固：～本｜～防。❷坚定，不变动：～请｜～守阵地。❸本，原来：～有。【固然】连词。表示先承认原来的意思，后面还要否定那个意思或者转到另一方面去：这项工作～有困难，但是一定能完成。❹坚硬：～体。

囷 qūn ㄑㄩㄣ ［keun¹ 坤］

古代一种圆形的谷仓。

囹 líng ㄌㄧㄥˊ [ling4 零]

【囹圄】(*囹圉)(－yǔ)古代称监狱：身陷～。

图 (圖)tú ㄊㄨˊ [tou4 桃]

❶用绘画表现出来的形象：～画｜～解｜地～｜蓝～｜插～。❷画：画影～形。❸计谋，计划：良～｜宏～。❹谋取，希望得到(㊀－谋)：唯利是～。【图腾】(外)原始社会的人用动物、植物或其他自然物作为其氏族血统的标志，并把它当作祖先来崇拜，这种被崇拜的对象叫图腾。

囿 yòu ㄧㄡˋ [yeo6 又]

❶养动物的园子：鹿～。❷局限，被限制：～于成见｜不为陈规所～。

圃 pǔ ㄆㄨˇ [pou2 普]

种植蔬菜、花草、瓜果的园子：花～｜苗～。

圄 yǔ ㄩˇ [yu5 雨]

见213页"囹"字条【囹圄】(líng－)。

圂 hùn ㄏㄨㄣˋ [wen6 运]

❶猪圈。❷厕所。

圆 (圓)yuán ㄩㄢˊ [yun4 元]

❶圆形，从它的中心点到周边任何一点的距离都相等。❷形状像球的：滚～｜滴溜儿～。❸完备，周全：～满｜话说得不～。㊁使之周全(多指掩饰矛盾)：自～其说｜～谎。❹我国的本位货币单位。也作"元"。

8 画以上

圊 qīng ㄑㄧㄥ [qing1 青]

厕所：～土｜～肥。

圉 yǔ ㄩˇ [yu5 雨]

养马的地方，也指养马的人。

圈 ㊀juān ㄐㄩㄢ ㊀ [hün1 喧]

关闭起来，用栅栏等围起来：把小鸡～起来。

㊁juàn ㄐㄩㄢˋ ㊁ [gün6 倦]

养家畜等的栅栏：猪～｜羊～。

㊂quān ㄑㄩㄢ ㊀ [hün1 喧]

❶(－子、－儿)环形，环形的东西：画一个～儿｜铁～。㊁1. 周，周遭：跑了一～儿｜兜了个大～子。2. 范围：这话说得出～儿了。❷画环形：～阅｜～个红圈当记号。❸包围：打一道墙把这块地～起来。

圌 chuí ㄔㄨㄟˊ [sêu4 谁]

圌山，山名，在江苏省镇江。

圐 (**啰)kū ㄎㄨ [ku1 箍]

【圐圙】(－lüè)(蒙)围起来的草场。多用于地名：薛～(在山西省山阴)。

圙 (**啗)lüè ㄌㄩㄝˋ [lêg6 略]

见213页"圐"字条【圐圙】(kū－)。

圜 ㊀huán ㄏㄨㄢˊ ㊁[wan⁴ 环]

围绕。

㊁yuán ㄩㄢˊ ㊁[yun⁴ 园]

同"圆"。

圝 yóu ㄧㄡˊ [yeo⁴ 由]

(-子)捕鸟时用来引诱同类鸟的鸟:鸟~子。也作"游"。

[39]山部

山 shān ㄕㄢ [san¹ 闩]

❶地面上由土石构成的高起的部分:爬~ | ~高水深 | 人~人海(形容人多)。❷蚕蔟:蚕上~了。❸山墙,房屋两头的墙:房~。

3—4 画

屼 wù ㄨˋ [nged⁶ 迄]

形容山秃。

屿 (嶼)yǔ ㄩˇ(旧读 xù)[zêu⁶ 罪,㊋yu⁵ 与]

小岛(㊎岛-)。

屾 shēn ㄕㄣ [sen¹ 申]

并立的两山。

屹 yì ㄧˋ [nged⁶ 兀]

山势高耸。㊞坚定不可动摇:~立 | ~然不动。

岁 (歲、*嵗、**歳)suì ㄙㄨㄟˋ [sêu³ 碎]

❶量词。计算年龄的单位,一年为一岁:三~的孩子。❷年:去~ | ~月。❸年成:歉~ | 富~。

☞㊄名词。嗉子,嗉囊:鸡~(鸡的嗉囊)。

岌 jí ㄐㄧˊ ㊀[keb¹ 级]

❶山高。❷危险。【岌岌】1. 形容山高。2. 形容危险:~可危。

㊁[ngeb⁶ 我及]

☞㊄动词。上下弹动,前后摇晃:~头(点头) | 风吹度门~得好犀利(风吹着门摇晃得很厉害) | ~~贡(上下不停弹动,晃动)。

屺 qǐ ㄑㄧˇ [héi² 起]

没有草木的山。

岂 (豈)qǐ ㄑㄧˇ [héi² 起]

副词。表示反诘。1. 哪里。怎么:~敢! | ~有此理? 2. 难道:~非怪事?

〈古〉又同"恺"(kǎi)、"凯"(kǎi)。

岍 qiān ㄑㄧㄢ [hin¹ 牵]

岍山,山名,在陕西省宝鸡。今作"千山"。

岐 qí ㄑㄧˊ [kéi⁴ 其]

❶岐山,山名。又地名,在陕西省。❷同"歧"。

岖 (嶇)qū ㄑㄩ [kêu¹ 驱]

见219页“崎”字条【崎岖】(qí－)。

屴 (嵺)lì ㄌㄧˋ [lig¹ 力¹]

【屴崌山】(－jū－)山名，在江西省乐平。

岠 jù ㄐㄩˋ [gêu⁶ 具]

❶大山。❷东岠岛、西岠岛，岛名，都在浙江省舟山。

岈 yá ㄧㄚˊ [nga⁴ 芽]

见220页“嵖”字条【嵖岈】(chá－)。

岗 (崗)㊀gāng ㄍㄤ [gong¹ 江]

同“冈”。

㊁gǎng ㄍㄤˇ [gong¹ 江]

❶(－子、－儿)高起的土坡：黄土～儿。❷(－子、－儿)平面上凸起的一长道：肉～子。❸守卫的位置：站～｜门～｜布～。【岗位】守卫、值勤的地方。也指职位：工作～。

岘 (峴)xiàn ㄒㄧㄢˋ [yin⁶ 现]

岘山，山名，在湖北省。

岑 cén ㄘㄣˊ [sem⁴ 心⁴]

小而高的山。

岚 (嵐)lán ㄌㄢˊ [lam⁴ 蓝]

山中的雾气。

岜 bā ㄅㄚ [ba¹ 巴]

(壮)石山。【岜关岭】地名，在广西壮族自治区扶绥。

岙 (＊＊嶴)ào ㄠˋ [ao³ 坳，⊗ou³ 奥]

浙江、福建等沿海一带把山间平地叫“岙”。

岛 (島、＊嶋)dǎo ㄉㄠˇ [dou² 捣]

海洋或河流、湖泊里四面被水围着的陆地叫岛。突入海洋或湖泊里，三面被水围着的陆地叫半岛。

岊 jié ㄐㄧㄝˊ [jid³ 折]

❶山的转弯处。❷用于地名：白～(在陕西省神木)。

5 画

岵 hù ㄏㄨˋ [wu⁶ 互]

多草木的山。

岢 kě ㄎㄜˇ [ho² 可]

【岢岚】(－lán)地名，在山西省。

岸 (＊屽)àn ㄢˋ [ngon⁶ 饿汗]

❶江、河、湖、海等水边的陆地：河～｜船靠～了。❷高大：伟～。

岩 (＊巖、＊巗、＊嵒)yán ㄧㄢˊ [ngam⁴ 鹅咸]

❶高峻的山崖。❷岩石，构成地壳的石头：沉积～｜火成～。

☞❶【岩巉】[ngam⁴cam⁴ 鹅咸蚕]参差不齐：佢嘅头发飞得咁～(他的头发理得那么参差不齐)。

崬 (㟖)dōng ㄉㄨㄥ [dung¹ 冬]

【崬罗】地名，在广西壮族自治区扶绥。今作"东罗"。

岿 (巋)kuī ㄎㄨㄟ [kuei¹ 亏]

高大：～然不动。

岨 jū ㄐㄩ，⊗qū ㄑㄩ [zêu¹ 追]

带土的石山。

岬 jiǎ ㄐㄧㄚˇ [gab³ 甲]

❶岬角，突入海中的尖形的陆地。多用于地名：野柳～(在台湾省台北)。❷两山之间。

岫 xiù ㄒㄧㄡˋ [zeo⁶ 就]

❶山洞。❷山。

岝 zuò ㄗㄨㄛˋ [zog³ 作]

【岝山】地名，在山东省潍坊。

岭 (嶺)lǐng ㄌㄧㄥˇ [ling⁵ 领，㊂léng⁵ 罗艇]

山脉：五～｜秦～｜翻山越～。

岣 gǒu ㄍㄡˇ [geo² 狗]

【岣嵝】(－lǒu)山峰名，衡山的主峰，也指衡山，在湖南省中南部。

峁 mǎo ㄇㄠˇ [mao⁵ 牡]

〈方〉小山包：下了一道坡，又上一道～。

峂 tóng ㄊㄨㄥˊ [tung⁴ 同]

【峂峪】地名，在北京市海淀。

峒 sī ㄙ [xi¹ 司]

【峒峿】(－wú)，地名，在江苏省新沂。

岷 mín ㄇㄧㄣˊ [men⁴ 文]

岷山，山名，在四川省北部，绵延于四川、甘肃两省边境。

岧 tiáo ㄊㄧㄠˊ [tiu⁴ 条]

【岧峣】(－yáo)山高。

峄 (嶧)yì ㄧˋ [yig⁶ 亦]

峄山，山名，在山东省。峄县，旧县名，在山东省枣庄。

岳 (❶*嶽)yuè ㄩㄝˋ [ngog⁶ 腭]

❶高大的山。【五岳】我国五座名山，即东岳泰山，西岳华山，南岳衡山，北岳恒山，中岳嵩山。❷称妻的父母或妻的叔伯：～父｜叔～。

岱 dài ㄉㄞˋ [doi⁶ 袋]

五岳中东岳泰山的别称，又叫岱宗、岱岳，在山东省。

峃 (嶨)xué ㄒㄩㄝˊ [hog⁶ 鹤]

【峃口】地名，在浙江省文成。

6—7 画

峙 ㊀shì ㄕ ㊂［xi⁶ 是］

【繁峙】地名，在山西省。

㊁zhì ㄓ ㊂［xi⁶ 是，㊅qi⁵ 似］

直立，耸立：～立｜两峰相～。

峘 huán ㄏㄨㄢˊ［wun⁴ 缓］

❶与大山相连时显得较高的小山。❷姓。

耑 duān ㄉㄨㄢ［dün¹ 端］

❶"端"的古字。❷姓。

另见5页"专"(zhuān)。

炭 tàn ㄊㄢˋ［tan³ 叹］

❶木炭，把木材和空气隔绝，加高热烧成的黑色燃料。燃烧时无烟。❷像炭的东西：山楂～(中药)。❸〈方〉煤：挖～。

峛 liè ㄌㄧㄝˋ［léi⁵ 里］

用于地名：～屿(在福建省云霄)。

宬 chéng ㄔㄥˊ［xing⁴ 城］

姓。

峡 (峽)xiá ㄒㄧㄚˊ［hab⁶ 侠］

两山夹水的地方：～谷｜长江三～。【地峡】海洋中连接两块陆地的狭窄陆地。【海峡】两块陆地之间连接两个海域的狭窄水道：台湾～。

峣 (嶢)yáo ㄧㄠˊ［yiu⁴ 摇］

【岧峣】(tiáo－)山高。

岫 qū ㄑㄩ［kug¹ 曲］

用于地名：岞(zuò－)(在河南省内乡)。

峒 (＊峝)㊀dòng ㄉㄨㄥˋ ㊂［dung⁶ 洞］

山洞，石洞。

㊁tóng ㄊㄨㄥˊ ㊂［tung⁴ 同］

见219页"崆"字条【崆峒】(kōng－)。

峤 (嶠)㊀jiào ㄐㄧㄠˋ ㊂［giu⁶ 叫⁶］

山道。

㊁qiáo ㄑㄧㄠˊ ㊂［kiu⁴ 桥］

山尖而高。

峗 wéi ㄨㄟˊ［ngei⁴ 危］

用于地名：～家湾(在四川省乐至)。

峋 xún ㄒㄩㄣˊ［sên¹ 询］

见221页"嶙"字条【嶙峋】(lín－)。

峥 zhēng ㄓㄥ［zeng¹ 增］

【峥嵘】(－róng)1. 高峻，突出：山势～。2. 不平常：～岁月。

峧 jiāo ㄐㄧㄠ［gao¹ 交］

用于地名：～头(在浙江省舟山)。

幽 yōu ㄧㄡ［yeo¹ 休］

❶形容地方很僻静、光线暗：~谷|~林|~室。㊀隐藏，不公开的：~居|~会。❷使人感觉沉静、安闲的：~香|~美|~雅。❸幽禁，把人关起来不让跟外人接触。❹指阴间：~灵|~明(阳间)永隔。❺幽州，古地名，大致在今河北省北部和辽宁省西南部：~燕(yān)。

【幽默】(外)有趣或可笑而意味深长：~画。

峦 (巒)luán ㄌㄨㄢˊ [lün⁴ 联]

❶小而尖的山。❷连着的山：山~起伏|峰~。

峅 lòng ㄌㄨㄥˋ [lung⁶ 龙⁶]

(壮)石山间的平地。

岿 kàn ㄎㄢˋ [hem³ 勘]

【赤岿】地名，在台湾省。

崂 (嶗)láo ㄌㄠˊ [lou⁴ 劳]

崂山，山名，在山东省青岛。也作"劳山"。

峿 wú ㄨˊ [ng⁴ 梧]

见216页"峒"字条【峒峿】(sī-)。

峷 (㭃)shē ㄕㄜ [cé⁴ 邪]

同"畲"。多用于地名。

崃 (崍)lái ㄌㄞˊ [loi⁴ 来]

见102页"邛"字条【邛崃】(qióng-)。

峭 (*陗)qiào ㄑㄧㄠˋ [qiu³ 悄]

山又高又陡(㊈陡-)：~壁。㊂严峻：~直(严峻刚直)。

峨 (*峩)é ㄜˊ [ng⁴ 鹅]

高：巍~|~冠。

【峨眉】【峨嵋】(-méi)山名，在四川省。

崄 (嶮)xiǎn ㄒㄧㄢˇ [him² 险]

见220页"崾"字条【崾崄】(yào-)。

峪 yù ㄩˋ [yug⁶ 浴，㊉yu⁶ 预]

山谷，多用于地名：马兰~(在河北省)。

峰 (*峯)fēng ㄈㄥ [fung¹ 丰]

高而尖的山头：山~|顶~|~峦。㊀形状像峰的事物：洪~|波~|驼~。

崀 làng ㄌㄤˋ [long⁵ 朗]

【崀山】地名，在湖南省新宁。

峻 jùn ㄐㄩㄣˋ [zên³ 进]

山高而陡：~峭|陡~|崇山~岭。㊂严厉苛刻：严刑~法。

8 画

崚 léng ㄌㄥˊ，㊉líng ㄌㄧㄥˊ [ling⁴ 陵]

【崚嶒】(-céng)形容山高。

崊

[lem⁶ 凛⁶]

☞🅑名词。丛生的草本：簕~（荆棘丛）| 草~（草堆，草丛）。

崧

sōng ㄙㄨㄥ [sung¹ 嵩]

❶旧同“嵩”。❷用于地名：~厦镇（在浙江省上虞）。

崖

（**崕、**厓）yá ㄧㄚˊ（旧读ái）[ngai⁴ 艾⁴]

高地或山石陡立的侧面：山~ | 悬~勒马（喻到了危险的地步赶紧回头）。

崎

qí ㄑㄧˊ [kéi¹ 畸]

【崎岖】（-qū）形容山路不平。

崦

yān ㄧㄢ [yim¹ 阉]

【崦嵫】（-zī）1. 山名，在甘肃省。2. 古代指太阳落山的地方：日薄~。

崭

（嶄、*嶃）zhǎn ㄓㄢˇ [zam² 斩]

❶高峻，突出：~露头角。❷非常，极：~新。

崮

gù ㄍㄨˋ [gu³ 雇]

四周陡峭而顶部较平的山。多用于地名：孟良~（在山东省临沂）。

崔

cuī ㄘㄨㄟ [cêu 吹]

姓。

【崔嵬】（-wéi）山高大不平。

崟

（**崯）yín ㄧㄣˊ [yem⁴ 吟]

见220页“嵚”字条【嵚崟】（qīn-）。

崤

xiáo ㄒㄧㄠˊ [ngao⁴ 肴]

崤山，山名，在河南省西部。又叫崤陵。

崩

bēng ㄅㄥ [beng¹ 波莺]

❶倒塌：山~地裂。【崩溃】垮台，彻底失败：敌军~了。❷破裂：把气球吹~了 | 俩人谈~了。❸爆裂或弹（tán）射出来的东西击中：放爆竹~了手。❹崩症，又叫血崩，一种妇女病。❺封建时代称帝王死。

崞

guō ㄍㄨㄛ [guog³ 国]

崞县，旧地名，在山西省。现叫原平市。

崒

（**崪）zú ㄗㄨˊ [jud⁶ 绝]

险峻。

崇

chóng ㄔㄨㄥˊ [sung⁴ 送⁴]

❶高：~山峻岭 | ~高。❷尊重：推~ | ~拜 | 尊~。

崆

kōng ㄎㄨㄥ [hung¹ 凶]

【崆峒】（-tóng）1. 山名，在甘肃省平凉。2. 岛名，在山东省烟台。

崀

lù ㄌㄨˋ [lug⁶ 六]

（壮）土山间的平地。

崌

jū ㄐㄩ [gêu¹ 居]

见215页“蛎”字条【蛎崌山】(lì－)。

崛 jué ㄐㄩㄝˊ［gued⁶ 骨⁶］

高起，突起：～起。

崡 hán ㄏㄢˊ［ham⁴ 咸］

古地名，即函谷，在今河南省灵宝北。

9 画

葑 fēng ㄈㄥ［fung¹ 丰］

用于地名：～源庄(在河北省涿州)。

嵁 kān ㄎㄢ［hem¹ 堪］

【堪岩】高峻的山岩。

嵌 qiàn ㄑㄧㄢˋ［hem³ 勘³］

把东西卡在空隙里：镶～｜～入｜匣子上～着象牙雕的花。

嵽 (嵽)dié ㄉㄧㄝˊ［did³ 跌］

【嵽嵲】(－niè)形容山高。

嵘 (嶸)róng ㄖㄨㄥˊ［wing⁴ 荣］

见217页“峥”字条【峥嵘】(zhēng－)。

嵖 chá ㄔㄚˊ［ca⁴ 茶］

【嵖岈】(－yá)山名，在河南省遂平。

嵝 yào ㄧㄠˋ［yiu⁶ 耀］

【嵝崄】(－xiǎn)〈方〉两山之间像马鞍子的地方，多用于地名：～乡(在陕西省黄龙)｜白马～(在陕西省定边)。

崵 ㊀dǎng ㄉㄤˇ ㊁［dong² 挡²］

用于地名：～村(在广西壮族自治区灵川)。

㊁hán ㄏㄢˊ ㊁［hon⁴ 寒］

岚崵，山名。

崴 (㊀❷**踒)㊀wǎi ㄨㄞˇ ㊁［wai¹ 怀］

❶〈方〉(－子)山、水弯曲处。多用于地名：三道～子(在吉林省靖宇)。❷(脚)扭伤。❸山路不平。

㊁wēi ㄨㄟ ㊁［wei¹ 威］

【崴嵬】(－wéi)山高的样子。

嵎 yú ㄩˊ［yu⁴ 余］

❶山弯曲的地方。❷同“隅”。

崽 zǎi ㄗㄞˇ［zoi² 宰，㊀ zei² 济²］

❶〈方〉小孩子。❷(－子、－儿)幼小的动物：猪～儿｜虎～儿。

崿 è ㄜˋ［ngog⁶ 岳］

山崖：危岩峭～。

嵚 (嶔)qīn ㄑㄧㄣ［yem¹ 音］

【嵚崟】(－yín)山高的样子

嵬 wéi ㄨㄟˊ［ngei⁴ 危］

高大耸立。

嵛 yú ㄩˊ［yu⁴ 余］

【昆嵛】山名，在山东省东部。

嵯
cuó ㄘㄨㄛˊ [co¹ 初]

【嵯峨】(－é)山势高峻。

嵝
(嶁)lǒu ㄌㄡˇ [leo⁵ 柳]

见216页“岣”字条【岣嵝】(gǒu－)。

嵫
zī ㄗ [ji¹ 兹]

见219页“崦”字条【崦嵫】(yān－)。

嵋
méi ㄇㄟˊ [méi⁴ 眉]

见218页“峨”字条【峨嵋】(é－)。

10 画

嶅
áo ㄠˊ [ngou⁴ 敖]

嶅山，山名。一在山东省新泰，一在广东省东北部。【嶅阴】地名，在山东省新泰。

嵊
shèng ㄕㄥˋ [xing⁶ 盛]

【嵊州】地名，在浙江省。

嵲
niè ㄋㄧㄝˋ [yid⁶ 热]

见220页“嵽”字条【嵽嵲】(dié－)。

嵩
sōng ㄙㄨㄥ [sung¹ 送¹]

❶嵩山，又叫嵩高，五岳中的中岳，在河南省。❷高。

嵴
jí ㄐㄧˊ [zég³ 脊]

山脊。

11—12 画

嶂
zhàng ㄓㄤˋ [zêng³ 胀]

形势高险像屏障的山峰：层峦叠～。

嶍
xí ㄒㄧˊ [zab⁶ 杂]

【嶍峨】(－é)山名，在云南省玉溪。

嶲
xī ㄒㄧ [sêu⁵ 绪]

【越嶲】地名，在四川省。今作“越西”。

嶓
bō ㄅㄛ [bo¹ 波]

【嶓冢】(－zhǒng)古山名，在今甘肃省成县东北。

嵾
jiù ㄐㄧㄡˋ [zeo⁶ 就]

用于地名：～峪(在陕西省周至)。

嶙
lín ㄌㄧㄣˊ [lên⁴ 轮]

【嶙峋】(－xún)山石一层层的重叠不平。

嶟
zūn ㄗㄨㄣ [zên¹ 津]

山石高峻陡峭。

嶒
céng ㄘㄥˊ [ceng⁴ 层]

见218页“崚”字条【崚嶒】(léng－)。

嶝
dèng ㄉㄥˋ [deng³ 凳]

山上可攀登的小路。

13 画以上

嵘 méng ㄇㄥˊ ［mung⁴ 蒙］

山名。

巘 （巚）yǎn ㄧㄢˇ ［yin⁵ 演⁵］

〈古〉❶形状像甑（zèng，蒸锅）的山。❷山峰，山顶：绝～（极高的山顶）。

嶦 shàn ㄕㄢˋ ［jim¹ 詹］

山坡。

豳 bīn ㄅㄧㄣ ［ben¹ 宾］

古地名，在今陕西省旬邑一带。

嶷 yí ㄧˊ ［yi⁴ 而］

【九嶷】山名，在湖南省宁远。

巅 （巔）diān ㄉㄧㄢ ［din¹ 典¹］

山顶。也作"颠"。

巇 xī ㄒㄧ ［héi¹ 希］

【险巇】形容山险。㊀ 道路艰难。

巍 wēi ㄨㄟ ［ngei⁴ 危］

高大（叠）：～峨｜～～高山。

巉 chán ㄔㄢˊ ［cam⁴ 蚕］

山势险峻：～岩。

☞㊅ 动词。【巉眼】指（强光）晃眼，刺眼：太阳好～眼｜眼灯～眼，睇唔见（灯晃眼，看不见）。

巎 náo ㄋㄠˊ ［nao⁴ 挠］

同"猱"。用于人名。

［40］巾部

巾 jīn ㄐㄧㄣ ［gen¹ 跟］

擦东西或包裹、覆盖东西用的纺织品：手～｜头～。

1—4 画

布 （❷-❹*佈）bù ㄅㄨˋ ［bou³ 报］

❶用棉纱、麻纱等织成的、可以做衣服或其他物件的材料。【布匹】布的总称。❷宣布，宣告，对众陈述：发～｜开诚～公。【布告】张贴出来通知群众的文件。❸散布，分布：阴云密～｜星罗棋～。❹布置，安排：～防｜～局｜～下天罗地网。❺古代的一种钱币。

【布朗族】【布依族】都是我国少数民族，参看附表。

帅 （帥）shuài ㄕㄨㄞˋ ［sêu³ 税］

❶军队中最高一级的指挥官：元～｜统～。❷英俊，潇洒，漂亮：这个小伙儿很～｜他的动作～极了｜字写得～。

帆 （*忛、*颿）fān ㄈㄢ ［fan⁴ 凡］

利用风力使船前进的布篷：白～｜～船｜一～风顺。

帏 (幃)wéi ㄨㄟˊ [wei⁴ 围]

帐子，幔幕。

帐 (帳)zhàng ㄓㄤˋ [zêng³ 涨]

❶(－子)用布或其他材料做成的帷幕：蚊～｜圆顶～子｜营～｜～篷。❷同“账”。

希 xī ㄒㄧ [héi¹ 稀]

❶少：物以～为贵。❷盼望(㊟－望)：～准时出席｜～早日归来。

5 画

帖 ㊀tiē ㄊㄧㄝ [tib³ 贴]

❶妥当，合适：妥～｜安～。❷顺从，驯服：～伏｜俯首～耳(含贬义)。

㊁tiě ㄊㄧㄝˇ [tib³ 贴]

❶(－儿)便条：字～儿。❷(－子)邀请客人的纸片：请～｜喜～。❸旧时写着生辰八字等内容的纸片：庚～｜换～。

㊂tiè ㄊㄧㄝˋ [tib³ 贴]

学习写字时模仿的样本：碑～｜字～。

帜 (幟)zhì ㄓˋ [qi³ 次]

旗子(㊟旗－)：独树一～。

帙 (*袠、*袟)zhì ㄓˋ [did⁶ 秩]

❶包书的布套子。❷量词。用于装套的线装书。

帕 pà ㄆㄚˋ [pag³ 拍]

❶(－子)包头或擦手脸用的布或绸：首～｜手～。❷压强单位名帕斯卡的简称，符号 Pa。天气预报中常用“百帕”。

帔 pèi ㄆㄟˋ [péi³ 屁]

古代披在肩背上的服饰：凤冠霞～。

帑 tǎng ㄊㄤˇ [tong² 躺]

古时指收藏钱财的府库和府库里的钱财。

〈古〉又同“孥”(nú)[no⁴ 奴]。

6—9 画

帮 (幫、*幇、*幚)bāng ㄅㄤ [bong¹ 邦]

❶辅助(㊟－助)：～忙｜～手｜～凶｜我～你做。❷集团，帮会：匪～｜青红～。❸(－子、－儿)旁边的部分：船～｜鞋～儿｜白菜～子。❹量词。群，伙：大～人马。

带 (帶)dài ㄉㄞˋ [dai³ 戴]

❶(－子、－儿)用皮、布或纱线等物做成的长条：皮～｜腰～｜鞋～儿。㊢轮胎：外～｜里～。❷地带，区域：温～｜寒～｜沿海一～。❸携带：腰里～着盒子枪｜～着行李。❹捎，顺便做，连着一起做：你给他～个口信去｜把门～上｜连寄信～买菜。❺显出，有：面～笑容｜～花纹的玻璃。❻领，率领(㊟－领)：～路｜～兵｜～头。❼白

带，女子阴道分泌的白色黏液。

帧 (幀) zhēn ㄓㄣ (旧读 zhèng) [jing3 证]

量词。幅(用于字画、照片等)：一～彩画。【装帧】书画等物的装潢设计。

帡 píng ㄆㄧㄥˊ [ping4 平]

【帡幪】(－méng)古代称覆盖用的东西。指帐幕等。

帝 dì ㄉㄧˋ [dei3 缔]

❶古代指天神：上～。❷君主，皇帝：称～｜三皇五～。

帱 (幬)㊀chóu ㄔㄡˊ ㊀ [ceo4 绸]

❶帐子。❷车帷。

㊁dào ㄉㄠˋ ㊁ [dou6 道]

覆盖。

帺 [léi5 理]

☞❶名词。帆：扯～(扬帆)｜使～(操纵船帆；驾驶帆船)。【趁风使帺】见风张帆。引申指趁着有利条件赶快行动。【见风使帺】见风使舵。比喻跟着形势而转变方向(含贬义)。

帨 shuì ㄕㄨㄟˋ [sêu3 税]

古代的佩巾。

常 cháng ㄔㄤˊ [sêng4 尝]

❶长久：～绿树｜冬夏～青。❷副词。经常，时时(叠)：～～见面｜～和工人一起劳动。❸平常，普通的，一般的：～识｜～态｜～事｜反～｜习以为～。

帻 (幘)zé ㄗㄜˊ [jig1 即]

古代的一种头巾。

帼 (幗)guó ㄍㄨㄛˊ [guog3 郭]

古代妇女包头的巾、帕：巾～英雄(女英雄)。

帷 wéi ㄨㄟˊ [wei4 围]

(－子)围在四周的帐幕：车～子｜运筹～幄。

帵 wān ㄨㄢ [wun2 碗]

〈方〉(－子)裁衣服剩下的大片布料。

幅 fú ㄈㄨˊ [fug1 福]

❶布匹、呢绒等的宽度：～面｜这种料子是双～的。❷物体振动或摇摆所展开的宽度：～度｜振～。㊖事物变动的大小：产品质量大～提高。【幅员】宽窄叫幅，周围叫员。㊂疆域：我国～广大。❸量词。用于布帛、书画等：一～字画｜两～锦缎。

帽 (＊帽)mào ㄇㄠˋ [mou6 雾]

❶帽子。❷(－儿)作用或形状像帽子的东西：螺丝～儿｜笔～儿。

幄 wò ㄨㄛˋ [eg1 握]

帐幕：帷～。

10 画以上

幖 biāo ㄅㄧㄠ [bin¹ 标]

用作标志的旗帜或其他物品。

幌 huǎng ㄏㄨㄤˇ [fong² 访]

帐幔，帘帷。【幌子】(-zi)商店、饭店等门外的标志物。喻为了进行某种活动所假借的名义：打着募捐的~骗钱。

幔 màn ㄇㄢˋ [man⁶ 曼]

(-子)悬挂起来用作遮挡的布、绸子等：布~ | 窗~。

幛 zhàng ㄓㄤˋ [zêng³ 胀]

(-子)上面题有词句的整幅绸布，用作庆贺或吊唁的礼物。

幞 fú ㄈㄨˊ [fug⁶ 伏]

同"袱"。【幞头】古代男子用的一种头巾。

幡 (**旛)fān ㄈㄢ [fan¹ 翻]

用竹竿等挑起来直着挂的长条形旗子。

幢 ㊀chuáng ㄔㄨㄤˊ ㊁ [cong⁴ 床]

❶古代指旗子一类的东西。❷佛教的经幢。在绸伞上写经的叫经幢，在石柱上刻经的叫石幢。

㊁zhuàng ㄓㄨㄤˋ ㊁ [zong⁶ 状]

〈方〉量词。用于房子：一~楼。

幪 méng ㄇㄥˊ [mung⁴ 蒙]

见 224 页"帡"字条【帡幪】(píng-)。

[41]彳部

彳 chǐ ㄔˇ [qig¹ 斥]

【彳亍】(-chù)小步慢走或走走停停的样子。

☞▌形容词。跛脚走路状：佢只脚痛，行起路有啲~~下(他的脚痛，走起路来有点瘸)。

3—5 画

行 ㊀háng ㄏㄤˊ ㊁ [hong⁴ 杭]

❶行列，排：单~ | 双~ | 雁飞成~。❷行业：同~ | 外~。【行家】精通某种事务的人。❸某些营业性机构：银~ | 车~ | 电料~。【行市】(-shi)市场上商品的一般价格。❹兄弟、姊妹长幼的次第：排~ | 您~几？我~三。❺量词。用于成行的东西：几~字 | 两~树。

㊁xíng ㄒㄧㄥˊ ㊁ [heng⁴ 恒，㊂ hang⁴ 坑⁴]

❶走：日~千里 | 步~。㊂出外时用的：~装 | ~箧(qiè)。【行李】(-li)出外时所带的包裹、箱子等。【一行】一组[指同行(xíng)的人]。【行书】汉字的一种字体，形体和笔势介于草书和楷书之间。❷流通，传递：~销 | 通~全国 | 发~报刊、书籍。❸流动性的，临时性的：~灶 | ~商 | ~营。❹进行：

另~通知｜即~查处。❺实做，办：~礼｜举~｜实~。❻(旧读xìng)足以表明品质的举止行动：言~｜品~｜罪~｜操~｜德~。❼可以：不学习不~。❽能干：你真~，这么快就解决了问题。❾将要：~将毕业。❿乐府和古诗的一种体裁。⓫姓。

彻 (徹)chè ㄔㄜˋ [qid³ 撤]

通，透：冷风~骨｜~头~尾(自始至终，完完全全)｜~夜(通宵)。【彻底】一直到底，深入透彻：~解决问题。

役 yì ㄧˋ [yig⁶ 亦]

❶战事：战~。❷指需要出劳力的事：劳~。❸兵役：现~｜预备~。❹使唤(㊣-使)：奴~。❺旧时称被役使的人：杂~｜差(chāi)~。

彷 (㊁**徬)㊀fǎng ㄈㄤˇ ㊀[fong² 仿]

【彷佛】旧同"仿佛"。参看51页"仿❹"。

㊁páng ㄆㄤˊ ㊁[pong⁴ 旁]

【彷徨】(*旁皇)(-huáng)游移不定，不知道往哪里走好：~歧途。

征 (❸-❻△徵)zhēng ㄓㄥ [jing¹ 蒸]

❶远行：~帆(远行的船)｜~途。❷用武力制裁：出~｜~讨。【征服】用力制服：~病魔。❸由国家召集或收用：应(yìng)~入伍｜~税。❹寻求，希望得到(㊣-求)：~稿｜~求群众意见。❺证明，证验：有实物可~。❻现象，迹象：特~｜~兆。

"徵"另见229页zhǐ。

徂 cú ㄘㄨˊ [cou⁴ 曹]

❶往。❷过去。❸开始。❹同"殂"。

往 (*徃)wǎng ㄨㄤˇ [wong⁵ 王⁵]

❶去，到：来~｜~返｜一个~东，一个~西。❷过去(㊣-昔)：~年｜~事。❸介词。朝，向：~东走｜~前看｜此车开~上海。【往往】副词。常常：这些小事情~被人忽略。

彼 bǐ ㄅㄧˇ [béi² 比]

❶代词。那，那个，跟"此"相对：~岸｜~处｜顾此失~。❷代词。他，对方：知己知~。【彼此】那个和这个。特指对方和自己两方面：~有深切的了解｜~互助。

径 (徑、❶❸△*逕)jìng ㄐㄧㄥˋ [ging³ 敬]

❶小路：山~。㊕达到目的的方法：捷~｜门~。【径赛】各种赛跑和竞走项目比赛的总称。【径庭】㊕相差太远：大相~。❷直径，两端以圆周为界，通过圆心的线段：半~｜口~。❸副词。表示直接前往某处或直接做某件事：事毕~返北京｜~行办理｜~与有关单位联系。

"逕"另见256页"迳"。

6—7画

衎 kàn ㄎㄢˋ [hon³ 汉]

❶快乐。❷刚直。

待 ㊀dāi ㄉㄞ [doi⁶ 代]

停留，逗留，迟延。你～一会儿再走。也作“呆”。

㊁dài ㄉㄞˋ［doi⁶ 代］

❶等，等候（㊜等－）：～业｜～机出击｜尚～研究。❷对待，招待：～人接物｜大家～我太好了｜～客。【待遇】在社会上享有的权利、地位等：政治～｜物质～。特指工资、食宿等：调整～。❸需要：自不～言。❹将，要（古典戏曲、小说和现代某些方言的用法）：正～出门，有人来了。

徊

huái ㄏㄨㄞˊ［wui⁴ 回］

见228页“徘”字条【徘徊】（pái－）。

徇

（*狥）xùn ㄒㄩㄣˋ［sên¹ 荀，㊂ sên⁶ 顺］

❶依从，曲从：～私舞弊。❷同“殉❶”。

☞㊈动词。责备，多用于上对下：佢畀老豆～咗一餐（他被父亲臭骂了一顿）。

徉

yáng ㄧㄤˊ［yêng⁴ 阳］

见228页“徜”字条【徜徉】（cháng－）。

衍

yǎn ㄧㄢˇ［yin² 演²］

❶延长，展开：推～。❷多余的（指文字）：～文（书籍中因缮写、刻版、排版错误而多出来的字句）。

律

lǜ ㄌㄩˋ［lêd⁶ 栗］

❶法则，规章。【律诗】我国旧体诗的一种，有一定的格律和字数，分五言、七言两种。【规律】事物之间的内在的必然的联系，又叫法则，是不以人的主观意志为转移的。【一律】同样，没有例外。❷约束：严于～己｜自～｜他～。❸我国古代审定乐音高低的标准，把乐音分为六律（阳律）和六吕（阴律），合称十二律。

很

hěn ㄏㄣˇ［hen² 狠］

副词。非常，表示程度高：～好｜好得～。

徒

tú ㄊㄨˊ［tou⁴ 陶］

❶步行（不用车、马）：～行。❷空：～手。㊢徒然，白白地：～劳往返｜～劳无益。❸只，仅仅：～托空言｜不～无益，反而有害。❹徒弟：学～。❺同一派系或信仰同一宗教的人：教～。❻人（今多指坏人）：匪～｜不法之～。❼徒刑，剥夺犯人自由的刑罚，分有期徒刑和无期徒刑两种。

徕

（徠）lái ㄌㄞˊ［loi⁴ 来］

【招徕】把人招来：～顾客。

徐

xú ㄒㄩˊ［cêu⁴ 随］

缓，慢慢地（叠）：～步｜清风～来｜火车～～开动了。

8 画

鸻

（鴴）héng ㄏㄥˊ［heng⁴ 衡］

鸟名，身体小，嘴短而直，只有前趾，没有后趾，多生活在水边。种类很多。

徛

jì ㄐㄧˋ［géi³ 既］

〈方〉站立。

徘

pái ㄆㄞˊ [pui⁴ 培]

【徘徊】(－huái)来回地走：他在那里～了很久。㊀犹疑不决：～观望｜左右～。

徙

xǐ ㄒㄧˇ [sai² 晒²]

迁移(㊣迁－)。

徜

cháng ㄔㄤˊ [sêng⁴ 常]

【徜徉】(－yáng)安闲自在地来回走：～湖畔。

得

㊀dé ㄉㄜˊ [deg¹ 德]

❶得到(㊣获－)：大～人心｜～奖｜～胜。㊀遇到：～空(kòng)｜～便。❷适合：～当(dàng)｜～法｜～手(顺利)｜～劲。❸得意，满意：扬扬自～。❹完成：衣服做～了｜饭～了。❺用于某种语气。1. 表示禁止：～了，别说了。2. 表示同意：～，就这么办。3. 表示无可奈何：～，今天又迟到了。❻可以，许可：不～随地吐痰｜正式代表均～参加表决。

㊁de・ㄉㄜ [deg¹ 德]

助词。❶在动词后表可能或许可。1. 再接别的词：冲～出去｜拿～起来。2. 不再接别的词：要～｜要不～｜说不～。❷用在动词或形容词后，连接表结果或程度的补语：跑～快｜急～满脸通红｜香～很。

㊂děi ㄉㄟˇ [deg¹ 德]

❶必须，需要：你～用功｜这活儿～三个人才能完成。❷会，估计必然如此：时间不早了，要不快走，就～迟到。❸〈方〉满意，高兴，舒适：躺着听音乐挺～。

衔

(銜、❷*啣、*銜) xián ㄒㄧㄢˊ [ham⁴ 涵]

❶马嚼子。❷用嘴含，用嘴叼：燕子～泥。㊀1. 心里怀着：～恨｜～冤。2. 奉，接受：～命。【衔接】互相连接。❸(－儿)职务和级别的名号：职～｜军～｜授～。

衒

xuàn ㄒㄩㄢˋ [yun⁶ 愿，㊉ yun⁴ 原]

❶沿街叫卖。❷见 488 页“炫”。

9—11 画

街

jiē ㄐㄧㄝ [gai¹ 皆]

两边有房屋的比较宽阔的道路。通常指开设商店的地方。【街坊】(－fang)邻居。

御

(❹禦)yù ㄩˋ [yu⁶ 预]

❶驾驶(车马)：～车｜～者(赶车的人)。❷称与皇帝有关的：～用。❸封建社会指上级对下级的管理、使用：～下。❹抵挡：防～｜～敌｜～寒。

徨

huáng ㄏㄨㄤˊ [wong⁴ 王]

见 226 页“彷”字条【彷徨】(páng－)。

循

xún ㄒㄩㄣˊ [cên⁴ 巡]

遵守，依照：～规蹈矩｜～序渐进｜遵～。【循环】周而复始地运动：血液～｜

~演出。

衙 yá ㄧㄚˊ [nga⁴ 牙]

衙门，旧时指官署：官~。

微 wēi ㄨㄟ [méi⁴ 眉]

❶小，细小(㊟细-)：防~杜渐。❷轻微，稍(㊟稍-)(叠)：~感不适 | ~~一笑。❸衰落，低下：衰~。❹精深，精妙：~妙。❺法定计量单位中十进分数单位词头之一，表示 10^{-6}，符号μ。

徭 (**傜)yáo ㄧㄠˊ [yiu⁴ 摇]

徭役，古时统治者强制人民承担的无偿劳动。

徯 xī ㄒㄧ [hei⁴ 兮]

❶等待。❷同"蹊"。

12 画以上

德 (*悳)dé ㄉㄜˊ [deg¹ 得]

❶好的品行：~才兼备。❷道德，人们共同生活及其行为的准则、规范：公~ | 缺~ | ~行。❸信念：同心同~。❹恩惠：感恩戴~。

【德昂族】原名崩龙族，我国少数民族，参看附表。

徵 zhǐ ㄓˇ [ji² 止]

古代五音"宫、商、角(jué)、徵、羽"之一。

另见 226 页"征"(zhēng)。

衠 zhūn ㄓㄨㄣ [zên¹ 津]

〈方〉纯粹，纯。

徼 ㊀jiǎo ㄐㄧㄠˇ ㊀[giu² 缴]

【徼幸】旧同"侥幸"。

㊁jiào ㄐㄧㄠˋ ㊁[giu³ 叫]

❶边界。❷巡察。

衡 héng ㄏㄥˊ [heng⁴ 恒]

❶称东西轻重的器具。❷称量(㊟-量)：~其轻重。❸平，不倾斜：平~ | 均~。❹古同"横"。

☞广❶形容词。(绷)紧：条绳拉~啲(绳子绷紧点) | 鼓面就系要嗌到~。❷形容词。引申为催紧、不放松：你同我催~佢(你给我催紧他) | 未收嘅货款要追~至得(未收回的货款要抓紧催促才行)。【……衡晒】用在动词后面，表示该动作正在紧张进行：咪催~(别老催着人) | 呢个产品各种广告正吹~(这个产品各种广告正在大力宣传)。❸形容词。鼓胀：泵~个波(给球打足气) | 单车泵气咪太~(自行车打气不要打得太鼓)。❹形容词。转速快：个辘转得好~(车轮转得很快)。

徽 (❶❷*微)huī ㄏㄨㄟ [fei¹ 挥]

❶标志：国~ | 校~。❷美好的：~号。❸指安徽省徽州：~墨。

衢 qú ㄑㄩˊ [kêu⁴ 渠]

大路，四通八达的道路：通~。

[42]彡部

形

xíng ㄒㄧㄥˊ [ying4 仍]

❶样子：三角～丨地～丨～式丨～象。【形成】逐渐发展成为(某种事物、状况或局面等)：爱护公物已～一种风气。【形势】1. 地理上指地势的高低，山、水的样子。2. 事物发展的状况：国际～。❷体，实体：～体丨无～丨～影不离。❸表现：喜怒不～于色。【形容】1. 面容：～枯槁。2. 对事物的样子、性质加以描述。【形容词】表示事物的特征、性质、状态的词，如"大、小、好、坏、快、慢"等。❹对照，比较：相～之下丨相～见绌(chù)。

彤

tóng ㄊㄨㄥˊ [tung4 同]

红色。

须

(須、㊁鬚)xū ㄒㄩ ㊀ [sêu1 虽]

❶必须，必得(děi)，应当：这事～亲自动手丨务～。❷等待：～晴日，看红装素裹，分外妖娆。

【须臾】(－yú)片刻，一会儿。

xū ㄒㄩ ㊁ [sou1 苏]

❶胡子(㊥胡－)。❷像胡须的东西：触～丨花～丨～根。

彦

yàn ㄧㄢˋ [yin6 现]

古指有才学、德行的人：俊～。

彩

(❷*綵)cǎi ㄘㄞˇ [coi2 睬]

❶各种颜色：～色丨～虹丨～排(化装排演)。【挂彩】指在战斗中受伤。❷彩色的绸子：剪～丨张灯结～。❸指赌博或某种竞赛中赢得的东西：得～丨～金。❹称赞、夸奖的欢呼声：喝(hè)～。

彭

péng ㄆㄥˊ [pang4 棚]

姓。

彰

zhāng ㄓㄤ [zêng1 章]

❶明显，显著：欲盖弥～丨相得益～。❷表彰：～善瘅(dàn)恶。

影

yǐng ㄧㄥˇ [ying2 映]

❶(－子、－儿)物体挡住光线时所形成的四周有光中间无光的形象。㊐不真切的形象或印象：这件事在我脑子里没有一点～子了。【影响】一件事物对其他事物发生作用，也指所发生的作用。❷描摹：～宋本。❸形象，图像：摄～丨造～丨留～丨剪～。【影印】用照相方法制版印刷。❹指电影：～视丨～评。

[43]夕部

夕

xī ㄒㄧ [jig6 直]

❶日落的时候：朝(zhāo)～丨～照。❷夜：除～丨风雨之～。

外

wài ㄨㄞˋ [ngoi6 碍]

❶外面，外部，跟"内""里"相对：国～丨～伤。【外行】(－háng)对某种业务或事情不懂，缺乏经验。❷不是自己这方面的：～国丨～乡丨～人。❸指外

国：对～贸易｜古今中～｜～宾。❹关系疏远的：这里没～人｜见～。❺称母亲、姐妹或女儿方面的亲戚：～祖母｜～甥｜～孙。❻(除此)另外，以外：～加｜此～。❼非正式的：～号｜～史。❽旧时戏曲角色名，多演老年男子。

舛

chuǎn ㄔㄨㄢˇ [qun² 喘]

❶错误，错乱(㊇－错)。❷违背。

名

míng ㄇㄧㄥˊ [ming⁴ 明，㊟ méng⁴ 摸镜⁴]

❶(－儿)名字，人或事物的称谓：人～｜国～｜起个～儿。【名词】表示人、地、事、物的名称的词，如"学生、北京、戏剧、桌子"等。❷叫出，说出：无以～之｜莫～其妙。❸名誉，声誉：有～｜出～｜不为～，不为利。㊀有声誉的，大家都知道的：～医｜～将｜～胜｜～言｜～产。❹量词。1. 用于人：学生四～。2. 用于名次：第二～。

多

duō ㄉㄨㄛ [do¹ 躲¹]

❶跟"少"相对。1. 数量大的：人很～｜～打粮食。2. 有余，比一定的数目大(㊇－余)：十～个｜一年～｜只预备五份，没有～的。【多少】1. 未定的数量：你要～拿～。2. 问不知道的数量：这本书～钱？｜这班有～学生？3. 许多：没有～。4. 或多或少：～有些困难。❷过分，不必要的：～嘴｜～心。❸表示相差的程度大：好得～｜厚～了。❹副词。1. 多么，表示惊异、赞叹：～好！｜～大！｜～香！2. 表疑问：有～大？【多会儿】(－huir)【多咱】(－zan)什么时候，几时。

梦

(夢) mèng ㄇㄥˋ [mung⁶ 蒙⁶]

❶睡眠时体内体外各种刺激或残留在大脑里的外界刺激引起的影像活动。❷做梦：～游｜～见。❸比喻空想，幻想：～想｜以前的打算最后只成了一场～。❹愿望，理想：儿时的～终于实现了。

够

(*夠) gòu ㄍㄡˋ [geo³ 救]

❶足，满足一定的限度：～数｜～用｜钱不～了。㊀用在动词后，多含不耐烦义：受～了｜这个话我真听～了。❷达到，及：～得着｜～格。❸副词。表示程度高：东西～贵的｜天气真～冷的。

飧

(*飱) sūn ㄙㄨㄣ [xun¹ 孙]

晚饭。

夥

huǒ ㄏㄨㄛˇ [fo² 伙]

❶多：获益甚～。❷见 51 页"伙"。

舞

wǔ ㄨˇ [mou⁵ 母]

❶按一定的节奏转动身体表演各种姿势：手～足蹈｜～剑｜秧歌～。【鼓舞】激励，使人奋发振作：～人心。❷要弄：～弊｜～文弄墨。

夤

yín ㄧㄣˊ [yen⁴ 仁]

❶深：～夜。❷恭敬。【夤缘】攀缘上升。㊥拉拢关系，向上巴结。

[44]夂部

处

(處、**䖏、**処)㊀ chǔ ㄔㄨˇ ㊁[qu^2 贮]

❶居住：穴居野～。【处女】1. 没有发生过性行为的女子。2. 指第一次的：～作｜～航。【处女地】未开垦的土地。❷存在，置身：设身～地｜～在有利位置。❸跟别人一起生活，交往：相～｜容易～｜～得来。❹办理，决定：～理。(引)处罚：惩～｜～以徒刑。

㊁chù ㄔㄨˋ ㊁[qu^3 柱^3]

❶地方：住～｜各～。(引)部分，点：长～｜好～｜益～。❷机关，或机关、团体里的部门：办事～｜总务～。

冬

(❷鼕)dōng ㄉㄨㄥ [dung^1 咚]

❶四季中的第四季，气候最冷：过～｜隆～。❷同"咚"。

务

(務)wù ㄨˋ [mou^6 冒]

❶事情((连)事－)：任～｜公～｜医～室。❷从事，致力：～农。❸追求：～实｜不～虚名。❹务必，必须，一定：～请准时出席｜除恶～尽。

各

㊀gě ㄍㄜˇ [gog^3 角]

〈方〉特别，与众不同：那人挺～。

㊁gè ㄍㄜˋ [gog^3 角]

❶代词。指每个，彼此不同的人或事物：～种｜～处｜～人｜～不相同。❷副词。表示分别做或分别具有：～尽所能｜～有利弊。

条

(條)tiáo ㄊㄧㄠˊ [tiu^4 迢]

❶(－子、－儿)植物的细长枝：柳～儿｜荆～。❷(－子、－儿)狭长的东西：面～儿｜布～儿｜纸～儿。❸细长的形状：～纹｜花～儿布｜～绒。❹项目，分项目的：宪法第一～｜～例。【条件】1. 双方规定应遵守的事项。2. 事物产生或存在的因素：自然～｜有利～｜一切事物都依着～、地点和时间起变化。❺条理，秩序，层次：井井有～｜有～不紊。❻量词。1. 用于长形的东西：一～河｜两～大街｜三～绳｜四～鱼｜两～腿。2. 用于分项目的事物：这一版上有五～新闻。

备

(備、*俻)bèi ㄅㄟˋ [béi^6 避]

❶具备，完备：德才兼～｜求全责～。(引)完全，全：艰苦～尝｜爱护～至。❷预备，防备：～耕｜～荒｜～课｜准～｜有～无患。【备案】向主管机关做书面报告，以备查考。【备份】备用的重(chóng)份文件、数据或资料等。❸设备：装～｜军～。

复

(㊀❶❷複、㊀❸❹、㊁復)fù ㄈㄨˋ ㊀[fug^1 福]

❶重复，重叠：～习｜～印｜山重水～。❷不是单一的，许多的：～杂｜～分数｜～音词。❸回答：答～｜～命｜函～。❹转过去或转回来：反～｜往～｜翻来～去。

㊁[fug^6 伏]

❶还原，使如旧：光～｜～原｜～员。❷报复：～仇。❸副词。又，再：不可～得｜死灰～燃｜一去不～返。

夏 xià ㄒㄧㄚˋ [ha⁶ 厦]

❶四季中的第二季，气候最热。❷华夏，中国的古名。❸朝代名。1. 夏代，传说是禹(一说启)建立的(约公元前2070—前1600年)。2. 西夏，党项族元昊建立(公元1038—1227年)。

惫 (憊)bèi ㄅㄟˋ [béi⁶ 备]

极度疲乏：疲～。

螽 zhōng ㄓㄨㄥ [zung¹ 忠]

螽斯，昆虫，身体绿色或褐色，善跳跃，雄的前翅有发声器，振翅能发声。

夔 kuí ㄎㄨㄟˊ [kuei⁴ 葵]

❶古代传说中一种奇异的动物，似龙，一足。❷夔州，古地名，今重庆市奉节。

[45]丬部

壮 (壯)zhuàng ㄓㄨㄤˋ [zong³ 葬]

❶健壮，有力(㊜强－)：～士｜年轻力～｜庄稼长得很～。【壮年】习惯指人三四十岁的时期。❷雄伟，有气魄：～观｜～志凌云。❸增加勇气或力量：～一～胆子。

【壮族】我国少数民族，参看附表。

妆 (妝、*粧)zhuāng ㄓㄨㄤ [zong¹ 庄]

❶修饰，打扮：梳～｜化～。❷妇女脸上、身上的装饰：卸～｜素～｜红～。❸出嫁女子的陪送衣物：送～｜嫁～。

状 (狀)zhuàng ㄓㄨㄤˋ [zong⁶ 撞]

❶形态(㊜形－、－态)｜奇形怪～。❷事情表现出来的情形(㊜－况)：病～｜～况。❸陈述或描摹：写情～物｜风景奇丽，殆不可～。❹叙述事件的文字：行～(指死者传略)｜诉～。❺褒奖、委任等的凭证：奖～｜委任～。

将 (將)㊀jiāng ㄐㄧㄤ ㊁[zêng¹ 张]

❶副词。将要，快要：天～明｜后日～返京。❷介词。把：～革命进行到底。❸下象棋时攻击对方的“将”或“帅”：～军(也比喻使人为难)。❹用言语刺激：别把他～急了。❺带，领，扶助：～雏｜扶～。❻保养：～养｜～息。❼〈方〉兽类生子：～驹｜～小猪。❽助词。用在动词和“出来”“起来”“上去”等的中间：走～出来｜叫～起来｜赶～上去。❾姓。

【将就】(－jiu)勉强适应，凑合：～着用。

㊁jiàng ㄐㄧㄤˋ ㊁[zêng³ 帐]

❶军衔名，在校级之上。【将领】高级军官。❷统率指挥：～兵。

[45]爿部

爿 pán ㄆㄢˊ [cêng⁴ 详]

〈方〉❶劈开的成片的木柴：柴～。❷量词。用于商店等：一～水果店。

戕 qiāng ㄑㄧㄤ [cêng⁴ 详，㊋ ban⁶ 办]

杀害：自～。【戕贼】摧残，伤害：～身体。

斨 qiāng ㄑㄧㄤ [cêng¹ 枪]

古代一种斧子。

牁 kē ㄎㄜ [o¹ 疴，⊗ngo¹ 疴]

【牂牁】(zāng－) 1. 古水名。2. 古地名。

牂 zāng ㄗㄤ [zong¹ 庄]

母羊。

[46]广部

广 (㊁廣)㊀ān ㄢ ㊀ [em¹ 庵]

同"庵"，多用于人名。

㊁guǎng ㄍㄨㄤˇ ㊁ [guong² 光²]

❶宽，大：～场｜我国地～人多。【广泛】范围大，普遍：～宣传｜意义～。❷宽度：长五十米，～三十米。【广袤】(－mào)东西的长度叫广，南北的长度叫袤，指土地的面积。也形容辽阔：～的大地。❸多：大庭～众。❹扩大，扩充：～播｜推～。❺姓。

2—5 画

庀 pǐ ㄆㄧˇ [péi² 鄙]

❶具备。❷治理。

邝 (鄺) kuàng ㄎㄨㄤˋ [kong³ 抗，⊗kuong³ 矿]

姓。

庄 (莊)zhuāng ㄓㄨㄤ [zong¹ 装]

❶村落，田舍(㊀村－)。❷商店的一种名称：布～｜饭～｜茶～。❸封建社会君主、贵族等所占有的成片土地：皇～｜～园。❹庄家，打牌时每一局的主持人：轮流坐～。❺严肃，庄重(㊀－严、端－)。

庆 (慶)qìng ㄑㄧㄥˋ [hing³ 兄³]

❶祝贺(㊀－贺)：～功｜～祝。❷可祝贺的事：国～｜大～。

庑 (廡)wǔ ㄨˇ [mou⁵ 舞]

古代堂下周围的屋子。

床 (*牀)chuáng ㄔㄨㄤˊ [cong⁴ 仓⁴]

❶床铺。❷像床的东西：车～｜河～(河身)｜琴～。❸量词。用于被褥等：一～被褥。

庋 guǐ ㄍㄨㄟˇ [guei² 鬼，⊗géi 已]

❶放东西的架子。❷搁置：～藏。

库 (庫)kù ㄎㄨˋ [fu³ 富]

❶贮存东西的房屋或地方(㊀仓－)：入～｜水～。❷电荷量单位名库仑的简称，符号 C。

庇 bì ㄅㄧˋ [béi³ 秘]

遮蔽，掩护(㊀－护)：包～｜～佑。

应 (應)㊀yīng ㄧㄥ ㊁[ying¹ 英]

❶该，当(㊟－当、－该)：～有尽有。❷答应，应承(㊟－许、－允)：我喊他喊不～｜～他十天之内完工。❸姓。

㊁yìng ㄧㄥˋ ㊁[ying³ 英³]

❶回答或随声相和：～声虫｜山鸣谷～｜呼～。【反应】1. 又叫化学反应，指物质发生化学变化，产生性质和成分与原来不同的新物质。2. 人及动植物有机体受到刺激而发生的活动和变化：病人对外界毫无～。3. 回响，反响：观众对影片～强烈。❷应付，对待：～战｜随机～变｜～接不暇。【供应】供给。❸适合，配合(㊟适－)：～时｜得心～手。❹接受，答应：～承｜～征｜～邀｜有求必～。

庐 (廬)lú ㄌㄨˊ [lou⁴ 炉]

房舍：茅～。

序 xù ㄒㄩˋ [zêu⁶ 罪]

❶次第(㊟次－)：顺～｜工～｜前后有～。❷排列次第：～齿(按年龄排次序)。❸在正式内容之前的：～文｜～曲｜～幕。特指序文：写一篇～。❹庠序，古代的学校。

庞 (龐)páng ㄆㄤˊ [pong⁴ 旁]

❶大(指形体或数量)：数字～大｜～然大物。❷杂乱(㊟－杂)。❸面庞，脸盘。

店 diàn ㄉㄧㄢˋ [dim³ 惦]

❶商店，铺子：书～｜零售～｜～员。【饭店】1. 较大的卖饭食的铺子。2. 都市中的大旅馆。❷旧式的旅馆：住～｜大车～。

庙 (廟)miào ㄇㄧㄠˋ [miu⁶ 妙]

❶旧时供祖宗神位的地方：家～｜宗～。❷供神佛或历史上有名人物的地方：龙王～｜孔～。❸庙会，设在寺庙里或附近的集市：赶～。

府 fǔ ㄈㄨˇ [fu² 苦]

❶储藏文书或财物的地方(㊟－库)：天～(喻物产富饶的地方)。❷贵族或高级官员办公或居住的地方：王～｜总统～｜相(xiàng)～。泛指政权机关：官～｜政～。【府上】对对方的籍贯、家庭或住宅的敬称。❸旧时行政区域名，等级在县和省之间。

底 ㊀de・ㄉㄜ [dei² 抵]

助词。同"的(de)❶2"。

㊁dǐ ㄉㄧˇ [dei² 抵]

❶(－子、－儿)最下面的部分：锅～｜鞋～儿｜海～。㊉末了：月～｜年～。❷(－子、－儿)根基，基础，留作根据的：～稿｜～账｜刨(páo)根问～｜那文件要留个～儿。【底细】内情，详情，事件的根底。❸(－儿)图案的底子：白～儿红花碗。❹〈古〉达到：终～于成。❺何，什么：～事？｜～处？

庖 páo ㄆㄠˊ [pao⁴ 刨]

庖厨，厨房：～人(古代称厨师)。【庖代】【代庖】㊕替人处理事情或代做别人分内的工作。

庚

gēng ㄍㄥ [geng¹ 耕]

❶天干的第七位，用作顺序的第七。❷年龄：同～。

废

（廢、❸*癈）fèi ㄈㄟˋ [féi³ 肺]

❶停止，放弃：半途而～｜～寝忘食｜～除。㊀失去效用的，没有用的：～纸｜～物｜修旧利～。❷荒芜，衰败：～园｜～墟。❸残疾：～疾。

☞广❶形容词。傻，癫：颠颠～～（傻里傻气）｜～戆（疯疯傻傻的样子）。❷形容词。窝囊：噉都唔会，真系～嘅（这样都不会，真是个窝囊废）。

6—8画

庤

zhì ㄓˋ [ji⁶ 字]

储备。

度

㊀dù ㄉㄨˋ ㊀[dou⁶ 渡]

❶计算长短的器具或单位：～量(liàng)衡。❷依照计算的标准划分的单位：温～｜湿～｜经～｜用了20～电。❸事物所达到的程度：知名～｜高～的爱国热情。❹法则，应遵行的标准（㊃制－、法－）。❺度量，能容纳承受的量：气～｜适～｜过～。❻过，由此到彼：～日。❼所打算或考虑的：置之～外。❽量词。次：一～｜再～｜前～。

☞广❶名词。处所：去你～（去你那儿）｜唔喺我～（不在我这里）｜锁匙喺台面～（钥匙在桌子上）｜～～（处处，到处）。❷量词。1. 用于门、桥等：一～门（一扇门）｜一～桥（一座桥）。2. 用于本领、能耐、功夫等：有翻两～（有两下子）｜佢就系呢三两～嘢（他就是这三板斧）。【一度】一次，一番：西装～（穿一身西服）｜华尔兹～（跳一轮华尔兹）｜风流～（快活一阵子）。

㊁duó ㄉㄨㄛˊ ㊁[dog⁶ 铎]

忖度，揣度，计算，推测：～德量力。

☞广❶动词。比量，量度：～下张台有几长（量一下桌子有多长）｜～下两个边个高（两个比一比看谁高）｜～身定做（量体裁衣。引申指按照某事物的具体要求进行策划制作）。❷动词。策划，谋划，想办法：～跷（想计谋）｜谂下～下睇有乜办法（想想看有什么办法）？｜谂嚟～去（仔细考虑，反复思量）。

【度水】向人借钱，要钱：问老窦～（向老爸要钱）。

㊂[dou⁶⁻² 岛]

☞广❶名词。制成一定长度的东西：鞋～（按其长度买鞋的东西）｜葱～（葱段儿）。❷动词。用于数量词之后表示约数，相当于"上下""左右""大约"：三十斤～｜一米七～｜两亩零地～（大约两亩来地）｜佢走咗两个字～（他走了大概十分钟）。

座

[zed¹ 窒]

☞广 动词。用话语顶撞、指摘、质问，使对方说不出话来：～到佢口哑哑（他被质问得说不出话来）｜我都未讲完，佢就一句话～过嚟（我还没讲完话，他就一句话顶撞过来）。

庭

tíng ㄊㄧㄥˊ [ting⁴ 亭]

❶正房前的院子：~院丨前~。【家庭】以婚姻和血统关系为基础的社会单位，包括父母、子女和其他共同生活的亲属。❷厅堂：大~广众。❸法庭，审判案件的处所或机构：开~丨~长。

庥 xiū ㄒㄧㄡ ［yeo¹ 忧］

庇荫，保护。

庠 xiáng ㄒㄧㄤˊ ［cêng⁴ 详］

庠序，古代的乡学，也泛指学校。

席 （❶*蓆）xí ㄒㄧˊ ㊀［jig⁶ 直］

❶座位：出~（到场）丨缺~（不到场）丨入~。❷特指议会中的席位，表示当选的人数。❸酒席，成桌的饭菜：摆了两桌~。

xí ㄒㄧˊ ㊀［jig⁶ 直，㊟ zég⁶ 炙］

（-子）用草或苇子等编成的东西，通常用来铺（pū）床或炕。

座 zuò ㄗㄨㄛˋ ［zo⁶ 左⁶］

❶（-儿）座位：入~丨~无虚席。敬辞，旧时称高级长官：军~丨处~。【座右铭】写出来放在座位旁边的格言。泛指警戒、激励自己的话。❷（-子、-儿）托着器物的东西：钟~儿。❸星座：天琴~。❹量词。用于较大或固定的物体：一~山丨三~楼。

唐 táng ㄊㄤˊ ［tong⁴ 堂］

❶夸大，虚夸：荒~丨~大无验。❷空，徒然：~捐（白费）。❸朝代名。1. 唐高祖李渊所建立（公元618—907年）。2. 五代之一，李存勖所建立（公元923—936年），史称后唐。

【唐突】1. 冲撞，冒犯：~尊长。2. 莽撞，冒失。

庱 chěng ㄔㄥˇ ［qing⁵ 逞］

❶古地名，在今江苏省丹阳东。❷姓。

庶 （*庻）shù ㄕㄨˋ ［xu³ 恕］

❶众多：~民（旧指老百姓）丨富~。❷庶几（jī），将近，差不多：~乎可行。❸宗法制度下指家庭的旁支：~出。

庹 tuǒ ㄊㄨㄛˇ ［tog³ 托］

成人两臂左右伸直的长度（约5尺）。

庵 （*菴）ān ㄢ ［em¹，㊟ ngem¹ 暗¹］

❶圆形草屋：结草为~。❷小庙（多指尼姑居住的）：~堂。

庼 （廎、**高）qǐng ㄑㄧㄥˇ ［king² 顷］

小厅堂。

庾 yǔ ㄩˇ ［yu⁵ 雨］

露天的谷仓。

庳 bì ㄅㄧˋ ［péi⁵ 婢］

❶低下：堕高堙~（削平高丘，填塞洼地）。❷矮。

廊 láng ㄌㄤˊ ［long⁴ 狼］

❶（-子）走廊，有顶的过道：游~丨长~。❷（-子）廊檐，房屋前檐伸出的部分，可避风雨，遮太阳。

康 kāng ㄎㄤ ［hong¹ 糠］

❶安宁：身体健～｜～乐。❷富裕，丰盛：～年｜小～。❸同“糠❷”。

【康庄大道】四通八达的大路，比喻光明美好的前途。

庸 yōng ㄩㄥ ［yung⁴ 容］

❶平常，不高明的（㊟平－）：～言｜～俗。❷用：毋～讳言。❸岂，怎么：～可弃乎？

9—11 画

廞 （廞）xīn ㄒㄧㄣ ［yem¹ 音］

陈设。

廋 sōu ㄙㄡ ［seo¹ 收］

隐藏，藏匿。

廆 ㊀guī ㄍㄨㄟ ㊀［guei¹ 归］

古山名，在今河南省洛阳西。

㊁wěi ㄨㄟˇ ㊁［wei² 毁］

用于人名。慕容廆，西晋末年鲜卑族的首领。

赓 （賡）gēng ㄍㄥ ［geng¹ 庚］

继续（㊟－续）。

廒 （＊＊厫）áo ㄠˊ ［ngong⁴ 敖］

收藏粮食的仓房：仓～。

廓 kuò ㄎㄨㄛˋ ［kuog³，㊀guog³ 郭］

❶物体的外缘：轮～｜耳～。❷空阔：寥～。❸扩大。

【廓清】肃清，清除：～道路上的障碍｜残匪已经～。

廉 （＊亷、＊廉）lián ㄌㄧㄢˊ ［lim⁴ 镰］

❶品行正，不贪污：～洁｜清～。❷便宜，价钱低（㊟低－）：～价。

廑 jǐn ㄐㄧㄣˇ ［gen² 仅］

❶古书上指小屋。❷旧同“仅”。

另见95页“勤”（qín）。

廙 yì ㄧˋ ［yi⁶ 异］

【廙廙】恭敬的样子。

腐 fǔ ㄈㄨˇ ［fu⁶ 付］

烂，变质（㊟－败、－烂、－朽）：流水不～｜鱼～肉败。㊇思想陈旧或行为堕落：陈～｜～化。【腐蚀】通过化学作用使物体逐渐消损或毁坏：～剂。㊖使人腐化堕落。

【豆腐】（－fu）用豆子制成的一种食品：～皮｜～乳。

廖 liào ㄌㄧㄠˋ ［liu⁶ 了⁶］

姓。

12 画

廛 chán ㄔㄢˊ ［qin⁴ 前］

古代指一户人家拥有的土地和房子，特指房屋，也泛指城邑民居。【市廛】店铺集中的地方。

13画以上

廨 xiè ㄒㄧㄝˋ［gai³ 介，⊗hai⁶ 械］

古代通称官署：官～｜公～。

廪（**廩）lǐn ㄌㄧㄣˇ［lem⁵ 凛］

❶粮仓（㊀仓－）。❷指粮食。

䗪 zhè ㄓㄜˋ［zé³ 借］

䗪虫，昆虫，即土鳖，身体扁，棕黑色，雄的有翅，雌的无翅。可入药。

膺 yīng ㄧㄥ［ying¹ 英］

❶胸：义愤填～。❷承受，当：～选｜荣～英雄称号。❸伐，打击：～惩。

鹰（鷹）yīng ㄧㄥ［ying¹ 婴］

鸟名，嘴弯曲而锐利，四趾有钩爪，性凶猛，食肉。种类很多。

［47］门部

门（門）mén ㄇㄣˊ［mun⁴ 瞒］

❶（－儿）建筑物、车船等的出入口。又指安在出入口上能开关的装置：防盗～｜～镜。㊞门径，诀窍：摸不着～儿｜窍～儿。❷（－儿）形状或作用像门的东西：电～｜闸～｜球～。❸家族或家族的一支：一～老小｜长（zhǎng）～长子。❹一般事物的分类：分～别类。❺生物的分类单位之一，在“界”之下、“纲”之上：被子植物～｜脊索动物～。❻学术思想或宗教的派别：儒～｜佛～。❼量词。用于炮、功课、技术和亲戚、婚姻等：一～炮｜一～手艺｜一～功课｜两～亲戚。❽事件，多指负面的事件：学历～｜考试～。

【门巴族】我国少数民族，参看附表。

1—4画

闩（閂、**櫖）shuān ㄕㄨㄢ［san¹ 珊］

❶门闩，横插在门后使门推不开的棍子。❷用闩插上门：把门～上。

闪（閃）shǎn ㄕㄢˇ［xim² 陕］

❶天空的电光：打～。❷突然显现或忽明忽暗：灯光一～｜～念｜山后～出一条小路来｜～得眼发花。❸光辉闪耀：～金光｜电～雷鸣。❹侧转身体躲避：～开。❺因动作过猛，筋肉扭伤而疼痛：～了腰。

闫（閆）yán ㄧㄢˊ［yim⁴ 阎］

姓。

闬（閈）hàn ㄏㄢˋ［hon⁶ 焊］

〈古〉❶里巷门。❷墙。

闭（閉）bì ㄅㄧˋ［bei³ 蔽］

❶关，合：～上嘴｜～门造车（喻脱离实际）。㊀结束，停止：～会。❷塞，不通：～气。【闭塞】（－sè）堵住不通。㊀交通不便，消息不灵通：这个地方

很～。

问

(問)wèn ㄨㄣˋ [men6 文6]

❶有不知道或不明白的请人解答：～事处｜～一道题。❷慰问：～候。❸审讯，追究：～口供。㊀问罪，惩办：胁从不～。❹管，干预：概不过～。

闯

(闖)chuǎng ㄔㄨㄤˇ [cong2 厂]

❶猛冲：往里～｜刀山火海也敢～。❷历练，经历：～练。❸为一定的目的奔走活动：～关东｜～江湖｜～荡。❹惹起：～祸。

闰

(閏)rùn ㄖㄨㄣˋ [yên6 润]

地球公转一周的时间为365天5时48分46秒。公历规定一年365天，所余的时间约每四年积累成一天，加在二月里。农历规定一年354天或355天，所余的时间约每三年积累成一个月，加在某一年里。这样的办法在历法上叫作闰：～年｜～月。

闱

(闈)wéi ㄨㄟˊ [wei4 围]

❶古代宫室的旁门：宫～(宫殿里边)。❷科举时代称考试或考场：秋～｜入～。

闲

(閑、❶-❸* 閒)xián ㄒㄧㄢˊ [han4 限4]

❶没有事情做(㊥-暇)：没有～工夫。㊀放着，不使用：～房｜机器别～着。❷没有事情做的时候：农～｜忙里偷～。❸与正事无关的：～谈｜～人免进。【闲话】与正事无关的话，背后不负责的议论：讲别人的～。❹栅栏。❺防御：防～。

"閒"另见240页"间"(jiān)；240页"间"(jiàn)。

闳

(閎)hóng ㄏㄨㄥˊ [weng4 弘]

❶里巷门。❷宏大。

间

(間、* 閒)㊀jiān ㄐㄧㄢ ㊀[gan1 艰]

❶中间，两段时间或两种事物相接的地方：课～操｜彼此～有差别。❷在一定的地方、时间或人群的范围之内：田～｜晚～｜人～。❸房间，屋子：车～｜衣帽～｜卫生～。❹量词。用于房屋：一～房｜广厦千～。

㊁jiàn ㄐㄧㄢˋ ㊁[gan3 涧]

❶(-儿)空隙：当～儿。㊀嫌隙，隔阂：亲密无～。❷不连接，隔开：～断｜～隔｜黑白相～｜晴～多云。【间或】副词。偶尔：他～也来一两次。【间接】通过第三者发生关系的，跟"直接"相对：～经验。❸挑拨使人不和：离～｜反～计。

"閒"另见240页"闲"(xián)。

闵

(閔)mǐn ㄇㄧㄣˇ [men5 敏]

❶同"悯"。❷姓。

闶

(閌)㊀kāng ㄎㄤ [kong3 抗]

【闶阆】(-láng)〈方〉建筑物中空旷的部分。又叫闶阆子。

㊁kàng ㄎㄤˋ [kong3 抗]

高大。

闷

(悶)㊀mēn ㄇㄣ [mun6 门6]

❶因气压低或空气不流通而引起的不舒服的感觉：天气～热｜这屋子矮，又没有窗子，太～了。❷待在屋里不出门：别总～在家里，多出去走走。❸密闭：茶刚泡上，～一会儿再喝。❹〈方〉声音不响亮：这人说话～声～气。

㊁mèn ㄇㄣˋ［mun⁶ 门⁶］

❶心烦，不痛快：～得慌｜～～不乐。❷密闭，不透气：～子车。

5—6 画

闸（閘、*牐）zhá ㄓㄚˊ［zab⁶ 杂］

❶拦住水流的建筑物，可以随时开关：～口｜河里有一道～。❷把水截住。❸使机械减速或停止运行的装置，也指较大型的电源开关：刹～｜自行车～｜拉～限电。

☞广❶名词。栅栏；门：铁～（铁栅栏）。❷名词。限制出入的设施，包括验票口、门岗哨、海关通道等：出～｜入～。又叫“闸口”。❸动词。倾侧，倾斜：～侧放（侧着放）｜～侧瞓（侧身睡）。❹动词。卡住；打住：～住路口（卡住路口）｜～住条涌（堵住小河汊）｜～住，咪讲呢啲（打住，别说这些）。❺动词。用板等隔开：将呢间房～开两间（把这间屋子隔开两间）｜两边用板障～开（两边用板隔开）。

闹（鬧、*閙）nào ㄋㄠˋ［nao⁶ 挠⁶］

❶不安静。1. 人多声音杂：～市。2. 喧哗，搅扰：不要～了！｜孙悟空大～天宫。㊀戏耍，耍笑：～着玩儿。❷发生（病、灾等不好的事）：～病｜～嗓子｜～水灾｜～蝗虫｜～笑话。❸发泄，发作：～情绪｜～脾气。❹搞，弄：～生产｜～革命｜把问题～清楚。

☞广动词。骂：～人｜畀人～（给人骂）｜～交（吵架）。

闷（閟）bì ㄅㄧˋ［béi³ 秘］

❶闭门，关闭。❷谨慎。

闺（閨）guī ㄍㄨㄟ［guei¹ 归］

❶上圆下方的小门。❷旧时指女子居住的内室：深～。【闺女】1. 未出嫁的女子。2. 女儿。

闻（聞）wén ㄨㄣˊ［men⁴ 纹］

❶听见：风～｜耳～不如目见。❷听见的事情，消息：新～｜奇～。❸（旧读wèn）出名，有名望：～人｜默默无～。❹名声：令～｜丑～。❺用鼻子嗅气味：你～～这是什么味？｜我～见香味了。

闼（闥）tà ㄊㄚˋ［tad³ 挞］

门，小门：排～直入（推开门就进去）。

闽（閩）mǐn ㄇㄧㄣˇ［men⁵ 敏］

福建省的别称。

闾（閭）lǘ ㄌㄩˊ［lêu⁴ 雷］

❶里门，巷口的门。❷古代二十五家为一闾。

闿 (闓)kǎi ㄎㄞˇ [hoi² 海]

开。

阀 (閥)fá ㄈㄚˊ [fed⁶ 伐]

❶封建时代指有权势的家庭、家族：门~｜~阅之家。❷凭借权势造成特殊地位的个人或集团：军~｜财~。❸(外)阀门，管道、唧筒或机器中调节控制流体的流量、压力和流动方向的装置：水~｜气~｜油~。

阁 (閤)gé ㄍㄜˊ [geb³ 鸽]

小门，旁门。

"閤"另见242页"阁"(gé)；42页"合"(hé)。

阁 (閣、△*閤)gé ㄍㄜˊ [gog³ 各]

❶类似楼房的建筑物：亭台楼~。【阁下】对人的敬称，今多用于外交场合。【阁子】小木头房子。【内阁】明清两代的中央政务机构。民国初年的国务院和现在某些国家的最高行政机关也叫内阁，省称"阁"：组~｜入~。❷闺房：出~(指女子出嫁)。

"閤"另见242页"阁"(gé)；42页"合"(hé)。

阐 (閛)zhèng ㄓㄥˋ [zang¹ 挣]

【阐阄】(-chuài)同"挣揣"(多见于元曲)。

阂 (閡)hé ㄏㄜˊ [hed⁶ 瞎]

阻隔不通：隔~。

7—8画

阃 (閫)kǔn ㄎㄨㄣˇ [kuen² 菌]

❶门槛。❷妇女居住的内室。

阄 (闖)chuài ㄔㄨㄞˋ [cai² 柴², ⊗ cêu² 取]

见242页"阐"字条【阐阄】(zhèng-)。

阄 (鬮)jiū ㄐㄧㄡ [geo¹ 沟]

(-儿)抓阄时用的纸团等。【抓阄儿】为了赌胜负或决定事情而各自抓取做好记号的纸团等。

訚 (誾)yín ㄧㄣˊ [ngen⁴ 银]

(叠)和颜悦色地进行辩论。

阅 (閱)yuè ㄩㄝˋ [yud⁶ 月]

❶看，察看(㊥-览)：~报｜传~｜检~。❷经历，经过：~历｜~世。

阆 (閬)㊀láng ㄌㄤˊ ㊀ [long⁴ 狼]

见240页"闶"字条【闶阆】(kāng-)。

㊁làng ㄌㄤˋ ㊁ [long⁵ 朗]

【阆中】地名，在四川省。

阇 (闍)㊀dū ㄉㄨ ㊀ [dou¹ 刀]

城门上的台。

㊁shé ㄕㄜˊ ㊁ [sé⁴ 蛇]

【阇梨】梵语音译"阿阇梨"的省称。佛教指高僧，泛指僧。

阈 (閾)yù ㄩˋ [wig⁶ 域]

❶门槛。❷界限：视～。

阉（閹）yān ㄧㄢ［yim¹ 淹¹］

❶阉割，割去生殖腺：～鸡｜～猪。❷封建时代的宦官，太监：～官。

☞粤❶动词。算计：因住界人哋～（当心被人算计）。❷动词。宰（客）：呢间餐馆～得好犀利（这间饭馆宰客宰得可厉害了）。

阊（閶）chāng ㄔㄤ［cêng¹ 窗］

【阊阖】（－hé）1. 传说中的天门。2. 宫门。

【阊门】苏州城门名。

阋（鬩）xì ㄒㄧˋ［yig¹ 益］

争吵。【阋墙】弟兄们在家里互相争吵。㊅内部不和。

阌（閿）wén ㄨㄣˊ［men⁴ 闻］

【阌乡】地名，在河南省灵宝。

阍（閽）hūn ㄏㄨㄣ［fen¹ 婚］

❶宫门。❷看（kān）门。

阎（閻）yán ㄧㄢˊ［yim⁴ 炎］

❶里巷的门。❷姓。

阏（閼）yān ㄧㄢ［yin¹ 烟］

【阏氏】（－zhī）汉代匈奴称君主的正妻。

阐（闡）chǎn ㄔㄢˇ［qin² 浅，㊀xin⁶ 善］

说明，表明：～述｜～明。【阐发】深入说明事理。

9 画

闉（闉）yīn ㄧㄣ［yen¹ 因］

❶瓮城，也指瓮城的门。❷堵塞。

阑（闌）lán ㄌㄢˊ［lan⁴ 拦］

❶同"栏❶"。【阑干】1. 纵横交错，参差错落：星斗～。2. 同"栏杆"。❷同"拦"。❸尽，晚：夜～人静。【阑珊】衰落，衰残。

【阑入】进入不应进去的地方，混进。

阒（闃）qù ㄑㄩˋ ㊀［kuig¹ 箍益，㊀guig¹ 隙］

形容寂静：～无一人。

㊁［kuig¹ 箍益］

☞粤【阒噼】1. 象声词。物件碰撞的声音；穿木板鞋走硬路的声音等。2. 代词。各种各样的，杂七杂八的：嗰条街乜～嘢都有得卖（那条街各种各样的东西都有卖的）｜柜桶里面乜～嘢都有（抽屉里什么杂七杂八的东西都有）。又说"阒砾噼嘞。

阓（闠）huì ㄏㄨㄟˋ［kui² 贿］

见244页"阛"字条【阛阓】（huán－）。

阔（闊、*濶）kuò ㄎㄨㄛˋ［fud³ 科活³］

❶面积或范围宽广（㊥广－）：宽～｜高谈～论。㊀时间长或距离远：～别。❷钱财多，生活奢侈：摆～｜～气｜～人。

阕（闋）què ㄑㄩㄝˋ [kün³ 决]

❶停止，终了：乐～（奏乐终了）。❷量词。用于词或歌曲。

10画以上

阖（闔）hé ㄏㄜˊ [heb⁶ 合]

❶全，总共：～家｜～城。❷关闭：～户。

阗（闐）tián ㄊㄧㄢˊ [tin⁴ 钿]

充满：喧～。

【和阗】地名，在新疆维吾尔自治区。今作“和田”。

阘（闒）tà ㄊㄚˋ [tab³ 塔]

【阘茸】（－róng）卑贱，低劣。

阒（闑）niè ㄋㄧㄝˋ [yid⁶ 热]

〈古〉❶在两扇门相交处所竖的短木。❷指门。

阙（闕）㊀quē ㄑㄩㄝ [küd³ 决]

❶古代用作“缺”字。【阙如】空缺：尚付～。【阙疑】有怀疑的事情暂时不下断语，留待查考。❷过错：～失。❸姓。

㊁què ㄑㄩㄝˋ [küd³ 决]

〈古〉❶皇宫门前两边的楼：宫～。❷墓道外所立的石牌坊。

阚（闞）㊀hǎn ㄏㄢˇ ㊂ [ham² 咸²]

虎叫声。

㊁kàn ㄎㄢˋ ㊂ [hem³ 勘]

姓。

阛（闤）huán ㄏㄨㄢˊ [wan⁴ 环]

【阛阓】（－huì）街市。

[48]宀部

2—4画

宁（寧、㊀❶－❸、㊁△＊甯、＊寗）㊀níng ㄋㄧㄥˊ ㊂ [ning⁴ 柠]

❶安宁：～静｜鸡犬不～。【归宁】旧时女子出嫁后回娘家看望父母。❷使安宁：息事～人。❸江苏省南京的另称。❹姓。

㊁nìng ㄋㄧㄥˋ ㊂ [ning⁶ 柠⁶]

副词。宁可，表示比较后做出的选择，情愿：～死不屈｜～缺毋滥。

“甯”另见251页nìng。

它（＊牠）tā ㄊㄚ [ta¹ 他]

代词。专指人以外的事物。【其它】同“其他”（用于事物）。

宄guǐ ㄍㄨㄟˇ [guei² 鬼]

坏人：奸～。

宇yǔ ㄩˇ [yu⁵ 雨]

❶屋檐。㊥房屋：庙～。【眉宇】㊖仪表，风度。❷上下四方，所有的空间：～内。【宇宙】1. 同“宇❷”。2. 指所有的空间和时间。❸地层系统分类的最高一级，在“界”之上，是在地质年代“宙”的时期内形成的地层：显生～｜元

古～｜太古～。

守 shǒu ㄕㄡˇ [seo² 首]

❶防卫，守卫，跟“攻”相对：～城｜坚～阵地。【墨守】依照老法子不肯改进：～成规。❷看守，看护：～门｜～着病人。❸遵守，依照：因循～旧｜～时间｜～纪律｜～法。❹靠近，依傍：～着水的地方，要多种稻子。

宅 zhái ㄓㄞˊ [zag⁶ 摘]

住所：住～｜深～大院。

字 zì ㄗˋ [ji⁶ 治]

❶文字，用来记录语言的符号：汉～｜～眼儿｜～体｜常用～。【字典】注明文字的音义，列举词语说明用法的工具书。【字符】表示数据和信息的字母、数字及各种符号。【字母】表语音的符号：拼音～｜拉丁～。❷字音：咬～清楚｜～正腔圆。❸字体：篆～｜柳～。❹书法作品：～画。❺根据人名中的字义另取的别名叫“字”，又叫“表字”：李白～太白｜岳飞～鹏举。❻字据，合同，契约：立～为凭。❼旧时称女子许嫁：待～闺中。

安 ān ㄢ [on¹，㊀ngon¹ 鞍]

❶平静，稳定：～定｜～心(心情安定)｜～居乐业。❷使平静，使安定(多指心情)：～神｜～民告示。❸安全，平安，跟“危”相对：～康｜治～｜转危为～。❹安置，装设(㊟－装)：～排｜～营扎寨｜～电灯。❺存着，怀着(多指不好的念头)：你～的什么心？❻代词。哪里：而今～在？｜～能如此？❼电流强度单位名安培的简称，符号A。

完 wán ㄨㄢˊ [yun⁴ 元]

❶齐全(㊟－整)：～美｜～善。❷尽，没有了：用～了｜卖～了｜事情做～了。❸做成，了结：～成任务｜～工｜～婚。❹交纳：～粮｜～税。

宋 sòng ㄙㄨㄥˋ [sung³ 送]

❶周代诸侯国名，在今河南省商丘一带。❷朝代名。1. 南朝之一，刘裕所建立(公元420—479年)。2. 宋太祖赵匡胤所建立(公元960—1279年)。❸指宋刊本或宋体字：影～｜老～｜仿～。

宏 hóng ㄏㄨㄥˊ [weng⁴ 弘]

广大：～伟｜宽～大量｜规模～大。

牢 láo ㄌㄠˊ [lou⁴ 劳]

❶养牲畜的圈(juàn)：亡羊补～(喻事后补救)。㊕古代称做祭品的牲畜：太～(牛)｜少～(羊)。❷监禁犯人的地方(㊟监－、－狱)：坐～。❸结实，坚固：～不可破｜～记党的教导。【牢骚】(－sao)烦闷不满的情绪：发～｜～满腹。

灾 (*災、*烖)zāi ㄗㄞ [zoi¹ 栽]

❶水、火、荒旱等所造成的祸害：战胜～害｜旱～。❷个人的不幸遭遇：飞～｜招～惹祸。

5—6 画

宝 (寶、*寳)báo ㄅㄠˇ ［bou² 保］

❶珍贵的：～刀｜～石｜～物。敬辞，称与对方有关的人或事物，如家眷、店铺等：～眷｜～号。❷珍贵的东西：珠～｜国～｜粮食是～中之～。【宝贝】1. 珍贵的东西。2.（－儿）对小孩儿亲昵的称呼。

宗 zōng ㄗㄨㄥ ［zung¹ 钟］

❶旧指宗庙，祖庙。【祖宗】先人。❷家族，同一家族的：同～｜～兄。【宗法】封建社会以家族为中心，按血统远近区别亲疏的制度：破除～观念。❸宗派，派别：禅(chán)～｜北～山水画。❹宗旨，主要的目的和意图：开～明义｜万变不离其～。❺尊奉，向往，也指尊奉的人：～仰｜～师。❻量词。件，批：一～事｜大～货物｜三～传染病例。

定 dìng ㄉㄧㄥˋ ㊀［ding⁶ 丁⁶］

❶不可变更的，规定的，不动的：～理｜～论｜～量｜～期。㊁副词。必然地：～能成功。❷确定，使不移动：～编｜～岗｜～案｜～胜负｜否～｜决～｜～章程。㊁固定，使固定：表针～住不走了｜～影。❸安定，平定(多指局势)：大局已～。❹镇静，安稳(多指情绪)：心神不～｜～～神再说。

☞粤❶形容词。平稳：架车开得好～(车子开得很稳)｜放～啲脚步(脚步踩稳点)。❷形容词。镇定：～啲，咪怕(镇定点，别怕)｜～过抬油(十分平稳，形容人镇定自若)。❸形容词。放心：～啲，有人要你嘅(放心吧，没人要你的)。❹形容词。静止不动：企～，咪嘟(站稳，别动)｜眼～～噉睇住佢(定着眼睛看着他；呆呆地看着他)｜～晒形(发愣，发呆，一动不动)。【定当】1. 稳重，稳：事情咁急佢重咁～(事情那么急他还那么稳)。2. 停当：准备～｜安排～。【定性】1. 性格文静，不好动：女仔点都比男仔～啲嘅(女孩总比男孩文静点的)。2. 指人长大变得沉稳、成熟：佢呢几年～咗，有咁贪玩咯(他这几年沉稳多了，不那么贪玩了)。❺连词。又说"定系"。1. 还是，用在问句里，表示请对方二者选其一：你要呢个～嗰个(你要这个还是那个)？｜你想食粥～食饭？｜呢只系羊仔～牛仔(这是小羊还是小牛)？｜真～假㗎(真的还是假的)？2. 或者，用在陈述句里，表示二者选其一：去～唔去到时睇情况定(去还是不去到时候看情况再定)｜排先～排后都无所谓。❻助词。用在动词之后，表示动作进行的程度。1. 预先准备：攞～盘棋等佢嚟(攞好棋子等他来)｜放～喺度(预先放在这里)。2. 妥当，好：执～行李准备出发｜你哋商量～嘞重嚟揾我做乜(你们都商量好了还来找我干吗)?!

㊁［㊑ding⁶，㊒déng⁶ 钉］

☞粤 动词。预告，约妥：～金｜～票｜～酒席。

宕 dàng ㄉㄤˋ ［dong⁶ 荡］

❶延迟，拖延：延～。❷不受拘束：豪～。

宠 (寵)chǒng ㄔㄨㄥˇ ［cung² 充²］

❶偏爱，过分地爱：不能老～着孩子。❷光耀，荣耀：～辱不惊。

宜

yí ｌˊ [yi⁴ 而]

❶适合，适当(㊥－)：老少皆～｜相～。❷应该，应当(多用于否定式)：不～如此｜不～操之过急。❸当然，无怪：～其无往而不利也！

审

(審)shěn ㄕㄣˇ [sem² 婶]

❶详细，周密：～慎｜精～。㊀仔细思考，反复分析、推究：～查｜～核｜这份稿子～完了。【审计】专设机关对国家各级政府、金融机构、企业事业组织的财务收支情况进行监督、审查并提出意见。❷审问，讯问案件：～案｜～判｜公～。❸知道：不～近况何如？也作“谂”。❹的确，果然：～如其言。

宙

zhòu ㄓㄡˋ [zeo⁶ 就]

❶古往今来，指所有的时间。❷地质年代分期的最高一级，在“代”之上：显生～｜元古～｜太古～。

官

guān ㄍㄨㄢ [gun¹ 棺]

❶政府机关或军队中经过任命的、一定级别以上的公职人员：～吏｜～员｜当～。❷旧时称属于国家的：～办｜～款。【官话】1. 旧时指通行于广大区域的北方话，特指北京话。2. 官腔。❸器官，生物体上有特定机能的部分：五～｜感～。

宛

wǎn ㄨㄢˇ [yun² 婉]

❶曲折。【宛转】1. 辗转。2. 同“婉转”。❷宛然，仿佛：音容～在。

☞▮名词。秤盘的重量：呢把秤几两～(这杆秤秤盘有几两重)？｜除咗二两～(除去秤盘的重量二两)。又作“鞔”。

实

(實、△*寔)shí ㄕˊ [sed⁶ 失⁶]

❶充满：虚～｜～心球｜～足年龄。❷真，真诚，跟“虚”相对：～心～意｜～话～说｜～事求是。【实词】能够单独用来回答问题，有比较实在意义的词，跟“虚词”相对，如名词、动词等。【实践】1. 实行(自己的主张)，履行(自己的诺言)。2. 人们改造自然和改造社会的有意识的活动。【实在】1. 真，的确：～好。2. (－zai)不虚：他的学问很～｜话说得挺～。❸种子，果子：开花结～。

“寔”另见251页shí。

宓

mì ㄇㄧˋ [med⁶ 勿]

安，静。

宣

xuān ㄒㄩㄢ [xun¹ 孙]

❶发表，公开说出：～誓｜～传｜心照不～。❷疏通：～泄。❸指宣纸，安徽省宣城等地产的一种高级纸张，吸墨均匀，能长期存放：生～｜虎皮～。

宦

huàn ㄏㄨㄢˋ [wan⁶ 患]

官(㊥官－、仕－)。【宦官】封建时代经过阉割在皇宫里伺候皇帝及其家族的男人。又叫太监。

宥

yòu ㄧㄡˋ [yeo⁶ 又]

❶宽容，饶恕，原谅(㊥原－、宽－)：

还请～我。❷帮助。

宬 chéng ㄔㄥˊ [xing⁴ 城]

古代的藏书室：皇史～（明清两代保藏皇室史料的处所，在北京）。

室 shì ㄕˋ [sed¹ 失]

❶屋子：～内｜教～。㊀1. 妻子：妻～｜继～。2. 家，家族：皇～｜十～九空。❷机关团体内的工作单位：会计～。❸星宿名，二十八宿之一。

宫 gōng ㄍㄨㄥ [gung¹ 工]

❶房屋，封建时代专指帝王、太子等的住所：～殿｜故～｜东～。❷神话中神仙居住的房屋或庙宇的名称：天～。❸一些文化娱乐场所的名称：少年～｜文化～。❹宫刑，古代阉割生殖器的酷刑。❺古代五音"宫、商、角（jué）、徵（zhǐ）、羽"之一。

宪 （憲）xiàn ㄒㄧㄢˋ [hin³ 献]

❶法令：～令。❷指宪法：～章｜立～｜违～｜修～。【宪法】国家的根本法。具有最高的法律效力，是其他立法工作的根据。通常规定一个国家的社会制度、国家制度、国家机构和公民的基本权利和义务等。

客 kè ㄎㄜˋ [hag³ 吓]

❶客人，跟"主"相对（㊥宾－）：来～了｜请～｜会～。【客观】1. 离开意识独立存在的，跟"主观"相对：人类意识属于主观，物质世界属于～。2. 依据外界事物而做观察的，没有成见的：他看问题很～。【客家】古代移住闽、粤等地的中原汉族人的后裔。【客气】谦让，有礼貌。❷出门在外的：～居｜～籍｜～商。❸指奔走他方，从事某种活动的人：说～｜侠～。❹旅客，顾客：～车｜～满｜乘～。

7 画

害 hài ㄏㄞˋ [hoi⁶ 开⁶]

❶有损的：～虫｜～鸟。❷祸害，坏处，跟"利"相对：为民除～｜喝酒过多对身体有～。❸灾害，灾患：虫～。❹使受损伤：～人不浅｜伤天～理｜危～。❺发生疾病：～病｜～眼。❻心理上发生不安的情绪：～羞｜～臊｜～怕。

〈古〉又同"曷"（hé）。

宽 （寬）kuān ㄎㄨㄢ [fun¹ 欢]

❶阔大，跟"窄"相对（㊥－广，－阔）：马路很～。【宽绰】（－chuo）1. 宽阔。2. 富裕。❷物体横的方面的距离，长方形多指短的一边：长方形的面积是长乘以～。❸放宽，使松缓：～限｜～心。㊀1. 解除，脱：请～了大衣吧！2. 延展：～限几天。3. 宽大，不严：～容｜从～处理。❹宽裕，富裕：手头不～。

宧 yí ㄧˊ [yi⁴ 而]

古代称屋子里的东北角。

宸 chén ㄔㄣˊ [sen⁴ 神]

❶屋宇，深邃(suì)的房屋。❷旧指帝王住的地方。㊀称王位、帝王。

家 (㊀❶傢)㊀jiā ㄐㄧㄚ ㊁[ga1 嘉]

❶家庭，人家：勤俭持～|张～有五口人。谦辞，用于对别人称自己亲属中比自己年纪大或辈分高的：～兄|～父。〖"傢"是"家伙""家具""家什"的"家"的繁体字。〗【家常】家庭日常生活：～便饭|叙～。【家畜】(－chù)由人喂养的兽类，如马、牛、羊、狗、猪等。【家伙】(－huo)1. 一般的用具、工具。2. 指武器。3. 指牲畜或人(轻视或玩笑)。【家具】家庭用具，主要指床、柜、桌、椅等。【家什】(－shi)用具，器物：厨房里的～擦洗得干干净净。❷家庭的住所：回～|这儿就是我的～。❸指经营某种行业或有某种身份的人家：农～|酒～。❹掌握某种专门学识或有丰富实践经验以及从事某种专门活动的人：科学～|水稻专～|政治～|阴谋～。❺学术流派：儒～|道～|百～争鸣。❻指相对各方中的一方：对～|上～|下～。❼(jia)词尾，指一类的人(多按年龄或性别分)：孩子～|姑娘～。❽量词。用于家庭或企业：一～人家|两～饭馆。

㊁jie・ㄐㄧㄝ ㊁[ga3 架]

助词：整天～|成年～。

宵 xiāo ㄒㄧㄠ [xiu1 烧]

夜：通～|～禁。【元宵】1. 元宵节，农历正月十五日晚上。2. 一种江米(糯米)面做成的球形有馅儿食品，多在元宵节吃。

宴 (*醼)yàn ㄧㄢ [yin3 燕]

❶用酒饭招待：～客。❷聚会在一起吃酒饭：～会。❸酒席：设～。❹安乐：～安鸩(zhèn)毒(贪图享受等于喝毒酒自杀)。

宾 (賓)bīn ㄅㄧㄣ [ben1 奔]

客人，跟"主"相对(㊖－客)：来～|外～|～馆|喧～夺主(喻次要事物侵占主要事物的地位)。

容 róng ㄖㄨㄥ [yung4 庸]

❶容纳，包含：～器|～量|屋子小，～不下。❷对人度量大，不计较：宽～|～忍|大度～人。❸让，允许：～许|不～人说话|不～他胡来。❹相貌，仪表(㊖－貌)：笑～|面～。㊀样子：军～|市～。❺或许，也许(㊖－或)：～有异同。

宰 zǎi ㄗㄞˇ [zoi2 灾2]

❶杀牲畜(㊖－杀、屠－)：～猪|～鸡。㊕向买东西或接受服务的人索取高价：挨～|～人。❷主管，主持：主～|～制。❸古代官名：太～。【宰相】古代辅佐君王掌管国家大事的最高的官。

案 àn ㄢ [on3，㊗ngon3 按]

❶长形的桌子。❷机关或团体中记事的案卷：备～|有～可查。❸提出计划、办法等的文件：提～|议～。❹事件：五卅惨～。特指涉及法律问题的事件：～情|犯～|破～。❺古时候端饭用的木盘：举～齐眉(形容夫妇互相敬重)。❻同"按❹"。

8 画

寇 (*寇)kòu ㄎㄡˋ [keo³ 扣]

❶盗匪，侵略者：敌~。❷敌人来侵略：~边。

寅 yín ㄧㄣˊ [yen⁴ 仁]

❶地支的第三位。❷寅时，指夜里三点到五点。

寄 jì ㄐㄧˋ [géi³ 记]

❶托付，寄托：~放｜~希望于未来。❷依靠，依附：~居｜~生｜~宿。❸托人传送。特指由邮局传递：~信｜~钱｜~包裹。

寋 zǎn ㄗㄢˇ，㊉jié ㄐㄧㄝˊ [zam² 斩，㊉jid³ 节]

迅速，快捷。

寂 jì ㄐㄧˋ [jig⁶ 直]

静，没有声音(㊥-静)：~然无声。【寂寞】(-mò)清静，孤独。

宿 (*宿)㊀sù ㄙㄨˋ ㊀[sug¹ 叔]

❶住，过夜，夜里睡觉：住~｜~舍。❷年老的，长久从事某种工作的：~将(经历多、老练的指挥官)。❸旧有的，素有的：~疾｜~愿得偿。❹姓。

☞广❶形容词。馊：啲粥~咯(粥馊了)｜~咗嘅嘢唔好食(馊了的东西不要吃)。❷形容词。酸臭，一般指汗臭：出咁多汗，成身~晒(出那么多汗，全身都酸臭了)｜件衫~咯，重唔洗(衣服酸臭了，还不洗)！

㊁xiǔ ㄒㄧㄡˇ ㊀[sug¹ 叔]

夜：住了一~｜谈了半~。

㊂xiù ㄒㄧㄡˋ ㊁[seo³ 秀]

我国古代的天文学家把天上某些星的集合体叫作宿：星~｜二十八~。

密 mì ㄇㄧˋ [med⁶ 勿]

❶事物间距离短，空隙小，跟"稀""疏"相对(㊥稠-)：~植｜~云不雨｜枪声越来越~。㊀精致，细致：精~｜细~。❷关系近，感情好(㊥亲-)：~友｜~切。❸不公开：~谋｜~谈｜~码电报。㊀秘密的事物：保~｜泄~｜告~。

9—11 画

寒 hán ㄏㄢˊ [hon⁴ 韩]

❶冷(㊥-冷)：御~｜天~。【寒噤】因受冷或受惊而发抖的动作：打~。【寒心】灰心，痛心，失望。【胆寒】害怕。❷穷困：贫~。谦辞：~门｜~舍。

賨 (賨)cóng ㄘㄨㄥˊ [cung⁴ 虫]

秦汉时期今湖南、重庆、四川一带少数民族所缴的一种赋税。后也指这部分少数民族。

富 fù ㄈㄨˋ [fu³ 赋]

❶富有，跟"贫""穷"相对：~人｜~豪｜~强。【富丽】华丽：宫殿~堂皇。

❷资源、财产：～源｜财～。❸充裕，多，足（㊀－裕、－足、－饶、丰－）：～于创造精神。

寔 shí ㄕˊ [sed⁶ 实]

❶放置。❷见 247 页“实”。

寓 （＊庽）yù ㄩˋ [yu⁶ 预]

❶居住：～所｜暂～友人家。❷住的地方：张～｜公～。❸寄托，隐含在内：～言｜～意深刻。【寓目】过目，看。

甯 nìng ㄋㄧㄥˋ [ning⁶ 柠⁶]

❶见 244 页“宁”。❷姓。

另见 244 页“宁”（níng）。

寐 mèi ㄇㄟˋ [méi⁶ 味]

睡着（zháo）：假～｜夜不能～｜梦～以求。

塞 ㊀sāi ㄙㄞ ㊁ [seg¹ 梳握]

❶堵，填入：把窟窿～住｜往书包里～了一本书。❷（－子、－儿）堵住器物口的东西：瓶～儿｜软木～儿。

㊁sài ㄙㄞˋ ㊁ [coi³ 菜]

边界上的险要地方：要～｜～外。

㊂sè ㄙㄜˋ ㊁ [seg¹ 梳握]

义同“塞（sāi）㊀❶”，用于某些合成词或成语中，如“闭塞、堵塞、阻塞、塞责、闭目塞听”等。

骞 （騫）qiān ㄑㄧㄢ [hin¹ 牵]

高举。多用于人名，如西汉有张骞。

寞 mò ㄇㄛˋ [mog⁶ 莫]

寂静，清静（㊀寂－）：～～｜～然。

寝 （寢、＊寑）qǐn ㄑㄧㄣˇ [cem² 侵²]

❶睡觉：～室｜废～忘食。❷睡觉的地方：就～｜寿终正～。❸停止进行：事～。❹面貌难看：貌～。

寨 （❶－❸△＊砦）zhài ㄓㄞˋ [zai⁶ 斋⁶]

❶防守用的栅栏。【鹿寨】军事上常用的一种障碍物，古代多用削尖的竹木，现多用铁蒺藜等做成。❷旧时军营：安营扎～。❸村子：山～｜村村～～。❹姓。

“砦”另见 526 页 zhài。

赛 （賽）sài ㄙㄞˋ [coi³ 菜]

❶比较好坏、强弱：～跑｜～歌会｜田径～。❷胜似：一个～一个。㊕比得上：小玩意儿～真的｜那人足智多谋，人称～诸葛。❸旧时举行祭典酬报神灵：～神｜～会。

搴 qiān ㄑㄧㄢ [hin¹ 牵]

❶拔取：斩将～旗。❷同“褰”。

寡 guǎ ㄍㄨㄚˇ [gua² 瓜²]

❶少，缺少：～言｜优柔～断｜多～不等。❷古代君主的自称：称孤道～。❸妇女死了丈夫：～妇。

察 （＊詧）chá ㄔㄚˊ [cad³ 刷]

仔细看，调查研究：考～｜视～。

蜜 mì ㄇㄧˋ [med⁶ 密]

❶蜂蜜，蜜蜂采取花的甜汁酿成的东西。【蜜饯】用蜜、糖浸渍果品。又指用蜜、糖浸渍的果品。❷甜美：~月丨甜言~语。

寤 wù ㄨˋ [ng⁶ 误]

睡醒。

寥 liáo ㄌㄧㄠˊ [liu⁴ 辽]

❶稀疏(叠)：~若晨星丨~~无几。❷空旷，静寂：~廓丨寂~。

12 画以上

骞 (騫)xiān ㄒㄧㄢ [hin¹ 牵]

高飞的样子。

寮 liáo ㄌㄧㄠˊ [liu⁴ 辽]

小屋：竹~丨茶~。

搴 ān ㄢ [on¹，⊗ngon¹ 安]

❶见 739 页"鞍"。❷用于古地名：~之战。

褰 qiān ㄑㄧㄢ [hin¹ 牵]

把衣服提起来：~裳。

寰 huán ㄏㄨㄢˊ [wan⁴ 还]

广大的地域。【寰球】【寰宇】全世界。也分别作"环球""环宇"。

蹇 jiǎn ㄐㄧㄢˇ [gin² 见²]

❶跛，行走困难。❷迟钝，不顺利：~涩丨~滞丨命运多~。❸指驽马，也指驴。

謇 jiǎn ㄐㄧㄢˇ [gin² 见²]

❶口吃，言辞不顺畅。❷正直。

[49]辶部

2—4 画

辽 (遼)liáo ㄌㄧㄠˊ [liu⁴ 僚]

❶远(㊀-远)：~阔。❷朝代名，契丹族耶律阿保机建立(公元 907—1125 年)。

边 (邊)biān ㄅㄧㄢ [bin¹ 辫]

❶(-儿)物体周围的部分：纸~儿丨桌子~儿。㊁旁边，近旁，侧面：身~丨马路~。❷国家或地区之间的交界处：~防丨~境丨~疆。❸几何学上指夹成角的射线或围成多边形的线段。❹方面：双~会谈丨两~都说定了。❺(一)边……(一)边……，用在动词前，表示动作同时进行：~干~学丨~走~说。❻(bian)表示位置、方向，用在"上""下""前""后""左""右"等字后：东~丨外~丨左~。

☞广❶疑问代词。哪：~处(哪里)丨~日(哪天)丨~种(哪样)丨~啲(哪些)。【边度】1. 哪里(问处所)：去~？丨呢处系~(这里是哪里?)2. 哪里，到处(泛指处所）：~都有得卖（哪里都买不到）｜~都要讲道理（哪里都要讲理）。【边个】1. 哪个，谁：你系~（你是谁）？｜有~唔服佢（没有谁不服他）。2. 无论是谁，哪一个：~都唔准入（无论是谁都不给进去）｜~都唔信（谁也不相信）。❷疑问代词。哪里，哪儿：唔知佢去咗~（不知他到哪里去了）｜你而家想去~（你现在想去哪儿）？｜~有噉嘅好事（哪儿有这样的好事）！

迂

yū ㄩ [yu¹ 于]

❶曲折，绕远：~回前进。❷言行、见解陈旧，不合时宜（㊣-腐）：~论｜~见｜思想太~。

过

（過）㊀guō ㄍㄨㄛ ㊀[guo¹ 戈]

姓。

㊁guò ㄍㄨㄛˋ ㊁[guo³ 果³]

❶从这儿到那儿，从甲方到乙方：~江｜没有~不去的河｜~户｜~账。㊊1. 传：~电｜别把病~给孩子。2. 交往：~从。【过去】1.（-qù）已经经历了的时间。2.（-qu）从这儿到那儿去。❷经过，度过：~冬｜~节｜日子越~越好。㊊使经过某种处理：~秤｜~目｜~一~数｜把菜~一~油。❸数量或程度等超出：~半数｜~了一百｜~分（fèn）｜~火｜这样说，未免太~。❹（-儿）量词。次，回，遍：衣服洗了好几~儿。❺错误（㊣-错）：改~自新｜知~必改。❻（guo）放在动词后。1. 助词。表示曾经或已经：看~｜听~｜用~了｜你见~他吗？2. 跟“来”“去”连用，表示趋向：拿~来｜转~去。❼放在单音节形容词后，表示超过：弟弟高~哥哥｜今年好~去年。

达

（達）dá ㄉㄚˊ [dad⁶ 鞑⁶]

❶通，到达：抵~｜四通八~｜火车从北京直~上海。❷通达，对事理认识得透彻：知书~理｜通权~变（不拘常规，采取变通办法）｜~观（对不如意的事情看得开）。❸达到，实现：目的已~｜~成协议。❹告知，表达：转~｜传~｜词不~意。❺指官位高，有权势（㊣显-）：~官。

【达斡尔族】（-wò--）我国少数民族，参看附表。

迈

（邁）mài ㄇㄞˋ [mai⁶ 卖]

❶抬起腿来跨步：~过去｜~了一大步｜向前~进。❷老（㊣老-）：年~。❸（外）英里，用于机动车行驶速度。现也把千米（公里）说成迈。

辿

（**𨑹）chān ㄔㄢ [cin⁴ 钱]

用于地名：龙王~（在山西省吉县）｜黄草~（在山西省黎城）。

迁

（遷）qiān ㄑㄧㄢ [qin¹ 千]

❶机关、住所等另换地点（㊣-移）：~都（dū）：~居。【迁就】不坚持自己的意见，凑合别人：不能~｜~应该是有原则的。【迁延】拖延：已经~了一个多月了。❷变动，改变（㊣变-）：事过境~。

迄

qì ㄑㄧˋ [nged⁶ 屹]

❶到：~今未至。❷始终：~未成功。

迅

xùn ㄒㄩㄣˋ [sên³ 信]

快(㊀–速)：~跑｜~猛｜~雷不及掩耳。

巡

(*廵)xún ㄒㄩㄣˊ [cên⁴ 旬]

❶往来查看：~夜｜~哨。【巡回】按一定路线到各处：~医疗队｜~演出。❷量词。遍(用于给所有在座的人斟酒)：酒过三~。

进

(進)jìn ㄐㄧㄣˋ [zên³ 俊]

❶向前移动，跟"退"相对：前~｜~军｜更~一层｜~一步提高产品质量。【进步】1. 向前发展，比原来好：时代又~了。2. 适合时代要求，对社会发展起促进作用的：思想很~。【进化】事物由简单到复杂、由低级到高级的发展过程。❷跟"出"相对。1. 入，往里面去：~工厂｜~学校。2. 收入或买入：~款｜~项｜~货。❸量词。用于旧式建筑房院前后的层次：这房子是两~院子。❹奉呈：~献｜~言。

远

(遠)yuǎn ㄩㄢˇ [yun⁵ 软]

❶跟"近"相对。1. 距离长：路~｜住得~。2. 时间长(㊀永–、长–)：做长~打算。❷不亲密，不接近：~亲｜敬而~之。❸(差别)大：差得~。❹深远：言近旨~。

违

(違)wéi ㄨㄟˊ [wei⁴ 围]

❶背(bèi)，反，不遵守(㊀–背、–反)：~法｜~章｜阳奉阴~。❷不见面，离别：久~。

运

(運)yùn ㄩㄣˋ [wen⁶ 混]

❶旋转，循序移动：日月~行。【运动】1. 物体的位置不断变化的现象。2. 哲学上指物质的存在形式和根本属性。3. 体育活动，如体操、游泳等。4. 政治、文化、生产等方面开展的有组织的群众性活动：五四~｜增产节约~。5. (–dong)为求达到某种目的而钻营奔走。❷搬送(㊀–输)：~货｜客~｜陆~。❸运用，灵活使用：~笔｜~思｜~筹。❹指人生死、福祸等一切的遭遇。特指迷信的人所说的命中注定的遭遇：幸~｜~气｜走好~。

还

(還)㊀hái ㄏㄞˊ [wan⁴ 环]

副词。❶仍旧，依然：你~是那样｜这件事~没有做完。❷更：今天比昨天~热。❸再，又：另外~有一件事要做｜提高产量，~要保证质量。❹尚，勉强过得去：身体~好｜工作进展得~不算慢。❺尚且：他那么大年纪~这么干，咱们更应该加油干了。【还是】(–shi) 1. 副词。表示这么办比较好：咱们~出动吧。2. 连词。用在问句里表示选择：是你去呢，~他来？❻表示没想到如此，而居然如此(多含赞叹语气)：他~真有办法。

㊁huán ㄏㄨㄢˊ [wan⁴ 环]

❶回，归(㊀回–)：~家｜~原(恢复原状)。❷回报：~礼｜~手｜以眼~眼，以牙~牙。❸归还(㊀偿–)：~钱。❹姓。

〈古〉又同"旋"(xuán)。

连

(連)lián ㄌㄧㄢˊ [lin⁴ 怜]

❶相接，连续(㊥-接)：天~水，水~天丨骨肉相~丨~成一片丨接~不断丨~年。【连词】连接词、词组或句子的词，如“和”“或者”“但是”等。【连枷】打谷用的农具。【连绵】(*联绵)接续不断。❷带，加上(㊥-带)：~说带笑丨~根拔丨~我一共三个人。❸介词。就是，即使(后边常用“都”“也”跟它相应)：他从前~字都不认得，现在会写信了丨精耕细作，~荒地也能变成良田。❹军队的编制单位，是排的上一级。

讶 yà ㄧㄚˋ [nga⁶ 牙⁶]

迎接(㊥迎-)：~之于门。

迍 zhūn ㄓㄨㄣ [zên¹ 津]

【迍邅】(-zhān)1. 迟迟不前。2. 处在困难中，十分不得志。

迕 wǔ ㄨˇ [ng⁶ 误]

❶相遇。❷逆，违背：违~。

近 jìn ㄐㄧㄣˋ [㊬gen⁶ 仅⁶，㊯ken⁵ 芹⁵]

❶跟“远”相对。1. 距离短：~郊丨路很~丨天津离北京很~。2. 现在以前不久的时间：~几天丨~来。❷亲密，关系密切：亲~丨~亲。❸接近，差别小，差不多：相~丨~似丨年~五十。❹浅近：言~旨远。

返 fǎn ㄈㄢˇ [fan² 反]

回，归：往~丨一去不复~。【返工】工作没有做好再重做。

迎 yíng ㄧㄥˊ [ying⁴ 形]

❶迎接，接：欢~。【迎合】为了讨好，使自己的言行符合别人的心意。❷向着：~面丨~头赶上。

这 (這)㊀zhè ㄓㄜˋ [zé³ 借，㊇zé⁵ 借⁵]

❶代词。此，指较近的时间、地方或事物，跟“那”相对：~里丨~些丨~个丨~是英汉词典。【这么】(-me)代词。如此：~办就好了。❷这时候，指说话的同时：我~就走。

㊁zhèi ㄓㄟˋ [zé³ 借，㊇zé⁵ 借⁵]

“这(zhè)一”的合音，但指数量时不限于一：~个丨~些丨~年丨~三年。

远 háng ㄏㄤˊ [hong⁴ 杭]

❶野兽、车辆经过的痕迹。❷道路。

迟 (遲)chí ㄔˊ [qi⁴ 持]

❶慢，缓：说时~，那时快丨~缓丨~~不去。㊞不灵敏：心~眼钝。【迟疑】犹豫不决。❷晚：~到丨睡得太~。

5 画

述 shù ㄕㄨˋ [sêd⁶ 术]

讲说，陈说(㊥叙-、陈-、-说)：口~。

迪 (廸)dí ㄉㄧˊ [dig⁶ 敌]

开导(㊥启-)。

迥 (*逈)jiǒng ㄐㄩㄥˇ [guing² 炯]

远：~异(相差很远)。【迥然】显然，

清清楚楚地：~不同。

迭 dié ㄉㄧㄝˊ [did6 秩]

❶交换，轮流：更~｜~为宾主。❷屡，连着：~次会商｜近年来，地下文物~有发现。❸及，赶上：忙不~。

迮 zé ㄗㄜˊ [zag3 窄]

❶〈古〉狭窄：~狭。❷姓。

迤 (**迆)㊀yí ㄧˊ ㊁[yi4 移]

见260页"逶"字条【逶迤】(wēi-)。

㊁yǐ ㄧˇ ㊁[yi5 以]

❶地势斜着延长。❷介词。表示延伸，向(专指方位)：天安门~东(向东延伸)。【迤逦】(-lǐ)曲折连绵：沿着蜿蜒的山势~而行。

迫 (*廹)㊀pǎi ㄆㄞˇ ㊁[big1 碧]

【迫击炮】从炮口装弹，以曲射为主的火炮。

㊁pò ㄆㄛˋ ㊁[bag1 百1]

❶用强力压制，硬逼(㊟逼-)：~害｜饥寒交~｜被~同意。❷急促(㊟急-)：~切｜从容不~｜~不及待。❸接近：~近。

☞廣❶用于"逼迫"一词。❷词素：~纽(揿扣儿)。

㊁[big1 碧1]

☞廣❶动词。挤：用力~入去(使劲挤进去)｜~冚晒人(人挤得满满的)。【迫车】挤车，搭乘拥挤的公共交通车。❷形容词。拥挤：里面好~(里头挤得很)｜游乐园~到鬼噉(游乐园挤得要命)｜~人(拥挤)。❸形容词。(空间)狭小；(时间)紧迫：~窄(地方窄小)｜呢间铺位~咗啲(这间铺位窄了点)｜三日完工，时间太~喇(三天要完工，时间太紧了)。【迫脚】鞋小挤脚。又叫"趟脚"。

迩 (邇)ěr ㄦˇ [yi5 耳]

近：遐(xiá)~闻名(遐：远)｜~来(近来)。

迢 tiáo ㄊㄧㄠˊ [tiu4 条]

远(叠)：千里~~。

迦 jiā ㄐㄧㄚ [ga1 加]

译音用字。

迳 (逕)jìng ㄐㄧㄥˋ [ging3 敬]

用于地名：~头(在广东省佛冈)。

"逕"另见226页"径"。

迨 dài ㄉㄞˋ [doi6 待]

❶等到，达到。❷趁。

6 画

迺 (*廼)nǎi ㄋㄞˇ [nai5 乃]

❶见23页"乃"。❷用于地名：~子街村(在吉林省永吉)。❸姓。

迾 liè ㄌㄧㄝˋ ㊁[lid6 列]

❶遮，拦阻。❷排列。

㊁［lad⁶ 辣］

☞㊄量词。排，行，列：湖边嗰～柳树真好睇（湖边那排柳树真好看）｜一～～新屋（一排排新房子）。【离行离迾】1. 不在行列上：大家都排好队，就系你～（大家都排好队，就是你站在队伍外）。2. 不成行列：啲字写得～（字写得不成行列）。3. 离谱，（两事）不相干：佢嘅答复系～嘅（他的答复是答非所问的）｜呢两件事系～嘅，点能够揦埋一齐讲呢（这两件事是互不相干的，怎么能混起来说呢）！

选　（選）xuǎn　ㄒㄩㄢˇ［xun² 损］

❶挑拣，择（㊀挑－、－择）：～种（zhǒng）。【选举】多数人推举认为合适的人担任代表或负责人：～代表。❷被选中了的人或物：人～。❸被选出来编在一起的作品：文～｜诗～。

适　（㊁適）㊀kuò　ㄎㄨㄛˋ　㊁［kud³ 括］

古同“逜”。

㊁shì　ㄕˋ　㊁［xig¹ 色］

❶切合，相合（㊀－合）：～宜｜～意｜～用。❷舒服：安～｜稍觉不～。❸刚巧：～逢其会。❹刚才，方才：～从何处来？❺往，到：无所～从。㊂旧指女子出嫁：～人。

追　zhuī　ㄓㄨㄟ［zêu¹ 醉¹］

❶赶，紧跟着（㊀－逐）：～随｜～击敌人｜急起直～｜他走得太快，我～不上他。❷追溯过去，事后补做：～念｜～悼｜～认｜～加预算｜～肥。❸竭力探求，寻求：～问｜～根｜这件事不必再～了｜～求真理。

逅　hòu　ㄏㄡˋ［heo⁶ 后］

见263页“邂”字条【邂逅】（xiè－）。

逃　（＊＊迯）táo　ㄊㄠˊ［tou⁴ 桃］

❶逃跑，逃走：～脱｜望风而～｜追歼～敌。❷逃避，避开：～荒｜～难｜在劫难～。

逄　páng　ㄆㄤˊ［pong⁴ 旁］

姓。

迹　（＊跡、＊蹟）jì　ㄐㄧˋ［jig¹ 积］

脚印（㊀踪－）：足～｜兽蹄鸟～。㊂1. 物体遗留下的印痕（㊀痕－）：～象｜事～｜轨～。2. 前人遗留下的事物（多指建筑、器物等）：古～｜陈～。

☞㊄名词。蓝图，设计图：起屋先画～（盖房子先画蓝图）｜呢个～要重新画过（这个设计图要重画）。

迸　bèng　ㄅㄥˋ［bing³ 并］

爆开，溅射：～裂｜～溅｜火星儿乱～。

送　sòng　ㄙㄨㄥˋ［sung³ 宋］

❶把东西从甲地运到乙地：～信｜～货。❷赠给：他～了我一支钢笔。❸送行，陪伴人到某一地点：～孩子上学｜把客人～到门口｜欢～。❹丢掉，丧

失：~命｜断~｜葬~。

迷 mí ㄇㄧˊ［mei⁴ 谜］

❶分辨不清，失去了辨别、判断的能力：~了路。【迷彩】使人迷惑不易分辨的色彩：~服。【迷信】盲目地信仰和崇拜。特指信仰神仙鬼怪等。❷醉心于某种事物，发生特殊的爱好（hào）：入~｜~恋。❸沉醉于某种事物的人：棋~｜球~｜戏~。❹使人陶醉：景色~人。

逆 nì ㄋㄧˋ［㊀yig⁶ 亦，㊁ngag⁶ 额］

❶向着相反的方向，跟"顺"相对：~风｜~水行舟｜倒行~施。㊀不顺利：~境。❷抵触，不顺从：~反心理｜忠言~耳。❸背叛者或背叛者的：~产。❹迎接：~战。㊁预先：~料。

退 tuì ㄊㄨㄟˋ［têu³ 推³］

❶向后移动，跟"进"相对：败~｜敌人已经~了。【退步】1. 逐渐向下，落后：学习不努力，成绩怎能不~？2. 后退的余地：话没有说死，留了~。❷使向后移动：~兵｜~敌。❸离开，辞去：~席｜~职。❹送还，不接受，撤销：~货｜~票｜~钱｜~婚。❺减退，下降：~色｜~烧。

逊 （遜）xùn ㄒㄩㄣˋ［sên³ 迅］

❶退避，退让：~位（让出帝王的位子）。❷谦让，恭顺：谦~｜出言不~。❸不及，差：~色｜稍~一筹。

7 画

逝 shì ㄕˋ［sei⁶ 誓］

❶过去：光阴易~。❷死，多用于表示对死者的敬意：~世｜不幸病~。

逑 qiú ㄑㄧㄡˊ［keo⁴ 球］

匹配，配偶。

逋 bū ㄅㄨ［bou¹ 煲］

❶逃亡（㊀~逃）。❷拖欠：~租。

速 sù ㄙㄨˋ［cug¹ 促］

❶快（㊀迅~）：~成｜~冻｜火~。【速度】运动的物体在单位时间内所通过的距离。【速记】用简便的符号快速记录话语。❷邀请：不~之客。

逗 dòu ㄉㄡˋ［deo⁶ 豆］

❶停留（㊀~留）。❷引，惹弄：~笑｜~趣｜把弟弟~哭了。特指引人发笑：爱说爱~。❸有趣：他说话真~。❹同"读"（dòu）。

逦 （邐）lǐ ㄌㄧˇ［lei⁵ 礼］

见256页"迤"字条【迤逦】（yǐ-）。

逐 zhú ㄓㄨˊ［zug⁶ 俗］

❶追赶（㊀追~）：~鹿｜~臭之夫。❷赶走，强迫离开（㊀驱~）：~客令｜追亡~北（追击败逃的敌人）。❸依照先

后次序，一一挨着：~日｜~步｜~字｜~句｜~渐。

逍

xiāo ㄒㄧㄠ [㊗xiu¹ 烧]

【逍遥】(-yáo)自由自在，无拘无束：~自在。

逞

chěng ㄔㄥˇ [qing² 请]

❶炫耀，卖弄：~能｜~强。❷施展，实现：敌人的阴谋没能得~。

造

zào ㄗㄠˋ [zou⁶ 做]

❶制作，做(㊟制-)：~船｜~林｜~预算。㊋瞎编：~谣｜捏~。❷成就：~诣(yì)。❸培养：深~｜可~之材。❹到，去：~访｜登峰~极。❺相对两方面的人，特指诉讼的两方：两~｜甲~｜乙~。❻〈方〉稻子等作物从播种到收割一次叫一造：一年两~。【造次】仓卒，匆促：~之间。㊋鲁莽，草率：不敢~。

透

tòu ㄊㄡˋ [teo³ 头³]

❶穿通，通过：钉~了｜这种纸厚，扎不~｜~光｜~气｜~过现象看本质。㊋1. 很通达，极明白：~彻｜理讲~了。2. 泄漏：~露｜~底｜~个信儿。【透支】支款超过存款的数目。❷极度：恨~了。❸显露：他~着很老实｜这朵花白里~红。❹达到饱满的、充分的程度：雨下~了。

☞㊕动词。呼吸：~气(呼吸)｜~大气(深呼吸；叹气)｜人多迫到~唔到气(人多挤得透不过气来)。

途

tú ㄊㄨˊ [tou⁴ 陶]

道路(㊟-径、道-、路-、-程)：坦~｜道听~说｜半~而废。【前途】㊍未来的境地，发展的前景。

适

kuò ㄎㄨㄛˋ [kud³ 括]

疾速。多用于人名。

逛

guàng ㄍㄨㄤˋ [guang⁶ 姑硬⁶]

闲游，游览(㊟游-)：~大街｜~公园。

逖

(**逷)tì ㄊㄧˋ [tig¹ 惕]

远。

逢

féng ㄈㄥˊ [fung⁴ 缝]

❶遇到：~人便说｜每~星期三开会。❷迎合。【逢迎】迎合别人的意图，巴结人。

递

(遞)dì ㄉㄧˋ [dei⁶ 第]

❶传送，传达(㊟传-)：投~｜请把书~给我｜~话｜~眼色(以目示意)。❷顺着次序：~补｜~加｜~进。

☞㊕动词。举起、抬起：~高只手(举起手来)。

通

㊀tōng ㄊㄨㄥ [tung¹ 同¹]

❶没有阻碍，可以穿过，能够达到：~行｜条条大路~北京｜四~八达｜~车｜~风。㊋1. 顺，指文章合语法，合事理。2. 彻底明了(liǎo)，懂得：精~业

务｜他～三种语言。3. 四通八达的，不闭塞的：～都大邑。【通过】1. 穿过去，走过去：火车～南京长江大桥。2. 介词。经过：～学习提高了认识。3.（提案）经过讨论大家同意：～一项议案。【通货】在社会经济活动中作为流通手段的货币：～膨胀。【通融】破例迁就。㉃临时借用：购房款不够，只得向亲戚～几万。❷传达：～报｜～告｜～信。❸往来交接：～商｜互～情报。❹普遍，全：～病｜～共｜～盘计划｜～力合作。【通俗】浅显的，适合一般文化程度的：～读物。❺量词。用于电报、电话等：发一～电报｜打一～电话。❻姓。

㊁tòng ㄊㄨㄥˋ［tung¹ 同¹］

量词。用于某些动作：打了三～鼓｜详详细细说了一～。

逡 qūn ㄑㄩㄣ［cên¹ 春］

退。【逡巡】有所顾虑而徘徊或退却。

8 画

逵 kuí ㄎㄨㄟˊ［kuei⁴ 葵］

通各方的道路。

逴 chuō ㄔㄨㄛ［cêg³ 卓］

远。

逻 （邏）luó ㄌㄨㄛˊ［lo⁴ 罗］

巡逻，巡察。【逻辑】（外）1. 思维的规律：这几句话不合～。2. 研究思维的形式和规律的科学。又叫论理学。3. 客观的规律性：符合事物发展的～。

逶 wēi ㄨㄟ［wei¹ 威］

【逶迤】（－yí）道路、河道等弯曲而长：山路～。

逸 yì ㄧˋ［yed⁶ 日］

❶跑，逃跑：逃～。❷散失（㊀亡－）：～书（已经散失的古书）。❸安闲，安乐（㊀安－）：一劳永～｜劳～结合。❹避世隐居：～民｜隐～。❺超过一般：～群绝伦。

逭 huàn ㄏㄨㄢˋ［wun⁶ 焕］

逃，避。

逯 lù ㄌㄨˋ［lug⁶ 六］

姓。

逮 ㊀dǎi ㄉㄞˇ［dei⁶ 弟］

捉，捕，用于口语：～老鼠｜～蝗虫。

㊁dài ㄉㄞˋ［dei⁶ 弟］

❶到，及：力有未～｜～乎清季（到了清代末年）。❷逮捕，捉拿。

9 画

逼 （＊偪）bī ㄅㄧ［big¹ 碧］

❶强迫，威胁（㊀－迫）：～债｜～上梁山｜寒气～人。❷切近，接近：～近｜～真。❸狭窄：～仄。

遇 yù ㄩˋ［yu⁶ 预］

❶相逢，会面，碰到(㊥遭－)：～雨｜百年不～｜不期而～。❷机会：际～｜佳～。❸对待，款待：可善～之。

遏 è ㄜˋ [ad³，㊀ngad³ 压]

阻止(㊥－止、阻－)：怒不可～。【遏制】制止，控制：～敌人的进攻｜～不住满腔的激情。

遗 (遺)㊀wèi ㄨㄟˋ ㊁ [wei⁶ 位]

赠予：～之千金。

㊁yí ㄧˊ ㊁ [wei⁴ 维]

❶丢失(㊥－失)。❷漏掉(㊥－漏)：～忘。❸丢失的东西，漏掉的部分：路不拾～｜补～。❹余，留：不～余力｜～憾。特指死人留下的：～嘱｜～产｜～像。【遗传】生物体的构造和生理机能由上一代传给下一代。❺不自觉地排泄大小便或精液：～尿｜～精。

遄 chuán ㄔㄨㄢˊ [qun⁴ 全]

快，迅速：～往。

遑 huáng ㄏㄨㄤˊ [wong⁴ 王]

❶闲暇：不～(没有工夫)。❷匆忙(叠)。

遁 (＊遯)dùn ㄉㄨㄣˋ [dên⁶ 顿]

逃走，逃避(㊥逃－)：～去｜夜～。【遁词】【遁辞】理屈词穷时所说的应付话。

逾 (❶＊踰)yú ㄩˊ [yu⁴ 余]

❶越过，超过(㊥－越)：～期。❷更，越发：～甚。

递 tí ㄊㄧˊ [tei⁴ 蹄]

❶用于地名：北～(在山西省临汾)。❷姓。

遒 qiú ㄑㄧㄡˊ [yeo⁴ 由]

强健，有力(㊥－劲、－健)。

道 dào ㄉㄠˋ [dou⁶ 杜]

❶(－儿)路(㊥－路)：火车～｜水～｜街～。❷方向，途径：志同～合。❸道理，正当的事理：无～｜得～多助。【道具】佛家修道用的物品。㊟演剧等用的设备和用具。❹(－儿)方法，办法，技术：门～｜医～｜照他的～儿办。❺道家，我国古代的一个思想流派，以老聃和庄周为代表。❻道教，我国主要宗教之一，创立于东汉：～观(guàn)(道教的庙)。❼指某些迷信组织：一贯～｜会～门。❽说：说长～短｜一语～破｜常言～。㊊用话表示情意：～贺｜～谢｜～歉｜～喜。❾历史上的行政区域。1. 唐太宗时分全国为十道。2. 清代和民国初年每省分成几个道。❿(－子、－儿)线条：红～儿｜铅笔～儿。⓫量词。1. 用于长条状的东西：一～河｜画一～红线。2. 用于路上的关口，出入口：两～门｜过一～关。3. 则，条：三～题｜一～命令。4. 次：洗了三～。

遂 ㊀suí ㄙㄨㄟˊ [sêu⁶ 睡]

义同“遂(suì)❶”，用于“半身不遂”(身体一侧发生瘫痪)。

㊁suì ㄙㄨㄟˋ [sêu⁶ 睡]

❶顺，如意：~心丨~愿。❷成功，实现：未~丨所谋不~。❸于是，就：服药后腹痛~止。

遍 (*徧) biàn ㄅㄧㄢˋ [pin³ 骗]

❶普遍，全面：我们的朋友~天下丨~布丨满山~野。❷量词。次，回：念一~丨问了两~。

遐 xiá ㄒㄧㄚˊ [ha⁴ 霞]

❶远：~迩(远近)丨~方丨~想。❷长久：~龄(高龄)。

10 画

遨 áo ㄠˊ [ngou⁴ 敖]

遨游，游逛。

遘 gòu ㄍㄡˋ [geo³ 救]

相遇。

遢 ㊀tà ㄊㄚˋ ㊀ [tab³ 塔]

轻薄，不谨。

㊁ta ·ㄊㄚ ㊁ [tad³ 挞]

见263页"邋"字条【邋遢】(lā-)。

遣 qiǎn ㄑㄧㄢˇ [hin² 显]

❶派，差(chāi)，打发(㊟派-、差-)：特~丨~送。❷排解，发泄：~闷(mèn)丨消~。

遝 tà ㄊㄚˋ [dab⁶ 踏]

❶趁着。❷纷多：~集。【杂遝】行人很多，拥挤纷乱。现作"杂沓"。

遥 yáo ㄧㄠˊ [yiu⁴ 摇]

远(叠)(㊟-远)：~望丨~控丨路~知马力丨~~相对。【遥感】利用现代电子、光学仪器远距离探测、识别研究对象。

遛 liù ㄌㄧㄡˋ [leo⁶ 漏]

❶散步，慢慢走，随便走走：~大街丨吃完饭出去~~。❷牵着牲畜或带着鸟慢慢走：~马丨~鸟。

11 画

遭 zāo ㄗㄠ [zou¹ 糟]

❶遇见，碰到(㊟-遇)：~灾丨~难丨~殃。❷(-儿)量词。1. 圈儿，周：用绳子绕两~丨转了一~。2. 回，次：一~生，两~熟。

遮 zhē ㄓㄜ [zé¹ 嗻]

掩盖，掩蔽，挡：~丑丨~人耳目丨乌云~不住太阳的光辉。

☞▮名词。伞：油纸~丨缩骨~(折叠伞)丨担~(打伞)。

12 画

暹 xiān ㄒㄧㄢ [qim³ 堑]

【暹罗】泰国的旧称。

遴 lín ㄌㄧㄣˊ [lên⁴ 轮]

谨慎选择(㊟-选)：~选人才。

〈古〉又同“吝”(lìn)。

遵 zūn ㄗㄨㄣ [zên¹ 津]

依照，按照：~纪守法｜~医嘱｜~从｜~循。

遹 yù ㄩˋ [wed⁶ 屈⁶]

遵循。多用于人名。

13 画以上

遽 jù ㄐㄩˋ [gêu⁶ 巨]

❶急，仓猝：不敢~下断语。❷遂，就。

邀 yāo ㄧㄠ [yiu¹ 腰]

❶约请：~他来谈谈｜特~代表。❷求得：~赏｜~准｜~功。❸阻留：~截｜~击。

邂 xiè ㄒㄧㄝˋ [hai⁵ 蟹]

【邂逅】(-hòu)没有约定而遇到，偶然遇到。

邅 zhān ㄓㄢ [jin¹ 煎]

❶难走。❷转，改变方向：~彼南道兮。

避 bì ㄅㄧˋ [béi⁶ 鼻]

❶躲，设法躲开(㊟躲-)：~暑｜~雨｜不~艰险。❷防止：~孕｜~雷针。

邈 miǎo ㄇㄧㄠˇ [miu⁵ 秒]

远。

邃 suì ㄙㄨㄟˋ [sêu⁶ 睡]

深远。1. 指空间(㊟深-)。2. 指时间：~古。3. 指程度：精~｜~密。

邋 ㊀lā ㄌㄚ ㊀ [lad⁶ 辣]

【邋遢】(-ta)不利落，不整洁：他收拾得很整齐，不像过去那样~了。

㊁liè ㄌㄧㄝˋ ㊁ [lib⁶ 猎]

同“躐”，逾越。

[50]彐部

归 (歸)guī ㄍㄨㄟ [guei¹ 龟]

❶返回，回到本处(㊟回-)：~家｜~国。㊁还给：物~原主｜~本还原。❷趋向：殊途同~｜众望所~。❸归并，合并：把书~在一起｜这两个机构~成一个｜~里包堆(总共)。【归纳】由许多的事例概括出一般的原理。❹由，属于：这事~我办。❺珠算中指一位数的除法：九~。

寻 (尋、*尋)xún ㄒㄩㄣˊ [cem⁴ 沉]

❶找，搜求(㊟-找、-觅)：~人｜自~烦恼｜~求｜搜~。【寻思】(-si)想，考虑。❷古代长度单位，八尺(一说七尺或六尺)为一寻。【寻常】㊕平

常，素常：这不是～的事情。

☞🅑词素。昨：～晚（昨天晚上）｜～日（昨天）｜～日朝（昨天早上）。又说“琴”，如“寻晚”又说“琴晚”等。

灵 （靈）líng ㄌㄧㄥˊ［ling⁴ 玲，㊂léng⁴ 鲮］

❶有效验（㊂－验）：这种药吃下去很～。❷聪明，机敏（㊂－敏）：心～手巧｜耳朵很～。❸活动迅速，灵巧：这辆车的刹车不～。❹旧时称神仙或关于神仙的：神～。❺灵魂，精神：在天之～｜英～｜～感｜～性。❻属于死人的：～柩｜～床。㊕装着死人的棺材：移～。

帚 （*箒）zhǒu ㄓㄡˇ［zeo² 走］

扫除尘土、垃圾的用具。

彗 （**篲）huì ㄏㄨㄟˋ（旧读 suì）［wei⁶ 位］

扫帚（sàozhou）。【彗星】拖有长光像扫帚的星体。俗叫扫帚星。

彟 （彠）yuē ㄩㄝ［yêg³ 约］

尺度：矩～。

[50]彐部

录 （録）lù ㄌㄨˋ［lug⁶ 六］

❶录制，记录，抄写，记载：～像｜～音｜把这份公文～下来。❷记载言行或事物的书刊：语～｜备忘～｜回忆～。❸采取，任用：收～｜～用｜～取。

[50]彑部

彖 tuàn ㄊㄨㄢˋ［tên³ 盾³］

论断，推断：～凶吉。【彖辞】《易经》中总括一卦含义的言辞。

彘 zhì ㄓˋ［ji⁶ 字］

〈古〉猪。

彝 （**彞）yí ㄧˊ［yi⁴ 而］

❶古代盛酒的器具。也泛指古代宗庙的祭器：～器｜鼎～。❷常规，法度：～训｜～宪。

【彝族】我国少数民族，参看附表。

[51]尸部

尸 （❶*屍）shī ㄕ［xi¹ 诗］

❶尸体，人或动物死后的身体。❷古代祭祀时代表死者受祭的人。❸不做事情，空占职位：～位。

1—3 画

尺 ㊀chě ㄔㄜˇ ㊂［cé² 扯］

见 102 页“工”字条【工尺】。

㊁chǐ ㄔˇ ㊂［cég³ 赤］

❶市制长度单位，10 寸是 1 尺，10 尺是 1 丈，1 尺约合 33.3 厘米。【尺寸】（－cun）衣物的大小长短：照着～做｜～要量准确。【尺牍】书信（因古代的书

简长约1尺)。❷尺子，一种量长短的器具。❸画图的器具：放大~。❹像尺的东西：计算~。

尼 ní ㄋㄧˊ [néi⁴ 你⁴]

梵语音译“比丘尼”的省称。佛教指出家修行的女子。通常叫尼姑。

尻 kāo ㄎㄠ [hao¹ 敲]

屁股。

尽 (㊀儘、㊁盡)㊀jǐn ㄐㄧㄣˇ ㊁ [zên² 准]

❶极，最：~底下 | ~里头 | ~先录用。❷有多少用多少：~量 | ~着力气做。【尽管】1. 连词。纵然，即使：~他不接受这个意见，我还是要向他提。2. 只管，不必顾虑：有话~说吧！❸放在最先：座位先~着请来的客人坐 | 先~着旧衣服穿。

㊁jìn ㄐㄧㄣˋ ㊁ [zên⁶ 进⁶]

❶完毕：用~力气 | 说不~的好处。㊎达到极端：~善~美 | ~头。【自尽】自杀。❷全部用出：~心 | ~力 | 仁至义~。㊎竭力做到：~职。❸都，全：他说的~是些废话。

4—6 画

层 (層)céng ㄘㄥˊ [ceng⁴ 初莺⁴]

❶重复，重叠：~出不穷 | ~峦叠翠。❷重叠的事物或其中的一部分：云~ | 大气~ | 基~。❸量词。重(chóng)：二~楼 | 三~院子 | 絮两~棉花 | 还有一~意思。

屁 pì ㄆㄧˋ [péi³ 譬]

从肛门排出的臭气。

屃 (屓、**屭)xì ㄒㄧˋ [héi³ 气]

见370页“赑”字条【赑屃】(bì-)。

尿 ㊀niào ㄋㄧㄠˋ ㊁ [niu⁶ 鸟⁶]

❶小便，从肾脏滤出、由尿道排泄出来的液体。❷排泄小便。

㊁suī ㄙㄨㄟ ㊁ [niu⁶ 鸟⁶，㊅ sêu 虽]

义同“尿(niào)❶”：尿(niào)~。

尾 ㊀wěi ㄨㄟˇ [méi⁵ 美]

❶(-巴)鸟、兽、虫、鱼等身体末端突出的部分：虎头蛇~。❷末端：排~。❸尾随，在后面跟：~其后。❹量词。用于鱼。❺星宿名，二十八宿之一。

㊁yǐ ㄧˇ [méi⁵ 美]

(-儿)❶马尾(wěi)上的长毛：马~罗。❷蟋蟀等尾部的针状物：三~儿(雌蟋蟀)。

局 (❼❽*跼、❽*侷)jú ㄐㄩˊ [gug⁶ 谷⁶]

❶部分：~部。❷机关及团体组织分工办事的单位：教育~ | 公安~。❸某些商店或办理某些业务的机构的名称：书~ | 邮~。❹棋盘。❺着棋的形势。㊖事情的形势、情况：结~ | 大~ | 时~ | ~面 | 搅~。❻量词。下棋或其他比赛一次叫一局。❼弯曲。❽拘束，拘谨。【局促】1. 狭小。2. 拘谨不自然：他在生人面前有些~。

屉 （**屜）tì ㄊㄧˋ［tei³ 替］

器物中可以随意拿出的盛放东西的部分，常常是匣形或是分层的格架：抽～｜笼～。

居 jū ㄐㄩ［gêu¹ 举¹］

❶住：分～｜久～乡间。❷住处：新～｜故～。❸站在，处于：～中｜～高临下｜～间(jiān)调停(在双方中间调解)。❹当，任：以前辈自～。❺安放：是何～心？❻积蓄，储存：奇货可～｜囤积～奇。❼停留：岁月不～｜变动不～。

【居然】副词。竟，出乎意外地：没想到他会来，他～来了。

届 （*屆）jiè ㄐㄧㄝˋ［gai³ 介］

❶到：～时｜～期。❷量词。次，期：第一～｜上～｜应(yīng)～｜本～。

鸤 （鳲）shī ㄕ［xi¹ 诗］

【鸤鸠】(－jiū)古书上指布谷鸟。

屄 （**㞗）bī ㄅㄧ［bei¹ 跛，⊗bi¹ 波依］

女子阴道口的俗称。

屈 qū ㄑㄩ［wed¹ 乌乞］

❶使弯曲，跟“伸”相对：～指可数。❷低头，使屈服：宁死不～｜威武不能～。❸委屈：受～。㊀冤枉(㊁冤－)：叫～。

屙 ［ké¹ 茄¹］

☞广❶名词。屎的俗称。❷形容词。劣，差，次(低俗的说法)：佢呢方面嘅水准好～喋(他这方面的水准很低的)。❸比较低俗的口头禅。没有实际的词汇意义，但带有不满、轻蔑的感情色彩。女性多用：唔～去(不去)｜咪～睬佢(别睬他)！

屋 wū ㄨ［ug¹，⊗ngug¹ 我旭］

❶房(㊁房－)。㊀〈方〉家。❷房间：他俩住一～。

屌 diǎo ㄉㄧㄠˇ［diu² 吊²］

❶男子阴茎的俗称。❷骂人用的下流话，指男子性交动作。

咫 zhǐ ㄓˇ［ji² 止］

古代指八寸。【咫尺】形容距离很近：远在天边，近在～。

屏 ㊀bǐng ㄅㄧㄥˇ ㊂［bing² 炳］

❶除去，排除(㊁－除)：～弃不用｜～退左右。❷抑止(呼吸)：～气｜～息。

㊁píng ㄆㄧㄥˊ ㊂［ping⁴ 评］

❶遮挡，遮挡物：～藩｜～蔽｜～障｜～风(挡风或阻隔视线用的家具)｜围～。❷字画的条幅，通常以四幅或八幅为一组：四扇～。

屎 shǐ ㄕˇ［xi² 史］

大便，粪。㊀眼、耳等的分泌物：眼～｜耳～。

☞广❶形容词。差劲，水准低：～计(馊主意)｜～棋(臭棋)｜～波(踢得很差

劲的球）| 乜咁~喫（怎么这么差劲呀）。❷名词。烧剩的渣子：火~（灰烬里尚未烧透的小粒火炭）| 煤~（煤烟灰）| 烟~（烟具中积存的烟垢）。

7 画以上

展 zhǎn ㄓㄢˇ [jin² 剪]

❶张开，舒张开：~翅 | ~望 | ~开 | 舒~。【展览】把物品陈列起来让人参观。❷施展：一筹莫~。❸放宽：~缓 | ~期 | ~限。

屑 xiè ㄒㄧㄝˋ [xid³ 泄]

碎末：煤~ | 木~。【琐屑】细小的事情。【不屑】由于轻视而不肯做或不接受：他~于做这件事。

屘 [méi¹ 尾¹]

☞廣名词。末尾，后：最~嗰个（最后那个）| 排喺最~（排在最后）| 第~（倒数第一，排在最后）| ~二（倒数第二个）| ~指（小指）| ~~屎（倒数第一，儿童多用）。

屐 jī ㄐㄧ [kég⁶ 剧]

木头鞋：木~。泛指鞋。

屙 ē ㄜ [o¹，⊗ngo¹ 疴]

☞廣❶动词。排泄大小便等：~屎（大便）| ~尿（小便）| ~屁（放屁）。❷动词。腹泻，拉稀，拉肚子：~得好交关（腹泻很严重）| 重有冇~呀（还拉肚子吗）？| ~肚（拉痢疾，拉稀）| ~啡啡（腹泻，拉稀）。

屠 tú ㄊㄨˊ [tou⁴ 陶]

❶宰杀牲畜（㊇-宰）：~狗 | ~户。❷残杀人：~杀 | ~城。

犀 xī ㄒㄧ [sei¹ 西]

❶犀牛，哺乳动物，略像牛，皮粗厚多皱纹，几乎无毛，鼻子上长一个角或两个角，产于亚洲和非洲。❷坚固：~利（锐利）。

属（屬）㊀shǔ ㄕㄨˇ ㊀ [sug⁶ 淑]

❶同一家族的成员：家~ | 眷~ | 亲~。❷类别：金~。❸生物的分类单位之一，在“科”之下、“种”之上：梨~ | 狐~。❹有管辖关系，也指有管辖关系的人或单位（㊇隶-）：直~ | ~局 | ~员 | 下~。❺归类：~于自然科学。❻为某人或某方所有：这本书现在~你了 | 胜利终~甲队。❼是：查明~实。❽用属相记生年（用干支纪年，十二支配合十二种动物，人生在哪年，就属哪种动物叫“属相”）：甲子、丙子等子年生的都~鼠。

㊁zhǔ ㄓㄨˇ ㊁ [zug¹ 竹]

❶连缀：~文 | 前后相~。❷（意念）集中在一点：~意 | ~望。❸古同“嘱”。

孱（屩、*△蹻）juē ㄐㄩㄝ [gêg³ 脚]

草鞋。

“蹻”另见 664 页“跷”（qiāo）。

屡（屢）lǚ ㄌㄩˇ [lêu⁵ 旅]

副词。屡次，接连着，不止一次：~见

不鲜丨～战～胜。

孱 ㊀càn ㄘㄢˋ ㊁[can³ 灿]

同“孱”(chán)，只用于“孱头”。【孱头】(－tou)〈方〉软弱无能的人。

㊁chán ㄔㄢˊ ㊁[san⁴ 山⁴]

懦弱，弱小(㊥－弱)。

屣 xǐ ㄒㄧˇ [sai² 晒²]

鞋。

履 lǚ ㄌㄩˇ [lêu⁵ 吕，㊋lei⁵ 理]

❶鞋：革～丨削足适～(喻不合理地迁就现有条件)。❷踩在上面，走过：如～薄冰。㊊履行，实行：～约。【履历】个人的经历。❸脚步：步～轻盈。

屦 (屨)jù ㄐㄩˋ [gêu³ 句]

古代的一种鞋，用麻、葛等制成。

羼 chàn ㄔㄢˋ [can³ 灿]

掺杂：～入。

[52]己部

己 jǐ ㄐㄧˇ [géi² 纪]

❶代词。自己，对人称本身：舍～为人丨身不由～。❷天干的第六位，用作顺序的第六。

改 gǎi ㄍㄞˇ [goi² 该²]

❶变更，更换(㊥－革、－变、更－)：住址～了丨～天再谈。❷修改：～文章丨～衣服。❸改正：知过必～。

忌 jì ㄐㄧˋ [géi⁶ 技]

❶嫉妒，憎恨：猜～丨～才。❷怕，畏惧：顾～丨肆无～惮。❸禁戒：～酒丨～口丨～食生冷丨～讳。

[52]已部

已 yǐ ㄧˇ [yi⁵ 耳]

❶止，罢了：学不可以～丨如此而～。❷副词。已经，已然，表过去：时间～过。❸后来，过了一会儿，不多时：～而丨～忽不见。❹太，过：其细～甚。❺古同“以❸”：～上丨～下丨自汉～后。

[52]巳部

巳 (**巳)sì ㄙˋ [ji⁶ 治]

❶地支的第六位。❷巳时，指上午九点到十一点。

巴 bā ㄅㄚ [ba¹ 爸]

❶黏结着的东西：锅～。❷〈方〉粘住，依附在别的东西上：饭～锅了丨爬山虎～在墙上。❸〈方〉贴近：前不～村，后不～店。【巴结】(－jie)奉承，谄媚。❹巴望，盼，期望：～不得马上到家。❺古代国名，在今重庆市一带。❻(ba)词尾。1. 在名词后：尾～。2. 在动词后：眨～眼丨试～试～。3. 在形容词后：干～丨皱～。❼压强的非法定

计量单位，符号 bar，1 巴合 10^5 帕。

导 (導)dǎo ㄉㄠˇ [dou⁶ 杜]

❶指引，带领：领~｜~游｜~航。㊀指教，教诲：开~｜教~｜劝~。❷疏导：~管｜~尿｜~淮入海。❸传导：~热｜~电｜~体。

异 (*異)yì ㄧˋ [yi⁶ 二]

❶不相同的：~议｜~口同声｜求同存~。❷分开：离~｜分居~爨(cuàn)。❸另外的，别的：~日｜~地。❹特别的：~味｜奇才~能。❺奇怪：惊~｜深以为~。

巷 ㊀hàng ㄏㄤˋ [hong⁶ 项]

【巷道】采矿或探矿时挖的坑道。

㊁xiàng ㄒㄧㄤˋ [hong⁶ 项]

较窄的街道：大街小~。

巽 xùn ㄒㄩㄣˋ [sên³ 迅]

八卦之一，符号是“☴”，代表风。

[53]弓部

弓 gōng ㄍㄨㄥ [gung¹ 公]

❶射箭或发弹(dàn)丸的器具：弹~｜~箭。❷(-子)像弓的用具：胡琴~子。❸旧时丈量地亩的器具，也是计量单位，1 弓为 5 市尺，240 平方弓为 1 亩。❹弯曲：~腰。

引 yǐn ㄧㄣˇ [yen⁵ 瘾]

❶领，招来(㊂-导)：~路｜~火｜抛砖~玉。㊀古时文体名，跟“序”差不多。【引子】(-zi)1. 乐曲、戏剧开始的一段。2. 中医称主药以外的副药：这剂药用姜做~。❷拉，伸：~弓｜~颈(伸长脖子)。【引申】字、词由原义产生他义。❸用来做证据、凭借或理由：~书｜~证｜~以为荣。❹诱发，惹：一句俏皮话，~得大家哄堂大笑。❺退却：~退｜~避。❻市制长度单位，1 引是 10 丈。❼古代柩车的绳索：发~(出殡)。

弘 hóng ㄏㄨㄥˊ [weng⁴ 宏]

❶大：~愿｜~图。现写作“宏愿”“宏图”。❷扩充，光大：~扬｜恢~。

彍 (彍)guō ㄍㄨㄛ [kuog³ 廓]

拉满弩弓。

弛 chí ㄔˊ(旧读 shǐ) [qi⁴ 迟]

放松，松懈，解除：一张一~｜废~｜~禁。

弧 (弧)kōu ㄎㄡ [keo¹ 抠]

弓弩两端系弦的地方。

张 (張)zhāng ㄓㄤ [zêng¹ 章]

❶展开，打开：~嘴｜~弓搭箭｜纲举目~｜~牙舞爪。㊀1. 扩大，夸大：虚~声势｜~大其词。2. 放纵，无拘束：乖~｜嚣(xiāo)~。【开张】开始营业。❷铺排陈设：~灯结彩。❸看，望(㊂-望)：东~西望。❹量词。1. 用

于纸、皮子、床、桌子等：一~画丨两~纸丨一~桌子。2. 用于嘴、脸：一~嘴。3. 用于弓：一~弓。❺星宿名，二十八宿之一。

弧 hú ㄏㄨˊ [wu⁴ 胡]

❶木弓。❷圆周的一段：~形丨~线。

弥 (彌、❶瀰) mí ㄇㄧˊ [néi⁴ 尼，㊀méi⁴ 眉]

❶满，遍：~月(小孩儿满月)丨~天大罪。【弥漫】1. 水满。2. 到处都是，充满：硝烟~。❷补，合(㊄-补)。❸更加：老而~坚丨欲盖~彰。

弦 (❶❹*絃) xián ㄒㄧㄢˊ [yin⁴ 言]

❶弓上发箭的绳状物。❷月亮半圆：上~丨下~。❸数学名词。1. 连接圆周上任意两点的线段。2. 我国古代称不等腰直角三角形中的斜边。❹(-儿)乐器上发声的线。❺钟表等的发条：表~断了。

弢 tāo ㄊㄠ [tou¹ 滔]

❶见303页"韬"。❷用于人名。

弨 chāo ㄔㄠ [qiu¹ 超]

❶弓弦松弛的状态。❷弓。

弩 nǔ ㄋㄨˇ [nou⁵ 脑]

一种利用机械力量射箭的弓。

弯 (彎) wān ㄨㄢ [wan¹ 湾]

❶屈曲不直(㊄-曲)：~路。❷使弯曲：~腰。❸(-子、-儿)曲折的部分：转~抹角丨这根竹竿有个~儿。❹拉(弓)：~弓。

弭 mǐ ㄇㄧˇ [mei⁵ 米，㊀méi⁵ 美]

止，息：水患消~丨~乱(平息战乱)。

弱 ruò ㄖㄨㄛˋ [yêg⁶ 若]

❶力气小，势力差，跟"强"相对：身体~丨~小丨~势群体丨不甘示~。㊁不够，差一点儿：三分之二~。❷年纪小：老~病残。❸丧失(指人死)：又~一个。

弸 péng ㄆㄥˊ [pang⁴ 彭]

充满。

弶 jiàng ㄐㄧㄤˋ [kêng³ 强³，㊀zêng³ 帐]

❶一种捕捉鸟兽的工具。❷用弶捕捉。

弹 (彈) ㊀dàn ㄉㄢˋ ㊀[dan⁶ 但]

❶可以用弹(tán)力发射出去的小丸：~丸。❷装有爆炸物可以击毁人、物的东西：炮~丨炸~丨手榴~。

㊁tán ㄊㄢˊ ㊁[tan⁴ 坛]

❶被其他手指压住的手指用力伸开：用手指~他一下丨把帽子上的土~下去。❷使弦振动：~弦子丨~琵琶丨~棉花。❸利用一个物体的弹性把另一个物体放射出去：~射。【弹性】物体因受外力暂变形状，外力一去即恢复原状的性质。㊁事物的伸缩性。❹指检举违法失职的官吏(㊄-劾)。

弼 bì ㄅㄧˋ [bed⁶ 拔]

辅助。

强　(*強、*彊)㊀jiàng ㄐㄧㄤˋ ㊁[gêng⁶ 羌⁶]

❶强(qiáng)硬不屈：倔～。❷固执己见，不服劝导：你别～嘴。

㊁qiáng ㄑㄧㄤˊ ㊁[kêng⁴ 其阳]

❶健壮，有力，跟"弱"相对(㊟－壮、－健)：～大｜身～力壮。㊎有余：四分之一～。【强调】特别重视，用坚决的口气提出。【强梁】强横不讲理。❷程度高：责任心很～。❸好：要～｜他写的字比你的～。❹使用强力：～制｜～占｜～索财物。❺使强大或强壮：～身之道｜富国～兵。❻姓。

㊂qiǎng ㄑㄧㄤˇ ㊁[kêng⁴ 其阳，㊋kêng⁵ 卡痒]

❶硬要，迫使：～迫｜～词夺理｜～人所难。❷勉强：牵～｜～颜欢笑。

粥　zhōu ㄓㄡ [zug¹ 竹]

用米、面等煮成的半流质食品。

〈古〉又同"鬻"(yù)。

疆　jiāng ㄐㄧㄤ [gêng¹ 姜]

边界，疆界：～土｜～域｜边～。㊎界限：万寿无～。【疆场】(－chǎng)战场。【疆埸】(－yì)边界。

[54]子部

子　zǐ ㄗˇ [ji² 止]

❶古代指儿女，现在专指儿子。【子弟】后辈人，年轻人。❷对人的称呼。1. 一般的人：男～｜女～。2. 旧称某种行(háng)业的人：士～｜舟～。3. 古代指著书立说，代表一个流派的人：孔～｜诸～百家。4. 古代图书四部(经、史、子、集)分类法中的第三类：～部｜～书。5. 古代对对方的敬称，相当于"您"：～试为之｜以～之矛，攻～之盾。6 古代称老师：～墨子。【子虚】㊕虚无的，不实在的：事属～。❸(－儿)植物的种子：莲～｜瓜～｜结～。❹(－儿)动物的卵：鱼～｜鸡～儿｜蚕～｜下～儿。❺幼小的：～鸡｜～姜。❻派生的，附属的：～金｜～公司。❼地支的第一位。❽子时，指夜里十一点到一点。【子夜】深夜。❾古代五等爵位(公、侯、伯、子、男)的第四等。❿(zi)名词词尾。1. 加在名词性语素后：孩～｜珠～｜桌～｜椅～。2. 加在形容词或动词性语素后：胖～｜拐～｜瞎～｜乱～｜垫～。⓫(zi)某些量词词尾：一档～事｜敲了两下～门。

1—5 画

孔　kǒng ㄎㄨㄥˇ [hung² 空²]

❶小洞，窟窿：鼻～｜针～。❷量词。用于窑洞、隧道等：一～土窑。

孕　yùn ㄩㄣˋ [yen⁶ 刃]

❶怀胎：～妇｜～期｜～育。❷胎，身孕：有～｜怀～。

存　cún ㄘㄨㄣˊ [qun⁴ 全]

❶在，活着：～在｜～亡。❷保留，留下：～留｜去伪～真。【存心】1. 居心，

怀着某种想法：~不良。2. 故意：~捣乱。❸储蓄：~款｜整~整取。❹寄放：~车。❺停聚：小孩儿~食了｜雨后，街上~了一些水。❻慰问：~问｜~慰｜~恤。

孙

(孫)sūn ㄙㄨㄣ [xun¹ 酸]

❶(-子)儿子的儿子。【子孙】后代。❷孙子以后的各代：玄~。❸跟孙子同辈的亲属：外~｜侄~。❹植物再生的：稻~｜~竹。

〈古〉又同"逊"(xùn)[sên 逊]。

孖

㊀mā ㄇㄚ [ma¹ 妈]

☞粤 ❶形容词。孪生的：~仔(孪生兄弟)｜大~(孪生兄弟姊妹中的先出生者)｜细~(孪生兄弟姊妹中的后出生者)。❷形容词。成双的，连在一起的：~手指(六指儿)｜~蕉(相连着的两条香蕉)｜两樽啤酒~埋绑住(两瓶啤酒捆在一起)｜~辫女(梳着两条辫子的女孩)。❸动词。连带，合伙：~埋佢去(叫他一起去)｜大家~埋玩(大家一起玩)｜~份(合伙)。❹量词。用于成双成对又连在一起的东西：一~腊肠(一对香肠)｜一~油炸鬼(一根油条)｜一~枧(一条肥皂)。❺词素。【孖展】1. 商人〖英语 merchant 的音译〗。2. 利润，赚头〖英语 margin 的音译〗。【黑孖孖】黑咕隆咚，黑漆漆：山窿里头~，乜都睇唔见(山洞里黑咕隆咚的，什么都看不见)。

㊁zī ㄗ [ji¹ 支]

❶同"滋"。滋长。❷双生子。

孛

bèi ㄅㄟˋ [bud⁶]

古书上指彗星。

孜

zī ㄗ [ji¹ 之]

【孜孜】勤勉，不懈怠：~不倦。

学

(學、**斈)xué ㄒㄩㄝˊ [hog⁶ 鹤]

❶学习：~本领｜活到老，~到老。【学生】1. 在校学习的人。2. 向前辈学习的人。3. 对前辈谦称自己。【学徒】在工厂或商店里学习技能的人。❷模仿：他~赵体字，~得很像。❸学问，学到知识：饱~｜博~多能。【学士】1. 学位名，在硕士之下。2. 古代官名。【学术】比较专门而有系统的学问。❹分门别类的有系统的知识：哲~｜物理~｜语言~。❺学校：中~｜大~｜上~。

孟

mèng ㄇㄥˋ [mang⁶ 盲⁶]

❶旧时兄弟姊妹排行(háng)有时用孟、仲、叔、季做次序，孟是老大：~兄｜~孙。❷指农历一季中月份在开头的：~春(春季第一月)｜~冬(冬季第一月)。

【孟浪】鲁莽，考虑不周到：此事不可~。

孤

gū ㄍㄨ [gu¹ 沽]

❶幼年丧父或父母双亡：~儿。❷单独(㊟-独)：~雁｜~掌难鸣(喻力量单薄，难以有所作为)｜~立。❸古代君主的自称：~家｜~王。❹同"辜❷"：~恩负义。

孢

bāo ㄅㄠ [bao¹ 包]

孢子，某些低等生物在无性繁殖或有性

生殖中所产生的生殖细胞。

孥 nú ㄋㄨˊ [nou⁴ 奴]

儿子，或指妻和子：妻～。

6 画以上

孪 (孿)luán ㄌㄨㄢˊ [lün⁴ 联]

双生，一胎两个：～生兄弟。

孩 hái ㄏㄞˊ [hai⁴ 鞋]

(－子、－儿)幼童：～童｜小～儿。㊀子女。【孩提】指幼儿时期。

孭 [mé¹ 咩]

☞🅖❶动词。背：～仔(背小孩)｜～住个伤员(背着一个伤员)｜～带(背带)。❷动词。挎：～住支驳壳(挎着一把驳壳枪)｜～住个行军袋(挎着个挎包)。❸动词。承担，担当(责任)(贬义)：你唔听大家意见，呢个责任你自己～啦(你不听大家意见，这个责任你自己承担吧)。【孭飞】承担责任：出咗问题边个～(出了问题谁负责)？【孭镬】背黑锅：佢惹嘅麻烦要我嚟～(他惹的麻烦要我来背黑锅)。

孳 zī ㄗ [ji¹ 兹]

滋生，繁殖：～生得很快

孺 rú ㄖㄨˊ [yu⁴ 如]

小孩子，幼儿：～子｜妇～。

𡥧 [lai¹ 拉]

☞🅖❶序数词。排行末尾：～仔(最小的儿子)｜～女。【𡥧尾】1. 末尾：排队排～(排队排在末尾)。2. 后来：～佢哋点呀(后来他们怎么了)？❷形容词。最后的，最小的：猪～(一窝小猪里长得最小的一个)｜～瓜(拉秧瓜)。

[55]屮部

出 (❿齣)chū ㄔㄨ [cêd¹ 初律¹]

❶跟“入”“进”相对。1. 从里面到外面：～门｜从屋里～来｜～汗。2. 支付，往外拿：～一把力｜～主意｜量入为～。❷来到：～席｜～勤。❸离开：～格｜～轨。❹出产，产生：～品｜这里～稻米｜这个县～过好几个状元。❺发生：～事｜～问题了。❻显得量多：这米很～饭。❼显露：～名｜～头。❽超过：～众｜～人头地。【出色】(－sè)特别好，超出一般的：～地完成了任务。❾放在动词后，表示趋向或效果：提～问题｜做～贡献。❿量词。传(chuán)奇中的一回，戏曲的一个独立剧目：第二～｜一～戏。

蚩 chī ㄔ [qi¹ 雌]

无知，痴愚。

[56]女部

女 nǚ ㄋㄩˇ [nêu⁵ 挪去⁵]

❶女性，女子，女人，妇女：～士｜～工｜男～平等。❷女儿：一儿一～。❸星宿名，二十八宿之一。

〈古〉又同“汝”(rǔ)。

2—3 画

奶 (*嬭)nǎi ㄋㄞˇ [nai⁵ 乃]

❶乳房，哺乳的器官。❷乳汁：牛～｜～油｜～粉。❸用自己的乳汁喂孩子：～孩子。

【奶奶】1. 祖母。2. 对老年妇人的尊称：邻居老～。

奴 nú ㄋㄨˊ [nou⁴ 怒⁴]

旧社会中受剥削阶级压迫、剥削、役使的没有自由的人：～隶｜农～｜家～。㊃为了支付贷款等而不得不拼命工作的人：房～｜车～。【奴役】把人当作奴隶使用。【奴才】1. 旧时奴仆对主人的自称。2. 指甘心供人驱使、帮助作恶的坏人。

妄 wàng ㄨㄤˋ [mong⁵ 网]

乱，荒诞不合理：～动｜～想｜勿～言。

奸 (❸*姦)jiān ㄐㄧㄢ [gan¹ 艰]

❶虚伪，狡诈(㊀-狡、-诈)：～雄｜～笑｜不藏～，不耍滑。❷叛国的人：汉～｜锄～。【奸细】替敌人刺探消息的人。❸男女发生不正当的性行为：通～｜～污。

如 rú ㄖㄨˊ [yu⁴ 余]

❶依照：～法炮(páo)制｜～期完成。❷像，如，同：～此｜坚强～钢｜整旧～新。【如今】现在，现代。❸及，比得上(只用于否定式，表示比较)：我不～他｜自以为不～｜与其这样，不～那样。❹到，往：～厕。❺连词。如果，假使：～不同意，可提意见。❻词尾，表示状态：空空～也｜突～其来。❼表示举例：他兴趣广泛，～游泳、集邮、书法等他都喜欢。

妁 shuò ㄕㄨㄛˋ [zêg³ 雀]

旧指媒人。

妇 (婦、*媍)fù ㄈㄨˋ [fu⁵ 父⁵]

❶已经结婚的女子。㊀女性的通称：～科｜～女。❷妻，跟“夫”相对：夫～。❸儿媳：长～｜媳～。

妃 fēi ㄈㄟ [féi¹ 非]

❶古代皇帝的妾，地位次于皇后。❷太子、王、侯的妻：王～。

好 ㊀hǎo ㄏㄠˇ ㊀[hou² 号²]

❶优点多的或使人满意的，跟“坏”相对：～人｜～汉｜～马｜～东西｜～事。㊀指生活幸福、身体健康或疾病消失：您～哇！｜他的病完全～了。【好手】擅长某种技艺的人，能力强的人。❷友爱，和睦：相～｜我跟他～｜友～。❸易于，便于：这件事情～办｜请你闪开点，我～过去。❹完，完成：计划已经订～了｜我穿～衣服就去｜预

备~了没有？❺副词。很，甚：~冷｜~快｜~大的风。【好不】副词。很：~高兴。❻表示赞许、应允或结束等口气的词：~，你真不愧是专家！｜~，就照你的意见做吧！｜~，会就开到这里。

㊁hào ㄏㄠˋ ㊂［hou³ 耗］

爱，喜欢（㊟爱-、喜-）：~学｜~劳动｜这孩子不~哭。

她 tā ㄊㄚ［ta¹ 它］

代词。称你、我以外的女性第三人。也用以代称祖国、国旗等令人敬爱、珍爱的事物。

妈（媽）mā ㄇㄚ［ma¹ 吗］

❶称呼母亲（叠）。❷对跟母亲同辈或年长的已婚女性的称呼：大~｜姑~。

4　画

妍 yán ㄧㄢˊ［yin⁴ 言］

美丽：百花争~。

妧 ㊀wàn ㄨㄢˋ［wun⁶ 换］

形容女子美好。

㊁yuán ㄩㄢˊ［yun⁴ 元］

人名用字。

妩（嫵、**娬）wǔ ㄨˇ［mou⁵ 母］

【妩媚】（女子）姿态美好：~多姿。

妘 yún ㄩㄣˊ［wen⁴ 云］

姓。

妓 jì ㄐㄧˋ［géi⁶ 忌］

妓女，以卖淫为生的女人。

妪（嫗）yù ㄩˋ［yu² 于²］

年老的女人：老~。

妣 bǐ ㄅㄧˇ［béi² 比］

原指母亲，后称已经死去的母亲：先~｜如丧考~（像死了父母一样）。

妙（*玅）miào ㄇㄧㄠˋ［miu⁶ 庙］

❶美，好：~品｜~不可言。❷奇巧，神奇（㊟巧-）：~计｜~诀｜~用。

妊（*姙）rèn ㄖㄣˋ［yem⁴ 吟］

妊娠（shēn），怀孕：~妇。

妖 yāo ㄧㄠ［yiu¹ 腰，㊟yiu² 绕²］

❶神话传说中称有妖术而害人的东西：~魔鬼怪。㊞邪恶，荒诞，迷惑人的：~术｜~风｜~言惑众。❷装束、神态不正派：~里~气。❸媚，艳丽：~娆。

妗 jìn ㄐㄧㄣˋ［kem⁵ 琴⁵］

❶舅母。❷（-子）妻兄、妻弟的妻子：大~子｜小~子。

姊（*姉）zǐ ㄗˇ［ji² 子，㊟zé² 姐］

姐姐。【姊妹】1. 姐姐和妹妹：~三个。㊞有密切关系的：~篇｜~城。2. 同辈女朋友间亲热的称呼。

妨 fáng ㄈㄤˊ [fong⁴ 房]

妨害，阻碍(㊀ -碍)：无~。【不妨】没有什么不可以：~试试。【何妨】用反问语气表示“不妨”：你~去看看。

妫 (嬀、** 媯) guī ㄍㄨㄟ [guei¹ 归]

妫河，水名，在北京市延庆。

妒 (*妬) dù ㄉㄨˋ [dou³ 到]

因为别人好而忌恨(㊀ 嫉-)：嫉贤~能。

妞 niū ㄋㄧㄡ [neo² 纽]

(-儿)女孩子。

姒 sì ㄙˋ [qi⁵ 似]

古称丈夫的嫂子：娣~(妯娌)。

妤 yú ㄩˊ [yu⁴ 余]

见280页“婕”字条【婕妤】(jié -)。

5 画

妻 ㊀qī ㄑㄧ ㊀ [cei¹ 凄]

(-子)男子的配偶，跟“夫”“丈夫(-fu)”相对。

㊁qì ㄑㄧˋ ㊁ [cei³ 砌]
〈古〉以女嫁人。

妹 mèi ㄇㄟˋ [mui⁶ 昧]

❶(-子)称同父母比自己年纪小的女子(叠)。❷对比自己年纪小的同辈女性的称呼：表~。

妺 mò ㄇㄛˋ [mud⁶ 没]

古人名用字。

姑 gū ㄍㄨ [gu¹ 孤]

❶父亲的姊妹(叠)。❷丈夫的姊妹：~嫂｜大~子。❸妻称夫的母亲：翁~(公婆)。❹姑且，暂且：~妄言之｜~置勿论。【姑息】暂求苟安。㊁无原则地宽容：对错误的行为绝不~。

妭 bá ㄅㄚˊ [bed⁶ 拔]

美妇。

娀 yuè ㄩㄝˋ [yud⁶ 月]

轻扬。

妲 dá ㄉㄚˊ [dad³ 笪，㊉tan² 坦]

用于人名。妲己，商纣王的妃子。

姐 jiě ㄐㄧㄝˇ [zé² 借²]

❶称同父母比自己年纪大的女子(叠)。❷对比自己年纪大的同辈女性的称呼：表~｜刘~。

妯 zhóu ㄓㄡˊ [zug⁶ 逐]

【妯娌】(-li)兄和弟的妻子的合称：她们俩(liǎ)是~。

姓 xìng ㄒㄧㄥˋ [xing³ 胜]

表明家族系统的字：~名｜复~“欧阳”。

妗 líng ㄌㄧㄥˊ［ling⁴ 零］

女子聪敏伶俐。

姁 xǔ ㄒㄩˇ［hêu² 许］

（叠）安乐，和悦。

姗（*姍）shān ㄕㄢ［san¹ 山］

【姗姗】形容走路缓慢从容：~来迟。

妮 nī ㄋㄧ［néi⁴ 尼］

（-子、-儿）女孩子。

娙（婬）xíng ㄒㄧㄥˊ［ying⁴ 形］

女子身材高而美。

始 shǐ ㄕˇ［qi² 齿］

❶开始，起头，最初，跟“末”“终”相对：~祖｜不知~于何时｜自~至终｜原~社会。【未始】未尝，本来没有：这样做~不可。❷才：参观至下午五时~毕。

姆 mǔ ㄇㄨˇ［mou⁵ 武］

保姆，负责照管儿童或料理家务的女工。

6 画

絜 jié ㄐㄧㄝˊ［gid³ 洁］

同“洁”。多用于人名。

娈（孌）luán ㄌㄨㄢˊ［lün⁵ 联⁵］

美好。

姿 zī ㄗ［ji¹ 之］

❶容貌：~容｜丰~。❷形态，样子（㊟-态、-势）：雄~｜~势。

娀 sōng ㄙㄨㄥ［sung¹ 嵩］

有娀，古国名，在今山西省运城一带。

娃 wá ㄨㄚˊ［wa¹ 蛙］

❶（-子、-儿）小孩子：女~儿｜胖~~。❷旧称美女：娇~。❸〈方〉某些幼小的动物：猪~｜鸡~。

姞 jí ㄐㄧˊ［ged¹ 吉］

姓。

姥 ㊀lǎo ㄌㄠˇ ㊀［lou⁵ 鲁］

【姥姥】【老老】（-lao）1. 外祖母。2. 旧时接生的女人。

㊁mǔ ㄇㄨˇ ㊁［mou⁵ 母］

年老的妇人。

娅（婭）yà ㄧㄚˋ［a³ 阿，㊋ nga³ 瓦³］

连襟：姻~。

姮 héng ㄏㄥˊ［heng⁴ 衡］

【姮娥】嫦娥。

姱 kuā ㄎㄨㄚ［kua¹ 跨］

美好。

姨 yí ㄧˊ ㊀[yi4 而]

❶姨母，母亲的姊妹。❷(－子)妻的姊妹：大～子｜小～子。

yí ㄧˊ ㊁[yi1 依]

称跟母亲年纪相近的无亲属关系的妇女：阿～｜张～。

娆 (嬈)㊀ráo ㄖㄠˊ [yiu4 摇]

【妖娆】【娇娆】娇艳，美好：花枝～｜妆容～。

㊁rǎo ㄖㄠˇ [yiu4 摇]

烦扰，扰乱。

姻 (*婣)yīn ㄧㄣ [yen1 因]

❶婚姻：联～｜～缘。❷姻亲，由婚姻关系而结成的亲戚。古代专指婿家。

姝 shū ㄕㄨ [xu1 书，㊂ju1 朱]

美丽，美好。也指美女：名～。

娇 (嬌)jiāo ㄐㄧㄠ [giu1 骄]

❶美好可爱：～娆｜～小。❷爱怜过甚：～生惯养｜小孩子别太～了。❸脆弱，不坚强：～气。

姤 gòu ㄍㄡˋ [geo3 救]

❶同"遘"(gòu)。❷善，美好。

姶 è ㄜˋ [heb6 合]

见 281 页"媕"字条【媕姶】。

姚 yáo ㄧㄠˊ [yiu4 摇]

姓。

姽 guǐ ㄍㄨㄟˇ [guei2 鬼]

【姽婳】(－huà)形容女子娴静美好。

姣 jiāo ㄐㄧㄠ ㊀[gao2 搞]

形容相貌美：～好。

㊁[hao4 孝4]

☞㊂形容词。骚，浪，淫荡(仅用于女性)：～婆(浪荡风骚的女人)｜发～(发骚)｜咪咁～啦(别那么浪了)。【姣气】威风(诙谐的说法)：发下～(抖抖威风)｜有晒～(灭了威风)。【姣尸扽笃】形容风骚女人走路一摇三摆的神态。

姘 pīn ㄆㄧㄣ [ping1 拼]

一方或双方已婚的、非夫妻关系的男女非法同居：～夫｜～妇。

姹 chà ㄔㄚˋ [ca3 岔]

美丽：～紫嫣红(形容百花艳丽)。

娜 ㊀nà ㄋㄚˋ ㊀[na4 拿]

用于人名。

㊁nuó ㄋㄨㄛˊ ㊁[no4 挪]

见 620 页"袅"字条【袅娜】(niǎo－)。

7 画

孬 nāo ㄋㄠ [nao1 闹]

〈方〉❶不好，坏：人品～。❷怯懦，没有勇气：这人太～｜～种。

娑

suō ㄙㄨㄛ [so¹ 梳]

见280页“婆”字条【婆娑】(pó－)。

姬

jī ㄐㄧ [géi¹ 基]

❶古代对妇女的美称。❷旧时称妾。❸旧时称以歌舞为业的女子：歌～。

娠

shēn ㄕㄣ [sen¹ 身]

胎儿在母体中微动。泛指怀孕：妊～。

娱

yú ㄩˊ [yu⁴ 余]

快乐或使快乐(㊥－乐)：文～活动｜自～｜～亲(使父母快乐)。

娌

lǐ ㄌㄧˇ [léi⁵ 理]

见276页“妯”字条【妯娌】(zhóuli)。

娉

pīng ㄆㄧㄥ [ping¹ 拼]

【娉婷】(－tíng)形容女子姿态美好的样子。

娖

chuò ㄔㄨㄛˋ [cug¹ 促]

谨慎(叠)。

娟

juān ㄐㄩㄢ [gün¹ 鹃]

秀丽，美好：～秀。

娲

(媧)wā ㄨㄚ [wo¹ 窝]

【女娲】神话中的女神，传说她曾经炼五色石补天。

娥

é ㄜˊ [ngo⁴ 鹅]

❶美好(指女性姿态)。❷指美女：宫～。【娥眉】指美女细长、弯曲的眉毛，也指美女。也作“蛾眉”。

娢

(嬐)xiān ㄒㄧㄢ [xim⁴ 婵]

❶敏捷快速。❷庄重恭敬。

娩

miǎn ㄇㄧㄢˇ [min⁵ 免]

分娩，妇女生孩子。

娴

(嫻、*嫺)xián ㄒㄧㄢˊ [han⁴ 闲]

❶熟练(㊥－熟)：～于辞令。❷文雅：～静｜～雅。

娣

dì ㄉㄧˋ [tei⁵ 梯⁵]

❶古代称丈夫的弟妇：～姒(sì)(妯娌)。❷古时姐姐称妹妹为娣。

娘

(*孃)niáng ㄋㄧㄤˊ [nêng⁴ 挪香⁴]

❶对年轻女子的称呼：渔～｜新～。【娘子】1. 尊称青年或中年妇女(多见于早期白话)。2. 旧称妻。【姑娘】(－niang)1. 未婚女子的通称。2. 女儿。❷母亲。❸称长(zhǎng)一辈或年长的已婚妇女：大～｜婶～｜师～。

娓

wěi ㄨㄟˇ [méi⁵ 尾]

【娓娓】形容谈论不倦或说话动听：～道来｜～动听。

婀

ē ㄜ [o¹ 柯]

【婀娜】(－nuó)[－no⁴]姿态柔美的样子。

婎 tǒng ㄊㄨㄥˇ [tung² 桶]

用于地名：黄～铺(在江西省德安)。

8 画

娶 qǔ ㄑㄩˇ [cêu² 取，㊟ cou² 草]

把女子接过来成亲，跟"嫁"相对：～妻。

婪 lán ㄌㄢˊ [lam⁴ 蓝]

贪爱财物(㊎贪－)。

婴 (嬰)yīng ㄧㄥ [ying¹ 英]

❶婴儿，才生下来的小孩儿：男～｜女～。❷触，缠绕：～疾(得病)。

婆 pó ㄆㄛˊ [po⁴ 破⁴]

年老的妇人(叠)：老太～｜苦口～心。㊀ 1. 丈夫的母亲(叠)。2. 祖母(叠)。

【婆娑】(－suō)1. 盘旋舞蹈的样子：～起舞。2. 树枝纷披的样子：杨柳～。3. 泪水下滴的样子：泪眼～。

婧 jìng ㄐㄧㄥˋ [jing⁶ 净]

女子有才能。

婊 biǎo ㄅㄧㄠˇ [biu² 标²]

【婊子】(－zi)对妓女的称呼。多用作骂人的话。

婞 xìng ㄒㄧㄥˋ [heng⁶ 幸]

倔强，固执。

娵 jū ㄐㄩ [zêu¹ 追]

❶【娵隅】(－yú)古代南方少数民族称鱼为娵隅。❷姓。

婼 ruò ㄖㄨㄛˋ [yêg⁶ 弱]

【婼羌】(－qiāng)地名，在新疆维吾尔自治区。今作"若羌"。

媖 yīng ㄧㄥ [ying¹ 鹰]

妇女的美称。

婳 (嫿)huà ㄏㄨㄚˋ [wag⁶ 或]

见278页"嫿"字条【嫿婳】(guǐ－)。

婍 qǐ ㄑㄧˇ [yi² 椅]

容貌美丽。

婕 jié ㄐㄧㄝˊ [jid³ 节]

【婕妤】(－yú)汉代宫中女官名。

婌 shú ㄕㄨˊ [sug⁶ 属]

宫廷女官名。

婫 kūn ㄎㄨㄣ [kuen¹ 昆]

人名用字。

娼 chāng ㄔㄤ [cêng¹ 窗]

妓女(㊎－妓)。

婢 bì ㄅㄧˋ [péi5 鄙5]

旧时被有钱人家役使的女孩子：~女｜奴~。

婤 zhōu ㄓㄡ [zeo1 周]

用于人名。婤始(-è)，东周时卫襄公的宠妾。

婚 hūn ㄏㄨㄣ [fen1 分]

结婚，男女结为夫妇：已~｜未~｜~配。【婚姻】嫁娶、结婚的事：~自主。

婄 [beo6 波沤6]

☞▇ 见567页“瘘”字条【瘘婄】[leo6 -]。

婘 quán ㄑㄩㄢˊ [kün4 权]

美好的样子。

婵 (嬋)chán ㄔㄢˊ [xim4 蝉]

【婵娟】(-juān)1.（姿态）美好。2. 旧时指美人。3. 古诗文中指明月：千里共~。

婶 (嬸)shěn ㄕㄣˇ [sem2 沈]

❶(-子、-儿)叔叔的妻子(叠)。❷称呼跟母亲同辈而年纪较小、没有亲属关系的已婚妇女：张大~儿。

婠 wān ㄨㄢ [wun1 碗1]

美丽，美好。

婉 wǎn ㄨㄢˇ [yun2 院]

❶和顺，温和：~言｜委~。【婉转】【宛转】说话温和而曲折，但不失本意：措辞~。❷美好。

嫏 láng ㄌㄤˊ [long4 郎]

【嫏嬛】(-huán)同“琅嬛”。

9 画

媭 (嬃)xū ㄒㄩ [sêu1 虽]

古代楚国人对姐姐的称呼。

媒 méi ㄇㄟˊ [mui4 梅]

撮合男女婚事的人(㊀-妁 shuò)。㊂使双方发生关系的人或物：~介｜~质｜传~。【媒体】指传播信息的工具，如报刊、广播、电视等。

婻 nàn ㄋㄢˋ [nam4 男]

❶容貌美丽。❷微胖。

媆 ㊀nèn ㄋㄣˋ ㊁[nün6 暖6]

〈古〉同“嫩”。

㊁ruǎn ㄖㄨㄢˇ ㊁[yun5 远]

柔美的样子。

媞 ㊀shì ㄕˋ ㊁[xi6 是]

聪慧。

㊁tí ㄊㄧˊ ㊁[tei4 提]

【媞媞】安详，美好。

媪 ǎo ㄠˇ [ou2 袄2]

年老的妇人。

媥 pián ㄆㄧㄢˊ [pin⁴ 片⁴]

【媥娟】1. 美好的样子。2. 回环曲折的样子。

嫂 sǎo ㄙㄠˇ [sou² 素²]

(－子)哥哥的妻子(叠)：二～｜～夫人。

媓 huáng ㄏㄨㄤˊ [wong⁴ 王]

❶〈古〉母亲。❷传说中舜的妻子的名字。

媛 ㊀ yuán ㄩㄢˊ ㊂ [yun⁴ 元，㊂ wun⁴ 桓]

【婵媛】1. (姿态)美好。2. 牵连，相连。

㊁yuàn ㄩㄢˋ ㊂ [yun⁶ 愿]

美女。

婷 tíng ㄊㄧㄥˊ [ting⁴ 廷]

(叠)美好。

媂 dì ㄉㄧˋ [dei³ 帝]

古书上指主管茅厕的女神。

媄 měi ㄇㄟˇ [méi⁵ 尾]

女子貌美。

媚 mèi ㄇㄟˋ [méi⁶ 未]

❶巴结，逢迎：～俗｜献～｜奴颜～骨。❷美好，可爱：妩～｜春光明～。

婺 wù ㄨˋ [mou⁶ 务]

婺水，古水名，在江西省东北部。

10 画

媾 gòu ㄍㄡˋ [geo³ 救]

❶结合，交合：婚～(两家结亲)｜交～(性交，交配)。❷交好：～和(讲和)。

嫫 mó ㄇㄛˊ [mou⁴ 毛]

【嫫母】传说中的丑妇。

嫄 yuán ㄩㄢˊ [yun⁴ 元]

用于人名。姜嫄，传说是周代祖先后稷的母亲。

媳 xí ㄒㄧˊ [xig¹ 息]

儿媳，儿子的妻子。【媳妇】儿子的妻子。【媳妇儿】(－fur)1. 妻子：兄弟～。2. 已婚的年轻妇女：新～。

媲 pì ㄆㄧˋ [péi³ 屁，俗 béi² 比]

并，比：～美。

媱 yáo ㄧㄠˊ [yiu⁴ 摇]

❶美好，美艳。❷逍遥游乐。

嫒 (嬡)ài ㄞˋ [oi³，㊂ ngoi³ 爱]

【令嫒】【令爱】对对方女儿的敬称。

嫉 jí ㄐㄧˊ [zed⁶ 侄]

❶因别人比自己好而怨恨(㊀-妒、妒-)：~才丨~贤妒能。❷憎恨：~恶如仇。

嫌 xián ㄒㄧㄢˊ [yim4 盐]

❶嫌疑，可疑之点：避~。❷厌恶(wù)，不满意：讨人~丨这种布很结实，就是~太厚。❸怨恨：前~丨夙无仇~丨挟~报复。

嫁 jià ㄐㄧㄚˋ [ga3 价]

❶女子到男方家成亲，也泛指女子结婚，跟"娶"相对：出~丨~娶。【嫁接】把要繁殖的植物的芽或枝接在另一种植物上，以达到提高品种质量等目的。❷把祸害、怨恨推到别人身上：转~丨~怨丨~祸于人。

嫔 (嬪)pín ㄆㄧㄣˊ [pen4 频]

封建时代皇宫里的女官。

嫋 [niu1 鸟1]

☞■形容词。纤细，纤长：好似竹篙咁~(像竹竿那样细长)丨~高(瘦而高)丨~瘦(身材瘦小)。

另见620页"袅"(niǎo)。

媸 chī ㄔ [qi1 雌]

面貌丑：妍(yán)~(美丑)。

11　画

嫣 yān ㄧㄢ [yin1 烟]

美好，鲜艳：~然一笑丨姹紫~红。

嫱 (嬙)qiáng ㄑㄧㄤˊ [cêng4 详]

古时宫廷里的女官名：妃~。

嫩 (*嫰)nèn ㄋㄣˋ [nün6 暖6]

❶初生而柔弱，娇嫩，跟"老"相对：~芽丨肉皮~。㊁1. 经火力烧制的时间短：鸡蛋煮得~。2. 阅历浅，不老练：他担任主编还~了点儿。❷淡，浅：~黄丨~绿。

嫖 (**闝)piáo ㄆㄧㄠˊ [piu4 瓢]

男子玩弄妓女：~娼。

嫕 yì ㄧˋ [ei3 缢]

性情和善可亲：婉~(和婉柔顺)。

嫭 hù ㄏㄨˋ [wu6 互]

❶美好。❷美女。

嫦 cháng ㄔㄤˊ [sêng4 常]

【嫦娥】神话中月宫里的仙女。

嫚 ㊀mān ㄇㄢ ㊀[man1 曼1]

〈方〉女孩子。

㊁màn ㄇㄢˋ ㊁[man6 曼]

侮辱，怠慢。

嫘 léi ㄌㄟˊ [lêu4 雷]

【嫘祖】人名，传说是黄帝的妃子，发明了养蚕。

嫜 zhāng ㄓㄤ [zêng1 章]

丈夫的父亲。【姑嫜】古时女子称丈夫的母亲和父亲。

嫡 dí ㄉㄧˊ [dig¹ 的]

❶封建宗法制度中称正妻。㊀正妻所生的：~子｜~嗣。❷亲的，血统最近的：~亲哥哥｜~堂兄弟。㊀系统最近的：~系。

嫲 [ma⁴ 麻]

☞▌名词。祖母：亚~(奶奶)。

嫪 lào ㄌㄠˋ [lou⁶ 路]

姓。

12画以上

嬉 xī ㄒㄧ [héi¹ 希]

游戏，玩耍：~闹｜~皮笑脸。

嫽 liáo ㄌㄧㄠˊ [liu⁴ 辽]

美好。

嬖 bì ㄅㄧˋ [péi³ 屁]

❶宠幸：~爱。❷被宠幸：~臣｜~人。

嬛 huán ㄏㄨㄢˊ [wan⁴ 还]

见281页“嫏”字条【嫏嬛】(láng -)。

嬗 shàn ㄕㄢˋ [xin⁶ 膳]

更替，变迁：~变。

嬬 rú ㄖㄨˊ [yu⁴ 如]

柔弱的样子。

嬷 mó ㄇㄛˊ [ma¹ 妈]

【嬷嬷】(-mo)1. 旧时称奶妈为嬷嬷。2.〈方〉称呼老年妇女。

嬥 tiǎo ㄊㄧㄠˇ [tiu⁵ 条⁵]

身材匀称美好。

嬿 yàn ㄧㄢˋ [yin³ 宴]

美好。

嬽 (嬽)zàn ㄗㄢˋ ㊀[zan³ 赞]

色白而美好。

㊁[zan² 盏]

☞▌❶形容词。好，美好，妙：好~(真棒)｜~嘢(好东西；好)｜唔~(不好，不妙)｜~鬼(有趣，过瘾，可爱)。❷形容词。妥当：噉做~嚁(这样做不妥当啊)。❸形容词。惬意，有意思：去嗰度玩几~㗎(到那里玩挺有意思的)。

孀 shuāng ㄕㄨㄤ [sêng¹ 双]

寡妇，死了丈夫的妇人：遗~｜~居。

孅 xiān ㄒㄧㄢ [qim¹ 签]

〈古〉细小。

[57]飞部

飞 (飛)fēi ㄈㄟ [féi¹ 非]

❶鸟类或虫类等用翅膀在空中往来活动：~行｜~鸟｜~虫。㊀物体在空中飘荡或行动：~沙走石｜飞机向东~。❷快，像飞似的：~奔｜~跑。❸指无根据的，无缘无故的：流言~语｜~灾。❹(外)法定计量单位中十进分数单位词头之一，表示10^{-15}，符号f。

☞▣❶名词。票：戏~｜车~｜买~｜扑~(到处找票)。〖英语face的音译。〗❷形容词。指人既精明又厉害，不好对付(含贬义)：个嘢好~(那家伙很厉害)。【飞利】犀利，厉害(含贬义)：太~嘅人好难来往(太厉害的人很难来往)。❸动词。把东西的边缘去掉一部分：~边(把边缘去掉一点)｜呢条边要~减半公分(这条边要去掉半厘米)。

☞▣【飞发】理发。

[58]马部

马 (馬)mǎ ㄇㄚˇ ㊀[ma⁵ 码]

家畜，头小，脸长，颈上有鬃，尾有长毛。供人骑或拉东西等。【马脚】指破绽(zhàn)，漏洞：露出~来了。【马上】副词。立刻：我~就到。

mǎ ㄇㄚˇ ㊁[ma¹ 妈]

【马虎】(-hu) [-fu¹]不认真：这事可不能~。

2—4 画

驭 (馭)yù ㄩˋ [yu⁶ 预]

❶驾驭(车马)：~车｜~马｜~手。❷统率，控制：~下无方。

驮 (馱、*駄)㊀duò ㄉㄨㄛˋ ㊁[do⁶ 惰]

(-子)骡马等负载的成捆的货物：把~子卸下来，让牲口歇会儿。

㊁tuó ㄊㄨㄛˊ ㊁[to⁴ 驼]

用背(多指牲口)负载人或物：那匹马~着两袋粮食。

驯 (馴)xùn ㄒㄩㄣˋ [sên⁴ 纯]

驯服，顺从，使驯服：~顺｜~良｜~马｜~养。

驰 (馳)chí ㄔˊ [qi⁴ 迟]

❶快跑(多指车马)(㊈-骋)：背道而~｜飞~｜奔~。㊀向往：神~｜情~。❷传播：~名。

驱 (驅、*敺、*駈)qū ㄑㄩ [kêu¹ 岖]

❶赶牲口：~马前进。㊀赶走(㊈-逐)：~散｜~除。【驱使】差遣，支使别人为自己奔走。❷快跑(㊈驰-)：并驾齐~｜长~直入。

驲 (馹)rì ㄖˋ [yed⁶ 逸]

❶古代驿站用的马车。❷用于地名：~面(在广西壮族自治区灵山县)。

驳 (駁、❶❸*駮)bó ㄅㄛˊ [bog³ 博]

❶说出自己的理由来，否定别人的意见：真理是~不倒的｜反~｜批~。❷大批货物用船分载转运：起~｜把大船上的米~卸到货栈里。【驳船】转运用的小船。又叫拨船。❸马的毛色不纯。泛

指颜色不纯，夹杂着别的颜色（㊀连 斑－、－杂）。

☞广 ❶动词。辩驳，反驳：～嘴（顶嘴）｜～到佢服（辩驳到他服气）。【驳秤】顾客认为所购东西不足秤时要求复秤。❷动词。接，连接，接续：～骨（接骨）｜～长｜～水喉（接水管）｜～通电话｜～脚（接力搬运或递送东西）。❸动词。套（一种私人间的汇兑）：～钱翻屋企系唔合法嘅（套钱回家是不合法的）。❹动词。接枝（一种无性的繁殖果木方法）：～枝。❺量词。一段时间，一般指若干天：呢～（这段时间，最近）｜先嗰～（前段时间，前些日子）。

驳（駁）wén ㄨㄣˊ ［men⁴ 文］

赤鬣白身黄目的马。

驴（驢）lǘ ㄌㄩˊ ［lêu⁴ 雷］

家畜，像马而小，耳朵长。可以驮东西、拉车或供人骑。

驶（駃）jué ㄐㄩㄝˊ ［küd 决］

【駃騠】（－tí）1. 驴骡，由公马和母驴交配所生。2. 古书上说的一种骏马。

5 画

驽（駑）nú ㄋㄨˊ ［nou⁴ 奴］

驽马，劣马，走不快的马。㊀引 愚钝无能：～钝。

驾（駕）jià ㄐㄧㄚˋ ［ga³ 架］

❶把车套在牲口身上：～辕｜～轻就熟（喻做熟悉、容易的事）。❷古代车乘的总称。敬辞，称对方：劳～｜大～光临。❸特指帝王的车，借指帝王：～崩（帝王死去）。❹操纵，使开动：～飞机｜～驶。【驾驭】（－yù）驱使车马行进或停止。㊀引 管理，控制，支配：～时局｜提高～语言的能力。

駓（駓）pī ㄆㄧ ［péi¹ 丕］

古代指毛色黄白相间的马。

驵（駔）zǎng ㄗㄤˇ ［zong² 赃²］

好马，壮马。【驵侩】（－kuài）马侩，进行牲畜交易的中间人，也泛指经纪人。

驶（駛）shǐ ㄕˇ ［sei² 洗］

❶车马快跑。❷开动交通工具（多指有发动机的），使行动：驾～｜轮船～入港口。

驹（駉）jiōng ㄐㄩㄥ ［guing¹ 哥永¹］

❶马肥壮（叠）：～～牡马。❷骏马。

驷（駟）sì ㄙˋ ［xi³ 试］

古代同驾一辆车的四匹马，或者套着四匹马的车：一言既出，～马难追（喻话说出后无法再收回）。

驸（駙）fù ㄈㄨˋ ［fu⁶ 付］

几匹马共同拉一辆车，在旁边的马叫“驸”。【驸马】驸马都尉，汉代官名。后来皇帝的女婿常做这个官，因此驸马专指公主的丈夫。

驹 (駒)jū ㄐㄩ [kêu¹ 驱]

❶少壮的马：千里~。❷(-子)小马：马~子。又指小驴、骡等：驴~子。

驺 (騶)zōu ㄗㄡ [zeo¹ 周]

驺从，封建时代贵族官僚出门时所带的骑马的侍从。

驻 (駐)zhù ㄓㄨˋ [ju³ 蛀]

❶(车马等)停止，泛指停止或停留：~马|~足|青春永~。❷停留在一个地方：~军|~外使节。

弦 (駭)xuán ㄒㄩㄢˊ [yun⁴ 元]

黑色的马。

驼 (駝、*駞)tuó ㄊㄨㄛˊ [to⁴ 佗]

❶骆驼：~绒|~峰。❷身体向前曲，背脊突起：~背|背都~了。

驿 (驛)yì ㄧˋ [yig⁶ 亦]

古代传递政府文书的人中途休息的地方：~站。

骀 (駘)㊀dài ㄉㄞˋ ㊀ [toi⁵ 殆]

【骀荡】1. 使人舒畅：春风~。2. 放荡。

㊁tái ㄊㄞˊ ㊁ [toi⁴ 台]

劣马。【驽骀】(nú-)劣马。㊖庸才。

6—10 画

骂 (罵、*駡、*傌) mà ㄇㄚˋ [ma⁶ 马⁶]

❶用粗野的话侮辱人：不要~人。❷〈方〉斥责。

駬 (駬)ěr ㄦˇ [yi⁵ 以]

见289页“騄”字条“騄駬”(lù-)。

骁 (驍)xiāo ㄒㄧㄠ [hiu¹ 嚣]

❶好马。❷勇健(㊀-勇)：~将。

骃 (駰)yīn ㄧㄣ [yen¹ 因]

浅黑带白色的杂毛马。

駪 (駪)shēn ㄕㄣ [sen¹ 身]

【駪駪】形容众多。

骄 (驕)jiāo ㄐㄧㄠ [giu¹ 娇]

❶自满，自高自大：戒~戒躁|~兵必败。【骄傲】1. 自高自大，看不起别人：~自满是一定要失败的。2. 自豪：我们为祖国的成就而~|光荣的历史传统是值得我们~的。❷猛烈：~阳似火。

骅 (驊)huá ㄏㄨㄚˊ [wa⁴ 蛙⁴]

【骅骝】(-liú)古代称赤色的骏马。

骆 (駱)luò ㄌㄨㄛˋ [log³ 洛]

古书上指黑鬃的白马。
【骆驼】(-tuo)哺乳动物，反刍类，身体高大，背上有肉峰。能耐饥渴，适于负重物在沙漠中远行。

骇 (駭)hài ㄏㄞˋ [hai⁵ 蟹]

惊惧：惊涛~浪(可怕的大浪)|~人听

闻。

骈 （駢）pián ㄆㄧㄢˊ ［pin⁴ 片⁴，㊂ ping⁴ 评］

两物并列成双的，对偶的（㊟ －俪）：～句。【骈文】旧时的一种文体，文中用对偶的句子，讲究声韵和谐，辞藻华丽。

骉 （驫）biāo ㄅㄧㄠ ［biu¹ 标］

许多马奔跑的样子。

骊 （驪）lí ㄌㄧˊ ［léi⁴ 梨］

纯黑色的马。

骋 （騁）chěng ㄔㄥˇ ［qing² 请，㊎ ping³ 聘］

骑马奔驰，奔跑（㊟ 驰－）。㊀ 放任，尽量展开：～目｜～望。

骒 （騧）guā ㄍㄨㄚ ［wa¹ 蛙］

黑嘴的黄马。

骔 （駼）tú ㄊㄨˊ ［tou⁴ 陶］

见 288 页“驹”字条【驹駼】（táo－）。

验 （驗、*騐）yàn ㄧㄢˋ ［yim⁶ 艳］

❶检查，察看：～血｜～收｜考～。❷有效果：屡试屡～｜应～。

骍 （騂）xīng ㄒㄧㄥ ［xing¹ 星］

赤色的马或牛。

骎 （駸）qīn ㄑㄧㄣ ［cem¹ 侵］

【骎骎】马跑得很快的样子。㊀ 渐行渐进的样子：～日上。

骙 （騃）ái ㄞˊ ［ngoi⁴ 呆］

傻：痴～。

骏 （駿）jùn ㄐㄩㄣˋ ［zên³ 进］

好马。

骐 （騏）qí ㄑㄧˊ ［kéi⁴ 旗］

有青黑色纹理的马。

骑 （騎）qí ㄑㄧˊ ［kéi⁴ 其，㊊ ké⁴ 茄⁴］

❶跨坐在牲畜或其他东西上：～马｜～自行车。㊀ 兼跨两边：～缝盖章。❷（旧读 jì）骑兵，也泛指骑马的人：车～｜轻～｜铁～。❸（旧读 jì）骑的马：坐～。

騑 （騑）fēi ㄈㄟ ［féi¹ 飞］

古时一车驾四马，中间两马叫服马，两旁的马叫騑马，又叫骖马。

骒 （騍）kè ㄎㄜˋ ［fo³ 货］

雌性的，指骡、马等。

骓 （騅）zhuī ㄓㄨㄟ ［zêu¹ 追］

毛色青白相杂的马。

驹 （騊）táo ㄊㄠˊ ［tou⁴ 桃］

【驹駼】（－tú）古代良马名。

骕 （驌）sù ㄙㄨˋ ［sug¹ 宿］

【骕骦】(－shuāng)古书上说的一种良马。

騄

(騄)lù ㄌㄨˋ [lug⁶ 六]

【騄駬】(－ěr)古代骏马名。也作“騄耳”。

骖

(驂)cān ㄘㄢ [cam¹ 惭¹]

古代驾在车前两侧的马。

骘

(騭)zhì ㄓˋ [zed¹ 侄¹]

排定：评～高低。

骛

(騖)wù ㄨˋ [mou⁶ 务]

❶乱跑：驰～。❷追求，致力：好(hào)高～远 | 旁～。

𬴂

(騞、**剨)huō ㄏㄨㄛ [wag⁶ 或]

形容用刀解剖东西的声音。

騠

(騠)tí ㄊㄧˊ [tei⁴ 题]

见286页“𫘝”字条【𫘝騠】(jué－)。

骗

(騙)piàn ㄆㄧㄢˋ [pin³ 偏³]

❶欺蒙(㊀欺－)：～人 | 诈～。❷用欺蒙的手段谋得(㊀诓－)：～钱 | ～取信任。❸侧身抬腿跨上：一～腿骑上自行车。

骙

(騤)kuí ㄎㄨㄟˊ [kuei⁴ 携]

【骙骙】形容马强壮。

骚

(騷)sāo ㄙㄠ [sou¹ 苏]

❶扰乱，不安定(㊀－扰)：～动 | ～乱。❷同“臊”(sāo)。❸指屈原著的《离骚》。【骚人】诗人。【风骚】1. 泛指文学。2. 妇女举止轻佻。

☞粤❶动词。理睬：有人～佢(没有人理睬他) | ～都唔～一下(理都不理)。❷名词。表演，秀〖英语 show 的音译〗：做～(作秀，做表演)。

骜

(驁)ào ㄠˋ [ngou⁴ 敖]

❶快马。❷马不驯良。㊁傲慢，不驯顺：桀～不驯。

騵

(騵)yuán ㄩㄢˊ [yun⁴ 元]

腹部白色，其他部位红色的马。

騱

(騱)xí ㄒㄧˊ [hei⁴ 奚]

前足全白的马。

骝

(騮)liú ㄌㄧㄡˊ ㊀ [leo⁴ 留]

古书上指黑鬣黑尾巴的红马。

㊁ [leo¹ 留¹]

☞粤【马骝】俗称猴子。

骟

(騸)shàn ㄕㄢˋ [xin³ 线]

割掉牲畜的睾丸或卵巢：～马 | ～猪。

11画以上

骠

(驃)㊀biāo ㄅㄧㄠ ㊀ [biu¹ 标]

【黄骠马】一种黄毛夹杂着白点子的马。

㊁piào ㄆㄧㄠˋ ㊂[piu³ 票]

❶勇猛：～勇。❷马快跑的样子。【骠骑】古代将军的名号：～将军。

骡 (騾、*蠃)luó ㄌㄨㄛˊ [lo⁴ 罗]

(～子)家畜，由驴、马交配而生。鬃短，尾巴略扁，生命力强，一般没有生育能力。可以驮东西、拉车或供人骑。

骢 (驄)cōng ㄘㄨㄥ [cung¹ 充]

青白色的马。

骣 (驎)lín ㄌㄧㄣˊ [lên⁴ 轮]

毛色斑驳似鱼鳞的马。

骣 (驏)chǎn ㄔㄢˇ [can² 产]

骑马不加鞍辔：～骑。

骤 (驟)zhòu ㄓㄡˋ [zeo⁶ 就]

❶快跑(㊀驰～)。❷急，疾速，突然：暴风～雨｜天气～冷｜狂风～起。

骥 (驥)jì ㄐㄧˋ [kéi³ 暨]

好马：按图索～。

骦 (驦)shuāng ㄕㄨㄤ [sêng¹ 双]

见288页“骕”字条【骕骦】(sù～)。

骧 (驤)xiāng ㄒㄧㄤ [sêng¹ 双]

马抬着头快跑。

[59]幺部

幺 yāo ㄧㄠ [yiu¹ 腰]

❶〈方〉小，排行最末的：～叔｜～妹｜～儿。❷在某些场合说数字时用来代替1。

幻 huàn ㄏㄨㄢˋ [wan⁶ 患]

❶空虚的，不真实的：梦～｜～境｜～想。【幻灭】幻想或不真实的事受到现实的打击而消灭。❷奇异地变化(㊀变～)：～术(魔术)。

幼 yòu ㄧㄡˋ [yeo³ 优³]

❶年纪小，初出生的，跟“老”相对(㊀～小)：～儿｜～虫｜～苗。【幼稚】年纪小的。㊄知识见解浅薄、缺乏经验的：思想～。❷小孩儿：扶老携～｜～有所养。

畿 jī ㄐㄧ [géi¹ 机]

古代称靠近国都的地方：京～。

[60]巛部

甾 zāi ㄗㄞ [zoi¹ 栽]

有机化合物的一类，又叫类固醇，广泛存在于动植物体内。胆固醇和许多种激素都属于甾类化合物。

邕 yōng ㄩㄥ [yung¹ 翁]

❶邕江，水名，在广西壮族自治区。❷广西壮族自治区南宁的别称。

巢 cháo ㄔㄠˊ [cao⁴ 抄⁴]

鸟搭的窝，也指蜂、蚁等的窝：鸟～丨蜂～。

☞ ❶形容词。皱：～皮(表皮起了皱纹)丨～孟孟(皱巴巴，皱皱的)丨浸到手都～(水泡得手皮都皱了)丨件衫咁～要烫一烫(这衣服太皱要熨一下)。❷动词。蔫(多指植物)：翕菊花叶都～咯(菊花叶子都蔫了)。

[61]王部

王 ㊀wáng ㄨㄤˊ ㊁[wong⁴ 黄]

❶古代指帝王或最高的爵位。❷一族或一类中的首领：兽～丨蜂～丨花中之～。❸大，辈分高：～父(祖父)丨～母(祖母)。❹姓。

㊁wàng ㄨㄤˋ ㊁[wong⁶ 旺]

❶统一天下：以德行仁者～。❷统治：～此大邦。

1—4画

玎 dīng ㄉㄧㄥ [ding¹ 丁]

【玎玲】(－líng)形容玉石等撞击的声音。

玑 (璣)jī ㄐㄧ [géi¹ 机]

❶不圆的珍珠：珠～。❷古代测天文的仪器：璇～。

玕 gān ㄍㄢ [gon¹ 竿]

【琅玕】(láng－)像珠子的美石。

玒 hóng ㄏㄨㄥˊ [hung⁴ 红]

一种玉。

弄 (*挵)㊀lòng ㄌㄨㄥˋ [lung⁶ 龙⁶]

〈方〉弄堂，小巷，小胡同。

㊁nòng ㄋㄨㄥˋ(旧读 lòng) [lung⁶ 龙⁶]

❶拿着玩，戏耍(㊇玩－、戏－)：不要～火。❷搞，做：这件事一定要～好丨～点儿水喝丨～饭。❸搅扰：这消息～得人心不安。❹要，炫耀：～权丨～手段丨舞文～墨。

玙 (璵)yú ㄩˊ [yu⁴ 余]

玙璠(fán)，美玉。也说璠玙。

玖 jiǔ ㄐㄧㄡˇ [geo² 九]

❶一种像玉的浅黑色石头。❷"九"字的大写。

玓 dì ㄉㄧˋ [dig¹ 嫡]

【玓瓅】(－lì)形容珠光闪耀。

玘 qǐ ㄑㄧˇ [héi 起]

古代佩带的玉。

玚 (瑒)yáng ㄧㄤˊ [yêng⁴ 阳]

玉名。

玛 (瑪)mǎ ㄇㄚˇ [ma5 马]

【玛瑙】(－nǎo)矿物名，质硬耐磨，颜色美丽，可做轴承、研钵、装饰品等。

玤 bàng ㄅㄤˋ [bung2 波瓮2]

❶质量次于玉的美石。❷古地名，春秋时虢地，在今河南省渑池。

玞 fū ㄈㄨ [fu1 呼]

见297页“珷”字条【珷玞】(wǔ－)。

玩 (❸-❺*翫)wán ㄨㄢˊ(❸❹❺旧读wàn) [wan4 还，㊟wan2 还2]

❶(－儿)游戏，做某种游戏(㊐－耍)：出去～｜～皮球。【玩弄】1. 摆弄着玩：上课不要～手机。2. 耍弄，搬弄：～手段｜～辞藻。3. 戏弄。【玩意儿】1. 玩具。2. 〈方〉指杂技，曲艺，如魔术、大鼓等。3. 指东西、事物。❷(－儿)耍弄，使用：～花招儿。❸观赏：游～｜～物丧志。❹可供观赏、把玩的东西：古～。❺轻视，用不严肃的态度来对待(㊐－忽)：～世不恭｜～视(忽视)。

玮 (瑋)wěi ㄨㄟˇ [wei5 伟]

玉名。

环 (環)huán ㄏㄨㄢˊ [wan4 寰]

❶(－儿)圈形的东西：连～｜铁～。❷围绕(㊐－绕)：～城马路｜～视。【环境】周围的一切事物：～优美｜保护～。❸指射击、射箭比赛中射中环靶的环数。

玡 yá ㄧㄚˊ [nga4 芽]

【琅玡】(láng－)1. 山名，在安徽省滁州。2. 山名，在山东省胶南。

玭 pín ㄆㄧㄣˊ [pen4 贫]

珍珠。

现 (現)xiàn ㄒㄧㄢˋ [yin6 砚]

❶显露：出～｜～了原形。【现象】事物的表面状态。❷现在，目前：～况｜～代。㊂当时：～趸～卖｜～成的。❸实有的，当时就有的：～金｜～钱｜～货。❹现款：兑～｜贴～。

玫 méi ㄇㄟˊ [mui4 梅]

【玫瑰】(－gui)落叶灌木，枝上有刺。花有紫红色、白色等多种，香味浓，可以做香料，花和根可入药。

玠 jiè ㄐㄧㄝˋ [gai3 介]

古代的一种礼器，即大圭。

玐 (瑽)cōng ㄘㄨㄥ [cung1 充]

【玐瑢】(－róng)形容佩玉相碰的声音。

玢 ㊀bīn ㄅㄧㄣ ㊀ [ben1 奔]

玉名。

㊁fēn ㄈㄣ ㊁ [fen1 芬]

【赛璐玢】(外)玻璃纸的旧称，可染成各种颜色，多用于包装。

玱 (瑲)qiāng ㄑㄧㄤ [cêng1 枪]

玉相击声。

玥 yuè ㄩㄝˋ [yud⁶ 月]

古代传说中的一种神珠。

玟 ㊀mín ㄇㄧㄣˊ [men⁴ 文]

同"珉"。

㊁wén ㄨㄣˊ [men⁴ 文]

玉的纹理。

玦 jué ㄐㄩㄝˊ [küd³ 决]

环形有缺口的佩玉。

5 画

珏 jué ㄐㄩㄝˊ [gog³ 角]

合在一起的两块玉。

珐 (*琺) fà ㄈㄚˋ [fad³ 法]

【珐琅】(－láng) 用石英、长石、硼砂、纯碱等炼制成的像釉子的物质。涂在铜质或银质器物的表面作为装饰，又可防锈。用来制景泰蓝、证章、纪念章等。也指珐琅制品。

玵 án ㄢˊ [ngam⁴ 暗⁴]

美玉。

珂 kē ㄎㄜ [o¹ 柯]

❶玉名。❷马笼头上的装饰：玉～。

珑 (瓏) lóng ㄌㄨㄥˊ [lung⁴ 龙]

见293页"玲"字条【玲珑】(líng－)。

玶 píng ㄆㄧㄥˊ [ping⁴ 评]

一种玉。

玷 diàn ㄉㄧㄢˋ [dim³ 店]

白玉上面的污点。【玷污】使有污点。

☞▮ 动词。轻轻触碰、摸：台上面啲嘢唔好～(桌子上面的东西不要碰) | ～咗一下细路仔只手(摸了一下小孩的手) | ～下都唔得(摸一下都不行)。

珇 zǔ ㄗㄨˇ [zou² 早]

❶珪玉、琮玉上的浮雕花纹。❷美好。

珅 shēn ㄕㄣ [sen¹ 申]

一种玉。

玳 (*瑇) dài ㄉㄞˋ [doi⁶ 袋]

【玳瑁】(－mào) (旧读－mèi) 爬行动物，像龟，甲壳黄褐色，有黑斑，很光滑，生活在海里。

珀 pò ㄆㄛˋ [pag³ 拍]

见298页"琥"字条【琥珀】(hǔ－)。

珍 (*珎) zhēn ㄓㄣ [zen¹ 真]

❶宝贝，宝贵的东西：奇～异宝。❷贵重的，宝贵的：～禽异兽。❸重视，看重：世人～之 | ～惜 | ～视。

玲 líng ㄌㄧㄥˊ [ling⁴ 零]

形容玉碰击的声音(叠)：～～盈耳。

【玲珑】(－lóng)1. 金玉声。2. 器物细致精巧：小巧～。3. 灵活敏捷：～活泼。

珠

(瓅)lì ㄌㄧˋ [lig¹ 砾]

见291页“玓”字条【玓珠】(dì－)。

珊

(*珊)shān ㄕㄢ [san¹ 山]

【珊瑚】(－hú)一种腔肠动物所分泌的石灰质的东西，形状像树枝，有红、白等色，可以做装饰品。这种腔肠动物叫珊瑚虫。

珋

liú ㄌㄧㄡˊ [leo⁵ 柳]

一种有光的美石。

玹

㊀xián ㄒㄧㄢˊ [yun⁴ 元]

姓。

㊁xuán ㄒㄩㄢˊ [yun⁴ 元]

❶一种次于玉的美石。❷玉的颜色。

㊂xuàn ㄒㄩㄢˋ [yun⁴ 元]

一种玉。

珌

(**琿)bì ㄅㄧˋ [bed¹ 不]

刀鞘下端的饰物。

珉

mín ㄇㄧㄣˊ [men⁴ 文]

像玉的石头。

玿

sháo ㄕㄠˊ [xiu⁴ 韶]

一种美玉。

珈

jiā ㄐㄧㄚ [ga¹ 加]

古代妇女的一种首饰。

玻

bō ㄅㄛ [bo¹ 波]

【玻璃】(－li)1. 一种质地硬而脆的透明物体，是用石英砂、石灰石、纯碱等混合起来，加高热熔解，冷却后制成的。2. 透明、像玻璃的质料：有机～｜～纸。

6 画

珪

guī ㄍㄨㄟ [guei¹ 归]

❶同“圭❶”。❷姓。

珥

ěr ㄦˇ [yi⁵ 以]

用珠子或玉石做的耳环。

珙

gǒng ㄍㄨㄥˇ [gung² 巩]

❶大璧。❷珙县，地名，在四川省。

珛

xiù ㄒㄧㄡˋ [heo³ 后³]

一种有瑕疵的玉。

顼

(頊)xū ㄒㄩ [yug¹ 沃]

见587页“颛”字条【颛顼】(zhuān－)。

珹

chéng ㄔㄥˊ [xing⁴ 城]

一种玉。

琊

yá ㄧㄚˊ [yé⁴ 耶]

❶用于地名：～川(在贵州省凤冈)。❷同“玡”。

玼 ㊀cī ㄘ ㊁[qi¹ 雌]

玉上的斑点。

㊁cǐ ㄘˇ ㊁[qi² 始]

玉色明亮。

珖 guāng ㄍㄨㄤ [guong¹ 光]

一种玉。

珰 (璫)dāng ㄉㄤ [dong¹ 当]

❶妇女戴在耳垂上的装饰品。❷汉代武职宦官帽子上的装饰品。后来借指宦官。

珠 zhū ㄓㄨ [ju¹ 猪]

❶(－子)珍珠(也作“真珠”)，淡水里的三角帆蚌和海水里的某些贝类因沙粒进入壳内，受到刺激而分泌珍珠质，逐层包起来形成的圆粒，有光泽，可入药，又可做装饰品：～宝｜夜明～｜鱼目混～。❷(－儿)像珠子的东西：眼～儿｜水～儿。【珠算】用算盘计算的方法。

珽 tǐng ㄊㄧㄥˇ [ting⁵ 挺]

古代天子所持的玉笏(hù)。

珦 xiàng ㄒㄧㄤˋ [hêng³ 向]

一种玉。

珩 héng ㄏㄥˊ [heng⁴ 衡]

古代一组成套佩饰上面的横玉。

珧 yáo ㄧㄠˊ [yiu⁴ 摇]

江珧，软体动物，又叫玉珧，壳三角形，生活在海里。肉柱叫江珧柱，干制后称干贝。

珣 xún ㄒㄩㄣˊ [sên¹ 询]

一种玉。

珞 luò ㄌㄨㄛˋ [log³ 洛]

见300页“瓔”字条【瓔珞】(yīng－)。【珞巴族】我国少数民族，参看附表。

琤 chēng ㄔㄥ [zang¹ 争]

形容玉石碰击声、琴声或水流声(叠)：泉水～～。

珫 chōng ㄔㄨㄥ [cung¹ 充]

【珫耳】古代冠冕上垂在耳朵两旁的玉饰，可用来塞耳避听。

班 bān ㄅㄢ [ban¹ 斑]

❶工作或学习的组织：学习～｜机修～。❷工作按时间分成的段落，也指工作或学习的场所：排～｜上～｜下～｜值～。❸定时开行的：～车｜～机。❹军队编制中的基层单位，在排以下。❺量词。1. 用于人群：这～年轻人真有力气。2. 用于定时开行的交通运输工具：我搭下一～飞机走。❻调回或调动(军队)：～师｜～兵。

珲 (琿)㊀huī ㄏㄨㄟ ㊁[fei¹ 辉]

见300页“瑷”字条【瑷珲】(ài－)。

㊁hún ㄏㄨㄣˊ ㊁[wen⁴ 云]

【珲春】地名，在吉林省。

琎 jǐn ㄐㄧㄣˇ [zên¹ 遵]

一种玉。

琈 (瑂)xún ㄒㄩㄣˊ [cem⁴ 寻]

一种美石。

琅 yín ㄧㄣˊ [ngen⁴ 银]

像玉的石头。

琍 lì ㄌㄧˋ [lei⁶ 丽]

蚌、蛤等一类动物，古人用其壳做刀剑鞘上的装饰。

珝 xǔ ㄒㄩˇ [hêu² 许]

一种玉。

7 画

琎 (璡)jìn ㄐㄧㄣˋ [zên³ 俊]

一种像玉的石头。

球 (❷*毬)qiú ㄑㄧㄡˊ [keo⁴ 求]

❶(－儿)圆形的立体物：～体。❷(－儿)指某些球形的体育用品，也指球类运动：足～丨乒乓～儿丨～赛丨～迷。❸指地球，也泛指星体：全～丨北半～丨星～丨月～。

珸 wú ㄨˊ [ng⁴ 梧]

【琨珸】(kūn－)一种次于玉的美石。

琏 (璉)liǎn ㄌㄧㄢˇ [lin⁵ 连⁵]

古代宗庙盛黍稷的器皿。

琐 (瑣、*瑣)suǒ ㄙㄨㄛˇ [so² 锁]

❶细小，零碎(㊀－碎)：～事丨～闻丨繁～。❷卑微：猥～。

珵 chéng ㄔㄥˊ [qing⁴ 程]

一种玉。

理 lǐ ㄌㄧˇ [léi⁵ 李]

❶物质组织的条纹：肌～丨木～。❷道理，事物的规律：讲～丨合～。特指自然科学：～科丨～学院。【理论】1. 人们从实践中概括出来又在实践中证明了的关于自然界和人类社会的规律性的系统的认识：基础～。2. 据理争论：跟他～一番。【理念】思想，观念：投资～丨营销～。【理性】把握了事物内在联系的认识阶段，也指判断和推理的能力。❸管理，办：～家丨～财丨当家～事。㊀整理，使整齐：～发丨把书～一～。❹对别人的言语行动表示态度：答～丨～睬丨～会丨置之不～。

琄 xuàn ㄒㄩㄢˋ [yun⁶ 愿]

佩玉。

琇 xiù ㄒㄧㄡˋ [seo³ 秀]

像玉的石头。

琈 fú ㄈㄨˊ [feo⁴ 浮]

玉的色彩。

琀

hán ㄏㄢˊ [hem³ 嵌]

死者口中所含的珠玉。

琉

(*瑠、*璢) liú ㄌㄧㄡˊ [leo⁴ 留]

【琉璃】(－li)用铝和钠的硅酸化合物烧制成的釉料：～瓦。

琅

(*瑯) láng ㄌㄤˊ [long⁴ 狼]

一种玉石。【琅玕】(－gān)像珠子的美石。【琅琅】形容金石相击的声音或响亮的读书声：书声～。

【琅嬛】(－huán)神话中天帝藏书的地方。也作"嫏嬛"。

珺

jùn ㄐㄩㄣˋ [guen⁶ 郡]

一种美玉。

望

(*朢) wàng ㄨㄤˋ [mong⁶ 亡⁶]

❶看，往远处看：登高～远｜～尘莫及。❷探访问候(㊀看－)：拜～。❸希图，盼(㊀盼－、希－)：～子成龙｜喜出～外｜丰收有～。❹怨恨，责怪。❺名望，声誉：德高～重｜威～。❻农历每月十五日。❼介词。向：～东走｜～上瞧。

8 画

琫

běng ㄅㄥˇ [bung² 波瓮²]

古代刀鞘近口处的装饰。

珷

wǔ ㄨˇ [mou⁵ 母]

【珷玞】(－fū)一种像玉的石块。

琴

(*琹) qín ㄑㄧㄣˊ [kem⁴ 禽]

❶古琴，一种弦乐器，用梧桐等木料做成，有五根弦，后来增加为七根。❷某些乐器的统称，如风琴、钢琴、胡琴等。

☞🅡 词素。昨：～晚(昨天晚上)。又说"寻"，如"琴晚"又说"寻晚"。

琶

pá ㄆㄚˊ [pa⁴ 爬]

见 351 页"琵"字条【琵琶】(pípa)。

琪

qí ㄑㄧˊ [kéi⁴ 旗]

❶一种玉。❷珍异：～花瑶草。

瑛

yīng ㄧㄥ [ying¹ 鹰]

❶似玉的美石。❷玉的光彩。

琳

lín ㄌㄧㄣˊ [lem⁴ 林]

美玉。【琳琅】(－láng)1. 珠玉一类的东西：～满目(形容美好的东西很多)。2. 形容玉撞击的声音。

琦

qí ㄑㄧˊ [kéi⁴ 奇]

美玉。㊄珍奇。

琢

㊀zhuó ㄓㄨㄛˊ [dêg³ 多约³]

雕刻玉石，使成器物：精雕细～。【琢磨】1. 雕刻和打磨(玉石)。2. 加工使精美(指文章等)。

㊁zuó ㄗㄨㄛˊ [dêg³ 多约³]

【琢磨】(－mo)反复思索、考虑：这个问题我～了很久｜你～一下，是不是这个理儿。

琲 bèi ㄅㄟˋ [pui3 佩]

珠子串儿。

琡 chù ㄔㄨˋ [cug1 促]

一种玉器，即八寸的璋。

琥 hǔ ㄏㄨˇ [fu2 虎]

【琥珀】(－pò)古代松柏树脂的化石。黄褐色透明体，可做装饰品，也可入药。

琨 kūn ㄎㄨㄣ [kuen1 昆]

一种玉。

琟 wéi ㄨㄟˊ [wei4 围]

古代指一种像玉的石头。

琼 (瓊)qióng ㄑㄩㄥˊ [king4 擎]

❶美玉。㊉美好，精美：～浆(美酒)｜～楼玉宇(华丽的建筑)。❷海南省的别称。

☞粤❶动词。凝结：冻到油都～(冷得油都凝结了)。❷动词。澄清(水等)：碗药～清至饮得(这碗药澄清了才能喝)。

斑 bān ㄅㄢ [ban1 班]

一种颜色中夹杂的别种颜色的点子或条纹(㊍－驳)：～马｜～竹｜～白(花白)｜雀～。【斑斓】(－lán)灿烂多彩：色彩～。

琰 yǎn ㄧㄢˇ [yim5 染]

美玉。

琮 cóng ㄘㄨㄥˊ [cung4 虫]

古时的一种玉器，筒状，外边八角，中间圆形。

琔 diàn ㄉㄧㄢˋ [din6 电]

玉色。

琯 guǎn ㄍㄨㄢˇ [gun2 管]

玉管，古代的一种管乐器。

琬 wǎn ㄨㄢˇ [yun2 苑]

【琬圭】美玉。上端浑圆、没有棱角的圭。

琛 chēn ㄔㄣ [sem1 心]

珍宝。

琭 lù ㄌㄨˋ [lug6 六]

一种玉。

琚 jū ㄐㄩ [gêu1 居]

古人佩戴的一种玉。

9 画

瑃 chūn ㄔㄨㄣ [cên1 春]

一种玉。

瑟 sè ㄙㄜˋ [sed1 失]

古代的一种弦乐器，通常有二十五根

弦。【瑟瑟】1. 形容轻微的声音：秋风~。2. 形容颤抖：~发抖。

瑚 hú ㄏㄨˊ [wu⁴ 胡]

见294页“珊”字条【珊瑚】(shān–)。

琏 liàn ㄌㄧㄢˋ [lin⁶ 练]

一种玉。

瑊 jiān ㄐㄧㄢ [zem¹ 针]

【瑊石】一种像玉的美石。

瑅 tí ㄊㄧˊ [tei⁴ 题]

一种玉。

瑁 mào ㄇㄠˋ [mou⁶ 务]

见293页“玳”字条【玳瑁】(dài–)。

瑆 xīng ㄒㄧㄥ [xing¹ 升]

玉的光彩。

瑞 ruì ㄖㄨㄟˋ [sêu⁶ 睡]

吉祥，好预兆：~雪兆丰年｜祥~。

瑖 duàn ㄉㄨㄢˋ [dün⁶ 锻]

一种像玉的石头。

瑝 huáng ㄏㄨㄤˊ [wong⁴ 王]

形容玉碰撞发出的声音。

瑔 quán ㄑㄩㄢˊ [qun⁴ 泉]

一种玉。

瑰 (*瓌) ㊀ guī ㄍㄨㄟ ㊁ [kuei¹ 归]

❶一种像玉的石头。❷奇特，珍奇：~丽｜~异｜~宝。

㊁gui · ㄍㄨㄟ ㊁ [gei³ 贵]

见292页“玫”字条【玫瑰】(méi–)。

瑀 yǔ ㄩˇ [yu⁵ 雨]

像玉的石头。

瑜 yú ㄩˊ [yu⁴ 余]

❶美玉。❷玉石的光彩。㊗优点：瑕(xiá)不掩~。

瑗 yuàn ㄩㄢˋ [yun⁶ 愿]

大孔的璧。

瑂 dì ㄉㄧˋ [dei³ 帝]

【玛瑂脂】即沥青胶，用沥青加填充料制成的黏合材料，膏状，可用于黏结油毡等。

瑳 cuō ㄘㄨㄛ [co¹ 初]

玉色明亮洁白，也泛指颜色洁白。

瑄 xuān ㄒㄩㄢ [xun¹ 孙]

古代祭天用的璧。

瑕 xiá ㄒㄧㄚˊ [ha⁴ 霞]

玉上面的斑点。㊗缺点(㊐–疵)：~瑜互见｜纯洁无~｜~不掩瑜。

瑂 méi ㄇㄟˊ [méi⁴ 眉]

一种像玉的美石。

瑑 zhuàn ㄓㄨㄢˋ [xun⁶ 算⁶]

玉器上隆起的雕刻花纹。

瑙 nǎo ㄋㄠˇ [nou⁵ 努]

见292页“玛”字条【玛瑙】(mǎ－)。

10—12画

瑧 zhēn ㄓㄣ [zên¹ 津]

一种玉。

璈 áo ㄠˊ [ngong⁴ 敖]

古代的一种乐器。

璊 (璊)mén ㄇㄣˊ [mun⁴ 门]

赤色的玉。

瑨 jìn ㄐㄧㄣˋ [zên³ 进]

一种像玉的石头。

瑱 ㊀tiàn ㄊㄧㄢˋ ㊂ [tin³ 天³]

古时冠冕两侧垂到耳旁的玉饰，可以用来塞耳。

㊁zhèn ㄓㄣˋ ㊂ [zen³ 振]

【瑱圭】古代帝王朝会时所拿的一种圭。

瑶 yáo ㄧㄠˊ [yiu⁴ 摇]

美玉。㊙美好，珍贵：～函。

【瑶族】我国少数民族，参看附表。

瑷 (璦)ài ㄞˋ [oi³ 爱]

【瑷珲】(－huī)地名，在黑龙江省。今作“爱辉”。

璃 (*瓈)li·ㄌㄧ ㊂ [léi⁴ 离，㊅ léi¹ 离¹]

见294页“玻”字条【玻璃】(bō－)。

li·ㄌㄧ ㊂ [léi⁴ 离]

见297页“琉”字条【琉璃】(liú－)。

瑭 táng ㄊㄤˊ [tong⁴ 唐]

古书上指一种玉。

瑢 róng ㄖㄨㄥˊ [yung⁴ 容]

见292页“玐”字条【玐瑢】(cōng－)。

瑾 jǐn ㄐㄧㄣˇ [gen² 仅]

美玉。

璜 huáng ㄏㄨㄤˊ [wong⁴ 王]

半璧形的玉。

瑹 tū ㄊㄨ [tou¹ 滔]

【瑹玗】(－fú)一种玉。

璀 cuǐ ㄘㄨㄟˇ [cêu¹ 吹]

【璀璨】(－càn)形容玉石的光泽鲜明夺目：～的明珠｜星光～。

瓔 (瓔)yīng ㄧㄥ [ying¹ 英]

似玉的美石。【璎珞】(－luò)古代一种用珠玉穿成的戴在颈项上的装饰品。

瑽 cōng ㄘㄨㄥ ［cung¹ 充］

像玉的石头。

璋 zhāng ㄓㄤ ［zêng¹ 章］

一种玉器，形状像半个圭。

璇 （*璿）xuán ㄒㄩㄢˊ ［xun⁴ 船］

美玉。【璇玑】（－jī）古代天文仪器。

璆 qiú ㄑㄧㄡˊ ［keo⁴ 球］

美玉。

璥 jǐng ㄐㄧㄥˇ ［ging² 警］

一种玉。

璞 pú ㄆㄨˊ ［pog³ 扑］

含玉的石头或没有雕琢过的玉石：～玉浑金（喻品质好）。

璟 jǐng ㄐㄧㄥˇ ［ging² 警］

玉的光彩。

璠 fán ㄈㄢˊ ［fan⁴ 凡］

美玉。

璘 lín ㄌㄧㄣˊ ［lên⁴ 轮］

玉的光彩。

璲 suì ㄙㄨㄟˋ ［sêu⁶ 睡］

一种玉制的信物。

璒 dēng ㄉㄥ ［deng¹ 登］

一种像玉的石头。

噩 è ㄜˋ ［ngog⁶ 岳］

可怕而惊人的：～梦｜～耗（指亲近或敬爱的人死亡的消息）。

13 画以上

瑟 sè ㄙㄜˋ ［sed¹ 失］

玉色鲜明洁净。

瓛 （瓛）huán ㄏㄨㄢˊ ［wun⁴ 桓］

古代的一种玉圭。

璨 càn ㄘㄢˋ ［can³ 灿］

❶美玉。❷同“粲”。

璩 qú ㄑㄩˊ ［kêu⁴ 渠］

〈古〉耳环。

璐 lù ㄌㄨˋ ［lou⁶ 路］

美玉。

璪 zǎo ㄗㄠˇ ［zou² 早］

❶古代刻有水藻花纹的玉制饰物。❷古代垂在冕上穿玉的五彩丝绦。

璬 jiǎo ㄐㄧㄠˇ ［giu² 矫］

古书上说的一种玉佩。

璮 tǎn ㄊㄢˇ [tan² 坦]

一种玉。

璂 qí ㄑㄧˊ [kéi⁴ 旗]

古代弁(帽子)上的玉饰。

瑞 ruǎn ㄖㄨㄢˇ [yun⁵ 远]

一种次于玉的美石。

瓒 (瓚)zàn ㄗㄢˋ [zan³ 赞]

古代祭祀时用的一种像勺的玉器。

瓘 guàn ㄍㄨㄢˋ [gun³ 贯]

古玉器名。

璈 xiè ㄒㄧㄝˋ [xib³ 涉, ⊗xid³ 泄]

一种像玉的石头。

瓖 xiāng ㄒㄧㄤ [sêng¹ 箱]

同"镶"。

[61]玉部

玉 yù ㄩˋ [yug⁶ 欲]

❶矿物名，又叫玉石，质细而坚硬，有光泽，略透明，可制装饰品或做雕刻材料。❷㊞洁白或美丽：～颜｜亭亭～立。❸敬辞，指对方的身体、言行等：～体｜～言｜敬候～音。

玺 (璽)xǐ ㄒㄧˇ [sai² 徙]

印，自秦代以后专指皇帝的印：玉～。

璗 (璗)㊀dàng ㄉㄤˋ ㊀[dong⁶ 荡]

❶黄金。❷一种玉。

㊁tāng ㄊㄤ ㊁[tong¹ 汤]

多用于人名。

鎏 liú ㄌㄧㄡˊ [leo⁴ 流]

古代帝王冠冕前后悬垂的玉串。

璧 bì ㄅㄧˋ [big¹ 碧]

古代玉器，平圆形，中间有孔。【璧还】(－huán)㊕敬辞，用于归还原物或辞谢赠品：谨将原物～。

璺 wèn ㄨㄣˋ [men⁶ 问]

器物上的裂痕：这个碗有一道～｜打破砂锅～(谐"问")到底。

[62]无部

无 (無)wú ㄨˊ [mou⁴ 毛]

❶没有，跟"有"相对：～限｜从～到有。❷不：～须｜～论｜～妨。【无非】不过是，不外如此：他批评你，～是想帮助你进步。【无论】连词。不拘，不管，常跟"都"连用：～是谁都要遵守纪律。

[62]旡部

炁 qì ㄑㄧˋ [héi³ 器]

同“气”。【坎炁】(kǎn－)中药上指干燥的脐带。

既 jì ㄐㄧˋ [géi³ 寄]

❶终了，尽：言未～。❷副词。已经：霜露～降｜～往不咎｜保持～有的荣誉。【既而】连词。后来，表示经过一段时间以后：起初不信，～将信将疑，最后完全折服。❸连词。既然，后面常与“就”“则”相应，表示先提出前提，而后加以推论：～要做，就要做好。❹副词。常跟“且”“又”连用，表示两者并列：～高且大｜～快又好。

暨 jì ㄐㄧˋ [kéi³ 冀]

与，及，和。

[63]韦部

韦 (韋)wéi ㄨㄟˊ [wei⁵ 伟]

熟皮子，去毛加工鞣制的兽皮。

韧 (韌、*靭、*韌、*靱)rèn ㄖㄣˋ [yen⁶ 孕，㊀ngen⁶ 银⁶]

又柔软又结实，不易折断，跟“脆”相对：～性｜坚～｜柔～。

韔 (韔)chàng ㄔㄤˋ [cêng³ 唱]

古代盛(chéng)弓的袋子。

韨 (韍)fú ㄈㄨˊ [fed¹ 忽]

❶古代朝见或祭祀时遮在衣前的一种服饰，用熟皮制成。❷同“绂”。

韪 (韡)wěi ㄨㄟˇ [wei⁵ 韦]

(叠)盛，光明。

韫 (韞)yùn ㄩㄣˋ [wed³ 温³]

藏，收藏：～椟而藏诸(收在柜子里藏起来吗)？｜石～玉而山辉。

☞粤❶动词。圈(牲畜、家禽)：～埋啲鸡(把鸡关好)｜夜晚要～好啲畜牲(晚上要把牲口圈好)。❷动词。关，监禁：～佢入黑房(把他关在黑房里)｜～喺监仓度(关在牢房里)。

韪 (韙)wěi ㄨㄟˇ [wei⁵ 韦]

是，对(常和否定词连用)：冒天下之大不～。

韛 (韛)bài ㄅㄞˋ [bei⁶ 币]

〈方〉风箱：风～｜～拐子(风箱的拉手)。

韬 (韜、△**弢)tāo ㄊㄠ [tou¹ 滔]

❶弓或剑的套子。【韬略】指六韬、三略，古代的兵书。㊕用兵的计谋。❷隐藏，隐蔽(多指才能)：～晦。

“弢”另见270页tāo。

[64]木部

木 mù ㄇㄨˋ [mug⁶ 目]

❶树木，树类植物的通称：乔～｜灌～。【木本植物】具有木质茎的植物，如松、柏、玫瑰等。❷木头，供制造器

物或建筑用的木料：～材｜枣～｜杉～｜～器。❸棺材：棺～｜行将就～。❹感觉不灵敏：～头～脑｜这人太～，怎么说他也不明白。㊞失去知觉（㊟麻－）：手脚麻～｜舌头发～。

1 画

术 ㊀shù ㄕㄨˋ［sêd⁶ 述］

❶技艺，学问：武～｜技～｜美～｜不学无～。【术语】学术和各种工艺上的专门用语。❷方法：战～｜防御之～。

㊁zhú ㄓㄨˊ［sêd⁶ 述］

植物名。1. 白术，草本植物，秋天开紫色花。根状茎可入药。2. 苍术，草本植物，秋天开白色花，根状茎可入药。3. 莪术，见 135 页“莪”字条【莪术】（é－）。

札（❸△*劄、❸*剳）zhá ㄓㄚˊ［zad³ 札］

❶古代写字用的木片。【札记】读书时记下的要点和心得。❷信件（㊟信－、书－）：手～｜来～。❸（－子）旧时的一种公文。

“劄”另见 91 页 zhā；91 页 zhá。

2 画

朽 xiǔ ㄒㄧㄡˇ［neo² 纽］

❶腐烂，多指木头（㊟腐－）：～木。【不朽】（精神、功业等）不磨灭：永垂～。❷衰老：老～。

朴（㊃樸）㊀piáo ㄆㄧㄠˊ ㊁［piu⁴ 瓢］

姓。

㊁pō ㄆㄛ ㊁［pog³ 扑］

【朴刀】旧式兵器，刀身狭长，刀柄略长，双手使用。

㊂pò ㄆㄛˋ ㊁［pog³ 扑］

朴树，落叶乔木，花淡黄色。木材可制家具。【厚朴】落叶乔木，树皮厚，花白色。树皮可入药。

㊃pǔ ㄆㄨˇ ㊁［pog³ 扑］

没有细加工的木料。㊕朴实，朴素：俭～｜质～。

☞樸❶名词。袼褙（用糨糊黏成的厚布块）。❷名词。多层的厚纸。❸名词。禽类的骨架。

扒 bā ㄅㄚ［bad³ 八］

无齿的耙子。

机（機）jī ㄐㄧ［géi¹ 矶］

❶事物发生、变化的枢纽：生～｜危～｜转～。㊞1. 对事情成败有重要关系的中心环节，有保密性质的事件：军～｜～密｜～要。2. 机会，合宜的时候：～不可失｜随～应变｜勿失良～｜时～。❷指生命：～能｜～体。❸心思，念头：动～｜心～｜暗藏杀～。❹灵巧，能迅速适应事物的变化的：～巧｜～智｜～警。【机动】1. 依照客观情况随时灵活行动：～处理｜～作战。2. 利用机器开动的：～车。【机灵】聪明，头脑灵活。❺机器，由许多零件组成可以做功或有特殊作用的装置或设备：织布～｜发电～｜收音～｜拖拉～｜计算～｜手～。【机械】1. 利用力学原理组成的各种装置，各种机器、杠杆、滑轮以及枪炮等都是机械：～化｜～工业。2. 方式死板，不灵活：～地工作｜～唯物

论丨你的办法太～了。❻指飞机：～场丨客～。

朸 lì ㄌㄧˋ [lig⁶ 力，㊀leg⁶ 勒]

❶古县名，西汉置，约在今山东省商河东北。❷姓。

权 (權)quán ㄑㄩㄢˊ [kün⁴ 拳]

❶权力，权柄，职责范围内支配和指挥的力量：政～丨掌～丨有～处理这件事。❷权利：选举～丨人～丨版～。❸势力，有利形势：主动～丨制海～。❹变通，不依常规：～变丨～且如此。❺衡量，估计：～衡丨～其轻重。❻〈古〉秤锤。

3 画

杆 (*桿)㊀gān ㄍㄢ [gon¹ 竿]

(－子、－儿)较长的木棍或类似的东西：旗～丨电线～子丨栏～儿。

㊁gǎn ㄍㄢˇ [gon¹ 竿]

❶(－子、－儿)较小的圆木条或像木条的东西(指作为器物的把儿的)：笔～儿丨枪～儿丨烟袋～儿。❷量词，用于有杆的器物：一～枪丨一～笔。

杠 (*槓)gàng ㄍㄤˋ [gong³ 钢]

❶(－子)较粗的棍子：铁～丨木～丨双～(一种运动器具)。【杠杆】(－gǎn)简单机械，剪刀、辘轳、秤等就是利用杠杆的原理制作的。❷(用笔等画的)粗的直线：在书中重要的地方画上了红～。

☞粤 ❶名词。杠子，较粗的棍子：竹～丨～架(单杠)丨轿～(抬轿的杠子)。❷名词。指某些恶习较深的人：烟～(烟鬼)。

杜 (❷**敼)dù ㄉㄨˋ [dou⁶ 道]

❶杜梨树，落叶乔木，果实圆而小，味涩，可以吃。是嫁接梨的主要砧木。❷阻塞(sè)，堵塞(sè)：以～流弊。【杜绝】堵死，彻底防止：～漏洞丨～事故发生。

【杜鹃】(－juān)1. 鸟名，又叫布谷、杜宇或子规，身体黑灰色，胸腹常有横斑点，吃害虫，是益鸟。2. 常绿或落叶灌木，又叫映山红，春天开花，多为红色，供观赏。

【杜撰】(－zhuàn)凭自己的意思捏造。

☞粤 动词。毒杀(隐藏着的鱼、害虫等)：～蚁丨～鱼丨～老鼠丨～虫(打虫子，吃药驱除肚子里的寄生虫)。也作"毒"。

材 cái ㄘㄞˊ [coi⁴ 财]

❶木料：美木良～。㊀材料，原料或资料：器～丨教～。❷资质，能力：因～施教。❸棺木：一口～。

村 (❶△*邨)cūn ㄘㄨㄣ [qun¹ 穿]

❶(－子、－儿)乡村，村庄。❷粗俗：～话。

"邨"另见 672 页 cūn。

杕 ㊀dì ㄉㄧˋ ㊁ [dei⁶ 第]

形容树木孤立。

㊁duò ㄉㄨㄛˋ ㊁ [to⁴ 舵]

同"舵"。

杖 zhàng ㄓㄤˋ [zêng⁶ 丈]

❶拐杖，扶着走路的棍子：手～丨扶～而行。❷泛指棍棒：擀面～。

杌 wù ㄨˋ［nged⁶ 迄］

杌凳，较矮的凳子。

【杌陧】(－niè)(局势、心情等)不安。

杙 yì ㄧˋ［yig⁶ 亦］

小木桩。

杏 xìng ㄒㄧㄥˋ［heng⁶ 幸］

杏树，落叶乔木，花白色或淡红色，果实叫杏儿或杏子，球形，味酸甜，可吃。核中的仁叫杏仁，甜的可吃，苦的供药用。

杆 qiān ㄑㄧㄢ［qin¹ 千］

❶青杆、白杆等的统称，常绿乔杆，木材可供建筑用。❷用于地名：～树底(在河北省涞源)丨～木沟(在山西省宁武)。

杉 ㊀shā ㄕㄚ［cam³ 忏］

同“杉(shān)”，用于“杉木、杉篙”等。

㊁shān ㄕㄢ［cam³ 忏］

常绿乔木，树干高而直，叶呈针状，果实球形。木材供建筑和制器具用。

杓 ㊀biāo ㄅㄧㄠ ㊂［biu¹ 标］

勺子等物的柄，特指北斗柄部的三颗星。

㊁sháo ㄕㄠˊ ㊂［sêg³ 削］

同“勺❶”。

极 (極)jí ㄐㄧˊ［gig⁶ 击⁶］

❶顶端，最高点，尽头处：登峰造～。❷指地球的南北两端，磁体的两端或电路的正负两端：南～丨北～丨阳～丨阴～。【南极洲】世界七大洲之一。❸副词。最，表示达到顶点：大～了丨～好丨穷凶～恶。❹竭尽：～力丨～目远眺(tiào)。

杧 máng ㄇㄤˊ［mong¹ 芒¹］

【杧果】常绿乔木，生长在热带。果实也叫杧果，形状像肾，可以吃。也作“芒果”。

杞 qǐ ㄑㄧˇ［géi² 己］

❶植物名。1. 即枸(gǒu)杞。2. 杞柳，落叶灌木，生长在水边，叶长椭圆形，枝条可编箱、笼、筐、篮等器物。❷周代诸侯国名，在今河南省杞县：～人忧天(指不必要的忧虑)。

李 lǐ ㄌㄧˇ［léi⁵ 理］

李(子)树，落叶乔木，花白色。果实叫李子，熟时黄色或紫红色，可以吃。

杨 (楊)yáng ㄧㄤˊ［yêng⁴ 阳］

杨树，落叶乔木，种类很多，有白杨、大叶杨、小叶杨等，有的木材可制器物。

杈 ㊀chā ㄔㄚ ㊂［ca¹ 叉］

一种用来挑(tiǎo)柴草等的农具。

㊁chà ㄔㄚˋ ㊂［ca³ 岔］

(－子、－儿)植物的分枝：树～儿丨打棉花～。

杩

(榪)mà ㄇㄚˋ [ma⁶ 骂]

【杩头】床两头或门扇上下两端的横木。

4 画

枉

wǎng ㄨㄤˇ [wong² 汪²]

❶曲，不直：矫~过正。❷使歪曲：~法。❸受屈，冤屈(㊣冤－、屈－)。❹徒然，白白地：~然｜~费心机。

枅

jī ㄐㄧ [gei¹ 鸡]

古代指柱子或门上所垫的方木。

杬

[lam⁵⁻² 赖担⁵⁻²]

☞粤❶名词。橄榄：~仁。【杬角】一种咸菜，用洋橄榄煮熟，去核，切成两段，加盐腌制而成。又叫"杬豉"。【白杬】1. 橄榄，青果。2. 流行于广州话地区的一种曲艺。❷名词。像橄榄的东西：喉~(喉结)。【大喉杬】比喻人胃口大，贪多要多：佢系~嚟架，乜都贪多(他胃口大，什么都要多)。

林

lín ㄌㄧㄣˊ [lem⁴ 临]

❶长在土地上的许多树木或竹子：树~｜竹~｜防护~｜~立(像树林一样密集排列)。㊙聚集在一起的同类的人或事物：学~｜艺~｜民族之~｜著作之~。❷林业：农~牧副渔。

枝

zhī ㄓ [ji¹ 支]

❶(－子、－儿)由植物的主干分出来的茎条：树~｜柳~｜节外生~(喻多生事端)。【枝节】㊙ 1. 由一事件引起的其他问题：这事又有~了。2. 细碎的，不重要的：~问题。❷量词。1. 用于带枝子的花朵：一~杏花。2. 用于杆状物：一~铅笔。

杯

(*盃)bēi ㄅㄟ [bui¹ 贝¹]

(－子)盛酒、水、茶等的器皿：酒~｜玻璃~｜~水车薪(用一杯水救一车着火的柴，喻无济于事)。

枢

(樞)shū ㄕㄨ [xu¹ 书]

❶门上的转轴：户~不蠹。❷指重要的或中心的部分。【枢纽】重要的部分，事物相互联系的中心环节：交通~。【中枢】中心，中央：神经~。

枥

(櫪)lì ㄌㄧˋ [lig¹ 砾]

马槽：老骥伏~，志在千里。

柜

(櫃)㊀guì ㄍㄨㄟˋ ㊀ [guei⁶ 跪]

(－子)一种收藏东西用的器具，通常作长方形，有盖或有门：衣~｜保险~。

㊁jǔ ㄐㄩˇ ㊁ [gêu² 举]

柜柳，落叶乔木，即枫杨，羽状复叶，性耐湿、耐碱，可固沙。枝韧，可以编筐。

枇

pí ㄆㄧˊ [péi⁴ 皮]

【枇杷】(－pa)常绿乔木，叶长椭圆形，花白色。果实也叫枇杷，圆球形，黄色，味甜。叶可入药。

枑

hù ㄏㄨˋ [wu⁶ 户]

见319页“椑”字条【椑柩】(bì－)。

杪

miǎo ㄇㄧㄠˇ ［miu⁵ 秒］

树枝的细梢。㊀ 末尾：岁～｜月～。

杳

yǎo ㄧㄠˇ ［miu⁵ 秒，㊁yiu² 窈］

无影无声：～无音信｜音容已～。

㭎

(棡)gāng ㄍㄤ ［gong³ 钢，㊁ gong¹ 刚］

青㭎，落叶乔木，叶椭圆形，木质坚实，可供建筑用。

枘

ruì ㄖㄨㄟˋ ［yêu⁶ 锐］

〈古〉榫(sǔn)。【枘凿】(－záo)方枘圆凿，比喻意见不合。

枧

(梘)jiǎn ㄐㄧㄢˇ ［gan² 柬］

☞粤 名词。肥皂：洗衫～(洗衣皂)｜香～｜～粉(洗衣粉)。又说“番枧”。

杵

chǔ ㄔㄨˇ ［qu⁵ 储］

❶舂米或捶衣的木棒。❷用长形的东西戳或捅：用手指头～他一下。

枚

méi ㄇㄟˊ ［mui⁴ 梅］

❶树干：伐其条～。❷古代士兵衔于口中以禁喧声的用具：衔～疾走。❸量词。相当于“个”：三～勋章。【枚举】一件一件地举出来：不胜～。

枨

(棖)chéng ㄔㄥˊ ［cang⁴ 橙⁴］

❶古时门两边竖的木柱，泛指支柱。❷触动：～触。

☞粤【枨鸡】泼野。多指妇女：～婆妈(泼妇；泼辣货)｜咪咁～啦(别撒野了)。

杧

［yen⁴ 人］

☞粤【杧榧】一种果子，大如李子，皮厚而韧，青绿色，味酸，常腌制作干果或酱料，果核有小坑，像人的脸，因而又叫“人面”，还有“银棯”“银面”的别名。

析

xī ㄒㄧ ［xig¹ 色］

分开：条分缕～｜分崩离～。㊀ 解释：～疑｜分～。

板

(❺闆)bǎn ㄅㄢˇ ［ban² 版］

❶(－子、－儿)成片的较硬的物体：～材｜铁～｜玻璃～｜黑～。❷演奏民族音乐或戏曲时打节拍的乐器：檀～。㊀ 歌唱的节奏：一～三眼｜离腔走～。【板眼】民族音乐或戏曲中的节拍。㊂ 做事的条理。❸不灵活，少变化：表情太～。❹露出严肃或不高兴的表情：～起面孔。❺【老板】1. 私营工商业的业主。2. 过去对著名戏曲演员的尊称。

☞粤 名词。样板：米～｜布～｜酒～｜攞个～嚟睇下(拿个样板来看看)。【相板】过去照相馆在正式洗出照片之前试洗给客人看的样板。【照板煮碗】俗语。照样子做一碗。相当于“依样画葫芦”。又说“照板煮糊”。也作“办”。

杝

yì ㄧˋ ［yei⁶ 曳⁶］

古书上说的一种树。

枞

(樅)㊀cōng ㄘㄨㄥ ㊁ ［cung¹ 充］

常绿乔木，又叫冷杉，树干高大，耐

寒。木材供建筑或做器具用。

㊁zōng ㄗㄨㄥ ㊁［zung¹ 宗］

【枞阳】地名，在安徽省。

松

（㊁鬆）sōng ㄙㄨㄥ ㊀［cung⁴ 虫］

常绿乔木，树皮多鳞片状，叶针形。种类很多，木材用途很广。

sōng ㄙㄨㄥ ㊁［sung¹ 嵩］

❶松散，不紧密，不靠拢，跟"紧"相对：捆得太～丨土质～。❷宽，不紧张，不严格：规矩太～丨～懈。❸放开，使松散：～手丨～绑丨～一～马肚带。❹用瘦肉做成的茸毛状或碎末状的食品：肉～。

☞▮动词。溜走（诙谐的说法）：佢早就～咗咯（他早就溜了）丨冇乜事我就～啰嚅（没什么事儿我就溜了）丨～人（走，溜走，溜号儿，开小差）。

枪

（槍、*鎗）qiāng ㄑㄧㄤ ［cêng¹ 窗］

❶刺击用的长矛：长～丨红缨～。❷发射子弹的武器：手～丨机关～。❸形状或性能像枪的器具：焊～丨水～。

枫

（楓）fēng ㄈㄥ ［fung¹ 丰］

落叶乔木，又叫枫香，叶掌状三裂，秋季变红色。

构

（構、❶-❸*搆）gòu ㄍㄡˋ ［keo³ 购，㊂geo³ 救］

❶构造，组合：～屋丨～图丨～词。【构造】各组成部分及其相互关系：人体～丨飞机的～丨句子的～。❷结成（用于抽象事物）：～怨丨虚～。【构思】做文章或进行艺术创作时运用心思。❸作品：佳～丨杰～。❹构树，落叶乔木，又叫榖（gǔ）或楮（chǔ），叶卵形，花淡绿色。树皮纤维可用来造纸。

杭

háng ㄏㄤˊ ［hong⁴ 航］

杭州，地名，在浙江省。

枋

fāng ㄈㄤ ［fong¹ 荒］

方柱形木材。

杰

（*傑）jié ㄐㄧㄝˊ ［gid⁶ 洁⁶］

❶才能出众的人（㊟俊－）：英～丨豪～。❷特异的，超过一般的：～作丨～出。

☞▮❶形容词。稠：～粥丨芝麻糊好～（芝麻糊很稠）。【杰凸凸】稠稠的：糊仔煮得～噉（米糊煮得稠稠的）。❷形容词。糟糕，全都，非同小可：单嘢好～（这事糟透了）丨呢镬够晒～（这事够严重的）。【杰嘢】稠的东西。转指：1. 严重的事态，重大的问题：呢煲～嚟架（这事可严重了）。2. 厉害的手段：整镬～佢叹下（给他点厉害尝尝）。

枕

zhěn ㄓㄣˇ ㊀［zem² 怎］

❶枕头，躺着时垫在头下的东西。【枕木】铁路路基上承受铁轨的横木。❷躺着的时候把头放在枕头或器物上：～着枕头丨～戈待旦（形容时刻准备投入战斗）。

☞▮❶名词。趼子：手～丨脚～丨起～（长出趼子）。❷名词。罩子：鸡～丨鱼～丨～鱼（用罩子捕鱼）。

㊁［zem³］

☞▮动词。把头放在枕头上：我想～两个枕头（我要垫两个枕头）丨枕头太高唔好～（枕头太高不好睡）。

杻 ㊀chǒu ㄔㄡˇ ㊂[ceo² 丑]

古代刑具，手铐之类。

㊁niǔ ㄋㄧㄡˇ ㊂[neo² 纽]

古书上说的一种树。

杷 pá ㄆㄚˊ [pa⁴ 爬]

见307页“枇”字条【枇杷】(pípa)。

杼 zhù ㄓㄨˋ [qu⁵ 柱]

织布机上的筘(kòu)。古代也指梭。

枭 (梟)xiāo ㄒㄧㄠ [hiu¹ 嚣]

❶即鸮(xiāo)。❷勇健(常有不驯顺的意思)：～将｜～雄。❸魁首，首领：毒～。❹〈古〉悬挂(砍下的人头)：～首｜～示。

5 画

标 (標)biāo ㄅㄧㄠ [biu¹ 彪]

❶树木的末梢。㊎事物的表面，非根本的部分：治～不如治本。❷记号，标志：浮～(浮在水上的行船航线标志)｜商～｜～点符号。【标榜】吹捧，夸耀：互相～｜～民主。【标语】用文字写出的有鼓动宣传作用的口号。【标准】衡量事物的准则：实践是检验真理的唯一～。【指标】计划中规定达到的目标：数量～｜质量～。❸用文字或其他事物表明：～题｜～价｜～新立异。【标本】保持原样供学习研究参考的动物、植物、矿物。❹发承包工程或买卖大宗货物时公布的标准和条件：投～｜招～｜竞～。【标致】(－zhi)容貌美丽，多用于女子。

柰 nài ㄋㄞˋ [noi⁶ 耐]

(－子)落叶小乔木，花白色，果实小。可做苹果砧木。

栈 (棧)zhàn ㄓㄢˋ [zan⁶ 赚]

❶储存货物或供旅客住宿的房屋：货～｜客～。❷养牲畜的竹木棚或栅栏：马～。【栈道】在悬崖峭壁上凿孔架木桩，铺上木板而成的道路。

袪 qū ㄑㄩ [kêu¹ 驱]

古代放在驴背上驮东西用的木板。

柑 gān ㄍㄢ [gem¹ 甘]

常绿灌木或小乔木，花白色，果实圆形，比橘子大，红黄色，味甜。种类很多。

枯 kū ㄎㄨ [fu¹ 夫]

水分全没有了，干(㊣－干、干－)：～树｜～草｜～井。㊗肌肉干瘪：～瘦的手。【枯燥】没趣味：～乏味｜这种游戏太～。

栉 (櫛)zhì ㄓˋ [jid³ 节]

❶梳子和篦子的总称：～比(像梳子齿那样挨着)。❷梳头：～风沐雨(形容辛苦勤劳)。

柯 kē ㄎㄜ [o¹ 疴，㊇ngo¹ 疴]

❶斧子的柄。❷草木的枝茎。

【柯尔克孜族】我国少数民族，参看附表。

柄 bǐng ㄅㄧㄥˇ [bing³ 并，㊀ béng³ 病³]

❶器物的把(bà)儿：刀～。【把柄】㊖可被人用来要挟或攻击的事情。【笑柄】被人当作取笑的资料：一时传为～。❷植物的花、叶或果实跟枝或茎连着的部分：花～丨叶～丨果～。❸执掌：～国丨～政。❹权：国～。

柘 zhè ㄓㄜˋ [zé³ 借]

柘树，落叶灌木或小乔木，叶卵形或椭圆形，可以喂蚕，根、皮可入药，柘木可制黄色染料，叫柘黄。

栊 (櫳)lóng ㄌㄨㄥˊ [lung⁴ 龙]

❶窗户。❷围养禽兽的栅栏。

柩 jiù ㄐㄧㄡˋ [geo⁶ 旧]

装着尸体的棺材：灵～。

枰 píng ㄆㄧㄥˊ [ping⁴ 评]

棋盘：棋～丨推～认输。

栋 (棟)dòng ㄉㄨㄥˋ [dung³ 冻，㊀ dung⁶ 动]

❶古代指房屋的脊檩。【栋梁】㊖担负国家重任的人。❷量词。用于房屋：一～房子。

栌 (櫨)lú ㄌㄨˊ [lou⁴ 卢]

【黄栌】落叶小乔木，叶卵形，秋天变成红色。木材黄色，可制器具，也可做染料。

相 ㊀xiāng ㄒㄧㄤ ㊁[sêng¹ 伤]

❶交互，动作由双方来(㊟互～、～互)：～助丨～亲～爱丨言行～符。㊕加在动词前面，表示一方对另一方的动作：～信丨好言～劝。【相当】1. 对等，等于：年纪～。2. 合适：找个～的人。3. 副词。表示有一定的程度：这首诗写得～好。【相对】依靠一定条件而存在，随着一定条件而变化的，跟"绝对"相对。❷看：～中丨左～右看。

㊁xiàng ㄒㄧㄤˋ ㊁[sêng³ 想³]

❶(～儿)样子，容貌(㊟～貌)：长(zhǎng)得很喜～(xiang)丨狼狈～丨照～。❷察看：～马丨～机行事丨人不可以貌～。❸辅助，也指辅佐的人，古代特指最高级的官：吉人天～丨宰～。❹姓。

查 (*查)㊀chá ㄔㄚˊ ㊁[ca⁴ 茶]

❶检查：～账。❷翻检着看：～地图丨～字典。❸调查：把案子～清楚。

㊁zhā ㄓㄚ ㊁[za¹ 渣]

❶同"楂"(zhā)。❷姓。

柙 xiá ㄒㄧㄚˊ [hab⁶ 峡]

关猛兽的木笼。旧时也指押解犯人的囚笼或囚车。

枵 xiāo ㄒㄧㄠ [hiu¹ 嚣]

❶空虚：～腹从公。❷布的丝缕稀而薄：～薄。

柚 ㊀yóu ㄧㄡˊ [yeo⁶ 右，㊀ yeo² 尤²]

【柚木】落叶乔木，叶大，花白色。木质坚硬耐久，可用来造船、车等。

㊁yòu ㄧㄡˋ [yeo⁶ 右，㊀yeo² 尤²]

常绿乔木，种类很多。果实叫柚子，也叫文旦，比橘子大，多汁，味酸甜。

枳 zhǐ ㄓˇ ㊀[ji² 止]

落叶灌木或小乔木，通称枸橘，小枝多硬刺，叶为三小叶的复叶，果实球形，味酸苦。果实和叶可入药。

㊁[zed¹ 质]

☞粤❶动词。放：求其~埋一便啦（随便放在一边吧）｜咪乱咁~（别乱放）｜仓库~到满（仓库放满了）。❷动词。塞进：~入柜桶（塞进抽屉）｜~得几多就~几多（能塞进多少就塞多少）｜~饱挣胀（塞饱吃撑）。❸名词。塞子：樽~（瓶塞）。

柷 ㊀chù ㄔㄨˋ ㊀[cug¹ 促]

用于人名。李柷，唐代哀帝。

㊁zhù ㄓㄨˋ ㊀[zug¹ 祝]

❶古代乐器，木制，形状像方形的斗。

柞 ㊀zhà ㄓㄚˋ ㊀[za³ 炸]

【柞水】地名，在陕西省。

㊁zuò ㄗㄨㄛˋ ㊀[zog⁶ 昨]

柞树，即栎树：~蚕｜~丝（柞蚕吐的丝）。

柏 （*栢）㊀bǎi ㄅㄞˇ [pag³ 拍]

❶常绿乔木，有侧柏、圆柏、罗汉柏等多种。木质坚硬，纹理致密，可供建筑或制器物用。❷姓。

㊁bó ㄅㄛˊ [pag³ 拍]

【柏林】德国的首都。

㊂bò ㄅㄛˋ [pag³ 拍]

【黄柏】即黄檗。

柝 （**欜）tuò ㄊㄨㄛˋ [tog³ 托]

〈古〉打更用的梆子。

栀 （*梔）zhī ㄓ [ji¹ 支]

栀子树，常绿灌木，花白色，香味浓，果实叫栀子。叶、花、果、根都可入药。

柃 líng ㄌㄧㄥˊ [ling⁴ 玲]

柃木，常绿灌木或小乔木，叶椭圆形或披针形，花白色，浆果球形，枝叶可入药。

柢 dǐ ㄉㄧˇ [dei² 底]

树木的根（㊥根-）：根深~固。

栎 （櫟）㊀lì ㄌㄧˋ ㊀[lig¹ 砾]

落叶乔木，俗叫柞（zuò）树或麻栎，花黄褐色，果实叫橡子或橡斗。木质坚硬，可制家具或供建筑用，叶可喂柞蚕。另有栓皮栎，树皮质地轻软，是制造软木器物的主要原料。

㊁yuè ㄩㄝˋ ㊀[yêg⁶ 约]

【栎阳】古地名，在今陕西省临潼。

枸 ㊀gōu ㄍㄡ ㊀[geo² 狗]

【枸橘】（-jú）就是枳（zhǐ）。参看312页“枳”。

㊁gǒu ㄍㄡˇ ㊀[geo² 狗]

【枸杞】（-qǐ）落叶灌木，花淡紫色。果实红色，叫枸杞子，可入药。

㊂jǔ ㄐㄩˇ ㊀[gêu² 举]

【枸橼】（-yuán）常绿乔木，又叫香橼，花白色。果实有香气，味酸。

栅 (*柵)㊀shān ㄕㄢ ㊁[san¹ 闩]

【栅极】电子管靠阴极的一个电极。

㊁zhà ㄓㄚˋ ㊁[cag³ 册]

栅栏，用竹、木、铁条等做成的阻拦物：篱笆～｜木～｜铁～。

柳 (*桺、*栁)liǔ ㄌㄧㄡˇ [leo⁵ 篓]

❶柳树，落叶乔木，枝细长，叶狭长，花黄绿色。种子上有白色毛状物，成熟后随风飞散，叫柳絮。❷星宿名，二十八宿之一。

柊 zhōng ㄓㄨㄥ [dung¹ 冬]

【柊叶】草本植物，根状茎块状，叶长圆形，可用来包粽子，根和叶可入药。

枹 ㊀bāo ㄅㄠ ㊁[bao¹ 包]

枹树，落叶乔木，叶子互生，略呈倒卵形，边缘锯齿形。种子可用来提取淀粉，树皮可以制栲胶。

㊁fú ㄈㄨˊ ㊁[fu¹ 肤]

❶用于地名：～罕(在甘肃省临夏)。❷旧同“桴❷”。

柱 zhù ㄓㄨˋ [qu⁵ 处⁵]

❶(－子)建筑物中直立的起支撑作用的构件，多用木、石等制成。❷像柱子的东西：水～｜花～｜水银～。

柿 (*梯)shì ㄕˋ [xi⁵ 市]

柿树，落叶乔木，花黄白色。果实叫柿子，扁圆形，红黄色，可以吃。木材可用来制器具。

栏 (欄)lán ㄌㄢˊ [lan⁴ 兰]

❶遮拦的东西：木～｜花～。【栏杆】用竹、木、金属或石头等制成的遮拦物：桥～。也作“阑干”。❷养家畜的圈(juàn)：牛～。❸书刊报章在每版或每页上用线条或空白分成的各个部分：～目｜新闻～｜广告～｜每页分两～。❹表格中分项的格子：前三～｜备注～。❺专门用来张贴布告、报纸等的地方：报～｜宣传～。

柈 bàn ㄅㄢˋ [bun⁶ 伴]

(－子)大块的木柴。

柠 (檸)níng ㄋㄧㄥˊ [ning⁴ 咛]

【柠檬】(－méng)常绿小乔木，生长在热带、亚热带。果实也叫柠檬，椭圆形，两端尖，淡黄色，味酸，可制饮料。

柁 ㊀duò ㄉㄨㄛˋ ㊁[to⁴ 佗]

同“舵”。

㊁tuó ㄊㄨㄛˊ ㊁[to⁵ 妥]

房柁，屋架前后两个柱子之间的大横梁。

栐 yǒng ㄩㄥˇ [wing⁵ 永]

古书上说的一种树，木材可以做笏板。

柮 duò ㄉㄨㄛˋ [dêd¹ 咄]

见326页“榾”字条【榾柮】(gǔ－)。

栂
sháo ㄕㄠˊ [xiu⁴ 韶]

❶树摇动的样子。❷箭靶。

枷
jiā ㄐㄧㄚ [ga¹ 加]

旧时一种套在脖子上的刑具。【枷锁】㊞束缚人的习俗、观念、制度等：砸碎封建~。

柽
(檉)chēng ㄔㄥ [qing¹ 清]

柽柳，落叶小乔木，又叫三春柳、红柳，老枝红色，叶像鳞片，花淡红色，性耐碱抗旱，适于盐碱地区造林防沙。

树
(樹)shù ㄕㄨˋ [xu⁶ 竖]

❶木本植物的通称。❷种植，栽培。❸立，建立(㊎-立)：~雄心，立壮志。

柒
qī ㄑㄧ [ced¹ 漆]

"七"字的大写。

染
rǎn ㄖㄢˇ [yim⁵ 炎⁵]

❶用染料使东西着色：~布｜~色｜~头发。❷感受疾病或沾上坏习惯：传~｜~病｜一尘不~。【染指】指从中分取非分的利益或插手本分以外的事情。

架
jià ㄐㄧㄚˋ [ga³ 嫁]

❶(-子、-儿)用作支承的东西：书~儿｜葡萄~｜笔~儿｜房~子｜车~子。【担架】医院或军队中抬送病人、伤员的用具。❷支承。1. 支撑，搭起：把枪~住｜~桥。2. 搀扶：他受伤了，~着他走。3. 抵挡，禁(jīn)受：招~｜这么重的负担，他~得住吗？❸用强力把人劫走：绑~｜被几个人~走了。❹互相殴打或争吵的事：打了一~｜劝~。❺量词。多用于有机械或有支柱的东西：五~飞机｜一~机器｜一~葡萄。【架次】量词。一架飞机出动或出现一次叫一架次。如飞机出现三次，第一次五架，第二次十架，第三次十五架，共三十架次。

6 画

栽
zāi ㄗㄞ [zoi¹ 灾]

❶种植：~菜｜~树。㊀安上，插上：~绒｜~赃。❷(-子)秧子，可以移植的植物幼苗：桃~｜树~子。❸跌倒：~跟头｜~了一跤。

框
kuàng ㄎㄨㄤˋ [hong¹ 康，㊋kuang¹ 箍罂¹]

❶门框，安门的架子。❷(-子、-儿)镶在器物外围有支撑作用或保护作用的东西：镜~儿｜眼镜~子。❸(-儿)周围的圈儿。㊞原有的范围，固有的格式：不要有~~儿。❹加框：把这几个字~起来。❺限制，约束：不要~得太严，要有灵活性。

梆
bāng ㄅㄤ [bong¹ 帮]

❶梆子，打更用的响器，用竹或木制成。又指戏曲里打拍子用的两根短小的木棍，是梆子腔的主要乐器。【梆子腔】戏曲的一种，敲梆子加强节奏。简称"梆子"。有陕西梆子、河南梆子、河北梆子等。❷拟声词。同"啷"。

栻 shì ㄕˋ [xig¹ 色]

古代占卜用的器具。

桂 guì ㄍㄨㄟˋ [guei³ 贵]

❶植物名。1. 肉桂，常绿乔木，花白色。树皮有香味，可入药，又可做香料。2. 月桂树，常绿乔木，叶长椭圆形，花黄色，叶可做香料。3. 桂花，常绿小乔木或灌木，又叫木樨，花白色或黄色，有特殊香味，可做香料。❷广西壮族自治区的别称。

桔 ㊀jié ㄐㄧㄝˊ [ged¹ 吉]

❶【桔梗】(－gěng)草本植物，花紫色，根可入药。❷【桔槔】(－gāo)一种利用杠杆原理汲水的工具。

㊁jú ㄐㄩˊ [ged¹ 吉]

"橘"俗作"桔"。

栲 kǎo ㄎㄠˇ [hao² 考]

栲树，常绿乔木，木质坚硬，用于建筑等。树皮含鞣酸，可制栲胶，又可制染料。

【栲栳】(－lǎo)一种用竹子或柳条编的盛东西的器具。又叫笆斗。

栳 lǎo ㄌㄠˇ [lou⁵ 老]

见315页"栲"字条【栲栳】(kǎo－)。

桠 (椏)yā ㄧㄚ [a¹ 呀]

❶用于科技术语：五～果科。❷用于地名：～溪镇(在江苏省高淳)。

"桠"另见38页"丫"(yā)。

郴 chēn ㄔㄣ [sem¹ 心]

郴州，地名，在湖南省。

桓 huán ㄏㄨㄢˊ [wun⁴ 缓]

古代立在驿站、官署等建筑物旁作为标志的木柱，后称华表。

栖 (㊀*棲)㊀qī ㄑㄧ ㊀ [cei¹ 凄]

鸟停留在树上。㊀居住，停留：两～｜～身之处。【栖霞】地名，在山东省。

㊁xī ㄒㄧ ㊁ [sei¹ 西]

【栖栖】忙碌不安定的样子。

梜 (梜)jiā ㄐㄧㄚ [gab³ 甲]

〈古〉❶护书的夹板。❷筷子。

桡 (橈)ráo ㄖㄠˊ [yiu⁴ 尧，㊉nao⁴ 挠]

〈方〉船桨。

【桡骨】前臂靠拇指一侧的骨头。

桎 zhì ㄓˋ [zed⁶ 侄]

古代拘束犯人两脚的刑具。【桎梏】(－gù)脚镣和手铐，比喻束缚人或事物的东西。

桢 (楨)zhēn ㄓㄣ [jing¹ 征]

(旧读 zhēng)古代打土墙时所立的木柱。【桢干】(－gàn)㊗能担重任的人才。

桄 ㊀guāng ㄍㄨㄤ [guong¹ 光]

【桄榔】(－láng)常绿乔木，大型羽状叶，生于茎顶。花序的汁可制糖，茎髓可制淀粉。

㊁guàng ㄍㄨㄤˋ [guong¹ 光]

❶绕线的器具。❷量词。用于线：一～线。

档

(檔)dàng ㄉㄤˋ ㊀ [dong² 挡]

❶存放案卷用的带格子的橱架：归～。❷档案，分类保存的文件、材料等：查～。❸等级：～次 | 高～。❹(－子、－儿)量词。件，桩：一～子事。

㊁ [dong³ 党³]

☞粤 ❶名词。小摊儿：生果～(水果摊儿) | 服装～ | 擺～ | 散～。❷量词。摊(多用于所卖的东西)：有两～猪肉(有两摊卖猪肉的) | 呢几～生意都系佢嘅(这几摊生意都是他的)。

梠

lǚ ㄌㄩˇ [lêu⁵ 吕]

〈古〉屋檐。

桐

tóng ㄊㄨㄥˊ [tung⁴ 同]

植物名。1. 泡(pāo)桐，落叶乔木，花白色或紫色，生长快，是较好的固沙防风树木。木质疏松，可做琴、箱、船模等物。2. 油桐，落叶乔木，又叫桐油树，花白色，有红色斑点，果实近球形。种子榨的油叫桐油，可用作涂料。3. 梧桐。

桤

(榿)qī ㄑㄧ [héi² 岂]

桤木，落叶乔木，木质轻软，可制器具，嫩枝叶可入药。

株

zhū ㄓㄨ [ju¹ 朱]

❶露出地面的树根：守～待兔(比喻妄想不劳而获，也指拘泥不知变通)。【株连】指一人犯罪牵连到许多人。❷棵儿，植物体：～距 | 植～ | 病～。❸量词。用于植物：一～桃树。

梃

㊀tǐng ㄊㄧㄥˇ [ting⁵ 挺]

棍棒。

㊁tìng ㄊㄧㄥˋ [ting⁵ 挺]

❶梃猪，杀猪后，在猪腿上割一个口子，用铁棍贴着腿皮往里捅。❷梃猪用的铁棍。

栝

guā ㄍㄨㄚ [kud³ 括]

古书上指桧(guì)树。

【栝楼】(－lóu)草本植物，爬蔓(wàn)，花白色，果实卵圆形。块根和果实都可入药。

桥

(橋)qiáo ㄑㄧㄠˊ [kiu⁴ 乔]

架在水上(或空中)便于通行的建筑物：拱～ | 天～ | 独木～ | 立交～ | 长江大～。

☞粤 名词。主意，办法，计谋：度～(想办法) | 谂～(想办法) | 好～ | 冇乜～(没什么办法)。【桥段】1. 戏剧情节：～好感人(情节很感人) | ～好老(情节没有新意)。2. 办法：佢会有好～嘅(他会有好办法的)。【戏桥】戏剧情节说明书。

栴

zhān ㄓㄢ [jin¹ 煎]

【栴檀】古书上指檀香。

栿

fú ㄈㄨˊ [fug⁶ 服]

古书上指房梁。

柏

jiù ㄐㄧㄡˋ ［keo⁵ 舅］

乌柏树，落叶乔木，叶秋天变红，花黄色。种子外面包着一层白色脂肪叫柏脂，可制蜡烛和肥皂。种子可榨油。

梃

chān ㄔㄢ ［cin¹ 千］

形容树长得高。

桦

（樺）huà ㄏㄨㄚˋ ［wa⁴ 华⁴］

白桦树，落叶乔木，树皮白色，容易剥离，木质致密，可用来制器具。

桁

héng ㄏㄥˊ ［heng⁴ 衡］

檩。

栓

shuān ㄕㄨㄢ ［san¹ 山］

❶器物上可以开关的机件：枪～｜消火～。❷塞子或作用跟塞子相仿的东西：～塞｜～剂｜血～。

桧

（檜）㊀guì ㄍㄨㄟˋ ㊀［guei³ 桂］

常绿乔木，即圆柏，幼树的叶子针状，大树的叶子鳞片状，果实球形。木材桃红色，有香味，可供建筑等用。

㊁huì ㄏㄨㄟˋ ㊁［kui² 溃］

用于人名。秦桧，南宋奸臣。

桃

táo ㄊㄠˊ ［tou⁴ 逃］

❶桃树，落叶乔木，花白色或红色，果实叫桃子或桃儿，略呈球形，有绒毛，味甜，可以吃。❷（－儿）形状像桃子的东西：棉～儿。❸核桃：～仁｜～酥。

桅

wéi ㄨㄟˊ ［wei⁴ 围］

桅杆，船上挂帆的杆子。

栒

xún ㄒㄩㄣˊ ［cên⁴ 巡］

【栒邑】地名，在陕西省。今作“旬邑”。

格

gé ㄍㄜˊ ［gag³ 隔］

❶（－子、－儿）划分成的空栏和框子：方～儿布｜～子纸｜打～子｜架子上有四个～。❷规格，标准：～言｜合～。㊀人的品质（㊀品－）：人～。【格外】副词。特别地：～小心｜～帮忙。❸阻碍，隔阂（叠）：～～不入。❹击，打：～斗（dòu）｜～杀。❺推究：～物致知（推究事物的道理取得知识）。

桩

（樁）zhuāng ㄓㄨㄤ ［zong¹ 庄］

❶（－子）一头插入地里的木棍或石柱：打～｜牲口～子｜桥～。❷量词。用于事件：一～事｜两～买卖。

校

㊀jiào ㄐㄧㄠˋ ㊀［gao³ 较］

❶比较：～场（旧时演习武术的地方）。❷订正：～订｜～稿子。

㊁xiào ㄒㄧㄠˋ ㊁［hao⁶ 效］

学校。

㊂xiào ㄒㄧㄠˋ ㊂［gao³ 较］

军衔名，在尉和将之间。

核

（❶*覈）㊀hé ㄏㄜˊ ㊀［hed⁶ 瞎］

❶果实中坚硬并包含果仁的部分。❷像核的东西：菌～｜细胞～。【核心】中心，主要部分：领导～｜～作用。❸指

原子核、核能、核武器等：~潜艇｜~试验｜~战争。❹仔细地对照、考察(㊟-对、-查)：~算｜~实｜考~｜复~。

㊁hú ㄏㄨˊ ㊂[hed⁶ 瞎，㊛wed⁶ 屈⁶]

(-儿)义同"核(hé)❶❷"，用于某些口语词，如杏核儿、煤核儿等。

样 (樣)yàng ㄧㄤˋ [yêng⁶ 让]

❶(-子、-儿)形状：模~｜这~｜不像~儿。❷(-儿)量词。用于事物的种类：两~儿菜｜四~儿果品｜~~儿都行。❸(-子、-儿)做标准的东西：~品｜货~｜~本。

栟 ㊀bēn ㄅㄣ ㊂[bei¹ 奔]

【栟茶】地名，在江苏省如东。

㊁bīng ㄅㄧㄥ ㊂[bing¹ 兵]

【栟榈】(-lǘ)古书上指棕榈。

桉 ān ㄢ [on¹，㊛ngon¹ 安]

桉树，常绿乔木，又叫有加利树，树干高而直，木质坚韧，供建筑用，树皮和叶可入药，叶可制桉油。

根 gēn ㄍㄣ [gen¹ 斤]

❶植物茎干下部长在土里的部分。能从土壤里吸收水分和溶解水中的无机盐，还能把植物固定在地上，有的还有储藏养料的作用(㊟-柢)：树~｜草~｜直~(如向日葵、甜菜的根)｜须~(如小麦、稻的根)｜块~(如甘薯等可以吃的部分)。㊊(-儿)1. 比喻后辈儿孙：他是刘家一条~。2. 物体的基部和其他东西连着的部分(㊟-基)：耳~｜舌~｜墙~儿。3. 事物的本源：祸~｜斩断穷~。4. 彻底：~绝｜~治。【根据】凭依，依据：~什么？｜有什么~？❷量词。用于长条的东西：一~木料｜两~麻绳。❸代数方程式中未知数的值。❹化学上指带电的原子团：氢~｜硫酸~。

栩 xǔ ㄒㄩˇ [hêu² 许]

【栩栩】形容生动的样子：~如生。

柴 chái ㄔㄞˊ [cai⁴ 豺]

烧火用的草木：打~｜砍~。【火柴】用细小的木条蘸上磷、硫等制成的能摩擦生火的东西。

桀 jié ㄐㄧㄝˊ [gid⁶ 杰]

❶凶暴。❷古人名，夏朝末代的君主，相传是暴君。❸古代指鸡栖的小木桩。❹古同"杰(傑)"。

栾 (欒)luán ㄌㄨㄢˊ [lün⁴ 联]

栾树，落叶乔木，花黄色。叶可做青色染料。花可入药，又可做黄色染料。木材可制器具，种子可榨油。

桨 (槳)jiǎng ㄐㄧㄤˇ [zêng² 蒋]

划船的用具。常装置在船的两旁。

桊 juàn ㄐㄩㄢˋ [gün³ 绢]

穿在牛鼻上的小铁环或小木棍儿：牛鼻~儿。

7 画

梼 (檮)táo ㄊㄠˊ [tou⁴ 逃]

【梼杌】(－wù)1. 古代传说中的恶兽，恶人。2. 春秋时楚国史书名。

械 xiè ㄒㄧㄝˋ [hai⁶ 鞋⁶]

❶器物，家伙：机～｜器～。❷武器：缴～｜～斗。❸刑具。

梽 zhì ㄓˋ [ji³ 志]

【梽木山】地名，在湖南省邵阳。

彬 bīn ㄅㄧㄣ [ben¹ 奔]

【彬彬】形容文雅：文质～。

梵 fàn ㄈㄢˋ [fan⁶ 范，㊗ fan⁴ 凡]

梵语音译"梵摩"的省称，意思是清静，常指关于古印度或佛教的：～文｜～宫｜～刹。【梵语】印度古代的一种语言。

桲 po · ㄆㄛ [bud⁶ 勃]

见 325 页"榅"字条【榅桲】(wēn－)。

梗 gěng ㄍㄥˇ [geng² 耿]

❶(－子、－儿)植物的枝或茎：花～｜荷～。【梗概】大略的情节。❷直，挺立：～着脖子。❸阻塞，妨碍(㊟－塞)：从中作～。

☞粤 ❶形容词。(机件转动)不灵活，僵硬：水喉好～，拧唔郁(水龙头很紧，拧不动)｜写到手都～晒(写得手都动不了)。【梗板】1. 死板，机械，不会变通：佢好～嘅(他很机械的)｜碰到特殊情况就要灵活啲，唔好太～(遇到特殊情况就要灵活一点，不要太死板)。2. 固定不变的：个个月要完成咁多任务系～嘅(每个月要完成这么多任务那是固定不变的)。【梗颈】脾气拗，不听劝告：佢好～嘅，边个都讲唔听(他脾气很拗，谁说都不听)。❷形容词。固定的，定死的：定～星期一上午开会(铁定星期一上午开会)｜定～系呢个价就唔好变喇(定好是这个价位就不要变了)。❸副词。当然：学咁耐～会啦(学那么长时间当然会了)｜成日冇食嘢，～饿啦(整天没吃东西，当然饿了)。❹副词。一定，准：下午～落水(下午一定下雨)｜佢～唔应承(他一定不会答应)｜去嗰度～买得到(去那里准能买到)。

梧 wú ㄨˊ [ng⁴ 吾]

梧桐，落叶乔木，树干很直，叶掌状分裂，木质坚韧而轻，可用来制乐器或器具。

梾 (棶)lái ㄌㄞˊ [loi⁴ 来]

【梾木】落叶乔木，花黄白色，核果椭圆形。木质坚硬细致，种子可榨油。

梿 (槤)lián ㄌㄧㄢˊ [lin⁴ 连]

【梿枷】(－jiā)同"连枷"。

梐 bì ㄅㄧˋ [bei⁶ 币]

【梐枑】(－hù)古代官署前拦住行人的

东西，用木条交叉制成。又叫行马。

梢 shāo ㄕㄠ [sao¹ 筲]

(-儿)树枝的末端：树~。㊞末尾：眉~。

桯 tīng ㄊㄧㄥ [ting¹ 汀]

❶锥子等中间的杆子：锥~子。❷古代放在床前的小桌子。

梣 chén ㄔㄣˊ，㊀qín ㄑㄧㄣˊ [sem⁴ 岑]

落叶乔木，通称白蜡树，羽状复叶，木质坚韧，树皮可入药，叫秦皮。

梏 gù ㄍㄨˋ [gug¹ 谷]

古代束缚罪人两手的木制刑具。

梅 (*楳、*楳) méi ㄇㄟˊ [mui⁴ 煤]

落叶乔木，初春开花，有白、红等颜色，分五瓣，香味浓，果实味酸。

梌 tú ㄊㄨˊ [tou⁴ 陶]

用于地名：~圩(xū)村(在广东省惠东)。

检 (檢) jiǎn ㄐㄧㄢˇ [gim² 兼²]

查(㊥-查)：~字|~验|~阅|~察|~讨。【检点】1. 仔细检查。2. 注意约束(言行)：失于~。【检举】告发坏人、坏事。

桴 fú ㄈㄨˊ [fu¹ 俘]

❶小筏子：乘~渡河。❷鼓槌：~鼓相应。

桷 jué ㄐㄩㄝˊ [gog³ 各]

方形的椽(chuán)子。

梓 zǐ ㄗˇ [ji² 子]

❶梓树，落叶乔木，花黄色，木材可供建筑或制器物用。【梓里】【桑梓】故乡。❷印书用的木版。㊕雕版，把木头刻成印书的版，泛指制版印刷：付~|~行。

梳 shū ㄕㄨ [so¹ 疏¹]

❶(-子)整理头发的用具。又叫拢子。❷用梳子整理头发：~头。

棁 zhuō ㄓㄨㄛ [jud³ 茁]

梁上的短柱。

梯 tī ㄊㄧ [tei¹ 锑]

❶(-子)登高用的器具或设备：楼~|软~|电~。❷像梯子的：~形。【梯田】在山坡上开辟的一层一层像阶梯的田地。

桫 suō ㄙㄨㄛ [so¹ 梳]

【桫椤】(-luó)蕨类植物，木本，茎高而直，叶片大，羽状分裂。

桹 láng ㄌㄤˊ [long⁴ 狼]

【桹桹】形容木头相撞击的声音。

棂 (欞、**櫺) líng ㄌㄧㄥˊ [ling⁴ 陵]

窗梫(子)，窗户上构成窗格子的木条或铁条。

梫　qǐn ㄑㄧㄣˇ [cem¹ 侵]

古书上指肉桂。参看315页“桂”。

桶　tǒng ㄊㄨㄥˇ [tung² 统]

盛水或其他东西的器具，深度较大：水~｜煤油~。

梭　suō ㄙㄨㄛ [so¹ 梳]

(-子)织布时牵引纬线(横线)的工具，两头尖，中间粗，像枣核的形状。

梨　(*棃)lí ㄌㄧˊ [léi⁴ 厘]

梨树，落叶乔木，花五瓣，白色，果实叫梨，味甜多汁。种类很多。

渠　(❸**佢)qú ㄑㄩˊ [kêu⁴ 瞿]

❶水道。特指人工开的河道、水沟：沟~｜水到~成｜挖一条~(一条鞭子打下去皮肤就会起一条伤痕)。❷大：~帅｜~魁。❸〈方〉他：不知~为何人。

梁　(❶-❹*樑)liáng ㄌㄧㄤˊ [lêng⁴ 凉]

❶房梁，架在墙上或柱子上支撑屋顶的横木：大~｜上~。❷桥(㊀桥-)：石~｜津~。❸(-子、-儿)器物上面便于提携的弓形物：茶壶~儿｜篮子的提~儿坏了。❹(-子、-儿)中间高起的部分：山~｜鼻~。❺朝代名。1. 南朝之一，萧衍所建立(公元502—557年)。2. 五代之一，朱温所建立(公元907—923年)，史称后梁。

8　画

棒　bàng ㄅㄤˋ [pang⁵ 彭⁵]

❶棍子：棍~。【棒子】(-zi)1. 棍子。2.〈方〉玉米：~面。❷指在某方面优秀，如体力强、能力高、成绩好等：这小伙子真~｜画得~。

楮　chǔ ㄔㄨˇ [qu⁵ 贮]

即构树。参看309页“构❶”。㊕纸。

棱　(*稜)㊀léng ㄌㄥˊ ㊀ [ling⁴ 陵]

(-子、-儿)❶物体上不同方向的两个平面接连的部分：见~见角。❷物体表面上的条状突起部分：瓦~｜搓板的~儿。

㊁líng ㄌㄧㄥˊ ㊁ [ling⁴ 陵]

【穆棱】地名，在黑龙江省。

㊂ [leng⁵ 啦亨⁵]

☞㊄名词。条状凸起的伤痕：一藤条打落去皮肤就起一条~(一条鞭子打下去皮肤就会起一条伤痕)｜刮痧亦会起~嘅(刮痧也会刮出痧痕的)。

棋　(*棊、*碁)qí ㄑㄧˊ [kéi⁴ 旗]

文娱用品名，有象棋、围棋等。

椰　yē ㄧㄝ [yé⁴ 爷]

椰子树，常绿乔木，树干很高，生长在热带。果实叫椰子，球形，里面有汁，可做饮料。果肉可吃，也可榨油。树干可做建筑材料。

棤 cuò ㄘㄨㄛˋ [co³ 挫]

用于地名：~树园（在湖南省湘潭）。

植 zhí ㄓˊ [jig⁶ 直]

❶栽种（㊐种-）：~树｜种~五谷。㊁培养：培~｜扶~。❷指植物：~被｜~保。❸戳（chuō）住，立住：~其杖于门侧。

森 sēn ㄙㄣ [sem¹ 心]

树木众多：~林。【森森】形容树木众多，深密：林木~。㊃气氛寂静可怕：阴~的。【森严】整齐严肃，防备严密：戒备~。

棽 shēn ㄕㄣ，㊅chēn ㄔㄣ [sem¹ 森，㊅ cem⁴ 寻]

【棽棽】形容繁盛茂密。

棼 fén ㄈㄣˊ [fen⁴ 焚]

纷乱：治丝益~（整理丝不找头绪，越理越乱。喻做事没有条理，越搞越乱）。

棫 yù ㄩˋ [wig⁶ 域]

古书上说的一种树。

椟 （櫝）dú ㄉㄨˊ [dug⁶ 独]

❶柜子。❷匣子。

椅 ㊀yī ㄧ ㊁[yi¹ 依]

落叶乔木，又叫山桐子，花黄色，果实球形，红色。木材可用来制器物。

㊁yǐ ㄧˇ ㊁[yi² 倚]

（-子）有靠背的坐具。

椓 zhuó ㄓㄨㄛˊ [dêg³ 琢]

❶击。❷古代宫刑，割去男性的生殖器。

棑 pái ㄆㄞˊ [pai⁴ 排]

同"簰"。

椒 jiāo ㄐㄧㄠ [jiu¹ 蕉]

植物名。1．花椒，落叶灌木，枝上有刺，果实红色，种子黑色，可供药用或调味。2．胡椒，常绿灌木，种子味辛香，可供药用或调味。3．番椒，辣椒，秦椒，草本植物，花白色，有的果实味辣，可用作蔬菜，又可供调味用。

棹 （*櫂）zhào ㄓㄠˋ [zao⁶ 爪⁶]

划船的一种工具，形状和桨差不多。㊁1．船。2．〈方〉划（船）。

☞粤❶名词。长的桨：擢支~嚟棹船（拿支桨来摇船）｜一只艇仔两支~（一只小艇两支桨）。❷动词。摇（桨），划（船）：~船（摇船）｜我唔识~（我不会摇船）。

☞粤【棹忌】1．忌讳：他好~呢样嘢（他很忌这事）。2．糟糕，倒霉，麻烦：~，打烂个碗添（糟糕，打破碗了）｜畀佢知到就~咯（给他知道就麻烦了）。

棵 kē ㄎㄜ [fo² 火]

量词。用于植物：一~树。

棍 gùn ㄍㄨㄣˋ [guen³ 君³]

❶(-子、-儿)棒。❷称坏人：赌~｜恶~。

椤

(欏)luó ㄌㄨㄛˊ [lo⁴ 罗]

见320页“桫”字条【桫椤】(suō-)。

椥

zhī ㄓ [ji¹ 支]

【槟椥】(bīn-)越南地名。今作“槟知”。

棰

(❸❹*箠)chuí ㄔㄨㄟˊ [cêu⁴ 徐]

❶短棍子。❷用棍子打。❸鞭子。❹鞭打。

椎

㊀chuí ㄔㄨㄟˊ ㊁ [cêu⁴ 徐]

❶敲打东西的器具：木~。❷敲打：~鼓。

㊁zhuī ㄓㄨㄟ ㊁ [zêu¹ 追]

椎骨，构成人和高等动物脊柱的短骨：颈~｜胸~｜腰~｜尾~。

棉

mián ㄇㄧㄢˊ [min⁴ 眠]

❶棉花，草本植物，叶掌状分裂，果实桃形。种子外有白色的絮，也叫棉花，供纺织及絮衣被用。种子可以榨油。❷棉絮：~衣｜~线。

椑

bēi ㄅㄟ [béi¹ 悲]

【椑柿】柿子的一种，果实小，青黑色，可用来制柿漆。

椓

(櫍)zhì ㄓˋ [zed¹ 侄¹]

❶钟鼓架子的足，也泛指器物的足。❷砧板。

棯

rěn ㄖㄣˇ ㊁ [nim⁶ 念]

枣树的一种。

rěn ㄖㄣˇ ㊁ [nim¹ 念¹]

名词。桃金娘，果实叫棯仔，多长在山坡上，可吃，又叫岗棯、山棯。

棚

péng ㄆㄥˊ [pang⁴ 彭]

(-子、-儿)❶把席、布等搭架支张起来遮风雨或日光的东西：天~｜凉~。❷简易的或临时性的建筑物：牲口~｜工~｜防震~。

椆

chóu ㄔㄡˊ [ceo⁴ 惆]

用于地名：~树塘(在湖南省武冈)。

椋

liáng ㄌㄧㄤˊ [lêng⁴ 凉]

古书上说的一种叶像柿叶的树，又叫椋子木。

椁

(*槨)guǒ ㄍㄨㄛˇ [guog³ 国]

棺材外面套的大棺材。

棓

bèi ㄅㄟˋ [pui⁵ 倍]

【五棓子】盐肤木的叶子受五棓子蚜虫刺激后形成的虫瘿，可入药。也作“五倍子”。

棬

quān ㄑㄩㄢ [hün¹ 喧]

曲木制成的饮器。

椪

pèng ㄆㄥˋ [pung³ 碰]

【椪柑】常绿小乔木，又叫芦柑，叶圆

形，花白色，果实大，皮橙黄色，汁多味甜。

棪 yǎn ㄧㄢˇ [yim⁵ 染]

❶古书上说的一种树，果实像柰。❷用于地名：~树村(在福建省云霄)。

棕 (*椶) zōng ㄗㄨㄥ [zung¹ 钟]

指棕榈(lǘ)树或棕毛。【棕榈】常绿乔木，树干高而直，不分枝，叶大，叶鞘上的毛叫棕毛，可以制绳索和刷子等。【棕色】像棕毛的颜色。

椗 dìng ㄉㄧㄥˋ ㊀ [ding⁶ 定]

见527页“碇”。

㊁ [ding³ 订]

☞粤 ❶名词。蒂，柄：瓜~丨梨~丨慈姑~丨马蹄~(荸荠蒂)。【喉咙椗】小舌，兼指咽喉：我饱到上~咯(我饱得东西都上喉头了)。❷动词。悬挂：啲湿衫就~喺外便啦(湿衣服就挂在外面吧)。❸动词。提：佢买菜翻嚟，两只手~住好多嘢！(她买菜回来，两只手提着很多东西)。

棺 guān ㄍㄨㄢ [gun¹ 官]

棺材，装殓死人的器物：~木丨入~。

椀 wǎn ㄨㄢˇ [wun² 碗]

❶用于科技术语：橡~(橡树果实的碗状外壳)。❷见528页“碗”。

榔 láng ㄌㄤˊ [long⁴ 郎]

【榔头】(-tou)锤子。

楗 jiàn ㄐㄧㄢˋ [gin⁶ 件]

竖插在门闩上使门拨不开的木棍。

棣 dì ㄉㄧˋ [dei⁶ 第]

❶植物名。1. 棠棣(也作“唐棣”)，古书上说的一种植物。2. 棣棠，落叶灌木，叶近卵形，花黄色，花和枝叶可入药。❷同“弟”，旧多用于书信：贤~。

椐 jū ㄐㄩ [gêu¹ 居]

古书上说的一种树，枝节肿大，可以做拐杖。

椭 (橢) tuǒ ㄊㄨㄛˇ [to⁵ 陀⁵]

椭圆，长圆形，把一个圆柱体或正圆锥体斜着用一个平面截开，所成的截口就是椭圆形。

椠 (槧) qiàn ㄑㄧㄢˋ [qim³ 堑]

❶古代写字用的木板。❷古书的雕版，版本：古~丨宋~。

棠 táng ㄊㄤˊ [tong⁴ 糖]

植物名。1. 棠梨树，即杜树。2. 海棠树，落叶小乔木，花白色或粉红色，果实也叫海棠，球形，黄色或红色，味酸甜。

棨 qǐ ㄑㄧˇ [kei² 启]

❶古时用木头做的一种通行证：~信。❷古代官吏出行时用作前导的一种仪仗，用木头做成，略如戟形。

9 画

楔 xiē ㄒㄧㄝ [xid³ 屑]

(-儿)填充器物的空隙使其牢固的木橛、木片等：这个板凳腿活动了，加个~儿吧。【楔子】(-zi)1. 义同“楔”。2. 杂剧里加在第一折前头或插在两折之间的小段，近代小说的引子。

椿 chūn ㄔㄨㄣ [cên¹ 春]

❶植物名。1. 香椿，落叶乔木，叶初生时有香味，可以做菜吃。木质坚实细致。2. 臭椿，落叶乔木，又叫樗(chū)，花白色，叶有臭味，木质不坚固。❷椿庭，代指父亲：~萱(父母)。

椹 ㊀shèn ㄕㄣˋ ㊁[sem⁶ 甚]

同“葚”(shèn)。

㊀zhēn ㄓㄣ ㊁[zem¹ 针]

同“砧”。

楪 dié ㄉㄧㄝˊ [dib⁶ 谍]

用于地名：~村(在广东省新兴)。

楠 (*枏、*柟) nán ㄋㄢˊ [nam⁴ 男]

楠木，常绿乔木，木质坚固，是贵重的建筑材料，又可用来造船、制器物等。

楂 (**樝) ㊀chá ㄔㄚˊ ㊁[ca⁴ 茶]

同“茬”。

㊀zhā ㄓㄚ ㊁[za¹ 渣]

【山楂】(*山查)落叶乔木，花白色，果实也叫山楂，深红色有白点，味酸，可以吃，也可入药。

楝 liàn ㄌㄧㄢˋ [lin⁶ 练]

落叶乔木，花淡紫色，果实椭圆形，种子、树皮都可入药。

榀 [min⁶ 面]

见308页“杧”字条【杧榀】。

楷 ㊀jiē ㄐㄧㄝ ㊁[gai¹ 佳]

楷树，落叶乔木，又叫黄连木，果实长圆形，红色，种子可榨油。木材黄色，可用来制器具。

㊀kǎi ㄎㄞˇ ㊁[kai² 卡挨²]

❶法式，模范(㊀-模)。❷楷书，现在通行的一种汉字字体，是由隶书演变而来的：小~|正~。

☞◼量词。用于柚子、柑橘瓣儿：一~碌柚(一瓣柚子)。

榄 (欖) lǎn ㄌㄢˇ [lam⁵⁻² 览]

见330页“橄”字条【橄榄】(gǎn-)。

楫 (*檝) jí ㄐㄧˊ [jib³ 接]

划船用的桨。

榅 wēn ㄨㄣ [wed¹ 屈]

【榅桲】(-po)落叶灌木或小乔木，叶椭圆形，花淡红色或白色。果实也叫榅桲，有香气，味酸，可制蜜饯，也可入药。

楬 jié ㄐㄧㄝˊ [kid³ 揭]

用作标志的小木桩。

楒 sī ㄙ [xi¹ 司]

用于地名：～栗(在重庆市)。

榀 pǐn ㄆㄧㄣˇ [ben² 品]

量词。房架一个叫一榀。

楞 léng ㄌㄥˊ [ling⁴ 陵]

同“棱”。

榾 gǔ ㄍㄨˇ [gued¹ 骨]

【榾柮】(－duò)截成一段一段的短木头。

楸 qiū ㄑㄧㄡ [ceo¹ 抽]

楸树，落叶乔木，树干高，叶大，木质致密，耐湿，可用来造船，也可做器具。

椴 duàn ㄉㄨㄢˋ [dün⁶ 段]

椴树，落叶乔木，像白杨。木质细致，可用来制器具等。

楩 pián ㄆㄧㄢˊ [pin⁴ 片⁴]

❶古书上说的一种树。❷用于地名：～树岔(在福建省福鼎)。

槐 huái ㄏㄨㄞˊ [wai⁴ 怀]

槐树，落叶乔木，花黄白色，果实长荚形。木材可供建筑和制家具用，花蕾可做黄色染料。

槌 chuí ㄔㄨㄟˊ [cêu⁴ 徐]

(－子、－儿)敲打用具：棒～(chui)|鼓～儿。

楯 ㊀dùn ㄉㄨㄣˋ ㊀[tên⁵ 拖春⁵]

同“盾”。

㊁shǔn ㄕㄨㄣˇ ㊁[sên⁵ 笋⁵]

阑干。

榆 yú ㄩˊ [yu⁴ 余]

榆树，落叶乔木，果实外面有膜质的翅，叫榆荚或榆钱。木质坚硬，可供建筑或制器具用。

榇 (櫬)chèn ㄔㄣˋ [cen³ 衬]

棺材(㊞棺－)。

椸 (＊＊箷)yí ㄧˊ [yi⁴ 移]

衣架。

榈 (櫚)lǘ ㄌㄩˊ [lêu⁴ 雷]

见318页“栟”字条【栟榈】(bīng－)、324页“棕”字条【棕榈】(zōng－)。

槎 chá ㄔㄚˊ [ca⁴ 茶]

❶木筏：乘～|浮～。❷同“茬”。

楼 (樓)lóu ㄌㄡˊ [leo⁴ 留]

❶两层以上的房屋：～房|大～。❷楼房的一层：一～|三～。

榉 (櫸)jǔ ㄐㄩˇ [gêu² 举]

❶榉树，落叶乔木，和榆相似。木材耐

水，可造船。❷山毛榉，落叶乔木，花淡黄绿色，树皮像鳞片。木质很坚硬，可用来制枕木、家具等。

楦 (*楥)xuàn ㄒㄩㄢˋ [hün³ 劝]

❶(－子、－头)做鞋用的模型。❷拿东西把物体中空的部分填满使物体鼓起来：用鞋楦子～鞋｜把这个猫皮～起来。

概 (*槩)gài ㄍㄞˋ [koi³ 慨]

❶大略，总括：～论｜大～｜～况。❷一概，一律：未预约者～不接待。【概念】人们在反复的实践和认识过程中，将事物共同的本质特点抽出来，加以概括，从感性认识飞跃到理性认识，就成为概念。❸情况，景象：胜～。❹气度，气～。❺刮平斗、斛用的小木板。

楣 méi ㄇㄟˊ [méi⁴ 眉]

门框上边的横木。

椖 [péng¹ 婆镜¹]

☞粤❶名词。椅子靠背：挨～(椅子靠背)｜挨～椅(椅子)。❷名词。床头挡板：床～(床头挡板)。

楹 yíng ㄧㄥˊ [ying⁴ 形]

堂屋前部的柱子：～联。

楙 mào ㄇㄠˋ [meo⁶ 茂]

❶即木瓜。❷古同“茂”。

椽 chuán ㄔㄨㄢˊ [qun⁴ 全]

(－子)放在檩上架着屋顶的木条。

10 画

榛 zhēn ㄓㄣ [zên¹ 津]

❶落叶灌木或小乔木，叶椭圆形，花黄褐色。果实叫榛子，果皮坚硬，果仁可以吃。❷泛指丛生的荆棘：～莽。❸草木丛杂(叠)：草木～～。

榧 fěi ㄈㄟˇ [féi² 匪]

常绿乔木，木质坚硬，可供建筑用。种子叫榧子，种仁可以吃，也可榨油，又可入药。

槓 [lung⁵ 陇]

☞粤名词。箱笼，盛衣物用的大箱子：将个～搬入房去(把箱子搬到屋里去)｜箱箱～～(大箱小箱的。多作家具的统称)。

榰 zhī ㄓ [ji¹ 枝]

❶柱下的木础或石础。❷支撑。

榼 kē ㄎㄜ [heb⁶ 合]

古时盛酒或水的器皿。

模 ㊀mó ㄇㄛˊ [mou⁴ 毛]

❶法式，规范：～式｜楷～。【模型】依照原物或计划中的事物(如建筑)的形式做成的物品。❷仿效(㊟－仿、－拟)。❸模范：劳～｜英～。

【模糊】(－hu)不分明，不清楚。

【模特儿】(外)写生、雕塑时的描摹对象或参考对象，有时也指某些示范表演者：时装～。

㊁mú ㄇㄨˊ [mou⁴ 毛]

(－儿)模子：～具｜字～儿｜铜～儿。【模子】(－zi)用压制或浇灌的方法制造物品的工具。【模样】形状，容貌。

榑 fú ㄈㄨˊ [fu⁴ 扶]

【榑桑】传说中的神树，太阳升起的地方。今作"扶桑"。

槚 (檟)jiǎ ㄐㄧㄚˇ [ga² 假²]

❶楸(qiū)树的别名。❷茶树的古名。

槛 (檻)㊀jiàn ㄐㄧㄢˋ ㊁ [lam⁶ 滥]

❶栏杆。❷圈(juān)兽类的栅栏。

㊁kǎn ㄎㄢˇ ㊁ [ham⁵ 菡，㊂ lam⁶ 滥]

门槛，门限。

棁 (欓)dǎng ㄉㄤˇ [dong² 党]

落叶乔木，即食茱萸，又叫棁子，枝上有刺，果实红色，可入药。

榻 tà ㄊㄚˋ [tab³ 塔]

狭长而低的床。【下榻】寄居，住宿。

榫 sǔn ㄙㄨㄣˇ [sên² 笋]

(－子、－儿、－头)器物两部分利用凹凸相接的凸出的部分。

樵 (＊＊檇)zuì ㄗㄨㄟˋ [zêu³ 最]

【樵李】1. 一种李子，果皮鲜红，浆多味甜。2. 古地名，在今浙江省嘉兴一带。

榭 xiè ㄒㄧㄝˋ [zé⁶ 谢]

台上的屋子：水～。

槔 (＊＊槹)gāo ㄍㄠ [gou¹ 高]

见315页"桔"字条【桔槔】(jié－)。

榴 liú ㄌㄧㄡˊ [leo⁴ 留]

石榴，落叶灌木，又叫安石榴，花多为红色，果实也叫石榴，球形，内有很多种子，种子上的肉可吃。根、皮可入药。

榱 cuī ㄘㄨㄟ [cêu¹ 催]

古代指椽子。

槁 (＊槀)gǎo ㄍㄠˇ [gou² 稿]

枯干(㊆枯－)：～木。

榜 (＊牓)bǎng ㄅㄤˇ [bong² 绑]

张贴出来的文告或名单：张～招贤｜光荣～。【榜样】样子，行动的模范：雷锋是我们学习的～。

槟 (檳、＊＊梹)㊀bīn ㄅㄧㄣ [ben¹ 奔]

槟子，苹果树的一种，果实也叫槟子，比苹果小，熟后紫红色，味酸甜。

㊁bīng ㄅㄧㄥ [ben¹ 奔]

【槟榔】(－lang)常绿乔木，羽状复叶，生长在热带、亚热带。果实也叫槟榔，可以吃，也可入药。

榨 (❶*搾)zhà ㄓㄚˋ [za3 炸]

❶用力压出物体里的汁液：～油｜压～｜～汁机。❷压出物体里汁液的器具：油～｜酒～。

榕 róng ㄖㄨㄥˊ [yung4 容]

❶榕树，常绿乔木，生长在热带和亚热带，树冠大，有气根，叶和气根可入药。❷福建省福州的别称。

槠 (櫧)zhū ㄓㄨ [ju1 朱]

常绿乔木，花黄绿色。木质坚硬，可制器具。

榷 (❷△*摧、❷*榷)què ㄑㄩㄝˋ [kog3 确]

❶专利，专卖：～盐｜～茶。❷商讨(㊟商～)。

“榷”另见448页què。

榍 xiè ㄒㄧㄝˋ [xid3 泄]

【榍石】矿物名，晶体，多呈褐色或绿色，有光泽，是提炼钛的原料。

樋 tōng ㄊㄨㄥ [tung1 通]

古书上说的一种树。

槃 pán ㄆㄢˊ [pun4 盆]

同“盘❶❸”。

槊 shuò ㄕㄨㄛˋ [sog3 索]

长矛，古代的一种兵器。

㮾 lǎng ㄌㄤˇ [long5 朗]

【㮾梨】地名，在湖南省长沙。

11 画

槥 huì ㄏㄨㄟˋ [sêu6 穗，㊅ wei6 位]

〈古〉一种小棺材。

槿 jǐn ㄐㄧㄣˇ [gen2 仅]

木槿，落叶灌木，花有红、白、紫等颜色，茎皮纤维可用来造纸，树皮和花可入药。

横 ㊀héng ㄏㄥˊ ㊂ [wang4 华罂4]

❶跟地面平行的，跟“竖”“直”相对：～额｜～梁。❷地理上指东西向的，跟“纵”相对：～渡太平洋。❸从左到右或从右到左的，跟“竖”“直”“纵”相对：～写｜～队。❹跟物体的长的一边垂直的：～剖面｜人行～道。❺使物体成横向：把扁担～过来。❻纵横杂乱：蔓草～生。❼蛮横，不合情理的：～加阻拦｜～行霸道。❽汉字平着由左向右写的一种笔形(一)：“王”字是三～一竖。

【横竖】副词。反正，表示肯定：不管怎么着，～我要去。

㊁hèng ㄏㄥˋ ㊂ [wang6 华罂6]

❶凶暴，不讲理(㊟蛮～)：这个人说话很～。❷意外的：～财｜～事｜～死。

樯 (檣、*艢)qiáng ㄑㄧㄤˊ [cêng4 详]

帆船上挂风帆的桅杆。

槽 cáo ㄘㄠˊ ［cou⁴ 嘈］

❶一种长方形或正方形的较大的容器：石～｜水～。特指喂牲畜食料的器具：猪食～｜马～。❷（－儿）东西上凹下像槽的部分：挖个～儿｜河～。

槱 yǒu ㄧㄡˇ ［yeo⁵ 有］

聚积木柴以备燃烧。

槭 qì ㄑㄧˋ ［qig¹ 戚］

落叶小乔木，叶掌状分裂，秋季变成红色或黄色。种类很多。

樗 chū ㄔㄨ ［xu¹ 书］

❶樗树，即臭椿树。❷【樗蒲】古代博戏，像后代的掷色子（shǎizi）。也作"摴蒱"。

樘 ㊀chēng ㄔㄥ ㊁［cang¹ 撑］

用于人名。朱祐樘，明孝宗皇帝。

㊁táng ㄊㄤˊ ㊁［tong⁴ 唐］

❶门框或窗框：门～｜窗～。❷量词。用于一套门（窗）框和门（窗）扇：一～玻璃门。

樱 （櫻）yīng ㄧㄥ ［ying¹ 英］

樱花，落叶乔木，花淡红色或白色。【樱桃】樱桃树，落叶乔木，花淡红或白色，果实也叫樱桃，成熟时为红色，可以吃。

橡 xiàng ㄒㄧㄤˋ ［zêng⁶ 丈］

❶橡树，即栎树。❷橡胶树，常绿乔木，花白色，树的乳状汁液可制橡胶。

槲 hú ㄏㄨˊ ［hug⁶ 酷］

落叶乔木或灌木，花黄褐色，果实球形。叶子可喂柞蚕，树皮可做染料，果壳可入药。木质坚实，可供建筑或制器具用。

㮚 ［po¹ 坡］

☞粤❶量词。棵，株：门口种咗四～树（门前种了四棵树）｜一迾树～～都咁高（一排树棵棵都那么高）。【白菜㮚】尚未充分生长好即收获的白菜。❷棵儿：呢种树生得大～（这种树棵儿长得大）。

樟 zhāng ㄓㄤ ［zêng¹ 章］

樟树，常绿乔木，树干高大，木质坚硬细致，有香味，做成箱柜，可以防蠹虫。

橄 gǎn ㄍㄢˇ ［gem² 感］

【橄榄】（－lǎn）1. 橄榄树，常绿乔木，花白色。果实也叫橄榄，又叫青果，绿色，长圆形，可以吃，种子可用来榨油。2. 油橄榄，常绿小乔木，又叫齐墩果，花白色，果实黑色。欧美用它的枝叶作为和平的象征。

橥 （＊＊櫫）zhū ㄓㄨ ［ju¹ 朱］

用作标志的小木桩。

12 画

檠 （＊＊橄）qíng ㄑㄧㄥˊ ［king⁴ 琼］

❶灯架。也指灯。❷矫正弓弩的器具。

樾 yuè ㄩㄝˋ [yud6 月]

树阴凉儿。

橞 huì ㄏㄨㄟˋ [wei6 位]

古书上说的一种树。

橱 (*櫥) chú ㄔㄨˊ [qu4 厨, ⓧcêu4 随]

(-子、-儿)一种放置东西的家具，前面有门：衣~|碗~儿|~柜。

橛 (*橜) jué ㄐㄩㄝˊ [küd3 决, ⓧgüd6 哥月6]

(-子、-儿)小木桩。

☞▮量词。段，截：将蔗斩开两~(把甘蔗砍成两截)|条路有一~未整好(路有一段没修好)。

橑 liáo ㄌㄧㄠˊ [liu4 辽]

❶屋檐。❷用于地名：太平~(在福建省连城)。

橇 qiāo ㄑㄧㄠ [hiu1 器, ⓧcêu3 趣]

❶古代在泥路上行走所乘的用具。❷雪橇，在冰雪上滑行的工具。

樵 qiáo ㄑㄧㄠˊ [qiu4 潮]

❶〈方〉柴：砍~。❷打柴：~夫。

檎 qín ㄑㄧㄣˊ [kem4 禽]

【林檎】落叶小乔木，即花红，花粉红色，果实像苹果而小，可以吃。

橹 (櫓、*樐、*艪、*艣) lǔ ㄌㄨˇ [lou5 老]

拨水使船前进的器具：摇~。

☞▮名词。秤毫，杆秤上手提的部分，多用绳子或皮条制成：头~|二~。

橦 tóng ㄊㄨㄥˊ [tung4 筒]

古书上指木棉树。

樽 (*罇) zūn ㄗㄨㄣ [zên1 津]

古代的盛酒器具。

樨 xī ㄒㄧ [sei1 西]

【木樨】即桂花。

橙 chéng ㄔㄥˊ [㊥cang4 撑4, ㊟cang4-2 撑2]

❶常绿乔木，果实叫橙子，圆球形，黄绿色，味酸甜。种类很多。❷红和黄合成的颜色。

橘 jú ㄐㄩˊ [gued1 骨]

橘树，常绿乔木，果实叫橘子，扁球形，味甜酸。果皮红黄色，可入药。

橼 (櫞) yuán ㄩㄢˊ [yun4 园]

见312页“枸”字条【枸橼】(jǔ-)。

橐 (**槖) tuó ㄊㄨㄛˊ [tog3 托]

一种口袋。

13 画

檬 méng ㄇㄥˊ [mung4 蒙, ㊟mung1 蒙1]

见313页“柠”字条【柠檬】(níng－)。

櫑 léi ㄌㄟˊ [lêu⁴ 雷]

滚木，古代守城用的圆柱形的大木头，从城上推下打击攻城的人。

樻 kuí ㄎㄨㄟˊ [fui¹ 灰]

北斗星。

檄 xí ㄒㄧˊ [hed⁶ 瞎]

檄文，古代用于征召或声讨等的文书。

檐 (*簷)yán ㄧㄢˊ ㊀ [yim⁴ 炎]

❶(－儿)房顶伸出的边沿：房～儿。❷(－儿)覆盖物的边沿或伸出部分：帽～儿。

㊁ [xim⁴ 蝉]

☞▮用于“飞檐走壁”一语。

檞 jiě ㄐㄧㄝˇ [gai² 解，⊗hai⁵ 蟹]

檞树，一种木质像松的树。

檩 (**檁)lǐn ㄌㄧㄣˇ [lem⁵ 凛]

屋架或山墙上托住椽子的横木。

檀 tán ㄊㄢˊ [tan⁴ 佗颜]

植物名。1. 檀香，常绿乔木，生长在热带和亚热带。木质坚硬，有香味，可制器物及香料，又可入药。2. 紫檀，常绿乔木，生长在热带和亚热带。木质坚硬，可做器具。3. 黄檀，落叶乔木，果实豆荚状，木质坚硬。4. 青檀，落叶乔木，果实有翅，木质坚硬。

檗 bò ㄅㄛˋ [pag³ 拍]

黄檗(也作“黄柏”)，落叶乔木，羽状复叶，花黄绿色。木质坚硬，茎可制黄色染料，树皮可入药。

14 画

檫 chá ㄔㄚˊ [cad³ 刷]

檫木，落叶乔木，树干高大，木质坚韧，可供建筑、造船等用。

檵 jì ㄐㄧˋ [gei³ 计]

檵木，常绿灌木或小乔木，叶椭圆形，花淡黄色。枝叶可提制栲胶，种子可榨油，叶可入药。

15 画以上

欐 lí ㄌㄧˊ [lei⁴ 犁]

【欐檬】常绿小乔木，又叫广东柠檬，枝有刺，叶椭圆形，花紫红色，主要用作果树的砧木。

欂 bó ㄅㄛˊ [bog⁶ 薄]

【欂栌】古代指斗拱。

櫶 xiǎn ㄒㄧㄢˇ [hin² 显]

常绿乔木，又叫蚬木，叶椭圆卵形，花白色，果实椭圆形，木质坚实细致，是我国珍贵的树种。

槭 jiān ㄐㄧㄢ ㊀[qim¹ 签]

木楔子(xiēzi)。

㊁[jim¹ 尖]

☞❶动词。打入楔子，插入：~榫口(用楔子接牢榫口)｜~队(加塞儿。不守秩序随意插进排好的队)。

【槭头对脚】两人同床，各睡一头。

[64]朩部

杀 (殺)shā ㄕㄚ [sad³ 煞]

❶使人或动物失去生命：~敌立功｜~虫药｜~鸡焉用牛刀。❷战斗：厮~｜搏~｜~出重(chóng)围。❸消减：~价｜~暑气｜拿别人~气。❹〈方〉药物等刺激身体感觉疼痛：这药上在疮口上~得慌。❺收束：~尾｜~账。❻勒紧，扣紧：~车(把车上装载的东西用绳勒紧)｜~一~腰带。❼在动词或形容词后，表示程度深：气~｜急~｜笑~人。

杂 (雜、*襍)zá ㄗㄚˊ [zab⁶ 习]

❶多种多样的，不单纯的：~色｜~事｜~技｜人多手~。【杂志】把许多文章集在一起印行的期刊。❷掺杂，混合：夹~。❸正项或正式以外的：~费｜~牌儿军。

弑 shì ㄕˋ [xi³ 试]

古时候指臣杀君、子杀父母等行为：~君｜~父。

[65]支部

支 zhī ㄓ [ji¹ 知]

❶撑，支持：把帐篷~起来。㊀受得住：乐不可~。【支援】支持，援助：~灾区｜互相~。❷领款或付款：~走了工资｜把工资~给他。❸用话敷衍，使人离开：把来人都~出去。【支配】指挥，调度：人员由你~。❹分支的，附属于总体的：~流｜~行(háng)。【支离破碎】形容事物零散破碎，不成整体。❺量词。1. 用于队伍、歌曲或杆形的东西等：一~军队｜一~曲子｜一~笔。2. 各种纤维纺成的纱(如棉纱)粗细程度的计量单位，纱越细，支数越多，质量越好。❻地支，历法中用的“子、丑、寅、卯、辰、巳、午、未、申、酉、戌、亥”十二个字，也用于编排次序。【支吾】用话搪塞，应付，说话含混躲闪：~其词｜一味~。

郊 qí ㄑㄧˊ [kéi⁴ 旗]

❶古地名，在今陕西省岐山县东北。❷姓。

颏 (頍)kuǐ ㄎㄨㄟˇ [kuei² 跬]

古代的一种发饰，用来束发并固定帽子。

翅 (*翄)chì ㄔˋ [qi³ 次]

❶翅膀，鸟和昆虫等用来飞行的器官。❷鱼翅，指用鲨鱼的鳍制成的食物。❸古同“啻”。

攲 qī ㄑㄧ [kéi¹ 畸]

同“攲”(qī)。

[66]犬部

犬 quǎn ㄑㄩㄢˇ [hün² 劝²]

狗：家～｜警～｜牧羊～。

哭 kū ㄎㄨ [hug¹ 酷¹]

因痛苦悲哀等而流泪发声：痛～流涕｜～～啼啼。

献 (獻)xiàn ㄒㄧㄢˋ [hin³ 宪]

恭敬庄严地送给：～花｜～礼｜把青春～给祖国。㊀表现出来给人看：～技｜～殷勤。

猷 yóu ㄧㄡˊ [yeo⁴ 由]

计谋，打算：鸿～(宏伟的计划)。

獒 áo ㄠˊ [ngou⁴ 敖]

一种狗，身体大，凶猛善斗，能帮助人打猎。

[66]犭部

2—4 画

犰 qiú ㄑㄧㄡˊ [keo⁴ 求]

【犰狳】(－yú)哺乳动物，头尾、躯干和四肢有鳞片，腹部有毛，爪锐利，穴居土中，杂食。产于南美洲等地。

犯 fàn ㄈㄢˋ [fan⁶ 饭]

❶抵触，违反：～法｜～规。❷犯罪的人：战～｜要～｜贪污～。❸侵犯，进攻：人不～我，我不～人；人若～我，我必～人。❹发作，发生：～病｜～脾气｜～错误。【犯不着】(－－zháo)【犯不上】不值得：你～和他生气。

犴 ㊀àn ㄢˋ ㊀ [ngon⁶ 岸]

见336页“狴”字条【狴犴】(bì－)。

㊁hān ㄏㄢ ㊁ [hon⁴ 寒]

哺乳动物，即驼鹿，又叫堪达罕。

犼 chā ㄔㄚ [keb⁶ 级⁶]

狗吃东西。

☞▮ 动词。狗吃东西，转指狗咬人：畀狗～咗一啖(给狗咬了一口)。

犷 (獷)guǎng ㄍㄨㄤˇ [guong² 广]

粗野：粗～｜～悍。

犸 (獁)mǎ ㄇㄚˇ [ma⁵ 马]

【猛犸】古脊椎动物，又叫毛象，像现代的象，全身有长毛，已绝种。

狂 kuáng ㄎㄨㄤˊ [kong⁴ 抗⁴]

❶疯癫，精神失常(㊀疯－、癫－)：～人｜发～。❷任情地做，不用理智约束感情：～放不拘｜～喜｜～欢。【狂妄】极端自高自大。❸猛烈的，声势大的：～风暴雨｜～澜(大浪头)｜～飙

（急骤的大风）。

犹 （猶）yóu ㄧㄡˊ［yeo⁴ 由］

❶如同（⊜－如）：虽死～生｜过～不及。❷还（hái），尚且：记忆～新｜话～未了｜困兽～斗。

【犹豫】（－yù）迟疑不决。

狈 （狽）bèi ㄅㄟˋ［bui³ 贝］

传说中的一种兽：狼～为奸。

狄 dí ㄉㄧˊ［dig⁶ 敌］

❶我国古代称北方的民族。❷姓。

狃 niǔ ㄋㄧㄡˇ［neo² 纽］

因袭，拘泥：～于习俗｜～于成见。

狁 yǔn ㄩㄣˇ［wen⁵ 尹］

见337页“猃”字条【猃狁】（xiǎn－）。

5—6画

狉 pī ㄆㄧ［péi¹ 丕］

【狉狉】野兽蠢动的样子：鹿豕～。

狙 jū ㄐㄩ［zêu¹ 追］

古书里指一种猴子。

【狙击】乘人不备，突然出击。

狎 xiá ㄒㄧㄚˊ［hab⁶ 狭］

亲近而态度不庄重：～昵｜～侮。

狐 hú ㄏㄨˊ［wu⁴ 胡］

狐狸，兽名，略像狼而小，耳朵三角形，性狡猾多疑。【狐媚】曲意逢迎，投人所好。【狐疑】多疑。

狝 （獮）xiǎn ㄒㄧㄢˇ［xin² 癣］

古代指秋天打猎。

狗 gǒu ㄍㄡˇ［geo² 九］

家畜，听觉、嗅觉都很灵敏，种类很多，有的能帮人打猎、牧羊、看守门户等。【狗腿子】指走狗，为有权势的人奔走做坏事的人。

狍 （＊＊麅）páo ㄆㄠˊ［pao⁴ 刨］

（－子）一种鹿，毛夏季栗红色，冬季棕褐色，雄的有树枝状的角。

狞 （獰）níng ㄋㄧㄥˊ［ning⁴ 柠］

凶恶：～笑。参看336页“狰”字条【狰狞】（zhēng－）。

狖 yòu ㄧㄡˋ［yeo⁶ 又］

古书上说的一种猴子。

狒 fèi ㄈㄟˋ［féi⁶ 非⁶］

【狒狒】哺乳动物，头部像狗，面部肉色，光滑无毛，体毛褐色，吃果实和鸟卵等。多产于非洲。

狨 róng ㄖㄨㄥˊ［yung⁴ 容］

古书上指金丝猴。

狭 （狭、*陿）xiá ㄒㄧㄚˊ ［hab⁶ 峡］

窄，不宽阔（㊀－窄、－隘）：地方太～｜～路相逢（指仇敌相遇）。

狮 shī ㄕ ［xi¹ 思］

狮子，兽名，毛黄褐色。雄的颈上有长鬣，性凶猛，有兽王之称。多生活在非洲和亚洲西部。

狭 yì ㄧˋ ［yei⁶ 曳］

【林狭】即猞猁（shēlì）。

独 （獨）dú ㄉㄨˊ ［dug⁶ 读］

❶单一（㊐单－）：～唱｜～幕剧｜～生子女｜无～有偶。❷没有依靠或帮助（㊀孤－）。【独立】自立自主，不受人支配。❸没有子孙的老人：鳏寡孤～。❹只，唯有：大家都到了，～有他没来。

【独龙族】我国少数民族，参看附表。

狯 （獪）kuài ㄎㄨㄞˋ ［kui² 溃］

狡猾：狡～。

狰 zhēng ㄓㄥ ［zeng¹ 增］

【狰狞】（－níng）样子凶恶：面目～。

狡 jiǎo ㄐㄧㄠˇ ［gao² 搞］

狡猾，诡诈：奸～｜～辩。

狩 shòu ㄕㄡˋ ［seo³ 瘦］

打猎，古代指冬天打猎：～猎。

狱 （獄）yù ㄩˋ ［yug⁶ 育］

❶监禁罪犯的地方（㊀监－）。❷官司，罪案：冤～｜断～｜文字～。

狠 hěn ㄏㄣˇ ［hen² 很］

❶凶恶，残忍（㊀凶－）：心～｜～毒。㊁不顾一切，下定决心：～着心送走了孩子。❷严厉地（叠）：～～地打击敌人。❸全力：～抓科学研究。【狠命】拼命，用尽全力：～地跑。❹同“很”。

狲 （猻）sūn ㄙㄨㄣ ［xun¹ 孙］

见338页“猢”字条【猢狲】（hú－）。

7 画

猃 （獫）xiǎn ㄒㄧㄢˇ ［him² 险］

【猃狁】（－yǔn）同“猃狁”。

狴 bì ㄅㄧˋ ［bei⁶ 币］

【狴犴】（－àn）传说中的一种走兽。古代牢狱门上常画着它的形状，因此又用为牢狱的代称。

狸 （*貍）lí ㄌㄧˊ ［léi⁴ 离］

（－子）哺乳动物，又叫山猫，毛棕黄色，有黑色斑纹。

狷 （*獧）juàn ㄐㄩㄢˋ ［gên³ 绢］

❶胸襟狭窄，急躁：～急。❷耿直。

猁 lì ㄌㄧˋ ［léi⁶ 利］

见338页“猞”字条【猞猁】(shē –)。

猃
yú ㄩˊ [yu⁴ 鱼]

见334页“犰”字条【犰狳】(qiú –)。

猃
(獫)xiǎn ㄒㄧㄢˇ [him² 险]

古指长(cháng)嘴的狗。【猃狁】(– yǔn)我国古代北方的民族，战国后称匈奴。

狺
yín ㄧㄣˊ [ngen⁴ 银]

【狺狺】狗叫的声音。

狼
láng ㄌㄤˊ [long⁴ 郎]

兽名，像狗，嘴长而尖，耳直立，尾下垂。性狡猾凶狠，昼伏夜出。【狼狈】1. 倒霉或受窘的样子：~不堪。2. 勾结起来(共同做坏事)：~为奸。【狼烟】古代在白天报警的烽火，据说用狼粪燃烧。㊀战火：~四起。

猱
(**峱)náo ㄋㄠˊ [nao⁴ 挠]

古山名，在今山东省临淄附近。

狻
suān ㄙㄨㄢ [xun¹ 孙]

【狻猊】(– ní)传说中的一种猛兽。

8 画

猜
cāi ㄘㄞ [cai¹ 钗]

❶推测，推想：~谜｜你~他来不来？❷疑心(㊀ –疑)：~忌｜~嫌。

猪
(*豬)zhū ㄓㄨ [ju¹ 珠]

家畜，鼻子长，耳朵大，体肥多肉。肉可吃，皮和鬃是工业原料。

猎
(獵)liè ㄌㄧㄝˋ [lib⁶ 罗叶]

❶打猎，捕捉禽兽：狩~｜渔~｜~人｜~狗。❷搜寻：~奇。

☞🅶动词。捋：~胡须。

猫
(*貓)㊀māo ㄇㄠ [mao¹ 矛¹]

哺乳动物，面呈圆形，身体长，瞳孔随光线强弱而缩小放大，脚有利爪，善跳跃，会捉老鼠。

㊁máo ㄇㄠˊ [mao¹ 矛¹]

【猫腰】弯腰。

猗
yī ㄧ [yi¹ 依]

❶文言助词。相当于“啊”：河水清且涟~。❷文言叹词。表示赞美：~欤休哉。

猇
xiāo ㄒㄧㄠ [hao¹ 敲]

❶同“虓”。❷猇亭，地名，在湖北省宜昌。

猖
chāng ㄔㄤ [cêng¹ 窗]

凶猛，狂妄。【猖狂】狂妄而放肆：打退了敌人的~进攻。【猖獗】(– jué)放肆地横行，闹得很凶：~一时。

猡
(玀)luó ㄌㄨㄛˊ [lo⁴ 罗]

〈方〉猪猡，猪。

猊 ní ㄋㄧˊ [ngei⁴ 危]

见337页“狻”字条【狻猊】(suān－)。

猞 shē ㄕㄜ [sé³ 赦]

【猞猁】(－lì)哺乳动物，像狸猫，毛多棕黄色，有灰褐色斑点。四肢粗长，善爬树。性凶猛。

猄 jīng ㄐㄧㄥ [géng¹ 镜¹]

【黄猄】一种鹿，即黄麂，背部棕黄色。

猝 cù ㄘㄨˋ [qud³ 撮]

忽然：～生变化｜～不及防。

猕 (獼)mí ㄇㄧˊ [méi⁴ 眉，㊀ néi⁴ 尼]

【猕猴】一种猴，面部红色无毛，有颊囊，尾短，臀疣显著。

猛 měng ㄇㄥˇ [mang⁵ 锰]

❶气势壮，力量大：～虎｜勇～｜用力过～｜药力～｜火力～。❷忽然，突然：～然惊醒｜～地摔倒。

9 画

猰 (＊＊猰)yà ㄧㄚˋ [yag³ 喫]

【猰貐】(－yǔ)古代传说中的一种凶兽。

猢 hú ㄏㄨˊ [wu⁴ 胡]

【猢狲】(－sūn)猴的俗称。特指猕猴。

猹 chá ㄔㄚˊ [ca⁴ 茶]

〈方〉鲁迅小说《故乡》提到的一种像獾的野兽，喜欢吃瓜。

猩 xīng ㄒㄧㄥ [xing¹ 升]

猩猩，哺乳动物，略像人，毛赤褐色或黑色，前肢长，无尾。吃野果。产于苏门答腊等地。

猥 wěi ㄨㄟˇ [wei² 毁]

❶鄙陋，下流：～辞。【猥亵】(－xiè) 1. 淫秽，下流：言辞～。2. 做下流的动作：～他人。❷杂，多：～杂。

猬 (＊蝟)wèi ㄨㄟˋ [wei⁶ 位]

刺猬，哺乳动物，嘴很尖，身上长着硬刺，昼伏夜出，捕食昆虫、鼠、蛇等。

猯 tuān ㄊㄨㄢ [tên¹ 盾¹]

用于地名：～卧梁(在陕西省米脂)。

猾 huá ㄏㄨㄚˊ [wad⁶ 挖⁶]

狡猾，奸诈。

猴 hóu ㄏㄡˊ [heo⁴ 侯]

(－子、－儿)哺乳动物，略像人，毛灰色或褐色，颜面和耳朵无毛，有尾巴，两颊有储存食物的颊囊。种类很多。

貐 (＊＊貐)yǔ ㄩˇ [yu⁵ 雨]

见338页“猰”字条【猰貐】(yà－)。

猸 méi ㄇㄟˊ [méi⁴ 眉]

(－子)哺乳动物，即鼬獾，又叫白猸，

像猫而小，身体棕灰色，脸上有白斑。

猱 náo ㄋㄠˊ［nao⁴ 挠］

古书上说的一种猴子。

10—13 画

猿（*猨、*蝯）yuán ㄩㄢˊ［yun⁴ 沿］

哺乳动物，像猴而大，颊下没有囊，没有尾巴。如猩猩、大猩猩、长臂猿等。

猺 yáo ㄧㄠˊ［yiu⁴ 摇］

【黄猺】哺乳动物，即青鼬，又叫黄喉貂，外形略像家猫，喉部及前胸部黄色。吃鼠类、蜜蜂等。

獐（*麞）zhāng ㄓㄤ［zêng¹ 章］

哺乳动物，又叫牙獐，像鹿而小，头上无角。雄的犬齿发达，露出嘴外。

獍 jìng ㄐㄧㄥˋ［ging³ 敬］

古书上说的一种像虎豹的兽，生下来就吃生它的母兽。

獗 jué ㄐㄩㄝˊ［küd³ 决］

见 337 页“猖”字条【猖獗】(chāng－)。

獠 liáo ㄌㄧㄠˊ［liu⁴ 辽］

面貌凶恶：～面。【獠牙】露在嘴外面的长牙。

獴 měng ㄇㄥˇ［mung⁴ 蒙］

哺乳动物，身体长，脚短，嘴尖，耳朵小，捕食蛇、蟹等。如蛇獴、蟹獴。

獭（獺）tǎ ㄊㄚˇ［cad³ 察］

水獭，哺乳动物，毛棕色，穴居水边，能游泳，捕食鱼类等。另有旱獭，生活在陆地上，善掘土。

獬 xiè ㄒㄧㄝˋ［hai⁵ 蟹］

【獬豸】(－zhì)传说中的异兽名。

14 画以上

獯 xūn ㄒㄩㄣ［fen¹ 芬］

【獯鬻】(－yù)我国古代北方民族，战国后称匈奴。

獾（*貛、*貆）huān ㄏㄨㄢ［fun¹ 宽］

哺乳动物，毛灰色，有的头部有三条白色纵纹。脂肪炼油可入药。

玃 jué ㄐㄩㄝˊ［kog³ 确］

古书上指一种较大的猴子。

[67]歹部

歹 dǎi ㄉㄞˇ［dai² 带²］

坏，恶：～人｜～意｜为非作～。【好歹】1. 好和坏：不知～。2. 危险（多指生命危险）：他要有个～，就惨了。3. 无论如何：～你得（děi）去一趟。

2—4画

列 liè ㄌㄧㄝˋ [lid⁶ 烈]

❶行(háng)列，排成的行：队～｜出～｜前～。❷陈列，排列，摆出：姓名～后｜～队｜开～账目。㊀1. 归类：～入甲等。2. 类：不在讨论之～。【列席】参加会议，而没有表决权。❸众多，各：～国｜～位。❹量词。用于成行列的事物：一～火车。

死 sǐ ㄙˇ [séi² 四²]

❶生物失去生命，跟“活”相对(㊇－亡)。㊀1. 不顾性命，拼死：～守｜～战。2. 至死，表示坚决：～不认账。3. 表示达到极点：乐～了｜笑～人。❷不可调和的：～敌。❸不活动，不灵活：～水｜～心眼｜把门钉～了。【死机】计算机等在运行中因程序错误等原因，显示屏上图像静止不动，无法继续操作。㊁不通的：～胡同｜把洞堵～了。

殀 [lai⁴ 赖⁴]

☞粤❶形容词词素。【殀㱰】不整齐，衣服不合身：着得咁～(穿得那么不整洁)。【长殀㱰】长长的(衣服等长得不好看)：条裤～，好难睇(裤子长长的，很难看)。❷重叠后作某些形容词的词尾，以加强语气。【长殀殀】长长的(长得过分)：支竹～，斩开两橛至啱使(这根竹竿太长，砍开两截才合用)｜头发～噉，好飞咯(头发长长的，该剪了)。

歼 (殲) jiān ㄐㄧㄢ [qim¹ 签]

消灭：(㊇－灭)：围～｜全～入侵之敌。

殁 mò ㄇㄛˋ [mud⁶ 末]

死：病～｜～于异乡。也作“没”。

5—6画

残 (殘) cán ㄘㄢˊ [can⁴ 产⁴]

❶毁坏，毁害(㊇－害)：摧～｜自～。❷凶恶(㊇－暴、－忍)。❸不完全的，有毛病的(㊇－缺)：～疾｜～品｜～破不全。㊀余下的(㊇－余)：～局｜～茶剩饭。

殂 cú ㄘㄨˊ [cou⁴ 曹]

死亡：崩～。

殃 yāng ㄧㄤ [yêng¹ 秧]

❶祸害(㊇灾－)：遭～｜城门失火，～及池鱼(喻牵连受害)。❷使受祸害：祸国～民。

殇 (殤) shāng ㄕㄤ [sêng¹ 双]

❶还没到成年就死了。❷指战死者：国～。

殄 tiǎn ㄊㄧㄢˇ [tin⁵ 田⁵]

尽，绝：暴～天物(任意糟蹋东西)。

殆 dài ㄉㄞˋ [doi⁶ 代，㊅toi⁵ 怠]

❶几乎，差不多：财产损失～尽。❷危

险：危～丨知彼知己，百战不～。

殊 shū ㄕㄨ [xu⁴ 薯]

❶不同：特～情况丨～途同归。❷特别突出：～荣丨～勋。❸极，很：～佳丨～可钦佩。❹断，绝。【殊死】1. 古代指斩首的死刑。2. 拼着性命：～战斗。

殉 xùn ㄒㄩㄣˋ [sên¹ 询]

❶为达到某种目的而牺牲性命：～国(为国捐躯)丨～难(nàn)。❷古代逼迫活人陪葬，也指用偶人或器物随葬：～葬。

7 画以上

殒 (殞)yǔn ㄩㄣˇ [wen⁵ 尹]

死亡：～命。

殓 (殮)liàn ㄌㄧㄢˋ [lim⁵ 敛]

装殓，把死人装入棺材里：入～丨大～。

殍 piǎo ㄆㄧㄠˇ [piu⁵ 票⁵]

饿死的人：饿～。也作"莩"。

殖 ㊀shi · ㄕ [jig⁶ 直]

【骨殖】(gǔ－)尸骨。

㊁zhí ㄓˊ [jig⁶ 直]

生育，滋生(㊇生－)：繁～。【殖民地】被帝国主义国家剥夺了政治、经济的独立权力，并受它控制和掠夺的国家或地区。

殚 (殫)dān ㄉㄢ [dan¹ 丹]

尽，竭尽：～力丨～心丨～思极虑。

殛 jí ㄐㄧˊ [gig¹ 击]

杀死：雷～。

殢 (殢)tì ㄊㄧˋ [tei³ 剃]

❶困倦。❷滞留。❸困扰，纠缠。

殨 (殨)huì ㄏㄨㄟˋ [kui² 刽]

同"溃"(huì)。

殡 (殯)bìn ㄅㄧㄣˋ [ben³ 鬓]

停放灵柩或把灵柩送到墓地去：出～丨～仪馆(代人办理丧事的场所)。

殣 jìn ㄐㄧㄣˋ [gen² 仅]

❶掩埋。❷饿死。

殪 yì ㄧˋ [yi³ 意]

❶死。❷杀死。

[68]车(车)部

车 (車)㊀chē ㄔㄜ ㊂ [cé¹ 奢]

❶陆地上有轮子的交通工具：火～丨汽～丨马～丨轿～丨跑～丨自行～。❷用轮轴来转动的器具：纺～丨水～丨滑～。㊊指机器：开～丨试～。❸用旋(xuàn)床旋东西：～圆丨～光丨～一个零件。❹用水车打水：～水。❺姓。

☞🅕❶动词。轧，碾：开慢啲，小心~亲人(开慢点，当心别轧了人)。❷动词。用车载物运输：~啲货去火车站(把货物用车送到火车站)︱今日~咗几车(今天运了多少车货物)？❸名词。缝纫机：~针︱~油(缝纫机润滑油)。❹动词。用缝纫机缝制：~衫(用缝纫机缝制衣服)︱件衫几时~得好呀(衣服什么时候能缝好呢)？❺动词。吹嘘，闲扯：~天~地(满世界胡扯)︱咪听佢乱~(别听他胡扯)︱乱~廿四(胡说八道，胡扯乱侃)。【车大炮】1. 胡扯，吹牛皮。2. 撒谎：系真㗎，唔系~㗎(是真的，不是骗你的)。❻动词。旋转：~转身(转过身去；转过身来)。【车歪】陀螺：~咁转(像陀螺那样旋转)。❼动词。投掷(较大的物件)：掹起张凳就~过去(抄起凳子就掷过去)。❽动词。用水车提水灌溉：~水上田。❾名词。机器：开~(启动机器)︱~叶(螺旋桨，现已少用)。【大车】大副，船上主管机器的人。又叫"大偈"。

㊁jū ㄐㄩ ㊁[gêu¹ 居]

象棋棋子的一种。

1—4 画

轧

(軋)㊀gá ㄍㄚˊ ㊁[gad³ 哥压]

〈方〉❶挤，拥挤。❷结交(朋友)。❸查对(账目)。

㊁yà ㄧㄚˋ ㊁[zad³ 扎]

❶圆轴或轮子等在东西上面滚压：把马路~平了︱~棉花︱~花机。❷排挤：倾~。❸姓。

㊂zhá ㄓㄚˊ ㊁[zad³ 扎]

义同"轧"(yà)，用于轧辊、轧钢、轧钢机等。

轨

(軌)guǐ ㄍㄨㄟˇ [guei² 鬼]

❶车辙。❷轨道，一定的路线，特指铺设轨道的钢条：钢~︱铁~︱铺~。㊖应遵循的规则：越~︱步入正~。

轩

(軒)xuān ㄒㄩㄢ [hin¹ 掀]

❶古代的一种有围棚而前顶较高的车。【轩昂】1. 高扬，高举。2. 气度不凡：气宇~。【轩轾】(-zhì)车前高后低叫轩，前低后高叫轾。㊖高低优劣：不分~。❷有窗的长廊或小室。

轪

(軑)dài ㄉㄞˋ [dai⁶ 大]

包在车毂(gǔ)端的铜皮、铁皮。也指车轮。

轫

(軏)yuè ㄩㄝˋ [yud⁶ 月]

古代车辕和车衡相连接的部件。

轫

(軔、*軔)rèn ㄖㄣˋ [yen⁶ 刃]

支住车轮不让它转动的木头。【发轫】㊖事业开始：新文学运动~于五四时期。

轪

(軚)[tai⁵ 太⁵]

☞🅕名词。汽车方向盘：揸~(开车)︱左~车(方向盘在车头左侧的汽车)。

轰

(轟、❸**揈)hōng ㄏㄨㄥ [gueng¹ 姑莺]

❶形容雷鸣、炮击等发出的巨大声音。【轰动】同时引起许多人的注意：~全

国。【轰轰烈烈】形容气魄雄伟，声势浩大：~的群众运动。❷用大炮或炸弹破坏(㊦-击)：~炸丨炮~。❸驱逐，赶走：把猫~出去丨把侵略者~出国门。

转 (轉)㊀zhuǎn ㄓㄨㄢˇ ㊀[jun² 专²]

❶旋动，改换方向或情势：~身丨运~丨向左~丨~眼之间丨~危为安。❷不直接地，中间再经过别人或别的地方：~送丨~达。

㊁zhuàn ㄓㄨㄢˋ ㊁[jun³ 专³]

❶旋转，绕着圈儿动，围绕着中心运动：轮子~得很快。❷绕着某物移动，打转：~圈子丨~来~去。❸量词。绕几圈儿叫绕几转。

轭 (軛)è ㄜˋ [ag³，㊇ ngag³ 我客³]

驾车时搁在牛颈上的曲木。

斩 (斬)zhǎn ㄓㄢˇ [zam² 站²]

砍断：~首丨~草除根丨~钉截铁。

轮 (輪)lún ㄌㄨㄣˊ [lên⁴ 伦]

❶(-子、-儿)车轮，车轱辘：三~车。㊅安在机器上能旋转并促使机器动作的圆形部件：齿~儿丨飞~儿丨偏心~儿。❷像车轮的东西：日~丨年~。【轮廓】(-kuò)1. 物体的外围。2. 事情的大概情形。❸轮船：海~丨油~。❹轮流，依照次第转：~班丨~值丨这回~到我了。❺量词。用于圆形物或循环的事物、动作：一~红日丨他比我大两~(十二岁为一轮)。

轼 (軝)qí ㄑㄧˊ [kéi⁴ 旗]

古代车毂(gǔ)上的装饰。

软 (軟、*輭)ruǎn ㄖㄨㄢˇ [yun⁵ 远]

❶物体组织疏松，容易改变形状，跟"硬"相对(㊦柔-)：绸子比布~。【软件】1. 与计算机系统的运行有关的程序、文件、数据等的统称，是计算机系统的组成部分。2. 借指生产、科研、经营等过程中的人员素质、管理水平、服务质量等。❷柔和：~风丨~语。❸懦弱(㊦-弱)：欺~怕硬。㊅1. 容易被感动或动摇：心~丨耳朵~。2. 不用强硬的手段进行：~磨(mó)丨~求。❹没有气力：两腿发~。❺质量差的，不高明的：功夫~。

5 画

轱 (軲)gū ㄍㄨ [gu¹ 姑]

【轱辘】(-lu)1. 车轮。2. 滚动，转(zhuàn)：球~到沟里了。

轲 (軻)kē ㄎㄜ [o¹ 柯]

用于人名。孟子，名轲，战国时人。

轳 (轤)lu · ㄌㄨ [lou⁴ 卢]

见346页"辘"字条【辘轳】(lù-)。

轴 (軸)㊀zhóu ㄓㄡˊ [zug⁶ 逐]

❶穿在轮子中间的圆柱形物件。❷(-儿)用来缠绕东西的像车轴的器物：线~儿丨画~。㊅量词。用于缠在轴上的线及带轴子的字画：一~儿线。❸把平面或立体分成对称部分的直线：天安

门在北京城的中~线上。

㊁zhòu ㄓㄡˋ [zug⁶ 逐]

【(大)轴子】一次戏曲演出的节目中排在最末的一出戏：压~(倒数第二出戏)。

轵

(軹)zhǐ ㄓˇ [ji² 止]

古代指车轴的末端。

轶

(軼)yì ㄧˋ [yed⁶ 日]

❶超过：~群(比一般的强)｜~材(突出的才干)。❷散失：~事(史书没有记载的事)。

轱

(軱)gū ㄍㄨ [gu¹ 沽]

大骨。

軤

(軤)hū ㄏㄨ [fu¹ 肤]

姓。

轸

(軫)zhěn ㄓㄣˇ [zen² 珍²]

❶古代车后的横木。❷悲痛：~悼｜~怀(悲痛地怀念)｜~恤(怜悯)。❸星宿名，二十八宿之一。

轹

(轢)lì ㄌㄧˋ [lig¹ 砾]

车轮碾轧。喻欺压。

䡓

(䡓)[lib¹ 猎¹]

☞粤电梯。〖英语 lift 的音译。〗

轺

(軺)yáo ㄧㄠˊ [yiu⁴ 摇]

轺车，古代一种轻便的小马车。

轻

(輕)qīng ㄑㄧㄥ [hing¹ 兄，㊥hêng¹ 何镜]

❶分量小，跟"重"相对：这块木头很~。❷程度浅：口~(味淡)｜~伤。❸数量少：年纪~｜他的工作很~。❹用力小：物品易碎，注意~放｜手~一点儿。❺认为没价值，不以为重要：~视｜~敌｜人皆~之。❻随便，不庄重：~薄(bó)｜~率(shuài)｜~举妄动。

【轻易】随便：不要~下结论。

6 画

载

(載)㊀zǎi ㄗㄞˇ ㊁[zoi² 灾²]

年：一年半~。

㊁zǎi ㄗㄞˇ ㊂[zoi³ 灾³]

记在书报上(㊥记-)：登~｜刊~｜转~｜~入史册。

㊂zài ㄗㄞˋ ㊂[zoi³ 灾³]

❶用交通工具装：装~｜~货｜~重汽车｜满~而归。❷充满：怨声~道｜风雨~途。❸载……载……，用在动词前，表示两个动作同时进行：~歌~舞。❹姓。

轼

(軾)shì ㄕˋ [xig¹ 色]

古代车厢前面用作扶手的横木。

轾

(輊)zhì ㄓˋ [ji³ 志]

见342页"轩"字条【轩轾】(xuān-)。

輄

(輄)guāng ㄍㄨㄤ [guong¹ 光]

古代指车厢底部的横木。

轿 (轎)jiào ㄐㄧㄠˋ [giu⁶ 叫⁶, ⓐ kiu² 桥²]

(－子)旧式交通工具，由人抬着走。

辀 (輈)zhōu ㄓㄡ [zeo¹ 舟]

车辕。

辁 (輇)quán ㄑㄩㄢˊ [qun⁴ 全]

❶古代指木制的没有辐条的小车轮。❷小，浅薄：～才。

辂 (輅)lù ㄌㄨˋ [lou⁶ 路]

❶古代车辕上用来牵引车子的横木。❷古代的大车。

较 (較)jiào ㄐㄧㄠˋ [gao³ 窖]

❶比(㊀比－)：～量｜两者相～，截然不同｜斤斤计～。㊁副词。表示对比着显得更进一层：中国应当对于人类有～大的贡献｜成绩～好。❷明显：彰明～著｜两者～然不同。

7—8画

辄 (輒、*輙)zhé ㄓㄜˊ [jib³ 接]

总是，就：每至此，～觉心旷神怡｜所言～听｜动～得咎。

辅 (輔)fǔ ㄈㄨˇ [fu⁶ 父]

❶帮助，佐助(㊀－助)：～导｜相～而行。【辅音】发音的时候，从肺里出来的气经过口腔或鼻腔受到障碍所成的音。汉语拼音字母b、d、g等都是辅音。❷人的颊骨：～车相依(车：牙床。喻二者关系密切，互相依存)。

辆 (輛)liàng ㄌㄧㄤˋ [lêng⁶ 亮]

量词。用于车：一～汽车。

辇 (輦)niǎn ㄋㄧㄢˇ(旧读liǎn) [lin⁵ 连⁵]

古时用人拉着走的车，后来多指皇帝、皇后坐的车。

辊 (輥)gǔn ㄍㄨㄣˇ [guen² 滚]

机器上能滚动的圆柱形机件：皮～花｜～轴。

辋 (輞)wǎng ㄨㄤˇ [mong⁵ 妄]

车轮外周的框子。

輗 (輗)ní ㄋㄧˊ [ngei⁴ 危]

古代大车辕端连接、固定横木或车轭的部件。

辌 (輬)liáng ㄌㄧㄤˊ [lêng⁴ 凉]

见346页“辒”字条【辒辌】(wēn－)。

辍 (輟)chuò ㄔㄨㄛˋ [jud³ 拙]

中止，停止：～学｜中～｜日夜不～。

辎 (輜)zī ㄗ [ji¹ 兹]

辎车，有帷子的车。【辎重】(－zhòng)行军时携带的器械、粮草、被服等。

9—10 画

辏 (輳)còu ㄘㄡˋ [ceo³ 臭]

车轮的辐聚集到中心：辐～。

辐 (輻)fú ㄈㄨˊ [fug¹ 福]

连接车辋和车毂的直条：～条。【辐辏】【辐凑】(－còu)车辐聚于车毂。喻人、物聚集。【辐射】光、热、粒子等向四周放射的现象。

辑 (輯)jí ㄐㄧˊ [ceb¹ 缉]

❶聚集。特指聚集材料编书：～录丨纂～。❷整套书籍、资料等按内容或发表次序分成的各个部分：专～丨丛书第一～。❸和睦：～睦。

辒 (轀)wēn ㄨㄣ [wen¹ 瘟]

【辒辌】(－liáng)古代可以卧的车，也用作丧车。

☞广【辒仔】[wén¹zei²]中型旅行车。〖英语 waggon 的音译。〗

输 (輸)shū ㄕㄨ [xu¹ 书]

❶从一个地方运送到另一个地方(连运－)：～出丨～血。❷送给，捐献：捐～丨～财助学。❸败，负，跟"赢"相对：认～丨～了官司丨～了两个球。

𫐐 (輶)yóu ㄧㄡˊ [yeo⁴ 由]

❶古代一种轻便的车。❷轻。

𫐓 (輮)róu ㄖㄡˊ [yeo⁴ 由]

❶车轮的外周。❷使弯曲。

辕 (轅)yuán ㄩㄢˊ [yun⁴ 元]

❶车辕子，车前驾牲畜的部分：用牛驾～。❷辕门，旧时称军营的门。引旧时军政大官的衙门。

辖 (轄、❶**鎋、❶**舝)xiá ㄒㄧㄚˊ [hed⁶ 瞎]

❶车轴头上穿着的小铁棍，可使轮不脱落。❷管理(连管－)：直～丨统～丨～区。

辗 (輾)zhǎn ㄓㄢˇ [jin² 展]

【辗转】(*展转)(－zhuǎn)1．身体翻来覆去地来回转动：～反侧。2．经过许多人或许多地方：～传说丨～于大半个中国。

11 画以上

辘 (轆)lù ㄌㄨˋ [lug¹ 麓]

【辘轳】(－lu)1．安在井上绞起汲水斗的器具。2．机械上的绞盘。

☞广❶名词。轮子：前～丨后～丨个～漏气喇(轮子漏气了)。❷名词。轱辘：线～(线轴，木纱团)。【圆轱辘】圆鼓鼓的，圆溜溜的：食到个肚～噉(吃得肚子圆鼓鼓的)丨嗰嚿大石～噉，有人爬得上去(那块大石头圆圆的，没人能爬上去)。

辙 (轍)zhé ㄓㄜˊ [qid³ 彻]

车辙，车轮轧的痕迹。㉑ 1.（－儿）车辆行走的一定路线：戗(qiāng)～儿(逆着规定的路向)丨顺～儿。2. 歌词、戏曲、杂曲所押的韵：合～丨十三～。3.〈方〉办法：没～了。

辚 (轔)lín ㄌㄧㄣˊ [lên⁴ 轮]

【辚辚】形容车行走的声音：车～，马萧萧。

䡵 (䡵)suì ㄙㄨㄟˋ [sêu⁶ 睡]

古书上说的一种车饰。

轘 (轘)㊀huán ㄏㄨㄢˊ ㊁[wan⁴ 环]

【轘辕】(－yuán)古关名，在河南省偃师东南。

㊁huàn ㄏㄨㄢˋ ㊁[wan⁶ 患]

古代用车分裂人体的酷刑。

[69]牙部

牙 yá ㄧㄚˊ [nga⁴ 芽]

❶牙齿，人和高等动物嘴里咀嚼食物的器官：门～。❷(－子)像牙齿形状的东西：抽屉～子。❸旧社会介绍买卖从中取利的人：～侩(kuài)丨～行(háng)。

邪 (*衺)㊀xié ㄒㄧㄝˊ ㊁[cé⁴ 斜]

❶不正当：歪风～气丨改～归正。㉑奇怪，不正常：～门丨一股～劲。❷中医指引起疾病的环境因素：风～丨寒～。㉑迷信的人指鬼神给予的灾祸：驱～丨避～。

㊁yé ㄧㄝˊ ㊁[yé⁴ 耶]

❶见135页“莫”字条【莫邪】(mò－)。❷古同“耶(yé)❶”。

鸦 (鵶、*鴉)yā ㄧㄚ [a¹ 丫，又 nga¹ 桠]

乌鸦，鸟名，身体黑色，嘴大，翼长，种类很多：～雀无声(形容寂静)。

䶊 hé ㄏㄜˊ [heb⁶ 盒]

牙齿咬合。

雅 yǎ ㄧㄚˇ [nga⁵ 瓦]

❶正规的，标准的：～声(指诗歌)丨～言。❷高尚不俗，美好大方：优～丨～致丨～观。❸敬辞，用于称对方的情意、行动等：～意丨～鉴丨～教(jiào)。❹平素，素来：～善鼓琴。❺极，甚：～以为美丨～不欲为。❻交往：无一日之～。❼周代朝廷上的乐歌，《诗经》中诗篇的一类，分为大雅和小雅。

牚 chèng ㄔㄥˋ [cang¹ 撑]

❶斜柱。❷(－儿)桌椅等腿中间的横木。

[70]戈部

戈 gē ㄍㄜ [guo¹ 果¹]

古代的一种兵器，横刃长柄。

【戈壁】(蒙)沙漠地区。

1—2 画

戊 wù ㄨˋ ［mou⁶ 冒］

天干的第五位，用作顺序的第五。

戎 róng ㄖㄨㄥˊ ［yung⁴ 容］

❶武器。❷军队，军事：从～｜～装。❸我国古代称西部的民族。

戌 xū ㄒㄩ ［sêd¹ 摔］

❶地支的第十一位。❷戌时，指晚上七点到九点。

☞粤 ❶名词。门闩，插销：嗱门度钉多个～啦（在门上多钉一个插销吧）。❷动词。闩：瞓觉要～实度门（睡觉要把门闩上）。

戍 shù ㄕㄨˋ ［xu³ 恕］

军队防守：卫～｜～边。

成 chéng ㄔㄥˊ ㊀［xing⁴ 城］

❶做好了，办好了，跟“败”相对（连完－）：～事｜事情已～。❷事物生长发展到一定的形态或状况：～虫｜～人｜～熟。❸成为，变为：他～了专家｜雪化～水。❹成果，成绩：坐享其～｜一事无～。❺可以，能行：这么办可不～｜～，就那么办吧。❻称赞人能力强：你真～，又考了个第一。❼够，达到一定的数量：～千上万｜～车的慰问品。【成年累月】（－－lěi－）形容经历的时间长。❽已定的，定形的：～规｜～见。

chéng ㄔㄥˊ ㊁［xing⁴ 城，话 qing⁴ 呈］

（－儿）十分之一叫一成：八～。

划 （㊀㊁、㊂、㊃劃）㊀huá ㄏㄨㄚˊ ㊀［wag⁶ 或］

用刀或其他东西把别的东西分开或从上面擦过：用刀把瓜～开｜～了一道口子｜～火柴。

㊁huá ㄏㄨㄚˊ ㊁［wa⁴ 骅］

❶用桨拨水使船行动：～船。【划子】（－zi）用桨拨水行驶的小船。❷合算，按利益情况计较相宜不相宜：～算｜～得来｜～不来。

㊂huà ㄏㄨㄚˋ ㊀［wag⁶ 或］

❶分开：～拨｜～分｜～清界限。【划时代】由于出现了具有伟大意义的新事物，在历史上开辟一个新的时代。❷设计（连计－、筹－）：策～。【划一】一致，使一致：整齐～｜～制度。❸同“画❸❹”。

㊃huai · ㄏㄨㄞ ㊀［wag⁶ 或］

见 88 页“刣”字条【刣划】（bāi－）。

3—7 画

戒 jiè ㄐㄧㄝˋ ［gai³ 芥］

❶防备：～心｜～备。【戒严】非常时期在全国或一地所采取的增设警戒、限制交通等措施。❷警惕着不要做或不要犯：～骄～躁。❸革除嗜好：～酒｜把烟～了。❹佛教约束教徒的条规：五～｜清规～律。

或 huò ㄏㄨㄛˋ ［wag⁶ 惑］

❶连词。表示选择：同意～反对。❷副

词。也许：明晨～可抵达。❸文言代词。某人，有人：～谓之曰："何不为学?"

戗

(戧)㊀qiāng ㄑㄧㄤ ㊁[cêng¹ 窗]

❶逆，反方向：～风｜～水。❷(言语)冲突：说～了。

㊁qiàng ㄑㄧㄤˋ ㊁[cêng³ 唱]

支持，支撑：墙要倒，拿杠子～住。

【够戗】同"够呛"。

咸

(❷鹹)xián ㄒㄧㄢˊ [ham⁴ 涵]

❶全，都：少(shào)长(zhǎng)～集｜～知其不可。❷像盐的味道，含盐分多，跟"淡"相对。

☞粤❶形容词。指衣服或身体脏，尤指汗味浓：又～又臭｜件～衫要洗咯(这件脏衣服要洗了)｜搞到成身～晒(弄到满身汗味)。❷形容词。下流的，色情的，淫秽的。"咸湿"的省说：～书(黄色书刊)｜～片(色情电影，淫秽录影带、影碟)｜～虫(好色的人。多指男性)。【咸湿】1. 色情的，淫秽的：～佬(色鬼)｜～鬼(色鬼)。2. 谐谑语。不地道的，不标准的：我嘅～普通话你哋听得懂吗(我的不标准普通话你们听得懂吗)？❸形容词。有关国外的、境外的：～水货(外来货，进口货)。【咸龙】港币(诙谐的说法，现已少用)。❹形容词。指与海水有关的事物：～水鱼(海鱼)｜～水草(一种长在海边的水草)。【咸水歌】水上居民(疍民)的情歌，现已成为流行于珠江三角洲一带的一种民歌。

威

wēi ㄨㄟ [wei¹ 为¹]

❶使人敬畏的气魄：示～｜～力｜～望｜权～｜狐假虎～。❷凭借力量或势力：～胁｜～逼。

☞粤形容词，美，漂亮：着起套制服真系～(穿起制服来真漂亮)｜睇下呢架车几～(看，这辆车真漂亮)｜今日着件～衫(今天穿件漂亮衣裳)。也作"媁"。

战

(戰)zhàn ㄓㄢˋ [jin³ 箭]

❶战争，通常指打仗(㊀-斗)：宣～｜～时｜～役｜持久～｜作～｜百～百胜。【战略】1. 指导战争全局的计划和策略。2. 比喻决定全局的策略。【战术】进行战斗的原则和方法。㊣解决局部问题的方法。【战国】我国历史上的一个时代(公元前475—前221年)。❷发抖：～栗(害怕发抖)｜打冷～｜寒～。

戙

dòng ㄉㄨㄥˋ [dung⁶ 洞]

船板木，驾船工具。

☞粤❶动词。蹾：～齐沓纸(把那叠纸蹾齐)。❷量词。摞：一～牌。❸动词。竖，立：～起条棍(把棍子竖着)。

戚

(❷*慼、❷*慽)qī ㄑㄧ [qig¹ 斥]

❶亲戚，因婚姻联成的关系。❷忧愁，悲哀：休～相关。【戚戚】忧愁的样子：君子坦荡荡，小人常～。

戛

(*戞)jiá ㄐㄧㄚˊ [gad³ 哥压，㊇ad³ 压]

打击：～齿(上下齿叩击)。

【戛然】1. 形容嘹亮的鸟鸣声：～长鸣。2. 形容声音突然中止：鼓声～而止。

【戛戛】形容困难：～乎难哉。

8—9 画

戡 kān ㄎㄢ [hem¹ 堪]

平定(叛乱)：~乱。

戥 děng ㄉㄥˇ ㊀[deng² 邓²]

❶(-子)一种小型的秤，用来称金、银、药品等分量小的东西。❷用戥子称：把这包药~一~。

㊁[deng⁶ 邓]

☞广 ❶动词。使平衡：两头唔~，要~匀啲(两端不平衡，要弄平衡些)。【戥称】相称，般配，对称：你两个够晒~(你俩十分般配)｜门口两樖树，一樖高一樖矮，都唔~嘅(门口两棵树，一棵高一棵低，不对称)。❷动词。助(兴)：大家去~下高兴(大家去助助兴)。【戥兴】凑热闹：我哋嚟系~嘅嗻(我们是来凑热闹罢了)。❸副词。替，为(多表示与别人在情感上一致)：取得咁好成绩，真~你开心(取得这么好的成绩，真替你高兴)｜场波噉输咗，我都~你唔抵(这场球赛这样输了，我都替你可惜)｜你擒咁高，我都~你牙烟(你爬那么高，我都为你感到危险)！｜你做出噉嘅丑事，我哋都~你面红呀(你干出这样的丑事，我们都替你脸红啊)！也作"滕"。

戤 gài ㄍㄞˋ [koi³ 概]

〈方〉冒牌图利。

戣 kuí ㄎㄨㄟˊ [kuei⁴ 葵]

古代戟一类的兵器。

10 画以上

戬 jiǎn ㄐㄧㄢˇ [jin² 展]

❶剪除，剪灭。❷福。

戭 yǎn ㄧㄢˇ [yen⁵ 引]

长枪，长戈。

戮 (❶*剹)lù ㄌㄨˋ [lug⁶ 六]

❶杀(㊥杀-、屠-)。❷旧同"勠"。

戳 chuō ㄔㄨㄛ [cêg³ 卓]

❶用尖端触击：用手指头~他的额头。❷因猛触硬物而受伤：打球~伤了手。❸竖立：把秫秸~起来。❹(-子、-儿)图章：邮~｜盖~子。

[71]比部

比 bǐ ㄅㄧˇ [béi² 彼]

❶比较，较量：~干劲｜~大小｜~优劣。【比赛】用一定的方式比较谁胜谁负。❷表示比赛双方得分的对比：三~二。❸两个数相比较，前项和后项的关系是被除数和除数的关系，如3∶5，3是前项，5是后项，比值是3/5。【比例】1. 表示两个比相等的式子，如6∶3=10∶5。2. 数量之间的倍数关系：~合适｜不成~。【比重】1. 一定体积的物体的重量跟在4℃时同体积的纯水重量的比值，现常改用相对密度表示。2. 某一事物在整体中所占的分量：硕士、

博士在科研队伍中的～迅速上升｜我国工业在整个国民经济中的～逐年增长。❹比方，模拟，做譬喻(㊣－喻)：把儿童～作祖国的花朵｜用手～了一个圆形。【比画】(－huɑ)用手做样子：他一边说一边～。【比照】大致依照：你～着这个做一个。❺介词。用来比较程度或性状的差别：他～我强｜今天的雨～昨天还大。❻(旧读 bì)靠近，挨着：～邻｜～肩。【比比】一个挨着一个：～皆是。【比及】等到：～敌人发觉，我们已经冲过火线了。【朋比】互相依附，互相勾结：～为奸。

毕 (畢)bì ㄅㄧˋ [bed¹ 笔]

❶完，完结：～业｜话犹未～。【毕竟】副词。究竟，到底：他虽态度生硬，但说的话～不错。❷全，完全：～生｜真相～露。❸星宿名，二十八宿之一。

坒 bì ㄅㄧˋ [bei⁶ 币]

❶毗邻，相连。❷用于地名：六～(在浙江省慈溪)。

皆 jiē ㄐㄧㄝ [gai¹ 佳]

副词，全，都：～大欢喜｜人人～知。

毖 bì ㄅㄧˋ [béi³ 秘]

谨慎：惩前～后。

毙 (斃、*獘)bì ㄅㄧˋ [bei⁶ 币]

❶死：～命｜击～。❷用枪打死：～了一个凶犯。

琵 pí ㄆㄧˊ [péi⁴ 皮]

【琵琶】(－pɑ)弦乐器，用木做成，下部长圆形，上有长柄，有四根弦。

[72]瓦部

瓦 ㊀wǎ ㄨㄚˇ [nga⁵ 雅]

❶用陶土烧成的：～盆｜～器。❷用陶土烧成的覆盖房顶的东西：～房。【瓦解】㊙溃散：土崩～。❸(外)功率单位名瓦特的简称，符号 W。

㊁wà ㄨㄚˋ [nga⁵ 雅]

盖(瓦)：～瓦(wǎ)。【瓦刀】瓦工用来砍断砖瓦并涂抹泥灰的工具。

瓩 qiānwǎ ㄑㄧㄢㄨㄚˇ [qin¹nga⁵ 千瓦]

现写作“千瓦”，功率单位，1 瓩等 1000 瓦。

瓯 (甌)ōu ㄡ ㊀ [eo¹，㊎ ngeo¹ 欧]

❶小盆。❷杯：茶～｜酒～。❸瓯江，水名，在浙江省南部。❹浙江省温州的别称。

㊁ [ngeo¹ 欧]

☞■名词。小碗，一般指非陶瓷材质的碗：一～饭｜攞个～装住(拿个小碗装着)。

瓴 líng ㄌㄧㄥˊ [ling⁴ 玲]

古代一种盛(chéng)水的瓶子：高屋建～(从房顶上往下泻水，比喻居高临下的形势)。

瓷 (**甆)cí ㄘˊ [qi⁴ 词]

用高岭土(江西省景德镇高岭产的黏土，

泛指做瓷器的土)烧成的一种质料，所做器物比陶器细致而坚硬。

瓶 (*缾)píng ㄆㄧㄥˊ [ping4 评]

(－子、－儿)口小腹大的器皿，多为瓷或玻璃做成，通常用来盛液体：酒～子｜花～儿｜一～子油。

瓻 chī ㄔ [qi1 雌]

古代的一种酒器。

瓿 bù ㄅㄨˋ [peo2 剖]

小瓮。

甄 zhēn ㄓㄣ [yen1 因]

审查：～别｜～拔人才。

甃 zhòu ㄓㄡˋ [zeo3 皱]

❶井壁。❷用砖砌。

甏 bèng ㄅㄥˋ [bong6 镑]

〈方〉瓮、坛子一类的器皿。

甑 zèng ㄗㄥˋ(旧读 jìng) [zeng6 赠]

❶古代蒸饭的一种瓦器。现在称蒸饭用的木制桶状物。❷蒸馏或使物体分解用的器皿：曲颈～。

甓 pì ㄆㄧˋ [pig1 辟]

砖。

甗 yǎn ㄧㄢˇ [yin5 演5]

古代蒸煮用的炊具，陶制或青铜制。

[73]止部

止 zhǐ ㄓˇ [ji2 纸]

❶停住不动(㊥停－)：～步｜血流不～｜学无～境。❷拦阻，使停住：制～｜～血｜～痛。❸截止：报名日期自6月20日起至7月1日～。❹仅，只：不～一回。

此 cǐ ㄘˇ [qi2 始]

❶这，这个，跟“彼”相对：彼～｜～人｜～时｜特～布告。❷这儿，这里：由～往西｜到～为止。

步 bù ㄅㄨˋ [bou6 部]

❶脚步，行走时两脚之间的距离：一～跟不上，～～跟不上｜稳～前进。【步伐】队伍行进时的脚步：～整齐。❷阶段：初～。【步骤】事情进行的程序。❸行，走：～其后尘(追随在人家后面)。❹用脚步量地面：～一～看这块地有多长。❺旧制长度单位，一步为五尺。❻地步，境地，表示程度：没想到他竟会落到这一～。❼古同“埠”。

武 wǔ ㄨˇ [mou5 母]

❶关于军事或技击的，跟“文”相对：～装｜～术｜动～｜文～双全。❷勇猛：英～。【武断】只凭主观判断：你这种看法太～。❸半步：行不数～。泛指脚步：步～整齐。

歧 qí ㄑㄧˊ [kéi4 其]

❶岔道，大路分出的小路：～路亡羊。【歧途】比喻错误的道路：误入～。❷不相同，不一致：～视｜～义。

肯 (❷*肎) kěn ㄎㄣˇ [heng² 亨²]

❶许可，愿意：他不～来｜只要你～做就能成功｜首～(点头答应)。【肯定】1. 正面承认：～成绩，指出缺点。2. 确定不移：我们的计划～能超额完成。❷骨头上附着的肉。【肯綮】(－qìng) 筋骨结合的地方。喻事物的关键。【中肯】(zhòng－) 喻抓住重点，切中要害：说话～。

些 xiē ㄒㄧㄝ [sé¹ 写¹]

❶量词。表示不定的数量：有～工人｜炉子里要添～煤｜看～书｜长(zhǎng)～见识。❷跟"好""这么"连用表示很多：好～人｜这么～天｜制造出这么～个机器。❸用在形容词后表示略微：病轻～了｜学习认真～，理解就深刻～。【些微】略微。

雌 cí ㄘˊ (旧读 cī) [qi¹ 疵]

母的，阴性的，跟"雄"相对：～花｜～鸡｜～蕊。【雌黄】矿物名，橙黄色，可用作颜料，古时用来涂改文字：妄下～(乱改文字，乱下议论)｜信口～(随意讥评)。【雌雄】指胜负，强弱：一决～。

[74] 支部

战 diān ㄉㄧㄢ [dim¹ 点¹]

【战敠】(－duo) 同"掂掇"。

敨 tǒu ㄊㄡˇ [teo² 头²]

〈方〉❶把包着或卷着的东西打开。❷抖搂(尘土等)。

敠 duō ㄉㄨㄛ [jud³ 拙]

见 353 页"战"字条【战敠】(diānduo)。

[74] 攵部

2—5 画

收 (**収) shōu ㄕㄡ [seo¹ 修]

❶接到，接受，跟"发"相对：～发｜～信｜～条｜接～｜招～｜～账(受款记账)。❷藏或放置妥当：这是重要东西，要～好了。❸割取成熟的农作物：秋～｜～麦子。❹获得(经济利益)：～益｜～支相抵。❺招回：～兵。❻聚，合拢：疮～口了。❼结束：～尾｜～工｜～场。❽控制，收敛：～住脚步｜把心～一～。❾逮捕拘禁：～监。

攽 bān ㄅㄢ [ban¹ 班]

分给，发给。

政 zhèng ㄓㄥˋ [jing³ 贞³]

❶政治：～策｜～权｜～府｜～党｜～纲｜参～。【政治】阶级、政党、社会集团、个人在国家生活和国际关系方面的活动，是经济的集中表现。❷国家某一部门主管的业务：财～｜民～｜邮～。

❸指家庭或集体的事务：家～丨校～。

故 gù ㄍㄨˋ［gu³ 固］

❶意外的事情：变～丨事～丨～障。❷缘故，原因：不知何～丨无缘无～。❸故意，存心：明知～犯丨～弄玄虚。❹老，旧，过去的：～书丨～人（老朋友）丨～宫。❺本来的，原来的：～土丨～乡（老家）。❻死（用于人）：～去丨病～。【物故】指人死。❼连词。所以：他有坚强的意志，～能克服困难。

6—7 画

敖 áo ㄠˊ［ngou⁴ 熬］

❶同"遨"。❷姓。

效 （❶*傚、❸*効）xiào ㄒㄧㄠˋ［hao⁶ 孝⁶］

❶模仿（㊥－法、仿－）：上行下～。❷效验，功用，成果：这药吃了很见～丨～果丨无～。【效率】1. 物理学上指有用的功在总功中所占的百分比。2. 单位时间内所完成的工作量：生产～丨工作～。❸尽，献出：～力丨～劳。

教 ㊀jiāo ㄐㄧㄠ［gao³ 较］

传授：～书丨我～历史丨我～给你做。

㊁jiào ㄐㄧㄠˋ［gao³ 较］

❶指导，教诲（㊥－导）：～育丨施～丨受～丨指～。❷使，令，让：风能～船走丨～人为难。❸宗教：佛～丨道～丨～会。❹姓。

救 （*捄）jiù ㄐㄧㄡˋ［geo³ 究］

帮助，使脱离困难或危险：～济丨～援丨～命丨～火（帮助灭火）丨～生圈丨求～。

敕 （*勅、*勑）chì ㄔˋ［qi¹ 戚］

帝王的诏书、命令：～文丨～令丨～旨。

敔 yǔ ㄩˇ［yu⁵ 雨］

古代的一种打击乐器，击敔使演奏停止。

敏 mǐn ㄇㄧㄣˇ［men⁵ 吻］

❶有智慧，反应迅速，灵活（㊥－捷、灵－）：～感丨～锐丨机～丨敬谢不～（婉转表示不愿意做）。❷努力：～行不怠。

敛 （斂、*歛）liǎn ㄌㄧㄢˇ ㊀［lim⁶ 殓］

❶收拢，聚集（㊥收－）：～足（收住脚步，不往前进）丨～钱。❷约束，检束：～迹。

㊁［lim⁵⁻² 廉⁵⁻²］

☞㊄动词。舔：～嘴（用舌头舔嘴唇）。

敝 bì ㄅㄧˋ［pei⁶ 币］

破旧：～衣。谦辞，称跟自己相关的事物：～姓丨～处丨～公司。

敢 gǎn ㄍㄢˇ［gem² 感］

❶有勇气，有胆量：～于斗争丨～负责任。谦辞：～问尊姓大名？丨～请光临。❷莫非：～是哥哥回来了？

8 画以上

散 (*散) ㊀sǎn ㄙㄢˇ ㊁[san² 山²]

❶没有约束，松开：披～着头发｜绳子～了。【散漫】随随便便，不守纪律：自由～｜生活～。【散文】文体的名称，对"韵文"而言，不用韵，字句不求整齐，现多指杂文、随笔、特写等文学作品。❷零碎的，不集中的：～装｜～居｜零零～～。❸药末(多用于中药名)：丸～膏丹｜健胃～。

㊁sàn ㄙㄢˋ ㊁[san³ 汕]

❶分开，由聚集而分离：～会｜云彩～了。❷分布，分给：～传单｜撒种(zhǒng)～粪。❸排遣：～心｜～闷。

敬 jìng ㄐㄧㄥˋ [ging³ 径]

❶尊重，有礼貌地对待(㊟尊－)：～客｜～之以礼｜～赠｜～献。❷恭敬：～请指教｜毕恭毕～。❸有礼貌地送上去：～酒｜～茶。

敞 chǎng ㄔㄤˇ [cong² 厂]

❶没有遮蔽，宽绰(chuo)：～亮｜宽～。❷打开：～开大门。

敦 (❶❷*㪟) ㊀duì ㄉㄨㄟˋ ㊁[dêu³ 对]

古时盛黍稷的器具。

㊁dūn ㄉㄨㄣ ㊁[dên¹ 吨]

❶敦厚，厚道：～睦邦交。❷诚心诚意：～聘｜～请。❸姓。

敩 (斆) xiào ㄒㄧㄠˋ [hao⁶ 效]

教导，使觉悟。

敫 jiǎo ㄐㄧㄠˇ [giu² 缴]

姓。

数 (數) ㊀shǔ ㄕㄨˇ ㊁[sou² 嫂]

❶一个一个地计算：～一～。㊊比较起来最突出：就～他有本领。❷责备，列举过错：～落(luo)｜～说。

㊁shù ㄕㄨˋ ㊁[sou³ 扫]

❶数目，划分或计算出来的量：基～｜序～｜岁～｜次～｜人～。【数词】表示数目的词，如"一、九、千、万"等。❷几，几个：～次｜～日｜～人。❸(迷信)劫数，命运：在～难逃｜气～已尽。

㊂shuò ㄕㄨㄛˋ ㊁[sog³ 朔]

屡次(㊟频－)：～见不鲜(xiān)。

嫠 lí ㄌㄧˊ [léi⁴ 离]

寡妇：～妇。

漦 sī ㄙ，㊇ chí ㄔˊ [léi⁴ 离]

口水，涎沫。

敷 fū ㄈㄨ [fu¹ 呼]

❶涂上，搽上：～粉｜外～药。❷布置，铺开：～设路轨。❸足够：～用｜入不～出。

【敷衍】(－yǎn)做事不认真或待人不真诚，只是表面应酬：～了(liǎo)事｜这人不诚恳，对人总是～。

整 zhěng ㄓㄥˇ [jing² 征²]

❶整齐，有秩序，不乱：～洁｜仪容不

～。❷不残缺，完全的，跟“零”相对(㊟完－)：～套的书丨忙了一～天。【整数】算术上指不带分数、小数的数或不是分数、小数的数。一般指没有零头的数目。❸整理，整顿：休～丨～装待发丨～风。【整合】调整，重组，使和谐一致。㊖修理，搞，弄：桌子坏了～一～丨～旧如新。❹使吃苦头：挨～丨不要～人。

釐 xī ㄒㄧ [héi¹ 希]

❶〈古〉同“僖”。❷姓。

另见29页“厘”(lí)。

[75]日(曰)部

曰 yuē ㄩㄝ [yud⁶ 月，㊟yêg⁶ 药]

❶说：子～：学而时习之丨其谁～不然？❷叫作：名之～文化室。

日 rì ㄖˋ [yed⁶ 逸]

❶太阳：～光。【日食】(*日蚀)月亮运行到太阳和地球的中间，遮住太阳照到地球上的光，致使部分或完全看不见太阳的现象。❷白天，跟“夜”相对：～班丨～场。❸天，一昼夜：阳历平年一年三百六十五～。㊖某一天：纪念～丨生～。【日子】(－zi)1. 天：这些～工作很忙。2. 指某一天：今天是喜庆的～。3. 生活：如今过上了好～。❹一天天，每天：～益强大丨～新月异丨～理万机。❺时候：春～丨往～丨来～方长。

1—3画

旦 dàn ㄉㄢˋ [dan³ 诞]

❶早晨：～暮丨枕戈待～。㊖天，日：元～。【一旦】1. 一天之间(形容时间短)：毁于～。2. 副词。表示不确定的一天(既可用于已然，也可用于未然)：同学三年，～分别，大家都依依不舍丨～发现问题，立刻想法解决。【旦夕】1. 早晨和晚上。2. 在很短的时间内：危在～。❷传统戏曲里扮演妇女的角色：～角(jué)丨花～。

早 zǎo ㄗㄠˇ [zou² 遭²]

❶太阳出来的时候(㊟－晨)：一大～就开会去了丨～饭丨～操。❷时间靠前，在一定时间以前：～起～睡丨那是很～的事了丨我～就预备好了丨开车还～着呢。

旯 lá ㄌㄚˊ [lo¹ 罗¹，㊟log¹ 落¹]

见356页“旮”字条【旮旯】(gā－)。

旮 gā ㄍㄚ [go¹ 哥，㊟gog³ 角]

【旮旯】(－lá)(－子、－儿)角落：墙～丨门～。㊥偏僻的地方：山～丨背～儿。

旭 xù ㄒㄩˋ [yug¹ 沃]

光明，早晨太阳才出来的样子。【旭日】才出来的太阳。

旰 ㊀gàn ㄍㄢˋ ㊁ [gon³ 干³]

晚上：～食。

㊁hàn ㄏㄢˋ ㊂ [hon⁶ 翰]

【旰旰】盛大：皓皓～(盛大的样子)。

旱 hàn ㄏㄢˋ [hon⁵ 汉⁵]

❶长时间不下雨，缺雨，跟"涝"相对：防～｜天～。❷陆地，没有水的：～路｜～田｜～稻。

盱 xū ㄒㄩ [hêu¹ 虚]

❶太阳刚出时的样子。❷盱江，水名，又地名，都在江西省抚州。

时 (時、*旹)shí ㄕˊ [xi⁴ 思⁴]

❶时间，一切物质不断变化或发展所经历的过程。❷时间的一段。1. 比较长期的(㊀－代)：古～｜唐～｜盛极一～。2. 一年中的一季：四～。3. 时辰，一昼夜的十二分之一：子～。4. 小时，一昼夜的二十四分之一。5. 时候：平～｜到～叫我一声。6. 钟点：八～上班。【不时】1. 不定时：～之需。2. 常常：联欢会上～爆发出笑声和掌声：❸时机：待～而动。❹规定的时间：准～起飞。❺现在的，当时的：～髦｜～事。【时装】式样最新的服装，当代流行的服装。❻时常，常常(叠)：学而～习之｜～～帮助他人。❼有时候：天气～阴～晴｜身体～好～坏。

昆 chǎn ㄔㄢˇ [cam² 惨]

❶日光照耀。❷昆山，山名，又地名，都在安徽省泾县。

旷 (曠)kuàng ㄎㄨㄤˋ [kong³ 抗，㊂kuong³ 矿]

❶空阔(㊀空－)：～野｜地～人稀。【旷世】当代没有能够相比的：～功勋。❷心境阔大：心～神怡｜～达。❸荒废，耽搁：～工｜～课｜～日持久。

旸 (暘)yáng ㄧㄤˊ [yêng⁴ 阳]

❶太阳出来。❷晴天。

4 画

昔 xī ㄒㄧ [xig¹ 色]

从前：～日｜今～。

旺 wàng ㄨㄤˋ [wong⁶ 汪⁶]

盛，兴盛(㊀－盛、兴－)：火很～｜～季。

昊 hào ㄏㄠˋ [hou⁶ 浩]

广大的天。

玮 (暐)wěi ㄨㄟˇ [wei⁵ 伟]

形容光很盛。

昙 (曇)tán ㄊㄢˊ [tam⁴ 谭]

云彩密布，多云。

【昙花】灌木状常绿植物，花大，白色，开的时间很短。

【昙花一现】比喻事物一出现很快就消失。

杲 gǎo ㄍㄠˇ [gou² 稿]

明亮(叠)：～～出日。

昃 zè ㄗㄜˋ [zeg¹ 则]

太阳偏西。

昆 (❶* 崑、❹* 崐) kūn ㄎㄨㄣ [kuen¹ 坤]

❶众多。【昆虫】节肢动物的一类，身体分头、胸、腹三部分，有三对足，如蜂、蝶、跳蚤、蝗虫等。❷子孙，后嗣：后~。❸哥哥：~弟 | ~仲。❹【昆仑】山脉名，西起帕米尔高原，分三支向东分布。

昌 chāng ㄔㄤ [cêng¹ 窗]

兴盛：~盛 | 科学~明。

晛 (晛)xiàn ㄒㄧㄢˋ [yin⁶ 砚]

太阳出现。

旿 wǔ ㄨˇ [ng⁵ 午]

光明。

昇 shēng ㄕㄥ [xing¹ 星]

❶见 17 页“升”。❷用于人名。毕昇，宋代人，首创活字版印刷术。❸姓。

昕 xīn ㄒㄧㄣ [yen¹ 因]

太阳将要出来的时候。

昄 bǎn ㄅㄢˇ [ban² 板]

用于地名：~大(在江西省德兴)。

明 míng ㄇㄧㄥˊ [ming⁴ 名]

❶亮，跟“暗”相对：~亮 | 天~了 | ~晃晃的刺刀。❷明白，清楚：说~ | 表~ | 黑白分~ | 情况不~ | ~~是他搞的。㊂懂得，了解：深~大义 | 知书~理。❸公开，不秘密，不隐蔽，跟“暗”相对：~讲 | 有话~说 | ~码售货 | ~枪易躲，暗箭难防。❹视觉，眼力：失~。❺视觉灵敏，能看清事物：英~ | 精~ | 耳聪目~ | 眼~手快。❻神明，迷信称神灵。【明器】【冥器】殉葬用的器物。❼次(指日或年)：~日 | ~年。❽朝代名，明太祖朱元璋所建立(公元1368—1644 年)。

昒 hū ㄏㄨ [fed¹ 拂]

天将亮未亮之时：~昕 | ~爽。

易 yì ㄧˋ ㊀ [yi⁶ 义]

❶容易，不费力：通俗~懂 | 轻而~举。❷平和：平~近人。❸轻视。❹芟治草木：~其田畴。

yì ㄧˋ ㊁ [yig⁶ 亦]

❶改变：移风~俗。❷交易，交换：以物~物。❸古书《周易》的简称。❹水名，在河北省。❺姓。

昀 yún ㄩㄣˊ [wen⁴ 匀]

日光。多用于人名。

昂 áng ㄤˊ [ngong⁴ 我康⁴]

❶仰，高抬：~首挺胸。❷高，贵：~贵 | 价~。❸情绪高(叠)：~扬 | 激~ | 气~~。

旻 mín ㄇㄧㄣˊ [men⁴ 文]

❶天，天空：~天 | 苍~。❷秋天。

昉 fǎng ㄈㄤˇ [fong² 访]

❶明亮。❷起始。

炅 ㊀guì ㄍㄨㄟˋ ㊁[guei³ 贵]

姓。

㊁jiǒng ㄐㄩㄥˇ ㊁[guing² 炯]

火光。

昈 hù ㄏㄨˋ [wu⁶ 互]

❶文采斑斓。❷分明，清楚。

曶 hū ㄏㄨ [fed¹ 拂]

❶疾速，转眼之间。❷古人名：~鼎(西周中期青铜器，作者名曶)。

5 画

春 (*萅)chūn ㄔㄨㄣ [cên¹ 椿]

❶春季，四季中的第一季。㊞生气，生机：大地回~｜妙手回~。【春秋】1. 春季和秋季，泛指岁月：不知过了多少~。2. 年龄，年岁：~已高。3. 我国古代最早的一部编年体史书。4. 泛指历史：甘洒热血写~。5. 我国历史上的一个时代(公元前770—前476年)。因鲁国编年体史书《春秋》而得名。【青春】青年时代。❷指男女情欲。~情｜~心。

昚 shèn ㄕㄣˋ [sen⁶ 慎]

❶见515页“慎”。❷用于人名。赵昚，南宋孝宗。

昧 mèi ㄇㄟˋ [mui⁶ 梅⁶]

❶昏，糊涂，不明白：愚~｜蒙~｜冒~。❷隐藏，隐瞒：拾金不~。

昰 shì ㄕˋ [xi⁶ 是]

❶见359页“是”。❷用于人名。赵昰，南宋端宗。

是 (△*昰)shì ㄕˋ [xi⁶ 示]

❶表示判断：他~工人｜这朵花~红的。❷表示存在：满身~汗｜山上全~树。❸表示让步，先承认所说的，再转入正意：东西旧~旧，可是还能用｜话~说得很对，可是得(děi)认真去做。❹表示适合：来得~时候｜放得~地方。❺表示凡是，任何：~重活儿他都抢着干。❻用于选择问句：你~坐轮船~坐火车？❼加重语气：~谁告诉你的？｜天气~冷。❽对，合理，跟“非”相对：懂得~非｜他说的~。㊀认为对：~其所是。【是非】1. 正确和错误：辨明~。2. 纠纷，争执：挑拨~｜惹~。❾文言代词。这，此：如~｜~日天气晴朗。

【国是】国家大计：共商~。

“昰”另见359页shì。

昺 (**昞)bǐng ㄅㄧㄥˇ [bing² 炳]

明亮，光明。

昽 (曨)lóng ㄌㄨㄥˊ [lung⁴ 龙]

见360页“昤”字条【昤昽】(líng –)、365页“曈”字条【曈昽】(tóng –)、366页“曚”字条【曚昽】(méng –)。

显 (顯)xiǎn ㄒㄧㄢˇ [hin² 遣]

❶露在外面容易看出来：明～｜～而易见｜道理很～然。❷表现，露出：～示｜～微镜｜没有高山，不～平地。❸有名声、地位、权势的：～贵｜～宦。❹敬辞(称先人)：～考｜～妣。

映 (❶*暎)yìng ㄧㄥˋ [ying² 影]

❶照射而显出：影子倒～在水里｜夕阳把湖水～得通红。【反映】反照。㊀引 1. 把客观事物的实质表现出来：文艺作品要～现实生活。2. 向上级转达：及时～群众的意见。❷放映电影或播放电视节目：上～｜播～｜首～式。

星 xīng ㄒㄧㄥ [xing¹ 升]

❶天空中发光的或反射光的天体，如太阳、地球、北斗星等。通常指夜间天空中闪烁发光的天体：卫～｜～罗棋布｜月明～稀。㊀喻称有名的演员、运动员等：明～｜球～｜歌～。❷(－子、－儿)细碎或细小的东西：～火燎原｜火～儿｜唾沫～子。❸星宿名，二十八宿之一。

昳 ㊀dié ㄉㄧㄝˊ ㊀ [did⁶ 秩]

〈古〉日过午偏西。

㊁yì ㄧˋ ㊁ [yed⁶ 日]

【昳丽】美丽：形貌～。

昨 zuó ㄗㄨㄛˊ [zog⁶ 凿]

❶昨天，今天的前一天：～夜。❷泛指过去：觉今是而～非。

昣 zhěn ㄓㄣˇ [zen² 轸]

明亮。

昤 líng ㄌㄧㄥˊ [ling⁴ 玲]

【昤昽】(－lóng)古代指日光。

昫 xù ㄒㄩˋ [hêu² 许]

❶旧同"煦"。❷用于人名。

曷 hé ㄏㄜˊ [hod³ 喝]

文言代词。表示疑问。1. 怎么。2. 何时。

☞❶【腥曷】(腥䫻)腥臭味儿：一甠𪐴。(一股腥臭味儿)。

昴 mǎo ㄇㄠˇ [mao⁵ 卯]

星宿名，二十八宿之一。

昱 yù ㄩˋ [yug¹ 沃]

❶日光。❷光明。

昡 xuàn ㄒㄩㄢˋ [yun⁶ 愿]

日光。

昵 (*暱)nì ㄋㄧˋ [nig¹ 匿]

亲近(㊀连亲－)：～称。

昭 zhāo ㄓㄠ [qiu¹ 超]

❶明显，显著：罪恶～彰｜～然若揭。❷表明，显示：以～信守。【昭昭】1. 光明，明亮：日月～。2. 明白：使人～。

昪 biàn ㄅㄧㄢˋ [bin⁶ 辨]

❶日光明亮。❷欢乐。

昝 zǎn ㄗㄢˇ [zan² 盏]

姓。

昶 chǎng ㄔㄤˇ [cong² 厂]

❶白天时间长。❷舒畅，畅通。

6 画

晋 (*晉)jìn ㄐㄧㄣˋ [zên³ 进]

❶进，向前：~见｜~级。❷周代诸侯国名，在今山西省和河北省南部，河南省北部，陕西省东部。❸山西省的别称。❹朝代名。1. 晋武帝司马炎所建立(公元 265—420 年)。2. 五代之一，石敬瑭所建立(公元 936—947 年)，史称后晋。

晅 xuǎn ㄒㄩㄢˇ [hün¹ 圈]

❶日光。❷光明。❸晒干。

晒 (曬)shài ㄕㄞˋ [sai³ 徙³]

❶把东西放在太阳光下使它干燥，人或物在阳光下吸收光和热：~衣服｜~太阳。❷㊥对人置之不理：把来访者~在一旁。❸(外)展示，多指在网络上公开透露(自己的信息)：~工资｜~隐私。

☞粤❶助词。用在动词或形容词后面，表示完全、全部、都等：讲~畀佢听(全告诉他)｜鱼畀猫食~咯(鱼给猫吃光了)｜面都红~(脸都红了)｜畀佢搞黄~(让他全弄坏了)。【大晒】老大，高人一等：系你~呀(你以为你是老大啊)。❷助词。放在某些动词或动补结构后面，有加强语气的作用：唔该~(太感谢了)｜多得~(太感谢了)｜咪喺度嘈生~(别在这里吵吵闹闹的)｜催衡~(紧催着)。

晟 shèng ㄕㄥˋ [xing⁴ 成]

❶光明。❷旺盛，兴盛。

晓 (曉)xiǎo ㄒㄧㄠˇ [hiu² 侥²]

❶天刚亮的时候：~行夜宿｜鸡鸣报~。❷晓得，知道，懂得(㊟知-)：家喻户~｜通~。❸使人知道：~以利害。

晊 zhì ㄓˋ [ji³ 至]

大。多用于人名。汉代有岑晊。

晃 (*㨪)㊀huǎng ㄏㄨㄤˇ [fong² 访]

❶明亮：明~~的刺刀。❷光芒闪耀：~眼(光线刺眼)。❸很快地闪过：窗户外有个人影，一~就不见了。

㊁huàng ㄏㄨㄤˋ [fong² 访]

摇动，摆动(㊟摇-)：树枝来回~｜~动｜~悠(you)。

晔 (曄)yè ㄧㄝˋ [yib⁶ 业]

❶光明，多用于人名。❷同"烨"。

晌 shǎng ㄕㄤˇ [hêng² 享]

❶一天内的一段时间，一会儿：工作了半~｜停了一~。❷晌午(wu)，正午：睡~觉｜歇~。

晁 (**鼂)cháo ㄔㄠˊ [qiu⁴ 潮]

姓。

晐 gāi ㄍㄞ [goi¹ 该]

兼备，完备。

晏 yàn ㄧㄢˋ [an³，⊗ngan³ 雁³]

❶晚，迟：~起。❷同“宴❹”。

☞粤❶形容词。晚，迟：“大食懒，起身~”（儿歌。又馋又懒，起床特别晚）｜咁~重唔去翻工（这么晚了还不去上工）｜四点至开会太~喇（四点才开会太迟了）。❷名词。午饭（农村多说）：食~（吃午饭）。❸名词。午间：瞓~觉（睡中午觉）。【晏昼】1. 中午：~饭（午饭）｜~人哋要休息（中午人家要休息）。2. 有时也指下午。3. 午饭：食咗~未呀（吃过午饭没有）？

晖 （暉）huī ㄏㄨㄟ [fei¹ 辉]

❶阳光：春~｜朝~｜余~。❷同“辉”。

晕 （暈）㊀yūn ㄩㄣ ㊀[wen⁴ 云]

昏迷：~厥（jué）｜~倒｜~过去了。㊉头脑不清：头~｜~头转向。

㊁yùn ㄩㄣˋ ㊁[wen⁶ 运]

❶日光或月光通过云层时因折射作用而在太阳或月亮周围形成的光圈：日~｜月~而风。❷头发昏：一坐船就~。

7 画

晢 （**晣）zhé ㄓㄜˊ [zei³ 制]

明亮。

曹 cáo ㄘㄠˊ [cou⁴ 嘈]

❶等，辈：尔~｜吾~。❷古代分科办事的官署：部~｜功~。

晡 bū ㄅㄨ [bou¹ 煲]

〈古〉申时，指下午三点到五点。

晤 wù ㄨˋ [ng⁶ 午⁶]

遇，见面：~面｜~谈｜会~。

晨 chén ㄔㄣˊ [sen⁴ 神]

清早，太阳出来的时候，清~｜~昏（早晚）｜~练（早晨锻炼身体）。

曼 màn ㄇㄢˋ [man⁶ 慢]

❶延长：~声而歌。❷柔美：轻歌~舞。

晦 huì ㄏㄨㄟˋ [fui³ 悔]

❶昏暗不明（㊀-暗）。【晦气】1. 不顺利，倒霉。2. 指人不顺利或生病时难看的气色：一脸~。❷夜晚：风雨如~。❸农历每月的末一天。

晞 xī ㄒㄧ [héi¹ 希]

❶干，干燥：晨露未~。❷破晓，天亮：东方未~。

晗 hán ㄏㄢˊ [hem⁴ 含]

天将明。

晚 wǎn ㄨㄢˇ [man⁵ 万⁵]

❶太阳落了的时候：从早到~｜~饭｜~会。㊀夜间：昨~没睡好。❷时间靠后的，比合适的时间居后：~年(老年)｜~秋｜来~了｜赶快努力还不~。❸后来的：~辈。❹晚辈对长辈的自称(多用于书信)。

晾 làng ㄌㄤˋ [long⁶ 晾]

〈方〉晾晒。

晙 jùn ㄐㄩㄣˋ [zên³ 进]

❶早晨。❷明亮。

8 画

替 tì ㄊㄧˋ [tei³ 剃]

❶代，代理(㊀-代、代-)：~班｜我~你洗衣服。❷介词。为(wèi)，给：大家都~他高兴。❸衰废：兴~｜隆~。

暂 (暫、*蹔)zàn ㄗㄢˋ [zam⁶ 站]

❶时间短，跟“久”相对：短~。❷副词。暂时：~停｜会议~不举行。

晴 qíng ㄑㄧㄥˊ [qing⁴ 情，㊀céng⁴ 初镜⁴]

天空中没有云或云量很少，跟“阴”相对：~天｜天~了。

暑 shǔ ㄕㄨˇ [xu² 鼠]

热：中(zhòng)~｜~天。

最 (*冣)zuì ㄗㄨㄟˋ [zêu³ 醉]

❶副词。极，无比的：~大｜~好｜~要紧。❷指居首位的、没有比得上的人或事物：中华之~｜世界之~｜以此为~。

晰 (*晳)xī ㄒㄧ [xig¹ 析]

明白，清楚：清~｜明~。

量 ㊀liáng ㄌㄧㄤˊ ㊀[lêng⁴ 凉]

❶用器物计算东西的多少或长短：用斗~米｜用尺~布｜车载斗~。❷估量：思~(liang)｜打~(liang)。

㊁liàng ㄌㄧㄤˋ ㊁[lêng⁶ 亮]

❶旧指测量东西多少的器物，如斗、升等。【量词】表示事物或行动单位的词，如“张、条、个、只、遍”等。❷限度：酒~｜气~｜饭~｜胆~。❸数量，数的多少：质~并重｜大~。【分量】(fènliàng)重量：不够~｜称称~。❹估计，审度(duó)：~力而行｜~入为出。

晫 zhuó ㄓㄨㄛˊ [zêg³ 桌]

明亮，昌盛。

晶 jīng ㄐㄧㄥ [jing¹ 贞]

形容光亮(叠)：~莹｜亮~~的。【晶体】原子、离子、分子按一定的空间位置排列而成，且具有规则外形的固体。【结晶】1. 由液体或气体变成许多有一定形状的小颗粒的现象。2. 晶体。㊃成果：这本著作是他多年研究的~。

晪 tiǎn ㄊㄧㄢˇ [tin² 田²]

明亮。

晷 guǐ ㄍㄨㄟˇ [guei² 鬼]

日影。㊕时间：日无暇～。【日晷】古代按照日影测定时刻的仪器。又叫日规。

晾 liàng ㄌㄧㄤˋ [long⁶ 浪]

❶把衣物放在太阳下面晒或放在通风透气的地方使干：～衣服。❷冷落，不理睬：把他～在一边。❸同"凉"(liàng)。

☞粤❶动词。凉：～冻杯水(把水放凉)。❷动词。张挂：～蚊帐(挂蚊帐)。

景 jǐng ㄐㄧㄥˇ [ging² 警]

❶风景，风光：良辰美～｜～致｜～色。❷景象，情况：盛～｜晚～｜远～。❸戏剧、电影等中的场面和景物：布～｜内～｜外～。❹佩服，敬慕：～仰｜～慕。❺指日光：春和～明。

【景颇族】我国少数民族，参看附表。

〈古〉又同"影"(yǐng)。

晬 zuì ㄗㄨㄟˋ [zêu³ 醉]

婴儿周岁。

睒 shǎn ㄕㄢˇ [xim² 闪]

❶闪电。❷晶莹的样子。

智 zhì ㄓˋ [ji³ 至]

聪明，智慧，见识：～勇双全｜不经一事，不长(zhǎng)一～。【智慧】迅速、灵活、正确地理解事物和解决问题的能力。

普 pǔ ㄆㄨˇ [pou² 脯]

普遍，全，全面：～天同庆｜～查。【普及】传布和推广到各方向：～教育。【普通】通常，一般：～人｜～读物。

【普米族】我国少数民族，参看附表。

曾 ㊀céng ㄘㄥˊ ㊁[ceng⁴ 层]

副词。曾经，表示从前经历过：未～｜何～｜他～去北京两次｜～几何时(表示时间过去没多久)。

㊁zēng ㄗㄥ ㊂[zeng¹ 增]

❶重(chóng)，用来指与自己中间隔着两代的亲属：～祖｜～孙。❷古同"增"。❸姓。

9 画

暕 jiǎn ㄐㄧㄢˇ [gan² 简]

❶明亮。❷阴雨之后转晴。

暍 yē ㄧㄝ [hod³ 喝]

中暑，伤暑。

暖 (*煖、*暝、*㬉)nuǎn ㄋㄨㄢˇ [nün⁵ 嫩⁵]

暖和(huo)，不冷(㊀温－)：风和日～｜～洋洋。㊂使温和(huo)：～一～手。

㬊 huǎn ㄏㄨㄢˇ [wun⁶ 缓]

姓。

暗 (❶❸*闇)àn ㄢˋ [em³，⊗ngem³ 庵³]

❶不亮，没有光，跟"明"相对：～中摸索｜这间屋子太～。【暗淡】昏暗，不光

明：颜色～｜前途～。❷不公开的，隐藏不露的，跟“明”相对：～号｜～杀｜心中～喜。❸愚昧，糊涂：明于知彼，～于知己。

晅 gèng ㄍㄥˋ [geng³ 庚³]

晒。多用于人名。

暄 xuān ㄒㄩㄢ [hün¹ 圈]

❶太阳的温暖。【寒暄】㊕见面时谈天气冷暖之类的应酬话：彼此～了几句。❷〈方〉松散，松软：～土｜馒头又大又～。

暇 xiá ㄒㄧㄚˊ [ha⁶ 夏，㊋ ha⁴ 霞]

空(kòng)闲，没有事的时候：得～｜无～｜自顾不～(连自己都顾不过来)。

暌 kuí ㄎㄨㄟˊ [kuei⁴ 携]

隔离(㊌－违、－离)。

10—12 画

暧 (曖)ài ㄞˋ [oi³，㊋ngoi³ 爱]

日光昏暗(叠)。【暧昧】1. 态度不明朗。2. 行为不光明。

暝 míng ㄇㄧㄥˊ [ming⁴ 明]

❶日落，天黑。❷黄昏：～色。

㬎 xiǎn ㄒㄧㄢˇ [hin² 显]

❶同“显❶”。❷用于人名。赵㬎，南宋恭帝。

暵 hàn ㄏㄢˋ [hon³ 汉]

❶曝晒。❷使干枯。

暴 ㊀bào ㄅㄠˋ ㊉ [bou⁶ 步]

❶强大而突然来的，又猛又急的：～风雨｜～病。【暴力】武力，强制性的力量：滥施～｜家庭～。❷过分急躁的，容易冲动的：这人脾气真～。❸凶恶残酷的(㊌－虐、残－、凶－)：～行(xíng)｜～徒。❹糟蹋，损害：自～自弃。❺露出来：～露｜自～家丑。❻姓。

㊁pù ㄆㄨˋ ㊉ [bug⁶ 仆]

晒，晒干。后作“曝”(pù)。

暲 zhāng ㄓㄤ [zêng¹ 章]

明亮。

暶 xuán ㄒㄩㄢˊ [xun⁴ 船]

❶明亮。❷容貌美丽。

嘻 xī ㄒㄧ [héi¹ 希]

炽热。

曌 zhào ㄓㄠˋ [jiu³ 照]

同“照”。唐代女皇帝武则天为自己名字选用的新造字。

暾 tūn ㄊㄨㄣ [ten¹ 吞]

刚出来的太阳：朝～。

曈 tóng ㄊㄨㄥˊ [tung⁴ 筒]

【曈昽】(－lóng)天将亮的样子。

瞮 chè ㄔㄜˋ [qid³ 彻]

明亮，明晰。

13 画以上

曚 méng ㄇㄥˊ [mung⁴ 蒙]

【曚昽】(－lóng)日光不明。

曙 shǔ ㄕㄨˇ [xu⁵ 暑⁵，㊁ qu⁵ 柱]

天刚亮：～色｜～光。

㬤 qī ㄑㄧ [yeb¹ 泣]

〈方〉❶东西湿了之后要干未干：雨过天晴，路上渐渐～了。❷用沙土等吸收水分：地上有水，铺上点儿沙子～一～。

曛 xūn ㄒㄩㄣ [fen¹ 芬]

日没(mò)时的余光：～黄(黄昏)。

曜 yào ㄧㄠˋ [yiu⁶ 耀]

❶照耀。❷日、月、星都称"曜"，一个星期的七天用日、月、火、水、木、金、土七个星名排列，因此星期几也叫什么"曜日"，如星期日是"日曜日"，星期六是"土曜日"。

曝 ㊀bào ㄅㄠˋ ㊂ [bou⁶ 步]

【曝光】使感光纸或摄影胶片感光。㊙隐蔽的事情暴露出来，被众人知道：事情～后，他压力很大。

㊁pù ㄆㄨˋ ㊂ [bug⁶ 瀑]

晒：一～十寒(喻没有恒心)。

曦 xī ㄒㄧ [héi¹ 希]

阳光：晨～。

曩 nǎng ㄋㄤˇ [nong⁵ 囊⁵]

从前的，过去的：～日｜～者(从前)。

[75]冃部

冒 (*冐) ㊀mào ㄇㄠˋ ㊂ [mou⁶ 务]

❶向外透，往上升：～泡｜～烟｜～火｜～尖｜～头儿。❷不顾(恶劣的环境或危险等)：～雨｜～险。❸不加小心，鲁莽，冲撞：～进｜～昧｜～犯。【冒失】鲁莽，轻率。❹用假的充当真的，假托：～牌｜～名。❺姓。

㊁mò ㄇㄛˋ ㊂ [meg⁶ 默]

【冒顿】(－dú)汉初匈奴的一个首领名。

冔 xǔ ㄒㄩˇ [hêu² 许]

商代的一种帽子。

冕 miǎn ㄇㄧㄢˇ [min⁵ 免]

古代大(dà)夫以上的官戴的礼帽。后来专指帝王的礼帽：加～。

[76]贝部

贝 (貝) bèi ㄅㄟˋ [bui³ 辈]

❶有壳的软体动物的统称，如蛤蜊、蚌、鲍、田螺等。❷古代用贝壳做的货币。

2—4 画

则 (則)zé ㄗㄜˊ [zeg¹ 仄]

❶模范，规范：准~｜以身作~。❷规则，制度，规程：细~｜原~｜守~。【法则】又叫规律，事物之间内在的必然的联系。【四则】指加、减、乘、除四种运算方法。❸效法：~先烈之言行。❹连词。1. 表示因果关系，就，便：兼听~明，偏信~暗。2. 表示转折，却：今~不然。3. 表示两件事在时间上前后相承：预备铃一响，~学生陆续走进教室。❺副词。表示肯定的判断，就是：此~余之罪也。❻用在"一、二(再)、三"等后面，列举原因或理由：一~房子小，二~人太多，所以室内拥挤不堪。❼量词。用于成文的条数：试题三~｜新闻两~｜随笔一~。

财 (財)cái ㄘㄞˊ [coi⁴ 才]

金钱或物资(㊟ -产、资-、钱-)：理~｜~务。【财富】具有价值的东西：物质~｜精神~。【财政】国家的收支及其他有关经济的事务。

责 (責)zé ㄗㄜˊ [zag³ 窄]

❶责任，分(fèn)内应做的事：负~｜尽~｜爱护公物，人人有~。❷要求：求全~备｜~己严于~人。【责成】要求某人负责办好：这个问题已~专人研究解决。❸指摘过失，责备：~罚｜斥~。❹责问，质问，诘(jié)问。❺旧指为惩罚而打：鞭~｜杖~。

〈古〉又同"债"(zhài)。

贤 (賢)xián ㄒㄧㄢˊ [yin⁴ 言]

❶有道德的，有才能的，也指有道德、有才能的人：~明｜选~与能｜任人唯~。❷敬辞，用于平辈或晚辈：~弟｜~侄。

败 (敗)bài ㄅㄞˋ [bai⁶ 摆⁶]

❶输，失利，跟"胜"相对：一~涂地｜敌军~了。❷打败，使失败：人民军队大~侵略军。❸做事没有达到目的，不成功，跟"成"相对：功~垂成。❹败坏，毁坏：~血症｜身~名裂。❺解除，消散：~火｜~毒。❻衰落，使衰落：花开~了｜~兴(xìng)(情绪低落)｜~家子儿。

账 (賬)zhàng ㄓㄤˋ [zêng³ 涨]

❶关于银钱财物出入的记载：记~｜流水~。❷指记载银钱财物出入的本子或单子：一本~｜一篇~。❸债务：欠~｜不认~(喻不承认自己做的事)。

贩 (販)fàn ㄈㄢˋ [fan³ 泛]

❶为获利而买货出卖：~货｜~了一群羊来。❷(-子)买货出卖的人：菜~子｜摊~。

贬 (貶)biǎn ㄅㄧㄢˇ [bin² 匾]

❶给予不好的评价，跟"褒"相对：一字之~｜~义词。【褒贬】1. 评论好坏。2. (-bian)指出缺点。❷减低，降低：~价｜~值｜~职。

购 (購)gòu ㄍㄡˋ [keo³ 扣]

买(㊀连－买)：～物丨～置丨采～。

贮 (貯)zhù ㄓㄨˋ [qu⁵ 柱]

储存(㊀连－存、－藏)。

货 huò ㄏㄨㄛˋ [fo³ 课]

❶货物，商品：进～丨订～丨水～丨山～。【货郎】卖零星商品的流动小贩。❷钱币：通～丨～币。❸卖：～卖(出售)。❹骂人时指人：他不是个好～丨笨～丨蠢～。

贯 (貫)guàn ㄍㄨㄢˋ [gun³ 灌]

❶连贯，穿通(㊀连－穿)：学～中西丨一直～串下去丨融会～通。【贯彻】使全部实现：～执行丨～党的政策。【一贯】向来如此，始终一致：艰苦朴素是他的～作风。❷旧时把方孔钱穿在绳子上，每一千个叫一贯。❸原籍，出生地：籍～。❹姓。

5 画

贳 (貰)shì ㄕˋ [sei³ 细]

❶出赁，出借。❷赊欠。❸宽纵，赦免。

贵 (貴)guì ㄍㄨㄟˋ [guei³ 桂]

❶价钱高，跟“贱”相对：这本书不～丨金比银～。❷指地位高，跟“贱”相对：～族丨达官～人。敬辞，称与对方有关的事物：～姓丨～处丨～校丨～宾。❸值得珍视或重视(㊀连宝－、－重)：可～丨珍～。❹以某种情况为可贵：～精不～多丨～在坚持丨人～有自知之明。

贱 (賤)jiàn ㄐㄧㄢˋ [jin⁶ 战⁶]

❶价钱低，跟“贵”相对：这布真～。❷指地位卑下，跟“贵”相对(㊀连卑－)：贫～。谦辞，称有关自己的事物：～姓丨～恙。❸卑鄙：下～。

贴 (貼)tiē ㄊㄧㄝ [tib³ 帖]

❶粘(zhān)，把一种薄片状的东西粘在另一种东西上(㊀连粘－)：～布告丨～邮票。❷靠近，紧挨：～身丨～着墙走。【贴切】恰当，确切。❸添补，补助(㊀连－补)：房～丨每月～给他一些钱。❹同“帖(tiē)”。❺量词。用于膏药。

贶 (貺)kuàng ㄎㄨㄤˋ [kong³ 抗，㊀又kuong³ 矿]

赐，赠。

贻 (貽)yí ㄧˊ [yi⁴ 而]

❶赠给。❷遗留：～害丨～笑大方(让内行人笑话)。

贷 (貸)dài ㄉㄞˋ [doi⁶ 袋]

❶借贷，借入或借出(会计工作上专指借出)：从银行～到50万元。❷贷款：农～丨信～。❸推卸给别人：责无旁～。❹宽恕，饶恕：严惩不～。

贸 (貿)mào ㄇㄠˋ [meo⁶ 茂⁶]

❶交换财物：抱布～丝。【贸易】商业活动：国际～。❷冒冒失失或轻率的样子(叠)：～然参加丨～～然来。

费 (費)fèi ㄈㄟˋ [fei³ 废]

❶花费，消耗得多，跟“省”相对：～力｜～心｜～神｜～事｜～工夫｜浪～｜这孩子穿鞋太～。❷费用，为某种需要用的款项：学～｜办公～。

贺 (賀)hè ㄏㄜˋ [ho⁶ 可⁶]

庆祝，祝颂(㊥庆－、祝－)：～年｜～喜｜～功｜～电。

6—7画

贽 (贄)zhì ㄓˋ [ji³ 至]

古时初次拜见人时所送的礼物：～见｜～敬(旧时拜师送的礼)。

赀 (貲)zī ㄗ [ji¹ 之]

计量(多用于否定)：所费不～｜不可～计。

“貲”另见369页“资”。

贼 zéi ㄗㄟˊ [cag⁶ 册⁶]

❶偷东西的人，盗匪。㊀严重危害人民和国家的坏人：奸～｜卖国～。❷伤害：戕(qiāng)～。❸邪的，不正派的：～眼｜～头～脑。❹〈方〉狡猾：老鼠真～。❺〈方〉很，非常：～冷｜～亮。

贿 (賄)huì ㄏㄨㄟˋ [fui² 悔²]

❶财物。❷贿赂，用财物买通别人，也指用来买通别人的财物：行～｜受～。

赂 lù ㄌㄨˋ [lou⁶ 路]

❶贿赂，用财物买通别人。❷财物，特指赠送的财物。

赃 (贜、**贓)zāng ㄗㄤ [zong¹ 庄]

赃物，贪污受贿或偷盗所得的财物：追～｜退～｜人～俱获。

赅 (賅)gāi ㄍㄞ [goi¹ 垓]

❶完备：言简意～。❷包括：举一～百。

赆 (贐)jìn ㄐㄧㄣˋ [zên² 准]

临别时赠的礼物：～仪。

赁 (賃)lìn ㄌㄧㄣˋ [yem⁶ 任]

租(㊥租－)：～房｜～车｜出～。

资 (資、❶△*貲)zī ㄗ [ji¹ 之]

❶财物，钱财：～源｜投～｜工～。㊀费用：车～｜邮～。【资金】1. 国民经济中物资的货币表现。2. 经营工商业的本钱。【资料】1. 生产、生活中必需的东西。2. 用作依据的材料：统计～｜研究～。❷供给：～助｜以～参考。❸智力：天～聪明。❹资历，指出身、经历：年～｜～格｜论～排辈。【资质】人的素质，智力。㊀泛指从事某种工作或活动所应具备的条件、资格、能力等：管理～｜设计～｜～等级。

“貲”另见369页“赀”。

赉 (賚)lài ㄌㄞˋ [loi⁶ 来⁶]

赐，给：赏～。

赇 (賕)qiú ㄑㄧㄡˊ [keo4 求]

贿赂：枉法受～。

赈 (賑)zhèn ㄓㄣˋ [zen3 振3]

赈济，救济：～灾｜以工代～。

赊 (賒)shē ㄕㄜ [séi1 些]

❶买卖货物时延期付款或延期收款：～账｜～购。❷远：江山蜀道～。❸古同"奢❶"。

8 画

赍 (賫、*齎、*賷)jī ㄐㄧ [zei1 剂]

❶怀抱着，带着：～志而殁(mò)(志未遂而死去)｜～恨。❷把东西送给别人。

赏 (賞)shǎng ㄕㄤˇ [sêng2 想]

❶指地位高的人或长辈给地位低的人或晚辈财物(㊜－赐)：～给他一匹马。❷敬辞：～光(请对方接受自己的邀请)｜～脸。❸奖励(㊜奖－)：～罚分明。❹奖赏的东西：领～｜悬～。❺玩赏，因爱好(hào)某种东西而观看：欣～｜鉴～｜雅俗共～。【赏识】认识到别人的才能或作品的价值而予以重视或赞扬。

赋 (賦)fù ㄈㄨˋ [fu3 副]

❶旧指田地税：田～。【赋税】旧时田赋和各种捐税的总称。❷我国古典文学中的一种文体，盛行于汉魏六朝。❸念诗或作诗：～诗。❹交给，给予：～予重任。

赍 (睛)㊀jìng ㄐㄧㄥˋ ㊀ [jing6 静]

赐予。

㊁qíng ㄑㄧㄥˊ ㊁ [qing4 晴]

承受财产等(㊜－受)。

赌 (賭)dǔ ㄉㄨˇ [dou2 岛2]

赌博，用财物作注争输赢：～钱｜聚～。㊞争输赢：打～。【赌气】因不服气而任性做事：他～走了。

赎 (贖)shú ㄕㄨˊ [sug6 熟]

❶用财物换回抵押品：～当(dàng)｜把东西～回来。❷用行动抵消、弥补罪过(旧时特指用财物减免刑罚)：自～｜立功～罪。

赐 (賜)cì ㄘˋ [qi3 次]

❶给，指上级给下级或长辈给晚辈(㊜赏－)：恩～。敬辞，用于他人对自己或自己一方的指示、答复等：～教(jiào)｜希～回音。❷赏给的东西，给予的好处：皆受其～｜受～良多。

赑 (贔)bì ㄅㄧˋ [péi6 皮6]

【赑屃】(－xì)1. 用力的样子。2. 传说中的一种动物，像龟。旧时大石碑的石座多雕刻成赑屃形状。

赒 (賙)zhōu ㄓㄡ [zeo1 周]

接济：～恤。

赔 (賠)péi ㄆㄟˊ [pui4 陪]

❶补还损失(㊟-偿)：~款｜~礼(道歉)｜~偿。❷亏损，跟“赚”相对：~钱｜~本。

赕　(賧)dǎn ㄉㄢˇ [dam⁶ 啖]

〈傣〉奉献：~佛。

9 画以上

赗　(賵)fèng ㄈㄥˋ [fung³ 讽]

古时指用财物帮助人办丧事：赙(fù)~。

赘　(贅)zhuì ㄓㄨㄟˋ [zêu⁶ 罪]

❶多余的，多而无用的：~述｜~言｜~疣。❷男子到女家结婚并成为女家的家庭成员叫入赘，女家招女婿叫招赘：~婿。

赙　(賻)fù ㄈㄨˋ [fu⁶ 父]

拿钱财帮人办理丧事：~金｜~仪。

赚　(賺)㊀zhuàn ㄓㄨㄢˋ ㊀[zan⁶ 栈]

❶做买卖得利，跟“赔”相对：~钱。❷做买卖得的利：有~儿｜~头。占便宜：这回出差真~，顺便游了庐山。

㊁zuàn ㄗㄨㄢˋ ㊁[zan⁶ 栈]

骗：~人。

㊂[zan⁶⁻² 盏]

☞粤❶副词。徒劳，白费劲：~行(白走一趟)｜~做(白干，白费劲)｜佢唔听，~讲(他不听，白说了)。又说“赚得”。❷副词。只能得到(不理想的结果)，只能落得(某种下场)：~嘥气(白费口舌)｜~衰(落得倒霉)｜你乱讲嘢，~得人家笑话你(你乱说话，只会让人家笑话你)。

赜　(賾)zé ㄗㄜˊ [zag³ 窄]

深奥：探~索隐。

赠　(贈)zèng ㄗㄥˋ [zeng⁶ 憎⁶]

把东西无代价地送给别人：~品｜~阅。

赞　(贊、*賛、❷❸*讚)zàn ㄗㄢˋ [zan³ 赚³]

❶帮助：~助。【赞成】1. 表示同意：大家都~他的意见。2. 助人成功。❷夸奖，称扬(㊟-许、-扬、称-)：~不绝口。❸旧时文体的一种，以颂扬人物为主旨：像~｜小~。

赟　(贇)yūn ㄩㄣ [wen¹ 温]

美好。多用于人名。

赡　(贍)shàn ㄕㄢˋ [xim⁶ 闪⁶，㊀xin⁶ 善]

❶供给人财物：~养父母。❷富足，足够：家道颇~。

[77]水部

水　shuǐ ㄕㄨㄟˇ [sêu² 虽²]

❶一种无色无味无臭透明的液体，化学成分是 H_2O：雨~｜喝~。❷河流：赤~｜汉~。❸江、河、湖、海的通称：~产｜~陆交通｜~旱码头。【水平】1. 静水的平面。2. 达到的程度：文化~。❹汁液：药~｜橘子~。❺额外附加的

费用：贴～。❻量词。衣服洗的次数：这衣服不禁(jīn)穿，洗了两～就破了。

【水族】我国少数民族，参看附表。

☞粤❶名词。某些液体：眼～(眼泪)｜鼻～(清鼻涕)｜口～。❷名词。汤，某些食材或药物加水熬成的饮品：菜～｜粥～｜绿豆～｜茅根竹蔗～｜甘笋马蹄煲～(红萝卜、荸荠煮汤)。❸量词。1. 乘船往返一趟。2. 衣物等洗的次数。❹名词。机会及所带来的利益：捞头～(比喻最先抢得先机得大利)｜捞～尾(先机已过，只能捡些小便宜)。❺作某些名词、动词、形容词的词尾：心～(心思，心意；心智)｜毛～(羽毛的颜色、光泽)｜命～(命运)｜色～(颜色)｜醒～(醒悟)｜老～(老练，老成)｜威～(醒目，气派)。❻形容词。水准低，品质差：～嘢(品质差的东西)｜～货(劣质货)｜乜条友咁～㗎(怎么这家伙这么差劲呀)｜我打波好～㗎(我打球打得很不好)。又说"水斗"或"水皮"。❼名词。钱，钱钞：磅～(给钱，付款)｜扑～(筹款)｜回～(退钱)｜补～(补助费)｜抽～(抽头儿)。

沓

㊀mèn ㄇㄣˋ ㊀[men⁶ 问]

❶〈方〉水从地下冒出。❷用于地名：～塘(在广西壮族自治区宾阳)。

㊁qǐ ㄑㄧˇ ㊁[kei² 启]

〈古〉明星。

沓

㊀dá ㄉㄚˊ [dab⁶ 踏]

(－子、－儿)量词。用于重叠起来的纸张或其他薄的东西：一～子信纸。

☞粤❶量词。叠，摞：一～银纸(一叠钞票)｜一～书(一摞书)。❷量词。座，幢：一～楼(一幢楼房)。

㊁tà ㄊㄚˋ [dab⁶ 踏]

多，重复：杂～｜纷至～来。

☞粤❶动词。叠，摞：将啲砖～起身嚟(把砖摞起来)｜佢写嘅书～埋有成尺高(他写的书摞起来有一尺来高)。【唔入沓】1. 指不合群的人。2. 指另类，与大家不一致的人。❷动词。指钟表的长针指在某一个数字上：两点～七(两点三十五分)｜四点～四(四点二十分)。【沓正】钟表的时针指着正点：而家～八点(现在八点整)｜火车～九点开(火车九点整开)。

炏

[dem² 特暗²]

☞粤象声词。东西落水声：嚿石～声跌落水(石头咕咚一声掉到水里去了)。

浆

(漿)㊀jiāng ㄐㄧㄤ [zêng¹ 张]

❶比较浓的液体：纸～｜豆～｜泥～。❷用米汤或粉浆等浸润纱、布、衣服等，使干后发硬变挺：～衣裳。

㊁jiàng ㄐㄧㄤˋ [zêng¹ 张]

【浆糊】(－hu)同"糨糊"。【浆子】(－zi)同"糨子"。

淼

miǎo ㄇㄧㄠˇ [miu⁵ 秒]

❶见395页"渺"。❷用于人名。❸用于地名：～泉(在江苏省常熟)。❹姓。

[77]氵部

2 画

汁

zhī ㄓ [zeb¹ 执]

含有某种物质的液体：墨～｜橘～。

汀 tīng ㄊㄧㄥ [ting¹ 庭¹]

水边平地，小洲。【汀线】海岸被海水侵蚀而成的线状的痕迹。

汇 (匯、❷❸彙、*滙)huì ㄏㄨㄟˋ [wui⁶ 会⁶]

❶河流会合在一起：～成巨流。❷会聚在一起的东西：总～｜词～。❸聚合(㊟－聚、－集)：～报｜～印成书。❹由甲地把款项寄到乙地：～款｜～兑。❺指外汇：出口创～｜～市。

氿 ㊀guǐ ㄍㄨㄟˇ ㊂ [guei² 鬼]

氿泉，从侧面喷出的泉。

㊁jiǔ ㄐㄧㄡˇ ㊂ [geo² 九]

湖名，在江苏省宜兴，分东氿、西氿。

汈 diāo ㄉㄧㄠ [diu¹ 丢]

【汈汊】湖名，在湖北汉川。

沕 dāo ㄉㄠ [dou¹ 刀]

【沕沕】灵活，流动。

汉 (漢)hàn ㄏㄢˋ [hon³ 看³]

❶汉江，又叫汉水，发源于陕西省南部，在湖北武汉入长江。❷朝代名。1. 汉高祖刘邦所建立(公元前 206—220 年)。2. 五代之一，刘知远所建立(公元947—950 年)，史称后汉。❸(－子)男人，男子：老～｜好～｜英雄～。❹汉族，我国人数最多的民族。【汉奸】出卖我们国家民族利益的败类。

氾 fán ㄈㄢˊ [fan⁴ 凡]

姓。

另见 376 页“泛”(fàn)。

3 画

汗 ㊀hán ㄏㄢˊ ㊂ [hon⁴ 寒]

指可汗。参看 163 页“可”(kè)。

㊁hàn ㄏㄢˋ ㊂ [hon⁶ 焊]

人和高等动物由身体的毛孔里排泄出来的液体。

污 (*汚、*汙)wū ㄨ [wu¹ 乌]

❶肮脏(㊟－秽)：～泥。㊝不廉洁：贪～。❷弄脏：玷～｜～染。【污辱】用无理的言行给人以难堪。

江 jiāng ㄐㄧㄤ [gong¹ 缸]

❶大河的通称：黑龙～｜珠～｜雅鲁藏布～。❷专指长江，我国最大的河流，发源于青海省，流入东海。

沥 (澫)wàn ㄨㄢˋ [man⁶ 慢]

用于地名：～尾(在广西壮族自治区东兴)。

汕 shàn ㄕㄢˋ [san³ 山³]

用于地名：～头｜～尾(都在广东省)。

汔 qì ㄑㄧˋ [nged⁶ 屹]

庶几，差不多。

汐 xī ㄒㄧ [jig⁶ 夕]

夜间的海潮：潮～。

汋 zhuó ㄓㄨㄛˊ [yêg⁶ 药]

形容水激荡的声音。

汍 wán ㄨㄢˊ [yun⁴ 元]

【汍澜】(－lán)流泪的样子。

汲 jí ㄐㄧˊ [keb¹ 级]

❶从井里打水：～水。【汲引】旧时喻提拔人才。❷(叠)急切的样子：不可～～于名利。

汛 xùn ㄒㄩㄣˋ [sên³ 信]

江河定期的涨水：防～｜秋～｜桃花～。

汜 sì ㄙˋ [qi⁵ 似]

汜河，水名，在河南省郑州。

池 chí ㄔˊ [qi⁴ 迟]

❶(－子)水塘，多指人工挖的(㊀－沼)：游泳～｜养鱼～。❷像水池的东西：便～｜花～。❸护城河：城～｜金城汤～(形容城池极为坚固，不易攻破)。

汝 rǔ ㄖㄨˇ [yu⁵ 乳]

文言代词。你：～等｜～将何往?

汤 (湯)㊀shāng ㄕㄤ ㊁[sêng¹ 双]

【汤汤】水流大而急：浩浩～，横无际涯。

㊁tāng ㄊㄤ ㊁[tong¹ 镗]

❶热水：赴～蹈火。❷煮东西的汁液：米～｜鸡～｜～药。❸烹调后汁特别多的副食：白菜～。❹姓。

汊 chà ㄔㄚˋ [ca³ 岔]

河流的分支。

4 画

沣 (灃)fēng ㄈㄥ [fung¹ 风]

沣河，水名，在陕西省西安。

汪 wāng ㄨㄤ [wong¹ 王¹]

❶深广：～洋大海。❷液体聚集在一个地方：地上～着水。【汪汪】1. 充满水或眼泪的样子：水～｜泪～。2. 形容狗叫声。❸量词。用于液体：一～水。

汧 qiān ㄑㄧㄢ [hin¹ 牵]

【汧阳】地名，在陕西省。今作“千阳”。

汫 jǐng ㄐㄧㄥˇ [zéng² 井]

用于地名：～洲(在广东省饶平)。

沅 yuán ㄩㄢˊ [yun⁴ 元]

沅江，发源于贵州省，东北流至湖南省注入洞庭湖。

沄 (潕)wǔ ㄨˇ [mou⁵ 母]

沄水，水名，在湖南省。

沣

（澧）wéi ㄨㄟˊ [wei⁴ 围]

用于地名：～源口（在湖北省阳新）。

沄

（❷澐）yún ㄩㄣˊ [wen⁴ 云]

❶【沄沄】形容水流动。❷大波浪。

沐

mù ㄇㄨˋ [mug⁶ 木]

洗头：栉（zhì）风～雨（形容奔波辛苦）。【沐浴】洗澡。喻受润泽：～在阳光雨露下。

沛

pèi ㄆㄟˋ [pui³ 配]

盛（shèng），大：充～丨丰～。

沔

miǎn ㄇㄧㄢˇ [min⁵ 免]

沔水，水名，汉江的上游河段，在陕西省南部。

汰

tài ㄊㄞˋ [tai³ 太]

淘汰，除去没有用的成分：优胜劣～。

沤

（漚）㊀ōu ㄡ ㊀ [eo¹ 欧]

水泡：浮～。

㊁òu ㄡˋ ㊁ [eo³，㊂ngeo³ 欧³]

长时间地浸泡：～麻。

沥

（瀝）lì ㄌㄧˋ ㊀ [lig⁶ 力]

❶液体一滴一滴地落下：滴～。【呕心沥血】形容费尽心思：为培养下一代～。❷液体渗出来的点滴：余～。

㊁ [lég⁶ 罗尺⁶]

☞广 ❶珠江下游河流汊道的俗称。❷用于地名：大～丨横～（都在广东省）。

沌

㊀dùn ㄉㄨㄣˋ ㊀ [dên⁶ 顿]

见392页“混”字条【混沌】（hùn－）。

㊁zhuàn ㄓㄨㄢˋ ㊁ [jun³ 转³]

用于地名：～口丨～阳（都在湖北省武汉）。

沘

bǐ ㄅㄧˇ [béi² 比]

沘江，水名，在云南省西北部，澜沧江支流。

沏

qī ㄑㄧ [cei³ 砌]

用开水冲茶叶或其他东西：～茶。

沚

zhǐ ㄓˇ [ji² 纸]

水中的小块陆地。

沙

㊀shā ㄕㄚ [sa¹ 砂]

❶（－子）非常细碎的石粒：～土丨～滩。❷像沙子的东西：蚕～（桑蚕的粪）丨豆～丨～瓤西瓜。❸声音不清脆不响亮：～哑。❹姓。

㊁shà ㄕㄚˋ [sa¹ 砂]

经过摇动把东西里的杂物集中，以便清除：把小米里的沙子～一～。

☞广【沙哩弄抗】形容人做事鲁莽、轻率、马虎，乱来：做嘢唔能够～㗎（做事不能马虎乱来）。

☞广【沙沙滚】咋咋呼呼的，不踏实；粗心大意：做嘢要踏踏实实，咪～（做事要踏踏实实，不要咋咋呼呼的）。

汩

gǔ ㄍㄨˇ [gued¹ 骨]

水流的声音或样子(叠)。

汨 mì ㄇㄧˋ [mig⁶ 觅]

汨罗江，水名，在湖南省岳阳。

浿 (湏)bèi ㄅㄟˋ [bui³ 贝]

用于地名：虎～(在福建省宁德)。

汭 ruì ㄖㄨㄟˋ ㊀ [yêu⁶ 锐]

河流汇合的地方，河流弯曲的地方。

㊁ [yêu⁵ 蕊，㊎yêu⁶ 锐]

☞▇名词。植物或疮疖分泌出来的黏液或浆液：番薯～(白薯浆)︱疮～。

汽 qì ㄑㄧˋ [héi³ 器]

液体或某些固体变成的气体，特指水蒸气：～船。

沃 wò ㄨㄛˋ [yug¹ 旭]

❶土地肥(㊉肥－)：～土︱～野。❷灌溉，浇：雪～大地︱～灌。

沂 yí ㄧˊ [yi⁴ 而]

沂河，源出山东省，至江苏省入海。

汶 fù ㄈㄨˋ [fu⁶ 父]

用于地名：湖～(在江苏省宜兴)。

沦 (淪)lún ㄌㄨㄣˊ [lên⁴ 轮]

❶水上的波纹。❷沉没(mò)，陷落(㊉－陷、沉－)：～亡︱～于海底。

汹 (*洶)xiōng ㄒㄩㄥ [hung¹ 凶]

水向上翻腾(㊉－涌)。【汹汹】1. 形容水声或争吵声。2. 形容声势很大：来势～。

汾 fén ㄈㄣˊ [fen⁴ 焚]

汾河，水名，在山西省。

泛 (*汎、❸❹△*氾)fàn ㄈㄢˋ [fan³ 反³]

❶漂浮：～舟。㊀浮现，透出：脸上～红。❷浮浅，不深入(叠)：～～之交(友谊不深)︱浮～之论。❸广泛，一般地：～览︱～问︱～论︱～称。❹水向四处漫流：～滥。

“氾”另见 373 页 fán。

沧 (滄)cāng ㄘㄤ [cong¹ 仓]

暗绿色(指水)：～海。【沧海桑田】大海变成农田，农田变成大海，形容世事变化很大。

沨 (渢)fēng ㄈㄥ [fung¹ 丰]

形容水声。

没 ㊀méi ㄇㄟˊ [mud⁶ 末]

❶没有，无：他～哥哥︱我～那本书。㊀表示估量或比较，不够，不如：他～(不够)一米八高︱汽车～(不如)飞机快。❷副词。没有，不曾，未：事情～处理完︱衣服～干。

㊁mò ㄇㄛˋ [mud⁶ 末]

❶隐在水中：沉～︱～入水中。㊀隐藏：神出鬼～︱出～无常。【没落】衰落，趋向灭亡：～阶级。❷漫过，高过：水～了头顶︱庄稼都长得～人了。

❸把财物扣下：~收丨罚~。❹终，尽：~世（指终身，一辈子）。❺同“殁”。

沟 （溝）gōu ㄍㄡ［keo¹ 抠，㊀ geo¹ 鸠］

❶流水道：阴~丨阳~。【沟通】使两方通达：~文化。❷像沟的东西：车道~。

汴 biàn ㄅㄧㄢˋ［bin⁶ 辨］

河南省开封的别称。

汶 wèn ㄨㄣˋ［men⁶ 问］

汶河，水名，在山东省。汶川，地名，在四川省。

沆 hàng ㄏㄤˋ［hong⁴ 杭］

大水。【沆瀣】（-xiè）夜间的水汽。【沆瀣一气】㊞气味相投的人勾结在一起。

沩 （潙、**溈）wéi ㄨㄟˊ［guei¹ 归］

沩水，水名，在湖南省长沙。

沪 （滬）hù ㄏㄨˋ［wu⁶ 互］

❶沪渎，吴淞江下游的古称，在今上海。❷上海的别称：~剧丨~杭铁路。

沈 （㊀❶❷ 瀋）㊀ chén ㄔㄣˊ ㊁［cem⁴ 沉］

同“沉”。

㊁shěn ㄕㄣˇ ㊁［sem² 审］

❶汁：墨~未干。❷沈阳。地名，在辽宁省。❸姓。

沉 chén ㄔㄣˊ［cem⁴ 寻］

❶没（mò）入水中，跟“浮”相对：船~了。㊀落下，陷入：地基下~。❷重，分量大：~重丨铁比木头~。【沉着】（-zhuó）镇静，不慌张：~应（yìng）战。❸深入，程度深：~思丨~醉丨天阴得很~。

☞▮❶动词。下沉：~底（没入水底）。❷动词。淹，溺：~死。

沁 qìn ㄑㄧㄣˋ［sem³ 渗］

❶渗入，浸润：香气~人心脾。❷〈方〉纳入水中。❸〈方〉头向下垂：~着头。

泐 lè ㄌㄜˋ［leg⁶ 勒］

❶石头被水冲击而成的纹理。❷同“勒（lè）❹”：手~（亲手写，旧时书信用语）。

沇 yǎn ㄧㄢˇ［yin⁵ 演］

❶沇水，古水名，即济水。❷用于地名：~河村（在河南省孟州）。

5 画

沬 ［méi⁶ 未］

☞▮动词。潜入水中：~水（潜水）丨~落水底（潜到水底）丨~水舂墙（身体扎入水中，头撞墙，指冒很大的危险）。也作“昧”。

沫 mò ㄇㄛˋ［mud⁶ 没］

（-子、-儿）液体形成的许多细泡（㊟泡-）：肥皂~儿丨唾~（tuòmo）。

浅 (淺)㊀jiān ㄐㄧㄢ ㊁[jin¹ 煎]

【浅浅】形容流水声。

㊁qiǎn ㄑㄧㄢˇ ㊁[qin² 千²]

❶从表面到底或从外面到里面距离小，跟“深”相对(❸❹同)：这条河很～｜这个院子太～。❷不久，时间短：年代～｜相处的日子还～。❸程度不深：～见｜阅历～｜交情～｜这篇文章很～｜～近。❹颜色淡：～红｜～绿。

法 (❶-❺*灋、❶-❺*泆)fǎ ㄈㄚˇ [fad³ 珐]

❶法律、法令、条例等的总称：婚姻～｜犯～｜合～｜依～治国。❷(－子、－儿)方法，处理事物的手段：写～｜办～｜用～｜没～儿办。❸仿效：效～｜师～。❹标准，模范，可仿效的：～书｜～绘｜～帖。❺佛教徒称他们的教义，民间传说的所谓“超人力”的本领：佛～｜～术。❻电容单位名法拉的简称，符号F。

泔 gān ㄍㄢ [gem¹ 甘]

泔水，洗过米的水。㊀洗碗洗菜用过的脏水。

泄 (*洩)xiè ㄒㄧㄝˋ [xid³ 屑]

❶液体、气体排出：～洪道｜水～不通。【泄劲】【泄气】丧失干劲、勇气。❷透露：～漏秘密｜～底(泄露内幕)。❸发泄：～恨｜～私愤。

沽 gū ㄍㄨ [gu¹ 姑]

❶买：～酒｜～名钓誉(有意做使人赞扬的事，捞取个人声誉)。❷卖：待价而～(喻等到有了较高的待遇才肯答应替人做事)。

沛 (濞) [jid¹ 节¹]

☞方❶动词。挤压(液体)：嗦针筒里便～啲水出来(从注射器里面挤压一点水出来)。❷动词。喷射，溅：～到成脚泥(溅得满腿泥浆)。

沭 shù ㄕㄨˋ [sêd⁶ 述]

沭河，发源于山东省，流至江苏省入新沂河。

河 hé ㄏㄜˊ [ho⁴ 何]

❶水道的通称：运～｜淮～。【河汉】银河，又叫天河，天空密布如带的星群。❷专指黄河，我国的第二大河，发源于青海省，流入渤海：～西｜～套｜江淮～汉。

泷 (瀧)㊀lóng ㄌㄨㄥˊ ㊁[lung⁴ 龙]

急流的水。

㊁shuāng ㄕㄨㄤ ㊁[sêng¹ 双]

泷水，水名，在广东省。

泙 píng ㄆㄧㄥˊ [ping⁴ 评]

❶河谷。❷姓。

沾 (❶❷*霑)zhān ㄓㄢ [jim¹ 尖]

❶浸湿：泪流～襟｜汗出～背。❷因接触而附着(zhuó)上：～水｜～了一身泥。㊀1. 染上：～染了坏习气。2. 凭借某种关系而得到好处：～光。❸稍微碰上或接触上：～边儿｜脚不～地。

【沾沾自喜】形容自己觉得很好而得意的样子。

泸 (瀘)lú ㄌㄨˊ [lou⁴ 卢]

【泸州】地名，在四川省。

泪 (*淚)lèi ㄌㄟˋ [lêu⁶ 类]

眼泪。

沮 ㊀jǔ ㄐㄩˇ ㊀ [zêu² 嘴]

❶阻止。❷坏，败坏。【沮丧】(-sàng)失意，懊丧。

㊁jù ㄐㄩˋ [zêu³ 最]

【沮洳】(-rù)低湿的地带。

沺 tián ㄊㄧㄢˊ [tin⁴ 田]

用于地名：~泾镇(在江苏省苏州)。

油 yóu ㄧㄡˊ [yeo⁴ 由]

❶动植物体内所含的脂肪物质：猪~ | 花生~。❷各种碳氢化合物的混合物，一般不溶于水，容易燃烧：煤~ | 汽~。❸用油涂抹：用桐油一~就好了。❹被油弄脏：衣服~了一大片。❺狡猾(㊀-滑)：~腔滑调 | 这个人太~。

【油然】1. 充盛地：天~作云，沛然下雨。2. (思想感情)自然而然地产生：敬慕之情~而生。

泱 yāng ㄧㄤ [yêng¹ 秧]

深广，宏大(叠)：河水~~ | ~~大国。

泂 jiǒng ㄐㄩㄥˇ [guing² 炯]

远。

泅 qiú ㄑㄧㄡˊ [ceo⁴ 筹]

游泳。

泗 sì ㄙˋ [xi³ 试]

❶鼻涕：涕~(眼泪和鼻涕)。❷泗河，水名，在山东省济宁。

泦 [neb⁶ 粒⁶]

☞㊖ ❶形容词。黏糊：打完波未冲凉，成身~(打完球还没洗澡，一身黏糊糊的) | ~黐黐(黏黏的，黏糊糊的)。❷形容词。不干燥，有点湿润：衫未干得晒，重有啲~(衣服没全干，还有点湿润) | 回南天，周围都~(南风天，到处都湿润润的) | 湿~~(湿漉漉，潮湿的样子)。❸形容词。涩：个钟有啲~喇，越行越慢(钟有点涩了，越走越慢) | 支枪有啲~，要抹油喇(这枪有点涩，要擦油了)。【泦濡】磨蹭，慢吞吞：佢做嘢总系咁~嘅(他做事总是那么磨蹭)。

【泦油】1. 涩(油涩了机器)：只表~喇(这手表涩了)。2. 形容人举动不灵活，迟钝，缓慢。

泆 yì ㄧˋ [yed⁶ 日]

❶放纵。❷同"溢❶"。

泊 ㊀bó ㄅㄛˊ [bog⁶ 薄]

❶停船靠岸(㊀停-)：~船。【泊车】把汽车停放在某处。❷恬静。【淡泊】(*澹泊)不贪图功名利禄。

㊁pō ㄆㄛ [bog⁶ 薄]

湖：湖~ | 血~(一大滩血)。

泠 líng ㄌㄧㄥˊ [ling⁴ 零]

清凉：～风。【泠泠】1. 形容清凉。2. 声音清越。

泜 zhī ㄓ [ji¹ 支]

泜河，水名，在河北省邢台。

泺 (濼)㊀luò ㄌㄨㄛˋ ㊀ [log⁶ 落]

泺水，古水名，在今山东省济南。【泺口】地名，在山东省济南。

㊁pō ㄆㄛ ㊀ [bog⁶ 薄]

同"泊"(pō)，湖泊。

沿 yán ㄧㄢˊ [yun⁴ 原]

❶顺着(道路、江河的边)：～路｜～江｜铁路～线。❷按照以往的规矩、式样等：～袭｜积习相～。【沿革】事物发展和变化的历程。❸(－儿)边(㊈边－)：炕～儿｜缸～儿｜盆～儿｜河～儿｜井～儿。❹在衣服等物的边上再加一条边：～鞋口｜～个边。

泃 jū ㄐㄩ [kêu¹ 驱]

泃河，水名，发源于河北省东北部，流经北京市东部和天津市北部。

泖 mǎo ㄇㄠˇ [mao⁵ 牡]

水面平静的小湖。【泖湖】古湖名，在今上海市松江西部。【泖桥】地名，在上海市。

泡 ㊀pāo ㄆㄠ ㊀ [pao¹ 抛]

❶(－儿)鼓起而松软的东西：豆腐～儿。❷虚而松软，不坚硬：这块木料发～。❸量词。用于屎尿：一～尿。

㊁pào ㄆㄠˋ ㊀ [pao³ 豹]

❶(－儿)气体在液体内使液体鼓起来形成的球状或半球状体(㊈－沫)：冒～儿。❷(－儿)像泡一样的东西：脚上起了一个～｜电灯～儿。❸用液体浸物品：～茶｜～饭。㊅长时间地待在某处消磨时光或做某事：～吧｜～蘑菇(故意纠缠，拖延时间)。

注 (❸－❺*註)zhù ㄓㄨˋ [ju³ 蛀]

❶灌进去：～入｜～射｜大雨如～。❷集中在一点：～视｜～意｜引人～目｜全神贯～。❸用文字来解释词句：下边～了两行小注｜～解｜校(jiào)～。❹解释词、句所用的文字：加～｜附～。❺记载，登记：～册｜～销。❻赌博时所押的财物：下～｜孤～一掷(喻拿出所有的力量希望最后侥幸成功)。

泣 qì ㄑㄧˋ [yeb¹ 揖]

❶无声或小声哭：抽～｜啜(chuò)～｜～不成声。❷眼泪：～下如雨。

泫 xuàn ㄒㄩㄢˋ [yun⁵ 远]

水珠下滴：～然流涕。

泮 pàn ㄆㄢˋ ㊀ [pun³ 判]

❶融解，分散。❷泮池，旧时学宫前的水池。

pàn ㄆㄢˋ ㊁ [bun⁶ 拌]

用于地名：～塘｜～溪(都在广东省广州)。

泞

(濘) nìng ㄋㄧㄥˋ [ning6 佞6]

烂泥。【泥泞】1. 有烂泥难走：道路～。2. 淤积的烂泥：陷入～。

沱

tuó ㄊㄨㄛˊ [to4 佗]

〈方〉可以停放船的水湾。多用于地名。沱江，长江的支流，在四川省东部。

泻

(瀉) xiè ㄒㄧㄝˋ ㊀ [sé3 卸3]

❶液体很快地流下：一～千里。❷拉稀屎：～肚。

㊁ [sé2 写]

☞粤 动词。液体洒出，溢出：倒～水(水洒了出来) | 满到～(满得溢出来了) | 倒～箩蟹(形容秩序大乱，像打翻了一箩螃蟹，螃蟹满地爬的样子)。

泌

㊀bì ㄅㄧˋ [béi3 秘]

【泌阳】地名，在河南省。

㊁mì ㄇㄧˋ [béi3 秘]

分泌，从生物体里产生出某种物质：～尿。

泳

yǒng ㄩㄥˇ [wing6 咏]

在水里游动(㊟游－)：仰～ | 蛙～。

泥

㊀ní ㄋㄧˊ ㊀ [nei4 挪危4]

❶土和水合成的东西。❷像泥的东西：印～(印色) | 枣～ | 山药～。

㊁nì ㄋㄧˋ ㊁ [néi6 腻]

❶涂抹：～墙 | ～炉子。❷固执，死板(㊟拘－)。

泯

mǐn ㄇㄧㄣˇ [men5 敏]

消灭(㊟－灭)：童心未～。

沸

fèi ㄈㄟˋ [fei3 费]

开，滚，液体受热到一定温度时急剧转化为气体，产生大量气泡：～点 | ～腾 | 人声鼎～。

泓

hóng ㄏㄨㄥˊ [weng4 宏]

水深而广。

沼

zhǎo ㄓㄠˇ [jiu2 剿]

水池子(㊟池－)。【沼气】有机物在地下隔绝空气的条件下分解而产生的气体，可以燃烧。多产生于池沼，也产生于煤矿井、石油井中。主要成分是甲烷。【沼泽】水草茂密的泥泞地带。

泇

jiā ㄐㄧㄚ [ga1 加]

泇河，水名，分东泇、西泇两支，均源于山东省，至江苏省汇合，流入大运河。

波

bō ㄅㄛ [bo1 玻]

❶江、河、湖、海等因振荡而一起一伏的水面(㊟－浪、－涛、－澜)。【波动】㊖事物起变化，不稳定。【波及】㊖牵涉到，影响到。❷物理学上指振动在物质中的传播，是能量传递的一种形式：光～ | 声～ | 电～ | 微～。

☞粤 ❶名词。球(篮球、排球、足球、乒乓球、皮球等球类的统称)：打～(打球) | ～板(球拍) | ～台(球桌)。〖英

语 ball 的音译。羽毛球、康乐球、网球等不能称“波”。〗【波鞋】球鞋，运动鞋。〖英语 ball foot 的音译。〗【波子】1. 滚球。2. 玻璃球儿，弹子，弹球儿。又叫“波珠”。【波牛】沉迷于打球而身体健壮的人(含贬义)。【波袖】绒衣，因打球的人常穿而得名。〖英语 ball shirt 的音译。〗❷名词。挡，排挡(汽车、拖拉机等内燃机改变行车速度或牵引力的装置)：二~|空~|换~。

泼 (潑)pō ㄆㄛ [pud³ 婆活³]

❶猛力倒水使散开：~水|~街。❷野蛮，不讲理：撒(sā)~。【泼辣】凶悍。㊕有魄力，不怕困难：他做事很~。

泽 (澤)zé ㄗㄜˊ [zag⁶ 摘]

❶水积聚的地方：大~|水乡~国。❷光泽，金属或其他物体发出的光亮：色~。❸湿：润~。❹恩惠：恩~。

泾 (涇)jīng ㄐㄧㄥ [ging¹ 京]

泾河，发源于宁夏回族自治区，流至陕西省入渭河。【泾渭分明】泾河水清，渭河水浊，两河汇流处清浊不混。㊖两种事物界限清楚。

治 zhì ㄓˋ [ji⁶ 字]

❶管理，处理(㊖-理)：~国|~丧(sāng)|自~。【统治】1. 凭借政权来控制、管理国家或地区。2. 占绝对优势，支配别的事物。❷整理，治理：~山|~水|~淮工程。❸惩办(㊖惩-)：~罪|处(chǔ)~。❹医治：~病|不~之症。㊕消灭农作物的病虫害：~蝗|~蚜虫。❺从事研究：~学。❻社会治理有序，跟“乱”相对：~世|天下大~。【治安】社会的秩序。❼旧称地方政府所在地：省~|县~。

6 画

洭 kuāng ㄎㄨㄤ [hong¹ 康]

洭水，古水名，在今广东省。

洼 (窪)wā ㄨㄚ [wa¹ 娃]

❶(-儿)凹陷的地方：水~儿|山~儿。❷低凹，深陷：~地|这地太~|眼眶~进去。

洁 (潔)jié ㄐㄧㄝˊ [gid³ 结³]

❶干净(㊖-净)：街道清~|~白。❷清白，不贪污：贞~|廉~。

洘 kǎo ㄎㄠˇ [hao² 考]

用于地名：~溪(在广东省揭西)。

洱 ěr ㄦˇ ㊀ [yi⁵ 以]

洱海，湖名，在云南省大理。

ěr ㄦˇ ㊁ [néi⁵⁻² 你²]

【普洱】云南省西南部出产的一种茶。

洪 hóng ㄏㄨㄥˊ [hung⁴ 红]

❶大：~水。❷大水：山~|~峰|溢~道。

洹 huán ㄏㄨㄢˊ [wun⁴ 缓]

洹河，水名，又叫安阳河。在河南省安

阳。

涑 qì ㄑㄧˋ［qig¹ 戚］

古水名，在今甘肃省。

洒 （灑）sǎ ㄙㄚˇ［sa² 耍］

❶把水散布在地上：扫地先～些水。❷东西散落：～了一地粮食。

【洒脱】（－tuō）言谈、举止自然，不拘束：这个人很～。

洧 wěi ㄨㄟˇ［fui² 贿］

【洧川】地名，在河南省尉氏。

洏 ér ㄦˊ［yi⁴ 而］

见387页“涟”字条【涟洏】（lián－）。

洿 wū ㄨ［wu¹ 乌］

❶低洼的地方：～池。❷掘成水池。

淢 xù ㄒㄩˋ［lêd⁶ 律］

水流动的样子。

洌 liè ㄌㄧㄝˋ［lid⁶ 列］

❶水清：山泉清～。❷酒清。

浃 （浹）jiā ㄐㄧㄚ［jib³ 接，㊀gab³ 夹］

湿透，遍及：汗流～背。

浇 （澆）jiāo ㄐㄧㄠ［giu¹ 娇，㊇hiu¹ 嚣］

❶灌溉：～地。❷淋：～了一身水。❸把液汁倒入模型：～版｜～铸。❹刻薄（㊟－薄）。

泚 cǐ ㄘˇ［qi² 始］

❶清，鲜明。❷用笔蘸墨：～笔作书。

浈 （湞）zhēn ㄓㄣ（旧读 zhēng）［jing¹ 征］

浈江，水名，在广东省北部。

浉 （溮）shī ㄕ［xi¹ 思］

浉河，在河南省信阳，入淮河。

洸 guāng ㄍㄨㄤ［guong¹ 光］

见389页“浛”字条【浛洸】（hán－）。

浊 （濁）zhuó ㄓㄨㄛˊ［zug⁶ 俗］

❶水、空气等含杂质，不清洁，不干净，跟“清”相对（㊟浑－）。❷混乱：～世（形容混乱的时代）。❸（声音）低沉粗重：～声～气。❹浊音，发音时声带颤动的音。

☞粤 动词。呛：慢慢饮，唔好畀水～亲（慢慢喝，别给水呛了）。

洞 dòng ㄉㄨㄥˋ［dung⁶ 动］

❶洞穴，窟窿：山～｜老鼠～｜衣服破了一个～。❷透彻，清楚：～察｜～若观火。❸在某些场合说数字时用来代替0。〖山西省洪洞县的“洞”习惯上读tóng。〗

洇 yīn ㄧㄣ［yen¹ 因］

液体接触纸张等向周围渗透散开：这种纸写起来有些～。

洄 huí ㄏㄨㄟˊ［wui⁴ 回］

水流回旋。

测 (測)cè ㄘㄜˋ [ceg1 恻]

❶测量，利用仪器来度量：～角器｜～绘｜～一下高度。【测验】用一定的标准检定。❷推测，料想：预～｜变幻莫～。

洙 zhū ㄓㄨ [ju1 朱]

洙水河，在山东省西南部。

洗 ㊀xǐ ㄒㄧˇ ㊂ [sei2 驶]

❶用水去掉污垢(㊐－涤)：～衣服｜～脸。【洗礼】1. 基督教接受人入教时所举行的一种仪式。2. 指经受的锻炼和考验：战斗的～。【洗手】比喻盗贼等不再偷抢。❷清除干净：清～。❸冲洗，照相的显影定影：～相片。❹洗雪：～冤。❺如水洗一样抢光，杀光：～城｜～劫一空。❻掺和整理：～牌。

㊁xiǎn ㄒㄧㄢˇ ㊂ [xin2 癣]

同"冼"。

活 huó ㄏㄨㄛˊ [wud6 乌括6]

❶生存，能生长，跟"死"相对：鱼在水里才能～｜新栽的树～了。㊀使生存：～命之恩｜养家～口。❷不固定，可移动的：～期存款｜～页本｜～塞｜～扣。【活泼】活跃自然，不呆板：孩子们很～。❸真正，简直：～像一只老虎｜神气～现。❹(－儿)工作或产品：做～｜这～儿做得真好。

【活该】表示就应该这样，一点儿也不委屈：～如此。

洑 ㊀fú ㄈㄨˊ [fug6 服]

❶旋涡。❷水在地下潜流。

㊁fù ㄈㄨˋ [fug6 服]

在水里游：～水。

洎 jì ㄐㄧˋ [géi3 寄，㊇géi6 技]

到，及：自古～今。

洢 yī ㄧ [yi1 衣]

❶洢水，水名，在湖南省益阳，资水支流。❷古水名，即今伊河，在河南省洛阳。

洫 xù ㄒㄩˋ [guig1 隙]

田间的水道、沟渠。

派 pài ㄆㄞˋ [pai3 排3]

❶水的支流。❷一个系统的分支(㊐－系)：流～｜～生。❸派别。政党和学术、宗教团体等内部因主张不同而形成的分支。❹作风，风度：～头｜正～｜气～。㊉有气派，有风度：他这身打扮可真～！❺分配，指定：分～｜～人去办。

浍 (澮)㊀huì ㄏㄨㄟˋ ㊂ [kui2 绘]

❶浍河，水名，发源于河南，流入安徽。❷浍河，水名，汾河的支流，在山西。

㊁kuài ㄎㄨㄞˋ ㊂ [kui3 侩]

田间水沟。

洽 qià ㄑㄧㄚˋ ［heb¹ 恰¹］

❶跟人联系，商量(事情)：接～｜～谈｜商～。❷谐和：融～。

洮 táo ㄊㄠˊ ［tou⁴ 桃］

洮河，水名，在甘肃省南部。

沩 wéi ㄨㄟˊ ［ngei⁴ 危］

沩水，水名，在湖北省南部，松滋河支流。

洵 xún ㄒㄩㄣˊ ［sên¹ 询］

诚然，实在：～属可敬。

洚 jiàng ㄐㄧㄤˋ ［gong³ 钢］

大水泛滥：～水(洪水)。

洺 míng ㄇㄧㄥˊ ［ming⁴ 名］

洺河，水名，在河北省南部。

洛 luò ㄌㄨㄛˋ ［log³ 络］

❶洛河，水名，在陕西省北部。又叫北洛河。❷洛河，水名，发源于陕西省南部，流至河南省西部入黄河。古作“雒”。❸姓。

浏 (瀏)liú ㄌㄧㄡˊ ［leo⁴ 流］

清亮。

【浏览】泛泛地看。

济 (濟)㊀jǐ ㄐㄧˇ ㊀［zei² 仔］

济水，古水名，发源于今河南省，流经山东省入渤海。【济南】【济宁】地名，都在山东省。

【济济】众多：人才～。

㊁jì ㄐㄧˋ ㊁［zei³ 制］

❶对困苦的人加以帮助：救～｜～困扶危。❷补益：无～于事。❸渡，过河：同舟共～。

洨 xiáo ㄒㄧㄠˊ ［ngao⁴ 肴］

洨河，水名，在河北省西南部。

浐 (滻)chǎn ㄔㄢˇ ［can² 产］

浐河，水名，在陕西省西安。

浺 chōng ㄔㄨㄥ ［cung¹ 充］

❶山泉流下。❷形容水流声。

洋 yáng ㄧㄤˊ ［yêng⁴ 阳］

❶地球表面上比海更大的水域：海～｜太平～。❷广大，多(叠)：～溢｜～～大观。❸外国，外国的：留～｜～货｜～为中用。❹现代化的：土～结合。❺洋钱，银圆。

洴 píng ㄆㄧㄥˊ ［ping⁴ 评］

【洴澼】(－pì)漂洗(丝绵)。

洣 mǐ ㄇㄧˇ ［mei⁵ 米⁵］

洣水，水名，在湖南省东南部。

洲 zhōu ㄓㄡ ［zeo¹ 舟］

❶水中的陆地，沙～。❷大陆：亚～｜地球上有七大～。

浑（渾）hún ㄏㄨㄣˊ［wen⁴ 云］

❶水不清，污浊：～水坑。❷糊涂，不明事理：～人｜～话｜这人太～了。❸全，满：～身是汗。❹天然的：～朴｜～厚。

浒（滸）㊀hǔ ㄏㄨˇ ㊀［wu² 乌²］

水边。

㊁xǔ ㄒㄩˇ ㊁［hêu² 许］

【浒墅关】地名，在江苏省苏州。【浒浦】地名，在江苏省常熟。

浓（濃）nóng ㄋㄨㄥˊ［nung⁴ 脓］

❶含某种成分多，跟"淡"相对：～茶｜～烟。❷深厚，不淡薄：兴趣正～｜～厚。

津 jīn ㄐㄧㄣ［zên¹ 遵］

❶渡口，过江河的地方：问～（打听渡口，泛指探问）。【津梁】桥。㊗做引导用的事物。❷口液，唾液：～液。【津津】形容有滋味，有趣味：～有味｜～乐道。❸滋润。【津贴】1. 用财物补助。2. 正式工资以外的补助费，也指供给制人员的生活零用钱。❹指天津。

浔（潯）xún ㄒㄩㄣˊ［cem⁴ 寻］

❶水边：江～。❷江西省九江的别称。

浕（濜）jìn ㄐㄧㄣˋ［zên⁶ 进⁶］

浕水，古水名，在今湖北省枣阳。今称沙河。

洳 rù ㄖㄨˋ［yu⁴ 如］

见379页"沮"字条【沮洳】（jù－）。

7 画

涛（濤）tāo ㄊㄠ［tou⁴ 桃］

大波浪（㊀波－、浪－）。

浙（*淛）zhè ㄓㄜˋ［jid³ 节］

❶浙江，古水名，又叫浙江、之江或曲江，即今钱塘江，是浙江省第一大河流。❷浙江省的简称。

涍 xiào ㄒㄧㄠˋ［hao³ 孝］

❶古水名，在今河南省。❷姓。

涝（澇）lào ㄌㄠˋ［lou⁶ 路，㊅lou⁴ 劳］

雨水过多，被水淹，跟"旱"相对：排～｜防旱防～。

浡 bó ㄅㄛˊ［bud⁶ 拨］

〈古〉兴起，涌出：～然而兴。

浦 pǔ ㄆㄨˇ［pou² 普］

水边或河流入海的地区。

浭 gēng ㄍㄥ ㊀［geng¹ 庚］

浭水，古水名，即今还乡河，河北省与天津市交界处蓟运河的上游。

㊁［gang³ 耕³］

☞㊕动词。蹚，涉水：～水｜河好浅，～

得过去(河很浅，能蹚过去)。

涑 sù ㄙㄨˋ [cug¹ 束]

涑水河，水名，在山西省西南部。

浯 wú ㄨˊ [ng⁴ 吾]

浯河，水名，在山东省东部。

酒 jiǔ ㄐㄧㄡˇ [zeo² 走]

用高粱、米、麦或葡萄等发酵制成的含乙醇的饮料，有刺激性，多喝对身体有害。

涞 (淶)lái ㄌㄞˊ [loi⁴ 来]

涞水，古水名，即今拒马河。今河北省涞源县和涞水县都从涞水得名。

涟 (漣)lián ㄌㄧㄢˊ [lin⁴ 连]

❶水面被风吹起的波纹：~漪(yī)。❷泪流不止(叠)：泪~~。【涟洏】(-ér)形容涕泪交流。

涉 shè ㄕㄜˋ [xib³ 摄]

❶蹚着水走，泛指渡水：跋山~水｜远~重洋。❷经历：~险｜~世。❸牵连，关联(㊐牵-)：~案｜~嫌｜~外｜~及。

消 xiāo ㄒㄧㄠ [xiu¹ 烧]

❶溶化，散失(㊐-溶)：冰~｜烟~火灭。【消化】胃肠等器官把食物变成可以吸收的养料。㊞理解、吸收所学的知识。❷灭掉，除去(㊐-灭)：~毒｜~炎。【消费】为了满足生产、生活的需要而消耗物质财富。【消极】起反面作用的，不求进取的，跟"积极"相对：~因素｜态度~。【消息】音信，新闻。❸消遣，把时间度过去：~夜｜~夏。❹〈方〉需要：不~说。

涅 (*涅)niè ㄋㄧㄝˋ [nib⁶ 聂]

❶可做黑色染料的矾石。❷染黑：~齿。【涅白】不透明的白色。
【涅槃】梵语音译，佛教代指佛或僧人死亡。

浬 lǐ ㄌㄧˇ [léi⁵ 里]

又读 hǎilǐ，现写作"海里"，计量海洋上距离的长度单位，1浬合1852米，只用于船只航行的路程。

涠 (潿)wéi ㄨㄟˊ [wei⁴ 围]

【涠洲】岛名，在广西壮族自治区北海市南部海域。

湾 pīng ㄆㄧㄥ [ping¹ 拼]

水流的样子。

浞 zhuó ㄓㄨㄛˊ [zug¹ 竹]

〈方〉淋，使湿：让雨~了。

涓 juān ㄐㄩㄢ [gün¹ 娟]

细小的流水。
【涓滴】极少量的水。㊞极少量的钱或物：~归公。

涢 (溳)yún ㄩㄣˊ [wen⁴ 云]

涢水，水名，在湖北省北部。

涡 (渦)㊀guō ㄍㄨㄛ ㊀ [guo¹ 戈]

涡河，水名，发源于河南省，流至安徽省注入淮河。

㊁wō ㄨㄛ ㊂［wo¹ 窝］

旋涡，水流旋转形成的中间低洼的地方：卷入旋～（喻被牵入纠纷里）。

浥 yì ㄧˋ［yeb¹ 泣］

沾湿。

涔 cén ㄘㄣˊ［sem⁴ 岑］

连续下雨，积水成涝。【涔涔】1. 雨多的样子。2. 流泪的样子。

浩 hào ㄏㄠˋ［hou⁶ 皓］

❶盛大，广大（叠）（㊀－大）：～茫｜～～荡荡。❷众多：～如烟海。

涐 é ㄜˊ［ngo⁴ 鹅］

古水名，即今大渡河。

浰 ㊀lì ㄌㄧˋ ㊂［léi⁶ 利］

浰江，水名，在广东省和平，东江支流。

㊁liàn ㄌㄧㄢˋ ㊂［lin⁶ 练］

用于地名：洴（píng）～（在江苏省宜兴）。

海 hǎi ㄏㄞˇ［hoi² 害²］

❶靠近大陆比洋小的水域：黄～｜渤～｜～岸。❷用于湖泊名称：青～｜洱～。❸容量大的器皿：墨～。❹比喻数量多的人或事物：人～｜文山会～。❺巨大的：～碗｜～量｜夸下～口。

【海报】文艺、体育演出或比赛等活动的招贴。

浜 bāng ㄅㄤ［bong¹ 帮］

〈方〉小河沟。

浟 yóu ㄧㄡˊ［yeo⁴ 由］

❶【浟浟】水流动的样子。❷姓。

涂（❶-❹塗、❺**涂）tú ㄊㄨˊ［tou⁴ 陶］

❶使颜色、油漆等附着（zhuó）在物体上：～上一层油。❷用笔等抹上或抹去：～写｜乱～乱画｜写错了可以～掉｜～改。【涂鸦】比喻书法拙劣或胡乱写作。❸泥泞。【涂炭】比喻极为困苦的境地：生灵～。❹同“途”。❺姓。

浠 xī ㄒㄧ［héi¹ 希］

浠河，水名，在湖北省黄冈。

浲 ［lim² 罗掩］

☞粤 动词。水干涸（市区少用）：煲水～咗咯（锅里水干了）。也作“潋”。

浴 yù ㄩˋ［yug⁶ 欲］

洗澡：～室｜沐～。

浮 fú ㄈㄨˊ［feo⁴ 蜉］

❶漂，跟“沉”相对（㊀漂－）：～萍｜～桥｜～在水面上。❷表面的：～面｜～皮｜～土。【浮雕】雕塑的一种，在平面上雕出凸起的形象。❸暂时的：～记｜～支。❹不沉静，不沉着（zhuó）：心粗气～｜心～气躁。❺空虚，不切实：～名｜～华｜～泛。❻超过，多余：人～于事｜～额。

【浮屠】【浮图】1. 佛教徒称释迦牟尼。2. 古时称和尚。3. 塔：七级～。

浛 hán ㄏㄢˊ [hem⁴ 含]

【浛洸】(－guāng)地名，在广东省英德。

涣 huàn ㄏㄨㄢˋ [wun⁶ 换]

散(sàn)开：～散｜～然冰释。【涣涣】水势盛大。

浼 měi ㄇㄟˇ [mui⁵ 每]

❶污染。❷恳托。

浲 féng ㄈㄥˊ [fung⁴ 逢]

用于地名：杨家～(在湖北省京山)。

涤 (滌)dí ㄉㄧˊ [dig⁶ 敌]

洗(㊐洗－)：～除｜～荡。

流 liú ㄌㄧㄡˊ [leo⁴ 硫]

❶液体移动：水往低处～｜～水不腐｜～汗｜～血。【流浪】生活无着，漂泊不定。【流利】说话、书写等灵活顺畅：他说一口～的普通话｜他的钢笔字写得很～。❷像水那样流动：～通｜空气对～。㊉1. 移动不定：～星。2. 运转不停：～光｜～年。3. 不知来路，意外地射来的：～矢｜～弹。4. 传播或相沿下来：～行｜～传。❸流动的液体、气体等：河～｜电～｜寒～｜气～。也指像水一样流动的人或物：人～｜车～｜物～。❹趋向坏的方面：～于形式｜放任自～。❺品类。1. 派别：九～。2. 等级：第一～产品。❻旧时的一种刑罚，把人送到荒远的地方去，充军：～放。

润 (潤)rùn ㄖㄨㄣˋ [yên⁶ 闰]

❶湿，不干枯：湿～｜～泽。❷加油或水，使不干枯：～肠｜～～嗓子。❸细腻光滑：珠圆玉～｜皮肤光～。❹使有光彩，修饰文字(㊐－饰)：～色。❺利益：分～｜利～。

涧 (澗)jiàn ㄐㄧㄢˋ [gan³ 谏]

夹在两山间的水沟。

涕 tì ㄊㄧˋ [tei³ 替]

❶眼泪。❷鼻涕，鼻子里分泌的液体。

浣 (*澣)huàn ㄏㄨㄢˋ [wun⁵ 换⁵]

❶洗：～衣｜～纱。❷旧称每月的上、中、下旬为上、中、下浣。

浪 làng ㄌㄤˋ [long⁶ 晾]

❶大波(㊐波－、－涛)：海～｜兴风作～。❷像波浪起伏的东西：声～｜麦～。❸放纵：～游｜～费。

浸 jìn ㄐㄧㄣˋ [zem³ 针³]

❶泡，使渗透：～透｜～入｜把种子放在水里～一～。❷逐渐：～渐｜交往～密。

☞㊢量词。层(只用于薄物)：甩咗一～皮(掉了一层皮)｜汤上面有～油(汤上面有一层油)｜铺咗两～防潮砖(铺了两层防潮砖)｜着多～衫暖好多(多穿一层衣服暖和很多了)。

涨 (漲)㊀zhǎng ㄓㄤˇ ㊀[zêng³ 胀,⊗zêng² 掌]

❶水量增加,水面高起来:水~船高|河里~水了。❷价格提高:~钱|~价。

㊁zhàng ㄓㄤˋ ㊁[zêng³ 胀]

❶体积增大:豆子泡~了。❷弥漫:烟尘~天。❸多出来:~出十块钱。❹头部充血:头昏脑~|他气得~红了脸。

涩 (澀、*澁、*濇)sè ㄙㄜˋ [seb¹ 湿,⊗sab³ 霎]

❶不光滑,不滑溜:轮轴发~,该上点儿油了。❷一种使舌头感到不滑润不好受的味道:这柿子很~。❸文章难读难懂:文字艰~。

涌 (㊁*湧)㊀chōng ㄔㄨㄥ ㊀[cung¹ 充]

❶名词。小河沟,河汊子:屋前有条~(房子前面有条小河沟)|去~边洗衫(去小河边洗衣服)。❷珠江三角洲地名用字:大~口(在广州)|麻~(在东莞)|沙~(在中山)。

㊁yǒng ㄩㄥˇ ㊁[yung² 拥]

❶水或云气冒出:~泉|泪如泉~|风起云~。❷像水涌般地出现:许多人从里面~出来|往事~上心头。

涘 sì ㄙˋ [ji⁶ 字]

水边。

浚 (*濬)㊀jùn ㄐㄩㄣˋ ㊀[zên³ 进]

疏通,挖深(㊜疏-):~井|~河。

㊁xùn ㄒㄩㄣˋ ㊁[sên³ 迅]

浚县,在河南省。

8 画

清 qīng ㄑㄧㄥ [qing¹ 蜻]

❶纯净透明,没有混杂的东西,跟"浊"相对:~水|天朗气~。㊞1. 单纯地:~唱(不化装的戏曲演唱)。2. 安静(㊜-静):~夜。❷明白,不混乱:分~|~楚|说不~。❸一点儿不留,净尽:~除。❹清除不纯成分以纯洁组织:~党。❺查点(清楚):~仓。❻公正廉明:~官。❼朝代名(公元1616—1911年),公元1616年女真族首领爱新觉罗·努尔哈赤建立后金,1636年国号改为清,1644年建都北京。

渍 (漬)zì ㄗˋ ㊀[ji³ 志]

浸,沤:~麻。

zì ㄗˋ ㊁[jig¹ 迹]

❶地面的积水:~水|防洪排~。❷油、泥等积在上面难以除去:烟袋里~了很多油子|手表的轮子~住了。㊞浸积在物体上的污垢:血~|污~|油~。

添 tiān ㄊㄧㄢ [tim¹ 甜¹]

增加(㊜增-):再~几台机器|锦上~花。

渚 zhǔ ㄓㄨˇ [ju² 主]

水中间的小块陆地。

凌 líng ㄌㄧㄥˊ [ling⁴ 陵]

同“凌❷❸❹”。

鸿（鴻）hóng ㄏㄨㄥˊ［hung⁴ 红］

❶鸿雁，鸟名，即大雁。【鸿毛】比喻轻微的东西：轻于～。❷大：～儒。【鸿沟】楚汉（项羽和刘邦）分界的一条水，比喻明显的界限。

淇 qí ㄑㄧˊ［kéi⁴ 旗］

淇河，源出河南省林州，流入卫河。

淋 ㊀lín ㄌㄧㄣˊ［lem⁴ 林］

水或其他液体洒落在物体上：风吹雨～｜花蔫了，～上点儿水吧。

【淋漓】（－lí）湿淋淋往下滴落：墨迹～｜大汗～。㊕畅达：～尽致｜痛快～。

㊁lìn ㄌㄧㄣˋ［lem⁴ 林］

❶过滤：～盐｜～硝。❷淋病，性病，又叫白浊，病人尿道红肿溃烂，严重的尿里带脓血。

淅 xī ㄒㄧ［xig¹ 析］

淘米。

【淅沥】（－lì）形容轻微的风雨声或落叶声等。

淞 sōng ㄙㄨㄥ［sung¹ 嵩］

吴淞江，发源于太湖，到上海市与黄浦江汇合流入长江。

渎（瀆、❷＊＊嬻）dú ㄉㄨˊ［dug⁶ 独］

❶水沟，小渠（㊟沟－）。❷亵渎，轻慢，对人不恭敬。【渎职】不尽职，在执行任务时犯错误。

涯 yá ㄧㄚˊ［ngai⁴ 崖］

水边。㊕边际，极限：天～海角｜一望无～。

淹（❶＊＊洇）yān ㄧㄢ［yim¹ 阉］

❶浸没（mò）：被水～了。❷皮肤被汗液浸渍。❸广：～博。

涿 zhuō ㄓㄨㄛ［dêg³ 啄］

涿州，地名，在河北省。

渐（漸）㊀jiān ㄐㄧㄢ［jim¹ 尖］

❶浸：～染。❷流入：东～于海。

㊁jiàn ㄐㄧㄢˋ［jim⁶ 尖⁶］

副词。慢慢地，一点一点地（叠）：循序～进｜～入佳境｜他的病～～好了。

淑 shū ㄕㄨ［sug⁶ 熟］

善，美：贤～｜～女。

淖 nào ㄋㄠˋ［nao⁶ 闹］

烂泥：泥～。

【淖尔】（蒙）湖泊：达里～（就是达里泊，在内蒙古自治区）｜库库～（就是青海湖）｜罗布～（就是罗布泊，在新疆维吾尔自治区）。

淌 tǎng ㄊㄤˇ［tong² 倘］

流：～眼泪｜汗珠直往下～｜流～。

☞廣动词。液体因摇晃而从容器内溢洒出来：～泻汤（汤洒了）。

淏 hào ㄏㄠˋ［hou⁶ 浩］

水清。

混

㊀hún ㄏㄨㄣˊ ㊁[wen⁴ 云]

同"浑❶❷"。

㊁hùn ㄏㄨㄣˋ ㊁[wen⁶ 运]

❶掺杂在一起：~合 | ~杂 | ~入 | ~充 | ~为一谈。❷苟且度过：~日子 | 鬼~。❸蒙混：~过去了 | 鱼目~珠。❹胡乱：~乱 | ~出主意。

【混沌】(-dùn) 1. 传说中指世界开辟前的状态。2. 糊涂，不清楚。

淈

(漍) guó ㄍㄨㄛˊ [guog³ 郭]

【北淈】地名，在江苏省江阴。

淠

pì ㄆㄧˋ [péi³ 譬]

淠河，水名，在安徽省西部。

淟

tiǎn ㄊㄧㄢˇ [tin² 田²]

污浊，肮脏。

涸

hé ㄏㄜˊ [kog³ 确]

水干(㊞干-)：枯~ | ~辙(水干了的车辙)。

渑

(澠) ㊀miǎn ㄇㄧㄢˇ ㊁[men⁵ 敏]

【渑池】地名，在河南省三门峡。

㊁shéng ㄕㄥˊ ㊁[xing⁴ 城]

古水名，在今山东省淄博一带。

淮

huái ㄏㄨㄞˊ [wai⁴ 怀]

淮河，源出河南省，流经安徽省，至江苏省注入洪泽湖。

淦

gàn ㄍㄢˋ [gem³ 禁]

淦水，水名，在江西省。

淆

(△*殽) xiáo ㄒㄧㄠˊ [ngao⁴ 肴]

混淆，错杂，混乱：~乱 | 混~不清。

"殽"另见481页 xiáo。

渊

(淵) yuān ㄩㄢ [yun¹ 冤¹]

深水，潭：鱼跃于~。㊞深：~博(学识深而广)。

☞粤 形容词。酸痛：~痛(酸痛) | 行到脚都~(走得腿部酸软了) | 瘡到成身~晒(累得我全身酸痛)。

淫

(❷*婬、*滛) yín ㄧㄣˊ [yem⁴ 吟]

❶过多，过甚：~威 | ~雨。❷在男女关系上不正当的：~乱 | ~荡。❸放纵：骄奢~逸。❹迷惑，使昏乱：富贵不能~。

淰

niǎn ㄋㄧㄢˇ ㊀[nam⁵ 腩]

❶浊。❷用农具取水底淤泥。

㊁[nem⁶ 挪任]

☞粤 ❶形容词。洇：呢啲纸写字会~嘅(这些纸写字会洇的) | 个字~到唔识得咯(字洇得认不出了)。❷形容词。湿透：件衫湿到~(衣服湿透了) | 湿~~(湿淋淋，湿透) | 肥~~(油汪汪的，透着油腻的)。❸形容词。饱满；深沉：揼~支笔(笔蘸墨蘸饱满些) | 瞓到~晒(睡得很深；睡熟了)。【大淰】身体虚胖，动作不灵便。❹形容词。重复出现的，连续出现的：~庄(连续做庄) | ~二(连续出现"二")

淜 péng ㄆㄥˊ [peng⁴ 朋]

用于地名：普～(在云南省祥云)。

淝 féi ㄈㄟˊ [féi⁴ 肥]

水名，南淝河、北淝河、东淝河、西淝河等，都在安徽省。东淝河古称淝水：～水之战。

渔 (漁、❶**㪚)yú ㄩˊ [yu⁴ 余]

❶捕鱼：～船｜～业。❷谋取(不应得的东西)：～利。

淘 táo ㄊㄠˊ [tou⁴ 桃]

❶洗去杂质：～米｜～金。【淘汰】去坏的留好的，去不合适的留合适的：自然～。❷消除泥沙、渣滓等，挖浚：～井｜～缸。❸淘气，顽皮：这孩子真～。

淴 hū ㄏㄨ [fed¹ 拂]

水流出的声音。用于地名：～～水村(在河北省平山)。

【淴浴】〈方〉洗澡。

淳 chún ㄔㄨㄣˊ [sên⁴ 纯⁴]

朴实，厚道：～朴｜～厚。

液 yè ㄧㄝˋ [yig⁶ 亦]

液体，能流动、有一定体积而没有一定形状的物质：血～｜溶～。【液晶】一种同时具有液体的流动性和晶体的光学特性的有机化合物。

淬 (**焠)cuì ㄘㄨㄟˋ [cêu³ 趣]

淬火，通称蘸火，把合金制品或玻璃加热到一定温度，随即在水、油或空气中急速冷却，以提高合金或玻璃的硬度和强度。【淬砺】㊗刻苦锻炼，努力提高。

涪 fú ㄈㄨˊ [feo⁴ 浮]

涪江，发源于四川省，入嘉陵江。

淤 yū ㄩ [yu¹ 于，㊋yu² 雨²]

❶水里泥沙沉积：～了好些泥。❷河沟中沉积的泥沙：河～｜清～。❸同“瘀”。

淯 yù ㄩˋ [yug⁶ 育]

淯河，水名，在河南省栾川。

湴 bàn ㄅㄢˋ [ban⁶ 办]

☞▇❶名词。烂泥：泥～(烂泥)｜烂～(烂泥)｜～凼(烂泥坑)。❷形容词。泥泞：呢段路真～(这段路真泥泞)。

淡 dàn ㄉㄢˋ [dam⁶ 氮，㊂tam⁵ 读⁵]

❶含的盐分少，跟“咸”相对：菜太～｜～水湖。❷含某种成分少，稀薄，跟“浓”相对：～绿｜～酒｜云～风轻。❸不热心：冷～｜他～～地应了一声。❹营业不旺盛：～月｜～季。

淙 cóng ㄘㄨㄥˊ [cung⁴ 虫]

形容水流声(叠)。

淀 (❷澱)diàn ㄉㄧㄢˋ [din⁶ 电]

❶浅的湖泊：白洋～(在河北省)。❷渣滓，液体里沉下的东西。【淀粉】有机化

合物，白色，不溶于水，米、麦、甘薯、马铃薯中含量很多。工业上应用很广。

涫 guàn ㄍㄨㄢˋ [gun³ 贯]

沸：~汤。

涴 ㊀wò ㄨㄛˋ ㊀[wo³ 和³]

〈方〉弄脏，泥、油等沾在衣服、器物上。

㊁yuān ㄩㄢ ㊁[yun² 宛]

用于地名：~市(在湖北省松滋)。

深 (*湥)shēn ㄕㄣ [sem¹ 心]

❶从上到下或从外面到里面距离大，跟"浅"相对(❹❺同)：~水｜这条河很~｜~山｜这个院子很~。❷从上到下或从外面到里面的距离，深度：水~一米。【深浅】1. 深度。2. 说话的分寸：他说话不知道~。❸久，时间长：~秋｜~更半夜｜年~日久。❹程度高的：~信｜~知｜~谋远虑｜情谊很~｜这本书内容太~｜~入浅出。❺(颜色)重：~红｜颜色太~。

渌 lù ㄌㄨˋ [lug⁶ 六]

渌水，水名，在湖南省株洲。

☞㊄动词。用开水或热水烫：~鱼片(涮鱼片)｜~亲只手(烫伤了手)。

涮 shuàn ㄕㄨㄢˋ [san³ 汕]

❶放在水中摆动，略微洗洗：~~手｜把毛笔~一~。❷把水放在器物中摇动，冲洗：~瓶子。❸把肉片等在滚水里放一下就取出来(蘸作料吃)：~锅子｜~羊肉。❹〈方〉耍弄，骗：被人~了。

涵 hán ㄏㄢˊ [ham⁴ 咸]

包容，包含(㊟包-)：海~｜内~｜~养。

渗 (滲)shèn ㄕㄣˋ [sem³ 沁]

液体慢慢地透入或漏出：水~到土里去了｜天很热，汗~透了衣服。

淄 zī ㄗ [ji¹ 兹]

淄河，水名，在山东省中部。

9 画

澒 (澒)hòng ㄏㄨㄥˋ [hung⁶ 红⁶]

【澒洞】弥漫无际。

渍 (濆)fén ㄈㄣˊ [fen⁴ 焚]

水边。

湛 zhàn ㄓㄢˋ [zam³ 蘸³]

❶深：精~的演技。❷清澈：清~。

港 gǎng ㄍㄤˇ [gong² 讲]

❶江河的支流。❷可以停泊大船的江海口岸：军~｜商~｜不冻~。❸指香港：~人治~。

渫 xiè ㄒㄧㄝˋ [xid³ 屑]

❶除去。❷泄，疏通。

滞 (滯)zhì ㄓˋ [zei⁶ 剂⁶]

凝积，积留，不流通：～留｜停～｜～销(销路不畅)。

溚 tǎ ㄊㄚˇ [tab³ 塔]

(外)焦油的旧称，用煤或木材制得的一种黏稠液体，黑褐色，是化学工业上的重要原料。

滢 (瀅)yíng ㄧㄥˊ [ying⁴ 形]

【滢湾】地名，在湖南省长沙。

湖 hú ㄏㄨˊ [wu⁴ 胡]

陆地上围着的大片水域：洞庭～｜太～。【湖色】淡绿色。

湘 xiāng ㄒㄧㄤ [sêng¹ 双]

❶湘江，源出广西壮族自治区，流至湖南省入洞庭湖。❷湖南省的别称。

渣 zhā ㄓㄚ [za¹ 喳]

(－子、－儿)提出精华或汁液后剩下的东西(㊣－滓)：豆腐～。㊞碎屑：点心～儿。

渤 bó ㄅㄛˊ [bud⁶ 拨]

渤海，在辽东半岛和山东半岛之间。

湮 ㊀yān ㄧㄢ [yen¹ 因]

埋没(㊣－没)：～灭。

㊁yīn ㄧㄣ [yen¹ 因]

同"洇"。

湎 miǎn ㄇㄧㄢˇ [min⁵ 免]

沉迷(多指喝酒)：沉～于酒色。

渜 [nen¹ 挪因]

☞㊦名词。稀屎：鸡～｜屙～(拉稀)。

湝 jiē ㄐㄧㄝ [gai¹ 佳]

(叠)形容水流动的样子：淮水～～。

湨 jú ㄐㄩˊ [guig¹ 隙]

湨河，水名，在河南省济源。

湜 shí ㄕˊ [sed⁶ 实，㊂jig⁶ 直]

形容水清见底(叠)。

渺 (❷△*淼)miǎo ㄇㄧㄠˇ [miu⁵ 秒]

❶微小：～小｜～不足道。❷水势辽远：浩～。【渺茫】离得太远看不清楚。㊥看不见前途的或没有把握的：这件事～得很。

"淼"另见372页miǎo。

湿 (濕、*溼)shī ㄕ [seb¹ 十¹]

沾了水或是含的水分多，跟"干"相对：地很～｜手～了。

温 wēn ㄨㄣ [wen¹ 瘟]

❶不冷不热(㊣－暖)：～水。【温饱】衣食充足。❷温度，冷热的程度：气～｜低～｜体～。❸性情柔和(㊣－柔、－和)。❹使东西热：～酒。❺复习：～课｜～故知新。❻中医指温热病：春～｜冬～。

❼同"瘟"。

渴 kě ㄎㄜˇ [hod³ 喝]

口干想喝水：我～了。喻迫切：～望｜～求。

渭 wèi ㄨㄟˋ [wei⁶ 位]

渭河，发源于甘肃省，横贯陕西省入黄河。

溃 (潰)㊀huì ㄏㄨㄟˋ [kui² 刽]

疮溃(kuì)烂：～脓。

㊁kuì ㄎㄨㄟˋ [kui² 刽]

❶溃决，大水冲开堤岸。【溃围】突破包围。❷散乱，垮台：～散｜～败｜～不成军｜崩～。❸肌肉组织腐烂：～烂｜～疡(yáng)。

湍 tuān ㄊㄨㄢ [tên¹ 盾¹]

水流得很急，也指急流的水。

溅 (濺)㊀jiān ㄐㄧㄢ ㊂ [jin¹ 煎]

【溅溅】同"浅浅"(jiānjiān)。

㊁jiàn ㄐㄧㄢˋ ㊂ [jin³ 箭]

液体受冲激向四外飞射：～了一脸水｜水花四～。

滑 huá ㄏㄨㄚˊ [wad⁶ 猾]

❶滑溜，光溜：下雪以后地很～｜桌面光～。❷在光溜的物体表面上溜动：～了一跤｜～雪｜～冰。【滑翔】航空上指借着大气浮力飘行：～机。❸狡诈，不诚实：～头｜耍～｜这人很～。

【滑稽】(－ji)诙谐，使人发笑：他说话很～。

湃 pài ㄆㄞˋ [bai³ 拜，㊀pai³ 派]

见404页"澎"字条【澎湃】(péng－)。

湫 ㊀jiǎo ㄐㄧㄠˇ ㊂ [jiu² 剿]

低洼。【湫隘】低湿狭小。

㊁qiū ㄑㄧㄡ ㊂ [zeo¹ 州]

水池：大龙～(瀑布名，在浙江省北雁荡山)。

溲 sōu ㄙㄡ [seo¹ 收]

排泄大小便。特指排泄小便。

湟 huáng ㄏㄨㄤˊ [wong⁴ 王]

湟水，水名，在青海省。

溆 xù ㄒㄩˋ [zêu⁶ 罪]

水边。【溆浦】地名，在湖南省。

渝 yú ㄩˊ [yu⁴ 余]

❶变(多指感情或态度)：始终不～。❷重庆市的别称：成～铁路。

渰 yǎn ㄧㄢˇ [yim² 淹²]

云兴起的样子。

湲 yuán ㄩㄢˊ [yun⁴ 元，㊀wun⁴ 桓]

见406页"潺"字条【潺湲】(chán－)。

湓 pén ㄆㄣˊ ㊂ [pun⁴ 盘]

湓水，水名，在江西省西北部。

㊂ [pen⁴ 贫]

☞▇动词。噗出，溢出，煮饭、粥等水开时米汤外溢：粥～出嚟喇(粥噗啦)。

浥 jí ㄐㄧˊ [keb¹ 吸]

用于地名：～滩(在河南省邓州)。

湾 (灣)wān ㄨㄢ [wan¹ 弯]

❶水流弯曲的地方：汾河～。❷海湾，海洋伸入陆地的部分：胶州～｜港～。❸使船停住：把船～在那边。

渟 tíng ㄊㄧㄥˊ [ting⁴ 亭]

水停止不动：渊～。

渡 dù ㄉㄨˋ [dou⁶ 杜]

❶横过水面：～河｜～江。㊘过，由此到彼：～过难关｜过～时期。❷渡口，渡头，过河的地方：荒村野～。

游 (❷❹❺＊遊)yóu ㄧㄡˊ [yeo⁴ 由]

❶人或动物在水里行动(㊟－泳)：～水｜～鱼可数(shǔ)。❷不固定：～资｜～牧｜～击战。【游移】主意摇摆不定。❸河流的一段：上～｜下～。❹游逛，观赏：～玩｜～人｜～园｜旅～｜春～。❺交游，交往。❻同"圝"(yóu)。

渧 [dei³ 帝]

☞▇动词。(液体)下滴，沥：鱼要～干水至煎(鱼要沥干水才煎)｜啱洗嘅张被～下佢再晾开(刚洗的被子先沥沥水再晾开)。

溠 zhà ㄓㄚˋ [za³ 炸]

溠水，水名，在湖北省随州。

渼 měi ㄇㄟˇ [méi⁵ 尾]

❶波纹。❷用于地名：～陂(bēi)村(在江西省吉安)。

溇 (漊)lóu ㄌㄡˊ [leo⁴ 留]

溇水，水名，在湖南省。

湔 jiān ㄐㄧㄢ [jin¹ 煎]

洗。

滋 zī ㄗ [ji¹ 兹]

❶生出，长(zhǎng)：～芽｜～事｜～蔓。❷益，增益，加多：～益｜～补。【滋润】1. 润泽，湿润，使不干枯。2.〈方〉舒服：日子过得挺～。【滋味】味道。【滋养】补益身体。❸〈方〉喷射：水管往外～水。

湉 tián ㄊㄧㄢˊ [tim⁴ 甜]

【湉湉】形容水面平静。

渲 xuàn ㄒㄩㄢˋ [xun¹ 宣，㊀ xun³ 算]

中国画的一种画法，把水墨淋在纸上再擦得浓淡适宜。【渲染】用水墨或淡的色彩涂抹画面。㊖夸大地形容。

溉 gài ㄍㄞˋ [koi³ 概]

浇灌(㊟灌－)。

渥 wò ㄨㄛˋ ［eg¹，㊀ngeg¹ 厄］

❶沾湿，沾润。❷厚，重：优～（优厚）。

湣 mǐn ㄇㄧㄣˇ ［men⁵ 敏］

古谥号用字。

湄 méi ㄇㄟˊ ［méi⁴ 眉］

河岸，水滨。

湑 ㊀xǔ ㄒㄩˇ ［sêu² 水］

❶滤过的酒。㊁ 清澈。❷茂盛。

㊁xù ㄒㄩˋ ［sêu² 水］

湑水河，水名，在陕西省汉中。

滁 chú ㄔㄨˊ ［qu⁴ 蹰］

滁州，地名，在安徽省。

溞 sāo ㄙㄠ ［sou¹ 苏］

水蚤。

10 画

滟 （灧、＊＊灩）yàn ㄧㄢˋ ［yim⁶ 验］

【滟滪堆】（－yùduī）长江瞿塘峡口的巨石，为便利长江航行，1958 年将它炸除。

溱 ㊀qín ㄑㄧㄣˊ ㊁［cên⁴ 巡］

【溱潼】（－tóng）地名，在江苏省泰州。

㊁zhēn ㄓㄣ ㊁［zên¹ 津］

溱头河，水名，在河南省驻马店。今作“臻头河”。

溘 kè ㄎㄜˋ ［heb⁶ 合］

忽然：～逝（称人突然死亡）。

溻 （灄）shè ㄕㄜˋ ［xib³ 摄］

溻水，水名，在湖北省。

满 （滿）mǎn ㄇㄢˇ ［mun⁵ 门⁵］

❶全部充实，没有余地：会场里人都～了｜～地都是绿油油的庄稼｜～口答应。【满意】愿望满足或符合自己的意见：这样办，他很～。【满足】1. 觉得够了：他并不～于现有的成绩。2. 使人觉得在所需求的方面不缺什么了：～人民的需要。【自满】不虚心，骄傲。❷到了一定的限度：假期已～｜～了一年。❸（斟酒）使满：～上一杯。❹副词。十分，完全：积极性～高｜～以为不错｜～不在乎。

【满族】我国少数民族，参看附表。

漭 mǎng ㄇㄤˇ ［mong⁵ 网］

【漭漭】形容水广阔无边。

漠 mò ㄇㄛˋ ［mog⁶ 寞］

❶地面为沙石覆盖，缺乏流水，气候干燥，植物稀少的地区：沙～。【广漠】广大，看不到边际。❷冷淡地，不经心地：～视｜～不关心。【漠然】不关心的样子。

溍 jìn ㄐㄧㄣˋ ［zên³ 进］

古水名。

滢 (瀅) yíng ㄧㄥˊ [ying⁴ 形]

清澈。

滇 diān ㄉㄧㄢ [tin⁴ 田，㊁din¹ 颠]

❶滇池，湖名，在云南省昆明。又叫昆明湖。❷云南省的别称。

溹 suǒ ㄙㄨㄛˇ [sog³ 朔]

溹泸河，即索泸河，水名，在河北省东南部，清凉江支流。

溥 pǔ ㄆㄨˇ [pou² 普]

❶广大。❷普遍。

滆 gé ㄍㄜˊ [gag³ 隔]

滆湖，湖名，在江苏省南部。

溧 lì ㄌㄧˋ [lêd⁶ 律]

【溧水】【溧阳】地名，都在江苏省。

溽 rù ㄖㄨˋ [yug⁶ 辱]

湿：~暑(夏天潮湿闷热的气候)。

源 yuán ㄩㄢˊ [yun⁴ 元]

❶水流所从出的地方：泉~丨河~。【源源】继续不断：~而来。❷事物的根由，来路：来~丨货~。

滤 (濾) lǜ ㄌㄩˋ [lêd⁶ 泪]

使液体、气体经过纱布、木炭、沙子等物，除去其中所含的杂质、毒气而变纯净。

滥 (濫) làn ㄌㄢˋ [lam⁶ 舰]

❶流水漫溢：泛~。【滥觞】(-shāng)㊕事物的起源。❷不加选择，不加节制：~交朋友丨~用丨粗制~造丨宁缺毋~。㊞浮泛不合实际：陈词~调。

滉 huàng ㄏㄨㄤˋ [fong² 访]

【滉瀁】(-yǎng)形容水广大无边。

溻 tā ㄊㄚ [tab³ 塔]

出汗把衣服、被褥等弄湿：天太热，我的衣服都~了。

溷 hùn ㄏㄨㄣˋ [wen⁶ 运]

❶肮脏(㊊-浊)。❷厕所。❸猪圈。

溦 wēi ㄨㄟ [méi⁴ 眉，㊋méi¹ 眉¹]

小雨。

☞粤 名词。极细小的水滴：雨~(毛毛雨)丨口水~(唾沫星子)。

滗 (潷) bì ㄅㄧˋ [béi³ 秘]

挡住渣滓或泡着的东西，把液体倒出：壶里的茶~干了丨把汤~出去。

滫 xiǔ ㄒㄧㄡˇ [seo³ 瘦]

泔水。

溴 xiù ㄒㄧㄡˋ [ceo³ 臭]

非金属元素，符号 Br，赤褐色液体，能侵蚀皮肤和黏膜。可用来制染料、镇静剂等。

溵 yīn ㄧㄣ [yen¹ 因]

【溵溜】(－liù)地名，在天津市蓟州。

滏 fǔ ㄈㄨˇ [fu² 苦]

滏阳河，水名，在河北省西南部。

滔 tāo ㄊㄠ [tou¹ 涛¹]

漫，充满：波浪～天｜罪恶～天。【滔滔】1. 大水漫流：海水～。2. 话语连续不断：～不绝｜议论～。

溪 (△*谿)xī ㄒㄧ [kei¹ 稽]

山里的小河沟。

"谿"另见678页xī。

滃 ㊀wēng ㄨㄥ ㊂[yung¹ 雍]

滃江，水名，在广东省北部。

㊁wěng ㄨㄥˇ ㊂[yung² 拥]

❶形容水盛。❷形容云起。

溜 (㊁❷❸**霤)㊀liū ㄌㄧㄡ ㊂[liu¹ 料¹]

溜走，趁人不见走开：一眼不见他就～了。

【溜达】(*蹓跶)散步，随便走走。

☞粤【不溜】经常，一直：佢～都咁勤力(他一直都很勤奋)｜我哋～有联系(我们经常有联系)。

㊀liū ㄌㄧㄡ ㊂[leo⁶ 漏]

❶滑行：～冰｜从滑梯上～下来。㊀滑溜，平滑，无阻碍：光～(liu)。❷沿着，顺着：～边儿｜～着墙根儿走。❸同"熘"。

㊁liù ㄌㄧㄡˋ ㊂[leo⁶ 漏]

❶急流：大～｜今天河水～很大。❷顺房檐滴下来的水：檐～。❸屋檐上安的接雨水用的长水槽：水～。❹(－儿)量词。用于成行(háng)列的事物：一～三间房。

滦 (灤)luán ㄌㄨㄢˊ [lün⁴ 联]

滦河，水名，在河北省东北部。

滈 hào ㄏㄠˋ [hou⁶ 浩]

滈河，水名，在陕西省西安。

漷 huǒ ㄏㄨㄛˇ [guog³ 国]

【漷县】地名，在北京市通州。

滧 xiào ㄒㄧㄠˋ [hao⁶ 效]

用于地名：五～(在上海市崇明)。

漓 (❷灕)lí ㄌㄧˊ [léi⁴ 离]

❶见391页"淋"字条【淋漓】(lín－)。❷漓江，水名，在广西壮族自治区桂林。

滚 gǔn ㄍㄨㄣˇ [guen² 君²]

❶水流翻腾(叠)：白浪翻～｜大江～～东去。㊀水煮开：水～了。❷旋转着移动：小球～来～去｜～铁环｜打～。❸走，离开(含斥责意)：～出去！❹极，特：～烫｜～圆。

☞粤❶动词。(水)开，沸腾：～水(开水)｜水～喇(水开了)｜冻～水(凉开水)。【滚泻】粥、汤、水等噗出，溢出。❷动词。在开水里略煮：～鱼片汤

(氽鱼片汤)｜~下啲筷子(把筷子煮一煮)。❸形容词。热，烫：佢发烧，额头好~(他发烧，额头很烫)｜~热辣(所煮的东西滚烫)。❹动词。搅：佢~浊啲水(他有意把水搅浑)。【滚搅】客气话。打扰，打搅：~晒(打扰了)｜成日嚟~，真系唔好意思(经常来打搅，真不好意思)。❺动词。扬起(尘土)：架车~起一埲尘(那车扬起一阵尘土)。❻动词。骗取：畀人~咗钱(给人骗了钱)｜~友(骗子)。【滚红滚绿】1. 花言巧语骗人：咪听佢~，有句真嘅(别听他胡吹乱扯，没有一句是真的)｜佢系度~等人上当(他在这里花言巧语忽悠人，让人上当)。2. 捣乱，乱搞：就系佢喺度~搞腒晒(就是他在这里捣乱把事情搅坏了)。

溏 táng ㄊㄤˊ [tong⁴ 唐]

泥浆。㊀引 不凝结半流动的：~心鸡蛋。

滂 pāng ㄆㄤ [pong⁴ 旁]

水涌出的样子。【滂湃】(-pài)水势盛大。【滂沱】(-tuó)雨下得很大：大雨~。喻 泪流得很多：涕泗~。

滀 ㊀chù ㄔㄨˋ [cug¹ 促]

水聚积。

㊁xù ㄒㄩˋ [cug¹ 促]

滀仕(-shì)，地名，在越南。

溢 yì ㄧˋ [yed⁶ 日]

❶充满而流出来：河水四~｜~美(过分夸奖)。引 超出：~出此数。❷古同“镒”。

溯 (*泝、*遡)sù ㄙㄨˋ [sou³ 诉，俗 sog³ 索]

逆着水流的方向走：~河而上。引 追求根源或回想：推本~源｜回~｜追~。

滨 (濱)bīn ㄅㄧㄣ [ben¹ 奔]

❶水边：湖~｜海~。❷靠近：~海。

溶 róng ㄖㄨㄥˊ [yung⁴ 容]

在水或其他液体中化开(连 -化)：樟脑~于酒精而不~于水。

滓 zǐ ㄗˇ [ji² 紫]

渣子，沉淀物：渣~。

溟 míng ㄇㄧㄥˊ [ming⁴ 明]

海：北~有鱼。

滘 jiào ㄐㄧㄠˋ [gao³ 较]

〈方〉❶水道相通的地方；小河拐弯的地方：涌~。❷广东省地名用字：新~(在广州海珠区)｜横~(在广州白云区)｜池~(在广州海珠区)｜伦~(在顺德)｜沙~(在顺德)｜道~(在东莞)｜双~(在阳春)。

溺 ㊀nì ㄋㄧˋ ㊁ [nig⁶ 挪益⁶]

❶淹没：~死｜~水。❷沉迷不悟，过分：~信｜~爱。

㊁niào ㄋㄧㄠˋ ㊁ [niu⁶ 尿]

同“尿”(niào)。

滍 zhì ㄓˋ [ji⁶ 字]

滍水，古水名，在今河南省平顶山。现称沙河。【滍阳】地名，在河南省平顶山。

滩 (灘)tān ㄊㄢ [tan¹ 坍]

❶河海边淤积成的平地或水中的沙洲：~地。❷水浅多石而水流很急的地方：险~。

澦 (灩)yù ㄩˋ [yu⁶ 预]

见 398 页“滟”字条【滟滪堆】(yàn–duī)。

滃 yōng ㄩㄥ [yung¹ 翁]

滃水，水名，在江西省。

11 画

溤 yān ㄧㄢ [yin⁴ 言]

用于地名：~城(在四川省夹江)。

激 jiào ㄐㄧㄠˋ [gao³ 较]

同“滘”。多用于地名：东~(在广州荔湾区)｜上~(在广州番禺区)。〖激、滘本相同，但作地名时不能相混，如“道滘”不能写成“道激”，“东激”不能写成“东滘”。〗

潢 huáng ㄏㄨㄤˊ [wong⁴ 王]

❶积水池。❷染纸。【装潢】裱褙字画。㊞装饰货物的包装。

濴 (瀯)yíng ㄧㄥˊ [ying⁴ 形]

【濴洄】水流回旋。

潇 (瀟)xiāo ㄒㄧㄠ [xiu¹ 消]

水清而深。【潇洒】(–sǎ)行动举止自然大方，不呆板，不拘束。

溇 lǎn ㄌㄢˇ [lam⁵ 蓝⁵]

❶把柿子放在热水或石灰水里泡几天，去掉涩味。❷用盐腌(菜)，除去生味。

漆 qī ㄑㄧ [ced¹ 七]

❶黏液状涂料的统称。可分为天然漆和人造漆两类。❷用漆涂。

漕 cáo ㄘㄠˊ [cou⁴ 曹]

利用水道转运食粮：~运｜~河(运粮的河道)。

漱 (*潄)shù ㄕㄨˋ [sou³ 诉，㊀seo³ 秀]

含水荡洗口腔：~口｜洗~。㊞洗涤，冲刷：悬泉瀑布，飞~其间。

漂 ㊀piāo ㄆㄧㄠ ⊟ [piu¹ 飘]

浮在液体上面不沉下去：树叶在水上~着。【漂泊】(–bó)㊗为了生活、职业而流浪奔走：~在外。

㊁piǎo ㄆㄧㄠˇ ⊟ [piu³ 票]

❶用水加药品使东西退去颜色或变白：~白。❷用水淘去杂质：用水~一~｜~朱砂。

㊂piào ㄆㄧㄠˋ ⊟ [piu³ 票]

【漂亮】(–liang)1. 美，好看。2. 出色：活儿干得很~。

滹 hū ㄏㄨ [fu¹ 夫]

【滹沱河】水名，从山西省流入河北省。

漫 màn ㄇㄢˋ [man⁶ 慢]

❶水过满，漾出来：河水～出来了。㊀淹没：水不深，只～到脚面｜大水～过房子了。❷满，遍：～山遍野｜大雾～天。❸没有限制，没有约束：～谈｜～不经心｜～无边际。【漫长】时间长或路程远：～的岁月｜～的道路。❹莫，不要：～说｜～道。

潩 yì ㄧˋ [yi⁶ 义]

清潩河，水名，在河南省中部，颍河支流。

漯 ㊀luò ㄌㄨㄛˋ ㊁ [log³ 洛]

【漯河】地名，在河南省。

㊁tà ㄊㄚˋ ㊁ [tab³ 塔]

漯河，古水名，在今山东省。

漶 huàn ㄏㄨㄢˋ [wan⁶ 患]

【漫漶】文字图像等磨灭、模糊。

漼 cuǐ ㄘㄨㄟˇ [cêu² 取]

❶水深的样子。❷眼泪流下的样子。

潨 ㊀chóng ㄔㄨㄥˊ ㊁ [sung⁴ 崇]

❶形容水声(叠)。❷潨河，水名，在安徽省五河。

㊁shuāng ㄕㄨㄤ ㊁ [sêng¹ 双]

用于地名：～缺(在上海市奉贤)。

潋 (瀲)liàn ㄌㄧㄢˋ [lim⁶ 敛]

【潋滟】(－yàn)水波相连的样子：水光～。

潴 (瀦)zhū ㄓㄨ [ju¹ 朱]

❶(水)积聚。❷水停聚的地方。

漪 yī ㄧ [yi¹ 衣]

水波纹：清～｜涟～｜～澜。

漈 jì ㄐㄧˋ [zei³ 际]

❶水边。❷用于地名：大～(在浙江省景宁)。

漉 lù ㄌㄨˋ [lug⁶ 六]

液体往下渗，过滤：～网｜～酒。【湿漉漉】物体潮湿的样子。

漳 zhāng ㄓㄤ [zêng¹ 章]

漳河，发源于山西省，流至河北省入卫河。

滴 dī ㄉㄧ [dig⁶ 敌]

❶一点一点地落下的少量液体：汗～｜水～。【点滴】1. 形容零星，少。也指零星的事物。2. 通称静脉滴注为打点滴。❷液体一点一点地落下，使液体一点一点地落下：汗水直往下～｜～眼药。【滴沥】(－lì)形容雨水下滴的声音。❸量词。用于一点一点下滴的液体：一～血｜一～汗。

【滴溜】(－liū)1. 滚圆的样子：～圆。2. 形容很快地旋转：～转。

漩 xuán ㄒㄩㄢˊ [xun⁴ 船]

(－儿)水流旋转的圆窝：～涡。

漾 yàng 丨尢 ［yêng⁶ 让］

❶水面微微动荡：荡～。❷液体溢出来：～奶｜～酸水｜汤太满，都～出来了。

演 yǎn 丨ㄢˇ ［yin² 衍］

❶把技艺当众表现出来：～戏｜～奏｜～唱。❷根据一件事理推广、发挥：～说｜～义。【演绎】1. 由普遍到特殊的推演过程。2. 发挥。❸演习，依照一定程式练习：～武｜～算习题。❹不断变化：～变｜～进｜～化。

☞▣ 动词。腆，挺：～胸凸肚（挟着胸脯，挺着肚子）。也作"躽"。

澉 gǎn ㄍㄢˇ ［gem² 感］

【澉浦】地名，在浙江省海盐。

漏 lòu ㄌㄡˋ ［leo⁶ 陋］

❶物体由孔缝透过或滴下：水壶～了｜油箱～了。【漏洞】比喻做事的破绽，不周密的地方：堵塞～。❷泄漏，泄露：～了风声｜走～消息。❸遗落：这一项可千万不能～掉。❹漏壶，古代计时的器具，用铜制成。壶上下分好几层，上层底有小孔，可以滴水，层层下注，以底层蓄水多少计算时间。

漋 lóng ㄌㄨㄥˊ ［lung⁴ 龙］

用于地名：永～（在湖北省京山）。

漻 liáo ㄌㄧㄠˊ ［liu⁴ 辽］

水清而深。

潍 （濰）wéi ㄨㄟˊ ［wei⁴ 围］

潍河，水名，在山东省潍坊。

12 画

潖 pá ㄆㄚˊ ［pa⁴ 爬］

【潖江口】地名，在广东省清远。

潜 （＊潛）qián ㄑㄧㄢˊ ［qim⁴ 签⁴］

❶隐在水面下活动：～水艇｜鱼～鸟飞。❷隐藏，隐蔽：～伏｜～藏｜～力｜～移默化。【潜心】十分专心而深入：～研究。❸秘密地，不声张：～行｜～逃。

澍 shù ㄕㄨˋ ［xu⁶ 树］

及时的雨。

澎 ㊀pēng ㄆㄥ ［pang⁴ 彭］

〈方〉溅：～了一身水。

㊁péng ㄆㄥˊ ［pang⁴ 彭］

【澎湃】（－pài）大浪相激。

【澎湖】我国岛屿，在台湾海峡东南部，与其附近岛屿共有64个，总称"澎湖列岛"。

澌 sī ㄙ ［xi¹ 思］

尽：～灭。

潵 sǎ ㄙㄚˇ ［sad³ 杀］

潵河，水名，在河北省迁西、兴隆一带。

潮 cháo ㄔㄠˊ [qiu⁴ 瞧]

❶海水因为受日、月的引力而定时涨落的现象：~水｜~汐。❷像潮水那样汹涌起伏的事物：思~｜风~｜革命高~。❸湿(程度比较浅)：~气｜受~了｜阴天返~。❹成色差，技术低：~金｜手艺~。

潸 (**潜)shān ㄕㄢ [san¹ 山]

流泪的样子(叠)：不禁(jīn)~~｜~然泪下。

潭 tán ㄊㄢˊ [tam⁴ 谈]

深水池，深水坑：清~｜泥~。㊀深：~渊。

潏 jué ㄐㄩㄝˊ [küd³ 决]

潏水，水名，在湖北省随州，涢(yún)水支流。

潦 ㊀lǎo ㄌㄠˇ ㊂ [lou⁵ 鲁]

❶雨水大。❷路上的流水，积水。

㊁liáo ㄌㄧㄠˊ ㊂ [liu⁴ 辽]

【潦倒】(-dǎo)颓丧，不得意：穷困~。【潦草】草率，不精细：工作不能~｜字写得太~。

澂 chéng ㄔㄥˊ [qing⁴ 程]

❶见406页"澄"chéng。❷用于人名。吴大澂，清代人。

潲 shào ㄕㄠˋ [sao³ 哨]

雨点被风吹得斜洒：雨往南~。㊀洒水：马路上~些水。

☞▮❶名词。泔水：~水(泔水)。❷名词。猪食：猪~(猪食)｜沤~(煮猪食)。

潟 xì ㄒㄧˋ [xig¹ 色]

咸水浸渍的土地：~卤(盐碱地)。

澳 ào ㄠˋ [ou³，㊈ngou³ 奥]

❶海边弯曲可以停船的地方。❷指澳门：港~(香港和澳门)同胞。❸指澳洲(现称大洋洲)，世界七大洲之一。❹指澳大利亚。

潝 xì ㄒㄧˋ [keb¹ 吸]

水急流的声音。

潘 pān ㄆㄢ [pun¹ 判¹]

姓。

澛 (澛)lǔ ㄌㄨˇ [lou⁵ 老]

用于地名：~港(在安徽省芜湖)。

潼 tóng ㄊㄨㄥˊ [tung⁴ 同]

【潼关】地名，在陕西省。

澈 chè ㄔㄜˋ [qid³ 彻]

❶水清：清~。❷同"彻"。

澜 (瀾)lán ㄌㄢˊ [lan⁴ 兰]

大波浪，波浪(㊖波-)：力挽狂~｜推波助~。

潽 pū ㄆㄨ [pou¹ 铺¹]

液体沸腾溢出：牛奶~出来了。

潾 lín ㄌㄧㄣˊ [lên4 邻]

【潾潾】形容水清：~的水波｜春水~。

潺 chán ㄔㄢˊ [san4 山4]

【潺潺】形容溪水、泉水等流动的声音：~流水。【潺湲】(-yuán)水慢慢流动的样子：溪水~。

☞粤 名词。黏液：鲶鱼成身~(鲶鱼满身黏液)｜滑~~(因带有黏液而显得滑溜溜的)。引申指麻烦：搞到一身~(惹得一身麻烦)｜“黄鳝上沙滩，唔死一身~”(歇后语。比喻做一件事情不但得不到好处，反而惹了许多麻烦)。

澄 (*△澂)㊀chéng ㄔㄥˊ 粤[qing4 呈]

水清。【澄清】1. 清澈，清亮：溪水~。2. 搞清楚，搞明白：把问题~一下。

㊁dèng ㄉㄥˋ 粤[deng6 邓]

让液体里的杂质沉下去：水~清了再喝。

“澂”另见405页chéng。

澏 yù ㄩˋ [wed6 屈6]

水涌出。

13 画

濩 huò ㄏㄨㄛˋ [fog3 霍]

❶雨水从屋檐向下流的样子。❷姓。

澨 chǔ ㄔㄨˇ [co2 楚]

古水名，济水支流，在今山东省定陶一带。

濑 (瀨)lài ㄌㄞˋ [lai6 赖]

流得很急的水。

☞粤 动词。倒，漏洒，灌浇：~油落镬(倒油下锅)｜肠粉要~豉油(猪肠粉要浇点酱油)。

☞粤【濑粉】一种米粉条，将糊状的米粉放入多孔的容器内，挤压使漏出而成。

澪 líng ㄌㄧㄥˊ [ling4 玲]

❶古水名。❷用于地名：浒(xǔ)~(在江苏省如东)。

濒 (瀕)bīn ㄅㄧㄣ [pen4 频]

❶紧靠(水边)：~海。❷接近，将，临：~危｜~死。

濛 jù ㄐㄩˋ [gêu6 巨]

濛水，水名，在陕西省。

濉 suī ㄙㄨㄟ [sêu1 须]

濉河，水名，在安徽省北部。

潞 lù ㄌㄨˋ [lou6 路]

❶潞水，水名，即今山西省的浊漳河。❷潞江，水名，即云南省的怒江。

☞粤 名词。提子，卖油、酒时用来量油或酒的器具：油~(油提)｜酒~(酒提)。

澧 lǐ ㄌㄧˇ [lei5 礼]

澧水，水名，在湖南省北部，流入洞

庭湖。

澡 zǎo ㄗㄠˇ [cou³ 醋]

洗澡，沐浴，洗全身：~盆｜~堂。

澴 huán ㄏㄨㄢˊ [wan⁴ 环]

澴水，水名，在湖北省东北部。

激 jī ㄐㄧ [gig¹ 击]

❶水冲击或急速浇淋：~起浪花｜他被雨~病了。㉀ 使发作，使人的感情冲动：刺~｜用话~他。【激昂】(情绪、语调等)激动昂扬：慷慨~。❷急剧的，强烈的(㊀-烈)：~变｜~战。

澹 ㊀dàn ㄉㄢˋ ㊁ [dam⁶ 啖⁶]

❶(叠)水波起伏的样子。❷安静：恬~。

㊁tán ㄊㄢˊ ㊁ [tam⁴ 谈]

【澹台】(-tái)复姓。

澥 xiè ㄒㄧㄝˋ [hai⁵ 蟹]

❶糊状物或胶状物由稠变稀：糨糊~了。❷加水使糊状物或胶状物变稀：粥太稠，加点儿水~一~。❸渤澥，古代海的别称，也指渤海。

澶 chán ㄔㄢˊ [xin⁴ 善⁴，㊂ xim⁴ 婵]

【澶渊】古地名，在今河南省濮阳西南。

濂 lián ㄌㄧㄢˊ [lim⁴ 镰]

濂江，水名，在江西省南部。

澭 yōng ㄩㄥ [yung¹ 翁]

古水名，一在今山东省菏泽东北，一在今河南省商丘一带。

澼 pì ㄆㄧˋ [pig¹ 辟]

见385页“洴”字条【洴澼】(píng-)。

14 画

濡 rú ㄖㄨˊ [yu⁴ 如]

❶沾湿，润泽：~笔｜耳~目染(由于听得多、看得多，无形中受到影响)。❷停留，迟滞：~滞。❸容忍：~忍。

潕 wǔ ㄨˇ [mou⁵ 武]

潕阳河，水名，发源于贵州，流到湖南叫沅水。

濮 pú ㄆㄨˊ [bug⁶ 瀑]

【濮阳】地名，在河南省。

濞 bì ㄅㄧˋ [péi³ 屁]

【漾濞】(yàng-)地名，在云南省。

濠 háo ㄏㄠˊ [hou⁴ 豪]

❶护城河。❷濠水，水名，在安徽省。

瀁 yǎng ㄧㄤˇ [yêng⁶ 让]

见399页“滉”字条【滉瀁】(huàng-)。

濯 zhuó ㄓㄨㄛˊ [zog⁶ 凿]

洗：~足。

15 画

瀔 gǔ ㄍㄨˇ [gug¹ 谷]

瀔水，地名，在湖南省湘乡。又水名，在河南省。今均作“谷水”。

瀑 ㊀bào ㄅㄠˋ [bug⁶ 仆]

❶暴雨。❷瀑河，水名，一在河北省东北部，一在河北省中部。

㊁pù ㄆㄨˋ [bug⁶ 仆]

瀑布，水从高山上陡直地流下来，远看好像垂挂着的白布。

㶉 (鸂)xī ㄒㄧ [kei¹ 稽]

【㶉鶒】(－chì)古书上指像鸳鸯的一种水鸟。

瀍 chán ㄔㄢˊ [qin⁴ 前]

瀍河，水名，在河南省洛阳。

瀌 biāo ㄅㄧㄠ [biu¹ 标]

【瀌瀌】形容雨雪大。

16—17 画

瀚 hàn ㄏㄢˋ [hon⁶ 捍]

大：浩～(广大，众多)。

瀣 xiè ㄒㄧㄝˋ [hai⁶ 械]

见 377 页“沆”字条【沆瀣】(hàng－)。

瀵 (灒)zàn ㄗㄢˋ [zan³ 赞]

溅：～到一身湿(溅了一身水)。

☞粤❶动词。淬火，金属等加热后随即放进水、油中急速冷却：～下把刀(把刀淬一淬)。❷动词。指热的东西突然受冷：～镬(炝锅) | 畀白撞雨～咗一下(大太阳时让突然来的雨浇了一下)。

瀛 yíng ㄧㄥˊ [ying⁴ 迎]

大海：～寰(五洲四海) | 东～(指日本)。

灌 guàn ㄍㄨㄢˋ [gun³ 贯]

❶浇，灌溉：引水～田。❷倒进去或装进去(液体、气体、颗粒状物体)：风雪往门里～ | ～一瓶水。

【灌木】主茎不发达，丛生而矮小的树木，如茶树、酸枣树等。

瀱 jì ㄐㄧˋ [gei³ 继]

泉水涌出的样子。

瀹 yuè ㄩㄝˋ [yêg⁶ 药]

❶煮：～茗(烹茶)。❷疏导(河道)：～济(jǐ)漯(tà)(济、漯是古水名)。

瀼 ㊀ráng ㄖㄤˊ ㊂ [yêng⁴ 羊]

瀼河，水名，又地名，都在河南省鲁山。

㊁ràng ㄖㄤˋ ㊂ [yêng⁶ 样]

瀼渡河，水名，在重庆。

瀵 fèn ㄈㄣˋ [fen³ 训]

水从地面下喷出漫溢：～涌。

瀽 jiǎn ㄐㄧㄢˇ [jin² 剪]

泼(水)，倾倒(液体)。

18 画以上

灈 qú ㄑㄩˊ [kêu⁴ 渠]

用于地名：～阳(在河南省遂平)。

灝 hào ㄏㄠˋ [hou⁶ 浩]

水势大。

灞 bà ㄅㄚˋ [ba³ 霸]

灞河，水名，在陕西省西安。

[77]氺部

泰 tài ㄊㄞˋ [tai³ 汰]

❶平安，安定：国～民丰｜～然处之。❷极：～西(旧指欧洲)。【泰山】五岳中的东岳，在山东省中部。㊕称岳父。

黎 lí ㄌㄧˊ [lei⁴ 犁⁴]

众：～民｜～庶。

【黎明】天刚亮的时候。

【黎族】我国少数民族，参看附表。

[78]见部

见 (見)㊀jiàn ㄐㄧㄢˋ ㊀ [gin³ 建]

❶看到：眼～是实。㊜接触，遇到：这种病怕～风｜胶卷不能～光：❷看得出，显现出：病已～好｜～分晓｜～效。❸(文字等)出现在某处，可参考：～上｜～下｜～《史记·陈涉世家》。❹会见，会面：接～｜看望多年未～的老战友。❺对于事物的看法(㊟-识)：～地｜远～｜固执己～。❻助词。1. 用在动词前面表示被动：～笑｜～疑。2. 用在动词前面表示对说话人怎么样：～谅｜～告｜～教。❼用在"听""看""闻"等动词后，表示结果：看～｜听不～。❽姓。

㊁xiàn ㄒㄧㄢˋ ㊁ [yin⁶ 现]

同"现❶"。

2—7 画

觃 (覎)yàn ㄧㄢˋ [yin⁶ 现]

【觃口】地名，在浙江省富阳。

规 (規、*槼)guī ㄍㄨㄟ [kuei¹ 亏]

❶圆规，画圆形的仪器：两脚～。❷法则，章程(㊟-则、-章)：成～｜常～。【规格】产品质量的标准，如大小、轻重、精密度、性能等：合～。【规矩】(-ju)1. 标准，法则：守～｜老～。2. 合标准，守法则：做事～老实。【规模】1. 格局(多指计划、设备)：略具～｜这座工厂～宏大。2. 范围：大～的经济建设。❸相劝：～劝｜～勉。❹谋划：～划｜～定｜～避(设法避开)。

觇 (覘)[lei⁶ 厉]

☞㊢ 动词。斜着眼看，瞟。常传递责备、

制止等意思：~佢一眼(瞟他一眼)丨你~佢佢又唔知(你瞟他他又没看见)丨~佢一下就唔敢嘟(瞟他一眼他就不敢动)。也作“睇”。

觇 (覘)chān ㄔㄢ [jim¹ 沾]

看，窥视。【觇标】一种测量标志，标架用木料或金属制成，高几米到几十米，架在被观测点上作为观测目标，也可在此处观测其他地点。

览 (覽)lǎn ㄌㄢˇ [lam⁵ 蓝⁵]

看，阅(㊀阅-)：游~丨博~群书丨一~表。

觋 (覼、＊＊覶)luó ㄌㄨㄛˊ [lo⁴ 罗]

【觋缕】(-lǚ)逐条详尽地陈述。

觉 (覺)㊀jiào ㄐㄧㄠˋ ㊂ [gao³ 较]

睡眠。

㊁jué ㄐㄩㄝˊ ㊂ [gog³ 角]

❶(人或动物的器官)对刺激的感受和辨别：视~丨听~丨~得丨不知不~。❷睡醒，醒悟：如梦初~丨~醒丨~悟。

觊 (覗)sì ㄙˋ [ji⁶ 自]

窥视。

觊 (覬)jì ㄐㄧˋ [géi³ 记]

希望，希图。【觊觎】(-yú)非分地希望或企图。

觋 xí ㄒㄧ [hed⁶ 瞎]

男巫。

8 画以上

觌 (覿)dí ㄉㄧˊ [dig⁶ 敌]

相见：~面。

觍 (覥)tiǎn ㄊㄧㄢˇ [tin² 田²]

❶形容惭愧：~颜。❷厚着脸皮：~着脸(不知羞)。❸见741页“靦”字条【靦觍】(miǎn-)。

觎 (覦)yú ㄩˊ [yu⁴ 余]

见410页“觊”字条【觊觎】(jì-)。

觏 (覯)gòu ㄍㄡˋ [geo³ 救]

遇见：罕~(很少见)。

觐 (覲)jìn ㄐㄧㄣˋ [gen⁶ 近]

朝见君主或朝拜圣地：~见丨朝~。

觑 (覷、＊＊覰、＊＊覻)qù ㄑㄩˋ [cêu³ 趣]

看，窥探：偷~丨面面相~。【小觑】小看，轻视：后生不可~。

[79]牛(牜)部

牛 niú ㄋㄧㄡˊ [ngeo⁴ 偶⁴]

❶家畜，反刍类，头上有角，力量大，可以耕田或拉车。常见的有黄牛、水牛、牦牛等。❷形容固执或骄傲：~脾气丨自打当了经理，就~起来了。❸星宿名，二十八宿之一。❹力的单位名牛

顿的简称，符号N。

2—4画

牝 pìn ㄆㄧㄣˋ [pen⁵ 贫⁵]

雌性的(鸟兽)，跟“牡”相对：~马 | ~鸡。

牡 mǔ ㄇㄨˇ [mao⁵ 卯]

雄性的(鸟兽)，跟“牝”相对：~牛。又指植物的雄株：~麻。

牤 (**蟒)māng ㄇㄤ [mong¹ 亡¹]

〈方〉牤牛，公牛。

牣 rèn ㄖㄣˋ [yen⁶ 刃]

充满(㊀充~)。

牦 (*犛、*氂)máo ㄇㄠˊ [mou⁴ 毛]

【牦牛】一种牛，身体两旁和四肢外侧有长毛，尾毛很长。产于我国青藏高原地区，当地人用来拉犁、驮运货物。

牧 mù ㄇㄨˋ [mug⁶ 木]

放养牲口：~羊 | ~童 | ~场 | 畜~业 | 游~。【牧师】基督教负责管理教堂及礼拜等事务的专职人员。

物 wù ㄨˋ [med⁶ 密]

❶东西：~价 | 万~ | 事~。㊁具体内容：言之有~。【物质】1. 独立于人们意识之外，能为人们的意识所反映的客观存在：~不灭 | ~是可以被认识的。2. 指金钱，供吃、穿、用的东西等：~丰富。❷“我”以外的人或环境，多指众人：~我两忘 | 待人接~。

牥 fāng ㄈㄤ [fong¹ 荒]

古代传说中的一种牛，能在沙漠中行走。

5—6画

牯 gǔ ㄍㄨˇ [gu² 古]

牯牛，指公牛：黄~ | 黑~。

牲 shēng ㄕㄥ [seng¹，㊁ sang¹ 生]

牲口，普通指牛、马、驴、骡等家畜。古代特指供宴飨祭祀用的牛、羊、猪。

牮 jiàn ㄐㄧㄢˋ [jin³ 箭]

❶斜着支撑：打~拨正(房屋倾斜，用柱子支起弄正)。❷用土石挡水。

特 tè ㄊㄜˋ [deg⁶ 得⁶]

❶特殊，不平常的，超出一般的：~色 | ~效 | ~产。㊁格外，非常：身体~棒 | 天气~冷。【特别】1. 特殊，与众不同：样式很~。2. 副词。尤其：~聪明 | ~是数学学得好。❷专，单一：~为 | ~设 | ~意来看你。❸只，但：不~此也。

☞㊁ 名词。橛子，短木桩：喺呢处打个~(在这里打个橛子) | 嗰度有个~可以絇牛(那里有个短木桩可以拴牛)。也作“樴”。

牺 (犧)xī ㄒㄧ [héi¹ 希]

古代指用作祭品的毛色纯一的牲畜：~牛。【牺牲】古代为祭祀宰杀的牲畜。㊞1. 为人民、为正义事业而献出自己的生命。2. 泛指为某种目的舍弃权利或利益等。

牷 quán ㄑㄩㄢˊ [qun⁴ 全]

古代指供祭祀用的毛色纯的牛。

牸 zì ㄗˋ [ji⁶ 治]

雌性的牲畜：~牛。

7—8 画

牾 wǔ ㄨˇ [ng⁵ 五]

抵触，冲突，不顺从：抵~。

牻 máng ㄇㄤˊ [mong⁴ 亡]

毛色黑白相杂的牛。

牿 gù ㄍㄨˋ [gug¹ 谷]

❶绑在牛角上使牛不得顶人的横木。❷养牛马的圈(juàn)。

犁 (*犂)lí ㄌㄧˊ [lei⁴ 黎]

❶耕地的农具。❷用犁耕：用新式犁~地。

犆 [cao¹ 抄¹]

☞🅶 动词。顶(牛用角抵人)：嗰只牛会~人(那头牛会顶人)｜畀牛~亲(给牛顶伤)。

犇 bēn ㄅㄣ [ben¹ 奔]

❶见156页“奔”。❷用于人名。❸姓。

犊 (犢)dú ㄉㄨˊ [dug⁶ 独]

(-子、-儿)牛犊，小牛：初生之~不怕虎。

犄 jī ㄐㄧ [géi¹ 基]

【犄角】1.（-儿)物体的两个边沿相接处，棱角：桌子~儿。2.（-儿)角落：墙~儿。3.（-jiao)兽角：牛~。

犋 jù ㄐㄩˋ [gêu⁶ 巨]

畜力单位名，能拉动一辆车、一张犁、一张耙等的一头或几头牲口叫一犋，多指两头。

犍 ㊀jiān ㄐㄧㄢ ㊀ [gin¹ 坚]

阉割过的公牛。

㊁qián ㄑㄧㄢˊ ㊁ [kin⁴ 虔]

【犍为】(-wéi)地名，在四川省。

9 画以上

犏 piān ㄆㄧㄢ [pin¹ 编]

犏牛，牦牛和黄牛杂交生的牛。

犒 kào ㄎㄠˋ [hou³ 耗]

指用酒食或财物慰劳：~劳｜~赏。

犗 jiè ㄐㄧㄝˋ [gai³ 介]

阉割过的牛。

犟 (**彊)jiàng ㄐㄧㄤˋ [gêng⁶ 羌⁶]

同“强”(jiàng)。

犨 chōu ㄔㄡ [ceo⁴ 绸]

❶牛喘息声。❷突出。

[80]手部

手 shǒu ㄕㄡˇ [seo² 首]

❶人体上肢前端能拿东西的部分。【手足】比喻兄弟。❷拿着：人～一册。❸(－儿)量词。用于技能、本领等：有两～儿。❹亲手：～书｜～植。❺做某种事情或擅长某种技能的人：选～｜生产能～｜水～｜神枪～。❻小巧易拿的：～机｜～包｜～册。

6—8画

挈 qiè ㄑㄧㄝˋ ㊀[kid³ 揭]

❶用手提着：提纲～领(喻简明扼要地把问题提示出来)。❷带，领：～眷。

㊁[hid³ 歇]

☞粤【带挈】1. 提携，关照：你发达咗，就要～下大家喇(你发迹了，可要提携大家啊)。2. 连带，使沾光：人家请你食饭，～我哋(人家请你吃饭，连我们也沾光了)｜养猪～狗(俗语。养猪使狗也沾光得食)。

挚 (摯)zhì ㄓˋ [ji³ 至]

亲密，诚恳(㊖真－)：～友。

挛 (攣)luán ㄌㄨㄢˊ ㊀[lün⁴ 联]

手脚蜷曲不能伸开：痉～。

㊁[lün¹ 联¹]

☞粤❶形容词。弯曲：呢条棍～嘅(这根棍子是弯的)｜铁线～啲冇问题(铁丝弯一点没问题)｜～毛(卷发；卷发的人)。【挛捐】1. 弯弯曲曲的：行咁远兼夹路～(走那么远，路又弯曲)。2. 心情郁闷：个心好～(心情郁闷不安)。❷形容词。蜷缩：～埋身瞓(蜷缩着身子睡)｜～弓(弯着身，蜷缩着)。

拳 quán ㄑㄩㄢˊ [kün⁴ 权⁴]

❶(－头)屈指卷握起来的手：双手握～｜赤手空～。❷拳术，一种徒手的武术：打～｜太极～。❸肢体弯曲：～腿坐在炕上。

【拳拳】形容恳切：情意～。

挲 (*抄)㊀sa ·ㄙㄚ ㊀[so¹ 梳]

见753页“摩”字条【摩挲】(mā－)。

㊁[sa³ 沙³]

☞粤动词。张开，挓挲，奓：～开对翼(张开双翅)。

㊁sha ·ㄕㄚ ㊀[sa¹ 沙]

见431页“挓”字条【挓挲】(zhā－)。

㊂suō ㄙㄨㄛ ㊀[so¹ 梳]

见753页“摩”字条【摩挲】(mó－)。

掌 zhǎng ㄓㄤˇ [zêng² 蒋]

❶巴掌，手心，握拳时指尖触着的一面：鼓～。㊁脚的底面：脚～｜熊～。❷用巴掌打：～嘴。❸把握，主持，主

管：～印｜～舵｜～权｜～管。【掌故】关于古代人物、典章、制度等的故事。【掌握】把握，拿稳：～政策｜～原则。❹（～儿）鞋底前后钉或缀上的皮子等：钉两块～儿。❺马蹄铁，钉在马、驴、骡子等蹄子底下的铁：马～。❻同“礃”。

毵 pá ㄆㄚˊ ［pa⁴ 爬⁴］

【毵手】从别人身上窃取财物的小偷儿。现作“扒手”。

掣 chè ㄔㄜˋ ㊀［qid³ 撤］

❶拽（zhuài），拉：～后腿｜风驰电～（形容迅速）。【掣肘】拉住别人的胳膊。㊈阻碍别人做事，牵制：被杂事～。❷抽：～签。

㊁［zei³ 制］

☞㊦❶名词。开关：电～（电钮）｜水～（水开关）｜大～（总开关，总闸）｜揿～（按电钮）。❷名词。车闸：单车～（自行车车闸）。

9 画以上

擎 qíng ㄑㄧㄥˊ ［king⁴ 琼］

向上托，举：～天柱｜众～易举。

擘 ㊀bāi ㄅㄞ ㊀［bai¹ 摆¹］

同“掰”。

㊁bò ㄅㄛˋ ㊀［mag³ 摸客］

大拇指。【巨擘】㊈杰出的人物。

☞㊦❶动词。撕开：～烂件衫（撕破了衣服）｜系笔记簿～张纸畀我（从笔记本上撕一张纸给我）｜～开几边（撕成几瓣）｜～面（撕破脸皮，闹翻）。❷动词。张开，叉开（眼睛、嘴巴、手指、两腿等）：～大眼（睁开眼）｜～开口（张开嘴巴）｜～开两只手指｜～开对脚（叉开腿）。【擘大眼赖尿】俗语。瞪着眼睛尿床，形容人明知是不该做的事情却要去做。

攀 pān ㄆㄢ ［pan¹ 扳］

❶抓住别的东西向上爬：～登｜～树｜～岩。❷拉拢，拉扯（㊀－扯）：～谈｜～亲道故。

［80］扌部

1—2 画

扎 （㊀㊁❷*紮、㊀㊁❷*紥）㊀zā ㄗㄚ ［zad³ 札］

❶捆，缠束：～辫子｜～裤腿。❷把儿，捆儿：一～线。

㊁zhā ㄓㄚ ［zad³ 札］

❶刺：～针｜～花（刺绣）。❷驻扎：～营。❸钻：～猛子（游泳时头朝下钻入水中）。【扎煞】（－sha）同“挓挲”。

㊂zhá ㄓㄚˊ ［zad³ 札］

【扎挣】（－zheng）勉强支持。

打 ㊀dá ㄉㄚˊ ㊀［da¹ 多呀¹］

量词。12 个为 1 打。

㊁dǎ ㄉㄚˇ ㊀［da² 多呀²］

❶击：～击｜～铁｜～门｜～鼓｜～靶｜～垮。㊋放射：～枪｜～闪。❷表示各种动作，代替许多有具体意义的动词。1. 除去：～虫｜～枝杈｜～食（服

药帮助消化)。2. 毁坏，损伤，破碎：衣服被虫～了｜碗～了。3. 取，收，捕捉：～鱼｜～粮食｜～柴｜～水。4. 购买：～车票｜～酒。5. 举：～伞｜～灯笼｜～旗子。6. 揭开，破开：～帐子｜～鸡蛋。7. 建造，修筑：～井｜～墙。8. 制作，编织：～镰刀｜～桌椅｜～毛衣。9. 捆扎：～行李｜～裹腿。10. 涂抹：～蜡｜～桐油。11. 玩耍，做某种文体活动：～秋千｜～球。12. 通，发：～电话｜～电报。13. 计算：精～细算｜设备费～十万元。14. 立，定：～下基础｜～主意｜～草稿。15. 从事或担任某些工作：～杂儿｜～前站。16. 表示身体上的某些动作：～手势｜～冷战｜～哈欠｜～前失(马前腿跌倒)｜～滚儿。❸与某些动词结合为一个动词：～扮｜～扫｜～搅｜～扰。❹介词。从，自：～去年起｜～哪里来?

扑

(撲)pū ㄆㄨ [pog³ 璞]

❶轻打，拍：～粉｜～打～打衣服上的土。❷冲：向敌人猛～｜香气～鼻。【扑哧】形容笑声或水、气挤出来的声音。

扒

㊀bā ㄅㄚ [pa⁴ 爬]

❶抓住，把着：～着栏杆｜～着树枝。❷刨开，挖：城墙～了个豁口。【扒拉】(－la)拨动：～算盘｜～开众人。❸剥，脱：～皮｜～下衣裳。

㊁pá ㄆㄚˊ [pa⁴ 爬]

❶用耙(pá)搂(lōu)，聚拢：～草｜～土。❷扒窃：～手(小偷)。❸炖烂，煨烂：～猪头。

扔

rēng ㄖㄥ [ying⁴ 仍，㊂ wing¹ 永¹]

❶抛，投掷：～球｜～砖。❷丢弃，舍(shě)弃：把这些破烂东西～了吧。

3 画

扦

hàn ㄏㄢˋ [hon⁶ 汗]

❶触犯。【扞格】互相抵触：～不入。❷见433页"捍"。

扛

㊀gāng ㄍㄤ [gong¹ 江]

❶两手举东西：～鼎。❷〈方〉抬东西。

㊁káng ㄎㄤˊ [kong¹ 抗¹]

用肩膀承担：～粮食｜～着一杆枪。【扛活】旧时指做长工。

扤

wù ㄨˋ [nged¹ 屹¹]

动，摇动。

☞粤❶动词。压，塞，挤：～实啲(压紧点)｜～埋两件衫入行李袋(把两件衣服再塞进行李袋)。❷动词。强使：系佢～畀我嘅(是他硬塞给我)｜唔好～佢食咁多(别强迫他吃那么多)。【扤失】1. 过分计较：你连呢啲小事都咁～(你连这样的小事都这么斤斤计较)。2. 拘谨，不大方：佢见到生暴人就好～嘅(他见到陌生人就很拘谨的了)。

扣

(❷*釦)kòu ㄎㄡˋ [keo³ 叩³]

❶用圈、环等东西套住或拢住：把门～上｜把扣子～好。❷(－子、－儿)衣纽：衣～。❸(－子、－儿)绳结：活～儿。❹把器物口朝下放或覆盖东西：把碗～在桌上｜用盆把剩菜～上。㊀使相合：这句话～在题上了。❺扣留，关

押：驾驶证被~了｜他被~了起来。❻从中减除：九~（减到原数的百分之九十）｜七折八~（喻一再减除）。【克扣】私行扣减，暗中剥削：~工资。❼螺纹：螺丝~｜套~。㊀螺纹的一圈叫一扣：拧上两~就行。

扦

qiān ㄑㄧㄢ ［qin¹ 千］

❶（-子、-儿）用金属或竹、木制成的像针的东西。❷插，插进去：~花｜用针~住。

托

（❶-❻*託）tuō ㄊㄨㄛ ［tog³ 拓］

❶用手掌向上承受着东西：~着枪。❷衬，垫：烘云~月。❸（-儿）承托器物的东西：茶~儿｜花~儿。❹（-儿）帮行骗者诱人上当的人：当~儿｜医~儿。❺寄，暂放：~儿所。❻请别人代办（㊥委-）：~你买本书。❼推托，借故推诿或躲闪：~病｜~故。❽（外）压强的非法定计量单位，1 托合 133.322 帕。

执

（執）zhí ㄓˊ ［zeb¹ 汁¹］

❶拿着，掌握：~笔｜~政。㊀固执，坚持（意见）：~意要去｜~迷不悟。【争执】争论中各执己见，不肯相让。❷行，施行：~法｜~礼甚恭。【执行】依据规定的原则、办法办事。❸凭单：回~｜收~。【执照】由机关发给的正式凭证。❹捕捉，逮捕。

☞粤 ❶动词。捡，拾。❷动词。收拾：~行李。❸动词。抓（药）：~一剂药。❹动词。接生：~仔。❺量词。撮：一~米｜-~毛。

扩

（擴）kuò ㄎㄨㄛˋ ［kong³ 抗，㊇ kuog³ 郭］

放大，张大：~音器｜~充｜~大｜~容。

扪

（捫）mén ㄇㄣˊ ［mun⁴ 门］

按，摸：~心自问（反省）。

扫

（掃）㊀sǎo ㄙㄠˇ ［sou³ 素］

❶拿笤帚等除去尘土：~地。❷像扫一样的动作或作用。1. 消除：~兴（xìng）｜~雷｜~盲。2. 左右快速移动：~射｜眼睛四下里一~。3. 全，所有的：~数归还。

㊁sào ㄙㄠˋ ［sou³ 素］

【扫帚】（-zhou）一种用竹枝等做的扫地用具。

扱

xī ㄒㄧ ㊀［keb¹ 给］

收敛。

☞粤 动词。罩，盖，扣：揾纱罩~实啲餸（用纱罩把这些菜罩上）｜揾个碗~实个碟（拿个碗把碟子扣上）｜~印（盖章）。

㊁［keb⁶］

☞粤【倒扱】嘴巴闭合时，下齿比上齿靠前。

扬

（揚、❶△*颺、*敭）yáng ㄧㄤˊ ［yêng⁴ 阳］

❶高举，向上升：~手｜~帆｜趾高气~（骄傲的样子）。【扬弃】事物在发展过程中，一面把积极因素提升到更高阶段，一面把消极因素抛弃。【扬扬】得意的样子：~自得。【扬汤止沸（fèi）】比喻办法不能根本解决问题。❷在空中飘动：飘~｜飞~。❸向上播撒：~场（cháng）。㊀传布（㊥宣-）：~名｜赞~｜颂~。【扬长而去】大模大样地

离去。

"颺"另见 480 页"飏"(yáng)。

扠 chā ㄔㄚ ㊀ [ca¹ 叉]

同"叉❷"。

㊁ [ca⁵ 叉⁵]

☞▇❶动词。涂抹，涂改：写错咗就～咗佢(写错了就涂掉它)｜写好啲嚟，咪乱～(写好点，别乱涂乱抹)。❷动词。捣乱：～乱(捣乱，搅局)。【扠脶】(－wo⁵)弄坏(事情)，搞黄。

4 画

扶 fú ㄈㄨˊ [fu⁴ 符]

❶搀，用手支持人或物使不倒：～老携幼｜～犁。❷支撑在别的物体上，使自己不倒或立起：～杖而行｜～墙｜～栏杆。【扶手】手扶着可以当倚靠的东西，如楼梯旁的栏杆等。❸用手帮助躺或倒的人坐或立；用手使倒下的东西竖直：把病人～起来｜～苗。❹帮助，援助：～贫｜救死～伤｜～危济困。

抚 (撫)fǔ ㄈㄨˇ [fu² 苦]

❶慰问：～恤(xù)｜～慰。❷扶持，保护：～养｜～育。❸轻轻地按着：～摩。❹同"拊"。

抟 (摶)tuán ㄊㄨㄢˊ [tün⁴ 团]

同"团❹"。

技 jì ㄐㄧˋ [géi⁶ 妓]

才能，手艺(㊟－艺、－能)：～巧｜口～｜～师｜一～之长。【技术】1. 进行物质资料生产所凭借的方法、能力或设备等：～革新。2. 专门的技能：他打球的～很高明。

抔 póu ㄆㄡˊ [peo⁴ 婆喉⁴]

❶用手捧东西：～饮(两手捧起而饮)。❷量词。把，捧：一～土。

抠 (摳)kōu ㄎㄡ [keo¹ 扣¹]

❶用手指或细小的东西挖：～了个小洞｜把掉在砖缝里的豆粒～出来。㊢ 向狭窄的方面深求：～字眼｜死～书本。❷雕刻(花纹)。❸〈方〉吝啬，小气：～门儿｜这人真～。

☞▇动词。掺杂，搀和：～乱(掺和，混杂)｜封～(两样东西各一半掺和在一起)｜两～(两样东西混合在一起)｜黄泥～沙｜牛奶～水｜黄色～蓝色变绿色。

扰 (擾)rǎo ㄖㄠˇ [yiu⁵ 绕⁵]

扰乱，打搅(㊟搅－)。

扼 (*搤)è ㄜˋ [eg¹，㊎ngeg¹ 握]

用力掐着，抓住：力能～虎。【扼守】把守要地，防止敌人侵入。【扼要】抓住要点：文章简明～。

拒 jù ㄐㄩˋ [kêu⁵ 距]

抵挡，抵抗(㊟抗－)：～敌｜～捕｜～腐蚀，永不沾。㊢ 不接受：～绝｜～聘。

扽 (**撜)dèn ㄉㄣˋ ㊀ [den⁶ 炖]

〈方〉用力拉：把绳子～一～｜～线。

㊂［den³ 燉³］

☞粤❶动词。蹾（用力猛放）：成个人～咗落地（整个人蹾在地上）。❷动词。抖动：～干净鞋里面嘅沙（抖干净鞋里的沙子）。❸形容词。（车）颠簸：路唔平，部车好～（路不平，车很颠簸）。❹动词。磕打，使器物中的东西掉干净：～干净个烟灰缸（把烟灰缸磕干净）。【扽虾笼】1. 比喻掏光了口袋里的钱。2. 指被人掏了钱包。【扽气】出气，发泄怨气：佢畀主任揞咗一餐，就攞我哋嚟～（他被主任骂了一顿，就拿我们出气）。❺动词。撞击：畀人～咗一下手踭（被人用胳膊肘撞了一下）｜一掌～开佢（一掌把他打到一边去）。❻动词。戙：～齐温暖纸（把那温暖纸戙齐）。

找

zhǎo ㄓㄠˇ［zao² 爪²］

❶寻求，想要得到或见到：～东西｜～事做｜丢了不好～｜～麻烦｜～人｜～经理。❷把超出的部分退回或把不足的部分补足：～钱｜～零｜～齐。

批

pī ㄆㄧ［pei¹ 婆翳¹］

❶用手掌打。❷写上字句，判定是非、优劣、可否：～示｜～准｜～改作文。❸（－儿）附注的意见或注意之点：眉～（写在书眉上的批语、批注）｜在文后加了一条小～儿。❹批评，批判：～驳｜挨了一通～。❺量词。用于大宗的货物或同时行动的许多人：一～货｜一～人。【批发】大宗发售货物。

☞粤❶动词。承租：～十亩田嚟耕（租十亩田来耕种）。【批头】1. 承租田地时，除租金外另附加的若干财物。2. 承租房屋时第一个月多交的一个月租金。❷动词。预测，估计：我早就～中你会考上大学架喇（我早就料到你能考上大学的）｜睇下边个～得中（看看谁能猜中）。❸动词。（墙体）表层抹上：埲墙要～啲灰（墙上要抹点灰）。【批荡】1.（在墙上）抹灰：呢埲～得几平滑（这面墙抹灰抹得很平滑）。2.（在墙上）所抹的灰皮：～甩落嚟喇（灰皮掉下来了）。❹名词。一种有馅的西式饼食。〖英语 pie 的音译。〗

☞粤【螺丝批】改锥。

☞粤【雪批】改锥形状的奶油冰棍。

扯

（*撦）chě ㄔㄜˇ［cé² 且］

❶拉：～住他不放。❷不拘形式、不拘内容地谈：闲～｜不要把问题～远了。❸撕，撕破：～几尺布｜他把信～了。

☞粤❶动词。拉：～风箱｜～衫尾（拉着衣服下摆）｜～大缆（拔河）。【扯猫尾】两人串通互相呼应去欺骗别人。又叫"搣猫尾"。❷动词。拉扯绳子，使所系东西上升：～旗（升旗）｜～请（升帆）。❸动词。抽，吸：呢个烟通好～风（这个烟囱很抽风）｜地咁湿，洒啲石灰～干佢（地太湿，洒点石灰吸干它）。❹动词。出气儿：～鼻鼾（打鼾，打呼噜）｜～痕（哮喘）。❺动词。回去，离开，走：～人（离去，走）｜翻～咯（回去吧）｜佢几时～架（他什么时候走的）？

抄

chāo ㄔㄠ ㊀［cao¹ 钞］

❶誊写，照原文写：～文件｜～书。❷把别人的文章或作品照着写下来当自己的：～袭。❸搜查并没（mò）收：～家。❹走近便的路：～小道走。❺同"绰（chāo）❷"：～起镰刀就去割麦子。

㊁［cao³ 吵³］

☞粤❶动词。搜查：～身（搜身）。❷动

词。乱翻，翻动寻找：~柜桶（翻抽屉）｜乱~一通（乱翻一气）｜窿窿罅罅~匀都~唔到（角角落落都翻遍也没找着）。

㧊 （㧊）gāng ㄍㄤ [gon¹ 江]

同“扛”（gāng）。

☞粤 动词。撞击，碰撞（多指器具碰击）：~刀｜~拳头。也作“㨘”。

扷 [yiu¹ 腰]

☞粤 动词。剔，挖，抠：~牙（剔牙）｜~耳屎（抠耳屎）。

折 （㊂㊁△摺）㊀shé ㄕㄜˊ ㊁[jid³ 节]

❶断：绳子~了｜棍子~了。❷亏损：~本。【折耗】损耗，损失：青菜~太大。❸姓。

㊁zhē ㄓㄜ ㊁[jid³ 节]

翻转，倒腾：~跟头｜用两个碗把开水~一~就凉了。

㊂zhé ㄓㄜˊ ㊁[jid³ 节]

❶断，弄断：骨~｜禁止攀~花木。㊐幼年死亡：夭~。【折磨】（-mó）使在肉体或精神上受痛苦：受尽~。❷损失：损兵~将。❸弯转，屈曲：~腰｜转~。㊄返转，回转：走到半路又~回来了。【折中】（*折衷）对不同意见采取调和态度。❹杂剧一本分四折，一折相当于现代戏曲的一场。❺心服：~服｜心~。❻折扣，按成数减少：打~｜九~。❼抵作，对换，以此代彼：~账｜~变（变卖）。❽汉字的一种笔形（→）：“买”字的第一笔是~。

㊃zhé ㄓㄜˊ ㊁[jib³ 接]

❶叠，折叠：~衣服｜~尺。❷（-子、-儿）用纸折叠起来的本子：存~。

“摺”另见450页zhé。

抓 zhuā ㄓㄨㄚ ㊀[za¹ 渣]

❶用手或爪拿取：老鹰~小鸡｜~一把米。㊄1. 捕捉（㊇~捕）：~贼｜~逃犯。2. 把握住，不放过：~工夫｜~紧时间。❷着力办理：~农业｜~工作｜~重点。❸引人注意：这个演员一出场就~住了观众。

㊁[zao² 找]

☞粤 ❶动词。用指或爪挠（náo）：~耳挠腮。❷动词。抓举，举重比赛的一种方式。❸动词。用铁丝等捆扎使牢固：张凳嘟嘟贡，要揾铁线~实佢（凳子摇摇晃晃的，要用铁丝捆紧它）｜~实呢两条棍（把这两根棍子捆紧）。

扳 bān ㄅㄢ [pan¹ 攀]

❶把一端固定的东西往下或往里拉，使改变方向：~枪栓｜~着指头算。❷把输了的赢回来：~回一局。

抡 （掄）㊀lūn ㄌㄨㄣ [lên⁴ 轮]

手臂用力挥动：~刀｜~拳。

㊁lún ㄌㄨㄣˊ [lên⁴ 轮]

选择，选拔：~材。

扲 [ngem⁴ 五吟]

☞粤 动词。掏：~袋（掏口袋）｜~雀仔窦（捣鸟窝）。【扲荷包】1. 掏钱，从自己钱包里取钱：买就~（要买就掏钱）。2. 钱包被偷走：畀人~咯（被人偷了钱包了）。

扮 bàn ㄅㄢˋ ㊀[ban⁶ 办]

化装成（某种人物）（㊟装－）：～老头儿｜～演（化装成某种人物出场表演）。【打扮】1. 化装，装饰：～得很漂亮。2. 衣着穿戴。

㊁［ban³ 办³，㊟ban⁶］

☞㊟动词。用较长的棍打：用棍～个果落嚟（用棍子把果子打下来）｜用扁担～佢（拿扁担打他）。也作"搬"。

抢 （搶）㊀qiāng ㄑㄧㄤ ㊁［cêng¹ 枪］

同"戗 qiāng❶"。

㊁qiǎng ㄑㄧㄤˇ ㊁［cêng² 枪²］

❶夺，硬拿（㊟－夺）：～球｜～劫｜他把我的相片～去了。❷赶在前头，争先：～着把活儿做了｜～修河堤。❸刮，擦（去掉表面的一层）：磨剪子～菜刀｜摔了一跤，把膝盖上的皮～去一块。

抵 zhǐ ㄓˇ［ji² 止］

侧手击。【抵掌】击掌（表示高兴）：～而谈。〖"抵"与"抵"形音义都不同。〗

扻 kǎn ㄎㄢˇ［hem² 砍］

击。

☞㊟动词。磕碰：～亲个头（碰着头）｜～烂咗个碗（磕破了碗）。【扻头埋墙】把头向墙上碰撞，表示极度后悔，也比喻自讨苦吃。

抑 yì ㄧˋ［yig¹ 亿］

❶压，压制：～制｜～扬｜～强扶弱。【抑郁】忧闷。❷文言连词。1. 表选择，还是：求之欤，～与之欤？2. 表转折，只是。3. 表递进，而且：非惟天时，～亦人谋也。

抛 （＊＊抛）pāo ㄆㄠ［pao¹ 炮¹］

❶扔，投：～球｜～砖引玉。【抛锚】把锚投入水底，使船停稳。㊟1. 汽车等因发生故障，中途停止行驶。2. 进行中的事情因故停止。【抛售】为争夺市场牟取利润，压价出卖大批商品。❷丢下（㊟－弃）：～开自己的事不管｜把对手～在了后头。

投 tóu ㄊㄡˊ［teo⁴ 头⁴］

❶抛，掷，扔（多指有目标的）：～石｜～入江中。㊟1. 跳进去：～河｜～井｜～火。2. 放进去：～放。【投资】在生产等事业上投入资金，也指投入的资金。❷投射：影子～在窗户上。❸走向，进入：～宿｜弃暗～明｜～入新战斗。【投奔】（－bèn）归向，前去依靠：～亲友｜～祖国。❹寄，递送（㊟－递）：～书｜～稿。❺合。1. 相合：情～意合。2. 迎合：～其所好（hào）。【投机】1. 意见相合：他俩一见就很～。2. 利用时机，谋取私利：～取巧｜～分子。❻临近，在……以前：～明（天亮前）｜～暮（天黑前）。

抃 biàn ㄅㄧㄢˋ［bin⁶ 辨］

鼓掌：～掌。

抆 wěn ㄨㄣˇ［men⁵ 吻，㊟men² 文²］

擦：～泪。

☞㊟❶动词。抹（石灰泥、沙等）：～石灰｜～砖罅（泥砖缝）。❷动词。拭擦：～屎（擦屁股）。

抗 kàng ㄎㄤˋ [kon³ 炕]

❶抵御(㊣抵－)：～战｜～旱｜～洪。㊞1. 不妥协：～辩。2. 拒绝，不接受(㊣－拒)：～命｜～税。【抗议】声明不同意，同时谴责对方的行动。❷匹敌，相当：～衡(不相上下，抵得过)｜分庭～礼(行平等的礼节，转指势均力敌，也指相互对立)。

㧑 (撝)huī ㄏㄨㄟ [fei¹ 挥]

❶指挥。❷谦逊：～谦。

☞粤❶动词。咧开；裂开：细路仔一见佢就～开口喊(小孩一见他就咧开嘴哭)｜裤脚～开个口(裤脚裂开一个口子)。❷形容词。(织物)稀松，疏松：呢只布好～(这种布很稀松)｜呢对袜着两日就～晒口(这双袜子穿了两天就松弛了)。❸形容词。垮，松弛，指衣服过于柔软宽松，穿着挺不起来：件衫太～喇(这衣服垮了)。

抖 dǒu ㄉㄡˇ [deo² 陡]

❶使振动：～床单｜～空竹｜～～身上的雪。【抖搂】(－lou)1. 同“抖❶”：～衣服上的土。2. 任意挥霍：别把钱～光了。3. 揭露：～老底儿。❷哆嗦，战栗：冷得发～。❸讽刺人突然得势或生活水平突然提高：他最近～起来了。

护 (護)hù ㄏㄨˋ [wu⁶ 户]

保卫(㊣保－、－卫)：爱～｜～路。㊞袒护，包庇：～短｜不要一味地～着他。【护士】医院里担任护理工作的人员。

扰 dǎn ㄉㄢˇ [dem² 多庵²]

击打。

☞粤❶动词。用拳头或石块等捶打、砸：～佢一捶(打他一拳)｜执块石～门(捡块石头砸门)｜～脸佢(揍扁他)。【扰心口】1. 捶胸：激到～(气得捶胸)。2. 敲诈勒索：畀人～(给人勒索)。【扰印】盖章。又说“扱印”。❷动词。扔：唔要就～咗佢(不要就扔掉)｜～远啲(扔远点)。❸动词。随便放置：～低就得咯(放下就行了)｜就～喺嗰处啦(就放在那里吧)。

抉 jué ㄐㄩㄝˊ [küd³ 决]

剔出。【抉择】挑选，选择。

扭 niǔ ㄋㄧㄡˇ [neo² 纽]

转动一部分：～过脸来｜～转身子。㊞1. 走路时身体摇摆转动：～秧歌｜一～一～地走。2. 拧伤筋骨：～了筋｜～了腰。3. 扳转，转变情势：～转局面。

☞粤❶动词。拧：～耳仔(拧耳朵)｜～干毛巾｜将收音机～大声啲(把收音机拧大声点)。【扭拧】扭捏，指羞涩不大方的姿态。❷动词。(脚)崴：～亲只脚(崴了脚)。又说“屈”。❸动词。设法弄到(某些东西)：佢终于～到爸爸应承帮佢买架车(他终于缠到爸爸答应帮他买一辆车)。【扭计】1. 原指小孩淘气，后也指人故意闹别扭：呢个仔好～(这小孩很淘气)｜佢唔肯做，系～嘅啫(他不愿意干，是故意闹别扭罢了)。2. 跟人钩心斗角；出鬼点子难人：～师爷(专门出鬼主意的人)｜大家齐心合力，咪~(大家齐心合力，别钩心斗角)。【扭纹】1.(木材)纹理不直。2. 比喻小孩爱哭闹、很难哄。❹动词。诈骗：呢个坏蛋~咗人哋好多钱(这个坏蛋诈了人家很多钱)。

把

(㊂**欛)㊀bǎ ㄅㄚˇ [ba² 靶]

❶拿，抓住：~盏丨两手~住门。❷控制，掌握：~舵丨~犁。【把持】专权，一手独揽，不让他人参与：~财权。【把握】1. 掌握，控制，有效地处理：~时机。2. 事情成功的可靠性：这次试验，他很有~。❸把守，看守：~门丨~风(守候，防有人来)。❹手推车、自行车等的柄：车~。❺(-儿)可以用手拿的小捆：草~儿。❻介词。表示后边的名词是处置的对象：~一生献给党丨~衣服洗干净了。❼量词。1. 用于有柄的：一~刀丨一~扇子。2. 用于可以一手抓的：一~粮食一~汗。3. 用于某些抽象的事物：一~年纪丨努~力。❽放在量词或"百、千、万"等数词的后面，表示约略估计：丈~高的树丨个~月以前丨有百~人。❾指拜把子(结为异姓兄弟)的关系：~兄。

【把势】【把式】(-shi)1. 武术：练~。2. 专精一种技术的人：车~(赶车的)。

【把戏】魔术、杂耍一类的技艺。㊐手段，诡计：你又想玩什么~？

㊁bà ㄅㄚˋ [ba² 靶]

(-儿)物体上便于手拿的部分，柄：刀~儿丨茶壶~儿。【话把儿】被人作为谈笑资料的言论或行为。

报

(報)bào ㄅㄠˋ [bou³ 布]

❶传达，告知：~喜丨~信。【报告】向上级或群众陈述，也指向上级或群众所做的陈述：~大家一个好消息丨起草~。❷传达消息和言论的文件或信号：电~丨情~丨警~。❸报纸，也指某些刊物：日~丨晚~丨画~丨黑板~。❹回答，回应：~恩丨~仇。【报酬】由于使用别人的劳动或物件而付给的钱或实物。【报复】用敌对的行动回击对方。

拟

(擬)nǐ ㄋㄧˇ [yi⁵ 耳]

❶打算：~往上海。❷初步设计编制，起草：~稿丨~议丨~定计划。❸仿照(㊉模-)：~作。【拟声词】模拟事物声音的词，如"咚、砰、叮当、哐啷"等。

抒

shū ㄕㄨ [xu¹ 书]

抒发。尽量表达：~情丨各~己见。

扨

(㩳)sǒng ㄙㄨㄥˇ [sung² 耸]

❶挺立。❷〈方〉推。

5 画

抹

㊀mā ㄇㄚ [mud³ 沫³，㊗mad³ 袜³]

❶擦：~桌子。❷用手按着并向下移动：把帽子~下来丨~不下脸来(指碍于情面)。

㊁mǒ ㄇㄛˇ [mud³ 沫³，㊗mad³ 袜³]

❶涂(㊉涂-)：伤口上~上点儿药。❷揩，擦：~眼泪丨一~一手黑。❸除去：~零儿(不计算尾数)丨~掉几个字。【抹杀】【抹煞】一概不计，勾销：一笔~。

㊂mò ㄇㄛˋ [mud³ 沫³，㊀mad³ 袜³]

涂抹，泥(nì)：他正在往墙上～石灰。

抾

[kê¹ 卡靴]

☞㊀动词。扠，揉搓成团：～埋一嚿(扠成一团)｜～咗张纸(把纸揉了)。

拓

(㊀*搨)㊀tà ㄊㄚˋ ㊁[tab³ 塔]

在刻铸文字、图像的器物上，蒙一层纸，捶打后使凹凸分明，涂上墨，显出文字、图像来：～本｜～片。

㊁tuò ㄊㄨㄛˋ ㊁[tog³ 托]

❶开辟，扩充。❷姓。❸见143页"落"字条【落拓】(luò－)。

拢

(攏)lǒng ㄌㄨㄥˇ [lung⁵ 垄]

❶凑起，总合：～共｜～总。❷靠近，船只靠岸(㊀靠－)：～岸｜拉～｜他们俩总谈不～。❸收束使不松散：～紧｜用绳子把柴火～住｜～不住人心。❹梳，用梳子整理头发：～一～头发。❺合上，聚拢：笑得嘴都合不～了。

拔

bá ㄅㄚˊ [bed⁶ 不⁶]

❶抽，拉出，连根拽(zhuài)出：～草｜～牙｜一毛不～(形容吝啬)｜不能自～。㊀夺取军事上的据点：连～数城｜～去敌人的据点。❷吸出：～毒｜～火罐。❸挑选，提升：选～。【提拔】挑选人员使担任更高的职务。❹超出：出类～萃(人才出众)。【海拔】地面超出海平面的高度。

抨

pēng ㄆㄥ [ping¹ 评¹]

抨击，攻击对方的短处。

拣

(揀)jiǎn ㄐㄧㄢˇ [gan² 柬]

❶挑选(㊀挑－)：～好的苹果送给奶奶｜挑肥～瘦。❷同"捡"。

拤

qiá ㄑㄧㄚˊ [ka¹ 卡]

用两手掐住。

拈

niān ㄋㄧㄢ [nim¹ 念¹]

用手指搓捏或拿东西：～须｜～花｜～阄(抓阄儿)｜信手～来。

担

(擔)㊀dān ㄉㄢ ㊁[dam¹ 耽]

❶用肩膀挑：～水｜～着两筐青菜。【担心】忧虑，顾虑：我～他身体受不了。❷担负，承当：～风险｜～责任。

☞㊀❶动词。搬动(桌椅等)：～张椅嚟(搬一张椅子来)｜～张台入去(把桌子搬进去)。❷动词。扛：～锄头｜～遮(扛伞)｜～梯。【担戴】担待，承担责任：呢件事边个敢～(这件事谁敢担待)？｜呢件事好大～嘅嚾(这事要承担很大责任的)。❸动词。叼：条鱼畀猫～咗咯(鱼让猫叼跑了)｜狗～住只鸡唔放(狗叼住只鸡不放)。【担窦】(动物)做窝或挪窝：雀仔～(小鸟筑巢)｜猫儿～(猫把幼仔叼走挪窝)。

㊁dàn ㄉㄢˋ ㊁[dam³ 耽³]

❶扁担，挑东西的用具，多用竹、木做成。❷(－子)一挑儿东西：货郎～。㊀担负的责任：重～。❸市制重量单位，1担是100斤，合50千克。❹量词。用于成担的东西：一～水。

押

yā ㄧㄚ ㊁[ad³ 压，㊀ngab³ 鸭]

❶在文书契约上签字或画符号，也指签的字或画的符号：~尾｜画~｜签~。❷把财物交给有关的人做担保：~金｜抵~。❸拘留：看~｜关~｜~起来。❹跟随看管：~车｜~运货物。

㊁［ngab³ 鸭，㊈yab³ 衣鸭³］

☞廣❶动词。掖：~蚊帐｜~好件袖衫（掖好衬衣）｜~住支手枪（掖着一支手枪）。❷动词。挽，卷：~起衫袖（挽高袖子）｜~高裤脚（卷起裤腿）。

抻

chēn ㄔㄣ ［cen² 诊］

扯，拉：~面（抻面条或抻的面条）｜把衣服~~｜把袖子~出来。

抽

chōu ㄔㄡ ［ceo¹ 秋］

❶从事物中提出一部分：~签｜~调干部｜~空（kòng）儿。【抽象】1. 从事物中抽取本质并形成概念的思维活动。2. 笼统，不具体：别讲得太~，最好举一个实例。【抽绎】（-yì）引出头绪。❷长出：~芽｜~穗。❸吸：~水｜~气机｜~烟。❹减缩，收缩：这布一洗~了一厘米。❺用细长的、软的东西打：用鞭子~牲口。

抰

［yêng² 央²］

☞廣❶动词。抖动：~下件衫（抖一抖衣服）｜将张被~一下（把被子抖抖）｜~干净地毡啲尘（把地毯上的灰抖干净）。❷动词。抖擞，揭露：佢啲衰嘢~晒出嚟（他那些缺德事全让人抖搂了出来）。❸动词。推让：边个要都好，唔好~嚟~去咯（谁要都好，不要推来让去了）。

拐

（❶*枴）guǎi ㄍㄨㄞˇ ［guai² 乖²］

❶转折：~过去就是大街｜~弯抹角｜~角｜~点（转折点）。❷骗走人或财物：~骗｜~卖｜钱被人~走了。❸腿脚有毛病，失去平衡，走路不稳：走路一瘸（qué）一~。❹走路时帮助支持身体的棍子：~杖｜~棍｜架~。❺在某些场合说数字时用来代替7。

拃

zhǎ ㄓㄚˇ ㊀［za³ 楂³］

❶张开大拇指和中指量长度。❷张开大拇指和中指两端的距离：两~宽。

㊁［za⁶ 诈⁶］

☞廣❶动词。阻拦，堵塞：攞树枝~实条路（拿树枝把路拦上）｜~住门口，唔畀其他狗入嚟（堵住门口，不让其他狗进来）。【拃乱歌柄】打断别人的话。也作“栅”。❷量词。把（一只手掌所抓的量）：一~米（一把米）｜一~泥沙（一把泥沙）｜一~青菜（一小把青菜）。

拖

（*拕）tuō ㄊㄨㄛ ［to¹ 妥¹］

❶牵引，拉，拽：~车｜~泥带水（形容做事不爽利）｜~拉机。❷拖延，拉长时间：~沓｜~腔｜这件事应赶快结束，不能再~。

拊

fǔ ㄈㄨˇ ［fu² 苦］

拍：~掌大笑。也作“抚”。

拍

pāi ㄆㄞ ［pag³ 柏］

❶用手掌或片状物打：~球｜~手。㊀（-子）乐曲的节奏（㊄节-）：这首歌每节有四~。❷（-子、-儿）拍打东西的用具：蝇~儿｜球~子。❸拍马屁：吹吹~~。❹摄影（㊄-摄）：~

照片｜～电影。❺发：～电报。❻(外)法定计量单位中十进倍数单位词头之一，表示10^{15}，符号P。

拆 chāi ㄔㄞ [cag³ 策]

把合在一起的弄开，卸下来(㊣－卸)：～信｜～房子。

拎 līn ㄌㄧㄣ [ning¹ 宁¹，㊀ling¹ 令¹]

〈方〉提：～着一篮子菜。

☞廣❶动词。拿，取：各人～各人嘅(自己拿自己的东西)｜～份文件畀佢睇(拿一份文件给他看)｜喺钱包里便～出一张银纸(在钱包里取出一张钞票)。❷动词。提：～桶水过去(提一桶水过去)｜左手～只鸡，右手～只鸭。❸介词。将，把，以：～呢个做标准(以这个作标准)｜～佢做样(把他作样板)。

拥 (擁)yōng ㄩㄥ [yung² 踊]

❶抱(㊣－抱)。❷围着：～被而眠｜前呼后～。❸拥护：～戴｜～军优属。【拥护】忠诚爱戴，竭力支持：～改革开放。❹聚到一块儿：～挤｜一～而入。❺持有：～有｜～兵百万。

抵 (❷*牴、❷*觝)dǐ ㄉㄧˇ [dei² 底]

❶挡，拒，用力支撑着(㊣－挡、－拒)：～住门，别让风刮开。【抵制】抵抗，阻止，不让侵入或发生作用。❷牛、羊等有角的兽用角顶、触。【抵触】发生冲突：他的话前后～。❸顶，相当：～债｜～押｜一个～俩。【抵偿】用价值相等的事物作为赔偿或补偿。❹到达：～京。❺抵消：收支相～。【大抵】大略，大概：～是这样，详细情况我说不清。

☞廣❶动词。挨，遭受：～肚饿(挨饿)｜～冷(受冻)。❷动词。忍受：恶～(难以忍受)｜～冷贪潇湘(俗语。为了显示身材苗条而忍受寒冷，少穿衣服)。❸动词。耐：呢件衫～得冷(这件衣服耐寒)。❹形容词。值得：～食(值得吃)｜～买(值得买)｜～钱(值钱)。❺形容词。划算：好～(很划算)｜～到烂(太划算了)｜咁～，买多啲(这么划算，多买点)。❻形容词。该，活该：～闹(该骂)｜～打(该打)｜～，自作自受(活该，自作自受)！

拘 jū ㄐㄩ [kêu¹ 驱]

❶逮捕或扣押(㊣－捕、－押)：～票｜～留｜～禁。❷限，限制：～管｜不～多少。❸拘束，不变通：～谨｜～泥(nì)成法。

☞廣❶形容词。客气(多用于否定句)：自己人，唔使～(自家人，不必客气)｜使乜～呀(用不着客气)。❷形容词。(对礼仪等)过于讲究：～礼(过于讲究礼仪)｜～论(讲究，多指礼仪方面)。【拘执】1. 计较：呢啲旧礼数唔使～咯(这些旧礼法不必计较了)。2. 客气：大家咁熟，重咁～(大家那么熟，还这样客气)。3. 拘谨：大家随便坐，唔使～(大家随便坐，不必拘谨)。

抱 (❸**菢)bào ㄅㄠˋ [pou⁵ 普⁵]

❶用手臂围住(㊣拥－)：～着孩子｜～头鼠窜。㊟围绕：山环水～。【合抱】两臂围拢(多指树木、柱子等的粗细)。【抱负】愿望，志向：做有志气有

~的青年。❷心里存着：~不平｜~歉｜~着必胜的决心。❸孵(fū)：~窝｜~小鸡。❹量词。表示两臂合围的量：树干有两~粗。

拄 zhǔ ㄓㄨˇ [ju² 主]

用手扶着杖或棍支持身体：~拐棍。

拉 ㊀lā ㄌㄚ ㊁[lai¹ 赖¹]

❶牵，扯，拽：~车｜把渔网~上来。㊚1. 使延长：~长声儿。2. 拉拢，联络：~关系。【拉倒】(-dǎo)算了，作罢：他不来~。❷排泄粪便：~屎。❸用车运：~货｜~肥料。❹帮助：他有困难，应该~他一把。❺牵累，牵扯：一人做事一人当，不要~上别人。❻拉动乐器的某部分，使乐器发出声音：~二胡｜~手风琴。❼闲谈：~话｜~家常。

【拉祜族】(-hù-)我国少数民族，参看附表。

㊁lá ㄌㄚˊ ㊁[lad⁶ 辣]

割，用刀把东西切开一道缝或切断：~了一个口子｜~下一块肉。

拦 (攔)lán ㄌㄢˊ [lan⁴ 栏]

遮拦，阻挡，阻止(㊜-挡、阻-)：~住他，不要让他进来。

拌 bàn ㄅㄢˋ [bun⁶ 伴]

搅和：搅~｜~种子｜~草喂牛。

㧟 (擓)kuǎi ㄎㄨㄞˇ [kuai⁵ 箍挨⁵]

❶搔，轻抓：~痒痒。❷用胳膊挎着：~着篮子。

拧 (擰)㊀níng ㄋㄧㄥˊ ㊁[ning⁶ 拧⁶，㊅ning⁴ 柠]

握住物体的两端向相反的方向用力：~毛巾｜~绳子。

㊁nǐng ㄋㄧㄥˇ ㊁[ning⁶ 柠⁶]

❶扭转，控制住东西的一部分而绞转(zhuàn)：~螺丝钉｜~墨水瓶盖。❷相反，颠倒，错：我弄~了｜意思满~。㊚抵触：两人越说越~。

㊂nìng ㄋㄧㄥˋ ㊁[ning⁶ 柠⁶]

倔强，别扭，不驯服：~脾气。

㧣 [kem² 琴²]

☞粤❶动词。盖，覆盖：~盖(盖上盖子)｜~被(盖被子)。❷名词。覆盖、挡护的东西：链~(自行车上的链套)｜沙~(自行车轱辘上的防沙盖)。❸动词。关闭，停止：~斗(工厂、商店等倒闭)｜~档(小商店、摊档等)倒闭。❹动词。掴打，打击：~佢一巴掌。

【㧣赌】扫荡赌场，捉拿赌徒。

㧐 [fing⁶ 扶认，㊅wing⁶ 泳]

☞粤动词。甩，挥，扔：畀佢~咗(给他甩掉了)｜~干樽里头啲水(把瓶子里的水甩干)。

抿 mǐn ㄇㄧㄣˇ [men⁵ 敏]

❶刷，抹：~了~头发。❷收敛：~着嘴笑｜水鸟一~翅，一头扎进水里。㊚收敛嘴唇，少量沾取：他真不喝酒，连~都不~。

拂 fú ㄈㄨˊ ㊀[fed¹ 忽]

❶掸(dǎn)去，轻轻擦过：~尘｜春风~面。【拂晓】天将明的时候。❷甩动。【拂袖】甩袖子，表示生气。❸违背，不顺：~意(不如意)。

〈古〉又同“弼”(bì)。

㊁[fid¹ 科必]

☞粤❶动词。用小枝条抽打：用树枝~咗一下(用树枝抽了一下)。❷象声词。挥动树枝或皮鞭的声音。

拙

zhuō ㄓㄨㄛ [jud³ 茁]

❶笨，不灵巧(㊇-笨)：~嘴笨舌｜手~｜弄巧成~｜勤能补~。❷谦辞：~作｜~见。

招

zhāo ㄓㄠ [jiu¹ 焦]

❶打手势叫人来或致意：用手一~他就来了｜~之即来｜~手示意。【招待】应接宾客。【招呼】(-hu)1. 召唤：有人~你。2. 照料，扶助：~老人。❷用公开的方式使人来：~集｜~生｜~兵买马｜~商引资。㊊1. 惹起：~事｜~笑｜别~他。2. 引来：~蚂蚁。❸承认自己的罪状：不打自~。❹武术上的动作。㊓计策，办法：花~儿｜绝~儿。

披

pī ㄆㄧ [péi¹ 丕]

❶覆盖在肩背上：~红｜~着大衣｜~星戴月(形容起早贪黑辛勤劳动或昼夜赶路)。❷打开：~襟｜~卷(juàn)｜~肝沥胆(喻竭诚效忠)。【披露】(-lù)发表。【披靡】(-mǐ)草木随风散倒。㊓敌军溃散：所向~。❸裂开：竹竿~了｜指甲~了。❹劈开，劈去：~荆斩棘(喻克服创业中的种种艰难)。

拨

(撥)bō ㄅㄛ [bud⁶ 脖]

❶用手指或棍棒等推动或挑动：把钟~一下。【拨冗】(-rǒng)推开杂事，抽出时间：务希~出席。❷分给：~款｜~点儿粮食。❸(-儿)量词。用于成批的、分组的人或事物：一~儿人｜分~儿进入会场。

择

(擇)㊀zé ㄗㄜˊ [zag⁶ 责⁶]

挑拣，挑选(㊇选-)：不~手段｜~善而从｜~友｜~业。

㊁zhái ㄓㄞˊ [zag⁶ 责⁶]

义同“择”(zé)，用于口语：~菜｜~席(换个地方就睡不安稳)。

拚

pàn ㄆㄢˋ [pun³ 判]

〈方〉舍弃，豁出去：~命。

抬

(**擡)tái ㄊㄞˊ [toi⁴ 苔]

❶举，提高：~手｜~脚｜~起头来。㊊使上升：~价。【抬头】1.(-儿)信函另起一行或空格书写，表示尊敬。2. 发票、收据上写的户头。❷共同用手或肩搬运东西：一个人搬不动两个人~｜把桌子~过来。【抬杠】㊓争辩。

拇

mǔ ㄇㄨˇ [mou⁵ 武]

拇指，手和脚的大指。

拗

(*抝)㊀ǎo ㄠˇ ㊁[ao², ㊆ngao² 坳²]

动词。弯折：~断｜~弯｜~树枝｜~

手瓜（扳胳膊比臂力，掰手腕）｜～腰（向后弯腰）。

㊁ào 幺 ⊜［ao³，⊗ngao³ 坳］不顺，不顺从：～口｜违～。

㊂niù ㄋㄧㄡˋ ⊜［ao³，⊗ngao³ 坳］固执，不驯顺：执～｜脾气很～。

6 画

抠［kueng³ 箍凳，⊗kuang³ 筐］

☞廣❶动词。绊：畀条竹～低（被竹子绊倒了）｜你条绳容易～亲人（你的绳子容易绊倒人家）。❷动词。剐（被尖锐的东西勾划破）：畀眼钉～烂件衫（钉子把衣服剐破了）｜汽车畀摩托～花咗（汽车被摩托剐掉漆了）。❸动词。扣，拴：～埋度门（把门扣上）｜只牛～喺嗰度（那牛拴在那儿）。❹动词。挂：件衫～埋钉处啦（衣服挂在钉子上吧）｜腊肉～入厨房（腊肉挂到厨房里去）。❺量词。串；嘟噜。【抠棱】大小不一的一串，嘟噜：一～锁匙（一串钥匙）｜一～腊味。

拭 shì ㄕˋ［xig¹ 色］

擦：～泪｜～目以待（形容殷切期待）。

拢［ngung² 仰龙²］

☞廣动词。推：～门｜～人｜～开佢（推开它）。【拢火】指煮东西时整理灶内柴草。也作"揖""拏"。

挂（*掛、❷*罣）guà ㄍㄨㄚˋ［gua³ 卦］

❶悬（㊥悬－）：红灯高～｜～图。❷惦记（㊥牵－）：～念｜～虑｜记～。❸登记：～号｜～失。❹量词。多用于成串的东西：一～鞭炮｜一～珠子。

持 chí ㄔˊ［qi⁴ 池］

❶拿着，握住：～笔｜～枪。❷遵守不变：坚～｜～久。【持续】延续不间断：～发展。【相持】各不相让：～不下。❸料理，主管：勤俭～家｜主～。

拮 jié ㄐㄧㄝˊ［gid³ 洁］

【拮据】（－jū）经济境况不好，困窘。

拷 kǎo ㄎㄠˇ［hao² 考］

打（㊥－打）：～问。

【拷贝】（外）1. 复制。2. 复制本，电影方面指用拍摄成的电影底片洗印出来的胶片。

拱 gǒng ㄍㄨㄥˇ［gung² 巩］

❶拱手，两手向上相合表示敬意。❷两手合围：～抱｜～木。㊞环绕：～卫。❸肩膀向上耸：～肩膀。❹建筑物上呈弧形的结构，大多中间高两侧低：～门｜～桥｜连～坝。❺顶动，向上或向前推：～芽｜虫子～土｜猪用嘴～地。

挜（掗）yà ㄧㄚˋ ⊖［a³ 阿，⊗nga³ 瓦³］

〈方〉硬把东西送给或卖给别人。

⊜［nga⁶ 讶］

☞廣❶动词。占据：～位（占位置）｜一个人～咁多地方（一个人占了那么多地方）｜～埞（占地方过大）。【挜拃】1.

占空间的，妨碍人的：托住张梯骑单车，咁～点出街呀(扛着梯子骑自行车，这样子怎么能上街呢)。2. 霸道，爱霸占的：你咁～，一个人霸咁多位(你真霸道，一个人占那么多位置)。【霸掗】霸道：呢个人好～嘅(这个人很霸道)。❷动词。张开：～开对脚(张开两腿)。也作“閕”“晍”。

挝　(撾)㊀zhuā ㄓㄨㄚ ㊁[za¹ 楂]

打，敲打。

㊁wō ㄨㄛ ㊁[wo¹ 窝]

【老挝】国名，在中南半岛。

挎　kuà ㄎㄨㄚˋ [kua³ 夸³]

❶胳膊弯起来挂着东西：他胳膊上～着篮子。❷把东西挂在肩头上或挂在腰里：肩上～着文件包。

挞　(撻)tà ㄊㄚˋ ㊁[tad³ 拖压]

打，用鞭、棍等打人：鞭～。

☞廣❶动词。借钱不还，赖账：～钱｜～数(赖账)｜～账(赖账)｜佢～咗我五万文(他向我借五万元赖账不还)。【挞定】舍弃定金以取消原有的购买约定。❷动词。伸(舌头)：～脷(伸舌头)。❸动词。趿拉：～住对鞋(趿拉着鞋)。❹形容词。向四面张开：～口碗(口大身矮的碗)。

☞廣【挞头】光头，秃脑袋。

㊁[tad¹ 拖压¹]

☞廣❶名词。一种馅露在外面的西式点心：蛋～｜椰～。❷动词。发动(机器)：你～着架车先(你先把车发动起来)｜呢部机～唔着(这部机器发动不起来)。

挟　(挾)xié ㄒㄧㄝˊ ㊁[hib³ 协]

❶夹在胳膊底下：～山跨海逞英雄。❷倚仗势力或抓住人的弱点强迫使服从：要(yāo)～｜～制。❸心里怀着(怨恨等)：～嫌｜～恨。

㊁[gib⁶ 劫⁶，㊇hab⁶ 侠]

☞廣❶动词。夹，挤：～住个公文包｜界门～亲手(给门挤了手)。【挟脚】挤脚：对鞋有啲～(鞋有点挤脚)。❷形容词。狭窄，挤：一套房住三伙人，好～呀(一套房住三家人，够挤的)｜呢处做书房～啲(这里当书房窄了点)。

挠　(撓)náo ㄋㄠˊ [nao⁴ 闹⁴]

❶扰乱，使事情不能顺利进行：阻～。❷弯曲：不屈不～(喻不屈服)｜百折不～(喻有毅力)。❸搔，抓：～痒痒。

☞廣【长挠挠】(时间)很长：定期储蓄五年～，禁等咯(定期储蓄五年那么久，够得等的)。

挡　(擋、㊀*攩)㊀dǎng ㄉㄤˇ ㊁[dong² 党]

❶阻拦，遮蔽(㊈阻－、拦－)：水来土～｜把风～住｜拿扇子～着太阳。❷(－子、－儿)用来遮蔽的东西：炉～｜窗户～儿。

㊁dàng ㄉㄤˋ ㊁[dong³ 档³]

【摒挡】(bìng－)收拾，料理：～行装。

拽　(㊂**捭)㊀yè ㄧㄝˋ [yei⁶ 也矮⁶]

同“曳”。

㊁zhuāi ㄓㄨㄞ [yei⁶ 也矮⁶]

〈方〉❶用力扔：～了吧，没用了｜把球～过来。❷胳膊有毛病，动转不灵。

㊁zhuài ㄓㄨㄞˋ [yei⁶ 也矮⁶]

拉，拖，牵引：~不动｜把门~上｜生拉硬~。

拰 [nin² 年²]

☞粤❶动词。捏，用拇指和其他手指夹住：唔好~香蕉（不要捏香蕉）｜他好中意~人（他很喜欢捏人）｜~烂咗个气球（把气球捏破了）。❷动词。（用手）挤：~干嚿海绵（把海绵挤干）。❸动词。卡：~颈（卡脖子）。也作“撚”“捻”。

挺 tǐng ㄊㄧㄥˇ [ting⁵ 廷⁵]

❶笔直：笔~｜~进（勇往直前）｜直~~地躺着不动。【挺拔】1. 直立而高耸。2. 坚强有力：笔力~。❷撑直或凸出：~起腰来｜~胸抬头｜~身而出。㊀勉强支撑：有病早治，不能硬~着。❸副词。很：~好｜~和气｜~爱学习｜这花~香。❹量词。用于机枪。

括 ㊀guā ㄍㄨㄚ ㊀ [guad³ 刮]

【挺括】〈方〉（衣服、纸张等）较硬而平整。

㊁kuò ㄎㄨㄛˋ ㊁ [kud³ 豁³]

❶扎，束：~发（fà）｜~约肌（在肛门、尿道等靠近开口的地方，能收缩、扩张的环状肌肉）。❷包容（㊃包~）：总~。

挢 （撟）jiǎo ㄐㄧㄠˇ [giu² 缴]

❶举，翘：舌~不下（形容惊讶得说不出话来）。❷纠正：~邪防非。

☞粤动词。拭擦：~汗｜~眼泪。【膝头挢眼泪】指人蹲着哭用膝盖擦眼睛，形容人十分哀伤悲痛或悔恨莫及。【偷食唔会挢嘴】偷吃不会擦嘴。讥笑人做了错事又不小心留下痕迹的做法。

拴 shuān ㄕㄨㄢ [san¹ 山]

用绳子系（jì）：~马｜~车。㊃被事物缠住而不能自由行动：被琐事~住了｜能~住他的人，却~不住他的心。

挲 （搬）sà ㄙㄚˋ [sad³ 杀]

侧手击。

拾 ㊀shè ㄕㄜˋ [seb⁶ 十⁶]

轻步而上：~级（逐步登上梯级）。

㊁shí ㄕˊ [seb⁶ 十⁶]

❶捡，从地下拿起来：~麦子｜~了一支笔。❷“十”字的大写。

【拾掇】（-duo）1. 整理：把屋子~一下｜把院子~~。2. 修理：~钟表｜~机器｜~房子。

挑 ㊀tiāo ㄊㄧㄠ [tiu¹ 跳¹]

❶用肩担着：~水｜别人~一担，他~两担。❷（-子、-儿）挑、担的东西：挑着空~子。❸（-儿）量词。用于成挑儿的东西：一~儿水｜两~儿粪。❹选，拣（㊃-选、-拣）：~好的送给他｜~错｜~毛病。【挑剔】过于严格地指摘细微差错。

㊁tiǎo ㄊㄧㄠˇ [tiu¹ 跳¹]

❶用竿子等把东西举起或支起：~起帘子来｜把旗子~起来。❷用条状物或有尖的东西拨开或弄出：把火~开｜~了~灯心｜~刺。❸一种刺绣方法：~

花。❹拨弄，引动（㊜－拨）：～衅｜～动｜～起矛盾。【挑战】1. 激怒敌人出来打仗。2. 鼓动对方和自己竞赛：甲乙两队互相～。❺汉字由下斜着向上写的一种笔形（㇀）。

指

zhǐ ㄓˇ ［ji² 止］

❶手指头：食～｜首屈一～｜屈～可数。❷一个手指头的宽度叫一指：下了四～雨。❸用手指或物体的尖端对着：用手一～｜时针～着十二点。❹点明，告知：～导｜～出他的错误。【指示】上级对下级做有关原则和方法的说明，也指所做的说明。❺仰仗，倚靠：不应～着别人生活｜单～着一个人是不行的。❻直立起来：令人发（fà）～。❼向，意思上针对：直～峰顶｜他是～你说的。

挣

㊀zhēng ㄓㄥ ㊀［zeng¹ 增］

【挣扎】（－zhá）尽力支撑或摆脱：垂死～。

㊁zhèng ㄓㄥˋ ㊁［zang⁶ 争⁶］

❶用力支撑或摆脱：～脱｜～开。【挣揣】（－chuài）挣扎。【挣命】为保全性命而挣扎。❷出力量而取得报酬：～钱。

挤

（擠）jǐ ㄐㄧˇ ［zei¹ 剂］

❶许多人、物很紧地挨着，不容易动转：一间屋子住十来个人，太～了。❷在拥挤的环境中推、拥：人多～不过去｜～进会场。㊣排斥（㊜排－）：甲队被～出前三名。❸用压力使排出：～牛奶｜～牙膏。

☞粤 动词。放置：～喺边度（放在哪里）？｜～低（放下）｜间屋～唔落两铺床（房间里放不下两张床）。

挍

［gao⁶ 交⁶］

☞粤 见450页“摎”字条【摎挍】。

揔

chòng ㄔㄨㄥˋ ［cung³ 冲³］

❶跳。❷撞击

☞粤 ❶动词。捅：～咗个黄蜂窦落嚟（把马蜂窝捅下来）。❷动词。碰撞：畀人～跌（被人撞倒）｜畀佢手～亲（被他的手肘撞伤）。也作“搕”。

拼

pīn ㄆㄧㄣ ［ping¹ 聘¹］

❶连合，凑合（㊜－凑）：～音｜东～西凑｜把两块板子～起来。❷不顾一切地干，豁（huō）出去：～命｜～到底。

挓

zhā ㄓㄚ ［za¹ 渣］

【挓挲】（－sha）〈方〉张开：～着手。

挖

（＊＊空）wā ㄨㄚ ［wad³ 华压］

掘，掏：～个坑｜～战壕｜～潜力。

【挖苦】（－kǔ）用尖刻的话讥笑人：你别～人。

按

àn ㄢˋ ［on³，㊣ngon³ 案］

❶用手压或摁（èn）：～脉｜～电铃｜～摩。❷止住，压住：～兵不动｜～下此事先不表。❸介词。依照：～理说你应该去｜～人数算｜～部就班（依照程序办事）｜～图索骥（喻办事拘泥，也指根据线索去寻求）。❹经过考核研究后下论断：～语｜编者～。

挥

（揮）huī ㄏㄨㄟ ［fei¹ 辉］

❶舞动，摇摆：～刀｜～手｜大笔一～。【指挥】1. 指导，调度。2. 指导、调度的人：工程总～｜乐队～。❷散(sàn)出，甩出：～金如土｜～汗如雨｜～发。【挥霍】(－huò)用钱浪费，随便花钱。

☞廣 动词。杵，捅：攞条竹篙～咗个沙田柚落嚟(拿根竹竿把柚子捅下来)。

挦 (撏)xián ㄒㄧㄢˊ [qim⁴ 潜]

扯，拔(毛发)：～鸡毛。

挪 nuó ㄋㄨㄛˊ [no⁴ 糯⁴]

移动：把桌子～一～｜～用款项。

拯 zhěng ㄓㄥˇ [qing² 请]

援救，救助(㊥－救)：～民于水火之中。

拶 ㊀zā ㄗㄚ [zad³ 札]

逼迫：债务～逼。

㊁zǎn ㄗㄢˇ [zad³ 札]

❶压紧。【拶指】旧时用拶子夹手指的酷刑。【拶子】旧时夹手指的刑具。

7 画

搣 [kai⁵ 楷⁵]

☞廣 介词。广州老城区少用。1. 将，把：～啲雪梨榨汁(将那些雪梨榨汁)｜成日～我嚟出气(整天拿我来出气)。2. 用：呢个架系～废料斗嘅(这个架子是用废料拼合的)｜豆腐～嚟点煮(豆腐用来怎么煮)？

捞 (撈)lāo ㄌㄠ ㊀ [lao⁴ 罗拗⁴]

从液体里面取东西：～鱼｜～面｜打～。

☞廣【捞哨】[－sao⁴]马虎，不细心，敷衍应付：咩，乜啲工夫做得咁～㗎(哎呀，这工作怎么做得这样马虎)！｜做作业唔能够～㗎(做作业是不能敷衍应付的)。

lāo ㄌㄠ ㊁ [lou¹ 老¹]

用不正当的手段取得：～一把｜～好处。

☞廣❶动词。拌，搅：～面(拌面条)｜～汁(用菜汁拌饭)｜石仔～沙(石子拌沙)｜～匀佢(把它拌均匀)。❷动词。混合，合：啲行李都～乱晒咯(行李都混了)｜两件事唔好～埋讲(两件事不要混在一起说)｜～得埋(两人合得来)。❸动词。混(生活)，谋生：呢一行佢～咗十几年(这一行他混了十几年)｜佢一直喺嗰度～(他一直在那里混)｜～世界(谋生；闯江湖)｜～家(指没有正当职业，专靠欺诈拐骗过活的流氓)。【捞搋】1. 弄来弄去，折腾：你～咁多货就残嘅喇(你翻来翻去货就会残的)。2. 倒腾钱以取利。【捞偏门】1. 从事不正当的职业。2. 搞非法经营。3. 做少人做的生意。❹动词。用各种手段获取，得到：畀佢～咗(给他得到了)｜～鸡(得到好处，获得成功的粗俗说法)｜～过界(超越了范围。比喻侵犯了别人的利益)｜～静水(比喻从别人不大注意的地方或看不起的事物中，获取很大的好处或利益)。【捞嘢】1. 得到利益，占了便宜：呢次你～咯(这次你赚了)。2. 反语。触了霉头，沾到了不好的东西：佢捞正嘢，上面一盆水淋到佢成身湿(他触了霉头，上面一盆水浇了他一身湿)｜张椅油漆未干，边个坐上去边个~(那椅子油漆未干，谁坐谁倒霉)。❺动词。行，干(多用于否定句)。【唔捞】1. 不干：嗰嘅事我~(这种事我不干)｜~佢(不干它；不给他干)。2. 不行，行不通：你唔办手续就去，~嚡(你不办手续就去，可不行啊)。3. 不划算，划不来：咁贵，~嚡(这么贵，划不来)。

㊂[lao¹ 罗拗¹]

☞🅶 词素。指说北方话的：~话(北方话)｜~仔(说北方话的青少年)。【捞松】指说北方话的外省人(不友好的用语)。是普通话"老兄"的摹音。

捕

bǔ ㄅㄨˇ [bou⁶ 步]

捉，逮：~获｜~风捉影(喻言行没有事实根据)。

挭

gěng ㄍㄥˇ [gang³ 耕³]

搅。

☞🅶 ❶动词。搅拌：颗粒溶唔快，~下佢啦(颗粒化得不快，搅拌一下它吧)｜煲粥要~下煲底至唔会燶(煮粥要搅拌一下锅底才不煳)。❷动词。从容器的底部捞取：~渣。❸动词。较量，比试：两个~过(两个来较量一下)｜唔够佢~(比不过他)。

捂

(**摀)wǔ ㄨˇ [wu² 浒]

严密地遮盖住或封闭起来：用手~着嘴｜放在罐子里~起来免得走味儿。

挔

dòu ㄉㄡˋ [deo⁶ 豆]

❶停顿。❷古量词。四捧为一挔。

☞🅶 ❶动词。轻轻地捧，托，兜着：~起台(托起桌子)｜攞个网兜~住佢(拿个网兜兜着它)。❷动词。索取，拿，挣(钱)：~利市(要红包；拿红包)｜分乜嘢都照~(分什么东西都照取)｜呢度嘅银纸唔系咁好~㗎(这里的钱不是那么好挣的呀)。

振

zhèn ㄓㄣˋ [zen³ 真³]

❶摇动，挥动：~笔直书｜~铃｜~臂高呼。❷奋起，兴起：~兴｜~作｜精神一~。❸救：~乏绝。❹振动：共~｜谐~。

揈

kēng ㄎㄥ [heng¹ 亨]

撞(钟)。

☞🅶 动词。敲，揈：~下个缸听下有冇裂(敲敲那个水缸听听有没有裂)。

捎

shāo ㄕㄠ ㊀[sao¹ 梢]

捎带，顺便给别人带东西：~封信去。

㊁[sao⁴ 时拗⁴]

☞🅶 ❶动词。不问自取，拿走：边个~咗我本书(谁拿走了我的书)？❷动词。吃掉：番薯畀猪~晒(红薯让猪吃光了)。

捍

(△*扞)hàn ㄏㄢˋ [hon⁶ 汗]

保卫，抵御(㊟-卫)：~海堰(挡海潮的堤)。

"扞"另见415页。

捏

(*揑)niē ㄋㄧㄝ [nib⁶ 聂]

❶用拇指和其他手指夹住：~着一粒豆。❷用手指把软的东西做成一定的形状：~饺子｜~泥人儿。❸假造，虚

构：~造｜~报。

捉

zhuō ㄓㄨㄛ ［zug¹ 足］

❶抓，逮：~老鼠｜捕风~影。【捉弄】玩弄，戏弄。❷握：~刀｜~笔。

捆

（*綑）kǔn ㄎㄨㄣˇ ［kuen² 菌］

❶用绳等缠紧、打结：把行李~上。❷（-子、-儿）量词。用于捆在一起的东西：一~儿柴火｜一~儿竹竿｜一~报纸。

捐

juān ㄐㄩㄢ ［gün¹ 涓］

❶捐助或献出：~钱｜~棉衣｜~献｜募~。❷赋税的一种：房~｜车~。❸舍弃（㊈-弃）：为国~躯。

☞🅖动词。钻：条蛇~咗入窿（蛇钻进洞里去了）｜篱笆咁疏，狗都~得入嚟（篱笆那么疏，狗都能钻进来）。【捐窿捐罅】1. 形容找遍旮旮旯旯：~都揾唔到（找遍了都找不到）。2. 引申指人善于找门路，钻空子。也作“蜎”。

损

（損）sǔn ㄙㄨㄣˇ ［xun² 选］

❶减少：~失｜~益｜增~。❷损坏，伤害：破~｜完好无~｜~伤｜~人利己。❸用刻薄的话挖苦人：别~人啦！❹刻薄，毒辣：说话太~｜这法子真~。

挹

yì ㄧˋ ㊀［yeb¹ 泣］

❶舀，把液体盛出来。【挹注】㊇从有余的地方取出来，以补不足。❷牵引，拉。

㊁［yeb⁶ 入］

☞🅖动词。招手：~手叫佢嚟（招手喊他来）。

捌

bā ㄅㄚ ［bad³ 八］

“八”字的大写。

捈

［sê⁴ 薯靴⁴］

☞🅖❶动词。顺手拿走别人的东西：我本书畀人~咗去（我的书让人偷偷拿走了）。❷动词。下滑：~滑梯。

捡

（撿）jiǎn ㄐㄧㄢˇ ［gim² 检］

拾取：~柴｜把笔~起来｜~了一张画片。

挫

cuò ㄘㄨㄛˋ ［co³ 错］

❶挫折，事情进行不顺利，失败：屡次受~｜事遭~阻。❷压下，使音调降低：~了坏人的威风｜语音抑扬顿~。

捋

㊀lǚ ㄌㄩˇ ［lüd³ 劣］

用手指顺着抹过去，整理：~胡子｜~头发。

㊁luō ㄌㄨㄛ ［lüd³ 劣］

用手握着东西，顺着东西移动：~榆钱儿｜~虎须（喻冒险）。

挼

㊀ruá ㄖㄨㄚˊ ［no⁴ 挪］

〈方〉❶（纸、布等）折皱，不平展：纸~了。❷（布）快要磨破：裤子穿了好多年，都~了。

㊁ruó ㄖㄨㄛˊ ［no⁴ 挪］

揉搓（㊈-搓）：把纸条~成团。

换 huàn ㄏㄨㄢˋ [wun^6 焕]

❶给人东西同时从他那里取得别的东西：互～|交～。❷变换，更改：～衣服|～汤不～药。❸兑换(用证券换取现金或用一种货币换另一种货币)。

挽 (❸*輓)wǎn ㄨㄢˇ [wan^5 皖]

❶拉：～弓|手～着手。❷设法使局势好转或恢复原状：～救|力～狂澜。❸追悼死人：～歌|～联。❹卷：～起袖子。

捣 (搗、*擣、*擣)dǎo ㄉㄠˇ [dou^2 岛]

❶砸，舂，捶打：～蒜|～米|～衣。㊉冲，攻打：～毁|直～敌巢。❷搅扰：～乱|～鬼。

捃 jùn ㄐㄩㄣˋ [kuen^2 捆]

拾取：～摭(zhí)(搜集)。

捅 (**捅)tǒng ㄊㄨㄥˇ [tung^2 桶]

戳，刺，碰：把窗户～破了|～马蜂窝(喻惹祸)。㊍揭露：把问题全～出来了。

挨 (㊁**△捱)㊀āi ㄞ ⊟[ai^1 (又)ngai^1 哎]

❶靠近：居民区～着一条河。❷顺着(一定次序)：～家查问|～着号叫。

"捱"另见436页。

㊁ái ㄞˊ ⊟[ngai^4 崖]

❶遭受，亲身受到：～饿|～打|～骂。❷困难地度过(岁月)：～日子。❸拖延：他～到晚饭后才开始写作业。

8 画

捧 pěng ㄆㄥˇ [pung^2 蓬^2]

❶两手托着：手～鲜花|～着一个坛子。【捧腹】捧着肚子，形容大笑：令人～。❷奉承或代人吹嘘：吹～|用好话～他|～场(chǎng)。❸量词。用于两手能捧起的东西：一～花生。

掭 tiàn ㄊㄧㄢˋ [tim^5 甜^5]

用毛笔蘸墨汁在砚台上弄均匀：～笔。

掕 [leng^3 啦凳，(又) neng^3 能^3]

☞广❶动词。连，带，拴，系(jì)：将几只牛蛙～埋一齐(把几只牛蛙捆在一起)|用条绳～住佢(用条绳子拴住它)|门环上面～着一条绳(门环上系着一条绳子)。【半掕吊】半拉子，半截儿：做到～停落嚟(做了半拉子停了下来)。也作"𢫏"。❷动词。拖累，带着(累赘)：去边处都要～实佢(去哪儿都要带着他)。【冇嗱掕】没有什么关系。也作"𢫏"。【佗手掕脚】因拖累而行动不便。❸量词。串，嘟噜：一～锁匙(一串钥匙)|一大～菩提子(一嘟噜葡萄)。【一抽二掕】一串串的，多指手提着大包小包的东西：佢买咗好多嘢，～噉(她买了很多东西，大包小包的)。

揶 yé ㄧㄝˊ [yé^4 耶]

【揶揄】(－yú)耍笑，嘲弄：被人～。

措 cuò ㄘㄨㄛˋ [cou^3 醋]

❶安放，安排：～辞丨～手不及(来不及应付)。❷筹划办理：～借丨筹～丨～施(对事情采取的办法)。

描

miáo ㄇㄧㄠˊ [miu⁴ 瞄]

依照原样摹画或重复地画(㊀－摹)：～图丨～花。【描写】依照事物的情状，用语言或线条、颜色表现出来：他很会～景物。

掭

[lem⁶ 林⁶]

☞粤 动词。堆砌，架叠，摞，垛：啲行李箱要～齐整啲(行李箱要摞整齐点)丨～好啲砖(把砖块垛好)丨将凳～到台上面(把椅子摞到桌子上面去)丨啯啲碌柚～得好似座山噉(那些柚子垛得像座山)。

掝

[fag³ 科客]

☞粤 ❶动词。用棍子或鞭子乱打：唔好乱～只牛(不要乱鞭打那头牛)。❷动词。搅打：～鸡蛋(把鸡蛋搅打匀)。

捱

[ngai⁴ 拗躲⁴]

☞粤 ❶动词。熬，忍受，耐苦支撑：～苦丨～夜(熬夜)丨～命(艰难度日；苟延残喘)丨～眼瞓(熬夜)丨好禁～(够熬的)丨～到皮黄骨瘦(熬到皮包骨)。【捱世界】旧时指到社会上去打拼；熬苦日子。❷动词。指靠某些东西艰难地过活：～粥水(靠稀粥度日)丨～番薯丨～野菜丨～斋(饭菜中缺乏肉食)丨～谷种(指没有生活来源，靠吃存粮过日子)。❸动词。遭受：～打(挨打)丨～闹(挨骂)丨～饥抵饿(挨饿)。❹动词。拖延：～过呢几日再讲(拖过这几天再说)丨～时间。

捺

nà ㄋㄚˋ [nad⁶ 挪压⁶]

❶用手按。❷(－儿)汉字从上向右斜下的一种笔形(㇏)："人"字是一撇一～。

掎

jǐ ㄐㄧˇ [géi² 己]

拖住，牵制。

掩

(＊＊揜)yǎn ㄧㄢˇ [yim² 淹²]

❶遮蔽，遮盖(㊀－盖、遮－)：～鼻丨～饰。【掩护】1. 用炮火等压住敌方火力，或利用自然条件的掩蔽，以便进行军事上的活动。2. 采取某种方式暗中保护。❷关，合：把门～上丨～卷。❸门窗箱柜等关闭时夹住东西：关门～住手了。❹乘其不备(进行袭击)：～杀丨～取。

捷

(＊㨗)jié ㄐㄧㄝˊ [jid⁶ 截³]

❶战胜：我军大～丨～报。❷快，速(㊀敏－)：快～丨～径(近路)丨～足先登(行动敏捷，先达到目的)。

捯

dáo ㄉㄠˊ [dou³ 到]

两手不住倒换着拉回线、绳子等：把风筝～下来。㊁追溯，追究原因：这件事到今天还没～出头儿来呢。

【捯饬】(－chi)〈方〉打扮，修饰。

排

㊀pái ㄆㄞˊ [pai⁴ 牌]

❶摆成行(háng)列(㊀－列)：～队丨～行丨论资～辈。【排场】(－chang)铺张的场面：不讲～。❷排成的行列：并～丨坐在前～。❸同"簰"。❹军队的编

制单位，是班的上一级。❺量词。用于成行列的：一～椅子。❻除去，推开：～水｜～山倒海（形容力量大）｜～难（nàn）。【排泄】生物把体内的废物如汗、尿、屎等排出体外。❼排演，练习演戏：～戏｜彩～。

㊁pǎi ㄆㄞˇ［pai⁴ 牌］

【排子车】〈方〉用人拉的一种搬运东西的车。

揹

kèn ㄎㄣˋ［keng³ 卡莺³］

〈方〉❶按，压：～住牛脖子。❷刁难：勒（lēi）～。

☞粤 ❶形容词。酒味醇厚；烟味浓烈：呢只酒好～（这种酒太烈了）｜生切烟～得滞（生切烟味道太浓了）。❷形容词。有本事，有能耐：你真～，咁深嘅题都解到（你真有本事，这么深奥的题目也能解）。

掉

diào ㄉㄧㄠˋ［diu⁶ 刁⁶］

❶落：～眼泪｜～在水里。❷落在后面：～队。❸〈方〉遗漏，遗失：文章～了几个字｜钱包～了。❹减损，消失：～膘儿｜～色。❺回转：～头｜～过来。❻摇摆：尾大不～（喻指挥不灵或难以驾驭）。❼对换：～一个个儿。❽在动词后表示动作的完成：丢～｜卖～｜改～。

☞粤 动词。扔，丢，抛弃：唔要就～咗佢（不要就扔掉它）｜唔好随地～垃圾（不要随地丢垃圾）。

掳

（擄）lǔ ㄌㄨˇ［lou⁵ 老］

抢取（㊥－掠）。

掴

（摑）guāi ㄍㄨㄞ，㊋ guó ㄍㄨㄛˊ［guag³ 姑客］

打耳光：被～了一记耳光。

掕

㊀chēn ㄔㄣ ㊁［cen² 陈²］

同“抻”。

㊁tiǎn ㄊㄧㄢˇ ㊁［tim⁵ 舔］

❶撑，推。❷拨。

㊂［din² 典］

☞粤 动词。打滚，挣扎：打到佢喺地下猛咁～（打得他满地翻滚）｜条鱼～几下就唔嘟喇（鱼挣扎几下就不动了）。【掕床掕席】在床上滚来滚去，形容十分痛楚的样子：痛到佢～（痛得他在床上直打滚）。【掕地】在地上打滚。又说“掕地沙”。

捶

（*搥）chuí ㄔㄨㄟˊ［cêu⁴ 徐］

敲打：～衣裳｜～腿。

推

tuī ㄊㄨㄟ［têu¹ 腿¹］

❶用力使物体顺着用力的方向移动：～车｜～了他一把｜～磨。㊞使工具向前移动进行：用刨子～光｜～头（理发）。【推敲】㊕斟酌文章字句：仔细～｜一字费～。❷使事情开展：～广｜～销｜～动。❸进一步想，由已知推断其余：～求｜～测｜～理｜～算｜类～。❹辞让，推卸。1. 辞退，让给：～辞｜～让。2. 推卸责任，托词：～诿｜～三阻四｜～病不来。❺往后挪动（时间）：再往后～几天。❻举荐，选举：公～一个人做代表。❼指出某人某物的优点：～许

（称赞）｜～重（重视、钦佩）｜～崇。

捭 bǎi ㄅㄞˇ ［bai² 摆］

分开：～阖（hé）（开合）。

掀 xiān ㄒㄧㄢ ［hin¹ 牵］

揭起，打开：～锅盖｜～帘子。㊀翻动，兴起：白浪～天｜～起生产热潮。

掮 ［ngao¹ 咬¹］

☞广❶动词。抓，挠，搔：～痕（挠痒痒）｜～头壳（挠头）｜～损咗（抓破了皮肤）。❷动词。用耙子搂：～草｜～树叶｜～柴（搂柴火）。

授 shòu ㄕㄡˋ ［seo⁶ 售］

❶给，与：～旗｜～奖｜～意（把自己的意思告诉别人让别人照着办）。❷传授：～课。

捻 niǎn ㄋㄧㄢˇ ［nim² 念²］

❶用手指搓转（zhuàn）：～线｜～麻绳。❷（－子、－儿）用纸、布条等搓成的像绳线样的东西：纸～儿｜药～儿｜灯～儿。

掏 （＊搯）tāo ㄊㄠ ［tou⁴ 陶］

❶挖：在墙上～一个洞。❷伸进去取：把口袋里的钱～出来｜～耳朵。

掐 qiā ㄑㄧㄚ ［hab³ 峡³］

❶用手指用力捏，用指甲按或截断：～掉豆芽菜的根。㊀割断，截去：～电线。❷用手的虎口及手指紧紧握住：一把～住。❸（－子、－儿）量词。拇指和食指或中指相对握着的数量：一小～儿韭菜｜一～子青菜。

揔 ［fed¹ 忽］

☞广动词。舀：～水｜～汤｜～粥。这词广州市外用得比较普遍，但老城区一般说“揮”［bed¹］。

掬 jū ㄐㄩ ［gug¹ 菊］

用两手捧：以手～水｜笑容可～（形容笑得明显）。

☞广❶动词。憋，努，鼓：～住泡气（憋着一股气）｜～到面都红晒（憋气憋得脸都红了）｜成百斤重嘅嘢，佢一～就托上髆（上百斤重的东西，他一用力就扛上肩膀）。【掬气】憋气，受气：喺嗰度做嘢好～嘅（在那里干活很憋气）。❷动词。催，促使（快长）：落啲化肥～猛佢（下点化肥催它快长）｜～肥只猪（把猪催肥）。【掬奶】1. 乳房因奶水过多而发肿。2. 为产妇催奶。

掠 lüè ㄌㄩㄝˋ ［lêg⁶ 略］

❶夺取（㊥－夺）：～取｜～人之美（把别人的好处说成是自己的）。❷轻轻擦过：燕子～檐而过。

掙 ［dên² 堆²］

☞广❶动词。捅，杵：～穿个窿（捅了个洞）｜一条棍～过嚟（一根棍子杵过来）｜～佢一下（捅他一下）。❷动词。顶，撑：～住度门（顶着门）。【掙鬼】怂恿：你咪～佢去（你别怂恿他去）｜系边个～你做嘅（是谁怂恿你干的）？

掂

diān ㄉㄧㄢ ㊀ [dim¹ 点¹]

用手托着东西估量轻重：~一~｜~着不轻。【掂掇】(-duo)1. 斟酌。2. 估量。

㊁ [dim⁶ 店⁶]

☞粤 ❶形容词。直：~纹(直纹)｜打~放(直着放)｜条路好~(这条路很直)。【掂笔甩】笔直。❷形容词。妥当，弄好，说服：也都安排~咯(什么都安排了)｜同佢讲~咯(跟他说好了)｜讲佢唔~(说不服他)｜~晒(全弄好了；全解决了)。【搞掂】办妥，弄好，搞清楚，处理好：嗰单嘢我~咯(那件事我办妥了)｜我会~嘅喇(我会处理好的)｜感冒食呢种药，一次~(感冒服这种药，一次就好)。❸形容词。顺利：嗰单嘢~唔~(那事儿顺利吗)？｜嗰便唔~嚅(那边出问题了)。❹形容词。通顺，清楚：写几只字都写唔~(写几个字都写不通顺)。

掖

㊀yē ㄧㄝ [yig⁶ 亦]

把东西塞在衣袋或夹缝里：把钱~在兜里｜把书~在书包里。

㊁yè ㄧㄝˋ [yig⁶ 亦]

用手扶着别人的胳膊。㊞扶助，提拔：奖~。

【掖县】旧县名，今莱州，在山东省。

捽

(𢫬)zuó ㄗㄨㄛˊ ㊀ [qud³ 撮]

〈方〉揪，抓：~他的头发。

㊁ [zêd¹ 卒]

☞粤 动词。擦，搓，揉：~唔甩(擦不掉)｜~老泥(搓汗垢)｜~下只脚就唔痛啦(把脚揉一揉就不痛了)。也作"𢫬"。

掊

pǒu ㄆㄡˇ [peo² 婆欧²]

掊击，抨击。

接

jiē ㄐㄧㄝ [jib³ 知叶³]

❶连接：~电线｜~纱头。❷继续，连续：~着往下讲。❸接替：谁~你的班？❹接触，挨近：~洽｜交头~耳。❺收，取：~到一封信｜~受｜~纳。❻迎：~待｜到车站~人。❼托住，承受：~球｜把包~住。

掷

(擲)zhì ㄓˋ [zag⁶ 泽]

扔，投，抛(㊜投-)：~铁饼｜~手榴弹。

掸

(撣、㊁**撢)㊀dǎn ㄉㄢˇ [dan⁶ 但]

拂，打去尘土：~桌子｜~衣服。

㊁shàn ㄕㄢˋ [xin⁶ 善]

❶我国史书上对傣族的一种称呼。❷掸族，缅甸民族之一，大部分居住在掸邦(缅甸自治邦之一)。

掞

㊀shàn ㄕㄢˋ ㊀ [xim³ 闪³]

舒展，铺张。

㊁yàn ㄧㄢˋ ㊁ [yim⁶ 艳]

❶光照。❷美艳。

掟

[déng³ 多镜]

☞粤 动词。扔，投掷，多指向目标或一定的方向投掷：执嚿石头就~过去(捡块石头就扔过去)｜畀人~穿头(给人家用石头砸破头）｜～唔远（扔不远）。
【掟煲】戏称夫妻离婚或情侣分手。
【掟葫芦】吹牛，说谎话：佢～嘅嗻，唔系真嘅（他吹牛罢了，不是真的）。又说“放葫芦”。

控 kòng ㄎㄨㄥˋ [hung³ 孔³]

❶告状，告发罪恶（㊟－告）：指～｜被～｜～诉。❷节制，驾驭：遥～｜掌～｜～制。❸倒悬瓶、罐等，使其中的液体流净。

㨋 [long³ 郎³]

☞㊖动词。垫，架起：～高个箱（把箱子垫高）｜将嗰尊雕像～上书柜顶啦（把那尊雕像架到书柜顶上吧）｜～起只脚嘅坐（架着二郎腿坐）。

捩 liè ㄌㄧㄝˋ ㊀ [lid⁶ 列]

扭转：转～点（转折点）。

㊁ [lei² 丽²，㊟ lei⁶ 丽]

☞㊖动词。扭转（身体、脸等）：～转身（转过身）｜～转头（转过头，回过头）｜～歪面（转过脸去）｜～埋片面（背过脸去）。【捩手掉咗】反过手扔掉，表示对某东西十分嫌弃：呢啲嘢冇用嘅，～啦（这些东西没用的，快扔掉吧）。

揵 qián ㄑㄧㄢˊ [kin⁴ 虔]

用肩扛（káng）东西。【揵客】〈方〉指替买卖货物的双方介绍交易，从中取得佣钱的人。

探 tàn ㄊㄢˋ [tam³ 谈³]

❶寻求，探索：～源。❷探测：～矿。❸侦察，暗中考察：～案｜～听。❹试探：先～一～口气。❺做侦察工作的人：密～。❻探望，访问：～亲｜～视。❼（头或上体）伸出：～出头来｜车行时不要～身车外。

据 （㊁據、*㊁㨿）㊀ jū ㄐㄩ ㊀ [gêu¹ 居]

见 428 页“拮”字条【拮据】（jié－）。

㊁ jù ㄐㄩˋ ㊁ [gêu³ 句]

❶凭依，倚仗。❷介词。依据：～理力争｜～我看问题不大。❸占（㊟占－）：～守｜～为己有。❹可以用作证明的事物，凭证（㊟凭－、证－）：收～｜字～｜票～｜真凭实～｜无凭无～。

掘 jué ㄐㄩㄝˊ [gued⁶ 骨⁶]

挖，刨：～地｜临渴～井。

摻 （掺）chān ㄔㄢ [cem¹ 侵]

混合（㊟－杂、－和）：在粥里～点儿水｜不要～假。

☞㊖❶动词。添加：～水｜～油。❷动词。让参加，参加：～佢玩（让他参加一起玩）｜佢夹硬～埋嚟（他硬要参加进来）。

掹 ㊀ [meng¹ 盟¹]

☞㊖动词。拉，拔：将绳～衡啲（把绳子拉紧一点）｜～草（拔草）。
【黑瞇掹】黑咕隆咚。也作“擝”。

㊁ [meng³ 盟³]

☞㊖动词。扯，拽：～衫尾（扯住衣服的下摆）。【掹猫尾】指两人串通行骗。也作“擝”。

掇 duō ㄉㄨㄛ [jud³ 拙]

❶拾取(㊄ －拾)。❷〈方〉用双手拿(椅子、凳子等)，用手端。

掼 (摜)guàn ㄍㄨㄢˋ [guan³ 惯]

〈方〉❶掷，扔：往地下一～｜～仙(摔铜钱。一种小孩游戏)｜～杯(一种占卜方法)。❷跌，使跌：～了一跤｜把他～倒在地。

9 画

揳 xiē ㄒㄧㄝ [xid³ 舌，㊈xib³ 涉]

捶，打。特指把钉、橛等捶打到其他东西里面去：在墙上～钉子｜把桌子～一～。

揍 zòu ㄗㄡˋ [zeo³ 绉]

❶打人。❷〈方〉打碎：小心别把玻璃～了。

揕 zhèn ㄓㄣˋ [zem³ 浸]

用刀剑等刺。

搽 chá ㄔㄚˊ [ca⁴ 茶]

涂抹：～药｜～粉。

搭 dā ㄉㄚ [dab³ 答]

❶支起，架起：～棚子｜～架子｜～桥。【搭救】帮助人脱离危险或灾难。❷共同抬：把桌子～起来。❸相交接。1. 连接，接触：两根电线～上了。2. 凑在一起：～伙。3. 搭配，配合：粗粮细粮～着吃。4. 放在支撑物上：把衣服～在竹竿上｜身上～着一条毛毯。❹乘坐车船、飞机等：～载(zài)｜～车｜～船｜～班机。

揇 ㊀ [nam³ 南³]

☞▆❶动词。拃(张开大拇指和食指或中指量长度)：～下张台有几长(拃一拃这张桌子有多长)。❷量词。拃(张开的大拇指和食指或中指指端间的距离)：呢张台有四～几长(这张桌子有四拃多长)。❸量词。步(大步)：呢两条柱距离有五～阔(这两根柱子距离有五步宽)。

㊁ [nam⁵ 南⁵]

☞▆动词。用长棍打："一竹篙～咗一船人"(俗语。一竹竿打了一船人——比喻不分青红皂白)。

揸 (＊＊摣、＊＊戱)zhā ㄓㄚ [za¹ 渣]

❶用手指撮东西。❷把手指伸张开。

☞▆❶动词。抓，拿，握：～住一枝棍(拿着一根棍子)｜～镬铲(当厨师)｜～大葵扇(做媒人)｜～紧拳头(握紧拳头)｜～主意(拿主意)。❷动词。捏：～制(捏闸)｜～颈(比喻受气、忍气吞声)。❸动词。掌管：佢～后勤(他管后勤工作)｜～袂(管事；掌握权力)。❹动词。驾驶，开(车)：～车(驾驶汽车)｜～舦(掌舵；引申为掌权)。

揠 yà ㄧㄚˋ [ad³ 压，㊈ngad³ 押]

拔：～苗助长(zhǎng)(喻欲求速成反而做坏)。

揦 ㊀ [la² 啦²]

☞广❶动词。抓，拿：~拃米饩鸡（抓把米喂鸡）｜一手~住佢（一把抓住他）。【揦埋】1. 搂，用手把东西收拢：~啲筷子（把筷子收拢起来）。2. 动不动，每次遇到的，随机看到的：要调查研究，咪~都话唔得（要调查研究，别动不动就说不行）｜~都说风湿（俗语。遇到病痛都说是风湿）｜呢车西瓜，~每个都有十几斤重（这一车西瓜，随便哪个都有十几斤重）。【揦埋口面】1. 苦着脸，哭丧着脸：一早就~，人哋好讨厌㗎（大清早就苦着脸，人家很讨厌的）。2. 脸色不好看，将要发怒的样子：主任~，大家小心啲（主任脸色不好看，大家留神点）。❷动词。撩起：~起件衫畀医生睇下（撩起衣服让医生瞧瞧）｜~起裤脚泅水（撩起裤腿涉水）。❸动词。咬，腐蚀：石灰水~得只手好痛（石灰水把手咬得很疼）｜呢种洗洁水~到手都甩皮（这种洗洁水把手咬得脱皮）。【揦脷】1. 齁（食物过咸或涩使舌头有被咬的感觉）：面豉咸到~（豆瓣酱咸得够苦）。2. 形容要债过高或成本太高：钉两眼钉就要成百文，太~咯（钉两个钉子就要上百元，太厉害了）｜成本咁~，点做得呀（成本高得那么厉害，怎么能干呀）。❹动词。把食物用调料腌一下：鱼劏好之后用盐~~佢（鱼宰了用盐腌一下）｜啲猪肉切好用生粉豉油~一~（猪肉切好用淀粉酱油腌一腌）。❺词素。【揦西】马虎，（干活）随便：做嘢认真啲，咪咁~（干活认真点，别马虎）｜你咁~，下次冇人揾你做㗎（你那么马虎，下次没人愿意找你来干的）。【揦手】难办，棘手：呢单嘢好~（这件事很难办）｜~唔成势（俗语。做起来样样都棘手或不知所措）。

㊁［la³ 罅］

☞广❶动词。在看不见的情况下用手摸索：喺柜桶度~出一支笔（从抽屉里摸出一支笔）｜~下墙窿里头收埋啲乜嘢（摸摸墙洞里藏着什么东西）。❷动词。用东西搅拨探索：~下啲粥，唔好畀佢焫底（捞一下正在煮的粥，别让它煳了）｜~下啲汤，睇下系乜嘢料（捞一下这汤，看是什么食材熬的）。

㊂［la⁵ 啦⁵］

☞广【揦鲊】［－za²］1. 肮脏：呢个地方好~（这个地方很肮脏）。2. 不干净，不吉利：放过死人嘅地方，好~㗎（放过死人的地方，很不干净的）。

搣 ［mid¹ 灭¹］

☞广❶动词。拧，掐，捏：畀佢~得好痛（给他拧得好疼）｜呢个细路中意~人（这小孩喜欢用手指捏人）。❷动词。撕：~碎封信（把信撕碎了）。

揼 ［dem¹ 多庵］

☞广动词。拖延，磨（时间）：~时间｜~咗时间｜~咗几日（延误了几天）｜~工（费工夫；磨洋工）。

𢶍 ［deb⁶ 特合］

☞广❶动词。砸：畀石头~亲脚（给石头砸伤脚）｜~石仔（把大块石头砸成小块）。【𢶍金龟】比喻向妻子要钱。❷动词。捶打，打：~佢（用拳头打他）｜~铁（打铁）｜~骨（旧称按摩）。【𢶍脚骨】1. 拦路抢劫。2. 敲竹杠。又说“打脚骨”。❸动词。掉下：~跤（跌跤）｜风吹~个花盆｜手机~咗落地（手机掉在地上）。❹动词。（雨水）淋打：~到成身湿晒（淋到全身湿透）｜瓦檐水一滴一滴~落嚟（屋檐水一滴滴地滴下来）。

❺作形容词的词尾。【重揞揞】沉甸甸：书包～好难孭(书包沉甸甸的很难背)｜菜刀～唔好使(菜刀沉甸甸的不好用)。【厚揞揞】厚厚的：佢写嘅书每本都系～嘅(他写的书每本都是厚厚的)。也作"碚"。

揩

kāi ㄎㄞ [hai¹ 鞋¹]

擦，抹：～鼻涕｜～背｜～油(喻占便宜 piányi)。

☞廣 动词。蹭，擦：～咗一身灰(蹭了一身灰)｜你只手咁邋遢，咪～埋墙度(你的手那么脏，别往墙上擦)｜两架车轻轻～咗一下(两辆车轻轻蹭了一下)。【揩油】原比喻占人便宜。现向普通话靠拢，也指占别人、公家的便宜。

揽

(攬)lǎn ㄌㄢˇ [lam⁵ 蓝⁵]

❶把持：大权独～。❷拉到自己这方面或自己身上来：包～｜～生意｜推功～过。❸搂，捆：母亲把孩子～在怀里｜用绳子把柴火～上点儿。

揞

[sang² 省]

☞廣 ❶动词。用沙、灰、去污粉等洗刷器具：～面盆(刷洗脸盆)｜嗰笪油迹～唔甩(那块油垢刷不掉)。❷动词。间苗；除去或摘去(叶片等)：～芥菜仔(间芥菜苗)｜～萝卜秧(间萝卜苗)｜～几荚菜叶(摘去几片菜叶)。❸动词。训斥：畀人～咗一餐(被人训斥一顿)｜～一轮(臭骂一顿)。❹动词。(用球)打：畀人～咗个波饼(被人用球打了一下)。❺动词。强取：～牛王(强取、强占别人的东西)｜～黄鱼(骗取或强取财物)。也作"揳"。

提

㊀dī ㄉㄧ [tei⁴ 题]

【提防】(－fang)小心防备。【提溜】(－liu)手提(tí)。

㊁tí ㄊㄧˊ [tei⁴ 题]

❶垂手拿着(有环、柄或绳套的东西)：～着一壶水｜～着一个篮子｜～心吊胆(形容担心或害怕)｜～纲挈(qiè)领(喻扼要提出)。❷使事物由低往高、由后往前移动：～升｜～高｜～前｜～早。❸舀取油、酒等液体的工具：油～｜醋～。❹说起，举出：经他一～，大家都想起来了｜～意见｜～供。❺取出(㊃－取)：把款～出来。㊈把被关押的人带出来：～审｜～犯人。❻汉字的一种笔形(㇀)，即"挑"(tiǎo)。❼姓。

揖

yī ㄧ [yeb¹ 泣]

拱手礼：作～。

揾

wèn ㄨㄣˋ ㊀ [wen³ 温³]

❶用手指按住。❷擦：～泪。

㊁ [wen² 稳]

☞廣 ❶动词。找：你～边个(你找谁)？｜～乜嘢(找什么)？｜～个人嚟(找个人来)。【揾笨】骗人，讨便宜。【揾老衬】把人当傻瓜，使其上当吃亏，自己占便宜：你想揾我老衬呀(你想把我当傻瓜占我便宜吗)？【揾周公】戏称睡觉。❷介词。用：～水洗｜～笔写｜～条手巾扎住作品(用毛巾包扎着作品)。

揭

jiē ㄐㄧㄝ [kid³ 孑]

❶把盖在上面的东西拿起或把黏合着的东西分开：～锅盖｜把这张膏药～下

来。❷使隐瞒的事物显露：~短｜~发｜~露｜~穿阴谋。❸高举：~竿而起（指民众起义）。

揌 （**擡）sāi ㄙㄞ [seg¹ 塞]

同“塞（sāi）❶”。

揣 ㊀chuāi ㄔㄨㄞ [cêu² 取，㊗qun² 喘]

藏在衣服里：~手｜~在怀里。

㊁chuǎi ㄔㄨㄞˇ [cêu² 取，㊗qun² 喘]

估量，忖度：~测｜不~浅陋（谦辞，指不顾自己的浅陋）。【揣摩】1. 研究，仔细琢磨：~写作的方法。2. 估量，推测：我~你也能做。

㊂chuài ㄔㄨㄞˋ [cêu² 取，㊗qun² 喘]

【挣揣】（zhèng－）挣扎。

揟 [wed⁶ 屈⁶]

☞粤 动词。晃动：~两下支电筒（把手电筒晃两下）｜~一~支香（把香晃一晃）。【鬼揟】狡猾，诡计多端：呢条友仔够晒~（这家伙够狡猾的）。

☞粤【揟突】也作“鹘突”。

揿 （撳、*捦）qìn ㄑㄧㄣˋ [gem⁶ 金⁶]

☞粤 动词。按，摁，压：~掣（按电钮，摁开关）｜~钉（图钉，摁钉）｜~沉（压垮）｜~住张纸（把纸摁着）。【揿鹌鹑】捕捉鹌鹑，往往用雌鸟诱捕雄鸟，比喻设圈套骗财：当心畀人~（小心被人设局骗钱）。也作“捦”。

插 （*揷）chā ㄔㄚ [cab³ 初鸭³]

扎进去，把细长或薄的东西扎进、放入：~秧｜~门卡｜把花~在瓶子里。㊀加入，参与：~班｜~嘴。

揪 jiū ㄐㄧㄡ [zeo¹ 周]

用手抓住或拉住：赶快~住他｜~断了绳子｜~下一块面。

搜 （❶△*蒐）sōu ㄙㄡ [seo² 首]

❶寻求，寻找：~集｜~罗｜~救。❷搜索检查：~身。

“蒐”另见142页sōu。

揗 [ten⁴ 吞⁴]

☞粤❶形容词。受惊发抖：吓到我~晒（吓得我发抖）。❷动词。徘徊，走动：~嚟~去（转来转去）。

揄 yú ㄩˊ [yu⁴ 余]

拉，引。【揄扬】称赞。

援 yuán ㄩㄢˊ [wun⁴ 桓，㊈yun⁴ 元]

❶引，牵（㊖－引）。❷帮助，救助（㊖－助）：支~｜孤立无~。❸引用：~例。

搀 （攙）chān ㄔㄢ [cam¹ 惨¹]

❶用手轻轻架住对方的手或胳膊（㊖－扶）：~着老人过马路。❷同“掺”。

掹 [feng⁴ 扶恒]

☞粤 动词。用拳头或棍子使劲打：~佢一捶（打他一拳）｜一棍~过去（一棍扫过去)。

【大揃】(人)块头大;(东西)体积大:个仔够~(这孩子块头真大)丨呢个包裹咁~,唔知能唔能够托运(这个包裹这么大,不知能不能托运)?

揞

ǎn ㄢˇ [em², ⊗ngem² 庵²]

用手指把药粉等按在伤口上。

☞❶动词。捂:~住嘴笑(捂着嘴巴笑)丨~实唔畀人睇(捂紧不让别人看)。【鬼揞眼】1. 该看见的没看见:噉都睇唔到,~咩(这样子都看不见,被鬼蒙住了眼睛吗)?2. 分不清好坏:咁曳嘅嘢都话买,~呀(这么差劲的东西都要买,眼光太差了)。

搁

(擱)㊀gē ㄍㄜ [gog³ 各]

放,置:把书~下丨在汤里~点儿味精。㊀引耽搁,放在那里不做:这事~了一个月。【搁浅】船停滞在浅处,不能进退。㊀喻事情停顿。

㊁gé ㄍㄜˊ [gog³ 各]

禁(jīn)受,承受:~不住这么沉丨骂得他有些~不住。

搓

cuō ㄘㄨㄛ [co¹ 初]

两个手掌相对或把手掌放在别的东西上反复揉擦:~手丨~绳子。

搂

(摟)㊀lōu ㄌㄡ ㊀ [leo⁴ 留]

❶用手或工具把东西聚集起来:~柴火。㊀喻搜刮:~钱。❷向着自己的方向拨:~枪机。

㊁lǒu ㄌㄡˇ ㊁ [leo⁵ 柳]

❶两臂合抱,用手臂拢着(㊀连-抱):把孩子~在怀里。❷量词。用于两臂合抱的东西:抱来一~柴禾。

㊂ [leo³ 留³]

☞❶动词。摇动容器:~下个盒,里头有嘢就会响(摇一下盒子,里面有东西就会响)。

揃

[jin¹ 煎]

☞❶动词。把贴附在其他物体上的薄东西完整地撕、剥下来:将墙上面过咗期嘅公告~落嚟(把墙上过期的公告撕下来)丨将嗰张邮票~畀我啦(把那张邮票撕给我吧)丨~牛皮(剥牛皮)。也作"煎"。

搅

(攪)jiǎo ㄐㄧㄠˇ [gao² 搞]

❶扰乱(㊀连-扰):~乱丨打~丨不要胡~。❷拌:把锅~一~丨~匀了。

揎

xuān ㄒㄩㄢ [xun¹ 孙]

捋(luō)起袖子露出胳膊:~拳捋袖。

揢

ké ㄎㄜˊ [ka¹ 卡, ⊗heg¹ 刻]

〈方〉❶卡(qiǎ)住:抽屉~住了,拉不开丨鞋小了~脚。❷刁难:~人丨你别拿这事来~我。

握

wò ㄨㄛˋ [eg¹, ⊗ngeg¹ 厄]

攥(zuàn),手指弯曲合拢来拿:~手。

摒

bìng ㄅㄧㄥˋ [bing³ 并]

排除(㊀连-除)。

揆 kuí ㄎㄨㄟˊ [kuei4 葵]

❶揣测（㊥－度 duó、－测）：～情度理。❷道理，准则。❸掌管：以～百事。㊂旧称总揽政务的人，如宰相、内阁总理等：阁～。

搔 sāo ㄙㄠ [sou1 苏]

用指甲挠：～痒。

揉 róu ㄖㄡˊ [yeo4 由]

❶用手来回搓：～一～腿｜沙子到眼里可别～。❷团弄：～面｜～馒头。❸使东西弯曲：～以为轮。

掾 yuàn ㄩㄢˋ [yun6 愿]

古代官署属员的通称。

10 画

擞 [ngou4 敖]

☞㊦动词。摇：～树｜～松佢（摇松它）｜～醒佢（摇醒他）｜药水～匀至饮（药水摇匀了才喝）。

搷 [gung3 贡]

☞㊦❶动词。钻：～台底（钻桌底）｜老鼠～入窿（老鼠钻进洞）。❷动词。爬，拱，冒：～嚟～去（爬来爬去）｜天一黑就～上床｜两头～（两边拱）｜一落雨，黄鳝就～晒出嚟（一下雨，蚯蚓都冒出来了）。也作"贡"。

搕 kē ㄎㄜ [heb6 合]

敲，碰：～烟袋锅子。

摄 （攝）shè ㄕㄜˋ [xib3 涉]

❶吸取：～取养分｜～食。❷摄影：～制｜这组照片～于南沙群岛。❸保养：珍～。❹代理（多指统治权）：～政｜～位。

☞㊦动词。受凉：琴晚畀冷风～咗一下，好似冻亲（昨晚让冷风吹了一下，好像着了凉）。

摸 mō ㄇㄛ [mo2 魔2，㊀mo1 魔]

❶用手接触或轻轻抚摩：～小孩儿的头｜～～多光滑。❷用手探取：～鱼｜从口袋里～出一张钞票来。㊂1. 揣测，试探：～底｜我～准了他的脾气｜～不清他是什么意思。2. 在黑暗中行动，在认不清的道路上行走：～营｜～黑｜～了半夜才到家。【摸索】多方面探求、寻找：～经验。

搢 （**搢）jìn ㄐㄧㄣˋ [zên3 进]

插。【搢绅】同"缙绅"。

摙 [lin5 连5]

☞㊦❶动词。搬运（距离不远的）：将行李箱嘅衫～出嚟（把行李箱的衣服拿出来）｜将柴～入厨房（把柴搬到厨房去）。❷动词。翻动：咪噉～啲鸡蛋啦，会烂㗎（不要那样翻动鸡蛋，会破的）。【挪摙】反复翻动，折腾。❸动词。收拾，拿，放：～好嗰堆衫（把那堆衣服收拾好）｜将槓里便啲衫～出嚟

(把箱子里面的衣服拿出来) | 唔该你将啲鸡蛋~入去(麻烦你把那些鸡蛋放进去)。

搏 bó ㄅㄛˊ [bog³ 博]

❶对打：~斗 | ~击 | 肉~(徒手或用短兵器搏斗)。❷跳动：脉~。

摅 (攄) shū ㄕㄨ [xu¹ 书]

发表或表示出来：各~己见。

撑 [bed¹ 笔]

☞▣❶动词。舀，盛(chéng)：~水 | ~粥。❷动词。撮：~垃圾。广州市郊有些人用“揔” [fed¹ 忽]。

摁 èn ㄣˋ [on³，ⓧngon³ 按]

用手按压：~电铃 | ~钉儿 | ~扣儿。

摆 (擺、❺襬) bǎi ㄅㄞˇ [bai² 败²]

❶陈列，安放：把东西~整齐。㊀故意显示：~阔 | ~架子。【摆布】任意支配：受人~。❷陈述，列举：~事实，讲道理。❸来回地摇动：~手 | 摇头~尾 | 大摇大~。【摆渡】1. 用船运载过河。2. 过河用的船。【摆脱】挣脱，甩开：~贫困。❹钟表等用于控制摆动频率的装置：钟~。❺衣裙的下边：下~。

携 (*攜、*擕、*擕、*攜) xié ㄒㄧㄝˊ [kuei⁴ 葵]

❶带(㊟-带)：~眷 | ~款潜逃。❷拉着手：扶老~幼。【携手】手拉着手。㊖合作。

搋 chuāi ㄔㄨㄞ [cai¹ 猜]

用拳头揉，使掺入的东西和(huó)匀：~面。

搬 bān ㄅㄢ [bun¹ 般]

移动，迁移：把这块石头~开 | ~家。

摇 yáo ㄧㄠˊ [yiu⁴ 夭⁴]

摆动(㊟-摆、-晃)：~头 | ~船。【摇曳】(-yè)摇摆动荡。【动摇】变动，不坚定：思想~。

搞 gǎo ㄍㄠˇ [gou² 狡]

做，弄，干，办：~工作 | ~通思想 | ~清问题。

摛 chī ㄔ [qi¹ 雌]

舒展；散布：~藻(铺张辞藻)。

搪 táng ㄊㄤˊ [tong⁴ 堂]

❶挡，抵拒：~饥。❷敷衍，应付：~差事(敷衍了事)。【搪塞】(-sè)敷衍塞(sè)责：做事情要认真，不要~。❸用泥土或涂料抹上，或涂上：~炉子 | ~瓷(一种用石英、长石等制成的像釉子的物质)。

搒 ㊀bàng ㄅㄤˋ ㊁ [bong³ 旁³]

摇橹使船前进，划船。

㊁péng ㄆㄥˊ ㊂ [pang⁴ 彭]

用棍子或竹板子打。

搐 chù ㄔㄨˋ [cug¹ 促]

牵动。【抽搐】肌肉不自主地收缩。

搛

jiān ㄐㄧㄢ [gim¹ 兼]

用筷子夹：~菜。

搠

shuò ㄕㄨㄛˋ [sog³ 索]

扎，刺。

揢

huá ㄏㄨㄚˊ [wag⁶ 或]

【揢拳】饮酒时两人同时伸出手指并各说一个数，谁说的数目跟双方所伸手指的总数相符，谁就算赢，输的人喝酒。现作"划拳"。

摈

(擯)bìn ㄅㄧㄣˋ [ben³ 殡]

排除，遗弃(㊜-弃)：~斥异己。

☞粤 动词。编绳状的东西：~辫｜~麻绳。

揓

㊀ [wa² 蛙²]

☞粤 动词。抓：~损个面(抓破了脸皮)｜~痕(抓痒)｜畀猫~损手(被猫抓破了手)｜~子(一种孩童抛石子游戏)。

㊁ [wé² 乌野²]

☞粤 ❶动词。搂：~银(搂钱)。❷动词。敞开：~开胸口(敞开胸口)。

搇

[lem³ 林³]

☞粤 ❶动词。倒塌，崩塌：埲墙畀风吹~咗(那堵墙被风吹倒了)。【搇档】1.(商店等)倒闭。2. 倒台。❷动词。使倒塌：顶~(顶垮)。

搉

què ㄑㄩㄝˋ ㊀ [kün³ 决]

❶敲击。❷见329页"榷"。

㊁ [kog¹ 确¹]

☞粤 ❶动词。敲打：~头壳(敲脑袋)｜咪~烂佢(别打破它)。❷象声词。敲击硬东西的声音：敲到~~声(敲得卜卜声)。也作"㩁"

搌

zhǎn ㄓㄢˇ [jin² 展]

轻轻地擦抹或按压，以吸去液体：~布｜用药棉花~一~。

搦

nuò ㄋㄨㄛˋ [nig¹ 匿]

❶握，持，拿着：~管(握着笔)。❷挑(tiǎo)，惹：~战。

☞粤 ❶动词。拿：佢~住张报纸(他拿着一张报纸)。❷动词。提：~住个皮喼行过嚟(提着一个皮箱走过来)。

摊

(攤)tān ㄊㄢ [tan¹ 滩]

❶摆开，展开：~场(cháng)(把庄稼晾在场上)｜把问题~到桌面上来。㊂烹饪方法，把糊状物放在热锅上使成薄片：~鸡蛋｜~煎饼。❷(-子、-儿)摆在地下或用席、板等摆设的售货处：~位｜地~儿｜水果~儿。❸量词。用于摊开的糊状物：一~泥。❹分担财物：~派｜每人~五元。❺遇到，碰上：他一向爱清静，这件事偏偏让他~上了。

☞粤 ❶动词。晾凉，放凉：滚水太焫，~冻至饮得(开水太烫，晾凉才能喝)。❷动词。四肢自然地伸着仰卧：瘡到佢喺床度嘟都唔想嘟(累得他直直地躺在床上动都不想动)。

搡

sǎng ㄙㄤˇ [song² 爽]

猛推：连推带～｜把他～一个跟头。

11 画

揰 chōng ㄔㄨㄥ [zung¹ 钟]

撞击。

搇 [kin² 虔²]

☞▇动词。揭，掀，翻：～开煲盖（揭开锅盖）｜～开被落床（掀开被子下床）｜将课本～到21页（把课本翻到第21页）。

摽 biào ㄅㄧㄠˋ [piu⁵ 殍]

❶紧紧地捆在器物上：把口袋～在车架子上。❷用手、胳膊钩住：他俩～着膀子走。❸由于利害相关而互相亲近、依附或纠结：这伙人老～在一块儿。

摵 [qig¹ 戚]

☞▇❶动词。提：～住一袋嘢（提着一袋东西）。❷动词。揪：～住佢件衫（揪着他的衣服）。❸动词。抽，扬起：～起髀头（抽起肩膀）｜～起度眉（扬起眉毛）。❹动词。拉：～佢起身（拉他起来）｜～佢出嚟（拉他出来）。

摴 chū ㄔㄨ [xu¹ 书]

【摴蒱】（－pú）同“樗蒲”。

摷 liào ㄌㄧㄠˋ [liu¹ 了¹]

放下，搁置：把碗～在桌子上｜～下工作不管。

摞 luò ㄌㄨㄛˋ [lo³ 罗³]

❶把东西重叠地往上放：把书～起来。❷量词。用于重叠着放起来的东西：一～砖｜一～碗。

摧 cuī ㄘㄨㄟ [cêu¹ 吹]

破坏，折断：～毁｜～残｜无坚不～｜～枯拉朽（形容腐朽势力很容易打垮）。

攖 （撄）yīng ㄧㄥ [ying¹ 英]

❶接触，触犯：～其锋｜～怒。❷扰乱，纠缠。

撘 [dad³ 笪]

☞▇❶动词。用力往下摔（软的东西）：～生鱼（摔黑鱼）｜～低佢（摔倒他）。❷动词。从高处坠下：擒咁高，因住～落嚟（爬那么高，小心摔下来）｜咁高～落去，实死冇生（这么高掉下去，肯定没命）。❸动词。无力地倒下：一～落床就瞓着（一躺到床上就睡着了）。也作“跶”“笪”。

摭 zhí ㄓˊ [zég³ 脊]

摘取，拾取：～拾。

摘 zhāi ㄓㄞ [zag⁶ 择]

❶采下，拿下：～瓜｜～梨｜～帽子。❷选取：～要｜～记。【指摘】指出缺点。❸临时借：东～西借。

摔 （❹** 踤）shuāi ㄕㄨㄞ [sêd¹ 恤]

❶用力往下扔：把帽子往床上一～就走了。❷很快地掉下：从树上～了下来。❸因掉下而毁坏：把碗～了。❹跌跤：他～倒了｜～了一跤。

撇

㊀piē ㄆㄧㄝ [pid³ 婆热³]

❶丢开，抛弃：～开｜～弃。【撇脱】〈方〉1. 简便。2. 爽快，洒脱。❷由液体表面舀取：～油。

㊁piě ㄆㄧㄝˇ [pid³ 婆热³]

❶平着向前扔：～砖头｜～球。❷（－儿）汉字从上向左斜下写的一种笔形（丿）：八字先写一～儿。❸（－儿）量词。用于像汉字的撇形的东西：两～儿胡子。

撖

hàn ㄏㄢˋ [hem⁵ 堪⁵]

姓。

摺

zhé ㄓㄜˊ [jib³ 接]

见419页“折”（zhé）。〖“摺”简化为“折”，在意义上可能混淆时，仍用“摺”。〗

摎

[lao² 捞²]

☞▇【摎挍】1. 紊乱，杂乱，无条理：房间咁～嘅（房间太杂乱了）｜呢篇文章写得好～（这篇文章写得很乱）｜搞到摎晒挍（搞得乱七八糟）。2. 引申指差劲的、不正常的、麻烦的等：佢呢个人经常呃呃骗骗，好～嘅（这个人经常欺哄诈骗，很差劲的）｜条数噉计太～喇（这笔账或这道算术题这样算太麻烦了）。

摷

[jiu⁶ 赵]

☞▇动词。狠揍，痛打：～佢一轮（痛打他一顿）｜畀人～咗一餐（给人狠揍了一顿）｜～到佢脸（把他揍瘪）。也作“撨”。

12　画

撵

（攆）niǎn ㄋㄧㄢˇ [lin⁵ 连⁵]

❶驱逐，赶走：～走｜～出去。❷追赶：他～不上我。

撷

（擷）xié ㄒㄧㄝˊ [kid³ 揭]

❶摘下，取下（㊀采－）。❷用衣襟兜东西。

搒

[pang¹ 烹]

☞▇❶动词。撵，驱赶：～佢出去（赶他出去）｜～走只狗（赶跑那只狗）。❷动词。匀出（一部分）：～啲畀我（匀点儿给我）。

撕

sī ㄙ [xi¹ 思]

扯开，用手使分开：把布～成两块。

撒

㊀sā ㄙㄚ [sad³ 杀]

❶放，放开：～网｜～手｜～腿就跑。❷尽量施展或表现出来（多含贬义）：～娇｜～泼。

【撒拉族】我国少数民族，参看附表。

㊁sǎ ㄙㄚˇ [sab³ 杀]

❶散播，散布：～种。❷散落，洒：小心点，别把汤～了。

擖

kā ㄎㄚ [ka¹ 卡]

用刀子刮。

擏

[kig¹ 卡擏]

☞粤❶动词。较量：同佢～过至知(跟他较量过才知胜负)｜佢唔够我～(他比不过我)。❷动词。阻，妨碍：～手～脚(碍手碍脚)。❸名词。卡；坎。又说“嘁”。❹名词。蛋糕。〖英语 cake 的音译。〗

撅

juē ㄐㄩㄝ [küd³ 决]

❶翘起：～着尾巴｜小辫儿～着。❷折(zhé)：把竿子～断了。

撩

㊀liāo ㄌㄧㄠ ㊁[liu¹ 了¹]

❶提，掀起：～起长衫｜把帘子～起来。❷用手洒水：先～上点水再扫。

㊁liáo ㄌㄧㄠˊ ㊁[liu⁴ 辽]

挑弄，引逗：～拨｜景色～人。

☞粤❶动词。招惹：佢做紧功课，唔好～佢(他正在做功课，不要招惹他)｜～嬲咗佢你就听衰(惹怒了他你就要倒霉了)｜～鬼攞病(俗语。比喻自找麻烦，自讨苦吃)｜～是斗非(挑拨是非，无事生非)。❷动词。挑逗，戏弄(多指用语言挑逗)：～女仔(挑逗女孩子)｜～到佢喊(逗到她哭了)。也作“嫽”。

㊂[liu⁴⁻² 料⁴⁻²]

☞粤动词。(用棍子等)搅拌，绕：～咗啲蠄蟧丝网落嚟(把那些蜘蛛网绕下来)｜～下佢，等糖快啲溶(搅拌一下，让糖快点溶)｜攞条棍～咗屋顶件衫落嚟(拿条棍子把房顶的衣服够下来)。

撍

[qim⁴ 潜]

☞粤❶动词。抽取，抽出：～签(求签时抽签)｜～筹(抽签，抓阄)｜～乌龟(一种扑克牌游戏)。❷动词。拔：～猪毛｜～须。也作“拑”。

撑

(*撐)chēng ㄔㄥ [cang¹ 橙¹]

❶抵住，支撑：～竿跳高｜～腰｜～门面。❷用篙使船前进：～船。❸充满到容不下的程度：少吃些，别～着｜麻袋装得太满，都～圆了。❹使张开：～伞｜把口袋～开。

撮

㊀cuō ㄘㄨㄛ [qud³ 猝]

❶聚起，现多指把聚拢的东西用簸箕等物铲起：～成一堆｜把土～起来。【撮合】给双方拉关系。❷取，摘取：～要(摘取要点)。❸〈方〉吃：请你～一顿。❹市制容量单位，1升的千分之一。❺(－儿)量词。1. 用于手所撮取的东西：一～米｜一～儿土。2. 用于极少的坏人：一小～坏人。

㊁zuǒ ㄗㄨㄛˇ [qud³ 猝]

(－子、－儿)量词。用于成丛的毛发：剪下一～子头发。

撬

qiào ㄑㄧㄠˋ [giu⁶ 叫⁶]

用棍、棒等拨、挑(tiǎo)东西：把门～开。

撴

[ngou¹ 奥¹]

☞粤动词。够取，探取，伸手向远处取物：～嗰朵花落嚟(把那朵花够下来)｜～唔到(够不着)｜成个人～出窗口(整个人探出窗外)。

播

bō ㄅㄛ [bo³ 簸]

❶撒种：条～｜点～。❷传扬，传布：

~音。【广播】利用电波播送新闻、文章、文艺节目等。

擒 qín ㄑㄧㄣˊ [kem4 琴]

捕捉：~获 | 束手就~ | ~贼先~王。

☞🅖动词。攀爬：~上墙头(爬上墙头) | 咪~咁高(别爬那么高) | ~上~落(爬上爬下)。

☞🅖【擒青】1. 慌忙、紧张而鲁莽：睇住嚟，咪咁~(看清楚，别那么鲁莽)。2. 匆忙：咁~去边处呀(匆匆忙忙地去哪儿了)？

☞🅖【擒擒青】急匆匆的样子，迫不及待的样子：佢~跑嚟，慌死冇佢份(他急匆匆地跑来，生怕落下他)。

☞🅖【擒骑】顽皮，淘气，喜欢攀缘(多指小孩)：呢个仔最~喇(这孩子最爱爬上爬下)。

撸 (擼)lū ㄌㄨ [lou5 鲁]

〈方〉❶捋(luō)：~袖子 | ~树叶。❷撤职：他的职务被~了。❸责备，训斥：他被~了一顿。

撚 [nen2 呢忍]

☞🅖❶动词。摆弄，玩弄：~花(摆弄花草) | ~雀(养鸟玩) | ~餸(讲究烹调，精心做菜) | ~番两味(精心做两个菜)。【撚手】拿手：种花养鱼佢都好~(种花养鱼他都拿手)。❷动词。打扮：~得好靓(打扮得很漂亮)。【撚嘢】装模作样，装腔作势：佢~嘅啫，咪理佢(他装模作样罢了，别管他) | 正经啲，唔好~喇(正经点，别装腔作势了)。❸动词。捉弄，戏弄：唔好~人(不要捉弄人家) | ~化(捉弄，愚弄)。

撴 dūn ㄉㄨㄣ [dên1 敦]

〈方〉揪住。

撞 zhuàng ㄓㄨㄤˋ [zong6 状]

❶击打：~钟。❷碰：别让汽车~了。㊀无意中遇到：让我~见了。❸莽撞地行动，闯：横冲直~。

撡 [hé3 哈借]

☞🅖❶动词。扒开：鸡乸~(母鸡扒土) | ~开啲禾秆晒晒佢(把稻草扒开晒晒)。❷动词。敞(胸)：~开心口(胸膛)。【唎撡】见178页"唎"条。

撤 chè ㄔㄜˋ [qid3 澈]

❶除去，免除：~职 | ~销。❷向后转移，收回：~兵 | ~资 | ~回。

撙 zǔn ㄗㄨㄣˇ [jun2 转2]

撙节，从全部财物里节省下一部分。

撺 (攛)cuān ㄘㄨㄢ [qun3 串]

〈方〉❶抛掷。❷匆忙地做，乱抓：事先没准备，临时现~。❸(-儿)发怒，发脾气：他一听就~儿了。

【撺掇】(-duo)怂恿，劝诱别人做某种事情：我再三~，他也不去。

撰 (*譔)zhuàn ㄓㄨㄢˋ [zan6 栈]

写文章，著书：～文｜～稿。

13 画

擀 gǎn ㄍㄢˇ [gon² 赶]

用棍棒碾轧(yà)：～面条｜～毡(制毡)。

撼 hàn ㄏㄢˋ [hem⁶ 憾]

摇动：震～｜蚂蚁～大树，可笑不自量。

擂 ㊀léi ㄌㄟˊ [lêu⁴ 雷]

❶研磨：～钵(研东西的钵)。❷打：～鼓｜自吹自～(喻自我吹嘘)。

㊁lèi ㄌㄟˋ [lêu⁴ 雷]

擂台，古时候比武的台子：摆～｜打～。

操 cāo ㄘㄠ [cou¹ 粗]

❶拿，抓在手里：～刀｜～戈。㊊掌握，控制：～舟｜～必胜之券(quàn)。【操纵】随着自己的意向来把持支配：～股市｜～民意。❷拿出力量来做：～劳｜～持。【操作】按照一定的程序和技术要求进行活动，也泛指劳动：田间～。❸从事，做某种工作：重～旧业。❹用某种语言或方言说话：～俄语｜～闽语。❺操练：出～｜～演｜下～。❻由一套动作编排成的体育或军事活动：体～｜徒手～｜做了几节～。❼行为，品行：节～｜～行。

擐 huàn ㄏㄨㄢˋ [guan³ 惯]

穿：～甲执兵。

擅 shàn ㄕㄢˋ [xin 善]

❶超越职权，独断独行：专～｜～自｜～离职守。❷专于某种学术或技能：～长数学｜不～辞令。

擞 (擻)㊀sǒu ㄙㄡˇ ㊀ [seo² 手]

【抖擞】振作，振奋：～精神｜精神～。

㊁sòu ㄙㄡˋ ㊁ [seo³ 秀]

用通条插到火炉里，把灰抖掉：把炉子～一～。

擽 [sog¹ 索¹]

☞粤 动词。用筷子或细棍敲打：当心我～你头壳(小心我敲你脑袋)。也作“摔”。

擗 pǐ ㄆㄧˇ ㊀ [pig¹ 辟]

分裂，使从原物体上分开：～棒子(玉米)。

㊁ [pég⁶ 婆笛]

☞粤 动词。扔，丢弃：有用就～咗佢(没用就丢掉它)｜咁揦鲊嘅嘢快啲～咗佢(这么脏的东西快点丢掉它)。【擗炮】扔下手枪，比喻辞职不干(炮，指手枪)：佢早就～咯(他早就辞职不干了)。

14 画

擩 rǔ ㄖㄨˇ [yu⁵ 雨]

〈方〉插，塞：一脚～进泥里｜把钱～给他。

擤 （**揨）xǐng ㄒㄧㄥˇ ［seng³ 梳莺³］

捏住鼻子，用气排出鼻涕：～鼻涕。

☞广❶形容词。刺痛，被灼伤或烫伤的感觉：畀滚水淥亲手，鬼咁～（被开水烫伤手，痛得要命）。❷形容词。心疼，痛惜：睇见人哋嘥挞公家嘅嘢，佢～到乜鬼嘢（看见别人糟蹋公家的东西，他心疼得不得了）。

擿 ㊀tī ㄊㄧ ㊁［tig¹ 剔］

揭发：发奸～伏（揭发奸邪，使无可隐藏）。

㊁zhì ㄓˋ ㊁［zag⁶ 摘］

❶搔，抓。❷同“掷”。

摷 zhài ㄓㄞˋ ［zai⁶ 寨］

〈方〉缝纫方法，把衣服上附加的物件缝上：～纽扣儿｜～花边。

擦 cā ㄘㄚ ［cad³ 察］

❶抹（mā），揩（kāi）拭：～桌子｜～脸。❷摩，搓：摩拳～掌。❸贴近：～黑儿（傍晚）｜～着屋檐飞过。

☞广动词。吃（粗俗说法）：请大家～翻餐（请大家撮一顿）。

擢 zhúo ㄓㄨㄛˊ ［zog⁶ 昨］

❶拔：～发（fà）难数（shǔ）（形容罪恶多得像头发那样数不清）。❷提拔：～用｜～升。

15—17 画

擈 ［bog¹ 博¹］

☞广❶动词。用棍子敲打：～佢两下（用棍子敲他两下）。【擈擈斋】私塾（诙谐的说法）：读过两年～。【擈湿】打出血，引申为狠狠地打：一于～佢（坚持揍瘪他）｜畀人～（被人打伤了）。❷形容词。土，土里土气：呢个款式～到死（这种款式土得要命）｜着起件衫好～（穿起这件衣服土得很）。【擈佬】旧时对农民不尊重的称呼。

攋 ［lab³ 腊³］

☞广❶动词。收拢：～埋枝竹啲衫（把竹竿上晾着的衣服收起来）｜将台面啲资料～入柜桶（把桌面上的资料收进抽屉里）。❷动词。搂：～把草嚟煮饭（搂一把草来烧饭）。【攋网顶】取得最高成绩：次次都系佢～（每次都是他拿第一）｜佢一出马就肯定～（他一出马肯定会夺冠）。❸动词。搜集，聚合，凑：佢喺书摊度～咗好多书（他在书摊上搜集了很多书）｜～埋都唔够畀佢（凑在一起都不够给他）。❹动词。拿走，偷走：呢度啲嘢畀人～晒（这里的东西全给拿光了）｜我嘅书边个～咗（我的书谁拿走了）？❺动词。粗略地看：今日报纸我～咗一下，冇详细睇（今天的报纸我粗看了一眼，没有详细看）｜佢～咗大家一眼（他扫了大家一眼）。❻动词。并：三步～埋两步走（三步并作两步走）。❼动词。跨：呢步～得好大（这步跨得很大）。

攧（攧）diān ㄉㄧㄢ［din¹ 颠］

跌。

擢 huō ㄏㄨㄛ［fog³ 霍］

把堆在一起的东西铲起倒（dǎo）到另一处去：~土｜~煤机。

攒（攢、**儹）㊀cuán ㄘㄨㄢˊ ㊂［qun⁴ 全］

聚，凑集，拼凑：~凑｜~钱｜~电视机。

㊁zǎn ㄗㄢˇ ㊂［zan² 盏］

积聚、积蓄（㊣积–）：~粪｜~钱。

攘 rǎng ㄖㄤˇ［yêng⁴ 羊］

❶侵夺（㊣–夺）。❷排斥：~除。❸窃取：~取｜~窃。

【攘攘】纷乱的样子：熙熙~。

18 画以上

攞［lo² 裸］

☞▮❶动词。拿走，拿来：边个~咗我本书（谁拿走我的书）？｜~个士巴拿畀我（拿个扳手给我）。❷动词。拿住，拿着：佢~住把刀（他拿着一把刀）｜两只手~住好多嘢（两只手拿着很多东西）。❸动词。取，领取，支取：~筹（领号儿）｜去邮局~包裹｜去银行~钱。【攞掂】1. 裁弯取直：呢条路要~佢（这条路要修直它）。2. 驾驶时要把握正直的方向：~軚（把正舵）。❹动词。收取，捕取：~柴（拾柴）｜~草（割草）｜出海~鱼（出海打鱼）。【攞彩】1. 增光，露脸：佢同学校~咯（他给学校增光了）。2. 出风头：今日你够~咯（今天你出尽风头了）。3. 炫耀自己：得啲成绩就喺度~（得了一点成绩就在这里炫耀）。❺动词。讨，要：去问佢~（去向他要）｜~个好意头（讨个吉利）。【攞胆】1. 要命：呢匀~咯，噉样损失好大㗎（这回要命了，这样损失很大的呀）！2. 大胆：你够~咯，噉都应承（你胆子够大的，这样也答应）！❻介词。用，以：~桶嚟装（用桶装）｜~棍打（用棍打）｜~佢嚟做样（以他作样子）。

攫 jué ㄐㄩㄝˊ［fog³ 霍］

用爪抓取。㊣夺取（㊣–夺、–取）。

攥 zuàn ㄗㄨㄢˋ［zan⁶ 赚］

用手握住：手里~着一把斧子。

攮 nǎng ㄋㄤˇ［nong⁵ 囊⁵］

用刀刺：~了一刀｜~子（短而尖的刀）。

攬［man¹ 慢¹］

☞▮❶动词。扣（扳机）：~鸡（扣扳机）。❷动词。扶，扒：~实我嘅膊头（扶紧我的肩膀）｜~住墙头爬上去（扒着墙头爬上去）。【搚车边】1. 搭脚儿（因便免费乘车）。2. 引申为沾光。❸动词。扳，挽回：睇下有冇得~（看看能不能挽回）｜冇得~（无法挽回）｜最后~翻个面（最后挽回面子）。

[80]手部

拜 ㊀bái ㄅㄞˊ ㊂［bai¹ 掰］

【拜拜】(外)再见。㊞结束某种关系。

㊁bài ㄅㄞˋ ㊁[bai³ 败³]

❶过去表示敬意的礼节：对～｜叩～｜跪～。㊞恭敬地：～托｜～访｜～望｜～请。㊕周、星期的别称。❷行礼祝贺：～年｜～寿。❸用一定的礼节授予某种名义或结成某种关系：～将(jiàng)｜～师。

看 ㊀kān ㄎㄢ ㊁[hon¹ 罕¹]

守护：～门｜～家｜～守。㊞监视：把他～起来。

㊁kàn ㄎㄢˋ ㊁[hon³ 汉]

❶用眼睛感受外界事物：～书｜～电影。❷观察(㊟察－)：～脉｜～透了他的心思。㊞诊治：～病｜大夫把我的病～好了。❸访问，拜望(㊟－望)：到医院里去～病人。❹看待，照应，对待：另眼相～｜～重｜照～。❺想，以为：我～应该这么办。❻先试试以观察它的结果：问一声～｜做做～。❼提防，小心：别跑，～摔着。

掰 bāi ㄅㄞ [bai¹ 摆¹]

用手把东西分开或折断：～月饼｜～老玉米｜把这个蛤蜊～开。

[81]气部

气 (氣)qì ㄑㄧˋ [héi³ 器]

❶没有一定的形状、体积，能自由流动的物体：煤～｜蒸～。特指空气：～压｜给自行车打～。❷(－儿)气息，呼吸：没～儿了｜上～不接下～。❸自然界寒、暖、阴、晴等现象：天～｜节～。❹(－儿)鼻子闻到的味儿：香～｜臭～｜烟～。❺人的精神状态：勇～｜朝～蓬勃。【气势】(人和事物)表现出的某种力量和态势。❻作风，习气：官～｜俗～｜骄娇二～。❼怒或使人发怒：他生～了｜别～我了。❽欺压：受～。❾中医指能使人体器官正常发挥功能的原动力：～血｜～虚｜元～。❿中医指某种征象：湿～｜脚～｜痰～。

氕 piē ㄆㄧㄝ [pid³ 撇]

氢的同位素之一，符号^{1}H，质量数1，是氢的主要成分。

氘 dāo ㄉㄠ [dou¹ 刀]

氢的同位素之一，符号D，质量数2，用于热核反应。

氖 nǎi ㄋㄞˇ [nai⁵ 乃]

气体元素，符号Ne，无色、无臭，不易与其他元素化合。把氖装入真空管中通电，能发红光，可做霓虹灯。

氙 xiān ㄒㄧㄢ [xin¹ 仙]

气体元素，符号Xe，无色、无味、无臭，不易跟其他元素化合。把氙装入真空管中通电，能发蓝色的光。

氚 chuān ㄔㄨㄢ [qun¹ 村]

氢的同位素之一，符号T，质量数3，有放射性，用于热核反应。

氛 (△*雰)fēn ㄈㄣ [fen¹ 芬]

云气。㊀气象，情势：战～｜～围｜气～。

“雰”另见697页fēn。

氡 dōng ㄉㄨㄥ［dung¹东］

放射性气体元素，符号Rn，无色、无臭，不易跟其他元素化合，在真空玻璃管中能发荧光。

氟 fú ㄈㄨˊ［fed¹忽］

气体元素，符号F，淡黄色，味臭，有毒。液态氟可用作火箭燃料的氧化剂，含氟塑料和含氟橡胶有特别优良的性能。

氢（氫）qīng ㄑㄧㄥ［hing¹轻］

气体元素，符号H，是已知元素中最轻的，无色、无味、无臭，跟氧化合成水。工业上用途很广。

氩（氬）yà ㄧㄚˋ［a³阿，⊗nga³瓦³］

气体元素，符号Ar，无色、无臭，不易跟其他元素化合。可用来充入电灯泡或真空管中。

氤 yīn ㄧㄣ［yen¹因］

【氤氲】（－yūn）烟云弥漫的样子。也作“细缊”。

氦 hài ㄏㄞˋ［hoi⁶亥］

气体元素，符号He，无色、无臭，很轻，不易跟其他元素化合。可用来充入气球或电灯泡等。

氧 yǎng ㄧㄤˇ［yêng⁵养］

气体元素，符号O，无色，无味、无臭，比空气重。能助燃，是动植物呼吸所必需的气体。

氨 ān ㄢ［on¹，⊗ngon¹安］

无机化合物，气体，无色而有恶臭。可用来制硝酸、肥料和炸药。

氪 kè ㄎㄜˋ［heg¹克］

气体元素，符号Kr，无色、无味、无臭，不易跟其他元素化合。

氰 qíng ㄑㄧㄥˊ［qing¹清］

碳与氮的化合物，无色气体，有杏仁味。有剧毒，燃烧时发桃红色火焰。

氮 dàn ㄉㄢˋ［dam⁶啖⁶］

气体元素，符号N，无色、无臭、无味，化学性质不活泼。可制氮肥。

氯 lǜ ㄌㄩˋ［lug⁶六］

气体元素，符号Cl，黄绿色，味臭，有毒，能损伤呼吸器官。可用来漂白、消毒。

氲 yūn ㄩㄣ［wen¹温］

见457页“氤”字条【氤氲】（yīn－）。

［82］毛部

毛 máo ㄇㄠˊ［mou⁴无］

❶动植物的皮上所生的丝状物。❷像毛的东西。1. 指谷物等：不～（未开垦不

长庄稼)之地。2. 衣物等上长的霉菌：老没见太阳，东西都长～了。❸粗糙，没有加工的：～坯。❹不是纯净的：～重｜～利。❺小：～孩子｜～～雨。❻行动慌忙：～手～脚。❼惊慌失措：把他吓～了｜心里发～。❽货币贬值：钱～了。❾角，一元钱的十分之一。

【毛南族】我国少数民族，参看附表。

毡 (氈、*氊)zhān ㄓㄢ [jin¹ 笺]

(－子)用兽毛砑(yà)成的片状物，可做防寒用品和工业上的垫衬材料：炕～｜～靴｜油毛～。

毪 mú ㄇㄨˊ [meo⁴ 谋]

毪子，西藏产的一种氆氇(pǔlu)。

氄 (**氄) rǒng ㄖㄨㄥˇ [yung⁵ 勇]

鸟兽细软的毛。

毳 cuì ㄘㄨㄟˋ [cêu³ 脆]

鸟兽的细毛。【毳毛】即寒毛，人体表面生的细毛。

毯 tǎn ㄊㄢˇ [tan² 坦]

(－子)厚实有毛绒的织品：地～｜毛～。

毽 jiàn ㄐㄧㄢˋ [gin³ 建，㊖yin² 衍]

(－子、－儿)一种用脚踢的玩具，多用布等把铜钱或金属片包扎好，装上鸡毛做成。

毵 (毿)sān ㄙㄢ [sam¹ 衫]

【毵毵】毛发、枝条等细长的样子：柳枝～。

毹 shū ㄕㄨ [xu¹ 书]

见 458 页"氍"字条【氍毹】(qú－)。

氅 chǎng ㄔㄤˇ [cong² 厂]

大氅，大衣。

氇 (氌)lu ㄌㄨ [lou⁵ 鲁]

见 458 页"氆"字条【氆氇】(pǔ－)。

氆 pǔ ㄆㄨˇ [pou² 普]

【氆氇】(－lu)(藏)藏族地区出产的一种毛织品。

氍 qú ㄑㄩˊ [kêu⁴ 渠]

【氍毹】(－shū)毛织的地毯。古代演剧多在地毯上，因此又用氍毹代指舞台。

[83]长部

长 (長)㊀cháng ㄔㄤˊ ㊖[cêng⁴ 祥]

❶两端的距离大，跟"短"相对。1. 指空间：这条路很～｜～篇大论。2. 指时间：天～夜短｜～远利益。【长短】1. 长度。2. 意外的变故(多指生命的危险)：万一有什么～可怎么办？❷长度：波～｜那张桌子～1 米，宽 70 厘米。❸长处，专精的技能，优点：专～｜特～｜一技之～。❹对某事做得特别好：他～于写作。

㊁zhǎng ㄓㄤˇ ㊖[zêng² 掌]

❶生，发育：~疮｜庄稼~得很旺。❷增加：~见识｜增~。❸排行中第一的：~兄｜~孙。【长子】1. 排行第一的儿子。2. 地名，在山西省。❹辈分高或年纪大的：~者｜~辈。也指辈分高或年纪大的人：师~。敬辞：学~。❺主持人，机关、团体等单位的负责人：部~｜校~。

[83]镸部

肆 sì ㄙˋ［xi³ 试］

❶不顾一切，任意去做：放~｜~无忌惮｜~意妄为。❷旧时指铺子，商店：茶坊酒~。❸“四”字的大写。

[84]片部

片 ㊀piān ㄆㄧㄢ ㊁［pin² 骗²］

(-子、-儿)平面薄的物体，用于“相片儿、画片儿、唱片儿、电影片儿”等。

☞㊢名词。婴儿尿布。

㊁piàn ㄆㄧㄢˋ ㊁［pin³ 骗，㊇pin² 骗²］

❶(-子、-儿)平而薄的物体：明信~｜铁~｜玻璃~｜肉~。❷切削成薄片：~肉片｜把豆腐干~一~。

㊂piàn ㄆㄧㄢˋ ㊂［pin³ 骗］

❶少，零星：~言(几句话)｜~刻(短时间)。【片面】不全面，偏于一面的：观点~｜不要~看问题。❷指较大地区内划分的较小地区：分~儿开会。❸量词。1. 用于地面、水面或成片的东西等：一大~绿油油的庄稼｜一~汪洋｜两~儿药。2. 用于景色、气象、声音、语言、心意等(前面用“一”字)：一~好心｜一~欢呼声。

版 bǎn ㄅㄢˇ［ban² 板］

❶用木板或金属等制成供印刷用的东西，上面有文字或图形：木~书｜活字~。㊀底版，相片的底片：修~。❷印刷物排印的次数：第一~｜再~。【出版】书籍报刊等编印发行。❸报纸的一面叫一版：头~头条新闻。❹打土墙用的夹板：~筑。❺户籍。【版图】户籍和地图。㊈国家的疆域。

㸞 ［sag³ 梳客］

☞㊢量词。边，块：一人坐一~(一人坐一边)｜一个西瓜切开四~(一个西瓜切开四块)。

牍 (牘)dú ㄉㄨˊ［dug⁶ 独］

古代在上面写字的木简。㊀1. 文牍，公文：案~。2. 尺牍，书信。

牌 pái ㄆㄞˊ［pai⁴ 排］

❶(-子、-儿)用木板或其他材料做的标志或凭信物：招~｜指路~｜存车~儿。㊀商标：名~｜冒~｜解放~汽车。❷古代兵士作战时用来遮护身体的东西：挡箭~｜藤~。❸娱乐或赌博用的东西：打~｜扑克~。❹词或曲的曲调的名称：词~｜曲~。

牋 [xib³ 摄]

❶动词。插入薄物，掖，塞：门罅～住一张纸条（门缝插着一张字条）| 佢唔排队～入嚟（他不排除加塞进来）| ～蚊帐（掖蚊帐）| ～牙罅（塞牙缝）。❷垫：～高张台（把桌子垫高一点）| 柜下面～块砖（柜子下面垫一块砖头）。【坐牋】自行车的鞍子。也作“摄”“揳”。

牒 dié ㄉㄧㄝˊ [dib⁶ 谍]

文书，证件：～文 | 通～（两国交换意见用的文书）。

牖 yǒu ㄧㄡˇ [yeo⁵ 友]

窗户。

[85]斤部

斤 （❶*觔）jīn ㄐㄧㄣ [gen¹ 跟]

❶市制重量单位，1斤是10两（旧制16两），合0.5千克。❷古代砍伐树木的工具：斧～。

【斤斤】过分看重微小的利害：～计较。

欣 xīn ㄒㄧㄣ [yen¹ 因]

快乐，喜欢：欢～鼓舞 | ～然前往。【欣赏】用喜爱的心情来领会其中的意味，喜欢。【欣欣】1. 高兴的样子：～然有喜色。2. 草木生机旺盛的样子：～向荣。

颀 （頎）qí ㄑㄧˊ [kéi⁴ 其]

身子高（叠）：～长。

断 （斷）duàn ㄉㄨㄢˋ [㊀dün⁶ 段，㊁tün⁵ 团⁵]

❶长形的东西截成两段或几段：棍子～了 | 风筝线～了 | 把绳子剪～了。❷隔绝，不继续：～奶 | ～了关系。㊀戒除：～酒 | ～烟。【断送】丧失、毁弃、败坏原来所有而无可挽回：～前程。❸判断，决定，判定：诊～ | ～案 | 当机立～ | 下～语。❹一定，绝对：～无此理。【断然】1. 坚决，果断：～拒绝。2. 绝对：～不可妄动。

斯 sī ㄙ [xi¹ 思]

❶文言代词。这，这个，这里：～人 | ～时 | 生于～，长于～。❷文言连词。乃，就：有备～可以无患矣。

新 xīn ㄒㄧㄣ [sen¹ 身]

❶跟“旧”相对。1. 刚有的或刚经验到的：～办法 | 万象更～ | ～事物。2. 没有用过的：～笔 | ～房子。3. 性质上改变得更好的，使变成新的：～社会 | ～文艺 | 粉刷一～。【自新】改掉以往的过错，使思想行为向好的方面发展。❷新近：这支钢笔是我～买的 | 他是～来的。❸结婚时的（人或物）：～郎 | ～房。

斶 chù ㄔㄨˋ [zug¹ 足]

用于人名。颜斶，战国时齐国人。

[86]爪部

爪 ㊀zhǎo ㄓㄠˇ [zao² 找]

❶指甲或趾甲：手～。❷鸟兽的脚趾：鹰～。【爪牙】㊖党羽，狗腿子。

㊁zhuǎ ㄓㄨㄚˇ [zao² 找]

❶(－子、－儿)禽兽的脚(多指有尖甲的)：鸡～子｜狗～儿。❷(－儿)某些器物上像爪的东西：这个锅有三个～儿。

爬 pá ㄆㄚˊ [pa⁴ 琶]

❶手和脚一齐着地前行，虫类向前移动：～行｜连滚带～｜小孩子会～了｜不要吃苍蝇～过的东西。【爬虫】爬行动物的旧称，行走时多用腹面贴地，如龟、鳖、蛇等。❷攀登：～山｜～树｜猴子～竿。

[86]爫部

孚 fú ㄈㄨˊ [fu¹ 肤]

❶信用。❷使人信服：深～众望。

妥 tuǒ ㄊㄨㄛˇ [to⁵ 陀⁵]

❶适当，合适(㊟－当)：已经商量～了｜～为保存｜这样做不～。【妥协】在发生争执或斗争时，一方让步或双方让步：在原则性问题上决不能～。❷齐备，完毕：事已办～。

采 (㊀❶-❸*採、㊁*寀、㊁**埰)㊀cǎi ㄘㄞˇ ㊁ [coi² 彩]

❶摘取：～莲｜～茶。❷开采：～煤｜～矿。❸选取，取：～购｜～取。【采访】搜集寻访，多指记者为搜集材料进行调查访问。【采纳】接受(意见)：～群众的意见。❹神采，神色，精神：兴高～烈。❺同“彩”。

㊁cài ㄘㄞˋ ㊁ [coi³ 菜]

采地，采邑，古代卿大夫的封地。

觅 (覓、*覔)mì ㄇㄧˋ [mig⁶ 摸益⁶]

找，寻求(㊟寻－)：～食｜～路。

爰 yuán ㄩㄢˊ [wun⁴ 桓，㊇ yun⁴ 元]

❶文言连词。于是：～书其事以告。❷文言代词。何处，哪里：～其适归？

舀 yǎo ㄧㄠˇ [yiu⁵ 绕]

用瓢、勺等取东西(多指流质)：～水｜～汤。【舀子】(－zi)舀取液体的器具。

爱 (愛)ài ㄞˋ [oi³，㊇ngoi 外³]

❶喜爱，对人或事物有深挚的感情：拥军～民｜～祖国｜～人民｜友～。❷喜好：～游泳｜～干净｜～劳动。❸爱惜，爱护：～集体荣誉。❹容易(出现某种变化)，常常(发生某种行为)：铁～生锈｜小王～迟到。

奚 xī ㄒㄧ [hei⁴ 兮]

❶古代指奴隶。❷文言代词。表示疑问，相当于“何”。

【奚落】讥诮，嘲笑。

舜 shùn ㄕㄨㄣˋ [sên³ 信]

传说中上古帝王名。

孵 fū ㄈㄨ [fu¹ 呼]

鸟类伏在卵上，使卵内的胚胎发育成雏鸟。也指用人工的方法使卵孵化。

爵 jué ㄐㄩㄝˊ [zêg³ 雀]

❶古代的酒器。❷爵位，君主国家贵族封号的等级：侯～｜封～。

繇 ㊀yáo ㄧㄠˊ ㊀[yiu⁴ 摇]

同“徭”。

㊁yóu ㄧㄡˊ ㊁[yeo⁴ 由]

古书里同“由❹1.2.”。

㊂zhòu ㄓㄡˋ ㊂[zeo⁶ 宙]

古时占卜的文辞。

[87]父部

父 ㊀fǔ ㄈㄨˇ ㊀[fu² 苦]

❶老年人：田～｜渔～。❷同“甫❶”。

㊁fù ㄈㄨˋ ㊁[fu⁶ 付]

❶父亲，爸爸。❷对男性长辈的称呼：叔～｜姨～｜师～｜～老。

爷 (爺)yé ㄧㄝˊ [yé⁴ 野⁴]

❶父亲：～娘。❷祖父(叠)：～～奶奶。❸对长辈或年长男子的敬称：张大～(ye)｜李～。❹旧时对官僚、财主等的称呼：老～｜少～｜县太～。❺迷信的人对神的称呼：土地～｜财神～。

斧 fǔ ㄈㄨˇ [fu² 苦]

❶(－子、－头)砍东西用的工具，头呈楔形，装有木柄。❷一种旧式武器。

爸 bà ㄅㄚˋ [ba¹ 巴]

称呼父亲(叠)。

釜 fǔ ㄈㄨˇ [fu² 苦]

❶古代的一种锅：～底抽薪(喻从根本上解决)｜破～沉舟(喻下决心去干，不留后路)。❷古代量器名。

爹 diē ㄉㄧㄝ [dé¹ 多诶¹]

❶父亲(叠)。❷对老人或长(zhǎng)者的尊称：老～。

[88]月部

月 yuè ㄩㄝˋ [yud⁶ 阅]

❶月亮，地球的卫星，本身不发光，它的光是反射太阳的光。【月食】(*月蚀)地球运行到太阳和月亮中间，遮住太阳照到月亮上的光，使得月亮看上去有亏缺或完全看不见的现象。❷计时单位，一年分十二个月。❸形状像月亮，圆的：～饼｜～琴。❹按月出现或完成的：～经｜～刊｜～票｜～报表。

【月氏】(－zhī)我国古代西部民族名。

1—3画

刖 (**跀)yuè ㄩㄝˋ [yud⁶ 月]

古代把脚砍掉的酷刑。

肌 jī ㄐㄧ [géi¹ 机]

肌肉，人和动物体的组织之一，由许多肌纤维组成，具有收缩特性：心～｜平滑～｜骨骼～。

肋 ㊀lē ㄌㄜ [leg⁶ 勒]

【肋脦】(-de)(-te)(又)衣裳肥大，不整洁：瞧你穿得这个~！

㊁lèi ㄌㄟˋ [leg⁶ 勒]

胸部的两旁：两~｜~骨。

肝 gān ㄍㄢ [gon¹ 竿]

肝脏，人和高等动物的消化器官之一，功能是分泌胆汁，储藏糖原，进行蛋白质、脂肪和碳水化合物的代谢及解毒等。【肝胆】㊕ 1. 诚心，诚意：~相照(喻真诚相见)。2. 勇气，血性。

肟 wò ㄨㄛˋ [og³ 垩]

有机化合物的一类，由羟胺与醛或酮缩合而成。

肛 gāng ㄍㄤ [gong¹ 江]

肛门，直肠末端的出口。

肚 ㊀dǔ ㄉㄨˇ [tou⁵ 吐⁵]

(-子、-儿)动物的胃用作食品时叫肚：猪~子｜羊~儿。

㊁dù ㄉㄨˋ [tou⁵ 吐⁵]

❶(-子)腹部，胸下腿上的部分。㊄(-儿)器物中空的部分：大~儿坛子。❷(-子、-儿)物体上圆而凸起像肚子的部分：腿~子｜手指头~儿。

肘 zhǒu ㄓㄡˇ [zeo² 走]

上臂与前臂相接处向外凸起的部分。【肘子】指用作食品的猪腿上半部。

肜 róng ㄖㄨㄥˊ [yung⁴ 容]

❶古代指在祭祀后的第二天又进行的祭祀。❷姓。

肠 (腸、*膓) cháng ㄔㄤˊ [cêng⁴ 祥]

❶(-子)人和高等动物的消化器官之一，长管形，分大肠、小肠两部分。【断肠】形容非常悲痛。【牵肠挂肚】形容挂念。❷借指心思，情怀：愁~｜衷~。❸在肠衣(脱去脂肪晾干的羊或猪的肠子)里塞进肉、淀粉等制成的食物：香~｜腊~｜火腿~。

4 画

肼 jǐng ㄐㄧㄥˇ [zéng² 井]

有机化合物，无色油状液体，有剧毒。可用来制药等。

肤 (膚) fū ㄈㄨ [fu¹ 呼]

皮肤，人体表面的皮：~色｜肌~｜切~之痛。㊋表面的，浅薄的：~浅。

朊 ruǎn ㄖㄨㄢˇ [yun² 婉]

蛋白质的旧称。

肫 (膞) zhuān ㄓㄨㄢ [jun¹ 专]

〈方〉鸟类的胃：鸡~。

肺 fèi ㄈㄟˋ [fei³ 废]

肺脏，人和高等动物体内的呼吸器官之一。【肺腑】借指内心：~之言。

肢 zhī ㄓ [ji¹ 支]

人的胳膊、腿，也指某些动物的腿：～体｜四～｜后～｜断～再植。

肽 tài ㄊㄞ [tai³ 汰]

有机化合物，旧叫胜(shēng)，由氨基酸脱水而成，含有羧基和氨基。

肱 gōng ㄍㄨㄥ [gueng¹ 轰]

胳膊由肘到肩的部分，泛指胳膊：曲～。【股肱】大腿和胳膊，比喻得力的助手。

肫 zhūn ㄓㄨㄣ [zên¹ 津]

❶〈方〉鸟类的胃：鸡～｜鸭～。❷恳切，真挚(叠)：～～｜～笃。

肿 (腫)zhǒng ㄓㄨㄥˇ [zung² 总]

皮肉浮胀：手冻～了。

肭 nà ㄋㄚˋ [ned⁶ 讷]

见472页“腽”字条【腽肭兽】(wà－－)。

胀 (脹)zhàng ㄓㄤˋ [zêng³ 帐]

❶膨胀，体积变大：热～冷缩。❷身体内壁受到压迫而产生不舒服的感觉：肚子～｜肿～。

肸 xī ㄒㄧ [yed⁶ 日]

用于人名。羊舌肸，春秋时晋国大夫。

朋 péng ㄆㄥˊ [peng⁴ 凭]

彼此友好的人(㊀－友)：亲～好友｜宾～满座。

肷 (＊＊膁)qiǎn ㄑㄧㄢˇ [him³ 欠]

身体两旁肋骨和胯骨之间的部分(多指兽类的)：～窝。

股 gǔ ㄍㄨˇ [gu² 鼓]

❶大腿。❷事物的一部分。1. 股份，指集合资金的一份：～东｜～票｜～市。2. 机关团体中的一个部门：总务～｜卫生～。3. 合成绳线等的部分：合～线｜三～绳。❸我国古代称不等腰直角三角形中构成直角的较长的边。❹量词。1. 用于成条的东西：一～道(路)｜一～线｜一～泉水。2. 用于气味、力气：一～香味｜一～劲。3. 用于成批的人(多含贬义)：一～残匪｜一～势力。

肮 (骯)āng ㄤ [ong¹ 盎¹]

【肮脏】(－zāng)不干净。

肪 fáng ㄈㄤˊ [fong¹ 方]

见467页“脂”字条【脂肪】。

肬 [dem¹ 多阴]

☞广【肚肬】小肚子。

☞广【酸肬肬】酸溜溜，酸不溜丢。

肥 féi ㄈㄟˊ [féi⁴ 飞⁴]

❶含脂肪多，跟“瘦”相对：～猪｜～肉｜牛～马壮。❷好处多：～活儿｜～差(chāi)。❸肥沃，土质含养分多的：地

很～。❹肥料，能增加田地养分的东西：施～｜追～｜氮～｜化～。❺使田地增加养分：用草灰～田。❻衣服鞋袜等宽大，跟“瘦”相对：袖子太～了。

服 ㊀fú ㄈㄨˊ ［fug⁶ 伏］

❶衣服，衣裳（㊟ －装）：制～｜便～。旧时特指丧服。❷穿（衣裳）：～布袍。❸承当，担任：～刑｜～兵役。❹信服，顺从（㊟ －从）：说～｜心悦诚～｜心里不～｜～软（认输，认错）。也指使信服：～众｜以理～人。❺习惯，适应：水土不～。❻吃（药）：～药。

㊁fù ㄈㄨˋ ［fug⁶ 伏］

量词。用于中药：吃～药就好了。

胁 （脅、*脇）xié ㄒㄧㄝˊ ［hib³ 协］

❶从腋下到腰的部分：～下。❷逼迫恐吓（hè）：威～｜～制。【胁从】被胁迫而随从别人做坏事。❸收敛：～肩谄笑（谄媚人的丑态）。

5 画

胡 （❹鬍、❻*衚）hú ㄏㄨˊ ［wu⁴ 蝴］

❶我国古代泛称北方和西方的民族：～人｜～服。㊎古称来自北方和西方民族的（东西），也泛指来自国外的（东西）：～琴｜～萝卜｜～椒。❷乱，无道理：～来｜～闹｜～说｜说～话。❸文言代词。表示疑问，为什么：～不归？❹（－子）胡须。❺古指兽类颔间下垂的肉。❻【胡同】（－tòng）巷。❼姓。

胨 shì ㄕˋ ［xi⁶ 示］

有机化合物，溶于水，遇热不凝固，是食物蛋白和蛋白胨的中间产物。

胠 qū ㄑㄩ ［kêu¹ 区］

❶从旁边撬开：～箧（偷东西）。❷腋下。

胋 gǔ ㄍㄨˇ ［gu² 古］

用于地名：宋～（在山西介休）。

胚 （*肧）pēi ㄆㄟ ［péi¹ 披］

初期发育的生物体。【胚胎】初期发育的动物体。㊖事情的开始。

胧 （朧）lóng ㄌㄨㄥˊ ［lung⁴ 龙］

见475页“朦”字条【朦胧】（méng－）。

胈 bá ㄅㄚˊ ［bed⁶ 拔］

大腿上的毛。

胨 （腖）dòng ㄉㄨㄥˋ ［dung³ 冻］

蛋白胨，有机化合物，医学上用作细菌的培养基。

胩 kǎ ㄎㄚˇ ［ka¹ 卡］

有机化合物的一类，异腈（jīng）的旧称，无色液体，有恶臭，剧毒。

胪 （臚）lú ㄌㄨˊ ［lou⁴ 卢］

陈列，陈述：～列｜～情（陈述心情）。

胆 (膽)dǎn ㄉㄢˇ [dam² 耽²]

❶胆囊，体内储存胆汁的袋状器官，胆汁黄绿色，味苦，有帮助消化、杀菌、防腐等作用。❷(－子、－儿)胆量：～怯｜～子小｜～大心细。❸某些器物的内层：球～｜暖瓶～。

胛 jiǎ ㄐㄧㄚˇ [gab³ 夹]

肩胛，肩膀后方的部位。【肩胛骨】肩胛上部左右两块三角形的扁平骨头。

胂 shèn ㄕㄣˋ [sen⁶ 慎]

有机化合物的一类，是砷化氢分子中的氢被烃基替换而成的。多有剧毒。

胜 (㊁勝)㊀shēng ㄕㄥ ㊀ [sang¹ 生]

"肽"(tài)的旧称。

㊁shèng ㄕㄥˋ ㊁ [xing³ 性]

❶赢，胜利，跟"败""负"相对：打～仗｜得～。❷打败(对方)：以少～多。❸超过：今～于昔｜一个～似一个。❹优美的：～地｜～景。㊀优美的地方或境界：名～｜引人入～。❺(旧读shēng)能担任，能承受：～任｜不～其烦。❻(旧读shēng)尽：不～感激｜不～枚举。

胙 zuò ㄗㄨㄛˋ [zou⁶ 做]

古代祭祀时用过的酒肉等祭品。

胣 chǐ ㄔˇ [qi² 耻]

剖开腹部掏出肠子。

胍 guā ㄍㄨㄚ [gua¹ 瓜]

有机化合物，无色晶体，易潮解。可用来制药。

胗 zhēn ㄓㄣ [zen¹ 真]

❶鸟类的胃：鸭～｜鸡～肝儿。

胝 zhī ㄓ [ji¹ 之]

见468页"胼"字条【胼胝】(pián－)。

朐 qú ㄑㄩˊ [kêu⁴ 渠]

【临朐】地名，在山东省。

胞 bāo ㄅㄠ [bao¹ 包]

❶胞衣，包裹胎儿的膜和胎盘。❷同一父母所生的：～兄｜～叔(父亲的同父母的弟弟)。【同胞】1. 同父母的兄弟姊妹。2. 称同祖国、同民族的人。

胖 (**肨)㊀pán ㄆㄢˊ [pun⁴ 盆]

安泰舒适：心广体～。

㊁pàng ㄆㄤˋ [bun⁶ 伴]

人体内含脂肪多，跟"瘦"相对：他长得很～。

脉 (*脈、㊁**脈、㊀*衇、㊀*衂)㊀mài ㄇㄞˋ [meg⁶ 墨]

❶分布在人和动物全身的血管：动～｜静～。❷脉搏，动脉的跳动：诊～。❸像血管那样分布的东西：山～｜矿～｜叶～。

㊁mò ㄇㄛˋ [meg⁶ 墨]

【脉脉】形容用眼神表达爱慕的情意：～含情。

朏 fěi ㄈㄟˇ [féi² 匪]

❶新月开始发光：月～星堕。❷用于地名：～头（在福建福州）。

胫 （脛、*踁）jìng ㄐㄧㄥˋ [ging³ 敬]

小腿。

胎 tāi ㄊㄞ [toi¹ 台¹]

❶人或其他哺乳动物母体内的幼体：怀～｜～儿｜～生。㊀事情的开始，根源：祸～。❷器物的粗坯或衬在内部的东西：这个帽子是软～儿的｜泥～｜铜～（塑像、做漆器等用）。❸轮胎：内～｜外～。

6 画

胯 kuà ㄎㄨㄚˋ [kua³ 夸³]

腰和大腿之间的部分：～骨｜～下。

胰 yí ㄧˊ [yi⁴ 而]

胰腺，旧叫膵（cuì）脏，人和高等动物的腺体之一，能分泌胰液，帮助消化，还分泌一种激素（胰岛素），起调节糖类代谢作用。【胰子】〈方〉肥皂：香～｜药～。

胱 guāng ㄍㄨㄤ [guong¹ 光]

见474页“膀”字条【膀胱】（páng－）。

胴 dòng ㄉㄨㄥˋ [dung⁶ 洞]

❶躯干，整个身体除去头部、四肢和内脏余下的部分：～体。❷大肠。

胭 （*臙）yān ㄧㄢ [yin¹ 烟]

【胭脂】（－zhi）一种红色颜料，多用作化妆品。

朒 nǜ ㄋㄩˋ [nug⁶ 挪屋⁶]

亏缺，不足。

脍 （膾）kuài ㄎㄨㄞˋ [kui² 溃]

细切的肉：～炙人口（喻诗文等被人传诵）。

脎 sà ㄙㄚˋ [sad³ 杀]

有机化合物的一类，由同一个分子内的两个羰基和两个分子的苯肼缩合而成。

朓 tiǎo ㄊㄧㄠˇ [tiu³ 跳]

古代称农历月底月亮在西方出现：多用于人名。

脆 （*脃）cuì ㄘㄨㄟˋ [cêu³ 趣]

❶容易折断，容易碎，跟“韧”相对：～枣｜这纸太～。【脆弱】懦弱，不坚强。❷声音响亮、清爽：嗓音挺～。❸〈方〉干脆，说话做事爽利痛快：办事很～。

脂 zhī ㄓ [ji¹ 枝]

❶动物体内或油料植物种子内的油质（㊔－肪、－膏）。【脂肪】油质有机化合物，存在于人体和动物的皮下组织以及植物体中，是生物体内储存能量的物质。❷胭脂：～粉。

胸 (*胷)xiōng ㄒㄩㄥ [hung¹ 凶]

胸膛，躯干前部颈下腹上的部分。【胸襟】指气量，抱负。

胳 (*肐)gē ㄍㄜ [gog³ 各]

【胳膊】(-bo)【胳臂】(-bei)上肢，肩膀以下手腕以上的部分。

脏 (㊀髒、㊁臟)㊀zāng ㄗㄤ ㊂[zong¹ 庄]

不干净：衣服~了｜把~东西清除出去。

㊁zàng ㄗㄤˋ ㊂[zong⁶ 撞]

❶身体内部器官的总称：内~｜五~六腑(五脏：心、肝、脾、肺、肾)。

脐 (臍)qí ㄑㄧˊ [qi⁴ 池]

❶肚脐，胎儿肚子中间有一条管子，跟母体的胎盘连着，这个管子叫脐带，出生以后，脐带脱落的地方就是肚脐。❷螃蟹腹部下面的甲壳：公蟹为尖~，母蟹为团~。

胶 (膠)jiāo ㄐㄧㄠ [gao¹ 交]

❶黏性物质，有用动物的皮、角等熬制成的，也有植物分泌的或人工合成的：鹿角~｜鳔(biào)~｜桃~｜万能~。❷指橡胶：~鞋｜~皮。❸有黏性、像胶的：~泥。❹黏着，黏合：~着状态｜~柱鼓瑟(喻拘泥不知变通)。

脑 (腦)nǎo ㄋㄠˇ [nou⁵ 努]

❶(-子)人和高等动物神经系统的主要部分，在颅腔里，分大脑、小脑和脑干等部分，主管全身知觉、运动和思维、记忆等活动。【脑筋】【脑子】㊕指思考、记忆等能力：开动~。❷(-儿)形状或颜色像脑子的东西：豆腐~儿。

胲 hǎi ㄏㄞˇ [hoi² 海]

有机化合物的一类，是 NH_2OH 的烃基衍生物。

胼 pián ㄆㄧㄢˊ [pin⁴ 片⁴]

【胼胝】(-zhī)俗叫膙(jiǎng)子。手上、脚上因摩擦而生成的硬皮。

朕 zhèn ㄓㄣˋ [zem⁶ 浸⁶]

❶我，我的，由秦始皇时起专用作皇帝自称。❷预兆。

☞㗊 ❶量词。股：一~嗵(一股味儿)。❷量词。阵：一~风。也作"㖃"。

脒 mǐ ㄇㄧˇ [mei⁵ 米]

有机化合物的一类，如磺胺脒。

胺 àn ㄢˋ [on¹，㊇ngon¹ 安]

有机化合物，是氨的氢原子被烃(tīng)基取代而成的。

脓 (膿)nóng ㄋㄨㄥˊ [nung⁴ 农]

化脓性炎症病变所形成的黄色白色汁液，是死亡的白细胞、细菌及脂肪等的混合物。

朔 shuò ㄕㄨㄛˋ [sog³ 索]

❶农历每月初一。❷北：~风｜~方。

朗 lǎng ㄌㄤˇ ［long⁵ 狼⁵］

❶明朗，明亮，光线充足：晴～｜豁(huò)然开～｜天～气清。❷声音清楚、响亮：～诵｜～读。

7 画

脚 (*腳) ㊀jiǎo ㄐㄧㄠˇ ［gêg³ 哥约³］

❶人和某些动物身体最下部接触地面的部分。❷最下部：山～｜墙～。

㊁jué ㄐㄩㄝˊ ［gêg³ 哥约³］

(－儿)旧同"角(jué)❷"。

脖 (*頦)bó ㄅㄛˊ ［bud⁶ 拨］

❶(－子)颈，头和躯干相连的部分。❷像脖子的部分：脚～子。

脯 ㊀fǔ ㄈㄨˇ ㊀［pou² 普，㊂fu² 苦］

❶肉干：鹿～。❷蜜饯果干：果～｜桃～｜杏～。

㊁pú ㄆㄨˊ ㊁［pou² 普］

(－子、－儿)胸脯，胸部：鸡～子。

脰 dòu ㄉㄡˋ ［deo⁶ 豆］

脖子，颈。

豚 tún ㄊㄨㄣˊ ［tün⁴ 团］

小猪，也泛指猪。

腻 de·ㄉㄜ，㊂te·ㄊㄜ ［deg⁶ 特］

见463页"肋"字条【肋腻】(lē－)。

脶 (腡)luó ㄌㄨㄛˊ ㊀［lo⁴ 罗］

手指纹。

㊁［wo⁵ 窝⁵］

☞粤❶形容词。蛋类变坏：～蛋｜睇下啲蛋～唔～(看看那些蛋坏了没有)？❷形容词。引申指事情弄坏了，北京口语叫"娄"：嗰件事～咗(那件事黄了)｜呢次畀佢搞～晒(这次事情被他弄坏了)。

脷 ［léi⁶ 利］

☞粤名词。舌头：～苔｜口甜～滑(油嘴滑舌)｜猪～(猪舌头)｜猪横～(猪的脾脏，猪沙肝儿)｜伸条～睇下(伸出舌头看看)。【脷嘿嘿】说话字音不清，大舌头。【三口两脷】指人说话善变，言而无信：呢个人～，唔信得过(这个人言而无信，信不过)。〖广州话"舌"与"蚀本"(亏本)的"蚀"同音，由于忌讳而改用"吉利"的"利"，加月旁作"脷"。人和动物的舌头都称"脷"。〗

脢 méi ㄇㄟˊ ［mui⁴ 煤］

(－子)名词。猪、牛等脊椎两旁的条状瘦肉，即里脊。

脸 (臉)liǎn ㄌㄧㄢˇ ［lim⁵ 廉⁵］

(－儿)面孔，头的前部，从额到下巴。㊉1. 物体的前部：鞋～儿｜门～儿。2. 体面，面子，颜面(㊌－面)：丢～｜不要～(骂人的话)。

脞 cuǒ ㄘㄨㄛˇ ［co² 楚］

小而繁。【丛脞】细碎，烦琐。

脟 liè ㄌㄧㄝˋ [lüd³ 劣]

〈古〉肋骨上的肉。

脬 pāo ㄆㄠ [pao¹ 抛]

❶尿(suī)脬，膀胱(pángguāng)。❷同“泡(pāo)❸”。

脝 hēng ㄏㄥ [heng¹ 亨]

见475页“膨”字条【膨脝】(péng－)。

脱 tuō ㄊㄨㄛ [tüd³ 拖月³]

❶离开，落掉：～节｜～逃｜走～｜～皮。㊕遗漏(文字)：～误｜这中间～去了几个字。❷取下，去掉：～衣裳｜～帽。

睇 tī ㄊㄧ [tei¹ 锑]

化合物的一类，是锑化氢中的氢原子部分或全部被烃基取代而成，大多有毒。

脘 wǎn ㄨㄢˇ [gun² 管]

胃脘，中医指胃的内部。

脲 niào ㄋㄧㄠˋ [niu⁶ 尿]

尿素，有机化合物，无色晶体。广泛用于塑料、药剂和农业等生产中。

朘 juān ㄐㄩㄢ [zê¹ 嗻，㊖zêu¹]

缩，减。

☞㊐名词。小男孩的生殖器官：～～(zêu¹zêu¹)｜～仔。

8 画

期 (＊朞)㊀jī ㄐㄧ ㊐[géi¹ 基]

〈古〉一周年，一整月：～年｜～月。

㊁qī ㄑㄧ ㊐[kéi⁴ 其]

❶规定的时间或一段时间：定～｜分～｜过～｜学～｜～中｜～限。㊒刊物出版的号数。❷约定时日：不～而遇。【期货交易】一种非现金、非现货的买卖。双方按约定的条件、时间交割货物、外汇或有价证券等。❸盼望，希望(㊟－望)：～盼｜～待｜～许｜反复试验，以～得到良好的效果。

腈 jīng ㄐㄧㄥ [qing¹ 清]

有机化合物的一类，无色液体或固体，有特殊气味，遇酸或碱就分解。

脿 biǎo ㄅㄧㄠˇ [biu² 标²]

用于地名：法～(在云南双柏)。

腊 (㊀臘、㊀❶＊臈)㊀là ㄌㄚˋ ㊐[lab⁶ 蜡]

❶古代在农历十二月举行的一种祭祀。㊕农历十二月：～八(农历十二月初八)｜～肉(腊月或冬天腌制后风干或熏干的肉)。❷姓。

㊁xī ㄒㄧ ㊐[xig¹ 色]

干肉。

腌 (㊁＊醃)㊀ā ㄚ ㊐[yim¹ 阉]

【腌臜】(－za)〈方〉不干净。

☞㊐【腌尖】形容人爱挑剔，爱吹毛求疵：佢买嘢好～嘅(他买东西很爱挑剔)。

【腌尖声闷】形容人因太啰唆、太挑剔、太讲究而令人讨厌。

㊁yān ㄧㄢ ㊂［㊟yim¹ 阉，㊟yib³ 叶³］

用盐等浸渍食品：~肉｜~咸菜。

☞㊟❶动词。腌渍：~咸菜(腌酸芥菜)｜~萝白膶(腌萝卜干)｜~咸鸭蛋。❷动词。(衣物)被汗水、尿等沤：件衫畀汗~到臭晒(衣服被汗水沤臭了)。❸动词。指被酸性或碱性较强的东西侵蚀、腐蚀：石灰水~脚｜呢啲药水会~烂铁盆㗎(这种药水会把铝盆腐蚀坏的)。

腓

féi ㄈㄟˊ［féi⁴ 肥］

腓肠肌，俗称腿肚子，胫骨和腓骨后的肌肉。【腓骨】小腿外侧的骨头，比胫骨细小。

腘

(膕)guó ㄍㄨㄛˊ［guog³ 郭］

膝部的后面：~窝(腿弯曲时腘部形成的窝)。

腆

tiǎn ㄊㄧㄢˇ［tin² 田²］

❶丰厚。❷胸部或腹部挺起：~胸脯｜~着个大肚子。❸见472页“腼”字条【腼腆】(miǎn –)。

䐃

jùn ㄐㄩㄣˋ［kuen² 捆］

〈古〉❶肌肉突起处。❷腹内或肠间的脂肪。

腴

yú ㄩˊ［yu⁴ 余］

❶肥，胖：丰~。❷肥沃：土地膏~。

脾

pí ㄆㄧˊ［péi⁴ 疲］

脾脏，人和高等动物的内脏之一，椭圆形，赤褐色，是个淋巴器官，也是血库。【脾气】(–qì)1. 性情：~好。2. 容易发怒的性情：有~｜发~。【脾胃】借指对事物喜好的习性：不合他的~｜两人~相投。

腍

［nem⁴ 稔⁴］

☞㊟❶形容词。软，松软：豆腐咁~(豆腐那么软)｜呢种木咁~，点做得家具呀(这种木头这么松软，怎么能打家具)!【趁地腍】骂人语。趁泥土松软好挖坑埋人，意即“现在就去死吧”。❷形容词。(食物)烂熟：牛腩炆得好~(牛腩焖得很烂)｜啲饭煮到~晒，冇牙婆都食得(饭煮得很烂，没牙齿的老太婆也能吃)。【腍嗅嗅】1. 软绵绵，过于松软：条路~嘞，唔行得车(路软绵绵的，不能走车)。2. 形容人性格过于温顺，不会发脾气：佢呢个人~嘅，一啲火气都冇(他这个人太温顺了，一点脾气都没有)。也说“腍肶肶”。❸形容词。蔫，形容人性情软弱，不容易发脾气：佢好~嘅，未见佢发过脾气(他很蔫，没见他发过脾气)。【腍善】和善，和蔼，心地善良而又不易生气：佢好~，同个个都打得埋(他很和善，跟谁都合得来)。

腋

yè ㄧㄝˋ［yig⁶ 亦］

❶腋窝，上肢同肩膀相连处靠里凹入的部分。❷其他生物体上跟腋类似的部分：~芽。

腑

fǔ ㄈㄨˇ［fu² 苦］

中医把胃、胆、大肠、小肠、三焦、膀胱叫六腑。

腙 zōng ㄗㄨㄥ ［zung¹ 钟］

有机化合物的一类，由羰(tāng)基与肼(jǐng)缩合而成。

腚 dìng ㄉㄧㄥˋ ［ding⁶ 定］

〈方〉屁股：光～。

腔 qiāng ㄑㄧㄤ ［hong¹ 康］

❶(－子)动物身体中空的部分：胸～｜口～。㊀器物中空的部分：炉～｜锅台～子。❷(－儿)说话的语调，乐曲的调子：开～(说话)｜南～北调｜离～走板｜梆子～。【京腔】北京语音：一口京～。

腕 wàn ㄨㄢˋ ［wun² 碗］

(－子)胳膊下端跟手掌，或小腿跟脚相连的部分。

腱 jiàn ㄐㄧㄢˋ ［gin³ 建，㊂gin⁶ 健］

肌腱，连接肌肉和骨骼的一种组织，白色，质地坚韧。

腒 jū ㄐㄩ ［gêu¹ 居］

干腌的鸟类肉。

9 画

腻 (膩)nì ㄋㄧˋ ［néi⁶ 饵］

❶食物油脂过多：油～｜肥～。【细腻】1. 光滑：质地～。2. 细致：描写～。❷腻烦，因过多而厌烦：玩～了｜听～了。❸积污，污垢：尘～。

腠 còu ㄘㄡˋ ［ceo³ 臭］

肌肤上的纹理。

腩 nǎn ㄋㄢˇ ［nam⁵ 南⁵］

☞🅐名词。腹部松软的肉：牛～｜烧～(烧猪中肚腹部分的肉)｜五花～(猪腹部肥瘦分层的肉)｜肚～(腹部，肚囊儿)｜鱼～(鱼腹部的肉；比喻容易被人欺负、诈骗的人)。

腰 yāo ㄧㄠ ［yiu¹ 邀］

❶胯上胁下的部分，在身体的中部。❷裤、裙等围在腰上的部分：裤～。❸事物的中段，中间：山～｜大树拦～折断。❹中间狭小像腰部的地势：土～｜海～。

腼 miǎn ㄇㄧㄢˇ ［min⁵ 免］

【腼腆】(－tiǎn)害羞，不敢见生人：这孩子太～。

腽 wà ㄨㄚˋ ［wed¹ 屈］

【腽肭兽】(－nà－)哺乳动物，即海狗。生活在海洋里。其阴茎和睾丸叫腽肭脐，可入药。

腥 xīng ㄒㄧㄥ ［㊅xing¹ 星，㊆séng¹ 声］

❶腥气，像鱼的气味：血～｜～膻(shān)。❷鱼、肉一类的食品：荤～。

腮 (*顋)sāi ㄙㄞ ［soi¹ 鳃］

两颊的下半部：尖嘴猴～。

腭

(＊齶)è ㄜˋ［ngog⁶ 岳］

口腔的上壁，分为前后两部，前部叫硬腭，后部叫软腭。

腨

shuàn ㄕㄨㄢˋ［san³ 汕］

腿肚子。

腹

fù ㄈㄨˋ［fug¹ 福］

肚子，在胸部的下面：～部｜～背(前后)受敌。【腹地】内地，中部地区。

腺

xiàn ㄒㄧㄢˋ［xin⁵ 善⁵］

生物体内由腺细胞组成的能分泌某些化学物质的组织：汗～｜泪～｜乳～｜蜜～。

膇

zhuì ㄓㄨㄟˋ ㊀［zêu⁶ 罪］

脚肿。

㊁［dêu³ 对］

☞■动词。浮肿，膀：头肿面～｜脚有啲～～地(腿有点儿膀)｜佢喊到眼都～晒(她哭得眼都肿了)｜呢几日都瞓唔够，眼有啲～(这几天睡不够，眼睛有点儿膀)。也作"胉"。

腯

tú ㄊㄨˊ ㊀［ded¹ 突¹］

肥(指猪)。

㊁［teng⁴ 吞⁴］

☞■肥。【肥腯腯】1. 指猪肉很肥：猪肉都系～嘅，冇啲瘦嘅(猪肉都是肥肥的，一点瘦的也没有)。2.（人）胖呼呼，胖得臃肿难看：肥佬～(胖人胖呼呼)。

腧

shù ㄕㄨˋ［xu⁶ 树］

腧穴，人体上的穴道：肺～｜胃～。

鹏

(鵬)péng ㄆㄥˊ［pang⁴ 彭］

传说中最大的鸟。【鹏程万里】形容前途远大。

塍

(＊堘)chéng ㄔㄥˊ［xing⁴ 城］

田间的土埂子：田～。

媵

yìng ㄧㄥˋ［ying⁶ 认］

〈古〉❶陪送出嫁。❷随嫁的人。❸妾。

腾

(騰)téng ㄊㄥˊ［teng⁴ 藤］

❶奔跑，跳跃(㊈奔－)：欢～｜龙～虎跃。❷上升：～空｜蒸～｜～云驾雾。【腾腾】形容气势旺盛：雾气～｜热气～。❸空出来，挪移：～出两间房来｜～不出空来。❹(teng)词尾(在动词后，表示动作的反复连续)：倒～｜翻～｜折(zhē)～｜闹～。

膢

(膢)lóu ㄌㄡˊ，㊇lǘ ㄌㄩˊ［leo⁴ 留，㊇ lêu⁴ 雷］

古代一种祭祀方式。

腿

(❶＊骽)tuǐ ㄊㄨㄟˇ［têu² 推²］

❶人和动物用来支持身体和行走的部分：大～｜后～。【火腿】用盐腌制的猪腿。❷(－儿)器物下部像腿的部分：桌子～儿｜凳子～儿。

腬

［neo⁶ 扭⁶］

☞粤 ❶形容词。腻，因吃油脂食物或甜食过多而发腻：连食几日羊肉，食到～晒（连吃几天羊肉，吃腻了）｜甜到～（甜得发腻）｜～喉（腻，腻嗓子）。❷形容词。引申指动作慢：做嘢咪咁～（干活别那么慢）。【膩市】滞销：呢排白菜～（近来白菜滞销）。

10 画

膜 mó ㄇㄛˊ ［mog⁶ 莫］

❶（－儿）动植物体内像薄皮的组织：肋～｜耳～｜苇～。❷（－儿）像膜的薄皮：面～｜塑料薄～儿。

膊 bó ㄅㄛˊ ［bog³ 博］

胳膊（bo），肩膀以下手腕以上的部分。【赤膊】光膀子，赤裸上身：～上阵（喻不讲策略或不加掩饰地做某事）。

膈 gé ㄍㄜˊ ［gag³ 隔］

旧叫膈膜或横膈膜，人或哺乳动物胸腔和腹腔之间的膜状肌肉。

膾 ［ngong³ 昂³，㊀ ngung³ 瓮］

☞粤 名词。酸菜变质后的气味。

膀（＊髈、＊＊膖）㊀bǎng ㄅㄤˇ ㊁［bong² 榜］

❶（－子）胳膊上部靠肩的部分：他的两～真有劲。❷（－儿）鸟类等的翅膀。

㊁pāng ㄆㄤ ㊁［pong⁴ 旁］

浮肿：他肾脏有病，脸有点儿～。

㊂páng ㄆㄤˊ ㊁［pong⁴ 旁］

【膀胱】（－guāng）俗叫尿脬（suīpāo），暂存尿液的囊状体，在骨盆腔内。

膉 ［yig¹ 益］

☞粤 名词。哈喇（含油脂多的食物变坏后的气味）：腊肉放耐咗有啲～（腊肉放久了有点哈喇了）｜啲饼～嘅，唔好食（饼是哈喇的，不要吃）。

膑（髕）bìn ㄅㄧㄣˋ ［ben³ 殡］

同“髌”。

膯 ［jin² 展］

☞粤 名词。人和猪、牛、羊等的腱子肉：牛～（牛腱子）。【手瓜起膯】（人）胳膊上展现出腱子，显示身强力壮。

11 画

膵（＊＊脺）cuì ㄘㄨㄟˋ ［sêu⁶ 睡］

膵脏（zàng），胰腺的旧称。

膝（＊厀）xī ㄒㄧ ［sed¹ 失］

膝盖，大腿和小腿相连的关节的前部。

膘（＊臕）biāo ㄅㄧㄠ ［biu¹ 标］

肥肉（多指牲畜）：～满肉肥｜上～（长肉）。

膛 táng ㄊㄤˊ ［tong⁴ 唐］

❶体腔：胸～｜开～。❷（－儿）某些器物中空的部分：炉～｜枪～。

膗 chuái ㄔㄨㄞˊ ［cêu⁴ 徐］

〈方〉肥胖而肌肉松：看他那～样。

滕 téng ㄊㄥˊ [teng⁴ 腾]

周代诸侯国名，在今山东滕州。

膣 zhì ㄓˋ [zed⁶ 侄]

阴道的旧称，女性生殖器的一部分。

12 画

膨 péng ㄆㄥˊ [pang⁴ 彭]

胀大。【膨脝】(－hēng)1. 肚子胀的样子。2. 物体庞大笨重。【膨胀】(－zhàng)物体的体积或长度增加：空气遇热～。㊀数量增加：通货～。

膶 [yên⁶⁻² 闰²]

☞粤 名词。禽、畜的肝：鸡～｜猪～。〖婉词。广州话"肝""竿"与"干瘪"的"干"同音，因忌讳而改为"丰润"的"润"，一般写作"膶"。因而把"猪肝""鸡肝"叫"猪膶""鸡膶"，甚至"担竿"(扁担)也叫"担润"。〗

膰 fán ㄈㄢˊ [fan⁴ 凡]

古代祭祀时用的熟肉。

膪 chuài ㄔㄨㄞˋ [za⁶ 炸⁶]

【囊膪】(nāng－)猪的胸腹部肥而松软的肉。

膳 (*饍)shàn ㄕㄢˋ [xin⁶ 善]

饭食：晚～｜～费。

䲢 téng ㄊㄥˊ [teng⁴ 藤]

䲢蛇，古书上说的一种能飞的蛇。

縢 téng ㄊㄥˊ [teng⁴ 藤]

❶封闭，约束。❷绳子。

膦 lìn ㄌㄧㄣˋ [lên⁶ 论]

有机化合物的一类，是磷化氢的氢原子部分或全部被烃基取代而成的衍生物。

膙 jiǎng ㄐㄧㄤˇ [zêng² 掌]

(－子)茧子。

嬴 yíng ㄧㄥˊ [ying⁴ 形]

姓。

13 画

臌 gǔ ㄍㄨˇ [gu² 古]

膨胀，中医指肚子胀起的病，通常有水臌、气臌两种。也作"鼓"。

朦 méng ㄇㄥˊ [mung⁴ 蒙]

【朦胧】(－lóng)1. 月光不明。2. 不清楚，模糊：烟雾～。

臊 ㊀sāo ㄙㄠ ㊁ [sou¹ 苏]

像尿那样难闻的气味：尿～气｜狐～。

☞粤 ❶形容词。膻：呢啲羊肉鬼咁～(这些羊肉膻极了)。❷形容词。乳臭：～虾仔(婴儿)｜～妹(婴儿，不分男女)。

❸名词。婴儿，“䑋虾仔”的简说：~毛(胎发)｜生~房(产房)｜三朝洗~(出生第三天为婴儿洗澡)。❹动词。分娩，生(孩子)：~咗未呀(生了孩子没有)？｜~完细蚊仔要注意保养(生完小孩要注意保养)。

㊁sào ㄙㄠˋ ㊂[sou³ 素]

难为情，害羞：害~｜~得脸通红｜不知羞~。

膻 (*羶、*羴)shān ㄕㄢ [jin¹ 煎]

像羊肉的气味：~气｜~味儿。

臁 lián ㄌㄧㄢˊ [lim⁴ 廉]

小腿的两侧：~骨｜~疮。

臆 (**肊)yì ㄧˋ [yig¹ 益]

❶胸：胸~(指心里的话或想法)。❷主观的，缺乏客观证据的：~见｜~说｜~造｜~测｜~断。

臃 yōng ㄩㄥ [yung² 拥]

【臃肿】(-zhǒng)过于肥胖，动作不灵便。㊓1. 衣服穿得太多。2. 机构太庞大，妨碍工作。

嬴 (赢)yíng ㄧㄥˊ [ying⁴ 形]

❶获利，赚钱。❷胜，跟“输”相对：那个篮球队~了｜~了三个球。㊀因成功而获得：~得全场欢呼喝(hè)彩。

14 画以上

臑 nào ㄋㄠˋ [nao⁶ 闹]

牲畜前肢的下半截。

䲢 (䲢)téng ㄊㄥˊ [teng⁴ 腾]

鱼名，身体近圆筒形，青灰色，有褐色网状斑纹，头大眼小，常生活在海底。

䑋 [pog¹ 扑¹]

☞■名词。泡儿：水~｜豆腐~｜行到脚都起~(走到脚都打了泡儿)。

嬴 luǒ ㄌㄨㄛˇ [lo² 裸]

见596页“蜾”字条【蜾嬴】(guǒ-)。

羸 léi ㄌㄟˊ [lêu⁴ 雷]

瘦：身体~弱。

臢 (臢)za ㄗㄚ [jim¹ 尖]

见470页“腌”字条【腌臢】(ā-)。

臞 qú ㄑㄩˊ [kêu⁴ 渠]

同“癯”。

[88]⺼部

有 ㊀yǒu ㄧㄡˇ ㊂[yeo⁵ 诱]

❶跟“无”“没”相对。1. 表所属：他~一本书｜现在~时间。2. 表存在：那里~十来个人｜~困难｜~办法｜~意见。3. 表示发生或出现：~病了｜形势~了新的发展。4. 表示估量或比较：水~一丈多深｜他~他哥哥那么高了。5. 表示大，多：~学问｜~经验。【有的是】有很多，多得很。❷用在某些动

词前面表示客气：～劳｜～请。❸跟“某”相近：～一天晚上｜～人不赞成。❹用在“人、时候、地方”前面，表示一部分：～人性子急，～人性子慢。❺古汉语词头：～夏｜～周。

㊁yòu ㄧㄡˋ ㊂[yeo⁶ 又]

古同“又❹”。

肓 huāng ㄏㄨㄤ [fong¹ 方]

【膏肓】心脏和膈膜之间，我国古代医学把心尖脂肪叫膏，膈膜叫肓，认为膏肓之间是药力达不到的地方：病入～(指病重到无法医治的地步)。

肾 (腎)shèn ㄕㄣˋ [sen⁵ 身⁵，㊅sen⁶ 慎]

肾脏，俗叫腰子，人和高等动物的排泄器官之一。能滤出尿液。

肴 (*餚)yáo ㄧㄠˊ(旧读 xiáo)[ngao⁴ 淆]

做熟的鱼肉等：佳～｜酒～。

育 yù ㄩˋ [yug⁶ 欲]

❶生养(㊀生－)：生儿～女｜～龄。❷养活(㊀养－)：～婴｜～蚕｜～林。❸教育：德～｜智～｜体～。

背 (㊀*揹)㊀bēi ㄅㄟ ㊂[bui³ 贝]

人用背(bèi)驮(tuó)东西：把小孩儿～起来｜～包袱｜～枪。

㊁bèi ㄅㄟˋ ㊂[bui³ 贝]

❶躯干后部自肩至后腰的部分。【背地】不当人面：不要当面不说，～乱说。【背景】1. 舞台上的布景。2. 图画上或摄影时衬托主体事物的景物。㊉对人物、事件起作用的环境或关系：政治～｜历史～。【背心】没有袖子和领子的短上衣。❷物体的反面或后面：～面｜手～｜刀～。❸用背部对着，跟“向”相对：～水作战｜～光｜～灯。㊋1. 向相反的方向：～道而驰｜～地性(植物向上生长的性质)。2. 避：～着他说话。3. 离开：离乡～井。❹违背，违反：～约｜～信弃义。【背叛】投向敌对方面，反对原来所在的方面。

㊂[bui⁶ 焙]

❶凭记忆读出：～诵｜～书。❷不顺：～时。❸偏僻，冷淡：这条胡同太～｜～月(生意清淡的季节)。❹听觉不灵：耳朵有点儿～。

胄 zhòu ㄓㄡˋ [zeo⁶ 就]

❶盔，古代作战时戴的帽子。❷古代指帝王或贵族的后代。

脊 jǐ ㄐㄧˇ [jig³ 夕³，㊆zég³ 炙]

❶人和动物背中间的骨头：～椎｜～髓｜～梁｜～柱。❷物体中间高起、形状像脊柱的部分：屋～｜山～。

胥 qǐ ㄑㄧˇ [kei² 启]

〈古〉腓肠肌(小腿肚子)。

膂 lǚ ㄌㄩˇ [lêu⁵ 旅]

脊梁骨。【膂力】体力：～过人。

臀 (*臋)tún ㄊㄨㄣˊ [tün⁴ 团]

屁股：～部。

臂 ㊀bei ·ㄅㄟ [béi³ 秘]

见468页“胳”字条【胳臂】(gē－)。

㊁bì ㄅㄧˋ [béi³ 秘]
胳膊：振～高呼。

[89]氏部

氏 ㊀shì ㄕˋ ㊂ [xi⁶ 是]

❶姓。古代姓和氏有区别，氏从姓分出，后来姓和氏不分了，姓、氏可以混用。❷旧时称已婚的妇女，通常在夫姓后再加父姓，父姓后加“氏”：张王～（夫姓张，父姓王）。❸后世对有影响的人的称呼：神农～｜太史～｜摄～温度。

㊁zhī ㄓ ㊂ [ji¹ 支]
见 243 页“阏”字条【阏氏】（yān－）、462 页“月”字条【月氏】（yuè－）。

氐 ㊀dī ㄉㄧ ㊂ [dei¹ 低]

❶我国古代西部的少数民族名。❷星宿名，二十八宿之一。

㊁dǐ ㄉㄧˇ ㊂ [dei² 底]
根本。

昏 （*昬）hūn ㄏㄨㄣ [fen¹ 婚]

❶黄昏，天将黑的时候：晨～（早晚）。❷黑暗（㊟－暗、－黑）：天～地暗。❸神志不清楚，认识糊涂：发～｜～～沉沉。㊞失去知觉：～迷｜他～过去了。❹古同“婚”。

[90]欠部

欠 qiàn ㄑㄧㄢˋ [hin³ 险³]

❶借别人的财物还（hái）没归还（huán）：～债｜我～他十块钱。❷缺乏，不够（㊟－缺）：文章～通｜身体～安。❸身体稍稍向上移动：～身｜～脚。❹哈欠（qian），疲倦时张口出气：～伸｜打哈～。

3—7 画

欤 （歟）yú ㄩˊ [yu⁴ 余]

❶文言助词。表示疑问语气：在齐～？在鲁～？❷文言助词。表示感叹语气：论者之言，一似管窥虎～！

欧 （歐）ōu ㄡ [eo¹，㊟ngeo¹ 鸥]

❶姓。❷指欧洲，世界七大洲之一。❸电阻单位名欧姆的简称，符号Ω。

欬 kài ㄎㄞˋ [ked¹ 咳]

见 681 页“謦”字条【謦欬】（qǐng－）。另见 181 页“咳”（ké）。

欷 xī ㄒㄧ [héi¹ 希]

【欷歔】（－xū）同“唏嘘”。

欸 ㊀ǎi ㄞˇ ㊂ [ai² 矮]

【欸乃】形容摇橹声：～一声山水绿。

㊁ē ㄝ，㊟ēi ㄟ ㊂ [é¹]
叹词。表示招呼：～，你快来！

㊂é ㄝˊ，㊟éi ㄟˊ ㊂ [é²]
叹词。表示诧异：～，怎么回事！

㊃ě ㄝˇ，㊟ěi ㄟˇ ㊃ [é⁵]
叹词。表示不以为然：～，你这话可不对呀！

㊄ê ㄝ，㊁ èi ㄟ ㊂［é⁶］

叹词。表示应声或同意：~，我这就来！｜~，就这么办！

〖这个叹词，广州话的声调常随所表示的意义和感情色彩不同而变化。〗

8 画以上

款 （*欵）kuǎn ㄎㄨㄢˇ［fun² 宽²］

❶法令、规定、条文里下分的项目：第几条第几~。❷（-子）经费，钱财（㊟-项）：存~｜拨~。❸器物上刻的字：钟鼎~识（zhì）。㊞（-儿）书画、信件头尾上的名字：上~｜下~｜落~（题写名字）。【款式】格式，样子。❹诚恳：~待｜~留。❺敲打，叩：~门｜~关而入。❻缓，慢：~步｜点水蜻蜓~~飞。

欺 qī ㄑㄧ［héi¹ 希］

❶欺骗，蒙混：自~~人。【欺世盗名】欺骗世人，窃取名誉。❷欺负，压迫，侮辱（㊟-侮）：仗势~人。

攲 ㊀qī ㄑㄧ ㊀［kéi 畸］

倾斜，歪向一边：~侧｜~倾。

㊁yī ㄧ ㊁［yi¹ 依］

同“猗❷”。

欻 ㊀chuā ㄔㄨㄚ ㊀［cad³ 刷］

形容短促迅速的声音：~地一下拉开了窗帘。

㊁xū ㄒㄩ ㊁［fed¹ 忽］

忽然：风雨~至。

歅 yīn ㄧㄣ［yen¹ 因］

用于人名。九方歅，春秋时人，善相马。

歇 xiē ㄒㄧㄝ［hid³ 蝎］

❶休息：坐下~一会儿。❷停止：~工｜~业｜~枝（果树在一定年限内停止结果或结果很少）。❸〈方〉很短的一段时间，一会儿：过了一~。

【歇斯底里】（外）即癔（yì）病。㊗情绪激动，举止失常。

歃 shà ㄕㄚˋ［sab³ 霎］

用嘴吸取。【歃血】古人盟会时饮牲畜的血，表示诚意。

歌 （謌）gē ㄍㄜ［go¹ 哥］

❶（-儿）能唱的文辞：山~｜唱~。❷唱（㊟-唱、-咏）：高~一曲。【歌颂】颂扬：~祖国。

歉 qiàn ㄑㄧㄢˋ［hib³ 胁］

❶觉得对不住人：抱~｜道~｜深致~意。❷收成不好：~收｜~年。

歔 xū ㄒㄩ［hêu¹ 虚］

见 478 页“欷”字条【欷歔】（xī-）。

歙 ㊀shè ㄕㄜˋ ㊀［xib³ 摄］

歙县，在安徽。

㊁xī ㄒㄧ ㊁［keb¹ 吸］

吸气。

歠 chuò ㄔㄨㄛˋ [jud³ 拙]

❶吸，喝。❷指可以喝的汤、粥等。

[91]风部

风 (風) fēng ㄈㄥ [fung¹ 封]

❶跟地面大致平行的流动着的空气：北~|旋(xuàn)~|刮一阵~| ~行(像风那样快地流行)。【风化】1. 风俗教化：有伤~。2. 岩石在地表因长期受风雨等侵蚀而受到破坏或分解。3. 化学上称结晶体在空气中因失去结晶水而分解。【风头】(-tou)1. 指形势的发展方向或有关个人利害的情势：不要看~办事。2. 出头露面，显示自己的表现(含贬义)：出~。❷消息：闻~而至。❸没有确实根据的：~传|~闻。❹表现在外的景象或态度：~景|~光|作~| ~度。【风采】风度神采。也作"丰采"。❺风气，习俗：世~|勤俭成~|移~易俗|~土人情。❻病名：抽~|羊痫(xián)~。❼古代称民歌：国~|采~。

〈古〉又同"讽"(fěng)。

飏 (颺) yáng ㄧㄤˊ [yêng⁴ 阳]

用于人名。

"颺"另见416页"扬"。

飐 (颭) zhǎn ㄓㄢˇ [jim² 占²]

风吹物体使颤动：风~竹枝。

飑 (颮) biāo ㄅㄧㄠ [biu¹ 彪]

气象学上指风向突然改变，风速急剧增大且常伴有阵雨的天气现象。

飔 (颸) [bung⁶ 罢哄⁶]

☞粤 量词。股、阵(用于气味)：一~香味|一~唔知乜嘢味(一股不知什么味道)|好大一~味(气味好大)。也作"𬞟"。

飓 (颶) jù ㄐㄩˋ [gêu⁶ 巨]

飓风，发生在大西洋西部和西印度群岛一带热带海洋上的风暴，风力常达12级以上，同时有暴雨。

飔 (颸) sī ㄙ [xi¹ 司]

凉风。

飕 (颼) sōu ㄙㄡ [seo¹ 收]

❶风吹(使变干或变冷)：洗的衣服被风~干了。❷同"嗖"。

飖 (颻) yáo ㄧㄠˊ [yiu⁴ 摇]

【飘飖】旧同"飘摇"。参看480页"飘"piāo。

飗 (飀) liú ㄌㄧㄡˊ [leo⁴ 留]

【飗飗】微风吹动的样子。

飘 (飄、*飃) piāo ㄆㄧㄠ [piu¹ 票¹]

随风飞动或摆动：~雪花|~起了炊烟|~扬|红旗~~。【飘零】花、树叶等坠落。㊗流落在外，无依无靠：~异乡|半世~。【飘摇】(*飘飖)(-yáo)随风摆动：烟云~上升。

飙（飆、**飇、**飈）biāo ㄅㄧㄠ［biu¹ 标］

暴风：狂～。

☞▮ ❶动词。喷射：水～得好远。❷动词。冒出：～冷汗（冒冷汗）｜佢惊到尿都～（他慌得尿裤子了）。❸动词。窜：条蛇～咗入窿（蛇窜进洞里了）。❹动词。长高，尤指迅速长高：佢～高咗好多（他长高了很多）｜“寒露过三朝，迟早一齐～”（寒露过几天，不管什么时候插的禾苗都要一起抽穗）。❺动词。出芽儿：～芽。

［92］殳部

殳 shū ㄕㄨ［xu⁴ 殊］

古代一种竹、木制成的兵器，顶端有棱无刃。有的在顶端装有刺球和矛。

殴（毆）ōu ㄡ［eo¹，㊀ngeo¹ 欧］

打人（㊥－打）：～伤｜斗～。

段 duàn ㄉㄨㄢ［dün⁶ 缎］

❶量词。用于事物、时间的一节，截：一～话｜一～时间｜一～木头。【段落】文章、事情等根据内容划分成的部分：工作告一～｜这篇文章可以分两个～。❷工矿企业中的行政单位：工～｜机务～。

殷（㊁❷*慇）㊀yān ㄧㄢ ㊀［yin¹ 烟］

黑红色：～红｜朱～。

㊁yīn ㄧㄣ ㊁［yen¹ 因］

❶深厚，丰盛：情意甚～｜～切。【殷实】富足，富裕：家道～。❷【殷勤】周到，尽心：做事～｜～招待。❸殷代，商代的后期，由盘庚起称殷（公元前1300—前1046年）。❹姓。

殽 xiáo ㄒㄧㄠ［ngao⁴ 肴］

❶见392页“淆”。❷同“崤”。用于古地名：～之战。

☞▮ 动词。翘棱，木板等在由湿变干过程中变得弯曲不平：块板干咗会～嘅（这块木板干了之后会翘棱的）。【殽框】1. 框状的东西变形了：度门～咯（门框变形了）｜呢个车辘撞到～（这个车轱辘撞到变了形）。2. 引申指事情没有希望，无法挽救，无法弥补：佢件事～咯（他那件事儿没有希望了）。

彀 gòu ㄍㄡ［geo³ 救］

❶同“够”。❷使劲张弓。【彀中】（－zhōng）箭能射及的范围。㊑牢笼，圈套：入我～。【入彀】㊑进牢笼，入圈套：诱敌～。

毂（轂）gǔ ㄍㄨ［gug¹ 谷］

车轮的中心部分，有圆孔，可以插轴。

毁（❷*燬、❹*譭）huǐ ㄏㄨㄟ［wei² 委］

❶破坏，损害：～坏｜这把椅子是谁～的？｜别～了个人前途。【毁灭】彻底地消灭：给敌人以～性的打击。❷烧掉：烧～｜焚～。㊀使不存在：拆～｜炸～｜摧～｜销～｜捣～｜撕～。❸〈方〉把成件的旧东西改造成别的东西：这两个小凳是一张旧桌子～的。❹诽谤，说别人的坏话（㊥诋－、－谤）。

殿 diàn ㄉㄧㄢˋ [din⁶ 电]

❶高大的房屋，特指封建帝王受朝听政的地方，或供奉神佛的地方：宫～｜佛～。❷在最后：～后。【殿军】1. 行军时走在最后的部队。2. 体育、游艺竞赛中的最末一名，也指入选的最末一名。

榖 gǔ ㄍㄨˇ [gug¹ 谷]

即构树。参看309页“构❶”。

毂 (鷇) kòu ㄎㄡˋ [keo³ 扣]

初生的小鸟。

毅 yì ㄧˋ [ngei⁶ 艺]

果决，志向坚定而不动摇：刚～｜～力｜～然决然。

縠 hú ㄏㄨˊ [hug⁶ 酷]

有皱纹的纱。

觳 hú ㄏㄨˊ [hug⁶ 酷]

【觳觫】(－sù)恐惧得发抖。

[93]文部

文 wén ㄨㄣˊ [men⁴ 民]

❶事物错综所成的纹理或形象：天～｜水～。❷在身上、脸上刺画字或花纹：断发～身。❸文字，记录语言的符号：甲骨～｜外～｜～盲。【文言】以古汉语为基础的书面语，跟“白话”相对：半～半白。❹文章，用文字写成的有条理的篇章，也省称“文”：作～｜古～。❺旧时指礼节仪式：虚～｜繁～缛节。【文化】1. 人类在社会历史发展过程中所创造的物质财富和精神财富的总和，特指精神财富，如哲学、科学、教育、文学、艺术等。2. 考古学用语，指同一个历史时期的不依分布地点为转移的遗迹、遗物的综合体。同样的工具、用具，同样的制作技术等，是同一种文化的特征，如仰韶文化等。3. 运用文字的能力和一般知识：～水平｜学～。❻非军事的，非武力的，跟“武”相对：～职｜能～能武｜～臣武将。㊕柔和：～雅｜～绉绉。【文火】不猛烈的火。❼量词。用于旧时的铜钱：一～钱｜一～不值。❽(旧读 wèn) [men⁶ 问]文饰，掩饰：～过饰非。

刘 (劉) liú ㄌㄧㄡˊ [leo⁴ 流]

姓。

吝 (*恡) lìn ㄌㄧㄣˋ [lên⁶ 论]

过分爱惜自己的财物等，当用的舍不得用，当给的舍不得给(㊣－啬)：～惜。

忞 mín ㄇㄧㄣˊ [men⁴ 文]

勉力。

斋 (齋) zhāi ㄓㄞ [zai¹ 债¹]

❶书房或校舍：书～｜第一～。❷祭祀前整洁身心，以示虔诚：～戒。㊀佛

教、道教等教徒吃的素食：吃～。❸舍饭给僧人：～僧。

紊 wěn ㄨㄣˇ（旧读 wèn）[men⁶问]

乱（㊥－乱）：有条不～。

斌 bīn ㄅㄧㄣ [ben¹奔]

【斌斌】同“彬彬”。

斓 （斕）lán ㄌㄢˊ [lan⁴兰]

见298页“斑”字条【斑斓】（bān－）。

[94]方部

方 fāng ㄈㄤ [fong¹荒]

❶四个角全是直角的四边形或六个面全是方形的六面体：正～｜长～｜见～（长宽或长宽高相等）｜平～米｜立～米。㊀乘方，一个数自乘若干次的积数：平～（自乘两次）｜立～（自乘三次）。【方寸】指内心：～已乱。【方圆】周围：这个城～有四五十里。❷正直：品行～正。❸方向，方面：前～｜四～｜双～｜对～｜四面八～。㊀一个区域的，一个地带的：～言｜～志。【方向】1. 东、西、南、北的区分：航行的～。2. 目标：做事情要认清～。❹方法，法子：教导有～｜千～百计。㊀（－子、－儿）药方，配药的单子：偏～｜秘～｜开～子。【方式】说话、做事所采取的方法和形式。❺副词。才：书到用时～恨少。❻副词。正，正当：来日～长。❼量词。1. 指平方米（用于墙、地板等）或立方米（用于土、沙、石、木材等）。2. 用于方形的东西：一～图章｜三～砚台。

邡 fāng ㄈㄤ [fong¹荒]

【什邡】地名，在四川省。

放 fàng ㄈㄤˋ [fong³况]

❶解除约束，得到自由：～行｜释～｜把笼子里的鸟～了。㊀1. 赶牲畜、家禽到野外去觅食：～牛｜～羊｜～鸭子。2. 散（sàn）：～工｜～学。【放晴】阴雨后转晴。❷任意，随便：～任｜～纵｜～肆。❸发出：～枪｜～光｜～电。❹发物给人：～粮｜～赈。㊀借钱给人，收取利息：～款。❺点燃：～火｜～鞭炮。❻扩展：～大｜～宽｜把领子～出半寸。㊀花开：芦花～，稻谷香｜心花怒～。❼搁，置：存～｜～在箱子里。【放心】安心，解除忧虑和牵挂：～吧，一切都准备好了！❽流放，旧时把人驱逐到边远的地方去：～逐。

於 ㊀wū ㄨ ㊀ [wu¹乌]

文言叹词。【於乎】【於戏】（－hū）同“呜呼1”。

㊁yū ㄩ ㊁ [yu¹迂]

姓。

㊂yú ㄩˊ ㊂ [yu¹迂]

同“于”。

施 shī ㄕ [xi¹师]

❶实行：～工｜无计可～｜倒行逆～。【施展】发挥能力。❷用上，加上：～肥｜～粉。❸给予：～礼｜～恩。❹施舍，把财物送给穷人或出家人：～主｜布

~。

旁 páng ㄆㄤˊ [pong4 螃]

❶旁边，左右两侧：~观｜~若无人｜两~都是大楼。❷其他，另外：~人｜~的话就不说了。❸汉字的偏旁："枯"是"木"字~。

〈古〉又同"傍"(bàng)。

旆 pèi ㄆㄟˋ [pui3 配]

古时接在旗子末端形状像燕尾的装饰。泛指旌旗。

旄 máo ㄇㄠˊ [mou4 毛]

古代用牦(máo)牛尾装饰的旗子。

〈古〉又同"耄"(mào) [mou6 冒]。

旂 qí ㄑㄧˊ [kéi4 其]

❶古代指有铃铛的旗子。❷见484页"旗"。

旅 lǚ ㄌㄩˇ [lêu5 吕]

❶出行，在外作客：~行｜~馆｜~途｜~居｜~客｜~美华侨。❷军队的编制单位，是团的上一级。❸指军队：军~｜强兵劲~。❹共同：~进~退。❺同"稆"：~生｜~葵。

旃 zhān ㄓㄢ [jin1 煎]

❶文言助词。等于"之焉"两字的合音：勉~。❷古同"毡"。

旌 jīng ㄐㄧㄥ [jing1 精，⊗xing1 升]

❶古代用羽毛装饰的旗子。又指普通的旗子。❷表扬：~表。

族 zú ㄗㄨˊ [zug6 浊]

❶民族：汉~｜回~｜各~人民。❷聚居而有血统关系的人群的统称：宗~｜家~。❸事物有共同属性的一大类：水~｜芳香~。㊥有共同特点的某类人：上班~｜追星~。❹灭族，古代的一种残酷刑法，一人有罪把全家或包括母家、妻家的人都杀死。

旎 nǐ ㄋㄧˇ [néi5 你5]

见485页"旖"字条【旖旎】(yǐ-)。

旋 (㊁❸❹镟) ㊀xuán ㄒㄩㄢˊ [xun4 船]

❶旋转，转动：螺~｜回~。㊀圈子：打~儿。❷回，归：~里｜凯~。❸不久：~即离去。❹姓。

㊁xuàn ㄒㄩㄢˋ [xun4 船]

❶旋(xuán)转的：~风。❷临时(做)：~吃~做。❸(-子)温酒的器具。❹用车床或刀子转(zhuàn)着圈地削：用车床~零件｜~皮。

旐 zhào ㄓㄠˋ [xiu6 兆]

古代的一种旗子。

旒 liú ㄌㄧㄡˊ [leo4 留]

❶旗子上面的飘带。❷古代皇帝礼帽前后下垂的玉串。

旗 (❶△*旂) qí ㄑㄧˊ [kéi4 棋]

❶(-子、-儿)用布、纸、绸子或其他材料做成的标志，多半是长方形或方

形：国~丨校~。❷清代满族的军队编制和户口编制，共分八旗。后又建立蒙古八旗、汉军八旗。㊂属于八旗的，特指属于满族的：~人丨~袍丨~装。❸内蒙古自治区的行政区划单位，相当于县。

“旂”另见484页qí。

旖　yǐ ㄧˇ［yi² 倚］

【旖旎】(-nǐ)柔和美丽：风光~。

旞　suì ㄙㄨㄟˋ［sêu⁶ 睡］

古代导车的旗杆顶上用完整彩色羽毛做装饰的旗子。

[95]火部

火　huǒ ㄏㄨㄛˇ［fo² 伙］

❶东西燃烧时所发的光和焰：着(zháo)~丨大~丨~苗。㊉紧急：~速丨~急。❷指枪炮弹药：军~丨~器丨开~。【火药】炸药的一类，主要用作引燃药或发射药。是我国古代四大发明之一。【火线】1. 两军交战枪炮子弹交接的地带：轻伤不下~。2. 从电源输送电的导线。❸红色的：~狐丨~鸡。❹古代军队的组织，十个人为一火。❺中医指引起发炎、红肿、烦躁等症状的病因：上~丨败~。❻(-儿)怒气：好大的~儿！❼(-儿)发怒：他~儿了。❽兴隆，旺盛：生意很~。

1—3画

灰　huī ㄏㄨㄟ［fui¹ 恢］

❶物体燃烧后剩下的粉末状的东西：炉~丨烟~丨~肥。【石灰】一种建筑上常用的材料，俗叫白灰，又叫生石灰，是用石灰石烧成的，化学成分是氧化钙。生石灰遇水变成氢氧化钙，叫熟石灰。❷灰尘：桌上一层~。❸灰色，介于黑和白之间的颜色。❹消沉，失望：心~意懒丨~心丧气。

灯　(燈)dēng ㄉㄥ［deng¹ 登¹］

照明或利用光线达到某种目的的器具：电~丨路~丨探照~丨一盏~。

㶷　［ngao¹ 拗¹］

☞粤【干㶷㶷】干的样子：啲饼~噉点食嚅(这饼干干的怎么吃呀)。

灸　jiǔ ㄐㄧㄡˇ［geo³ 救］

烧，多指用艾叶等烧灼或熏烤身体某一部分的治疗方法：针~。

灶　(竈)zào ㄗㄠˋ［zou³ 做³］

用土坯、砖或金属等制成的生火做饭的设备：~台丨垒个~丨煤气~。

灿　(燦)càn ㄘㄢˋ［can³ 粲］

光彩耀眼：~若云霞。【灿烂】鲜明，耀眼：阳光~丨光辉~。

灼　zhuó ㄓㄨㄛˊ［zêg³ 雀］

❶烧，炙：~伤丨心如火~。❷明亮，透彻：目光~~丨真知~见。

灺　(**炧)xiè ㄒㄧㄝˋ［sé³ 泻］

蜡烛烧剩下的部分。

炀 (煬) yáng ㄧㄤˊ [yêng4 阳]

❶熔化金属。❷火旺。

4 画

炙 zhì ㄓˋ [zég3 脊，㊀jig3 织3]

❶烤。【亲炙】直接得到某人的教诲或传授。❷烤熟的肉：残羹冷～。

炜 (煒) wěi ㄨㄟˇ [wei5 伟]

光明。

炬 (熰) ǒu ㄡˇ [eo1 欧]

❶烧火时柴草等没有充分燃烧而产生大量的烟：～了一屋子烟。❷使柴草等不起火苗只冒烟地烧：把灶里的柴火～了。❸用燃烧艾草等的烟驱蚊蝇：～蚊子。

炬 jù ㄐㄩˋ [gêu6 巨]

火把：火～。

炖 (＊＊燉) dùn ㄉㄨㄣˋ [den6 多恩6，㊀dên6 顿]

❶煨煮食物使熟烂：清～鸡｜～肉。❷〈方〉把汤药、酒等盛在碗里，再把碗放在水里加热。

炒 chǎo ㄔㄠˇ [cao2 吵]

把东西放在锅里加热，翻动着弄熟：～鸡蛋｜～菜｜糖～栗子。

炘 xīn ㄒㄧㄣ [yen1 因]

形容热气炽盛。

炌 kài ㄎㄞˋ [hai3 鞋3]

明火。

炝 (熗) qiàng ㄑㄧㄤˋ [cêng3 唱]

烹饪方法。1. 油锅热后，放主菜前先放入葱等急炒一下，使有香味：～锅。2. 把原料放在沸水中焯(chāo)一下，取出后再用香油等调料拌：～豆芽。

☞广❶动词。喷出：火～晒出嚟(火全喷了出来)。❷动词。灼燎：只手畀火～亲(手给火灼伤了)。

炊 chuī ㄔㄨㄟ [cêu1 崔]

烧火做饭：～烟｜～事员｜～帚(zhou)(刷洗锅碗等的用具)。

炆 wén ㄨㄣˊ [men1 蚊]

〈方〉用微火焖食物。

☞广 动词。烹饪方法，盖上锅盖，用文火煨煮食物使熟烂，大致相当于焖、炖：栗子～鸡｜～猪脚(炖猪蹄)｜～牛腩。

炕 (㊀＊匟) kàng ㄎㄤˋ ㊀ [kong3 抗]

北方用砖、坯等砌成的睡觉的台，下面有洞，连通烟囱，可以烧火取暖。

㊁ [hong3 项3]

☞广❶动词。烤烘：～干件衫(把衣服烘干)｜～麦包。❷动词。晾放，摊晾：将番薯干～喺个筛度(把薯干摊晾在筛子上)｜唔揾被～喺度好易冷亲㗎(不盖被子躺着很容易着凉的)。

【炕沙】(船只)搁浅。

炎 yán ㄧㄢˊ [yim⁴ 严]

❶天气热(㊀-热):~夏|~暑|~凉。❷炎症,身体的某部位发生红、肿、热、痛、痒的现象:发~|咽~|皮~。❸指炎帝,传说中的我国上古帝王:~黄子孙。

炉 (爐、△*鑪)lú ㄌㄨˊ [lou⁴ 卢]

(-子)取暖、做饭或冶炼用的设备:电~|煤气~|炼钢~。

"爐"另见714页"铲"(lú)。

炔 quē ㄑㄩㄝ [küd³ 决]

炔烃(tīng),有机化合物的一类,分子中含有三键结构。乙炔是重要的工业原料。

5 画

炣 kě ㄎㄜˇ [ho² 可]

火。

炳 bǐng ㄅㄧㄥˇ [bing² 秉]

光明,显著:~如观火(形容看得清楚)。

炻 shí ㄕˊ [ség⁶ 硕]

【炻器】介于陶器和瓷器之间的陶瓷制品,如水缸、砂锅等。

炼 (煉、*鍊)liàn ㄌㄧㄢˋ [lin⁶ 练]

❶用火烧制:~钢|~焦|真金不怕火~。❷用心琢磨使精练:~字|~句。❸烹熬炮(páo)制:~乳。

炟 dá ㄉㄚˊ [dad³ 笪]

用于人名。刘炟,东汉章帝。

烟 tián ㄊㄧㄢˊ [tin⁴ 田]

(外)日本人姓名用字。

炽 (熾)chì ㄔˋ [qi³ 次]

旺盛:~热|~烈。

炯 (*炯)jiǒng ㄐㄩㄥˇ [guing² 迥]

光明,明亮(叠):目光~~。

炸 (㊀**煠)㊀zhá ㄓㄚˊ [za³ 诈]

把食物放在煮沸的油或水里弄熟:~糕|~鱼|把菠菜~一~。

㊁zhà ㄓㄚˋ [za³ 诈]

❶突然破裂(㊀爆-):~弹|玻璃杯~了。❷用炸药、炸弹爆破:~碉堡。❸发怒:他一听就~了。❹因受惊而四处逃散:~市|~窝。

烀 hū ㄏㄨ [fu¹ 呼]

半蒸半煮,把食物弄熟:~白薯。

炩 [ling³ 铃³]

☞**广**形容词。锃亮(物体表面光滑得发亮):单车打过蜡~咗好多(自行车上过蜡亮了很多)|擦~佢(把它擦亮)。

烔 yòng ㄩㄥˋ [yung⁶ 用]

热力学上的一个参数，用来反映在实际状态变化过程中有用功的损失。

烁 (爍)shuò ㄕㄨㄛˋ [sêg³ 削]

光亮的样子：闪~。

炮 (㊂* 砲、㊂* 礮)㊀bāo ㄅㄠ ㊀[bao³ 爆]

❶把物品放在器物上烘烤或焙：把湿衣服搁在热炕上~干。❷烹饪方法，在旺火上急炒：~羊肉。

㊁páo ㄆㄠˊ ㊁[pao⁴ 刨]

烧。【炮烙】(-luò，旧读 -gé)【炮格】古代的一种酷刑。【炮制】用烘、炒等方法把原料加工制成中药。㊟指编造，制作(多含贬义)：如法~｜~假新闻。

㊂pào ㄆㄠˋ ㊂[pao³ 豹]

❶武器的一类，有迫击炮、高射炮、火炮等。❷爆竹：鞭~｜~仗(zhang)。

炷 zhù ㄓㄨˋ [ju³ 注]

❶灯心。❷烧。❸量词。用于线香：一~香。

炫 (❶△** 衒)xuàn ㄒㄩㄢˋ [yun⁶ 愿，㊉yun⁴ 原]

❶强光照耀：~目。❷夸耀。【炫耀】1. 照耀。2. 夸耀：~武力。

"衒"另见 228 页 xuàn。

烂 (爛)làn ㄌㄢˋ [lan⁶ 栏⁶]

❶因过熟而变得松软：稀粥~饭｜蚕豆煮得真~。㊟程度极深的：~醉｜台词背得~熟。❷东西腐坏(㊣腐-)：桃和葡萄容易~。㊞崩溃，败坏：敌人一天天~下去，我们一天天好起来。❸破碎(㊣破-)：破铜~铁｜~纸｜衣服穿~了。❹头绪乱：~摊子。

【烂漫】(*烂熳，*烂缦)1. 色彩鲜明美丽：山花~。2. 坦率自然，毫不做作：天真~。

烃 (烴)tīng ㄊㄧㄥ [ting¹ 汀]

碳氢化合物。

6 画

烤 kǎo ㄎㄠˇ [hao² 考，㊉hao¹ 敲]

❶把东西放在火的周围使干或使熟：~烟叶子｜~白薯｜~箱。❷向着火取暖：~手｜围炉~火。

烘 hōng ㄏㄨㄥ [hung³ 控]

用火或蒸汽等使身体暖和或使东西变热、变熟、变干燥：衣裳湿了，~一~｜~干机｜~箱。【烘托】用某种颜色衬托另外的颜色，或用某种事物衬托另外的事物，使在对比下表现得更明显。

烜 xuǎn ㄒㄩㄢˇ [hün² 犬]

❶火盛。❷光明，盛大。【烜赫】声威昭著。❸晒干。

烠 huí ㄏㄨㄟˊ [wui⁴ 回]

古书上指光或光的颜色。

烦 (煩)fán ㄈㄢˊ [fan⁴ 凡]

❶苦闷，急躁：~恼｜心~意乱｜心里有点儿~。❷厌烦，使厌烦：不耐~｜

这些话都听~了｜~人。❸又多又乱：要言不~｜絮~。【烦琐】繁杂琐碎。❹敬辞，表示请托：~你做点儿事。

烧　(燒)shāo ㄕㄠ [xiu¹ 消]

❶使东西着火(㊣燃-、焚-)。❷用火或发热的东西使物品受热起变化：~水｜~砖｜~炭。❸烹饪方法，先用油炸再加入汤汁炒或炖，或先煮熟再炸：~茄子｜~羊肉。❹发烧，体温增高：打完针就不~了。㊞比正常体温高的体温：~退了。❺施肥过多，使植物枯萎、死亡。❻因富有而忘乎所以：有俩钱，看把他~的。

烛　(燭)zhú ㄓㄨˊ [zug¹ 竹]

❶蜡烛，用线绳或苇子做中心，周围包上蜡油，点着取亮的东西。❷照亮，照见：火光~天。㊞明察：洞~其奸。

炯　tóng ㄊㄨㄥˊ [tung⁴ 同]

【炯炀】(-yáng)地名，在安徽巢湖。

烟　(*煙、❺*菸)yān ㄧㄢ [yin¹ 胭]

❶(-儿)物质燃烧时所产生的混有残余颗粒的气体：冒~｜~筒。【烟火】1. 道教指熟食：不食人间~(现喻脱离现实)。2. 在火药中掺上某些金属盐类制成的一种燃放物，燃烧时能发出灿烂的火花或呈现种种景物供人观赏。又叫烟花、焰火。【烟幕弹】能放出大量烟雾的炸弹，供军事上做掩护用。㊕用来掩盖真相或本意的言论或行为。❷(-子)烟气中间杂有碳素的微细颗粒，这些颗粒附着在其他物体上凝结成的黑灰：松~｜锅~子。❸像烟的东西：过眼云~｜~霞。❹烟气刺激(眼睛)：一屋子烟，~眼睛。❺烟草，草本植物，叶大有茸毛，可以制香烟和农业上的杀虫剂等。❻烟草制成品：香~｜旱~｜请勿吸~。❼指鸦片：~土。

烶　tǐng ㄊㄧㄥˇ [ting⁵ 挺]

火焰燃烧的样子。

烻　㊀shān ㄕㄢ ㊁ [san¹ 山]

闪光的样子。

㊁yàn ㄧㄢˋ ㊁ [yin⁵ 燕⁵]

光炽烈的样子。

烨　(燁、*爗)yè ㄧㄝˋ [yib⁶ 业]

火光很盛的样子。

烩　(燴)huì ㄏㄨㄟˋ [wui⁶ 汇]

加浓汁或多种食物混在一起烹煮：~豆腐｜~饭｜杂~。

烚　[heb⁶ 合]

☞㊄词素。

烙　㊀lào ㄌㄠˋ [log³ 洛]

❶用器物烫、熨：~铁(tie)｜~衣服。【烙印】在器物上烧成的做标记的印文。㊕不易磨灭的痕迹：时代~。❷放在铛(chēng)或锅里加热使熟：~饼。

㊁luò ㄌㄨㄛˋ [log³ 洛]

见488页“炮”字条【炮烙】(páo-)。

烊　㊀yáng ㄧㄤˊ [yêng⁴ 羊]

熔化金属。㊀〈方〉溶化：糖~了。

㊁yàng 丨尢ˋ [yêng⁴ 羊]

【打烊】〈方〉商店晚上关门停止营业。

焊 (燖) xún ㄒㄩㄣˊ [cem⁴ 寻]

❶把肉放在沸水中使半熟。也泛指煮肉。❷把宰后的猪、鸡等用热水烫后去毛。

烬 (燼) jìn ㄐ丨ㄣˋ [zên⁶ 尽, ⓧzên² 准]

物体燃烧后剩下的东西(㊫灰-)：化为灰~|烛~。

烫 (燙) tàng ㄊㄤˋ [tong³ 汤³]

❶温度高，皮肤接触温度高的物体感觉疼痛或受伤：开水很~|~手|~伤|小心~着！❷用热的物体使另外的物体起变化：~酒(使热)|~衣服(使平)。❸烫头发：电~。

7—8 画

焫 [nad³ 捺³]

☞粤❶动词。烫，灼：畀滚水~亲(给开水烫伤)|沙滩晒到~脚(沙滩晒得烫脚)。❷形容词。滚烫的：消毒柜啲碗碟重好~(消毒柜里的碗碟还很烫)|啲粥好~，而家唔食得(粥很烫，现在不能喝)。【焫鸡】烙铁。

焐 wù ㄨˋ [ng⁶ 悟]

用热的东西接触凉的东西，使它变暖：用热水袋~一~手。

焊 (*釬、*銲) hàn ㄏㄢˋ [hon⁶ 捍]

用熔化的金属或某些非金属把工件连接起来，或用熔化的金属修补金属器物：电~|铜~|~接。

焆 juān ㄐㄩㄢ [gün¹ 娟]

明亮。

烯 xī ㄒ丨 [héi¹ 希]

烯烃，有机化合物的一类，分子中含有双键结构。

焓 hán ㄏㄢˊ [hem⁴ 含]

单位质量的物质所含的全部热能。

焕 huàn ㄏㄨㄢˋ [wun⁶ 涣]

光明：~然一新。【焕发】1. 光彩外现的样子：容光~。2. 振作：~斗志。

烽 fēng ㄈㄥ [fung¹ 丰]

烽火，古时边防报警点的烟火，敌人来侵犯时，守卫的人就点火报警。

焖 (燜) mèn ㄇㄣˋ [mun⁶ 闷]

盖紧锅盖，用微火把饭菜煮熟：~饭。

烷 wán ㄨㄢˊ [yun² 婉]

烷烃(tīng)，有机化合物的一类，分子中只含有单键结构。烷系化合物是构成石油的主要成分。

烺 lǎng ㄌㄤˇ [long⁵ 朗]

明朗。

焗 jú ㄐㄩˊ [gug⁶ 局]

☞廣❶动词。烹饪方法，利用蒸汽使密封容器中的食物变熟：盐～鸡。❷动词。焗油，一种染发、养发、护发方法。在头发上抹油后，用蒸气加热，冷却后用清水冲洗干净。❸动词。熏：～蚊。❹动词。同热。❺动词。迫着：～住嚟做(迫着要这样做)。

焌 ㊀jùn ㄐㄩㄣˋ ㊀[zên³ 俊]

用火烧。

㊁qū ㄑㄩ ㊁[cêd¹ 出]

❶把燃烧着的东西弄灭。❷用不带火苗的火烧烫。❸烹饪方法，在热锅里加油，油热后先放作料，然后放菜：～锅儿。

焚 fén ㄈㄣˊ [fen⁴ 坟]

烧：～香｜～毁｜忧心如～｜玩火自～。

煚 jiǒng ㄐㄩㄥˇ [guing² 炯]

❶火。❷日光。

焯 ㊀chāo ㄔㄠ [cêg³ 卓]

把蔬菜放在开水里略微一煮就拿出来：～菠菜。

㊁zhuō ㄓㄨㄛ [cêg³ 卓]

显明，明白。

焜 kūn ㄎㄨㄣ [kuen¹ 昆]

明亮。

焮 xīn ㄒㄧㄣ，㊅xìn ㄒㄧㄣˋ [yen¹ 因]

烧，灼。

焰 (＊燄)yàn ㄧㄢˋ [yim⁶ 验]

火苗：火～。【气焰】气势：～万丈。

焞 tūn ㄊㄨㄣ [sên⁴ 纯]

光明。

焙 bèi ㄅㄟˋ [bui⁶ 贝⁶]

把东西放在器皿里，用微火在下面烘烤：把花椒～干研成细末。

☞廣❶动词。用微火烘烤：～干件衫(把衣服烘干)｜～火炉(围炉烤火)。❷名词(音bui⁶⁻²)。醭面(做面食或粉食时，防止粉面粘连的干粉)。❸名词(音bui⁶⁻²)。烘荔枝干、龙眼干等的作坊。

焯 (燀)chǎn ㄔㄢˇ [qin² 浅]

❶烧火做饭。❷炽热。❸中药炮制方法，将桃仁、杏仁等放在沸水内浸泡，以便去皮。

焱 yàn ㄧㄢˋ [yim⁶ 验]

火焰。

焵 [wed¹ 屈]

☞廣❶动词。熏：～蚊｜～老鼠｜烟大～眼。❷动词。烹饪方法，熏制：～鲤鱼。也作“爩”。

9 画

煲 bāo ㄅㄠ [bou¹ 褒]

〈方〉❶壁较陡直的锅：沙～｜瓦～｜电饭～。❷用煲煮或熬：～粥｜～汤。

☞粤❶名词。平底有壁的锅：瓦～(砂锅)｜水～(烧水锅)｜企身～(形状较高的锅)｜～仔饭(砂锅饭，用砂锅焖的带菜肉的饭)。【吊煲】指断炊，转指失业。【箍煲】采取措施弥补已有裂痕的关系，尤指夫妻或情侣之间的关系。❷名词。连砂锅一起端上桌的菜肴：豆腐～｜羊肉～｜牛腩～。❸动词。1. 煮(不一定用煲煮)：～饭｜～水。2. 熬：～茶(熬药)｜～猪骨汤。【煲冇米粥】煮没有米的粥，比喻做没有成果的事情。❹动词。引申指较长时间地做某一件事：～烟(抽烟，多指长时间不停地抽烟)｜～碟(长时间不断地看光盘)｜～电话粥(谑称长时间地打电话，用电话聊天。省称"煲粥")。❺动词。打击，多指暗害：谂计～佢(想办法揍他)｜小心畀人～(当心被人暗害)。❻量词。用于打击：呢～够佢受(这下打击够他受)。

【煲呔】领结，蝴蝶领带〖英语 bowtie 的音译〗。

煤 méi ㄇㄟˊ [mui⁴ 媒]

❶又叫煤炭，黑色或黑褐色固体，成分以碳为主，是古代植物压埋在地下，在缺氧高压条件下，年久变化而成的，是重要的燃料和化工原料。❷〈方〉(－子)烟气凝结的黑灰：锅～子。

煁 chén ㄔㄣˊ [sem⁴ 岑]

古代一种可移动的火炉。

煠 [sab⁶ 霎⁶]

☞粤动词。熬，煮，多指长时间地煮或煮大块的东西：～番薯(煮白薯)｜～猪潲(煮猪食)｜～熟狗头(煮熟的狗头，形容人笑得龇牙咧嘴，带贬义)。也作"熠"。

煳 hú ㄏㄨˊ [wu⁴ 胡]

烧得焦黑：馒头烤～了。

煏 [big¹ 迫]

☞粤动词。用猛火煮：加猛火～腍啲牛腩(加猛火把牛腩煮烂)｜～干水(用大火把水煮干)。

煃 kuǐ ㄎㄨㄟˇ [kuei⁴ 葵]

燃烧的样子。

煴 yūn ㄩㄣ [wen¹ 温]

微火，无焰的火。

煋 xīng ㄒㄧㄥ [xing¹ 星]

❶火势猛烈。❷火光四射。

☞粤动词。皮肤被蒸气烫伤：煲滚水，～亲只手(煮开水，让蒸气烫伤了)。

煜 yù ㄩˋ [yug¹ 沃]

照耀。

煨 wēi ㄨㄟ [wui¹ 会¹]

❶在带火的灰里把东西烧熟：～白薯。

❷用微火慢慢地煮：～鸡｜～肉。

熭 wèi ㄨㄟˋ ［wei⁶ 位］

❶光明。❷旺盛。

煓 tuān ㄊㄨㄢ ［tên¹ 盾¹］

火势旺盛的样子。

煅 duàn ㄉㄨㄢˋ ［dün⁶ 段］

❶同"锻"。❷放在火里烧，减少药石的烈性(中药的一种制法)：～石膏。

煌 huáng ㄏㄨㄤˊ ［wong⁴ 王］

明亮(叠)：星火～～｜灯火辉～。

煪 ［ceo¹ 抽］

☞廣 动词。烟熏火燎或水蒸气灼：烟～得我撑唔开眼(烟熏得我睁不开眼睛)｜只手畀滚水啲气～亲(手给水蒸气灼伤了)。

煊 xuān ㄒㄩㄢ ［hün¹ 圈］

同"暄❶"。

煸 biān ㄅㄧㄢ ［pin¹ 篇］

把蔬菜、肉等放在热油里炒：干(gān)～｜～炒。

煺 (**燵、**㷟)tuì ㄊㄨㄟˋ ［têu³ 退］

已宰杀的猪、鸡等用滚水烫后去掉毛。

煣 róu ㄖㄡˊ ［yeo² 柚²］

用火烤木材使弯曲。

10—11 画

熄 xī ㄒㄧ ［xig¹ 析］

火灭，使灭(㊀－灭)：炉火已～｜～灯。

熘 liū ㄌㄧㄡ ［leo⁶ 漏，㊁liu¹ 溜］

烹饪方法，跟炒相似，作料里掺淀粉：～肉片。也作"溜"。

熇 hè ㄏㄜˋ ［hug⁶ 酷］

【熇熇】烈火燃烧的样子。

☞廣 形容词。酷热，热气蒸人：一开窗，外面一朕热气，好～呀(一打开窗户，外面一股热气，热得很)｜厨房啲热气～得犀利(厨房的热气蒸得厉害)。

熔 róng ㄖㄨㄥˊ ［yung⁴ 容］

固体受热到一定温度时变成液体(㊀－化)：～炼｜～炉。

煽 shān ㄕㄢ ［xin³ 线］

❶同"扇(shān)❶"。❷鼓动(别人做不应该做的事)：～动｜～惑。

熀 ［hog³ 壳］

☞廣 动词。隔火烘烤：～干啲鱼仔(把小鱼放在锅里烤干)。

熥 tēng ㄊㄥ ［tung¹ 通］

把熟的食物蒸热：～馒头。

熨 ［hing³ 庆］

☞📖❶动词。烤热：～干件衫（把衣服烤干）｜～热煲水（把锅里的水煮热）。❷形容词。温度高，热，烫：铁皮屋梗系～啦（铁皮房子肯定是热的）｜佢成身～晒，病咗（他全身发热，病了）。【熨焓焓】1. 热烘烘，热辣辣：间屋晒到～，唔入得去（房子晒得热烘烘的，待不住）。2. 头脑不冷静：佢嗰阵时～，根本唔听劝（他那时脑子发热，根本不听劝）。❸动词。热乎，来劲：佢～起嚟就几好嘅（他劲头来的时候还算不错）。❹形容词。热闹：会场好～（会场很热闹）。也作"炘"。

熛 biāo ㄅㄧㄠ ［biu¹ 标］

火星迸飞，也指迸飞的火星或火焰。

熳 màn ㄇㄢˋ ［man⁶ 曼］

【烂熳】见488页"烂"字条【烂漫】。

熜 cōng ㄘㄨㄥ ［cung¹ 冲］

❶微火。❷热气。

熵 shāng ㄕㄤ ［sêng¹ 双］

为了衡量热力体系中不能利用的热能，用温度除热能所得的商。

熠 yì ㄧˋ ［yeb¹ 邑］

光耀，鲜明（叠）：光彩～～。

熨 ㊀yù ㄩˋ ㊁［wed⁶ 运］

【熨帖】（－tiē）1. 妥帖舒服。2. 〈方〉（事情）安全办妥。

㊁yùn ㄩㄣˋ ㊁［wed¹ 屈］

用烙铁、熨斗把衣布等烫平。【熨斗】（－dǒu）加热后用来烫平衣服的金属器具。

12 画

燂 ［tam⁴ 谭］

☞📖动词。动物皮肉用火燎去毛，或略烤使焦黄：～猪毛（烧猪毛）｜～兔皮（烤兔皮）。

燎 ㊀liáo ㄌㄧㄠˊ ㊁［liu⁴ 辽］

延烧：星星之火，可以～原。

㊁liǎo ㄌㄧㄠˇ ㊁［liu⁶ 料］

挨近了火而烧焦：烟熏火～｜把头发～了。

燋 jiāo ㄐㄧㄠ ［jiu¹ 招］

〈古〉用来点火的引火物。

燠 yù ㄩˋ ［yug¹ 沃］

暖，热：～热（闷热）｜寒～失时。

熻 xī ㄒㄧ ［yeb¹ 泣］

❶燃烧。❷火光，光亮。

燔 fán ㄈㄢˊ ［fan⁴ 凡］

❶焚烧。❷烤。

燃 rán ㄖㄢˊ ［yin⁴ 言］

❶烧起火焰（㊀－烧）：～料｜自～。

❷引火点着(zháo)：~灯｜~放花炮。

燧 suì ㄙㄨㄟˋ [sêu⁶ 睡]

❶上古取火的器具。❷古代告警燃点的烟火。

燊 shēn ㄕㄣ [sen¹ 身]

旺盛。

焱 yì ㄧˋ [yig⁶ 亦]

人名用字。

燏 yù ㄩˋ [wed⁶ 屈⁶]

火光。多用于人名。

13 画

燶 [nung¹ 农¹]

☞廣❶形容词。焦，煳：煮~饭(煮煳了饭)｜煲~粥(煮煳了粥)｜煎~鱼(把鱼煎煳了)。❷形容词。(树叶等)枯黄：树叶都晒~咗(树叶都晒枯了)。❸形容词。(脸色)黑：讲佢两句就~起块面(说他两句他就黑起脸来)｜~口~面(黑着脸，板着脸)。

燥 zào ㄗㄠˋ [cou³ 措]

干(gān)(㊟干-)：~热｜口干舌~。

14 画以上

燹 xiǎn ㄒㄧㄢˇ [xin² 冼]

火，野火。【兵燹】指战乱所造成的焚烧毁坏等灾害。

爆 bào ㄅㄠˋ [bou³ 包³]

❶猛然破碎(㊟-炸)：豆荚熟得都~了。【爆竹】用纸卷火药，点燃引线爆裂发声的东西。又叫爆仗、炮仗。❷突然发生：~发｜~冷门。❸烹饪方法，用滚水稍微一煮或用滚油稍微一炸：~肚(dǔ)儿｜~炒。

㸆 kào ㄎㄠˋ [kao³ 靠]

用微火使鱼、肉等菜肴的汤汁变浓或耗干。

爊 (**熝)āo ㄠ [ngong⁴ 敖]

❶放在微火上煨熟。❷同"熬"(āo)。

爉 [lab³ 蜡]

☞廣❶动词。火燎：手畀火~亲(手给燎伤)｜火尾~到边度烧到边度(火舌燎到哪里就烧到那里)。❷词素。【爉爉焓】锃亮：皮革擦到~(皮革擦得锃亮)。也作"焟"。

爟 huò ㄏㄨㄛˋ [fog³ 霍]

形容光亮闪烁。

爔 xī ㄒㄧ [héi¹ 希]

同"曦"。

爟 guàn ㄍㄨㄢˋ [gun³ 贯]

❶古代祭祀用的火炬。❷报警的烽火。

爚 yuè ㄩㄝˋ [yêg6 药]

火光。

爝 ㊀jiào ㄐㄧㄠˋ ㊁[jiu3 照]

同 jué，火把。

㊁jué ㄐㄩㄝˊ ㊁[zêg3 雀]

火把。

㸌 [lo3 罗3]

☞▮名词。煳味，烧布、头发、橡胶等发出的臭味：风炉烧咗乜嘢？点解咁~嚟(炉子里烧了些什么，为什么一股煳味的)？

爧 [léng6 靓6]

☞▮名词。闪电，打闪：头先行雷闪~得好紧要(刚才打雷闪电很厉害)。

爨 cuàn ㄘㄨㄢˋ [qun3 寸]

❶烧火做饭：分~(旧时指分家)丨同居各~。❷灶。

[95]灬部

点 (點)diǎn ㄉㄧㄢˇ [dim2 店2]

❶(－子、－儿)小的痕迹或水滴：墨~儿丨雨~儿丨斑~。㊀少量：一~小事儿丨吃~儿东西。❷几何学上指只有位置，没有长、宽、高的图形。❸一定的处所或限度：起~丨终~丨据~丨焦~丨沸~。❹项，部分：优~丨重~丨要~丨补充三~。❺(－儿)汉字的一种笔形(丶)：三~水。❻加上点子：~句丨评~丨画龙~睛。【点缀】(－zhuì)在事物上略加装饰：~风景。❼一落一起地动作：~头丨蜻蜓~水。❽使一点一滴地落下：~眼药丨~播种子。❾引火，燃火：~灯丨~火。❿查数(shǔ)：~收丨~数(shù)丨~验。⓫指示，指定(㊉指－)：~破丨~菜丨~歌。⓬时间单位，即小时，一昼夜的二十四分之一。⓭钟点，规定的时间：误~丨准~丨到~了，该下班了。⓮点心：糕~丨早~。

☞▮❶疑问代词。怎么，怎么样：~算至好(怎么办才好)？丨呢个字~读(这个字怎么念)？丨你话~就~啦(你说怎么样就怎么样吧)。【点解】1. 怎么解答：呢道题~(这道题目怎么解答)？2. 为什么：~会噉嘅(为什么会这样)？【点系】客套话。怎么行，哪能行。在对方表示好意时作感谢回应，有“不好意思”“真难为情”“不敢当”等意：咁麻烦你，~呀(这么麻烦您，怎么行)丨拎咁多嘢嚟，~呀(拿这么多东西来，哪能行)丨~呀，要你斟茶(哪能行，要您来倒茶)！❷动词。蘸：~豉油(蘸酱油)。【点知】谁知道，没想到：~会噉架(谁知会这样啊)！丨~佢过后又唔认账(没想到过后他不认账)。“点知”又说“点不知”。

热 (熱)rè ㄖㄜˋ [yid6 伊杰]

❶物理学上把能使物体的温度升高的那种能叫“热”。❷温度高，跟“冷”相对：炎~丨天~丨~水。❸使热(多指食物)：把菜~一~。❹情意深：亲~丨~情丨~心。❺衷心羡慕：眼~丨~衷。❻受人欢迎：~门儿丨~货。❼指某种事物风行，形成热潮：旅游~丨集邮~。

烈 liè ㄌㄧㄝˋ［lid⁶ 冽］

❶猛烈，厉害：~火｜~日。❷气势盛大（叠）：轰轰~~。❸刚直，有高贵品格的，为正义、人民、国家而死难的：刚~｜先~｜~士。

烝 zhēng ㄓㄥ［jing¹ 贞］

❶众多：~民。❷古代冬祭名。❸古同"蒸"。

焘（燾）㊀dào ㄉㄠˋ［dou⁶ 道，㊂tou⁴ 桃］

覆盖。

㊁tāo ㄊㄠ［dou⁶ 道，㊂tou⁴ 桃］

多用于人名。

煮（*煑）zhǔ ㄓㄨˇ［ju² 主］

把东西放在水里，用火把水烧开：~面｜~饭｜。

然 rán ㄖㄢˊ［yin⁴ 言］

❶是，对：不以为~。❷代词。这样，如此：不尽~｜知其~，不知其所以~。【然后】连词。以后（表示两件事前后承接）：先研究一下，~再决定。【然则】连词。既然这样，那么……：是进亦忧，退亦忧，~何时而乐耶？【然而】连词。但是（表示转折）：他虽然失败了多次，~并不灰心。❸词尾。表示状态：突~｜忽~｜显~｜欣~。❹古同"燃"。

9 画以上

煦 xù ㄒㄩˋ［hêu² 许］

温暖：春风和~。

照（❶*炤）zhào ㄓㄠˋ［jiu³ 招³］

❶光线射在物体上：拿灯~一~｜阳光普~。❷对着镜子或其他反光的东西看自己或其他人物的影像：~镜子。❸照相，摄影：天安门前~张相｜拍~。❹画像或相片：小~。❺照管，看顾：~应。【照料】关心，料理：病人需要~。❻查对，对比：比~｜对~｜参~。❼凭证：护~｜牌~。❽知晓：心~不宣。❾通告，通知：知~。【关照】1. 关心照顾。2. 口头通知：请~他一声，我明天来。【照会】外交上用以表明立场、达成协议或通知事项的公文。❿介词。1. 对着，向着：~敌人开枪｜~着这个方向走。2. 按照，依照：~计划执行｜~他的意思办。⓫副词。表示按原样或某种标准做：~抄｜~办。

煞 ㊀shā ㄕㄚ［sad³ 杀］

❶同"杀❸❺❻❼"。❷同"刹"（shā）。

㊁shà ㄕㄚˋ［sad³ 杀］

❶极，很：~费苦心｜脸色~白。❷迷信的人指凶神：~气｜凶~。

煎 jiān ㄐㄧㄢ［jin¹ 毡］

❶熬（áo）：~药。❷把食物放在少量的热油里弄熟：~鱼｜~豆腐。❸量词。熬中药的次数：头~药｜二~。

熬 ㊀āo ㄠ［ngou⁴ 敖］

煮：~菜。

㊁áo ㄠˊ［ngou⁴ 敖］

❶久煮：~粥｜~药。❷忍受，耐苦支撑：~夜｜~红了眼睛。

熙 (*煕、*熈)xī ㄒㄧ [héi¹ 希]

❶光明。❷和乐(叠):众人~~。❸古同"嬉"。

【熙攘】(-rǎng)形容人来人往,非常热闹:熙熙攘攘。

熏 (㊀❶❷*燻)㊀xūn ㄒㄩㄣ [fen¹ 芬]

❶气味或烟气接触物品:~豆腐|~肉|把墙~黑了|用茉莉花~茶叶。❷气味刺激人:臭气~人。❸和暖:~风。

㊁xùn ㄒㄩㄣˋ [fen¹ 芬]

〈方〉(煤气)使人窒息中毒:炉子安上烟筒,就不至于~着了。

熊 xióng ㄒㄩㄥˊ [hung⁴ 洪]

❶兽名,身体大,尾短,能直立行走,也能爬树。种类很多。【大熊猫】哺乳动物,又叫熊猫、猫熊,像熊而略小,尾短,眼周、耳、前后肢和肩部黑色,其余白色,耐寒。喜食竹叶、竹笋。生活在我国西南地区,是我国特有的珍贵动物。❷〈方〉斥责:~了他一顿。❸〈方〉怯懦,没有能力:这人真~,一上场就败了下来。

【熊熊】形容火势旺盛:烈火~。

熟 ㊀shóu ㄕㄡˊ [sug⁶ 属]

同"熟"(shú),用于口语。

㊁shú ㄕㄨˊ [sug⁶ 属]

❶食物烧煮到可吃的程度:饭~了|~菜。❷成熟,植物的果实或种子长成:麦子~了。❸程度深:深思~虑|~睡。❹因常接触而知道得清楚:~悉|~人|这条路我~。❺熟练,对某种工作精通而有经验:~手|纯~|~能生巧。❻经过加工或炼制的:~铁|~皮子。

燕 (㊀❶*鷰)㊀yān ㄧㄢ ㊂ [yin¹ 烟]

❶周代诸侯国名,在今河北省北部和辽宁省西南部。❷姓。

㊁yàn ㄧㄢˋ ㊂ [yin³ 宴]

❶(-子)鸟名,背部黑色,翅膀长,尾巴像张开的剪刀,常在人家屋内或屋檐下用泥做巢,捕食昆虫。是候鸟。❷古同"宴":~居|~好|~乐。

[96]斗部

斗 (㊁鬥、*㊁鬭、*㊁鬦、*㊁鬪)㊀dǒu ㄉㄡˇ ㊂ [deo² 陡]

❶市制容量单位,1斗是10升。❷量(liáng)粮食的器具,容量是1斗,多为方形。㊗1.形容小东西的大:~胆。2.形容大东西的小:~室|~城。❸像斗的东西:漏~|熨~。【斗拱】(-gǒng)拱是建筑上的弧形承重结构,斗是垫拱的方木块,合称斗拱。❹呈圆形的指纹。❺星宿名,二十八宿之一。

☞㊁【斗令】旧时指半角钱,引申指很少的钱:得~咁多(就那么一点钱)。

☞㊁【反斗】(小孩)顽皮,淘气:呢个仔好~嘅(这孩子很淘气)。

☞㊁【正斗】1.正牌,地道:呢啲系~嘅马坝油粘(这是正牌的马坝油粘米)。2.引申作好、美:我哋嘅产品当然系~嘅(我们的产品当然是地道的)|呢处嘅风景确实~(这里的景色的确美)!

㊁dòu ㄉㄡˋ ㊂ [deo³ 豆³]

❶对打(㊎战-):搏~|~殴。【斗争】1.矛盾的双方互相冲突,一方力求

战胜另一方：思想～。2. 用说理、揭露、控诉等方式打击：～汉奸｜开～会。3. 奋斗：为真理而～。【奋斗】为了达到一定的目的而努力干。❷比赛胜负：～智｜～力。❸〈方〉拼合，凑近：那条桌子腿还没有～榫(sǔn)｜用碎布～成一个口袋。

☞廣❶动词。触，碰，摸：呢啲嘢咪乱～(这些东西别乱碰)｜～下都唔得(摸一下都不行)。❷动词。逗(小孩)：细蚊仔咁得意，边个都想～下(小孩儿那么有趣，谁都想逗一逗)。❸动词。比，比赛：～快｜～大胆(比比看谁的胆子大)｜～架势(比威风；比捧场；比阔气)。【斗负气】赌气，闹别扭。又说"斗气"。❹动词。兑子(象棋术语)：同佢～马(跟他兑马)｜～咗佢只车(兑掉他的车)。❺动词。拼合(多指做木器)：～木(做木工活儿)｜～一张台(做一张桌子)｜～柜(打柜子)｜～家俬(打家具)。❻动词。凑近：～埋去睇真啲(凑近去看清楚一点)。

斜 xié ㄒㄧㄝˊ［cé⁴ 邪］

不正，跟平面或直线既不平行也不垂直的：歪～｜～坡｜纸裁～了｜～对过。

斝 jiǎ ㄐㄧㄚˇ［ga² 假²］

古代一种盛酒的器皿。

斟 zhēn ㄓㄣ［zem¹ 针］

往杯子里倒(酒或茶)：～酒｜～茶｜给我～上一碗水。【斟酌】(－zhuó)转度(duó)量，考虑：请～办理。

☞廣动词。商谈，商量：密～(密谈)｜有事同你～下(有事跟你商量一下)｜～盘(谈生意；商议)。

斠 jiào ㄐㄧㄠˋ［gao³ 较，⊗gog³ 角］

❶古时平斗斛的器具。❷校订。

[97]户部

户 hù ㄏㄨˋ［wu⁶ 互］

❶一扇门。引门：夜不闭～。❷人家：农～｜千家万～。【户口】住户和人口：报～｜～簿。❸量词。用于家庭：村里有五十～人家。❹门第：门当～对。❺户头：开～｜账～。

启 (啓、*啟、*唘) qǐ ㄑㄧˇ［kéi² 溪²］

❶打开：～封｜～门。引开导：～蒙(méng)｜～发｜～示。❷开始：～用。❸陈述：敬～者。【启事】向群众说明事情的文字，现在多登在报纸上：寻人～｜征婚～。❹书信：书～｜小～。

所 (**听) suǒ ㄙㄨㄛˇ［so² 锁］

❶处所，地方：住～｜各得其～。❷机关或其他办事的地方：研究～｜派出～｜诊疗～。❸明代驻兵防边的地点，因大小不同有千户所、百户所。现在多用于地名：海阳～(在山东省乳山)。❹量词。1. 用于房屋：两～房子。2. 用于学校等：一～学校｜两～医院。❺助词。放在动词前，代表接受动作的事物。1. 动词后不再用表事物的词：耳～闻，目～见｜我们对人民要有～贡献｜各尽～能，按劳分配。2. 动词后再用"者"或"的"字代表事物：吾家～寡有

者｜这是我们～反对的。3. 动词后再用表事物的词：他～提的意见。❻助词。放在动词前，跟前面“为”字相应，表示被动：为人～笑。【所以】连词。表因果关系。常跟“因为”相应：他有要紧的事，～不能等你了｜他～进步得这样快，是因为能刻苦学习。

戾 lì ㄌㄧˋ ㊀［lêu⁶ 类］

❶罪过。❷乖张，不顺从：乖～｜暴～。❸〈古〉至：鸢(yuān)飞～天，鱼跃于渊。

㊁［lei² 礼²］

☞粤【冤戾】冤枉：佢系畀人～嘅(他是被别人冤枉的)｜你～我！｜～佢做贼(诬赖他偷东西)。

肩 jiān ㄐㄧㄢ［gin¹ 坚］

❶肩膀，脖子旁边胳膊上边的部分：双～。❷担负：身～重任。

房 fáng ㄈㄤˊ［fong⁴ 防］

❶(－子)住人或放东西用的建筑物(㊟－屋)：楼～｜瓦～｜库～。❷形状、作用像房子的：蜂～｜莲～｜心～。❸称家族的一支：大～｜长(zhǎng)～。❹星宿名，二十八宿之一。

戽 hù ㄏㄨˋ［fu³ 富］

❶戽斗，汲水灌田用的旧式农具。❷用戽斗汲水。

扂 diàn ㄉㄧㄢˋ［dim³ 店］

〈古〉门闩。

扁 ㊀biǎn ㄅㄧㄢˇ ㊀［bin² 贬］

物体平而薄：～豆｜～担｜鸭子嘴～。

㊁piān ㄆㄧㄢ ㊀［pin¹ 偏］

【扁舟】小船：一叶～。

扃 jiōng ㄐㄩㄥ［guing¹ 炯¹，㊂ guing² 炯］

从外面关门的闩(shuān)、钩等。㊕1. 门。2. 上闩，关门。

扅 yí ㄧˊ［yi⁴ 而］

见501页“扊”字条【扊扅】(yǎn－)。

扆 yǐ ㄧˇ［yi² 倚］

古代一种屏风。

扇 (㊀❶❷＊＊搧)㊀shān ㄕㄢ［xin³ 线］

❶摇动扇子或其他东西，使空气加速流动生风：～扇子。❷用手掌打：～了他一耳光。❸同“煽❷”。

㊁shàn ㄕㄢˋ［xin³ 线］

❶(－子)摇动、转动以生风取凉或换气的用具：折～｜蒲～｜电～。❷量词。用于门窗等：一～门｜两～窗户｜一～磨(mò)。

扈 hù ㄏㄨˋ［wu⁶ 互］

随从(㊟－从、随－)。

扉 fēi ㄈㄟ［féi¹ 飞］

门扇：柴～。【扉页】书刊封面之内印着书名、著者等项的一页。【扉画】书籍正文前的插图。

雇 (*僱)gù ㄍㄨˋ [gu³ 故]

❶出钱让人给自己做事：～工｜～保姆。❷租赁交通运输工具：～车｜～牲口。

扊 yǎn ㄧㄢˇ [yim⁵ 染]

【扊扅】(－yí)门闩。

[98]心部

心 xīn ㄒㄧㄣ [sem¹ 森]

❶心脏，人和高等动物体内推动血液循环的器官。【心腹】㊐1. 最要紧的部位：～之患。2. 亲信的人。【心胸】指气量：～宽阔。❷习惯上也指思想器官和思想感情等：～思｜～得｜用～｜～情｜开～(快乐)｜伤～｜谈～｜全～全意。❸中央，在中间的地位或部分：掌～｜江～｜圆～。【中心】1. 同"心❸"。2. 主要部分：政治～｜文化～｜～任务｜～环节。❹星宿名，又叫商，二十八宿之一。

1—4 画

忑 tè ㄊㄜˋ [tig¹ 惕]

见501页"忐"字条【忐忑】(tǎn－)。

忐 tǎn ㄊㄢˇ [tan² 坦]

【忐忑】(－tè)心神不定：～不安。

忘 wàng ㄨㄤˋ [wong⁴ 亡]

忘记，不记得，遗漏：别～了拿书｜喝水不～掘井人。

忍 rěn ㄖㄣˇ [yen² 隐]

❶耐，把感觉或感情压住不表现出来(㊀－耐)：～痛｜～受｜容～。【忍俊不禁】(－jīn)忍不住笑。❷狠心，残酷(㊀残－)：～心。

态 (態)tài ㄊㄞˋ [tai³ 太]

形状，样子(㊀形－、状－、姿－)：丑～｜变～。㊁情况：事～。【态度】1. 指人的举止神情：～大方。2. 对于事情采取的立场或看法：～鲜明｜表明～。

忠 zhōng ㄓㄨㄥ [zung¹ 钟]

赤诚无私，诚心尽力：～诚｜～言｜～告｜～于人民，～于祖国。

怂 (慫)sǒng ㄙㄨㄥˇ [sung² 耸]

❶惊惧。❷鼓动。【怂恿】(－yǒng)鼓动别人去做。

忽 hū ㄏㄨ [fed¹ 拂]

❶粗心，不注意：～略｜～视｜疏～。❷副词。忽然，忽而：～见一人闯来｜情绪～高～低。❸计量单位名，10忽是1丝。

5 画

怎 zěn ㄗㄣˇ [zem² 枕]

如何：~样？| ~办？【怎么】(-me)代词。询问性质、状态、方式、原因等：你~也知道了？| 这是~回事？|“难”字~写？

怹 tān ㄊㄢ [ta¹ 他]

〈方〉“他”的敬称。

怨 yuàn ㄩㄢˋ [yun³ 远³]

❶仇恨(㊟-恨)。❷不满意，责备：毫无~言 | 任劳任~ | 这事不能~他。

急 jí ㄐㄧˊ [geb¹ 芨]

❶焦躁(㊟焦-)：真~死人了 | 着~。㊞气恼，发怒：他一听就~了。❷匆促：~~忙忙 | ~就 | ~于完成任务。㊞迅速，又快又猛：水流得~ | ~病。❸迫切，要紧：~事 | 不~之务 | ~件。㊞严重：情况紧~ | 告~ | 病~乱投医(喻临事慌乱)。❹对大家的事或别人的困难赶快帮助：~公好义 | ~难(nàn)。

总 (總、** 総)zǒng ㄗㄨㄥˇ [zung² 肿]

❶聚合，聚集在一起：~在一起算 | ~共三万 | ~起来说。【总结】把一段工作过程中的经验教训分析、研究，归纳出结论：要认真~经验。❷概括全部的，主要的，为首的：~纲 | ~司令。❸副词。经常，一直：为什么~来晚？| ~不肯听。❹副词。一定，无论如何：这件事~是要办的 | 明天他~该回来了。

怒 nù ㄋㄨˋ [nou⁶ 奴⁶]

❶生气，气愤(㊟恼-)：发~ | ~发(fà)冲冠(形容盛怒) | ~容满面。❷气势盛：~涛 | ~潮 | 鲜花~放。

【怒族】我国少数民族，参看附表。

怼 (懟)duì ㄉㄨㄟˋ [dêu³ 对]

怨恨。

6 画

恝 jiá ㄐㄧㄚˊ [gad³ 戛，㊇ad³ 压]

无忧愁，淡然。【恝置】不在意，置之不理。

恚 huì ㄏㄨㄟˋ [wei⁶ 位]

恨，怒。

恐 kǒng ㄎㄨㄥˇ [hung² 孔]

❶害怕，心里慌张不安(㊟-惧、-怖)：唯~ | 惊~ | 有恃(shì)无~。【恐吓】(-hè)吓(xià)唬，威吓(hè)。【恐慌】1. 慌张害怕。2. 危机，使人感觉不安的现象：经济~。❷副词。恐怕，表示疑虑不定或推测，有“或者”“大概”的意思：~不可信 | ~事出有因。

恶 (惡、㊀△ 噁)㊀ě ㄜˇ ㊀ [og³，㊇ ngog³ 岳³]

【恶心】(-xin)要呕吐。㊕厌恶(wù)。

“噁”另见199页“噁”(è)。

㊁è ㄜˋ ㊁ [og³，㊇ngog³ 岳³]

❶恶劣，不好：~感 | ~习。❷凶狠(㊟凶-)：~狗 | ~战 | ~霸。❸犯罪的事，极坏的行为，跟“善”相对：罪

～｜无～不作。

☞㊁形容词。难，难以：～搞（难办）｜条路～行（路难走）｜～𩽾（难以下咽；事情难应付）｜～嚱（人难对付，不好说话）｜～作（难办，难处理）。【恶死】1. 凶恶，厉害：只狗鬼咁～，见人就想咬（那只狗凶极了，见人就想咬）。2. 不好打交道的，故意作梗的：嗰个嘢好～，一啲都唔肯帮忙（那个家伙很不好说话，一点都不愿意帮忙）。3. 爱搞恶作剧的，瞎胡闹的：佢好～，成日整鬼人哋（他喜欢瞎胡闹，老是捉弄人家）。

㊂wū ㄨ ㊂［wu¹ 乌］

❶古同"乌 wū❸"。❷文言叹词。表示惊讶：～，是何言也！

㊃wù ㄨˋ ㊂［wu³ 户³］

讨厌，憎恨：可～｜深～痛绝。

恩

（*㤙）ēn ㄣ ［yen¹ 因］

好处，深厚的情谊（㊀－惠、－德）：～情｜感～。【恩爱】（夫妻）亲爱。

恁

nèn ㄋㄣˋ ［yem⁶ 任］

〈方〉❶代词。那么，这么：～大｜～高｜要不了～些。❷代词。那：～时｜～时节。

恋

（戀）liàn ㄌㄧㄢˋ ［lün² 联²］

❶想念不忘，不忍舍弃，不想分开：留～｜～家｜～～不舍。【恋栈】马舍不得离开马棚，比喻贪恋禄位。❷恋爱：初～｜婚～｜失～。

☞㊁❶动词。粘，滚动着粘：～咗一身泥沙（滚了一身泥沙）｜开口枣上面～住好多芝麻（开口枣上面粘着很多芝麻）。❷动词。卷：～席（卷席子）｜～包袱。❸动词。揩擦以吸干液体：～干啲汁（把汁吸干）｜用饭～下个油镬（用饭揩揩油锅）。

恣

zì ㄗˋ ［ji³ 志］

❶放纵，无拘束：～意｜～情。❷〈方〉舒服：你看，他睡得多～。

恕

shù ㄕㄨˋ ［xu³ 庶］

宽恕，原谅：饶～｜～罪｜～我直言。

7—8 画

悬

（懸）xuán ㄒㄩㄢˊ ［yun⁴ 元］

❶挂，吊在空中：～灯结彩。㊃没有着落，没有结果：～案｜那件事还～着呢。【悬念】1. 挂念。2. 欣赏戏剧、电影或小说等文艺作品时，观众或读者对故事发展和人物命运关切和期待的心情。也泛指人们对事物发展关注和期待的心情：他毫无～地夺得了冠军。❷凭空设想：～拟｜～揣。❸距离远：～隔｜～殊。❹〈方〉危险：真～！差点儿掉下去。

患

huàn ㄏㄨㄢˋ ［wan⁶ 幻］

❶灾祸（㊀－难、灾－、祸－）：有备无～｜防～未然｜水～。❷忧虑（㊀忧－）：～得～失。❸害病：～病｜～脚气。

悠

yōu ㄧㄡ ［yeo⁴ 由］

❶长久（㊀－久）：～远｜～长。❷闲适，闲散：～闲｜～然。❸在空中摆

动：站在秋千上来回～。❹稳住，控制：～着点儿劲儿。【悠悠】1. 闲适，自由自在：白云～。2. 忧郁：～我思。3. 长久，遥远：～岁月。

您 nín ㄋㄧㄣˊ [néi⁵ 你]

代词。“你”的敬称。

慂 (＊㥠、＊恿) yǒng ㄩㄥˇ [yung² 拥]

见501页“怂”字条【怂慂】(sǒng－)。

惎 jì ㄐㄧˋ [géi⁶ 技]

❶毒害。❷忌恨。

惠 huì ㄏㄨㄟˋ [wei⁶ 位]

好处：恩～｜实～｜加～于人。㊀给人好处：互～｜～及全体人民。敬辞，用于对方对自己有益的行动：～赠｜～临。

惑 huò ㄏㄨㄛˋ [wag⁶ 或]

❶疑惑，不明白对与不对：困～｜大～不解｜智者不～。❷使迷乱(㊁迷－)：～乱人心｜谣言～众。

惩 (懲) chéng ㄔㄥˊ [qing⁴ 呈]

处罚，警戒：严～｜～前毖(bì)后。

9—10 画

想 xiǎng ㄒㄧㄤˇ [sêng² 赏]

❶动脑筋，思索：我～出一个办法来了。㊀1. 推测，认为：我～他不会来了｜我～这么做才好。2. 希望，打算：他～去学习｜要～学习好，就得努力。❷怀念，惦记：～家｜时常～着前方的战士。

感 gǎn ㄍㄢˇ [gem² 敢]

❶感觉，觉到：～想｜～到很温暖。【感觉】1. 客观事物的个别性质作用于人的感官(眼、耳、鼻、舌、皮肤)所引起的直接反应。2. 觉得：我～事情还顺手。【感性】指感觉和印象，是认识的初级阶段：～认识。❷使在意识、情绪上起反应：～动｜～人｜～化。❸情感，感情，因受刺激而引起的心理上的变化：读后～｜百～交集｜自豪～。❹感谢，对人家的好意表示谢意：～恩｜深～厚谊｜请寄来为～。

愚 yú ㄩˊ [yu⁴ 余]

❶傻，笨(㊁－蠢)：～人｜～昧。❷谦辞：～见。❸愚弄，欺骗：为人所～｜～民政策。

愁 chóu ㄔㄡˊ [seo⁴ 仇]

忧虑(㊁忧－)：发～｜不～吃，不～穿｜～死人了。

愆 (＊諐) qiān ㄑㄧㄢ [hin¹ 牵]

❶罪过，过失：～尤｜罪～。❷错过，耽误：～期。

慈 cí ㄘˊ [qi⁴ 词]

❶慈爱，和善：敬老～幼｜心～面善。❷指母亲：家～。

慜 （＊＊惽）mǐn ㄇㄧㄣˇ ［men⁵ 敏］

同"悯"。

慝 tè ㄊㄜˋ ［tig¹ 惕］

奸邪，罪恶：隐～（别人不知道的罪恶）。

愬 sù ㄙㄨˋ ［sou³ 诉］

❶见 685 页"诉"。❷用于人名。李愬，唐代人。

11　画

慧 huì ㄏㄨㄟˋ ［wei⁶ 位］

聪明，有才智（㊥智－、聪－）：～眼｜明～｜秀外～中。

慭 （憖）yìn ㄧㄣˋ ［yen⁶ 刃］

〈古〉❶宁愿。❷损伤。
【慭慭】谨慎的样子。

憋 biē ㄅㄧㄝ ［bid³ 别³］

❶气不通：门窗全关着，真～气。【憋闷】（－men）心里不痛快：这事真叫人～。❷勉强忍住：把嘴一闭，～足了气｜心里～了许多话要说。

憨 hān ㄏㄢ ［hem¹ 堪］

❶傻，痴呆：～笑。❷朴实，天真：～直｜～态。【憨厚】朴实，厚道。

慰 wèi ㄨㄟˋ ［wei³ 畏］

❶使人心里安适：安～｜～问｜～劳。【慰藉】（－jiè）安慰，抚慰。❷心安：欣～｜甚～。

12—13 画

憩 （＊憇）qì ㄑㄧˋ ［héi³ 气］

休息（㊥休－）：小～。

憝 duì ㄉㄨㄟˋ ［dêu³ 对］

❶怨恨。❷坏，恶：元凶大～。

橤 ruǐ ㄖㄨㄟˇ ［yêu⁵ 蕊］

❶下垂的样子。❷见 149 页"蕊"。

懋 mào ㄇㄠˋ ［meo⁶ 茂］

❶努力，勉励。❷盛大。

懑 （懣）mèn ㄇㄣˋ ［mun⁶ 闷］

❶烦闷。❷愤慨，生气：愤～。

14 画以上

戆 （戇）㊀gàng ㄍㄤˋ ㊀ ［ngong⁶ 昂⁶］

〈方〉鲁莽：～头～脑。

☞廣 形容词。傻，笨：佢有啲～～地（他有点傻头傻脑）｜冇人会咁～嘅（没人会这么笨的）｜～佬（傻瓜；神经有问题的人）。【戆居】傻，笨。【傻乎乎】傻头傻脑的样子。

㊁zhuàng ㄓㄨㄤˋ ㊁ ［zong⁶ 壮］
刚直：性情～直。

[98]忄部

1—4 画

忆 (憶)yì ㄧˋ [yig¹ 亿]

❶回想，想念：回～｜～苦思甜｜～故人。❷记得：记～力。

忉 dāo ㄉㄠ [dou¹ 刀]

【忉忉】忧愁，焦虑。

忖 cǔn ㄘㄨㄣˇ [qun² 喘]

揣度(chuǎiduó)，思量：～度(duó)｜自～。

忏 (懺)chàn ㄔㄢˋ [cam³ 杉]

梵语音译“忏摩”的省称。佛教指请人宽恕。又指佛教、道教讽诵的一种经文。【忏悔】悔过。

忙 máng ㄇㄤˊ [mong⁴ 亡]

❶事情多，没空闲：工作～｜～碌。❷急(㊀急－)：不慌不～｜先别～着下结论。❸急速地做：大家都在～生产。

怃 (憮)wǔ ㄨˇ [mou⁵ 母]

怃然，失意的样子。

怵 [mug¹ 木¹]

☞粤 动词。猜测：大家～下佢会唔会嚟(大家猜猜他会来吗)｜畀我～中咗(给我猜对了)。

忮 zhì ㄓˋ [ji³ 志]

嫉妒。

怀 (懷)huái ㄏㄨㄞˊ [wai⁴ 淮]

❶思念(㊀－念)：～友｜～旧。❷包藏，心里存有：～胎｜～疑｜～恨｜胸～壮志。❸胸前：把小孩抱在～里。❹心意：无介于～｜正中(zhòng)下～。

怄 (慪)òu ㄡˋ [eo³，㊀ngeo³ 沤]

故意惹人恼怒，或使人发笑，逗弄：你别～人了｜～得他直冒火。【怄气】闹别扭，生闷气：不要为这点儿小事～。

忧 (憂)yōu ㄧㄡ [yeo¹ 休]

❶发愁(㊀－愁)：杞人～天(指过虑)。❷使人忧愁的事：高枕无～。

忳 tún ㄊㄨㄣˊ [tün⁴ 团]

忧伤，烦闷。

忡 (**懮)chōng ㄔㄨㄥ [cung¹ 充]

忧虑不安(叠)：忧心～～。

忤 (*啎)wǔ ㄨˇ [ng⁵ 午]

逆，不顺从：～逆。

忾 (愾)kài ㄎㄞˋ [koi³ 钙]

愤怒，恨：同仇敌～(大家一致痛恨敌人)。

怅 (悵)chàng ㄔㄤˋ [cêng³ 唱]

失意，不痛快(叠)：～～离去丨～然。

忻 xīn ㄒㄧㄣ [yen¹ 因]

❶同"欣"。❷忻州，地名，在山西省。

忪 ㊀sōng ㄙㄨㄥ ㊀ [sung¹ 嵩]

见513页"惺"字条【惺忪】(xīng－)。

㊁zhōng ㄓㄨㄥ ㊁ [zung¹ 忠]

【怔忪】(zhēng－)惊惧。

怆 (愴)chuàng ㄔㄨㄤˋ [cong³ 创]

悲伤：凄～丨～然泪下。

忺 xiān ㄒㄧㄢ [him¹ 谦]

高兴，适意。

忭 biàn ㄅㄧㄢˋ [bin⁶ 辨]

高兴，喜欢(㊀－欣)：欢呼～舞。

忱 chén ㄔㄣˊ [sem⁴ 岑]

真实的心情：热～丨谢～。

快 kuài ㄎㄨㄞˋ [fai³ 筷]

❶速度高，跟"慢"相对：～车丨进步很～。❷赶紧，从速：～上学吧！丨～回去吧！❸副词。将，就要，接近：天～亮了丨他～五十岁了丨我～毕业了。❹敏捷：脑子～丨手疾眼～。❺锋利，跟"钝"相对：刀不～了，该磨一磨丨～刀斩乱麻(喻迅速果断地解决复杂的问题)。❻爽快，直截了当：～人～语丨心直口～。❼高兴，舒服：～乐丨～活丨～事丨大～人心丨身子不～。

忸 niǔ ㄋㄧㄡˇ [neo² 纽]

【忸怩】(－ní)不好意思、不大方的样子：～作态。

5 画

怔 ㊀zhēng ㄓㄥ [jing¹ 贞]

【怔忡】(－chōng)中医指心悸，患者感到心脏跳动得很厉害。【怔忪】(－zhōng)惊惧。

㊁zhèng ㄓㄥˋ [jing¹ 贞]

〈方〉发愣，发呆：发～。

怯 qiè ㄑㄧㄝˋ [hib³ 协]

❶胆小，没勇气(㊀－懦)：胆～丨～场。❷〈方〉俗气，见识不广，不合时宜：露～丨衣服的颜色有点儿～。

☞粤 动词。用指甲掐：～下啲菜睇老唔老(掐一下这些菜看老不老)？

怙 hù ㄏㄨˋ [wu⁶ 互]

依靠，仗恃：～恶不悛(quān)(坚持作恶，不肯悔改)。

怵 chù ㄔㄨˋ [zêd¹ 卒]

恐惧：～惕(恐惧警惕)。

怖 bù ㄅㄨˋ [bou³ 报]

惧怕(㊀恐－)：情景可～。【白色恐怖】反动统治者迫害人民所造成的令人恐惧的情势。

怦 pēng ㄆㄥ ［ping¹ 拼］

形容心跳声(叠)：紧张得心～～跳。

怗 tiē ㄊㄧㄝ ［tib³ 贴］

平定，安宁。

怛 dá ㄉㄚˊ ［dad³ 达³］

忧伤，悲苦。

怏 yàng ㄧㄤˋ ［yêng² 央²］

不服气，不满意：～～不乐｜～然不悦。

性 xìng ㄒㄧㄥˋ ［xing³ 胜］

❶事物本身所具有的性质或性能：碱～｜弹(tán)～｜向日～｜药～｜斗争～。【性命】生命。❷性格：个～｜天～｜～情｜本～难移。❸男女或雌雄的特质：～别｜男～｜女～｜～器官｜～教育。❹在思想、感情等方面的表现：党～｜组织纪律～。

怍 zuò ㄗㄨㄛˋ ［zog⁶ 昨］

惭愧(㊀愧－)。

怕 pà ㄆㄚˋ ［pa³ 爬³］

❶害怕：老鼠～猫。❷副词。恐怕，或许，表示猜想或疑虑：他～是不会来了｜不提前预防～要出大问题。

怜 (憐)lián ㄌㄧㄢˊ ［lin⁴ 连］

❶可怜，同情(㊀－悯)：同病相～｜～惜。❷爱：爱～。

㤘 (㑇)zhòu ㄓㄡˋ ［zeo³ 奏］

〈方〉性情固执，不听劝说：～脾气。

怩 ní ㄋㄧˊ ［néi⁴ 尼］

见507页“忸”字条【忸怩】(niǔ－)。

怫 fú ㄈㄨˊ ［fed⁶ 佛］

忧郁或愤怒的样子：～郁｜～然作色。

怊 chāo ㄔㄠ ［qiu¹ 超］

悲伤，失意。

怿 (懌)yì ㄧˋ ［yig⁶ 亦］

欢喜。

怪 (＊恠)guài ㄍㄨㄞˋ ［guai³ 拐³］

❶奇异，不平常(㊀奇－、－异)：～事｜～模～样。㊁惊奇：少见多～｜大惊小～。❷怪物，神话传说中的妖魔之类(㊀妖－)。㊃性情乖僻的人或形状异样的东西。❸副词。很，非常：～好的天气｜这孩子～讨人喜欢的。❹怨，责备：责～｜～罪｜这事儿不能～他。

怡 yí ㄧˊ ［yi⁴ 而］

和悦，愉快：心旷神～｜～然自得。

6 画

恸 (慟)tòng ㄊㄨㄥˋ ［dung⁶ 动］

❶极悲哀：～泣｜～切。❷指痛哭：悲极而～。

恃 shì ㄕˋ [qi⁵ 似]

依赖，仗着：有～无恐。

恒 (＊恆)héng ㄏㄥˊ [heng⁴ 衡]

❶持久(㊜－久)：～心｜永～。❷经常的，普通的：～言。

恓 xī ㄒㄧ [sei¹ 西]

【恓惶】(－huáng)惊慌烦恼的样子。

恹 (懨、＊＊懕)yān ㄧㄢ [yim¹ 阉]

【恹恹】有病而衰弱无力、精神不振的样子：病～。

恢 huī ㄏㄨㄟ [fui¹ 灰]

大，宽广(叠)(㊜－弘)：～～有余｜天网～～。

【恢复】1. 回到原来的状态：～健康。2. 使回到原来的状态，把失去的收回来：～旧貌｜～失地。

恍 (＊怳)huǎng ㄏㄨㄤˇ [fong² 访]

❶忽地，忽然：～然大悟。❷仿佛：～若置身其境。【恍惚】(－hū)1. 神志不清，精神不集中：精神～。2. (看得、听得、记得)不真切，不清楚：我～看见他了。

恫 (㊁＊＊痌)㊀dòng ㄉㄨㄥˋ ㊀[dung⁶ 动]

恐惧，恐吓。【恫吓】(－hè)吓(xià)唬。

㊁tōng ㄊㄨㄥ ㊁[tung¹ 通]

病痛：～瘝(guān)在抱(把人民的疾苦放在心里)。

恺 (愷)kǎi ㄎㄞˇ [hoi² 海]

快乐，和乐。

恻 (惻)cè ㄘㄜˋ [ceg¹ 测]

悲痛。【恻隐】对遭难(nàn)的人表示同情：动了～之心。

恬 tián ㄊㄧㄢˊ [tim⁴ 甜]

安静(㊜－静)。㊞安然，坦然，不在乎：～不知耻｜～不为怪。

恤 (＊卹、＊賉、＊䘏)xù ㄒㄩˋ [sêd¹ 摔]

❶对别人表同情，怜悯：体～｜怜～。❷救济：～金｜抚～。❸忧虑。

☞廣❶动词。投篮：～波(投篮球)｜～唔入(投球不中)。❷动词。恤发(用发夹把头发卷起来，使它弯曲成波浪形)。

恰 qià ㄑㄧㄚˋ [heb¹ 洽]

❶正巧，刚刚：～巧｜～到好处｜～如其分(fèn)｜～好。❷合适，适当：～当。

☞廣动词。欺负：有人敢～佢(没有人敢欺负他)。

恂 xún ㄒㄩㄣˊ [sên¹ 询]

❶诚信，信实。❷恐惧。

恪 kè ㄎㄜˋ [kog³ 确]

恭敬，谨慎：～遵｜～守。

佼

㊀jiǎo ㄐㄧㄠˇ ㊁［gao² 搞］

聪慧。

㊁xiào ㄒㄧㄠˋ ㊁［hao⁶ 效］

畅快，满意。

恼

（惱）nǎo ㄋㄠˇ ［nou⁵ 努］

❶发怒，使发怒：~怒｜~火｜惹~了他｜~羞成怒｜你别~我。❷烦闷，苦闷（㊟烦－、苦－）：懊~。

恽

（惲）yùn ㄩㄣˋ ［wen⁶ 运］

姓。

恨

hèn ㄏㄣˋ ［hen⁶ 很⁶］

❶怨，仇视（㊟怨－、仇－）：~入骨髓。❷懊悔，令人懊悔或怨恨的事：悔~｜遗~。

☞广❶动词。悔恨：呢次考试唔及格，佢~到成晚瞓唔着（这次考试不及格，他悔恨得一宿没睡）。【恨错】悔恨：到时你~就迟喇（到时你悔恨就晚了）。❷动词。渴望，巴望，巴不得：好~见到佢（很想见到他）｜大家都~你早日成功（大家都巴望你早日成功）｜~佢快啲走（巴不得他快点走）。❸动词。羡慕，喜欢：呢度环境咁好，边个都~呀（这里环境这么好，谁都羡慕呀）｜我最~食芒果喇（我最喜欢吃芒果了）｜你啲嘢又曳又贵又冇人~（你的东西又差又贵又没人喜欢）。【恨死隔篱】让别人十分羡慕：你间屋又平又够大，真系~咯（你的房子又便宜又够大，真让人羡慕死了）。

7 画

悈

jiè ㄐㄧㄝˋ ［gai³ 介］

警戒，警惕。

悖

（*誖）bèi ㄅㄟˋ ［bui⁶ 焙］

混乱，违反：并行不~｜有~常理。

悚

sǒng ㄙㄨㄥˇ ［sung² 耸］

害怕，恐惧：毛骨~然。

悟

wù ㄨˋ ［ng⁶ 午⁶］

理解，明白，觉醒（㊟醒－）：领~｜恍然大~。【觉悟】1. 由迷惑而明白。2. 指政治认识：提高~。

悭

（慳）qiān ㄑㄧㄢ ［han¹ 限¹］

吝啬（㊟－吝）。

☞广❶形容词。省俭，节省：~俭（省俭，节俭）｜佢自己好~，帮人就好大方（他自己很省俭，帮助别人就很大方）｜呢个计划最~架喇（这个计划是最节省的了）。❷动词。节省，节约：佢~埋啲钱都攞嚟做慈善（他省下的钱都用来做慈善事业）｜呢架车好~油（这辆车很省油）｜你唔要我就~翻（你不要我就省了）。【悭皮】省钱，经济（皮，钱款）：买咁少，够~咯（才买这么点，太省了）｜呢次旅游总共使咗千零文，够晒~（这次旅游一共花了千把块钱，够省的）。

悄

㊀qiāo ㄑㄧㄠ ［qiu² 超²］

【悄悄】没有声音或声音很低：静～｜部队～地出动。

㊁qiǎo ㄑㄧㄠˇ［qiu² 超²］

❶忧愁(叠)：忧心～～。❷寂静无声或声音很低：～然无声｜低声～语。

悍　(*猂)hàn ㄏㄢˋ［hon⁶ 汗］

❶勇敢：强～｜短小精～。❷凶暴(㊀凶－)：～然不顾。

悝　kuī ㄎㄨㄟ［fui¹ 恢］

用于人名。李悝，战国时政治家。

悃　kǔn ㄎㄨㄣˇ［kuen² 菌］

诚实，诚心。

悒　yì ㄧˋ［yeb¹ 泣］

愁闷，不安(叠)：忧～｜～～不乐。

悔　huǐ ㄏㄨㄟˇ［fui³ 诲］

后悔，懊恼：懊～｜～过｜～之已晚。

悯　(憫)mǐn ㄇㄧㄣˇ［men⁵ 敏］

❶哀怜(㊀怜－)：其情可～｜悲天～人。❷忧愁。也作"愍"。

悦　yuè ㄩㄝˋ［yud⁶ 月］

❶高兴，愉快(㊀喜－)：和颜～色｜心～诚服。❷使愉快：～耳｜赏心～目。

悌　tì ㄊㄧˋ［dei⁶ 弟］

指弟弟敬爱哥哥：孝～。

悢　liàng ㄌㄧㄤˋ［lêng⁶ 亮］

悲伤，惆怅：～然。

悛　quān ㄑㄩㄢ［xun¹ 宣］

悔改：怙(hù)恶不～(坚持作恶，不肯悔改)。

8　画

情　qíng ㄑㄧㄥˊ［qing⁴ 晴］

❶感情，情绪，外界事物所引起的爱、憎、愉快、不愉快、惧怕等的心理状态：无～｜温～。❷爱情：谈～说爱。❸情面，情分：说～｜求～。❹状况：实～｜真～｜军～｜～况｜～形。【情报】关于各种情况的报告(多带机密性质)。

惬　(愜、*愿)qiè ㄑㄧㄝˋ［hib⁶ 协⁶］

满足，畅快：～意｜～心。【惬当】(－dàng)恰当。

悽　líng ㄌㄧㄥˊ［ling⁴ 陵］

❶哀怜。❷惊恐。

悻　xìng ㄒㄧㄥˋ［heng⁶ 幸］

【悻悻】怨恨，怒：～而去。

惜　xī ㄒㄧ ㊀［xig¹ 色］

❶爱惜，重视，不随便丢弃：～阴(爱惜时间)｜～墨如金。【怜惜】爱惜，同情。❷舍不得(㊀吝－)：～别｜不～

牺牲｜～指失掌（喻因小失大）｜在所不～。❸可惜，感到遗憾：痛～｜～未成功。

㊁［sēg³ 削］

☞▇❶动词。爱惜：佢处处～住件靓衫（他处处爱惜着那件漂亮衣服）｜～身（爱护身体，善于养生。婉指怕死）。❷动词。疼，喜爱：佢最～呢个仔嘅嘞（她最喜爱这个儿子了）。❸动词。娇宠，惯纵：个仔畀佢～坏晒（这孩子给她宠坏了）。❹动词。吻，亲：嚟，畀嫲嫲～一啖（来，让奶奶亲一个）。

惭 （慚、*慙）cán ㄘㄢˊ［cam⁴ 蚕］

羞愧（㊇－愧）：自～｜大言不～。

悱 fěi ㄈㄟˇ［féi² 匪］

想说可是不能够恰当地说出来。

悼 dào ㄉㄠˋ［dou⁶ 道］

悲伤，哀念（㊇哀－）：追～（追念死者）。

惝 chǎng ㄔㄤˇ，㊉tǎng ㄊㄤˇ［cong² 厂，㊉tong² 倘］

失意。

惧 （懼）jù ㄐㄩˋ［gêu⁶ 巨］

害怕（㊇恐－）：临危不～。

惕 tì ㄊㄧˋ［tig¹ 忒］

小心谨慎。【警惕】对可能发生的危险情况或错误倾向保持警觉：提高～，保卫祖国｜～贪图享乐思想的侵蚀。

惵 tiǎn ㄊㄧㄢˇ［tin⁵ 天⁵］

惭愧。

惘 wǎng ㄨㄤˇ［mong⁵ 妄］

不得意（㊇怅－）：～然。

悸 jì ㄐㄧˋ［guei³ 季］

因害怕而心跳：～栗（心惊肉跳）｜惊～｜心有余～。

惟 wéi ㄨㄟˊ［wei⁴ 围］

❶同"唯❶"。❷但是：雨虽止，～路途仍甚泥泞。❸文言助词，用在句首，有加强语气的作用：～二月既望。❹思，想。"思惟"通常写作"思维"。

惆 chóu ㄔㄡˊ［ceo⁴ 筹］

【惆怅】（－chàng）失意，伤感。

惛 hūn ㄏㄨㄣ［fen¹ 婚］

糊涂。

惚 hū ㄏㄨ［fed¹ 忽］

见509页"恍"字条【恍惚】（huǎng－）。

惊 （驚）jīng ㄐㄧㄥ［㊅ging¹ 京，㊆géng¹ 镜¹］

❶骡、马等因为害怕而狂奔起来不受控制：马～了。❷精神突然受到刺激而紧张或不安：受～｜吃～｜～喜｜处变不～｜～心动魄｜～慌。❸惊动：打草～蛇。

惇 (＊惛)dūn ㄉㄨㄣ [dên¹ 吨]

敦厚。

惦 diàn ㄉㄧㄢˋ [dim³ 店]

惦记，记挂，不放心：～念｜心里老～着工作。

悴 (＊顇)cuì ㄘㄨㄟˋ [sêu⁶ 睡]

见515页“憔”字条【憔悴】(qiáo－)。

惮 (憚)dàn ㄉㄢˋ [dan⁶ 但]

怕，畏惧：不～烦｜肆无忌～。

惔 tán ㄊㄢˊ [tam⁴ 谭]

燃烧。

悰 cóng ㄘㄨㄥˊ [cung⁴ 虫]

❶快乐。❷心情。

惋 wǎn ㄨㄢˇ [wun² 碗]

叹惜：～惜。

惨 (慘)cǎn ㄘㄢˇ [cam² 蚕²]

❶凶恶，狠毒：～无人道。❷使人悲伤难受(㊣凄－、悲－)：她的遭遇太～了。【惨淡】1. 暗淡无光：病容～。2. 凄凉，萧条：～的人生｜生意～。3. 指辛苦：～经营。❸程度严重：敌人～败｜可累～了。

惙 chuò ㄔㄨㄛˋ [jud³ 拙]

❶忧愁(叠)。❷疲乏。

惯 (慣)guàn ㄍㄨㄢˋ [guan³ 关³]

❶习以为常的，积久成性的：～技｜～例｜穿～了休闲装。【惯性】物体没有受外力作用时保持原有的运动状态或静止状态，这种性质叫惯性。❷纵容，放任：～坏了孩子｜娇生～养。

9 画

愤 (憤)fèn ㄈㄣˋ [fen⁵ 奋]

因为不满意而感情激动，发怒(叠)：气～｜～～不平。【发愤】自己感觉不满足，努力地做：～图强。

慌 huāng ㄏㄨㄤ [fong¹ 方]

❶慌张，急忙，忙乱(㊣－忙)：他做事太～｜～里～张。❷恐惧，不安(㊣恐－)：心里发～｜惊～。❸用作补语，表示难忍受：累得～｜闷(mèn)得～。

惰 duò ㄉㄨㄛˋ [do⁶ 堕]

懒，懈怠，跟“勤”相对(㊣懒－、怠－)。

愐 miǎn ㄇㄧㄢˇ [min⁵ 免]

❶思，想。❷勤勉。

愠 yùn ㄩㄣˋ [wen³ 酝]

怒，怨恨：面有～色。

惺 xīng ㄒㄧㄥ [xing¹ 升]

醒悟。【惺惺】1. 清醒，聪明。2. 聪明的人：~惜~（指同类的人互相怜惜）。【假惺惺】虚情假意的样子。【惺忪】（*惺松）刚睡醒尚未清醒的样子。

愦 （憒）kuì ㄎㄨㄟˋ ［kui³ 溃］

昏乱，糊涂（㊀昏-）。

愕 è ㄜˋ ［ngog⁶ 岳］

惊讶（㊀惊-）：~然。

惴 zhuì ㄓㄨㄟˋ ［zêu³ 最］

又忧愁，又恐惧（叠）：~~不安。

愣 lèng ㄌㄥˋ ［ling⁶ 另，㊂ling⁴ 玲］

❶呆，失神：两眼发~｜吓得他一~。❷鲁莽，说话做事不考虑对不对：~头~脑｜他说话做事太~。㊁蛮，硬，不管行得通行不通：~干｜明知不对，他~那么说。

愀 qiǎo ㄑㄧㄠˇ ［qiu² 悄］

脸色改变：~然作色。

愎 bì ㄅㄧˋ ［big¹ 逼］

乖戾，固执：刚~自用（固执己见）。

惶 huáng ㄏㄨㄤˊ ［wong⁴ 王］

恐惧（㊀-恐）：惊~｜人心~~。

☞粤❶形容词。慌张，惊惶，多指牲畜：赶到只鸡~晒（把那只鸡赶得惊慌失措）。❷形容词。（机械等）难以控制：呢部单车车头好~（这部自行车车头不好控制）。

愧 （*媿）kuì ㄎㄨㄟˋ ［kuei³ 规³］

羞惭（㊀惭-、羞-）：问心无~｜他真不~是劳动模范。

愉 yú ㄩˊ ［yu⁴ 余］

喜欢，快乐（㊀-快）：~快｜~悦。

愔 yīn ㄧㄣ ［yem¹ 音］

【愔愔】1. 形容安静和悦。2. 形容沉默寡言。

愃 xuān ㄒㄩㄢ ［xun¹ 宣］

❶心广体胖的样子。❷忘记。

慨 （❷*嘅）kǎi ㄎㄞˇ ［koi³ 钙］

❶愤激：愤~。❷感慨：~叹。❸慷慨，不吝啬：~允｜~然相赠。

10 画

愫 sù ㄙㄨˋ ［sou³ 素］

情愫，真实的心情。

愭 qí ㄑㄧˊ ［kéi⁴ 棋］

❶恭顺。❷畏惧。

慑 （懾、*慴）shè ㄕㄜˋ ［xib³ 摄］

恐惧，害怕：~服｜震~。【威慑】用武力或威势使对方感到恐惧。

慎 (△*昚)shèn ㄕㄣˋ [sen6 身6]

小心，加小心(连谨－)：不～｜～重。

“昚”另见359页 shèn。

慥 zào ㄗㄠˋ [zou6 造，又cou3 醋]

(叠)忠厚诚实的样子。

慆 tāo ㄊㄠ [tou1 滔]

喜悦。

慊 ㊀qiàn ㄑㄧㄢˋ ㊀ [him3 欠]

不满，怨恨。

㊁qiè ㄑㄧㄝˋ ㊁ [hib3 胁]

满足，满意：不～(不满)。

11 画

慬 qín ㄑㄧㄣˊ [ken4 芹]

勇敢。

慓 piāo ㄆㄧㄠ [piu5 瞟]

同“剽❷”。

慢 màn ㄇㄢˋ [man6 曼]

❶迟缓，速度低，跟“快”相对：～车｜～～地走｜我的表～五分钟。❷态度冷淡，不热情：怠～｜傲～。

慷 (**忼)kāng ㄎㄤ [kong2 抗2]

【慷慨】(－kǎi)1. 情绪激昂：～陈词。2. 待人热诚，肯用财物帮助人：他待人很～｜～解囊。

慵 yōng ㄩㄥ [yung4 容]

困倦，懒。

12 画

懂 dǒng ㄉㄨㄥˇ [dung2 董]

了解，明白：一看就～｜～点儿中医。

憭 liǎo ㄌㄧㄠˇ [liu5 了]

明白；明了。

☞粤【轻憭憭】轻轻的：个箱里面系乜嘢嚟架，～嘅(箱子里是什么东西，轻轻的)？【空憭憭】空空的：屋里头～，乜都有(房子里空空的，什么都没有)。

憬 jǐng ㄐㄧㄥˇ [ging2 警]

醒悟：闻之～然。

憔 (*顦)qiáo ㄑㄧㄠˊ [kiu4 潮]

【憔悴】(－cuì)黄瘦，脸色不好：面容～。

懊 ào ㄠˋ [ou3，又ngou3 奥]

烦恼，悔恨：～悔。【懊丧】(－sàng)因失意而郁闷不乐。

憧 chōng ㄔㄨㄥ [cung1 充]

心意不定。【憧憧】往来不定，摇曳不定：人影～。

【憧憬】(－jǐng)向往：～未来。

憎 zēng ㄗㄥ [zeng1 增]

厌恶(wù)，嫌，跟"爱"相对(㊁ –恶、–恨)：爱~分明 | 面目可~。

憕 chéng ㄔㄥˊ [cang4 撑4]

平，平均。

13 画

憷 chù ㄔㄨˋ [co2 楚]

害怕，畏缩：发~ | 任何难事，他都不~。

懒 (懶、*孄)lǎn ㄌㄢˇ [lan5 兰5]

❶怠惰，不喜欢工作，跟"勤"相对(㊁ –惰)：~汉 | 好(hào)吃~做。【懒得】(–de)不愿意，厌烦：我都~说了。❷疲惫，困乏：浑身发~。

憾 hàn ㄏㄢˋ [hem6 撼]

悔恨，心中感到有所缺欠：~事 | 遗~。

憺 dàn ㄉㄢˋ [dam6 氮]

❶安定。❷忧愁。

懈 xiè ㄒㄧㄝˋ [hai6 械]

松懈，不紧张(㊁ –怠)：始终不~。㊟漏洞：无~可击。

懔 (**懍)lǐn ㄌㄧㄣˇ [lem5 凛]

畏惧。

14 画以上

懦 nuò ㄋㄨㄛˋ [no6 糯]

怯懦，软弱无能(㊁ –弱)：~夫。

懜 (**懵)měng ㄇㄥˇ [mung2 梦2]

【懜懂】(–dǒng)糊涂，不明白事理。

[98]⺗部

忝 tiǎn ㄊㄧㄢˇ [tim2 添2]

辱没(mò)。谦辞：~属知己 | ~列门墙(愧在师门)。

恭 gōng ㄍㄨㄥ [gung1 公]

肃敬，谦逊有礼貌(㊁ –敬)：~贺。【出恭】排泄大小便。

隳 huī ㄏㄨㄟ [fei1 挥]

毁坏。

[99]毋部

毋 wú ㄨˊ [mou4 无]

文言副词。不要，不可以：宁缺~滥。

[99]母部

母 mǔ ㄇㄨˇ [mou5 武]

❶母亲，妈妈，娘：～系｜～性。❷对女性长辈的称呼：姑～｜舅～｜祖～。❸雌性的：～鸡｜这头猪是～的。❹事物所从产生出来的：～校｜～株｜工作～机｜失败为成功之～。㊁一套东西中间可以包含其他部分的：子～环｜子～扣｜螺丝～。

每 měi ㄇㄟˇ [mui⁵ 妹⁵]

❶指全体中的任何一个或一组：～人｜～回｜～次｜～三天｜～一分钱。❷指反复的动作中的任何一次或一组：～战必胜｜～逢十五日出版。【每每】副词。常常：他工作很忙，～干到深夜。

毑 nǎ ㄋㄚˇ [na² 那²]

☞▌形容词。母的，雌性的：鸡～｜猪～｜两仔～(两母子)｜公婆仔～(一家大小)。

毒 dú ㄉㄨˊ [dug⁶ 读]

❶对生物体有危害的性质，或有这种性质的东西：～气｜中(zhòng)～｜消～｜砒霜有～。㊁对思想品质有害的事物：肃清流～。❷毒品：吸～｜贩～｜禁～。❸用有毒的东西使人或物受到伤害：用药～老鼠｜～杀害虫。❹毒辣，凶狠，厉害：心～｜～计｜下～手｜太阳真～。

毓 yù ㄩˋ [yug¹ 沃]

同"育"。多用于人名。

[100]示部

示 shì ㄕˋ [xi⁶ 是]

表明，把事物拿出来或指出来使别人知道：～众｜～威｜表～｜暗～｜～范｜以目～意。

祟 suì ㄙㄨㄟˋ [sêu⁶ 睡]

迷信说法指鬼神带给人的灾祸。【鬼祟】行为不光明，常说"鬼鬼祟祟"：行动～。【作祟】暗中捣鬼：从中～。

祭 jì ㄐㄧˋ [zei³ 际]

❶对死者表示追悼、敬意(㊇－奠)：公～烈士。❷用供品供奉祖宗或鬼神等(㊇－祀)：～神｜～天。

禁 ㊀jīn ㄐㄧㄣ ㊀ [kem¹ 襟]

❶禁受，受得住，耐(用)：～得起考验｜这种布～穿。❷忍耐：他不～(忍不住)笑起来。

㊁jìn ㄐㄧㄣˋ ㊁ [gem³ 淦]

❶不许，制止：～止｜～赛｜查～。❷法律或习惯上制止的事：入国问～｜犯～。❸拘押：～闭｜监～。❹旧时称皇帝居住的地方：～中｜紫～城。㊁不能随便通行的(地方)：～地｜～区。❺避忌：～忌。

[100]礻部

1—4画

礼 (禮)lǐ ㄌㄧˇ [lei⁵ 例⁵]

❶由一定社会的道德观念和风俗习惯形成的为大家共同遵行的仪节：典～｜婚～。❷表示尊敬的态度或动作：敬～｜

~貌。㊀以礼相待：~贤下士。❸礼物，用来表示庆贺或敬意：献~丨一份~丨大~包。

祁 qí ㄑㄧˊ [kéi⁴ 其]

盛大：~寒（严寒，极冷）。

礽 réng ㄖㄥˊ [ying⁴ 仍]

福。

社 shè ㄕㄜˋ [sé⁵ 些⁵]

❶古代指祭祀土地神的地方。【社火】民间在节日扮演的各种杂戏。❷指某些团体或机构：合作~丨通讯~丨集会结~。【社会】1. 指由一定的经济基础和上层建筑构成的整体：封建~丨社会主义~。2. 指由于共同的物质条件和生活方式而联系起来的人群：上层~丨~思潮。【社交】指社会上人与人的交际往来。【社区】社会上有一定区域、人群、组织形式、生活服务设施等的居住区。

祀 （*禩）sì ㄙˋ [ji⁶ 字]

❶祭祀。❷〈古〉殷代人指年：十有三~。

祃 （禡）mà ㄇㄚˋ [ma⁶ 骂]

古代行军时，在军队驻扎的地方举行的祭礼。

祆 xiān ㄒㄧㄢ [hin¹ 牵]

【祆教】拜火教，公元前6世纪波斯人创立，崇拜火，南北朝时传入我国。

祎 （禕）yī ㄧ [yi¹ 依]

美好。多用于人名。

祉 zhǐ ㄓˇ [ji² 纸]

福：福~。

视 （視、*眎、*眡）shì ㄕˋ [xi⁶ 是]

❶看：~点丨近~眼丨~而不见。❷视察，观察：巡~一周丨监~。❸看待：重~丨~死如归丨一~同仁。

祈 qí ㄑㄧˊ [kéi⁴ 其]

向神求福（㊄-祷）。㊀请求：敬~照准。

祇 qí ㄑㄧˊ [kéi⁴ 其]

古代称地神：神~。

另见164页“只”（zhǐ）。

祋 duì ㄉㄨㄟˋ [doi⁶ 代]

❶古代的一种兵器。❷姓。

祊 （**鬃）bēng ㄅㄥ [beng¹ 崩]

❶古代宗庙门内的祭祀，也指门内祭祀之处。❷祊河，水名，在山东省中部偏南，沂（yí）河支流。

5 画

祛 qū ㄑㄩ [kêu¹ 驱]

除去，驱逐：~疑丨~暑丨~痰剂。

祜 hù ㄏㄨˋ [wu² 浒]

福。

祏 shí ㄕˊ [ség⁶ 硕]

古时宗庙中藏神主的石匣。

祐 yòu ㄧㄡˋ [yeo⁶ 右]

❶保佑，迷信的人指神帮助。❷用于地名：吉～(在广东省顺德)。❸姓。

祓 fú ㄈㄨˊ [fed¹ 忽]

古代一种习俗，用斋戒沐浴等方法除灾求福。㊀清除。

祖 zǔ ㄗㄨˇ [zou² 早]

❶称父母亲的上一辈：～父｜外～母｜～孙三代。㊀先代：～宗｜始～。【祖国】对自己国家的亲切称呼。❷某种事业或流派的开创者：鼻～｜～师。

神 shén ㄕㄣˊ [sen⁴ 晨]

❶宗教指天地万物的创造者和统治者，迷信的人指神仙或被他们崇拜的人死后的精灵：无～论｜不信鬼～。㊀1. 不平凡的，特别高超的：～力｜～医。2. 不可思议的，特别稀奇的(㊃－秘)：这事真是越说越～了。【神通】特殊的手段或本领：大显～｜～广大。❷心力，心思，注意力：劳～｜留～｜看得出了～｜聚精会～。❸(－儿)神气，表情：你瞧他这个～儿，有点儿不对劲儿｜～色。

祝 zhù ㄓㄨˋ [zug¹ 竹]

❶削，断绝：～发为僧。❷表示对人对事的美好愿望：～愿｜～福｜～身体健康。

祚 zuò ㄗㄨㄛˋ [zou⁶ 做]

❶福：门衰～薄。❷皇帝的地位：卒践帝～(终于登上帝位)。

祇 zhī ㄓ [ji¹ 支]

恭敬：～仰｜～候光临。

祢 (禰) mí ㄇㄧˊ (旧读 nǐ) [néi⁴ 尼]

姓。

祕 mì ㄇㄧˋ [béi³ 痹]

❶见 550 页“秘”。❷姓。

祠 cí ㄘˊ [qi⁴ 池]

供奉祖宗、鬼神或有功德的人的庙宇或房屋：～堂｜先贤～。

𰨭 [fid¹ 夫热¹]

☞㊎【符𰨭】办法，法宝：有乜～(没有什么办法)｜出尽～(出尽法宝)。【揸𰨭】管事，掌管决断权：呢度边个～(这里谁说了算)？｜唔系佢～(不是他管事)。

6 画以上

祯 (禎) zhēn ㄓㄣ (旧读 zhēng) [jing¹ 征]

吉祥。

祧 tiāo ㄊㄧㄠ [tiu¹ 挑¹]

古代称远祖的庙。在封建宗法制度中指承继先代：承～。

祥 xiáng ㄒㄧㄤˊ [cêng⁴ 详]

❶吉利(㊣吉－)：～瑞｜不～。㊕和善，友善：慈～｜～和。❷指吉凶的预兆(迷信)。

祷 (禱) dǎo ㄉㄠˇ [tou² 土，㊒dou² 捣]

教徒或迷信的人向天、神求助：祈～。敬辞(书信用语)：为～｜盼～。

祸 (旤、*既) huò ㄏㄨㄛˋ [wo⁶ 禾⁶]

❶灾殃，苦难(nàn)，跟"福"相对(㊣灾－)：大～临头｜闯～。❷损害，使受灾殃：～国殃民。

祲 jìn ㄐㄧㄣˋ [zem¹ 针]

古人指不祥之气。

祾 líng ㄌㄧㄥˊ [ling⁴ 陵]

〈古〉福。

祺 qí ㄑㄧˊ [kéi⁴ 旗]

吉祥，福气。

祼 guàn ㄍㄨㄢˋ [gun³ 贯]

古代祭祀时把酒浇在地上的礼节。

禅 (禪) ㊀chán ㄔㄢˊ ㊂ [xim⁴ 婵]

❶梵语音译"禅那"的省称，佛教指静思：坐～。❷关于佛教的：～杖｜～师。

㊁shàn ㄕㄢˋ ㊂ [xin⁶ 善]

禅让，指古代帝王让位给别人。如尧让位给舜，舜让位给禹。

禄 lù ㄌㄨˋ [lug⁶ 录]

古代官吏的俸给(㊣俸－)：高官厚～。

禊 xì ㄒㄧˋ [hei⁶ 系]

古代春秋两季在水边举行的意在除去所谓不祥的祭祀。

福 fú ㄈㄨˊ [fug¹ 幅]

幸福，跟"祸"相对：为人类造～｜～利｜～如东海。【福祉】(－zhǐ)幸福：为人民谋～。

禋 yīn ㄧㄣ [yen¹ 因]

❶古祭祀名，指祭天。❷泛指祭祀。

禔 zhī ㄓ [tei⁴ 提]

❶安宁。❷福。

禘 dì ㄉㄧˋ [dei³ 帝]

古代一种祭祀。

禒 xiǎn ㄒㄧㄢˇ [xin² 冼]

祭祀剩余的肉。

禛 zhēn ㄓㄣ [zen¹ 真]

吉祥。多用于人名。

禚 zhuó ㄓㄨㄛˊ [zêg³ 桌]

姓。

禤 xuān ㄒㄩㄢ [hün¹ 圈]

姓。

禧 xǐ ㄒㄧˇ [héi¹ 希, ⊗héi² 喜]

❶(旧读xī)福，吉祥。❷喜庆：新～。

禳 ráng ㄖㄤˊ [yêng⁴ 羊]

迷信的人祈祷消除灾殃：～灾。

[101]甘部

甘 gān ㄍㄢ [gem¹ 金]

❶甜，味道好，跟"苦"相对：～苦｜～泉｜苦尽～来。㊞美好：～雨。❷甘心，自愿，乐意：心～情愿｜不～失败。

邯 hán ㄏㄢˊ [hon⁴ 寒]

【邯郸】(－dān)地名，在河北省。

某 mǒu ㄇㄡˇ [meo⁵ 亩]

代词。代替不明确指出的人、地、事、物等：～人｜～国｜～日｜张～｜～～学校。

漧 gàn ㄍㄢˋ [gem³ 禁]

用于地名：～井沟(在重庆市忠县)。

[102]石部

石 ㊀dàn ㄉㄢˋ ㊂[ség⁶ 硕，⊗dàm³ 担³]

市制容量单位，1石是10斗，合100升。〖此义在古书中读shí，如"二千石"。〗

㊁shí ㄕˊ ㊂[ség⁶ 硕]

❶(－头)构成地壳的坚硬物质，是由矿物集合而成的：花岗～｜～磨｜～砚。❷指石刻：金～。❸古代容量单位，一石为十斗。❹古代重量单位，一石为一百二十斤。❺姓。

2—4画

矶 (磯)jī ㄐㄧ [géi¹ 机]

水边突出的岩石。多用于地名：采石～(在安徽省马鞍山市)｜燕子～(在江苏省南京)。

矸 gān ㄍㄢ [gon¹ 竿]

矸子，夹杂在煤里的石块：煤～石。

矼 gāng ㄍㄤ [gong¹ 江]

❶石桥。❷用于地名：大～(在浙江省永嘉)。

砃 [zag³ 责]

☞廣动词。压：～实啲(压紧一点)｜攞嚿石头～住佢(拿块石头压着它)。也作"责"。

矻 kū ㄎㄨ ［nged⁶ 屹］

【矻矻】努力、勤劳的样子。

矽 xī ㄒㄧ ［jig⁶ 夕］

非金属元素硅(guī)的旧称。

矾 (礬)fán ㄈㄢˊ ［fan⁴ 凡］

某些金属硫酸盐的含水结晶。如明矾(硫酸钾铝，又叫白矾)、胆矾(硫酸铜)、绿矾(硫酸亚铁)。

矿 (礦、*鑛)kuàng ㄎㄨㄤˋ(旧读gǒng)［kong³ 抗，⊗kuong³ 箍康³］

❶矿物，蕴藏在地层中的自然物质：铁~｜煤~｜油~。❷开采矿物的场所：~井｜~坑｜下~。

砀 (碭)dàng ㄉㄤˋ ［dong⁶ 荡］

【砀山】地名，在安徽省。

码 (碼)mǎ ㄇㄚˇ ［ma⁵ 马］

❶(-子、-儿)代表数目的符号：数~｜号~｜苏州~子(〡、〢、〣、〤、〥等)｜明~儿售货(在商品上标明价码出售)。❷(-子)计算数目的用具，如砝码、筹码等。❸量词。用于一件事或一类事：这是两~事。❹(外)英美制长度单位，1码等于3英尺，合0.9144米。❺〈方〉摞(luò)起，垒起：~砖头｜小孩儿~积木。

☞❶动词。捆紧：唔用嘅碗就用绳~起佢(不用的碗就用绳子捆起来吧)｜攞铁线将个木箱~实(用铁丝把木箱捆牢)。❷动词。钉在一起：用码钉~实两条杉(用蚂蟥钉把两条杉木钉在一起)。❸动词。引申指依附、巴结：佢好想~住领导(他很想巴结领导)。❹动词。引申指控制、笼络：佢~住一班人(他笼络、控制着一伙人)。

砉 ㊀huā ㄏㄨㄚ ［wag⁶ 或］

形容迅速动作的声音：乌鸦~的一声飞了。

㊁xū ㄒㄩ ［wag⁶ 或］

形容皮骨相离声。

研 yán ㄧㄢˊ ［yin⁴ 言］

❶细磨：~药｜~墨。❷研究，深入地探求：钻~｜~求。

☞❶动词。碾，擀：~药｜~面(擀面)｜~船(药碾子)。❷动词。用刀在棍子等的表面滚动着横切：~断条棍(切断棍子)｜~一爽蔗(切一段甘蔗)

〈古〉又同"砚"(yàn)。

砆 fū ㄈㄨ ［fu¹ 呼］

用于地名：~石村(在湖南省浏阳)。

砖 (磚、*甎、*塼)zhuān ㄓㄨㄢ ［jun¹ 尊］

❶用土坯烧成的建筑材料。❷像砖的东西：茶~｜冰~｜金~｜煤~。

砗 (硨)chē ㄔㄜ ［cé¹ 车］

【砗磲】(-qú)软体动物，比蛤蜊大，壳略呈三角形，很厚，生活在热带海里。

砑 yà ㄧㄚˋ ［nga⁶ 讶］

碾压。【砑光】用卵形或弧形的石块碾压或磨擦皮革、布帛等使紧密而光亮。

砘 dùn ㄉㄨㄣˋ ［dên⁶ 顿］

❶（－子）耩（jiǎng）完地之后用来轧（yà）地的石磙子。❷用砘子轧地。

砒 pī ㄆㄧ ［péi¹ 丕］

❶"砷"（shēn）的旧称。❷砒霜，砷的氧化物，有剧毒，可做杀虫剂。

砌 qì ㄑㄧˋ ［cei³ 齐³］

建筑时垒砖石，用泥灰黏合：～墙｜～炕。

☞ 廣 ❶动词。拼合：～图（拼图）｜～积木｜～翻好佢（拼回原来的样子）。【砌生猪肉】诬陷：佢畀人～，真冤枉（他被人诬陷，真冤枉）。❷动词。揍，打：～佢（揍他）｜畀人～咗一餐（给人揍了一顿）。

砂 shā ㄕㄚ ［sa¹ 沙］

同"沙（shā）❶❷"。

泵 bèng ㄅㄥˋ ［bem¹ 乒］

（外）把液体或气体抽出或压入用的机械装置：气～｜油～。

砚 （硯）yàn ㄧㄢˋ ［yin⁶ 现］

砚台，写毛笔字研墨用的文具。

斫 （*斲、*斵、*斮）zhuó ㄓㄨㄛˊ ［zêg³ 雀］

砍削：～伐树木｜～轮老手（指经验多的人）。

砭 biān ㄅㄧㄢ ［bin¹ 边］

古代用石针扎皮肉治病。【针砭】㊉指出过错，劝人改正：～时政。

砍 kǎn ㄎㄢˇ ［hem² 坎］

用刀、斧等猛剁，用力劈：～柴｜把树枝～下来。

砜 （碸）fēng ㄈㄥ ［fung¹ 丰］

有机化合物，是硫酰（xiān）基与烃（tīng）基或芳香基结合而成的，如二甲砜、二苯砜。

砄 jué ㄐㄩㄝˊ ［küd³ 决］

❶石头。❷用于地名：石～（在吉林省集安）。

5 画

砝 fǎ ㄈㄚˇ ［fad³ 法］

【砝码】（－mǎ）天平上用作重量标准的东西，用金属制成。

砹 ài ㄞˋ ［ai⁶ 艾］

放射性非金属元素，符号 At。

砵 bō ㄅㄛ ［bud³ 钵］

用于地名：东～（在广东省阳江）。

砸 zá ㄗㄚˊ ［zab³ 杂³，㊀zag⁶ 宅］

❶打，捣：～钉子｜～地基。❷打坏，打破：碗～了｜～碎铁锁链。㊕失败：这件事搞～了。

砺
(礪)lì ㄌㄧˋ [lei6 丽]

❶粗磨刀石。❷磨(mó)：砥～。

砰
pēng ㄆㄥ [ping1 拼]

形容撞击声、重物落地声：～的一声，枪响了。

砧
(*碪)zhēn ㄓㄣ [zem1 针]

捶、砸或切东西的时候，垫在底下的器具：铁～｜～板。【砧木】嫁接植物时把接穗接在另一个植物体上，这个植物体叫砧木。

砠
jū ㄐㄩ [zêu1 追]

带土的石山。

砷
shēn ㄕㄣ [sen1 申]

非金属元素，旧叫砒(pī)，符号As，有黄、灰、黑褐三种颜色，有金属光泽，质脆有毒。可用来制合金，它的化合物可做杀菌剂和杀虫剂。

砟
zhǎ ㄓㄚˇ [za3 诈]

(－子)某些坚硬成块的东西：煤～子｜炉灰～子。

砼
tóng ㄊㄨㄥˊ [tung4 筒]

混凝土。

砥
dǐ ㄉㄧˇ(旧又读zhǐ) [dei2 底]

细的磨刀石。【砥砺】1. 磨炼：～意志。2. 勉励：相互～。

砾
(礫)lì ㄌㄧˋ [lig1 力1]

小石，碎石：砂～｜瓦～。

砫
zhù ㄓㄨˋ [ju2 主]

【石砫】地名，在重庆市。今作“石柱”。

砬
(**磖)lá ㄌㄚˊ [la1 啦]

〈方〉砬子，大石块。多用于地名。

砣
tuó ㄊㄨㄛˊ [to4 佗]

❶秤锤。❷碾砣，碾子上的碌子。

础
(礎)chǔ ㄔㄨˇ [co2 楚]

础石，垫在房屋柱子底下的石头：基～。

破
pò ㄆㄛˋ [po3 坡3]

❶碎，不完整：碗打～了｜衣服～了｜手～了｜牢不可～。【破绽】(－zhàn)衣服的裂口，比喻做事或说话露出的漏洞：他话里有～。❷分裂(㊟－裂)：势如～竹｜一～两半。㊂化整为零：一元的票子～成两张五角的。❸使损坏(㊟－坏)：～釜沉舟。㊞破除，批判：～旧立新｜不～不立。❹超出：～例｜～格｜打～纪录｜突～定额。❺冲开，打败：～阵｜大～敌军。❻揭穿：～案｜说～｜～除迷信。❼花费，耗费：～费｜～工夫。【破产】企业或个人处于资不抵债的状态。㊂丧失全部财产。㊞失败，破灭：敌人的阴谋～了。❽不好的，令人鄙视的：～戏｜～货｜

这样的~差事谁也不愿意干。

硁 (硜、**礥) kēng ㄎㄥ [heng¹ 亨]

形容敲打石头的声音。

砦 (礐) què ㄑㄩㄝˋ [kog³ 确]

大石多的山，也指大石头，多用于地名：~石(在广东省汕头)。

砮 nǔ ㄋㄨˇ [nou⁵ 脑]

❶可做箭镞的石头。❷石制箭头。

6—7 画

硌 lüè ㄌㄩㄝˋ [lêg⁶ 略]

锋利。

硎 xíng ㄒㄧㄥˊ [ying⁴ 仍]

❶磨刀石。❷磨制。

硅 guī ㄍㄨㄟ [guei¹ 归]

非金属元素，旧叫矽(xī)，符号 Si，褐色粉末或灰色晶体，是重要的半导体材料。硅酸盐在玻璃、水泥工业中很重要。

硔 gǒng ㄍㄨㄥˇ [gung² 巩]

用于地名：~池(在山西省陵川)。

硭 máng ㄇㄤˊ [mong⁴ 亡]

【硭硝】矿物，现作“芒硝”，成分是硫酸钠，无色或白色晶体。可用来制玻璃、造纸等，医药上用作泻剂。

硒 xī ㄒㄧ [sei¹ 西]

非金属元素，符号 Se，灰色晶体或红色粉末，导电能力随光的照射强度的增减而改变。可用来制晶体管和光电管等。

硕 (碩) shuò ㄕㄨㄛˋ [ség⁶ 石]

大：~果 | ~大无朋(形容无比的大)。【硕士】学位名，在学士之上，博士之下。

硞 (礴) ㊀dá ㄉㄚˊ ㊀ [dad⁶ 达]

❶〈方〉卵石：~石(地名，在广东省云浮)。❷古代用石头修筑的水利设施。

㊁tǎ ㄊㄚˇ ㊁ [tab³ 塔]

用于地名：~石(在浙江省龙泉)。

硖 (硤) xiá ㄒㄧㄚˊ [hab⁶ 峡]

【硖石】地名，在浙江省海宁。

硗 (磽) qiāo ㄑㄧㄠ [hao¹ 敲]

地坚硬不肥沃(㊉ -薄、-瘠、-确)：地有肥~。

硐 dòng ㄉㄨㄥˋ [dung⁶ 洞]

山洞、窑洞或矿坑：~产(矿产)。

硙 (磑) ㊀wéi ㄨㄟˊ ㊀ [ngoi⁴ 呆]

【硙硙】形容很高的样子。

㊁wèi ㄨㄟˋ ㊁ [wei³ 慰]

同“硙”。

硚 (礄) qiáo ㄑㄧㄠˊ [kiu⁴ 桥]

【砑口】地名，在湖北省武汉。

硇 （＊＊硵）náo ㄋㄠˊ［nao⁴ 挠］

【硇砂】矿物名，就是天然出产的氯化铵，可入药。
【硇洲】岛名，在广东省湛江东南海中。

硊 huì ㄏㄨㄟˋ［wei⁶ 惠］

【石硊】地名，在安徽省芜湖。

硌 ㊀gè ㄍㄜˋ ㊁［gog³ 角］

凸起的硬东西跟身体接触使身体感到难受或受到损伤：～脚｜～牙。

㊁luò ㄌㄨㄛˋ ㊂［log⁶ 落］
山上的大石。

硍 yín ㄧㄣˊ［ngen⁴ 银］

用于地名：六～（在广西壮族自治区浦北）。

砦 zhài ㄓㄞˋ［zai⁶ 寨］

❶见 251 页“寨”。❷姓。

硬 yìng ㄧㄥˋ［ngang⁶ 我罂⁶］

❶物体组织紧密，性质坚固，跟“软”相对：～煤｜～木。【硬件】1. 构成计算机的各个元件、部件和固定装置。是计算机系统的组成部分。2. 借指生产、科研、经营等过程中的机器设备、物质材料等。❷刚强有力，也指刚强不屈服的人或势力（㊟强－）：～汉子｜态度很～｜欺软怕～。❸副词。强横地，固执地（多指不顾实际地）：～抢｜～不承认｜别干（gàn）不了～干（gàn）。❹能力强，质量好：～手｜货色～。❺勉强：这苦日子，他～熬过来了。

硵 （磠）lǔ ㄌㄨˇ［lou⁵ 老］

【硵砂】即硇（náo）砂。

硝 xiāo ㄒㄧㄠ［xiu¹ 烧］

❶矿物名。1. 硝石，无色或白色晶体，成分是硝酸钾或硝酸钠，可制肥料或炸药。2. 芒硝，无色透明晶体，成分是硫酸钠，是工业原料，也可做泻剂。❷用芒硝加黄米面等处理毛皮，使皮板儿柔软：～皮子。

硪 wò ㄨㄛˋ［ngo⁴ 俄］

（－子）一种砸实地基的工具。

硷 （鹼、＊鹻）jiǎn ㄐㄧㄢˇ［gan² 柬］

旧同“碱”。

确 （❶-❸確、❶-❸＊＊塙、❶-❸＊＊碻）què ㄑㄩㄝˋ［kog³ 涸］

❶符合事实的，真实（㊟－实）：千真万～｜正～。【确切】1. 准确，恰当。2. 真实可靠。❷副词。的确，确实：～有其事｜～系实情。❸坚固，固定：～定不移｜～保丰收。❹同“埆”。

硫 liú ㄌㄧㄡˊ［leo⁴ 留］

非金属元素，符号 S，通称硫黄，淡黄色，质硬而脆。可用来制硫酸、药物等。

8 画

碃 qìng ㄑㄧㄥˋ［qing³ 秤］

用于地名：大金～丨西金～(都在山东省海阳)。

碛 (磧)qì ㄑㄧˋ [jig¹ 积]

浅水中的沙石。【沙碛】沙漠。

碏 què ㄑㄩㄝˋ [cêg³ 勺]

❶用于人名，石碏，春秋时卫国大夫。❷用于地名：～下(在浙江省仙居)。

硬 gěng ㄍㄥˇ [keng² 鲠]

用于地名：石～(在广东省佛山)。

碍 (礙)ài ㄞˋ [ngoi⁶ 外]

妨害，阻挡：～口(不便说)丨～事不～事？丨～手～脚。

碘 diǎn ㄉㄧㄢˇ [din² 典]

非金属元素，符号I，黑紫色晶体，有金属光泽。可用来制药、染料等。人体中缺少碘能引起甲状腺肿大。

碓 duì ㄉㄨㄟˋ [dêu³ 对]

捣米的器具，用木、石制成。

碑 bēi ㄅㄟ [béi¹ 悲]

刻上文字纪念事业、功勋或作为标记的石头：人民英雄纪念～丨里程～丨有口皆～(喻人人都说好)。

硼 péng ㄆㄥˊ [pang⁴ 彭]

非金属元素，符号B，有晶体硼和无定形硼两种形态。可用来制合金钢，也用于核工业。

碉 diāo ㄉㄧㄠ [diu¹ 丢]

碉堡，防守用的建筑物。

硒 hūn ㄏㄨㄣ [fen¹ 分]

〈方〉一种类似涵洞而较小的地下排水建筑。多用于地名：赵家～(在湖南省常德)。

碎 suì ㄙㄨㄟˋ [sêu³ 税]

❶完整的东西破坏成零片零块，使变碎：粉～丨碗打～了丨～纸机。❷零星，不完整：～布丨琐～。❸说话唠叨：嘴～。

碚 bèi ㄅㄟˋ [pui⁵ 倍]

【北碚】地名，在重庆市。

碰 (*掽、*踫)pèng ㄆㄥˋ [pung³ 捧³]

❶撞击：～杯(表示祝贺)丨～破了皮丨～钉子丨～壁(喻事情做不通)。❷相遇：我在半路上～见他。❸没有把握地试探：～一～机会。

碑 (磾)dī ㄉㄧ [dei¹ 低]

用于人名。金日(mì)磾，汉代人。

碇 (△*椗、*矴)dìng ㄉㄧㄥˋ [ding³ 订]

系船的石礅：下～(停船)丨起～(开船)。

“椗”另见324页dìng。

硿 ㊀kōng ㄎㄨㄥ ㊁ [hung¹ 凶]

形容石头撞击声。

㊁kòng ㄎㄨㄥˋ ㊂ [kung¹ 穷¹]
用于地名：~南（在广东省五华）。

碗 （*盌、△*椀、*瓮）wǎn ㄨㄢˇ [wun² 腕]

盛饮食的器皿。

"椀"另见 324 页 wǎn。

碌 （*磟）㊀liù ㄌㄧㄡˋ [lug¹ 辘]

【碌碡】（－zhou）用来轧脱谷粒或轧平场院的农具，圆柱形，用石头做成。

㊁lù ㄌㄨˋ [lug¹ 辘]
❶平凡：庸~。【碌碌】平庸，无所作为：庸庸~。❷繁忙：忙~。

☞粤❶动词。滚动：~落山（滚下山去）丨~铁圈（一种儿童游戏）丨~地（在地上打滚）。【碌架床】双层床，架床。【碌卡】刷卡，指顾客用银行卡付款：呢度可以~吗（这里能刷卡吗）？丨而家兴~（现在时兴刷卡）。❷动词。轧，碾压：部车差啲~亲佢（那车差点儿轧着他）丨~平条路（把路碾平）。❸名词。圆柱形的东西：石~（石滚，碌碡）丨磨~（石磨的上片）丨虾~（虾段，也指令人尴尬、出糗的场面）。【大碌木】比喻呆板、笨拙的人。❹量词。用于圆柱形的东西：一~杉（一根杉木）丨一~蔗（一段甘蔗）丨一~葛（一块葛薯）。

碜 （磣、**硶）chěn ㄔㄣˇ [cem² 寝]

❶东西里夹杂着沙子。【牙碜】（－chen）食物中夹杂着沙子，嚼起来牙不舒服：米饭有些~。❷丑，难看。【寒碜】（*寒伧）（－chen）1. 丑，难看：长得~。2. 使人没面子：说起来怪~人的。

9 画

碧 bì ㄅㄧˋ [big¹ 逼]

❶青绿色的玉石。❷青绿色：~草丨~波丨金~辉煌。

碶 qì ㄑㄧˋ [kei³ 契]

用石头砌的水闸。

碡 zhou ·ㄓㄡ [dug⁶ 毒]

见 528 页"碌"字条【碌碡】（liù－）。

碟 dié ㄉㄧㄝˊ [dib⁶ 蝶]

（－子、－儿）盛食物等的器具，扁而浅，比盘子小。

碴 （*餷）chá ㄔㄚˊ [za¹ 渣]

❶（－儿）小碎块：冰~儿丨玻璃~儿。❷（－儿）器物上的破口：碗上有个破~儿。喻争执的事由：找~儿打架。❸〈方〉皮肉被碎片碰破：手让碎玻璃~破了。

碱 （*堿）jiǎn ㄐㄧㄢˇ [gan² 简]

❶含有 10 个分子结晶水的碳酸钠，性滑，味涩。❷化学上称能在水溶液中电离而生成氢氧根的化合物。❸被碱质侵蚀：好好的罐子，怎么~了？丨那堵墙全~了。

砟 zhà ㄓㄚˋ [za³ 炸]

【大水砟】地名，在甘肃省景泰。

礅 (礥)lán ㄌㄢˊ [lam⁵ 蓝⁵]

用于地名：干～(在浙江省舟山)。

碣 jié ㄐㄧㄝˊ [kid³ 揭]

圆顶的石碑：～石 | 残碑断～。

碨 wèi ㄨㄟˋ [wei³ 慰]

〈方〉石磨(mò)。

碍 è ㄜˋ [ngog 愕]

用于地名：～嘉(在云南省双柏)。

碳 tàn ㄊㄢˋ [tan³ 叹]

非金属元素，符号 C，无定形碳有焦炭、木炭等，晶体碳有金刚石、石墨等。碳是构成有机物的主要成分。碳和它的化合物在工业和医药上用途极广。

碲 dì ㄉㄧˋ [dei³ 帝]

非金属元素，符号 Te，银白色晶体或灰色粉末，是半导体材料，也用于钢铁工业等。

磋 cuō ㄘㄨㄛ [co¹ 初]

把骨、角磨制成器物。【磋商】商量。

磁 cí ㄘˊ [qi⁴ 词]

❶磁性，物质能吸引铁、镍等的性质：～石 | ～卡 | ～盘。❷同“瓷”。

碹 xuàn ㄒㄩㄢˋ [xun⁴ 船]

❶桥梁、涵洞等工程建筑的弧形部分。❷用砖、石等筑成弧形。

碥 biǎn ㄅㄧㄢˇ [bin² 匾]

在水旁斜着伸出来的山石。

10 画

磕 kē ㄎㄜ [heb⁶ 盒]

碰撞在硬东西上：～破了头 | 碗～掉一块 | ～头(旧时的跪拜礼)。

磊 lěi ㄌㄟˇ [lêu⁵ 吕]

石头多(叠)：怪石～～。
【磊落】心地光明坦白。

磔 zhé ㄓㄜˊ [zag⁶ 摘]

❶古代分裂肢体的酷刑。❷汉字的一种笔形，即捺(nà)。

磙 gǔn ㄍㄨㄣˇ [guen² 滚]

(－子)用石头做的圆柱形的压、轧用的器具。

磅 ㊀bàng ㄅㄤˋ ㊀ [bong⁶ 镑]

(外)❶英美制重量单位，1 磅合 453.6 克。❷磅秤：过～。

㊁páng ㄆㄤˊ ㊁ [pong⁴ 旁]

【磅礴】(－bó)1. 广大无边际：大气～。2. 扩展，充满：正义之气，～宇内。

磏 ㊀lián ㄌㄧㄢˊ ㊀ [lim⁴ 帘]

一种磨刀石。

㊁qiān ㄑㄧㄢ ㊂[him¹ 谦]

用于地名：大~(在贵州省遵义)。

碾 niǎn ㄋㄧㄢˇ [jin² 展]

❶(-子)把东西轧(yà)碎或压平的器具：石~|汽~。❷轧，滚压：~米|~药。

磉 sǎng ㄙㄤˇ [song² 爽]

柱子底下的石礅。

磐 pán ㄆㄢˊ [pun⁴ 盆]

大石头：安如~石。

11 画

磬 qìng ㄑㄧㄥˋ [hing³ 庆]

❶古代的一种打击乐器，用玉或石做成，悬在架上，形略如曲尺。❷和尚敲的铜铁铸的钵状物。

磡 kàn ㄎㄢˋ [hem³ 勘]

山崖。

磺 huáng ㄏㄨㄤˊ [wong⁴ 王]

硫黄旧作“硫磺”。

磩 cáo ㄘㄠˊ [cou⁴ 曹]

用于地名：斫(zhuó)~(在湖南省邵东)。

磜 qì ㄑㄧˋ [zei³ 祭]

用于地名：黄~(在广东省新丰)。

磲 qú ㄑㄩˊ [kêu⁴ 渠]

见522页“砗”字条【砗磲】(chē-)。

12 画以上

磹 tán ㄊㄢˊ [tam⁴ 谈]

用于地名：~口(在福建省华安)。

磸 zhǎng ㄓㄤˇ [zêng² 蒋]

【磸子】煤矿里采煤或隧道工程中掘进的工作面。也作“掌子”。

礁 jiāo ㄐㄧㄠ [jiu¹ 招]

海洋或河湖里接近水面的岩石：暗~。

磻 pán ㄆㄢˊ [pun⁴ 盆]

磻溪，古水名，在今陕西省宝鸡东南。

礅 dūn ㄉㄨㄣ [dên¹ 敦]

厚而粗的石头：石~。

磷 (*燐、*粦) lín ㄌㄧㄣˊ [lên⁴ 轮]

非金属元素，符号P，常见的有黄磷(又叫白磷)和红磷。黄磷有毒，燃烧时生浓烟，军事上可制烟幕弹和燃烧弹。红磷无毒，可制安全火柴。

磴 dèng ㄉㄥˋ [deng³ 凳]

❶石头台阶：~道。❷量词。用于台阶或楼梯的层级。

礞 méng ㄇㄥˊ [mung⁴ 蒙]

【礞石】岩石名，有青礞石和金礞石两种，可入药。

礓 jiāng ㄐㄧㄤ [gêng¹ 疆]

【砂礓】同“砂姜”，沙土中的不规则石灰质硬块，可用作建筑材料。
【礓礤儿】(－cār)台阶。

礌 léi ㄌㄟˊ [lêu⁶ 类]

礌石，古代守城用的石头，从城上推下打击攻城的人。

礤 zào ㄗㄠˋ [cou³ 措]

用于地名：～都(在江西省靖安)。

礤 cǎ ㄘㄚˇ [cad³ 察]

粗石。
【礤床儿】把瓜、萝卜等擦成丝的器具。

礤 cā ㄘㄚ [cad³ 察]

见531页“礓”字条【礓礤儿】(jiāngcār)。

礴 bó ㄅㄛˊ [bog⁶ 薄]

见529页“磅”字条【磅礴】(páng－)。

礳 mò ㄇㄛˋ [mo⁶ 磨⁶]

【礳石渠】地名，在山西省阳城。

礵 shuāng ㄕㄨㄤ [sêng¹ 双]

北礵岛，岛名，在福建省霞浦。

[103]龙部

龙 (龍)lóng ㄌㄨㄥˊ [lung⁴ 隆]

❶我国古代传说中的一种动物，身体长，有鳞，有角，能走，能飞，能游泳。近代古生物学上指一些有脚有尾的爬行动物：恐～｜翼手～。❷古代指帝王：真～天子｜～体｜～颜｜～袍｜～床。❸形状像龙的或有龙的图案的东西：～灯｜～舟。

〈古〉又同“垄”(lǒng)。

☞粤 名词。钱银。不单独使用：刮～(搜刮钱财，贪污)｜刮粗～(搜刮大量钱财)｜咸～(旧时戏称港币)。

垄 (壟、** 壠)lǒng ㄌㄨㄥˇ [lung⁵ 陇]

❶田地分界的埂子。❷农作物的行(háng)或行与行间的空地：～沟｜宽～密植｜缺苗断～。❸像田埂的东西：瓦～。
【垄断】操纵市场，把持权柄，独占利益。

龑 (龑)yǎn ㄧㄢˇ [yim² 掩]

人名，五代时南汉刘龑为自己名字造的字。

砻 (礱)lóng ㄌㄨㄥˊ [lung⁴ 龙]

❶用来去掉稻壳的器具，形状像磨。❷用砻去掉稻壳：～谷舂米。

聋 (聾)lóng ㄌㄨㄥˊ [lung⁴ 龙]

耳朵听不见声音，通常也指听觉迟钝：他耳朵～了。

龚 (龔)gōng ㄍㄨㄥ [gung¹ 公]

姓。

袭 (襲)xí ㄒㄧˊ [zab⁶ 杂]

❶袭击，趁敌人不备给以攻击：夜～｜空～。❷照样做，照样继续下去：因～｜沿～｜世～。❸量词。用于成套的衣服：衣一～。

詟 (讋)zhé ㄓㄜˊ [jid³ 节]

〈古〉恐惧。

[104]业部

业 (業)yè ㄧㄝˋ [yib⁶ 页]

❶事业，事情，所从事的工作。1. 国民经济中的部门：农～｜工～｜渔～｜运输～。2. 职业，工作岗位：就～。3. 学业，学习的功课：毕～。❷从事某种工作：～农｜～商。❸产业，财产：～主。❹已经(㊀－已)：～经公布。❺佛教称人的行为、言语、思想为业，分别叫作身业、口业、意业，合称三业，有善恶之分，一般指恶业。

邺 (鄴)yè ㄧㄝˋ [yib⁶ 页]

古地名，在今河北省临漳西，河南省安阳北。

凿 (鑿)záo ㄗㄠˊ [zog⁶ 昨⁶]

❶(－子)挖槽或穿孔用的工具。❷穿孔，挖掘：～个眼儿｜～井。【穿凿(旧读 zuò)】对于讲不通的道理，牵强附会，以求其通。❸(旧读 zuò)〈古〉器物上的孔，是容纳枘(ruì)的。❹(旧读 zuò)明确，真实(叠)(㊀确－)：言之～～。

☞🅵❶动词。用指节敲打：～头壳(敲脑袋)｜～门。❷动词。强取；敲竹杠：本书畀人～咗去(书被人强要走了)｜～佢一餐茶(敲他请一次客吃茶点)。❸动词。干掉：～咗佢(把他干掉)。

黹 zhǐ ㄓˇ [ji² 纸]

缝纫、刺绣等针线活：针～。

黻 fú ㄈㄨˊ [fed¹ 忽]

❶古代礼服上绣的半青半黑的花纹。❷同“韨”。❸同“绂”。

黼 fǔ ㄈㄨˇ [fu² 苦]

古代礼服上绣的半黑半白的花纹。

[105]目部

目 mù ㄇㄨˋ [mug⁶ 沐]

❶眼睛：～瞪口呆｜历历在～｜～空一切(自高自大)。【目标】1. 射击、攻击或寻求的对象：对准～射击｜不要暴露～。2. 想达到的境地：这是我们奋斗的～。【目前】【目下】眼前，现在。❷看：一～了然。❸大项中再分的小项：大纲细～。❹目录：剧～｜书～。❺生物的分类单位之一，在“纲”之下、“科”之上：鸽形～｜银耳～。❻计算围棋比赛输赢的单位。

2—4 画

盯 dīng ㄉㄧㄥ [ding¹ 丁，⊗ déng¹ 疔]

注视，集中视力看：眼睛一直～着他。

盱 xū ㄒㄩ [hêu¹ 虚]

睁开眼向上看。

【盱眙】(－yí)地名，在江苏省。

眍 [keb⁶ 及]

☞粤 动词。监视，目不转睛地盯着：～住呢个人(监视着这个人)。

盲 máng ㄇㄤˊ [mang⁴ 猛⁴]

瞎，看不见东西：～人｜～道｜夜～。㊄对某种事物不能辨认的人：文～｜色～｜计算机～｜扫～。【盲从】自己没有原则，没有见地，盲目随着别人。【盲目】㊄对事情认识不清楚：～的行动是不会有好结果的。

省 ㊀shěng ㄕㄥˇ ㊁ [sang² 生²]

❶行政区划单位，直属中央。❷节约，耗费少，跟"费"相对：～钱｜～时间｜～事。❸简略(㊃－略)：～称｜～写。

㊁xǐng ㄒㄧㄥˇ ㊂ [xing² 醒]

❶检查自己：反～。❷感觉：不～人事。❸省悟，觉悟：猛～前非。❹看望，问候(父母、尊长)：～亲。

眄 miàn ㄇㄧㄢˋ [min⁵ 免]

斜着眼睛看：顾～。

眍 (瞘)kōu ㄎㄡ [keo¹ 抠]

【眍䁖】(－lou)眼睛深陷：他病了一场，眼睛都～了。

盹 dǔn ㄉㄨㄣˇ [dên⁶ 囤]

(－儿)很短时间的睡眠：打～儿(打瞌睡)。

眇 (*玅)miǎo ㄇㄧㄠˇ [miu⁵ 秒]

❶瞎了一只眼睛。后也泛指瞎了眼睛。❷细小。

睍 (晛)xiàn ㄒㄧㄢˋ ㊀ [yin⁵ 演⁵]

用于人名。嵬名(嵬名，复姓)睍，西夏末帝。

㊁ [mag¹ 擘¹]

☞粤 ❶动词。球赛时人盯人：～实佢(盯紧他)｜～人要～衡啲(盯人要盯紧点)。❷动词。打分：唔知会～几多分(不知能打多少分)｜～错分(打错了分数)。

眊 mào ㄇㄠˋ [mou⁶ 务]

眼睛看不清楚。

盻 xì ㄒㄧˋ [hei⁶ 系]

怒视：瞋目～之。

盼 pàn ㄆㄢˋ [pan³ 扳³]

❶盼望，想望。❷看(㊃顾－)：左顾右～。

☞粤 形容词。瘪，谷粒不饱满：啲谷好～(这些稻谷很瘪)｜～谷(秕子，空的或不饱满的谷粒）。

眨 zhǎ ㄓㄚˇ [zab³ 札]

（-巴）眼睛很快地一闭一开：一~眼（时间极短）就看不见了丨杀人不~眼（形容凶残）。

畋 tián ㄊㄧㄢˊ [tin⁴ 田]

眼珠转动。

眈 dān ㄉㄢ [dam¹ 担¹]

【眈眈】注视的样子：虎视~（凶狠贪婪地看着）。

☞广 动词。抬头：~高个头（抬起头来）丨~天望地（东张西望）。也作“頕”。

眉 méi ㄇㄟˊ [méi⁴ 微]

❶眉毛，眼上额下的毛：~飞色舞丨~开眼笑。【眉目】借指事情的头绪或事物的条理：有点儿~了丨~不清楚。❷书眉，书页上端的空白：~批。

5—7 画

眬 （矓）lóng ㄌㄨㄥˊ [lung⁴ 龙]

见 146 页“蒙”字条【蒙眬】（méng-）。

眩 xuàn ㄒㄩㄢˋ [yun⁴ 元]

❶眼睛昏花看不清楚：头晕目~。❷迷惑，迷乱：~于名利。

眠 mián ㄇㄧㄢˊ [min⁴ 棉]

❶睡觉（㊀睡-）：安~丨失~丨长~（婉指人死）。❷某些动物在一个较长时间内不吃不动的生理现象：冬~丨蚕三~了。

眙 yí ㄧˊ [yi⁴ 而]

见 533 页“盱”字条【盱眙】（xū-）。

眢 yuān ㄩㄢ [yun¹ 冤]

眼睛枯陷，失明。㊁干枯：~井。

眶 kuàng ㄎㄨㄤˋ [hong¹ 康，㊂ kuang¹ 箍罂¹]

（-子、-儿）眼眶，眼的四周：眼泪夺~而出。

眭 suī ㄙㄨㄟ [sêu¹ 须]

〈古〉目光紧紧注视。

眦 （*眥）zì ㄗˋ [ji⁶ 字]

眼角，上下眼睑的接合处，靠近鼻子的叫内眦，靠近两鬓的叫外眦。

眺 （*覜）tiào ㄊㄧㄠˋ [tiu³ 跳]

眺望，往远处看：登高远~。

眵 chī ㄔ [qi¹ 雌]

眼眵，又叫眵目糊、眼屎，眼睛分泌出来的淡黄色黏稠液体。

睁 zhēng ㄓㄥ [zang¹ 争]

张开眼睛。

眯 （*瞇）㊀mī ㄇㄧ ㊁ [méi¹ 美¹]

❶眼皮微微合拢：~缝（feng）丨~着眼

笑。❷〈方〉小睡：~一会儿。

㊁mí ㄇㄧˊ ㊀[mei⁵ 米]

尘土入眼，不能睁开看东西。

眼 yǎn ㄧㄢˇ [ngan⁵ 颜⁵]

❶眼睛，人和动物的视觉器官。【眼光】见识，对事物的看法：把~放远点儿。❷(-儿)孔洞，窟窿：炮~|耳朵~儿|针~儿。❸(-儿)指事物的关键处：节骨~儿|字~。❹戏曲中的节拍：一板三~。❺量词。用于井、窑洞等：一~井|两~窑洞。

眸 móu ㄇㄡˊ [meo⁴ 谋]

(-子)眼中瞳仁，泛指眼睛：凝~远望。

眷 (❶*睠)juàn ㄐㄩㄢˋ [gün³ 绢³]

❶顾念，爱恋：~顾|~恋。❷亲属：~属|家~|亲~。

睒 (**睒)shǎn ㄕㄢˇ [xin² 闪]

眨，眼睛很快地开闭：飞机一~眼就不见了。

睐 (睞)lài ㄌㄞˋ [loi⁶ 来⁶]

❶瞳仁不正。❷看，向旁边看：青~(指喜欢或重视)。

睄 shào ㄕㄠˋ ㊀[sao³ 哨]

〈方〉略看一眼。

㊁[sao⁴ 哨⁴]

☞广 动词。瞥，瞟，眼睛很快地向某目标一扫：~佢一眼(扫他一眼)|一眼~过去(一眼瞟过去)|一眼~见佢(一眼瞥见他)。

睎 xī ㄒㄧ [héi¹ 希]

❶瞭望。❷仰慕。

睑 (瞼)jiǎn ㄐㄧㄢˇ [gim² 检]

眼睑，眼皮。

睇 dì ㄉㄧˋ [tei² 体]

斜着眼看：~视。

☞广❶动词。看，瞧：~书|~打波(看球赛)|~医生(看病)|~住嚟(等着瞧)|~开啲(看开点)|~啱(看中)|~穿(看透)。【睇数】在饭馆吃完饭结账。引申为承担责任：如果出咗事，边个~(如果出了问题，谁承担责任)？❷动词。探访，探望：~朋友|~病人。❸动词。看守，看管，照料，盯着：~门口(看门)|~细路(照顾小孩)|~夜(值夜班守卫)|~牛|~水(把风)|~实佢咪畀佢走甩(盯紧他别让他跑掉)。❹动词。观察并判断：~嚟凑(看具体情况再决定怎么办)|~白(预料到)|~死(断定)|~衰佢(看扁他)|~唔上眼(瞧不上)。

睆 huàn ㄏㄨㄢˋ [wun² 碗]

❶明亮。❷美好。

睃 suō ㄙㄨㄛ [so¹ 梳]

斜着眼睛看。

8 画

督 dū ㄉㄨ [dug¹ 笃]

监督，监管，察看：~战丨~促丨~着他干。

☞粤❶动词。监督：你要~实佢哋今日内完工（你要监督他们今天内完工）丨老师~住佢哋做功课（老师监督着他们做功课）。❷动词。刺，戳，杵：一~就穿（一戳就破）丨用棍~咗一下（用棍子杵了一下）。【督爆】捅破，戳穿，比喻揭穿：嗰件事卒之~咗（那件事终于被揭穿了）。【督背脊】戳脊梁骨（在背后指责）：费事畀人~（免得给人家戳脊梁骨）。也作"豗"。

睛 jīng ㄐㄧㄥ [jing¹ 晶]

眼球，眼珠：目不转~丨画龙点~。

睹 （*覩）dǔ ㄉㄨˇ [dou² 岛]

看见：耳闻目~丨熟视无~丨~物思人。

睦 mù ㄇㄨˋ [mug⁶ 木]

和好，亲近（㊌和-）：婆媳不~丨~邻（同邻家或邻国友好相处）。

睖 lèng ㄌㄥˋ [ling⁶ 另]

【睖睁】（-zheng）眼睛发直，发愣。

瞄 miáo ㄇㄧㄠˊ [miu⁴ 苗]

把视力集中在一点上，注意看：枪~得准丨眼光~向未来。

睚 yá ㄧㄚˊ [ngai⁴ 崖]

眼角。【睚眦】（-zì）发怒瞪眼。㊀小的怨恨：~必报。

睫 jié ㄐㄧㄝˊ [jid³ 捷]

睫毛，眼睑边缘上生的细毛：目不交~。

睡 shuì ㄕㄨㄟˋ [sêu⁶ 瑞]

闭目安息，大脑皮质处于休息状态（㊌-眠）：~着（zháo）了丨~午觉。

睨 nì ㄋㄧˋ [ngei⁶ 艺]

斜着眼睛看：~视。

睢 suī ㄙㄨㄟ [sêu¹ 须]

睢县，在河南省。

睥 pì ㄆㄧˋ，㊋bì ㄅㄧˋ [pei⁵ 批⁵]

【睥睨】（-nì）眼睛斜着看。㊀看不起：~一切。

睬 （*倸）cǎi ㄘㄞˇ [coi² 采]

理会，搭理（㊌理-）：对群众的意见不能不理不~丨叫他，他~也不~。

睩 [lug¹ 碌]

☞粤动词。瞪眼：~大双眼（瞪大眼睛）丨~起对眼（瞪大眼睛）丨吹须~眼（吹胡子瞪眼睛）。

9—10 画

瞸 [hib³ 怯]

☞粤动词。闭眼：成晚未~过眼（一宿都

没有闭眼）｜凭嗰处～一下啦（靠着眯一下吧）。

睿

（*叡）ruì ㄖㄨㄟˋ [yêu⁶ 锐]

通达，看得深远：～智。

瞅

（*矁、*田）chǒu ㄔㄡˇ [ceo² 丑]

〈方〉看：我没～见他｜让我～～。

瞍

sǒu ㄙㄡˇ [seo² 手]

❶眼睛没有瞳仁。❷盲人。

睃

[zong¹ 庄]

☞粤❶动词。窥视，偷看：～人扮靓（偷看人家打扮）｜有人～你（没人偷看你）。❷动词。探头看：～佢喺唔喺里便（看看他在不在里面）｜～下个井有几深（看看那井有多深）。也作"脏"。

瞇

[mi¹ 咪³ 读mei⁴]

☞粤【黑瞇猛】黑乎乎的，黑黑的：屋里面～嘅（屋子里黑糊糊的）｜周围～噉，佢有啲怕（到处黑黑的，她有点害怕）。

瞜

（瞜）lōu ㄌㄡ [leo¹ 留¹]

〈方〉看：让我～一～。

睽

kuí ㄎㄨㄟˊ [kuei⁴ 葵]

❶违背不合。❷同"暌"。

【睽睽】张大眼睛注视：众目～。

瞀

mào ㄇㄠˋ [meo⁶ 茂]

❶目眩，看不清楚。❷精神昏乱（连－乱）。

瞌

kē ㄎㄜ [读heb⁶ 合，语heb¹ 洽]

【瞌睡】因倦想睡或进入半睡眠状态：打～。

☞粤❶动词。闭眼：～埋眼（闭上眼睛）｜成晚未～过眼（一宿没合过眼）。❷动词。小睡，打盹儿，眯眼：我想～一阵（我想打个盹）｜～一下啦（眯一会儿吧）｜～着咗（打瞌睡睡着了）。【瞌眼瞓】打瞌睡：呢个讲座大家听到～（这个讲座大家听到打瞌睡）。

瞒

（瞞）mán ㄇㄢˊ [mun⁴ 门]

隐瞒；隐藏实情，不让别人知道：这事不必～他。

瞋

chēn ㄔㄣ [cen¹ 亲]

睁大眼睛瞪人：～目而视。

瞓

[fen³ 训]

☞粤❶动词。睡：～觉｜～着（睡着了）｜～醒｜反～（睡觉不老实）｜～过龙（睡过了头）｜～捩颈（落枕）。❷动词。躺：～低（躺下）｜一～落床就瞓着（一躺在床上就睡觉）。

瞎

xiā ㄒㄧㄚ [hed⁶ 辖]

❶眼睛看不见东西。❷副词。胡乱地，没来由地：～忙｜～说八道。❸〈方〉乱：把线弄～了。❹〈方〉农作物籽粒不饱满：～穗｜～高粱。

瞑

míng ㄇㄧㄥˊ [ming⁴ 明]

闭眼：～目（多指人死时心中无牵挂）。

11画以上

睸 zhǎn ㄓㄢˇ [zam² 斩]

☞▮动词。眼皮开合，眨（眼）：～眼（眨眼）｜～下眼（一眨眼）｜～眉～眼（挤眉弄眼）。也作"眨"。

瞟 piǎo ㄆㄧㄠˇ [piu⁵ 剽]

斜着眼看一下：～了他一眼。

瞠 chēng ㄔㄥ [cang¹ 撑]

直看，瞪着眼：～目结舌（形容受窘或惊呆的样子）｜～乎其后（指赶不上）。

瞰 （*矙）kàn ㄎㄢˋ [hem³ 勘]

望，俯视，向下看。【鸟瞰】1. 从高处向下看。2. 事物的概括描写：世界大势～。

瞥 piē ㄆㄧㄝ [pid³ 撇]

很快地大略看一下：朝他～了一眼。

瞫 shěn ㄕㄣˇ [sem² 审]

往深处看。

瞭 liào ㄌㄧㄠˋ [liu⁴ 聊]

瞭望，远远地望：你在远处～着点儿｜～望台。

另见22页"了"（liǎo）。

瞸 [cang³ 撑³]

☞▮❶动词。瞪眼，睁眼：～大双眼睇下（瞪大眼睛看看）｜眼～唔开（眼睛睁不开）。❷词素。【光瞸瞸】形容亮堂堂（指光线太强而刺眼）。

瞧 qiáo ㄑㄧㄠˊ [qiu⁴ 潮]

看：～见｜～得起｜～不起。

瞬 shùn ㄕㄨㄣˋ [sên³ 信]

一眨（zhǎ）眼，转眼：～息万变（形容在极短时间内变化极多）｜转～即逝。

瞳 tóng ㄊㄨㄥˊ [tung⁴ 筒]

瞳孔，俗叫瞳仁，眼球中央的小孔，可以随着光线的强弱缩小或扩大。

瞵 lín ㄌㄧㄣˊ [lên⁴ 轮]

注视，瞪着眼睛看：鹰～鹗视。

瞩 （矚）zhǔ ㄓㄨˇ [zug¹ 竹]

注视：～目｜～望｜高瞻远～。

瞪 dèng ㄉㄥˋ [deng⁶ 登⁶，㊀deng¹ 登]

睁大眼睛：把眼一～｜你～着我做什么？｜～眼。

瞻 zhān ㄓㄢ [jim¹ 尖]

往上或往前看：～仰｜高～远瞩。

[106]田部

田 tián ㄊㄧㄢˊ [tin⁴ 填]

❶种植农作物的土地：水～｜稻～｜种～。㊀和农业有关的：～家。【田地】1. 同"田❶"。2. 地步，境遇（多指坏的）：怎么弄到这步～了？【田赛】田径运动中各种跳跃、投掷项目比赛的总称。❷指可供开采的蕴藏矿物的地带：煤～｜油～｜气～。❸同"畋"。

2—3 画

町 ㊀dīng ㄉㄧㄥ ㊁［ding¹ 丁］

见541页"畹"字条【畹町】（wǎn－）。

㊁tǐng ㄊㄧㄥˇ ㊁［ting² 挺²］

〈古〉❶田界。❷田地。

男 nán ㄋㄢˊ［nam⁴ 南］

❶男性，男子，男人：～女平等｜～学生。❷儿子：长（zhǎng）～。❸古代五等爵位（公、侯、伯、子、男）的第五等：～爵。

畀 bì ㄅㄧˋ［béi² 比，㊄ béi³ 秘］

给予。

☞粤 ❶动词。给：～张纸我（给我一张纸）｜用完记得～翻我（用完记得还给我）｜你讲～佢听（你告诉他）。【畀面】赏脸，给面子。❷动词。允许，让：有票唔～入（没票不让进）｜应唔应该～佢去呢（应不应该让他去呢）？｜居然～佢估中咗（居然让他猜中了）！【畀都唔……】后面填上动词，表示坚决不做这动作：～要｜～做｜～去。❸介词。被：～老板闹咗一餐（被老板骂了一顿）｜～狗咬亲（被狗咬了）｜～佢问到冇声出（被他问到说不出话来）。❹介词。相当于"用""以"：～桶装（用桶装）｜～手写｜度门系～钢板造嘅（这门是用钢板造的）。【畀眼睇】字面上是"用眼睛看"的意思，实际的含义是"等着瞧，拭目以待"：佢咁坏，肯定冇好下场，～啦（他这么坏肯定没有好下场，等着瞧吧）！【畀心机】用心，认真：你要～做好（你要用心做好）｜～读书。也作"俾"。

4 画

畎 quǎn ㄑㄩㄢˇ［hün² 犬］

田地中间的小沟。【畎亩】田间。

畏 wèi ㄨㄟˋ［wei³ 慰］

❶怕（㊈－惧）：大无～｜不～艰险｜～首～尾。❷敬佩：后生可～。

毗 （*毘）pí ㄆㄧˊ［péi⁴ 皮］

❶辅佐。❷接连：～连｜～邻。

胃 wèi ㄨㄟˋ［wei⁶ 卫］

❶胃脏，人和高等动物消化器官之一，能分泌胃液、消化食物。❷星宿名，二十八宿之一。

畋 tián ㄊㄧㄢˊ［tin⁴ 填］

打猎。

畈 fàn ㄈㄢˋ［fan³ 泛］

〈方〉田地，多用于村镇名。

界 jiè ㄐㄧㄝˋ [gai³ 芥]

❶相交的地方：～碑｜边～｜国～｜省～。❷范围：眼～｜管～。特指按职业或性别等所划的范围：教育～｜科学～｜妇女～。❸生物分类中的最高一级单位，其下为“门”：动物～｜植物～。❹地层系统分类的第二级，在“宇”之下、“系”(xì)之上，是在地质年代“代”的时期内形成的地层：古生～｜中生～｜新生～。

畇 yún ㄩㄣˊ [wen⁴ 匀]

田地平坦整齐的样子(叠)。

思 sī ㄙ [xi¹ 司]

❶想，考虑，动脑筋(㊥－想)：事要三～｜不假～索｜～前想后。【思维】在表象、概念的基础上进行分析、综合、判断、推理等认识活动的过程。❷想念，挂念：相～｜～家心切｜～念。❸思路，想法：文～｜构～。

5—6 画

畖 wā ㄨㄚ [wa¹ 娃]

用于地名：～底(在山西省闻喜)。

畛 zhěn ㄓㄣˇ [zen² 珍²]

田地间的小路。㊁界限：不分～域。

畔 pàn ㄆㄢˋ [bun⁶ 拌]

❶田地的界限。㊁边：河～｜篱～。❷古同“叛”。

留 (*畱、*畄、*留)liú ㄌㄧㄡˊ [leo⁴ 流]

❶停止在某一个地方(㊥停－)：他～在天津了｜～学(留居外国求学)。㊁注意力放在某人或事物上面：～心｜～神。❷不让别人离开：～客｜挽～｜他一定要走，我～不住他。【留难】(－nàn)故意与人为难(nán)。❸接受，收容(㊥收－)：把礼物～下。❹保留：～余地｜～胡子｜今天我回来晚，请给我～饭。❺遗留：祖先～下了丰富的文化遗产。

畜 ㊀chù ㄔㄨˋ [cug¹ 促]

禽兽，有时专指家养的兽类：牲～｜～力。

㊁xù ㄒㄩˋ [cug¹ 促]
饲养：～产｜～牧业。

畦 qí ㄑㄧˊ [kuei⁴ 葵]

田园中分成的小区：种一～菜。

畤 zhì ㄓˋ [ji⁶ 字]

古时祭天、地、五帝的固定处所。

略 (*畧)lüè ㄌㄩㄝˋ [lêg⁶ 掠]

❶大致，简单，不详细，跟“详”相对：～图｜～表｜～知一二｜～述大意｜叙述过～｜粗～计算。❷省去，简化：～去不计｜过程从～。❸简要的叙述：史～｜要～。❹计谋：方～｜策～｜战～｜雄才大～。❺抢，掠夺：侵～｜攻城～地。

累 (㊀、㊁〖二〗纍)㊀léi ㄌㄟˊ 〖一〗[lêu⁴ 雷]

❶连缀或捆。【累累】连续成串：果实～。【累赘】(－zhui)多余的负担，麻烦：这事多～。❷古同"缧"。

㊁lěi ㄌㄟˇ 〖一〗[lêu⁵ 吕]

重叠，堆积：危如～卵｜积年～月。【累累】1. 屡屡。2. 形容累积得多：罪行～。【累进】照原数目多少而递增，如2、4、8、16等，原数越大，增加的数也越大：～率｜～税。

㊁lěi ㄌㄟˇ 〖一〗[lêu⁶ 类]

连累：～及｜受～｜牵～｜～你操心。

㊂lèi ㄌㄟˋ 〖一〗[lêu⁶ 类]

❶疲乏，过劳：今天干活儿～了。❷使疲劳：别～着他。

7画以上

畴 (疇)chóu ㄔㄡˊ [ceo⁴ 绸]

❶田地：田～。❷类，同类：范～。【畴昔】过去，以前。

畯 jùn ㄐㄩㄣˋ [zên³ 进]

指西周管奴隶耕种的官。

畓 tán ㄊㄢˊ [dem⁴ 特含⁴]

〈方〉❶名词。水塘，坑。❷广东地名用字：～滨(在罗定)｜～煲(在云浮)｜～龙(在德庆)｜～汶(在封开)。

畸 jī ㄐㄧ [kéi¹ 崎，㊀géi 机]

❶不规则的，不正常的：～形。❷数的零头：～零(零数)。❸偏：～轻～重。

畹 wǎn ㄨㄢˇ [yün² 宛]

古代地积单位，三十亩(一说十二亩)为一畹。

【畹町】(－dīng)地名，在云南省瑞丽。

畛 liú ㄌㄧㄡˊ [leo⁴ 硫]

用于地名：后～(在江苏省金坛)。

疃 tuǎn ㄊㄨㄢˇ [tên² 盾²]

❶禽兽践踏的地方。❷村庄，屯。多用于地名。

嬲 niǎo ㄋㄧㄠˇ 〖一〗[niu⁵ 鸟]

戏弄，纠缠。

〖二〗[neo¹ 纽¹]

☞〖广〗❶动词。生气，恼怒：发～(生气，发怒)｜～死(气坏了)｜～佢(生他的气)｜碰到噉嘅事唔～就假(碰到这样的事谁都会生气)｜～爆爆(怒气冲冲，气鼓鼓)。❷动词。憎恨，恨：～死佢(恨死了他)｜～到佢死(恨死了他)｜个个都好～啲骗子(人人都很恨那些骗子)。

罍 léi ㄌㄟˊ [lêu⁴ 雷]

古代一种形状像壶的容器，多用来盛酒。

[107]罒部

3—8画

罗 (羅)luó ㄌㄨㄛˊ [lo⁴ 锣]

❶捕鸟的网(㊀连–网)：天~地网。❷张网捕捉：门可~雀。㊀引搜集：网~|搜~。【罗致】招请(人才)。❸散布，陈列：星~棋布|~列。❹过滤流质或筛细粉末用的器具，用木或铁片做成圆框，蒙上粗绢或马尾(yǐ)网、铁丝网制成。❺用罗筛东西：~面。❻轻软有稀孔的丝织品：~衣|~扇。❼(外)量词。十二打(dá)叫一罗。❽同"脶"(luó)。

【罗汉】梵语音译"阿罗汉"的省称，佛教对某种"得道者"的称呼。

【罗盘】测定方向的仪器，又叫罗盘针。把磁针装置在圆盘中央，盘上刻着度数和方位。是我国古代四大发明之一。

☞广 语气词。表不言而喻：系~，噉就对咯(是了，这就对了)|梗系坐车好~(当然是坐车好了)|唔识就学~(不懂就学呗)。

罘

fú ㄈㄨˊ [feo⁴ 浮]

【罘罳】【罦罳】(–sī)1. 一种屋檐下防鸟雀的网。2. 古代一种屏风。

【芝罘】山名，靠黄海，在山东省烟台。

罚

(罰、*罸)fá ㄈㄚˊ [fed⁶ 伐]

处分犯错误和犯罪的人(㊀连惩–、责–)：他因违纪而受~了。

罡

gāng ㄍㄤ [gong¹ 江]

【天罡星】即北斗星。

罢

(罷)㊀bà ㄅㄚˋ [ba⁶ 吧⁶]

❶停，歇(㊀连–休)：~工|~手|欲~不能。❷免去(官职)(㊀连–免)：~官|~职。❸完了，毕：吃~饭。

〈古〉又同"疲"(pí)。

㊁ba ·ㄅㄚ [ba⁶ 吧⁶]

同"吧"(ba)。

罟

gǔ ㄍㄨˇ [gu² 古，㊀又gu¹ 姑]

〈古〉捕鱼的网。

罥

juàn ㄐㄩㄢˋ [gün³ 绢]

挂。

罦

fú ㄈㄨˊ [feo⁴ 浮]

古书上指捕鸟的网。【罦罳】(–sī)同"罘罳"。参看542页"罘"(fú)。

詈

lì ㄌㄧˋ [léi⁶ 利]

骂：~骂|~辞(骂人的话)。

署

shǔ ㄕㄨˇ [xu⁵ 书⁵]

❶办公的处所：海关总~。❷布置：部~。❸签名，题字：签~|~名。❹暂代：~理。

置

(❶*寘)zhì ㄓˋ [ji³ 至]

❶放搁，摆：~于桌上|~之不理|~若罔闻。❷设立，装设：装~电话。❸购买：~地|新~了一些家具|~了一身衣裳。

罨

(*署、浥)yǎn ㄧㄢˇ ㊀[yim² 掩]

❶覆盖，掩盖：冷~法|热~法(医疗的方法)。❷捕鱼或捕鸟的网。

㊁[ngeb¹ 俄急]

☞广❶动词。敷：~生草药|擪湿手巾

~额头(拿湿毛巾敷前额)。❷动词。捂，沤：摊开啲菜，咪畀佢~烂(把菜摊开，别让它捂烂了)丨除低件湿衫啦，~住容易病㗎(脱掉湿衣服吧，捂着容易生病的)丨~芽菜(发豆芽儿)。【罨奄】浅窄，简陋：虽然~啲，总算有个地方住(虽然浅窄简陋一点，但总算有地方住了)。【罨汁】1. 不通风又潮湿：角落嗰堆物咁~，要搬出去晒下(旮旯那堆杂物太潮湿，要搬出去晒晒)。2. 地方狭窄而不整洁：嗰间客栈好~(那间客栈又窄又不整洁)。也作"罯""浥"。

罪 (*辠)zuì ㄗㄨㄟˋ [zêu6 聚]

❶犯法的行为：犯~。㊀过失：不应该归~于人。❷刑罚：判~丨死~。❸苦难，痛苦：受~。❹把罪过归到某人身上：~己。

罩 zhào ㄓㄠˋ [zao3 爪3]

❶(-子、-儿)覆盖物体的东西：口~丨灯~子。❷扣盖，覆盖，套上：把菜~起来丨外面~了件白大褂儿。❸穿在其他衣服外面的单衣：外~丨~衣丨袍~儿。❹养鸡用的竹笼子。❺捕鱼用的竹器，圆筒形，无顶无底，下略大，上略小。

☞广 动词。过油(用油炸一炸)：~花生(油炸花生)。也作"䓴"。

蜀 shǔ ㄕㄨˇ [sug6 属]

❶古国名。1. 周代诸侯国名，在今四川省成都一带。2. 蜀汉，三国之一，刘备所建立(公元221—263年)，在今四川省，后来扩展到贵州省、云南省和陕西省汉中一带。❷四川省的别称。

9画以上

罴 (羆)pí ㄆㄧˊ [béi1 悲]

熊的一种，即棕熊，又叫马熊，毛棕褐色，能爬树，会游泳。

罱 lǎn ㄌㄢˇ [lam5 蓝5]

❶捕鱼或捞水草、河泥的工具。❷用罱捞：~河泥肥田。

罳 sī ㄙ [xi1 司]

见542页"罘"字条【罘罳】(fú-)。

罶 (**罗)liǔ ㄌㄧㄡˇ [leo5 柳]

捕鱼的竹篓子，鱼进去就出不来。

罹 lí ㄌㄧˊ [léi4 梨]

❶遭受灾难或不幸：~难(nàn)丨~祸。❷忧患，苦难。

羁 (覊、*羈)jī ㄐㄧ [géi1 机]

❶马笼头。❷束缚：~绊丨~押。❸停留：~留。【羁旅】寄居作客。

罽 jì ㄐㄧˋ [gei3 计]

用毛做成的毡子一类的东西。

罾 zēng ㄗㄥ [zeng1 增]

一种用竹竿或木棍做支架的方形渔网。

[108]皿部

皿 mǐn ㄇㄧㄣˇ [ming^{5} 铭]

器皿，盘、盂一类的东西。

3—5画

盂 yú ㄩˊ [yu^{4} 余]

一种盛液体的器皿：痰～｜漱口～。

盅 zhōng ㄓㄨㄥ [zung^{1} 钟]

没有把儿的小杯子：酒～｜茶～。

盈 yíng ㄧㄥˊ [ying^{4} 形]

❶充满：恶贯满～｜热泪～眶。❷多余(连－余)：～利。

盏 (盞、❶*琖、*醆) zhǎn ㄓㄢˇ [zan^{2} 栈]

❶小杯子：酒～｜茶～。❷量词。用于灯：一～灯。

盐 (鹽) yán ㄧㄢˊ [yim^{4} 严]

❶食盐，味咸，化学成分是氯化钠，有海盐、池盐、井盐、岩盐等。❷盐类，化学上指酸类中的氢离子被金属离子(包括铵离子)置换而成的化合物。

盍 (*盇) hé ㄏㄜˊ [heb^{6} 合]

何不：～往观之？

监 (監) ㊀jiān ㄐㄧㄢ ⊟ [gam^{1} 减^{1}]

❶督察：～察｜～工｜～考。❷牢，狱(连－牢、－狱)：收～｜探～。【监禁】把人押起来，限制他的自由。

㊁jiàn ㄐㄧㄢˋ ⊟ [gam^{3} 鉴]

❶帝王时代的官名或官府名：太～｜国子～｜钦天～(掌管天文历法的官府)。❷姓。

盎 àng ㄤˋ [ong^{3}，又ngong^{3} 肮^{3}]

❶古代的一种盆，腹大口小。❷盛(shèng)：春意～然｜兴味～然。

益 yì ㄧˋ [yig^{1} 亿]

❶增加：进～｜延年～寿。❷利，有好处的(连利－)：～处｜～虫｜良师～友。❸更(gèng)：日～壮大｜精～求精｜多多～善。

6—8画

盔 kuī ㄎㄨㄟ [kuei^{1} 亏]

❶作战时用来保护头的帽子，多用金属制成：～甲｜钢～。❷盆子一类的器皿：瓦～。

盛 ㊀chéng ㄔㄥˊ ⊟ [xing^{4} 城]

❶把东西放进去：～饭。❷容纳：这座大剧院能～几千人。

㊁shèng ㄕㄥˋ ⊟ [xing^{6} 剩]

❶兴旺：旺～｜茂～｜繁荣昌～｜梅花～开。❷炽烈：年轻气～｜火势很～。❸丰富，华美：～宴｜～装。❹热烈，大规模的：～会｜～况。❺深厚：～意｜～情。❻姓。

☞▇代词。表示不定指。1. 一般用于“又……又盛”格式。“……”里可填入形容词或动词(包括动实结构)。表面上形容词或动词与“盛”并列，实际上是强调形容词或动词表示的程度深。“又……又盛”相当于普通话的“又……又什么的”，这里的“盛”含有“诸如此类”意思：呢两朝又冻又盛(这两天早上又冷又什么的)｜佢好客气，又斟茶又盛(他很客气，又倒茶又什么的)。2. 有时又可用于“有……有盛”格式，“……”里填入名词，强调缺乏条件：有钱有盛做得乜呀(没有钱能干什么呀)｜有人有盛，点讨论呢(没有人，怎么讨论呢)?

盗 dào ㄉㄠˋ [dou⁶ 道]

❶偷(㊟-窃)：~卖｜~取｜掩耳~铃。㊞用不正当的方法谋得：欺世~名。【盗版】未经版权所有者同意，大量偷录或偷印，非法牟利。❷偷窃或抢劫财物的人(㊟-贼)：强~｜海~。

盟 méng ㄇㄥˊ [meng⁴ 萌]

❶旧时指宣誓缔约，现多指团体和团体、阶级和阶级或国和国的联合：联~｜同~｜~国。❷发(誓)：~个誓。❸内蒙古自治区的行政区划单位。包括若干旗、县、市。

☞▇形容词。封闭的，闭塞的，不通畅的。不单独使用：鼻~(鼻塞，说话鼻音重)｜~笼(密封住，闷住，闷宫)。【盟塞】1. 脑子不开窍，保守：佢好~，呢啲新鲜事要同佢多讲下至得(他很保守，这些新鲜事要多给他讲讲才行)。2. 不明就里，不懂事理：电脑嘅嘢我都好~(电脑方面的知识我都不大懂)。3. 消息闭塞，资讯不灵：我好~，外面好多嘢我都唔知道(我很闭塞，外面很多事我都不知道)。

盝 lù ㄌㄨˋ [lug⁶ 六]

❶古代的一种盒子。❷漉，过滤。

11 画以上

盬 gǔ ㄍㄨˇ [gu² 古]

烹饪用具，周围陡直的深锅：瓷~子｜沙~子。

盥 guàn ㄍㄨㄢˋ [gun³ 贯，㊉ fun² 款]

洗(手、脸)：~洗室。

盩 zhōu ㄓㄡ [zeo¹ 周]

【盩厔】(-zhì)地名，在陕西省。今作“周至”。

蠲 juān ㄐㄩㄢ [gün¹ 捐]

免除(㊟-除、-免)。

[109]生部

生 shēng ㄕㄥ [seng¹ 牲，㊓ sang¹ 甥]

❶出生，诞生：~辰｜孙中山~于公元1866年。❷可以发育的物体在一定的条件下发展长大：种子~芽｜~根。㊞发生，产生：~病｜~疮｜~事。【生产】1. 人们使用工具来创造各种生产资料和生活资料。2. 生小孩儿。❸活，跟“死”相对：~老病死｜贪~怕死｜苟

且偷～。㊀1. 生计：谋～｜营～。2. 生命：杀～｜丧～｜众～。3. 有生命力的：～物｜～龙活虎。4. 整个生活阶段：平～｜一～。❹使柴、煤等燃烧起来：～火｜～炉子。❺没有经过烧煮的或烧煮没有熟的：夹～饭｜～肉｜不喝～水。❻植物果实没有成长到熟的程度：～瓜。❼不常见的，不熟悉的(㊟－疏)：陌～｜～人｜～字。❽不熟练：～手。❾没有经过炼制的：～皮子｜～药。❿生硬，硬，强(qiǎng)：～拉硬拽｜～不承认。⓫表示程度深：～疼｜～怕。⓬指正在学习的人：学～｜师～｜实习～。旧时又指读书人：书～。⓭传统戏曲里扮演男子的一种角色：老～｜小～。⓮词尾：好～｜怎～是好？

眚

shěng ㄕㄥˇ [sang² 生²]

❶眼睛生翳(yì)。❷灾祸。❸过错。

甡

shēn ㄕㄣ [sen¹ 身]

❶【甡甡】形容众多。❷姓。

甦

sū ㄙㄨ [sou¹ 苏]

❶见126页“苏❷”。❷用于人名。

甥

shēng ㄕㄥ [seng¹ 牲，㊋ sang¹ 生]

❶外甥，姊妹的儿子。❷〈方〉外甥，女儿的儿子。

[110]矢部

矢

shǐ ㄕˇ [qi² 齿]

❶箭：有的(dì)放～。❷发誓：～口抵赖。❸古同“屎”：遗～。

知

zhī ㄓ [ji¹ 枝]

❶知道，明了：～无不言｜自～之明。【知觉】随着感觉而产生的反映客观物体或现象的心理过程。❷使知道：通～｜～照。❸知识，学识，学问：求～｜无～。❹主管：～县(主管县里的事务，旧时指县长)｜～府。❺彼此相互了解而情谊深厚的人：新～。

〈古〉又同“智”(zhì)。

矩

(*榘)jǔ ㄐㄩˇ [gêu² 举]

❶画方形的工具：～尺(曲尺)｜不以规～不能成方圆。❷法则，规则：循规蹈～。

矧

shěn ㄕㄣˇ [cen² 诊]

文言连词。况，况且。

矫

(矯)㊀jiáo ㄐㄧㄠˊ ㊔ [gao³ 较]

【矫情】(－qing)〈方〉指强词夺理：瞎～。

㊁jiǎo ㄐㄧㄠˇ ㊔ [giu² 缴]

❶纠正，把弯曲的弄直：～正｜～枉过正｜～揉造作(喻故意做作)。【矫情】故意违反常情，表示与众不同。❷假托：～命。❸强健，勇武(㊟－健)：～捷。❹古同“挢”。

短

duǎn ㄉㄨㄢˇ [dün² 段²]

❶长度小，跟“长”相对。1. 指空间：～距离｜～裤｜～视(目光短浅)。2. 指时间：～期｜天长夜～｜～工(指短期雇用的工人、农民等)。❷缺少，欠(㊟－少)：别人都来了，就～他一个

人了。❸短处，缺点：护~丨取长补~。

矬 cuó ㄘㄨㄛˊ［co⁴ 锄］

〈方〉矮：他长得太~。

矮 ǎi ㄞˇ［ei², ⊗ngei² 危²］

身材短：他比他哥哥~。㊀ 1. 高度小的：几棵小~树。2. 等级、地位低：我比他~一级。

雉 zhì ㄓˋ［ji⁶ 治，⊗qi⁴ 池］

❶鸟名，即野鸡。雄的羽毛很美，尾长。雌的淡黄褐色，尾较短。善走，不能久飞。种类很多。❷古代城墙长三丈高一丈叫一雉。

矰 zēng ㄗㄥ［zeng¹ 增］

古代射鸟用的一种拴着丝绳的箭。

矱 yuē ㄩㄝ［wog³ 获³］

尺度，标准。

［111］禾部

禾 hé ㄏㄜˊ［wo⁴ 和⁴］

❶谷类植物的统称。❷古代特指粟（谷子）。

2—3 画

利 lì ㄌㄧˋ［léi⁶ 吏］

❶好处，跟"害""弊"相对（㊄-益）：这件事对人民有~丨兴~除弊。❷使得到好处：毫不~己，专门~人。【利用】发挥人或事物的作用，使其对自己方面有利：废物~丨~他的长处丨~这个机会。❸顺利，与主观的愿望相合：吉~丨敌军屡战不~。❹利息，贷款或储蓄所得的子金：本~两清丨高~贷。❺利润：暴~丨薄~多销。❻工具、武器等锋利，尖锐，跟"钝"相对：~刃丨~剑丨~口（指善辩的口才）。【利害】1.（-hài）利益和损害：不计~。2.（-hai）同"厉害"。【利落】（-luo）【利索】（-suo）1. 爽快，敏捷：他做事很~。2. 整齐：东西收拾~了。

秃 tū ㄊㄨ［tug¹ 拖屋］

❶没有头发：~顶。❷（树木）没有枝叶，（山）没有树木：~树丨山是~的。❸羽毛等脱落，物体失去尖端：~尾巴鸡丨~针。❹表示不圆满，不周全：这篇文章写得有点儿~。

秀 xiù ㄒㄧㄡˋ［seo³ 瘦］

❶植物吐穗开花，多指庄稼：高粱~穗了丨六月六看谷~。❷特别优异的（㊄优-）：~异丨~挺。㊀ 特别优异的人才：新~丨后起之~。【秀才】（-cai）封建时代科举初考合格的人。泛指书生。❸聪明，灵巧：聪~丨内~丨心~。❹美丽（㊄-丽）：眉清目~丨山明水~丨~美。【秀气】（-qi）1. 清秀：小姑娘很~。2.（器物）灵巧轻便：这个东西做得很~。❺（外）表演，展示：作~丨服装~。

私 sī ㄙ [xi¹ 司]

❶属于个人的或为了个人的，跟“公”相对：~事｜~信。㊂为自己的：~心｜自~｜假公济~｜大公无~。❷秘密而不公开，不合法，也指不合法的货物：~货｜~自｜走~｜缉~。❸暗地里，偷偷地：~语。

秆 (*稈)gǎn ㄍㄢˇ [gon² 赶]

(-子、-儿)稻麦等植物的茎：高粱~儿｜高~作物。

和 (㊀❶❷△*龢、㊀❶❷*咊)㊀hé ㄏㄜˊ ㊁[wo⁴ 禾]

❶相安，谐调：~睦。㊂平静，不猛烈：~气(qi)｜温~｜心平气~｜风~日暖。【和平】1. 没有战争的状态：~环境。2. 温和，不猛烈：药性~。【和谐】配合得适当：乐调~｜色彩~。㊃融洽，友好：气氛~｜~社会。❷平息争端：讲~｜~解。❸和数，加法运算的得数：二加三的~是五。❹连带：~盘托出(完全说出来)｜~衣而卧。❺连词。跟，同，与：我~他都不同意。❻介词。对，向：你~孩子讲话要讲得通俗些。❼姓。

“龢”另见758页hé。

【和尚】佛教男性僧侣的通称。

㊁hè ㄏㄜˋ ㊁[wo⁶ 祸]

声音相应：一人唱，众人~。特指依照别人所做诗词的题材和体裁而写作：~诗｜唱~。

㊂hú ㄏㄨˊ ㊁[wu⁴ 胡]

打麻将或斗纸牌用语，表示获胜。

㊃huó ㄏㄨㄛˊ ㊁[wo⁶ 祸]

在粉状物中加水搅拌或揉弄使粘在一起：~面｜~泥。

㊄huò ㄏㄨㄛˋ ㊁[wo⁶ 祸]

粉状或粒状物掺和在一起，或加水搅拌：~药。

㊃[guo³ 过]

量词。1. 洗衣物换水的次数：衣裳已经洗了两~。2. 煎药加水的次数：头~药｜二~药。

季 jì ㄐㄧˋ [guei³ 桂]

❶兄弟排行，有时用伯、仲、叔、季做次序，季是最小的：~弟｜~父(小叔叔)。㊂末了：~世｜~春(春季末一月)。❷三个月为一季：一年分春、夏、秋、冬四~｜~度。㊂(-儿)一段时间：瓜~儿｜淡~｜雨~。

委 ㊀wēi ㄨㄟ ㊁[wei¹ 威]

【委蛇】(-yí)1. 周旋，应付：虚与~(假意敷衍)。2. 同“逶迤”。

㊁wěi ㄨㄟˇ ㊁[wei² 毁]

❶任，派，把事交给人办(㊥-任)：~以重任。❷抛弃，舍弃(㊥-弃)：~之于地。❸推诿：~罪。❹曲折，婉转：话说得很~婉。【委屈】(-qū)含冤受屈或心里苦闷：心里有~，又不肯说。❺末，尾：原~。❻确实：~系实情｜~实。❼委员或委员会的简称：编~｜体~｜市~。

4 画

秬 jù ㄐㄩˋ [gêu⁶ 巨]

黑黍子。

秕（*粃）bǐ ㄅㄧˇ [béi² 比]

籽实不饱满。【秕子】（－zi）不饱满的籽实。

秒 miǎo ㄇㄧㄠˇ [miu⁵ 渺]

❶谷物种子壳上的芒。❷计量单位。1. 圆周的一分的六十分之一。2. 经纬度的一分的六十分之一。3. 时间的一分钟的六十分之一。

种（㈡、㈢ 種）㈠ chóng ㄔㄨㄥˊ ㈡ [cung⁴ 虫]

姓。

㈡zhǒng ㄓㄨㄥˇ ㈡ [zung² 肿]

❶（－子、－儿）植物果实中能长（zhǎng）成新植物的部分，泛指生物传代的东西：选～｜撒～｜配～｜优良品～。【有种】有胆量或有骨气。❷人种，具有共同起源和共同遗传特征的人群：黄～｜白～｜～族。❸事物的类别：～类｜工～｜军～｜剧～｜语～。❹生物的分类单位之一，在"属"之下，其下还可分出"亚种""变种"。❺量词。表示种类，用于人和任何事物：两～面料｜各～东西。

㈢zhòng ㄓㄨㄥˋ ㈢ [zung³ 众]

种植，把种子或幼苗等埋在泥土里使生长：～庄稼｜～瓜得瓜，～豆得豆。

秭 zǐ ㄗˇ [ji² 紫]

古代数目，指一万亿，也指十亿或千亿等。

【秭归】地名，在湖北省。

秋（❺ 鞦、❶-❹* 秌、❶-❹* 龝）qiū ㄑㄧㄡ [ceo¹ 抽]

❶四季中的第三季。【三秋】1. 秋收、秋耕、秋播的合称。2. 指三年：一日不见，如隔～。❷庄稼成熟的时期：麦～。❸年：千～万代。❹指某个时期（多指不好的）：多事之～。❺【秋千】运动和游戏用具，架子上系（jì）两根长绳，绳端拴一块板，人在板上前后摆动。

科 kē ㄎㄜ [fo¹ 火¹]

❶分门别类用的名称。1. 生物的分类单位之一，在"目"之下、"属"之上：狮子属于食肉类的猫～｜槐树是豆～植物。2. 机关内部组织划分的部门：财务～｜总务～。3. 学术或业务的类别：文～｜理～｜内～｜外～。【科学】1. 反映自然、社会、思维的客观规律的分科的知识体系。2. 合乎科学的：这种做法不～。❷法律条文：～文｜作奸犯～｜金～玉律。❸判定：～以徒刑｜～以罚金。❹旧戏曲脚本里指示角色表演动作时的用语：叹～｜饮酒～。

5 画

秦 qín ㄑㄧㄣˊ [cên⁴ 旬]

❶周代诸侯国名，在今陕西省和甘肃省一带。❷朝代名，秦始皇嬴政所建立（公元前221—前206年），建都咸阳（在今陕西省咸阳东）。秦是我国历史上第一个统一的中央集权的封建王朝。❸陕西省的别称。

乘（*乗、*椉）㈠ chéng ㄔㄥˊ ㈡ [xing⁴ 城]

❶骑，坐：～马｜～车｜～飞机。❷

趁，就着：~便｜~机｜~势｜~兴(xìng)。❸进行乘法运算，一个数使另一个数变成它自身的若干倍：五~二等于十。

㊁shèng ㄕㄥˋ ㊂[xing⁶ 剩]

❶春秋时晋国的史书叫乘，后因称一般的史书为乘：史~。❷量词。古代称一辆四匹马拉的兵车为一乘：千~之国。

秣

mò ㄇㄛˋ [mud⁶ 没]

❶牲口的饲料：粮~。❷喂牲口：~马厉兵(喂马、磨兵器，指做战斗准备)。

秫

shú ㄕㄨˊ [sêd⁶ 术]

高粱，多指黏高粱：~米｜~秸(高粱秆)。

秤

chèng ㄔㄥˋ [qing³ 清³]

衡量轻重的器具。

☞廣❶动词。提，拎：佢~住一袋嘢(他提着一袋东西)。❷量词。挂，嘟噜：一~锁匙(一嘟噜钥匙)。也作"拎"。

租

zū ㄗㄨ [zou¹ 遭]

❶出代价暂用别人的东西：~房｜~家具。【租界】帝国主义者强迫被侵略国家在通商都市以"租借"名义划给他们直接统治的地区。❷出租：~给人｜~出去。【出租】收取一定的代价，让别人暂时使用房地器物等。❸出租所收取的钱或实物：房~｜收~。❹田赋：~税。

积

(積)jī ㄐㄧ [jig¹ 即]

❶聚集：~少成多｜~年累月｜~习｜~劳。【积淀】1. 积累沉淀。2. 积累沉淀下来的事物(多指文化、知识、经验等)。【积极】向上的，进取的，跟"消极"相对：工作~｜~分子。❷乘积，乘法运算的得数：二乘四的~是八。

秧

yāng ㄧㄤ [yêng¹ 央]

❶(-儿)植物的幼苗：树~儿｜茄子~。特指稻苗：插~。【秧歌】(-ge)我国民间歌舞的一种。❷某些植物的茎：瓜~｜豆~。❸(-子)某些初生的饲养的动物：鱼~子｜猪~子。❹〈方〉栽植，畜养：~几棵树｜~一池鱼。

盉

hé ㄏㄜˊ [wo⁴ 禾]

古代盛酒和水的器皿。形状像壶，三足或四足。

秩

zhì ㄓˋ [did⁶ 迭]

❶有条理、不混乱的情况：~序良好。❷十年：七~寿辰。❸旧时指俸禄，也指官的品级：厚~。

称

(稱)㊀chèn ㄔㄣˋ ㊂[qing³ 秤]

适合：~心｜~职｜相~。【对称】两边相等或相当。

㊁chēng ㄔㄥ ㊂[qing¹ 清]

❶量轻重：把这包米~一~。❷叫，叫作：自~｜~得起英雄。❸名称：简~｜别~。❹说：~病(以生病为借口)｜连声~好｜拍手~快。❺赞扬：~许｜~道。❻举事：~兵。

㊂chèng ㄔㄥˋ ㊂[qing³ 秤]

同"秤"。

秘

(△*祕)㊀bì ㄅㄧˋ [béi³ 痹]

姓。

【秘鲁】国名，在南美洲。

㊁mì ㄇㄧˋ（旧读 bì）[béi³ 痹]

不公开的，不让大家知道的（㊥-密）：~方｜~诀｜~不示人。

“祕”另见519页。

6—7 画

秸（*稭）jiē ㄐㄧㄝ [gai¹ 佳]

农作物去穗或脱粒后剩下的茎：麦~｜秫~｜豆~。

稆（**穭）lǚ ㄌㄩˇ [lêu⁵ 吕]

谷物等不种自生的：~生。也作“旅”。

秽（穢）huì ㄏㄨㄟˋ [wei³ 畏]

肮脏：~土（垃圾）。㊙丑恶：~行｜自惭形~。

移（*迻）yí ㄧˊ [yi⁴ 而]

❶挪动（㊥迁-）：~植｜愚公~山｜转~。【移录】抄录，过录。【移译】翻译。❷改变，变动：~风易俗｜坚定不~。

秾（穠）nóng ㄋㄨㄥˊ [nung⁴ 农]

花木繁盛：~艳。

☞㊖❶形容词。（花木）茂密：呢龕荔枝真~（这棵荔枝真茂密）｜一头~头发（一头浓密的头发）。❷形容词。酽，味厚：呢杯茶好~（这杯茶很酽）。

嵇 jī ㄐㄧ [kei¹ 溪]

姓。

稍 ㊀shāo ㄕㄠ [sao² 梢²]

副词。略微（㊥-微）：~有不同｜请~等一下。

㊁shào ㄕㄠˋ [sao² 梢²]

【稍息】军事或体操的口令，命令队伍从立正姿势变为休息的姿势。

程 chéng ㄔㄥˊ [qing⁴ 情]

❶里程，道路的段落（㊥路-）：起~｜登~｜送他一~。【过程】事物变化、发展的经过。❷进度，限度：日~｜~序。❸法式（㊥-式）：操作规~。❹计量，计算：计日~功。

稌 tú ㄊㄨˊ [tou⁴ 陶]

稻子。

稀 xī ㄒㄧ [héi¹ 希]

❶事物间距离远、空隙大，跟“密”相对（㊥-疏）：棉花种得太~了｜~客。❷浓度小，含水分多的，跟“稠”相对（㊥-薄）：~饭｜~米汤｜~泥｜~释。❸少（㊥-少、-罕）：~有金属。

稃 fū ㄈㄨ [fu¹ 呼]

小麦等植物的花外面包着的硬壳：内~｜外~。

税 shuì ㄕㄨㄟˋ [sêu³ 岁]

国家向企业、集体或个人征收的作为财政收入的货币或实物：纳~｜营业~｜

个人所得～。

稂 láng ㄌㄤˊ [long⁴ 狼]

古书上指狼尾草。

8 画

稑 lù ㄌㄨˋ [lug⁶ 六]

古代指后种而先熟的谷物。

稙 zhī ㄓ [jig⁶ 夕]

〈方〉❶庄稼种得较早：～谷子。❷庄稼熟得较早：白玉米～。

稞 kē ㄎㄜ [fo¹ 科]

青稞，大麦的一种，产在西藏、青海等地，可做糌粑(zānba)，也可酿酒。

稚 (*穉、*稺)zhì ㄓˋ [ji⁶ 字]

幼小：～子｜～气｜幼～。

稗 bài ㄅㄞˋ [bei⁶ 币]

(－子)草本植物，长在稻田里或低湿的地方，叶像稻叶，是稻田的害草。㊗微小的，琐碎的：～史(记载逸闻琐事的书)。

稔 rěn ㄖㄣˇ ㊀ [nem⁵ 挪庵⁵]

❶庄稼成熟。㊕年：离家凡五～。❷熟悉：～知｜素～。

㊁ [nim¹ 念¹]

地名：～村(在广东省新兴)。

稠 chóu ㄔㄡˊ [ceo⁴ 筹]

❶多而密(㊐－密)：棉花棵很～。❷浓，跟"稀"相对：这粥太～了。

穇 (䅟)cǎn ㄘㄢˇ [sam¹ 三]

穇子，草本植物，茎粗，穗在顶端，像鸡爪。籽实可以吃，也可用作饲料。

9—10 画

稳 (穩)wěn ㄨㄣˇ [wen² 温²]

❶稳固，安定：站～｜～步前进。❷使稳定：～住局势。❸准确，可靠：十拿九～。

稹 zhěn ㄓㄣˇ [zen² 疹]

同"缜"。

稽 ㊀jī ㄐㄧ ㊀ [kei¹ 溪]

❶停留(㊐－留)：～迟｜～延。❷考核(㊐－核)：～查｜无～之谈。❸计较，争论：反唇相～(反过来责问对方)。❹姓。

㊁qǐ ㄑㄧˇ ㊁ [kei² 启]

稽首，古时跪下叩头的礼节。

稷 jì ㄐㄧˋ [jig¹ 积]

❶古代一种粮食作物，有的书说是黍属，有的书说是粟(谷子)。❷古代以稷为百谷之长，因此帝王奉祀为谷神。【社稷】土神和谷神。㊕古代指国家：捍卫～｜以～为重。

稻 dào ㄉㄠˋ [dou⁶ 道]

(－子)谷类作物，叶狭长，有水稻、旱稻之分，通常指水稻。籽实椭圆形，有硬壳，去壳后就是大米，供食用。

稿 (*稾)gǎo ㄍㄠˇ [gou² 槁]

❶谷类植物的茎秆：～荐(稻草编的垫子)。❷(－子、－儿)文字、图画的草底：文～儿丨打～儿。㊞事先考虑的计划：做事没准备～子可不成。

稼 jià ㄐㄧㄚˋ [ga³ 嫁]

种田。【稼穑】(－sè)种谷和收谷，农事的总称。【庄稼】(－jia)五谷，农作物：种～。

11 画以上

穑 (穡)sè ㄙㄜˋ [xig¹ 式]

收割庄稼。

穆 mù ㄇㄨˋ [mug⁶ 木]

❶温和。❷恭敬，严肃(㊟肃－)：静～。

穄 jì ㄐㄧˋ [zei³ 际]

(－子)一种谷物，又叫糜(méi)子，跟黍子相似，但不黏。

穗 (❷**繐)suì ㄙㄨㄟˋ [sêu⁶ 睡]

❶(－儿)谷类植物聚生在一起的花或果实：高粱～儿丨麦～儿。❷(－子、－儿)用丝线、布条或纸条等结扎成的装饰品：大红旗上挂着金黄的～子。❸广东省广州的别称。

穙 pú ㄆㄨˊ [pog³ 扑]

❶谷类作物堆积。❷禾或草等稠密。

穜 tóng ㄊㄨㄥˊ [tung⁴ 同]

古代指早种晚熟的谷类。

穟 suì ㄙㄨㄟˋ [sêu⁶ 睡]

同"穗❶"。

穰 ráng ㄖㄤˊ [yêng⁴ 羊]

❶庄稼的茎秆。❷丰盛(叠)：五谷蕃熟，～～满家。❸同"瓤"。

[112]白部

白 bái ㄅㄞˊ [bag⁶ 帛]

❶像雪或乳汁的颜色，跟"黑"相对：～面丨他头发～了。㊕1. 有关丧事的：办～事。2. 反动的：～军丨～匪。【白领】一般指从事脑力劳动的管理人员、技术人员、政府公务人员等。❷清楚(㊟明－)：真相大～丨蒙受不～之冤。❸亮：东方发～。❹空空的，没有加上其他东西的：～卷(juàn)丨～水丨～地(没有庄稼的地)。㊀副词。1. 没有效果地：这话算～说丨烈士们的鲜血没有～流。2. 不付代价地：～给丨～饶丨～吃。❺陈述，说明：自～丨表～丨道～(戏曲中不用唱的语句)。【白话】1. 口头说的话。2. 在口语基础上形成的

汉语书面语，跟“文言”相对。❻指字形或字音有错：写～了｜念～了。【白字】别字。

【白族】我国少数民族，参看附表。

1—8 画

皅 bié ㄅㄧㄝˊ ［bid⁶ 别］

用于地名：～藏（在甘肃省积石山）。

皂 （*皁）zào ㄗㄠˋ ［zou⁶ 做］

❶黑色：～鞋｜不分～白（喻不问是非）。❷差役：～隶。❸皂角，落叶乔木，即皂荚。枝上有刺，结的长荚也叫皂角或皂荚，可供洗衣去污用。❹有洗涤去污作用的日用化工制品：肥～｜香～｜药～。

皃 mào ㄇㄠˋ ［mao⁶ 矛⁶］

〈古〉同“貌”。

帛 bó ㄅㄛˊ ［bag⁶ 白］

丝织品的总称。【玉帛】古代往来赠送的两种礼物，表示友好交往：化干戈为～。

的 ㊀de · ㄉㄜ ［dig¹ 嫡］

助词。❶用在定语后。1. 定语与后边的名词是修饰关系：美丽～风光｜宏伟～建筑。2. 定语与后边的名词是所属关系，旧时也写作“底”：我～书｜社会～性质。❷用在词或词组后，组成“的”字结构，表示人或事物：吃～｜穿～｜红～｜卖菜～。❸用在句末，表示肯定的语气，常跟“是”相应：他是刚从北京来～。

㊁dī ㄉㄧ ［dig¹ 嫡］

〈外〉“的士”（出租车）的省称：打～｜～哥（称男性出租车司机）。

㊂dí ㄉㄧˊ ［dig¹ 嫡］

真实，实在：～当（dàng）｜～确。

㊃dì ㄉㄧˋ ［dig¹ 嫡］

箭靶的中心：中（zhòng）～｜有～放矢。【目的】要达到的目标、境地：～明确。

☞粤 ❶动词。提起，拿起：佢～住个皮喼入嚟（他拿着一个皮箱进来）｜一只手就～起佢喇（一只手就把它提起来了）。【的起心肝】立下决心，发奋努力：～做好佢（立下决心做好它）｜～去读书（发奋努力去读书）。❷动词。（用手指）按，揿：～实佢（揿紧它）｜～边个掣（按哪个按钮）？【的式】精致，轻巧，小巧玲珑：只表好～（这个表好精巧）。

皇 huáng ㄏㄨㄤˊ ［wong⁴ 王］

❶君主（㊥－帝）。❷大（叠）：～～巨著。❸古同“遑”“惶”。

泉 quán ㄑㄩㄢˊ ［qun⁴ 全］

❶泉水：清～｜甘～。❷水源（㊥源－）。【黄泉】【九泉】称人死后所在的地方。❸钱币的古称。

皈 guī ㄍㄨㄟ ［guei¹ 归］

【皈依】原指佛教的入教仪式，后泛指信仰佛教或参加其他宗教组织。也作“归依”。

皋 （*臯、*皐）gāo ㄍㄠ ［gou¹ 高］

水边的高地：江～。

皝 huàng ㄏㄨㄤˋ [fong² 访]

因气血虚少而面部发白的病色。

皚 (皑) ái ㄞˊ [ngoi⁴ 呆]

白(叠)：～～白雪。

皎 jiǎo ㄐㄧㄠˇ [gao² 狡]

洁白明亮(叠)：～～白驹｜～洁的月亮。

皓 (*皜、*暠) hào ㄏㄠˋ [hou⁶ 浩]

洁白，明亮：～齿｜～首(白发，指老人)｜～月当空。

皖 wǎn ㄨㄢˇ [wun⁵ 浣]

安徽省的别称。

晳 xī ㄒㄧ [xig¹ 析]

人的皮肤白：白～。

9 画以上

魄 pò ㄆㄛˋ [pag³ 拍]

❶迷信指依附形体而存在的精神(㊀魂～)：失魂落～。❷精神，精力：气～｜体～｜～力。

皝 huàng ㄏㄨㄤˋ [fong² 访]

用于人名。慕容皝，东晋初年鲜卑族的首领。

皞 hào ㄏㄠˋ [hou⁶ 浩]

明亮。

皛 xiǎo ㄒㄧㄠˇ [kiu⁵ 乔⁵]

❶明亮。❷用于地名：～店(在河南省中牟)。

皤 pó ㄆㄛˊ [po⁴ 婆]

形容白色：须发～然。

皦 jiǎo ㄐㄧㄠˇ [giu² 矫]

❶纯白，明亮。❷清白，清晰。

皭 jiào ㄐㄧㄠˋ [jiu³ 照]

洁白，干净。

[113]瓜部

瓜 guā ㄍㄨㄚ [gua¹ 挂¹]

蔓生植物，叶掌状，花多为黄色，果实可吃。种类很多，有西瓜、南瓜、冬瓜、黄瓜等。【瓜分】像切瓜一样地分割。【瓜葛】(－gé) ㊕亲友关系或相牵连的关系。

瓞 dié ㄉㄧㄝˊ [did⁶ 秩]

小瓜。

瓠 hù ㄏㄨˋ [wu⁶ 互]

【瓠瓜】草本植物，俗叫瓠子，爬蔓，花白色，果实长圆形，嫩时可用作蔬菜。

瓢 piáo ㄆㄧㄠˊ [piu⁴ 嫖]

（－儿）舀（yǎo）水或取东西的用具，多用瓢葫芦或木头制成。

瓤 ráng ㄖㄤˊ ［nong⁴ 囊］

❶（－子、－儿）瓜、橘等内部包着种子的肉、瓣：西瓜～儿｜橘子～儿。㉄东西的内部：秫秸～儿｜信～儿。❷〈方〉身体软弱，技术差：病了一场，身子骨～了｜你修车的技术真不～。

［114］鸟部

鸟 （鳥）niǎo ㄋㄧㄠˇ ［niu⁵ 茑］

脊椎动物的一类，温血卵生，用肺呼吸，全身有羽毛，后肢能行走，一般前肢变为翅能飞。

2—4 画

鸠 （鳩）jiū ㄐㄧㄡ ［geo¹ 沟］

❶鸽子一类的鸟，常见的有斑鸠、山鸠等。❷聚集（多含贬义）：～聚。

鸸 （鳾）shī ㄕ ［xi¹ 思］

鸟名，背部青灰色，腹部淡褐色，嘴长而尖，脚短爪硬，生活在树林中。

鸥 （鷗）ōu ㄡ ［eo¹，㊀ngeo¹ 欧］

鸟名，羽毛多为白色，翅长而尖，生活在湖海上，捕食鱼、螺等。

鸧 （鶬）cāng ㄘㄤ ［cong¹ 仓］

【鸧鹒】（－gēng）黄鹂。也作“仓庚”。

鸨 （鴇）bǎo ㄅㄠˇ ［bou² 保］

❶大鸨，鸟名，比雁略大，背上有黄褐色和黑色斑纹，不善飞而善走。❷指鸨母（开设妓院的女人）：老～。

鴂 （鴂）jué ㄐㄩㄝˊ ［küd³ 决］

古书上说的一种鸟，即伯劳，嘴坚硬而锐利，捕食鱼、虫、小鸟等，是益鸟。

鸩 （鴆、❷❸△＊酖）zhèn ㄓㄣˋ ［zem⁶ 朕］

❶传说中的一种毒鸟，相传把它的羽毛泡在酒里，喝了可以毒死人。❷用鸩的羽毛泡成的毒酒：饮～止渴（喻满足一时需要，不顾严重后果）。❸用毒酒害人。

“酖”另见 656 页 dān。

5 画

鸪 （鴣）gū ㄍㄨ ［gu¹ 孤］

见 560 页“鹧”字条【鹧鸪】（zhè－）、558 页“鹁”字条【鹁鸪】（bó－）。

鸫 （鶇）dōng ㄉㄨㄥ ［dung¹ 冬］

鸟名，羽毛多淡褐色或黑色，叫得很好听。吃昆虫，是益鸟。种类很多。

鸬 （鸕）lú ㄌㄨˊ ［lou⁴ 卢］

【鸬鹚】（－cí）鸟名，俗叫鱼鹰，羽毛黑色，闪绿光，能游泳，善于捕食鱼类。渔人常用来帮助捕鱼。

鸭 (鴨)yā ㄧㄚ [ad³，⊗ngab³]

(-子)水鸟名。通常指家鸭，嘴扁腿短，趾间有蹼，善游泳，不能高飞。

鸮 (鴞)xiāo ㄒㄧㄠ [hiu¹ 器]

猫头鹰一类的鸟。

鸯 (鴦)yāng ㄧㄤ [yêng¹ 秧]

见557页"鸳"字条【鸳鸯】(yuān-)。

鸰 (鴒)[za⁶ 渣⁶]

☞▮猪屎鸰，一种像喜鹊的鸟。

鸰 (鴒)líng ㄌㄧㄥˊ [ling⁴ 玲]

见560页"鹡"字条【鹡鸰】(jí-)。

鸱 (鴟)chī ㄔ [qi¹ 雌]

鹞(yào)鹰。【鸱鸮】(-xiāo)【鸱鸺】(-xiū)猫头鹰一类的鸟。

鸲 (鴝)qú ㄑㄩˊ [kêu⁴ 渠]

鸟名，身体小，尾巴长。嘴短而尖，羽毛美丽。【鸲鹆】(-yù)鸟名，又叫八哥儿。全身黑色，头和背微呈绿色光泽，能模仿人说话。

鸵 (鴕)tuó ㄊㄨㄛˊ [to⁴ 驼]

鸵鸟，鸟名，现代鸟类中最大的鸟，颈长，翅膀小，不能飞，腿长，走得很快，生活在沙漠中。

鸳 (鴛)yuān ㄩㄢ [yun¹ 冤]

【鸳鸯】(-yāng)鸟名，像凫(fú)而小，雄的羽毛美丽，雌雄常在一起。文学上用来比喻夫妻。

雏 (鶵)chú ㄔㄨˊ [co⁴ 锄，⊗co¹ 初]

❶同"雏"。❷见559页"鹓"字条【鹓雏】(yuān-)。

鸴 (鷽)xué ㄒㄩㄝˊ [hog⁶ 学]

鸟名，像雀而羽毛颜色不同，叫声很好听。

鸶 (鷥)sī ㄙ [xi¹ 司]

见561页"鹭"字条【鹭鸶】(lù-)。

6—7 画

鸷 (鷙)zhì ㄓˋ [ji³ 至]

鸷鸟。凶猛的鸟，如鹰、雕等。㊕凶猛：勇~。

䴕 (鴷)liè ㄌㄧㄝˋ [lid⁶ 列]

鸟名，即啄木鸟，嘴坚硬，尖而直，舌细长，能啄食树中的虫，是益鸟。

鸽 (鴿)gē ㄍㄜ [geb³ 蛤³]

(-子)鸟名，有家鸽、野鸽等多种，常成群飞翔。有的家鸽能够传递书信。常用作和平的象征。

鸾 (鸞)luán ㄌㄨㄢˊ [lün⁴ 联]

传说中凤凰一类的鸟：~凤和鸣(喻夫妻和美)。

䴔 (鵁) jiāo ㄐㄧㄠ [gao¹ 交]

【䴔䴖】(－jīng) 古书上说的一种水鸟，腿长，头上有红毛冠。

䴕 (鴳、**鷃) yàn ㄧㄢˋ [an³ 晏]

䴕雀(què)，古书中说的小鸟。

鹀 (鵐) wú ㄨˊ [mou⁴ 无]

鸟名，像麻雀，雄鸟羽毛颜色较鲜艳，吃种子和昆虫。

鹁 (鵓) bó ㄅㄛˊ [bud⁶ 拨]

【鹁鸪】(－gū) 鸟名，又叫水鹁鸪，羽毛黑褐色。天要下雨或天刚晴的时候，常在树上咕咕地叫。

鸨 (鵏) bǔ ㄅㄨˇ [bou² 宝]

【地鸨】鸟名，又叫大鸨，雄鸟体长约1米，背部有黄褐色和黑色斑纹，腹部灰白色，不善飞而善走，吃谷类和昆虫。

鹂 (鸝) lí ㄌㄧˊ [léi⁴ 离]

【黄鹂】鸟名，又叫黄莺，羽毛黄色，从眼边到头后部有黑色斑纹，叫声悦耳。

鹃 (鵑) juān ㄐㄩㄢ [gün 捐]

见305页"杜"字条【杜鹃】。

鹄 (鵠) ㊀gǔ ㄍㄨˇ ⊟ [gug¹ 谷]

射箭的靶子。【鹄的】(－dì) 箭靶子的中心，练习射击的目标。

㊁hú ㄏㄨˊ ⊟ [hug⁶ 酷]

鸟名，即天鹅，像鹅而大，羽毛白色，飞得高而快，生活在水边：～立(直立)。

鹅 (鵝、*鵞、*䳘) é ㄜˊ [ngo⁴ 俄]

家禽，身体比鸭子大，颈长，头部有黄色或黑褐色的肉质突起，雄的突起较大。脚有蹼，能游泳。

𫛭 (鵟) kuáng ㄎㄨㄤˊ [kong⁴ 狂]

鸟名，外形像老鹰，尾部羽毛不分叉。吃鼠类等，是益鸟。

鹇 (鷳) xián ㄒㄧㄢˊ [han⁴ 闲]

白鹇，鸟名，尾巴长，雄的背部白色，有黑纹，腹部黑蓝色，雌的全身棕绿色。

鹈 (鵜) tí ㄊㄧˊ [tei⁴ 题]

【鹈鹕】(－hú) 鸟名，俗叫淘河、塘鹅，体大嘴长，嘴下有皮囊可以伸缩，捕食鱼类。

8 画

鹉 (鵡) wǔ ㄨˇ [mou⁵ 母]

见560页"鹦"字条【鹦鹉】(yīng－)。

鹊 (鵲) què ㄑㄩㄝˋ [cêg³ 卓，㊇ zêg³ 雀]

喜鹊，鸟名，背部黑褐色，眉、颈、腹等部白色，翅有大白斑，尾长。民间传说听见喜鹊叫，将有喜事来临。

鹋 (鶓) miáo ㄇㄧㄠˊ [miu⁴ 苗]

见 583 页“鸸”字条【鸸鹋】(ér－)。

鹌 (鵪) ān ㄢ [em¹，⊗ ngem¹ 庵]

【鹌鹑】(－chun) 鸟名，头小尾短，羽毛赤褐色，杂有暗黄色条纹，雄的好斗。

鹍 (鵾、**鶤) kūn ㄎㄨㄣ [kuen¹ 昆]

【鹍鸡】古书上说的一种像鹤的鸟。

鹎 (鵯) bēi ㄅㄟ [béi¹ 悲]

鸟名，羽毛大部分为黑褐色，腿短而细。种类很多。

鹐 (鵮) qiān ㄑㄧㄢ [zam¹ 簪]

尖嘴的家禽或鸟啄东西：鸡～麦穗｜乌鸦把瓜～了。

鹑 (鶉) chún ㄔㄨㄣˊ [cên¹ 春，⊗ sên⁴ 纯]

即鹌(ān)鹑。【鹑衣】㊖ 破烂的旧衣服。

鹒 (鶊) gēng ㄍㄥ [geng¹ 耕]

见 556 页“鸧”字条【鸧鹒】(cāng－)。

鹓 (鵷) yuān ㄩㄢ [yun¹ 怨¹]

【鹓鶵】(－chú) 古代传说中的一种像凤凰的鸟。

鹔 (鷫) sù ㄙㄨˋ [sug¹ 宿]

【鹔鹴】(－shuāng) 古书上说的一种水鸟。

9 画

鹛 (鶥) [mui² 梅²]

☞广 ❶名词。囮子，用来诱捕同类的鸟。❷名词。引申指诱人赌博者或帮人行骗者，即“托儿”。

鹕 (鶘) hú ㄏㄨˊ [wu⁴ 胡]

见 558 页“鹈”字条【鹈鹕】(tí－)。

鹖 (鷃) yǎn ㄧㄢˇ [yin² 烟²]

古书上说的凤的别名。

鹗 (鶒) chì ㄔˋ [qi¹ 戚]

见 408 页“㶉”字条【㶉鶒】(xī－)。

䴗 (鶪) jú ㄐㄩˊ [küd³ 决]

古书上说的一种鸟，即伯劳，嘴坚硬而锐利，捕食鱼、虫、小鸟等，是益鸟。

鹖 (鶡) hé ㄏㄜˊ [hod³ 喝]

古书上说的一种善斗的鸟。

鹗 (鶚) è ㄜˋ [ngog⁶ 岳]

鸟名，即鱼鹰，背暗褐色，腹白色。常在水面上飞翔，性凶猛，捕食鱼类。

鹙 (鶖) qiū ㄑㄧㄡ [ceo¹ 秋]

秃鹙，古书上说的一种水鸟，头颈上没有毛，性贪暴，好吃蛇。

鹙

(鸑)yuè ㄩㄝˋ [ngog⁶ 岳]

【鹙鹭】(－zhuó)古书上指一种水鸟。

鹚

(鷀、*鶿)cí ㄘˊ [qi⁴ 词]

见556页“鸬”字条【鸬鹚】(lú－)。

鹛

(鶥)méi ㄇㄟˊ [méi⁴ 眉]

鸟名，通常指画眉，羽毛多为棕褐色，翅短，嘴尖，尾巴长，叫的声音好听。

鹜

(鶩)wù ㄨˋ [mou⁶ 务]

鸭子：趋之若～(像鸭子一样成群地跑过去，形容很多人争着去，含贬义)。

10 画

鹝

(鷉)tī ㄊㄧ [tei¹ 梯]

见561页“䴙”字条【䴙鹝】(pì－)。

鹞

(鷂)yào ㄧㄠˋ [yiu⁶ 耀]

(－子)鹞鹰，鸟名，即雀鹰，像鹰而小，背部灰褐色，腹部白色，性凶猛，捕食鼠、兔和小鸟。【纸鹞】风筝。

鹟

(鶲)wēng ㄨㄥ [yung¹ 雍]

鸟名，身体小，嘴稍扁平，吃害虫，是益鸟。

鹠

(鶹)liú ㄌㄧㄡˊ [leo⁴ 留]

【鸺鹠】(xiū－)鸟名，像猫头鹰，捕食鼠、兔等，对农业有益。

鹡

(鶺)jí ㄐㄧˊ [jig³ 即³，㊀zég³ 脊]

【鹡鸰】(－líng)鸟名，种类较多，常见的头黑额白，背部黑色，腹部白色，尾巴较长，生活在水边。

鹢

(鷁)yì ㄧˋ [yig⁶ 亦]

❶古书上说的一种水鸟。❷船头画有鹢的船。后泛指船。

鹣

(鶼)jiān ㄐㄧㄢ [gim¹ 兼]

鹣鹣，比翼鸟，古代传说中的一种鸟。

鹤

(鶴)hè ㄏㄜˋ [hog⁶ 学]

鸟名，颈、腿细长，翼大善飞，叫的声音很高、很清脆。种类很多，如丹顶鹤、白鹤、灰鹤、黑颈鹤等。

11 画以上

鹥

(鷖)yī ㄧ [yi¹ 依]

古书上指鸥。

鹦

(鸚)yīng ㄧㄥ [ying¹ 英]

【鹦鹉】(－wǔ)鸟名，又叫鹦哥，羽毛美丽，嘴弯曲，能模仿人说话的声音。产于热带、亚热带。

鹧

(鷓)zhè ㄓㄜˋ [zé³ 借]

【鹧鸪】(－gū)鸟名，背部和腹部黑白两色相杂，头顶棕色，脚黄色。吃谷粒、昆虫、蚯蚓等。

鸑

(鸑)zhuó ㄓㄨㄛˊ [zog⁶ 昨]

见560页“鸑”字条【鸑鷟】(yuè-)。

鹨

(鷚)liù ㄌㄧㄡˋ [leo⁶ 漏]

鸟名，身体小，嘴细长。吃害虫，种类较多，是益鸟。

鹩

(鷯)liáo ㄌㄧㄠˊ [liu⁴ 辽]

见561页“鹪”字条【鹪鹩】(jiāo-)。

鹪

(鷦)jiāo ㄐㄧㄠ [jiu¹ 招]

【鹪鹩】(-liáo)鸟名，又叫巧妇鸟，身体小，头部浅棕色，有黄色眉纹，尾短。做的窝很精巧。

鷭

(鷭)fán ㄈㄢˊ [fan⁴ 凡]

鸟名，即骨顶鸡，头颈黑色，额部有角质骨顶，生活在河流、沼泽地带，善游泳。

鹫

(鷲)jiù ㄐㄧㄡˋ [zeo⁶ 就]

鸟名，身体大，有的颈部无毛。性凶猛，吃动物尸体，也捕食小动物。种类较多，如秃鹫、兀鹫。

鹬

(鷸)yù ㄩˋ [wed⁶ 屈⁶]

鸟名，羽毛茶褐色，嘴、腿都很长，趾间无蹼，常在水边或田野中捕食小鱼、昆虫和贝类。【鹬蚌相争，渔翁得利】比喻两败俱伤，便宜了第三者。

鹲

(鸏)méng ㄇㄥˊ [mung⁴ 蒙]

鸟名，身体大，嘴大而直，灰色或白色，尾部有长羽毛，生活在热带海洋上，捕食鱼类。

鹭

(鷺)lù ㄌㄨˋ [lou⁶ 路]

鸟名，翼大尾短，颈和腿很长，常见的有白鹭、苍鹭、绿鹭等。【鹭鸶】(-sī)鸟名，即白鹭，羽毛纯白色，顶有细长的白羽，捕食小鱼。

鹮

(䴉)huán ㄏㄨㄢˊ [wan⁴ 还]

鸟名，嘴细长而向下弯曲，腿长，生活在水边。种类较多，如朱鹮、白鹮、彩鹮等。

鹱

(鸌)hù ㄏㄨˋ [wog⁶ 获]

鸟名，身体大，嘴的尖端略呈钩状，趾间有蹼，会游泳和潜水，生活在海边，吃鱼类和软体动物等。

鹯

(鸇)zhān ㄓㄢ [jin¹ 煎]

古书中说的一种猛禽，似鹞(yào)鹰。

䴙

(鸊)pì ㄆㄧˋ [pig¹ 辟]

【䴙䴘】(-tī)鸟名，略像鸭而小，羽毛黄褐色。

鹳

(鸛)guàn ㄍㄨㄢˋ [gun³ 贯]

鸟名，像鹤，羽毛灰色、白色或黑色，生活在水边，捕食鱼虾等。种类很多。

鹴

(鸘)shuāng ㄕㄨㄤ [sêng¹ 双]

见559页“鹔”字条【鹔鹴】(sù-)。

[115]疒部

2—4 画

疔 dīng ㄉㄧㄥ [ding¹ 丁，㊒ déng¹ 多镜¹]

疔疮，一种毒疮，硬而根深，形状像钉。

疗 (療) liáo ㄌㄧㄠˊ [liu⁴ 僚]

医治(㊜医－、治－)：～病｜诊～。㊕解除痛苦或困难：～饥｜～贫。

疖 (癤) jiē ㄐㄧㄝ [jid³ 折]

(－子)小疮。

疟 (瘧) ㊀nüè ㄋㄩㄝˋ [yêg⁶ 药]

疟疾(jí)，传染病，又叫疟子(yàozi)，症状是周期性地发冷发热，热后大量出汗，全身无力。

㊁yào ㄧㄠˋ [yêg⁶ 药]

疟子，即疟(nüè)疾。

疠 (癘) lì ㄌㄧˋ [lei⁶ 丽]

❶瘟疫。❷恶疮。

疝 shàn ㄕㄢˋ [san³ 汕]

疝气，病名，指某一脏器通过周围组织较薄弱的地方鼓起来。种类很多，通常指小肠疝气。

疙 gē ㄍㄜ [ged⁶ 吉⁶]

【疙瘩】(－da) 1. 皮肤上突起或肌肉上结成的病块：头上起了个～。2. 小球形或块状的东西：面～｜芥菜～。3. 比喻不易解决的问题：思想～｜这件事有点儿～。4. 比喻不通畅、不爽利的话：文字上有些～。5. 〈方〉量词。用于球形或块状的东西：一～石头｜一～糕。

疚 jiù ㄐㄧㄡˋ [geo³ 救]

长期生病。㊕对自己的过失感到不安、痛苦：负～｜内～。

疡 (瘍) yáng ㄧㄤˊ [yêng⁴ 阳]

❶疮。❷溃烂：溃～。

疬 (癧) lì ㄌㄧˋ [lig⁶ 力，㊋ lég⁶ 罗尺⁶]

见 568 页“瘰”字条【瘰疬】(luǒ－)。

疣 (**肬) yóu ㄧㄡˊ [yeo⁴ 由]

皮肤病，俗叫瘊子，症状是皮肤上出现黄褐色的小疙瘩，不痛不痒。【赘疣】比喻多余而无用的东西。

疥 jiè ㄐㄧㄝˋ [gai³ 芥]

疥疮，皮肤病，因疥虫寄生而引起，非常刺痒。

疭 (瘲) zòng ㄗㄨㄥˋ [zung³ 众]

见 568 页“瘛”字条【瘛疭】(chì－)。

疮 (瘡) chuāng ㄔㄨㄤ [cong¹ 仓]

皮肤或黏膜上肿烂溃疡的病：褥～｜口～｜背上长～。

疯 (瘋)fēng ㄈㄥ [fung¹ 丰]

精神错乱、失常(㊁ -癫、-狂)。㊄ 1. 指农作物生长旺盛，不结果实：长~杈丨棉花长~了。2. 言行狂妄：~言~语。

疫 yì ㄧˋ [yig⁶ 亦]

瘟疫，流行性急性传染病：~情丨防~丨鼠~。

疢 chèn ㄔㄣˋ [cen³ 趁]

热病。也泛指病：~毒丨~疾。

疖 (癤)jì ㄐㄧˋ [㊅ji³ 志]

皮肤上生来就有的深色斑。现多写作"记"。

疤 bā ㄅㄚ [ba¹ 巴]

❶疤瘌(la)，伤口或疮平复以后留下的痕迹：疮~丨伤~丨伤口结~了。❷器物上像疤的痕迹。

5 画

症 (㊀癥、㊁**證)㊀zhēng ㄓㄥ ㊀[jing¹ 蒸]

【症结】中医指腹内结块的病。㊄事情难解决的关键所在：制度不健全是问题的~。

㊁zhèng ㄓㄥˋ ㊁[jing³ 证]

病：~候丨霍乱~丨急~丨不治之~丨对~下药。

疳 gān ㄍㄢ [gem¹ 甘]

疳积，中医指小儿面黄肌瘦、腹部膨大的病。

疴 (*痾)kē ㄎㄜ(旧读 ē) [o¹, ㊋ngo¹ 哦¹]

病：沉~(重病)丨染~。

病 bìng ㄅㄧㄥˋ [bing⁶ 并，㊂béng⁶ 饼⁶]

❶生物体发生的不健康的现象(㊁疾-)：害了一场~。❷患病：他~了。【毛病】(-bing)1. 疾病。2. 缺点。3. 指器物损坏或发生故障的情况：勤检修，机器就少出~。❸弊端，错误：语~丨通~。

痁 shān ㄕㄢ [dim³ 店]

〈古〉疟疾。

疸 dǎn ㄉㄢˇ [tan² 坦]

黄疸，人的皮肤，黏膜和眼球巩膜等发黄的症状，由血液中胆红素大量增加引起。

疽 jū ㄐㄩ [zêu¹ 追]

中医指一种毒疮，局部肿胀坚硬，皮肤颜色不变：痈~。

疻 zhǐ ㄓˇ [ji² 止]

殴伤。

疾 jí ㄐㄧˊ [zed⁶ 侄]

❶病，身体不舒适(㊁-病)：目~丨

积劳成～。㉄痛苦：～苦。❷恨：～恶如仇。❸快，迅速，猛烈：～走｜～风知劲草｜～言厉色（形容发怒的样子）。❹疼痛：痛心～首。

痄 zhà ㄓㄚˋ [za³ 炸]

【痄腮】（－sai）流行性腮腺炎的俗称。

疹 zhěn ㄓㄣˇ [cen² 诊，㊀ zen² 珍²]

皮肤上起的小疙瘩，多为红色，小的像针尖，大的像豆粒：湿～。

痈（癰）yōng ㄩㄥ [yung¹ 翁]

中医指一种毒疮，局部红肿，形成硬块并化脓。

疼 téng ㄊㄥˊ [tung³ 痛，㊀ teng⁴ 腾]

❶人、动物因病、刺激或创伤而引起的难受的感觉（㊉－痛）：肚子～｜腿摔～了。❷喜爱，爱惜（㊉－爱）：他奶奶最～他。

疱（*皰）pào ㄆㄠˋ [pao³ 豹]

皮肤上长的像水泡的小疙瘩。也作"泡"。

疰 zhù ㄓㄨˋ [ju³ 注]

【疰夏】1. 中医指夏季长期发热的病，多由排汗功能发生障碍引起，患者多为小儿。2. 〈方〉苦夏。

痃 xuán ㄒㄩㄢˊ [yin⁴ 贤]

【横痃】由下疳（gān，一种性病）引起的腹股沟淋巴结肿胀、发炎的症状。

痂 jiā ㄐㄧㄚ [ga¹ 加]

伤口或疮口表面血液、淋巴液等凝结成的东西。

疲 pí ㄆㄧˊ [péi⁴ 皮]

身体感觉劳累（㊉－乏、－倦、－惫）：精～力尽｜～于奔命。【疲癃】（－lóng）衰老多病。【疲沓】（*疲塌）（－ta）懈怠，不起劲：作风～｜工作～。

痉（痙）jìng ㄐㄧㄥˋ [ging⁶ 劲]

痉挛（luán），俗叫抽筋，症状是肌肉收缩，手脚抽搐（chù）。

6—7 画

痔 zhì ㄓˋ [ji⁶ 字]

痔疮，一种肛管疾病。因肛管或直肠末端静脉曲张、瘀血而形成。

痏 wěi ㄨㄟˇ [wei⁵ 伟]

❶瘢痕。❷创伤。

痍 yí ㄧˊ [yi⁴ 而]

伤，创伤：疮～满目（喻到处是灾祸景象）。

痓 chì ㄔˋ [qi³ 次]

中医指筋脉痉挛、强直的病症。

疵 cī ㄘ [qi¹ 雌]

毛病：吹毛求~（指故意挑剔）。

痊　quán ㄑㄩㄢˊ［qun⁴ 全］

病好了，恢复健康（㊀-愈）。

痎　jiē ㄐㄧㄝ［gai¹ 皆］

古书上说的一种疟疾。

痒　（癢）yǎng ㄧㄤˇ［yêng⁵ 养］

皮肤或黏膜受刺激想要抓挠的感受（叠）：蚊子咬得身上直~~｜痛~相关。㊂想做某事的愿望强烈：看见别人打球他心里发~。【技痒】极想把自己的技能显出来。

痕　hén ㄏㄣˊ［hen⁴ 很⁴］

痕迹，事物留下的印迹：水~｜泪~｜伤~｜裂~。

☞▇形容词。痒：成身~（周身痒）｜揿~（挠痒痒）。【口痕】嘴巴痒痒，指人爱说话：佢好~，乜都要插嘴（他总是嘴巴痒痒的，什么都要插嘴）。

痭　［na¹ 那¹］

☞▇疤痕，伤疤：佢手上有一笪~（他手上有一块疤痕）。也作“瘵”。

痣　zhì ㄓˋ［ji³ 志］

皮肤上生的斑痕，有青、红、褐等色，也有突起的。

痨　（癆）láo ㄌㄠˊ［lou⁴ 劳］

痨病，中医指结核病，通常指肺结核。

痦　（**瘬）wù ㄨˋ［ng⁶ 悟］

【痦子】突起的痣。

痘　dòu ㄉㄡˋ［deo⁶ 豆］

❶水痘，一种传染病，小儿容易感染。❷痘疮，即天花，一种急性传染病，病原体是病毒。

痞　pǐ ㄆㄧˇ［péi² 鄙］

❶痞块，中医指肚子里可以摸得到的硬块。❷（-子）流氓，无赖：地~｜~棍。

痢　lì ㄌㄧˋ［léi⁶ 利］

❶痢疾，传染病，症状是发热、腹痛，粪便中有血液、脓或黏液。❷见567页“瘌”字条【瘌痢】（là-）。

痤　cuó ㄘㄨㄛˊ［co⁴ 锄］

痤疮，俗称粉刺，一种皮肤病，多生在青年人的面部，通常是有黑头的小红疙瘩。

痪　huàn ㄏㄨㄢˋ［wun⁶ 换］

【瘫痪】见568页“瘫”。

痫　（癇）xián ㄒㄧㄢˊ［han⁴ 限⁴］

癫痫，俗叫羊痫风或羊角风，一种时犯时愈的暂时性大脑功能紊乱的病，病发时突然昏倒，口吐泡沫，手足痉挛。

痧　shā ㄕㄚ［sa¹ 沙］

中医指霍乱、中暑、肠炎等急性病：发~｜绞肠~｜刮~。

痛 tòng ㄊㄨㄥˋ ［tung³ 同³］

❶疼（疼－）：头~｜不~不痒｜~定思~。【痛苦】身体或精神感到非常难受。❷悲伤（㊥悲－、哀－）：~心｜~不欲生。❸极，尽情地，深切地，彻底地：~恨｜~饮｜~惜｜~改前非。【痛快】（－kuai）1. 爽快，爽利：他是个~人。2. 尽兴，舒畅，高兴：这活儿干得真~｜看他的样子好像有点儿不~。

8 画

瘰 ［nan³ 难³］

☞广名词。疙瘩（皮肤因被蚊虫咬或过敏所起的疙瘩：蚊~｜风~（荨麻疹）。

瘃 zhú ㄓㄨˊ ［zug⁶ 俗］

古书上指冻疮。

痱 （*疿）fèi ㄈㄟˋ ［fei⁶ 吠，㊞ fei² 肺²］

痱子，皮肤病，暑天皮肤上生出来的红色或白色小疹，很刺痒。

痹 （*痺）bì ㄅㄧˋ ［béi³ 秘］

痹症，中医指由风、寒、湿等引起的肢体疼痛或麻木的病。

痼 gù ㄍㄨˋ ［gu³ 雇］

痼疾，积久不易治的病。㊀长期养成不易克服的：~习｜~癖。

痴 （*癡）chī ㄔ ［qi¹ 雌］

傻：~呆｜~人说梦（喻完全胡说）。

痿 wěi ㄨㄟˇ ［wei² 毁］

中医指身体某部分萎缩或丧失功能的病：阳~。

瘐 yǔ ㄩˇ ［yu⁵ 雨］

瘐死，旧时称囚犯在监狱里因受刑、冻饿、生病而死。

瘁 cuì ㄘㄨㄟˋ ［sêu⁶ 穗］

过度劳累：鞠躬尽~｜心力交~。

瘀 yū ㄩ ［yu² 语²］

血液凝滞：~血。

☞广动词。瓜果蔬菜等因受揉擦挤压而受伤。

瘅 （癉）㊀dān ㄉㄢ ㊁ ［dan¹ 丹］

【瘅疟】（－nüè）中医指疟疾的一种。

㊁dàn ㄉㄢˋ ㊁ ［dan³ 旦］

❶因劳累造成的病。❷憎恨：彰善~恶。

痰 tán ㄊㄢˊ ［tam⁴ 谈］

肺泡、支气管和气管分泌的黏液。

瘆 （瘮）shèn ㄕㄣˋ ［sem³ 沁］

使人害怕：~人｜夜里走山路，有点儿~得慌。

瘟 [meng² 盟²]

☞粤 形容词。烦躁，暴躁：呢个仔好~，嘟啲就喊（这孩子很烦躁，动不动就哭）。【瘟瘤】[-zeng²]暴躁，烦躁，发脾气：咪成日发~啦（别整天发脾气吧）！

9—10 画

瘈 ㊀chì ㄔˋ ㊂ [cei³ 砌]

同"瘛"。

㊁zhì ㄓˋ ㊂ [zei³ 制]

疯狂（特指狗）。

瘩 （*瘩）㊀dá ㄉㄚˊ [dad³ 搭]

【瘩背】中医指生在背部的痈。

㊁da ·ㄉㄚ [dad³ 搭]

见562页"疙"字条【疙瘩】（gē-）。

瘌 là ㄌㄚˋ [lad³ 辣]

【瘌痢】（-lì）〈方〉秃疮，生在人头上的皮肤病。

☞粤 名词。黄癣：生~（长黄癣）| ~头（长黄癣的脑袋；头上长黄癣的人）。

瘗 （瘞）yì ㄧˋ [yi³ 意]

掩埋，埋葬。

瘟 wēn ㄨㄣ [wen¹ 温]

瘟疫，流行性急性传染病：~病 | 春~ | 鸡~ | 猪~。

☞粤 ❶形容词。旧时指被女色所迷（现已少用）：~老举（被妓女迷住）| ~君（被女色迷住的男子）。❷形容词。形容人像得了瘟病似的，昏头昏脑的样子：~~沌沌（迷迷糊糊）| ~头~脑（昏头昏脑）| ~咁春（乱闯）。❸形容词。形容人一个劲儿地干某事：~咁做（一个劲儿地干）| ~咁写（埋头写）| ~咁食（拼命地吃）。

瘦 shòu ㄕㄡˋ [seo³ 秀]

❶含脂肪少，跟"胖""肥"相对：~肉 | 身体很~。❷衣服鞋袜等窄小，跟"肥"相对：这件衣裳穿着~了。❸土地瘠薄：~田。❹笔画细：~硬 | 钟书体~ | ~金体。

瘊 hóu ㄏㄡˊ [heo⁴ 猴]

（-子）疣的俗称。

瘥 ㊀chài ㄔㄞˋ ㊂ [cai³ 柴³]

病愈：久病初~。

㊁cuó ㄘㄨㄛˊ ㊂ [co⁴ 锄]

病。

瘘 （瘻、**瘺）lòu ㄌㄡˋ [leo⁶ 漏]

瘘管，体内因发生病变向外溃破而形成的管道，病灶里的分泌物可以由瘘管里流出来。

☞粤【瘘掊】[-beo⁶]穿衣过多、过肥显得臃肿，肋脦：着起件棉褛好~（穿起棉大衣来很臃肿）。也作"瘺"。

瘕 jiǎ ㄐㄧㄚˇ [ga² 加²]

肚子里结块的病。

☞粤 名词。哮喘：扯~（哮喘）| 掹~（哮喘）。【瘕淋咳嗽】久咳不止：你~唔睇

医生唔得咯（你久咳不止不找医生看看不行啊）。也作"痨"。

瘙 sào ㄙㄠˋ ［sou³ 素］

【瘙痒】皮肤发痒。

瘛 chì ㄔˋ ［cei³ 砌］

【瘛疭】（－zòng）中医指手脚痉挛、口眼㖞斜的症状；抽风。

瘼 mò ㄇㄛˋ ［mog⁶ 莫］

病：民～（人民的痛苦）。

瘝 guān ㄍㄨㄢ ［guan¹ 关］

病，痛苦。

瘪 （癟、*癟）㊀biē ㄅㄧㄝ ［bid⁶ 别］

【瘪三】〈方〉旧时上海人对城市中无正当职业而以乞讨或偷窃为生的游民的称呼。

㊁biě ㄅㄧㄝˇ ［bid⁶ 别］

不饱满，凹下：～花生｜干（gān）～｜车带～了。

瘢 bān ㄅㄢ ［ban¹ 班］

疤，伤口或疮平复以后留下的痕迹：～痕。

瘤 （*瘤）liú ㄌㄧㄡˊ ［leo⁴ 留］

（－子）生物体的组织细胞不正常增生而成的疙瘩：肉～｜骨～。

瘮 ［pong¹ 旁¹］

☞❶形容词。前额突出：呢个人有啲～头（这个人有点前额突出）。

瘠 jí ㄐㄧˊ ［zég³ 脊］

❶瘦弱。❷土地不肥沃（㊉贫－）：～土｜～田。

瘫 （癱）tān ㄊㄢ ［tan¹ 滩］

瘫痪（huàn），神经功能发生障碍，肢体不能活动。

11—13 画

癀 huáng ㄏㄨㄤˊ ［wong⁴ 王］

癀病，牛马猪羊等家畜的炭疽（jū）病。

瘭 biāo ㄅㄧㄠ ［bin¹ 标］

【瘭疽】（－jū）手指头肚儿或脚趾头肚儿发炎化脓的病，症状是局部红肿，剧烈疼痛，发热。

瘰 luǒ ㄌㄨㄛˇ ［lo² 裸］

【瘰疬】（－lì）病名，由结核菌侵入淋巴结而引起，多发生在颈部或腋部，症状是出现硬块，溃烂后不易愈合。

瘿 （癭）yǐng ㄧㄥˇ ［ying² 影］

❶中医指生在脖子上的一种囊状的瘤子，多指甲状腺肿。❷虫瘿的简称，植物组织由于受害虫侵害发生变化而形成的瘤状物。

瘵 zhài ㄓㄞˋ ［zai³ 债］

病，多指痨病。

瘴 zhàng ㄓㄤˋ [zêng³ 胀]

瘴气，热带山林中的湿热空气。

癃 lóng ㄌㄨㄥˊ [lung⁴ 龙]

❶古书上指年老衰弱多病。❷癃闭，中医指小便不通的病。

瘾 yǐn ㄧㄣˇ [yen⁵ 引]

特别深的嗜好(shìhào)：烟～｜看书看上～啦。

瘸 qué ㄑㄩㄝˊ [ké⁴ 茄⁴]

腿脚有毛病，走路时身体不平衡：一～一拐｜他是摔～的。

瘳 chōu ㄔㄡ [ceo¹ 抽]

❶疾病减轻，病愈：病体已～。❷减损，消除。

瘢 bān ㄅㄢ [ban¹ 班]

皮肤上生斑点的病。

癌 ái ㄞˊ(旧读 yán) [ngam⁴ 岩]

生物体细胞变成恶性增生细胞所形成的肿瘤：胃～｜肝～｜肺～｜乳腺～。

癯 [zeng² 之莺²]

☞广 见 567 页“瘟”条【瘟癯】[meng² －]。

癞 (癩)lài ㄌㄞˋ [lai³ 赖³]

❶中医指麻风病。❷〈方〉瘌痢。❸像生了癞的。1. 因生癣疥等皮肤病而毛发脱落的：～狗。2. 表皮凹凸不平或有斑点的：～蛤蟆｜～瓜。

癗 lěi ㄌㄟˇ [lêu⁵ 吕]

中医指皮肤上起的小疙瘩。

癐 [gui⁶ 捐]

☞广 形容词。累，疲劳：行到～晒(走得很累)｜～就唞下啦(累了就歇一下吧)。【癐殀殀】全身疲倦的样子：我全身～，唔想嘟(我整个人累得不得了，不想动)。也作“攰”。

癔 yì ㄧˋ [yi³ 衣³]

【癔病】精神病的一种，又叫歇斯底里，发病时喜怒无常，感觉过敏，严重时手足或全身痉挛，说胡话，可出现类似昏迷的状态。

癜 diàn ㄉㄧㄢˋ [din⁶ 电]

皮肤病名，常见的是白癜，俗称白癜风，皮肤生斑点后变白色。

癖 pǐ ㄆㄧˇ [pig¹ 辟]

对事物的特别爱好：烟～｜洁～｜怪～｜嗜酒成～。

14 画以上

癣 (癬)xuǎn ㄒㄩㄢˇ [xin² 冼]

由真菌引起的皮肤病，有头癣、体癣、甲癣(灰指甲)等多种，患处常发痒。

瘿 [meg⁶ 墨⁶]

☞▊名词。痣(较小的)：呢粒～咁大嘅(这颗痣好大呀)。〖广州话的"瘿"相当于普通话的"痣"，但普通话"痣"的词义范围比较大，它还包含广州话的"痣"(较大的痣)。〗

癫 (癲)diān ㄉㄧㄢ [din¹ 颠]

精神错乱、失常(㊀连 －狂、疯－)。

癪 [jig¹ 积]

☞▊名词。疳积：生～。【癪滞】消化不良。

癯 qú ㄑㄩˊ [kêu⁴ 渠]

瘦：清～。

[116]立部

立 lì ㄌㄧˋ [leb⁶ 笠⁶]

❶站：～正。㊀引 竖着，竖起来：～柜｜把伞～在门后头。【立场】认识和处理问题时所处的地位和所抱的态度，也特指阶级立场：～坚定。❷做出，定出。1. 建立，设立：～碑。2. 建树：～功。3. 制定：～合同｜～规矩。4. 决定：～志。❸存在，生存：自～｜独～。❹立刻，立时，马上，即刻：～奏奇效｜当机～断。

1 画

产 (產)chǎn ㄔㄢˇ [can² 铲]

❶人或动物生子：～子｜～卵｜～科。【产生】生，出现：～好的效果。㊀引 由团体中推出：每个小组～一个代表。❷制造、种植或自然生长：沿海盛～鱼虾｜我国～稻、麦的地方很多｜增～。❸制造、种植或自然生长的东西：土特～｜水～。❹财产：房～｜地～｜遗～。【产业】1. 家产。2. 构成国民经济的行业和部门，也特指工业生产：信息～｜文化～｜～工人。

3—6 画

妾 qiè ㄑㄧㄝˋ [qib³ 次叶³]

❶旧时男子在正妻以外娶的女子：纳～。❷谦辞，旧时女人自称。

竖 (竪、*豎)shù ㄕㄨˋ [xu⁶ 树]

❶直立，跟地面垂直的，跟"横"相对：把棍子～起来。❷从上到下的或从前到后的，跟"横"相对：～着写｜～着挖道沟。❸直，汉字自上往下写的一种笔形(丨)："十"字是一横一～。❹竖子，古时指未成年的仆人，也用于对人的一种蔑称。

亲 (親)㊀qīn ㄑㄧㄣ ㊁ [cen¹ 陈¹]

❶有血统或夫妻关系的：～人｜～兄弟。特指父母：双～｜养～。❷婚姻：定～｜～事。❸特指新妇：娶～。❹亲戚，因婚姻联成的亲属关系：姑表～。❺本身，自己的：～笔信｜～眼见的｜～手做的。❻感情好，关系密切：～密｜兄弟相～。❼用嘴唇接触，表示喜爱：他～了～孩子的小脸蛋。

☞▮❶助词。用在动词后，表示遭受或感受：冷～（受凉）｜屈～脚（扭伤脚）。❷助词。表示动作一发生就会产生某种反应，相当于“一……就……”或“每逢……都……”：嘟～都痛（一动就疼）｜坐～船都晕浪（每次乘船都晕船）｜叫～佢都帮手（每次叫他他都愿意帮忙）｜去～图书馆都碰到佢（每逢去图书馆都碰见他）。

㊁qìng ㄑㄧㄥˋ ㊂［cen³ 趁］

【亲家】夫妻双方的父母彼此的关系和称呼。

竑 hóng ㄏㄨㄥˊ［weng⁴ 弘］

广大。

飒（飒、*䫹）sà ㄙㄚˋ［sab³ 圾］

形容风声（叠）：秋风～～。【飒爽】豪迈而矫健：～英姿。

站 zhàn ㄓㄢˋ［zam⁶ 暂］

❶直立：～岗｜中国人民～起来了。❷停：不怕慢，就怕～。❸为乘客上下或货物装卸而设的停车的地方：车～｜起点～。❹分支办事处：工作～｜保健～。

竞（競）jìng ㄐㄧㄥˋ［ging⁶ 劲］

比赛，互相争胜（㊟－赛）：～走｜～渡。【竞争】为了自己或本集团的利益而跟人争胜。

竘 qǔ ㄑㄩˇ［kêu⁵ 拒］

雄健，雄壮。

竫 jìng ㄐㄧㄥˋ［jing⁶ 净］

❶安静。❷编造。

翊 yì ㄧˋ［yig⁶ 亦］

辅佐，帮助：～戴（辅佐拥戴）。

7 画以上

竦 sǒng ㄙㄨㄥˇ［sung² 怂］

❶恭敬，肃敬。❷同“悚”。

童 tóng ㄊㄨㄥˊ［tung⁴ 同］

❶儿童，小孩子：～谣。㊞1. 未长成的，幼：～牛（没有生角的小牛）。2. 未有过性生活的：～男｜～女。3. 秃的：～山（没有草木的山）。【童话】专给儿童编写的故事。❷旧时指未成年的男仆：家～｜书～。

竣 jùn ㄐㄩㄣˋ［zên³ 进］

事情完毕：～工｜大工告～。

靖 jìng ㄐㄧㄥˋ［jing⁶ 静］

❶安静，平安。❷旧指平定，使秩序安定。参看 644 页“绥❶”。

竭 jié ㄐㄧㄝˊ［kid³ 揭］

尽，用尽：～力｜～诚｜声嘶力～｜取之不尽，用之不～。

端 duān ㄉㄨㄢ［dün¹ 短¹］

❶端正，不歪斜：五官～正｜～坐。㊀正派：品行不～。❷东西的一头：两～｜末～｜笔～。㊀1. 事情的开头：开～。2. 起因：无～。3. 项目，方面：不只一～｜举其大～。【端午】【端阳】农历五月初五日。民间在这一天包粽子、赛龙舟，纪念两千多年前的楚国诗人屈原（相传屈原在这一天投江自尽）。【端详】1. 从头到尾的详细情形：听～｜说～。2. 仔细地看：她久久地～着孩子的相片。❸用手很平正地拿着：～碗｜～茶。

[117]穴部

穴 xué ㄒㄩㄝˊ [yud⁶ 月]

❶窟窿，洞：不入虎～，焉得虎子？｜～居野处。❷墓穴：坟地里有五个～。❸穴位，又叫穴道，人体或某些动物体可以进行针灸的部位，多为神经末梢密集或较粗的神经纤维经过的地方：太阳～。

1—6 画

究 jiū ㄐㄧㄡ（旧读 jiù）[geo³ 够]

推求，追查：～办｜追～｜推～｜必须深～。【究竟】1. 副词。到底，表示追问：～是怎么回事？2. 结果：大家都想知道个～。【终究】副词。到底：问题～会弄清楚的。

穷 （窮）qióng ㄑㄩㄥˊ [kung⁴ 穹]

❶缺乏财物，跟“富”相对（㊀贫－）：～人｜他过去很～。❷到尽头。没有出路：理屈辞～｜日暮途～。❸达到极点：～凶极恶。❹推究到极限：～物之理｜～原竟委。

空 ㊀kōng ㄎㄨㄥ [hung¹ 凶]

❶里面没有东西或没有内容：～房子｜～碗。㊀不合实际的：～话｜～想｜～谈。【空洞】没有内容的：他说的话很～。【空头】不发生作用的，有名无实的：～支票。【凭空】无根据：～捏造。❷无着落，无成效，无结果：～跑了一趟｜～忙一阵｜落～｜扑了个～。❸天空：～军｜航～。【空间】一切物质存在和运动所占的地方。【空气】包围在地球表面，充满空间的气体。是氮、氧和少量惰性气体及其他气体的混合物。㊀情势：～紧张。❹姓。

㊁kòng ㄎㄨㄥˋ [hung¹ 凶]

❶使空（kōng），腾出来：～一个格｜～出一间房子｜想法～出一些时间来。❷闲着的，没被利用的：～房｜～地。❸（－儿、－子）没被占用的时间或地方：有～儿再来｜会场里挤得连一点儿～儿都没有。

帘 （❷簾）lián ㄌㄧㄢˊ [lim⁴ 廉]

（－子、－儿）❶旧时店铺挂在门前，用布制成的标志。❷用布、竹、苇等做的遮蔽门窗的东西。

穸 xī ㄒㄧ [jig⁶ 夕]

【窀穸】（zhūn－）墓穴。

穹 qióng ㄑㄩㄥˊ [kung⁴ 穷]

高起成拱形的，隆起：～苍(苍天)。

突 tū ㄊㄨ [ded⁶ 凸]

❶忽然：～变｜～发｜～击。【突然】急速而出乎意外：～事件｜来得很～｜～停止。❷超出，冲破：～出｜～破纪录｜～围。❸古时灶旁的出烟口，相当于今天的烟通：灶～｜曲～徙(xǐ)薪(喻防患未然)。

穿 chuān ㄔㄨㄢ [qun¹ 村]

❶破，使通透：屋漏瓦～｜用锥子～一个洞。❷放在动词后，表示通透或揭开：说～｜看～。❸通过孔洞：～针｜把这些珠子～成一串。㊀通过：从小胡同～过去｜横～马路。❹把衣服鞋袜等套在身上：～衣服。

窀 zhūn ㄓㄨㄣ [zên¹ 津]

【窀穸】(－xī)墓穴。

窃 (竊)qiè ㄑㄧㄝ [xid³ 泄]

❶偷盗：～案｜行～。㊥用不合法不合理的手段取得：～位｜～国。❷私自，暗中：～听｜～笑。旧时用作谦辞：～谓｜～以为。

窆 biǎn ㄅㄧㄢ [bin² 匾]

埋葬。

窍 (竅)qiào ㄑㄧㄠ [kiu³ 乔³，㊇hiu³ 晓³]

❶窟窿，孔洞：七～(耳、目、口、鼻)｜一～不通(喻一点儿也不懂)。❷(－儿)事情的关键：诀～儿｜～门儿｜开～儿。

窅 yǎo ㄧㄠ [yiu² 要²]

眼睛眍(kōu)进去。㊥深远。

窄 zhǎi ㄓㄞ [zag³ 责³]

❶狭，不宽，宽度小，跟“宽”相对(㊜－狭、狭－)：路太～｜地方太～，放不下双人床。㊀气量小，心胸不开阔：他的心眼儿太～。❷生活不宽裕：以前的日子很～，现在可好了。

窊 wā ㄨㄚ [wa¹ 娃]

同“洼”，用于地名：薛家～(在山西省宁武)。

窌 ㊀jiào ㄐㄧㄠ ㊁[gao³ 较]

同“窖”。

㊁liáo ㄌㄧㄠ ㊁[liu⁴ 辽]

针灸穴位名。

窎 (窵)diào ㄉㄧㄠ [diu³ 钓]

深远(㊜－远)。

窈 yǎo ㄧㄠ [yiu² 要²]

❶深远。❷昏暗。❸美好。【窈窕】(－tiǎo)1. 形容女子文静而美好。2.(宫室、山水)幽深。

室 zhì ㄓ [zed⁶ 侄]

阻塞不通：～息(呼吸被阻停止)。

窑 (*窯、*窰)yáo ㄧㄠ [yiu⁴ 摇]

❶烧砖、瓦、陶瓷等的建筑物。❷为采煤而凿的洞：煤～。❸窑洞，在土坡上特为住人挖成的洞。❹（－子）旧指妓院。

窕 tiǎo ㄊㄧㄠˇ [tiu5 条5]

见573页“窈”字条【窈窕】（yǎo－）。

7画以上

窜 （竄）cuàn ㄘㄨㄢˋ [qun3 寸]

❶逃走，乱跑：东跑西～｜～逃｜抱头鼠～。❷放逐，驱逐。❸修改文字：～改｜点～。

窝 （窩）wō ㄨㄛ [wo1 涡]

❶（－儿）禽兽或其他动物的巢穴：鸡～｜马蜂～｜狼～。㊞人的安身处，人或物所占的位置：安乐～｜挪个～儿。❷藏匿犯法的人或东西：～贼｜～赃｜～藏。❸坏人聚集之处：贼～。❹（－儿）洼陷的地方：山～｜酒～儿。❺弄弯：把铁丝～个圆圈。❻郁积不得发作或发挥：～火｜～心。【窝工】因调配不好，工作人员没有充分发挥作用。❼量词。用于一胎所生或一次孵出的动物：一～小猪。

☞廣❶动词。铆：～实两块钢板（铆紧两块钢板）｜～钉（铆钉）。❷动词。把整个生鸡蛋去壳后放进正在滚开的汤、粥、饭等中使熟：～蛋饭｜～只蛋落汤度（打一个鸡蛋到正在开的汤里去）。

窖 jiào ㄐㄧㄠˋ [gao3 较]

❶收藏东西的地洞：地～｜白菜～。❷把东西藏在窖里：～萝卜。

窗 （*窓、*窗、*牕、*牎、*牕）chuāng ㄔㄨㄤ [cêng1 昌]

（－子、－儿）窗户，房屋通气透光的装置：～明几（jī）净。

筤 [lang1 冷1]

见575页“窼”字条【窼筤】[kang1－]。

窘 jiǒng ㄐㄩㄥˇ [kuen3 困]

❶穷困：～迫｜生活很～。❷为难，难堪：～相｜他一时答不上来，显得很～。❸使为难：大家一再追问，～得他满脸通红。

窥 （窺、*闚）kuī ㄎㄨㄟ [kuei1 亏]

从小孔、缝隙或隐蔽处偷看：～探｜～伺｜～见真相｜管～蠡测（从竹管里看天，用瓢量海水，形容见识浅陋）。

窦 （竇）dòu ㄉㄡˋ ㊀[deo6 豆]

孔，洞：鼻～｜狗～。【疑窦】可疑的地方：顿生～。

☞廣名词。堤围或田埂上的小水闸：水～。

㊁[deo3 斗3]

☞廣❶名词。窝，巢穴：雀仔～（鸟窝）｜蚁～（蚂蚁窝）｜狗～｜贼～｜被～。【高窦】傲慢：叫佢都唔睬，真～（叫他也不理，真傲慢）。❷量词。1. 窝：一～猪仔（一窝小猪）。2. 家：成～人都指望佢（一家子都指望着他）｜佢要养好大一～人（他要养活很大的一家子）。

窠 kē ㄎㄜ [fo¹ 科，⊗wo¹ 窝]

鸟兽的巢穴。【窠臼】⑩现成的格式或老套子。

窣 sū ㄙㄨ [sêd¹ 摔]

见575页“窸”字条【窸窣】(xī－)。

窟 kū ㄎㄨ [fed¹ 忽]

❶洞穴：石～｜狡兔三～(喻有多个藏身的地方)。【窟窿】(－long)孔，洞。⑩亏空，债务：拉～(借债)。❷某种人聚集的地方：贫民～｜魔～。

☞▇❶名词。地方，处所(多用于疑问句)：住喺边一～(住在哪里)？｜匿埋边～(躲在哪里)？【灶窟】灶膛。【屎窟】屁股。❷量词。1. 小块：一～布｜一～墙｜一～地。2. 用于整体中的一部分：台面崩咗一～(桌子面缺了一块)｜好似挖佢一～肉噉(就像挖了他一块肉那样)。

窬 (❷*踰)yú ㄩˊ [yu⁴ 余]

❶门边小洞。❷从墙上爬过去：穿～之盗(穿墙和爬墙的贼)。

☞▇量词。用于墙砖的层数：双～墙(两层砖的墙)｜单～墙(一层砖的墙)。

窨 ㊀xūn ㄒㄩㄣ ㊀[fen¹ 芬]

同“熏”，用于窨茶叶。把茉莉花等放在茶叶中，使茶叶染上花的香味。

㊁yìn ㄧㄣˋ ㊁[yem³ 阴³]

地窨子，地下室。

窭 (窶)jù ㄐㄩˋ [gêu⁶ 巨]

贫穷。

窳 yǔ ㄩˇ [yu⁵ 雨]

恶劣，坏：～劣｜～败(败坏)。

窸 xī ㄒㄧ [xig¹ 析]

【窸窣】(－sū)形容细小的磨擦声。

窼 [kang¹ 箍罂]

☞▇【窼窞】金属空罐之类掉到地上的声音。

☞▇【空窼窞】空荡荡，空无一物：间屋冇人，～嘅(房子没人，空荡荡的)｜个箱里面～(箱子里空荡荡的，没有东西)。

☞▇【明窼】分明：～系你，你重唔认(分明是你，你还不承认)！

窿 lóng ㄌㄨㄥˊ ㊀[lung⁴ 龙]

〈方〉煤矿坑道。

㊁[lung¹ 龙¹]

见575页“窟”字条【窟窿】(kū－)。

☞▇❶名词。孔，洞，眼儿：老鼠～｜山～｜穿咗～(穿了孔，破了洞)｜～罅(角落，旮旯)。【窿路】门路：考试唔合格，有～都唔得(考试不及格，有门路也不行)。【山窿山罅】偏远的山区；大山深处：我乡下喺～度(我的家乡在偏远的山区)❷量词。窝：一～蛇｜一～狗仔。

窾 kuǎn ㄎㄨㄢˇ [fun² 款]

空。

[118]疋部

胥 xū ㄒㄩ [sêu¹ 虽]

❶古代的小官：～吏。❷全，都：民～然矣丨万事～备。

疍 dàn ㄉㄢˋ [dan⁶ 但]

【疍民】过去广东、广西、福建内河和沿海一带的水上居民。多以船为家，从事渔业、运输业。

蛋 dàn ㄉㄢˋ [dan⁶ 但]

❶鸟、龟、蛇等生的带有外壳的卵，受过精的可以孵出小动物：鸡～丨鸭～丨蛇～。❷(－子、－儿)形状像蛋的东西：山药～丨驴粪～儿。

楚 chǔ ㄔㄨˇ [co² 初²]

❶古书上指牡荆(一种落叶灌木)。❷周代诸侯国名，疆域在今湖北省和湖南省北部，后来扩展到河南省南部及江西、安徽、江苏、浙江等省。❸痛苦(㊈苦－、凄－)。【楚楚】1. 鲜明，整洁：衣冠～。2. 娇柔，秀美：～动人。

疐 (＊＊疐)zhì ㄓˋ [ji³ 志]

❶遇到障碍。❷跌倒：跋前～后(形容进退两难)。

[118]⺪部

疏 (❶-❹＊疎)shū ㄕㄨ ㊀ [so¹ 梳]

❶清除阻塞，使畅通(㊈－通)：～导。❷分散：～散。❸事物间距离大，空隙大，跟"密"相对(㊈稀－)：～林丨～密不均。㊊1. 不亲密，关系远的：亲～丨～远。2. 不细密，粗心：～神丨～忽。❹空虚：志大才～。❺粗：～食。❻不熟悉：生～丨人生地～。

shū ㄕㄨ ㊁ [so³ 梳³]

❶分条说明的文字：上～丨奏～(封建时代臣下向皇帝陈述事情的文章)。❷对古书旧有注文做的阐释：注～。

[119]皮部

皮 pí ㄆㄧˊ [péi⁴ 脾]

❶人和动植物体表面的一层组织：牛～丨树～丨荞麦～丨碰破了点儿～。❷皮革：～包丨～箱丨～鞋。❸表面：地～丨水～儿。❹包在外面的东西：书～丨封～。❺薄片状的东西：铅～丨粉～丨海蜇～。❻韧性大，不松脆：～糖丨饼～了。❼顽皮，淘气：这孩子真～。❽(外)法定计量单位中十进分数单位词头之一，表示10^{-12}，符号 p。

皱 (皺)zhòu ㄓㄡˋ [zeo³ 奏]

❶脸上起的褶(zhě)纹。㊊物体上的褶纹：褶～。❷生褶纹：～眉头丨衬衫～了。

皲 (皸)jūn ㄐㄩㄣ [guen¹ 均]

皮肤因寒冷或干燥而破裂：手脚～裂。也作"龟"(jūn)。

颇 (頗)pō ㄆㄛ [po² 婆²]

❶偏，不正：偏～。❷副词。很，相当地：离别～久｜～为不易。

皴 cūn ㄘㄨㄣ [cên¹ 春]

❶皮肤因受冻或受风吹而干裂：手都～了。❷皮肤上积存的泥垢和脱落的表皮：一脖子～。❸中国画的一种画法，涂出山石的纹理和阴阳向背。

[120]癶部

癸 guǐ ㄍㄨㄟˇ [guei³ 贵]

天干的第十位，用作顺序的第十。

登 dēng ㄉㄥ [deng¹ 灯]

❶上，升：～山｜～高｜～峰造极(喻达到顶点)。❷同"蹬"。❸刊载，记载：～报｜把这几项～在簿子上。【登记】为了特定的目的，向主管机关或部门按表填写事项：～结婚｜参观前请～。❹(谷物)成熟：五谷丰～。

【登时】即时，立刻。

凳 (*櫈)dèng ㄉㄥˋ [deng³ 等³]

(－子、－儿)有腿没有靠背的坐具：板～｜小～儿。

[121]矛部

矛 máo ㄇㄠˊ [mao⁴ 茅]

古代兵器，在长柄的一端装有金属枪头。【矛盾】㊕1. 言语或行为前后抵触，对立的事物互相排斥。2. 指事物内部各个对立面之间的互相依赖又互相排斥的关系。

☞▣❶动词。粗野：佢打波好～(他打球很粗野)｜发～(指人因过于冲动而急红了眼，不顾一切)。❷动词。因情急而焦躁：听到个仔荡失路，佢成个～晒(听到儿子迷了路，她直发急)。❸动词。要赖：悔棋呴，咁～嘅(悔棋啊，这么要赖的)｜咁～，有人同你玩㗎(这么要赖，没人愿意跟你一起玩的)。

柔 róu ㄖㄡˊ [yeo⁴ 由]

❶软，不硬(㊣－软)：～枝｜～嫩。❷柔和，跟"刚"相对：温～｜～情｜刚～相济｜以～克刚。

矜 (㊂**獾) ㊀guān ㄍㄨㄢ ㊁[guan¹ 关]

〈古〉❶同"鳏"。❷同"瘝"。

㊁jīn ㄐㄧㄣ ㊁[ging¹ 京]

❶怜悯，怜惜。❷自尊自大，自夸：自～其功。❸慎重，拘谨：～持。

㊂qín ㄑㄧㄣˊ ㊁[ken⁴ 勤]

〈古〉矛、戟的柄。

矞 yù ㄩˋ [wed⁶ 屈⁶]

矞云，象征祥瑞的彩云。

蟊 máo ㄇㄠˊ [mao⁴ 矛]

吃苗根的害虫。【蟊贼】㊥对人民有害的人。

[122]耒部

耒 lěi ㄌㄟˇ [lêu⁶ 泪，㊋loi⁶ 来⁶]

❶古代一种农具，形状像木叉。❷耒耜上的木把(bà)。【耒耜】(-sì)古代一种耕地用的农具，形状像犁。

耔 zǐ ㄗˇ [ji² 纸]

培土。

耕 (*畊)gēng ㄍㄥ [geng¹ 更¹]

❶用犁把土翻松：~耘(hún)|深~细作。❷比喻从事某种劳动：笔~|舌~。

耘 yún ㄩㄣˊ [wen⁴ 云]

除草：~田|春耕夏~。

耖 chào ㄔㄠˋ [cao³ 抄³]

❶耙(bà)地后用来把土块弄得更碎的农具。❷用耖整地，使地平整。

耗 hào ㄏㄠˋ [hou³ 好³]

❶减损，消费(㊀-费、消-)：~神|~电。❷拖延：~时间|别~着了，快去吧！❸音信，消息：噩(è)~(指亲近或敬爱的人死亡的消息)。

耙 ㊀bà ㄅㄚˋ [pa⁴ 爬]

❶用来把土块弄碎、把地弄平的农具：钉齿~|圆盘~。❷用耙弄碎土块：地已经~过了。

㊁pá ㄆㄚˊ [pa⁴ 爬]

❶(-子)聚拢谷物或平土地的用具。❷用耙子平整土地或聚拢、散开柴草、谷物等：~地。

耜 sì ㄙˋ [ji⁶ 自]

❶古代的一种农具，形状像锹。❷耒下端的起土部分，类似铧。

耠 huō ㄏㄨㄛ [heb⁶ 合]

❶(-子)用来翻松土壤的农具，比犁轻便。❷用耠子翻土，代替耕、锄或耩的工作：~地|~个八九厘米深就够了。

耢 (耮)lào ㄌㄠˋ [lou⁴ 劳]

❶功用和耙(bà)相似的农具，用荆条等编成。又叫耱(mò)、盖或盖擦。❷用耢平整土地。

耤 jí ㄐㄧˊ [jig⁶ 席]

耤河，水名，在甘肃省东南部，渭河支流。

耥 tāng ㄊㄤ，㊀ tǎng ㄊㄤˇ [tong² 倘]

用耥耙弄平田地、清除杂草。【耥耙】(-bà)清除杂草、弄平田地的农具。

耦 ǒu ㄡˇ [ngeo⁵ 藕]

❶古代称两个人在一起耕地。❷同“偶❷”。

耧 (耬)lóu ㄌㄡˊ [leo⁴ 留]

用来开沟并播种(zhǒng)的农具。

耩 jiǎng ㄐㄧㄤˇ [gong² 港]

用耧播种(zhòng)：~地|~棉花。

耨　(＊＊鎒) nòu ㄋㄡˋ [neo⁶ 扭⁶]

❶古代一种锄草的农具。❷锄草：深耕易～。

耙　(耚) bà ㄅㄚˋ [pa⁴ 爬]

同“耙”(bà)。

耪　pǎng ㄆㄤˇ [pong¹ 蚌¹]

用锄翻松地锄：～地。

☞■❶名词。一种较宽的锄头。❷动词。用耪碎土翻地。

耰　yōu ㄧㄡ [yeo¹ 休]

❶古代一种农具，用来弄碎土块，使田地平整。❷播种后用耰使土覆盖种子。

耲　huái ㄏㄨㄞˊ [wai⁴ 淮]

用耲耙翻土。【耲耙】(－bà)用来翻土并播种的农具。

耱　mò ㄇㄛˋ [mo⁶ 么⁶]

耢(lào)。

[123]老部

老　lǎo ㄌㄠˇ [lou⁵ 鲁]

❶年岁大，时间长。1. 跟“少”“幼”相对：～人。敬辞：吴～｜范～。2. 陈旧的：～房子｜～观念。3. 经历长，有经验：～手｜～干部。4. 跟“嫩”相对：～笋｜菠菜～了｜～绿。5. 副词。长久：～没见面了。6. 副词。经常，总是：你怎么～迟到呢？7. 原来的：～家｜～脾气｜～地方。❷副词。极，很：～早｜～远。❸排行(háng)在末了的：～儿子｜～妹子。❹词头。1. 加在称呼上：～弟｜～师｜～张。2. 加在兄弟姊妹次序上：～大｜～二。3. 加在某些动植物名词上：～虎｜～鼠｜～玉米。

耆　qí ㄑㄧˊ [kéi⁴ 旗]

年老，六十岁以上的人：～年。

耄　mào ㄇㄠˋ [mou⁶ 雾]

年老，八九十岁的年纪：～耋(dié)之年。

耋　dié ㄉㄧㄝˊ [did⁶ 秩]

年老，七八十岁的年纪：耄(mào)～｜～老。

[123]耂部

考　(❶-❸＊攷) kǎo ㄎㄠˇ [hao² 巧]

❶测试，测验(㊀－试)：期～｜～语文。❷检查(㊀－察、查－)：～勤｜～绩｜～核。【考验】通过具体行动、困难环境等来检验(是否坚定、正确)。❸推求，研究：～古｜～证。【考虑】斟酌，思索：～一下再决定｜～问题。【考究】(－jiu)1. 考查，研究：～问题。2. 讲究：衣着～。❹老，年纪大(㊀寿－)。❺原指父亲，后称已死的父亲：如丧～妣｜先～。

孝　xiào ㄒㄧㄠˋ [hao³ 考³]

❶指尊敬、奉养父母：~顺｜~敬。❷指居丧的礼俗：守~。❸丧服：戴~。

者 zhě ㄓㄜˇ [zé² 姐]

❶助词。用在形容词、动词或词组后，指人或事物：学~｜读~｜作~｜强~｜符合标准~。❷助词。表示语气停顿：陈胜~，阳城人也｜云~，水汽蒸腾而成。❸代词。这，此（多用在古诗词中）：~回｜~番｜~边走。❹用在"二、三、数"等数词后，指上文所说的几件事：二~必居其一｜三~缺一不可。

耇 （**耈）gǒu ㄍㄡˇ [geo² 狗]

年老，长寿。

[124]耳部

耳 ěr ㄦˇ [yi⁵ 以]

❶耳朵，人和动物的听觉器官：~聋｜~熟（听着熟悉）｜~生（听着生疏）｜~语（嘴贴近别人耳朵小声说话）。❷像耳朵的。1. 指形状：木~｜银~。2. 指位置在两旁的：~房｜~门。❸文言助词。表示罢了，而已：前言戏之~｜此无他，唯手熟~。

2 画

耵 dīng ㄉㄧㄥ [ding¹ 丁]

【耵聍】（-níng）耳垢，耳屎。

耶 ㊀yē ㄧㄝ [yé⁴ 爷]

用于译音，如耶路撒冷。

㊁yé ㄧㄝˊ [yé⁴ 爷]

❶文言助词。表示疑问：是~非~？❷古同"爷"。

取 qǔ ㄑㄩˇ [cêu² 吹²]

❶拿到手里：~书｜到银行~款。❷获得，招致：~暖｜~笑（开玩笑）｜~保就医｜自~灭亡。❸挑选，采用：~材｜~景｜录~｜~个名儿｜~道天津｜听~意见｜吸~经验｜。【取消】废除，撤销：~参赛资格。

4 画

耻 （*恥）chǐ ㄔˇ [qi² 此]

羞愧，耻辱（㊌羞-）：雪~｜可~｜无~。

耿 gěng ㄍㄥˇ [geng² 梗]

❶光明。❷正直：~介。【耿直】（*梗直、*鲠直）直爽，正直。

【耿耿】1. 形容忠诚：忠心~。2. 心里老想着，不能忘怀：~于怀。

耽 （❶*躭）dān ㄉㄢ [dam¹ 担¹]

❶迟延。【耽搁】（-ge）迟延，停止没进行：这件事~了很久。【耽误】（-wu）因耽搁或错过时机而误事：不能~生产。❷沉溺，入迷：~乐（lè）｜~色（沉迷女色）｜~于幻想。

聂 （聶）niè ㄋㄧㄝˋ [nib⁶ 捏]

姓。

耸 (聳)sǒng ㄙㄨㄥˇ [sung² 怂]

❶高起，直立：高～｜～立。❷耸动，惊动：～人听闻(故意说夸大或吓人的话使人震惊)。

5—10 画

职 (職)zhí ㄓˊ [jig¹ 织]

❶职务，分(fèn)内应做的事：尽～。❷职位，执行事务所处的一定的地位：调(diào)～｜兼～。【职员】机关、企业、学校、团体里担任行政或业务工作的人员。❸旧时公文用语，下属对上司的自称：～奉命前往。❹由于：～是之故｜～此。❺掌管：～掌。

聃 (＊＊耼)dān ㄉㄢ [dam¹ 耽]

古代哲学家老子的名字。

聆 líng ㄌㄧㄥˊ [ling⁴ 玲]

听(㊀－听)：～教。

聊 liáo ㄌㄧㄠˊ [liu⁴ 辽]

❶姑且，略：～以自慰｜～胜一筹｜～胜于无。❷依赖：百无～赖｜民不～生(无法生活)。【无聊】1. 没有兴趣。2. 没有意义。❸聊天，闲谈：别～啦，赶快干吧！

聍 (聹)níng ㄋㄧㄥˊ [ning⁴ 柠]

见 580 页“耵”字条【耵聍】(dīng－)。

聒 guō ㄍㄨㄛ [kud³ 括]

声音嘈杂，使人厌烦：～耳｜～噪。

联 (聯)lián ㄌㄧㄢˊ [lün⁴ 峦]

❶联结，结合：～盟｜～席会议。【联络】接洽，彼此交接。❷(－儿)对联，对子：上～｜下～｜挽～｜春～。

☞▌动词。缝：～衫(缝衣服)｜～多两针。

聘 pìn ㄆㄧㄣˋ [ping³ 平³]

❶请人担任工作：～书｜～请｜～他当编辑。❷指女子订婚或出嫁：行～｜出～。

聚 jù ㄐㄩˋ [zêu⁶ 罪]

会合，集合(㊀－集)：大家～在一起谈话｜～少成多｜欢～。

聩 (聵)kuì ㄎㄨㄟˋ [kui² 溃²]

耳聋：昏～(喻不明事理)｜发聋振～(喻用语言文字等方式唤醒愚昧麻木的人)。

聪 (聰)cōng ㄘㄨㄥ [cung¹ 冲]

❶听觉：失～。❷听觉灵敏：耳～目明。❸聪明，智力强：～颖｜～慧。

聱 áo ㄠˊ [ngou⁴ 敖]

话不顺耳。【聱牙】文句念着不顺口：诘屈～。

[125]臣部

臣 chén ㄔㄣˊ [sen⁴ 神]

❶奴隶社会的奴隶。❷帮助皇帝进行统治的官僚。❸封建时代官吏对君主的自称。

卧 (**臥)wò ㄨㄛˋ [ngo⁶ 饿]

❶睡倒，躺或趴：仰～｜～倒｜～病。❷睡觉用的：～室｜～铺。❸趴伏(指动物)：鸡～在窝里｜藏龙～虎。

臧 zāng ㄗㄤ [zong¹ 庄]

善，好。【臧否】(－pǐ)褒贬，评论，说好说坏：～人物。

[126]覀(西)部

西 xī ㄒㄧ [sei¹ 犀]

❶方向，太阳落下的一边，跟"东"相对：由～往东｜～房｜～南角。❷事物的样式或方法属于西方(多指欧、美两洲)的：～餐｜～服。

要 ㊀yāo ㄧㄠ ㊀[yiu¹ 腰]

❶求。【要求】提出具体事项，希望实现：～大家认真学习｜～入党。❷强求，有所仗恃而强硬要求：～挟(xié)。❸古同"邀""腰"。❹姓。

㊁yào ㄧㄠˋ ㊁[yiu³ 摇³]

❶索取，希望得到：～账｜我～这一本书。㊞希望保留：这东西他还～呢。【要强】好胜心强，不愿落后。❷重大，值得重视的：～事｜～点。【要紧】【紧要】急切重要。❸重大的值得重视的东西：纲～｜提～｜纪～。❹应该，必须：～努力学习。❺将要，将：我们～去学习了。❻连词。要是，若，如果：明天～下雨，我就不去了｜他～来了，你就交给他。❼请求，叫：他～我给他买本书。

栗 (❷*慄)lì ㄌㄧˋ [lêd⁶ 律]

❶栗(子)树，落叶乔木，果实叫栗子，果仁味甜，可以吃。木质坚实，可供建筑和制器具用，树皮可供鞣皮及染色用，叶子可喂栗蚕。❷发抖，因害怕或寒冷而身体颤动：不寒而～。

贾 (賈)㊀gǔ ㄍㄨˇ ㊀[gu² 古]

❶商人(㊟商－)。古时特指坐商。❷卖：余勇可～(还有多余的力量可以使出)。

㊁jiǎ ㄐㄧㄚˇ ㊁[ga² 假]

❶姓。❷古多用于人名。

〈古〉又同"价(價)"(jià)。

票 piào ㄆㄧㄠˋ [piu³ 瞟³]

❶(－子、－儿)钞票，纸币。❷印的或写的凭证：车～｜股～｜选～。❸称非职业的演戏：～友｜玩儿～。❹被绑匪挟持借以勒取赎金的人质：绑～儿｜撕～儿(指杀死人质)。

覃 ㊀qín ㄑㄧㄣˊ ㊀[cem⁴ 寻]

姓。

㊁tán ㄊㄢˊ ㊂[tam⁴ 谈]

❶深：～思。❷延伸：葛之～兮。❸姓。

粟 sù ㄙㄨˋ [sug¹ 叔]

谷子，见"谷❸"。旧时泛称谷类。

覆 fù ㄈㄨˋ [fug¹ 福]

❶遮盖，蒙(㊂－盖)：天～地载。❷翻，倒(dào)过来：～舟｜天翻地～。【覆没】(－mò)船翻沉。㊃军队被消灭。【覆辙】路上留下的翻过车的车辙。㊃失败的道路、方法。【颠覆】车翻倒。㊃用阴谋推翻合法政权，也指政权垮台。❸同"复❶❷"。

[127]而部

而 ér ㄦˊ [yi⁴ 儿]

❶连词。连接同类的词或句子。1. 顺接：聪明～勇敢｜通过实践～发现真理，又通过实践～证实真理和发展真理。2. 转接：有其名～无其实。【而且】连词。1. 表示平列：这篇文章写得长～空。2. 表示进一层，常跟"不但"相应：鲁迅不但是伟大的文学家，～是伟大的思想家和革命家。【而已】助词。罢了：不过如此～。❷连词。把表时间、原因或情状的词连接到动词上：匆匆～来｜因公～死｜侃侃～谈｜挺身～出。❸连词。(从)……到……：自上～下｜由小～大。

耐 nài ㄋㄞˋ [noi⁶ 奈]

受得住，禁(jīn)得起：～劳｜～用｜～烦｜～火砖｜忍～｜俗不可～。【耐心】不急躁，不厌烦：～说服。

耏 ㊀ér ㄦˊ ㊂[yi⁴ 而]

❶面颊上的胡须。❷姓。

㊁nài ㄋㄞˋ ㊂[noi⁶ 奈]

古代一种剃除面颊上胡须的刑罚。

要 shuǎ ㄕㄨㄚˇ [sa² 洒]

❶〈方〉玩(㊂玩－)：孩子们在院子里～。❷玩弄，表演：～猴｜～大刀。❸戏弄：别～人。❹弄，施展：～手艺｜～威风｜～手腕(指使用不正当的方法)。

恧 nǜ ㄋㄩˋ [nug⁶ 挪屋⁶]

惭愧。

鸸 (鴯)ér ㄦˊ [yi⁴ 而]

【鸸鹋】(－miǎo)鸟名，外形像鸵鸟，嘴短而扁，脚有三个趾。善走，不能飞，产于澳大利亚的草原和开阔的森林中。

[128]页部

页 (頁、**葉)yè ㄧㄝˋ [yib⁶ 叶]

❶篇，张(指书、画、纸等)：活～。❷指互联网网页：主～｜～面。❸量词。旧指书本中的一张纸，现多指书本中一张纸的一面。

2—3 画

顶 (頂)dǐng ㄉㄧㄥˇ ㊀[ding² 鼎，㊟ déng² 疔²]

❶(－儿)人体或物体的最高最上的部分：头～丨山～丨房～。❷量词：两～帽子。

㊁[ding² 鼎]

❶用头支承：用头～东西丨～天立地(形容英雄气概)。㊞1. 用东西支撑：用门杠把门～上。2. 冒：～着雨走了。3. 担当，担得起：出了事我来～丨他一个人去不～事。❷用头或角撞击：～球丨公牛～人。❸自下而上用力拱起：用千斤顶把汽车～起来丨麦芽～出土来了。❹相逆，对面迎着：～风。❺顶撞(多指下对上)：他气冲冲地～了班长两句。❻代替(㊧－替)：～名丨冒名～替。❼相当，等于：一个人～两个人工作。❽〈方〉直到：昨天～十二点才到家。❾副词。最，极：～好丨～多丨～会想办法。

顺 (順)shùn ㄕㄨㄣˋ [sên⁶ 信⁶]

❶向着同一个方向，跟"逆"相对：～风丨～水丨通～。❷沿，循：～河边走。㊞依次往上往下或依次往后：～着楼梯丨～着台阶丨～着坡丨遇雨～延。❸随，趁便：～手关门丨～口说出来。❹整理，理顺：～一～头发丨文章太乱，得～一～。❺服从，不违背：～从丨归～。❻适合，不别扭：～心丨～眼丨～耳。

4 画

顽 (頑)wán ㄨㄢˊ [wan⁴ 还]

❶愚蠢无知：～钝丨愚～。❷固执，不容易变化：～梗丨～疾。【顽固】1. 思想保守，不愿意接受新鲜事物。2. 坚持自己的错误观点或做法，不加改变。【顽强】坚强，不屈服：～地工作着丨他很～，没有被困难吓倒。❸顽皮，小孩淘气：～童。❹同"玩❶❷"。

顾 (顧)gù ㄍㄨˋ [gu³ 雇]

❶回头看，泛指看：回～丨环～丨～视左右。❷拜访：三～茅庐。❸照管，注意：～面子丨～全大局丨奋不～身。㊞商店称来买货物：惠～丨～客丨主～。【照顾】1. 照管，特别关心：～群众的生活。2. 旧时商店称顾客来买货。❹文言连词。但，但是。

顿 (頓)㊀dú ㄉㄨˊ ㊁[dug⁶ 读]

见366页"冒"字条【冒顿】(mò－)。

㊁dùn ㄉㄨㄣˋ ㊁[dên⁶ 沌]

❶很短时间的停止(㊧停－)：抑扬～挫丨念到这个地方应该～一下。❷忽然，立刻，一下子：～悟丨～时。❸叩，碰：～首。㊞跺：～足。❹处理，放置：整～丨安～。❺书法上指运笔用力向下而暂不移动。❻疲乏：劳～丨困～。❼量词。次：一天三～饭丨说了一～丨打了他一～。❽姓。

颁 (頒)bān ㄅㄢ [ban¹ 班]

发下(㊟连－发)：～布｜～证｜～奖。

颂 (頌)sòng ㄙㄨㄥˋ [zung⁶ 仲]

❶颂扬，赞扬别人的好处：歌～。❷祝颂，祝愿：敬～时绥。❸古代祭祀时用的舞曲：周～｜鲁～。❹以颂扬为内容的文章或诗歌。

颃 (頏)háng ㄏㄤˊ [hong⁴ 杭]

见585页“颉”字条【颉颃】(xié－)。

预 (預)yù ㄩˋ [yu⁶ 遇]

❶预先，事前：～备｜～见｜～防｜～约。❷加入里面去：干～。

5—7 画

颅 (顱)lú ㄌㄨˊ [lou⁴ 卢]

头的上部，包括头骨和脑，也指头：～骨。

頔 (頔)dí ㄉㄧˊ [dig⁶ 敌]

美好。

领 (領)lǐng ㄌㄧㄥˇ [ling⁵ 岭，㊟读 léng⁵ 罗镜⁵]

❶颈，脖子：～巾｜～带｜引～而望。❷(－子、－儿)衣服围绕脖子的部分。㊞引 事物的纲要：纲～｜要～。【领袖】㊞转国家、政治团体、群众组织等的高级领导人。❸带，引，率(㊟连带－、率－)：～队｜～头。❹领有的，管辖的：～土｜～海｜～空。❺接受，取得：～教｜～款。❻了解，明白：～会(对别人的意思理解并有所体会)｜～悟。❼量词。1. 用于衣服：一～青衫。2. 用于席、箔等：一～席｜一～箔。

颈 (頸)㊀gěng ㄍㄥˇ [géng² 惊²]

义同“颈”(jǐng)，用于“脖颈子”。

㊁jǐng ㄐㄧㄥˇ [géng² 惊²]

脖子，头和躯干相连接的部分。

颉 (頡)㊀jié ㄐㄧㄝˊ [kid³ 揭]

【仓颉】上古人名，传说是黄帝的史官，汉字的创造者。

㊁xié ㄒㄧㄝˊ [kid³ 揭]

❶鸟往上飞。【颉颃】(－háng)1. 鸟向上向下飞。2. 不相上下：他的书法与名家相～。㊞转对抗：～作用。❷姓。

颊 (頰)jiá ㄐㄧㄚˊ [gab³ 甲]

脸的两侧：两～绯红。

颚 (顗)yǐ ㄧˇ [ngei⁵ 蚁]

安静。古时用于人名。

颋 (頲)tǐng ㄊㄧㄥˇ [ting⁵ 挺]

正直，直。

颌 (頜)㊀gé ㄍㄜˊ ㊀ [geb³ 鸽]

口。

㊁hé ㄏㄜˊ ㊁ [heb³ 盒]

构成口腔上部和下部的骨头和肌肉组织叫作颌，上部的叫上颌，下部的叫下颌。

頫 (頫)fǔ ㄈㄨˇ [fu² 苦]

用于人名。赵孟頫，元代书画家。

"頫"另见63页"俯"(fǔ)。

颀 (頎)wěi ㄨㄟˇ [ngei⁵ 蚁]

安静。

颖 (潁)yǐng ㄧㄥˇ [wing⁶ 泳]

颍河，发源于河南省登封，东南流至安徽省注入淮河。

颎 (熲)jiǒng ㄐㄩㄥˇ [guing² 炯]

火光。

颏 (頦)㊀kē ㄎㄜ [hoi⁴ 海⁴]

下巴颏儿，脸的最下部分，在两腮和嘴的下面。

㊁ké ㄎㄜˊ [hoi⁴ 海⁴]

鸟名：红点～｜蓝点～。

颏 (頞)è ㄜˋ [ad³ 压]

鼻梁。

颐 (頤)yí ㄧˊ [yi⁴ 而]

❶面颊，腮：解～(开颜而笑)。❷休养，保养：～神｜～养天年。

频 (頻)pín ㄆㄧㄣˊ [pen⁴ 贫]

屡次，连次(㊨－繁、－数shuò)(叠)：～～招手｜捷报～传。【频率】(－lǜ)在一定的时间或范围内事物重复出现的次数。

颓 (頹、*穨)tuí ㄊㄨㄟˊ [têu⁴ 推⁴]

❶崩坏，倒塌：～垣断壁。【颓废】1.建筑物倒坏。2.精神萎靡不振。❷败坏：～风败俗。【颓唐】精神不振，情绪低落。

颔 (頷)hàn ㄏㄢˋ [hem⁵ 含⁵]

❶下巴颏儿。❷点头：～首｜～之而已。

颖 (穎、頴)yǐng ㄧㄥˇ [wing⁶ 咏]

❶禾的末端，指某些禾本科植物小穗基部的苞片。❷东西末端的尖锐部分：短～羊毫笔｜脱～而出。㊥才能出众：聪～｜～悟。【新颖】新奇，与一般的不同：花样～。

颒 (頵)yūn ㄩㄣ [wen¹ 温]

头大的样子。

8—9 画

颗 (顆)kē ㄎㄜ [fo² 火，㊥ lo² 罗²]

量词。多用于圆形或粒状的东西：一～珠子｜一～心｜两～钉子。

颚 (頜)[ngog⁶ 岳]

☞▮动词。仰首，抬头：～高头(抬起头来)。【头颚颚】抬着头东张西望：企喺处～，人哋会当你系傻仔(站在那里东张西望，人家会把你当傻瓜)。

颇 (顑)kǎn ㄎㄢˇ [hem² 坎]

【颇颔】(－hàn)面黄肌瘦。

题 (題)tí ㄊㄧˊ [tei⁴ 提]

❶古指额头。❷题目，写作或讲演内容的总名目：命~｜出~｜难~(喻不容易做的事情)｜离~太远。㊀练习或考试时要求解答的问题：试~｜算~｜出两道~｜问答~。【题材】写作内容的主要材料。❸写上，签署：~名｜~字｜~词。

颙 (顒)yóng ㄩㄥˊ [yung⁴ 容]

❶大头。㊀大。❷仰慕：~望。

颚 (顎)è ㄜˋ [ngog⁶ 岳]

❶某些节肢动物摄取食物的器官。❷同"腭"。

颛 (顓)zhuān ㄓㄨㄢ [jun¹ 尊]

❶愚昧。❷同"专❶❷"。

【颛顼】(-xū)传说中上古帝王名。

颜 (顏)yán ㄧㄢˊ [ngan⁴ 眼⁴]

❶颜面，脸面：无~见人｜喜笑~开。❷颜色，色彩：~料｜五~六色。

额 (額、*頟)é ㄜˊ [ngag⁶ 我客⁶]

❶额头，俗叫脑门儿，眉毛以上头发以下的部分。❷规定的数量：定~｜名~｜超~｜~外。❸牌匾：横~｜匾~。

10—12 画

颞 (顳)niè ㄋㄧㄝˋ [nib⁶ 聂]

【颞颥】(-rú)头颅两侧靠近耳朵上方的部分。

颟 (顢)mān ㄇㄢ [mun⁴ 门]

【颟顸】(-han)1. 不明事理：糊涂~。2. 漫不经心：那人太~，做事靠不住。

颠 (顛)diān ㄉㄧㄢ [din¹ 典¹]

❶头顶：华~(头顶上黑发白发相杂)。㊀最高最上的部分：山~｜塔~。❷始：~末。❸倒，跌(㊖-覆)：~扑不破(指理论正确不能推翻)。【颠倒】(-dǎo)1. 上下或前后的次序倒置：书放~了。㊀使颠倒：~是非。2. 错乱：神魂~。❹颠簸，上下震动：山路不平，车~得厉害。❺同"癫"。

颡 (顙)sǎng ㄙㄤˇ [song² 爽]

额，脑门子。

颢 (顥)hào ㄏㄠˋ [hao⁶ 浩]

白的样子。

颣 (纇)lèi ㄌㄟˋ [lêu⁶ 类]

缺点，毛病。

13 画以上

颤 (顫)㊀chàn ㄔㄢˋ [jin³ 战]

物体振动：这条扁担(dan)担上五六十斤就~了｜~动。

㊁zhàn ㄓㄢˋ [jin³ 战]

同"战❷"。

颥 (顬)rú ㄖㄨˊ [yu⁴ 如]

见587页"颞"字条【颞颥】(niè－)。

颦 (顰)pín ㄆㄧㄣˊ [pen⁴ 频]

皱眉头。【效颦】㊕模仿他人而不得当。

颧 (顴)quán ㄑㄩㄢˊ [kün⁴ 权]

眼睛下面、两腮上面突出的部分。

[129]至部

至 zhì ㄓˋ [ji³ 志]

❶到：由南～北丨～今未忘。【至于】1. 指可能达到某种程度：他还不～不知道丨我～这么小气吗？2. 介词。表示另提一事：～个人得失，他根本不考虑。【以至】连词。一直到：看一遍不懂，就看两遍、三遍，～更多遍。❷最好的：～宝丨～理名言。❸极，最：～尊丨～少丨～高无上。

☞粤❶副词。才，再：噉～得架(这样才行)丨等阵～到你(等会儿才到你)丨食完饭～睇戏(吃完饭才看戏)。【至得】才行，才成：大家要团结～丨呢次要你亲自去～(这次要你亲自去才行)。❷副词。最：～曳系佢(最调皮是他)丨～怕佢唔应承(最怕他不答应)。【至多】大不了，顶多是：使乜噉呀，～我唔要就系啦(何必这样，大不了我不要就是了)丨继续做落去，～我再加多啲本钱(继续干下去，顶多是我再下点本钱)。【至好】1. 才好：你要小心～。2. 最好：～由佢出面(最好由他出面)丨～系噉啦(最好是这样)。3. 才能够：水滚～冲茶(水开了才能够沏茶)丨准备好～开始。4. 但愿，希望：～唔系你(但愿不是你)。

到 dào ㄉㄠˋ [dou³ 妒]

❶到达，达到：～北京丨～十二点丨不～两万人丨坚持～最后。【到处】处处，不论哪里。❷往：～祖国最需要的地方去。❸周到，全顾得着：有不～的地方请原谅。❹表示动作有效果：办得～丨做不～丨达～。

郅 zhì ㄓˋ [ji³ 志]

最，极。

致 (❹緻)zhì ㄓˋ [ji³ 志]

❶给予，送给：～函丨～敬。㊀(力量、意志等)集中于某个方面：～力于学业丨专心～志。【致命】可使丧失生命：～伤。【致意】向人表示问候的心意：点头～。❷招引，使达到：～病丨～富丨学以～用。【以致】连词。因而：由于没注意克服小缺点，～犯了严重错误。❸样子，情趣：景～丨别～丨风～丨兴～丨雅～丨错落有～丨毫无二～。【大致】大概，大体情形：～已结束丨～不差。【一致】一样，没有分歧：行动～。❹细密，精细(㊥细－)：他做事很细～丨这东西做得真精～。

臻 zhēn ㄓㄣ [zên¹ 津]

到，达到：日～完善。

[130]虍部

虏 (虜、*擄)lǔ ㄌㄨˇ [lou⁵ 老]

❶俘获(㊂俘－)：～获甚众。❷打仗时捉住的敌人(㊂俘－)。

虐 nüè ㄋㄩㄝˋ [yêg⁶ 药]

残暴(㊂暴－)：～待。

虔 qián ㄑㄧㄢˊ [kin⁴ 其言⁴]

恭敬：～诚｜～心。

虑 (慮)lǜ ㄌㄩˋ [lêd⁶ 泪]

❶思考，寻思：思～｜考～｜深思远～。❷担忧：忧～｜过～。【顾虑】有所顾忌，担心，不肯或不敢行动：～重重｜打消～。

虚 xū ㄒㄩ [hêu¹ 去¹]

❶空(㊂空－)：弹不～发｜座无～席。【虚心】不自满，不骄傲：～使人进步，骄傲使人落后。❷不真实的，跟“实”相对：～名｜～荣｜～张声势。【虚词】意义比较抽象，有帮助造句作用的词，如副词、介词、连词等。❸心里怯懦：心里发～｜做贼心～。❹衰弱：～弱｜他身子太～了。❺徒然，白白地：～度年华｜不～此行。❻指政治思想、方针、政策等方面的道理：务～｜以～带实。❼星宿名，二十八宿之一。

[130]虎部

虎 hǔ ㄏㄨˇ [fu² 苦]

老虎，兽名，毛黄褐色，有条纹，性凶猛。㊕威武，勇猛：一员～将。【虎口】1. ㊕危险境地：～余生。2. 手上拇指和食指相交的地方。

虓 xiāo ㄒㄧㄠ [hao¹ 敲]

猛虎怒吼。

彪 biāo ㄅㄧㄠ [bin¹ 标]

小虎：～形大汉(形容身材魁梧的男子)。

虢 guó ㄍㄨㄛˊ [guig¹ 隙]

周代诸侯国名。在今陕西省、河南省一带。

虤 yán ㄧㄢˊ [ngan⁴ 颜]

老虎发怒的样子。

[131]虫部

虫 (蟲)chóng ㄔㄨㄥˊ [cung⁴ 丛]

❶虫子，昆虫。❷称呼某类人(多含轻蔑或诙谐意)：可怜～｜懒～｜书～。

1—3 画

虬 (*虯)qiú ㄑㄧㄡˊ [keo⁴ 求]

❶虬龙，传说中的一种龙。❷蜷曲的：～须｜～髯。

虮 (蟣)jǐ ㄐㄧˇ [géi² 纪]

(－子)虱子的卵。

虿 (蠆)chài ㄔㄞˋ [cai³ 柴³]

古书上说的蝎子一类的毒虫。

玕 ㊀gān ㄍㄢ ㊁ [gon¹ 竿]

〈古〉干犯。

㊁hán ㄏㄢˊ ㊁ [hon⁴ 寒]

〈古〉孑孓，蚊子的幼虫。

虹 ㊀hóng ㄏㄨㄥˊ [hung⁴ 洪]

雨后天空中出现的彩色圆弧，有红、橙、黄、绿、蓝、靛、紫七种颜色，是空中的小水珠经日光照射发生折射和反射作用而形成的。这种圆弧常出现两个，红色在外，紫色在内，颜色鲜艳的叫虹，又叫正虹；红色在内，紫色在外，颜色较淡的叫霓，又叫副虹。

㊁jiàng ㄐㄧㄤˋ [hung⁴ 洪]

同"虹"(hóng)，限于单用。

虾 (蝦)㊀há ㄏㄚˊ [ha¹ 哈]

【虾蟆】(－ma)旧同"蛤蟆"。

㊁xiā ㄒㄧㄚ [ha¹ 哈]

节肢动物，身体长，有壳，腹部有很多环节，生活在水里。种类很多。

☞▮动词。欺负：恃势～人｜唔好～佢(不要欺负他)｜边个～边个都唔啱(谁欺负谁都不对)。【虾霸】1. 欺负：成日～同学(整天欺负同学)。2. 横行霸道：唔准你咁～(不允许你横行霸道)｜佢周围虾虾霸霸终有一日会撞板(他到处横行霸道始终要倒霉)。【虾人虾物】横行霸道，到处欺负别人：请你遵守规矩，呢度唔到你～(请你遵守规矩，这里不允许你横行霸道)。

虼 gè ㄍㄜˋ [ged¹ 吉]

【虼蚤】(－zao)见590页"蚤"(zǎo)。

虻 (＊蝱)méng ㄇㄥˊ [mong⁴ 亡，㊂mong¹ 芒]

昆虫，身体灰黑色，翅透明，生活在野草丛里，雄的吸植物汁液，雌的吸人畜的血。种类很多：牛～。

蚁 (蟻、＊＊螘)yǐ ㄧˇ [ngei⁵ 危⁵]

蚂蚁：雌～｜雄～｜工～｜兵～。

虸 zǐ ㄗˇ [ji² 纸]

【虸蚄】(－fāng)黏虫。

蚂 (螞)㊀mā ㄇㄚ ㊁ [ma¹ 吗]

【蚂螂】(－lang)〈方〉蜻蜓。

㊁mǎ ㄇㄚˇ ㊁ [ma⁵ 马]

【蚂蟥】(－huáng)"蛭"的俗称。【蚂蚁】(－yǐ)昆虫，身体小而长，多为黑色或褐色，在地下做窝，成群穴居。

㊂mà ㄇㄚˋ ㊂ [ma⁶ 骂]

【蚂蚱】(－zha)蝗虫。参看598页"蝗"(huáng)。

蚤 zǎo ㄗㄠˇ [zou² 早]

❶虼蚤(gè zao)，昆虫，即跳蚤，身体赤褐色，善跳跃，寄生在人畜的身体上，吸血液，能传染鼠疫等疾病。❷古

同“旱”。

蚃 （蠁）xiǎng ㄒㄧㄤˇ ［hêng² 响］

蚃虫，即知声虫，又叫地蛹。

4 画

蚕 （蠶）cán ㄘㄢˊ ［cam⁴ 惭］

家蚕，昆虫，又叫桑蚕，吃桑叶长大，蜕(tuì)皮时不食不动，俗叫眠。蚕经过四眠就吐丝做茧，蚕在茧里变成蛹，蛹变成蚕蛾。家蚕的丝可织绸缎。另有柞(zuò)蚕，又叫野蚕，吃柞树的叶子。柞蚕的丝可织茧绸。

蚌 （**蜯）㊀bàng ㄅㄤˋ ［pong⁵ 旁⁵］

软体动物，贝壳长圆形，黑褐色，生活在淡水里，壳内有珍珠层，有的可以产出珍珠。

㊁bèng ㄅㄥˋ ［pong⁵ 旁⁵］

【蚌埠】(–bù)地名，在安徽省。

蚨 fú ㄈㄨˊ ［fu⁴ 符］

青蚨，古代用作铜钱的别名。

蚜 yá ㄧㄚˊ ［nga⁴ 芽］

蚜虫，昆虫，俗叫腻虫，身体小，绿色或棕色带紫红色，生活在植物嫩茎、叶片、花蕾上，吸食嫩芽的汁液，是害虫。

蚍 pí ㄆㄧˊ ［péi⁴ 皮］

【蚍蜉】(–fú)大蚂蚁。

蚷 ［sa¹ 沙］

【蛃蚷】见600页“蛃”条。

蚋 ruì ㄖㄨㄟˋ ［yêu⁶ 锐］

昆虫，略像蝇而较小，黑色，胸背隆起，雌的吸人畜的血，能传播疾病。

蚬 （蜆）xiǎn ㄒㄧㄢˇ ［hin² 显］

软体动物，介壳形状像心脏，有环状纹，生活在淡水软泥里。

蚝 （*蠔）háo ㄏㄠˊ ［hou⁴ 豪］

牡蛎：~油(用牡蛎肉制成的浓汁，供调味用)。

蚧 jiè ㄐㄧㄝˋ ［gai³ 芥］

见594页“蛤”字条【蛤蚧】(gé–)。

蚡 fén ㄈㄣˊ ［fen⁴ 焚］

❶〈古〉同“鼢”。❷姓。

蚣 gōng ㄍㄨㄥ ［gung¹ 公］

见595页“蜈”字条【蜈蚣】(wú–)。

蚊 （*蟁、*蚉）wén ㄨㄣˊ ［men¹ 文¹］

(–子)昆虫，幼虫叫孑孓，生活在水里。成虫身体细长，雄的吸植物汁液，雌的吸人畜的血。能传染疟疾、流行性乙型脑炎等。种类很多。

☞粤【刁蚊】蛮横，不讲理。多用于小孩。【细蚊仔】小孩子。

蚄 fāng ㄈㄤ [fong¹ 荒]

见 590 页“虸”字条【虸蚄】(zǐ－)。

蚪 dǒu ㄉㄡˇ [deo² 抖]

见 598 页“蝌”字条【蝌蚪】(kē－)。

蚓 yǐn ㄧㄣˇ [yen⁵ 引]

指蚯(qiū)蚓。参看 593 页“蚯”字条【蚯蚓】(qiū－)。

蚆 bā ㄅㄚ [ba¹ 巴]

蚆蛸(shāo)岛，岛名，在辽宁省长海。

5 画

蚶 hān ㄏㄢ [hem¹ 堪]

(－子)软体动物，俗叫瓦垄子，贝壳厚，有突起像瓦垄的纵线。种类多。生活在浅海泥沙中。

蛄 gū ㄍㄨ [gu¹ 姑]

见 598 页“蝼”字条“蝼蛄”(lóu－)、601 页“蟪”字条【蟪蛄】(huì－)。

蛃 bǐng ㄅㄧㄥˇ [bing² 秉]

【石蛃】昆虫，身体长，棕褐色，体表有鳞片，触角丝状细长，生活在阴湿处。种类很多。

蛎 (蠣)lì ㄌㄧˋ [lei⁶ 丽]

牡蛎，软体动物，又叫蚝(háo)，身体长卵圆形，有两面壳，生活在浅海泥沙中。可入药。

蚲 píng ㄆㄧㄥˊ [ping⁴ 评]

古书上指米中的小黑虫。

蝀 (蝀)dōng ㄉㄨㄥ [dung³ 冻]

见 597 页“螮”字条“螮蝀”(dì－)。

蛆 qū ㄑㄩ [cêu¹ 吹]

苍蝇的幼虫，白色，身体柔软，有环节，多生在不洁净的地方。

蚰 yóu ㄧㄡˊ [yeo⁴ 酉]

【蚰蜒】(－yan)节肢动物，像蜈蚣而略小，足细长，触角长，多生活在阴湿的地方。

蚺 rán ㄖㄢˊ [nam⁴ 南，㊀yim⁴ 炎]

【蚺蛇】即蟒蛇。

蛶 [guai² 拐]

见 594 页“蛤”条【蛤蛶】。

蛊 (蠱)gǔ ㄍㄨˇ [gu² 古]

古代传说把许多毒虫放在器皿里，使互相吞食，最后剩下不死的毒虫叫蛊，可用来毒害人。【蛊惑】迷惑，毒害：～人心。

☞廣 ❶形容词词素。【蛊惑】心术不正，诡计多端：条友好～，因住上佢当(这家伙心术不正，当心上他的当)｜周身～(满身邪气，诡计多端)。❷动词词素。【整蛊】捉弄(人)，暗中使坏：唔好~佢(不要捉弄他)丨因住畀人~(当心人家暗中使坏)。❸名词词素。【蛊胀】血吸虫病等使肚子鼓起的疾病。

蚱 zhà ㄓㄚˋ [zag³ 窄，㊀za³ 炸]

【蚱蜢】(-měng)昆虫，像蝗虫，身体绿色或褐色，触角短，不能远飞，吃稻叶等。

蚯 qiū ㄑㄧㄡ [yeo¹ 休]

【蚯蚓】(-yǐn)环节动物，身体圆而长，生活在土壤里，能翻松土壤，对农作物有益。

蛉 líng ㄌㄧㄥˊ [ling⁴ 玲]

【白蛉】昆虫，俗叫白蛉子，比蚊子小，雄的吸植物汁液，雌的吸人畜的血，能传染黑热病等。

蛀 zhù ㄓㄨˋ [ju³ 注]

❶蛀虫，咬木器、谷物或衣物的小虫。❷虫子咬坏：木头被虫~了。

蛇 (*虵)㊀shé ㄕㄜˊ ㊁[sé⁴ 些⁴]

爬行动物，俗叫长虫(chong)，身体细长，有鳞，没有四肢，种类很多，有的有毒，捕食蛙等小动物。

☞㊁❶形容词。懒：佢做嘢好~(他干活很懒)丨快啲做，咪咁~(快点做，别懒)丨~王(懒；懒惰的人)。❷名词。指带状疱疹：生~(长带状疱疹)。❸词素。【蛇喱眼】1. 斜眼。2. 患斜视的人。又说“斜喱眼”。【蛇仔】汽车司机的助手(有贬义)。❹名词。偷渡的人，非法入境者。一般不单用：人~(偷渡者)丨小人~(儿童偷渡者)丨~头(组织、接引非法入境者的人)丨屈~(用船偷运非法入境者)。❺名词。先生；老师；长官；警察：亚~。

㊁yí ㄧˊ ㊁[yi⁴ 而]

见548页“委”字条【委蛇】(wēi-)。

蛏 (蟶)chēng ㄔㄥ [qing¹ 清]

(-子)软体动物，贝壳长方形，淡褐色，生活在沿海泥中。

蚴 yòu ㄧㄡˋ [yeo³ 幼]

绦虫、血吸虫等的幼体：毛~丨尾~。

6 画

蛩 qióng ㄑㄩㄥˊ [kung⁴ 穷]

〈古〉❶蟋蟀。❷蝗虫。

蛰 (蟄)zhé ㄓㄜˊ [jig⁶ 直，㊀zed⁶ 侄]

动物冬眠，藏起来不食不动：~伏丨入~丨~虫。

蛙 (*鼃)wā ㄨㄚ [wa¹ 娃]

两栖动物，卵孵化后为蝌蚪，逐渐变化成蛙。种类很多，青蛙是常见的一种，捕食害虫。对农作物有益。

蛱 (蛺)jiá ㄐㄧㄚˊ [gab³ 甲]

【蛱蝶】(-dié)蝴蝶的一类，翅有鲜艳的色斑，前足退化或短小，触角锤状。

蛲 (蟯)náo ㄋㄠˊ [yiu⁴ 摇，㊀nao⁴ 挠]

蛲虫，寄生虫，像线头，白色，寄生在人的肠内，雌虫夜里爬到肛门处产卵。

蛭 zhì ㄓˋ ［zed⁶ 侄］

❶环节动物，俗叫蚂蟥，大都吸其他动物的血或体液，生活在水里或潮湿的陆地上，有的在医学上用来吸血治病。❷肝蛭，肝脏里的一种寄生虫，通常由螺蛳和鱼等传到人体内。

蛳 （螄）sī ㄙ ［xi¹ 思］

【螺蛳】（luó－）淡水螺的通称。

蛐 qū ㄑㄩ ［kug¹ 曲］

【蛐蛐儿】（－qur）〈方〉蟋蟀。

蛔 （*蚘、*蛕、*痐、*蜖）huí ㄏㄨㄟˊ ［wui⁴ 回］

蛔虫，像蚯蚓，白色，寄生在人或其他动物的肠子里。能损害人畜的健康。

蛛 zhū ㄓㄨ ［ju¹ 朱］

蜘蛛，节肢动物，俗叫蛛蛛。有足四对，腹部下方有丝腺开口，能分泌黏液，织网粘捕昆虫作为食物，种类很多：～网｜～丝马迹（喻不明显的线索）。

蜓 tíng ㄊㄧㄥˊ ［ting⁴ 亭］

见596页“蜻”字条【蜻蜓】（qīng－）、598页“蝘”字条【蝘蜓】（yǎn－）。

蛞 kuò ㄎㄨㄛˋ ［fud³ 阔］

【蛞蝼】（－lóu）蝼蛄。【蛞蝓】（－yú）软体动物，像蜗牛而没有壳，吃蔬菜或瓜果的叶子，对农作物有害。

蜒 yán ㄧㄢˊ ［yin⁴ 延］

见592页“蚰”字条【蚰蜒】（yóu－）、597页“蜿”字条【蜿蜒】（wān－）。

蛤 ㊀gé ㄍㄜˊ ㊀［geb³ 鸽］

蛤蜊（li），软体动物，介壳颜色美丽，生活在近海泥沙中。

☞粤 名词。青蛙，田鸡。又说“蛤乸”。【蛤蚜】蛤蟆、青蛙、蟾蜍等蛙类的统称。

㊁gé ㊁［geb¹ 急］

【蛤蚧】（－jiè）爬行动物，像壁虎而大，头大，尾部灰色，有红色斑点。可入药。

㊂há ㄏㄚˊ ㊂［ha⁴ 霞］

【蛤蟆】（－ma）青蛙和癞蛤蟆的统称。

䗖 ［dê³ 朵³］

☞粤 动词。蜂蜇人：畀黄蜂～亲（给马蜂蜇了）。

蛴 （蠐）qí ㄑㄧˊ ［cei⁴ 齐］

【蛴螬】（－cáo）金龟子的幼虫，约3厘米长，圆筒形，白色，身上有褐色毛，生活在土里，吃农作物的根和茎。

蛟 jiāo ㄐㄧㄠ ［gao¹ 交］

蛟龙，古代传说中能发洪水的一种龙。

蛘 yáng ㄧㄤˊ ［yêng⁴ 阳］

〈方〉生在米里的一种小黑甲虫。

蛑 móu ㄇㄡˊ [meo⁴ 谋]

见598页“蝤”字条【蝤蛑】(yóu－)。

蛮 (蠻) mán ㄇㄢˊ [man⁴ 万⁴]

❶粗野，不通情理(㊀野－)：～横(hèng)｜～不讲理｜胡搅～缠。㊂愣，强悍：～劲｜～干。❷我国古代称南方的民族。❸〈方〉副词。很：～好｜～快。

7 画

蜇 ㊀zhē ㄓㄜ [jid³ 节]

❶有毒腺的虫子刺人或牲畜：被蝎子～了。❷某些东西刺激皮肤或器官使感觉不适：切洋葱～眼睛。

㊁zhé ㄓㄜˊ [jid³ 节]

海蜇，腔肠动物，外形像张开的伞，生活在海里。

蜐 jié ㄐㄧㄝˊ [gib³ 劫]

【石蜐】甲壳动物，即龟足，外形像龟的脚，有石灰质的壳。生活在海边的岩石缝里。

蛸 ㊀shāo ㄕㄠ ㊂ [sao¹ 梢]

见600页“蟏”字条【蟏蛸】(xiāo－)、592页“蚆”字条“蚆(bā)蛸岛”。

㊁xiāo ㄒㄧㄠ ㊂ [xiu¹ 消]

【螵蛸】(piāo－)螳螂的卵块。

蜈 wú ㄨˊ [ng⁴ 吴]

【蜈蚣】(－gōng)节肢动物，身体长而扁，由许多环节构成，每节有脚一对，头部的脚像钩子，能分泌毒液。捕食小昆虫，可入药。

蜎 yuān ㄩㄢ [yun¹ 冤]

古书上指孑孓。

蜗 (蝸) wō ㄨㄛ [wo¹ 窝]

蜗牛，软体动物，有螺旋形扁圆的硬壳，头部有两对触角，吃嫩叶，对农作物有害。【蜗居】㊐窄小的住所。也指在窄小的处所居住：～斗室。

蛾 é ㄜˊ [ngo⁴ 鹅]

(－子、－儿)昆虫，略像蝴蝶。静止时，翅左右平放：灯～｜蚕～｜飞～投火。

〈古〉又同“蚁”(yǐ)。

蜊 li · ㄌㄧ [léi⁶ 利]

蛤蜊。参看594页“蛤”(gé)。

蜍 chú ㄔㄨˊ [qu⁴ 厨，㊂xu⁴ 殊]

【蟾蜍】见601页“蟾”(chán)。

蜉 fú ㄈㄨˊ [feo⁴ 蜉]

【蜉蝣】(－yóu)昆虫，幼虫生在水中，成虫有两对翅，在水面飞行。成虫生存期极短，交尾产卵后即死。种类很多。

蜂 (*蠭、*䗬) fēng ㄈㄥ [fung¹ 丰]

昆虫，会飞，多有毒刺，能蜇(zhē)人。多成群住在一起。有蜜蜂、熊蜂、胡蜂、细腰蜂等多种。特指蜜蜂：~糖丨~蜡丨~蜜。喻成群地：~起丨~拥。

蜣 qiāng ㄑㄧㄤ［gêng¹ 疆］

【蜣螂】（-láng）昆虫，俗叫屎壳郎（shǐkelàng），全身黑色，有光泽，会飞，吃粪尿或动物的尸体。

蜕 tuì ㄊㄨㄟˋ［têu³ 退］

❶蛇、蝉等脱下来的皮。❷蛇、蝉等动物脱皮。【蜕化】转变质，腐化堕落。

蜫［méi¹ 尾¹］

☞粤【塘蜫】见118页“塘”字条。

蛹 yǒng ㄩㄥˇ［yung² 拥］

某些昆虫从幼虫过渡到成虫时的一种形态，在此期间，不食不动，外皮变厚，身体缩短：蚕~。

8 画

蜻 qīng ㄑㄧㄥ［qing¹ 清］

【蜻蜓】（-tíng）昆虫，俗叫蚂螂（mālang），胸部有翅两对，腹部细长，常在水边捕食蚊子等，是益虫。

蜞 qí ㄑㄧˊ［kéi⁴ 旗］

【蟛蜞】一种小螃蟹，生活在河湖水边泥穴中。

见601页“蟛”字条【蟛蜞】（péng-）。

☞粤 名词。蚂蟥，水蛭：~乸（蚂蟥）丨黄~（蚂蟥）丨山~（旱蚂蟥）。

蜡（㊀蠟、㊁**䄍）㊀là ㄌㄚˋ ㊀［lab⁶ 垃］

❶动物、植物或矿物所产生的某些油质，具有可塑性、易熔化，不溶于水，如蜂蜡、白蜡、石蜡等。❷蜡烛，用蜡或其他油脂制成的照明的东西，多为圆柱形，中心有捻，可以燃点。

㊁zhà ㄓㄚˋ ㊁［za³ 炸］

古代年终的一种祭祀名。

蜥 xī ㄒㄧ［xig¹ 析］

【蜥蜴】（-yì）爬行动物，俗叫四脚蛇，身上有细鳞，尾巴很长，脚上有钩爪，生活在草丛里。

蜮（**魊）yù ㄩˋ［wig⁶ 域］

传说中一种害人的动物：鬼~（喻阴险的人）。

蜾 guǒ ㄍㄨㄛˇ［guo² 果］

【蜾蠃】（-luǒ）一种蜂，常捕捉螟蛉等小虫存在窝里，留作将来幼虫的食物，旧时误认蜾蠃养螟蛉为己子，所以有把抱养的孩子称为“螟蛉子”的说法。

蝈（蟈）guō ㄍㄨㄛ［guog³ 国］

【蝈蝈儿】（-guor）昆虫，身体绿色或褐色，翅短，腹大，雄的前翅根部有发声器，能振翅发声。对植物有害。

蜴 yì ㄧˋ［yig⁶ 亦］

见596页“蜥”字条【蜥蜴】（xī-）。

蝇（蠅）yíng ㄧㄥˊ［ying⁴ 形］

(－子)苍蝇，昆虫，种类很多，通常指家蝇，幼虫叫蛆。能传染痢疾等疾病：蚊～｜～头微利。

蜘 zhī ㄓ [ji¹ 支]

【蜘蛛】(－zhū)见594页“蛛”。

蜱 pí ㄆㄧˊ [péi⁴ 皮]

节肢动物，身体扁平，种类很多，大部分以吸血为生。对人畜和农作物有害。

蜩 tiáo ㄊㄧㄠˊ [tiu⁴ 条]

古书上指蝉。

蜷 (＊＊踡)quán ㄑㄩㄢˊ [kün⁴ 权]

身体弯曲：～缩｜身体～作一团。

蝉 (蟬)chán ㄔㄢˊ [xim⁴ 婵⁴]

昆虫，又叫知了，雄的腹面有发声器，叫的声音很大。种类很多。

【蝉联】连续(多指连任某职或继续保持某称号)：～冠军。

蜿 wān ㄨㄢ [yun¹ 冤]

【蜿蜒】(－yán)蛇爬行的样子。㊀弯弯曲曲：一条～的小路。

螂 (＊蜋)láng ㄌㄤˊ [long⁴ 郎]

见600页“螳”字条“螳螂”(táng－)、596页“蜣”字条【蜣螂】(qiāng－)、600页“蟑”字条【蟑螂】(zhāng－)、590页“蚂”字条【蚂螂】(mālang)。

蜢 měng ㄇㄥˇ [mang⁵ 猛]

见593页“蚱”字条【蚱蜢】(zhà－)。

蜚 féi ㄈㄟˊ [féi⁴ 肥]

臭虫。

9 画

蝽 chūn ㄔㄨㄣ [cên¹ 春]

昆虫，即椿象，身体圆形或椭圆形，头部有单眼。种类很多，有的能放出恶臭，多数是害虫。

蝶 (＊蜨)dié ㄉㄧㄝˊ [dib⁶ 碟]

蝴蝶，昆虫名。静止时四翅竖立在背部，喜在花间、草地上飞行，吸食花蜜。幼虫多对作物有害。有粉蝶、蛱(jiá)蝶、凤蝶等多种。

蝃 (蝀)dì ㄉㄧˋ [dei³ 帝]

蝃蝀(－dōng)，古书上指虹。

蝾 (蠑)róng ㄖㄨㄥˊ [wing⁴ 荣]

【蝾螈】(－yuán)两栖动物，像蜥蜴。

蝴 hú ㄏㄨˊ [wu⁴ 胡]

【蝴蝶】见597页“蝶”(dié)。

蝻 nǎn ㄋㄢˇ [nam⁴ 楠]

(－子、－儿)仅有翅芽还没生成翅膀的蝗虫。

☞▇【蝻蛇】蟒蛇，我国蛇类中最大的，体长可达6米，无毒。

蝘 yǎn ㄧㄢˇ [yin² 演²]

古书上指蝉一类的昆虫。【蝘蜓】(-tíng)古书上指壁虎。

蝲 là ㄌㄚˋ [lad⁶ 辣]

【蝲蛄】(-gū)甲壳动物，外形像龙虾而小。生活在淡水中，是肺吸虫的中间宿主。【蝲蝲蛄】(--gū)即蝼蛄。

☞▇【臭屁蝲】椿象，臭大姐。

☞▇【虾蝲】一种小螃蟹，多生活在稻田、小沟旁。

蝠 fú ㄈㄨˊ [fug¹ 福¹]

见599页"蝙"字条【蝙蝠】(biān-)。

蝰 kuí ㄎㄨㄟˊ [fui¹ 恢]

蝰蛇，一种毒蛇，生活在森林或草地里。

蝎 (*蠍)xiē ㄒㄧㄝ [kid³ 揭]

(-子)节肢动物，卵胎生。口部两侧有螯，胸脚四对，后腹狭长，末端有毒钩，用来防敌和捕虫。干制后可入药。

蝌 kē ㄎㄜ [fo¹ 科]

【蝌蚪】(-dǒu)蛙或蟾蜍等的幼体，黑色，身体椭圆，有长尾，生活在水中。逐渐长出后脚、前脚，尾巴消失，最后变成蛙或蟾蜍等。

蝮 fù ㄈㄨˋ [fug¹ 福]

蝮蛇，一种毒蛇，身体灰褐色，头部略呈三角形，生活在山野和岛上。

螋 sōu ㄙㄡ [seo² 手]

见602页"蠼"字条【蠼螋】(qú-)。

蝗 huáng ㄏㄨㄤˊ [wong⁴ 王]

蝗虫，昆虫，又叫蚂蚱(màzha)，后肢发达，常成群飞翔，吃庄稼。

蝓 yú ㄩˊ [yu⁴ 余]

见594页"蛞"字条【蛞蝓】(kuò-)。

蝣 yóu ㄧㄡˊ [yeo⁴ 由]

见595页"蜉"字条【蜉蝣】(fú-)。

蝼 (螻)lóu ㄌㄡˊ [leo⁴ 留]

蝼蛄(gū)，昆虫，又叫蝲蝲蛄、土狗子，背褐色，有翅，前足铲状，能掘土，咬食农作物的根、茎。

蝤 ㊀qiú ㄑㄧㄡˊ [yeo⁴ 由]

【蝤蛴】(-qí)天牛的幼虫，身长足短，白色。

㊁yóu ㄧㄡˊ [yeo⁴ 由]

【蝤蛑】(-móu)一种螃蟹，又叫梭子蟹，甲壳略呈梭形，生活在浅海里。

螆 [ji¹ 兹]

☞▇名词。一些微小的昆虫或寄生虫的泛称，包括鸡虱、蚜虫等：蚊~(蚋、蠓、蚊等微小吸血飞虫的泛称)｜水~(水蚤等微小水生浮游生物)｜鸡~(鸡虱)。【生螆】1. 人或动物皮肤上长了

寄生虫：~猫|~狗（癞皮狗）。2. 植物滋生了蚜虫等微小寄生虫。

蝙 biān ㄅㄧㄢ［bin¹ 边，㊀bin² 贬］

【蝙蝠】（-fú）哺乳动物，头和身体像老鼠，前后肢都有薄膜和身体连着，夜间在空中飞，捕食蚊、蛾等。

蝥 máo ㄇㄠˊ［mao⁴ 矛⁴］

【斑蝥】昆虫，腿细长，鞘翅上有黄黑色斑纹。可入药。

10 画

螯 áo ㄠˊ［ngou⁴ 敖］

螃蟹等甲壳动物变形的第一对脚，形状像钳子，能开合，用来取食、自卫。

蠔 qín ㄑㄧㄣˊ［cên⁴ 旬］

一种形体较小的蝉。

螨 （蟎）mǎn ㄇㄢˇ［mun⁵ 满］

节肢动物，身体小，多为圆形或卵形。种类很多，有的传染疾病，危害农作物。

蟒 mǎng ㄇㄤˇ［mong⁵ 网］

一种蛇，又叫蚺蛇，无毒，身体大，背有黄褐色斑纹，腹白色，常生活在近水的森林里。

蟆 （*蟇）má ㄇㄚˊ［ma⁴ 麻］

见594页"蛤"字条【蛤蟆】（há-）。

螈 yuán ㄩㄢˊ［yun⁴ 园］

见597页"蝾"字条【蝾螈】（róng-）。

蝣 xiū ㄒㄧㄡ［seo¹ 修］

昆虫，即竹节虫，外形像竹节或树枝，头小，无翅。生活在树上，吃树叶。

螅 xī ㄒㄧ［xig¹ 息］

【水螅】腔肠动物，身体圆筒形，上端有小触手，附着（zhuó）在池沼、水沟中的水草上。

螭 chī ㄔ［qi¹ 雌］

古代传说中一种没有角的龙。古代建筑或工艺品上常用它的形状做装饰。

螗 táng ㄊㄤˊ［tong⁴ 唐］

古书上指一种较小的蝉。

螃 páng ㄆㄤˊ［pong⁴ 庞］

【螃蟹】（-xiè）见601页"蟹"。

蝨 yì ㄧˋ［yig¹ 亿］

无脊椎动物，雌雄异体，身体呈圆筒状，不分节，生活在海底泥沙中。

螟 míng ㄇㄧㄥˊ［ming⁴ 明］

螟虫，昆虫，即螟蛾的幼虫。种类很多，如三化螟、二化螟、大螟、玉米螟等，危害农作物。

【螟蛉】（-líng）一种绿色小虫。㊕义子，抱养的孩子。又叫螟蛉子。参看596页

"蜾"字条【蜾蠃】(guǒluǒ)。

蓉 ［yung⁴］

☞🅑【过树蓉】毒蛇的一种，又叫"过树龙"，即灰鼠蛇、灰背蛇。

11 画

螫 shì ㄕˋ ［xig¹ 式，㊀qig¹ 斥］

有毒腺的虫子刺人或牲畜。

蟥 huáng ㄏㄨㄤˊ ［wong⁴ 王］

见590页"蚂"字条【蚂蟥】(mǎ－)。

蟰 (蟏)xiāo ㄒㄧㄠ ［xiu¹ 消］

【蟰蛸】(－shāo)即蟢子。

螬 cáo ㄘㄠˊ ［cou⁴ 曹］

见594页"蛴"字条【蛴螬】(qí－)。

螵 piāo ㄆㄧㄠ ［piu¹ 票¹］

【螵蛸】(－xiāo)螳螂的卵块。

螳 táng ㄊㄤˊ ［tong⁴ 糖］

螳螂，昆虫，俗叫刀螂，头三角形，触角呈丝状，前足发达，像镰刀：～臂当(dāng)车(喻做事不自量力必然失败)。

蝴 ［beng¹ 边梗¹］

【蝴蚧】1．一种大蝴蝶。2．一种用精面粉制作经油炸而成的小吃，是佛山顺德大良特产。

螺 luó ㄌㄨㄛˊ ［lo⁴ 罗］

❶软体动物，有硬壳，壳上有旋纹，种类很多：～蛳｜田～｜海～｜钉～。【螺丝】应用螺旋原理做成的使物体固定或把两个物体连接起来的东西，有螺钉和螺母。【螺旋】1．简单机械，圆柱体表面或物体孔眼里有像螺蛳壳纹理的螺纹。2．螺旋形的：～桨。❷同"脶"(luó)。

蟋 xī ㄒㄧ ［xig¹ 析］

【蟋蟀】(－shuài)昆虫，身体黑褐色，雄的好斗，两翅磨擦能发声。

蟑 zhāng ㄓㄤ ［zêng¹ 章］

【蟑螂】(－láng)昆虫，又叫蜚蠊(fěilián)，黑褐色，有光泽，常咬坏衣物、污染食物，能发臭气。

蟀 shuài ㄕㄨㄞˋ ［sêd¹ 恤］

见600页"蟋"字条【蟋蟀】(xī－)。

蟝 ［kêu⁴ 渠］

见601页"蟾"字条【蟾蟝】。

螱 wèi ㄨㄟˋ ［wei³ 慰³］

昆虫，即白蚁，外形像蚂蚁，蛀食木材。

12 画

蟢 xǐ ㄒㄧˇ ［héi² 起］

蟢子(也作"喜子"),又叫喜蛛、蟏蛸(xiāoshāo),一种长(cháng)腿的小蜘蛛。

蟛 péng ㄆㄥˊ [pang⁴ 彭]

【蟛蜞】(-qí)一种螃蟹,身体小,生活在水边。对农作物有害。

螅 huì ㄏㄨㄟˋ [wei⁶ 位]

【螅蛄】(-gū)一种蝉,又叫伏天儿,身体小,青紫色,有黑纹。

蟫 yín ㄧㄣˊ [tam⁴ 潭]

古书上指衣鱼,一种咬衣服、书籍的小虫。又叫蠹鱼。

蝏 tíng ㄊㄧㄥˊ [ting⁴ 停]

古无脊椎动物,又叫纺锤虫,长3—6毫米,外壳多呈纺锤形。生活在海洋里,现已灭绝。

蟠 pán ㄆㄢˊ [pun⁴ 盆]

屈曲,环绕:虎踞龙~。

蠄 [kem⁴ 禽]

☞广【蠄蟝】癞蛤蟆。【蠄爬】俗称癞蛤蟆:成只~噉(像个癞蛤蟆) | ~食月(俗称月食)。

☞广【蠄蟧】一种大蜘蛛,长腿,不结网。【蠄蟧丝网】蜘蛛网。【飞天蠄蟧】戏称攀缘的小偷。

蟮 shàn ㄕㄢˋ [xin⁶ 善]

【曲蟮】(qū-)蚯蚓。也作"蛐蟮"。

蟧 [lou⁴ 劳]

见601页"蠄"字条【蠄蟧】。

13 画

蠖 huò ㄏㄨㄛˋ [wog⁶ 获⁶]

尺蠖,尺蠖蛾的幼虫,生活在树上,身体一屈一伸地前进,是害虫。

蠓 měng ㄇㄥˇ [mung⁵ 梦⁵]

蠓虫,昆虫,比蚊子小,褐色或黑色,雌的吸人畜的血,能传染疾病。

蠋 zhú ㄓㄨˊ [zug¹ 竹]

蝴蝶、蛾子等的幼虫。

蟾 chán ㄔㄢˊ [xim⁴ 蝉]

蟾蜍,两栖动物,俗叫癞蛤蟆、疥蛤蟆,皮上有许多疙瘩,内有毒腺。吃昆虫等,对农业有益:~宫(指月亮)。

蠊 lián ㄌㄧㄢˊ [lim⁴ 帘]

见700页"蜚"字条【蜚蠊】(fěi-)。

蟹 (*蠏)xiè ㄒㄧㄝˋ [hai⁵ 谐⁵]

螃蟹,节肢动物,水陆两栖,全身有甲壳。前面的一对脚呈钳状,叫螯。横着走。腹部分节,俗叫脐,雄的尖脐,雌的团脐。种类很多:河~ | 海~。

14 画

蠛 miè ㄇㄧㄝˋ [mid⁶ 灭]

【蠛蠓】(－měng)古书上指蠓。参看601页“蠓”。

蠕 (*蝡)rú ㄖㄨˊ(旧读ruǎn) [yu⁴ 如]

像蚯蚓那样慢慢地行动：～动。

15 画以上

蠢 (❶*惷)chǔn ㄔㄨㄣˇ [cên² 春²]

❶愚笨，笨拙(㊄愚－)：～才。❷虫子爬动。【蠢动】㊄坏人进行活动。

蠡 ㊀lí ㄌㄧˊ [lei⁵ 礼]

贝壳做的瓢：以～测海(喻见识浅薄)。

㊁lǐ ㄌㄧˇ [lei⁵ 礼]

蠡县，地名，在河北省。

蠦 [hün² 犬]

☞🀆【黄蠦】蚯蚓。

蠹 (**蠧、**螙)dù ㄉㄨˋ [dou³ 到]

❶蛀蚀器物的虫子：木～｜书～｜～鱼。❷蛀蚀，侵害：流水不腐，户枢不～。

蠼 (**蠷)qú ㄑㄩˊ [fog³ 霍]

【蠼螋】(－sōu)昆虫，身体扁平狭长，黑褐色，腹端有铗状尾须一对，生活在潮湿的地方，危害家蚕等。

[132]肉部

肉 ròu ㄖㄡˋ [yug⁶ 玉]

❶人或动物体内红色、柔软的物质：某些动物的肉可以吃。【肉搏】徒手或用短兵器搏斗：跟敌人～。❷果肉，果实中可以吃的部分：桂圆～。❸〈方〉果实不脆，不酥：～瓤西瓜。❹〈方〉行动迟缓，性子慢：做事真～｜～脾气。

胬 nǔ ㄋㄨˇ [nou⁵ 脑]

【胬肉】中医指眼球结膜增生而突起的肉状物。

胾 zì ㄗˋ [ji³ 志]

切成的大块肉。

胔 zì ㄗˋ [ji³ 志]

❶带腐肉的尸骨。❷腐烂的肉。

脔 (臠)luán ㄌㄨㄢˊ [lün⁵ 联⁵]

切成小块的肉：～割(分割)。

[133]缶部

缶 fǒu ㄈㄡˇ [feo² 否²]

❶瓦器，大肚子小口。❷古代一种瓦质的打击乐器。

缸 (**瓨)gāng ㄍㄤ [gong¹ 江]

盛东西的陶器，圆筒状，底小口大。

缺 quē ㄑㄩㄝ [küd³ 决]

❶短少，不够(㊀－乏、－少)：东西齐全，什么也不～。❷残破(㊀残－)：～口｜完整无～。【缺点】工作或行为中不完美、不完备的地方。【缺陷】残损或不圆满的地方。❸该到未到：～席｜～勤｜～考。❹空额(指职位)：补～｜肥～。

钣 zhǎi ㄓㄞˇ [zag³ 责]

(－儿)〈方〉器物残缺损坏的痕迹，水果伤损的痕迹：碗上有块～儿｜苹果没～儿。

罂 (罌、*甖)yīng ㄧㄥ [ang¹，㊂ ngang¹ 硬¹]

大腹小口的瓶子。【罂粟】草本植物，花有红、紫、白等颜色，果实球形，未成熟时有白浆，是制鸦片的原料，也可入药。

☞粤 名词。小瓦罐：钱～(钱罐)｜长颈～(戏称胃或肚子)｜独食～(后颈窝)。

罄 qìng ㄑㄧㄥˋ [hing³ 庆]

器皿已空，尽，用尽：告～｜售～｜～竹难书(诉说不完，多指罪恶)。

罅 xià ㄒㄧㄚˋ [la³ 啦³]

裂缝：云～。

☞粤 名词。缝隙，缝儿：门～｜手指～｜髀～(腹股沟)｜台面裂开条～(桌面裂开一条缝儿)。【窿窿罅罅】旮旮旯旯，各个可能藏匿东西的地方：～都揾匀(旮旮旯旯都找遍)。

罉 [cang¹ 撑]

☞粤 名词。平底锅(但炒菜锅、煮水锅不叫"罉")：瓦～(沙锅)｜饭～。【架罉】工具，家伙：带齐～｜呢啲～唔系我嘅(这些工具不是我的)。"架罉"又说"架生"。也作"铛"。

罐 (*鑵、**罆)guàn ㄍㄨㄢˋ [gun³ 贯]

(－子、－儿)盛东西或汲水用的瓦器。泛指各种圆筒形的盛物器：铁～儿｜易拉～儿｜煤气～儿。

[134]舌部

舌 shé ㄕㄜˊ [xid⁶ 泄⁶]

❶舌头，人和动物嘴里辨别滋味、帮助咀嚼和发音的器官。【舌战】激烈辩论。❷像舌头的东西：帽～｜火～。❸铃或铎(duó)中的锤。

乱 (亂)luàn ㄌㄨㄢˋ [lün⁶ 联⁶]

❶没有秩序(㊀纷－)：杂～｜这篇稿子写得太～。❷战争，武装骚扰：叛～｜战～｜避～。❸混淆(xiáo)：以假～真。❹任意，随便：～吃｜～跑。❺男女关系不正当：淫～。

刮 (❷颳)guā ㄍㄨㄚ [guad³ 姑压³]

❶用刀子去掉物体表面的东西：～脸｜～冬瓜皮。㊅搜刮民财：贪官污吏只

会～地皮。❷(风)吹动：～风｜～倒了一棵树。

敌 (敵)dí ㄉㄧˊ [dig⁶ 滴]

❶敌人：分清～我。❷相当：势均力～。❸抵挡：军民团结如一人，试看天下谁能～。

舐 shì ㄕˋ [sai⁵ 晒⁵]

舔：老牛～犊(喻人疼爱儿女)。

甜 tián ㄊㄧㄢˊ [tim⁴ 恬]

像糖或蜜的味道，跟“苦”相对：～食。㊞感觉舒服的：～美｜～言蜜语｜睡得真～。

鸹 (鴰)guā ㄍㄨㄚ [kud³ 括]

【老鸹】〈方〉乌鸦。

辞 (辭、*辤)cí ㄘˊ [qi⁴ 词]

❶告别：～行。❷不接受，请求离去：～职。㊀躲避，推托：虽死不～｜不～辛苦。❸解雇：他被老板～了。❹同“词❷”：～藻。❺古典文学的一种体裁：～赋。

舔 tiǎn ㄊㄧㄢˇ [tim² 添²]

用舌头接触东西或取东西。

䂮 ㊀ [lê¹ 罗靴]

☞▮动词。吐(渣子)：～蔗渣(吐甘蔗渣)｜～咗佢(把它吐出来)｜～都～唔切(吐都来不及)。

㊁ [lê² 罗靴²]

☞▮❶动词。蹭，揩拭：去边处～到一身泥(去哪儿蹭了一身泥)？｜～干净个樽(把瓶子里面揩拭干净)。【䂮地】在地上打滚(多指小孩)。❷动词。纠缠，闹：你点～我，我都冇办法㗎(你怎样纠缠我，我也是没办法的)｜大家都按规定做，～系冇用嘅(大家都按规定办，闹是没用的)。【䂮脷】口齿不清，大舌头：佢有啲～，讲话听唔清(他有点大舌头，说话不清楚)。

𦧺 (䑽)[lai² 赖]

☞▮动词。舔：食完重～埋碟(吃完还要舔碟子)。

[135]竹(⺮)部

竹 zhú ㄓㄨˊ [zug¹ 祝]

(－子)常绿植物，茎节明显，中空，质地坚硬，可做器物，又可做建筑材料：茂林修～｜～苞松茂｜势如破～。

2—4 画

竺 zhú ㄓㄨˊ [zug¹ 祝]

姓。

【天竺】我国古代称印度。

竿 gān ㄍㄢ [gon¹ 杆]

(－子、－儿)竹竿，竹子的主干，竹棍。

竽 yú ㄩˊ [yu⁴ 余]

古代的一种管乐器，像现在的笙。【滥竽充数】一个不会吹竽的人混在乐队里充数。喻没有真本领，在行家里充数或以次充好。

笈 jí ㄐㄧˊ [keb¹ 给]

❶书箱。❷书籍，典籍。

笃 (篤)dǔ ㄉㄨˇ [dug¹ 督]

❶忠实，全心全意：~学 | ~信。❷病沉重：病~。

☞粤❶名词。容器的底部：镬~ | 碗~。❷名词。尽头：巷~。❸量词。泡(用于屎、尿)；口(用于口水、痰)：一~尿(一泡尿) | 一~痰(一口痰)。

笄 jī ㄐㄧ [gei¹ 鸡]

古代盘头发用的簪子。

笕 (筧)jiǎn ㄐㄧㄢˇ [gan² 柬]

横安在屋檐或田间引水的长竹管。

笔 (筆)bǐ ㄅㄧˇ [bed¹ 不]

❶写字、画图的工具：毛~ | 画~ | 钢~ | ~直(像笔杆一样直)。❷笔画，组成汉字的横竖撇点折，一画就是一笔。❸写：亲~ | 代~ | ~之于书。【笔名】著作人发表作品时用的别名。❹(写字、绘画、作文的)笔法：败~ | 伏~ | 工~画。❺量词。1. 用于款项等：收到一~捐款。2. 用于字的笔画：“人”字有两~。3. 用于书画艺术：写一~好字。

笑 (*咲)xiào ㄒㄧㄠˋ [xiu³ 啸]

❶露出愉快的表情，发出欢喜的声音：逗~ | 眉开眼~ | 啼~皆非。【笑话】(-hua)1. (--儿)能使人发笑的话或事。2. 轻视，讥讽：别~人。❷讥笑，嘲笑：见~ | 耻~ | 五十步~百步。

笊 zhào ㄓㄠˋ [zao³ 罩³]

【笊篱】(-li)用竹篾、柳条、金属丝等编成的一种用具，可以在汤水里捞东西。

第 zǐ ㄗˇ [ji² 紫]

竹子编的床席：床~。

笏 hù ㄏㄨˋ [fed¹ 忽]

古代大臣上朝拿着的手板。

笋 (*筍)sǔn ㄙㄨㄣˇ [sên² 信²]

竹子刚从土里长出的嫩芽，可用作蔬菜。引幼嫩的：~鸡。

☞粤【笋嘢】好东西：佢以为捞到乜~嘢，点知得个吉(他以为捞到什么好东西，谁知是一场空)。

笆 bā ㄅㄚ [ba¹ 巴]

用竹子、柳条等编成的片状物：竹篾~ | ~篓 | 荆~ | 篱~。

5 画

笺 (箋、❷*牋、❷*椾)jiān ㄐㄧㄢ [jin¹ 煎]

❶注释。❷小幅的纸：便~ | 信~。引书信：华~。

筇

qióng ㄑㄩㄥˊ ［kung⁴ 穷］

古书上说的一种竹子，可以做手杖：～杖。

笨

bèn ㄅㄣˋ ［ben⁶ 奔⁶］

❶不聪明（连愚～）。❷不灵巧：嘴～｜～手～脚。❸粗重，费力气的：箱子太～｜～活。

笸

pǒ ㄆㄛˇ ［po² 颇］

【笸箩】（－luo）盛谷物等的一种器具，用柳条或篾条编成。

笼

（籠）㊀lóng ㄌㄨㄥˊ ㊁［lung⁴ 龙］

❶（－子、－儿）养鸟、虫的器具，用竹、木条或金属丝等编插而成：鸟～子｜鸡～｜蝈蝈～。引旧时囚禁犯人的东西：囚～｜牢～。❷用竹、木等材料制成的有盖的蒸东西的器具：蒸～｜～屉。

㊁lǒng ㄌㄨㄥˇ ㊁［lung⁵ 陇］

❶遮盖，罩住：黑云～罩着天空。【笼络】用手段拉拢人：～人心。❷比较大的箱子：箱～。

【笼统】（－tǒng）概括而不分明，不具体：话说得太～了。

笪

dá ㄉㄚˊ ［dad³ 达³］

❶用粗竹篾编的像席的东西，用来晾晒粮食等。❷拉船的竹索。❸姓。

☞广❶名词。粗竹席，围起来可以囤放粮食等，伸展开可以垫晒谷物等。又叫"竹笪"。❷量词。块，用于地方等：呢～地方几好（这块地方不错）｜揾～地方坐下（找个地方坐坐）｜台布有～水印（桌面上有一块水迹）。❸词素。【烂笪笪】1. 稀巴烂。2. 形容人放肆，无所顾忌。【软笪笪】软软的，软弱无力。

笛

dí ㄉㄧˊ ［dég⁶ 籴］

（－子、－儿）管乐器，通常是竹制的，有八孔，横着吹。引响声尖锐的发音器：汽～｜警～。

筃

［nab³ 纳³］

☞广❶动词。（昆虫）吸附；粘着（人）：脚上面～住一条蜞蝈（腿上有一条蚂蟥吸附着）。❷动词。用钩子钩或用手脚扯、钩：～钩（一种吊东西的钩子）｜个仔死死～实佢（孩子紧紧地扯着他）。❸动词。紧随，依附，巴结（别人）：佢～实领导（他依附着领导）。

笙

shēng ㄕㄥ ［sang¹ 生］

管乐器，用若干根长短不同的簧管制成，用口吹奏。

笮

（＊＊筰）㊀zé ㄗㄜˊ ㊁［zag³ 窄］

姓。

㊁zuó ㄗㄨㄛˊ ㊁［zog⁶ 凿］

用竹子做成的绳索。【笮桥】用竹索编成的桥。

符

fú ㄈㄨˊ ［fu⁴ 扶］

❶朝廷传达命令或征调（diào）兵将用的凭证，用金、玉、铜、竹、木制成，刻上文字，分成两半，一半存朝廷，一半给外任官员或出征将帅：兵～｜虎～。❷代表事物的标记，记号：音～｜星～｜

~号。❸相合(㊟-合)：言行相~｜与事实不~。❹道士、巫婆等画的驱使鬼神的东西(迷信)：护身~。

笭 [léng¹ 拉镜¹]

☞广 名词。捕虾笼，多为竹子编成。【入笭】比喻中了圈套：当心入佢嘅笭(小心中了他的圈套)｜人咗笭都唔知到(中了圈套都不知道)。

笱 gǒu ㄍㄡˇ [geo² 九]

名词。一种竹制的捕鱼器具。

☞广【装假笱】作假，伪装：~呃人(作假骗人)。一般写作"装假狗"。

笠 lì ㄌㄧˋ [leb¹ 立¹]

斗笠，用竹篾等编制的遮阳挡雨的帽子。

笥 sì ㄙˋ [ji⁶ 自]

盛饭或盛衣物的方形竹器。

第 dì ㄉㄧˋ [dei⁶ 弟⁶]

❶次序(㊟等-、次-)。㊀科举时代考中(zhòng)叫及第，没考中叫落第。❷表次序的词头：~一｜~二。❸封建社会官僚贵族的大宅子(㊟宅-、-宅)：府~。❹〈古〉仅，只：此物世上多有，~人不识耳。

☞广 ❶词素。不单用，与名词组合表示"别的""下一次""以后"等意思，实际上是"第二"的合音：~啲(别的，其他的)｜~样(另一样，别样)｜~时(以后)｜~日(以后)｜~世(来世，下辈子)。❷词头，表次序。用法与普通话相同，但下面的序数词或是普通话没有的，或是广州话另有含义。【第九】差劲，劣，次：考试又唔合格，真系~咯(考试又不及格，真差劲)｜呢批货系~嘅(这批货是最次的)。【第尾】最末尾：排~(排在最后)｜考试考~(考试得了个倒数第一)｜坐喺~嗰排(坐在最后一排)。

筊 nú ㄋㄨˊ [nou⁴ 奴]

用于地名：黄~(在江西省高安)。

笤 tiáo ㄊㄧㄠˊ [tiu⁴ 条]

【笤帚】(-zhou)扫除尘土的用具，用脱去籽粒的高粱穗、黍子穗或棕等做成。

笳 jiā ㄐㄧㄚ [ga¹ 加]

胡笳，我国古代北方民族的一种乐器，类似笛子。

笾 (籩)biān ㄅㄧㄢ [bin¹ 边]

古代祭祀或宴会时盛果品等的竹器。

笞 chī ㄔ [qi¹ 雌]

用鞭、杖或竹板打：~杖｜鞭~。

6 画

筐 kuāng ㄎㄨㄤ [hong¹ 匡，㊀kuang¹ 框]

(-子、-儿)竹子或柳条等编的盛东西

的器具。

筀 guì ㄍㄨㄟˋ [guei³ 桂]

【筀竹】古书上说的一种竹子。

等 děng ㄉㄥˇ [deng² 邓²]

❶数量一般大，地位或程度一般高：～同｜相～｜平～｜一加二～于三。【等闲】平常。㊀轻易地，不在乎地：莫作～看！❷级位，程度的分别(㊥－级)：一～功｜特～英雄｜何～快乐！❸类，群。1．表示多数：我～｜你～｜彼～。2．列举后煞尾：北京、天津、上海、重庆～四个直辖市。3．表示列举未完(叠)：派老张、老王～五人去｜这里煤、铁～～蕴藏都很丰富。❹待，候(㊥－待、－候)：～一下再说｜～～我｜～不得。❺同"戥"。

筘 (＊＊簆)kòu ㄎㄡˋ [keo³ 扣]

织布机上的一种机件，经线从筘齿间通过，它的作用是把纬线推到织口。

筑 (❶築)zhù ㄓㄨˋ [zug¹ 竹]

❶建造，修盖(㊥建－)：～路｜～堤｜建～。❷古代的一种弦乐器，像琴，有十三根弦。❸(旧读 zhú)贵州省贵阳的别称。

策 (＊筞、＊筴)cè ㄘㄜˋ [cag³ 册]

❶计谋，主意(㊥计－)：决～｜献～｜下～｜对～｜束手无～。【策略】根据形势发展而制定的行动方针和方法。❷谋划：～反｜～应。【策动】设法鼓动或促成。❸古代的一种马鞭子，头上有尖刺。❹鞭打：～马｜鞭～。❺古代称编连好的竹简：简～。❻古代考试的一种文体：～论。

筚 (篳)bì ㄅㄧˋ [bed¹ 不]

用荆条、竹子等编成的篱笆或其他遮拦物：蓬门～户(指穷苦人家)。

筛 (篩)shāi ㄕㄞ [sei¹ 西]

❶(－子)用竹子等做成的一种有孔的器具，可以把细的东西漏下去。粗的留下。❷用筛子过东西：～米｜～煤。㊒挑选后淘汰：把不合格的人～出去。❸敲(锣)：～了三下锣。【筛酒】1．斟酒。2．把酒弄热。

☞粤❶动词。摇摆，晃动：部车好～(车晃得厉害)。❷动词。旋转：～波(旋转着的球)。❸动词。淘汰：被～咗(被淘汰了)。

筜 (簹)dāng ㄉㄤ [dong¹ 当]

见610页"筼"字条【筼筜】(yún－)。

筥 jǔ ㄐㄩˇ [gêu² 举]

圆形的竹筐。

筒 (＊筩)tǒng ㄊㄨㄥˇ [tung⁴ 童]

粗大的竹管。㊀1．较粗的中空而高的器物：烟～(tong)｜邮～｜笔～。2．(－儿)衣服等的筒状部分：袖～｜袜～｜靴～。

筅 (＊＊筅)xiǎn ㄒㄧㄢˇ [xin² 冼]

〈方〉筅帚，炊帚，用竹子等做成的刷锅、碗的用具。

筏 (*栰)fá ㄈㄚˊ [fed⁶ 伐]

(-子)用竹、木平摆着编扎成的水上交通工具，也有用牛羊皮或橡胶制成的。

筵 yán ㄧㄢˊ [yin⁴ 延]

❶竹席。❷酒席：喜~｜~席。

筌 quán ㄑㄩㄢˊ [qun⁴ 全]

捕鱼的竹器：得鱼忘~(喻达到目的后就忘了原来凭借的东西)。

答 (**荅)㊀dā ㄉㄚ [dab³ 搭]

同"答"(dá)，用于口语"答应""答理"等词。【答理】(-li)打招呼，理睬。【答应】(-ying)1. 应声回答。2. 允许：父母不~我转学。

㊁dá ㄉㄚˊ [dad³ 搭]

❶回答，回复(㊟-复)：问~｜~话。❷还报(㊟报-)：~谢｜~礼。

筋 (*觔)jīn ㄐㄧㄣ [gen¹ 跟]

❶肌肉的旧称：~骨。❷俗称皮下可以看见的静脉血管：青~。❸俗称肌腱或骨头上的韧带：扭了~｜牛蹄~。❹像筋的东西：钢~｜橡皮~儿。

筝 zhēng ㄓㄥ [zeng¹ 争]

古代的一种弦乐器。

【风筝】(-zheng)玩具的一种，用竹篾做架，糊上纸，牵线放在空中，可以飞得很高。装上弓弦或哨子，迎着风能发声。

7 画

筹 (籌)chóu ㄔㄡˊ [ceo⁴ 绸]

❶计数的用具，多用竹子制成：~码。❷谋划：~款｜~备｜统~｜一~莫展。

☞粤❶名词。号，牌：派~(发号)｜攞~挂号(拿牌儿挂号)。❷量词(音ceo⁴⁻²)。次，回，遍：做过两~(做过两次)｜呢本书我一~都未睇完(这本书我一遍都没看完)｜去过唔知几多~(去过不知多少回)。

筭 suàn ㄙㄨㄢˋ [xun³ 算]

❶计算用的筹码。❷同"算"。

筼 (篔)lǒng ㄌㄨㄥˇ [lung⁵ 陇]

用于地名：织~(在广东省阳西)。

筘 zhé ㄓㄜˊ [jid³ 节]

〈方〉(-子)一种粗的竹席。

筠 ㊀jūn ㄐㄩㄣ ㊀ [guen¹ 均]

【筠连】地名，在四川省。

㊁yún ㄩㄣˊ ㊁ [wen⁴ 匀]

❶竹皮。❷竹子。

筢 pá ㄆㄚˊ [pa⁴ 爬]

(-子)搂(lōu)柴草的竹制器具。

筮 shì ㄕˋ [sei⁶ 逝]

古代用蓍草占卦(迷信)。

筻 gàng ㄍㄤˋ [gang³ 耕³]

【筻口】地名，在湖南省岳阳。

筲 (*箾)shāo ㄕㄠ [sao¹ 捎]

❶一种竹器。❷桶：水～｜一～水。

筼 (篔)yún ㄩㄣˊ [wen⁴ 云]

【筼筜】(－dāng)生长在水边的大竹子。

筶 gào ㄍㄠˋ [gou³ 告]

东筶杯岛、西筶杯岛，岛名，都在福建省莆田。

筱 (**篠)xiǎo ㄒㄧㄠˇ [xiu² 小]

❶小竹子。❷同"小"。多用于人名。

签 (簽、❸-❻籤)qiān ㄑㄧㄢ [qim¹ 歼]

❶亲自写上姓名或画上符号：～名｜请你～个字。❷简要地写出(意见)：～注。❸(－子、－儿)用竹木等物做成的细棍或片状物：牙～儿｜竹～儿。❹(－儿)书册里做标志的纸片或其他物件上做标志的东西：书～｜标～｜浮～。❺粗粗地缝合：～上花边。❻旧时用于占卜或赌博的细长竹片或细棍。

☞粤 ❶动词。用力刺：～猪。❷动词。嫁接：～荔枝。❸动词。剔：～牙(剔牙缝儿)。

简 (簡)jiǎn ㄐㄧㄢˇ [gan² 枧]

❶古时用来写字的竹片或木片。㊕书信：书～。❷简单，简化，跟"繁"相对：～写｜删繁就～｜精兵～政：【简直】副词，实在是，完全是：你若不提这件事，我～就忘了。❸简选，选择(人才)：～拔：

筷 kuài ㄎㄨㄞˋ [fai³ 快]

(－子)用竹、木、金属等制的夹饭菜或其他东西用的细棍儿。

筦 guǎn ㄍㄨㄢˇ [gun² 管]

❶见611页"管"。❷姓。

筤 láng ㄌㄤˊ [long⁴ 狼]

幼竹。

8 画

箐 qìng ㄑㄧㄥˋ [jing¹ 精]

〈方〉山间的大竹林，泛指树木丛生的山谷。

箦 (簀)zé ㄗㄜˊ [zag³ 窄]

床席。

箧 (篋)qiè ㄑㄧㄝˋ [hab⁶ 峡]

箱子一类的东西：箱～｜书～。

箍 gū ㄍㄨ [ku¹ 卡乌]

❶用竹篾或金属条束紧器物：～木盆。❷(－儿)紧束器物的圈：铁～。

箸 (*筯)zhù ㄓㄨˋ [ju⁶ 住]

筷子。

箨（籜）tuò ㄊㄨㄛˋ［tog³ 托］

竹笋上一片一片的皮。

箕 jī ㄐㄧ［géi¹ 基］

❶簸箕(bòji)，用竹篾、柳条或铁皮等制成的扬去糠麸或清除垃圾的器具。❷不成圆形的指纹。❸星宿名，二十八宿之一。

箬 ruò ㄖㄨㄛˋ［yêg⁶ 弱］

❶箬竹，竹子的一种，叶大而宽，可编竹笠，又可用来包粽子。❷箬竹的叶子。

箖 lín ㄌㄧㄣˊ［lem⁴ 林］

❶古书上指一种竹子。❷用于地名：～投围(在广东省陆丰)。

箑 shà ㄕㄚˋ［sad³ 霎，⑱jid⁶ 捷］

扇子。

算（＊＊祘）suàn ㄙㄨㄢˋ［xun³ 酸³］

❶核计，计数：～～多少钱｜～账。❷打算，计划：失～。㊀推测：我～着他今天该来。❸作为，当作：这个～我的。㊀算数，承认：不能说了不～。❹作罢，不再提起：～了，不要再啰唆了。❺副词。总算：今天～把问题弄清楚了。

箅 bì ㄅㄧˋ［béi³ 秘］

(－子)有空隙而能起间隔作用的片状器物，如竹箅子、铁箅子、纱箅子、炉箅子。

箩（籮）luó ㄌㄨㄛˊ［lo⁴ 罗］

用竹子编的底方上圆的器具。

箙 fú ㄈㄨˊ［fug⁶ 伏］

古代盛箭的器具。

箪（簞）dān ㄉㄢ［dan¹ 丹］

古代盛饭的圆竹器：～食壶浆(百姓用箪盛饭、用壶盛汤来慰劳所爱戴的军队)。

箔 bó ㄅㄛˊ［bog⁶ 薄］

❶用苇子、秫秸等做成的帘子。❷蚕箔，又叫蚕帘，养蚕的器具，多用竹篾制成，像筛子或席子。❸金属薄片：金～｜铜～。❹敷上金属薄片或粉末的纸：锡～。

管（＊筦）guǎn ㄍㄨㄢˇ［gun² 馆］

❶吹奏的乐器：丝竹～弦｜～乐器。❷(－子、－儿)圆筒形的东西：～道｜竹～儿｜无缝钢～｜～见(指浅陋的见识)。㊀量词。用于细长圆筒形的东西：一～毛笔。❸负责，管理：～家｜～账｜～伙食。㊀干预，过问：～闲事｜这事我们不能不～。❹管教，约束：～孩子｜～住自己的嘴，不说粗话。【管制】1. 监督，管理：～灯火。2. 刑事处分的一种，对某些有罪行的人，由政府和群众监督教育，使能改过自新。【不管】连词。跟“无论”义相近：

~有多大困难，我们都能克服。❺负责供给：~吃~住｜生活用品都~。㊞保证：~用｜不好~换｜~保。❻介词。把(与动词“叫”连用)：有的地区~玉米叫苞谷。

箜 kōng ㄎㄨㄥ [hung¹ 凶]

【箜篌】(-hóu)古代的一种弦乐器，像瑟而比较小。

箢 yuān ㄩㄢ [yun¹ 冤]

箢箕，用竹篾等编成的盛东西的器具。

箫 (簫)xiāo ㄒㄧㄠ [xiu¹ 消]

管乐器。古代的排箫是许多管子排在一起的，后世用一根管子做成，竖着吹的叫洞箫。

箓 (籙)lù ㄌㄨˋ [lug⁶ 六]

❶簿子，册子。❷符箓，道士画的驱使鬼神的符号，是一种迷信骗人的东西。

篸 (篸)cǎn ㄘㄢˇ [cam² 惨]

☞㊅❶名词。簸箕：垃圾~(撮垃圾的簸箕)。❷名词。箕(不成圆形、有开口的指纹)。

9 画

箱 xiāng ㄒㄧㄤ [sêng¹ 厢]

❶(-子)收藏衣物等的方形器具，通常是上面有盖儿扣住。❷像箱子的东西：信~｜风~。

箴 zhēn ㄓㄣ [zem¹ 针]

❶同“针❶”。❷劝告，劝诫：~言。❸一种文体，以告诫规劝为主。

篑 (簣)kuì ㄎㄨㄟˋ [guei⁶ 跪]

古时盛土的筐子：功亏一~。

篅 chuán ㄔㄨㄢˊ [qun⁴ 全]

一种盛粮食等的器物，类似囤(dùn)。

篁 huáng ㄏㄨㄤˊ [wong⁴ 王]

竹林。泛指竹子。

篌 hóu ㄏㄡˊ [heo⁴ 猴]

见612页“箜”字条【箜篌】(kōng-)。

篓 (簍)lǒu ㄌㄡˇ [leo⁵ 柳]

(-子、-儿)盛东西的器具，用竹、荆条等编成：字纸~儿｜油~。

箭 jiàn ㄐㄧㄢˋ [jin³ 战]

❶用弓发射到远处的兵器，箭杆前端装有金属尖头。❷形状或功能像箭的东西：令~｜火~。

篇 piān ㄆㄧㄢ [pin¹ 编]

❶首尾完整的文章(㊖-章)：名~。❷(-儿)量词。1. 用于文章：一~论文。2. 用于纸张、书页(一篇是两页)。【篇幅】文章的长短，书籍报刊篇页的数量：~不长｜~太大。

篨 chú ㄔㄨˊ [cêu⁴ 随]

见615页“籧”字条【籧篨】(qú－)。

篆 zhuàn ㄓㄨㄢˋ [xun⁶ 算⁶]

❶篆字，古代的一种字体，有大篆、小篆。❷书写篆字：～额(用篆字写碑额)。❸指印章。

10 画

篝 gōu ㄍㄡ [geo¹ 沟]

熏笼。【篝火】原指用笼子罩着的火，现指在野外空旷的地方燃烧的火堆。

篚 fěi ㄈㄟˇ [féi² 匪]

古代盛东西的竹器。

篥 lì ㄌㄧˋ [lêd⁶ 律]

见680页“觱”字条【觱篥】(bì－)。

篮 (籃)lán ㄌㄢˊ [lam⁴ 婪]

(－子、－儿)用藤、竹、柳条等编的盛东西的器具，上面有提梁：菜～子 | 网～。

篡 (*簒)cuàn ㄘㄨㄢˋ [san³ 汕]

❶封建时代指臣子夺取君位。❷用阴谋手段夺取地位或权力。

篯 (籛)jiān ㄐㄧㄢ [jin¹ 煎]

姓。

簉 zào ㄗㄠˋ [zou⁶ 造]

副，附属的。

篦 bì ㄅㄧˋ [béi⁶ 备]

❶(－子)齿很密的梳头用具。❷用篦子梳：～头。

篪 (**竾、**箎)chí ㄔˊ [qi⁴ 池]

古代的一种竹管乐器，像笛子。

篷 péng ㄆㄥˊ [pung⁴ 蓬]

❶张盖在上面，遮蔽日光、风、雨的东西，用竹篾、苇席、布等做成：船～。❷船帆：扯起～来。

篙 gāo ㄍㄠ [gou¹ 高]

用竹竿或杉木等做成的撑船的器具。

篱 (籬)lí ㄌㄧˊ [léi⁴ 离]

篱笆，用竹、苇、树枝等编成的障蔽物：竹～茅舍。

11 画

簕 lè ㄌㄜˋ [leg⁶ 勒]

【簕竹】一种枝上有硬刺的竹子。

☞粤 ❶名词。植物的刺：～竹(一种带尖刺的竹子) | 玫瑰花有～ | 畀～劖亲(给刺刺着)。【簕实】比喻难商量的，难打交道的，难相处的。北方话叫“刺儿头”：个嘢好～，佢点会帮你呀(那家伙很难打交道，他哪会帮你呢)！❷名词。

荆棘：呢处有齑~(这里有棵荆棘)｜~崧(荆棘丛)。

簧 huáng ㄏㄨㄤˊ［wong⁴ 王］

❶乐器里用铜等制成的发声薄片：笙~｜~乐器。❷器物里有弹力的机件：锁~｜弹~。

簌 sù ㄙㄨˋ［cug¹ 束］

【簌簌】1. 形容风吹叶子等的声音：忽然听见芦苇里~地响。2. 纷纷落下的样子：泪珠~地往下落。

篾 miè ㄇㄧㄝˋ［mid⁶ 灭］

(-子、-儿)劈成条的竹片：竹~子。泛指劈成条的芦苇、高粱等茎皮：苇~儿。

簃 yí ㄧˊ［yi⁴ 而］

楼阁旁边的小屋。

篼 dōu ㄉㄡ［deo¹ 兜］

❶(-子)走山路坐的竹轿。❷竹、藤、柳条等做成的盛东西的器物。

☞■名词。篼子，滑竿(走山路时供人乘坐的竹轿)。

簏 lù ㄌㄨˋ［lug¹ 碌］

竹箱等竹编的盛物器具。

簇 cù ㄘㄨˋ［cug¹ 速］

❶丛聚，聚成一团：~拥｜花团锦~。❷量词。用于聚成团的东西：一~鲜花。

簖 (籪)duàn ㄉㄨㄢˋ［dün⁶ 段］

插在水里捕鱼、蟹用的竹栅栏。

簋 guǐ ㄍㄨㄟˇ［guei² 鬼］

古代盛食物的器具，一般圆腹、侈口、两耳。后又作碗、罐等陶瓷器皿的雅称。

☞■【九大簋】隆重丰盛的筵席。过去筵席一般以九个簋盛九种菜肴为最隆重，故称。

12—13 画

簠 fǔ ㄈㄨˇ［fu² 苦］

古代祭祀时盛稻、粱的器具。长方形，有盖和耳。

簟 diàn ㄉㄧㄢˋ［tim⁵ 甜⁵］

竹席：~席｜竹~。

簝 liáo ㄌㄧㄠˊ［liu⁴ 辽］

古代祭祀时盛肉的竹器。

簪 (*篸)zān ㄗㄢ［zam¹ 站¹］

❶(-子、-儿)用来绾(wǎn)住头发的一种首饰，古时也用它把帽子别在头发上。❷插，戴：~花。

簰 (**𥴩)pái ㄆㄞˊ［pai⁴ 排］

木筏或竹筏，也指为便于水上运送而扎成排的木材或竹材。也作“排”“棑”。

簦 dēng ㄉㄥ [deng1 登]

古代有柄的笠，类似现在的雨伞。

籀 zhòu ㄓㄡˋ [zeo6 就]

❶籀文，古代的一种字体，即大篆，相传是周宣王时太史籀所造。❷阅读：～绎｜～读。

簸 ㊀bǒ ㄅㄛˇ [bo3 播]

❶用簸(bò)箕颠动米粮，扬去糠秕和灰尘。❷上下颠动，摇晃：～荡｜船在海浪中颠～起伏。

㊁bò ㄅㄛˋ [bo3 播]

【簸箕】(－ji)扬糠除秽的用具。

籁 (籟)lài ㄌㄞˋ [lai6 赖]

古代的一种箫。㊀ 孔穴里发出的声音，泛指声音：天～｜万～俱寂。

簿 bù ㄅㄨˋ [bou6 步]

(－子)本子：账～｜发文～。

14 画以上

籍 jí ㄐㄧˊ [jig6 席]

❶书，书册(㊀书－)：六～(六经)｜古～。❷登记隶属关系的簿册，隶属关系：户～｜国～｜党～｜学～。【籍贯】自身出生或祖居的地方。

纂 (❶*篹)zuǎn ㄗㄨㄢˇ [jun2 转2]

❶编纂，搜集材料编书：～修。❷(－儿)梳在头后边的发髻。

籧 qú ㄑㄩˊ [kêu4 渠]

【籧篨】(－chú)古代指用竹子或苇子编的粗席。

籝 yíng ㄧㄥˊ [ying4 形]

❶箱笼之类的器具。❷筷笼子。

籥 yuè ㄩㄝˋ [yêg6 药]

同"龠❶"。

[136]臼部

臼 jiù ㄐㄧㄡˋ [keo5 舅]

❶舂米的器具，一般用石头制成，样子像盆。❷像臼的：～齿。

臿 chā ㄔㄚ [cab3 插]

❶〈古〉同"锸"。❷〈方〉舂。

舁 yú ㄩˊ [yu4 余]

〈古〉共同抬东西。

舂 chōng ㄔㄨㄥ [zung1 钟]

捣去皮壳或捣碎：～米｜～药。

☞粤 ❶动词。杵：～佢一拳(杵他一拳)。❷动词。坠，倒栽：成个人～咗落去(整个人坠下去)｜敌机～咗落嚟(敌机栽了下来)。❸动词。闯，撞：瘟咁～(乱闯乱撞)｜～瘟鸡(形容走路乱冲乱撞的人)。

舄 xì ㄒㄧˋ [xig¹ 色]

鞋。

舅 jiù ㄐㄧㄡˋ [keo⁵ 求⁵]

❶母亲的弟兄(叠)。❷(－子)妻子的弟兄：妻～｜小～子。❸古代称丈夫的父亲：～姑(公婆)。

[137]自部

自 zì ㄗˋ [ji⁶ 字]

❶自己，己身，本人：～给～足｜独立～主｜～力更生｜～动。【自个儿】(*自各儿)(－gěr)〈方〉代词。自己。【自然】1. 一切天然存在的东西：大～｜～景物。2. 不勉强：～而然｜功到～成｜他笑得很～。3. 当然，没有疑问：学习不认真，～就要落后。【自由】1. 人们在法律规定的范围内，随意安排自己活动的权利。2. 哲学上指人们在实践中认识了客观规律，并能有意识地运用到实践中去。3. 不受拘束和限制：～活动｜～发言。❷介词。从，由(㊀－从)：～古到今｜～天津到北京。❸副词。自然，当然：借债还钱，～不待言｜公道～在人心｜久别重逢，～有许多话要讲。

☞▊助词。经常与否定副词(“咪”“唔”“未”等)和动词配合使用，有“先别”“暂时不”的意思：你咪去～(你先别去)｜而家唔讲～(现在暂时不说)｜未得～(还不行)。【一自】一边……：唔好～行路～玩手机(不要一边走路一边玩手机)｜～睇牛～读书(一边放牛一边看书)。【一自自】逐渐，渐渐地：水～涨｜佢～行远咗(他渐渐地走远了)。

臬 niè ㄋㄧㄝˋ [yid⁶ 热]

❶箭靶子的中心。❷古代测日影的标杆。❸标准，法式：圭～。

臭 ㊀chòu ㄔㄡˋ [ceo³ 丑³]

❶气味难闻，跟“香”相对：～气｜～味。㊁1. 惹人厌恶的：遗～万年｜放下～架子。2. 低劣：～棋｜这球踢得真～。❷狠狠地：～骂。

㊁xiù ㄒㄧㄡˋ [ceo³ 丑³]

❶气味：空气是无色无～的。❷同“嗅”。

息 xī ㄒㄧ [xig¹ 式]

❶呼吸时进出的气：鼻～｜喘～｜叹～。❷停止，歇：～怒｜经久不～｜按时作～。❸消息：信～｜声～。❹利钱：年～｜无～贷款。❺儿女：子～。❻繁殖，滋生：生～｜蕃～。

[138]血部

血 ㊀xiě ㄒㄧㄝˇ [hüd³ 何月³]

义同“血”(xuè)，用于口语。多单用，如“流了点儿血”，也用于口语常用词，如“鸡血”“血块子”。

㊁xuè ㄒㄩㄝˋ [hüd³ 何月³]

❶血液，人和高等动物体内的红色液体(由红细胞、白细胞、血小板和血浆组成)，周身循环，输送养分给各组织，同时把废物带到排泄器官内：～压｜～

泊(pō)。❷同一祖先的：～统｜～族。❸指刚强热烈：～性｜～气方刚。(读xuè时用于复音词及成语，如"贫血""呕心沥血"等。)

衃 pēi ㄆㄟ [pui¹ 坯]

凝聚的血。

衄 (*衂、*䶊) nǜ ㄋㄩˋ [nug⁶ 挪屋⁶]

鼻衄，鼻子流血。

衅 (釁) xìn ㄒㄧㄣˋ [yen⁶ 刃]

❶古代祭祀礼仪，用牲畜的血涂器物的缝隙：～钟｜～鼓。❷缝隙，争端：挑～｜寻～。

[139]舟部

舟 zhōu ㄓㄡ [zeo¹ 州]

船：轻～｜龙～｜一叶扁(piān)～。

舠 dāo ㄉㄠ [dou¹ 刀]

古书上说的一种小船。

舡 chuán ㄔㄨㄢˊ [xun⁴ 旋]

❶〈古〉同"船"。❷姓。

舦 [tai⁵ 太⁵]

☞▇名词。舵：揸～(掌舵)｜左～车。

舢 shān ㄕㄢ [san¹ 山]

【舢板】(*舢舨)一种用桨划的小船。

舣 (艤、**檥) yǐ ㄧˇ [ngei⁵ 蚁⁵]

停船靠岸。

舭 bǐ ㄅㄧˇ [béi² 比]

船底与船侧之间的弯曲部分。

舯 zhōng ㄓㄨㄥ [zung¹ 终]

船体的中部。

舰 (艦) jiàn ㄐㄧㄢˋ [lam⁶ 滥]

军舰，战船：～队｜巡洋～。

舨 bǎn ㄅㄢˇ [ban² 板]

见617页"舢"字条【舢板】(shān－)。

舱 (艙) cāng ㄘㄤ [cong¹ 仓]

船或飞机内用于载人或物的部分：货～｜客～｜底～。

般 bān ㄅㄢ [bun¹ 搬]

❶样，种类：如此这～｜百～照顾｜兄弟～的友谊。【一般】1. 同样：我们两个人～高。2. 普通，普遍：～的读物｜～人的意见。❷古同"搬"。

航 háng ㄏㄤˊ [hong⁴ 杭⁴]

行船：～海。㊀飞机等在空中飞行：～空｜～天｜宇～(宇宙航行)。

舫 fǎng ㄈㄤˇ [fong² 访]

船：画～(装饰华美专供游览用的船)｜游～。

舥 pā ㄆㄚ [pa¹ 趴¹]

古书上说的一种船。

舸 gě ㄍㄜˇ [go² 哥², ⓧ ho² 可]

大船。

舻 (艫) lú ㄌㄨˊ [lou⁴ 卢]

见 618 页"舳"字条【舳舻】(zhú –)。

舳 zhú ㄓㄨˊ [zug⁶ 浊]

船尾。【舳舻】(–lú)船尾和船头，也指首尾相接的船只：~千里。

盘 (盤) pán ㄆㄢˊ [pun⁴ 盆]

❶(–子、–儿)盛放物品的扁而浅的用具，多为圆形：托~ | 茶~儿 | 和~托出(喻全部说出)。【通盘】全面：~打算。❷(–儿)形状像盘或有盘的功用的物品：脸~儿 | 磨(mò)~ | 棋~ | 算~。❸回旋地绕：~香 | ~杠子(在杠子上旋转运动) | 把绳子~起来 | ~山公路 | ~根错节。【盘剥】利上加利地剥削。【盘旋】绕着圈地走或飞。❹垒，砌(炕、灶)：~炕 | ~灶。❺盘查，仔细查究：~账 | ~货 | ~问 | ~算(细心打算)。❻(–儿)指市场上成交的价格：开~ | 收~ | 平~。❼量词。用于形状像盘子的东西或某些棋类、球类比赛等：一~机器 | 一~磨(mò) | 一~棋 | 打了一~乒乓球。

【盘费】(–fei)【盘缠】(–chan)旅途上的费用。

【盘桓】(–huán)1. 回环旋绕。2. 留恋在一个地方，逗留。

舴 zé ㄗㄜˊ [zag³ 窄]

【舴艋】(–měng)小船。

舶 bó ㄅㄛˊ [bog⁶ 薄，ⓧ pag³ 拍]

大船：船~ | 巨~ | ~来品(外国输入的货物)。

舲 líng ㄌㄧㄥˊ [ling⁴ 玲]

❶有窗户的船：~船。❷小船。❸用于地名：~舫(fǎng)乡(在湖南省茶陵)。

船 (*舩) chuán ㄔㄨㄢˊ [xun⁴ 旋]

水上的主要交通工具，种类很多：帆~ | 轮~。

鸼 (鵃) zhōu ㄓㄡ [zeo¹ 舟]

见 741 页"鹘"字条【鹘鸼】(gǔ –)。

舷 xián ㄒㄧㄢˊ [yin⁴ 言]

船、飞机等左右两侧的边儿。

舵 duò ㄉㄨㄛˋ [to⁴ 佗]

控制行船方向的设备。多装在船尾：掌~ | ~手。泛指飞机、汽车等控制方向的装置：~轮 | ~盘。

舾 xī ㄒㄧ [sei¹ 西]

船舶装置品。【舾装】1. 船舶装置和舱室设备(如锚、舵、缆、桅杆、救生设备、航行仪器、管路、电路等)的统称。2. 船体下水后，装备上述设备和刷油漆等工作。

艇 tǐng ㄊㄧㄥˇ [ting5 挺，㊂ téng5 厅5]

轻便的小船，小型的军用船只：游～｜汽～｜赛～｜舰～｜潜～。

艄 shāo ㄕㄠ [sao1 捎1]

❶船尾。❷舵：掌～。【艄公】掌舵的人，泛指船夫。

艅 yú ㄩˊ [yu4 鱼]

【艅艎】（－huáng）古代一种大船。

艉 wěi ㄨㄟˇ [méi5 尾]

船体的尾部。

艋 měng ㄇㄥˇ [mang5 猛]

【舴艋】（zé－）小船。

艘 sōu ㄙㄡ [seo2 手]

量词。用于船只：大船五～｜军舰十～。

艎 huáng ㄏㄨㄤˊ [wong4 王]

见619页“艅”字条【艅艎】（yú－）。

艔 [dou6 度]

☞广❶名词。渡船：横水～（过河的船）。❷名词。珠江水系中用机动船牵引前进的客船：江门～（开往江门的牵引客船）｜肇省～（来往于肇庆、广州的牵引客船）。又叫“托艔”“花尾艔”。

艏 shǒu ㄕㄡˇ [seo2 首]

船体的前部。

艚 cáo ㄘㄠˊ [cou4 嘈]

（－子）载货的木船。

艟 chōng ㄔㄨㄥ [tung4 童]

见619页“艨”字条【艨艟】（méng－）。

艨 méng ㄇㄥˊ [mung4 蒙]

【艨艟】（－chōng）古代的一种战船。

[140]色部

色 ㊀sè ㄙㄜˋ [xig1 式]

❶颜色，由物体发射、反射的光通过视觉而产生的印象：日光有七～｜红～。❷脸色，脸上表现出的神情、样子：和颜悦～｜喜形于～。❸情景，景象：行～匆匆。❹种类：各～用品｜货～齐全。❺成色，品质，质量：足～纹银｜成～。❻妇女的容貌：姿～。❼指情欲：～情｜好～｜贪～。

㊁shǎi ㄕㄞˇ [xig1 式]

（－儿）义同“色”（sè），用于一些口语词：落（lào）～儿｜掉～｜不变～儿。

艳 （艶、*豔、*艷、**豓）yàn ㄧㄢˋ [yim6 验]

❶鲜艳，色彩鲜明：～丽｜～阳天。❷旧时指关于爱情方面的：～情｜～史。【艳羡】非常羡慕。

艴 bó ㄅㄛˊ（又）fú ㄈㄨˊ [fed1 忽]

艴然，生气的样子。

[141]齐部

齐

(齊)qí ㄑㄧˊ [cei⁴ 妻⁴]

❶整齐，东西一头平或排成一条直线：参差不~丨庄稼长得很~丨纸叠得很~。❷达到，跟什么一般平：河水~腰深。❸同时，同样，一起：~心丨~声高唱丨百花~放，推陈出新丨一~用力。❹全，完全(㊀-全)：材料都预备~了丨代表都到~了。❺周代诸侯国名，在今山东省北部、东部和河北省东南部。❻朝代名。1. 南朝之一，萧道成所建立(公元479—502年)。2. 北朝之一，高洋所建立(公元550—577年)，史称北齐。

〈古〉又同斋戒的"斋"(zhāi)。

剂

(劑)jì ㄐㄧˋ [zei¹ 挤]

❶配合而成的药：药~丨清凉~。【调剂】(tiáo-)1. 配制药物。2. 适当调整。❷量词。用于水煎服的中药：一~药。

齑

(齏)jī ㄐㄧ [zei¹ 挤]

❶捣碎的姜、蒜、韭菜等。❷细，碎：化为~粉。

[142]衣部

衣

㊀yī ㄧ ㊁ [yi¹ 医]

❶衣服(fu)，衣裳(shang)。❷披在或包在物体外面的东西：炮~丨糖~炮弹。❸姓。

㊁yì ㄧˋ ㊁ [㊀yi³ 意]

穿(衣服)，给人穿(衣服)：~布衣丨解衣(yī)~我。

袅

(裊、*嫋、*嬝、*褭)niǎo ㄋㄧㄠˇ [niu⁵ 鸟]

【袅袅】1. 烟气缭绕上腾的样子：炊烟~。2. 细长柔软的东西随风摆动的样子：垂杨~。3. 声音绵延不绝：余音~。

【袅娜】(-nuó)1. 形容草木柔软细长。2. 形容女子姿态优美。

"嫋"另见283页。

袋

dài ㄉㄞˋ [doi⁶ 待]

(-子、-儿)衣兜或用布、皮等做成的盛东西的器物：布~丨衣~丨面口~。

袈

jiā ㄐㄧㄚ [ga¹ 加]

【袈裟】(-shā)和尚披在外面的一种法衣。

裁

cái ㄘㄞˊ [coi⁴ 财]

❶用剪子剪布或用刀子割纸：~衣服丨对~(把整张纸平均裁为两张)。【裁缝】(-feng)以做衣服为职业的人。❷削减，去掉一部分：~军丨~员。❸决定，判断：~夺丨~判。❹安排取舍：独出心~丨《唐诗别~》。

裂

㊀liě ㄌㄧㄝˇ ㊁ [lid⁶ 烈，㊃ lé⁵ 咧⁵]

〈方〉东西的两部分向两旁分开：衣服没扣好，~着怀。

㊁liè ㄌㄧㄝˋ ㊁ [lid⁶ 烈]

破开，开了缝(fèng)：~痕丨~缝丨手冻～了｜破～｜四分五～。

装（裝）zhuāng ㄓㄨㄤ［zong¹ 妆］

❶穿着的衣物（㊟服－）：军～｜春～｜泳～。特指演员演出时的打扮：上～｜卸～。【行装】出行时带的衣物。❷打扮，用服饰使人改变原来的外貌（㊟－扮）。【装饰】1. 加上一些附属的东西使美观：～房间。2. 修饰用的物品。【化装】改变装束。❸故意做作，假作：～听不见｜～模作样。❹安置，安放，通常指放到器物里面去：～电灯｜～车｜～箱。㊀把零部件安在一起构成整体：～配｜～了一台电脑。【装备】1. 生产上或军事上必需的东西：工业～｜军事～。2. 配备，学校正在～多媒体教室。❺对书籍、字画加以修整或修整成的式样：～订｜精～｜线～书。

☞廣❶动词。用机关、陷阱等诱捕：～老鼠｜～山猪（诱捕野猪）｜～鹧鸪｜～雀（用机关捕鸟）。❷动词。装扮，伪装：～身（穿衣打扮）｜～成个乞儿噉（装扮成乞丐的样子）｜～假狗（假装）。❸动词。陷害，使上当：～弹弓（设圈套使人上当）｜～佢入笭（使他落入圈套）。

裘 qiú ㄑㄧㄡˊ［keo⁴ 球］

皮衣：集腋成～（喻积少成多）。

裔 yì ㄧˋ［yêu⁶ 锐］

❶后裔，后代子孙。❷边，边远的地方：四～。

裟 shā ㄕㄚ［sa¹ 沙］

见620页“袈”字条【袈裟】（jiā－）。

裳 ㊀cháng ㄔㄤˊ［sêng⁴ 常］

遮蔽下体的衣裙。

㊁shang ·ㄕㄤ［sêng⁴ 常］

【衣裳】衣服。

襞 bì ㄅㄧˋ［big¹ 碧］

古代指给衣裙打褶（zhě）子，也指衣裙上的褶子。

［142］衤部

2—5画

补（補）bǔ ㄅㄨˇ［bou² 保］

❶把残破的东西加上材料修理完整：～衣服｜～锅。❷把缺少的充实起来或添上（㊟－充、贴－）：～空（kòng）子｜～习｜候～委员｜滋～。【补白】报刊上填补空白的短文。❸益处：不无小～。

初 chū ㄔㄨ［co¹ 磋］

开始，表示时间、等级、次序等都在最前的：～一｜～伏｜～稿｜～学｜～等教育｜红日～升。㊀1. 开始的一段时间：年～｜开学～。2. 原来的，原来的情况：～衷｜和好如～。

衬（襯）chèn ㄔㄣˋ［cen³ 趁］

❶在里面再托上一层：～绒｜～上一张纸。❷搭配上别的东西：红花～着绿叶。

☞廣【帮衬】光顾。

☞粤【老衬】笨，傻瓜：有人咁~嘅（没人这么傻的）｜真系~，畀人呃咗都唔知（真笨，给人家骗了还不知道）。

衫 shān ㄕㄢ [sam¹ 三]

上衣，单褂：长~｜衬~。

衩 ㊀chǎ ㄔㄚˇ [ca³ 岔]

【裤衩】短裤：三角~。

㊁chà ㄔㄚˋ [ca³ 岔]

衣服旁边开口的地方。

袆 （褘）huī ㄏㄨㄟ [fei¹ 挥]

古代王后穿的祭服。

祆 [tai¹ 太¹]

☞粤名词。领带：领~｜打~。又叫"领（祆）"。〖英语 tie 的音译。〗

衲 nà ㄋㄚˋ [nab⁶ 纳]

❶僧衣。㊕僧人：老~。❷同"纳❸"：百~衣。

☞粤名词。多层的上衣（不单用）：棉~（棉衣，棉袄）｜夹~（夹衣）。

衽 （*袵）rèn ㄖㄣˋ [yem⁶ 任]

〈古〉❶衣襟。❷衽席，睡觉用的席子。

袄 （襖）ǎo ㄠˇ [ou³ 澳]

有衬里的上衣：夹~｜棉~｜皮~。

衿 jīn ㄐㄧㄣ [gem¹ 金，㊋kem¹ 襟]

❶襟：青~（旧时念书人穿的衣服）。❷系（jì）上衣襟的带子。

袂 mèi ㄇㄟˋ [mei⁶ 米⁶]

衣袖：联~（结伴）赴津。【分袂】离别。

袜 （襪、*韈、*韤）wà ㄨㄚˋ [med⁶ 勿]

（-子）穿在脚上、不直接着（zháo）地的东西。一般用布、纱线等制成。

袪 qū ㄑㄩ [kêu¹ 驱]

袖口。

袒 （*襢）tǎn ㄊㄢˇ [tan² 坦]

❶脱去或敞开上衣，露出身体的一部分：~胸露臂。❷袒护，不公正地维护一方面：左~｜偏~。

袖 xiù ㄒㄧㄡˋ [zeo⁶ 就]

❶（-子、-儿）衣服套在胳膊上的部分。【袖珍】小型的：~字典｜~收录机。❷藏在袖子里：~着手｜~手旁观。

袗 zhěn ㄓㄣˇ [zen² 珍²]

❶单衣。❷（衣服）华美。

袍 páo ㄆㄠˊ [pou⁴ 葡]

（-子、-儿）长衣：棉~儿｜~笏（hù）登场（登台演戏，比喻上台做官）。

袢 pàn ㄆㄢˋ [pan³ 盼]

同"襻"。

被 bèi ㄅㄟˋ ㊀［péi⁵ 婢］

（－子）睡觉时覆盖身体的东西：棉～｜夹～。

bèi ㄅㄟˋ ㊁［péi¹ 披］

盖，遮盖：～覆。

bèi ㄅㄟˋ ㊂［béi⁶ 鼻］

❶介词。引进主动的人物并使动词含有受动的意义：他～父亲骂了一顿｜～大家评选为生产能手。❷放在动词前，表示受动：～压迫｜～批评。

〈古〉又同"披"（pī）。

袯（襏）bó ㄅㄛˊ［bud³ 钵］

【袯襫】（－shì）1. 古蓑衣。2. 粗糙结实的衣服。

6—8 画

袺 jié ㄐㄧㄝˊ［gid³ 结³］

用衣襟兜东西。

裆（襠）dāng ㄉㄤ［dong¹ 当¹］

裤裆，两裤腿相连的地方：横～｜直～｜开～裤。㊂两腿相连的地方：从～下钻过去。

袱 fú ㄈㄨˊ［fug⁶ 服］

包裹、覆盖用的布单。【包袱】（－fu）1. 包裹衣服的布单。2. 用布单包成的包裹：胳膊上挎着白布～。㊄思想上的负担或使行动受到牵制的障碍：放下～，轻装前进。3. 指相声、快书等曲艺中的笑料：抖～。

衃 ［séd¹ 恤］

☞🅐 名词。衬衣：～衫（衬衣）。〖英语 shirt 的音译。〗

袷 qiā ㄑㄧㄚ［gab³ 甲］

【袷袢】（－pàn）（维）维吾尔、塔吉克等民族所穿的对襟长袍。

另见 8 页"夹"（jiá）。

袼 gē ㄍㄜ［gog³ 各］

【袼褙】（－bei）用纸或布裱糊成的厚片，多用来做纸盒、布鞋等。

裈（褌）kūn ㄎㄨㄣ［guen¹ 君］

古代称有裆裤或内裤。

裉（**褃）kèn ㄎㄣˋ［keng³ 卡莺³］

衣服腋下前后相连的部分：杀～（把裉缝上）｜抬～（称衣服从肩到腋下的宽度）。

裋 shù ㄕㄨˋ［xu⁶ 树］

古代仆役穿的一种粗布衣服。

裢（褳）lian · ㄌㄧㄢ［lin⁴ 连］

见 625 页"褡"字条【褡裢】（dā－）。

裎 chéng ㄔㄥˊ［qing⁴ 程］

脱衣露体。

裣（襝）liǎn ㄌㄧㄢˇ［lim⁵ 脸⁵］

【裣衽】(－rèn)旧时指妇女行礼。

裕 yù ㄩˋ [yu⁶ 预]

❶丰富，宽绰(㊀富－、宽－)：充～。❷使富足：富国～民。

【裕固族】我国少数民族，参看附表。

裤 (褲、*袴)kù ㄎㄨˋ [fu³ 库]

裤子。

裥 (襇)jiǎn ㄐㄧㄢˇ [gan² 柬，㊀gan³ 谏]

衣服上打的褶子。

裉 [long⁶ 浪]

☞❶名词。裆：裤～｜横～｜直～｜开～裤。

裙 (*帬、*裠)qún ㄑㄩㄣˊ [kuen⁴ 群]

(－子、－儿)一种围在下身的服装：连衣～。

裲 [tung² 桶]

【裲裙】〈广〉❶衬裙。❷窄而无折的裙子。

襀 (襀)jī ㄐㄧ [jig¹ 积]

衣服的褶儿。

裱 biǎo ㄅㄧㄠˇ [biu² 标²]

用纸、布或丝织物把书、画等衬托装饰起来：双～纸｜揭～字画。【裱糊】用纸或其他材料糊屋子的墙壁或顶棚：把这间屋子～一下。

褂 guà ㄍㄨㄚˋ [gua³ 挂³]

(－子、－儿)上身的衣服：大～子(长衫)｜小～儿。

褚 ㊀chǔ ㄔㄨˇ [qu² 贮]

姓。

㊁zhǔ ㄓㄨˇ [qu² 贮]

❶在衣服里铺丝绵。❷囊，口袋。

裸 (*躶、*蠃)luǒ ㄌㄨㄛˇ [lo² 罗²]

光着身子：～体｜赤～～。㊀没有东西包着的：～线(没有外皮的电线)｜～子植物。

裼 ㊀tì ㄊㄧˋ [xig³ 色³]

婴儿的包被。

㊁xī ㄒㄧ [xig³ 色³]

敞开或脱去上衣，露出身体的一部分(㊀袒－)。

裨 ㊀bì ㄅㄧˋ ㊀[béi¹ 悲]

补益，益处：无～于事｜对工作大有～益。

㊁pí ㄆㄧˊ ㊁[péi⁴ 皮]

副，辅佐的(㊀偏－)：～将。

裾 jū ㄐㄩ [gêu¹ 居¹]

衣服的大襟。㊀衣服的前后部分。

裰 duō ㄉㄨㄛ [jud³ 拙]

❶缝补破衣：补～。❷直裰，古代士子、官绅穿的长袍便服，也指僧道穿的

袍子。

9—10 画

褡 dā ㄉㄚ [dab³ 答]

【褡裢】(－lian)一种口袋，中间开口，两头装东西。

褙 bèi ㄅㄟˋ [bui³ 贝]

把布或纸一层一层地粘在一起：裱～。

褐 hè ㄏㄜˋ [hod³ 渴]

❶粗布或粗布衣服。❷黑黄色。

襀 (襀)kuì ㄎㄨㄟˋ [kui³ 溃]

〈方〉❶(－儿)用绳子、带子等拴成的结：活～儿｜死～儿。❷拴，系(jì)：～个襀儿｜把牲口～上。

褓 (＊緥)bǎo ㄅㄠˇ [bou² 保]

见626页“襁”字条【襁褓】(qiǎng－)。

褕 yú ㄩˊ [yu⁴ 余]

❶(衣服)华美。❷见626页“襜”字条【襜褕】(chān－)。

褛 (褸)lǚ ㄌㄩˇ ㊀[lêu⁵ 吕，㊗leo⁵ 柳]

见625页“褴”字条【褴褛】(lán－)。

㊁[leo¹ 搂¹]

☞🅶❶名词。大衣：大～｜风～(风衣)｜棉～。❷动词。被，蒙盖：～住件雨衣(披着一件雨衣)｜用帆布～住啲水泥(用帆布把水泥蒙上)｜～席(比喻当乞丐)。❸(苍蝇、蚂蚁等小昆虫)爬，停留：乌蝇～过嘅嘢唔好食(苍蝇爬过的东西不要吃)。❹词素。【褛尾】1. 后来：～佢两个和好咗(后来他们两个和好了)。2. 后面：我哋坐喺～嗰排(我们坐在后面那排)。【褛丘】衣衫破旧：狗咬～人(俗语)。

褊 biǎn ㄅㄧㄢˇ [bin² 贬]

狭小，狭隘(ài)(㊭－狭、－窄)。

褪 ㊀tuì ㄊㄨㄟˋ ㊀[têu³ 退]

脱落，脱去：兔子正～毛。【褪色】退色，颜色变淡或消失。

㊁tùn ㄊㄨㄣˋ ㊁[ten³ 吞³]

使穿着、套着的东西脱离：把袖子～下来｜狗～了套跑了。㊁向内移动而藏起来：把手～在袖子里｜袖子里～着一封信。

☞🅶❶动词。后退：～三步｜～后啲(退后一点)｜～舦(将方向盘回转，比喻退缩，打退堂鼓)。❷动词。移动，挪：～过啲(挪过去一点)｜～个位出嚟(挪出个位置来)。❸动词。时间推后：～后几日再讲(推后几天再说)。

褥 rù ㄖㄨˋ [yug⁶ 辱]

(－子)装着棉絮铺在床上的东西：被～。

褴 (襤)lán ㄌㄢˊ [lam⁴ 篮]

【褴褛】(＊蓝缕)(－lǚ)衣服破烂。

褟 tā ㄊㄚ [tab⁶ 沓]

〈方〉在衣物上缝缀花边：～一道绦

(tāo)子。【汗褟儿】贴身衬衣。

褫 chǐ ㄔˇ ［qi² 齿²］

剥夺：~职｜~夺。

褯 jiè ㄐㄧㄝˋ ［jig⁶ 夕］

(-子)尿布。

褦 nài ㄋㄞˋ ㊀［nai⁶ 乃⁶，㊁ lé⁵ 咧⁵］

【褦襶】(-dài)不晓事，不懂事。

㊁［nai³ 奶³］

☞🅿动词。连带，拖带：一架车~一个拖斗(一辆车带一个拖斗)。

11画以上

褶 (**襵) zhě ㄓㄜˇ ［jib³ 接，㊁ zab³ 杂³］

(-子、-儿)❶衣服经折叠而缝制成的印痕：百~裙。❷泛指折皱的部分：衣服上净是~子｜这张纸有好多~子｜满脸的~子。

襆 fú ㄈㄨˊ ［fug⁶ 伏］

〈古〉❶布单、巾帕等。❷包裹：~被(用包袱包裹衣被等，即准备行装)。❸同"袱"。

襕 (襴) lán ㄌㄢˊ ［lan⁴ 兰］

古代上下衣相连的长袍在下摆所加的横幅。

襚 suì ㄙㄨㄟˋ ［sêu⁶ 睡］

古代指赠死者的衣被。

襁 (*繦) qiǎng ㄑㄧㄤˇ ［kêng⁵ 强⁵］

【襁褓】(-bǎo)包婴儿的被、毯等：在~中。

襟 jīn ㄐㄧㄣ ［kem¹ 衿］

衣服胸前或背后的部分：大~｜小~｜底~｜对~｜后~。【襟怀】胸怀：~坦荡。

襜 chān ㄔㄢ ［qim¹ 签］

❶古代系在身前的围裙。❷【襜褕】(-yú)古代一种长的单衣。

襦 rú ㄖㄨˊ ［yu⁴ 如］

短衣，短袄。

襫 shì ㄕˋ ［xig¹ 式］

见623页"袯"字条【袯襫】(bó-)。

襶 dài ㄉㄞˋ ［dai³ 带，㊁ dé² 爹²］

见626页"褦"字条【褦襶】(nài-)。

襄 ráng ㄖㄤˊ ［yêng⁶ 让］

衣服脏。

襻 pàn ㄆㄢˋ ［pan³ 盼］

❶(-儿)扣襻，扣住纽扣的套。❷(-儿)功用或形状像襻的东西：鞋~儿。❸扣住，使分开的东西连在一起：~上几针(缝住)。

[143]羊部

羊 yáng ㄧㄤˊ [yêng4 阳]

家畜，反刍类，头上有角。常见的有山头、绵羊等。

〈古〉又同“祥”(xiáng) [cêng4 祥]。

群 (*羣)qún ㄑㄩㄣˊ [kuen4 裙]

❶聚集在一起的人或物：人~丨羊~丨楼~丨成~结队。㊀众多的：~岛丨~山丨~居丨~集丨博览~书。❷众人：~策~力丨~起而攻之。❸量词。用于成群的人或物：一~娃娃丨一~牛。

[143]⺶部

羌 (*羗、*羫)qiāng ㄑㄧㄤ [gêng1 疆]

我国古代西部的民族。

【羌族】我国少数民族，参看附表。

差 ㊀chā ㄔㄚ ㊁ [ca1 叉]

❶不同，不同之点(㊄-别、-异、偏-)。❷大致还可以：~强人意(大体上还能使人满意)。❸错误：~错丨阴错阳~。❹差数，减法运算的得数：五减二的~是三。

㊁chà ㄔㄚˋ ㊁ [ca1 叉]

❶错误：说~了。❷不相当，不相合：~得远丨~不多。❸缺，欠：~一道手续丨还~一个人。❹不好，不够标准：成绩~。

㊂chāi ㄔㄞ ㊁ [cai1 猜]

❶派遣去做事(㊄-遣)。❷旧时称被派遣的人，差役。❸差事，被派遣去做的事：兼~丨出~。

㊃cī ㄘ ㊂ [qi1 雌]

见100页“参”字条【参差】(cēn-)。

羖 (**羖)gǔ ㄍㄨˇ [gu2 古]

公羊。

羞 xiū ㄒㄧㄡ [seo1 修]

❶耻辱，感到耻辱(㊄-耻)：~辱丨遮~布丨~与为伍。❷难为情，害臊：害~丨~得脸通红。㊀使难为情：你别~我。❸同“馐”。

羓 bā ㄅㄚ [ba1 巴]

❶干肉。泛指干制食品。❷一种品种好的羊。

着 ㊀zhāo ㄓㄠ ㊁ [zêg6 桌6]

❶(-儿)下棋时下一子或走一步叫一着。㊉计策，办法：你出个高~儿丨我没~儿了。❷〈方〉放，搁进去：~点儿盐。❸〈方〉用于应答，表示同意：~，你说得真对。

☞廣❶动词。对，在理：呢件事系佢唔~嘅(这件事是他不对的)丨边个~就帮边个(谁在理就帮谁)。❷动词。合算；合时宜：~数(合算；便宜；有利)丨~买(值得买)丨而家蟹最~食喇(现在吃螃蟹最合时宜了)。❸副词。逐一：~个数(一个一个地数；逐个数)丨~件讲清楚(一件一件讲清楚)｜～个行过来(逐个走过来)。❹副词。被，受到：～鬼迷(比喻人糊涂、不清醒)｜～雷劈(被雷打)。❺动词。占：你～细半佢～大半(你占小半他占大半)｜一人～一半。

㊁zháo ㄓㄠˊ ㊂［zêg⁶ 桌⁶］

❶接触，挨上：上不～天，下不～地。❷感受，受到：～慌｜～凉｜～急。❸燃烧，也指灯发光：～火｜柴火～了｜天黑了，路灯都～了。❹入睡，睡着：躺下就～了。❺用在动词后表示达到目的或有结果：猜～了｜打～了。

㊂zhe ·ㄓㄜ ㊂［zêg⁶ 桌⁶］

助词。❶用在动词后。1. 表示动作正进行：走～｜等～｜开～会呢。2. 表示状态的持续：桌上放～一本书｜墙上挂～一幅画。❷用在形容词后，表示程度深，常跟"呢"(ne)连用：好～呢｜这小孩儿精～呢！❸用在动词或表示程度的形容词后，表示祈使：你听～｜步子大～点儿！❹加在某些动词后，使变成介词：顺～｜照～｜沿～｜朝～。

㊃zhuó ㄓㄨㄛˊ ㊂［zêg⁶ 桌⁶］

❶接触，挨上：附～｜～陆｜不～边际。❷使接触别的事物，使附着在别的物体上：～眼｜～手｜～色｜不～痕迹。❸着落：寻找无～。【着落】(－luò)下落，来源：遗失的东西有了～了｜这笔费用还没有～。❹派遣：～人前来办理。❺公文用语，表示命令的语气：～即施行。

㊂［zêg³ 桌］

☞廣 动词。穿(衣物)：～衫(穿衣)｜～裤(穿裤子)｜～鞋｜～袜(穿袜子)。

羚 líng ㄌㄧㄥˊ［ling⁴ 玲］

羚羊，哺乳动物，像山羊，腿细长，行动轻捷，种类较多。

羝 dī ㄉㄧ［dei¹ 低］

公羊。

羟 (羥)qiǎng ㄑㄧㄤˇ［kêng⁵ 镪，㊀ cêng¹ 昌］

羟基，又叫氢氧基，有机化合物中含有氢和氧的基。

翔 xiáng ㄒㄧㄤˊ［cêng⁴ 祥⁴］

盘旋地飞而不扇动翅膀：滑～。【翔实】【详实】详细而确实。

羧 suō ㄙㄨㄛ［so¹ 梳］

羧基，有机化合物中含碳、氧和氢的基。

羞 (鮺)zhǎ ㄓㄚˇ［za² 楂²］

❶同"鲊"。❷【羞草滩】地名，在四川省乐山。

羯 jié ㄐㄧㄝˊ［kid³ 揭］

❶公羊，特指阉割过的。❷我国古代北方的民族。

羰 tāng ㄊㄤ［tong¹ 汤］

羰基，有机化合物中含碳和氧的基。

羱 yuán ㄩㄢˊ［yun⁴ 园］

羱羊，即北山羊，像山羊而大，生活在

高山地带。

[143]⺷部

美 měi ㄇㄟˇ [méi5 尾]

❶好，善：～德｜～意｜～貌｜～景｜尽善尽～｜物～价廉。❷赞美，称赞，以为好：～称｜～言。❸使美、好看：～容｜～发(fà)。❹〈方〉得意，高兴：～滋滋的｜得了个满分，瞧把他～的。❺指美洲，包括北美洲和南美洲，世界七大洲中的两个洲。

羑 yǒu ㄧㄡˇ [yeo5 有]

【羑里】古地名，在今河南省汤阴。

姜 (❶薑)jiāng ㄐㄧㄤ [gêng1 疆]

❶草本植物，地下茎黄色，味辣，可供调味用，也可入药。❷姓。

羔 gāo ㄍㄠ [gou1 糕]

(－子、－儿)羊羔，小羊：～儿皮。泛指幼小的动物：狼～。

恙 yàng ㄧㄤˋ [yêng6 让]

病：偶染微～｜安然无～(没受损伤或没发生意外)。

盖 (蓋)㊀gài ㄍㄞˋ ㊁[goi3 该3，㊅kai3 概]

❶(－子、－儿)器物上部有遮蔽作用的东西：锅～｜瓶～。❷伞：华～(古代车上像伞的篷子)。❸由上向下遮、蒙(㊖覆－)：～上锅｜～被。㊈1.压倒：～世无双。2.用印打上：～章｜～印。3.掩饰(㊖掩－)：问题～是～不住的。❹建造：～楼｜～房子。❺动物的甲壳：螃蟹～。❻文言虚词。1.发语词：长安一别，～有年矣。2.表示不能确信，大概如此：观者如云，～近千人也。3.连词。表原因：有所不知，～未学也。❼姓。

〈古〉又同"盍"(hé)。

㊁gě ㄍㄜˇ ㊁[geb3 鸽]

姓。

羕 yàng ㄧㄤˋ [yêng6 样]

形容水流很长。

羡 xiàn ㄒㄧㄢˋ [xin6 善]

❶羡慕，因喜爱而希望得到：艳～(十分羡慕)。❷多余的：～余。

羲 xī ㄒㄧ [héi1 希]

姓。

羹 gēng ㄍㄥ [geng1 庚]

煮或蒸成的汁状、糊状、冻状的食品：鸡蛋～｜肉～｜豆腐～。【调羹】(tiáo－)喝汤用的小勺子。又叫羹匙(chí)。

[144]米部

米 mǐ ㄇㄧˇ [mei5 迷5]

❶去了壳的谷类或其他植物的籽实，小～｜花生～。特指去了壳的稻的籽实：买一袋～。❷(外)长度单位，符号 m，1 米等于 10 分米。

3—6 画

粈 ［hong² 康²］

☞广❶名词。陈米的气味：~米（有霉味的米）｜啲米~嘅（这米有霉味了）。❷形容词。缺乏油脂：一到天冷我双手就会~（一到冷天我的手就会干燥）｜几日冇肉食，个肚~晒（几天没肉吃，肚子里都没油水了）｜个镬几日冇炒菜，~晒（这铁锅几天没炒菜，一点儿都不油润了）。【粈耳】习惯认为，人的耳朵耳道分泌黄色黏液的叫“油耳”，不分泌这种黏液的叫“粈耳”。❸形容词。引申指钱少：荷包~（缺钱）｜做呢啲嘢好~嘅嚅（干这活儿没有油水的啊）。

类 （類）lèi ㄌㄟˋ ［lêu⁶ 泪］

❶种（zhǒng），好多相似事物的综合（㊟种~）：分~｜~型｜以此~推。❷类似，好像：画虎~犬。

籼 （*秈）xiān ㄒㄧㄢ ［xin¹ 仙］

籼稻，水稻的一种，米粒细而长。

籽 zǐ ㄗˇ ［ji² 纸］

同“子❸”。

娄 （婁）lóu ㄌㄡˊ ［leo⁴ 流］

❶星宿名，二十八宿之一。❷〈方〉（某些瓜类）过熟而变质：瓜~了。

敉 mǐ ㄇㄧˇ ［méi⁵ 美，㊀ mei⁵ 米］

安抚，安定：~平。

粉 fěn ㄈㄣˇ ［fen² 分²］

❶细末儿：药~｜藕~｜漂白~。特指化妆用的粉末：香~｜涂脂抹~。❷粉刷，用涂料抹刷墙壁：这墙是才~的。【粉饰】装饰表面。㊥掩盖污点或缺点：门面~一新｜~太平。❸使破碎，成为粉末：~碎｜~身碎骨。❹浅红色：这朵花是~的。❺白色的或带粉末的：~蝶｜~墙。❻用淀粉做成的食品：~条｜凉~｜米~。

料 liào ㄌㄧㄠˋ ［liu⁶ 廖］

❶料想，估计，猜想：预~｜不出所~｜~事如神。❷处理，照管：~理｜照~。❸（-子、-儿）材料，可供制造其他东西的物质：原~｜木~｜衣裳~子｜肥~｜燃~。❹喂牲口用的谷物：~豆儿｜草~｜牲口得喂~才能肥。❺烧料，一种熔点较低的类似玻璃的物质，用来制造器皿或手工艺品：~器。❻量词。中药配方全份叫一料（多用于配制丸药）。

粑 bā ㄅㄚ ［ba¹ 巴］

〈方〉饼类食物（叠）：玉米~~。

粝 （糲）lì ㄌㄧˋ ［lei⁶ 丽］

粗糙的米。

粘 ㊀nián ㄋㄧㄢˊ ㊁ ［nim⁴ 念］

❶同“黏”。❷姓。

㊁zhān ㄓㄢ ㊂ ［jim¹ 尖］

❶黏的东西互相连接或附着在别的东西

上：几块糖都~在一起了｜不~锅。❷用胶水或糨糊等把一种东西胶合在另一种东西上：~贴｜~上信封。

☞广【粘米】粳米、籼米。米细长，质量较好。又泛指一般非黏性米，相当于普通话的大米。

粗 (*觕、*麤、**麁) cū ㄘㄨ [cou¹ 操]

❶跟"细"相对。1. 颗粒大的：~沙子｜~面。2. 长条形东西直径大的：~线｜这棵树长(zhǎng)得很~｜~枝大叶(形容不细致)。3. 声音低而大：嗓音很~。4. 毛糙，不精致的：工艺很~｜~瓷｜~布｜去~取精。5. 疏忽，不周密：~心｜~~一想。❷鲁莽，粗俗(连-鲁)：~暴｜~人｜这话太~。

粕 pò ㄆㄛˋ [pog³ 扑，又pag³ 拍]

米渣滓。参看633页"糟❶"[糟粕]。

粒 lì ㄌㄧˋ [neb¹ 挪盒¹]

❶(-儿)成颗的东西，细小的固体：米~儿｜豆~儿｜盐~儿。【粒子】构成物体的比原子核更简单的物质，包括电子、质子、中子、光子、介子、超子和各种反粒子等。❷量词。多用于粒状的东西：一~米｜两~丸药｜三~子弹。

粜 (糶) tiào ㄊㄧㄠˋ [tiu³ 跳]

卖粮食，跟"籴"相对。

粢 zī ㄗ [ji¹ 之]

古代供祭祀用的谷类。

粪 (糞) fèn ㄈㄣˋ [fen³ 训]

❶屎，粪便，可用作肥料。❷施肥，往田地里加肥料：~地｜~田。❸扫除(连-除)。

粞 xī ㄒㄧ [sei¹ 西]

碎米：糠~。

7—10 画

粲 càn ㄘㄢˋ [can³ 璨]

鲜明的样子。【粲然】笑的样子：~一笑。

粳 (*秔、*稉) jīng ㄐㄧㄥ [geng¹ 庚]

粳稻，稻的一种，米粒短而粗。

粮 (糧) liáng ㄌㄧㄤˊ [lêng⁴ 梁]

❶可吃的谷类、豆类等：食~｜杂~。❷旧指作为农业税的粮食：纳~｜交公~。

粱 liáng ㄌㄧㄤˊ [lêng⁴ 凉]

谷子的优良品种的统称。【高粱】(gāoliang)谷类作物，茎高，籽实可供食用，又可以酿酒。

精 jīng ㄐㄧㄥ ⊟ [jing¹ 晶]

❶细密的：~制｜~选｜~打细算。❷聪明，思想周密：这孩子真~｜~明强干。❸精华，物质中最纯粹的部分，提炼出来的东西：麦~｜酒~｜炭~。【精神】1. 即主观世界，包括思想、作风等，是客观世界的反映：物质可以变

成～，～可以变成物质。2. 内容实质：领会文件～。3.（－shen）指人表现出来的活力：振作～。❹完美，最好：～美｜～彩｜～装｜～益求～。❺精液，男子和雄性动物生殖腺分泌的含有精子的液体。❻专一，深入：博而不～｜～通｜他～于针灸。❼很，极：～湿｜～瘦｜～光。❽迷信的人以为多年老物变成的妖怪：妖～｜狐狸～。

㊁［zéng¹ 之镜¹，读 jing¹］

☞▇ ❶形容词。机灵，精明：佢好～，你呃佢唔到（他很机灵，你骗不了他）｜只猫好～，你捉佢唔到嘅（这猫很机灵，你是抓不到它的）｜～乖（聪明伶俐）｜～叻（聪明能干）。❷形容词。形容人善于取巧，爱耍小聪明：做嘢要老老实实，咪咁～至得（做事要老老实实，别取巧才行）｜～出骨（形容人精于为自己打算，自私而狡猾）｜～归咗（聪明过了头）。

粿 guǒ ㄍㄨㄛˇ［guo² 果］

用米粉等制成的食品。

粼 lín ㄌㄧㄣˊ［lên⁴ 轮］

【粼粼】形容水清澈：～碧波｜清～的河水。

粹 cuì ㄘㄨㄟˋ［sêu⁶ 穗］

❶不杂：纯～。❷精华（㊀精－）：国～（指我国传统文化的精华，如中医、国画、京剧等）。

粽（＊糉）zòng ㄗㄨㄥˋ［zung³ 众］

粽子，用箬叶或苇叶裹糯米做成的多角形的食品。民俗端午节吃粽子。

糁（糝、㊂＊＊ 粆）㊀ sǎn ㄙㄢˇ ㊁［sam² 三²］

〈方〉米粒（指煮熟的）。

㊁shēn ㄕㄣ ㊁［sam² 三²］

（－儿）谷类制成的小渣：玉米～儿。

㊂［sem³］

☞▇ 动词。撒：～芝麻｜～古月粉（撒胡椒面儿）。

糊（㊁❷＊ 餬）㊀hū ㄏㄨ［wu⁴ 胡］

涂抹或黏合使封闭起来：用泥把墙缝～上。

㊁hú ㄏㄨˊ［wu⁴ 胡］

❶黏合，粘贴：拿纸～窗户｜裱（biǎo）～。【糊涂】（－tu）不清楚，不明事理。❷粥类：玉米面～～。【糊口】指勉强维持生活。❸同"煳"。

㊂hù ㄏㄨˋ［wu⁴ 胡］

像粥一样的食物：辣椒～。【糊弄】（－nong）1. 敷衍，不认真做：做事不应该～。2. 蒙混，欺骗：你不要～人。

糌 chá ㄔㄚˊ［ca⁴ 查］

（－子）〈方〉玉米等磨成的碎粒儿。

糇（＊餱）hóu ㄏㄡˊ［heo⁴ 猴］

〈古〉干粮：～粮。

糌 zān ㄗㄢ［zam¹ 簪］

【糌粑】（－ba）青稞麦炒熟后磨成的面，是藏族的主食。

糍（＊餈）cí ㄘˊ［qi⁴ 词］

一种用江米（糯米）做成的食品：～粑

(bā)|~团。

糈 xǔ ㄒㄩˇ [sêu² 水]

❶粮食。❷古代祭神用的精米。

糅 róu ㄖㄡˊ [neo² 扭，⊗ yeo² 又²]

混杂：~合|真伪杂~。

糒 bèi ㄅㄟˋ [béi⁶ 备]

干饭。

糙 cāo ㄘㄠ [cou³ 醋]

❶糙米，脱壳未去皮的米。❷不细致，粗(㊈粗-)：这活儿做得太~。

糗 qiǔ ㄑㄧㄡˇ [ceo³ 臭]

❶干粮，炒米粉或炒面。❷〈方〉饭或面食粘(zhān)连成块状或糊状：面条儿~了。

糖 (❶*餹、❷**醣) táng ㄊㄤˊ [tong⁴ 唐]

❶从甘蔗、甜菜、米、麦等提制出来的甜的东西。❷有机化合物的一类，又叫碳水化合物，是人体内产生热能的主要物质，如蔗糖、淀粉等。

糕 (*餻) gāo ㄍㄠ [gou¹ 高]

用米粉或面粉等掺和其他材料做成的食品：鸡蛋~|年~。

11 画以上

糟 zāo ㄗㄠ [zou¹ 租]

❶做酒剩下的渣子。【糟粕】㊥无价值的东西：取其精华，去其~。❷用酒或酒糟腌制食品：~鱼|~豆腐。❸腐烂，朽烂：木头~了|布~了。❹坏：事情~了。【糟蹋】【糟踏】(-ta)作践，不爱惜：不许~粮食。

糠 (*穅、*杭) kāng ㄎㄤ [hong¹ 康]

❶从稻、麦、谷子等籽实上脱下来的皮或壳。❷空，空虚：萝卜~了。

糦 [yid³ 热]

☞▮ 名词。一种点心，用糯米粉做成，有馅，用竹叶夹着蒸熟。

糨 (**粻) jiàng ㄐㄧㄤˋ [gêng⁶ 羌⁶]

稠，浓：粥太~了。【糨糊】(-hu)【糨子】(-zi)用面等做成的可以粘贴东西的糊状物品。

糯 (*稬、*稬) nuò ㄋㄨㄛˋ [no⁶ 懦]

糯稻，稻的一种，米粒富于黏性：~米。

[145] 聿部

聿 yù ㄩˋ [wed⁶ 屈⁶，㊗lêd⁶ 律]

文言助词。用在一句话的开头，起顺承作用。

肄 yì ㄧˋ [yi⁶ 义]

学习：~业(指没能毕业或尚未毕业)。

肇 (**肈)zhào ㄓㄠˋ [xiu⁶ 兆]

❶开始：~端。❷发生：~祸(闯祸)|~事。

[145]肀部

肃 (肅)sù ㄙㄨˋ [sug¹ 宿]

❶恭敬：~立|~然起敬。❷严正，认真：严~|~穆。❸清除：~反|~贪。【肃清】彻底清除：~流毒|~土匪。

[146]艮部

艮 ㊀gěn ㄍㄣˇ [gen³ 斤³]

〈方〉食物韧而不脆：~萝卜不好吃。

㊁gèn ㄍㄣˋ [gen³ 斤³]

八卦之一，符号是"☶"，代表山。

☞粤 形容词。身体接触冰冷物的感觉：天冷瞓席好~肉(冷天睡席子挺冰凉的)|攞嚿冰嚟~下肿嘅地方(拿块冰块来敷一下肿了的地方)。

垦 (墾)kěn ㄎㄣˇ [hen² 狠]

❶用力翻土：~地。❷开垦，开辟荒地：~荒|~殖。

恳 (懇)kěn ㄎㄣˇ [hen² 狠]

诚恳，真诚：~求|~托|~谈。

[147]羽部

羽 yǔ ㄩˇ [yu⁵ 雨]

❶羽毛，鸟的毛：~翼。㊀引 翅膀：振~高飞。❷量词。用于鸟类：一~信鸽。❸古代五音"宫、商、角(jué)、徵(zhǐ)、羽"之一。

3—8 画

羿 yì ㄧˋ [ngei⁶ 艺]

后羿，传说是夏代有穷国的君主，善于射箭。

翃 (**翝)hóng ㄏㄨㄥˊ [weng⁴ 弘]

飞。

翀 chōng ㄔㄨㄥ [cung¹ 充]

鸟向上直飞。

翂 fēn ㄈㄣ [fen¹ 分]

【翂翂】形容鸟飞的样子。

翈 xiá ㄒㄧㄚˊ [hab⁶ 峡]

羽毛主干两侧的部分。

翉 rǎn ㄖㄢˇ [yim⁵ 染]

鸟翅膀下的细毛，绒羽。

☞粤【碎翉翉】碎碎的，粉碎：将封信搣到~(把信撕得粉碎)。

翎 líng ㄌㄧㄥˊ [ling⁴ 玲]

鸟的翅和尾上的长羽毛：雁~|野鸡~。

翌 yì ㄧˋ [yig⁶ 亦]

次于今日、今年的：~日｜~年｜~晨。

翘　(翹、㊁**䎋)㊀qiáo ㄑㄧㄠˊ ㊂[kiu⁴ 乔]

❶举起，抬起，向上：~首｜~望。❷翘棱(leng)，板状物体因由湿变干而弯曲不平：桌面~棱了。

㊁qiào ㄑㄧㄠˋ ㊂[kiu³，㊅ hiu³ 窍]

一头向上仰起：板凳~起来了。【翘尾巴】㊉傲慢或自鸣得意。

翙　(翽)huì ㄏㄨㄟˋ [wei³ 畏]

【翙翙】形容鸟飞的声音。

翚　(翬)huī ㄏㄨㄟ [fei¹ 挥]

❶飞。❷古书上指具有五彩羽毛的雉。

翥　zhù ㄓㄨˋ [ju³ 注]

鸟向上飞：龙翔凤~。

翟　㊀dí ㄉㄧˊ ㊂[dig⁶ 敌]

❶长尾野鸡。❷古代哲学家墨子名翟。

㊁zhái ㄓㄞˊ ㊂[zag⁶ 泽]

姓。

翠　cuì ㄘㄨㄟˋ [cêu³ 脆]

❶翠鸟，鸟名，又叫鱼狗，羽毛青绿色，尾短，捕食小鱼。❷绿色的玉，翡翠：珠~。❸绿色：~绿｜~竹。

9 画以上

翦　jiǎn ㄐㄧㄢˇ [jin² 展]

❶同"剪"。❷姓。

翩　piān ㄆㄧㄢ [pin¹ 编]

很快地飞。【翩翩】1. 轻快地飞舞的样子：舞姿~。2. 形容风流潇洒：风度~。

【翩跹】(-xiān)形容轻快地跳舞：~起舞。

翱　(*翶)áo ㄠˊ [ngou⁴ 敖]

【翱翔】(-xiáng)展开翅膀回旋地飞：雄鹰在天空~。

翯　hè ㄏㄜˋ [hog⁶ 学]

【翯翯】羽毛洁白润泽的样子。

翳　(❷*瞖)yì ㄧˋ ㊂[ei³，㊅ngei³ 伪³]

❶遮盖：~蔽｜树林荫~。❷(-子)眼角膜上所生障蔽视线的白斑。

㊂[ngei³ 伪³]

☞廣❶形容词。阴暗，昏暗：阴~(天气阴暗)｜~焗(闷热)｜啲树将窗口遮~晒(那棵树把窗子挡暗了)｜~雨(天色昏暗，要下雨)｜天咁~，想落雨咯(天那么昏暗，快下雨了)。❷形容词。房屋低矮，使人有不舒服的感觉：楼层咁矮，个人觉得好~(楼层这么低矮，人觉得很闷)。❸形容词。烦闷，憋气：我个心好~(我心里很烦闷)｜~闷(心气不顺，心情烦闷)｜~气(因受气而心情不好)。【闭翳】1. 忧愁。2. 使人烦心的事：开心啲，有咁多~嘅(开心点，没有那么多烦心事的)。❹动词。气，使生气：畀佢~到我吖(他把我气得真够受)｜佢系有心~我嘅(他是故意气我的)。

翼 yì 丨̀ [yig⁶ 亦]

❶翅膀或像翅膀的东西：鸟～丨蝉～丨机～。❷左右两侧中的一侧：侧～丨左～丨右～。❸帮助，辅佐。❹星宿名，二十八宿之一。

翻 (*飜)fān ㄈㄢ [fan¹ 反¹]

❶歪倒(dǎo)，或上下、内外移位：～身丨车～了丨～修丨别把书～乱了。❷改变：～改丨～案。❸数量成倍增加：产量～一番。❹翻译，把一种语文译成另一种语文：把外国名著～成中文。❺(－儿)翻脸：闹～了。

翲 tóng ㄊㄨㄥˊ [tung⁴ 同]

飞翔的样子

翷 lín ㄌㄧㄣˊ [lên⁴ 轮]

飞翔的样子。

翽 zēng ㄗㄥ [zeng¹ 增]

高飞。

翾 xuān ㄒㄩㄢ [hün¹ 圈]

飞翔。

[148]糸部

4—6 画

素 sù ㄙㄨˋ [sou³ 诉]

❶本色，白色：～服丨～丝。㉄颜色单纯，不艳丽：～雅丨这块布花色很～。❷本来的：～质丨～性。㉄事物的基本成分：色～丨毒～丨因～。❸蔬菜类的食物，跟"荤"相对：～食丨吃～。❹平素，向来：～日丨～不相识。❺古代指洁白的生绢：尺～(写在绢帛上的信)。

索 suǒ ㄙㄨㄛˇ [sog³ 朔]

❶(－子)大绳子：绳～丨船～丨铁～桥。❷搜寻，寻求(㊟搜－)：按图～骥丨遍～不得。【索引】把书籍或报刊里边的要项摘出来，按一定次序排列，标明页数，以便查检的资料。❸讨取，要：～钱丨～价丨～赔。❹尽，空：～然无味。❺单独：离群～居。

【索性】副词。直截了当，干脆：发现对方毫无诚意，他～走了。

☞粤❶名词。绳子。❷名词。活套：打个～索住(打个活套套上)。❸动词。套，勒：～住只狗丨～紧裤头带(勒紧裤腰带)。

紧 (緊、*緊、*紧)jǐn ㄐㄧㄣˇ [gen² 谨]

❶密切合拢，跟"松"相对：捆～。㉄靠得极近：～邻丨～靠着。❷物体受到几方面的拉力以后所呈现的紧张状态：鼓面绷得非常～。【紧张】不松弛，不缓和：精神～丨工作～。❸使紧：把弦～一～丨～一～腰带。❹事情密切接连着，时间急促没有空隙：功课很～丨抓～时间。㉄因时间短促而加快：～走丨手～点儿就能多出活儿。❺形势严重或关系重要：～要丨～急。❻生活不宽裕：日子过得很～。

絜 ㊀jié ㄐㄧㄝˊ ㊂[gid³ 洁]

❶〈古〉同“洁”。❷姓。

㊁xié ㄒㄧㄝˊ ㊂[kid³ 揭]

量度物体周围的长度，泛指量度：度(duó)长～大。

絷 (縶)zhí ㄓˊ [zeb¹ 执]

❶拴，捆。❷拘捕，拘禁。❸马缰绳。

紫 zǐ ㄗˇ [ji² 子]

蓝和红合成的颜色。

絮 xù ㄒㄩˋ [sêu⁵ 绪]

❶棉絮，棉花的纤维：被～｜吐～。❷像棉絮的东西：柳～｜芦～。❸在衣物里铺棉花：～被子｜～棉袄。❹连续重复，惹人厌烦：～烦。【絮叨】(－dao)说话啰唆。

8 画以上

綦 qí ㄑㄧˊ [kéi⁴ 旗]

❶青黑色：～巾。❷极：～难｜言之～详。

綮 qìng ㄑㄧㄥˋ [hing³ 庆]

相结合的地方。参看353页“肯❷【肯綮】”。

繄 yī ㄧ [yi¹ 依]

文言助词。惟：～我独无。

繁 (㊀*緐)㊀fán ㄈㄢˊ ㊂[fan⁴ 凡]

❶复杂，跟“简”相对(㊀连－杂)：删～就简。❷滋生：～衍｜～殖。❸许多，不少：～多｜～密｜～星｜实～有徒(这种人实在很多)。【繁华】市面热闹，工商业兴盛。【繁荣】兴旺发展或使兴旺发展：市场～｜～经济。

㊁pó ㄆㄛˊ ㊂[po⁴ 婆]

姓。

[148]纟部

2—3 画

纠 (糾、*糺)jiū ㄐㄧㄡ [giu² 矫，㊇geo² 九，㊐deo² 抖]

❶缠绕(㊀连－缠)。【纠纷】牵连不清的争执。❷矫正：～正｜～偏。【纠察】在群众活动中维持秩序。❸集合(多含贬义)：～合｜～集｜～结。

纡 (紆)yū ㄩ [yu¹ 于]

❶弯曲，绕弯。❷系，结：～金佩紫(指地位显贵)。

红 (紅)㊀gōng ㄍㄨㄥ ㊂[gung¹ 弓]

【女红】旧指女子所做的缝纫、刺绣等工作。也作“女工”。

㊁hóng ㄏㄨㄥˊ ㊂[hung⁴ 洪]

❶像鲜血的颜色。㊕1. 喜庆：办～事。2. 象征革命或觉悟高：～军｜～色政权｜又～又专。3. 象征顺利、成功或受欢迎、重视：唱～了｜走～｜开门～。❷指人受宠信：～人。❸红利：

分～。❹姓。

纣 (紂)zhòu ㄓㄡˋ [zeo⁶ 就]

❶牲口的后鞧(qiū)：～棍(系在驴、马等尾下的横木)。❷古人名，殷朝末代君主。

纤 (㊀縴、㊁纖)㊀qiàn ㄑㄧㄢˋ ㊂[hin³ 宪，㊋hin¹ 牵]

拉船的绳。【纤手】给人介绍买卖并从中取利的人。【拉纤】1. 拉着纤绳使船前进。2. 给人介绍买卖以从中取利。

㊁xiān ㄒㄧㄢ ㊂[qim¹ 签]

细小。【纤尘】细小的灰尘：～不染。【纤维】细长像丝的物质。一般分成天然纤维和合成纤维两大类。

纥 (紇)㊀gē ㄍㄜ ㊂[ged¹ 吉]

【纥纮】(－da)同"疙瘩2"。多用于纱线、织物等：线～｜解开头巾上的～。

㊁hé ㄏㄜˊ ㊂[hed⁶ 核]

见211页"回"字条【回纥】。

纠 (紃)xún ㄒㄩㄣˊ [cên⁴ 巡]

圆绦子。

约 (約)㊀yāo ㄧㄠ [yêg³ 若³]

用秤称：你～～这条鱼有多重？

㊁yuē ㄩㄝ [yêg³ 若³]

❶拘束，限制(㊥－束)。❷共同议定的要遵守的条款：条～｜立～｜公～。❸预先说定：预～｜和他～好了。❹请：～他来｜特～记者。❺约分，用公约数去除分子和分母使分数简化：5/10可以～成1/2。❻俭省：节～。❼简单，简要：简～｜由博返～。❽大约，大概，不十分确定的：～计｜～数｜～有五十人。

纨 (紈)wán ㄨㄢˊ [yun⁴ 元]

白色的细绢。【纨绔】(－kù)古代贵族子弟的华美衣着(zhuó)：～子弟(指专讲吃喝玩乐的富家子弟)。

级 (級)jí ㄐㄧˊ [keb¹ 吸]

❶层，层次：那台阶有十多～｜七～浮屠(七层的塔)。❷等次：高～｜低～｜初～｜上～｜下～。❸年级，学校编制的名称，学年的分段：同～不同班｜三年～｜高年～。

纩 (纊)kuàng ㄎㄨㄤˋ [kong³ 抗，㊋kuong³ 矿]

丝绵絮。

纪 (紀)㊀jǐ ㄐㄧˇ [géi³ 记，㊋géi² 杞]

姓。

㊁jì ㄐㄧˋ [géi³ 记，㊋géi² 杞]

❶记载：～事。【纪念】用事物或行动对人或事表示怀念。【纪元】纪年的开始，如公历以传说的耶稣出生那一年为元年。❷古时把十二年算作一纪。【世纪】一百年叫一世纪。❸制度，法度：军～｜违法乱～｜～律。❹地质年代分期的第三级，在"代"之下：第四～｜侏罗～。

纫 (紉)rèn ㄖㄣˋ [yen⁶ 刃]

❶引线穿针：～针。❷缝缀：缝～。

4 画

纬 (緯)wěi ㄨㄟˇ [wei⁵ 伟]

❶纬线，织布时用梭穿织的横纱，编织物的横线，跟"经"相对。❷地理学上假定的沿地球表面跟赤道平行的线，从赤道起，以北称北纬，以南称南纬，各为90°。❸指纬书(东汉神学迷信附会儒家经义的一类书)。

纭

(紜)yún ㄩㄣˊ [wen⁴ 云]

【纷纭】(fēn－)(言论、事情等)多而杂乱：众说～。

纮

(紘)hóng ㄏㄨㄥˊ [weng⁴ 弘]

古代帽子(冠冕)上的系带。

纯

(純)chún ㄔㄨㄣˊ [sên⁴ 唇]

❶专一不杂(㊀－粹)：水质不～｜～洁｜～钢｜～蓝。㊁完全：～系捏造｜～属谎言。❷熟练：～熟(shú)｜功夫不～。

纰

(紕)pī ㄆㄧ [péi¹ 丕]

布帛、丝缕等破坏散开。【纰漏】因疏忽而引起的错误。【纰缪】(－miù)错误。

☞粤❶动词。物体边缘或表面破损：呢张台碰～咗几度(这桌子碰破了几个地方)。❷动词。衣物久磨起毛变薄：条裤～咗咯(裤子磨得起毛了)。❸动词。面料边缘松散：做衫裁开鈒完骨再做至唔会～(做衣服裁剪后锁了边再做才不会散边)。【纰口】1. 名词。裁剪好而未缝的衣片的边：件衫嘅～要锁边(衣服的毛边要锁边)。2. 动词。衣服或衣片的边松散：衫脚～喇(衣服的下摆散边了)。

纱

(紗)shā ㄕㄚ [sa¹ 砂]

❶用棉花、麻等纺成的细缕，可以用它捻成线或织成布：纺～。❷经纬线稀疏或有小孔的织品：羽～｜～布。㊁像纱布的制品：铁～｜塑料窗～。

纲

(綱)gāng ㄍㄤ [gong¹ 江]

❶提网的总绳。㊁事物的关键部分：大～｜～目｜～领。❷从唐朝起，转运大量货物时，把货物分批运行，每批的车辆、船只计数编号，叫作一纲：盐～｜茶～｜花石～。❸生物的分类单位之一，在"门"之下、"目"之上：鸟～｜单子叶植物～。

纳

(納)nà ㄋㄚˋ [nab⁶ 呐⁶]

❶收入，放进：出～｜吐故～新。㊁1. 接受：采～｜～谏。2. 享受：～凉。❷缴付(㊀缴－)：～税。❸补缀，缝补，现在多指密密地缝：～鞋底。❹(外)法定计量单位中十进分数单位词头之一，表示10^{-9}，符号n。

【纳西族】我国少数民族，参看附表。

纴

(紝、*絍)rèn ㄖㄣˋ [yem⁶ 任]

〈古〉❶织布帛的丝缕：抽茧作～。❷纺织(㊀－织)。

纵

(縱)zòng ㄗㄨㄥˋ [zung³ 众]

❶(旧读 zōng)竖，直，南北方向，跟"横"相对：～线｜排成～队｜～横各十里｜～剖面。❷放：～虎归山。❸放任，不加拘束：～目｜～情｜～欲。❹身体猛然向前或向上：～身一跳。❺连词。即使：～有千山万水，也拦不住勘探队员。❻〈方〉起皱纹：这张纸都～了｜

衣服压～了。

☞❺动词。溺爱，娇宠：唔好～坏细路仔（不要宠坏了孩子）｜佢老豆好～佢（他父亲很溺爱他）。

纶（綸）㊀guān ㄍㄨㄢ ㊁[guan¹ 关]

青丝带。【纶巾】古代配有青丝带的头巾。传说三国时诸葛亮平常戴这种头巾。

㊁lún ㄌㄨㄣˊ ㊁[lên⁴ 轮]

❶钓鱼用的线：垂～。❷指某些合成纤维：锦～｜涤～。

纷（紛）fēn ㄈㄣ [fen¹ 芬]

众多，杂乱（㊟－乱、－杂）（叠）：众说～纭｜大雪～飞｜议论～～。

纸（紙、*帋）zhǐ ㄓˇ [ji² 止]

❶纸张，多用植物纤维制成。造纸是我国四大发明之一，起源很早，东汉时蔡伦曾加以改进。❷量词。用于书信、文件等：一～公文。

纹（紋）㊀wén ㄨㄣˊ ㊁[men⁴ 文]

条纹（㊟－理）：水～｜指～｜有一道～儿。

㊁wèn ㄨㄣˋ ㊁[men⁶ 问]

同"璺"。

纺（紡）fǎng ㄈㄤˇ [fong² 访]

❶把丝、棉、麻、毛或人造纤维等做成纱：～纱｜～棉花。❷纺绸，一种绸子：杭（杭州）～｜富春～。

纻（紵）zhù ㄓㄨˋ [qu⁵ 柱]

❶同"苎"。❷苎麻织成的布。

纨（紞）dǎn ㄉㄢˇ [dam² 胆]

古代冠冕两旁用来悬挂塞耳玉坠的带子。

纼（紖）zhèn ㄓㄣˋ [zen³ 振]

〈方〉拴牛、马等的绳索。

纽（紐）niǔ ㄋㄧㄡˇ [neo² 钮]

❶器物上可以提起或系挂的部分：秤～｜印～。❷（－子）纽扣，可以扣合衣物的球状物或片状物。❸枢纽：～带。

纾（紓）shū ㄕㄨ [xu¹ 书]

缓和，解除：～难（nàn）。

5 画

线（綫、△*線）xiàn ㄒㄧㄢˋ [xin³ 扇]

❶用丝、金属、棉或麻等制成的细长的东西：棉～｜电～｜毛～。【一线】1. 表示极少：～光明｜～希望。2. 指战争的最前线或直接从事生产、教学等工作的岗位：在～作战｜深入生产～。【线索】㊗事物发展的脉络或据以解决问题的头绪：那件事情有了～。❷几何学上指点移动所生成的图形，有长，没有宽和厚：直～｜曲～。❸像线的东西：光～｜紫外～｜航～｜京广～｜战～｜生命～。❹边缘交界处：防～｜国境～。

"線"另见 648 页"缐"（xiàn）。

绀

(紺)gàn ㄍㄢˋ [gem³ 禁]

微带红的黑色。

绁

(紲、*絏)xiè ㄒㄧㄝˋ [xid³ 屑]

❶绳索。❷系，拴。

绂

(紱)fú ㄈㄨˊ [fed¹ 忽]

古代系(jì)印章或佩玉用的丝带。

练

(練)liàn ㄌㄧㄢˋ [lin⁶ 炼]

❶白绢：江平如～。❷把生丝煮熟，使柔软洁白。❸练习，反复学习，多次地操作：～兵｜～本领。❹经验多，精熟：～达｜老～｜熟～｜干(gàn)～。

组

(組)zǔ ㄗㄨˇ [zou² 早]

❶结合，构成：～成｜～建｜改～。【组织】1. 有目的、有系统、有秩序地结合起来：～群众。2. 按照一定的政治目的、任务和系统建立起来的集体：党团～。3. 有机体中由形状、性质和作用相同的若干细胞结合而成的单位：神经～｜～疗法。❷由若干人员结合成的单位：小～｜教研～。❸合成一组的(文学艺术作品)：～诗｜～画。❹量词。用于成组的事物：一～照片。

绅

(紳)shēn ㄕㄣ [sen¹ 申]

❶古代士大夫束在腰间的大带子。❷绅士，旧称地方上有势力、有地位的人，一般是地主或退职官僚：乡～｜土豪劣～｜开明士～。【绅士】1. 同"绅❷"。2. 称有教养、有风度的男子。也指男子有教养，有风度。

细

(細)xì ㄒㄧˋ [sei³ 世]

❶跟"粗"相对。1. 颗粒小的：～沙｜～末。2. 长条东西直径小的：～竹竿｜～铅丝。3. 精细：江西～瓷｜这块布真～。4. 声音小：嗓音～。5. 周密：胆大心～｜精打～算｜深耕～作。❷细小的，不重要的：～节｜事无巨～。

紬

(紬)㊀chōu ㄔㄡ ㊀ [ceo¹ 秋]

引出，缀辑。【紬绎】(－yì)同"抽绎"。

㊁chóu ㄔㄡˊ ㊁ [ceo⁴ 绸]

旧同"绸"。

织

(織)zhī ㄓ [jig¹ 积]

用丝、麻、棉纱、毛线等编成布或衣物等：～布｜～毛衣｜～席。

絅

(絅、**褧)jiǒng ㄐㄩㄥˇ [guing² 炯]

古代称罩在外面的单衣。

终

(終)zhōng ㄓㄨㄥ [zung¹ 忠]

❶末了(liǎo)，完了，跟"始"相对：～点｜年～。㊉人死：临～。❷到底，总归：～将成功｜～必奏效。❸从开始到末了的(整段时间)：～日｜～年｜～生｜～身。

绉

(縐)zhòu ㄓㄡˋ [zeo³ 奏]

一种有皱纹的丝织品。

绊

(絆)bàn ㄅㄢˋ [bun⁶ 伴]

行走时被别的东西挡住或缠住：～马索｜一不留神被石头～倒了。【羁绊】(jī－)

束缚：挣脱封建礼教的～。

绋 （紼）fú ㄈㄨˊ［fed¹ 忽］

大绳，特指出殡时拉棺材用的大绳：执～（指送殡）。

绌 （絀）chù ㄔㄨˋ［jud³ 茁］

不足，不够：经费支～｜相形见～。

绍 （紹）shào ㄕㄠˋ［xiu⁶ 肇］

接续，继续。

绎 （繹）yì ㄧˋ［yig⁶ 亦］

寻究，理出头绪：寻～｜演～。

经 （經）jīng ㄐㄧㄥ［ging¹ 京］

❶经线，织布时拴在机器上的竖纱，编织物的纵线，跟"纬"相对。❷地理学上假定的沿地球表面连接南北两极并跟赤道垂直的线，从通过英国格林尼治天文台原址的经线起，以东称"东经"，以西称"西经"，各为180°。❸持久不变的，正常：～常｜不～之谈。㊁指义理，法则：离～叛道｜天～地义。❹尊为典范的著作或宗教的典籍：～典｜佛～｜圣～｜古兰～。❺治理，管理：～商｜～纪｜～营｜～理。【经济】1. 通常指一个国家的国民经济或国民经济的某一部门，例如工业、农业、商业、财政、金融等。2. 指经济基础，即一定历史时期的社会生产关系。它是政治和意识形态等上层建筑的基础。3. 指国家或个人的收支状况：～富裕。4. 耗费少而收益大：这样做不～。❻经受，禁（jīn）受：～风雨，见世面。❼经过，通过：途～上海｜～他一说我才明白｜久～考验。【经验】由实践得来的知识或技能。❽中医称人体内的脉络：～络。❾月经，妇女每月周期性子宫出血：～期｜停～。❿缢死：自～。

绐 （紿）dài ㄉㄞˋ［doi⁶ 待］

欺哄。

6 画

绑 （綁）bǎng ㄅㄤˇ［bong² 榜］

捆，缚（㊀捆－）：把两根棍子～在一起。

绒 （絨、*羢、*毧）róng ㄖㄨㄥˊ［yung⁴ 容］

❶柔软细小的毛：～毛｜驼～｜鸭～被。❷带绒毛的纺织品：丝～｜天鹅～。

结 （結）㊀jiē ㄐㄧㄝ［gid³ 洁］

植物长（zhǎng）（果实）：树上～了许多苹果。【结实】1. 植物长（zhǎng）果实：开花～。2.（－shi）坚固耐用：这双鞋很～。3.（－shi）健壮：他的身体很～。

㊁jié ㄐㄧㄝˊ［gid³ 洁］

❶系（jì），绾（wǎn）：～网｜～绳｜张灯～彩。【结构】1. 各组成部分的搭配和排列：文章的～。2. 建筑上指承重的部分：钢筋混凝土～。❷（－子）用绳、线或布条等绾成的扣：打～｜活～。❸聚，合。1. 凝聚：～冰｜～晶。2. 联合，发生关系：～婚｜～交｜集会～社。❹结束，完了（liǎo）：～账｜

～局｜～论。❺一种保证负责的字据：具～。

绔（絝）kù ㄎㄨˋ［fu³ 富］

❶旧同“裤”。古指套裤。❷见 638 页“纨”字条【纨绔】（wán－）。

紩（縺）da ·ㄉㄚ［dad⁶ 达］

见 638 页“纥”字条【纥紩】（gē－）。

绕（繞、❷❸＊遶）rào ㄖㄠˋ［yiu⁵ 扰］

❶缠：～线。㊞纠缠，弄迷糊：这句话一下子把他～住了。❷走弯曲、迂回的路：～远｜～过暗礁｜～了一个大圈子。❸围着转：鸟～着树飞｜～场一周。

绖（絰）dié ㄉㄧㄝˊ［did⁶ 秩］

古代丧服用的麻带儿：首～｜腰～。

细（絪）yīn ㄧㄣ［yen¹ 因］

【细缊】（－yūn）同“氤氲”。

綎（綎）tīng ㄊㄧㄥ［ting¹ 亭¹，㊀ting⁴ 亭］

用来系佩玉的绶带。

綖（綖）yán ㄧㄢˊ［yin⁴ 言］

古代指覆盖在冠冕上的装饰。

绗（絎）háng ㄏㄤˊ［hong⁴ 杭］

做棉衣、棉被、棉褥等，粗粗缝，使布和棉花连在一起：～被褥。

绘（繪）huì ㄏㄨㄟˋ［kui³ 侩，㊀kui² 溃］

画，描画：～图｜～形～声。

给（給）㊀gěi ㄍㄟˇ［keb¹ 吸］

❶交付，送与：～他一本书｜是谁～你的？㊞把动作或态度加到对方：～他一顿批评。❷介词。1. 替，为：医生～他看病｜～大家帮忙。2. 被，表示遭受：房子～火烧掉了｜他～拉走了。3. 向，对：快～大伙儿说说｜～人家赔不是。❸助词。跟前面“让”“叫”“把”相应，可有可无：窗户叫风（～）吹开了｜羊让狼（～）吃了｜狼把小羊（～）叼走了。

㊁jǐ ㄐㄧˇ［keb¹ 吸］

❶供应：自～自足｜补～｜～养（军队中主副食、燃料，以及牲畜饲料等物资供应的统称）。❷富裕，充足：家～人足。

绚（絢）xuàn ㄒㄩㄢˋ［hün³ 劝］

有文彩的，色彩华丽：～烂｜～丽。

绛（絳）jiàng ㄐㄧㄤˋ［gong³ 钢］

深红色。

络（絡）㊀lào ㄌㄠˋ［log³ 洛］

义同“络（luò）❶”，用于一些口语词。【络子】（－zi）1. 用线绳结成的网状袋子。2. 绕线等的器具。

㊁luò ㄌㄨㄛˋ［log³ 洛³］

❶像网子那样的东西：脉～｜橘～｜丝瓜～。❷用网状物兜住，笼罩：用络（lào）子～住。❸缠绕：～纱｜～线。

【络绎】（-yì）连续不断：参观的人~不绝。

绝 （絶）jué ㄐㄩㄝˊ［jud⁶ 茁⁶］

❶断：~望｜络绎不~。【绝句】我国旧体诗的一种，每首四句，每句五字或七字，有一定的平仄和押韵的限制。❷尽，穷尽：气~｜法子都想~了。【绝境】没有希望、没有出路的情况。❸极，极端的：~妙｜~密。㊀独一无二的，无人能及的：~技｜这幅画真叫~了。【绝顶】1. 山的最高峰：泰山~。2. 副词。极端，非常：~聪明。❹副词。一定，无论如何：~不允许这样的事再次发生。【绝对】1. 副词。一定，肯定：~可以取胜｜~能够办到。2. 无条件，无限制，不依存于任何事物的，跟"相对"相对：物质世界的存在是~的。

绞 （絞）jiǎo ㄐㄧㄠˇ［gao² 搞］

❶拧，扭紧：~干毛巾。❷用绳子把人勒死：~刑｜~索。❸量词。用于纱、毛线等：一~毛线。

统 （統）tǒng ㄊㄨㄥˇ［tung² 捅］

❶总括，总起来：~率｜~一｜~筹。❷事物的连续关系（㊀系-）：血~｜传~。

7 画

绠 （綆）gěng ㄍㄥˇ［geng² 梗］

汲水用的绳子：~短汲深（喻才力不能胜任）。

緉 （緉）liǎng ㄌㄧㄤˇ［lêng⁵ 良⁵］

一双，古时计算鞋、袜的单位。

缅 （纚）lí ㄌㄧˊ［sai² 徙］

见645页"綝"字条【綝缅】（lín-）。

绡 （綃）xiāo ㄒㄧㄠ［xiu¹ 烧］

生丝。又指用生丝织的东西。

绢 （絹）juàn ㄐㄩㄢˋ［gün³ 眷］

一种薄的丝织物。【手绢】手帕。

埚 （緺）guā ㄍㄨㄚ［gua¹ 瓜］

❶古代青紫色的绶带。❷量词。用于妇女盘结的发髻。

绣 （綉、*繡）xiù ㄒㄧㄡˋ［seo³ 秀］

❶用丝线等在绸、布上缀成花纹或文字：~花｜~字。❷绣成的物品：湘~｜苏~｜广~｜潮~。

绨 （絺）chī ㄔ［qi¹ 雌］

细葛布。

绤 （綌）xì ㄒㄧˋ［guig¹ 隙］

粗葛布。

绥 （綏）suí ㄙㄨㄟˊ［sêu¹ 须］

❶安抚：~靖。❷平安：顺颂台~（书信用语。台，敬称对方）。

绦 (絛、*縧、*縚) tāo ㄊㄠ [tou¹ 滔]

(－子)用丝线编织成的花边或扁平的带子，可以装饰衣物。【绦虫】寄生在人或家畜、家禽、鱼等动物肠道内的虫子，身体长而扁，像绦子，由节片组成。

继 (繼) jì ㄐㄧˋ [gei³ 计]

连续，接着(㊥－续)：～任｜～往开来｜前仆后～。【继承】1. 接受遗产。2. 继续前人的事业。

绨 (綈) ㊀tí ㄊㄧˊ ㊀ [tei⁴ 题]

光滑厚实的丝织品。

㊁tì ㄊㄧˋ ㊁ [tei³ 替]

比绸子厚实、粗糙的纺织品。用丝做经，棉线做纬。

綄 (綄) huán ㄏㄨㄢˊ [wun⁴ 缓]

古代测风的一种装置。

8 画

綪 (綪) qiàn ㄑㄧㄢˋ [xin⁶ 善]

青赤色丝织品。

绩 (績、❷△*勣) jì ㄐㄧˋ [jig¹ 积]

❶把麻搓(cuō)捻成线或绳：纺～。❷功业，成果：成～｜战～｜功～。

"勣"另见95页"勣"(jì)。

绪 (緒) xù ㄒㄩˋ [sêu⁵ 墅]

❶丝的头。㊕开端：千头万～。【绪论】著作开头叙述内容要点的部分。❷前人留下的事业：续未竟之～。❸指心情、思想等：情～｜思～。❹残余：～余。

绫 (綾) líng ㄌㄧㄥˊ [ling⁴ 陵]

(－子)一种很薄的丝织品，一面光，像缎子：～罗绸缎。

緅 (緅) zōu ㄗㄡ [zeo¹ 周]

黑里带红的颜色。

綝 (綝) ㊀chēn ㄔㄣ ㊀ [sem¹ 心]

❶止。❷善。

㊁lín ㄌㄧㄣˊ ㊁ [lem⁴ 林]

【綝纚】(－lí)衣裳、羽毛等下垂的样子。也作"綝缡"。

续 (續) xù ㄒㄩˋ [zug⁶ 浊]

❶连接，接下去(㊥继－)：～假(jià)｜～编｜～家谱。❷在原有的上面再加：把茶～上｜炉子该～煤了。【手续】办事的程序。

☞粤 ❶动词。连接：～线｜～翻条冷(把毛线接上)｜～长条棍(把棍子接长)。❷动词。找钱，指买卖时找补零钱：～钱｜有钱～(没零钱找补)｜～翻两文(找回两块钱)。

绮 (綺) qǐ ㄑㄧˇ [yi² 椅]

❶有花纹或图案的丝织品：～罗。❷美丽：～丽｜～思。

绯 (緋) fēi ㄈㄟ [féi¹ 飞]

红色：两颊～红｜～闻(跟不正当的男女关系有关的消息)。

绰 (綽)㊀chāo ㄔㄠ [cêg³ 卓]

❶同"焯"(chāo)。❷匆忙地抓起：～起一根棍子。

㊁chuò ㄔㄨㄛˋ [cêg³ 卓]

宽裕：～～有余｜宽～(chuo)。

【绰号】外号。

绱 (鞝、** 鞝)shàng ㄕㄤˋ [sêng⁵ 尚⁵]

把鞋帮、鞋底缝合成鞋：～鞋。

绲 (緄)gǔn ㄍㄨㄣˇ [guen² 滚]

❶织成的带子。❷绳。❸沿衣服等的边缘缝上布条、带子等：～边儿。

绳 (繩)shéng ㄕㄥˊ [xing⁴ 城]

❶(－子)用两股以上的棉、麻纤维或棕、草等拧成的条状物。【绳墨】木工取直用的器具。㊕规矩，法度。❷约束，制裁：～之以法。

维 (維)wéi ㄨㄟˊ [wei⁴ 围]

❶连接(㊀－系)。【维护】保全，保护。【维持】设法使继续存在。❷文言助词：步履～艰。❸思考：思～。

【维吾尔族】我国少数民族，参看附表。

绵 (綿、* 緜)mián ㄇㄧㄢˊ [min⁴ 棉]

❶丝绵，蚕丝结成的片或团，可用来絮衣被等。❷性质像丝绵的。1. 软弱，单薄：～薄。2. 延续不断：～延。

绶 (綬)shòu ㄕㄡˋ [seo⁶ 受]

一种丝质带子，古代常用来拴在印纽上：～带｜印～。

绷 (繃、* 綳)㊀bēng ㄅㄥ [beng¹ 崩]

❶张紧，拉紧：衣服紧～在身上｜～紧绳子。【绷带】包扎伤口的纱布条。【绷子】(－zi)刺绣用的架子，把绸布等材料张紧在上面，免得皱缩。❷粗粗地缝上或用针别上：～被头。

㊁běng ㄅㄥˇ [bung¹ 崩]

❶板着：～着个脸。❷强忍住：他～不住笑了。

绸 (綢、紬)chóu ㄔㄡˊ [ceo⁴ 惆]

(－子)一种薄而软的丝织品。

绹 (綯)táo ㄊㄠˊ [tou⁴ 桃]

绳索。

☞粤❶动词。拴(牛马等)：～牛｜～住只羊(把羊拴上)。❷动词。绑：～实度门(把门绑上)。

绺 (綹)liǔ ㄌㄧㄡˇ [leo⁵ 柳]

(－儿)量词。用于成束的理顺了的丝、线、须、发等：两～儿线｜五～儿须｜一～儿头发。

綡 (綡)liáng ㄌㄧㄤˊ [lêng⁴ 凉]

古代用来系帽子的丝带。

绻 (綧)zhǔn ㄓㄨㄣˇ [zên² 准]

〈古〉标准，准则。

绻 （綣）quǎn ㄑㄩㄢˇ ［hün³ 劝］

见651页“缱”字条【缱绻】(qiǎn－)。

综 （綜）㊀zèng ㄗㄥˋ ［zung¹ 钟］

织布机上使经线交错着上下分开以便梭子通过的装置。

㊁zōng ㄗㄨㄥ ［zung¹ 钟］

总合：～述｜～观全局｜错～(纵横交错)。【综合】1. 把各个独立而互相关联的事物或现象进行分析、归纳、整理。2. 不同种类、不同性质的事物组合在一起：～利用｜～大学。

绽 （綻）zhàn ㄓㄢˋ ［zan⁶ 赚］

裂开：破～｜鞋开～了。

绾 （綰）wǎn ㄨㄢˇ ［wan² 挽²］

把长条形的东西盘绕起来打成结：～结｜～个扣儿｜把头发～起来。

绿 （綠）㊀lù ㄌㄨˋ ［lug⁶ 六］

义同“绿”(lǜ)。【绿林】1. 原指西汉末年聚集在绿林山(在今湖北省大洪山一带)的农民起义军，后来泛指聚集山林、反抗封建统治者的人们。2. 旧指上山为匪、抢劫财物的集团。

【鸭绿江】水名。是中国和朝鲜两国的界河。源出吉林省东南中朝边境的白头山，西南流到辽宁省丹东入黄海。

㊁lǜ ㄌㄩˋ ［lug⁶ 六］

一般草和树叶的颜色，蓝和黄合成的颜色：红花～叶｜～地。【绿色】㊕无公害、无污染的：～食品。

缀 （綴）zhuì ㄓㄨㄟˋ ［zêu³ 最，㊅zêu⁶ 罪］

❶缝(féng)：～扣子｜补～。❷连接：～字成文。【词缀】加在词根上的构词成分。常见的有前缀(也叫词头)和后缀(也叫词尾)两种。❸装饰：点～。

缁 （緇）zī ㄗ ［ji¹ 兹］

黑色：～衣。

9 画

缂 （緙）kè ㄎㄜˋ ［kag¹ 卡客¹］

缂丝(也作“刻丝”)，我国特有的一种丝织的手工艺品。织纬线时，留下要补织图画的地方，然后用各种颜色的丝线补上，织出后好像是刻出的图画。

缃 （緗）xiāng ㄒㄧㄤ ［sêng¹ 箱］

浅黄色。

缄 （緘）jiān ㄐㄧㄢ ［gam¹ 监¹］

封，闭：～口。【缄默】闭口不言。

缅 （緬）miǎn ㄇㄧㄢˇ ［min⁵ 免］

遥远：～怀｜～想。

缆 （纜）lǎn ㄌㄢˇ ［lam⁶ 滥］

❶系船用的粗绳子或铁索：～绳｜解～(开船)。㊀许多股绞成的粗绳：钢～｜电～｜光～。❷用绳子拴(船)：～舟。

缇（緹）tí ㄊㄧˊ［tei⁴ 题］

橘红色。

缈（緲）miǎo ㄇㄧㄠˇ［miu⁵ 秒⁵］

见650页“缥”字条【缥缈】（piāo－）。

缉（緝）㊀jī ㄐㄧ［ceb¹ 辑］

搜捕，捉拿：～私｜通～。

㊁qī ㄑㄧ［ceb¹ 辑］

一针对一针地缝：～鞋口。

缊（緼）㊀yūn ㄩㄣ［wen¹ 温］

见643页“细”字条【细缊】（yīn－）。

㊁yùn ㄩㄣˋ［wen³ 温³］

❶新旧的混合的丝绵：～袍。❷碎麻。

缌（緦）sī ㄙ［xi¹ 司］

细的麻布。

缎（緞）duàn ㄉㄨㄢˋ［dün⁶ 锻］

（－子）质地厚密，一面光滑的丝织品，是我国的特产之一。

缐（線）xiàn ㄒㄧㄢˋ［xin³ 扇］

姓。

“線”另见640页“线”（xiàn）。

缑（緱）gōu ㄍㄡ［geo¹ 鸠］

刀剑等柄上所缠的绳。

缒（縋）zhuì ㄓㄨㄟˋ［zêu⁶ 罪］

用绳子拴住人、物从上往下送：工人们从楼顶上把空桶～下来。

缓（緩）huǎn ㄏㄨㄢˇ［wun⁶ 换］

❶慢，跟“急”相对（㊖－慢）：轻重～急｜～步而行｜～不济急。❷延迟：～兵之计｜～刑｜～两天再办。❸平和，不紧张。㊊使不紧张：和～｜～和。【缓冲】使紧张的局势缓和：～地带｜～作用。【缓和】使紧张的情势转向平和。❹恢复正常的生理状态：病人昏过去又～了过来｜下过雨，花都～过来了｜～～气再往前走。

缔（締）dì ㄉㄧˋ［dei³ 帝］

结合（㊖－结）：～交｜～约。【缔造】创立，建立：中国共产党～了新中国。

缕（縷）lǚ ㄌㄩˇ［lêu⁵ 吕，㊗leo⁵ 柳］

❶线：一丝一～。❷一条一条地：～述｜～析。❸量词。股：一～炊烟｜两～线。

编（編）biān ㄅㄧㄢ［pin¹ 篇］

❶用细条或带子形的东西交叉组织起来：～草帽｜～筐子。❷按一定的次序或条理来组织或排列：～号｜～队｜～组。【编辑】把资料或现成的作品加以适当的整理、加工做成书报等，也指从事这一工作的人。【编制】军队或机关中按照工作需要规定的人员或职务的配置。❸成本的书，书里因内容不同自成起讫的各部分：正～｜下～｜简～。❹创作：～歌｜～剧本。❺捏造，把没有的事情说成有：～了一套瞎话。

缗 (緡) mín ㄇㄧㄣˊ [men⁴ 文]

❶古代穿铜钱用的绳。❷钓鱼用的绳。

缘 (緣) yuán ㄩㄢˊ [yun⁴ 园]

❶因由，原因(㊀-故、-由)：无~无故。❷缘分，宿命论者指人与人命中注定的遇合机会，泛指人与人或人与事物之间结成关系的可能性：姻~｜有~相见。❸沿，顺着：~流而上｜~木求鱼(喻必然得不到)。❹边(㊀边-)。❺因为：~何至此？

10 画

缙 (縉、**搢) jìn ㄐㄧㄣˋ [zên³ 进]

浅红色的帛。【缙绅】古代称官僚或做过官的人。也作"搢绅"。

缜 (縝) zhěn ㄓㄣˇ [zen² 诊]

周密，细致(㊀-密)：~密的思考。

缚 (縛) fù ㄈㄨˋ [bog³ 驳，㊁fog³ 霍]

捆绑：束~｜手无~鸡之力。

缛 (縟) rù ㄖㄨˋ [yug⁶ 辱]

繁多，烦琐：~礼｜繁文~节。

缝 (縫) ㊀féng ㄈㄥˊ ㊀[fung⁴ 逢⁴]

用针线连缀：把衣服的破口~上。【缝纫】裁制服装：学习~。

㊁fèng ㄈㄥˋ ㊁[fung⁶ 奉]

❶(-子、-儿)缝隙，裂开或自然露出的窄长口子：裂~｜墙~。❷(-儿)物体接合的地方：这道~儿不直。

缞 (縗) cuī ㄘㄨㄟ [cêu¹ 催]

古时用粗麻布制成的丧服。也作"衰"。

缟 (縞) gǎo ㄍㄠˇ [gou² 稿]

一种白色的丝织品：~衣。【缟素】白衣服，指丧服。

缠 (纏) chán ㄔㄢˊ [qin⁴ 前]

❶绕，围绕(㊀-绕)：头上~着一块布。【缠绵】纠缠住不能解脱(多指感情或疾病)。❷搅扰：胡搅蛮~。

缡 (縭、**褵) lí ㄌㄧˊ [léi⁴ 离]

古时妇女的围裙：结~(古时指女子出嫁)。

缢 (縊) yì ㄧˋ [ei³ 翳，㊁ngei³ 艺³]

用绳子勒死：~杀｜自~。

缣 (縑) jiān ㄐㄧㄢ [gim¹ 兼]

多根丝线并在一起织成的丝织品。

缤 (繽) bīn ㄅㄧㄣ [ben¹ 奔]

【缤纷】(-fēn)繁盛而交杂的样子：五彩~。

缬 (㬮) [nan³ 难³]

☞粤 ❶动词。绗：~被。❷动词。绷，粗粗地缝：补厝要~好至车(补丁要先绷好再轧）。

11 画

缥 （縹）㊀piāo ㄆㄧㄠ ㊁［piu¹ 飘，㊅piu⁵ 瞟］

【缥缈】【飘渺】（－miǎo）形容隐隐约约，若有若无：山在虚无～间。

㊁piǎo ㄆㄧㄠˇ ㊁［piu⁵ 瞟］

❶青白色。❷青白色丝织品。

缦 （縵）màn ㄇㄢˋ ［man⁶ 曼］

没有彩色花纹的丝织品。

缧 （縲）léi ㄌㄟˊ ［lêu⁴ 雷］

【缧绁】（－xiè）捆绑犯人的绳索。借指牢狱。

缨 （纓）yīng ㄧㄥ ［ying¹ 英］

❶（－子、－儿）用线、绳等做的穗状装饰品：帽～子｜红～枪。❷（－子、－儿）像缨的东西：萝卜～子｜芥菜～儿。❸带子，绳子：长～。

缜 （縯）yǎn ㄧㄢˇ ［yin² 烟²］

延长。

缩 （縮）㊀sù ㄙㄨˋ ［sug¹ 叔］

【缩砂密】草本植物，花白色，种子可入药，叫砂仁。

㊁suō ㄙㄨㄛ ［sug¹ 叔］

❶向后退：畏～｜退～。❷由大变小，由长变短，由多变少：热胀冷～｜～了半尺｜～短｜节衣～食｜紧～开支。

【缩影】比喻可以代表同一类型的具体而微的人或事物。

缪 （繆）㊀miào ㄇㄧㄠˋ ㊁［meo⁶ 茂］

姓。

㊁miù ㄇㄧㄡˋ ㊁［miu⁶ 妙⁶］

见639页“纰”字条【纰缪】（pī－）。

㊂móu ㄇㄡˊ ㊂［meo⁴ 谋］

【绸缪】（chóu－）1. 修缮：未雨～（喻事先做好准备）。2. 缠绵：情意～。

缫 （繅）sāo ㄙㄠ ［sou¹ 苏］

把蚕茧浸在滚水里抽丝：～丝｜～车（缫丝用的器具）。

12 画

缬 （纈）xié ㄒㄧㄝˊ ㊀［kid³ 揭］

有花纹的丝织品。

㊁［lid³ 列³］

☞㊒❶名词。结子：打～（打结）｜生～（活结）。❷名词。节：蔗～（甘蔗节）｜手指～。【大柴缬】比喻难办、棘手的事：呢个～睇下边个嚟破嘞（这件棘手事看谁来解决）。

缭 （繚）liáo ㄌㄧㄠˊ ［liu⁴ 辽］

❶缠绕：～乱｜～绕。❷用针线缝缀：～缝（fèng）｜～贴边。

繑 ［kiu⁵ 桥⁵］

☞㊒动词。缠绕：～冷（绕毛线）｜～线圈（绕线圈）｜～起脚（跷着二郎腿）｜～住对手（交叉着双手放在胸前）。

缮（繕）shàn ㄕㄢˋ［xim⁶ 善］

❶修缮，修补；整治。❷抄写：~写。

缯（繒）㊀zēng ㄗㄥ［zeng¹ 增］

古代丝织品的总称。

㊁zèng ㄗㄥˋ［zeng¹ 增］

〈方〉捆，扎：把那根裂了的棍子~起来。

13画以上

缰（繮、*韁）jiāng ㄐㄧㄤ［gêng¹ 疆］

缰绳，拴牲口的绳子：信马由~。

缱（繾）qiǎn ㄑㄧㄢˇ［hin² 显］

【缱绻】（-quǎn）情意缠绵，感情好得离不开。

缲（繰、㊁**幧）㊀qiāo ㄑㄧㄠ ㊀［qiu¹ 超］

做衣服边儿或带子时藏着针脚的缝法：~一根带子｜~边。

㊁sāo ㄙㄠ ㊁［sou¹ 苏］

同"缫"。

缳（繯）huán ㄏㄨㄢˊ［wan⁴ 还］

❶绳套，投~（自缢）。❷绞杀：~首。

缴（繳）㊀jiǎo ㄐㄧㄠˇ ㊀［giu² 矫］

❶交纳，交出（多指履行义务或被迫）：~税｜~枪投降。❷迫使交出：~了敌人的械。

㊁zhuó ㄓㄨㄛˊ ㊁［zêg³ 雀］

系在箭上的丝绳。

缢（繶）yì ㄧˋ［yig¹ 益］

古代鞋上装饰用的圆丝带。

繻（繻）xū ㄒㄩ［sêu¹ 虽］

❶彩色的丝织品。❷古代一种用帛制的通行证。

纁（纁）xūn ㄒㄩㄣ［fen¹ 芬］

浅红色。

缳（纆）yǐn ㄧㄣˇ［yen⁵ 引］

〈方〉绗（háng）：~棉袄｜在褥子中间~一行。

纆（纆）mò ㄇㄛˋ［meg⁶ 麦］

绳索。

缵（纘）zuǎn ㄗㄨㄢˇ［jun² 转²］

继承。

纕（纕）xiāng ㄒㄧㄤ［sêng¹ 箱］

佩带。

［149］麦部

麦（麥）mài ㄇㄞˋ［meg⁶ 墨］

（-子）谷类作物，分大麦、小麦、燕麦等多种，籽实磨面供食用。通常专指小麦。

麸 (麩、*粰、*稃)fū ㄈㄨ [fu¹ 呼]

(-子)麸皮，小麦磨面过箩后剩下的皮儿和碎屑。

麴 (麯)qū ㄑㄩ [gug¹ 谷，㊀kug¹ 曲]

姓。

"麴"另见15页"曲"(qū)。

[150]走部

走 zǒu ㄗㄡˇ [zeo² 酒]

❶走路，步行：~得快｜小孩子会~了。㊁ 1. 往来：~亲戚。2. 移动，挪动：~棋｜钟不~了。3. 往来运送：~信｜~货｜~私。❷离去：他刚~｜我明天要~了。❸通过，由：咱们~这个门出去吧。❹经过：这笔钱不~账了。❺透漏出，越过范围：~漏消息｜~气｜说话~了嘴。❻失去原样：衣服~样子了｜茶叶~味了。❼古代指跑(㊄奔-)：~马看花。【走狗】善跑的猎狗。㊃受人豢养而帮助作恶的人。

2—5画

赴 fù ㄈㄨˋ [fu⁶ 付]

往，去：~北京｜~宴｜~汤蹈火(喻不避艰险)。

赵 (趙)zhào ㄓㄠˋ [jiu⁶ 召]

战国国名，在今河北省南部和山西省中部、北部一带。

赳 jiū ㄐㄧㄡ [geo² 久，㊅deo² 抖]

【赳赳】健壮威武的样子：雄~｜~武夫。

赶 (趕)gǎn ㄍㄢˇ [gon² 秆]

❶追，尽早或及时到达：再不走就~不上他了｜~集｜~火车｜学先进，~先进。㊁从速，快做：~写文章｜~任务｜~活。❷驱使，驱逐：~羊｜~马车｜把侵略者~出国门。❸介词。等到(某个时候)：~明儿再说｜~年下再回家。❹遇到(某种情形)：我去时，正~上他没在家。

赸 shàn ㄕㄢˋ [san³ 汕]

❶躲开，走开。❷同"讪❷"。

起 qǐ ㄑㄧˇ [hei² 喜]

❶由躺而坐或由坐而立等：~床｜~立。㊁离开原来的位置。1. 移开，搬开：~身｜~运。2. 拔出，取出：~钉子｜~货。【起居】日常生活：~有恒。❷由下向上升，由小往大里涨：一~一落｜~劲｜面~了。【起色】好转的形势，转机：病有~。❸长出：~燎泡｜~痱子。❹开始：~笔｜~点｜从今天~。【起码】最低限度，最低的：~要十天才能完工。❺发生，发动：~疑｜~意｜~火｜~风｜~兵。【起义】发动武装革命，也指脱离反革命集团投入革命阵营。❻拟定：~草。❼建造，建立：~房子｜白手~家。❽〈方〉介词。从：~南到北｜~这里剪开。❾量词。1. 批，群：一~人走了，又来一~。2.

件，宗：三～案件｜两～事故。⑩在动词后，表示动作的趋向、关涉等：抱～｜拿～｜扛～大旗｜提～精神｜引～大家注意｜想不～什么地方见过他。⑪在动词后，跟“来”连用，表示动作开始：大声念～来｜唱～歌来。⑫在动词后，常跟“不”“得”连用。1．表示力量够得上或够不上：买不～｜经得～考验。2．表示够不够格，达到没达到某种标准：看不～｜瞧得～。

越 yuè ㄩㄝˋ ［yud⁶ 月］

❶度过，超出。1．度过阻碍：爬山～岭。2．不按照一般的次序，超出范围：～级｜～权｜～俎(zǔ)代庖(páo)(喻越职做别人应做的事)。3．经过：～冬作物。❷扬起，昂扬：声音清～。❸副词。越……越……，表示程度加深：～快～好｜～跑～有劲儿｜～战～强｜天气～来～暖和。【越发】副词。更加：由于水肥充足，今年的收成～好了。❹抢夺：杀人～货。❺周代诸侯国名，在今浙江省东部，后扩展到浙江省北部、江苏全省、安徽省南部及山东省南部。后来用作浙江省东部的别称：～剧。

趄 ㊀jū ㄐㄩ ㊀［zêu¹ 追］

见653页“趑”字条【趑趄】(zī－)。

㊁qiè ㄑㄧㄝˋ ㊁［qid³ 切］

倾斜：～着身子。

趁 (＊趂)chèn ㄔㄣˋ ［cen³ 衬］

❶利用机会：～热打铁｜～着晴天晒麦子。❷〈方〉富有：～钱。

趋 (趨)qū ㄑㄩ ［cêu¹ 崔］

❶快走：～而迎之。㊞迎合：～奉｜～炎附势。❷情势向着某方面发展、进行：～势｜大势所～｜意见～于一致。

〈古〉又同“促”(cù)。

超 chāo ㄔㄠ ［qiu¹ 钊］

❶超过，高出：～龄｜～额｜～声波。❷在某种范围以外，不受限制：～现实｜～自然。

6画以上

趔 liè ㄌㄧㄝˋ ［lid⁶ 列］

【趔趄】(－qie)身体歪斜，脚步不稳，要摔倒的样子。

趑 zī ㄗ ㊀［ji¹ 之］

【趑趄】(－jū)❶行走困难。❷犹豫不前：～不前。

㊁［qi¹ 痴］

☞【广】【趑车转】1．飞快地转动：咩，乜个水表～嚟(啊，怎么这水表飞快地转个不停呀)？2．团团转：形容人转来转去或忙来忙去：几个人喺度～，搞到我头都晕(几个人在这里转来转去，弄得我头脑发晕)｜呢排忙到我～(这些日子我忙得团团转)。

趖 suō ㄙㄨㄛ ［so¹ 梳］

〈方〉移动：日头～西。

趣 qù ㄑㄩˋ ［cêu³ 翠］

❶意向：旨～｜志～。❷趣味，兴味：有～｜～事｜自讨没～(自寻不愉快、

没意思）。

〈古〉又同“促”(cù)。

趟 ㊀tāng ㄊㄤ ㊁［tong² 倘］

旧同“蹚”。

㊁tàng ㄊㄤˋ ㊁［tong³ 烫］

量词。❶来往的次数：他来了一～｜这～火车去上海。❷（－儿）用于成行的东西：屋里摆着两～桌子｜用线把这件衣服缝上一～。

☞廣 动词。沿着轨道或平面推：～窗（推拉窗）｜～门（推拉门）｜～虾（用小网顺着河底捞虾）。【趟栊】横推的栅栏，广州地区以及珠江三角洲一带旧式民居的一种保护设施，多设在大门，紧贴门外。

趜 ［gug¹ 菊］

☞廣 动词。鞋小夹脚。【趜脚】鞋小夹脚难受：鞋细会～架（鞋小会挤脚的）。

趝 ［tem⁴ 驼含］

☞廣【趝趝圈】圆圆的圈：大家围一个～坐（大家围成一个圈坐）。又作“吮吮圈”。【趝趝转】团团转，多用来形容忙碌或焦急的样子：呢排忙到我～（这段时间忙得我团团转）｜急到佢喺度～（急得他团团转）｜呃到佢～（骗得他晕头转向）。

趯 tì ㄊㄧˋ ㊁［tig¹ 惕］

❶跳跃。❷汉字的一种笔形（亅），今称钩。

㊁［dég³ 笛³，㊈tig¹］

☞廣 ❶动词。逃跑：佢～咗咯（他跑了）｜睇你～去边（看你能跑哪儿去）！｜～得好快｜～更（逃跑，开小差）。❷动词。跑，走动：唔知佢～咗去边（不知他跑哪儿去了）。【走趯】奔波，走动：两头～（两边走动）｜成日广州、深圳噉～（整天广州、深圳跑动）。❸动词。驱赶：将羊～去嗰边（把羊赶到那边去）｜～佢出去（赶他出去）。

趱 （趲）zǎn ㄗㄢˇ ［zan² 盏］

❶赶，快走：～路｜紧～了一程。❷催促，催逼：～马向前。

［151］赤部

赤 chì ㄔˋ ［cég³ 尺］

❶比朱红稍浅的颜色，泛指红色：～小豆｜～铜矿。【赤子】初生婴儿。【赤字】财政上亏空的数字。❷忠诚：～诚｜～心｜～胆忠心。❸空无所有：～手空拳｜～贫。❹裸露：～脚｜～背(bèi)。

☞廣 ❶形容词。刺痛，疼痛：头～｜笑到肚都～（笑得肚子都疼了）。【肉赤】心疼：打烂个古董，真～。❷形容词。手脚冻得发疼：手～脚～｜冻到对手好～（冻得双手很疼）｜～到入心（冷得刺骨）。也作“㓨”“刺”。

郝 hǎo ㄏㄠˇ ［kog³ 确］

姓。

赦 shè ㄕㄜˋ ［sé³ 泻］

免除刑罚：大～｜～免｜～罪。

赧 nǎn ㄋㄢˇ ［nan⁵ 难⁵］

因羞惭而脸红：～然｜～颜。

☞🅖形容词。齁咸（过咸）：咸到～（齁咸）｜咸～～（齁咸，够苦）。

赪 （赬）chēng ㄔㄥ ［qing¹ 清］

红色。

赫 hè ㄏㄜˋ ［hag¹ 客¹］

❶显明，盛大（叠）：显～｜声势～～。❷频率单位名赫兹的简称，符号 Hz。

【赫哲族】我国少数民族，参看附表。

赭 zhě ㄓㄜˇ ［zé² 者］

红褐色：～石（矿物名，可用作颜料）。

螗 táng ㄊㄤˊ ［tong⁴ 唐］

赤色（指人的脸色）：紫～脸。

[152]豆部

豆 （❶*荳）dòu ㄉㄡˋ ［deo⁶ 逗］

❶豆类植物，有大豆、豌豆、蚕豆等。又指这些植物的种子。❷（－儿）形状像豆粒的东西：山药～儿｜花生～儿。❸古代盛肉或其他食品的器皿，形状像高脚盘。

☞🅖【豆泥】（东西）品质差，次，劣：～嘢（劣质货，次货）｜呢个首饰盒讲工艺就～啲（这个首饰盒说工艺就差了些）。

☞🅖【老豆】父亲。本来用于背称，现也用于面称。也作“老窦”。

剅 （**𠠿）lóu ㄌㄡˊ ［leo⁴ 留］

〈方〉堤坝下面的水口，水道：～口｜～嘴。

豇 jiāng ㄐㄧㄤ ［gong¹ 缸］

【豇豆】草本植物，果实为长荚，嫩荚和种子都可用作蔬菜。

豉 chǐ ㄔˇ ［xi⁶ 是］

豆豉，一种用豆子制成的食品。

豍 chǎi ㄔㄞˇ ［cag³ 策］

（－儿）碾碎了的豆子、玉米等：豆～儿。

豌 wān ㄨㄢ ［wun¹ 碗¹，㊂ wun² 碗］

【豌豆】草本植物，花白色或紫色，种子和嫩茎、叶都可用作蔬菜。

[153]酉部

酉 yǒu ㄧㄡˇ ［yeo⁵ 有］

❶地支的第十位。❷酉时，指下午五点到七点。

2—5 画

酊 ㊀dīng ㄉㄧㄥ ㊀ ［ding¹ 丁］

（外）医药上用酒精和药配合成的液剂：碘～。

㊁dǐng ㄉㄧㄥˇ ㊁ ［ding² 鼎］

见 657 页“酩”字条【酩酊】（mǐng－）。

酐 gān ㄍㄢ ［gon¹ 竿］

酸酐，是含氧的无机或有机酸缩水而成的氧化物，如二氧化硫、醋酸酐。

酎 zhòu ㄓㄡˋ ［zeo⁶ 就］

多次酿成的醇酒。

酌 zhuó ㄓㄨㄛˊ ［zêg³ 雀］

❶斟酒：自～自饮。㊀酒饭：便～。❷度量，考虑（㊃－量）：～办｜～情｜～加修改。

配 pèi ㄆㄟˋ ［pui³ 佩］

❶两性结合。1. 男女结婚：婚～。2. 使牲畜交合：～种｜～猪。【配偶】指夫或妻：已有～。❷用适当的标准加以调和：～颜色｜～药。㊀相当，合适：夫妻俩很相～｜上衣跟裤子不太～。❸有计划地分派，安排：分～｜～备人力。❹流放：发～。❺把缺少的补足：～零件｜～把钥匙｜～一块玻璃。【配套】把若干相关的事物组合成一整套。❻衬托，陪衬：红花～绿叶｜～角（jué）。❼够得上：他～称为先进工作者。

酏 yǐ ㄧˇ ［yi⁴ 儿］

酏剂，含有糖和挥发油或另含有主要药物的酒精溶液的制剂。

酝 （醞）yùn ㄩㄣˋ ［wen⁵ 尹］

酿酒，也指酒：佳～（好酒）。【酝酿】（－niàng）造酒材料加工后的发酵过程。㊟事前考虑或磋商使条件成熟：表决前要进行～。

酞 tài ㄊㄞˋ ［tai³ 汰］

有机化合物的一类，由一个分子的邻苯（běn）二酸酐（gān）与两个分子的酚（fēn）缩合而成，如酚酞。

酕 máo ㄇㄠˊ ［mou⁴ 毛］

【酕醄】（－táo）大醉的样子。

酗 xù ㄒㄩˋ ［hêu³ 去，㊁ yu³ 雨³］

撒酒疯：～酒（没有节制地喝酒）。

酚 fēn ㄈㄣ ［fen¹ 芬］

有机化合物的一类，由羟基与芳香环连接而成，苯酚是最简单的酚。

酖 dān ㄉㄢ ［dam¹ 担¹］

同“耽❷”。

另见556页“鸩”（zhèn）。

酣 hān ㄏㄢ ［hem⁴ 含］

酒喝得很畅快：～饮｜酒～耳热。㊀尽兴，痛快：～睡｜～战（长时间紧张地战斗）。

酤 gū ㄍㄨ ［gu¹ 姑］

❶买酒。❷卖酒。

酢 ㊀cù ㄘㄨˋ ㊀［cou³ 澡］

同“醋”。

㊁zuò ㄗㄨㄛˋ ㊁［zog⁶ 昨］

客人用酒回敬主人：酬(chóu)～。

酥 sū ㄙㄨ [sou¹ 苏¹]

❶酪，用牛羊奶凝成的薄皮制成的食物。❷松脆，多指食物：～糖。❸含油多而松脆的点心：桃～。❹软弱无力：～软｜站了一天，腿都～了。

酡 tuó ㄊㄨㄛˊ [to⁴ 驼]

喝了酒，脸色发红：～颜。

酦 (醱)pō ㄆㄛ [pud³ 泼]

在原酒的基础上再酿(酒)。

6—7 画

酮 tóng ㄊㄨㄥˊ [tung⁴ 同]

有机化合物的一类，由羰基和两个烃基连接而成。

酰 xiān ㄒㄧㄢ [xin¹ 先]

酰基，由含氧酸的分子失去一个羟基而成的原子团。

酯 zhǐ ㄓˇ [ji² 止]

有机化合物的一类，是酸中的氢原子被烃基取代而成的。脂肪的主要成分就是几种不同的酯。

酩 mǐng ㄇㄧㄥˇ [ming⁵ 皿]

【酩酊】(－dǐng)醉得迷迷糊糊的：～大醉。

酪 lào ㄌㄠˋ [log³ 洛]

❶用动物的乳汁做成的半凝固食品：奶～。❷用果实做的糊状食品：杏仁～｜核桃～。

酬 (*酧、*醻、❷-❹*詶)chóu ㄔㄡˊ [ceo⁴ 筹]

❶向客人敬酒。【酬酢】(－zuò)主客互相敬酒。❷交际往来：～答。【应酬】(yìngchou)1. 交际往来：不善～。2. 表面应付：心里不愿意，不得不～一下。3. 指私人间的聚会等：明晚还有个～。❸用财物报答：～劳。❹报酬：同工同～。

酞 (醲)nóng ㄋㄨㄥˊ [nung⁴ 农]

酒味浓厚。

酱 (醬)jiàng ㄐㄧㄤˋ [zêng³ 帐]

❶用发酵后的豆、麦等做成的一种调味品，有黄酱、甜面酱、豆瓣酱等。❷用酱或酱油腌制：把萝卜～一～。❸像酱的糊状食品：芝麻～｜果～｜虾～。

酵 jiào ㄐㄧㄠˋ [hao¹ 敲]

发酵，有机物由于某些真菌或酶而分解。能使有机物发酵的真菌叫酵母菌。

酽 (釅)yàn ㄧㄢˋ [yim⁶ 验]

浓，味厚：这碗茶太～。

酺 pú ㄆㄨˊ [pou⁴ 葡]

〈古〉朝廷特许的聚会饮酒，也泛指聚会饮酒。

釃 (釃)shī ㄕ，㊀ shāi ㄕㄞ [xi¹ 师]

❶滤酒。❷斟酒。❸疏导河渠。

酲 chéng ㄔㄥˊ [qing⁴ 程]

喝醉了神志不清：忧心如~。

酷 kù ㄎㄨˋ [hug⁶ 哭⁶]

❶残酷，暴虐、残忍的：~刑。❷极，表示程度深：~暑｜~似｜~爱。❸形容人潇洒英俊或表情冷峻。

☞🅟动词。嗾使，鼓动：~狗打交(嗾狗打架)。

酶 méi ㄇㄟˊ [mui⁴ 梅]

有机化合物的一大类，对生物化学变化起催化作用，消化食物、发酵就是靠酶的作用。

酴 tú ㄊㄨˊ [tou⁴ 陶]

❶酒曲。❷酴酒，重(chóng)酿的酒。

酹 lèi ㄌㄟˋ [lüd⁶ 劣，㊀lai⁶ 赖]

把酒洒在地上表示祭奠：~酒。

酿 (釀)niàng ㄋㄧㄤˋ [yêng⁶ 让]

❶利用发酵作用制造：~酒｜~造。㊂ 1. 蜜蜂做蜜：~蜜。2. 逐渐形成：~成大祸。❷指酒：佳~。

☞🅟动词。把肉末等塞在豆腐、瓜等里面做食材：~豆腐｜~鲮鱼｜~苦瓜｜~猪肠。

酸 (❸**痠)suān ㄙㄨㄢ [xun¹ 孙]

❶化学上称能在水溶液中产生氢离子的物质，分为无机酸、有机酸两类：盐~｜硝~｜醋~｜~雨。❷像醋的气味或味道：~菜｜这个梨真~。❸微痛无力：腰~腿痛｜腰有点儿发~。❹悲痛，伤心：心~｜十分悲~。❺讥讽读书人的迂腐：~秀才。【寒酸】指文人的贫苦或不大方的样子。

8—10 画

醋 cù ㄘㄨˋ [cou³ 澡]

一种调味用的液体，味酸，用酒或酒糟发酵制成，也可用米、麦、高粱等直接酿制。

醌 kūn ㄎㄨㄣ [kuen¹ 昆]

有机化合物的一类，是芳香族母核的两个氢原子各由一个氧原子所代替而成的。

醄 táo ㄊㄠˊ [tou⁴ 逃]

见656页“酕”字条【酕醄】(máo-)。

醇 (*醕)chún ㄔㄨㄣˊ [sên⁴ 纯]

❶酒味浓厚，纯：~酒｜大~小疵(优点多，缺点少)。❷同“淳”。❸有机化合物的一大类，酒精(乙醇)就属醇类。

醉 zuì ㄗㄨㄟˋ [zêu³ 最]

❶喝酒过多，神志不清：他喝~了。❷沉迷，过分地爱好：陶~｜沉~｜~心文学。❸用酒泡制(食品)：家家忙着~鱼。也指用酒泡制的(食品)：~蟹｜~

虾|~枣。

醅

pēi ㄆㄟ [pui¹ 坯]

没过滤的酒。

醁

lù ㄌㄨˋ [lug⁶ 六]

见660页“醽”字条【醽醁】(líng-)。

醊

zhuì ㄓㄨㄟˋ [jud³ 茁]

祭奠。

醛

quán ㄑㄩㄢˊ [qun⁴ 全]

有机化合物的一类，由醛基和烃基(或氢原子)连接而成。

醐

hú ㄏㄨˊ [wu⁴ 胡]

见659页“醍”字条【醍醐】(tí-)。

醍

tí ㄊㄧˊ [tei⁴ 蹄]

【醍醐】(-hú)精制的奶酪。

醒

xǐng ㄒㄧㄥˇ [xing² 星²]

❶睡完或还没有睡着(zháo)。❷头脑由迷糊而清楚(㊥-悟)：清~|惊~。【醒目】鲜明，清楚，引人注意的：这一行字印得很~。❸酒醉之后恢复常态：酒~了。也指使醉酒的人恢复常态：水果可以~酒。

醚

mí ㄇㄧˊ [mei⁴ 迷]

有机化合物的一类，由一个氧原子连接两个烃基而成。乙醚是医药上常用的麻醉剂。

醑

xǔ ㄒㄩˇ [sêu² 水]

❶美酒。❷醑剂(挥发性药物的乙醇溶液)的简称：樟脑~|氯仿~。

醢

hǎi ㄏㄞˇ [hoi² 海]

❶古代用肉、鱼等制成的酱。❷古代把人杀死后剁成肉酱的酷刑。

醨

lí ㄌㄧˊ [léi⁴ 离]

味淡的酒。

11 画以上

醪

láo ㄌㄠˊ [lou⁴ 劳]

汁渣混合的酒，浊酒。也泛称酒。【醪糟】江米酒。

醭

bú ㄅㄨˊ (旧读 pú) [pog³ 扑，㊋bog⁶ 瀑]

(-儿)醋、酱油等表面上长(zhǎng)的白色的霉。

醮

jiào ㄐㄧㄠˋ [jiu³ 照]

❶古代婚娶时用酒祭神的礼：再~(再嫁)。❷道士设坛祭神：打~。

醯

xī ㄒㄧ [héi¹ 希]

❶醋。❷酰(xiān)的旧称。

醵

jù ㄐㄩˋ [gêu⁶ 巨，㊋kêg⁶ 却⁶]

❶凑钱喝酒。❷聚集，凑(钱)：~资。

醴 lǐ ㄌㄧˇ [lei⁵ 礼]

甜酒。

醺 xūn ㄒㄩㄣ [fen¹ 芬]

醉。【醺醺】醉的样子：喝得醉～的。

醽 líng ㄌㄧㄥˊ [ling⁴ 玲]

【醽醁】(－lù)古代的一种美酒。

醾 mí ㄇㄧˊ [méi⁴ 眉]

【酴醾】(tú－)重(chóng)酿的酒。

[154]辰部

辰 chén ㄔㄣˊ [sen⁴ 神]

❶地支的第五位。❷辰时，指上午七点到九点。❸指时日：生～丨诞～。❹日、月、星的统称。

辱 rǔ ㄖㄨˇ [yug⁶ 玉]

❶羞耻，跟"荣"相对：屈～丨奇耻大～。❷使受到羞耻：～骂丨丧权～国。❸玷辱：～命。❹谦辞，表示承蒙：～承丨～蒙。

唇 (*脣)chún ㄔㄨㄣˊ [sên⁴ 纯]

嘴唇，嘴边缘的肌肉组织。【唇齿】㊜关系密切的两个方面：～相依。

蜃 shèn ㄕㄣˋ [sen⁵ 肾]

大蛤蜊。【蜃景】又叫海市蜃楼，光线通过密度不同的空气层时，由于折射作用，把远处景物反映在天空或地面而形成的幻景。在沿海或沙漠地带有时能看到。古人误认为是蜃吐气而成。

[155]豕部

豕 shǐ ㄕˇ [qi² 齿]

猪。

豢 huàn ㄏㄨㄢˋ [wan⁶ 患]

喂养牲畜(㊟－养)。

豨 xī ㄒㄧ [héi¹ 希]

古书上指猪。

【豨莶】(－xiān)草本植物，茎上有灰的毛，花黄色，全草可入药。

豮 (豶)fén ㄈㄣˊ [fen⁴ 坟]

〈方〉雄性的牲畜：～猪。

豭 jiā ㄐㄧㄚ [ga¹ 家]

公猪。

[156]卤部

卤 (鹵、滷)lǔ ㄌㄨˇ [lou⁵ 老]

❶制盐时剩下的黑色汁液，又叫盐卤，是氯化镁、硫酸镁、溴化镁及氯化钠等的混合物，味苦有毒。❷浓汁：茶～丨打～面。❸用盐水、酱油等浓汁制作食品：～鸡丨～煮豆腐。

鹾 (鹺)cuó ㄘㄨㄛˊ [co^4 锄]

❶盐。❷咸：~鱼。

[157]里部

里 (㊁裹、㊁*裡)lǐ ㄌㄧˇ ㊀[léi^5 理]

❶市制长度单位，1 里是 150 丈，合 500 米。❷居住的地方：故~｜返~｜同~（现在指同乡）。❸街坊（古代五家为邻，五邻为里）：邻~｜~（lòng）。

lǐ ㄌㄧˇ ㊁[lêi^5 吕]

❶（-子、-儿）衣物的内层，跟“表”“面”相对：衣裳~儿｜被~｜鞋~子｜箱子~儿。❷里面，内部，跟“外”相对：屋子~｜手~｜碗~｜箱子~面。〔引〕一定范围以内：夜~｜这~｜哪~。【里手】1.（-儿）靠里的一边，靠左边。2.〈方〉内行。

野 (*埜) yě ㄧㄝˇ [yé^5 惹]

❶效外，村外：~营｜~地。【野战军】适应广大区域机动作战的正规军。【分野】划分的范围，界限。❷指不当政的地位，跟“朝”相对：朝~｜下~｜在~。❸不讲情理，没有礼貌，蛮横：撒~｜粗~。❹不驯顺，狂妄非分：狼子~心（狂妄狠毒的用心）。❺不受约束或难于约束：~性｜这孩子心都玩~了。❻不是人所驯养或培植的（动物或植物）：~兽｜~菜｜~草。

[158]足部

足 zú ㄗㄨˊ [zug^1 竹]

❶脚：~迹｜画蛇添~｜~不出户。〔引〕器物下部的支撑部分：鼎~。❷满，充分，够量（〔连〕充-）：~数｜心满意~｜丰衣~食｜分量不~。〔引〕副词。1. 尽情地，尽量地：~玩了一天。2. 完全：他~可以担任翻译工作｜两天~能完成任务。❸值得：不~为凭｜微不~道。

趸 (蠆)dǔn ㄉㄨㄣˇ [den^2 炖^2]

❶整，整数：~批｜~卖。❷整批地买进：~货｜~菜｜现~现卖。

☞【广】❶名词。底座，墩子：柱~｜桥~。❷名词。引申指某些人：拥~（崇拜者）｜监~（长期坐牢的人）｜债~（欠债多的人）。【香炉趸】香炉座，比喻独生子。❸动词。放置，放：~喺嗰边（放在那边）｜~好啲嘢（放好那些东西）｜~落地下（放在地上）｜~低（放下）。❹动词。囤积，储存：~货。❺量词。用于建筑物等：一~楼（一幢楼房）｜一~砖（一摞砖）。

跫 qióng ㄑㄩㄥˊ [kung^4 穷]

形容脚踏地的声音：足音~然。

踅 xué ㄒㄩㄝˊ [qud^3 撮]

❶折回，旋（xuán）转：~来~去｜这群鸟飞向东去又~回来落在树上了。❷同“茓”。

蹙 cù ㄘㄨˋ [cug^1 速]

❶急促：气~。❷困窘：穷~。❸缩小，收敛：~眉｜颦~（皱眉头）。

蹩 bié ㄅㄧㄝˊ ［bid⁶ 别］

〈方〉扭了脚腕子或手腕子。【蹩脚】〈方〉质量不好，本领不强：~货。

躄 （**躃）bì ㄅㄧˋ ［big¹ 碧］

❶腿瘸，不能行走。❷仆倒。

［158］⻊部

2—4 画

趴 pā ㄆㄚ ［pa¹ 怕¹］

❶肚子向下卧倒：~在地上射击。❷身体向前靠在东西上：~在桌子上写字。

趷 ［ged⁶ 吉⁶］

☞广❶动词。一拐一拐地走路：佢脚伤一直未好，而家行路重~下~下（他的腿伤一直没好，现在走路还是一拐一拐的）。【趷脚】一拐一拐地走路：佢行路有啲~（他走路有点瘸）。❷动词。翘起：~起个大拇指（翘起大拇指）。❸动词。踮起：~起脚都睇唔到（踮起脚都看不见）。❹动词。单脚跳。【趷跛跛】一种儿童游戏，单腿跳着走。❺动词。走，带贬义：唔知佢~咗去边（不知他溜哪儿去了）？【溜之趷之】离开；逃走：佢早就~咯（他早就溜走了）。也作"趌"。❻动词。滚，滚蛋：~啦，你（你滚蛋吧）｜快啲~开（快点滚开）！【躝尸趷路】走开。骂人语，语气稍重。也作"趌"。❼形容词。不顺，不麻利：~手~脚（笨手笨脚，干活不麻利）｜口~~（结巴，口吃的样子）。也作"趌"。

趵 bào ㄅㄠˋ ［pao³ 炮］

跳：~突泉（在山东省济南）。

趿 tā ㄊㄚ ［tad³ 挞］

【趿拉】（-la），穿鞋只套上脚的前半部：~拉着一双旧布鞋｜~拉着木板鞋。

趿 ［ca¹ 叉］

☞广动词。误踩，乱踏：一脚~咗落去（一脚踏下去）｜~落水氹度（踩到水坑里）｜咪乱~（别乱踩）。【趿错脚】1. 失足，踏空：唔小心~，碌咗落山坑度（不小心踩错脚，掉到山沟里）｜落楼梯~，屈亲条腰（下楼梯踩空了，扭伤了腰）。2. 比喻走错路、犯错误：~就要认真汲取教训。

趼 jiǎn ㄐㄧㄢˇ ［gin² 见²，㊀ gan² 简］

（-子）手、脚上因摩擦而生的硬皮：老~｜脚底磨出了~子。也作"茧"。

趺 fū ㄈㄨ ［fu¹ 肤］

❶同"跗"。❷碑下的石座：龟~。

跂 ㊀qí ㄑㄧˊ ㊁ ［kéi⁴ 其］

多生出的脚趾。

㊁qǐ ㄑㄧˇ ㊁ ［kéi⁵ 企］

踮着脚站着：~望。

距 jù ㄐㄩˋ ［kêu⁵ 拒］

❶距离，离开：相~数里｜~今已数

年。(引)两者相离的长度：株～。❷雄鸡爪后面突出像脚趾的部分。❸古同"拒"。

趾 zhǐ ㄓˇ [ji^{2} 纸]

❶脚：～高气扬(得意忘形的样子)。❷脚指头：～骨｜鸭子脚～中间有蹼。

跃 (躍)yuè ㄩㄝˋ [yêg^{3} 约]

跳(连跳－)：飞～｜龙腾虎～(形容生气勃勃、威武雄壮的姿态)｜～～欲试。【跃进】1. 跳着前进。2. 极快地前进：经济建设向前～。

趻 [dem^{6} 特任]

☞(广)动词。跺：～脚｜～地(跺地)｜～死只老鼠。【趻蹄趻爪】连连跺脚，形容人情绪激动的样子：激到佢～(气得他直跺脚)。也作"踸"。

跄 (蹌)qiàng ㄑㄧㄤˋ [cêng^{1} 枪]

见666页"踉"字条【踉跄】(liàng－)。

𨀁 [nug^{6} 呢屋^{6}]

☞(广)动词。踩踏，践踏：旧时洗被单蚊帐系到河边用脚～(旧时洗被套蚊帐是到河里用脚踩)｜唔好～草地(不要踩草地)。

5　画

践 (踐)jiàn ㄐㄧㄢˋ [qin^{5} 千^{5}，(又)jin^{6} 贱]

❶踩，踏(连－踏)。❷履行，实行：～约｜～言｜实～。

跖 (*蹠)zhí ㄓˊ [zég^{3} 炙]

❶脚面上接近脚趾的部分：～骨。❷脚掌。

跋 bá ㄅㄚˊ [bed^{6} 拔]

❶翻过山岭：～山涉水。【跋涉】爬山蹚水，形容行路辛苦：长途～。❷写在文章、书籍等后面的短文，多是评介内容的：～文。

【跋扈】(－hù)骄傲而专横。

跌 diē ㄉㄧㄝ [did^{3} 秩^{3}]

摔倒：～了一跤｜～倒。(引)下降，低落：～价。【跌足】顿足，跺脚。

跗 fū ㄈㄨ [fu^{1} 呼]

脚背：～骨｜～面。也作"趺"。

跅 tuò ㄊㄨㄛˋ [tog^{3} 托]

【跅弛】(－chí)放荡。

跞 (躒)㊀lì ㄌㄧˋ ㊀[lig^{1} 力^{1}]

走，跨越：骐骥一～，不能千里。

㊁luò ㄌㄨㄛˋ ㊁[log^{6} 落]

【卓跞】【卓荦】卓绝：才华～。

跔 [kê^{4} 卡靴^{4}]

☞(广)形容词。手足冻僵：冻到手都～晒(冻得手都僵了)｜手～脚冻。

跚 shān ㄕㄢ [san^{1} 山]

见669页"蹒"字条【蹒跚】(pán－)。

跑 ㊀páo ㄆㄠˊ ㊂［pao⁴ 刨］

走兽用脚刨地：～槽(牲口刨槽根)｜虎～泉(在浙江省杭州)。

㊁pǎo ㄆㄠˇ ㊂［pao² 炮²］

❶奔，两只脚或四条腿交互向前跃进：赛～｜～步。㊊物体离开原地，很快地移动：汽车在公路上飞～｜纱巾被风刮～了。❷逃跑，逃走：别让犯人～了。㊌泄漏，挥发：～电｜～油｜～气。❸为某种事务而奔走：～外｜～买卖｜～材料。

跎 tuó ㄊㄨㄛˊ ［to⁴ 驼］

见668页"蹉"字条【蹉跎】(cuō－)。

跏 jiā ㄐㄧㄚ ［ga¹ 加］

【跏趺】(－fū)佛教徒的一种坐姿。

跛 bǒ ㄅㄛˇ ［bei¹ 闭，㊊ bo² 播²］

瘸(qué)，腿或脚有毛病，走路身体不平衡：一颠一～｜～脚。

☞粤形容词。瘸：佢有啲～(他有点瘸)｜行路～～下(走路一拐一瘸的)｜跌～脚(摔瘸了腿)。

跆 tái ㄊㄞˊ ［toi⁴ 抬］

用脚踩踏。【跆拳道】一种拳脚并用的搏击运动。

踇 mǔ ㄇㄨˇ ［mou⁵ 武］

脚的拇指，大脚趾：～外翻。

6 画

踈 ［lêu¹ 雷¹］

☞粤❶动词。头往里钻：一头～入鱼塘(一头扎进鱼塘去了)。❷动词。突然倒下：一枪打过去，嗰个敌人就～低咗(一枪打过去，那个敌人就倒下了)。❸动词。蜷缩着身躺：～喺度做乜(蜷缩在这儿干什么)？

跬 kuǐ ㄎㄨㄟˇ ［kuei² 规²］

古代称半步，一只脚迈出的距离，相当于今天的一步：～步不离。

跱 zhì ㄓˋ ［xi⁶ 是］

〈古〉站立，伫立。

跨 kuà ㄎㄨㄚˋ ［kua¹ 夸］

❶抬起一条腿向前或旁边移动：一步～过｜～着大步。❷骑，两脚分在器物的两边坐着或立着：～在马上｜小孩～着门槛。❸超越时间或地区之间的界限：～年度｜～省。❹附在旁边：～院｜旁边～着一行(háng)小字。

跶 (躂)da ·ㄉㄚ ［tad³ 挞］

见669页"蹦"字条【蹦跶】(bèng－)。

跷 (蹺、*蹻)qiāo ㄑㄧㄠ ㊂［hiu¹ 嚣，㊊ kiu² 乔²］

❶脚向上抬：～脚｜～腿。❷竖起(指头)：～起大拇指称赞。

【跷蹊】(－qi)见669页"蹊"字条【蹊跷】(qīqiāo)。

“蹻”另见 267 页“屩”(juē)。

㊁[kiu² 乔²]

☞粤 ❶形容词。凑巧：真～，喺路上撞见佢(真凑巧，在路上遇见他)丨有咁啱得咁～(俗语。说那么巧，有那么巧)。❷形容词。奇怪，蹊跷：～嘞，会有噉嘅事(奇了怪了，会有这样的事)？【跷妙】奥妙，奇妙，巧妙：呢个装置睇嚟简单其实好～(这个装置看来简单其实很巧妙)丨唔知里头有乜～(不知其中有什么奥妙)。

跸

(蹕)bì ㄅㄧˋ [bed¹ 笔]

❶帝王出行时清道，禁止行人来往：警～。❷帝王出行的车驾：驻～(帝王出行时沿途停留暂住)。

跐

㊀cī ㄘ ㊁[qi¹ 雌]

脚下滑动：蹬～了(脚没有踏稳)。

㊁cǐ ㄘˇ ㊁[qi² 此]

踩，踏：～着门槛丨脚～两只船。

踦

zhuǎi ㄓㄨㄞˇ [yei⁶ 曳]

走路像鸭子似的摇摆：走路一～一～的。

跣

xiǎn ㄒㄧㄢˇ [xin² 冼]

光着脚：～足。

跹

(躚)xiān ㄒㄧㄢ [xin¹ 仙，㊛ qin¹ 千]

见 668 页“蹁”字条【蹁跹】(pián－)。

跭

[gong⁶ 刚⁶]

☞粤 名词。螯(蟹钳)：一只蟹两只～丨蟹～好硬。

踭

[zang¹ 争]

☞粤 ❶名词。脚跟，踵：脚～(脚跟)。❷名词。鞋后跟：鞋～丨高～鞋(高跟鞋)。❸名词。肘：手～(手肘)丨起～打人(用胳膊肘撞击人)丨猪～(猪肘子)。【托手踭】1. 制肘，比喻阻挠别人做事。2. 拒绝支援或帮助别人。

跳

tiào ㄊㄧㄠˋ [tiu³ 眺]

❶用力使脚离地，全身向上或向前(㊦－跃)：～高丨～远丨～绳。㊀越过：～级丨这一课书～过去不学。【跳板】1. 一头搭在车、船上的长板，便于上下。㊁作为过渡的途径、工具。2. 供游泳跳水的长板。❷一起一伏地动：心～丨眼～。

跺

(*跥)duò ㄉㄨㄛˋ [do² 躲]

顿足，提起脚来用力踏：～脚。

跪

guì ㄍㄨㄟˋ [guei⁶ 柜⁶]

屈膝，使膝盖着地：下～丨～姿射击。

路

lù ㄌㄨˋ [lou⁶ 露⁶]

❶道，往来通行的地方(㊦－途、－径、道－)：公～丨水～丨高架～。㊀思想或行动的方向、途径：思～丨生～。❷方面，地区：各～人马丨南～货。❸种类：两～货丨他俩是一～人。

跻

(躋)jī ㄐㄧ [zei¹ 剂]

登，上升。【跻身】上升到某位置，跨入某行列：～前三名丨～文坛。

跤 jiāo ㄐㄧㄠ [gao¹ 交]

跟头(tou)：跌了一～｜摔～。

跟 gēn ㄍㄣ [gen¹ 斤]

❶(－儿)脚的后部：脚后～。㊀鞋袜的后部：袜后～儿。❷随在后面，紧接着：一个～一个别掉队｜开完会～着就参观。㊀赶，追赶：后续部队也～上来了。❸连词。和，同：我～他都是山东人。❹介词。对，向：已经～他说过了。【跟头】(－tou)1. 身体摔倒的动作：摔～｜栽～。2. 身体向下翻转的动作：翻～。

7—8 画

踌 (躊)chóu ㄔㄡˊ [ceo⁴ 绸]

【踌躇】(－chú)1. 犹豫，拿不定主意：他～了半天才答应了。2. 自得的样子：～满志。

踬 [ngen³ 银³]

☞▮❶动词。腿弹动；使东西颤动：～脚(抖腿)｜～跳板。【踬踬脚】弹着用腿悠闲地坐着，形容人逍遥自在地享受生活：佢而家乜都唔使忧，～就得咯(他现在什么都不愁，悠闲自在啊)。❷动词。踮：～高脚(踮起脚，站着时提起脚后跟)。

踎 [meo¹ 谋¹]

☞▮动词。蹲：～低(蹲下)｜～喺度(蹲着)｜～监(蹲大牢)。【踎墩】蹲在"墩头"(码头卸货处)等待当苦力。指失业。

【地踎】地痞，二流子。

踁 [gang⁶ 耕⁶]

☞▮动词。妨碍，阻碍：咪喺度～住晒(别在这里妨碍着)｜～手～脚(诸多妨碍)。

踉 ㊀liáng ㄌㄧㄤˊ ㊁[lêng⁴ 梁]

【跳踉】跳跃。

㊁liàng ㄌㄧㄤˋ ㊁[lêng⁶ 亮]

【踉跄】(－qiàng)走路不稳。

跽 jì ㄐㄧˋ [géi⁶ 技]

长跪，挺直上身两膝着地。

踊 (踴)yǒng ㄩㄥˇ [yung² 拥]

跳跃。【踊跃】1. 跳，跳跃：～欢呼。2. 争先恐后：～发言。

踛 [lug⁶ 陆]

☞▮动词。践踏：草地咁靓，唔好～佢(草地这么美，别践踏它)｜旧时洗被单系到河边用脚～嘅(过去洗被单是到河边用脚踩的)。

踖 jí ㄐㄧˊ [jig¹ 即]

见666页"蹴"字条【蹴踖】(cù－)。

踦 yǐ ㄧˇ [yi² 倚]

抵住。

蹴 cù ㄘㄨˋ [cug¹ 速]

❶【踧踖】(－jí)恭敬而不安的样子。❷同“蹙”。

踔 chuō ㄔㄨㄛ［cêg³ 卓］

❶跳：～腾。❷超越。

踝 huái ㄏㄨㄞˊ［wa⁵ 话⁵］

脚腕两旁凸起的部分：内～｜外～。

踢 tī ㄊㄧ［tég³ 拖尺³］

用脚撞击：～球｜～毽子｜一脚～开。

踏 ㊀tā ㄊㄚ［dab⁶ 沓］

【踏实】(－shí)1. 切实，不浮躁：他工作很～。2.（情绪）安定，安稳：事情办完就～了。

㊁tà ㄊㄚˋ［dab⁶ 沓］

踩：～步｜一脚～空了。㊉亲自到现场去：～看｜～勘。

踟 chí ㄔˊ［qi⁴ 池］

【踟蹰】(－chú)心里犹豫，要走不走的样子：～不前。

踒 wō ㄨㄛ［wo¹ 窝］

(手、脚等)猛折而筋骨受伤：手～了。

踬 (躓)zhì ㄓˋ［ji³ 志］

被东西绊倒：颠～。㊉事情不顺利，受挫折：屡试屡～。

踩 (*跴)cǎi ㄘㄞˇ［cai² 柴²］

用脚蹬在上面，踏：～了一脚泥。

踮 (**跕)diǎn ㄉㄧㄢˇ［dim³ 店］

❶跛足人走路用脚尖点地：～脚。❷提起脚跟，用脚尖着地：～着脚才够到书架上的书。也作“点”。

踗 ［nim³ 念³］

☞粤 名词。踮：～起对脚(踮起双脚)。

踣 bó ㄅㄛˊ［bag⁶ 白］

跌倒：屡～屡起。

踯 (躑)zhí ㄓˊ［zag⁶ 泽］

【踯躅】(－zhú)徘徊不进：～街头。

踪 (**蹤)zōng ㄗㄨㄥ［zung¹ 钟］

人或动物走过留下的脚印(㊥－迹)：～影｜追～｜失～。

踺 jiàn ㄐㄧㄢˋ［gin⁶ 件］

踺子(－zi)，体操运动等的一种翻身动作。

踞 jù ㄐㄩˋ［gêu³ 句］

❶蹲或坐：龙蟠(pán)虎～(形容地势险要)｜箕～(古人席地而坐，把两腿像八字形分开，是一种不拘礼节、傲慢不敬的坐姿)。❷占据：盘～。

9—10 画

踳 chuǎn ㄔㄨㄢˇ［qun² 喘］

同"舛"。【踳驳】(－bó)错谬杂乱。

蹀 dié ㄉㄧㄝˊ [dib6 谍]

蹈，顿足。【蹀躞】(－xiè)迈着小步走路的样子。

蹒 [nam3 南3]

☞粤❶动词。跨：一脚～过去｜～过门槛。❷动词。间隔：～去一趟(隔天去一次)。

踏 chǎ ㄔㄚˇ [ca3 岔]

踩，在泥水里走：～雨｜鞋都～湿了。

踶 dì ㄉㄧˋ [dei6 第]

踢，踏。

踹 chuài ㄔㄨㄞˋ [cai2 踩，俗 yai2 伊挨2]

践踏，用脚底蹬踏：一脚把门～开。

☞粤❶动词。踩：行路～死蚁(走路像踩死蚂蚁似的，形容走路慢)。❷动词。骑(车)：～单车(骑自行车)。

踵 zhǒng ㄓㄨㄥˇ [zung2 总]

❶脚后跟：继～而至｜摩肩接～。❷走到：～门相告｜～谢。❸跟随，追随：～至。

踽 jǔ ㄐㄩˇ [gêu2 举]

【踽踽】形容独自走路孤零零的样子：～独行。

跄 (蹡)㊀qiāng ㄑㄧㄤ [cêng1 枪]

【跄跄】形容行走合乎礼节。

㊁qiàng ㄑㄧㄤˋ [cêng1 枪]

【踉跄】(liàng－)同"踉跄"。

踱 duó ㄉㄨㄛˊ [dog6 铎]

慢慢地走：～来～去。

蹄 (＊蹏)tí ㄊㄧˊ [tei4 提]

(－子、－儿)马、牛、羊等生在趾端的角质保护物。又指有角质保护物的脚：马不停～。

蹉 cuō ㄘㄨㄛ [co1 初]

❶跌，倒(连－跌)。❷失误，差错(连－失)。

【蹉跎】(－tuó)把时光白耽误过去：岁月～。

蹁 pián ㄆㄧㄢˊ [pin1 偏]

【蹁跹】(－xiān)形容旋转舞动。

蹂 róu ㄖㄡˊ [yeo4 由]

【蹂躏】(－lìn)践踏，踩。喻用暴力欺压、侮辱、侵害：惨遭～。

蹑 (躡)niè ㄋㄧㄝˋ [nib6 聂]

❶踩：～足其间(指参加到里面去)。【蹑手蹑脚】行动很轻的样子。❷追随：～踪。

蹒 (蹣)pán ㄆㄢˊ [pun4 盆，又 mun4 门]

【蹒跚】(＊盘跚)(－shān)腿脚不灵便，走路缓慢、摇摆的样子：步履～。

蹋 tà ㄊㄚˋ [tab³ 塔]

❶踏，踩。❷踢。

蹈 dǎo ㄉㄠˇ [dou⁶ 杜]

❶踩，践踏：~白刃而不顾(形容不顾危险)｜赴汤~火。㉿实行，遵循：循规~矩。❷跳动：手舞足~。

蹊 ㊀qī ㄑㄧ ㊀ [kei¹ 溪]

【蹊跷】(-qiāo)奇怪，可疑：这事有点儿~。也说"跷蹊"(qiāoqi)。

㊁xī ㄒㄧ ㊁ [hei⁴ 兮]

小路(㉿-径)。

蹓 ㊀liū ㄌㄧㄡ ㊀ [leo⁶ 漏]

滑行：~冰。

㊁liū ㄌㄧㄡ ㊁ [liu¹ 料¹]

悄悄走开：~走。

㊂liù ㄌㄧㄡˋ ㊂ [leo⁶ 漏]

同"遛❶"。

蹐 jí ㄐㄧˊ [jig³ 即³，㊂zég³ 脊]

小步行走。

蹁 [xin³ 线]

☞▇❶动词。打滑：~咗一脚(滑了一脚)｜因住~落去(当心滑下去)。❷动词。因脚下打滑而摔倒：~咗一跤(摔了一跤)｜~脚(脚下打滑)｜~低(摔倒)。

蹍 niǎn ㄋㄧㄢˇ [jin² 展]

〈方〉踩。

11 画

躇 chú ㄔㄨˊ [qu⁴ 橱]

见666页"踌"字条【踌躇】(chóu-)。

蹚 (*踼)tāng ㄊㄤ [tong² 倘]

❶从有水、草等的地方走过去：他~着水过去了。❷用犁、锄等把土翻开，把草锄去：~地。

蹦 bèng ㄅㄥˋ [beng¹ 崩]

两脚并着跳，也泛指跳：欢~乱跳｜~了半米高。【蹦跶】(-da)蹦跳。㉿挣扎：秋后的蚂蚱~不了几天了。

蹢 ㊀dí ㄉㄧˊ ㊀ [dig¹ 的]

〈古〉蹄子。

㊁zhí ㄓˊ ㊁ [zag⁶ 摘]

【蹢躅】(-zhú)同"踯躅"。

蹜 sù ㄙㄨˋ [sug¹ 叔]

【蹜蹜】小步快走。

蹪 [guan³ 惯]

☞▇动词。摔倒，跌跤：路好滑，因住~低(路好滑，当心摔倒)｜~咗一跤(摔了一跤)。

12 画

蹰 (*蹰)chú ㄔㄨˊ [qu⁴ 橱]

见667页“踟”字条【踟蹰】(chí－)。

蹶 (㊀**蹷)㊀jué ㄐㄩㄝˊ [küd³决]

跌倒。㊕挫折，失败：一～不振。

㊁juě ㄐㄩㄝˇ [küd³决]

【尥蹶子】(liào－zi)骡马等跳起来用后腿向后踢。

蹽 liāo ㄌㄧㄠ [liu⁴辽]

〈方〉跑，走：他一气～了二里地。

蹼 pǔ ㄆㄨˇ [bug⁶仆]

青蛙、乌龟、鸭子、水獭等动物脚趾中间的膜。也指像蹼的用具：脚～｜～泳。

蹪 [yang³衣坑³]

☞广❶动词。蹬，踹：一脚～开度门(一脚把门踹开)。❷动词。支撑：攞条棍嚟～实佢(拿根棍子来撑住它)｜而家铺头就靠佢～住(现在店里就靠他支撑着)。❸动词。坚决不承认：死～唔认(死顶住不承认)。【死鸡撑饭盖】形容人明知错了仍坚持，或理亏还强辩。

蹹 [teb¹拖急]

☞广形容词。(青蛙、蚱蜢等)跳跃的样子：蛤乸～～噉跳(青蛙一蹦一蹦地跳)。

【蹹蹹掂】妥妥当当：佢真会安排，也都搞得～(她真会安排，什么都搞得妥妥当当)。

【蹹蹹冚】两物吻合：呢张相片镶入嗰个镜架～，唔大唔细(这张照片镶入那个镜框刚刚好，不大不小)。

蹯 fán ㄈㄢˊ [fan⁴凡]

兽足：熊～(熊掌)。

蹴 (*蹵)cù ㄘㄨˋ [cug¹速]

❶踢：～鞠(jū)(踢球)。❷踏：一～而就(一下子就成功)。

蹾 (**撉)dūn ㄉㄨㄣ [dên¹敦]

猛地往下放，着(zháo)地很重：篓子里是鸡蛋，别～。

蹲 ㊀cún ㄘㄨㄣˊ ⊟ [qun⁴全]

〈方〉脚、腿猛然着地，使腿或脚受伤：他跳下来～了腿了。

㊁dūn ㄉㄨㄣ ⊟ [dên¹敦]

两腿尽量弯曲，像坐的样子，但臀部不着地：～在地上。㊕闲居：不能再～在家里了。【蹲班】留级：～生。【蹲点】深入到基层单位，参加实际工作，进行调查研究等。

蹭 cèng ㄘㄥˋ [seng³擤]

摩擦：～了一身泥｜～破了皮。㊕ 1. 就着某种机会占便宜，揩油：～吃｜～车。2. 拖延：快点儿，别～了｜磨～(ceng)。

【蹭蹬】(－dèng)遭遇挫折。

蹿 (躥)cuān ㄘㄨㄢ [qun¹村]

向上或向前跳：猫～到房上去了。

蹬 ㊀dēng ㄉㄥ ⊟ [deng¹登]

踩，践踏：~在凳子上。㊀脚向下用力：~三轮车丨~水车。

㊁dèng ㄉㄥˋ ㊂[deng⁶ 邓]

见670页"蹭"字条【蹭蹬】(cèng-)。

13画以上

躁 zào ㄗㄠˋ [cou³ 措]

急躁，性急，不冷静：暴~丨浮~丨戒骄戒~。

蠋 zhú ㄓㄨˊ [zug⁶ 浊]

见667页"踯"字条【踯躅】(zhí-)。

躪（躏）lìn ㄌㄧㄣˋ [lên⁶ 论]

见668页"蹂"字条【蹂躏】(róu-)。

躓 [zed⁶ 侄]

☞粤 ❶动词。害怕，惊慌：吓到佢~晒(把他吓呆了)丨唔使~(不用怕)。❷动词。突然停止：讲到呢度，佢~咗一下(说到这里，他停了一下)丨~手(突然停手；缩手)丨~脚(突然收腿；停下脚步)丨~手~脚(缩手缩脚)丨口~~(结结巴巴)。也作"窒"。

躔 chán ㄔㄢˊ [qin⁴ 前]

❶兽的足迹。❷日月星辰的运行。

躐 liè ㄌㄧㄝˋ [lib⁶ 猎]

❶超越：~等(越级)丨~进(不依照次序前进)。❷踩，践踏。

躦（躜）zuān ㄗㄨㄢ [jun¹ 专]

向上或向前冲。

躝 [lan¹ 兰¹]

☞粤 ❶动词。爬：只蟹~咗去嗰便咯(螃蟹爬到那边去了)丨蚁~咁慢(像蚂蚁爬那么慢)。❷动词。滚：~开丨~远啲(滚远点)丨你~咗去边度(你滚到哪儿去了)？【躝尸趷路】骂人语。滚蛋：~啦，你(滚蛋吧，你)！也作"跸"。

躞 xiè ㄒㄧㄝˋ [xib³ 涉]

见668页"蹀"字条【蹀躞】(dié-)。

[159]邑部

邑 yì ㄧˋ [yeb¹ 泣]

❶都城，城市：通都大~。❷县。

[159]阝右部

2—4画

邗 yú ㄩˊ [yu¹ 于]

❶周代诸侯国名，在今河南省沁阳西北。❷姓。

邙 máng ㄇㄤˊ [mong¹ 亡¹]

【邙山】山名，在河南省西北部。

邦 （＊＊邦）bāng ㄅㄤ [bong¹ 帮]

国：友～｜盟～。【邦交】国与国之间的正式外交关系：建立～。

邢 xíng ㄒㄧㄥˊ [ying⁴ 仍]

姓。

邨 cūn ㄘㄨㄣ [qun¹ 穿]

❶见305页“村”。❷用于人名。

邠 bīn ㄅㄧㄣ [ben¹ 奔]

邠县，在陕西省。今作“彬县”。

邬 （鄔）wū ㄨ [wu¹ 乌]

姓。

那 ㈠nā ㄋㄚ ㊀ [na¹ 拿¹]

姓。

㈡nà ㄋㄚˋ ㊀ [na⁵ 拿⁵]

代词。指较远的时间、地方或事物，跟“这”相对：～时｜～里｜～个｜～样｜～些。【那么】（＊那末）（－me）1. 代词。那样：就～办吧｜要不了～多｜～个人｜～个脾气。2. 连词。跟前面“如果”“若是”等相应，表示申说应有的结果或做出判断：如果敌人不投降，～就消灭他。

㈢nèi ㄋㄟˋ ㊀ [na⁵ 拿⁵]

“那”（nà）和“一”的合音，但指数量时不限于一：～个｜～些｜～年｜～三年。

5 画

邴 bǐng ㄅㄧㄥˇ [bing² 炳]

姓。

邳 pī ㄆㄧ [péi⁴ 皮]

【邳州】地名，在江苏省。

邶 bèi ㄅㄟˋ [bui³ 贝]

周代诸侯国名，在今河南省汤阴东南。

邮 （郵）yóu ㄧㄡˊ [yeo⁴ 由]

❶邮递，由国家专设的机构传递信件：～信。❷有关邮务的：～票｜～费｜～局。

邱 qiū ㄑㄧㄡ [yeo¹ 休]

❶同“丘❶”。❷姓。古也作“丘”。

邻 （鄰、＊隣）lín ㄌㄧㄣˊ [lên⁴ 轮]

❶住处接近的人家：东～｜四～。❷邻近，接近，附近：～国｜～居｜～舍。❸古代五家为邻。

邸 dǐ ㄉㄧˇ [dei² 底]

高级官员的住所：官～。

邹 （鄒）zōu ㄗㄡ [zeo¹ 周]

周代诸侯国名，在今山东省邹城东南。

邲 bì ㄅㄧˋ [bed⁶ 拔]

古地名，在今河南省荥（xíng）阳东北。

邺 chū ㄔㄨ [cêd¹ 出]

用于地名：～江镇（在四川省大邑）。

邵 shào ㄕㄠˋ [xiu6 绍]

姓。

郱 biàn ㄅㄧㄢˋ [bin6 辨]

姓。

邰 tái ㄊㄞˊ [toi4 抬]

姓。

6 画

邽 guī ㄍㄨㄟ [guei1 归]

【下邽】地名，在陕西省渭南。

邿 shī ㄕ [xi1 思]

用于地名：大～城(在山东省济阳)。

郏 gōng ㄍㄨㄥ [gung1 公]

姓。

郁 (㊁鬱、㊁*鬰、㊁*欝)yù ㄩˋ ㊀[yug1 沃]

❶有文采(叠)：文采～～。❷形容香气浓：馥(fù)～。

㊁[wed1 屈]

❶草木茂盛(叠)：～～葱葱。❷忧愁，愁闷(㊟忧－)(叠)：～～不乐。❸地名，郁南，在广东省。

☞㊄动词。憋气：有乜事讲出嚟，唔好～嗮心度(有什么事说出来，不要憋在心里)。

郏 (郟)jiá ㄐㄧㄚˊ [gab3 甲]

郏县，在河南省。

邾 zhū ㄓㄨ [ju1 猪]

周代诸侯国名，后改称"邹"。

郈 hòu ㄏㄡˋ [heo6 后]

姓。

郐 (鄶)kuài ㄎㄨㄞˋ [kui3 溃3，㊅kui2 溃]

周代诸侯国名，在今河南省新密。

郃 hé ㄏㄜˊ [heb6 合]

【郃阳】地名，在陕西省。今作"合阳"。

郄 qiè ㄑㄧㄝˋ [guig1 隙]

姓。

〈古〉又同"郤"(xì)。

郇 ㊀huán ㄏㄨㄢˊ ㊁[wan4 还]

姓。

㊁xún ㄒㄩㄣˊ ㊁[sên1 询]

❶周代诸侯国名，在今山西省临猗西南。❷姓。

郊 jiāo ㄐㄧㄠ [gao1 交]

城外：西～｜近～｜市～｜～游。

郑 (鄭)zhèng ㄓㄥˋ [㊙jing6 静，㊔zéng6 净]

周代诸侯国名，在今河南省新郑一带。

【郑重】(－zhòng)审慎，严肃：～其事｜～声明。

郎 ㊀láng ㄌㄤˊ [long4 狼]

❶对年轻男子的称呼：～才女貌。㊀对某种人的称呼：货～｜放牛～。❷女子称情人或丈夫：情～｜～君。❸古官名：侍～。【郎中】1.〈方〉医生。2.古官名。❹姓。

㊁làng ㄌㄤˋ［long⁴ 狼］

【屎壳郎】蜣螂(qiāngláng)的俗称。

郓 (鄆)yùn ㄩㄣˋ［wen⁶ 运］

【郓城】地名，在山东省。

郇 (郇)xún ㄒㄩㄣˊ［cem⁴ 沉］

姓。

7 画

部 wú ㄨˊ［ng⁴ 吾］

见675页“郿”字条【郿部】(táng－)。

郦 (酈)lì ㄌㄧˋ［lig⁶ 力］

姓。

郢 yǐng ㄧㄥˇ［ying⁵ 映⁵］

郢都，楚国的都城，在今湖北省荆州。

郧 (鄖)yún ㄩㄣˊ［wen⁴ 云］

郧县，地名，在湖北省。

郜 gào ㄍㄠˋ［gou³ 告］

姓。

郗 xī ㄒㄧ (旧读 chī)［qi¹ 雌，㊂hei 希］

姓。

郛 fú ㄈㄨˊ［fu¹ 夫］

古代城圈外围的大城。

郡 jùn ㄐㄩㄣˋ［guen⁶ 君⁶］

古代行政区域，秦以前比县小，从秦代起比县大。

8 画

都 ㊀dōu ㄉㄡ［dou¹ 刀］

❶副词。表示总括，全，完全：事情不论大小，～要做好。❷副词。表示语气的加重：～十二点了还不睡｜连小孩子～搬得动。

㊁dū ㄉㄨ［dou¹ 刀］

❶首都，全国最高领导机关所在的地方：建～。❷大城市(㊄－市)：通～大邑。❸姓。

鄀 ruò ㄖㄨㄛˋ［yêg⁶ 弱］

❶春秋时楚国的都城，在今湖北省宜城东南。❷用于地名：～太(在广西壮族自治区武鸣)。

郪 qī ㄑㄧ［cei¹ 栖］

郪江，水名，在四川省东部，涪(fú)江支流。

郫 pí ㄆㄧˊ［péi⁴ 皮］

郫县，地名，在四川省。

郭 guō ㄍㄨㄛ [guog³ 国]

城外围着城的墙(连城-)。

部 bù ㄅㄨˋ [bou⁶ 步]

❶部分，全体中的一份：内～｜南～｜局～。【部位】位置。❷机关企业按业务范围分设的单位：农业～｜编辑～｜门市～。【部队】军队。【部首】按汉字形体偏旁所分的门类，如“山”部、“火”部等。❸统属：～领｜所～三十人。【部署】布置安排。❹量词。1. 用于书籍、影片等：一～小说｜两～电影。2. 用于车辆或机器：一～收割机｜三～汽车。

郸 (鄲) dān ㄉㄢ [dan¹ 丹]

【郸城】地名，在河南省。

郯 tán ㄊㄢˊ [tam⁴ 谭]

【郯城】地名，在山东省。

9 画

郾 yǎn ㄧㄢˇ [yin² 演²]

【郾城】地名，在河南省。

鄄 juàn ㄐㄩㄢˋ [gün³ 绢]

鄄城，地名，在山东省。

鄂 è ㄜˋ [ngog⁶ 岳]

湖北省的别称。

【鄂伦春族】【鄂温克族】都是我国少数民族，参看附表。

鄋 sōu ㄙㄡ [seo¹ 收]

【鄋瞒】春秋时小国，也称长狄，在今山东省济南北。一说在今山东省高青。

郰 yǔ ㄩˇ [yu⁵ 汝]

周代诸侯国名，在今山东省临沂。

郿 shū ㄕㄨ [xu¹ 书]

古县名，在今山东省夏津附近。

郿 méi ㄇㄟˊ [méi⁴ 眉]

郿县，在陕西省。今作“眉县”。

10—11 画

鄚 mào ㄇㄠˋ(旧读 mò) [mog⁶ 莫]

【鄚州】地名，在河北省任丘。

鄑 zī ㄗ [ji¹ 兹]

用于地名：夏家～水(在山东省昌邑)。

鄌 táng ㄊㄤˊ [tong⁴ 堂]

【鄌郚】(－wú)地名，在山东省昌乐。

鄢 yān ㄧㄢ [yin¹ 烟¹]

用于地名：～陵(在河南省)。

鄞 yín ㄧㄣˊ [ngen⁴ 银]

鄞州，地名，在浙江省宁波。

鄠 hù ㄏㄨˋ ［wu⁶ 互］

鄠县，地名，在陕西省。今作“户县”。

鄌 táng ㄊㄤˊ ［tong⁴ 唐］

古地名，在今江苏省六合。

鄙 bǐ ㄅㄧˇ ［péi² 丕²］

❶粗俗，低下：～陋。谦辞：～人｜～意｜～见。❷低劣：卑～。❸轻蔑：可～｜～视｜～薄｜～夷。❹边远的地方：边～。

鄘 yōng ㄩㄥ ［yung⁴ 容］

周代诸侯国名，在今河南省卫辉一带。

鄣 zhāng ㄓㄤ ［zêng¹ 章］

周代诸侯国名，在今山东省东平东。

12 画以上

鄱 pó ㄆㄛˊ ［po⁴ 婆，㊂bo³ 播］

【鄱阳】1. 湖名，在江西省北部。2. 地名，在江西省。

鄯 shàn ㄕㄢˋ ［xin⁶ 善］

【鄯善】1. 古代西域国名。2. 地名，在新疆维吾尔自治区。

鄫 zēng ㄗㄥ ［cen⁴ 层］

周代诸侯国名，故城在今山东省苍山县。

鄹 （**聊）zōu ㄗㄡ ［zeo¹ 周］

❶古地名，在今山东省曲阜东南。❷周代诸侯国名，即邹。

酂 （酇）㊀cuó ㄘㄨㄛˊ ㊂ cuán ㄘㄨㄢˊ ㊁［co⁴ 锄］

【酂阳】【酂城】地名，都在河南省永城。

㊁zàn ㄗㄢˋ ㊁［zan³ 赞³］

古地名，在今湖北省老河口一带。

酃 líng ㄌㄧㄥˊ ［ling⁴ 陵］

酃县，旧县名，在今湖南省衡阳东。现叫炎陵县。

酆 fēng ㄈㄥ ［fung¹ 丰］

【酆都】地名，在重庆市。今作“丰都”。

酄 quān ㄑㄩㄢ ［hün¹ 喧］

用于地名：柳树～（在河北省唐山）｜蒙～（在天津市蓟州）。

酅 xī ㄒㄧ ［kuei⁴ 葵］

❶古地名。春秋时纪国乡邑，在今山东省临淄东。又，春秋时齐国属地，在今山东省东阿南。❷姓。

［160］身部

身 shēn ㄕㄣ ［sen¹ 申］

❶人、动物的躯体（㊟－体、－躯）：全～｜上～｜半～不遂｜人～自由。㊕物体的主要部分：船～｜河～｜树

~。❷指生命：以~殉职丨舍~炸碉堡。❸亲身，亲自，本人：~临其境丨~体力行(亲身努力去做)丨以~作则。❹指人的地位：~败名裂。【身份】【身分】(-fèn)1. 指在社会上及法律上的地位：验明~。2. 特指受人尊敬的地位：有失~丨这是位有~的人。❺(-儿)量词。用于衣服：我做了一~儿新衣服。

射 (*䠶)shè ㄕㄜˋ [sé⁶ 社⁶]

❶放箭，用推力或弹(tán)力送出子弹等：~箭丨扫~丨高~炮。❷液体受到压力迅速挤出：喷~丨注~。❸放出光、热等：反~丨光芒四~。❹有所指：暗~丨影~。

躬 (*躳)gōng ㄍㄨㄥ [gung¹ 弓]

❶身体。㊀自身，亲自：~行丨~耕丨事必~亲。❷弯曲(身体)：~身。

躯 (軀)qū ㄑㄩ [kêu¹ 驱]

身体(㊥身-)：七尺之~丨为国捐~。

躲 (**躱)duǒ ㄉㄨㄛˇ [do² 朵]

隐藏，避开(㊥-藏、-避)：~雨丨他~在哪里？丨明枪易~，暗箭难防。

躺 tǎng ㄊㄤˇ [tong² 倘]

身体横倒，也指车辆、器具等倒在地上：~在床上丨一棵大树~在路边。

躯 [pé⁵ 婆野]

☞廣 形容词。歪着身子，像要倒下：个醉酒佬行路~~下(那个醉汉走路歪歪斜斜的)丨唔好~住个身坐(不要歪着身子坐)。【放躯】放刁撒泼：佢都唔讲道理：~嚟嘅(他都不讲道理，一味放刁撒泼)。

[161]采部

悉 xī ㄒㄧ [xig¹ 析]

❶知道：获~丨熟~此事。❷尽，全：~心丨~数捐献丨~听尊便。

釉 yòu ㄧㄡˋ [yeo⁶ 又]

(-子)以石英、长石、硼砂、黏土等为原料制成的物质，涂在瓷器、陶器外面，烧制后发出玻璃光泽，可增加陶瓷的机械强度和绝缘性能。

番 ㊀fān ㄈㄢ ㊁ [fan¹ 翻]

❶称外国的或外族的：~茄丨~薯丨~椒。❷量词。1. 遍，次：三~五次丨费了一~心思丨解说一~丨产量翻了一~。2. 种，样：别有一~滋味。

㊁pān ㄆㄢ ㊁ [pun¹ 潘]

【番禺】(-yú)地名，在广东省广州。

释 (釋)shì ㄕˋ [xig¹ 色]

❶说明，解说(㊥解-、注-)：解~字句丨古诗浅~。❷消散：冰~(喻怀疑、误会等完全消除)丨~疑。❸放开，放下：~放丨手不~卷丨如~重负。❹把坐监服刑的人释放：保~丨开~。❺佛教创始人"释迦牟尼"的省称，泛指佛教：~氏(佛家)丨~子(和尚)丨~教。

[162]谷部

谷 (㊁❷-❶穀)㊀gǔ ㄍㄨˇ ㊂[gug¹ 菊]

❶山谷，两山中间狭长的水道。又指两山之间：万丈深～。❷庄稼和粮食的总称：五～。❸(－子)谷类作物，籽实碾去皮以后就成小米，供食用，茎可喂牲口。❹〈方〉稻，也指稻的籽实：糯～｜粳(jīng)～｜轧(yà)～机。❺姓。

㊁yù ㄩˋ ㊂[yug⁶ 欲]

【吐谷浑】(tǔ－hún)我国古代西部民族名。

郤 xì ㄒㄧˋ [guig¹ 隙]

❶同"隙"。❷姓。

欲 (❶*慾)yù ㄩˋ [yug⁶ 肉]

❶欲望，想得到某种东西或想达到某种目的的要求：食～｜求知～。❷想要，希望：～盖弥彰(想要掩饰反而弄得更显明了)。❸需要：胆～大而心～细。❹副词。将要，在动词前，表示动作就要开始：摇摇～坠｜山雨～来风满楼。

鹆 (鵒)yù ㄩˋ [yug⁶ 肉]

见557页"鸲"字条【鸲鹆】(qú－)。

谼 hóng ㄏㄨㄥˊ [hung⁴ 红]

❶大的山谷，深沟。❷鲁谼山，山名，又地名，都在安徽省桐城。

谿 xī ㄒㄧ [kei¹ 稽]

❶见400页"溪"。❷姓。

豁 ㊀huō ㄏㄨㄛ [kud³ 括]

❶残缺，裂开：～口｜～了一个口子｜～唇。【豁子】(－zi)残缺的口子：碗上有个～｜城墙拆了一个～。❷舍弃，狠心付出高代价：～出性命｜～出几天时间。

㊁huò ㄏㄨㄛˋ [kud³ 括]

❶开通，敞亮：～达｜～然开朗。❷免除(㊃－免)。

[163]豸部

豸 ㊀zhài ㄓㄞˋ ㊂[zai⁶ 寨]

❶【冠豸山】(guàn－－)山名，在福建省连城。

㊁zhì ㄓˋ ㊂[ji⁶ 治]

古书上指没有脚的虫子。【虫豸】旧时对虫子的通称。

豺 chái ㄔㄞˊ [cai⁴ 柴]

兽名，像狼而嘴较短，性凶猛，常成群侵袭家畜。【豺狼】㊉贪心残忍的恶人。

豹 bào ㄅㄠˋ [pao³ 炮]

兽名，像虎而小，毛黄褐或赤褐色，多有黑色斑点。性凶猛，善跳跃，能上树。

貙 (貙)chū ㄔㄨ [cêu¹ 吹]

古代指一种虎属猛兽，又名貙虎。

貂 diāo ㄉㄧㄠ [diu¹ 丢]

哺乳动物，嘴尖，尾巴长，毛皮黄黑色或带紫色，很珍贵。

貆 huán ㄏㄨㄢˊ [wun⁴ 缓]

❶幼小的貉。❷豪猪。

貊 mò ㄇㄛˋ [meg⁶ 默]

我国古代称东北方的民族。

貅 xiū ㄒㄧㄡ [yeo¹ 忧]

见679页“貔”字条【貔貅】(pí-)。

貉 ㊀háo ㄏㄠˊ [hog⁶ 学]

同“貈”(hé)，用于“貉子、貉绒”。

㊁hé ㄏㄜˊ [hog⁶ 学]

哺乳动物，耳小，嘴尖，毛棕灰色，昼伏夜出，捕食虫类。毛皮珍贵。【一丘之貉】比喻彼此相似，没什么差别的坏人。

〈古〉又同“貊”(mò)。

貌 mào ㄇㄠˋ [mao⁶ 矛⁶]

❶相貌，长(zhǎng)相(㊀容-)：美~｜不能以~取人。❷外表，表面：~合神离｜~似强大。㊁样子：全~｜概~｜原~。❸古书注解里表示状态用的字，如“飘飘：飞貌”等。

貘 mò ㄇㄛˋ [mog⁶ 莫]

哺乳动物，像猪而略大，鼻子圆而长，能伸缩，善游泳。产于热带。

貔 pí ㄆㄧˊ [péi⁴ 皮]

传说中的一种野兽，似熊。【貔貅】(-xiū)传说中的一种猛兽。㊉勇猛的军队。

[164]龟部

龟 (龜)㊀guī ㄍㄨㄟ ㊀[guei¹ 归]

爬行动物，腹背都有硬甲，头尾和脚能缩入甲中，寿命长。种类很多。龟甲可入药，古人用龟甲占卜：~卜。

㊁jūn ㄐㄩㄣ ㊁[guen¹ 均]

同“皲”。

㊂qiū ㄑㄧㄡ ㊂[geo¹ 鸠]

【龟兹】(-cí)汉代西域国名，在今新疆维吾尔自治区库车一带。

[165]角部

角 ㊀jiǎo ㄐㄧㄠˇ [gog³ 各]

❶牛、羊、鹿等头上长出的坚硬的东西。❷形状像角的东西：菱~｜皂~。❸几何学上指自一点引两条射线所成的形状：直~｜锐~。❹(-儿)物体边沿相接的地方：桌子~儿｜墙~儿。❺突入海中的尖形的陆地。多用于地名：成山~(在山东省荣成)。❻星宿名，二十八宿之一。❼货币单位，一元钱的十分之一。❽量词。从整块划分成角形的：一~饼。

㊁jué ㄐㄩㄝˊ [gog³ 各]

❶竞争，争胜：~斗｜~逐｜口~(吵嘴)。❷(-儿)演员，角色：主~｜他演什么~儿？【角色】(*脚色)1. 戏曲演员按所扮演人物的性别和性格等分的

类型。又叫行当。如京剧的“生、旦、净、丑”。2. 戏剧或电影里演员所扮演的剧中人物。❸古代五音“宫、商、角、徵(zhǐ)、羽”之一。❹古代形状像爵的酒器。❺姓。

斛 hú ㄏㄨˊ［hug⁶ 酷］

量器名，方形，口小底大。古时以十斗为一斛，后又以五斗为一斛。

觖 jué ㄐㄩㄝˊ［küd³ 决］

不满。【觖望】因不满而怨恨。

觞 (觴) shāng ㄕㄤ［sêng¹ 双］

古代喝酒用的器物：举～称贺。

觚 gū ㄍㄨ［gu¹ 姑］

❶古代一种盛酒的器具。❷古代写字用的木板：操～(执笔写作)。❸棱角。

觜 ㊀zī ㄗ ㊀［ji¹ 之］

星宿名，二十八宿之一。

㊁zuǐ ㄗㄨㄟˇ ㊁［zêu² 嘴］

同“嘴”。

觟 huà ㄏㄨㄚˋ［wa⁶ 蛙⁶］

❶有角的母羊。❷姓。

觥 gōng ㄍㄨㄥ［gueng¹ 轰］

古代用兽角做的一种饮酒器皿。

触 (觸) chù ㄔㄨˋ［zug¹ 足］

❶抵，顶：羝(dī)羊～藩。❷碰，遇着：～礁｜～电｜～景生情｜一～即发。【触觉】(－jué)皮肤、毛发等与物体接触时所产生的感觉。

解 (**鮮) ㊀jiě ㄐㄧㄝˇ ㊀［gai² 介²］

❶剖开，分开(㊀分－)：～剖｜难～难分｜瓦～。❷把束缚着、系(jì)着的东西打开：～扣｜～衣服。【解放】1. 推翻反动政权，使广大人民群众脱离压迫，获得自由。2. 解除束缚，得到自由或发展：～生产力。❸除去。1. 消除：～恨｜～渴。2. 废除，停止：～职｜～约。❹讲明白，分析说明(㊀－释、注－)：～答｜～劝。❺懂，明白：令人不～｜通俗易～。❻代数方程中未知数的值。❼演算：～方程。❽解手儿，大小便：大～｜小～。

㊁jiè ㄐㄧㄝˋ ㊁［gai³ 介］

指押送财物或犯人：～款｜起～。

㊂xiè ㄒㄧㄝˋ ㊂［hai⁶ 械］

❶明白，懂得：～不开这个理。❷姓。❸解县，旧县名，在山西省运城。

觫 sù ㄙㄨˋ［cug¹ 束］

见 482 页“觳”字条【觳觫】(hú－)。

觭 jī ㄐㄧ［gèi 机，㊀kéi¹ 崎］

同“奇❶”，单数。

觯 (觶) zhì ㄓˋ［ji³ 志］

古时饮酒用的器皿。

觱 (**觱) bì ㄅㄧˋ［bid¹ 必］

【觱篥】(－lì)古代的一种管乐器。

觽 xī ㄒㄧ [kuei⁴ 葵]

古代用骨头等制的解绳结的锥子。

[166]言部

言 yán ㄧㄢˊ [yin⁴ 研]

❶话(㊌语－)：发～丨格～丨名～丨谣～丨有～在先丨一～为定丨一～以蔽之。❷说(㊌－语)：知无不～。❸汉语的字：五～诗丨七～绝句丨洋洋万～。

訄 qiú ㄑㄧㄡˊ [keo⁴ 求]

逼迫。

訾 ㊀zī ㄗ ㊁ [ji¹ 之]

姓。

㊁zǐ ㄗˇ ㊁ [ji² 紫]

说别人的坏话，诋毁(㊌－毁)：不苟～议。

誊 (謄)téng ㄊㄥˊ [teng⁴ 腾]

照原稿抄写：～写丨～清丨这稿子太乱，要～一遍。

誉 (譽)yù ㄩˋ [yu⁶ 预]

❶名誉，名声：荣～。特指好的名声：～满中外。❷称赞(㊌称－、赞－)：～不绝口。

誓 shì ㄕˋ [sei⁶ 逝]

❶当众表示，决心依照说的话实行：～不两立丨～为共产主义奋斗终身。❷表示决心的话。

謷 áo ㄠˊ [ngong⁴ 敖]

诋毁，訾(zǐ)～。【謷謷】1. 不考虑别人的话。2. 悲叹声。

謦 qǐng ㄑㄧㄥˇ [hing³ 庆]

咳嗽。【謦欬】(－kài)指谈笑：亲聆～。

警 jǐng ㄐㄧㄥˇ [ging² 竟]

❶注意可能发生的危险：～戒丨～惕丨～备丨～告(提醒人注意)。❷需要戒备的危险事件或消息：火～丨告～丨～报。❸感觉敏锐：～觉丨～醒。

譬 pì ㄆㄧˋ [péi³ 屁]

打比方(㊌－喻、－如)。

[166]讠部

2 画

计 (計)jì ㄐㄧˋ ㊁ [gei³ 继]

❶算(㊌－算)：不～其数。❷测量或计算度数、时间等的仪器：时～丨体温～。❸主意，策略(㊌－策)：妙～丨百年大～。❹计划，打算：为工作方便～。【计较】(－jiào)1. 打算，商量：此事日后再做～。2. 争论，较量：是他不对，但大家都没有跟他～。

㊁ [gei² 鸡²]

☞▇名词。计谋，办法，主意：～仔(计

谋，办法）| 出～（出主意）。

订（訂）dìng ㄉㄧㄥˋ［ding³ 定³ ㊂ déng⁶ 顶⁶］

❶改正，修改：～正 | 考～ | 校（jiào）～。❷立（契约），约定：～报 | ～货 | ～婚 | ～合同。❸用线、铁丝等把书页等连在一起：装～ | ～一个笔记本儿。

讣（訃）fù ㄈㄨˋ［fu⁶ 付］

报丧，也指报丧的通知：～闻 | ～告。

认（認）rèn ㄖㄣˋ［ying⁶ 形⁶］

❶分辨，识别（㊥－识）：～字 | ～明 | ～不出。【认真】仔细，不马虎。❷承认，表示同意：～可 | ～错 | 公～ | 否～。❸跟本来没有关系的人建立某种关系：～老师 | ～了一门干亲。

讥（譏）jī ㄐㄧ［géi¹ 机］

讽刺，挖苦（㊥－讽、－刺）：冷～热嘲 | ～笑。

3 画

讦（訐）jié ㄐㄧㄝˊ［kid³ 揭］

揭发别人的阴私：攻～。

讦（訏）xū ㄒㄩ［hêu¹ 虚］

❶夸口。❷大：～谟（大计）。

讧（訌）hòng ㄏㄨㄥˋ［hung⁶ 哄］

乱，溃败：内～。

讨（討）tǎo ㄊㄠˇ［tou² 土］

❶查究，处治。㊦征伐，发动攻击：南征北～。【声讨】宣布罪行而加以抨击。❷研究，推求：～论 | 研～。❸索取：～债。❹求，请求：～饶 | ～教（jiào）。❺招惹：～厌 | ～人欢喜。

让（讓）ràng ㄖㄤˋ［yêng⁶ 样］

❶不争，尽（jǐn）着别人：～步 | 谦～。㊀1. 请：把他～进屋里来。2. 避开：～开 | ～路。❷索取一定代价，把东西给人：出～ | 转～。❸许，使：不～他来 | ～他去取。㊀任凭：～他闹去。❹介词。被：那个碗～他摔坏了。

讪（訕）shàn ㄕㄢˋ［san³ 汕］

❶讥笑：～笑。❷难为情的样子：脸上发～ | 他～～地走了。【搭讪】为了想跟人接近或把尴尬的局面敷衍过去而找话说。

讫（訖）qì ㄑㄧˋ［nged⁶ 兀］

❶完结，终了：收～ | 付～ | 验～。❷截止：起～。

训（訓）xùn ㄒㄩㄣˋ［fen³ 粪］

❶教导，教诲：～话 | 教～。❷训练：集～ | 冬～。❸可以作为法则的话：遗～ | 不足为～。❹解释词的意义：～诂。

议（議）yì ㄧˋ［yi⁵ 以］

❶表明意见的言论（㊥－论）：提～ |

建～｜无异～。❷商议，讨论：会～｜～定。

讯

(訊)xùn ㄒㄩㄣˋ [sên³ 信]

❶问。特指法庭中的审问：审～。❷消息，音信：通～｜新华社～。

记

(記)jì ㄐㄧˋ [géi³ 寄]

❶记忆，把印象保持在脑子里：～住这件事｜～性。❷把事物写下来：～录｜～账｜把这些事情都～在笔记本上。【记者】报刊、电台、电视台、通讯社里做采访报道工作的人员。❸记载事物的书册或文字：游～｜日～｜大事～。❹记号，标志：以红色为～｜戳～。❺同“痱”。❻量词。用于某些动作的次数：一～耳光｜一～劲射。

讱

(訒)rèn ㄖㄣˋ [yen⁶ 刃]

言语迟钝。

4 画

讲

(講)jiǎng ㄐㄧㄤˇ [gong² 港]

❶说，谈：～话｜他对你～了没有？❷解释(㊟－解)：～书｜这个字有三种～法。❸谋求，顾到：～卫生。【讲究】(－jiu)1. 讲求，注重：～质量。2. 精美：这房子盖得真～。3. (－儿)一定的方法或道理，惯例：写春联有写春联的～儿。❹商量：～价儿。

讳

(諱)huì ㄏㄨㄟˋ [wei⁵ 伟]

❶避忌，有顾忌不敢说或不愿说(㊟忌－)：～疾忌医｜直言不～。❷封建时代称死去的皇帝或尊长的名字。

讴

(謳)ōu ㄡ [eo¹ 欧]

歌唱。【讴歌】歌颂，赞美。

讵

(詎)jù ㄐㄩˋ [gêu⁶ 具]

岂，怎：～料｜～知。

讶

(訝)yà ㄧㄚˋ [nga⁶ 牙⁶]

惊奇，奇怪：惊～。

讷

(訥)nè ㄋㄜˋ [nab⁶ 呐]

语言迟钝，不善讲话：口～｜木～。

许

(許)xǔ ㄒㄩˇ [hêu² 去²]

❶应允，认可(㊟允－、准－)：特～｜不～。㊞称赞，承认其优点：赞～｜推～｜～为佳作。❷预先答应给予：～配｜我～给他一份礼物｜以身～国。❸或者，可能：也～｜或～｜他下午～来。❹处，地方：先生不知何～人也。❺表示约数：少～(少量)｜年三十～(三十岁左右)。❻这样：如～。【许多】1. 这样多，这么多。2. 很多。【许久】1. 时间这么长。2. 时间很长。

讹

(訛、❶*譌)é ㄜˊ [ngo⁴ 俄]

❶错误(㊟－误)：以～传～。❷敲诈，假借某种理由向人强行索取财物或其他权利：～人｜～诈。

䜣

(訢)xīn ㄒㄧㄣ [yen¹ 因]

姓。

论 (論)㊀lún ㄌㄨㄣˊ ㊁[lên4 轮]

《论语》，古书名，主要记载孔子及其门人的言行。

㊀lùn ㄌㄨㄣˋ ㊁[lên6 吝]

❶分析、判断事物的道理(㊟评－、议－)：不能一概而～｜讨～。❷分析、阐明事物道理的文章、理论和言论：实践～｜唯物～｜社～｜舆～。❸按照某种单位或类别说：～件｜～天｜买西瓜～斤还是～个儿？❹衡量，评定：按质～价｜～功行赏。

讻 (訩、**詾)xiōng ㄒㄩㄥ [hung1 凶]

争辩。【讻讻】形容争论的声音或纷扰的样子。

讼 (訟)sòng ㄙㄨㄥˋ [zung6 仲]

❶在法庭争辩是非曲直，打官司：诉～｜～事。❷争辩是非：聚～纷纭。

讽 (諷)fěng ㄈㄥˇ [fung3 风3]

❶不看着书本念，背书(㊟－诵)。❷用含蓄的话劝告或讥刺(㊟讥－)：～刺｜冷嘲热～。

讷 [guen3 棍，㊋ guen2 滚]

☞㊈❶动词。骗：畀人～咗一万文(给人骗了一万元)。❷动词。不问自取：我本书唔知畀边个～咗去(我的书不知道给谁拿了去)。

设 (設)shè ㄕㄜˋ [qid3 彻]

❶布置，安置：～岗｜办事处～在北京。【设备】为某一目的而配置的建筑与器物等：车间里～很完善。❷筹划：～法。【设计】根据一定的目的要求预先制定方法、程序、图样等。❸假定：～x＝a。❹假使(㊟－若)。

访 (訪)fǎng ㄈㄤˇ [fong2 仿]

❶向人询问调查：～查｜～贫问苦｜采～。❷探问，看望：～友｜～古(古迹)。【访问】有目的地看望，探问：～劳动模范｜出国～。

讵 (詝)zhǔ ㄓㄨˇ [qu5 柱]

智慧。

诀 (訣)jué ㄐㄩㄝˊ [küd3 缺]

❶诀窍，高明的方法：秘～｜妙～。❷用事物的主要内容编成的顺口的便于记忆的词句：口～｜歌～。❸辞别，多指不再相见的分别(㊟－别)：永～。

5 画

诐 (諓)jiàn ㄐㄧㄢˋ [jin3 箭]

【诐诐】1. 能言善辩：～之辞。2. 浅薄：～俗子。

证 (證)zhèng ㄓㄥˋ [jing3 政]

❶用人、物、事实来表明或断定：～明｜查～｜～几何题。【公证】被授以权力的机关根据当事人的申请，证明法律行为或有法律意义的文书和事实的合法性、真实性。【认证】证明产品达到某种质量

标准的合格评定：国际～｜～书。❷凭据，帮助断定事理或情况的东西：～据｜工作～｜毕业～｜结婚～。

“證”另见563页“症”。

诂

（詁）gǔ ㄍㄨˇ［gu² 股］

用通行的话解释古代语言文字或方言字义：训～｜解～｜字～。

诃

（訶）hē ㄏㄜ［ho¹ 苛］

同“呵（hē）❶”。

【诃子】（－zǐ）常绿乔木，果实像橄榄，叶子、幼果（藏青果）、果实（诃子）、果核均可入药。

评

（評）píng ㄆㄧㄥˊ［ping⁴ 苹］

议论或评判（(连)－论、－议）：～语｜～理｜～比｜～阅。(引)指评论的话或文章：书～｜短～。【评价】对事物估定价值：客观～｜予以新的～。【评介】评论介绍。【评判】判定胜负或优劣。【批评】1. 指出工作、思想、作风上的错误或缺点：～与自我～｜～了保守思想。2. 评论：文学～。

诅

（詛）zǔ ㄗㄨˇ［zo³ 佐］

❶迷信的人求神加祸于别人。【诅咒】咒骂，说希望人不顺利的话。❷盟誓。

识

（識）㊀shí ㄕˊ ㊀［xig¹ 色］

❶知道，认得，能辨别：～货｜～字｜～别真假。❷知识，所知道的道理：常～｜学～。❸见识，辨别是非的能力：卓～｜有～之士。

㊁zhì ㄓˋ ㊁［ji³ 志］

❶记住：博闻强～。❷标志，记号：款～。

诇

（詗）xiòng ㄒㄩㄥˋ［guing² 炯，(又)hing³ 庆］

刺探。

诈

（詐）zhà ㄓㄚˋ［za³ 炸³］

❶假装：～死｜～降（xiáng）。❷使手段诓（kuāng）骗（(连)欺－、－骗）：～财｜你不必拿话～我。

诉

（訴、△*愬）sù ㄙㄨˋ［sou³ 素］

❶叙说（(连)－说）：告～｜～苦。❷控告（(连)控－）：～讼｜起～｜上～｜公～。【投诉】公民或单位认为其合法权益遭受侵犯，向有关部门请求依法处理。

“愬”另见505页sù。

诊

（診）zhěn ㄓㄣˇ［cen² 疹²］

医生为断定病症而察看病人身体的情况：～断｜～脉｜门～｜出～。

诋

（詆）dǐ ㄉㄧˇ［dei² 底］

毁谤（(连)－毁）：丑～（辱骂）。

诌

（謅）zhōu ㄓㄡ［zeo¹ 舟］

随口编：胡～｜瞎～。

词

（詞、*䛐）cí ㄘˊ［qi⁴ 池］

❶在句子里能自由运用的最小的语言单位，如“人”“跑”“甜”“他”“而且”等。【词组】两个或两个以上的词的组合，又叫短语。❷语言，特指有组织的语言、

文字：歌～｜演讲～｜义正～严。❸一种长短句押韵的文体：宋～｜填～。

诎 （詘）qū ㄑㄩ ［wed¹ 屈］

❶缩短。❷嘴笨。❸屈服，折服。

诏 （詔）zhào ㄓㄠˋ ［jiu³ 照］

❶告诉：～示。❷皇帝所发的命令：～书｜～令。

诐 （詖）bì ㄅㄧˋ ［béi³ 庇，㊂ béi¹ 悲］

偏颇，邪僻（㊀－邪）：以德正天下之～。

译 （譯）yì ㄧˋ ［yig⁶ 亦］

把一种语言文字依照原义改变成另一种语言文字：翻～｜～文。也指把代表语言文字的符号、数码转换成相应的语言文字：～电员｜破～。

诒 （詒）yí ㄧˊ ［yi⁴ 而］

传给：～训。

詏 ［ngao³ 咬³，㊂ ao³ 坳］

☞▮动词。争辩，争论：争～｜～数（争执；讨价还价）｜～到掂（辩论到分清是非曲直为止）｜咪～喇，去现场睇下就清楚喇（别争论了，到现场看看就清楚了）｜件事已经好清楚，有乜好～啫（事情已经很清楚，有什么可争辩的）？【詏颈】1．抬杠：佢专同我～（他专门跟我抬杠）。2．执拗：呢个仔好～（这孩子脾气很拗）。【詏口】绕口，绕嘴，读起来不顺口：佢写嘅诗真～（他写的诗念起来真绕口）。

6 画

诓 （誆）kuāng ㄎㄨㄤ ［hong¹ 康］

骗，欺骗（㊀－骗）：别～人。

诔 （誄）lěi ㄌㄟˇ ［loi⁶ 来⁶，㊂ lêu⁶ 泪］

❶古时叙述死者生平，表示哀悼（多用于上对下）。❷这类表示哀悼的文章，即诔文。

试 （試）shì ㄕˋ ［xi³ 嗜］

❶按照预定想法非正式地做：～验｜～用｜～一～看。❷考，测验（㊀考－、测－）：～题｜口～｜～金石。

诖 （詿）guà ㄍㄨㄚˋ ［gua³ 挂］

失误。【诖误】1．被牵连而受谴责或处分：为人～。2．旧时也指撤职、失官。

诗 （詩）shī ㄕ ［xi¹ 思］

一种文体，形式很多，多用韵，可以歌咏朗诵。

诘 （詰）㊀jí ㄐㄧˊ ［kid³ 揭］

【诘屈】同“佶屈”。参看55页“佶”（jí）。

㊁jié ㄐㄧㄝˊ ［kid³ 揭］

追问：反～｜盘～。

诙 （詼）huī ㄏㄨㄟ ［fui¹ 恢］

诙谐，说话有趣。

诚 （誠）chéng ㄔㄥˊ ［xing⁴ 城］

❶真心(㊣-实)：~心~意丨~恳。❷实在，的确：~然丨~有此事。

诇

(詷)tóng ㄊㄨㄥˊ [tung⁴ 同]

共同。

诛

(誅)zhū ㄓㄨ [ju¹ 猪]

❶把罪人杀死：~戮丨伏~丨罪不容~。❷责罚：口~笔伐。

诜

(詵)shēn ㄕㄣ [sen¹ 身]

❶【诜诜】形容众多。❷姓。

话

(話、*譮)huà ㄏㄨㄚˋ [wa⁶ 蛙⁶]

❶语言：说~丨谈了几句~。【话剧】用平常口语和动作表演的戏剧。❷说，谈：~别丨茶~丨~旧。

诞

(誕)dàn ㄉㄢˋ [dan³ 旦]

❶诞生，人出生：~辰(生日)。❷生日：华~(敬称他人的生日)。❸荒唐的，不合情理的：荒~不经丨怪~。

诟

(詬)gòu ㄍㄡˋ [geo³ 救]

❶耻辱：含~忍辱。❷辱骂：~病丨~骂。

诠

(詮)quán ㄑㄩㄢˊ [qun⁴ 全]

❶解释(㊣-释)。❷事物的理：真~。

诡

(詭)guǐ ㄍㄨㄟˇ [guei² 鬼]

❶欺诈，奸猾：~辩(无理强辩)丨~计多端。❷怪异，出乎寻常(㊣-异)：~秘。

询

(詢)xún ㄒㄩㄣˊ [sên¹ 殉¹]

问，征求意见(㊣-问)：探~丨查~。

诣

(詣)yì ㄧˋ [ngei⁶ 艺]

到。特指到尊长那里去：~前请教。【造诣】学问或技术所达到的程度：他对于医学~很深。

诤

(諍)zhèng ㄓㄥˋ [zang³ 争³]

谏，照直说出别人的过错，叫人改正：谏~丨~言。【诤友】能直言规劝的朋友。

该

(該)gāi ㄍㄞ [goi¹ 垓]

❶应当，理应如此(㊣应-)：~做的一定要做。❷表示根据情理或经验推测必然的或可能的结果：不学习，就~跟不上时代了。❸代词。指前面说过的人或事物，多用于公文：~地丨~员丨~书。❹欠，欠账：~他几块钱。❺同“赅”。

详

(詳)xiáng ㄒㄧㄤˊ [cêng⁴ 祥⁴]

❶细密，完备，跟“略”相对(㊣-细)：~谈丨~情丨不厌其~。❷清楚地知道：内容不~。❸说明，细说：余容再~丨内~。❹(仪态)从容稳重：安~丨举止~雅。

诧

(詫)chà ㄔㄚˋ [ca³ 岔]

惊讶，觉着奇怪：~异丨惊~。

诨 (諢)hùn ㄏㄨㄣˋ [wen⁶ 运]

开玩笑的话：打～｜～名(外号)。

詪 (詪)hěn ㄏㄣˇ [hen² 很]

乖戾，不顺从。

诩 (詡)xǔ ㄒㄩˇ [hêu² 许]

说大话，夸张：自～。

7 画

诪 (譸)zhōu ㄓㄡ [zeo¹ 周]

❶诅咒。❷【诪张】同"侜张"。

诫 (誡)jiè ㄐㄧㄝˋ [gai³ 介]

警告，劝人警惕：告～｜训～｜劝～。

诬 (誣)wū ㄨ [mou⁴ 毛]

硬说别人做了某种坏事(㊀－赖)：～告｜～蔑｜～陷。

语 (語) ㊀yǔ ㄩˇ ㊁[yu⁵ 雨]

❶话(㊀－言)：成～｜～文｜外国～。❷谚语或古语：～云。❸代替语言的动作或信号：手～｜旗～。❹说：不言不～｜默默不～。

㊁yù ㄩˋ ㊂[yu⁶ 预]

告诉：不以～人。

诮 (誚)qiào ㄑㄧㄠˋ [qiu³ 俏]

责备，讥讽：～责｜讥～。

误 (誤、**悮)wù ㄨˋ [ng⁶ 悟]

❶错(㊀错－)：～解｜讹～。❷耽误，耽搁：～事｜～点｜生产学习两不～。❸因自己做错而使人受害：～人子弟。❹不是故意而做错事：～伤｜～入歧途。

诰 (誥)gào ㄍㄠˋ [gou³ 告]

古代帝王对臣子的命令：～命｜～封。

诱 (誘)yòu ㄧㄡˋ (旧读yǒu) [yeo⁵ 有]

❶劝导，教导：循循善～。❷引诱，使用手段引人：～敌｜利～。❸引发，导致：～发｜～因。

诲 (誨)huì ㄏㄨㄟˋ [fui³ 悔]

教导，劝说(㊀教－)：～人不倦。

诳 (誑)kuáng ㄎㄨㄤˊ [kong⁴ 狂]

欺骗，瞒哄：～语。

说 (說) ㊀shuì ㄕㄨㄟˋ ㊁[sêu³ 税]

用话劝说别人，使他听从自己的意见：游～。

㊁shuō ㄕㄨㄛ ㊂[xud³ 雪]

❶用话来表达自己的意思。❷解释：～明｜解～。❸说合，介绍：～亲。❹言论，主张：学～｜著书立～。❺责备：他挨～了｜～了他一顿。

㊂yuè ㄩㄝˋ ㊃[yud⁶ 月]

古同"悦"。

诵 (誦)sòng ㄙㄨㄥˋ [zung⁶ 仲]

❶用有高低抑扬的腔调念：朗～|～诗。❷背诵，凭记忆读出：熟读成～。❸称述，述说：传～。

诶 (誒) ㊀ē ㄝ，㊉ēi ㄟ ㊂ [é1]

同"欸"(ē)。

㊁é ㄝˊ，㊉éi ㄟˊ

同"欸"(é)。

㊂ě ㄝˇ，㊉ěi ㄟˇ

同"欸"(ě)。

㊃è ㄝˋ，㊉èi ㄟˋ

同"欸"(è)。

〖这个叹词的广州话读音，其声调随着所表示的意义和感情色彩不同而变化。〗

8 画

请 (請) qǐng ㄑㄧㄥˇ [qing2 逞，㊇céng2 青2]

❶求(㊈－求)：～假|～示。敬辞(放在动词前面)：～坐|～教|～问|～进来。❷延聘，邀，约人来：～医生|～专家做报告。

诸 (諸) zhū ㄓㄨ [ju1 朱]

❶众，许多：～位|～子百家。❷"之于"或"之乎"二字的合音：付～实施|藏～名山|公～社会|有～？

诹 (諏) zōu ㄗㄡ [zeo1 周]

在一起商量事情：～吉(商订好日子)|咨～(询问政事)。

诺 (諾) nuò ㄋㄨㄛˋ [nog6 挪恶6]

❶答应的声音，表示同意(叠)：～～连声。❷应允：～言|慨～。

读 (讀) ㊀dòu ㄉㄡˋ ㊂ [deo6 豆]

指文章里一句话中间念起来要稍稍停顿的地方：句～。

㊁dú ㄉㄨˊ ㊂ [dug6 独]

依照文字念：宣～|朗～|～报。㊊1. 阅读，看书，阅览：～书|～者。2. 求学：～大学。

诼 (諑) zhuó ㄓㄨㄛˊ [dêg3 啄]

造谣毁谤。

诽 (誹) fěi ㄈㄟˇ [féi2 匪]

说别人的坏话(㊈－谤)：腹～心谤。

课 (課) kè ㄎㄜˋ [fo3 货]

❶功课，有计划的分段教学：上～|今天没～。【课题】研究、讨论的主要问题或需要解决的重大事项。❷旧指教书：～徒|～读。❸古赋税的一种。❹使交纳捐税：～以重税。❺旧指某些机关学校等行政上的单位：会计～|教务～。❻占卜的一种：起～。

诿 (諉) wěi ㄨㄟˇ [wei2 毁]

推托，推卸：～过|推～。

谀 (諛) yú ㄩˊ [yu4 魚]

谄媚，奉承：～辞|阿(ē)～。

谁 (誰) shéi ㄕㄟˊ，㊉shuí ㄕㄨㄟˊ [sêu4 垂]

代词。❶表示问人：~来啦？❷任指，表示任何人，无论什么人：~都可以做。

谂 （諗）shěn ㄕㄣˇ ㊀［sem² 婶］

❶同“审❸”。❷劝告。

㊁［nem² 挪庵²］

☞粤❶动词。思考：呢个问题要好好~一下（这个问题要好好想一下）｜你~过未（你考虑过没有）？｜~嚟度去（想来想去）｜~掂（想通，想清楚）。❷动词。谋划，斗智：~计（想办法，想点子）｜你~唔过佢嘅（你斗智比不过他）。【谂缩数】为自己打如意算盘：咪成日喺度~（别整天为自己打如意算盘）。❸动词。想，惦念：成日~住佢（整天想着他）。【抵谂】形容人能忍让，不怕吃亏，不计较利益：佢好~㗎，乜都肯做（他不怕吃亏，什么都愿干）。“抵谂”又说“抵得谂”。

调 （調）㊀diào ㄉㄧㄠˋ ㊀［diu⁶ 掉］

❶调动，安排：~职｜~兵遣将。❷（-子）曲调，音乐上高、低、长、短配合和谐的一组音（㊀腔-）：民间小~儿｜这个~子很好听。❸多指调式类别和调式主音高度：C大~。❹语言中字音的声调：~号｜~类。【声调】1. 字音的高低升降。古汉语的声调是平、上、去、入四声。普通话的声调是阴平、阳平、上声、去声。2. 读书、说话、朗诵的腔调。

㊁tiáo ㄊㄧㄠˊ ㊁［tiu⁴ 条］

❶配合均匀：~色｜~味｜风~雨顺。㊀使和谐：~剂｜~解｜~整。【调停】使争端平息。❷挑拨，挑逗（㊀-唆）：~嘴弄舌｜~笑｜~戏。【调皮】好开玩笑，顽皮。

谄 （諂）chǎn ㄔㄢˇ ［qim² 签²］

巴结，奉承：~媚｜不骄不~。

谅 （諒）liàng ㄌㄧㄤˋ ［lêng⁶ 亮］

❶原谅：体~（体察其情而加以原谅）｜敬希见~。【谅解】由了解而消除意见。❷信实：~哉斯言。❸推想：~他不敢胡来。

谆 （諄）zhūn ㄓㄨㄣ ［zên¹ 津］

恳切。【谆谆】恳切，不厌倦地：~告诫｜~教导｜言之~。

谇 （誶）suì ㄙㄨㄟˋ ［sêu⁶ 睡］

❶责骂。❷问。❸直言规劝。

谈 （談）tán ㄊㄢˊ ［tam⁴ 谭］

❶说，对话：面~｜请你来~一~｜~天（闲谈）。❷言论：奇~｜无稽之~。

谊 （誼）yì ㄧˋ ［yi⁴ 宜，㊀yi⁶ 二］

交情：友~｜深情厚~。

谂 （諗）［tem³ 拖庵³］

☞粤 动词。哄骗：~细路仔（哄小孩）｜佢嬲喇，~翻佢啦（她生气了，哄哄好吧）｜咪听佢~（别听他甜言蜜语的哄）｜~人欢喜（哄人高兴，指答应给人好处但不兑现）。

9 画

谋 (謀)móu ㄇㄡˊ [meo⁴ 牟]

❶计划，计策，主意(㊣-略、计-)：阴~丨有勇无~。❷设法寻求：~职丨另~出路丨为人民~幸福。❸商议：不~而合丨与虎~皮。

谌 (諶)chén ㄔㄣˊ [sem⁴ 岑]

❶相信。❷的确，诚然。❸(也有读shèn的)姓。

谍 (諜)dié ㄉㄧㄝˊ [dib⁶ 碟]

秘密探察军事、政治及经济等方面的消息：~报。【间谍】(jiàn-)潜入敌方或外国，刺探军事情报、国家机密或进行颠覆活动的人。

谎 (謊)huǎng ㄏㄨㄤˇ [fong¹ 方，㊁fong² 仿]

❶谎话，不真实的话：撒~丨说~。㊞商贩要的虚价：要~。❷说谎话：~称。

諲 (諲)yīn ㄧㄣ [yen¹ 因]

恭敬。

谏 (諫)jiàn ㄐㄧㄢˋ [gan³ 涧]

旧时称规劝君主、尊长，使改正错误。

諴 (諴)xián ㄒㄧㄢˊ [ham⁴ 咸]

❶和洽，和谐。❷诚恳，真诚。

谐 (諧)xié ㄒㄧㄝˊ [hai⁴ 鞋]

❶协调，配合得适当(㊣和-)：~音丨~调(tiáo)。❷诙谐，滑稽：~趣丨~谈丨亦庄亦~。

谑 (謔)xuè ㄒㄩㄝˋ [yüg⁶ 若]

开玩笑：戏~丨谐~。

谛 (諟)shì ㄕˋ [xi⁶ 是]

订正。

谒 (謁)yè ㄧㄝˋ [yid³ 热³]

拜见：~见丨拜~。

谓 (謂)wèi ㄨㄟˋ [wei⁶ 卫]

❶说：可~恰到好处丨勿~言之不预。❷称，叫作：称~丨何~人工呼吸法？【所谓】所说的：~分析，就是分析事物的矛盾。【无谓】没意义，说不出道理：这种争论太~了。

谔 (諤)è ㄜˋ [ngog⁶ 岳]

言语正直。【谔谔】直言争辩的样子。

谡 (謏)xiǎo ㄒㄧㄠˇ [xiu² 小]

小：~才丨~闻(小有名声)。

谕 (諭)yù ㄩˋ [yu⁶ 预]

❶告诉，使人知道(旧指上级对下级或长辈对晚辈)：面~丨手~丨上~(皇帝的命令)。❷〈古〉同“喻”。

谙 [ngem¹ 庵]

☞广动词。不停地耐心劝说：~佢去(耐

心地劝他去）| 卒之~掂佢（最终劝动了他）。

谖 （諼）xuān ㄒㄩㄢ [hün¹ 圈]

❶欺诈，欺骗。❷忘记。

谗 （讒）chán ㄔㄢˊ [cam⁴ 蚕]

在别人面前说陷害某人的坏话：~言。

谘 （諮）zī ㄗ [ji¹ 之]

同"咨"。

谙 （諳）ān ㄢ [em¹ 庵]

熟悉：不~水性。【谙练】熟习，有经验。

谚 （諺）yàn ㄧㄢˋ [yin⁶ 现]

谚语，社会上流传的固定语句，用简单通俗的话反映出某种经验和道理：农~|古~。

谛 （諦）dì ㄉㄧˋ [dei³ 帝]

❶仔细：~听|~视。❷意义，道理（原为佛教用语）：妙~|真~。

☞廣 动词。讽刺，挖苦：~到佢一文不值（把他讽刺得一文不值）| 有意见就提，咪喺度~晒（有意思就提，别老是挖苦。

谜 （謎）mí ㄇㄧˊ [mei⁴ 迷]

❶谜语，影射事物或文字的隐语：灯~|~底|猜~。❷比喻还没有弄明白的或难以理解的事物：那件事的真相至今还是个~。

谝 （諞）piǎn ㄆㄧㄢˇ [pin⁵ 片⁵]

显示，夸耀：~能。

谞 （諝）xū ㄒㄩ [sêu¹ 虽]

❶才智。❷计谋。

10 画

谟 （謨、*謩）mó ㄇㄛˊ [mou⁴ 毛]

计谋，计划：宏~。

谠 （讜）dǎng ㄉㄤˇ [dong² 党]

正直的（言论）：~言|~论。

谡 （謖）sù ㄙㄨˋ [sug¹ 肃]

起，起来。

谢 （謝）xiè ㄒㄧㄝˋ [zé⁶ 借⁶]

❶表示感激（叠）：~~你！❷道歉或认错：~罪。❸辞去，拒绝：~客|~绝参观。❹凋落，衰退：花~了|新陈代~。

谣 （謠）yáo ㄧㄠˊ [yiu⁴ 遥]

❶歌谣，随口唱出、没有伴奏的韵语：民~|童~。❷谣言，凭空捏造的话：造~|辟~。

谦 （謋）huò ㄏㄨㄛˋ [wag⁶ 或]

形容迅速分裂的声音：动刀甚微，~然已解。

谤 （謗）bàng ㄅㄤˋ ［pong³ 旁³］

❶恶意攻击（㊀诽－、毁－）。❷公开指责：妄～前辈。

谥 （謚、*諡）shì ㄕˋ ［xi³ 试］

我国古代，在最高统治者或其他有地位的人死后，依其生前事迹给予的称号，如“武”帝、“哀”公等。又叫谥号。

谦 （謙）qiān ㄑㄧㄢ ［him¹ 欠¹］

虚心，不自高自大：～虚｜～让｜满招损，～受益。

谧 （謐）mì ㄇㄧˋ ［med⁶ 勿］

安静（㊀安－）。

11 画

谨 （謹）jǐn ㄐㄧㄣˇ ［gen² 仅］

❶慎重，小心（㊀－慎）：～守规程。❷郑重，恭敬：～启｜～向您表示祝贺。

谩 （謾）㊀mán ㄇㄢˊ ㊀［man⁴ 蛮］

欺骗，蒙蔽。

㊁màn ㄇㄢˋ ㊁［man⁶ 慢］

轻慢，没有礼貌：～骂。

谪 （謫、*讁）zhé ㄓㄜˊ ［zag⁶ 摘］

❶谴责，责罚。❷封建时代特指贬官。

谫 （譾、**譾）jiǎn ㄐㄧㄢˇ ［jin² 展］

浅薄：学识～陋。

谬 （謬）miù ㄇㄧㄡˋ ［meo⁶ 茂］

❶错误的，不合情理的：～论｜荒～。❷差错：失之毫厘，～以千里。

12 画以上

谭 （譚）tán ㄊㄢˊ ［tam⁴ 谈］

❶同“谈”。❷姓。

谮 （譖）zèn ㄗㄣˋ ㊀［zem³ 浸，㊂cem³ 侵³］

说坏话诬陷别人：～言｜～害｜～毁。

㊁［cem³ 侵³］

☞粤 形容词。唠叨，啰唆：乜你咁～㗎（你怎么这么啰唆呀）？｜佢好～嘅，真系惊接佢电话（他很啰唆，真怕接他的电话）。【谮气】唠叨。“谮气”又说“谮赵”“谮醉”。

谯 （譙）qiáo ㄑㄧㄠˊ ［qiu⁴ 潮］

谯楼，古代城门上建筑的瞭望楼。

谰 （讕）lán ㄌㄢˊ ㊀［lan⁴ 拦］

抵赖，诬陷：～言（诬赖的话）。

㊁［lan² 兰²］

☞粤 ❶动词。装作某种样子：～正经（假正经）｜～阔佬（装阔气）｜～架势（摆出很了不起的样子；充排场）丨～熟落（装出熟悉的样子与人套近乎）丨睇佢～有经验嘅（看他装得挺有经验的样子）。❷动词。表现出某种样子：～得戚（一副得意洋洋的样子）丨～起市（有意把自己抬得很高）。❸动词。自以为：～醒（自以为了不起）丨～叻（自以为聪明、能干；指人好表现自己）丨～有嘢（自以为很有本事）丨～有宝（自以为有炫耀或邀宠的本钱而得意）。

谱（譜）pǔ ㄆㄨˇ［pou² 脯］

❶依照事物的类别、系统编制的表册：年～丨家～（记载家族世系的表册）丨食～。❷记录音乐、棋局等的符号或图形：歌～丨乐（yuè）～丨棋～。❸编写歌谱：～曲。❹（～儿）大致的准则，把握：他做事有～儿。

谲（譎）jué ㄐㄩㄝˊ［küd³ 决］

欺诈，玩弄手段：诡～。

谳（讞）yàn ㄧㄢˋ［yin⁶ 现］

审判定罪：定～。

谴（譴）qiǎn ㄑㄧㄢˇ［hin² 显］

责备（㊥－责）。

谖（諼）xuān ㄒㄩㄢ［hün¹ 圈］

聪慧。

谵（譫）zhān ㄓㄢ［jim¹ 尖］

多说话。特指病中说胡话：～语丨～妄。

讟（讟）dú ㄉㄨˊ［dug⁶ 读］

诽谤，怨言。

谶（讌）yàn ㄧㄢˋ［yin³ 宴］

❶相聚叙谈。❷同"宴❶❷❸"。

谶（讖）chèn ㄔㄣˋ［cem³ 侵³］

迷信的人指将来要应验的预言、预兆。

［167］辛部

辛 xīn ㄒㄧㄣ［sen¹ 身］

❶辣。❷劳苦，艰难：～勤。❸悲伤：～酸。❹天干的第八位，用作顺序的第八。

辜 gū ㄍㄨ［gu¹ 姑］

❶罪：无～丨死有余～。❷亏负，违背：～负。

辟（㊁❶－❸闢）㊀bì ㄅㄧˋ［pig¹ 霹］

❶君主。【复辟】失位的君主恢复君位。㊂被打垮的统治者恢复原有的统治地位或被推翻的制度复活。❷旧指君主召见并授予官职。❸古同"避"。

㊁pì ㄆㄧˋ［pig¹ 霹］

❶开辟，从无到有地开发建设：开天～地丨这一带将～为开发区。❷驳斥，排除：～谣丨～邪说。❸透彻：精～。❹法，法律。【大辟】古代指死刑。

辣（*辢）là ㄌㄚˋ［lad⁶ 刺］

❶姜、蒜、辣椒等的味道。喻凶狠，刻毒：毒～｜心狠手～。❷辣味刺激：～眼睛。

辨

biàn ㄅㄧㄢˋ [bin⁶ 边⁶]

分别，分析(连 －别、分－)：明～是非｜不～真伪｜～认。

辩

(辯)biàn ㄅㄧㄢˋ [bin⁶ 边⁶]

说明是非或真假，争论(连 －论)：～驳｜～护｜争～。

辫

(辮)biàn ㄅㄧㄢˋ [bin¹ 边]

❶(－子)把头发分股编成的带状物：梳小～儿。❷(－子、－儿)像辫子的东西：草帽～｜蒜～子。

瓣

bàn ㄅㄢˋ [ban⁶ 办，②fan⁶ 饭]

❶(－儿)花瓣，组成花冠的各片：梅花五～。❷(－儿)植物的种子、果实或球茎可以分开的片状物：豆～儿｜蒜～儿｜橘子～儿。❸(－儿)量词。用于自然分开或破碎后分成的部分等：一～蒜｜杯子摔成了好几～儿。

[168]青部

青

qīng ㄑㄧㄥ [qing¹ 清，⑬ cêng¹ 请¹]

❶颜色。1. 绿色：～草。2. 蓝色：～天。3. 黑色：～布｜～线。❷青草或没有成熟的庄稼：看(kān)～｜踏～｜～黄不接(陈粮已经吃完，新庄稼还没有成熟)。❸青年：共～团｜老中～相结合。

【青史】原指竹简上的记事，后指史书：～留名。

靓

(靚)㊀jìng ㄐㄧㄥˋ ㊀[jing⁶ 净]

妆饰，打扮。

㊁liàng ㄌㄧㄤˋ ㊁[léng³ 领³]

☞粤❶形容词。美丽，漂亮，好看：你套衫真～(你这套衣服真漂亮)｜影张～相(照一张漂亮相片)｜呢处风景好～(这里景色很美)。【靓女】1. 漂亮的姑娘。2. 美丽(用于年轻女性)：佢生得几～(她长得多漂亮)。3. 对年轻女子的一般称呼。【靓仔】1. 漂亮的小伙子或男孩。2. 漂亮(用于年轻男性)。3. 指青少年的漂亮打扮：今日着得几～嚱(今天穿得很漂亮啊)。❷形容词。好：～嘢(好东西)｜呢只米好～(这种米很好)｜心情～(心情好)。

鹊

(鶄)jīng ㄐㄧㄥ [jing¹ 精]

见 558 页“䴔”字条【䴔鹊】(jiāo －)。

静

jìng ㄐㄧㄥˋ [jing⁶ 净]

❶停止的，跟“动”相对：～止｜风平浪～。❷没有声音：清～｜更(gēng)深夜～｜～悄悄。

靛

diàn ㄉㄧㄢˋ [din⁶ 电]

❶靛青，蓝靛，用蓼蓝叶泡水调和石灰沉淀所得的蓝色染料。❷蓝和紫合成的颜色。

[169]卓部

乾 qián ㄑㄧㄢˊ [kin⁴ 虔]

❶八卦之一，符号是"☰"，代表天。❷乾县，在陕西省。

另见101页"干"(gān)。

韩 (韓)hán ㄏㄢˊ [hon⁴ 寒]

战国国名，在今河南省中部、山西省东南一带。

戟 jǐ ㄐㄧˇ [gig¹ 击]

古代的一种兵器，由矛和戈组合而成。

☞📕名词。西式点心的一种，无馅：奶油～｜椰子～｜蛋～。【班戟】薄煎饼。〖英语 pancake 的音译。〗

朝 ㊀cháo ㄔㄠˊ ㊀ [qiu⁴ 潮]

❶面对：坐北～南｜窗户～着大街。㊀介词。向着，对着：～前看｜～着目标前进。❷封建时代臣见君。㊀宗教徒参拜：～圣。❸朝廷，皇帝接见官吏、发号施令的地方，跟"野"相对。【在朝】㊀当政。❹朝代，建立国号的帝王世代连续统治的时期：唐～｜改～换代。❺姓。

【朝鲜族】(－xiǎn－)1. 我国少数民族，参看附表。2. 朝鲜和韩国的主要民族。

㊁zhāo ㄓㄠ ㊁ [jiu¹ 招]

早晨：只争～夕｜～思暮想。㊀日，天：今～。【朝气】精神振作、努力进取的气概：～蓬勃。

斡 wò ㄨㄛˋ [wad³ 挖]

转，旋。【斡旋】居中调停，把弄僵了的局面扭转过来：从中～。

翰 hàn ㄏㄢˋ [hon⁶ 焊]

长而坚硬的羽毛，古代用来写字。㊁1. 毛笔：～墨｜染～。2. 诗文，书信：文～｜华～｜书～。

[170]雨(⻗)部

雨 ㊀yǔ ㄩˇ [yu⁵ 羽]

云层中的小水滴体积增大到不能悬浮在空气中时，就滴落下来成为雨。

㊁yù ㄩˋ [yu⁶ 预]

下(雨、雪)：～雪。

3—7 画

雩 yú ㄩˊ [yu⁴ 余]

古代求雨的一种祭祀。

雪 xuě ㄒㄩㄝˇ [xud³ 思月³]

❶寒冷天天空落下的白色晶体，多为六角形，是空气中的水蒸气降至0℃以下凝结而成的：～花｜冰天～地。❷洗去，除去：～耻｜～恨。

雳 (靂)lì ㄌㄧˋ [lig¹ 砾]

见699页"霹"字条【霹雳】(pī－)。

雰 fēn ㄈㄣ [fen¹ 芬]

❶雾气。❷见456页“氛”(fēn)。

【雰雰】形容霜雪很盛的样子。

雯 wén ㄨㄣˊ [men⁴ 文]

有花纹的云彩。

雱 pāng ㄆㄤ [pong⁴ 旁]

雪下得很大。

雷 léi ㄌㄟˊ [lêu⁴ 擂]

❶云层放电时发出的巨大声音：打～｜春～｜～阵雨。【雷霆】震耳的雷声。㊕怒气或威力：大发～｜～万钧。【雷同】打雷时，许多东西同时响应，比喻随声附和，不该相同而相同。❷军事上用的爆炸武器：地～｜鱼～。

零 líng ㄌㄧㄥˊ [ling⁴ 玲]

❶落。1. 植物凋谢(㊟－落、凋－)。2. 液体滴落：感激涕～。❷零头，放在整数后表示附有零数：一千挂～儿｜一年～三天。❸部分的，细碎的，跟“整”相对(㊟－碎)：～件｜～钱｜～用｜～活儿(零碎工作)。❹数学上把数字符号“0”读作零：一减一得～。㊖没有，无：他的计划等于～｜～距离｜～污染。❺某些量度的计算起点：～点十分｜～下5摄氏度。

雾 (霧)wù ㄨˋ [mou⁶ 冒]

❶接近地面的水蒸气，遇冷凝结后飘浮在空中的微小水珠。❷像雾的东西：喷～器。

雹 báo ㄅㄠˊ [bog⁶ 薄]

(－子)冰雹，空中水蒸气遇冷结成的冰粒或冰块，常在夏季随暴雨降下。

需 xū ㄒㄩ [sêu¹ 虽]

❶需要，必得用：必～｜急～钱用｜按～分配。❷必用的财物：军～。

霆 tíng ㄊㄧㄥˊ [ting⁴ 廷]

霹雷，霹雳：雷～。

霁 (霽)jì ㄐㄧˋ [zei³ 制]

❶雨、雪停止，天放晴：雪初～。❷怒气消除：色～。

震 zhèn ㄓㄣˋ [zen³ 振]

❶迅速或剧烈地颤动：～耳｜～天动地。特指地震：～中｜防～。❷惊恐或情绪过分激动：～惊｜～怒。❸八卦之一，符号是“☳”，代表雷。

霄 xiāo ㄒㄧㄠ [xiu¹ 消]

❶云(㊟云－)。❷天空：重(chóng)～｜九～｜～壤之别(形容相去很远)。

霉 (❷黴)méi ㄇㄟˊ [mui⁴ 梅]

❶衣物、食品等受了潮热长霉菌：～烂｜发～。❷霉菌，真菌的一类，常寄生或腐生在食物或衣物的表面，呈细丝状，有曲霉、青霉等。

霅 zhà ㄓㄚˋ [jib³ 接]

雪溪，水名，在浙江省。

霂 mù ㄇㄨˋ [mug⁶ 木]

见 698 页“霢”字条【霢霂】(mài－)。

霈 pèi ㄆㄟˋ [pui³ 沛]

❶大雨。❷雨多的样子：油然作云，～然下雨。

8—12 画

霖 lín ㄌㄧㄣˊ [lem⁴ 林]

久下不停的雨。【甘霖】对农作物有益的雨：大旱逢～。㊕恩泽。

霏 fēi ㄈㄟ [féi¹ 飞]

❶(雨、雪、云气等)很盛的样子(叠)：雨雪～～。❷云气：日出而林～开。❸飘扬：烟～云敛。

霓 (*蜺)ní ㄋㄧˊ [ngei⁴ 危]

见 590 页“虹”(hóng)。

霍 huò ㄏㄨㄛˋ [fog³ 攫]

迅速，快：～然病愈。

【霍霍】形容磨刀声：磨刀～。

霎 shà ㄕㄚˋ [sab³ 圾]

小雨。也指轻微的风雨声。

【霎时】极短的时间，一会儿。

☞▇❶动词。眨：～眼｜～下眼就唔见咗(一眨眼就不见了)｜～时(那，霎时间)。❷形容词。声音嘶哑，涩：讲到声喉都～晒(说得嗓子都沙哑了)。【霎气】孩子淘气、不听话或多病，致使大人操心、生气：个仔成日病，真～(孩子老是病，真叫人操心)。

☞▇【霎戆】傻；混账：你～咩，咁热重着住件棉衲(你傻了吧，这么热的天还穿着棉衣)！｜个嘢真～(那家伙真混账)。

霜 shuāng ㄕㄨㄤ [sêng¹ 双]

❶附着在地面或靠近地面的物体上的白色微细冰粒，是接近地面的水蒸气降至0℃以下凝结而成的。㊖白色：～鬓。❷像霜的东内：柿～｜盐～。

霢 mài ㄇㄞˋ [meg⁶ 墨]

【霢霂】(－mù)小雨。

霞 xiá ㄒㄧㄚˊ [ha⁴ 遐]

因受日光斜照而呈现红、橙、黄等颜色的云：～光｜朝(zhāo)～｜晚～。

霪 yín ㄧㄣˊ [yem⁴ 吟]

【霪雨】连绵不断下得过量的雨。现作“淫雨”。

霭 (靄)ǎi ㄞˇ [oi²，㊀ ngoi² 蔼]

云气：云～｜暮～。

霨 wèi ㄨㄟˋ [wei³ 慰³]

形容云起的样子。

霰 xiàn ㄒㄧㄢˋ [xin³ 扇]

水蒸气在高空中遇冷凝结成的白色小冰粒，在下雪花以前往往先下霰。

13 画以上

霸 (*覇)bà ㄅㄚˋ [ba³ 坝]

❶依靠权势横行无忌，迫害人民的人：他过去是码头上的一～。㊀以武力或经济力量侵略、压迫别国，扩大自己势力的国家。【霸道】1. 蛮横：横行～。2.（－dao）猛烈的，厉害的：这药够～的。❷强占：～占丨～住不让。❸古代诸侯联盟的首领：春秋五～。

露 ㊀lòu ㄌㄡˋ [lou⁶ 路]

义同"露(lù)❸"，用于一些口语词语，如"露怯、露脸、露马脚"等。

㊁lù ㄌㄨˋ [log⁶ 路]

❶露水，靠近地面的水蒸气夜间遇冷凝结成的小水珠：～珠丨甘～。㊀露天，没有遮蔽，在屋外的：风餐～宿丨～营。❷用药料、果汁等制成的饮料：枇杷～丨果子～丨玫瑰～。❸显出来，现出来(㊟显－)：～骨丨暴～丨揭～丨不～声色丨面～笑容。

☞廣❶动词。折，倒腾：啲水重滚，～冻至饮(水还烫，折凉了再喝)丨将呢煲水～过去(把这锅水全倒到那个锅去)。❷动词。用碗量水或量米：啲药要～三碗水落去煲(药要用三碗水煮)丨～两碗米煮饭。

霹 pī ㄆㄧ [pig¹ 僻]

【霹雳】(－lì)响声很大的雷，是云和地面之间强烈的雷电现象。

霾 mái ㄇㄞˊ [mai⁴ 埋，㊂ mei⁴ 迷]

阴霾，空气中因悬浮着大量的烟、尘等微粒而形成的混浊现象。

[171]非部

非 fēi ㄈㄟ [féi¹ 飞]

❶不，不是：莫～丨答～所问。【非常】1. 异乎寻常的：～时期。2. 副词。十分，极：～光荣丨～高兴。❷错误，跟"是"相对：明辨是～丨为～作歹丨痛改前～。❸名词词头，表示不属于某个范围：～卖品丨～金属丨～对抗性矛盾。❹不合于：～法丨～礼。❺副词。跟"不"搭用，表示必须，一定(有时后面没有"不"字)：他～去不可丨不让他去，他～去。❻以为不对，不以为然：～笑(讥笑)丨～议。【非难】(－nàn)责备。❼指非洲，世界七大洲之一。

剕 fèi ㄈㄟˋ [féi⁶ 非⁶]

古代把脚砍掉的酷刑。

棐 fěi ㄈㄟˇ [féi² 匪]

❶辅助。❷古同"榧""篚"。

辈 (輩)bèi ㄅㄟˋ [bui³ 贝]

❶代，辈分：长～丨晚～丨革命前～。【辈子】(－zi)人活着的时间：一～丨半～。❷等，类(指人)：彼～丨我～丨无能之～。

斐 fěi ㄈㄟˇ [féi² 匪]

有文采。【斐然】1. 有文采的样子：~成章。2. 显著：成绩~。

悲 bēi ㄅㄟ [béi¹ 卑]

❶伤心，哀痛(㊀-哀、-伤、-痛)：~喜交集。❷怜悯(㊀-悯)：慈~。

蜚 ㊀fēi ㄈㄟ ㊂[féi¹ 飞]

古同“飞”。

㊁fěi ㄈㄟˇ ㊂[féi² 匪]

【蜚蠊】(-lián)蟑螂。

裴 péi ㄆㄟˊ [pui⁴ 陪]

姓。

翡 fěi ㄈㄟˇ [féi² 匪]

【翡翠】(-cuì)1. 鸟名，嘴长而直，有蓝色和绿色的羽毛，捕食鱼和昆虫。2. 一种半透明、有光泽的玉，多为绿色、蓝绿色，也有红、紫色或无色的，很珍贵。

靠 kào ㄎㄠˋ [kao³ 铐]

❶倚着，挨近(㊀倚-)：~墙站着｜船~岸了。❷依靠，依赖：~集体的力量战胜灾害｜~劳动致富。【靠山】㊅所依赖的人或集体。❸信赖：可~｜~得住。【牢靠】1. 稳固。2. 稳妥可信赖：这人做事最~。

[172]齿部

齿 (齒)chǐ ㄔˇ [qi² 耻]

❶牙齿，人和动物嘴里咀嚼食物的器官。【挂齿】谈到，提到(只用在否定的句子里)：不足~｜何足~。❷(-儿)牙齿状的或像牙齿状的东西：~轮｜锯~｜梳子~儿。❸年龄：马~徒增(自谦年长无能)。【不齿】㊆不认为是同类的人，表示鄙弃。

龀 (齔)chèn ㄔㄣˋ [cen³ 趁]

小孩儿换牙(乳牙脱落长出恒牙)。

龁 (齕)hé ㄏㄜˊ ㊀[hed⁶ 辖]

咬。

㊁[ged⁶ 吉⁶]

☞❷见701页“齮”字条【齮龁】[gi¹ -]。

龂 (齗)yín ㄧㄣˊ [ngen⁴ 银]

❶同“龈”(yín)。❷(叠)争辩的样子。

龄 (齘)xiè ㄒㄧㄝˋ [hai⁶ 械⁶]

❶上下牙齿相磨。❷物体相接处参差不密合。

龅 (齙)bà ㄅㄚˋ [ba⁶ 罢]

〈方〉牙齿外露：~牙。

龃 (齟)jǔ ㄐㄩˇ [zêu² 嘴]

【龃龉】(-yǔ)牙齿上下对不上。㊅意见不合。

龄 (齡)líng ㄌㄧㄥˊ [ling⁴ 玲]

❶岁数(㊀年-)：高~。❷年数：工~｜党~。❸某些生物体发育过程中的不同阶段。如昆虫的幼虫第一次蜕皮前

叫一龄虫。

龅 (齙) bāo ㄅㄠ [bao⁶ 包⁶]

【龅牙】突出唇外的牙齿。

☞▮ 动词。从平面上凸出，拱出：个行李袋挤得太满，两边都～晒出嚟咯（行李袋塞得太满，两边都拱出来了）｜埲墙有两块砖～咗出嚟（墙壁有两块砖拱了出来）。

龆 (齠) tiáo ㄊㄧㄠˊ [tiu⁴ 条]

儿童换牙：～年（童年）。

龇 (齜) zī ㄗ [ji¹ 之]

张开嘴露出牙：～牙咧嘴。

龈 (齦) ㊀kěn ㄎㄣˇ ㊂ [hen² 狠]

同"啃"。

㊁yín ㄧㄣˊ ㊂ [ngen⁴ 银]

牙龈，牙床，牙根上的肉。

龉 (齬) yǔ ㄩˇ [yu⁵ 雨]

见 700 页"龃"字条【龃龉】(jǔ－)。

龊 (齪) chuò ㄔㄨㄛˋ [cug¹ 促]

见 701 页"龌"字条【龌龊】(wò－)。

齮 (齮) yǐ ㄧˇ ㊂ [yi² 倚]

咬：～龁(hé)。

㊂ [gi¹ 哥衣]

☞▮【齮龁】1. 梗阻：做嘢总会有啲～，唔会咁顺利嘅（做事总会有些梗阻，不会那么顺利的）。2. 猫腻：佢两个肯定有啲～（他们俩肯定有猫腻）。【齮齮龁龁】1. 碍手碍脚：行开啲，咪喺度～（走开点，别在这里碍手碍脚）。2. 说话结结巴巴：佢～噉都讲唔清楚（他结结巴巴的说不清楚）。

龅 (齯) ní ㄋㄧˊ [ngei⁴ 危]

老年人牙齿落尽后又长出的小牙，古时作为长寿的象征。

龍 (齸) [yi¹ 依]

☞▮ 动词。龇牙咧嘴：～开嘴笑（咧着嘴笑）｜～起棚牙（张开嘴露着牙）｜～牙龍哨（龇牙咧嘴的样子）

龋 (齲) qǔ ㄑㄩˇ [gêu² 举]

【龋齿】俗叫虫牙，因口腔里的食物渣滓发酵，产生酸类，侵蚀牙齿的釉质而形成空洞，这样的牙齿叫作龋齿。

龌 (齷) wò ㄨㄛˋ [eg¹，㊇ ngeg¹ 握]

【龌龊】(－chuò) 肮脏，不干净。㊗人的品质恶劣。

齷 (齷) [neg¹ 挪握]

☞▮【齷牙】大舌头，指说话发音不清楚。也作"呃"。

齼 (齼) chǔ ㄔㄨˇ [co² 楚]

吃酸味食物而牙齿发酸，不舒服。

[173] 黾部

黾 (黽) mǐn ㄇㄧㄣˇ [men⁵ 敏]

【黾勉】(－miǎn)努力，勉力：～从事。

鄳 (鄳)méng ㄇㄥˊ [meng⁴ 盟]

古地名，在今河南省罗山一带。

鼋 (黿)yuán ㄩㄢˊ [yun⁴ 元]

鼋鱼(也作“元鱼”)，爬行动物，像龟而吻短，背甲暗绿色，上有许多小疙瘩。生活在水中。

鼍 (鼉)tuó ㄊㄨㄛˊ [to⁴ 佗]

鼍龙，一种鳄，即扬子鳄，俗叫猪婆龙，是我国特有的动物。

[174]隹部

隹 zhuī ㄓㄨㄟ [zêu¹ 追]

短尾巴的鸟。

2—6 画

隼 sǔn ㄙㄨㄣˇ [zên² 准]

鸟名，又叫鹘(hú)，一般为灰褐色，性凶猛，捕食鼠、兔和鸟类。种类很多。

隽 (*雋) ㊀juàn ㄐㄩㄢˋ [zên³ 进]

肥肉。

【隽永】(言论、文章)意味深长。

㊁jùn ㄐㄩㄣˋ [zên³ 进]

同“俊❶”。

售 shòu ㄕㄡˋ [seo⁶ 寿]

卖：～票｜零～｜销～。㊊施展：以～其奸。

雄 xióng ㄒㄩㄥˊ [hung⁴ 洪]

❶公的，阳性的，跟“雌”相对：～鸡｜～蕊。❷强有力的：～师｜～辩。❸宏伟，有气魄的：～心｜～伟。❹强有力的人或国家：英～｜战国七～。

集 jí ㄐㄧˊ [zab⁶ 杂]

❶聚，会合，总合(㊥聚－)：～思广益｜～会｜～中。【集体】许多人合起来的有组织的总体：～利益｜～所有制。❷会合许多单篇或单张作品编成的书：诗～｜文～｜选～。❸某些篇幅较长的著作或作品中相对独立的部分：影片分上下～｜十～电视纪录片。❹定期交易的市场：～市｜赶～。❺完成：大业未～。

焦 jiāo ㄐㄧㄠ [jiu¹ 蕉]

❶火候过大或火力过猛，使东西烧成炭样：饭烧～了｜衣服烧～了｜～头烂额(形容十分狼狈)。❷焦炭：煤～｜炼～。❸酥，脆：麻花炸得真～。❹着急，烦躁(㊥－躁)：心～｜～急｜～灼。❺能量、功、热等单位名焦耳的简称，符号J。

雎 jū ㄐㄩ [zêu¹ 追]

雎鸠，古书上说的一种鸟，又叫王雎。

雊 gòu ㄍㄡˋ [geo³ 救]

野鸡叫。

雏　（雛）chú ㄔㄨˊ［co¹ 初］

幼小的鸟，生下不久的：～鸡｜～莺乳燕。【雏形】㊜事物初具的规模：略具～。

截　jié ㄐㄧㄝˊ［jid⁶ 捷］

❶割断，弄断：～开这根木料｜～长补短。【截然】副词。分明地，显然地：～不同。❷（－子、－儿）量词。段：上半～儿｜一～儿木头｜一～路。❸阻拦：～住他。【截止】到期停止：～报名｜到月底～。

雒　luò ㄌㄨㄛˋ［log³ 洛］

❶同"洛❷"。❷姓。

8 画以上

雕　（❶* 鵰、❷-❹* 彫、❷❸* 琱）diāo ㄉㄧㄠ［diu¹ 丢］

❶鸟名，即老雕，羽毛褐色，上嘴钩曲，性凶猛，捕食野兔、鼠类等。❷刻竹、木、玉、石、金属等：木～泥塑｜浮～｜～版。❸用彩画装饰：～弓｜～墙。❹同"凋"。

瞿　qú ㄑㄩˊ［kêu⁴ 渠］

姓。

雠　（讎、* 讐）chóu ㄔㄡˊ［ceo⁴ 筹］

校（jiào）对文字（㊟校－）。

"讎"另见 46 页"仇"（chóu）。

［175］阜部

阜　fù ㄈㄨˋ［feo⁶ 埠］

❶土山。❷盛，多：物～民丰。

［175］阝左部

2—4 画

队　（隊）duì ㄉㄨㄟˋ［dêu⁶ 对⁶］

❶有组织的集体或排成的行（háng）列：乐～｜工程～｜排～。【队伍】（－wu）1. 军队。2. 有组织的群众行列或群体：游行～过来了｜干部～。❷在我国特指中国少年先锋队：入～。❸量词。用于排成队列的人或物：一～人马。

阡　qiān ㄑㄧㄢ［qin¹ 千］

❶田间的小路（㊟－陌 mò）。❷通往坟墓的道路。

阱　（* 穽）jǐng ㄐㄧㄥˇ［zéng² 井］

陷阱，捕野兽用的陷坑。

阮　ruǎn ㄖㄨㄢˇ［yun² 婉］

❶一种弦乐器，四根弦。西晋阮咸善弹此乐器。故名阮咸，简称阮。❷姓。

阵　（陣）zhèn ㄓㄣˋ［zen⁶ 珍⁶］

❶军队作战时布置的局势：～线｜布～｜

严～以待｜一字长蛇～。(引)战场：～亡。【阵营】两军交战对立的阵势。(喻)利益和斗争目标相同的集团：革命～。❷量词。表示事情或动作经过的段落：刮了一～风。(转)(－子)一段时间：这一～子工作正忙。

阳（陽）yáng ㄧㄤˊ［yêng⁴ 羊］

❶明亮。❷跟"阴"相对。1. 阳性，男性的。2. 太阳：～历｜～光。3. 带正电的：～电｜～极。4. 山的南面，水的北面(多用于地名)：衡～(地名，在湖南省衡山之南)｜洛～(地名，在河南省洛河之北)。5. 外露的，明显的：～沟｜～奉阴违。6. 凸出的：～文图章。7. 关于活人的(迷信)：～间。❸指男性生殖器。❹古同"佯"。

阪 bǎn ㄅㄢˇ［ban² 板］

❶旧同"坂"。❷用于地名：大～(在日本)。

阶（階、*堦）jiē ㄐㄧㄝ［gai¹ 佳］

台阶，建筑物中为了便于上下，用砖、石等砌成的、分层的东西：～梯。(引)1. 等级：军～｜～级｜～层。2. 事物发展的段落：～段。

阴（陰、*隂）yīn ㄧㄣ［yem¹ 音］

❶黑暗。❷云彩遮住太阳或月、星，跟"晴"相对：天～了。❸跟"阳"相对。1. 阴性，女性的。2. 太阴，月亮：～历。3. 带负电的：～电｜～极。4. 水的南面，山的北面(多用于地名)：江～(地名，在江苏省长江之南)｜蒙～(地名，在山东省蒙山之北)。5. 暗藏的，不露出来的：～沟｜～私。6. 凹下的：～文。7. 关于人死后的或鬼魂的(迷信)：～宅｜～间。❹(－儿)光线被东西遮住所成的影：树～｜背～。❺背面：碑～。❻诡诈，不光明：～谋诡计｜这家伙够～的。【阴险】表面和善而内心险恶。❼生殖器。

防 fáng ㄈㄤˊ［fong⁴ 房］

❶防备，戒备：～御｜～守｜预～｜军民联～｜冷不～｜谨～假冒。【国防】为了保卫国家的领土、主权而部署的一切防务：～军｜～要地。❷堤，挡水的建筑物。

阧 dǒu ㄉㄡˇ［deo² 抖］

〈古〉同"陡"。

5 画

际（際）jì ㄐㄧˋ［zei³ 祭］

❶交界或靠边的地方：林～｜水～｜天～｜春夏之～。❷彼此之间：国～｜厂～竞赛。❸时候：目前正是用人之～。❹当，适逢其时：～此盛会。

陆（陸）㊀liù ㄌㄧㄡˋ［lug⁶ 六］

"六"字的大写。

㊁lù ㄌㄨˋ［lug⁶ 六］

❶陆地，高出水面的土地：登～｜～路｜～军。❷姓。

【陆离】形容色彩繁杂：光怪～。

【陆续】副词。接连不断：开会的人～地到了。

阿 ㊀ā ㄚ ㊁［a³ 亚］

〈方〉词头。1. 加在排行、小名或姓的前面：～大｜～根｜～王。2. 加在某些亲属称谓的前面：～妹｜～公。【阿姨】1. 称跟母亲年纪差不多的、没有亲属关系的女性。2. 对保育员或保姆等的称呼。3.〈方〉姨母。

【阿昌族】我国少数民族，参看附表。

㊁ē ㄜ ㊁［o¹ 柯］

❶迎合，偏袒：～附｜～其所好｜～谀逢迎。❷凹曲处：山～。

【阿胶】中药名，用驴皮加水熬成的胶，有滋补养血的作用，原产山东省东阿。

陇 （隴）lǒng ㄌㄨㄥˇ［lung⁵ 垄］

❶陇山，山名，位于陕西、甘肃两省交界的地方。❷甘肃省的别称：～海铁路。

陈 （陳）chén ㄔㄣˊ［cen⁴ 尘］

❶排列，摆设（㊈－列、－设）：～放。❷述说（㊈－述）：详～。❸旧的，时间久的（㊈－旧）：～腐｜～酒｜新～代谢。❹周代诸侯国名，在今河南省淮阳一带。❺朝代名，南朝之一，陈霸先所建立（公元557—589年）。

〈古〉又同“阵”（zhèn）。

阽 diàn ㄉㄧㄢˋ，㊇yán ㄧㄢˊ［dim³ 店，㊇yim⁴ 盐］

临近（危险）：～于死亡。

阻 zǔ ㄗㄨˇ［zo² 左］

拦挡（㊈－挡）：～止｜通行无～｜山川险～。

阼 zuò ㄗㄨㄛˋ［zou⁶ 做］

古代指大堂前东面的台阶。

附 （*坿）fù ㄈㄨˋ［fu⁶ 付］

❶另外加上，随带着：～录｜～设｜～注｜信里面～着一张相片。❷依附，依从：～和（hè）｜～议｜～庸｜魂不～体。❸靠近：～近｜～耳交谈。

陀 tuó ㄊㄨㄛˊ［to⁴ 驼］

山冈。【陀螺】（－luó）1. 一种儿童玩具，呈圆锥形，用绳绕上后抽拉或用鞭子抽打，可以在地上旋转。2. 陀螺仪的简称，测量运动物体角速度和角位移的装置。用于飞机、舰船等的控制。

陂 ㊀bēi ㄅㄟ ㊁［béi¹ 悲］

❶池塘：～塘｜～池。❷池塘的岸。❸山坡。

㊁pí ㄆㄧˊ ㊁［péi⁴ 皮］

【黄陂】地名，在湖北省武汉。

㊂pō ㄆㄛ ㊂［po¹ 破¹］

【陂陀】（－tuó）不平坦。

陉 （陘）xíng ㄒㄧㄥˊ［ying⁴ 形］

山脉中断的地方。

6—8 画

陋 lòu ㄌㄡˋ［leo⁶ 漏］

❶丑的，坏的，不文明的：丑～｜～规｜

～习。❷狭小：～室｜～巷。❸少，简略：学识浅～｜因～就简｜孤～寡闻(见闻少)。

陌 mò ㄇㄛˋ [meg⁶ 默]

田间的小路(㊣阡－)：～头杨柳。【陌生】生疏，不熟悉。

陑 ér ㄦˊ [yi⁴ 而]

古山名，在今山西省永济南。

陕 (陝)shǎn ㄕㄢˇ [xim² 闪]

陕西省的简称。

陔 (隑)gài ㄍㄞˋ [goi¹ 该]

〈方〉❶斜靠。❷依仗。❸站立。

陎 shū ㄕㄨ [xu¹ 书]

姓。

降 ㊀jiàng ㄐㄧㄤˋ ㊀ [gong³ 钢]

❶下落，落下(㊣－落)：～雨｜温度下～｜～落伞。❷使下落：～级｜～格｜～低物价。❸姓。

㊁xiáng ㄒㄧㄤˊ ㊁ [hong⁴ 杭]

❶投降，归顺：宁死不～。❷降服，使驯服：～龙伏虎。

陓 (隮)jī ㄐㄧ [zei¹ 剂]

❶登，上升。❷虹。

陔 gāi ㄍㄞ [goi¹ 该]

❶近台阶的地方。❷级，层，台阶。❸田埂。

限 xiàn ㄒㄧㄢˋ [han⁶ 闲⁶]

❶指定的范围：以三天为～。❷限制(范围)：～三天完工｜作文不～字数。【限制】规定范围，不许超过。也指规定的范围。❸〈古〉门槛：门～｜户～。

陡 dǒu ㄉㄡˇ [deo² 抖]

❶斜度很大，近于垂直：悬崖～壁｜～峭｜这个山坡太～。❷突然：气候～变｜～起歹心。

陛 bì ㄅㄧˋ [bei⁶ 币]

宫殿的台阶。【陛下】对国王或皇帝的敬称。

陟 zhì ㄓˋ [jig¹ 职]

登高，上升：～山。

陧 niè ㄋㄧㄝˋ [nib⁶ 聂]

见306页“杌”字条【杌陧】(wù－)。

陨 (隕)yǔn ㄩㄣˇ [wen⁵ 允]

坠落：～石。

陞 shēng ㄕㄥ [xing¹ 星]

❶见17页“升”。❷姓。

除 chú ㄔㄨˊ [cêu⁴ 随]

❶去掉：～害｜斩草～根。❷不计算在内：～此以外｜～了这个人，我都认识。【除非】1. 连词。表示唯一的条件，

只有：若要人不知，~己莫为。2. 介词。表示不计算在内，除了：这类怪字，~王老师没人认识。❸进行除法运算，用一个数去平分另一个数：用二~四得二。❹台阶：庭~。

险
(險) xiǎn ㄒㄧㄢˇ [him^{2} 欠^{2}]

❶可能遭受的灾难((连)危-)：冒~ | 保~ | 脱~。❷可能发生灾难的：~症 | ~境 | 好~。❸要隘，不易通过的地方：天~。❹存心狠毒：阴~ | ~诈。❺几乎，差一点儿：~遭不幸 | ~些掉在河里。

院
yuàn ㄩㄢˋ [yun^{2} 婉，(又) yun^{6} 愿]

❶(-子、-儿)围墙里房屋四周的空地。❷某些机关和公共场所的名称：法~ | 医~ | 戏~。❸特指学院：高等~校。

陵
líng ㄌㄧㄥˊ [ling^{4} 灵]

❶大土山((连)丘-)。❷高大的坟墓：黄帝~ | 中山~。

陬
zōu ㄗㄡ [zeo^{1} 周]

角落，山脚。

陲
chuí ㄔㄨㄟˊ [sêu^{4} 谁]

边疆，国境，靠边界的地方：边~。

⿰阝兒
nì ㄋㄧˋ [ngei^{4} 霓]

【埤⿰阝兒】(pì-)〈古〉同“埤堄”。

陴
pí ㄆㄧˊ [péi^{4} 皮]

城墙上呈𠃊𠃊形的矮墙。

陶
㊀táo ㄊㄠˊ ⊟ [tou^{4} 逃]

❶用黏土烧制的器物。❷制造陶器：~铸 | ~冶(制陶器和炼金属，比喻造就良好的品格、情操等)。❸陶然，快乐的样子：~醉。❹姓。

㊁yáo ㄧㄠˊ ⊜ [yiu^{4} 摇]

【皋陶】(gāo-)传说中的上古人名。

陷
xiàn ㄒㄧㄢˋ [ham^{6} 馅]

❶掉进，坠入，沉下：~到泥里去了 | 地~下去了。【陷阱】为捉野兽或敌人而挖的坑。(喻)害人的阴谋。❷凹进：两眼深~。❸设计害人：~害 | 诬~。❹被攻破，被占领：失~ | ~落。❺缺点：缺~。

陪
péi ㄆㄟˊ [pui^{4} 培]

随同，在旁边做伴((连)-伴)：~同 | ~读 | ~练 | 我~你去 | ~客人。【陪衬】从旁衬托。

9 画

隋
suí ㄙㄨㄟˊ [cêu^{4} 徐]

朝代名，隋文帝杨坚所建立(公元581—618年)。

随
(隨) suí ㄙㄨㄟˊ [cêu^{4} 徐]

❶跟着：~说~记 | 我~着大家走。【随即】副词。立刻。❷顺从，任凭，由：~意 | ~他的便。❸顺便，就着：~手关门。❹〈方〉像：他长(zhǎng)得

~他父亲。

隅 yú ㄩˊ [yu⁴ 余]

❶角落：城~。【隅反】由此知彼，能够类推，举一反三。【向隅】对着屋子的一个角落，比喻孤立或得不到机会而失望。❷靠边的地方：海~。

隈 wēi ㄨㄟ [wui¹ 煨]

山、水等弯曲的地方。

隤 (隤) tuí ㄊㄨㄟˊ [têu⁴ 颓]

❶同“颓”。❷【虺隤】(huī -) 同“虺𬯀”。

隍 huáng ㄏㄨㄤˊ [wong⁴ 王]

没有水的城壕。

隗 ㊀kuí ㄎㄨㄟˊ ㊀ [kuei⁴ 葵]

姓。

㊁wěi ㄨㄟˇ ㊁ [ngei⁵ 蚁，㊅ wei⁵ 伟]

姓。

隃 shù ㄕㄨˋ [yu⁴ 如]

古地名，在今山西省代县西北。

隆 lóng ㄌㄨㄥˊ [lung⁴ 龙]

❶盛大，厚，程度深：~冬｜~恩｜~重。❷兴盛(㊈-盛、兴-)。❸高出，使高出：~起｜~胸。

隐 (隱) yǐn ㄧㄣˇ [yen² 忍]

❶藏匿，不显露(㊈-藏)：~蔽｜~痛｜~患。❷指隐秘的事：难言之~。

10 画以上

隔 gé ㄍㄜˊ [gag³ 革]

❶遮断，阻隔：分~｜~离｜~着一条河｜~靴搔痒(喻不中肯，没抓住关键)。【隔阂】(- hé)义同“隔膜1”。【隔离】使互相不能接触，断绝来往。【隔膜】1. 情意不相通，彼此有意见。2. 不通晓，外行：我对于这种技术实在~。❷间(jiàn)隔，距离：~一周再去｜相~很远。

隙 xì ㄒㄧˋ [guig¹ 姑域¹]

❶裂缝(㊈缝-)：墙~｜门~。㊗1. 感情上的裂痕：嫌~。2. 空(kòng)子，机会：乘~。❷空(kòng)，没有东西的：~地。

隘 ài ㄞˋ [ai³ 挨³，㊅ ngai³ 涯³]

❶险要的地方：要~。❷狭窄，狭小(㊈狭-)：路~林深。

障 zhàng ㄓㄤˋ [zêng³ 胀]

❶阻隔。【障碍】阻挡进行的事物：扫除~。❷用作遮蔽、防卫的东西：风~｜屏~。

隩 yù ㄩˋ [yug¹ 沃]

河岸弯曲的地方。

隧 suì ㄙㄨㄟˋ [sêu⁶ 睡]

隧道，在山中或地下开凿而成的通路。

隰 xí ㄒㄧˊ [zab^{6} 杂]

❶低湿的地方。❷新开垦的田地。

[176]金部

金 jīn ㄐㄧㄣ [gem^{1} 甘]

❶金属元素，通称金子，符号 Au，黄赤色，质软，是贵重的金属。(喻)尊贵，珍贵：~榜 | ~玉良言 | ~科玉律。❷金属，指金、银、铜、铁等，具有光泽和延展性，容易传热和导电：五~ | 合~。❸钱：现~ | 奖~ | 基~。❹像金子的颜色：~发碧眼。❺朝代名，女真族完颜阿骨打所建立（公元 1115—1234 年）。

5 画以上

鉴 （鑒、*鑑、*鍳）jiàn ㄐㄧㄢˋ [gam^{3} 减^{3}]

❶镜子。(引)可以作为警戒或引为教训的事：前车之覆，后车之~ | 引以为~。【鉴戒】可以使人警惕的事情。❷照：光可~人。❸观看，审察：~定 | ~赏 | ~别 | 某某先生台~（书信用语）。【鉴于】看到，觉察到：~旧的工作方法不能适应需要，于是创造了新的工作方法。

銈 （*鍟）[sēng^{3} 腥^{3}]

☞广❶名词。铁锈：把刀生咗~（这把刀生了锈）。❷名词。铁锈（味）：臭~味（臭铁锈味儿）。

銎 qióng ㄑㄩㄥˊ [kung^{4} 穷]

斧子上安柄的孔。

銮 （鑾）luán ㄌㄨㄢˊ [lün^{4} 联]

一种铃铛。

鋬 pàn ㄆㄢˋ [pan^{3} 盼]

〈古〉器物上的提梁。

鋆 yún ㄩㄣˊ [wen^{4} 匀]（在人名中也读 jūn[guen^{1} 君]）

金子。

鋈 wù ㄨˋ [yug^{1} 浴]

❶白色金属。❷镀。

鏨 （鏨）zàn ㄗㄢˋ [zam^{6} 站]

❶（-子）凿石头的小凿子。❷在金石上雕刻：~花 | ~字。

鎅 [gai^{3} 界]

☞广动词。锯开，裁开，割开：~板（把木材锯成板）| ~纸（裁纸）| ~刀（裁纸或切割其他薄的物体用的刀）。

鍪 móu ㄇㄡˊ [meo^{4} 谋]

古代的一种锅。【兜鍪】古代打仗时戴的盔。

鏊 ào ㄠˋ [ngou^{6} 傲，(又) ngou^{4} 敖]

一种铁制的烙饼的炊具，平面圆形，中间稍凸。

鎏 liú ㄌㄧㄡˊ [leo⁴ 流]

❶成色好的金子。❷同“镏”(liú)。

鐾 bān ㄅㄢ [ben¹ 斌]

文武全才。

鐾 bèi ㄅㄟˋ [bei³ 闭]

把刀在布、皮、石头等物上反复摩擦几下，使锋利：～刀｜～刀布。

鑫 xīn ㄒㄧㄣ [yem¹ 音]

财富兴盛。常用于商店字号、人名。

[176]钅部

1—2 画

钆 (釓)gá ㄍㄚˊ [ga¹ 加]

金属元素，符号 Gd，银白色，磁性强。用于微波技术、核工业等。

钇 (釔)yǐ ㄧˇ [yud³ 乙]

金属元素，符号 Y，暗灰色。可用来制特种玻璃和合金等。

针 (針、*鍼)zhēn ㄓㄣ [zem¹ 斟]

❶缝织衣物引线用的一种细长的工具。【针对】对准：～工作中的缺点，提出改进的办法。❷细长像针形的东西：大头～｜松～｜钟表上有时～、分～和秒～。【指南针】我国古代发明的一种利用磁石制成的指示方向的仪器。❸用针刺的方法治病：～灸。❹西医注射用的器具：～头。❺针剂：打～｜防疫～。

钉 (釘)㊀dīng ㄉㄧㄥ [ding¹ 丁，㊂déng¹ 疔]

❶(－子、－儿)竹、木、金属制成的可以打入他物的细条形的东西：螺丝～儿｜碰～子(喻受打击或被拒绝)。❷紧跟着不放松：～住对方的前锋。❸督促，催问：这事得～着他点儿。

㊁dìng ㄉㄧㄥˋ [㊀ding¹ 丁，㊂déng¹ 疔]

❶把钉子或楔(xiē)子打入他物：拿个钉子～一～｜墙上～着木橛。❷连接在一起：～扣子。

钊 (釗)zhāo ㄓㄠ [qiu¹ 超]

勉励。多用于人名。

钋 (釙)pō ㄆㄛ [bug¹ 卜]

放射性金属元素，符号 Po。

钌 (釕) ㊀liǎo ㄌㄧㄠˇ ㊀[liu⁵ 了]

金属元素，符号 Ru，银灰色，质硬而脆。可用来制合金等，也用来制催化剂。

㊁liào ㄌㄧㄠˋ ㊁[liu⁶ 料]

【钌铞儿】(－diàor)钉在门窗上可以把门窗扣住的东西：门～。

3 画

钍 (釷)tǔ ㄊㄨˇ [tou² 土]

放射性金属元素，符号 Th，银灰色，

质软，可作为核燃料用于核工业中。

钇 (釔) yì 丨ˋ [yig⁶ 亦]

❶古代的一种方鼎。❷姓。

钎 (釺) qiān ㄑ丨ㄢ [qin¹ 千]

(－子)一头尖的长钢棍，多用来在岩石上打洞：打～｜扶～｜钢～。

钏 (釧) chuàn ㄔㄨㄢˋ [qun³ 串]

(－子)用珠子或玉石等穿起来做成的镯子。

钐 (釤、㊁**鐥、㊁**鐥) ㊀shān ㄕㄢ ㊀ [sam¹ 衫]

放射性金属元素，符号 Sm，银白色，质硬。可用来制激光材料，也用于核工业、陶瓷工业。

㊁shàn ㄕㄢˋ ㊁ [xin³ 扇]

抡开镰刀或钐镰割：～草｜～麦。【钐镰】【钐刀】一种把儿很长的大镰刀。

钓 (釣) diào ㄉ丨ㄠˋ [diu³ 丢³]

用饵诱鱼上钩：～鱼。㊗施用手段取得：沽名～誉。

钒 (釩) fán ㄈㄢˊ [fan⁴ 凡]

金属元素，符号 V，银白色，质硬。可用来制合金钢等。

钔 (鍆) mén ㄇㄣˊ [mun⁴ 门]

人造的放射性金属元素，符号 Md。

钕 (釹) nǚ ㄋㄩˇ [nêu⁵ 女]

金属元素，符号 Nd，银白色。可用来制合金、激光材料等，也用作催化剂。

钖 (鍚) yáng 丨ㄤˊ [yêng⁴ 阳]

古代装饰在马额、盾牌上的金属饰物。

钑 (鈒) [zab⁶ 闸]

☞🅱【钑骨】锁边(缝衣服时用专门的机器把要缝的边沿锁好)。

钗 (釵) chāi ㄔㄞ [cai¹ 猜]

妇女发髻上的一种首饰：金～｜荆～布裙(形容妇女装束朴素)。

4 画

钘 (鈃) xíng ㄒ丨ㄥˊ [ying⁴ 仍]

古代盛酒器。又用于人名。

铁 (鈇) fū ㄈㄨ [fu¹ 呼]

铡刀。

钙 (鈣) gài ㄍㄞˋ [koi³ 概]

金属元素，符号 Ca，奶白色，是生物体的重要组成元素。它的化合物在工业和医药上用途很广。

钚 (鈈) bù ㄅㄨˋ [bed¹ 笔]

放射性金属元素，符号 Pu，化学性质跟铀相似。可作为核燃料用于核工业中。

钛 (鈦) tài ㄊㄞˋ [tai³ 太]

金属元素，符号 Ti，银灰色，质硬而轻，耐腐蚀，熔点高。钛合金可用于航空、航天和航海工业。

钜

(鉅) [ngag$^{3-2}$ 额$^{3-2}$]

☞❶名词。镯子：金～｜玉～。

钜

(鉅) jù ㄐㄩˋ [gêu^{6} 巨]

❶用于地名：～桥镇(在河南省鹤壁)。❷姓。

"鉅"另见 32 页"巨"(jù)。

钝

(鈍) dùn ㄉㄨㄣˋ [dên^{6} 顿]

❶不锋利，不快，跟"锐""利""快"相对：这把刀真～｜镰刀～了，磨一磨吧。❷笨，不灵活：迟～｜拙嘴～舌。

钍

(鈚) pī ㄆㄧ [péi^{1} 丕]

钍箭，古代的一种箭。

钞

(鈔) chāo ㄔㄠ [cao^{1} 炒^{1}]

❶同"抄❶"。❷钞票，纸币：外～。

钟

(❶-❸ 鐘、❹❺△ 鍾) zhōng ㄓㄨㄥ [zung^{1} 终]

❶金属制成的响器，中空。敲时发声：警～。❷计时的器具：座～｜闹～。❸指钟点，时间：两点～｜三个～头。❹杯子。❺集中，专一：～情。

"鍾"另见 724 页"锺"。

钡

(鋇) bèi ㄅㄟˋ [bui^{3} 贝]

金属元素，符号 Ba，银白色，燃烧时发黄绿色火焰。

钢

(鋼) ㊀gāng ㄍㄤ ㊁[gong^{3} 杠]

含碳量低于 2% 的铁碳合金，并含有少量锰、硅、硫、磷等，比熟铁硬度高，比生铁韧性好，是重要的工业原料。【钢铁】钢和铁的合称，也专指钢。㊥坚强，坚定不移：～的意志。

㊁gàng ㄍㄤˋ ㊁[gong^{6} 冈^{6}]

把刀在布、皮、石或缸沿等上用力磨擦几下，使锋利：这把刀钝了，要～一～。

钠

(鈉) nà ㄋㄚˋ [nab^{6} 纳^{6}]

金属元素，符号 Na，银白色，质软，燃烧时能发强光。是重要的工业原料。

钬

(鋹) chǎng ㄔㄤˇ [cêng^{2} 抢]

锐利。

钘

(釿) jīn ㄐㄧㄣ [gen^{1} 斤]

❶古同"斤❷"。❷古代金属重量单位，也是货币单位。

钣

(鈑) bǎn ㄅㄢˇ [ban^{2} 板]

金属板材：铅～｜钢～。

钤

(錀) lún ㄌㄨㄣˊ [lên^{4} 轮]

人造的放射性金属元素，符号 Rg。

钤

(鈐) qián ㄑㄧㄢˊ [kim^{4} 钳]

❶印章。【钤记】旧时印的一种。❷盖印章：～印｜～章。

钥

(鑰) ㊀yào ㄧㄠˋ ㊁[yêg^{6} 若]

【钥匙】(－shi)开锁的用具。

㊁yuè ㄩㄝˋ [yêg⁶ 若]

❶锁：门～。❷钥匙：【锁钥】㊗1. 做好事情的关键：动员民众是革命的～。2. 边防要地：北门～。

钦

(欽)qīn ㄑㄧㄣ [yem¹ 音]

❶恭敬：～佩｜～仰。❷封建时代指有关皇帝的：～定｜～赐｜～差(chāi)大臣。

钧

(鈞)jūn ㄐㄩㄣ [guen¹ 均]

❶古代重量单位，合三十斤：千～一发(喻极其危险的事态)。❷制陶器所用的转轮：陶～(喻造就人才)。❸敬辞(对尊长或上级)：～命｜～安｜～鉴。

钨

(鎢)wū ㄨ [wu¹ 乌]

金属元素，符号 W，灰黑色，质硬而脆，熔点高。钨丝可以做电灯泡中的细丝，含钨的钢叫钨钢，可制机器、钢甲等。

钩

(鈎、*鉤)gōu ㄍㄡ [ngeo¹ 欧]

❶(－子、－儿)悬挂或探取东西用的器具，形状弯曲，头端尖锐：秤～儿｜钓鱼～儿｜挂～儿｜火～子。❷(－子、－儿)形状像钩子的：鹰～鼻｜蝎子的～子。❸(－儿)汉字的一种笔形(㇖ ㇂ ㇃等)。❹(－儿)形状为"√"的符号，表示正确或同意：打～。❺用钩状物探取：把小洞里的东西～出来。㊀研究，探寻：～深致远。❻同"勾❷"。❼用带钩的针编织，或用针缝合衣边：～毛衣｜～贴边。❽在某些场合说数字时用来代替9。

钪

(鈧)kàng ㄎㄤˋ [kong³ 抗]

金属元素，符号 Sc，银白色，质软。可用来制特殊玻璃、合金等。

钫

(鈁)fāng ㄈㄤ [fong¹ 荒]

❶放射性金属元素，符号 Fr。❷古代一种酒壶，方口大腹。

钬

(鈥)huǒ ㄏㄨㄛˇ [fo² 伙]

金属元素，符号 Ho，银白色，质软。可用来制磁性材料。

钭

(鈄)tǒu ㄊㄡˇ ㊋ dǒu ㄉㄡˇ [deo² 抖]

姓。

钮

(鈕)niǔ ㄋㄧㄡˇ [neo² 扭]

❶器物上用手开关或调节的部件：按～｜旋～。❷同"纽❷"。

钯

(鈀)㊀bǎ ㄅㄚˇ ㊀ [ba² 把]

金属元素，符号 Pd，银白色，能吸收多量的氢，可用来制催化剂。它的合金可制电器、仪表等。

㊁pá ㄆㄚˊ ㊁ [pa⁴ 爬]

同"耙"(pá)。

5 画

钰

(鈺)yù ㄩˋ [yug⁶ 欲]

宝物。

钱 (錢)qián ㄑㄧㄢˊ [qin⁴ 前]

❶货币：铜～。㉄费用：车～｜饭～。❷圆形像钱的东西：纸～｜榆～儿。❸财物：有～有势。❹市制重量单位，1两的十分之一，合5克。

钲 (鉦)㊀zhēng ㄓㄥ ㊁[jing¹ 蒸]

古代一种打击乐器，多用铜做成，在行军时敲打。

㊁zhèng ㄓㄥˋ ㊁[jing³ 证]

金属元素，镄(fèi)的旧称。

钳 (鉗、**箝、❶**拑)qián ㄑㄧㄢˊ [kim⁴ 黔]

❶用东西夹住。【钳制】用强力限制。❷(－子)夹东西的用具：火～｜老虎～。

钴 (鈷)gǔ ㄍㄨˇ [gu² 股]

金属元素，符号Co，银白色。可用来制合金等，医学上用放射性钴(钴－60)治疗恶性肿瘤。

钵 (鉢、*缽、*盋)bō ㄅㄛ [bud³ 拨³]

❶盛饭、菜、茶水等的陶制器具：饭～。【乳钵】研药使成细末的器具。❷梵语音译"钵多罗"的省称，和尚用的饭碗：～盂。【衣钵】原指佛教中师父传授给徒弟的袈裟和钵盂，后泛指传下来的思想、学术、技能等：继承～。

钛 (鉥)shù ㄕㄨˋ [sêd⁶ 术]

❶长针。❷刺。

钶 (鈳)kē ㄎㄜ [ko¹ 卡柯¹]

金属元素铌(ní)的旧称。

钷 (鉕)pǒ ㄆㄛˇ [po² 颇]

人造的放射性金属元素，符号Pm。

钹 (鈸)bó ㄅㄛˊ [bed⁶ 拔]

打击乐器，铜质，圆片形，中心鼓起，两片相击作声。

钺 (鉞、**戉)yuè ㄩㄝˋ [yud⁶ 月]

古代兵器名，像斧，比斧大些。

钻 (鑽、*鑚)㊀zuān ㄗㄨㄢ [jun³ 专³]

❶用锥状的物体在另一物体上转动穿孔：～个眼儿｜～探。㉄穿过，进入：～山洞｜～到水里｜～空(kòng)子。【钻营】指攀附权势取得个人好处。❷钻研，仔细深入研究：～书本｜他肯～，学得快。

㊁zuàn ㄗㄨㄢˋ [jun³ 专³]

❶穿孔洞的工具：～床｜电～｜风～｜手摇～。❷钻石，经过琢磨的金刚石，又指硬度高的人造宝石：～戒｜十七～的手表。

铲 (鑪)lú ㄌㄨˊ [lou⁴ 卢]

人造的放射性金属元素，符号Rf。

"鑪"另见487页"炉"。

钽 (鉭)tǎn ㄊㄢˇ [tan² 坦]

金属元素，符号Ta，钢灰色，质硬，耐腐蚀，熔点高。可用于航天工业及核工业等。

钼

(鉬)mù ㄇㄨˋ [mug⁶ 沐]

金属元素，符号 Mo，银白色。可用来制合金钢，也用于制作电器元件。

钾

(鉀)jiǎ ㄐㄧㄚˇ [gab³ 甲]

金属元素，符号 K，银白色，蜡状。它的化合物用途很广，有的是重要肥料。

钟

(鉮)shén ㄕㄣˊ [sen⁴ 神]

一类具有特定结构的含砷的有机化合物。

钿

(鈿)㊀diàn ㄉㄧㄢˋ ㊀ [din⁶ 电]

❶把金属、宝石等镶嵌(qiàn)在器物上做装饰：宝～｜螺～(一种手工艺，把贝壳镶嵌在器物上)。❷古代一种嵌金花的首饰。

㊁tián ㄊㄧㄢˊ ㊁ [tin⁴ 田]

〈方〉钱，硬币：铜～｜洋～。

铀

(鈾)yóu ㄧㄡˊ [yeo⁴ 油]

放射性金属元素，符号 U，银白色，质硬。可用作核燃料。

铁

(鐵、**銕)tiě ㄊㄧㄝˇ [tid³ 拖热³]

金属元素，符号 Fe，纯铁灰白色，质硬，在潮湿空气中易生锈。是重要的工业原料，用途极广。㊕ 1. 坚硬：～蚕豆｜～拳。2. 意志坚定：～人｜～姑娘队。3. 确定不移：～的纪律｜～案如山。4. 残暴或精锐：～蹄｜～骑。5. 借指兵器：手无寸～。

铂

(鉑)bó ㄅㄛˊ [bog⁶ 薄]

金属元素，符号 Pt，银白色，熔点高。可用来制坩埚、蒸发皿，也用作催化剂。

铃

(鈴)líng ㄌㄧㄥˊ [ling⁴ 玲]

❶(－儿)铃铛，用金属做成的响器：摇～｜车～儿｜电～儿。❷形状像铃的东西：杠～｜哑～。

铄

(鑠)shuò ㄕㄨㄛˋ [sêg³ 削]

❶熔化金属：～金｜～石流金(形容天气极热)。❷销毁，消损。❸同"烁"。

铅

(鉛)㊀qiān ㄑㄧㄢ [yun⁴ 原]

❶金属元素，符号 Pb，银灰色，质软，熔点低，有毒。可用来制合金、蓄电池等。❷石墨制的铅笔芯：～笔。

㊁yán ㄧㄢˊ [yun⁴ 原]

【铅山】地名，在江西省。

铆

(鉚)mǎo ㄇㄠˇ [mao⁵ 卯]

用钉子把金属物连在一起：～钉｜～接｜～工。

铈

(鈰)shì ㄕˋ [xi⁵ 市]

金属元素，符号 Ce，铁灰色，质软。可用来制合金。

铉

(鉉)xuàn ㄒㄩㄢˋ [yun⁵ 远]

横贯鼎耳以举鼎或抬鼎的器具。

铊

(鉈)㊀tā ㄊㄚ ㊀ [ta¹ 他]

金属元素，符号 Tl，银白色，质软。可用来制合金等。铊的化合物有毒。

㊁tuó ㄊㄨㄛˊ ㊂［to⁴ 驼］

同"砣❶"。

铋 （鉍）bì ㄅㄧˋ［bid¹ 必，㊋ béi³ 秘］

金属元素，符号 Bi，银白色或粉红色。合金熔点很低，可用来做保险丝和汽锅上的安全塞等。

铌 （鈮）ní ㄋㄧˊ［néi⁴ 尼］

金属元素，旧叫钶（kē），符号 Nb，钢灰色，质硬。可用来制合金钢、电子管和超导材料。

铝 （鉊）zhāo ㄓㄠ［jiu¹ 招］

镰刀。

铍 （鈹）pí ㄆㄧˊ［péi⁴ 皮］

金属元素，符号 Be，钢灰色，铍铝合金质硬而轻。可用来制飞机机件等，也用于核工业。

钹 （鏺）pō ㄆㄛ［pud³ 泼］

〈方〉❶用镰刀、钐（shàn）刀等抡开来割（草、谷物等）。❷一种镰刀。

铎 （鐸）duó ㄉㄨㄛˊ［dog⁶ 踱］

大铃，古代宣布政教法令时或有战事时用。

铟 （鉧）mǔ ㄇㄨˇ［mou⁵ 武］

【钴姆】（gǔ－）古书上指熨斗。

6 画

铏 （鉶）xíng ㄒㄧㄥˊ［ying⁴ 仍］

古代盛羹的器具。

铥 （銈）jī ㄐㄧ［gei¹ 鸡］

古书上说的金圭。

铐 （銬）kào ㄎㄠˋ［kao³ 靠］

❶（－子）手铐子，束缚犯人手的刑具。❷用手铐束缚：把犯人～起来。

铑 （銠）lǎo ㄌㄠˇ［lou⁵ 鲁］

金属元素，符号 Rh，银白色，质硬，耐腐蚀。铂铑合金可制热电偶等。

铒 （鉺）ěr ㄦˇ［yi⁵ 以］

金属元素，符号 Er，银灰色，质软。可用来制特种合金、激光器等。

铁 （鉷）hóng ㄏㄨㄥˊ［hung⁴ 洪］

弩弓上射箭的装置。

铓 （鋩）máng ㄇㄤˊ［mong⁴ 亡］

❶刀、剑等的尖端。❷铓锣，一种民间打击乐器，流行于云南省傣族和景颇族地区。

铕 （銪）yǒu ㄧㄡˇ［yeo⁵ 有］

金属元素，符号 Eu，铁灰色。用于核工业，也可制彩色显像管中的荧光粉。

钍（鍏）dá ㄉㄚˊ［dad⁶ 达］

人造的放射性金属元素，符号 Ds。

铖（鋮）chéng ㄔㄥˊ［xing⁴ 城］

用于人名。

铗（鋏）jiá ㄐㄧㄚˊ［gab³ 甲］

❶冶铸用的钳。❷剑。❸剑柄。

铘（鋣）yé ㄧㄝˊ［yé⁴ 耶］

见 725 页“镆”字条【镆铘】(mò－)。

铙（鐃）náo ㄋㄠˊ［nao⁴ 挠］

❶铜质圆形的打击乐器，比钹大。❷古代的一种军中乐器，像铃铛，但没有中间的锤。

铚（銍）zhì ㄓˋ［zed⁶ 侄］

❶古代一种短的镰刀。❷割禾穗。❸古地名，在今安徽省宿州西南。

铛（鐺）㊀chēng ㄔㄥ ㊁［cang¹ 撑］

烙饼或做菜用的平底浅锅：饼～。

㊁dāng ㄉㄤ ㊁［dong¹ 当］

同“当(dāng)❼”。

铝（鋁）lǚ ㄌㄩˇ［lêu⁵ 吕］

金属元素，符号 Al，银白色，质轻。是重要的工业原料。

铜（銅）tóng ㄊㄨㄥˊ［tung⁴ 同］

金属元素，符号 Cu，淡紫红色，在潮湿空气中易生锈，遇醋起化学作用生乙酸铜，有毒。是重要的工业原料，用途很广。

铞（銱）diào ㄉㄧㄠˋ［diu³ 钓］

见 710 页“钌”字条【钌铞儿】(liào－r)。

铟（銦）yīn ㄧㄣ［yen¹ 因］

金属元素，符号 In，银白色，质软。可用来制低熔点合金等。

铠（鎧）kǎi ㄎㄞˇ［hoi² 海］

铠甲，古代的战衣，上面缀有金属薄片，可以保护身体。

铡（鍘）zhá ㄓㄚˊ［zab⁶ 闸］

❶铡刀，一种切草或切其他东西的器具。❷用铡刀切：～草。

铢（銖）zhū ㄓㄨ［ju¹ 朱］

古代重量单位，二十四铢等于一两：锱～｜～积寸累(lěi)(喻一点一滴地积累)。

铣（銑）㊀xǐ ㄒㄧˇ［xin² 冼］

用能旋转的多刃刀具切削加工金属工件：～床｜～刀。

㊁xiǎn ㄒㄧㄢˇ［xin² 冼］

有光泽的金属。【铣铁】铸铁的旧称。

铥（銩）diū ㄉㄧㄡ［diu¹ 丢］

金属元素，符号 Tm，银白色，质软。可用来制 X 射线源等。

铤 (鋌)tǐng ㄊㄧㄥˇ [ting5 挺]

快步跑：～而走险(指走投无路而采取冒险行动)。

铦 (銛)xiān ㄒㄧㄢ [qim1 签]

❶古代一种兵器。❷锋利。

铤 (鋋)chán ㄔㄢˊ [xin4 善4，㊂ yin4 延]

古代一种铁把(bà)儿的短矛。

铧 (鏵)huá ㄏㄨㄚˊ [wa4 蛙4]

犁铧，安装在犁的下端用来破土的厚铁片。

铨 (銓)quán ㄑㄩㄢˊ [qun4 全]

❶衡量轻重。❷旧时称量才授官，选拔官吏：～选。

铩 (鎩)shā ㄕㄚ [sad3 杀]

❶古代一种兵器，长柄，锋端有双刃。❷摧残，伤害：～羽之鸟(伤了翅膀的鸟，比喻失意的人)。

铪 (鉿)hā ㄏㄚ [ha1 哈]

金属元素，符号 Hf，银白色，熔点高。可用来制耐高温合金，也用于核工业等。

铫 (銚)㊀diào ㄉㄧㄠˋ ㊀ [diu6 掉]

(～子、～儿)煮开水熬东西用的器具：药～儿｜沙～。

㊁yáo ㄧㄠˊ ㊁ [yiu4 摇]

❶古代一种大锄。❷姓。

铭 (銘)míng ㄇㄧㄥˊ [ming5 皿]

❶刻在器物上记述生平、事业或用来警惕、勉励自己的文字：墓志～｜座右～。❷在器物上刻字。㊜形容牢记：～记｜刻骨～心｜～诸肺腑。

铬 (鉻)gè ㄍㄜˋ [gog3 各]

金属元素，符号 Cr，银灰色，质硬，耐腐蚀。可用来制不锈钢等，也用于电镀。

铮 (錚)zhēng ㄓㄥ [zeng1 增]

形容金属相击的声音(叠)：刀剑相击，～～作响。

铯 (銫)sè ㄙㄜˋ [xig1 色]

金属元素，符号 Cs，银白色，质软。用于制光电池和火箭推进器等。

铰 (鉸)jiǎo ㄐㄧㄠˇ [gao3 较，㊂ gao2 狡]

❶用剪刀剪：把绳子～开。❷机械工业上的一种切削法，使工件上原有的孔提高精度：～孔｜～刀。

☞广❶名词。关节：脚～(膝关节)｜手～(手关节)｜牙～(下颌骨关节)。【打牙铰】闲聊：得闲无事就同人～(有空就跟人闲聊)。❷名词。合页，铰链：门～｜窗～｜钉好个～(把合页钉好)。【铰剪】剪刀，剪子。

铱 (銥)yī ㄧ [yi1 依]

金属元素，符号 Ir，银白色，熔点高，质硬而脆。可用来制科学仪器等。

铲（鏟、*剷）chǎn ㄔㄢˇ［can² 产］

❶（－子、－儿）削平东西或把东西取出来的器具：铁～｜饭～儿。❷用锹（qiāo）或铲子削平或取出来：把地～平｜～土｜～菜。【铲除】去掉：～恶习。

铳（銃）chòng ㄔㄨㄥˋ［cung³ 充³］

❶旧时指枪一类的火器。❷（－子）用金属做成的一种打眼器具。❸用铳子打眼或除去。

铴（鐋）tāng ㄊㄤ［tong¹ 镗］

铴锣，小铜锣。

铵（銨）ǎn ㄢˇ［on²，⊗ ngon² 安²］

铵根，从氨衍生所得的带正电荷的根，在化合物中的地位相当于金属离子。

银（銀）yín ㄧㄣˊ［ngen⁴ 艮⁴］

❶金属元素，符号 Ag，白色有光泽，质软，是热和电的良导体。可用来制货币、器皿、感光材料等。❷（－子）旧时一种用银铸成块的货币：～两。❸像银子的颜色：～发｜～燕（指银白色的飞机，也泛指飞机）｜～河（天河）。

铷（銣）rú ㄖㄨˊ［yu⁴ 如，⊗ yu⁶ 预］

金属元素，符号 Rb。银白色，质软。可用来制光电管等。

7　画

铸（鑄）zhù ㄓㄨˋ［ju³ 注］

把金属熔化后倒在模子里制成器物：～一口铁锅｜～成大错（造成大错误）。【铸铁】由铁矿砂最初炼出来的铁。含碳量在2.0%以上，质脆，易熔化，多用来铸造器物。旧时又叫铣（xiǎn）铁。

鿏（鎶）mài ㄇㄞˋ［meg⁶ 麦］

人造的放射性金属元素，符号 Mt。

铹（鐒）láo ㄌㄠˊ［lou⁴ 劳］

人造的放射性金属元素，符号 Lr。

𨧀（𨭆）dù ㄉㄨˋ［dou⁶ 杜］

人造的放射性金属元素，符号 Db。

铱（銶）qiú ㄑㄧㄡˊ［keo⁴ 求］

古代的一种凿子。

铺（鋪、㊁*舖）㊀pū ㄆㄨ ㊀［pou¹ 普¹］

把东西散开放置，平摆：～轨｜平～直叙（说话作文简单直接地叙述，没有精彩处）｜～平道路。【铺张】为了在形式上好看而多用人力物力：反对～浪费。

㊁pù ㄆㄨˋ ㊁［pou¹ 普¹］

床（㊟床－）：上下～｜临时搭～。

㊂pù ㄆㄨˋ ㊂［pou³ 普³］

❶（－子、－儿）商店：饭～｜杂货～。❷旧时的驿站，现在用于地名：三十里～。

铻（鋙）wú ㄨˊ［ng⁴ 吾］

见 722 页“锟”字条【锟铻】（kūn－）。

铼（錸）lái ㄌㄞˊ［loi⁴ 来］

金属元素，符号 Re，质硬，电阻高。可用来制电灯灯丝等，也用作催化剂。

铽 (鋱) tè ㄊㄜˋ [tig¹ 惕]

金属元素，符号 Tb，银灰色，质软。可用来制荧光物质及某些元件等。

链 (鏈、*鍊) liàn ㄌㄧㄢˋ [lin⁶ 练]

❶(－子、－儿)多指用金属环连套而成的索子：表～丨铁～。❷英美制长度单位，1 链合 20.1168 米。❸计量海洋上距离的长度单位，1 链是 1 海里的十分之一，合 185.2 米。

铿 (鏗) kēng ㄎㄥ [heng¹ 亨]

金石等敲打、撞击的响声。【铿锵】(－qiāng)声音响亮而有节奏：～悦耳。

销 (銷) xiāo ㄒㄧㄠ [xiu¹ 烧]

❶熔化金属。【销毁】毁灭，常指烧掉。❷去掉：～假(jià)丨报～丨撤～。❸卖出(货物)：一天～了不少的货丨供(gōng)～丨脱～丨～路。❹开支，花费：花～丨开～。❺(－子)机器上像钉子的零件。❻把机器上的销子或门窗上的插销推上。

锁 (鎖、*鎻) suǒ ㄙㄨㄛˇ [so² 所]

❶加在门、箱等上面使人不能随便打开的器具：门上上～。❷用锁关住：把门～上丨拿锁～上箱子。❸链子：枷～丨～镣。❹一种缝纫法，多用在衣物边沿上，针脚很密，线斜交或钩连：～扣眼丨～边。

锃 (鋥) zèng ㄗㄥˋ [zeng³ 增³]

器物等经过擦磨或整理后闪光耀眼：～亮丨～光。

锄 (鋤、*鉏、*耡) chú ㄔㄨˊ [co⁴ 初⁴]

❶用来弄松土地和除草的农具：大～丨三齿耘～。❷用锄弄松土地，除草：～田丨～草。❸铲除：～奸。

锂 (鋰) lǐ ㄌㄧˇ [léi⁵ 理]

金属元素，符号 Li，银白色，质软，是金属元素中最轻的。可用来制合金、电池等。

锔 (鋗) xuān ㄒㄩㄢ [hün¹ 圈]

一种盆形有环耳的加热用的器具。

锅 (鍋) guō ㄍㄨㄛ [wo¹ 窝]

❶烹煮食物的器具。【锅炉】1. 一种烧开水的设备。2. 使水变成蒸汽以供应工业或取暖需要的设备。又叫汽锅。❷(－儿)器物上像锅的部分：烟袋～。

锆 (鋯) gào ㄍㄠˋ [gou³ 告]

金属元素，符号 Zr，银灰色，质硬，耐腐蚀。用于核工业等。

锇 (鋨) é ㄜˊ [ngo⁴ 俄]

金属元素，符号 Os，银白色，质硬而脆。可用来制催化剂。它的合金可制耐腐蚀、耐磨部件。

锈 (銹、*鏽) xiù ㄒㄧㄡˋ [seo³ 秀]

❶金属表面所生的氧化物：铁～丨铜～丨这把刀子长（zhǎng）～了。❷生锈：门上的锁～住了。

锉（銼、*剉）cuò ㄘㄨㄛˋ ［co³ 挫］

❶条形多刃工具，多用钢制成，用来磨铜、铁、竹、木等。❷用锉磨东西：把锯～一～。

锊（鋝）lüè ㄌㄩㄝˋ ［lüd³ 劣］

古代重量单位，约合旧制六两。

锋（鋒）fēng ㄈㄥ ［fung¹ 丰］

刃，刀剑等器械的锐利或尖端部分（㊀-刃）：交～（双方作战或比赛）丨刀～。㊁1. 器物的尖锐部分：笔～。2. 在前面带头的人：先～丨前～。

锌（鋅）xīn ㄒㄧㄣ ［sen¹ 身］

金属元素，符号 Zn，蓝白色，质脆。可用来制合金等。

锍（銃）liǔ ㄌㄧㄡˇ ［leo⁵ 柳］

有色金属冶炼过程中产生的各种金属硫化物的互熔体。

锎（鐦）kāi ㄎㄞ ［hoi¹ 开］

人造的放射性金属元素，符号 Cf。

锏（鐧）㊀jiǎn ㄐㄧㄢˇ ㊀［gan² 简］

古代的一种兵器，像鞭，四棱。

㊁jiàn ㄐㄧㄢˋ ㊁［gan³ 涧］

嵌在车轴上的铁条，可以保护车轴并减少摩擦力。

锐（鋭）ruì ㄖㄨㄟˋ ［yêu⁶ 裔］

❶快或尖（指刀枪的锋刃），跟“钝”相对（㊀-利、尖-）：其锋甚～。❷感觉灵敏：敏～丨眼光～利。❸锐气，勇往直前的气势：～不可当丨养精蓄～。❹骤，急剧：～减丨～增。

锑（銻）tī ㄊㄧ ［tei¹ 梯］

金属元素，符号 Sb，银白色，有光泽，质硬而脆，有毒。用于工业和医药中。

铉（鋐）hóng ㄏㄨㄥˊ ［weng⁴ 弘］

宏大。

锒（鋃）láng ㄌㄤˊ ［long⁴ 狼］

【锒铛】（-dāng）1. 铁锁链：～入狱。2. 形容金属撞击的声音。

锓（鋟）qǐn ㄑㄧㄣˇ ［qim¹ 签］

雕刻：～版。

锔（鋦）㊀jū ㄐㄩ ［gug⁶ 局］

用锔子（一种两脚钉）连合破裂的器物：～盆丨～缸丨～锅丨～碗。

㊁jú ㄐㄩˊ ［gug⁶ 局］

人造的放射性金属元素，符号 Cm。

锕（錒）ā ㄚ ［a³ 亚］

放射性金属元素，符号 Ac。

8 画

锖 (錆)qiāng ㄑㄧㄤ [cêng¹ 枪]

【锖色】某些矿物表面因氧化作用而形成的薄膜所呈现的色彩，常跟矿物固有的颜色不同。

锗 (鍺)zhě ㄓㄜˇ [zé² 者]

金属元素，符号 Ge，银灰色，质脆。是重要的半导体材料。

锜 (錤)jī ㄐㄧ [géi¹ 基]

见 725 页"镃"字条【镃錤】(zī－)。

错 (錯)cuò ㄘㄨㄛˋ [co³ 挫]

❶不正确，不对，与实际不符(㊀ －误)：你弄～了｜没～儿。【错觉】(－jué)跟事实不符的知觉。❷差，坏(用于否定式)：他的成绩～不了｜你的身体真不～。❸交叉着：～杂｜～落｜～综复杂｜犬牙交～。❹岔开：～车｜～过机会。❺磨玉的石：他山之石，可以为～。❻古同"措"。

锘 (鍩)nuò ㄋㄨㄛˋ [nog⁶ 诺]

人造的放射性金属元素，符号 No。

锚 (錨)máo ㄇㄠˊ [mao⁴ 矛，㊁ nao⁴ 挠]

铁制的停船器具，有钩爪，用铁链连在船上，抛到水底，可以使船停稳。

锳 (鍈)yīng ㄧㄥ [ying¹ 鹰]

形容铃声。

锛 (錛)bēn ㄅㄣ [ben¹ 奔]

❶(－子)削平木料的一种工具，用时向下向内用力。❷用锛子一类东西削、砍：～木头｜用镐～地。

锜 (錡)qí ㄑㄧˊ [kéi⁴ 旗]

❶古代一种带三足的锅。❷古代的一种凿子。

锝 (鍀)dé ㄉㄜˊ [deg¹ 德]

人造的放射性金属元素，符号 Tc，是第一种人工合成的元素。

锞 (錁)kè ㄎㄜˋ [guo² 果]

(－子)小块的金锭或银锭。

锟 (錕)kūn ㄎㄨㄣ [kuen¹ 昆]

【锟铻】(－wú)宝刀和宝剑名。

锡 (錫)xī ㄒㄧ [ség³ 石³]

❶金属元素，符号 Sn，银白色，质软，在空气中不易起变化。可用来制合金或焊接金属等。❷赏赐。

【锡伯族】(－bó－)我国少数民族，参看附表。

锢 (錮)gù ㄍㄨˋ [gu³ 雇]

❶把金属熔化开来，堵塞金属器物的空隙。❷禁锢，禁闭起来不许跟人接触。

锣 (鑼)luó ㄌㄨㄛˊ [lo⁴ 罗]

一种打击乐器，形状像铜盘，用槌子敲

打，发出声音：铜～｜鸣～开道｜～鼓喧天。

锤 (錘、* 鎚) chuí ㄔㄨㄟˊ [cêu⁴ 徐]

❶秤锤，配合秤杆称分(fèn)量的金属块。❷(－子、－儿)敲打东西的器具：铁～｜木～。❸用锤敲打：千～百炼。

锥 (錐) zhuī ㄓㄨㄟ [zêu¹ 追]

❶(－子)一头尖锐，可以扎窟窿的工具：针～｜无立～之地(形容赤贫)。❷像锥子的东西：改～｜冰～。❸用锥子形的工具钻：用锥子～个眼儿。

锦 (錦) jǐn ㄐㄧㄣˇ [gem² 敢]

❶有彩色花纹的丝织品：～缎｜蜀～｜～上添花。❷鲜明美丽：～霞｜～鸡。

锧 (鑕) zhì ㄓˋ [zed¹ 侄¹]

❶〈古〉砧板。❷铡刀座。【斧锧】斩人的刑具。

锨 (鍁、** 杴、** 橇) xiān ㄒㄧㄢ [hin¹ 牵]

铲东西用的一种工具，用钢铁或木头制成板状的头，后面安把儿：木～｜铁～。

锪 (鍃) huō ㄏㄨㄛ [fed¹ 忽]

一种金属加工方法，用专门的刀具对金属工件已有的孔进行加工，刮平端面或切出锥形、圆柱形凹坑。

錞 (錞) ㊀chún ㄔㄨㄣˊ ㊀ [sên⁴ 纯]

【錞于】古代一种铜制乐器。

㊁duì ㄉㄨㄟˋ ㊁ [dêu⁶ 队]

矛戟柄末端的金属套。

锫 (錇) péi ㄆㄟˊ [pui⁴ 赔]

人造的放射性金属元素，符号 Bk。

锩 (錈) juǎn ㄐㄩㄢˇ [gün² 卷]

刀剑卷刃。

锬 (錟) tán ㄊㄢˊ [tam⁴ 谈]

长矛。

铍 (鈹) bō ㄅㄛ [bo¹ 玻]

人造的放射性金属元素，符号 Bh。

锭 (錠) dìng ㄉㄧㄥˋ [ding⁶ 定]

❶(－子)纺车或纺纱机上绕纱的机件：纱～。❷(－子、－儿)金属或药物等制成的块状物：钢～｜金～儿｜紫金～。

锒 (鋃) láng ㄌㄤˊ [long⁴ 郎]

【锒头】旧同"榔头"。

键 (鍵) jiàn ㄐㄧㄢˋ [gin⁶ 件]

❶即辖，车轴头上穿着的铁棍，可使轮不脱落。❷机器上钢制的长方形零件，用来连接并固定轴和齿轮等。❸插在门上关锁门户的金属棍子。【关键】㊞事物的紧要部分，对于情势有决定作用的部分。❹某些乐器或机器上使用时按动的部分：～盘。

锯 (鋸) ㊀jū ㄐㄩ ㊀ [gug⁶ 局]

同“锔”(jū)。

㊁jù ㄐㄩˋ ㊁[gêu³ 据，㊁ gê³ 哥靴³]

❶用薄钢片制成的器具，有尖齿，可以拉(lá)开木料、石料等：拉～｜手～｜电～。❷用锯拉(lá)：～木头｜～树。

锰 (錳)měng ㄇㄥˇ [mang⁵ 猛]

金属元素，符号 Mn，银白色，质硬而脆。锰铁合金叫锰钢，用于工业。

锱 (錙)zī ㄗ [ji¹ 之]

古代重量单位，六铢等于一锱，四锱等于一两。【锱铢】(－zhū) ㊁ 琐碎的事或极少的钱：～必较。

9 画

锲 (鍥)qiè ㄑㄧㄝˋ [kid³ 揭]

用刀子刻：镂金～玉｜～而不舍(喻做事坚持不懈，有恒心，有毅力)。

锴 (鎝)dā ㄉㄚ [dab³ 答]

铁锴，翻土的农具。

锴 (鍇)kǎi ㄎㄞˇ [kai² 楷]

好铁。多用于人名。

锶 (鍶)sī ㄙ [xi¹ 司]

金属元素，符号 Sr，银白色，质软。可用来制合金、光电管、烟火、药品等。

锷 (鍔)è ㄜˋ [ngog⁶ 岳]

刀剑的刃。

锸 (鍤)chā ㄔㄚ [cab³ 插]

铁锹(qiāo)，掘土的工具。

锹 (鍬、*鍫)qiāo ㄑㄧㄠ [qiu¹ 超]

挖土或铲其他东西的器具：铁～。

锺 (鍾)zhōng ㄓㄨㄥ [zung¹ 忠]

姓。

“鍾”另见 712 页“钟”。

锻 (鍛)duàn ㄉㄨㄢˋ [dün⁶ 段]

把金属加热，然后锤打：～件｜～工｜～造。【锻炼】1. 通过体育活动，增强体质：～身体。2. 通过生产劳动、社会斗争和工作实践，使思想觉悟、工作能力提高：在工作中～成长。

锼 (鎪)sōu ㄙㄡ [seo² 手]

镂刻，用钢丝锯挖刻木头：椅背的花是～出来的。

锽 (鍠)huáng ㄏㄨㄤˊ [wong⁴ 王]

❶古代的一种兵器。❷形容钟鼓声(叠)。

鐌 (鏾)xiàn ㄒㄧㄢˋ [xin³ 线]

金属线。

鍭 (鍭)hóu ㄏㄡˊ [heo⁴ 猴]

古代指一种箭。

镀　(鍰)huán ㄏㄨㄢˊ [wun⁴ 缓]

古代重量单位，约合旧制六两。

锵　(鏘)qiāng ㄑㄧㄤ [cêng¹ 枪]

形容金属或玉石的撞击声(叠)：锣声~~。

锿　(鎄)āi ㄞ [oi¹，⊗ngoi¹ 哀]

人造的放射性金属元素，符号 Es。

镀　(鍍)dù ㄉㄨˋ [dou⁶ 杜]

用物理或化学方法使一种物质附着在别的物体的表面：~金丨电~。

镁　(鎂)měi ㄇㄟˇ [méi⁵ 尾]

金属元素，符号 Mg，银白色，燃烧时能发强光。镁铝合金可制飞机、宇宙飞船等。

镂　(鏤)lòu ㄌㄡˋ [leo⁶ 漏]

雕刻：~花丨~骨铭心(喻永远不忘)。

镃　(鎡)zī ㄗ [ji¹ 兹]

【镃錤】(-jī)古代的锄头。

镄　(鐨)fèi ㄈㄟˋ [féi³ 费]

人造的放射性金属元素，符号 Fm。

镅　(鎇)méi ㄇㄟˊ [méi⁴ 眉]

人造的放射性金属元素，符号 Am。

10　画

镊　(鑷)niè ㄋㄧㄝˋ [nib⁶ 聂]

镊子，夹取毛发、细刺及其他细小东西的器具。

镆　(鏌)mò ㄇㄛˋ [mog⁶ 莫]

【镆铘】(-yé)同“莫邪”。

镇　(鎮)zhèn ㄓㄣˋ [zen³ 振]

❶压：~尺。㊀压制，抑制：~痛丨警察一到，闹事的人就被~住了。【镇压】用强力压制：~叛乱。❷用武力维持安定：~守丨坐~。也指镇守的地方：军事重~。❸安定：~静丨~定。❹把饮料等放在冰箱里或同冰、冷水放在一起使凉：冰~汽水。❺行政区划单位，一般由县一级领导：城~居民丨乡~企业。❻较大的集市。❼时常：十年~相随。

镈　(鎛)bó ㄅㄛˊ [bog³ 博]

❶大钟，古代的一种乐器。❷古代一种锄类农具。

镉　(鎘)gé ㄍㄜˊ [gag³ 格]

金属元素，符号 Cd，银白色，质软。可用来制合金、颜料等，也用于核工业。

镋　(钂)tǎng ㄊㄤˇ [tong² 倘]

古代一种兵器，跟叉相似。

镌 （鐫、**鎸）juān ㄐㄩㄢ ［jun¹ 专，㊀ zên³ 进］

雕刻：~刻图章｜~碑。

镍 （鎳）niè ㄋㄧㄝˋ ［nib¹ 聂¹，㊀ nib⁶ 聂］

金属元素，符号 Ni，银白色。可用于制合金钢、铸币、电镀等。

镎 （鎿）ná ㄋㄚˊ ［na⁴ 拿］

放射性金属元素，符号 Np。

鎓 （鎓）wēng ㄨㄥ ［yung¹ 雍］

【鎓盐】在水溶液中离解出有机正离子的含氧、氮或硫的盐类。

镏 （鎦）㊀liú ㄌㄧㄡˊ ㊁［leo⁴ 留］

一种镀金方法，把溶解在水银里的金子涂在器物表面做装饰，所镏的金层经久不退。

㊁liù ㄌㄧㄡˋ ㊁［leo⁶ 漏］

【镏子】〈方〉戒指：金~。

镐 （鎬）㊀gǎo ㄍㄠˇ ㊁［gou² 稿］

刨土的工具。

㊁hào ㄏㄠˋ ㊁［hou⁶ 浩］

西周的国都，在今陕西省长安西北。

镑 （鎊）bàng ㄅㄤˋ ［bong⁶ 磅⁶］

（外）英国、埃及等国的货币单位。

镒 （鎰）yì ㄧˋ ［yed⁶ 日］

古代重量单位，一镒为二十两，一说是二十四两。

镓 （鎵）jiā ㄐㄧㄚ ［ga¹ 家］

金属元素，符号 Ga，银白色，质软。可用来制半导体和光学玻璃等。

镔 （鑌）bīn ㄅㄧㄣ ［ben¹ 奔］

【镔铁】精炼的铁。

镕 （鎔）róng ㄖㄨㄥˊ ［yung⁴ 容］

❶铸造用的模型。㊙陶冶（思想品质）：习礼仪，~气质。❷旧同“熔”。

11 画

鏏 （鏏）wèi ㄨㄟˋ，㊀ huì ㄏㄨㄟˋ ［wei⁶ 位］

古代的一种鼎。

镨 （鐯）zhuō ㄓㄨㄛ ［zêg³ 雀］

〈方〉❶镨钩，刨地的镐（gǎo）。❷用小镐刨：~高粱｜~玉米。

锁 （鐄）huáng ㄏㄨㄤˊ ［wong⁴ 黄］

❶大钟。❷钟声。❸同“簧”。

镖 （鏢）biāo ㄅㄧㄠ ［bin¹ 标］

旧时以投掷方式杀伤敌人的武器，形状像长矛的头。

镗 （鏜）㊀ tāng ㄊㄤ ㊁［tong¹ 堂¹］

同“嘡”。

㊁táng ㄊㄤˊ ㊁［tong⁴ 唐］

加工切削机器零件上已有的钻孔：~

床。

镘（鏝）màn ㄇㄢˋ ［man⁶ 曼］

抹（mò）墙用的工具。

镙（鏍）［lêu¹ 雷¹］

☞🅖名词。铜圆，铜板：一个～都有（分文没有）｜一个～都唔值（一文不值）。【镙屎】比喻最小的钱财：～都唔收（分文不取）

镚（鏰）bèng ㄅㄥˋ ［beng¹ 崩］

（－子、－儿）原指清末发行的无孔的小铜币，今泛指小的硬币：金～子｜钢～儿。

镛（鏞）yōng ㄩㄥ ［yung⁴ 容］

大钟，古代的一种乐器。

镜（鏡）jìng ㄐㄧㄥˋ ［géng³ 惊³］

❶（－子）用来反映形象的器具，古代用铜磨制，现代用玻璃制成。❷利用光学原理特制的各种器具：显微～｜望远～｜眼～｜凸透～｜三棱～。

镝（鏑）㊀dī ㄉㄧ ㊁［dig¹ 嫡］

金属元素，符号 Dy，银白色，用于核工业等。

㊁dí ㄉㄧˊ ㊁［dig⁶ 敌］

箭头：锋～｜鸣～（响箭）。

镞（鏃）zú ㄗㄨˊ ［zug⁶ 浊］

箭镞，箭头。

镟（鏾）piě ㄆㄧㄝˇ ［pid³ 撇］

❶烧盐用的敞口锅。❷用于地名：曹～（在江苏省东台）。

镠（鏐）liú ㄌㄧㄡˊ ［leo⁴ 硫］

成色好的金子。

12 画

镥（鑥）xǐ ㄒㄧˇ ［héi² 起］

人造的放射性金属元素，符号 Sg。

镤（鏷）［pang¹ 彭¹］

☞🅖❶动词。平底锅。呢个～唔会生锈㗎（这个平底锅不会生锈的）。〖英语 pan 的音译。〗❷动词。铝或搪瓷的圆筒形盛物器：饭～（盛饭器皿）。

镡（鐔）㊀chán ㄔㄢˊ ㊁［cem⁴ 寻］

姓。

㊁tán ㄊㄢˊ ㊁［tam⁴ 谈］

姓。

㊂xín ㄒㄧㄣˊ ㊁［cem⁴ 寻］

❶古代剑身与剑柄连接处突出的部分。❷古代兵器，似剑而小。

镢（鐝）jué ㄐㄩㄝˊ ［küd³ 决］

〈方〉（－头）刨地用的农具。

镣（鐐）liào ㄌㄧㄠˋ ［liu⁴ 聊］

脚镣，套在脚腕上使不能快走的刑具。

镤（鏷）pú ㄆㄨˊ［pog³ 扑］

放射性金属元素，符号 Pa。

𬭳（鍲）hēi ㄏㄟ［heg¹ 黑］

人造的放射性金属元素，符号 Hs。

镭（鐇）fán ㄈㄢˊ［fan⁴ 凡］

古代的一种铲子。

镥（鑥）lǔ ㄌㄨˇ［lou⁵ 老］

金属元素，符号 Lu，银白色，质软。可用于核工业。

镦（鐓）㊀duì ㄉㄨㄟˋ ㊀［dêu⁶ 队］

同"錞"（duì）。

㊁dūn ㄉㄨㄣ ㊁［dên¹ 敦］

用锤击、加压的方法使坯料变短、变粗。在常温下加工叫冷镦，加热后再加工叫热镦。

镧（鑭）lán ㄌㄢˊ［lan⁴ 兰］

金属元素，符号 La，银白色，质软。它的化合物可制光学玻璃、高温超导体等。

镨（鐠）pǔ ㄆㄨˇ［pou² 普］

金属元素，符号 Pr，淡黄色。它的化合物多呈绿色，可用作颜料等。

𬭸（鏻）lín ㄌㄧㄣˊ［lên⁴ 轮］

一类具有特定结构的含磷有机化合物。

镈（鐏）zūn ㄗㄨㄣ［jun¹ 专］

❶戈柄下端圆锥形的金属套。❷盛酒的器皿。❸姓。

镃（鐩）suì ㄙㄨㄟˋ［sêu⁶ 睡］

古代利用日光取火的凹镜。

镩（鑹）cuān ㄘㄨㄢ［qun¹ 川］

❶冰镩，一种金属凿冰器具，头部尖，有倒钩。❷用冰镩凿（冰）。

镪（鏹）㊀qiāng ㄑㄧㄤ［kêng⁵ 强⁵］

【镪水】强酸的俗称：硝～。

㊁qiǎng ㄑㄧㄤˇ［kêng⁵ 强⁵］

〈古〉指成串的钱。【白镪】银子。

镫（鐙）dèng ㄉㄥˋ［deng³ 凳］

挂在马鞍子两旁的东西，是为骑马的人蹬踩用的。

〈古〉又同"灯"（dēng）［deng¹］。

𫓧（鐍）jué ㄐㄩㄝˊ［küd³ 决］

箱子上安锁的环状物。

13 画

镬（鑊）huò ㄏㄨㄛˋ［wog⁶ 获］

❶〈方〉（－子）锅：～盖。❷古代的大锅：鼎～（常用为残酷的刑具）。

☞粤 名词。半球形的炒锅，一般用生铁铸成，炒菜或煮饭用：～铲（锅铲）｜大～饭（大锅饭）｜～气（用大火炒菜时，菜肉所带的油香气味）｜～捞（锅底烟子）｜候～（厨师）。【大镬】形容事态严重：呢次～咯（这次事态严重了）。【一镬泡】比喻事情搞糟了，不可收拾。

镭 （鐳）léi ㄌㄟˊ ［lêu⁴ 雷］

放射性金属元素，符号 Ra，银白色，质软。医学上用镭治疗癌症和皮肤病。

镮 （鐶）huán ㄏㄨㄢˊ ［wan⁴ 还］

圆形有孔可贯穿的东西。

镯 （鐲、** 鋜）zhuó ㄓㄨㄛˊ ［zug⁶ 俗］

（－子）套在腕子上的环形装饰品：手～｜玉～。

镰 （鐮、* 鎌、* 鐮）lián ㄌㄧㄢˊ ［lim⁴ 帘］

镰刀，用来收割谷物和割草的农具。

镱 （鐿）yì ㄧˋ ［yi³ 意］

金属元素，符号 Yb，银白色，质软。可用来制特种合金，也用作激光材料等。

14 画以上

镲 （鑔）chǎ ㄔㄚˇ ［ca² 查²］

钹（bó），一种打击乐器。

镳 （鑣）biāo ㄅㄧㄠ ［biu¹ 标］

❶马嚼子两头露在嘴外的部分：分道扬～（喻趋向不同）。❷同“镖”。

镴 （鑞）là ㄌㄚˋ ［lab⁶ 垃］

锡和铅的合金，又叫白镴、锡镴，可用来焊接金属器物。

镵 （鑱）chán ㄔㄢˊ ［cam⁴ 蚕］

❶古代一种铁制的刨土工具。❷刺：以刃～腹。

镶 （鑲）xiāng ㄒㄧㄤ ［sêng¹ 箱］

把东西嵌进去或在外围加边：～牙｜在衣服上～一道红边｜金～玉嵌。

镢 （钁）jué ㄐㄩㄝˊ ［küd³ 决］

❶（－头）刨土的农具。❷用锄掘地。

[177]鱼部

鱼 （魚）yú ㄩˊ ［yu⁴ 娱］

脊椎动物的一类，通常身体侧扁，大都有鳞和鳍，用鳃呼吸，体温随外界温度而变化，生活在水中。种类很多。

☞■【鱼获】鱼白，雄鱼肚里块状的精子。

2—7 画

鱽 （魛）dāo ㄉㄠ ［dou¹ 刀］

鱽鱼，现多写作“刀鱼”，鱼名，身体很长，像刀。1．我国北方指带鱼。2．鲚（jì）鱼的一种，即刀鲚。

鱾 （魢）jǐ ㄐㄧˇ ［géi² 己］

鱼名，身体侧扁，略呈椭圆形，头小，口小，生活在海底岩石间。

鱿 （魷）yóu ㄧㄡˊ ［yeo⁴ 由］

鱿鱼，软体动物，又叫枪乌贼，头像乌贼，尾端呈菱形，身体白色，有淡褐色斑点，生活在海洋里。

鲀 （魨）tún ㄊㄨㄣˊ ［tün⁴ 团］

河豚，鱼名，头圆形，口小，生活在海里，有些也进入淡水。种类很多。肉味鲜美，但血液和内脏有剧毒。

鲁 （魯）lǔ ㄌㄨˇ ［lou⁵ 老］

❶愚钝，莽撞：粗～｜愚～。【鲁莽】（*卤莽）不仔细考虑事理，冒失。❷周代诸侯国名，在今山东省南部一带。❸山东省的别称。

鲂 （魴）fáng ㄈㄤˊ ［fong⁴ 房］

鱼名，像鳊（biān）鱼，银灰色，背部隆起，生活在淡水中。

鲃 （鲃）bā ㄅㄚ ［ba¹ 巴］

鱼名，身体侧扁或略呈圆筒形，生活在淡水中。

鲅 （鮁）bà ㄅㄚˋ ［bed⁶ 拔］

鱼名，即马鲛，身体侧扁而长，性凶猛，生活在海洋里。

鲆 （鮃）píng ㄆㄧㄥˊ ［ping⁴ 评］

鱼名，身体侧扁，两眼都在身体的左侧，有眼的一侧灰褐色或深褐色，无眼的一侧白色。常见的有牙鲆、斑鲆等。

鲇 （鮎、** 鯰）nián ㄋㄧㄢˊ ［nim⁴ 念⁴］

鱼名，头大，口宽，皮上有黏液，无鳞。生活在淡水中。

鲈 （鱸）lú ㄌㄨˊ ［lou⁴ 卢］

鱼名，身体侧扁，嘴大，鳞细，银灰色，背部和背鳍上有黑斑，性凶猛。

鲉 （鮋）yóu ㄧㄡˊ ［yeo⁴ 由］

鱼名，身体侧扁，头部有许多棘状突起，生活在近海。

鲊 （鮓）zhǎ ㄓㄚˇ ［za² 炸²］

一种用盐和红曲（调制食品的材料）腌（yān）的鱼。

☞▇形容词。品质差次的，水准低下的：～嘢（不好的东西；次货）｜我啲字好～（我的字写得很差）。又说“鲊皮”“鲊斗”。

【发烂鲊】撒泼，蛮横不讲理。

稣 （穌）sū ㄙㄨ ［sou¹ 苏］

同“苏❷”。

鲋 （鮒）fù ㄈㄨˋ ［fu⁶ 付］

古书上指鲫鱼：涸（hé）辙之～（喻处在困难中急待援助的人）。

鲌 （鮊）㊀bà ㄅㄚˋ ㊀［bed⁶ 拔］

同“鲅”。

㊁bó ㄅㄛˊ ㊁［bag⁶ 白］

鱼名，身体侧扁，嘴向上翘，生活在淡

水中。

鲫

(鮣)yìn ㄧㄣˋ [yen³ 印]

鱼名，身体细长，圆柱形，前半身扁平，背上有吸盘，可以吸在大鱼或船底上，生活在海洋里。

鲄

(鮈)jū ㄐㄩ [kêu¹ 驱]

鱼名，身体小，侧扁或近圆筒形，有一对须，背鳍一般没有硬刺。生活在温带淡水中。

鲍

(鮑)bào ㄅㄠˋ [bou¹ 包]

❶软体动物，俗叫鲍鱼，古称鳆(fù)，肉味鲜美。❷鲍鱼，盐腌的干鱼。

鲀

(鮀)tuó ㄊㄨㄛˊ [to⁴ 驼]

生活在淡水中的小型鱼类。也用于地名：~莲(在广东省汕头)。

鲏

(鮍)pí ㄆㄧˊ [péi⁴ 皮]

见736页“鳑”字条【鳑鲏】(páng-)。

鲐

(鮐)tái ㄊㄞˊ [toi⁴ 抬]

鱼名，俗叫鲐巴鱼，身体纺锤形，背部青蓝色，腹部淡黄色，生活在海里。

鲨

(鮆)cǐ ㄘˇ [qi² 始]

鱼名，身体侧扁，上颌骨向后延长，有的可达臀鳍。生活在海里。

鲑

(鮭)guī ㄍㄨㄟ [guei¹ 归]

鱼名，身体大，略呈纺锤形，鳞细而圆。种类很多。

鲒

(鮚)jié ㄐㄧㄝˊ [gid³ 洁]

古书上说的一种蚌。

鲔

(鮪)wěi ㄨㄟˇ [fui² 贿]

❶古书上指鲟(xún)鱼。❷鱼名，身体纺锤形，背部蓝黑色，生活在海洋里。

鲕

(鮞)ér ㄦˊ [yi⁴ 而]

鱼苗。

鲺

(鰤)shī ㄕ [xi 师]

鱼名，身体纺锤形，稍侧扁，背部蓝褐色，鳞小而圆，尾鳍分叉。生活在海里。

鲖

(鮦)tóng ㄊㄨㄥˊ [tung⁴ 同]

【鲖城】地名，在安徽省临泉。

鲗

(鰂)zéi ㄗㄟˊ ㊀ [cag⁶ 贼]

乌鲗，同“乌贼”，软体动物，又叫墨鱼、墨斗鱼，有墨囊，遇危险时能放出黑色液体逃走，生活在海里。

㊁ [zeg¹ 则]

☞广 广州话地区俗将鲫鱼写作“鲗鱼”：非洲~ | ~鱼涌(地名，在香港)。

鲘

(鮜)hòu ㄏㄡˋ [heo⁶ 后]

用于地名：~门(在广东省海丰)。

鲙

(鱠)kuài ㄎㄨㄞˋ [kui² 侩]

鱼名，即鳓(lè)鱼。

鲱

（鮡）zhào ㄓㄠˋ ［xiu⁶ 兆］

鱼名，无鳞，头部扁平，种类很多，有的种类胸部前方有吸盘，生活在溪水中。

鲍

（鮠）wéi ㄨㄟˊ ［wei⁴ 围］

鱼名，身体前部扁平，后部侧扁，有四对须，无鳞。生活在淡水中。

鲚

（鱭）jì ㄐㄧˋ ［cei⁴ 齐］

鱼名，身体侧扁，头小而尖，尾尖而细。生活在海洋里。有刀鲚、凤鲚等多种。

鲛

（鮫）jiāo ㄐㄧㄠ ［gao¹ 交］

鲨鱼。见733页“鲨”（shā）。

鲜

（鮮、㊀❶-❹＊鱻、㊁＊尠、㊁尟）㊀xiān ㄒㄧㄢ ㊁［xin¹ 先］

❶新的，不陈的，不干枯的（㊟新－）：～果｜～花｜～肉｜～血。❷滋味美好（㊟－美）：这汤真～。❸有光彩的：～红｜～艳｜～明。❹新鲜的食物：尝～。❺姓。

【鲜卑族】（－bēi－）我国古代北方民族。

㊁xiǎn ㄒㄧㄢˇ ㊁［xin² 冼］

少：～见｜～有｜寡廉～耻。

鮟

（鮟）ān ㄢ ［on¹，㊋ngon¹ 安］

【鮟鱇】（－kāng）鱼名，俗称老头儿鱼，身体前半部平扁，圆盘形，尾部细小，全身无鳞，能发出像老人咳嗽的声音，生活在深海。

鲟

（鱘、＊＊鱏）xún ㄒㄩㄣˊ ［cem⁴ 寻］

鱼名，身体纺锤形，背部和腹部有大片硬鳞，其余各部无鳞，生活在淡水中。

鲞

（鯗、＊＊鮝）xiǎng ㄒㄧㄤˇ ［sêng² 赏］

剖开晾干的鱼。

鲠

（鯁、＊骾）gěng ㄍㄥˇ ㊀［geng² 耿，㊋keng² 掯］

❶鱼骨。❷骨头卡在嗓子里。【骨鲠】正直。

㊁［keng² 掯］

☞🅿❶动词。噎：～亲（噎着了）。【鲠颈】1．噎：食饼干有水饮好～（吃饼干没水喝噎得慌）。2．（食物等）卡在喉咙里：鱼骨～（鱼骨头卡在嗓子里）。3．比喻功败垂成：真系～，差啲都唔得（真糟糕，差一点儿都不成功）！❷动词。咽：呢啖气我～唔落（这口气我咽不下）。❸动词。艰难吞咽：夹硬～（硬吞）。【干鲠】在没有水的情况下吞咽干的食物。【干鲠鲠】（食物）干巴巴：～噉，点吞得落呀（干巴巴的，怎么咽下）？

鲡

（鱺）lí ㄌㄧˊ ［léi⁴ 离］

见736页“鳗”字条【鳗鲡】（mán－）。

鲢

（鰱）lián ㄌㄧㄢˊ ［lin⁴ 连］

鱼名，又叫白鲢，身体侧扁，鳞细，腹部白色，生活在淡水中。

鲣

（鰹）jiān ㄐㄧㄢ ［gin¹ 肩］

鱼名，身体纺锤形，大部分无鳞，生活在海洋里。

鲥（鰣）shí ㄕˊ［xi⁴ 时］

鱼名，背部黑绿色，腹部银白色，鳞下多脂肪。肉味鲜美。

鲤（鯉）lǐ ㄌㄧˇ［léi⁵ 理］

鱼名，身体侧扁，嘴边有长短须各一对，生活在淡水中。

鮸（鮸）miǎn ㄇㄧㄢˇ［min⁵ 免］

鱼名，身体侧扁而长，棕褐色，生活在海里。

鲦（鰷）tiáo ㄊㄧㄠˊ［tiu⁴ 条］

鱼名，身体小，呈条状，银白色，生活在淡水中。

鲧（鯀、**鮌）gǔn ㄍㄨㄣˇ［guen² 滚］

❶古书上说的一种大鱼。❷古人名，传说是夏禹的父亲。

鲩（鯇）huàn ㄏㄨㄢˋ［wan⁵ 挽］

鱼名，即草鱼，身体微绿色，鳍微黑色，生活在淡水中。是我国的特产。

鲪（鮶）jūn ㄐㄩㄣ［guen¹ 军］

鱼名，身体侧扁而长，口大而斜，尾鳍圆形。生活在海里。

鲫（鯽）jì ㄐㄧˋ［zeg¹ 则］

鱼名，像鲤鱼，没有须，背脊隆起，生活在淡水中。

鲬（鯒）yǒng ㄩㄥˇ［yung² 拥］

鱼名，身体长，扁而平，黄褐色，有黑色斑点，无鳔，生活在海洋里。

鲨（鯊）shā ㄕㄚ［sa¹ 沙］

鱼名，又叫鲛，身体近纺锤形，性凶猛，捕食其他鱼类，生活在海洋里。种类很多，鳍制成的食物叫鱼翅，肝可制鱼肝油。

8—10 画

鲭（鯖）qīng ㄑㄧㄥ［qing¹ 清］

鱼名，身体呈梭形，头尖，口大。种类很多。

鲮（鯪）líng ㄌㄧㄥˊ［ling⁴ 凌，㊅léng⁴ 灵］

鱼名，又叫土鲮鱼，背部青灰色，性怕冷，生活在淡水中。

【鲮鲤】哺乳动物，即穿山甲，全身有角质的鳞片，爪善掘土，吃蚂蚁。

鲯（鯕）qí ㄑㄧˊ［kéi⁴ 旗］

【鲯鳅】鱼名，体长而侧扁，头大，眼小，黑褐色，生活在海洋里。

鲰（鯫）zōu ㄗㄡ［zeo¹ 周］

小鱼。

【鲰生】古代对人的蔑称，义为小子、小人。也用作谦辞。

鲱（鯡）fēi ㄈㄟ［féi¹ 飞］

鱼名，身体侧扁而长，生活在海洋里。种类很多，是世界上重要的经济鱼类。

鲲 (鯤)kūn ㄎㄨㄣ [kuen^{1} 昆]

传说中的一种大鱼。

鲳 (鯧)chāng ㄔㄤ [cêng^{1} 窗]

鱼名，又叫平鱼，身体短而扁，没有腹鳍，鳞小，生活在海洋里。

鲴 (鯝)gù ㄍㄨˋ [gu^{3} 雇]

鱼名，又叫黄鲴，身体侧扁，口小无须，生活在江河湖泊中。

鲵 (鯢)ní ㄋㄧˊ [ngei^{4} 危]

两栖动物，有大鲵和小鲵两种。大鲵俗叫娃娃鱼，眼小，口大，四肢短，尾巴扁，叫声像小孩哭，生活在溪水中。

鲷 (鯛)diāo ㄉㄧㄠ [diu^{1} 丢]

鱼名，身体侧扁，头大，口小，生活在海洋里。种类很多，如真鲷、黄鲷、黑鲷等。

鲸 (鯨)jīng ㄐㄧㄥ [king^{4} 琼]

哺乳动物，外形像鱼，胎生，用肺呼吸，俗叫鲸鱼，最大的长达30米，小的只有1米左右。生活在海洋里。【鲸吞】吞并，常指强国对弱国的侵略行为。

鲺 (鯴)shī ㄕ [sed^{1} 失]

节肢动物，身体扁圆形，像臭虫，头上有一对吸盘。寄生在鱼类身体的表面。

鲹 (鰺)shēn ㄕㄣ [sem^{1} 心]

鱼名，身体侧扁，呈卵圆形，鳞细，生活在海洋里。

鲻 (鯔)zī ㄗ [ji^{1} 兹]

鱼名，背部青灰色，腹部白色，嘴宽而短，生活在海水和河水交界处。

䲠 (鰆)chūn ㄔㄨㄣ [cên^{1} 春]

鱼名，即马鲛，身体侧扁而长，性凶猛，生活在海洋里。

鲼 (鱝)fèn ㄈㄣˋ [fen^{5} 愤]

鱼名，身体扁平，呈菱形，尾部像鞭子，生活在热带和亚热带海洋里。

鲽 (鰈)dié ㄉㄧㄝˊ [dib^{6} 谍]

鱼名，身体侧扁，两眼都在身体的一侧，有眼的一侧褐色，无眼的一侧大都为白色。种类很多，如星鲽、高眼鲽等。

鯻 (鯻)là ㄌㄚˋ [lad^{6} 辣]

鱼名，身体侧扁，灰白色，有黑色纵条纹，口小。生活在热带和亚热带海里。

鲾 (鰏)bī ㄅㄧ [big^{1} 碧]

鱼名，身体小而侧扁，青褐色，鳞细，口小，生活在近海。种类很多。

鲢 (鰊)liàn ㄌㄧㄢˋ [lin^{6} 练]

即鲱(fēi)。

鲿 (鱨) cháng ㄔㄤˊ [sêng⁴ 常]

毛鲿鱼，鱼名，身体侧扁，体长1米多，头较大，眼小，生活在海里。

鳀 (鯷) tí ㄊㄧˊ [tei⁴ 提]

鱼名，身体侧扁，长10—13厘米，眼和口都大，趋光性强，生活在海里。

鳁 (鰛) wēn ㄨㄣ [wen¹ 温]

【鳁鲸】鲸的一种，体长可达18米，背部黑色，腹部白色。

☞🅟【腥鳁鳁】腥腥的：捉过鱼成手～(抓过鱼满手腥气)。

鳂 (鰃) wēi ㄨㄟ [wei¹ 威]

鱼名，身体侧扁，眼大，口大而斜，多为红色。生活在热带海洋里。

鳃 (鰓) sāi ㄙㄞ [soi¹ 腮]

鱼的呼吸器官，在头部两边。

鳄 (鱷、*鱷) è ㄜˋ [ngog⁶ 岳]

爬行动物，俗叫鳄鱼，皮和鳞很坚硬，性凶恶，生活在热带、亚热带的沿海和河流、池沼中，主要捕食小动物。

鳅 (鰍) qiū ㄑㄧㄡ [ceo¹ 抽]

泥鳅，鱼名，身体圆，尾侧扁，口小，有须，皮上有黏液，常钻在泥里。

鳆 (鰒) fù ㄈㄨˋ [fug¹ 福]

鳆鱼，鲍(bào)的古称。参看731页“鲍❶”。

鳇 (鰉) huáng ㄏㄨㄤˊ [wong⁴ 皇]

鱼名，像鲟鱼，有五行硬鳞。嘴突出，半月形，两旁有扁平的须。

鳈 (鰁) quán ㄑㄩㄢˊ [qun⁴ 泉]

鱼名，体长十几厘米，深棕色，有斑纹，口小，生活在淡水中。种类较多。

鳉 (鱂) jiāng ㄐㄧㄤ [zêng¹ 张]

鱼名，头扁平，腹部突出，口小。生活在淡水中。

䲡 (䲡) qiū ㄑㄧㄡ [ceo¹ 抽]

同“鳅”。

鳊 (鯿) biān ㄅㄧㄢ [bin¹ 边]

鱼名，身体侧扁，头尖，尾巴小，鳞细，生活在淡水中。

鱀 (鱀) jì ㄐㄧˋ [géi³ 寄]

【白鱀豚】哺乳动物，又叫白鳍豚，身体纺锤形，上部浅蓝灰色，下部白色，有背鳍。生活在淡水中，是我国特有的珍贵动物。

鳌 (鰲、*鼇) áo ㄠˊ [ngong⁴ 敖]

传说中海里的大鳖。

鳍 (鰭) qí ㄑㄧˊ [kéi⁴ 旗]

鱼类和其他水生脊椎动物的运动器官，由薄膜、柔软分节的鳍条和坚硬不分节的鳍棘组成。

鳎 （鳎）tǎ ㄊㄚˇ ［tab³ 塔］

鱼名，又叫鳎目鱼，身体形状像舌头，两眼都在身体的一侧，有眼的一侧褐色。生活在海洋里，种类很多。

鳏 （鳏）guān ㄍㄨㄢ ［guan¹ 关］

无妻或丧妻的男人：～夫｜～寡孤独。

鳐 （鳐）yáo ㄧㄠˊ ［yiu⁴ 摇］

鱼名，身体扁平，略呈圆形或菱形，有的种类有一对能发电的器官，生活在海里。

鳑 （鳑）páng ㄆㄤˊ ［pong⁴ 庞］

【鳑鲏】（－pí）鱼名，身体侧扁，形状像鲫鱼，卵圆形。生活在淡水中，卵产在蚌壳里。

鳒 （鳒）jiān ㄐㄧㄢ ［gim¹ 兼］

鱼名，两只眼都在身体的一侧，有眼的一面黄褐色，无眼的一面白色。主要产于我国的南海。

11 画以上

鳘 （鳘）mǐn ㄇㄧㄣˇ ［men⁵ 敏］

鱼名，即鳕鱼。

鳓 （鳓）lè ㄌㄜˋ ［leg⁶ 勒］

鱼名，又叫鲙（kuài）鱼、曹白鱼，背青灰色，腹银白色。生活在海里。

鳔 （鳔）biào ㄅㄧㄠˋ ［piu⁵ 剽］

❶鱼体内可以胀缩的气囊，膨胀时鱼上浮，收缩时鱼下沉。❷鳔胶，用鳔或猪皮等熬成的胶，很黏。❸用鳔胶粘上：把桌子腿儿～一～。

鳕 （鳕）xuě ㄒㄩㄝˇ ［xud³ 雪］

鱼名，又叫鳘，俗称大头鱼。头大，尾小，下颌有一条须，肝可制鱼肝油。

鳗 （鳗）mán ㄇㄢˊ ［man⁴ 蛮］

【鳗鲡】（－lí）鱼名，又叫白鳝，身体前圆后扁，背鳍、臀鳍和尾鳍连在一起。生活在淡水中，到海里产卵。

鳜 （鳜）jì ㄐㄧˋ ［zei³ 际］

鱼名，身体侧扁，长约 20 厘米，银灰色。生活在海里。

鱇 （鱇）kāng ㄎㄤ ［hong¹ 康］

见 732 页“鮟”字条【鮟鱇】（ān－）。

鳙 （鳙）yōng ㄩㄥ ［yung⁴ 庸］

鱼名，俗叫胖头鱼，头很大，生活在淡水中。

鳚 （鳚）wèi ㄨㄟˋ ［wei³ 畏］

鱼名，身体小而侧扁，无鳞，生活在近海。

鳛 （鳛）xí ㄒㄧˊ ［zab⁶ 杂］

❶古书上指泥鳅。❷鳛水，地名，在贵

州省。今作“习水”。

鳖 (鱉、*鼈) biē ㄅㄧㄝ [bid³ 别³]

爬行动物，又叫甲鱼、团鱼，俗叫王八，像龟，背甲无纹，边缘柔软，生活在水里。

鱚 (鱚) xǐ ㄒㄧˇ [héi¹ 希]

鱼名，又叫沙钻(zuàn)，身体近圆筒形，银灰色，嘴尖，眼大。生活在近海沙底。

鳜 (鱖) guì ㄍㄨㄟˋ [guei³ 桂]

鱼名，身体侧扁，青黄色，有黑色斑点，口大鳞细，尾鳍呈扇形，生活在淡水中。是我国的特产。

鳝 (鱔、*鱓) shàn ㄕㄢˋ [xin⁵ 扇⁵]

鱼名，通常指黄鳝，外形像蛇，身体黄色有黑斑。

鳞 (鱗) lín ㄌㄧㄣˊ [lên⁴ 轮]

❶鱼类、爬行动物等身体表面长的角质或骨质的小薄片。❷像鱼鳞的：~茎 | 芽~ | 遍体~伤(伤痕密得像鱼鳞似的)。

鳟 (鱒) zūn ㄗㄨㄣ [jun¹ 砖]

鱼名，身体银白色，背略带黑色。

鳠 (鱯) hù ㄏㄨˋ [wu⁶ 互]

鱼名，身体细长，灰褐色，有黑色斑点，无鳞，口部有四对须。生活在淡水中。

鳡 (鱤) gǎn ㄍㄢˇ [gem² 敢]

鱼名，又叫黄钻(zuàn)，身体长，青黄色，嘴尖。性凶猛，捕食其他鱼类，生活在淡水中。

鳢 (鱧) lǐ ㄌㄧˇ [lei⁵ 礼]

乌鳢，鱼名，又叫黑鱼，身体圆筒形，头扁，背鳍和臀鳍很长，性凶猛，生活在淡水中。

鳣 (鱣) zhān ㄓㄢ [jin¹ 煎]

古书上指鳇(huáng)鱼。

〈古〉又同“鳝”(shàn) [xin⁵ 扇⁵]。

鳤 (鱹) guǎn ㄍㄨㄢˇ [gun² 管]

鱼名，身体长筒形，银白色，鳞小，生活在淡水中。

鱲 (鱲) liè ㄌㄧㄝˋ ㊀ [lib⁶ 猎]

鱼名，又叫桃花鱼，身体侧扁，两侧银白色，雄鱼带红色，有蓝色斑纹，生殖季节色泽鲜艳。种类较多，生活在淡水中。

㊁ [lab⁶ 腊]

☞粤 一种生活在海洋中的鱼名。也用于地名：赤~角(在香港)。

[178]隶部

隶 (隸、*隷、*肄) lì ㄌㄧˋ [dei⁶ 弟]

❶附属，属于(连-属)：直~中央。❷封建时代的衙役：~卒。❸隶书，汉

字的一种字体，由篆书简化演变而成。❹旧时地位低下而被奴役的人：奴～｜仆～。

［179］革部

革 ㊀gé ㄍㄜˊ ㊀［gag³ 格］

❶去了毛，经过加工的兽皮（㊄皮－）：制～。❷改变（㊄改－、变－）：～新｜洗心～面。㊇革除，撤销（职务）：～职。【革命】1. 被压迫阶级用暴力夺取政权，摧毁旧的腐朽的社会制度，建立新的进步的社会制度。2. 事物的根本变革：思想～｜技术～。

㊁jí ㄐㄧˊ ㊁［gig¹ 击］

〈古〉（病）危急。

2—4 画

勒 ㊀lè ㄌㄜˋ［leg⁶ 肋］

❶套在牲畜头上带嚼子的笼头。❷收住缰绳不使前进：悬崖～马。❸强制：～令｜～索。❹刻：～石｜～碑。

㊁lēi ㄌㄟ［leg⁶ 肋］

用绳子等捆住或套住，再用力拉紧：把行李～紧点儿｜～住缰绳。

靬 qián ㄑㄧㄢˊ［gin¹ 坚］

骊靬（lì－），古代县名，在今甘肃省永昌。

靰 wù ㄨˋ［wu¹ 乌¹］

【靰鞡】（－la）东北地区冬天穿的一种用皮革做的鞋，里面垫着靰鞡草。也作“乌拉”。

靸 sǎ ㄙㄚˇ［sab³ 圾］

〈方〉把布鞋后帮踩在脚后跟下，穿（拖鞋）：～着鞋。

靴 （*鞾）xuē ㄒㄩㄝ［hê¹］

（－子）有长筒的鞋：马～｜皮～｜雨～。

靳 jìn ㄐㄧㄣˋ［gen³ 斤³］

〈古〉吝惜，不肯给予。

靶 bǎ ㄅㄚˇ［ba² 把］

（－子）练习射击用的目标：打～｜～心。

5 画

靺 mò ㄇㄛˋ［mud⁶ 末］

【靺鞨】（－hé）我国古代东北方的民族。

靼 dá ㄉㄚˊ［dad³ 达³］

见739页“鞑”字条【鞑靼】（dá－）［－tad³ 达］。

鞅 ㊀yāng ㄧㄤ ㊀［yêng¹ 秧］

古代用马拉车时套在马颈上的皮子。

㊁yàng ㄧㄤˋ ㊁［yêng³ 央³］

牛、马等拉东西时架在脖子上的器具。

靽 bàn ㄅㄢˋ［bun³ 半］

驾车时套在牲口后部的皮带。

鞁 bèi ㄅㄟˋ [béi 备]

❶古时套车用的器具。❷同“韛”。

靿 yào ㄧㄠˋ [yeo³ 幼]

靴筒、袜筒：高～靴子。

6 画

鞋 (＊鞵)xié ㄒㄧㄝˊ [hai⁴ 孩]

穿在脚上走路时着地的东西：皮～｜拖～｜旅游～。

鞑 (韃)dá ㄉㄚˊ [tad³ 挞]

【鞑靼】(－dá)1. 我国古代对北方少数民族的统称。2. 俄罗斯联邦的一个民族。

鞒 (鞽)qiáo ㄑㄧㄠˊ [kiu⁴ 乔]

马鞍拱起的地方：鞍～。

鞍 (△＊鞌)ān ㄢ [on¹, ⊗ngon¹ 安]

(－子)放在骡马等背上承载重物或供人骑坐的器具。

“鞌”另见252页ān。

7—8 画

鞘 ㊀qiào ㄑㄧㄠˋ ㊀[qiu³ 俏]

装刀、剑的套子：刀～。

㊁shāo ㄕㄠ ㊁[sao¹ 梢]

鞭鞘，拴在鞭子头上的细皮条。

【乌鞘岭】岭名，在甘肃省天祝。

鞓 tīng ㄊㄧㄥ [ting¹ 汀]

皮革制的腰带。

鞔 mán ㄇㄢˊ [mun⁴ 门]

❶把皮革固定在鼓框的周围，做成鼓面：牛皮可以～鼓。❷把布蒙在鞋帮上：～鞋。

鞡 la · ㄌㄚ [lai¹ 拉]

见738页“靰”字条【靰鞡】(wù－)。

鞞 bǐng ㄅㄧㄥˇ [bing² 丙]

刀鞘。

鞠 jū ㄐㄩ [gug¹ 菊]

❶养育，抚养。❷古代的一种皮球：蹴(cù)～(踢球)。

【鞠躬】弯腰表示恭敬谨慎。现指弯身行礼。

鞚 kòng ㄎㄨㄥˋ [hung³ 控]

带嚼子的马笼头。

鞬 jiān ㄐㄧㄢ [gin¹ 坚]

马上盛弓箭的器具。

9 画

鞯 (韉)jiān ㄐㄧㄢ [jin¹ 煎]

垫马鞍的东西：鞍～。

鞳 tà ㄊㄚˋ［dab⁶ 答⁶］

【镗鞳】(tāng－)〈古〉形容钟鼓声。

鞮 dī ㄉㄧ

❶古代的一种皮鞋。❷姓。

鞨 hé ㄏㄜˊ［hod³ 喝］

见738页“靺”字条【靺鞨】(mò－)。

鞭 biān ㄅㄧㄢ［bin¹ 边］

❶(－子)驱使牲畜的用具。❷用鞭子抽打：～尸。【鞭策】㊞督促前进。❸一种旧式武器，用铁做成，没有锋刃，有节。❹编连成串的爆竹：～炮。

鞥 ēng ㄥ［eng¹，⊗ngeng¹ 莺］

马缰绳。

鞫 jū ㄐㄩ［gug¹ 菊］

❶审问：～讯｜～审。❷穷困。

鞧 (＊＊鞦)qiū ㄑㄧㄡ［ceo¹ 抽］

❶后鞧，套车时拴在驾辕牲口屁股上的皮带子。❷〈方〉收缩：～着眉头｜大辕马～着屁股向后退。

鞣 róu ㄖㄡˊ［yeo⁴ 由，⊗yeo² 柚²］

制造皮革时，用栲胶、鱼油等使兽皮柔软：～皮子。

10 画

鞲 gōu ㄍㄡ［geo¹ 沟］

【鞲鞴】(－bèi)活塞的旧称。

鞴 bèi ㄅㄟˋ［béi⁶ 备］

把鞍辔(pèi)等套在马身上：～马。

12 画以上

韂 chàn ㄔㄢˋ［qim³ 堑］

垫在马鞍下的东西，垂于马背两侧，用来遮挡泥土：鞍～。

［180］面部

面 (❽-⓫麪、❽-⓫＊麵、❶-❼＊＊靣)miàn ㄇㄧㄢˋ［min⁶ 棉⁶］

❶面孔，脸，头的前部(㊥脸－、颜－)：～前｜～带笑容。【面子】(－zi)1. 体面：爱～｜丢～。2. 情面：大公无私，不讲～。❷用脸对着，向着：背山～水。❸当面，直接接头的：～谈｜～议。❹(－子、－儿)事物的外表，跟“里”相对：地～｜水～｜被～儿。❺几何学上指线移动所生成的图形，有长有宽，没有厚：平～｜～积。❻方面，边，部：正～｜反～｜上～｜下～｜～～俱到。❼量词。用于扁平的物体：一～旗｜一～镜子｜一～锣。❽粮食磨成的粉：小米～｜玉米～。特指小麦磨成的粉：一袋～。❾(－子、－儿)粉末：

药～儿｜粉笔～儿。⑩面条：挂～｜炸酱～｜方便～｜一碗～。⑪食物含纤维少而柔软：这种瓜很～。

勔 miǎn ㄇㄧㄢˇ [min⁵ 免]

勉力，勤勉。

靦 (靦) ㊀miǎn ㄇㄧㄢˇ ㊂ [min⁵ 免]

【靦覥】(－tiǎn)旧同“腼腆”。

㊁tiǎn ㄊㄧㄢˇ ㊂ [tin² 田²]

❶同“觍”。❷形容人脸的样子：～然人面。

[181]韭部

韭 (*韮)jiǔ ㄐㄧㄡˇ [geo² 九]

韭菜，草本植物，叶细长而扁，花白色。叶和花嫩时可用作蔬菜。

[182]骨部

骨 ㊀gū ㄍㄨ [gued¹ 掘¹]

【骨朵儿】(－duor)没有开放的花朵。

【骨碌】(－lu)滚动。

㊁gǔ ㄍㄨˇ [gued¹ 掘¹]

❶骨头，人和脊椎动物支持身体的坚硬组织：颅～｜肋～。【骨骼】全身骨头的总称。【骨干】(－gàn)能起中坚作用的人或事物：～分子｜～作用。【骨肉】㊉最亲近的有血统关系的人，指父母、子女、兄弟、姊妹。❷像骨的东西：钢～水泥。❸品格，气概：～气｜媚～。

骭 gàn ㄍㄢˋ [gon³ 肝³]

❶小腿骨。❷肋骨。

骱 jiè ㄐㄧㄝˋ [gai³ 芥]

骨节与骨节衔接的地方：脱～(脱臼)。

骰 tóu ㄊㄡˊ [teo⁴ 头]

骰子，一般叫色(shǎi)子，游戏用具或赌具。

骷 kū ㄎㄨ [fu¹ 肤]

【骷髅】(－lóu)没有皮肉毛发的尸骨或头骨。

骶 dǐ ㄉㄧˇ [dei² 底]

腰部下面尾骨上面的部分。

鹘 (鶻)㊀gǔ ㄍㄨˇ ㊂ [gued¹ 骨]

【鹘鸼】(－zhōu)古书上说的一种鸟，羽毛青黑色，尾巴短。

㊁hú ㄏㄨˊ ㊂ [wed⁶ 屈⁶]

隼(sǔn)。

☞【鹘突】1. 使人恶心的：嗰度有啖痰，真～(那里有一口痰，真恶心)。2. 难看的：着得不伦不类，够晒～(穿得不伦不类，好难看)。3. 冒失，莽撞：冇通知就去揾人，～啲啩(没通知就去找人，冒失点吧)。

骲 [bao⁶ 包⁶，㊇ biu⁶ 表⁶]

☞❶动词。(猪用嘴)拱：猪～烂埲墙咯(猪把墙拱坏了)。❷动词。用身体推挤：佢～开其他人，迫到前面(他挤开其他人，挤到前面)｜两只手捧住电视机，用身~开门入去(两手捧着电视机用身挤开门进去)。也作“攰”。

骺 hóu ㄏㄡˊ [heo4 侯]

骨骺，长形骨两端的膨大部分。

骼 gé ㄍㄜˊ [gag3 格]

骨头：骨~。

骸 hái ㄏㄞˊ [hai4 鞋，(又)hoi4 开4]

❶骨头((连)-骨)：尸~。❷指身体：病~。【残骸】人或动物的尸体，借指残破的建筑物、机械、交通工具等。

骿 [péng1 婆靓1]

☞广 名词。骿骨(肋骨)。

髁 kē ㄎㄜ [fo1 科]

骨头上的突起，多长在骨头的两端。

髀 bì ㄅㄧˋ [béi2 比]

大腿，也指大腿骨。

☞广 名词。大腿：大~(大腿，下肢)|田鸡~。

【禾杈髀】叔伯兄弟姐妹的关系：佢两个系~嚟架(他俩是叔伯兄弟)|佢系我嘅~大佬(他是我的堂兄)。

髃 yú ㄩˊ [yu4 余]

针灸穴位名。

髅 (髏)lóu ㄌㄡˊ [leo4 留]

见741页“骷”字条【骷髅】(kū-)、742页“髑”字条【髑髅】(dú-)。

髂 qià ㄑㄧㄚˋ [ka3 喀]

【髂骨】腰部下面腹部两侧的骨，下缘与耻骨、坐骨联成髋(kuān)骨。

髆 [bog3 搏]

☞广 名词。肩：~头(肩膀)|缩~(耸肩膀)|起~(上肩，用肩膀把东西挑、抬或托起来)。也作“膊”。

髋 (髖)kuān ㄎㄨㄢ [fun1 欢]

髋骨，通称胯骨，组成骨盆的大骨，左右各一，是由髂骨、坐骨、耻骨合成的。

髌 (髕)bìn ㄅㄧㄣˋ [ben3 殡]

❶髌骨，膝盖骨。❷古代剔除髌骨的酷刑。

髎 liáo ㄌㄧㄠˊ [liu4 辽]

同“窌”(liáo)。

髓 suǐ ㄙㄨㄟˇ [sêu5 绪]

❶骨髓，骨头里的像脂肪的物质：敲骨吸~(比喻残酷地剥削)。【精髓】事物精要的部分。❷像髓的东西：脑~。

髑 dú ㄉㄨˊ [dug6 独]

【髑髅】(-lóu)死人头骨。

[183]香部

香 xiāng ㄒㄧㄤ [hêng1 乡]

❶气味好闻，跟“臭”相对：~花。㊥1. 舒服：睡得~｜吃得真~。2. 受欢迎：这种货物在农村~得很。❷味道好：饭~。❸称一些天然有香味的东西：檀~。特指用香料做成的细条：线~｜蚊~。

馝 bì ㄅㄧˋ [bid⁶ 别]

【馝馞】(-bó)形容香气很浓。

馞 bó ㄅㄛˊ [bud⁶ 拨]

见743页“馝”字条【馝馞】(bì-)。

馧 yūn ㄩㄣ [wen¹ 温]

香，香气。

馥 fù ㄈㄨˋ [fug¹ 福]

香气。【馥郁】香气浓厚。

馨 xīn ㄒㄧㄣ [hing¹ 兄]

散布很远的香气：~香｜芳~。

[184]鬼部

鬼 guǐ ㄍㄨㄟˇ [guei² 轨]

❶迷信的人以为人死之后有灵魂，叫鬼：妖魔~怪｜这话~才相信(指无人信)｜~话(虚妄不实的话)｜~胎(喻不可告人之事)。❷躲躲闪闪，不光明正大：~~祟祟｜~头~脑。❸指阴谋，不可告人的打算：心里有~｜捣~。❹机灵(多指小孩子)：这孩子真~。❺对人的蔑称或憎称：酒~｜吸血~。❻糟糕的，恶劣的：~主意｜~天气。❼星宿名，二十八宿之一。

魂 (*䰟)hún ㄏㄨㄣˊ [wen⁴ 云]

❶迷信的人指能离开肉体而存在的精神(㊀-魄)：~不附体。❷泛指精神或情绪：神~颠倒。特指崇高的精神：民族~｜国~。【灵魂】㊥1. 指人的精神、思想：教师是人类~的工程师。2. 事物的最精粹、最主要的部分：这一句是全诗的~。

魁 kuí ㄎㄨㄟˊ [fui¹ 恢]

❶为首的人或事物(㊀-首)：罪~祸首。❷大：身~力壮。【魁梧】【魁伟】高大(指身体)。❸魁星，北斗七星中第一星。又第一星至第四星的总称。

魅 mèi ㄇㄟˋ [méi⁶ 未]

传说中的鬼怪：鬼~。【魅力】很能吸引人的力量。

魃 bá ㄅㄚˊ [bed⁶ 拔]

传说中造成旱灾的鬼怪：旱~。

魆 xū ㄒㄩ [wed¹ 屈]

【黑魆魆】形容黑暗：山洞里~的。

魉 (魎)liǎng ㄌㄧㄤˇ [lêng⁵ 俩]

见744页“魍”字条【魍魉】(wǎng-)。

魈 xiāo ㄒㄧㄠ [xiu¹ 消]

【山魈】1. 一种猴，脸蓝色，鼻子红色，嘴上有白须，全身毛黑褐色，腹部白色，尾巴很短。2. 传说中山里的鬼怪。

魏 wèi ㄨㄟˋ［ngei⁶ 伪］

❶古国名。1. 战国国名，在今河南省北部，山西省西南部一带。2. 三国之一，曹丕所建立（公元220—265年），在今黄河流域甘肃省以下各省和湖北、安徽、江苏三省北部及辽宁省南部。❷北魏，北朝之一，鲜卑族拓跋珪所建立（公元386—534年），后分裂为东魏和西魏。

魍 wǎng ㄨㄤˇ［mong⁵ 妄］

【魍魉】（－liǎng）传说山林中的一种怪物。

魋 tuí ㄊㄨㄟˊ［têu⁴ 颓］

❶古书上说的一种兽，像小熊。❷姓。

魑 chī ㄔ［qi¹ 雌］

【魑魅】（－mèi）传说中山林里能害人的怪物。

［185］食部

食 ㊀shí ㄕˊ ㊀［xig⁶ 蚀］

❶吃：～肉。【食言】指失信：决不～。❷吃的东西：素～｜零～｜面～｜丰衣足～。❸日月亏缺或完全看不见的现象：日～｜月～。

㊁sì ㄙˋ ㊁［ji⁶ 字］

拿东西给人吃。

飨 （饗）xiǎng ㄒㄧㄤˇ［hêng² 响］

❶用酒食款待：以～读者（用来满足读者的需要）。❷同"享"。

餐 （** 湌、** 飡）cān ㄘㄢ［can¹ 产¹］

❶吃：饱～一顿｜聚～。❷饭食：一日三～｜午～｜西～。

餮 tiè ㄊㄧㄝˋ［tid³ 铁］

见744页"饕"字条【饕餮】（tāo－）。

饕 tāo ㄊㄠ［tou¹ 滔］

贪婪，贪食：老～（贪吃的人）。【饕餮】（－tiè）传说中一种凶恶的兽，古代铜器上多刻它的头部形状做装饰。㊜1. 凶恶的人。2. 贪吃的人。

［185］饣部

2—4画

饤 （飣）dìng ㄉㄧㄥˋ［ding³ 订］

见746页"饾"字条【饾饤】（dòu－）。

饥 （❶飢、❷饑）jī ㄐㄧ［géi¹ 机］

❶饿（㊟－饿）：～不择食｜～寒交迫。❷庄稼收成不好或没有收成：～馑。

饦 （飥）tuō ㄊㄨㄛ［tog³ 托］

见748页"馎"字条【馎饦】（bó－）。

饧（餳）xíng ㄒㄧㄥˊ［qing⁴ 情］

❶糖稀。❷糖块、面团等变软：刚和（huó）好的面～一会儿好擀（gǎn）。❸精神不振，眼睛半睁半闭：眼睛发～。

饨（飩）tún ㄊㄨㄣˊ［ten¹ 吞］

见 747 页“馄”字条【馄饨】（húntun）。

饩（餼）xì ㄒㄧˋ［héi³ 气］

❶古代指赠送人的粮食。❷赠送（谷物、饲料、牲畜等）。

☞🀫动词。饲养（家畜），只限于具体的动作：～猪｜～鸡。

饪（飪、*餁）rèn ㄖㄣˋ［yem⁶ 任］

烹饪，做饭做菜。

饫（飫）yù ㄩˋ［yu³ 于³］

饱。

饬（飭）chì ㄔˋ［qig¹ 斥］

❶整顿，使整齐（㊀整－）。❷旧时指上级命令下级：～知｜～令。

饭（飯）fàn ㄈㄢˋ［fan⁶ 范］

❶煮熟的谷类食品。特指大米饭。❷每日定时吃的食物：午～｜开～。

饮（飲、*㱃）㊀yǐn ㄧㄣˇ ㊁［yem² 任²］

❶喝；有时专指喝酒：～水思源｜畅～。❷可喝的东西：冷～。❸含忍：～恨。

㊁yìn ㄧㄣˋ ㊂［yem³ 荫］

给牲畜水喝：～马｜～牛。

5—6 画

饯（餞）jiàn ㄐㄧㄢˋ［jin³ 箭］

❶饯行，饯别，设酒食送行。❷用蜜或糖浸渍（果品）：蜜～。

饰（飾）shì ㄕˋ［xig¹ 式］

❶修饰，装饰，装点得好看：油～门窗。㊞假托，遮掩：～辞｜文过～非。❷装饰用的东西：首～｜窗～。❸装扮，扮演角色。

饱（飽）bǎo ㄅㄠˇ［bao² 包²］

❶吃足了，跟“饿”相对。㊀足，充分：～学｜～经风霜。【饱和】在一定的温度和压力下，溶液内所含被溶解物质的量已达到最大限度，不能再溶解。㊀事物发展到最高限度。【饱满】充实，充足：谷粒长得很～｜精神～。❷满足：大～眼福。

饲（飼、*飤）sì ㄙˋ［ji⁶ 自］

喂养：～鸡｜～蚕｜～养｜～料｜鼻～。

饳（飿）duò ㄉㄨㄛˋ［dêd¹ 咄］

见 747 页“餶”字条【餶饳】（gǔ－）。

饴（飴）yí ㄧˊ［yi⁴ 而］

❶糖浆，糖稀：甘之如～。❷饴糖，一种质软的糖：高粱～。

饵 (餌)ěr ㄦˇ [néi⁶ 腻]

❶糕饼：香～｜果～。❷钓鱼用的鱼食：鱼～。❸引诱：以此～敌。

饶 (饒)ráo ㄖㄠˊ [yiu⁴ 尧]

❶富足，多(㊀富－)：丰～｜～舌(多话)。❷额外增添：～上一个。❸宽恕，免除处罚(㊀－恕)：不依不～｜～了他吧｜不能轻～。❹〈方〉尽管：～这么检查还有漏洞呢。

蚀 (蝕)shí ㄕˊ ㊀[xig⁶ 识⁶]

❶损伤，亏缺：侵～｜腐～。❷旧同"食(shí)❸"。

㊁[xid⁶ 舌⁶]

☞▣❶动词。亏损：～本(亏本)｜～晒(全赔了)。【蚀底】吃亏：唔要就～咯(不要白不要)｜做嘢唔好怕～(干活不要怕吃亏)。【输蚀】1. 差，比不上：佢唔～过人(他不比别人差)。2. 吃亏：佢乜都唔肯～(他什么都不肯吃亏)。也作"賒"。❷动词。磨损，损伤：鞋踭行～晒(鞋跟磨平了)｜刀用得耐都会～架(刀用久了也会磨损的)。也作"賒"。

饷 (餉、*饟)xiǎng ㄒㄧㄤˇ [hêng² 响]

❶过去指军警的薪给(jǐ)：领～｜关～。❷用酒食等款待。

饸 (餄)hé ㄏㄜˊ [gab³ 甲]

【饸饹】(－le)一种条状食品，多用荞麦面轧(yà)成。有的地区叫"河漏"。

饹 (餎)㊀gē ㄍㄜ [log³ 洛]

【饹馇】(－zha)一种用豆面做成的食品，炸着吃或炒着吃。

㊁le・ㄌㄜ [log³ 洛]

见746页"饸"字条【饸饹】(hé－)。

饻 (饎) [cei⁴ 齐，㊂céi⁴ 初肥]

☞▣名词。糍粑。

饺 (餃)jiǎo ㄐㄧㄠˇ [gao² 搞]

(－子、－儿)包成半圆形的有馅的面食。

饻 (餏)xī ㄒㄧ [xi¹ 思]

老解放区一种计算工资的单位，一饻等于几种实物价格的总和。

饼 (餅)bǐng ㄅㄧㄥˇ [㊄bing² 丙，㊅béng² 柄]

❶扁圆形的面制食品：肉～｜大～。❷像饼的东西：铁～｜豆～。

7—8画

饽 (餑)bō ㄅㄛ [bud⁶ 勃]

【饽饽】(－bo)〈方〉1. 馒头或其他块状的面食。2. 甜食，点心。

餗 (餗)sù ㄙㄨˋ [cug¹ 束]

鼎中的食物。

饾

(飣)dòu ㄉㄡˋ [deo⁶ 豆]

【饾饤】(－dìng)供陈设的食品。喻文辞堆砌。

饿

(餓)è ㄜˋ [ngo⁶ 卧]

肚子空，想吃东西，跟"饱"相对：肚子～了。

馀

(餘)yú ㄩˊ [yu⁴ 魚]

❶同"余❶－❸"。〖"餘"简化为"余"，用"余"意义可能混淆时，用"馀"。如文言句"馀年无多"。〗❷姓。

"餘"另见 43 页"余"(yú)。

馁

(餒)něi ㄋㄟˇ [nêu⁵ 女，又noi⁵ 内⁵]

❶饥饿：冻～。喻没有勇气：气～｜胜不骄，败不～。❷古称鱼腐烂为馁。

馂

(餕)jùn ㄐㄩㄣˋ [zên³ 进]

吃后剩下的食物。

馃

(餜)guǒ ㄍㄨㄛˇ [guo² 果]

(－子)一种油炸的面食。

馄

(餛)hún ㄏㄨㄣˊ [wen⁴ 云]

【馄饨】(－tun)一种煮熟连汤吃的食品，用薄面片包上馅做成。

馉

(餶) [mem¹ 么音，又ngem¹ 庵]

☞粤 名词。软而烂的饭(幼儿语)：食～～(吃软而烂的饭)。

馅

(餡)xiàn ㄒㄧㄢˋ [ham⁶ 陷]

(－子、－儿)包在面食、点心等食物里面的肉、菜、糖等东西：饺子～儿。

馆

(館、*舘)guǎn ㄍㄨㄢˇ [gun² 管]

❶招待宾客或旅客食宿的房舍：宾～｜旅～。❷一个国家在另一个国家办理外交的人员常驻的处所：大使～｜领事～。❸(－子、－儿)某些服务性商店的名称：照相～｜理发～｜饭～儿。❹开展文化等活动的场所：文化～｜体育～｜图书～｜博物～。❺旧时指教学的地方：家～｜蒙～。

9—11 画

馇

(餷)㊀chā ㄔㄚ [ca⁴ 茶]

❶拌煮猪、狗的食料：～猪食。❷〈方〉熬(粥)：～锅豆粥。

㊁zha ·ㄓㄚ [ca⁴ 茶]

见 746 页"饹"字条"饹馇"(gē－)。

餲

(餲)㊀ài ㄞˋ ㊀ [ai³ 挨³，又ngai³ 涯³]

食物经久而变味。

㊁hé ㄏㄜˊ ㊁ [hod³ 喝]

一种油炸的面食。

㊂ [ngad³ 压]

☞粤 形容词。臊臭(尿的气味)：一朕～味(一股臊臭味)｜乜呢度咁～嘅(怎么这里这么臊臭)？｜～堪堪(臊臊的，形容尿的气味)。

馈

(饋、*餽)kuì ㄎㄨㄟˋ [guei⁶ 跪]

馈赠，赠送。

馉 (餶) gǔ ㄍㄨˇ [gued¹ 骨]

【馉饳】(–duò)一种面制食品。

馊 (餿) sōu ㄙㄡ [seo¹ 收，㊙sug¹ 叔]

食物等因受潮热引起质变而发出酸臭味：饭~了。㊉坏：~主意。

馇 (䭔) [dêu¹ 堆]

☞🅿【煎馇】一种油炸食物，圆球形，一般春节时吃。也作"煎堆"。

馋 (饞) chán ㄔㄢˊ [cam⁴ 蚕]

❶贪吃，专爱吃好的：嘴~｜~涎欲滴。❷贪，羡慕：眼~。

馊 (餸) [sung³ 送]

☞🅿名词。菜肴：好~(可口的菜肴)｜加~(某一餐增加菜肴)｜大~(指吃饭时吃菜多)｜整~(弄菜，一般指以较讲究的烹调技术烹煮菜肴))｜睇~食饭(看菜吃饭)。

馌 (饁) yè ㄧㄝˋ [yib³ 业³]

给在田里耕作的人送饭。

馍 (饃、*饝) mó ㄇㄛˊ [mo⁴ 磨⁴]

〈方〉面制食品，通常指馒头(叠)。

馎 (餺) bó ㄅㄛˊ [bog³ 博]

【馎饦】(–tuō)一种面食。

☞🅿名词。【馎饡】一种薄饼，多用糯米粉烙成。

馏 (餾) ㊀liú ㄌㄧㄡˊ [leo⁶ 漏]

蒸馏，加热使液体变成蒸气后再凝成纯净的液体。

㊁liù ㄌㄧㄡˋ [leo⁶ 漏]

把凉了的熟食品再蒸热：把馒头~一~。

馐 (饈) xiū ㄒㄧㄡ [seo¹ 修]

美味的食品：珍~。也作"羞"。

馑 (饉) jǐn ㄐㄧㄣˇ [gen² 仅]

荒年(㊥饥–)。

馒 (饅) mán ㄇㄢˊ [man⁶ 慢]

【馒头】(–tou)一种用发面蒸成的食品，无馅。

12画以上

馓 (饊) sǎn ㄙㄢˇ [san² 山²]

馓子，一种油炸食品。

☞🅿【蛋馓】排叉儿，一种油炸面食，一般浇上糖浆。

馔 (饌、*籑) zhuàn ㄓㄨㄢˋ [zan⁶ 栈]

饮食，吃喝：盛~｜设~招待。

馕 (𩟔) [hin³ 献]

☞🅿名词。芡，烹饪时用淀粉调成的浓汁。【打馕】勾芡：炒黄瓜唔使~(炒黄瓜不用勾芡)｜啲汤要打个～(汤里要加点芡)。

馇 (饘、**飦) zhān ㄓㄢ [jim¹ 煎]

稠粥。

馕 (饢) ㊀náng ㄋㄤˊ [nong⁴ 囊]

(维)一种烤制成的面饼，是维吾尔、哈萨克等民族的主食。

㊁nǎng ㄋㄤˇ [nong⁴ 囊]

拼命地往嘴里塞食物。

[186]音部

音 yīn ㄧㄣ [yem¹ 阴]

❶声(㊥声－)：口～｜扩～器。❷消息：佳～｜～信。❸指音节：多～词。

章 zhāng ㄓㄤ [zêng¹ 张]

❶诗歌文辞的段落：乐(yuè)～｜篇～｜第一～。❷奏章，臣子呈给皇帝的意见书。❸章程，法规：简～｜党～｜规～制度。㊀1. 条理：杂乱无～。2. 条目：约法三～。❹戳记：图～｜盖～。❺佩戴在身上的标志：徽～｜袖～。

竟 jìng ㄐㄧㄥˋ [ging⁶ 景]

❶终了(liǎo)，完毕：读～｜继承先烈未～的事业。㊀1. 到底，终于：有志者事～成。2. 整，从头到尾：～日｜～夜。❷副词。居然，表示出乎意料：这样巨大的工程，～在短短半年中就完成了。

歆 xīn ㄒㄧㄣ [yem¹ 音]

❶鬼神享用祭品的香气：～享。❷喜爱，羡慕：～羡。

韵 (*韻) yùn ㄩㄣˋ [wen⁶ 运]

❶语音名词。1. 韵母，字音中声母、声调以外部分，包括介音在内，如“堂”(táng)的韵母是 ang，“皇”(huáng)的韵母是 uang。2. 字音中声母、介音、声调以外的部分，如“堂皇”(tánghuáng)都是 ang 韵。又如 an、ian、uan、üan 是四个韵母，同是 an 韵：～文｜押～｜叶(xié)～。❷有节奏的声音：琴～悠扬。❸风致，情趣：风～｜～味｜神～。

意 yì ㄧˋ [yi³ 衣³]

❶意思，心思：来～｜词不达～。【意见】见解，对事物的看法。❷心愿，愿望：中(zhòng)～｜任～｜好～。❸料想：～外｜出其不～。

韶 sháo ㄕㄠˊ [xiu⁴ 萧⁴]

❶古代的乐曲名。❷美：～光｜～华(指青年时代)。

赣 (贛、*贑、*灨) gàn ㄍㄢˋ [gem³ 禁]

❶赣江，水名，在江西省。❷江西省的别称。

[187]首部

首 shǒu ㄕㄡˇ [seo² 搜]

❶头，脑袋：昂～｜～饰。❷领导人，带头的：～长。❸第一，最高的：～要｜～席。❹最先，最早：～次｜～创｜～播。❺出头告发：自～｜出～。❻量词。用于诗歌、乐曲等：一～诗｜一～歌。

馗 kuí ㄎㄨㄟˊ [kuei⁴ 葵]

同"逵"。

馘 (**聝)guó ㄍㄨㄛˊ [guig¹ 隙]

古代战争中割取敌人的左耳以计数献功。也指割下的左耳。

[188]髟部

髠 (**髡)kūn ㄎㄨㄣ [kuen¹ 昆]

古代剃去头发的刑罚。

髢 dí ㄉㄧˊ(旧读 dì) [tei³ 替]

假头发(叠)。

髦 máo ㄇㄠˊ [mou¹ 毛¹，㊀ mou⁴ 毛]

古代称幼儿垂在前额的短头发。【时髦】时兴的。

髧 ㊀ [yem¹ 阴]

☞广 名词。刘海(额前的短发)。

㊁ [yem⁴ 吟]

☞广 用于"褛髧妹"一词，指未出嫁的闺女。

髡 [dem³ 多暗]

☞广 ❶动词。垂下：头发～落嘞遮住眼(头发垂下来挡着眼睛)｜～条绳落去(垂一条绳子下去)。❷动词。引申作钓：～蛤乸(钓青蛙)｜～蟛蜞(钓小螃蟹)。❸词素。【当髡】刚巧碰上倒霉事：呢回真系～咯(这回真倒霉啊)！【黄泡髡熟】形容人脸色萎黄、浮肿的样子。

髯 (*髥)rán ㄖㄢˊ [yim⁴ 炎]

两颊上的胡子。泛指胡子。

髫 tiáo ㄊㄧㄠˊ [tiu⁴ 条]

古时小孩子头上扎起来的下垂的短发：垂～｜～年(指幼年)。

髻 jì ㄐㄧˋ [gei³ 计]

梳在头顶或脑后的发结(fàjié)：发～｜高～。

髭 zī ㄗ [ji¹ 之]

嘴上边的胡子：～须皆白。

髹 (**髤)xiū ㄒㄧㄡ [yeo¹ 优]

把漆涂在器物上。

鬁 lì ㄌㄧˋ [léi¹ 喱]

见751页"鬎"字条【鬎鬁】(là－)。

髽 zhuā ㄓㄨㄚ [za¹ 抓]

【堂鬘】(－ji)【鬘鬏】(－jiu)女孩子梳在头两旁的发结。也作“抓髻”“抓鬏”。

鬈 quán ㄑㄩㄢˊ [kün⁴ 权⁴]

❶头发美好。❷头发卷曲

鬃 (＊騌、＊騣、＊鬉) zōng ㄗㄨㄥ [zung¹ 钟]

马、猪等兽类颈上的长毛，可制刷、帚等。

鬎 là ㄌㄚˋ [lad³ 辣³]

【鬎鬁】(－lì)同“瘌痢”。

鬏 jiū ㄐㄧㄡ [ceo¹ 秋]

(－儿)头发盘成的结：梳了个抓～儿。

鬐 qí ㄑㄧˊ [kéi⁴ 旗]

马脖子上部的长毛。又叫马鬃、马鬣。

鬒 (＊＊鬢) zhěn ㄓㄣˇ [zen² 诊]

头发浓密而黑：～发。

鬓 (鬢) bìn ㄅㄧㄣˋ [ben³ 殡]

脸旁边靠近耳朵的头发：两～斑白｜～角。

鬘 mán ㄇㄢˊ [man⁴ 蛮]

形容头发美。

鬟 huán ㄏㄨㄢˊ [wan⁴ 还]

古代妇女梳的环形的发结(fàjié)。【丫鬟】(yāhuan)【小鬟】旧称年轻的女仆。

鬣 liè ㄌㄧㄝˋ [lib⁶ 猎]

兽类颈上的长毛：马～。

[189]鬲部

鬲 (㊁＊＊甂) ㊀gé ㄍㄜˊ ㊂ [gag³ 隔]

鬲津河，古水名，旧称四女寺减河，即今漳卫新河，是河北、山东两省的界河。

㊁lì ㄌㄧˋ ㊂ [lig⁶ 力]

古代炊具，形状像鼎而足部中空。

鬹 (鷊) yì ㄧˋ [yig⁶ 亦]

古书中说的一种水鸟。

融 (＊螎) róng ㄖㄨㄥˊ [yung⁴ 容]

❶固体受热变软或变为流体(㊟－化)：太阳一晒，雪就～了。❷融合，调和：～洽｜通～｜水乳交～。【融会贯通】参合多方面的道理而得到全面透彻的领悟。❸流通。【金融】货币的流通，即汇兑、借贷、储蓄等经济活动的总称。

翮 hé ㄏㄜˊ [hed⁶ 瞎]

❶鸟翎的茎，翎管。❷翅膀：奋～高飞。

鬴 fǔ ㄈㄨˇ [fu² 苦]

❶〈古〉同“釜”。❷姓。

鬶 (鬹) guī ㄍㄨㄟ [kuei¹ 亏]

古代炊具(多为陶制)，嘴像鸟喙，有把柄和三个空心的短足。

鬷 zōng ㄗㄨㄥ [zung¹ 钟]

❶古代的一种锅。❷姓。

鬻 yù ㄩˋ [yug⁶ 玉]

卖：~文为生|卖官~爵。

[190]高部

高 gāo ㄍㄠ [gou¹ 羔]

❶跟"低"相对。1. 由下到上距离远的：~山|~楼大厦。2. 等级在上的：~年级|~等学校。3. 在一般标准或平均程度之上：质量~|~速度|~价。4. 声音响亮：~歌|~声。【高低】1. 高低的程度。2. 优劣。3. 深浅轻重(指说话或做事)：不知~。4.〈方〉到底，终究：这事儿~让他办成了。5. 无论如何：再三请求，他~不答应。❷高度：身~|书桌~80厘米。❸敬辞：~见(高明的见解)|~寿(问老人的年纪)。

【高山族】我国少数民族，参看附表。

鄗 hào ㄏㄠˋ [hou⁶ 浩]

古县名，在今河北省柏乡。

敲 qiāo ㄑㄧㄠ [hao¹ 哮]

❶打，击：~锣|~边鼓(喻从旁帮人说话)。❷敲竹杠，讹诈财物或抬高价格：~诈|被人~了一笔。

膏 ㊀gāo ㄍㄠ ㊀[gou¹ 羔]

❶肥或肥肉：~粱(肥肉和细粮)。【膏腴】(-yú)土地肥沃。❷脂，油。❸很稠的、糊状的东西：梨~|牙~|~药。

㊁gào ㄍㄠˋ ㊁[gou³ 告]

❶把油加在车轴或机械上：~油|~车。❷把毛笔蘸上墨汁在砚台边上掭：~笔|~墨。

[191]黄部

黄 huáng ㄏㄨㄤˊ [wong⁴ 王]

❶像金子或向日葵花的颜色。【黄色】1. 黄的颜色。2. 指腐朽堕落，与色情有关的：~小说。❷指黄河：引~工程。❸事情失败或计划不能实现：这件事~不了。❹指黄帝，传说中的我国上古帝王：炎~子孙。

黇 tiān ㄊㄧㄢ [tim¹ 添]

【黇鹿】一种鹿，角的上部扁平或呈掌状，尾略长，性温顺。

黉 (黌)hóng ㄏㄨㄥˊ [hung⁴ 洪]

古代称学校。

[192]麻部

麻 (❶*蔴)má ㄇㄚˊ [ma⁴ 妈⁴]

❶草本植物，种类很多，有大麻、苎

麻、苘(qǐng)麻、亚麻等等。茎皮纤维也叫麻，可用来制绳索、织布等。【麻烦】(－fan)烦琐，费事：这事真～。❷像腿、臂被压后的那种不舒服的感觉：腿～了｜手发～。❸感觉不灵或全部丧失(㊟－木)。【麻痹】1. 身体的一部分因为神经系统的病变而发生知觉或运动的障碍。2. 失去警惕性：～大意。【麻醉】用药物或针刺使全身或局部暂时失去知觉。㊕用手段使人思想认识模糊，不能明辨是非。❹表面粗糙：这张纸一面光一面～。

麽 mó ㄇㄛˊ [mo¹ 么]

❶【幺麽】(yāo－)微小：～小丑。❷姓。

另见 17 页“么”(ma)；17 页“么”(me)。

摩 ㊀mā ㄇㄚ ㊁[ma¹ 妈]

【摩挲】(－sa)用手轻轻按着并一下一下地移动：～孩子的头。

㊁mó ㄇㄛˊ ㊁[mo¹ 么]

❶摩擦，蹭(cèng)：～拳擦掌。❷抚摩，摸：～弄｜按～。【摩挲】(－suō)用手抚摩。❸研究切磋。【观摩】观察之后，加以研究，吸收别人的优点：～教学。❹物质的量的单位名摩尔的简称，符号 mol。

麾 huī ㄏㄨㄟ [fei¹ 挥]

古代指挥用的旗子。㊞指挥：～军。

磨 ㊀mó ㄇㄛˊ ㊁[mo⁴ 么⁴]

❶摩擦：～刀｜～墨。【磨合】新组装的机器经过一定时期的使用，把摩擦面上的加工痕迹磨光而变得更加密合。㊕彼此在合作过程中逐渐适应和协调。【磨炼】【磨练】在艰苦环境中锻炼。❷阻碍，困难(㊟－难、折－)：好(hǎo)事多～。㊞纠缠：小孩子～人。❸拖延，耗时间：～工夫。❹逐渐消失，消灭：百世不～｜～灭。【消磨】1. 使精力等逐渐消失：～志气。2. 消耗：不再用打牌～时光。

㊁mò ㄇㄛˋ ㊁[mo⁶ 么⁶]

❶把粮食弄碎的工具：石～｜电～。❷用磨把粮食弄碎：～豆腐｜～面。❸〈方〉掉转(多用于狭窄的空间)：～车｜～不开身。

糜 (㊀**穈)㊀méi ㄇㄟˊ [méi⁴ 眉]

(－子)即穄。

参看 553 页“穄”(jì)。

㊁mí ㄇㄧˊ [méi⁴ 眉]

❶粥。❷烂(㊟－烂)。❸浪费：～财妨农。❹姓。

☞🅓名词。粥、米汤等凉后表面凝成一层皮。

縻 mí ㄇㄧˊ [méi⁴ 眉]

❶牛缰绳。❷系(jì)，捆，拴。【羁縻】㊕牵制，笼络。

靡 ㊀mí ㄇㄧˊ ㊁[méi⁴ 眉]

浪费(㊟奢－)：不要～费钱财。

㊁mǐ ㄇㄧˇ ㊁[méi⁵ 美]

❶无，没有：～日不思。❷倒下：望风披～。【靡靡之音】颓废、趣味低级的乐曲、歌曲。

魔

mó ㄇㄛˊ ［mo1 摩］

❶宗教或神话中指害人性命、迷惑人的恶鬼：妖~鬼怪｜恶~。❷不平常，奇异：~力｜~术。

［193］鹿部

鹿

lù ㄌㄨˋ ［lug6 六］

哺乳动物，反刍类，腿细长，尾短，毛黄褐色，有的有花斑，性情温驯，有的雄鹿有树枝状的角。种类很多。

鄜

fū ㄈㄨ ［fu1 呼］

鄜县，地名，在陕西省。今作"富县"。

麀

yōu ㄧㄡ ［yeo1 休］

古书上指母鹿。

麂

jǐ ㄐㄧˇ ［géi2 纪］

（-子）哺乳动物，像鹿而小，毛黄黑色，雄的有很短的角。

麇

（** 麏）㊀jūn ㄐㄩㄣ ㊀［guen1 军］

古书里指獐子。

㊁qún ㄑㄩㄣˊ ㊁［kuen4 群］

成群。【麇集】许多人或物聚集在一起：记者~会场。

麈

zhǔ ㄓㄨˇ ［ju2 主］

古书上指鹿一类的动物，尾巴可以当作拂尘。

麋

mí ㄇㄧˊ ［méi4 眉］

麋鹿，哺乳动物，又叫四不像，头像马，身像驴，蹄像牛，角像鹿，身体灰褐色。原产于我国，是珍贵的动物。

麓

lù ㄌㄨˋ ［lug1 辘］

山脚下：泰山之~。

麒

qí ㄑㄧˊ ［kéi4 旗］

【麒麟】见754页"麟"。

麑

ní ㄋㄧˊ ［ngei4 危］

小鹿。

鏖

áo ㄠˊ ［ngou4 敖］

激烈地战斗：~战｜赤壁~兵。

麖

jīng ㄐㄧㄥ ［ging1 京］

古书上说的一种鹿，一说是水鹿。

麝

shè ㄕㄜˋ ［sé6 射］

哺乳动物，又叫香獐子，像鹿而小，没有角，有獠牙。雄的脐部有香腺，能分泌麝香。

麟

（* 麐）lín ㄌㄧㄣˊ ［lên4 轮］

麒麟，古代传说中的一种动物，像鹿而大，有角，有鳞甲：凤毛~角（喻罕见而珍贵的东西）。

[194]鼎部

鼎 dǐng ㄉㄧㄥˇ [ding² 顶]

❶古代烹煮用的器物，一般是三足两耳。【鼎立】三方并立：三国～。❷大(叠)：～力｜～～大名。❸〈方〉锅：～间(厨房)。❹正当，正在：～盛。

鼐 nài ㄋㄞˋ [nai⁵ 乃]

大鼎。

鼒 zī ㄗ [ji¹ 兹]

上端收敛而口小的鼎。

[195]黑部

黑 hēi ㄏㄟ [heg¹ 刻]

❶像煤或墨的颜色，跟“白”相对：～布｜～头发。❷暗，光线不充足：天～了｜那间屋子太～。❸秘密的，隐蔽的，非法的：～话｜～市｜～社会。❹恶毒：～心。

【黑客】(外)1. 精通电子计算机技术，善于发现网络系统缺陷的人。2. 通过互联网非法侵入他人电子计算机系统进行破坏活动的人。

墨 mò ㄇㄛˋ [meg⁶ 默]

❶写字绘画用的黑色颜料：一锭～｜～汁。❷写字、绘画或印刷用的各色颜料：～水｜油～。❸名家写的字或画的画：～宝。❹黑色或近于黑色的：～晶(黑色的水晶)｜～菊。❺污：贪～｜～吏。❻古代在犯人脸上刺刻涂墨的刑罚。

默 mò ㄇㄛˋ [meg⁶ 麦]

不说话，不出声(叠)：沉～｜～～不语｜～读｜～写(凭记忆写出)｜～认(心里承认而不表示出来)。

黔 qián ㄑㄧㄢˊ [kim⁴ 钳]

❶黑色：～首(古代称老百姓)。❷贵州省的别称。

黜 chù ㄔㄨˋ [zêd¹ 卒]

降职或罢免(㊟罢－)：～退｜～职。

黝 yǒu ㄧㄡˇ [yeo² 友²]

黑色：一张～黑的脸。

黛 dài ㄉㄞˋ [doi⁶ 代]

青黑色的颜料，古代女子用来画眉：～眉｜粉～(借指妇女)。

黠 xiá ㄒㄧㄚˊ [hed⁶ 瞎，㊇kid³ 揭]

聪明而狡猾：狡～｜慧～。

黟 yī ㄧ [yi¹ 衣]

黟县，在安徽省。

黢 qū ㄑㄩ [cêd¹ 出]

形容黑：～黑的头发｜屋子里黑～～的，什么也看不见。

黩 (黷) dú ㄉㄨˊ ［dug⁶ 读］

❶污辱。❷随随便便，不郑重。【黩武】滥用武力：穷兵～。

黥 (＊＊剠) qíng ㄑㄧㄥˊ ［king⁴ 琼］

古代在犯人脸上刺刻涂墨的刑罚。又叫墨刑。

黪 (黲) cǎn ㄘㄢˇ ［cam² 惨］

❶浅青黑色：～发。❷昏暗。

黧 lí ㄌㄧˊ ［lei⁴ 黎］

黑里带黄的颜色。

黯 àn ㄢˋ ［em²，㊟ngem² 庵²］

昏黑。【黯然】昏暗的样子。㊖心神沮丧：～泪下。

黵 zhǎn ㄓㄢˇ ［zam² 斩］

弄脏，染上污点：墨水把纸～了｜这种布颜色暗，禁(jīn)～(脏了不容易看出来)。

［196］黍部

黍 shǔ ㄕㄨˇ ［xu² 鼠］

(－子)谷类作物，籽实碾成米叫黄米，性黏，可以吃，也可酿酒。

黏 nián ㄋㄧㄢˊ ［nim¹ 念¹］

像胶水或糨糊所具有的能使物体粘(zhān)合的性质：～液｜这江米很～。

黐 ［qi¹ 痴］

☞🀫❶动词。粘，粘连：几粒糖～埋咗(几块糖粘在一起了)｜小广告喺墙度～到实(小广告在墙上粘得很紧)。【黐筋】骂人语。指人脑子有问题，神经不大正常：你都～嘅，噉做点啱啫(你神经有问题了，这样做怎么对呢)？【黐线】本指电话线路交搭在一起，致使短路。比喻人神经不健全，经常弄错事物或话不对题。❷形容词。黏：呢啲胶水好～㗎(这些胶水很黏)｜～泅泅(黏糊糊)。❸动词。沾，蹭，揩油：去佢度～餐(到他那里蹭饭吃)｜佢彩票中咗奖，好多人嚟～佢(他彩票中了奖，很多人来揩油)｜～餐(蹭饭)。❹动词。缠，紧随不肯离开：～缠(缠绵，两人形影不离)｜细路仔梗系～大人架喇(小孩子肯定缠住大人的)｜有个细路～住，边处都唔去得(有小孩缠着，哪儿都不能去)｜～家(恋家，喜欢待在家里)。

［197］鼓部

鼓 (＊皷) gǔ ㄍㄨˇ ［gu² 古］

❶打击乐器。多为圆柱形，中空，一面或两面蒙皮，有军鼓、腰鼓等多种。❷敲鼓：一～作气。㊣ 1. 击，拍，弹(tán)：～掌｜～琴。2. 发动，使振作起来：～足干劲｜～励｜～动｜～舞。【鼓吹】1. 打击乐和管乐合奏。2. 传播，宣扬(现多用于贬义)。❸凸出，使凸出：～起个包｜～起两颊。❹饱满(叠)：口袋装得～～的。

瞽 gǔ ㄍㄨˇ［gu² 古］

瞎：～者。

鼗 táo ㄊㄠˊ［tou⁴ 逃］

长柄的摇鼓，俗叫拨浪鼓。

鼙 pí ㄆㄧˊ［péi⁴ 皮］

古代军中用的一种鼓：～鼓（古代军队中用的小鼓）。

鼟 tēng ㄊㄥ［teng¹ 藤¹］

形容敲鼓声。

［198］鼠部

鼠 shǔ ㄕㄨˇ［xu² 书²］

老鼠，哺乳动物，俗叫耗子，体小尾长，门齿发达，繁殖力强，能传染疾病。

☞廣❶动词。偷：因住贼仔～嘢（小心小偷偷东西）｜呢度有人～嘢嘅（这里没人偷东西）。❷动词。偷偷拿走：边个～咗人本书（谁拿走了我的书）？

鼢 fén ㄈㄣˊ［fen⁴ 焚］

鼢鼠，哺乳动物，尾短，眼小，身体灰色。在地下打洞，损害农作物和树木的根，甚至危害河堤。

鼫 shí ㄕˊ［ség⁶ 硕］

古书上指鼯（wú）鼠一类的动物。

鼥 bá ㄅㄚˊ［bed⁶ 拔］

见757页“鼧”字条【鼧鼥】（tuó－）。

鼬 yòu ㄧㄡˋ［yeo⁶ 又］

【黄鼬】哺乳动物，俗叫黄鼠狼，身体细长，毛黄褐色，遇见敌人能由肛门附近分泌臭气自卫，常捕食田鼠。

鼩 qú ㄑㄩˊ［kêu⁴ 渠］

【鼩鼱】（－jīng）哺乳动物，像老鼠，嘴长而尖，头部和背部棕褐色。多生活在山林中。

鼧 tuó ㄊㄨㄛˊ［to⁴ 佗］

【鼧鼥】（－bá）哺乳动物，即旱獭，俗叫土拨鼠，耳短，毛灰黄色，爪善掘土。

鼯 wú ㄨˊ［ng⁴ 吾］

鼯鼠，哺乳动物，像松鼠，前后肢之间有薄膜，能从树上滑翔下来。住在树洞中，昼伏夜出。

鼱 jīng ㄐㄧㄥ［jing¹ 精］

见757页“鼩”字条【鼩鼱】（qú－）。

鼹（*鼴）yǎn ㄧㄢˇ［yin² 演²］

鼹鼠，哺乳动物，像老鼠，趾有钩爪，善掘土，生活在土中。

鼷 xī ㄒㄧ［hei⁴ 兮］

【鼷鼠】小家鼠。

[199]鼻部

鼻 bí ㄅㄧˊ [béi⁶ 避]

❶(－子)嗅觉器官，也是呼吸器官之一。❷(－儿)器物上面突出带孔的部分或带孔的零件：门～儿｜针～儿｜扣～儿。

【鼻祖】始祖，创始人。

劓 yì ㄧˋ [yi⁶ 异]

古代割掉鼻子的酷刑。

鼽 qiú ㄑㄧㄡˊ [keo⁴ 求]

鼻子堵塞不通。

鼾 hān ㄏㄢ [hon⁴ 寒]

熟睡时的鼻息声：打～｜～声如雷。

齁 hōu ㄏㄡ [heo¹ 口¹]

❶鼻息声。❷很，非常(多表示不满意)：～咸｜～冷｜～麻烦的。❸太甜或太咸的食物使喉咙不舒服：糖吃多了～人。

齆 wèng ㄨㄥˋ [wung³ 瓮]

鼻子堵塞不通气：～鼻。

齇 (＊＊皻)zhā ㄓㄚ [za¹ 渣]

鼻子上长的红色小疮，就是酒糟鼻上的红斑。

齉 nàng ㄋㄤˋ [nong⁶ 囊⁶]

鼻子堵住，发音不清：～鼻儿。

[200]龠部

龠 yuè ㄩㄝˋ [yêg⁶ 药]

❶古代的一种管乐器。❷古代容量单位，两龠为一合(gě)。

龢 hé ㄏㄜˊ [wo⁴ 禾]

❶见 548 页“和”。❷用于人名。翁同龢，清代人。

附　　录

1. 汉语拼音方案

（1957 年 11 月 1 日国务院全体会议第 60 次会议通过）
（1958 年 2 月 11 日第一届全国人民代表大会第五次会议批准）

一　字母表

字母	Aa	Bb	Cc	Dd	Ee	Ff	Gg
名称	ㄚ	ㄅㄝ	ㄘㄝ	ㄉㄝ	ㄜ	ㄝㄈ	ㄍㄝ
	Hh	Ii	Jj	Kk	Ll	Mm	Nn
	ㄏㄚ	ㄧ	ㄐㄧㄝ	ㄎㄝ	ㄝㄌ	ㄝㄇ	ㄋㄝ
	Oo	Pp	Qq	Rr	Ss	Tt	
	ㄛ	ㄆㄝ	ㄑㄧㄡ	ㄚㄦ	ㄝㄙ	ㄊㄝ	
	Uu	Vv	Ww	Xx	Yy	Zz	
	ㄨ	ㄪㄝ	ㄨㄚ	ㄒㄧ	ㄧㄚ	ㄗㄝ	

v 只用来拼写外来语、少数民族语言和方言。
字母的手写体依照拉丁字母的一般书写习惯。

二　声母表

b	p	m	f	d	t	n	l
ㄅ玻	ㄆ坡	ㄇ摸	ㄈ佛	ㄉ得	ㄊ特	ㄋ讷	ㄌ勒
g	k	h		j	q	x	
ㄍ哥	ㄎ科	ㄏ喝		ㄐ基	ㄑ欺	ㄒ希	
zh	ch	sh	r	z	c	s	
ㄓ知	ㄔ蚩	ㄕ诗	ㄖ日	ㄗ资	ㄘ雌	ㄙ思	

在给汉字注音的时候，为了使拼式简短，zh ch sh 可以省作 ẑ ĉ ŝ。

三　韵母表

	i 丨　衣	u ㄨ　乌	ü ㄩ　迂
a ㄚ　啊	ia 丨ㄚ　呀	ua ㄨㄚ　蛙	
o ㄛ　喔		uo ㄨㄛ　窝	
e ㄜ　鹅	ie 丨ㄝ　耶		üe ㄩㄝ　约
ai ㄞ　哀		uai ㄨㄞ　歪	
ei ㄟ　欸		uei ㄨㄟ　威	
ao ㄠ　熬	iao 丨ㄠ　腰		
ou ㄡ　欧	iou 丨ㄡ　忧		
an ㄢ　安	ian 丨ㄢ　烟	uan ㄨㄢ　弯	üan ㄩㄢ　冤
en ㄣ　恩	in 丨ㄣ　因	uen ㄨㄣ　温	ün ㄩㄣ　晕
ang ㄤ　昂	iang 丨ㄤ　央	uang ㄨㄤ　汪	
eng ㄥ　亨的韵母	ing 丨ㄥ　英	ueng ㄨㄥ　翁	
ong （ㄨㄥ）轰的韵母	iong ㄩㄥ　雍		

（1）“知、蚩、诗、日、资、雌、思”等七个音节的韵母用 i，即知、蚩、诗、日、资、雌、思等字拼作 zhi，chi，shi，ri，zi，ci，si。

（2）韵母儿写成 er，用作韵尾的时候写成 r。

（3）韵母ㄝ单用的时候写成 ê。

（4）i 行的韵母，前面没有声母的时候，写成 yi（衣），ya（呀），ye（耶），

yao（腰），you（忧），yan（烟），yin（因），yang（央），ying（英），yong（雍）。

u 行的韵母，前面没有声母的时候，写成 wu（乌），wa（蛙），wo（窝），wai（歪），wei（威），wan（弯），wen（温），wang（汪），weng（翁）。

ü 行的韵母，前面没有声母的时候，写成 yu（迂），yue（约），yuan（冤），yun（晕）；ü 上两点省略。

ü 行的韵母跟声母 j，q，x 拼的时候，写成 ju（居），qu（区），xu（虚），ü 上两点也省略；但是跟声母 n，l 拼的时候，仍然写成 nü（女），lü（吕）。

（5）iou，uei，uen 前面加声母的时候，写成 iu，ui，un。例如 niu（牛），gui（归），lun（论）。

（6）在给汉字注音的时候，为了使拼式简短，ng 可以省作 ŋ。

四　声调符号

阴平	阳平	上声	去声
ˉ	ˊ	ˇ	ˋ

声调符号标在音节的主要母音上，轻声不标。例如：

妈 mā	麻 má	马 mǎ	骂 mà	吗 ma
（阴平）	（阳平）	（上声）	（去声）	（轻声）

五　隔音符号

a，o，e 开头的音节连接在其他音节后面的时候，如果音节的界限发生混淆，用隔音符号（’）隔开，例如：pi’ao（皮袄）。

2. 广州话拼音方案

一 字母表

a b c d e f g h i j k l m n o p q r s t u
v w x y z

注：(1)r、v两个字母分别用来拼写普通话和外来语，拼写广州话时不用。
(2)广州话拼音字母有三个带有附加符号：ê，é，ü，其中é是和汉语拼音字母不同的。由于这几个字母是e、u两个字母的变体，故不列入字母表内。

二 声母表

b波	p婆	m摸	f科	d多	t拖	n挪	l罗	g哥	k卡	ng我
h何	z左	c初	s梳	j知	q雌	x思	gu姑	ku箍	y也	w华

注：(1)z，c，s和j，q，x两组声母，广州话的读音没有区别，只是在拼写韵母时有不同，z，c，s拼写a，o，é及a，o，e，é，ê，u等字母开头的韵母，例如：za渣，ca茶，sa沙。j，q，x拼写i，ü及i，ü字母开头的韵母，例如：ji知，qi次，xi思。
(2)gu姑，ku箍是圆唇的舌根音，作为声母使用，不能单独注音，单独注音时是音节，不是声母。
(3)y也，w华拼音时作为声母使用，拼写出来的音节相当于汉语拼音方案的复韵母，但由于广州话当中这些韵母前面不再拼声母，因此只作为音节使用。

三 韵母表

a呀		o柯	u乌	i衣	ü于	ê(靴)	é诶	m唔	ng五
ai挨	ei矮	oi哀	ui煨	iu妖			éi(非)		
ao拗	eo欧	ou奥				êu(去)			
am(监)	em庵			im淹					

an 晏	en（恩）	on 安	un 碗	in 烟	ün 冤	ên（春）	
ang 罂	eng 莺	ong（康）	ung 瓮	ing 英		êng（香）	éng（镜）
ab 鸭	eb（急）			ib 叶			
ad 押	ed（不）	od（渴）	ud 活	id 热	üd 月	êd（律）	
ag（客）	eg（德）	og 恶	ug 屋	ig 益		êg（约）	ég（尺）

注：(1)例字外加( )号的，只取其韵母。

(2)i 行的韵母，前面没有声母的时候，写成 yi 衣，yiu 妖，yim 淹，yin 烟，ying 英，yib 叶，yid 热，yig 益。

u 行的韵母，前面没有声母的时候，写成 wu 乌，wui 煨，wun 碗，wud 活。

ü 行的韵母，前面没有声母的时候，写成 yu 于，yun 冤，yud 月。

ü 行的韵母，跟声母 j、q、x 相拼的时候，写成 ju 珠，qu 处，xu 书；ü 上两点省略。

(3)êu(去)本来写成 êü(去)，为了减少字母的附加符号，ü 上两点省略。

(4)m(唔)和 ng(五)是自成音节的鼻音韵母。

四　声调表

名称：	阴平 阴入	阴上	阴去 中入	阳平	阳上	阳去 阳入
符号：	1	2	3	4	5	6
例字：	诗 色	史	试 锡	时	市	事 食

注：声调符号标在音节的右上角，例如：

诗 xi^1　　史 xi^2　　试 xi^3

变调用短横“ - ”表示，短横前为本调，短横后为变调，例如：影相(照相) $ying^2$ $sêng^{2-3}$。

说明：本方案根据 1960 年广东省教育行政部门公布的《广州话拼音方案》修订而成。

3. 通用规范汉字表

说 明

一、为了贯彻《中华人民共和国国家通用语言文字法》，提升国家通用语言文字的规范化、标准化水平，满足信息时代语言生活和社会发展的需要，教育部、国家语言文字工作委员会组织制定《通用规范汉字表》。

二、本表收字8105个，分为三级：一级字表为常用字集，收字3500个，主要满足基础教育和文化普及的基本用字需要。二级字表收字3000个，使用度仅次于一级字。一、二级字表合计6500字，主要满足出版印刷、辞书编纂和信息处理等方面的一般用字需要。三级字表收字1605个，是姓氏人名、地名、科学技术术语和中小学语文教材文言文用字中未进入一、二级字表的较通用的字，主要满足信息化时代与大众生活密切相关的专门领域的用字需要。

三、本表在整合《第一批异体字整理表》(1955年)、《简化字总表》(1986年)、《现代汉语常用字表》(1988年)、《现代汉语通用字表》(1988年)的基础上制定。一、二级字表通过语料库统计和人工干预方法，主要依据字的使用度进行定量、收字和分级。三级字表主要通过向有关部门和群众征集用字等方法，收录音义俱全且有一定使用度的字。

四、本表一、二级字表的研制，主要使用了国家语言文字工作委员会现代汉语平衡语料库(收录1919—2002年人文和社会科学、自然科学、综合等三大类的55个学科门类的语料，9100万字符)、现代新闻媒体动态流通语料库(收录2001—2002年15种报刊的语料，3.5亿字符)、教育科普综合语料库(收录1951—2003年中小学通用教材及科普读物的语料，518万字符)、儿童文学语料库(收录1949—2007年适合义务教育第一、二学段阅读的儿童文学的语料，570万字符)、《现代汉语词典》(第五版)、《新华字典》(第十版)，参考了其他语料库和工具书。

五、本表三级字的具体来源是：(1)姓氏人名用字，主要来源于1982年全国人口普查18省市抽样统计姓氏人名用字、公安部提供的姓氏用字及部分人名用字、群众提供的姓氏人名用字、一些古代姓氏用字和有影响的古代人名用字；(2)地名用字，主要来源于民政部和国家测绘局提供的乡镇以上地名用字、部分村级地名和部分自然实体名称的用字、主要汉语工具书中标明为“地名”的用字；(3)科学技术术语用字，主要来源于全国科学技术名词审定委员会提供的56个门类、中国社会科学院语言研究所提供的33个门类的科学技术与人文社会科学的术语用字；(4)中小学语文教材的文言文用字，主要来源于中小学语文教材文言文语料库(收录1949—2008年中小学语文教材中的文言文和普及性文言文的语料，65万字符)。

六、本表对社会上出现的在《简化字总表》和《现代汉语通用字表》之外的类推简化字进行了严格甄别，仅收录了符合本表收字原则且已在社会语言生活中广泛使用的“闫、轮、颊”等226个简化字。

七、本表在以往相关规范文件对异体字调整的基础上，又将《第一批异体字整理表》中“皙、喆、淼、昇、邨”等45个异体字调整为规范字。

八、本表的字形依据《现代汉语通用字表》确定，字序遵循《GB13000.1字符集汉字字序(笔画序)规范》的规定。

九、为方便使用，本表后附《规范字与繁体字、异体字对照表》和《〈通用规范汉字表〉笔画检字表》两个附表(此处略去)。

十、本表可根据语言生活的发展变化和实际需要适时进行必要补充和调整。

一级字表

一	乙	二	十	丁	厂	七	卜	八	人	入	儿	匕	几	九	刁	了	刀
力	乃	又	三	干	于	亏	工	土	士	才	下	寸	大	丈	与	万	上
小	口	山	巾	千	乞	川	亿	个	夕	久	么	勺	凡	丸	及	广	亡
门	丫	义	之	尸	己	已	巳	弓	子	卫	也	女	刃	飞	习	叉	马
乡	丰	王	开	井	天	夫	元	无	云	专	丐	扎	艺	木	五	支	厅
不	犬	太	区	历	歹	友	尤	匹	车	巨	牙	屯	戈	比	互	切	瓦
止	少	曰	日	中	贝	冈	内	水	见	午	牛	手	气	毛	壬	升	夭
长	仁	什	片	仆	化	仇	币	仍	仅	斤	爪	反	介	父	从	仑	今
凶	分	乏	公	仓	月	氏	勿	欠	风	丹	匀	乌	勾	凤	六	文	亢
方	火	为	斗	忆	计	订	户	认	冗	讥	心	尺	引	丑	巴	孔	队
办	以	允	予	邓	劝	双	书	幻	玉	刊	未	末	示	击	打	巧	正
扑	卉	扒	功	扔	去	甘	世	艾	古	节	本	术	可	丙	左	厉	石
右	布	夯	戊	龙	平	灭	轧	东	卡	北	占	凸	卢	业	旧	帅	归
旦	目	且	叶	甲	申	叮	电	号	田	由	只	叭	史	央	兄	叽	叼
叫	叩	叨	另	叹	冉	皿	凹	囚	四	生	矢	失	乍	禾	丘	付	仗
代	仙	们	仪	白	仔	他	斥	瓜	乎	丛	令	用	甩	印	尔	乐	句
匆	册	卯	犯	外	处	冬	鸟	务	包	饥	主	市	立	冯	玄	闪	兰
半	汁	汇	头	汉	宁	穴	它	讨	写	让	礼	训	议	必	讯	记	永
司	尼	民	弗	弘	出	辽	奶	奴	召	加	皮	边	孕	发	圣	对	台

矛 纠 母 幼 丝 邦 式 迂 刑 戎 动 扛 寺 吉 扣 考 托 老

巩 圾 执 扩 扫 地 场 扬 耳 芋 共 芒 亚 芝 朽 朴 机 权

过 臣 吏 再 协 西 压 厌 戌 在 百 有 存 而 页 匠 夸 夺

灰 达 列 死 成 夹 夷 轨 邪 尧 划 迈 毕 至 此 贞 师 尘

尖 劣 光 当 早 吁 吐 吓 虫 曲 团 吕 同 吊 吃 因 吸 吗

吆 屿 屹 岁 帆 回 岂 则 刚 网 肉 年 朱 先 丢 廷 舌 竹

迁 乔 迄 伟 传 乒 乓 休 伍 伏 优 臼 伐 延 仲 件 任 伤

价 伦 份 华 仰 仿 伙 伪 自 伊 血 向 似 后 行 舟 全 会

杀 合 兆 企 众 爷 伞 创 肌 肋 朵 杂 危 旬 旨 旭 负 匈

名 各 多 争 色 壮 冲 妆 冰 庄 庆 亦 刘 齐 交 衣 次 产

决 亥 充 妄 闭 问 闯 羊 并 关 米 灯 州 汗 污 江 汛 池

汝 汤 忙 兴 宇 守 宅 字 安 讲 讳 军 讶 许 讹 论 讼 农

讽 设 访 诀 寻 那 迅 尽 导 异 弛 孙 阵 阳 收 阶 阴 防

奸 如 妇 妃 好 她 妈 戏 羽 观 欢 买 红 驮 纤 驯 约 级

纪 驰 纫 巡 寿 弄 麦 玖 玛 形 进 戒 吞 远 违 韧 运 扶

抚 坛 技 坏 抠 扰 扼 拒 找 批 址 扯 走 抄 贡 汞 坝 攻

赤 折 抓 扳 抡 扮 抢 孝 坎 均 抑 抛 投 坟 坑 抗 坊 抖

护 壳 志 块 扭 声 把 报 拟 却 抒 劫 芙 芜 苇 芽 花 芹

芥 芬 苍 芳 严 芦 芯 劳 克 芭 苏 杆 杠 杜 材 村 杖 杏

杉 巫 极 李 杨 求 甫 匣 更 束 吾 豆 两 酉 丽 医 辰 励

否 还 尬 歼 来 连 轩 步 卤 坚 肖 旱 盯 呈 时 吴 助 县

里 呆 吱 吠 呕 园 旷 围 呀 吨 足 邮 男 困 吵 串 员 呐

听 吟 吩 呛 吻 吹 呜 吭 吧 邑 吼 囤 别 吮 岖 岗 帐 财

针 钉 牡 告 我 乱 利 秃 秀 私 每 兵 估 体 何 佐 佑 但

伸 佃 作 伯 伶 佣 低 你 住 位 伴 身 皂 伺 佛 囱 近 彻

役 返 余 希 坐 谷 妥 含 邻 岔 肝 肛 肚 肘 肠 龟 甸 免

狂 犹 狈 角 删 条 彤 卵 灸 岛 刨 迎 饭 饮 系 言 冻 状

亩 况 床 库 庇 疗 吝 应 这 冷 庐 序 辛 弃 冶 忘 闰 闲

间 闷 判 兑 灶 灿 灼 弟 汪 沐 沛 汰 沥 沙 汽 沃 沦 汹

泛 沧 没 沟 沪 沈 沉 沁 怀 忧 忱 快 完 宋 宏 牢 究 穷

灾 良 证 启 评 补 初 社 祀 识 诈 诉 罕 诊 词 译 君 灵

即 层 屁 尿 尾 迟 局 改 张 忌 际 陆 阿 陈 阻 附 坠 妓

妙 妖 姊 妨 妒 努 忍 劲 矣 鸡 纬 驱 纯 纱 纲 纳 驳 纵

纷 纸 纹 纺 驴 纽 奉 玩 环 武 青 责 现 玫 表 规 抹 卦

坷 坯 拓 拢 拔 坪 拣 坦 担 坤 押 抽 拐 拖 者 拍 顶 拆

拎 拥 抵 拘 势 抱 拄 垃 拉 拦 幸 拌 拧 拂 拙 招 坡 披
拨 择 抬 拇 拗 其 取 茉 苦 昔 苛 若 茂 苹 苗 英 苟 苑
苞 范 直 茁 茄 茎 苔 茅 枉 林 枝 杯 枢 柜 枚 析 板 松
枪 枫 构 杭 杰 述 枕 丧 或 画 卧 事 刺 枣 雨 卖 郁 矾
矿 码 厕 奈 奔 奇 奋 态 欧 殴 垄 妻 轰 顷 转 斩 轮 软
到 非 叔 歧 肯 齿 些 卓 虎 虏 肾 贤 尚 旺 具 味 果 昆
国 哎 咕 昌 呵 畅 明 易 咙 昂 迪 典 固 忠 呻 咒 咋 咐
呼 鸣 咏 呢 咄 咖 岸 岩 帖 罗 帜 帕 岭 凯 败 账 贩 贬
购 贮 图 钓 制 知 迭 氛 垂 牧 物 乖 刮 秆 和 季 委 秉
佳 侍 岳 供 使 例 侠 侥 版 侄 侦 侣 侧 凭 侨 佩 货 侈
依 卑 的 迫 质 欣 征 往 爬 彼 径 所 舍 金 刹 命 肴 斧
爸 采 觅 受 乳 贪 念 贫 忿 肤 肺 肢 肿 胀 朋 股 肮 肪
肥 服 胁 周 昏 鱼 兔 狐 忽 狗 狞 备 饰 饱 饲 变 京 享
庞 店 夜 庙 府 底 疟 疙 疚 剂 卒 郊 庚 废 净 盲 放 刻
育 氓 闸 闹 郑 券 卷 单 炬 炒 炊 炕 炎 炉 沫 浅 法 泄
沽 河 沾 泪 沮 油 泊 沿 泡 注 泣 泞 泻 泌 泳 泥 沸 沼
波 泼 泽 治 怔 怯 怖 性 怕 怜 怪 怡 学 宝 宗 定 宠 宜
审 宙 官 空 帘 宛 实 试 郎 诗 肩 房 诚 衬 衫 视 祈 话
诞 诡 询 该 详 建 肃 录 隶 帚 屉 居 届 刷 屈 弧 弥 弦
承 孟 陋 陌 孤 陕 降 函 限 妹 姑 姐 姓 妮 始 姆 迢 驾
叁 参 艰 线 练 组 绅 细 驶 织 驹 终 驻 绊 驼 绍 绎 经
贯 契 贰 奏 春 帮 玷 珍 玲 珊 玻 毒 型 拭 挂 封 持 拷
拱 项 垮 挎 城 挟 挠 政 赴 赵 挡 拽 哉 挺 括 垢 拴 拾
挑 垛 指 垫 挣 挤 拼 挖 按 挥 挪 拯 某 甚 荆 茸 革 茬
荐 巷 带 草 茧 茵 茶 荒 茫 荡 荣 荤 荧 故 胡 荫 荔 南
药 标 栈 柑 枯 柄 栋 相 查 柏 栅 柳 柱 柿 栏 柠 树 勃
要 柬 咸 威 歪 研 砖 厘 厚 砌 砂 泵 砚 砍 面 耐 耍 牵
鸥 残 殃 轴 轻 鸦 皆 韭 背 战 点 虐 临 览 竖 省 削 尝
昧 盹 是 盼 眨 哇 哄 哑 显 冒 映 星 昨 咧 昭 畏 趴 胃
贵 界 虹 虾 蚁 思 蚂 虽 品 咽 骂 勋 哗 咱 响 哈 哆 咬
咳 咪 哪 哟 炭 峡 罚 贱 贴 贻 骨 幽 钙 钝 钞 钟 钢 钠
钥 钦 钧 钩 钮 卸 缸 拜 看 矩 毡 氢 怎 牲 选 适 秒 香
种 秋 科 重 复 竿 段 便 俩 贷 顺 修 俏 保 促 俄 俐 侮
俭 俗 俘 信 皇 泉 鬼 侵 禹 侯 追 俊 盾 待 徊 衍 律 很
须 叙 剑 逃 食 盆 胚 胧 胆 胜 胞 胖 脉 胎 勉 狭 狮 独

狰 狡 狱 狠 贸 怨 急 饵 饶 蚀 饺 饼 峦 弯 将 奖 哀 亭
亮 度 迹 庭 疮 疯 疫 疤 咨 姿 亲 音 帝 施 闺 闻 闽 阀
阁 差 养 美 姜 叛 送 类 迷 籽 娄 前 首 逆 兹 总 炼 炸
烁 炮 炫 烂 剃 洼 洁 洪 洒 柒 浇 浊 洞 测 洗 活 派 洽
染 洛 浏 济 洋 洲 浑 浓 津 恃 恒 恢 恍 恬 恤 恰 恼 恨
举 觉 宣 宦 室 宫 宪 突 穿 窃 客 诫 冠 诬 语 扁 袄 祖
神 祝 祠 误 诱 诲 说 诵 垦 退 既 屋 昼 屏 屎 费 陡 逊
眉 孩 陨 除 险 院 娃 姥 姨 姻 娇 姚 娜 怒 架 贺 盈 勇
怠 癸 蚤 柔 垒 绑 绒 结 绕 骄 绘 给 绚 骆 络 绝 绞 骇
统 耕 耘 耗 耙 艳 泰 秦 珠 班 素 匿 蚕 顽 盏 匪 捞 栽
捕 埂 捂 振 载 赶 起 盐 捎 捍 捏 埋 捉 捆 捐 损 袁 捌
都 哲 逝 捡 挫 换 挽 挚 热 恐 捣 壶 捅 埃 挨 耻 耿 耽
聂 恭 莽 莱 莲 莫 莉 荷 获 晋 恶 莹 莺 真 框 梆 桂 桔
栖 档 桐 株 桥 桦 栓 桃 格 桩 校 核 样 根 索 哥 速 逗
栗 贾 酌 配 翅 辱 唇 夏 砸 砰 砾 础 破 原 套 逐 烈 殊
殉 顾 轿 较 顿 毙 致 柴 桌 虑 监 紧 党 逞 晒 眠 晓 哮
唠 鸭 晃 哺 晌 剔 晕 蚌 畔 蚣 蚊 蚪 蚓 哨 哩 圃 哭 哦
恩 鸯 唤 唁 哼 唧 啊 唉 唆 罢 峭 峨 峰 圆 峻 贼 贿 赂
赃 钱 钳 钻 钾 铁 铃 铅 缺 氧 氨 特 牺 造 乘 敌 秤 租
积 秧 秩 称 秘 透 笔 笑 笋 债 借 值 倚 俺 倾 倒 倘 俱
倡 候 赁 俯 倍 倦 健 臭 射 躬 息 倔 徒 徐 殷 舰 舱 般
航 途 拿 耸 爹 舀 爱 豺 豹 颁 颂 翁 胰 脆 脂 胸 胳 脏
脐 胶 脑 脓 逛 狸 狼 卿 逢 鸵 留 鸳 皱 饿 馁 凌 凄 恋
桨 浆 衰 衷 高 郭 席 准 座 症 病 疾 斋 疹 疼 疲 脊 效
离 紊 唐 瓷 资 凉 站 剖 竞 部 旁 旅 畜 阅 羞 羔 瓶 拳
粉 料 益 兼 烤 烘 烦 烧 烛 烟 烙 递 涛 浙 涝 浦 酒 涉
消 涡 浩 海 涂 浴 浮 涣 涤 流 润 涧 涕 浪 浸 涨 烫 涩
涌 悖 悟 悄 悍 悔 悯 悦 害 宽 家 宵 宴 宾 窍 窄 容 宰
案 请 朗 诸 诺 读 扇 诽 袜 袖 袍 被 祥 课 冥 谁 调 冤
谅 谆 谈 谊 剥 恳 展 剧 屑 弱 陵 祟 陶 陷 陪 娱 娟 恕
娥 娘 通 能 难 预 桑 绢 绣 验 继 骏 球 琐 理 琉 琅 捧
堵 措 描 域 捺 掩 捷 排 焉 掉 捶 赦 堆 推 埠 掀 授 捻
教 掏 掐 掠 掂 培 接 掷 控 探 据 掘 掺 职 基 聆 勘 聊
娶 著 菱 勒 黄 菲 萌 萝 菌 萎 菜 萄 菊 菩 萍 菠 萤 营
乾 萧 萨 菇 械 彬 梦 婪 梗 梧 梢 梅 检 梳 梯 桶 梭 救

曹副票酝酗厢戚硅硕奢盔爽聋袭盛匾雪辅
辆颅虚彪雀堂常眶匙晨睁眯眼悬野啪啦曼
晦晚啄啡距趾啃跃略蚯蛀蛇唬累鄂唱患啰
唾唯啤啥啸崖崎崭逻崔帷崩崇崛婴圈铐铛
铝铜铭铲银矫甜秸梨犁秽移笨笼笛笙符第
敏做袋悠偿偶偎偷您售停偏躯兜假衅徘徙
得衔盘舶船舵斜盒鸽敛悉欲彩领脚脖脯豚
脸脱象够逸猜猪猎猫凰猖猛祭馅馆凑减毫
烹庶麻庵痊痒痕廊康庸鹿盗章竟商族旋望
率阎阐着羚盖眷粘粗粒断剪兽焊焕清添鸿
淋涯淹渠渐淑淌混淮淆渊淫渔淘淳液淤淡
淀深涮涵婆梁渗情惜惭悼惧惕惟惊惦悴惋
惨惯寇寅寄寂宿窒窑密谋谍谎谐袱祷祸谓
谚谜逮敢尉屠弹隋堕随蛋隅隆隐婚婶婉颇
颈绩绪续骑绰绳维绵绷绸综绽绿缀巢琴琳
琢琼斑替揍款堪塔搭堰揩越趁趋超揽堤提
博揭喜彭揣插揪搜煮援搀裁搁搓搂搅壹握
搔揉斯期欺联葫散惹葬募葛董葡敬葱蒋蒂
落韩朝辜葵棒棱棋椰植森焚椅椒棵棍椎棉
棚棕棺榔椭惠惑逼粟棘酣酥厨厦硬硝确硫
雁殖裂雄颊雳暂雅翘辈悲紫凿辉敞棠赏掌
晴睐暑最晰量鼎喷喳晶喇遇喊遏晾景畴践
跋跌跑跛遗蛙蛛蜓蜒蛤喝鹃喂喘喉喻啼喧
嵌幅帽赋赌赎赐赔黑铸铺链销锁锄锅锈锋
锌锐甥掰短智氮毯氯鹅剩稍程稀税筐等筑
策筛筒筏答筋筝傲傅牌堡集焦傍储皓皖粤
奥街惩御循艇舒逾番释禽腊脾腋腔腕鲁猩
猬猾猴惫然馈馋装蛮就敦斌痘痢痪痛童竣
阔善翔羡普粪尊奠道遂曾焰港滞湖湘渣渤
渺湿温渴溃溅滑湃渝湾渡游滋渲溉愤慌惰
愕愣惶愧愉慨割寒富寓窜窝窖窗窘遍雇裕
裤裙禅禄谢谣谤谦犀属屡强粥疏隔隙隘媒
絮嫂媚婿登缅缆缉缎缓缔缕骗编骚缘瑟鹉
瑞瑰瑙魂肆摄摸填搏塌鼓摆携搬摇搞塘摊
聘斟蒜勤靴靶鹊蓝墓幕蓬蓄蒲蓉蒙蒸献椿

禁 楚 楷 榄 想 槐 榆 楼 概 赖 酪 酬 感 碍 碘 碑 碎 碰

碗 碌 尴 雷 零[1] 雾 雹 辐 辑 输 督 频 龄 鉴 睛 睹 睦 瞄

睫 睡 睬 嗜 鄙 嗦 愚 暖 盟 歇 暗 暇 照 畸 跨 跷 跳 跺

跪 路 跤 跟 遣 蜈 蜗 蛾 蜂 蜕 嗅 嗡 嗓 署 置 罪 罩 蜀

幌 错 锚 锡 锣 锤 锥 锦 键 锯 锰 矮 辞 稚 稠 颓 愁 筹

签 简 筷 毁 舅 鼠 催 傻 像 躲 魁 衙 微 愈 遥 腻 腰 腥

腮 腹 腺 鹏 腾 腿 鲍 猿 颖 触 解 煞 雏 馍 馏 酱 禀 痹

廓 痴 痰 廉 靖 新 韵 意 誊 粮 数 煎 塑 慈 煤 煌 满 漠

滇 源 滤 滥 滔 溪 溜 漓 滚 溢 溯 滨 溶 溺 粱 滩 慎 誉

塞 寞 窥 窟 寝 谨 褂 裸 福 谬 群 殿 辟 障 媳 嫉 嫌 嫁

叠 缚 缝 缠 缤 剿 静 碧 璃 赘 熬 墙 墟 嘉 摧 赫 截 誓

境 摘 摔 撇 聚 慕 暮 摹 蔓 蔑 蔡 蔗 蔽 蔼 熙 蔚 兢 模

槛 榴 榜 榨 榕 歌 遭 酵 酷 酿 酸 碟 碱 碳 磁 愿 需 辖

辗 雌 裳 颗 瞅 墅 嗽 踊 蜻 蜡 蝇 蜘 蝉 嘛 嘀 赚 锹 锻

镀 舞 舔 稳 熏 箕 算 箩 管 箫 舆 僚 僧 鼻 魄 魅 貌 膜

膊 膀 鲜 疑 孵 馒 裹 敲 豪 膏 遮 腐 瘩 瘟 瘦 辣 彰 竭

端 旗 精 粹 歉 弊 熄 熔 煽 潇 漆 漱 漂 漫 滴 漾 演 漏

慢 慷 寨 赛 寡 察 蜜 寥 谭 肇 褐 褪 谱 隧 嫩 翠 熊 凳

骡 缩 慧 撵 撕 撒 撩 趣 趟 撑 撮 撬 播 擒 墩 撞 撤 增

撰 聪 鞋 鞍 蕉 蕊 蔬 蕴 横 槽 樱 橡 樟 橄 敷 豌 飘 醋

醇 醉 磕 磊 磅 碾 震 霄 霉 瞒 题 暴 瞎 嘻 嘶 嘲 嘹 影

踢 踏 踩 踪 蝶 蝴 蝠 蝎 蝌 蝗 蝙 嘿 嘱 幢 墨 镇 镐 镑

靠 稽 稻 黎 稿 稼 箱 篓 箭 篇 僵 躺 僻 德 艘 膝 膛 鲤

鲫 熟 摩 褒 瘪 瘤 瘫 凛 颜 毅 糊 遵 憋 潜 澎 潮 潭 鲨

澳 潘 澈 澜 澄 懂 憔 懊 憎 额 翩 褥 谴 鹤 憨 慰 劈 履

豫 缭 撼 擂 操 擅 燕 蕾 薯 薛 薇 擎 薪 薄 颠 翰 噩 橱

橙 橘 整 融 瓢 醒 霍 霎 辙 冀 餐 嘴 踱 蹄 蹂 蟆 螃 器

噪 鹦 赠 默 黔 镜 赞 穆 篮 篡 篷 篱 儒 邀 衡 膨 雕 鲸

磨 瘾 瘸 凝 辨 辩 糙 糖 糕 燃 濒 澡 激 懒 憾 懈 窿 壁

避 缰 缴 戴 擦 藉 鞠 藏 藐 檬 檐 檀 礁 磷 霜 霞 瞭 瞧

瞬 瞳 瞩 瞪 曙 蹋 蹈 螺 蟋 蟀 嚎 赡 穗 魏 簧 簇 繁 徽

爵 朦 臊 鳄 癌 辫 赢 糟 糠 燥 懦 豁 臀 臂 翼 骤 藕 鞭

藤 覆 瞻 蹦 嚣 镰 翻 鳍 鹰 瀑 襟 璧 戳 孽 警 蘑 藻 攀

曝 蹲 蹭 蹬 巅 簸 簿 蟹 颤 靡 癣 瓣 羹 鳖 爆 疆 鬓 壤

馨 耀 躁 蠕 嚼 嚷 巍 籍 鳞 魔 糯 灌 譬 蠢 霸 露 霹 躏

黯 髓 赣 囊 镶 瓤 罐 矗

---

[1]零：与表数目的汉字“一二三四五六七八九”连用时可用“〇”替代。

二级字表

乂 乜 兀 弋 孑 孓 幺 亓 韦 廿 丏 卅 仄 厄 仃 仉 仂 兮
刈 爻 卞 闩 讣 尹 夬 爿 毋 邗 邛 艽 艿 札 叵 匝 丕 匜
劢 卟 叱 叻 仨 仕 仟 仡 仫 仞 卮 氐 犰 刍 邝 邙 汀 讦
讧 讪 讫 尻 阡 尕 弁 驭 匡 耒 玎 玑 邢 圩 圬 圭 扦 圪
圳 圹 扪 圮 圯 芊 芍 芄 芨 芑 芎 芗 亘 厍 夼 戍 尥 乩
旯 曳 岌 屺 凼 囡 钇 缶 氘 氖 牝 伎 伛 伢 佤 仵 伥 伧
伉 伫 囟 汆 刖 夙 旮 刎 犷 犸 舛 凫 邬 饧 汕 汔 汐 汲
汜 汊 忖 忏 讴 讵 祁 讷 聿 艮 厾 阱 阮 阪 丞 妁 牟 纡
纣 纥 纨 玕 玙 抟 抔 圻 坂 坍 坞 抃 抉 㧐 芫 邯 芸 芾
苈 苣 芷 芮 苋 芼 苌 苁 芩 芪 芡 芟 苄 苎 苡 杌 杓 杞
杈 忑 孛 邴 邳 矶 奁 豕 忒 欤 轫 迓 邶 忐 卣 邺 旰 呋
呒 呓 呔 呖 呃 旸 吡 町 虬 呗 吽 吣 吲 帏 岐 岈 岘 岑
岚 兕 囵 囫 钊 钋 钌 迕 氙 氚 牤 佞 邱 攸 佚 佝 佟 佗
伽 彷 佘 佥 孚 豸 坌 肟 邸 奂 劬 狄 狁 鸠 邹 饨 饩 饪
饫 饬 亨 庑 庋 疔 疖 肓 闱 闳 闵 羌 炀 沣 沅 沔 沤 沌
沏 沚 汩 汨 沂 汾 沨 汴 汶 沆 沩 泐 怃 怄 忡 忤 忾 怅
忻 忪 怆 忭 忸 诂 诃 诅 诋 诌 诏 诒 孜 陇 陀 陂 陉 妍
妩 妪 妣 妊 妗 妫 妞 姒 妤 邵 劭 刭 甬 邰 纭 纰 纴 纶
纾 玮 玡 玭 玠 玢 玥 玦 盂 忝 匦 坩 抨 拤 坫 拈 垆 抻
劼 拃 拊 坼 坻 㧟 坨 坭 抿 坳 耶 苷 苯 苤 茏 苫 苜 苴
苒 苘 茌 苻 苓 茚 茆 茑 茓 茔 茕 茀 苕 枥 枇 杪 杳 枧
杵 枨 枞 枋 枘 杷 杼 矸 砀 刳 奄 瓯 殁 郏 轭 郅 鸢 盱
昊 昙 杲 昃 咂 呸 昕 昀 旻 昉 炅 咔 畀 虮 咀 呷 黾 呱
呤 咚 咆 咛 呶 呣 呦 咝 岢 岿 岬 岫 帙 岣 峁 刿 迥 岷
剀 帔 峄 沓 囹 罔 钍 钎 钏 钒 钕 钗 邾 迮 牦 竺 迤 佶
佬 佰 侑 侉 臾 岱 侗 侃 侏 侩 佻 佾 侪 佼 佯 侬 帛 阜
侔 徂 刽 郄 怂 籴 瓮 戗 肼 䏝 肽 肱 肫 剁 迩 郇 狙 狎
狍 狒 咎 炙 枭 饯 饴 冽 冼 庖 疠 疝 疡 兖 妾 劾 炜 𬉼
炖 炘 炝 炔 泔 沭 泷 泸 泱 泅 泗 泠 泺 泖 泫 泮 沱 泯

泓 泾 怙 怵 怦 怛 怏 怍 㤘 怩 怫 怿 宕 穹 宓 诓 诔 诖
诘 戾 诙 戽 郓 衩 祆 祎 祉 祇 诛 诜 诟 诠 诣 诤 诧 诨
诩 戕 孢 亟 陔 妲 妯 姗 帑 弩 孥 驽 虱 迦 迨 绀 绁 绂
驷 驸 绉 绌 驿 骀 甾 珏 珐 珂 珑 玳 珀 顸 珉 珈 拮 垭
挝 垣 挞 垤 赳 贲 垱 垌 郝 垧 垓 挦 垠 茜 荚 荑 贳 荜
莒 茼 茴 茱 莛 荞 茯 荏 荇 荃 荟 荀 茗 荠 茭 茨 垩 荥
荦 荨 荩 剋 荪 茹 荬 荮 柰 栉 柯 柘 栊 柩 枰 栌 柙 枵
柚 枳 柞 柝 栀 柢 栎 枸 柈 柁 枷 柽 剌 酊 郦 甭 砗 砘
砒 斫 砭 砜 奎 耷 虺 殂 殇 殄 殆 轱 轲 轳 轶 轸 虿 毖
觇 尜 哐 眄 眍 哪 郢 眇 眊 眈 禺 哂 咴 曷 昴 昱 昵 咦
哓 哔 畎 毗 呲 胄 畋 畈 虼 虻 盅 咣 哕 剐 郧 咻 囿 咿
哌 哙 哚 咯 咩 咤 哝 哏 哞 峙 峣 罘 帧 峒 峤 峋 峥 贶
钚 钛 钡 钣 钤 钨 钫 钯 氡 氟 牯 郜 秕 秭 竽 笈 笃 俦
俨 俅 俪 叟 垡 牮 俣 俚 皈 俑 俟 逅 徇 徉 舢 俞 郗 俎
郤 爰 郛 瓴 胨 胪 胛 胂 胙 胍 胗 胝 朐 胫 鸨 匍 狨 狯
飑 狩 狲 訇 逄 昝 饷 饸 饹 胤 孪 娈 弈 奕 庥 疬 疣 疥
疭 庠 竑 彦 飒 闼 闾 闿 阂 羑 迸 籼 酋 炳 炻 炽 炯 烀
炷 烃 洱 洹 洧 洌 浃 洇 洄 洙 涎 洎 洫 浍 洮 洵 浒 浔
浕 洳 恸 恓 恹 恫 恺 恻 恂 恪 恽 宥 扃 衲 衽 衿 袂 祛
祜 祓 祚 诮 祗 祢 诰 诳 鸩 祂 郡 咫 弭 牁 胥 陛 陟 娅
姮 娆 姝 姣 姘 姹 怼 羿 炱 矜 绔 骁 骅 绗 绛 骈 耖 挈
珥 珙 顼 珰 珩 珧 珣 珞 琤 珲 敖 恚 埔 埕 埘 埙 埚 挹
耆 耄 埒 捋 贽 垸 捃 盍 荸 莆 莳 莴 莪 莠 莓 莜 莅 荼
莩 荽 莸 荻 莘 莎 莞 莨 鸪 莼 栲 栳 郴 桓 桡 桎 桢 桤
梃 栝 桕 桁 桧 桅 栟 桉 栩 逑 逋 彧 鬲 豇 酐 逦 厝 孬
砝 砹 砺 砧 砷 砟 砼 砥 砣 剞 砻 轼 轾 辂 鸫 趸 龀 鸬
虔 逍 眬 唛 晟 眩 眙 哧 哽 唔 晁 晏 鸮 趵 趿 畛 蚨 蚜
蚍 蚋 蚬 蚝 蚧 唢 圄 唣 唏 盎 唑 崂 崃 罡 罟 峪 觊 赅
钰 钲 钴 钵 钹 钺 钽 钼 钿 铀 铂 铄 铆 铈 铉 铊 铋 铌
铍 䥽 铎 氩 氤 氦 毪 舐 秣 秫 盉 笄 笕 笊 笏 笆 俸 倩
俵 偌 俳 俶 倬 倏 恁 倭 倪 俾 倜 隼 隽 倌 倥 臬 皋 郫
倨 衄 颀 徕 舫 釜 奚 衾 胯 胱 胴 胭 脍 胼 朕 脒 胺 鸱
玺 鸰 狷 猁 狳 猃 狺 逖 桀 袅 饽 凇 栾 挛 亳 疳 疴 疸
疽 痈 疱 痂 痉 衮 凋 颃 恣 旆 旄 旃 阃 阄 訚 阆 恙 粑
朔 郸 烜 烨 烩 烊 剡 郯 烬 涑 浯 涞 涟 娑 涅 涠 浞 涓

浥 涝 浜 浠 浣 浚 悚 悭 悝 悒 悌 悛 宸 窈 剜 诹 冢 诼
袒 袢 祯 诿 谀 谂 谄 谇 屐 屙 陬 勐 奘 牂 蚩 陲 姬 娠
娌 娉 娲 娩 娴 娣 娓 婀 畚 逡 绠 骊 绡 骋 绥 绦 绨 骎
邕 鸶 彗 耜 焘 舂 琏 琇 麸 揶 埴 埯 捯 掳 掴 埸 埵 赧
埤 捭 逵 埝 堋 堍 掬 鸷 掖 捽 掊 堉 掸 捩 掮 悫 埭 埽
掇 掼 聃 菁 萁 菘 堇 萘 萋 菽 菖 萜 萸 萑 棻 菔 菟 萏
萃 菏 菹 菪 菅 菀 萦 菰 菡 梵 梿 梏 觋 桴 桷 梓 棁 桫
棂 啬 郾 匮 敕 豉 鄄 酞 酚 戛 硎 硭 硒 硖 硗 硐 硇 硌
鸸 瓠 匏 厩 龚 殒 殓 殍 赉 雩 辄 堑 眭 眦 啧 晡 晤 眺
眵 眸 圊 喏 喵 啉 勖 晞 唵 晗 冕 啭 畦 趺 啮 跄 蚶 蛄
蛎 蛆 蚰 蛊 圉 蚱 蛉 蛏 蚴 啁 啕 唿 啐 唼 唷 啖 啵 啶
啷 唳 唰 啜 帻 崚 崦 帼 崮 崤 崆 赇 赈 赊 铑 铒 铗 铙
铟 铠 铡 铢 铣 铤 铧 铨 铩 铪 铫 铬 铮 铯 铰 铱 铳 铵
铷 氪 牾 鸹 秾 逶 笺 筇 笸 笪 笮 笠 笥 笤 笳 笾 笞 偾
偃 偕 偈 傀 偬 偻 皑 皎 鸻 徜 舸 舻 舴 舷 龛 翎 脬 脘
脲 匐 猗 猡 猞 猝 斛 猕 馗 馃 馄 鸾 孰 庹 庾 痔 痍 疵
翊 旌 旎 袤 阇 阈 阉 阊 阋 阍 阏 羟 粝 粕 敝 焐 烯 焓
烽 焖 烷 焗 渍 渚 淇 淅 淞 渎 涿 淖 挲 淠 涸 渑 淦 淝
淬 涪 淙 涫 渌 淄 惬 悻 悱 惝 惘 悸 惆 惚 惇 惮 窕 谌
谏 扈 皲 谑 裆 袷 裉 谒 谔 谕 谖 谗 谙 谛 谝 逯 郿 隈
粜 隍 隗 婧 婊 婕 娼 婢 婵 胬 袈 翌 恿 欸 绫 骐 绮 绯
绱 骒 绲 骓 绶 绺 绻 绾 骖 缁 耠 琫 琵 琶 琪 瑛 琦 琥
琨 靓 琰 琮 琯 琬 琛 琚 辇 鼋 揳 堞 搽 揸 揠 堙 趄 揖
颉 塄 揿 耋 揄 蛩 蛰 塆 摒 揆 掾 聒 葑 葚 靰 靸 葳 葺
葸 萼 葆 葩 葶 蒌 萱 戟 葭 楮 棼 椟 棹 椤 棰 赍 椋 椁
椪 棣 椐 鹁 覃 酤 酢 酡 鹂 厥 殚 殛 雯 雱 辊 辋 椠 辍
辎 斐 睄 睑 睇 睃 戢 喋 嗒 喃 喱 喹 晷 喈 跖 跗 跞 跚
跎 跏 跆 蛱 蛲 蛭 蛳 蛐 蛔 蛞 蛴 蛟 蛘 喁 喟 啾 嗖 喑
嗟 喽 嗞 喀 喔 喙 嵘 嵖 崴 遄 詈 嵎 崽 嵬 嵛 嵯 嵝 嵫
幄 嵋 赕 铻 铼 铿 锃 锂 锆 锇 锉 锏 锑 锒 锔 锕 掣 矬
氰 毳 毽 犊 犄 犋 鹄 犍 嵇 黍 稃 稂 筚 筵 筌 傣 傈 舄
牍 傥 傧 遑 傩 遁 徨 媭 畲 弑 颌 翕 釉 鹆 舜 貂 腈 腌
腓 腆 腴 腑 腚 腱 鱿 鲀 鲂 颖 猢 猹 猥 飓 觞 觚 猱 颎
飧 馇 馊 亵 脔 裒 痣 痨 痦 痞 痤 痫 痧 赓 竦 瓿 啻 颏
鹇 阑 阒 阕 粞 遒 孳 焯 焜 焙 焱 鹈 湛 渫 湮 湎 湜 渭

湍	湫	溲	湟	溆	湲	湔	湉	渥	湄	滁	愠	惺	愦	惴	愀	愎	愔
喾	寐	谟	扉	裢	裎	裥	祾	祺	谠	幂	谡	谥	谧	遐	孱	弼	巽
骘	媪	媛	婷	巯	翚	皴	婺	骛	缂	缃	缄	彘	缇	缈	缌	缑	缒
缗	飨	耢	瑚	瑁	瑜	瑗	瑄	瑕	遨	骜	韫	髡	塬	鄢	趔	趑	摅
摁	蜇	搋	搪	搐	搛	搠	摈	彀	毂	搦	搡	蓁	戡	蓍	鄞	靳	蓐
蓦	鹋	蒽	蓓	蓖	蓊	蒯	蓟	蓑	蒿	蒺	蓠	蒟	蒡	蒹	蒴	蒗	蓥
颐	楔	楠	楂	楝	楫	楸	椴	槌	楯	皙[1]	榈	槎	榉	楦	楣	楹	椽
裘	剽	甄	酮	酰	酯	酪	蜃	碛	碓	硼	碉	碚	碇	碜	鹌	辏	龃
龅	訾	粲	虞	睚	嗪	韪	嗷	嗉	睨	睢	雎	睥	嘟	嗑	嗫	嗬	嗔
嗝	戥	嗄	煦	暄	遢	暌	跬	跶	跸	跐	跣	跹	跻	蛸	蜊	蜍	蜉
蜣	畹	蛹	嗣	嗯	嗥	嗲	嗳	嗌	嗍	嗨	嗐	嗤	嗵	罨	嵊	嵩	嵴
骰	锗	锛	锜	锝	锞	锟	锢	锨	锩	锭	锱	雉	氲	犏	歃	稞	稗
稔	筠	筢	筮	筲	筱	牒	煲	敫	徭	愆	艄	觎	毹	貊	貅	貉	颔
腠	腩	腼	腭	腧	塍	媵	詹	鲅	鲆	鲇	鲈	稣	鲋	鲐	肄	鹐	飕
觥	遛	馐	鹑	亶	瘃	痱	痼	痿	瘐	瘁	瘆	麂	裔	歆	旒	雍	阖
阗	阙	羧	豢	粳	猷	煳	煜	煨	煅	煊	煸	煺	滟	溱	溘	漭	滢
溥	溧	溽	裟	溻	溷	滗	滫	溴	滏	滃	滦	溏	滂	滓	溟	滪	愫
慑	慊	鲎	骞	窦	窠	窣	裱	褚	裨	裾	裰	禊	谩	谪	媾	嫫	媲
嫒	嫔	媸	缙	缜	缛	辔	骝	缟	缡	缢	缣	骟	耥	璈	瑶	瑭	獒
觏	慝	嫠	韬	叆	髦	摽	墁	撂	摞	撄	翥	踅	摭	墉	墒	榖	綦
蔫	蔷	靺	靼	鞅	靿	甍	蔸	蔟	蔺	戬	蕖	蔻	蓿	斡	鹕	蓼	榛
榧	榻	榫	榭	槔	榱	槁	槟	槠	榷	僰	酽	酶	酹	厮	碡	碴	碣
碲	磋	臧	豨	殡	霆	霁	辕	蜚	裴	翡	龇	龈	睿	䁖	睽	嘞	嘈
嘌	嘁	嘎	暧	暝	踌	踉	蜞	蜥	蜮	蝈	蜴	蜱	蜩	蜷	蜿	螂	蜢
嘘	嘡	鹗	嘣	嘤	嘚	嗾	嘧	罴	罱	幔	嶂	幛	赙	罂	骷	骶	鹘
锲	锴	锶	锷	锸	锵	镁	镂	犒	箐	箦	箧	箍	箸	箬	箅	箪	箔
箜	箢	箓	毓	僖	儆	僳	僭	劁	僮	魃	魆	睾	艋	鄱	膈	膑	鲑
鲔	鲚	鲛	鲟	獐	觫	雒	夤	馑	銮	塾	麽	瘌	瘊	瘘	瘙	廖	韶
旖	膂	阚	鄯	鲞	粿	粼	粽	糁	槊	鹚	熘	熥	潢	漕	滹	漯	漶
潋	潴	漪	漉	漳	漩	澉	潍	慵	搴	窨	寤	綮	谮	褡	褙	褓	褛
褊	谯	谰	谲	暨	屣	鹛	嫣	嫱	嫖	嫦	嫚	嫘	嫡	鼐	翟	瞀	鹜
骠	缥	缦	缧	缨	骢	缪	缫	耦	耧	瑾	璜	璀	璎	璁	璋	璇	奭
髯	髫	撷	撅	赭	撸	鋆	撙	撺	墀	聩	觐	鞑	蕙	鞒	蕈	蕨	蕤
蕞	蕺	瞢	蕃	蕲	赜	槿	樯	槭	樗	樘	樊	槲	醌	醅	靥	魇	餍
磔	磙	霈	辘	龉	龊	觑	瞌	瞋[2]	瞑	嘭	噎	噶	颙	暹	噘[3]	踔	踝

踟 踒 踬 踮 踯 踺 踞 蝽 蝶 蝻 蝰 蝮 螋 蝓 蝣 蝼 噗 嘬
颚 噍 噢 噙 噜 噌 噔 颛 幞 幡 嶙 嶝 骺 骼 骸 镊 镉 镌
镍 镏 镒 镓 镔 稷 箴 篑 篁 篌 篆 牖 儋 徵 磐 虢 鹞 膘
滕 鲠 鲡 鲢 鲣 鲥 鲦 鲩 獗 獠 觯 馓 馔 麾 廛 瘛 瘼 瘢
瘠 齑 羯 羰 𥻗 遴 糌 糍 糅 熜 熵 熠 澍 澌 潸 潦 潲 鋈
潟 潼 潺 憬 憧 寮 窳 谳 褴 褟 褫 谵 熨 屦 嬉 勰 戮 蝥
缬 缮 缯 骣 畿 耩 耨 耪 璞 璟 靛 璠 璘 聱 螯 髻 髭 髹
擀 熹 甏 擞 縠 磬 颞 蕻 鞘 颟 薤 薨 檠 薏 薮 薜 薅 樾
橛 橇 樵 檎 橹 樽 樨 橼 墼 橐 翮 醛 醐 醍 醚 磲 赝 飙
殪 霖 霏 霓 錾 辚 臻 遽 氅 瞟 瞠 瞰 嚄 嚆 噤 暾 蹀 踹
踵 踽 蹉 蹁 螨 蟒 螈 螅 螭 螠 螟 噱 噬 噫 噻 噼 罹 圜
锗 镖 镗 镘 镚 镛 镝 镞 镠 氇 氆 憩 穑 篝 篥 篦 篪 篙
盥 劓 翱 魉 魈 徼 歙 膳 膦 膙 鲮 鲱 鲲 鲳 鲴 鲵 鲷 鲻
獴 獭 獬 邂 鹧 廨 赟 瘰 廪 瘿 瘵 瘴 癃 瘳 斓 麇 麈 嬴
壅 羲 糗 瞥 甑 燎 燠 燔 燧 濑 濉 潞 澧 澹 澥 澶 濂 褰
寰 窸 褶 禧 嬖 犟 隰 嬗 颡 缱 缲 缳 璨 璩 璐 璪 螫 擤
壕 觳 罄 擢 薹 鞡 鞬 薷 薰 藓 藁 檄 檩 懋 醢 翳 礅 磴
鹩 龋 龌 豳 壑 黻 嚏 嚅 蹑 蹒 蹊 蟥 螬 螵 疃 螳 蟑 嚓
羁 罽 罾 嶷 黜 黝 髁 髀 镡 镢 镣 镦 镧 镩 镪 镫 罅 黏
簌 篾 篼 簖 簋 鼢 黛 儡 鹪 鼾 皤 魍 龠 繇 貘 邈 貔 臌
膻 臆 臃 鲼 鲽 鳀 鳃 鳅 鳇 鳊 螽 燮 鹫 襄 糜 縻 膺 癍
麋 懑 濡 濮 濞 濠 濯 蹇 謇 邃 襁 檗 擘 孺 隳 嬷 蟊 鹬
鍪 鏊 鳌 鬈 鬃 瞽 鞯 鞨 鞫 鞧 鞣 藜 藠 藩 醪 蹙 礓 燹
餮 瞿 曛 颢 曜 躇 蹚[4] 鹭 蟛 蟪 蟠 蟮 鹮 黠 黟 髅 髂 镬
镭 镯 馥 簟 簪 鼬 雠 艟 鳎 鳏 鳐 癞 癔 癜 癖 糨 蹩 鎏
懵 彝 邋 鬏 攉 攒 鞲 鞴 藿 蘧 蘅 麓 醮 醯 酃 霪 霭 霨
黼 嚯 蹰 蹶 蹽 蹼 蹴 蹾 蹿 蠖 蠓 蟾 蠊 黢 髋 髌 镲 籀
籁 齁 魑 艨 鳓 鳔 鳕 鳗 鳙 麒 鏖 羸 㸆 瀚 瀣 瀛 襦 谶
襞 骥 缵 瓒 攘 蘩 蘖 醴 霰 酆 矍 曦 躅 鼍 巉 黩 黥 黪
镳 镴 黧 纂 璺 鼯 臜 鳜 鳝 鳟 獾 孀 骧 瓘 鼙 醺 礴 颦
曩 鳢 癫 麝 夔 爝 灏 禳 鐾 羼 蠡 耱 懿 蘸 鹳 霾 氍 饕
躐 髑 镵 穰 饔 鬻 鬟 趱 攫 攥 颧 躜 鼹 癯 麟 蠲 蠹 躞
衢 鑫 灞 襻 纛 鬣 攮 囔 馕 戆 爨 齉

---

[1]皙：义为人的皮肤白。不再作为“晰”的异体字。

[2]瞋：义为发怒时睁大眼睛。不再作为“嗔”的异体字。

[3]噘：义为噘嘴。不再作为“撅”的异体字。

[4]蹚：义为蹚水，蹚地，读 tāng。不再作为“趟”的异体字。

三级字表

亍	尢	彳	卬	殳	𠙶	毌	邒	戋	圢	氕	伋	仝	冮	氿	汈	氾	忉
宄	𬣙	讱	扞	圲	圫	芏	芃	朳	朸	𨙸	邨	吒	吖	屼	屾	辿	钆
仳	伣	伈	癿	甪	邠	犴	冱	邡	闫	𬇕	汋	䜣	讻	𬣞	孖	𬘓	纩
玒	玓	玘	玚	刬	坜	坉	扽	坋	扺	㧑	毐	芰	芣	苊	苉	芘	芴
芠	芤	杕	杙	杄	杋	杩	尪	尨	轪	𫐄	坒	芈	旴	旵	呙	㕮	岍
𡶴	岠	岜	呇	冏	觃	岙	伾	㑇	伭	佖	伲	佁	飏	狃	闶	汧	汫
𣲘	𣲗	沄	沘	𬇙	汷	汭	沇	忮	忳	忺	𬣡	祃	诇	邲	诎	诐	屃
𫸩	岊	阽	䢺	阼	妧	妘	𨚕	纮	驲	𫘜	纻	𬘘	𫘝	纼	玤	玞	玱
玟	邽	邿	坥	坰	坬	坽	弆	耵	䢼	𦭜	茋	苧	苾	苠	枅	㭎	枘
枍	矼	矻	匼	𬨂	𬀩	𬀪	旿	昇	昄	昒	昈	咉	咇	咍	岵	岽	岨
岞	峂	㟃	囷	𬬩	钐	钔	钖	牥	佴	垈	侁	侹	佸	佺	隹	㑊	侂
佽	侘	郈	舠	郚	郃	攽	肭	肸	肷	狉	狝	饳	忞	於	炌	炆	泙
沺	泂	泜	泃	泇	怊	峃	穸	祋	祊	𫍣	𬣳	𬩽	鸤	弢	弨	陑	陎
𬮱	卺	乸	妭	姈	𫰛	迳	叕	𬳵	驵	𬳶	䌹	驺	𫘨	绋	绐	砉	耔
㛃	玶	珇	珅	𬍛	珋	玹	珌	玿	韨	垚	垯	垙	垲	埏	垍	耇	鿍
垎	垴	垟	垞	挓	垵	垏	拶	荖	荁	荙	荛	茈	茽	荄	茺	𬜬	荓
茳	𦰡	茛	荭	𬂩	柷	柃	柊	枹	栐	柖	郶	剅	𫛭	迺	厖	砆	砑
砄	耏	奓	䶮	轵	轷	轹	轺	昺	𪾢	昽	盷	咡	咺	昳	昣	哒	昤
昫	昡	咥	昪	虷	虸	哃	峘	𡸣	耑	峛	峗	峧	帡	钘	钜	𬬮	𬬱
𬬭	钪	钬	钭	矧	秬	俫	舁	俜	俙	俍	垕	衎	舣	弇	侴	鸧	䏡
胠	胋	𬌗	胇	胣	胐	飐	訇	㡯	庤	疢	炣	炟	𬉼	洭	洘	洓	洿
㳚	泚	浈	浉	洸	洑	𬇹	洈	洚	洺	洨	浐	流	洴	洣	恔	宬	窀
扂	袆	祏	祐	祕	叚	陧	陞	娀	姞	姱	姤	姶	姽	枲	绖	骃	𬘡
𬳽	𫄧	𬘩	彖	骉	恝	珪	珛	珹	琊	玼	珖	𪟝	珽	珦	珫	珒	𬍤
珢	珕	珝	𫭼	埗	垾	垺	埆	垿	埌	埇	莰	茝	𬜯	鄀	莶	莝	䓖
莙	栻	桠	𬂩	桄	梠	栴	梴	栒	酎	酏	𬟁	砵	砠	砫	砬	硁	恧
翃	郪	𨐈	辀	辁	𬨎	剕	赀	哢	晅	晊	唝	哳	哱	冔	晔	晐	晖
畖	蚄	蚆	𫑡	帱	崁	峿	𪨶	崄	帨	崀	赆	𬬸	钷	𬬻	𬬹	𬬿	𬭁
眚	甡	笫	倻	倴	脩	倮	倕	倞	𫢸	倓	倧	衃	虒	舭	舯	舥	瓞

匼 鸰 脎 朓 胲 虒 鱽 狴 猁 狻 眢 𫗦 勍 痄 疰 痃 竘 羖
羓 桊 敉 烠 烔 烶 烻 𬊤 涍 浡 浭 浬 涄 涢 涐 浰 浟 浛
浼 浲 涘 悈 悃 悢 宕 宧 窅 窊 窎 扅 扆 袪 袗 袯 祧
隺 堲 疍 院 陴 烝 砮 娟 哿 狆 翂 剟 绨 绤 骍 绽 翚 琎
琣 珵 琄 琈 琀 珺 掭 埁 堐 埼 掎 埫 堌 晢 𫮃 掞 埪 壸
掇 聍 菝 菶 菥 莿 萕 勚 菫 萆 菂 菍 菼 萣 菪 菉 菡 梼
梽 桲 梾 桯 梣 梌 桹 敔 厣 硔 𬒈 硙 硚 硊 硍 勔 䴕 龁
逴 唪 啫 翈 眼 晙 時 𪨶 趼 跂 蛃 蚲 𬟽 蚺 啴 䎃 崧 崟
崞 崒 崌 崡 铏 𫓯 𫓹 铕 𫟲 铖 铘 铚 铞 铦 铴 牻 牿 稆
笱 笯 偰 偡 鸺 偭 偲 偁 眺 鄅 偓 徛 衒 舳 舲 鸼 悆 鄃
瓻 貀 脶 脞 脬 脿 鲃 猇 猊 猄 觖 庣 庱 庼 庳 痓 鸿 竫
堃 阌 瓶 羕 焆 烺 焌 淏 淟 淜 淴 淯 湴 涴 塈 悛 惛 惔
悰 惙 寁 逭 𬤊 𫍣 袼 裈 祲 𬤇 谀 谞 艳 弸 弶 隤 隃 婞
娵 婼 婰 媔 婍 婌 婫 婤 婘 婠 𬘬 𫄨 𬴂 𬴃 绹 𬘯 𬘱 骕
琭 絜 珷 琲 琡 琟 琔 琭 堾 堼 揕 㙟 𡑍 喆 堨 塅 堠 絷
塿 堬 葜 惎 萳 葙 靬 葴 蒇 萺 鄚 蒉 蓇 萩 葂 葰 葎 鄐
蒎 葖 蒄 萹 棤 棽 棫 椓 椑 桢 鹀 椆 棓 棬 棪 椀 楗 鹁
甦 酦 觌 冪 硒 硪 欹 詟 𫐐 辌 棐 断 龂 黹 牚 睎 晫 晪
睒 跔 蛑 畯 罦 喤 尌 嵁 嵽 崾 崴 崿 嵚 翙 𫖯 圌 圐 罽
淼 赒 铼 铹 锹 𬬻 铽 锏 锊 锍 锎 铉 锓 犇 颋 稌 筌 筘
笃 筥 筅 傣 傉 翛 傒 傕 舾 畬 𬱖 脿 腘 䐃 腙 腒 颔 鲃
猰 鸷 猯 猵 𫗴 凓[1] 鄗 廞 廋 廆 鄌 粢 遆 旐 阃 焞 焯 欻
渍 渃 渫 湝 湋 湓 湆 渟 溠 渼 溇 湣 湑 溞 愐 愃 敩 甯
棨 扊 裣 祼 婻 嫖 媞 㛐 媓 媂 媄 毵 矞 𬳿 𫘨 缊 缐 骙
瑃 瑓 瑅 瑆 䴖 瑖 瑝 瑔 瑀 𤧛 瑳 瑂 嶅 瑑 遘 髢 塥 堽
赪 摛 塝 搒 搌 蒱 蒨 蓏 蔀 蒴 蓂 蒻 蓣 椹 楪 楂 榅 楒
楞 楩 榇 椸 楙 歅 𬪩 碃 碏 硝 碈 䃅 硿 鄠 辒 𬨎 𫐓 韶
胔 鄞 暕 鹛 噁[2] 曼 晅 跱 蜐 蜎 嵲 赗 骱 锖 𫓧 锘 锳 锧
锪 𬭚 锫 锬 铍 稑 稙 䅟 箦 筻 筫 筶 筦 筤 傺 鹎 僇 艅
艉 谼 貆 腽 腨 腯 鲉 鲊 鲌 𬶋 𬶍 𬶏 鲏 雊 猺 飔 觟 膢
馌 裛 廒 瘀 瘅 鄘 鹒 鄜 麀 鄣 阘 阒 煁 煃 煴 煋 煟 煓
滠 溍 溹 滆 滉 溦 溵 溯 滶 溶 滏 愭 慥 慆 塱 襀 裼 裡
禔 禘 褖 谫 鹔 𬱟 愍 嫄 媱 戡 勠[3] 戣 𫘪 𫘬 缞 耤 瑧 璃
瑨 瑱 瑷 瑢 斠 摏 墕 勘 墐 𪣻 摴 鋈 墉 墚 撖 墋 靽 鞁
蔌 蔈 蓰 蔹 蔊 蕸 榰 榑 槚 𣗋 槜 榍 疐 鹝 酺 酾 酲 酴

碶 碐 磃 碨 [illegible] 碹 碥 劂 蝔 鹍 黟 瞍 鹖 㬎 跽 蜾 幖 嶍
圙 鎝 锺 锼 锽 鍭 锾 鍄 镃 镄 镅 馝 鹙 [illegible] 箖 劄 僬 僦
僔 僎 槃 [illegible] 鲒 鲕 鲺 鲖 鲗 鲘 鲙 鮡 鮠 鮟 夐 獍 飗 鹫
澌 廑 廙 瘗 瘥 瘕 [illegible] 鄯 熇 潙 滶 潆 溇 潩 漼 漴 [illegible] 漈
漋 漻 慬 窬 窭 㮚 [illegible] 褕 禛 禚 隩 嫕 嫭 嫜 嫪 缜 瑦 [illegible]
璆 漦 [illegible] 墣 墦 墡 劐 薁 蕰 蔃 [illegible] 槱 鹝 磏 磉 殣 慭 霅
暵 暲 暶 踦 踣 䗖 蝘 蝲 蝤 噇 噂 噀 罶 嶲 嶓 [illegible] 嶟 嶒
镆 镈 镋 镎 鎓 镕 稹 儇 皞 皛 鹧 艎 艏 鹟 鮸 鲦 鲳 鲬
獉 [illegible] 鹠 鹡 糇 糈 翦 鹢 鹣 熛 潖 潵 [illegible] 澂 澛 墪 潽 潾
潏 憭 憕 骞 戭 褫 褶 譞 嫽 遹 驎 璥 璲 璒 憙 擐 鄹 薳
鞔 黇 𬞟 蕗 薢 蕹 橞 橑 橦 醑 觱 磡 磳 磜 豮 [illegible] 齮 [illegible]
鹾 [illegible] 嘻 墨 曈 噉 蹅 踶 蝽 螗 嘐 曚 幪 巘 巉 [illegible] 鐄 镦
馞 穄 篚 篯 簉 鼽 衠 盦 螣 縢 鲭 鲯 鲰 [illegible] 鲹 饘 弹 癀
瘭 鷔 獂 糒 燋 熻 燊 燚 燏 濩 濋 澪 澽 澴 澭 澼 憷 憺
懔 黉 嬛 鹨 翯 繶 璱 瑊 璬 璮 髽 擿 薿 薸 檑 櫆 檞 醨
繄 磹 磻 瞫 瞵 蹐 蟏 𫫇 [illegible] 镤 镖 鐇 镥 镨 鏻 鐏 鐩 鐍
熷 穙 穜 穟 簕 簃 簏 儦 魋 斶 艚 鹆 谿 䲠 鯻 鲾 鰊 鲿
鳁 鳂 鳈 鮥 獯 盧 馘 襕 襚 鬶 [illegible] 甓 嬬 嬥 繻 缥 瓀 鼇
鹜 爇 鞳 鞮 虉 藟 藦 藨 鹲 檫 麃 礞 礌 礤 蹢 蹜 蟫 [illegible]
嚚 髃 镮 镱 酂 馧 簠 簝 簰 鼫 鼩 皦 臑 臜 鳑 鳒 鹱 鹯
癗 翿 旞 翷 [illegible] 翮 瀔 瀍 瀌 襜 鹘 缳 嚭 檬 觳 醭 蹯 蠋
翾 鳌 儳 儴 [illegible] 鰶 鱇 [illegible] 鳛 麑 麖 羸 擭 嬿 鬒 蘘 欂 醵
颥 甗 酅 巇 酆 髎 犨 鱚 鐾 㸌 爔 灟 瀹 瀼 瀵 襫 孅 骦
纕 耰 瓔 瓖 鬘 趯 齼 罍 鼱 鳠 鳡 鳣 爟 爚 灈 韂 蘗 蘼
礵 鹴 躔 皭 龢 鳢 亹 籥 鼷 鱲 玃 醾 齇 觿 蠼

---

[1] 凓：义为寒冷。不再作为“栗”的异体字。

[2] 噁：化学名词用字，读 è，如“二噁英”等。

[3] 勠：义为合力、齐力。不再作为“戮”的异体字。

4. 广州话特殊字表

本表主要包括四类字：

一、广州话常用的方言字；

二、借来表示广州话特殊音义的字；

三、某些在现代广州话方言词中仍在使用的古字；

四、因有音无字而新造的字。

每个字均注明广州话用作方言字时的语音，语音后面是该字的常用意义。加㊀表示后面的音为又读。异体字加[ ]号标明。以部首分类，每类按一、丨、丿、丶、乛起笔次序排列。

一 部

夫 fu¹ 量词。块，丘（用于田地）。

正 zéng³，㊁ jing³ ❶形容词。正宗的，真正的，地道的。❷形容词。好，美。❸副词。（什么时候）才。

亚 a³ 词头。用于亲属称谓之前，朋友、熟人之间，谑称身体有胖、瘦、高、矮等特征或有某些残疾的人（不尊敬的称呼），称呼愚蠢、无能或好吃懒做的人，亦泛指任何人。

夹 gab³ 名词。裉（衣服腋下前后相连的部分）。

甫 pou¹ 【甫士】姿势。〖英语 pose 的音译。〗

甫 pou² 名词。广州地名用字。

甫 pou³ 量词。十里为一甫。

歪 wai¹，㊂ mé² 形容词。不正，歪斜。

昼 zeo³ 名词词素。白天，与"夜"相对，一般不单用。【晏昼】中午；也指下午。

𪚩[项] hong⁶⁻² 【鸡𪚩】未生蛋的小母鸡。

𪚥[春] cên¹ 名称。蛋，卵，一般不独用，常与某些动物名称构成合词。

𣍯 méng⁴ 副词。还没有，未曾。

丨 部

甲 gad⁶，㊀ ged⁶ 【甲由】蟑螂。【甲由屎】蟑螂屎，代指雀斑。

申 sen¹ 动词。折合。

曳 yei⁵ ❶形容词。差、劣、次。❷形容词。淘气。

串 qun³ ❶动词。拼写拉丁文单词。❷形容词。嚣张，傲慢。❸形容词。指女子打扮得离奇古怪。

畅 cêng³ 动词。破开（把大钞票破成零钱）。

丿 部

重[仲] zong[6] ❶副词。还。❷副词。更加。❸而且还。

乛 部

乜 med[1]，ⓧ mé[1] ❶代词。什么。❷代词。怎么，为什么。❸词素。【乜滞】助词。用在否定词和动词或形容词之后，有"(不)怎么""(没有)什么""几乎(没有)"等意思。

氹[凼、窞] tém[5] 名词。坑。

𢆡 nin[1] ❶名词。乳房。❷名词。奶，乳汁。

十 部

丧 song[3] ❶形容词。(心)野，(心)散。❷形容词。不正经，疯疯癫癫的样子。

厂 部

厣 yim[2] 名词。较小的遮盖物。

𠪾 yim[2] 名词。痂。

擪 yib[3] ❶动词。掖。❷动词。撸起，卷起。

匚 部

匿 nig[1] 动词。躲藏。

卜 部

卜 bug[1] 动词。预定。〖英语 book 的音译。〗

占 jim[1] ❶名词。果酱。❷名词。占米(包括粳米、籼米)，黏性较小的米。

卓 cêg[3] 形容词。见机行事，机灵，精明(带贬义)。

冂 部

冇 mou[5] ❶动词。没，没有。❷副词。没，没有。❸副词。不。

甩 led[1] ❶动词。脱落，掉。❷动词。脱离。❸组成"笔甩"作形容词的词尾。❹词素。【麻甩佬】缺德鬼，喜欢挑逗、调戏妇女的男人(带贬义)。

人 部

企[❷❸徛] kéi[5] ❶动词。站。❷形容词。直立。❸形容词。陡，斜度大。❹名词。家。

【企理】1. 整齐而清洁。2. 品质好。3. 做事认真效果好。

翕[䀹] yeb[1] 动词。眨。

亻 部

仙 xin[1] 名词。铜圆，铜子儿。〖英语 cent 的音译。〗

仔 zei[2] ❶名词。儿子。❷名词。小

孩。❸用在某些名词之后，表示细小或爱称。❹名词。指具有某些特征或从事某种职业的年轻人。❺用在地名之后，指某个地方的人（有贬义）。❻用在某些名词或动词后面，表示某些特定的人群或个体。❼用在某些形容词后面，仍起形容词的作用，多用于年轻人。

伏 bug6，㊦fug6 ❶动词。趴，俯伏。❷动词。藏，匿。

优 yeo1 动词。提（裤子、鞋）。

佢［渠、倮］ kêu5 ❶代词。表示第三人称，他，她。❷代词。在祈使句里放在句末，有命令的作用。

㑶［饥］ fan2 动词。玩耍。

仰 yêng5，㊥ngong5 动词。脸朝上，仰着。

伙 fo2 ❶名词。家，居所。❷量词。家，户。

佗 to4 ❶动词。负荷，背。❷动词。牵累，拖累。❸动词。怀孕。

佬 男人的俗称（多带轻蔑的语气）。

佮 teb1 形容词词素。【佮佮掂】妥妥当当，有条不紊。

㑮［肾］ sen5 ❶形容词。艮。指芋头、莲藕等含淀粉较多的东西，煮熟后硬而滑，不面的性质。❷形容词。比喻人呆板，不机灵。

侵［掺］ cem1 ❶动词。添、加、续。❷动词。让……参加。

侄 ngai1 形容词。客家的。

倾 king1 动词。谈，聊。

倔［屈］ gued6 ❶形容词。秃；钝。❷形容词。形容人态度生硬，言辞粗鲁，拗，强。❸动词。瞪。

偈 gei2 名词。话语。

㑄［伍］ wu3 动词。俯下。

偋 béng3 ❶动词。收藏。❷动词。收拾。

㑩 dab3 【有㑩僆】形容做事不正经、不经心、随意、马虎。

傢 ga1 【傢俬】家具。

储 cou5 动词。积蓄，攒。

入 部

氽 ten2 动词。翻转（里外翻过来）。

勹 部

匀 wen4 ❶形容词。全，遍。❷量词。次，回。

儿 部

兜 deo1 ❶名词。喂鸡狗等用的器皿。❷名词。盛饭菜的大搪瓷碗。❸动词。捧，掬。❹动词。从底下托起。❺动词。朝着，对着。❻动词。用锅铲翻动锅里的菜。❼动词。绕路，拐。

【兜搭】理睬，招揽、招惹。

【兜踎】寒酸，寒碜。

亠 部

衰 sêu1 ❶形容词。坏的，差的，次的。❷形容词。缺德，讨厌。❸形容词。下贱。❹形容词。倒霉，糟糕。❺形容词。居下风，落后；

失败。

壅 ngung[1]，㊇ yung[1] ❶动词。埋。❷动词。培土。❸动词。施肥，一般指施粪肥或土肥。

冫 部

冷 lang[1] ❶名词。毛线。❷名词。圈儿。〖英语 round 的音译。〗

凑 ceo[3] ❶动词。照料，带(婴儿或小孩)。❷连词或介词。和，跟，与。❸与"黎"连用，有决定、处理、做的意思。❹形容词词素。碰，赶。【凑啱】恰巧，刚好。

凛 lem[5] ❶动词。沾。❷词素。【凛抌】接连不断地，陆陆续续地。

冖 部

冚 hem[6] ❶形容词。严密，严实。❷副词。相当于普通话的全部、统统、总共。【冚唪呤】全部、统统。【冚家铲】骂人的话，全家死光的意思。

冧 lem[1] ❶动词。收拢，垂下。❷名词。花蕾、花骨朵。❸动词。哄，用好话说(多用于小孩)。❹译音用字。❺词素。❻突宝盖。

【冧巴】号码；编号；门牌。

【希冧冧】稀溜溜。

冤 yun[1] ❶形容词。腐臭。❷形容词。形容人晦气、憋屈、愁苦的样子。

刂 部

刬[剷] pei[1] 动词。削。

刮 ged[1] 动词。刺、扎。

制 zei[3] ❶动词。愿意。❷动词。限制。

剂 log[1] 动词。拔硬物。

削 sêg[3] ❶形容词。(肌肉)松弛，不结实。❷形容词。(织物)薄，松软。❸形容词。稀，稀软。

剒 cog[3] ❶动词。扽(突然用力拉)。❷动词。引申作套了出来 。

蒯 kuai[4] ❶形容词。顽皮，不听教导。❷形容词。不整洁。

劏 tong[1] ❶动词。宰杀。❷动词。剖开，切开，分解。

劚 lég[6] 动词。用刀划开，不割断。

劖[搀] cam[5] 动词。扎(刺)；剐。

⺈ 部

争 zeng[1] ❶动词。差，缺，短。❷动词。欠。❸动词。相差，差距。❹动词。偏袒，袒护，向着。

赖 lai[6] ❶动词。落，遗下，丢失。❷动词。大小便失禁。

力 部

努 nou[5] 动词。憋着气用力。

又 部

鸡 gei[1] ❶名词。哨子。❷名词。扳机。❸名词。植物长在节上的芽。❹名词。妓女。❺词素。所组的词带诙谐意味。【小学鸡】戏指小学生。

土部

地 déi$^{6-2}$ 助词。用在叠音形容词的后面，表示轻微、稍微等意思。

坜 lég^{6} ❶名词。畦。❷量词。畦。

坎 hem^{2} ❶名词。坑穴。❷动词。臼。❸量词。1. 臼(用于臼所舂的米)。2. 门(用于大炮)。

坑 hang^{1} 名词。沟。

坺 pad^{6} ❶量词。摊，堆，用于软烂的东西。❷象声词。软物落地声。

坼[㱿] cag^{3} ❶动词。破裂，皲，裂开。❷形容词。(嗓子)破，沙哑。

埗 bou^{6} ❶名词。码头。❷名词。借指目的地。

埕 qing^{4} 名词。坛子。

埋 mai^{4} ❶动词。1. 靠近。2. 进入，落座。3. 闭，合。4. 组合，聚合。5. 结算，结账。❷放在动词后面作补语。1. 表示趋向。2. 表示变为某种状态。3. 表示范围扩充。4. 表示全部，尽是、净、老是。❸形容词。1. 近，靠里。2. 合得来，相投合。3. 合拢，黏合。4. 准。❹方位词。里，内。

埲 bung^{6} 量词。堵(用于墙)。

埠 feo^{6} ❶名词。港口，引申为城市(多指外国的)。❷名词。堆栈。

埞 déng^{6} 名词。地方，地儿。

堑 qim^{3} 名词。河沟。

堕 do^{6} 动词。坠，多指平放的东西部分往下垂。

塔 tab^{3} ❶名词。锁(多指旧式的铜锁)。❷(又音 tab$^{3-2}$)动词。用锁锁上。❸名词。套。❹名词。一种底宽口小的坛子。❺名词。马桶，“屎塔”的简称。

塳 pung^{1} ❶动词。蒙上(尘土)。❷动词。(尘土)呛人。

塘 tong^{4} 【塘蜫】1. 蜻蜓。2. 无篷小船。

士部

壳 hog^{3} ❶名词。勺子，瓢。❷量词。勺，瓢。

艹部

芒 mong^{1} ❶形容词。正在发育的(包括人和家禽、家畜)。❷形容词。差劲的，规模小的，力量弱的。

芙 fu^{4} 【芙胵】(芙翅)鸡鸭鹅的胗肝。

茂 meo^{6} ❶形容词。谬误，荒谬。❷名词。傻瓜。

莺 niu^{3} 蔫(瓜果等因干枯而表皮萎缩)。

茄 ké^{1} 【茄喱啡】指无关紧要的角色。

茳 kuang^{2} ❶名词。草本植物的秆子。❷名词。菜茎；菜帮。

荐 jin^{6} 动词。垫。

荚 hab^{3}，㊀ gab^{3} ❶名词。菜帮。❷量词。用于菜叶。

蒡 kung^{1} ❶量词。嘟噜。❷量词。包。

菢[哺] bou^{6} 动词。孵。

蒲 pou^{4} 动词。浮，漂浮。比喻在社会上闯荡、胡混。

蔸 deo^{1} ❶量词。棵，用于幼小的植物。❷量词。丛，用于成丛的植株。❸量词。条，用于长条形的动物或所鄙视的人。

蔼 oi², ⊗ngoi² 动词。哄婴儿入睡。

蕻 gêng² 名词。植物的根，包括主根和须根。

蓮 yün⁵ 名词。植物的嫩茎。

薯 xu⁴ 形容词。愚笨。

藐 miu² 动词。抿嘴，撇嘴(表示轻蔑)。

寸 部

寿 seo⁶ 名词。傻笨。

大 部

奀 ngen¹ ❶形容词。瘦小，弱小。❷形容词。(东西、钱)少。

奅 peo³ ❶形容词。松软，泡。❷形容词。糠心(多指萝卜因失去水分而中空)。❸形容词。不坚硬，不结实。❹形容词。引申指靠不住的、无信用的。

契 kei³ ❶动词。亲。❷动词。认干亲。❸骂人的话。

耷[耷] deb¹ 动词。向下垂。

奓 sa³ ❶动词。张开，挓挲。❷形容词。张开的样子。

爽 song² ❶形容词。脆。❷形容词。软滑，轻松利落。❸量词。段，截(用于甘蔗)。

口 部

叻 lég¹ 形容词。聪明，能干。

叹 tan³ ❶动词。享受；休息。❷形容词。享福；舒服。

吺 nai³ 动词。附带，拖带。

吖 a¹ ❶语气词。表示同意或退让。❷语气词。表示追问或疑问。❸语气词。表示申辩。❹语气词。表示教训或追问。

吔 ya² 【威吔】钢丝。

吔 ya⁴ 词素。【吔吔乌】最差的。

呔 tai¹ 名词。轮胎，车带。〖英语 tyre 的音译。普通话用"胎"。〗

呃[㕎] ngag¹, ⊗ngeg¹ 动词。骗，欺骗。

咋 cé¹ 一般单独放在句首。1. 表不满。2. 表反对。3. 表斥责。4. 表不屑。

吽 ngeo⁶ 形容词。蠢笨，迟钝。

吪 hé² 叹词。要求对方同意或回答。

听 ting¹ 表示时间的词素，相当于"明天""次日"。

听 ting³ 动词。等着，听候(不好的事情发生)。

哎 men³ ❶形容词。时间、空间上靠近边缘。❷形容词。引申指办事资金、材料、时间等紧张，几乎不够。❸形容词。极点，尽。

吠 dem⁴ ❶形容词。❷词素。【圆吠哚】形容球状东西很圆，圆溜溜。

呎 cég¹ 动词。检查，核查，复核。〖英语 check 的音译。〗

吼 heo¹ ❶动词。盯住，看住。❷动词。注意。❸动词。看，张望。❹动词。看上，想要。❺动词。等待(时机)。❻动词。追求(异性)。

咁 gem³ ❶指示代词。相当于普通话的"这么""这样"。❷助词。用在某些词或词组的后面，共同作后面的动词的状语。

叮 da^{3}　【啲叮】唢呐。

咕 gu^{1}　【咕咕】戏称小男孩的生殖器。【咕哩】苦力(旧时对搬运工人不尊敬的称呼)。〖英语 coolie 的音译。〗

咕 gu^{4}　【咕咕声】1. 咕咕响(肠鸣的声音)。2. 形容人因不满而发牢骚。

咗 zo^{2}　用在动词后面表示动作已经完成，相当于普通话的"了"。

呻 sen^{3}，(读)sen^{1}　❶动词。呻吟。❷动词。叹，慨叹。❸动词。诉苦。

呥 yem^{1}　逗引小儿进食的用语。

咋 za^{3}，(又)za^{4}　语气词。表仅仅如此。

𠯋 seng^{4}　重叠后作某些词的词尾。【懵𠯋𠯋】形容人十分糊涂。

呴 gê^{1}　动词。嘟(嘴)，噘(嘴)。

咇 bid^{1}　动词。液体因受挤压而喷射，北京话叫"吱"(zī)。

呢 ni^{1}　❶指示代词。这。❷词素。【呢嗱】语气词。相当于"欸"。

𠯠 ded^{1}　❶动词。随意放置。❷动词。引申指乱坐或重重地坐下。❸动词。堵塞，阻挡，盖着。❹动词。噎，用言词顶撞。❺指示代词。比较粗俗的说法。❻作形容词词尾。【肥𠯠𠯠】胖嘟嘟，胖墩墩。

𠱃 nib^{1}　形容词。瘪。

咈 fid^{1}　词素。有花哨、轻浮意思。【花花咈】轻浮、轻佻的样子。

咭 ged^{1}　❶名词。球队后卫。❷转作动词，指紧盯着。

咭 ked^{1}　名词。卡片。

哋 déi^{6}　❶人称代词复数词尾。❷用在人名或亲属称谓之后，表示某某人等的意思，是"佢哋"的省说。❸【爹哋】爸爸。〖英语 daddy 的音译。〗

哄 hung^{6}　❶名词。水锈、汗碱等痕迹。❷名词。日晕，月晕。❸动词。围拢，团聚。

哑 a^{2}，(又)nga^{2}　形容词。形容颜色暗淡，无光泽。

咧 lé^{4}　❶语气词。1. 表示商量。2. 表示轻度的责备。❷词素。【咧啡】衣冠不整，吊儿郎当。【骑咧】1. 人的服饰或姿态奇形怪状。2. 别扭，尴尬。

咧 lé^{5}　❶语气词。表示肯定或申辩。❷语气词。表示不出所料。

哕 yud^{6}　❶名词。饱嗝。❷象声词。打饱嗝的声音。

响 hêng^{2}　在，从。同"喺"。

嘞 leg^{1}　动词。眼、喉等器官受到外物刺激或发炎所感受的疼痛或不适。【嘞嘁】1. 凹凸不平。2. 不顺畅。

哆 dê^{1}　形容词。"多"的变音，表示少。

咳 ked^{1}　动词。使中断，删节。

咩 mé^{1}　语气词。表示疑问的语气，接近于普通话的"吗"。

咪 mi^{1}，(又)méi^{1}　【咪妈烂臭】形容人满嘴粗言秽语，不堪入耳。【咪嚤】做事慢，磨蹭。

咪 mei^{1}　❶名词。话筒，麦克风。❷动词。(用指甲)掐。❸动词。用小刀切割，削，刻。❹动词。啃书本，钻研。❺动词。转指用功，勤奋。

咪 mei^{5}　副词。别，不要。

咪 mei^{6}　"唔系"的合音，相当于不是、不就等意思。

唛 meg¹ ❶名词。商标。〖英语 mark 的音译。〗❷名词。玄孙（曾孙的儿子，孙子的孙子）。❸名词。空罐头盒。〖英语 mug 的音译。〗❹量词。筒（空罐头盒）。

𠺘 kib¹ ❶动词。盯，守（多为球赛用语）。❷动词。控制。

唞 teo² ❶动词。休息，歇。❷动词。引申指睡觉。

哽［硬］ ngeng²，㊀ geng² ❶动词。堵塞。❷动词。硌。

哽 ngeng³，㊁ geng² 再，更，怎么……也……。

唔 m⁴ ❶副词。不。用在动词、形容词和其他副词前面表示否定。❷副词。不。加在名词或名词性词素前面，构成形容词。❸副词。不。用在动补结构中间，表示不可能达到某种结果。❹副词。不。"唔"字的前后使用相同的词，表示不在乎或不相干（在前面加"乜嘢"）。❺副词。不。跟"就"搭配使用，表示选择。

哨 sao³ 【哨牙】上门牙外露。【哨街猪】戏称喜欢在街上到处溜达的小孩。

喎 wo³ ❶语气词。表商量。❷语气词。表提醒。❸语气词。表醒悟。❹语气词。表肯定，确认。

喎 wo⁵ ❶语气词。表转达。❷语气词。表反诘。❸语气词。表嫌弃。

唋 sê⁴ 动词。从上往下滑。

嗨 mui² 动词。没有牙齿用牙床嚼咬。

唥 lang¹ ❶名词。两幢建筑物之间的狭窄空间。❷名词。潮州的。❸象声词。铃声。

啼 di⁴ 【啼啼震】不停地发抖，直打哆嗦。

啱 wang¹ 动词。黄了，砸锅，失败。

唪 weng⁶ 名词。圈儿。

啩 gua³ ❶语气词。表示对某事有疑问或不十分肯定。❷语气词。表示用不肯定方式提出自己的意见（同时否定对方意见）。

啫 zég¹ 语气词。语气比较委婉，女孩子多用。

啦 la¹ ❶语气词。表请求，使令。❷语气词。表同意，决定。

啦 la⁴ 语气词。表示疑问。

啤 pé¹ ❶量词。对（用于情侣或夫妇）；打桥牌时的搭档或同样的牌。❷扑克牌。

嘟 yug¹ ❶动词。动。❷动词。碰，弄。

啄 dêng¹，㊀ dêg³ ❶动词。禽类取食。❷动词。叮咬。

啄 dêng¹ ❶动词。针对。❷动词。监督，紧盯。❸名词。小尖儿，小勾儿。❹名词。指某些不良行为比较突出的人。

啡 fé⁴ ❶象声词。喷气、漏气声。❷词素。有不整洁、（衣服）不称身的意思。【阔咧啡】（衣服）过于宽大。

啮 ngad⁶ ❶动词。摩擦。❷动词。（睡熟后）磨（牙）。❸动词。啃，蛀，咬。

啯 gueg⁶，㊁ guog⁶ 【硬啯啯】硬邦邦。

唱 cêng³ 动词。贬损；宣扬。

啱 ngam[1] ❶形容词。对，正确。❷形容词。合适，刚好。❸形容词。合意。❹副词。凑巧，碰巧。❺副词。刚，刚刚。❻副词。刚才。❼副词。该是……的时候了。❽合得来。

啰 lo[1] ❶语气词。用于反诘。❷词素。

啰 lo[4] ❶语气词。用在陈述句末，相当于了、啦。❷语气词。喽，吧。❸语气词词素。

喎 wo[4] ❶语气词。表示转达别人的意见。❷语气词。表示惊讶。

喔 og[6] 叹词。表示确认，回答询问时用。

啤 bé[1] ❶名词。一种民间响器，一小截竹子插入薄膜，吹之能响；也有用草叶、树叶或稻茎做的。❷名词。喇叭，汽笛。❸动词。焊接。❹译音用字。

啲 di[1]，㊇did[1] ❶数量词。些，表示不定的数量。❷数量词。极少的量，一点儿，一些。❸放在名词前，前头不加任何成分，表示这些或那些。❹放在形容词后面，表示有变化但不大或相比较略微有差距。

啋 coi[1] 叹词。表斥责或嫌弃。妇女多用。

啖 dam[6] 量词。口。

喧 ngi[4] 【喧喧牙牙】支支吾吾。【喧喧哦哦】支支吾吾。

啷 long[4] ❶象声词。铃铛的响声。❷词素。【发啷戾】突然放肆地发脾气。

啹 gê[4] 动词。甘心，满意。多用于否定句。

啜 jud[3] ❶动词。吸饮，吸食。❷动词。亲吻。

喫 yag[3] 动词。吃。

嗒 dab[1] ❶动词。1. 咂。2. 品味。❷象声词。尝味道或吃糖果等时发出的声音。

喇 la[3] ❶语气词。表提示，用在陈述句，相当于“了”。❷语气词。表催促、叮嘱、使令。

喊 ham[3] 动词。哭。

喝 hod[3] 动词。钢，鐾（把刀在石、缸沿等上面用力摩擦几下，使锋利）。

喺 hei[2] ❶动词。在。❷介词。在，于。

喼 gib[1] ❶箱子（用木或金属制造的除外）。❷底火（子弹或炮弹底部的发火装置）。❸火帽（火枪上的发火器）。❹译音用字。

喽 leo[3]，㊄leo[4] ❶动词。邀约（较随便的，一般是口头的）。❷动词。劝，鼓励。❸词素。【喽口】口吃，结巴。

啯 gud[6] 象声词。喝水声，吞咽声。

嘅 gé[2] ❶语气词。表反诘、疑问。❷语气词。表同意。❸语气词。表肯定。

嘅 gé[3] ❶助词。表示修饰、领属关系的结构助词，相当于普通话的“的”。❷语气词。用在句子末尾，表示决断和肯定的语气，相当于普通话句末的“的”。❸语气词。用在句子末尾，表叙述。

嗱 na[1] ❶连词。和，同，跟。❷动词。粘连；牵连。

㗎 ga[3] ❶语气词。用在陈述句或疑问句里，相当于“的”。❷语气词。

表疑问或反诘(带责备语气)。❸语气词。表教导。

嘞 ga^{4} ❶语气词。表疑问。❷语气词。表反诘。❸语气词。表感叹。

嗫 neg^{1} 【嗫牙】口齿不清。【嗫生】米饭夹生。

嘆 wog^{1} 电压单位伏特的广州话译音。

嘢 ngog^{1} 象声词。形容吃脆的东西的声音。

咯 gag^{3} ❶语气词。表示十分肯定或理所当然。❷语气词。表申辩。

嗰 go^{2} 指示代词。那。

嗱 na^{4} 叹词。1. 指物时用。2. 表示提示。

嗲 dé^{2} ❶动词。撒娇。❷形容词。娇声娇气。❸词素。【嗲嗲吊】形容做事拖沓散漫。

嗲 dé^{4} ❶象声词。连续滴水声。❷象声词。引申指较长时间的说话。

嗌 ai^{3}，㊋ngai^{3} ❶动词。叫，喊。❷动词。骂。

嗍 sog^{3} ❶动词。吮吸，吸。❷吸收。❸喘气，用于"嗍气"一词。

㖭 long^{2} 动词。涮，漱。

嘞 lag^{3} 语气词。与"喇❶"相通。有时肯定的语气会更强些。

㩒 mang^{1} ❶动词。张挂。❷动词。拉。

嘢 yé^{5} ❶名词。物件，东西；货。❷名词。事情，事儿；活儿。❸名词。家伙(指人或物，指人时有贬义)。❹量词。1. 下(比较活用)。2. 指某种容器。

㖫 bud^{1} 象声词。汽车喇叭声。

嗡 ngei^{1} 动词。恳求，央求。

嘥 sai^{1} ❶动词。浪费。❷动词。错过(机会)。❸动词。贬低，损；讽刺，挖苦。

嗻 zé^{1} ❶语气词。表申辩。❷形容词。话多。❸形容词。喋喋不休地责难。

嗻 zé^{4} 象声词。形容挤水声、炝锅声。

噉 gem^{2} ❶指示代词。这样，那样。❷助词。(像)……似的。❸助词。用在象声词、形容词、短语或重叠的数量词后面，作为状语的标志，相当于普通话的"地"或"的"。

㖞 wé^{5} ❶动词。指衣服过于柔软，穿着挺不起来。❷动词。咧开。

㗎 kig^{1} ❶名词。坎儿。❷动词。卡住。

嘭 bang^{4} ❶象声词。枪声。❷象声词。大力打门声；关门声。

㗅 pé^{5} 动词。歪着身子。

噍 zab^{6} 象声词。嚼东西声。

噏 ngeb^{1} 动词。胡说。

噍 ㊟jiu^{6} 动词。嚼。

噃 bo^{3} ❶语气词。表提醒。❷语气词。表劝告。❸语气词。表转告。❹语气词。表赞叹。

嚕 lou^{3} 代词。那。

嚟 lem^{1} 动词。啃，多指啃咬小的东西。

嘩 wag^{1} 形容词。能说会道(有贬意)。

噔 deng^{4} 象声词。脚步声。

嘘 hê^{1}，㊋ê^{1} ❶动词。嘘，起哄。❷动词。引申为喝倒彩。

嘘 hê^{4} 动词。哈气。

𡁵 jid^{1} 动词。胳肢，抓挠别人使发痛。

嘟 düd^{1} 动词。噘嘴。

嚊 bé^{4} ❶助词。用在句中表示停顿(现已少用)。❷助词。用在句末表示勉强或无可奈何。

嘅 ngé[1] ❶象声词。婴儿哭叫声；羊等哀叫声。❷动词。引申作吭声或呼喊。

嚝 guang[4] 【红嚝嚝】红红的（指红得俗气、难看）。

嚊 bei[6] 糟糕。

嚧 cêu[4] 名词。气味，多指不好闻的气味。

嚹 kuag[1] 名词。圈儿，弯儿。

嚹 kuag[3] ❶动词。（用绳子）围。❷动词。绕（路）。❸动词。游逛。

嚫 léng[1] 【嚫嚀】小子，小家伙。【嚫仔】小子，蔑称男青年。

嚡 hai[4] ❶形容词。粗糙。❷形容词。涩。

嚶 mung[3] 形容词。由于闷热等而使人烦躁。

嚂 gém[1] ❶（球赛的）局。❷球赛，输了一局。〖英语 game 的音译。〗

嚟 lei[4]，ⓧ léi[4] ❶动词。来。❷助词。用在动词后面，表示曾经发生什么事情，类似普通话的“来着”。❸放在动词和助词“住”之后，表示后面动作的方式。

嚤 mo[1] 形容词。慢。

嚶 fing[3] 【吊吊嚶】1. 形容悬挂着的东西摇来晃去。2. 形容事情还在挂着，未有结果。

嚟 kéng[4] 名词。缸、盘、碗等的四周边沿。

嚿 geo[6] 量词。相当于普通话的“块”“团”。

嚸 ngeng[4] 【嚸嚸声】1. 呻吟声。2. 不满声。

嚸 déng ❶动词。提防。❷动词。忍让。❸动词。小心。❹形容词。形容缩手缩脚。

囉 lo[1] 名词。小箩，小篮子。

山部

岁 sêu[3] 名词。嗉子，嗉囊。

岌 ngeb[6] 动词。上下弹动，前后摇晃。

崊 lem[6] 名词。丛生的草木。

巉 cam[4] 动词。【巉眼】指（强光）晃眼，刺眼。

巾部

㡗 léi[5] 名词。帆。

彳部

彳 qig[1] 形容词。跛脚走路的样子。

徇 sên[1] 动词。责备，多用于上对下。

衡 heng[4] ❶形容词。（绷）紧。❷形容词。引申为催紧、不放松。❸形容词。鼓胀。❹形容词。转速快。

广部

废 fei[3] ❶形容词。傻，癫。❷形容词。窝囊。

度 dou[6] ❶名词。处所。❷量词。1. 用于门、桥等。2. 用于本领、能耐、功夫等。

度 dog[6] ❶动词。比量，量度。❷动词。策划。

度 dou[6-2] ❶名词。制成一定长度的东西。❷动词。用于数量词之后表示约数，相当于“上下”“左右”“大约”。

【度水】向人借钱，要钱。

㾷 zed¹ 动词。用话语顶撞、指摘、质问，使对方说不出话来。

门 部

闸 zab⁶ ❶名词。栅栏；门。❷名词。限制出入的设施，包括检票口、门岗哨、海关通道等。❸动词。侧倾，倾斜。❹动词。卡住；打住。❺动词。用板等隔开。

闹 nao⁶ 动词。骂。

阉 yim⁶ ❶动词。算计。❷动词。宰（客）。

阒 kuig¹ 【阒嚹】1. 象声词。物件碰撞的声音；穿木板鞋走硬路的声音等。2. 代词。各种各样的，杂七杂八的。

宀 部

定 ding⁶ ❶形容词。平稳。❷形容词。镇定。❸形容词。放心。❹形容词。静止不动。❺连词。又说“定系”。1. 还是，用在问句里，表示请对方二者选其一。2. 或者，用在陈述句里，表示二者选其一。❻助词。用在动词之后，表示动作进行的程度。1. 预先准备。2. 妥当，好。

定 ㊇ding⁶，㊅déng⁶ 名词。预告，约妥。

宛 yun⁵ 名词。秤盘的重量。

宿 sug¹ ❶形容词。馊。❷形容词。酸臭，一般指汗臭。

辶 部

边 bin¹ ❶疑问代词。哪。❷疑问代词。哪里，哪儿。

迫 bag¹ ❶用于“逼迫”一词。❷词素。

迫 big¹ ❶动词。挤。❷形容词。拥挤。❸形容词。（空间）狭小；（时间）紧迫。

迾 lad⁶ 量词。排，行，列。

迹 jig¹ 名词。蓝图，设计图。

透 teo³ 动词。呼吸。

递 dei⁶ 动词。举起、抬起。

遮 zé¹ 名词。伞。

⺕ 部

寻 cem⁴ 词素。昨。

尸 部

屌 ké¹ ❶名词。屎的俗称。❷形容词。劣，差，次（低俗的说法）。❸比较低俗的口头禅。没有实际的词汇意义，但带有不满、轻蔑的感情色彩。女性多用。

屎 xi² ❶形容词。差劲，水准低。❷名词。烧剩的渣子。

屘 méi¹ 名词。末尾，后。

屙 o¹，㊇ngo¹ ❶动词。排泄大小便等。❷动词。腹泻，拉稀，拉肚子。

子 部

孖 ma¹ ❶形容词。孪生的。❷形容词。成双的，连在一起的。❸动词。连带，合伙。❹量词。用于成双成对又连在一起的东西。❺词素。【孖展】商人。【黑孖孖】黑咕噜咚，黑漆漆。

孭 mé¹ ❶动词。背。❷动词。挎。❸动词。承担，担当(责任)(贬义)。

孻 lai¹ ❶序数词。排行末尾。❷形容词。最后的，最小的。

女 部

姣 hao⁴ 形容词。骚，浪，淫荡(仅用于女性)。

婄 beo⁶ 【瘘婄】臃肿。

嫋 niu¹ 形容词。纤细，纤长。

嫲 ma⁴ 名词。祖母。

嬻 zan² ❶形容词。好，美好，妙。❷形容词。妥当。❸形容词。惬意，有意思。

飞 部

飞 féi¹ ❶名词。票。〖英语 face 的音译。〗❷形容词。指人既精明又厉害，不好对付(含贬义)。❸动词。把东西的边缘去掉一部分。【飞发】理发。

马 部

驳 bog³ ❶动词。辩驳，反驳。❷动词。接，连接，接续。❸动词。套(一种私人间的汇兑)。❹动词。接枝(一种无性的繁殖果木方法)。❺量词。一段时间，一般指若干天。

骚 sou¹ ❶动词。理睬。❷名词。表演，秀。

骝 leo¹ 【马骝】俗称猴子。

巛 部

巢 cao⁴ ❶形容词。皱。❷动词。蔫(多指植物)。

王 部

玷 dim³ 动词。轻轻触碰、摸。

琴 kem⁴ 名词。昨天。【琴晚】昨晚，昨夜。

琼 king⁴ ❶动词。凝结。❷动词。澄清(水等)。

韦 部

韫 wed³ ❶动词。圈(牲畜、家禽)。❷动词。关，监禁。

木 部

朴 pog³ ❶名词。袼褙(用糨糊黏成的厚布块)。❷名词。多层的厚纸。❸名词。禽类的骨架。

杠 gong³ ❶名词。杠子，较粗的棍子。❷名词。指某些恶习较深的人。

杜 dou⁶ 动词。毒杀(隐藏着的鱼、害虫等)。

杬 lam$^{5-2}$ ❶名词。橄榄。❷名词。像橄榄的东西。

枧 gan^{2} 名词。肥皂。

枨 cang^{4} 【枨鸡】泼野。多指妇女。

板 ban^{2} 名词。样板。

松 sung^{1} 动词。溜走(诙谐的说法)。

杰 gid^{6} ❶形容词。稠。❷形容词。糟糕，全都，非同小可。

枕 zem^{2} ❶名词。茧子。❷名词。罩子。

枕 zem^{3} 动词。把头放在枕头上。

枳 zed^{1} ❶动词。放。❷动词。塞进。❸名词。塞子。

档 dong^{3} ❶名词。小摊儿。❷量词。摊(多用于所卖的东西)。

桥 kiu^{4} 名词。主意。

梗 geng^{2} ❶形容词。(机件转动)不灵活。❷形容词。固定的，定死的。❸副词。当然。❹副词。一定，准。

棱 leng^{5} 名词。条状凸起的伤痕。

棹 zao^{6} ❶名词。长的桨。❷动词。摇(桨)，划(船)。

【棹忌】1. 忌讳。2. 糟糕，倒霉，麻烦。

椗 ding^{3} ❶名词。蒂，柄。❷动词。悬挂。❸动词。提。

楷 kai^{2} 量词。用于柚子、柑橘瓣儿。

椖 péng^{1} ❶名词。椅子靠背。❷名词。床头挡板。

槓 lung^{5} 名词。箱笼，盛衣物用的大箱子。

樖 po^{1} ❶量词。棵，株。❷棵儿。

橛 güd^{6} 量词。段，截。

橹 lou^{5} 名词。秤毫，杆秤上手提的部分，多用绳子或皮条制成。

櫼 jim^{1} 动词。打入楔子，插入。

犭 部

犮 keb^{6} 动词。狗吃东西，转指狗咬人。

猎 lib^{6} 动词。捋。

歹 部

殀 lai^{4} ❶形容词词素。【殀𠝹】不整齐，衣服不合身。❷重叠后作某些形容词的词尾，以加强语气。【长殀殀】长长的(长得过分)。

车 部

车 cé^{1} ❶动词。轧，碾。❷动词。用车载物运输。❸名词。缝纫机。❹动词。用缝纫机缝制。❺动词。吹嘘，闲扯。❻动词。旋转。❼动词。投掷(较大的物件)。❽动词。用水车提水灌溉。❾名词。机器。

軚 tai^{5} 名词。汽车方向盘。

𨋢 lib^{1} 电梯。

辒 wén^{1} 【辒仔】中型旅行车。

辘 lug^{1} ❶名词。轮子。❷名词。轱辘。

戈 部

戌 sêd^{1} ❶名词。门闩，插销。❷动词。闩。

咸 ham^{4} ❶形容词。指衣服或身体脏，尤指汗味浓。❷形容词。下流的，色情的，淫秽的。“咸湿”的省说。❸形容词。有关国外的、境外的。❹形容词。指与海水有关的事物。

戙 dung⁶ ❶动词。蹾。❷量词。摞。❸动词。竖，立。

戥 deng⁶ ❶动词。使平衡。❷动词。助(兴)。❸副词。替，为(多表示与别人在情感上一致)。

瓦 部

瓯 ngeo¹ 名词。小碗，一般指非陶瓷材质的碗。

攵 部

敛 lim⁵⁻² 动词。舔。

日 部

曷 hod³ 【腥曷】(腥鶡)腥臭味儿。

晒 sai³ ❶助词。用在动词或形容词后面，表示完全、全部、都等。❷助词。放在某些动词或动补结构后面，有加强语气的作用。

晏 an³，ⓧ ngan³ ❶形容词。晚，迟。❷名词。午饭(农村多说)。❸名词。午间。

晾 long⁶ ❶动词。凉。❷动词。张挂。

贝 部

赚 zan⁶⁻² ❶副词。徒劳，白费劲。❷副词。只能得到(不理想的结果)，只能落得(某种下场)。

水 部

水 sêu² ❶名词。某些液体。❷名词。汤，某些食材或药物加水熬成的饮品。❸量词。1. 乘船往返一趟。2. 衣物等洗的次数。❹名词。机会及所带来的利益。❺作某些名词、动词、形容词的词尾。❻形容词。水准低，品质差。❼名词。钱，钱钞。

沓 dab⁶ ❶量词。叠，摞。❷量词。座，幢。❸动词。叠，摞。❹动词。指钟表的长针指在某一数字上。

氹 dem² 象声词。东西落水声。

氵 部

沥 lég⁶ ❶珠江下游河流汊道的俗称。❷用于地名。

沙 sa¹ 【沙哩弄挖】形容人做事鲁莽、轻率、马虎，乱来。

【沙沙滚】咋咋呼呼的，不踏实；粗心大意。

汭 yêu⁵，㊥yêu⁶ 名词。植物或疮疖分泌出来的黏液或浆液。

沉 cem⁴ ❶动词。下沉。❷动词。淹，溺。

沬[昧] méi⁶ 动词。潜入水中。

泲 jid¹ ❶动词。挤压(液体)。❷动词。喷射，溅。

泗 neb⁶ ❶形容词。黏糊。❷形容词。不干燥，有点湿润。❸形容词。涩。

泻 sé² 动词。液体洒出，溢出。

波 bo¹ ❶名词。球（篮球、排球、足球、乒乓球、皮球等球类的统称）。❷名词。挡，排挡（汽车、拖拉机等内燃机改变行车速度或牵引力的装置）。

浊 zug⁶ 动词。呛。

浭 gang³ 动词。蹚，涉水。

湓[潋] lim² 动词。水干涸（市区少用）。

浸 zem³ 量词。层（只用于薄物）。

淌 tong² 动词。液体因摇晃而从容器内溢洒出来。

渊 yun¹ 形容词。酸痛。

淰 nem⁶ ❶形容词。洇。❷形容词。湿透。❸形容词。饱满；深沉。❹形容词。重复出现的，连续出现的。

湴 ban⁶ ❶名词。烂泥。❷形容词。泥泞。

渌 lug⁶ 动词。用开水或热水烫。

渜 nen¹ 名词。稀屎。

湓 pen⁴ 动词。喋出，溢出，煮饭、粥等水开时米汤外溢。

渧 dei³ 动词。（液体）下滴，沥。

溦 méi⁴，㊂méi¹ 名词。极细小的水滴。

滚 guen² ❶动词。（水）开，沸腾。❷动词。在开水里略煮。❸形容词。热，烫。❹动词。搅。【滚搅】客气话。打扰，打搅。❺动词。扬起（尘土）。❻动词。骗取。

演[躽] yin² 动词。腆，挺。

潲 sao³ ❶名词。泔水。❷名词。猪食。

潺 san⁴ 名词。黏液。引申指麻烦。

濑 lai⁶ 动词。倒，漏洒，灌浇。

潞 lou⁶ 名词。提子，卖油、酒时用来量油或酒的器具。

濽 zan³ ❶动词。淬火，金属等加热后随即放进水、油中急速冷却。❷动词。指热的东西突然受冷。

见 部

觑[盼] lei⁶ 动词。斜着眼看，瞟。

牛 部

特[樴] deg⁶ 名词。橛子，短木桩。

犞 cao¹ 动词。顶（牛用角抵人）。

手 部

挈 hid³ 【带挈】1. 提携，关照。2. 连带，使沾光。

挛 lün¹ ❶形容词。弯曲。❷形容词。蜷缩。

挲 sa³ 动词。张开，挓挲，奓。

掣 zei³ ❶名词。开关。❷名词。车闸。

擘 mag³ ❶动词。撕开。❷动词。张开，叉开（眼睛、嘴巴、手指、两腿等）。

扌 部

扤 nged¹ ❶动词。压，塞，挤。❷动词。强使。

执 zeb¹ ❶动词。捡，拾。❷动词。收拾。❸动词。抓（药）。❹动词。

接生。❺量词。撮。

扱 keb¹ 动词。罩，盖，扣。

扠 ca⁵ ❶动词。涂抹，涂改。❷动词。捣乱。

抠 keo¹ 动词。掺杂，掺和。

扽 den³ ❶动词。蹾（用力猛放）。❷动词。抖动。❸形容词。（车）颠簸。❹动词。磕打，使器物中的东西掉干净。❺动词。撞击。❻动词。戚。

批 pei¹ ❶动词。承租。❷动词。预测，估计。❸动词。（墙体）表层抹上。❹名词。一种有馅的西式饼食。〖英语 pie 的音译。〗

【螺丝批】改锥。

【雪批】改锥形状的奶油冰棍。

扯 cé² ❶动词。拉。❷动词。拉扯绳子，使所系东西上升。❸动词。抽，吸。❹动词。出气儿。❺动词。回去，离开，走。

抄 cao³ ❶动词。搜查。❷动词。乱翻，翻动寻找。

挏[捀] gon¹ 动词。撞击，碰撞（多指器具碰击）。

抭 yiu¹ 动词。剔，挖，抠。

抓 zao² ❶动词。用指或爪挠。❷动词。抓举，举重比赛的一种方式。❸动词。用铁丝等捆扎牢固。

扲 ngem⁴ 动词。掏。

扮[㧅] ban³，㊥ban⁶ 动词。用较长的棍打。

扻 hem² 动词。磕碰。

抆 men⁵，㊂men² ❶动词。抹（灰沙、泥等）。❷动词。拭擦。

扐 fei¹ ❶动词。咧开；裂开。❷形容词。（织物）稀松，疏松。❸形容词。垮，松弛，指衣服过于柔软宽松，穿着挺不起来。

抌 dem² ❶动词。用拳头或石块等捶打、砸。❷动词。扔。❸动词。随便放置。

扭 neo² ❶动词。拧。❷动词。（脚）崴。❸动词。设法弄到（某些东西）。❹动词。诈骗。

抾 kê¹ 动词。挼，揉搓成团。

担 dam¹ ❶动词。搬动（桌椅等）。❷动词。扛。❸动词。叼。

押 ngab³，㊋yab³ ❶动词。掖。❷动词。挽，卷。

抰 yêng² ❶动词。抖动。❷动词。抖擞，揭露。❸动词。推让。

拃[❶栅] za⁶ ❶动词。阻拦，堵塞。【拃乱歌柄】打断别人的话。❷量词。把（一只手掌所抓的量）。

拎 ning¹，㊋ling¹ ❶动词。拿，取。❷动词。提。❸介词。将，把，以。

抵 dei² ❶动词。挨，遭受。❷动词。忍受。❸动词。耐。❹形容词。值得。❺形容词。便宜。❻形容词。该，活该。

拘 kêu¹ ❶形容词。客气（多用于否定句）。❷形容词。（对礼仪等）过于讲究。

抹 fing⁶，㊋wing⁶ 动词。甩，挥，扔。

扻 kem² ❶动词。盖，覆盖。❷名词。覆盖、挡护的东西。❸动词。关闭，停止。❹动词。掴打，打击。

拂 fid¹ ❶动词。用小枝条抽打。❷象声词。挥动树枝或皮鞭的声音。

拒 kueng³，⊗ kuang³ ❶动词。绊。❷动词。剐（被尖锐的东西勾划破）。❸动词。扣，拴。❹动词。挂。❺量词。串，嘟噜。

拢［揖、孒］ ngung² 动词。推。

揶［閉、胚］ nga⁶ ❶动词。占据。❷动词。张开。

挞 tad¹ ❶名词。一种馅露在外面的西式点心。❷动词。发动（机器）。

挞 tad³ ❶动词。借钱不还，赖账。❷动词。伸（舌头）。❸动词。趿拉。❹形容词。向四面张开。

【挞头】光头，秃脑袋。

挟 gib⁶，⊗ hab⁶ ❶动词。夹，挤。❷形容词。狭窄，挤。

挠 nao⁴ 【长挠挠】（时间）很长。

拧［撚、捻］ nin² ❶动词。捏，用拇指和其他手指夹住。❷动词。（用手）挤。❸动词。卡。

挢 giu² 动词。拭擦。

挤 zei¹ 动词。放置。

揔［揰］ cung³ ❶动词。捅。❷动词。碰撞。

挥 fei⁶ 动词。杵，捅。

摵 kai⁵ 介词。广州老城区少用。1. 将，把。2. 用。

捞 lou¹ ❶动词。拌，搅。❷动词。混合，合。❸动词。混（生活），谋生。❹动词。用各种手段获取，得到。❺动词。行，干（多用于否定句）。

捞 lao¹ 词素。指说北方话的。是普通话“老兄”的摹音。

捞 lao⁴ 【捞哨】马虎，不细心，敷衍应付。

挭 gang³ ❶动词。搅拌。❷动词。从容器的底部捞取。❸动词。较量，比试。

拞 deo⁶ ❶动词。轻轻地捧，托，兜着。❷动词。索取，拿，挣（钱）。

揈 heng¹ 动词。敲，揸。

捎 sao⁴ ❶动词。不问自取，拿走。❷动词。吃掉。

捐 gün¹ 动词。钻。

挹 yeb⁶ 动词。招手。

捈 sê⁴ ❶动词。顺手拿走别人的东西。❷动词。下滑。

掕 leng³，⊗ neng³ ❶动词。连，带，拴，系（jì）。❷动词。拖累，带着（累赘）。❸量词。串，嘟噜。

掭 lem⁶ 动词。堆砌，架叠，摞，垛。

掝 fag³ ❶动词。用棍子或鞭子乱打。❷动词。搅打。

捱 ngai⁴ ❶动词。熬，忍受。❷动词。指靠某些东西艰难地生活。❸动词。遭受。❹动词。拖延。

揹 keng³ ❶形容词。酒味醇厚；烟味浓烈。❷形容词。有本事，有能耐。

掉 diu⁶ 动词。扔，丢，抛弃。

掂 din² 动词。打滚，挣扎。

搲 ngao¹ ❶动词。抓，挠，搔。❷动词。用耙子搂。

揔 fed¹ 动词。舀。

掬 gug¹ ❶动词。憋，努，鼓。❷动词。催，促使（快长）。

揨 dên² ❶动词。捅，杵。❷动词。顶，撑。

掂 dim⁶ ❶形容词。直。❷形容词。妥当，弄好，说服。❸形容词。顺利。❹形容词。通顺，清楚。

捽[揤] zêd1 动词。擦，搓，揉。

掟 déng3 动词。扔，投掷，多指向目标或一定的方向投掷。

㨋 long3 动词。垫，架起。

捩 lei2，㊫ lei6 动词。扭转(身体、脸等)。

掺 cem1 ❶动词。添加。❷动词。让参加，参加。

掹[搵] meng1 动词。拉，拔。【黑瞇掹】黑咕隆咚。

掹 meng3 动词。扯、拽。

揼 dem1 动词。拖延，磨(时间)。

揸 za1 ❶动词。抓，拿，握。❷动词。捏。❸动词。掌管。❹动词。驾驶，开(车)。

揼[磗] deb6 ❶动词。砸。❷动词。捶打，打。❸动词。掉下。❹动词。(雨水)淋打。❺作形容词的词尾。【重奄奄】沉甸甸。

揇 nam3 ❶动词。拃(张开大拇指和食指或中指量长度)。❷量词。拃(张开的大拇指和食指或中指指端间的距离)。❸量词。步(大步)。

揇 nam5 动词。用长棍打。

揦 la2 ❶动词。抓，拿。❷动词。撩起。❸动词。咬，腐蚀。❹动词。把食物用调料腌一下。❺词素。

揦 la3 ❶动词。在看不见的情况下用手摸索。❷动词。用东西搅拨探索。

揦 la5 【揦鮓】1. 肮脏。2. 不干净，不吉利。

揩 hai1 动词。蹭，擦。

揞[❺揼] sang2 ❶动词。用沙、灰、去污粉等洗刷器具。❷动词。间苗；除去或摘去(叶片等)。❸动词。训斥。❹动词。(用球)打。❺动词。强取。

揾 wen2 ❶动词。找。❷介词。用。

搰[鹘] wed6 动词。晃动。

撳 gem6 动词。按，摁，压。

揗 ten4 ❶形容词。受惊发抖。❷动词。徘徊，走动。

搒 feng4 动词。用拳头或棍子使劲打。

揞 em2，⊗ngem2 动词。捂。

搂 leo3 动词。摇动容器。

揃 jin1 动词。把贴附在其他物体上的薄东西完整地撕、剥下来。

撽 ngou4 动词。摇。

摃 gung3 ❶动词。钻。❷动词。爬，拱，冒。

摄 xib3 动词。受凉。

摙 lin5 ❶动词。搬运(距离不远的)。❷动词。翻动。❸动词。收拾，拿，放。

搣 mid1 ❶动词。拧，掐，捏。❷动词。撕。

㧻 bed1 ❶动词。舀，盛。❷动词。撮。

摈 ben3 动词。编绳状的东西。

搲 wa2 动词。抓。

搲 wé2 ❶动词。搂。❷动词。敞开。

㨆 lem3 ❶动词。倒塌，崩塌。❷动词。使倒塌。

搉[㱿] kog1 ❶动词。敲打。❷象声词。敲击硬东西的声音。

搦 nig1 ❶动词。拿。❷动词。提。

攤 tan¹ ❶动词。晾凉，放凉。❷动词。四肢自然地伸着仰卧。

撳 kin² 动词。揭，掀，翻。

攑 qig¹ ❶动词。提。❷动词。揪。❸动词。抽，扬起。❹动词。拉。

撻[跶、笪] dad³ ❶动词。用力往下摔(软的东西)。❷动词。从高处坠下。❸动词。无力地倒下。

撈 lao² 【撈挍】1. 紊乱，杂乱，无条理。2. 引申指差劲的、不正常的、麻烦的等。

撬[樵] jiu⁶ 动词。狠揍，痛打。

撍[挦] qim⁴ ❶动词。抽取，抽出。❷动词。拔。

撠[❸哦] kig¹ ❶动词。较量。❷动词。阻，妨碍。❸名词。卡；坎。❹名词。蛋糕。〖英语 cake 的音译。〗

撪 pang¹ ❶动词。撵，驱赶。❷动词。匀出(一部分)。

撩[❷嫽] liu⁴ ❶动词。招惹。❷动词。挑逗，戏弄(多指用语言挑逗)。

撩 liu⁴⁻² 动词。(用棍子等)搅拌，绕。

擙 ngou¹ 动词。够取，探取，伸手向远处取物。

擒 kem⁴ 动词。攀爬。

撚 nen² ❶动词。摆弄，玩弄。❷动词。打扮。❸动词。捉弄，戏弄。

揦 he³ ❶动词。扒开。❷动词。敞(胸)。

擉 sog¹ 动词。用筷子或细棍敲打。

擗 pég⁶ 动词。扔，丢弃。

擤 seng³ ❶形容词。刺痛，被灼伤或烫伤的地方。❷形容词。心疼，痛惜。

擦 cad³ 动词。吃(粗俗说法)。

擸 lab³ ❶动词。收拢。❷动词。搂。❸动词。搜集，聚合，凑。❹动词。拿走，偷走。❺动词。粗略地看。❻动词。并。❼动词。跨。

擈 bog¹ ❶动词。用棍子敲打。❷形容词。土，土里土气。

攞 lo² ❶动词。拿走，拿来。❷动词。拿住，拿着。❸动词。取，领取，支取。❹动词。收取，捕取。❺动词。讨，要。❻介词。用，以。

攀 man¹ ❶动词。扣(扳机)。❷动词。扶，扒。❸动词。扳，挽回。

片 部

片 pin² 名词。婴儿尿布。

牙斥 sag³ 量词。边，块。

月 部

肬 dem¹ 【肚肬】小肚子。【酸肬肬】酸溜溜，酸不溜丢。

朕[呩] zem⁶ ❶量词。股。❷量词。阵。

腡 wo⁵ ❶形容词。蛋类变坏。❷形容词。引申指事情弄坏了，北京口语叫“娄”。

脷 léi⁶ 名词。舌头。

朘 zê¹，㊦zêu¹ 名词。小男孩的生殖器官。

腌 ㊦yim¹，㊖yib³ ❶动词。腌渍。❷动词。(衣物)被汗水、尿等沤。❸动词。指被酸性或碱性较强的东西侵蚀、腐蚀。

腍 nem⁴ ❶形容词。软，松软。❷

形容词。（食物）烂熟。❸形容词。蔫，形容人性情软弱，不容易发脾气。

腩 nam[5] 名词。腹部松软的肉。

膇［䏲］ dêu[3] **动词。浮肿，膀。**

腯 ten[4] 肥。【肥腯腯】1. 指猪肉很肥。2.（人）胖乎乎，胖得臃肿难看。

腬 neo[6] ❶形容词。腻，因吃油脂食物或甜食过多而发腻。❷形容词。引申指动作慢。

螉 ngong[3]，⊗ngung[3] 名词。酸菜变质后的气味。

膉 yig[1] 名词。哈喇（含油脂多的食物变坏后的气味）。

䐈 jin[2] 名词。人和猪、牛、羊等的腱子肉。

膶 yên[6-2] 名词。禽、畜的肝。

臊 sou[1] ❶形容词。膻。❷形容词。乳臭。❸名词。婴儿，"臊虾仔"的简说。❹动词。分娩，生（孩子）。

䑂 pog[1] 名词。泡儿。

风部

飔［䬞］ bung[6] 量词。股、阵（用于气味）。

飙 biu[1] ❶动词。喷射。❷动词。冒出。❸动词。窜。❹动词。长高，尤指迅速长高。❺动词。出芽儿。

殳部

殽 ngao[4] 动词。翘棱，木板等在由湿变干过程中变得弯曲不平。

火部

炆 ngao[1] 【干炆炆】干的样子。

炝 cêng[3] ❶动词。喷出。❷动词。灼燎。

炆 men[1] 动词。烹饪方法，盖上锅盖，用文火煨煮食物使熟烂，大致相当于焖、炖。

炕 hong[3] ❶动词。烤烘。❷动词。晾放，摊晾。

炩 ling[3] 形容词。锃亮（物体表面光滑得发亮）。

烚 heb[6] 词素。

焫 nad[3] ❶动词。烫，灼。❷形容词。滚烫的。

焗 gug[6] ❶动词。烹饪方法，利用蒸汽使密封容器中的食物变熟。❷动词。焗油，一种染发、养发、护发方法。在头发上抹油后，用蒸气加热，冷却后用清水冲洗干净。❸动词。熏。❹动词。同热。❺动词。迫着。

焙 bui[6] ❶动词。用微火烘烤。❷名词。醭面（做面食或粉食时防止粉面粘连的干粉）。❸名词。烘荔枝干、龙眼干的作坊。

㷫［爩］ wed[1] ❶动词。熏。❷动词。烹饪方法，熏制。

煲 bou[1] ❶名词。平底有壁的锅。❷名词。连砂锅一起端上桌的菜肴。❸动词。1. 煮（不一定用"煲"煮）。2. 熬。❹动词。引申指较长时间地做某一件事。❺动词。打击，多指暗害。❻量词。用于打击。

煠[熠] sab⁶ 动词。熬，煮，多指长时间地煮或煮大块的东西。

煏 big¹ 动词。用猛火煮。

煋 xing¹ 动词。皮肤被蒸气烫伤。

煪 ceo¹ 动词。烟熏火燎或水蒸气灼。

熇 hug⁶ 形容词。酷热，热气蒸人。

熩 hog³ 动词。隔火烘烤。

㷫[炊] hing³ ❶动词。烤热。❷形容词。温度高，热，烫。❸动词。热乎，来劲。❹形容词。热闹。

燂 tam⁴ 动词。动物皮肉用火燎去毛，或略烤使焦黄。

燶 nung¹ ❶形容词。焦，煳。❷形容词。（树叶等）枯黄。❸形容词。（脸色）黑。

爉[焟] lab³ ❶动词。火燎。❷词素。【爉爉炩】锃亮。

𤓓 lo³ 名词。煳味，烧布、头发、橡胶等发出的臭味。

爧 léng⁶ 名词。闪电，打闪。

灬 部

点 dim² ❶疑问代词。怎么，怎么样。❷动词。蘸。

斗 部

斗 deo³ ❶动词。触，碰，摸。❷动词。逗（小孩）。❸动词。比，比赛。❹动词。兑子（象棋术语）。❺动词。拼合（多指做木器）。❻动词。凑近。

斟 zem¹ 动词。商谈，商量。

户 部

戾 lei² 【冤戾】冤枉。

心 部

恶 og³，⊗ngog³ 形容词。难，难以。

恋 lün² ❶动词。粘，滚动着粘。❷动词。卷。❸动词。揩擦以吸干液体。

戇 ngong⁶ 形容词。傻，笨。

忄 部

𢘉 mug¹ 动词。猜测。

怯 hib³ 动词。用指甲掐。

恤 sêd¹ ❶动词。投篮。❷动词。恤发（用发夹把头发卷起来，使它弯曲成波浪形）。

恰 heb¹ 动词。欺负。

恨 hen⁶ ❶动词。悔恨。❷动词。渴望，巴望，巴不得。❸动词。羡慕，喜欢。

悭 han¹ ❶形容词。省俭，节省。❷动词。节省，节约。

惜 sêg³ ❶动词。爱惜。❷动词。疼，喜爱。❸动词。娇宠，惯纵。❹动词。吻，亲。

惶 wong⁴ ❶形容词。慌张，惊惶，多指牲畜。❷形容词。（机械等）难以控制。

憭 liu⁵ 【轻憭憭】轻轻的。【空憭憭】空空的。

母 部

乸 na[2] 形容词。母的，雌性的。

礻 部

祔 fid[1] 【符祔】办法，法宝。

石 部

矺 zag[3] 动词。压。

码 ma[5] ❶动词。捆紧。❷动词。钉在一起。❸动词。引申指依附、巴结。❹动词。引申指控制、笼络。

研 yin[4] ❶动词。碾，擀。❷动词。用刀在棍子等的表面滚动着横切。

砌 cei[3] ❶动词。拼合。【砌生猪肉】诬陷。❷动词。揍，打。

碌 lug[1] ❶动词。滚动。❷动词。轧，碾压。❸名词。圆柱形的东西。【大碌木】比喻呆板、笨拙的人。❹量词。用于圆柱形的东西。

目 部

䀹 keb[6] 动词。监视，目不转睛地盯着。

睸 mag[1] ❶动词。球赛时人盯人。❷动词。打分。

盼 pan[3] 形容词。瘪，谷粒不饱满。

眈 dan[1] 动词。抬头。

睄 sao[4] 动词。瞥，瞟，眼睛很快地向某目标一扫。

睇 tei[2] ❶动词。看，瞧。❷动词。探访，探望。❸动词。看守，看管，照料，盯着。❹动词。观察并判断。

督[㧒] dug[1] ❶动词。监督。❷动词。刺，戳，杵。

睩 lug[1] 动词。瞪眼。

瞸 hib[3] 动词。闭眼。

瞌 ㊀heb[6]，㊁heb[1] ❶动词。闭眼。❷动词。小睡，打盹儿，眯眼。

睃[眡] zong[1] ❶动词。窥视，偷看。❷动词。探头看。

瞓 fen[3] ❶动词。睡。❷动词。躺。

䁪[眨] zam[2] 动词。眼皮开合，眨(眼)。

瞠 cang[3] ❶动词。瞪眼，睁眼。❷词素。【光瞠瞠】形容亮堂堂(指光线太强而刺眼)。

田 部

畀 béi[2]，㊀béi[3] ❶动词。给。❷动词。允许，让。❸介词。被。❹介词。相当于“用”“以”。

嬲 neo[1] ❶动词。生气，恼怒。❷动词。憎恨，恨。

罒 部

罨[署、浥] ngeb[1] ❶动词。敷。❷动词。捂；沤。

罩[焯] zao[3] 动词。过油(用油炸一炸)。

盟 meng[4] 形容词。封闭的，闭塞的，不通畅的。不单独使用。

禾部

秤[掅] qing³ ❶动词。提，拎。❷量词。挂，嘟噜。

秾 nung⁴ ❶形容词。（花木）茂密。❷形容词。酽，味厚。

白部

的 dig¹ ❶动词。提起，拿起。❷动词。（用手指）按，摁。

鸟部

鸹 za⁶ 猪屎鸹，一种像喜鹊的鸟。

鹈 mui² ❶名词。囮子，用来诱捕同类的鸟。❷名词。引申指诱人赌博者或帮人行骗者，即“托儿”。

疒部

痕 hen⁴ 形容词。痒。

痭[瘵] na¹ 名词。疤痕，伤疤。

瘆 nan³ 名词。疙瘩（皮肤因被蚊虫咬或过敏所起的疙瘩。

瘀 yu² 动词。瓜果蔬菜等因受揉擦挤压而受伤。

瘟 meng² 形容词。烦躁，暴躁。【瘟瘤】烦躁，暴躁，发脾气。

瘟 wen¹ ❶形容词。旧时指被女色所迷（现已少用）。❷形容词。形容人像得了瘟病似的，昏头昏脑的样子。❸形容词。形容人一个劲儿地干事。

瘘[瘺] leo⁶ 【瘘赔】穿衣过多、过肥显得臃肿，肋腻。

瘕[痾] ha¹ 名词。哮喘。

痨 pong¹ 形容词。前额突出。

瘤[攰] gui⁶ 形容词。累，疲劳。

瘻 meg⁶⁻² 名词。痣（较小的）。

瘠 jig¹ 名词。疳积。

立部

亲 cen¹ ❶助词。用在动词后，表示遭受或感受。❷助词。表示动作一发生就会产生某种反应，相当于“一……就……”或“每逢……都……”。

穴部

窝 wo¹ ❶动词。铆。❷动词。把整个生鸡蛋去壳后放进正在滚开的汤、粥、饭中使熟。

窦 deo³ ❶名词。窝，巢穴。❷量词。1. 窝。2. 家。

窦 deo⁶ 名词。堤围或田埂上的小水闸。

窟 fed¹ ❶名词。地方，处所（多用于疑问句）。❷量词。1. 小块。2. 用于整体中的一部分。

窬 yü⁴ 量词。用于墙砖的层数。

窿 kang¹ 【窿窅】金属空罐之类掉到地上的声音。【空窿窅】空荡荡，空无一物。【明窿】分明。

窿 lung¹ ❶名词。孔，洞，眼儿。❷量词。窝。

矛 部

矛 mao⁴ ❶动词。粗野。❷动词。因情急而焦躁。❸动词。耍赖。

耳 部

联 lün⁴ 动词。缝。

页 部

顄 ngog⁶ 动词。仰首，抬头。

至 部

至 ji³ ❶副词。才，再。❷副词。最。

虫 部

虾 ha¹ 动词。欺负。

蛊 gu² ❶形容词词素。【蛊惑】心术不正，诡计多端。❷动词词素。【整蛊】捉弄(人)，暗中使坏。

蛇 sé⁴ ❶形容词。懒。❷名词。指带状疱疹。❸词素。【蛇喱眼】1. 斜眼。2. 患斜视的人。❹名词。偷渡的人，非法入境者。❺名词。先生；老师；长官；警察。

蛤 geb³ 名词。青蛙，田鸡。又说“蛤乸”。

蛥 dê³ 动词。蜂蜇人。

蝻 nam⁴ 【蝻蛇】蟒蛇，我国蛇类中最大的，体长可达6米，无毒。

蝲 lad⁶ 【臭屁蝲】椿象，臭大姐。【虾蝲】一种小螃蟹，多生活在稻田的小沟旁。

螆 ji¹ 名词。一些微小的昆虫或寄生虫的泛称，包括鸡虱、蚜虫等。

蟒 yung⁴ 【过树蓉】毒蛇的一种，又叫“过树龙”，即灰鼠蛇、灰背蛇。

蠄 kem⁴ 【蠄蟧】一种大蜘蛛，长腿，不结网。【蠄蟧丝网】蜘蛛网。【飞天蠄蟧】戏称攀缘的小偷。【蠄蝶】癞蛤蟆。【蠄爬】俗称癞蛤蟆。

蠔 hun² 【黄蠔】蚯蚓。

缶 部

罂 ang¹，⊗ngang¹ 名词。小瓦罐。

罅 la³ 名词。缝隙，缝儿。

罉 cang¹ 名词。平底锅(但炒菜锅、煮水锅不叫“罉”)。

舌 部

䑛 lê¹ 动词。吐(渣子)。

䑛 lê² ❶动词。蹭，揩拭。❷动词。纠缠，闹。

舐 lai² 动词。舔。

竹 部

笃 dug¹ ❶名词。容器的底部。❷名词。尽头。❸量词。泡(用于屎、尿)；口(用于口水、痰)。

笋 sên² 【笋嘢】好东西。

笪 dad³ ❶名词。粗竹席，围起来可以囤放粮食等，伸展开可以垫晒谷物等。又叫“竹笪”。❷量词。块，用于地方等。❸词素。【烂笪笪】1. 稀巴烂。2. 形容人放肆，无所顾忌。

筃 nab[3] ❶动词。（昆虫）吸附；粘着（人）。❷动词。用钩子钩或用手脚扯、钩。❸动词。紧随，依附，巴结（别人）。

笭 léng[3] 名词。捕虾笼，多为竹子编成。

第 dei[6] ❶词素。不单用，与名词组合表示“别的”“下一次”“以后”等意思，实际上是“第二”的合音。❷词头，表次序。用法与普通话相同，但下面的序数词或是普通话没有的，或是广州话另有含义。【第九】差劲，劣，次。【第尾】最末尾。【第二】别的，另外的，下一个。

筛 sei[1] ❶动词。摇摆，晃动。❷动词。旋转。❸动词。淘汰。

筹 ceo[4] ❶名词。号儿，牌儿。❷量词（音 ceo[4-2]）。次，回，遍。

签 qim[1] ❶动词。用力刺。❷动词。嫁接。❸动词。剔。

篸 cam[2] ❶名词。簸箕。❷名词。箕（不成圆形的指纹）。

簕 leg[6] ❶名词。植物的刺。❷名词。荆棘。

篼 deo[1] 名词。篼子，滑竿（走山路时供人乘坐的竹轿）。

簋 guei[2] 【九大簋】隆重丰盛的筵席。过去筵席一般以九个簋盛九种菜肴为最隆重，故称。

臼 部

舂 zung[1] ❶动词。杵。❷动词。坠，倒栽。❸动词。闯，撞。

自 部

自 ji[6] 助词。经常与否定副词（“咪”“唔”“未”等）和动词配合使用，有“先别”“暂时不”的意思。

舟 部

舦 tai[5] 名词。舵。

艔 dou[6] ❶名词。渡船。❷名词。珠江水系中用机动船牵引前进的客船。

衣 部

装 zong[1] ❶动词。用机关、陷阱等诱捕。❷动词。装扮，伪装。❸动词。陷害。

衤 部

袂 tai[1] 名词。领带又叫“领（袂）”。〖英语 tie 的音译。〗

衲 nab[6] 名词。多层的上衣（不单用）。

恤 sêd[1] 名词。衬衣。〖英语 shirt 的音译。〗

裉 long[6] 名词。裆。

褛 lou[1] ❶名词。大衣。❷动词。

被，蒙盖。❸(苍蝇、蚂蚁等小昆虫)爬，停留。❹词素。【褛尾】1. 后来。2. 后面。【褛丘】衣衫破旧。

褪 ten^{3} ❶动词。后退。❷动词。移动，挪。❸动词。时间推后。

褦 nai^{3} 动词。连带，拖带。

羊 部

着 zêg^{3} 动词。穿(衣物)。

着 zêg^{6} ❶动词。对，在理。❷动词。合算；合时宜。❸副词。逐一。❹副词。被，受到。❺动词。占。

米 部

粠 hong^{2} ❶名词。陈米的气味。❷形容词。缺乏油脂。❸形容词。引申指钱少。

粘 jim^{1} 【粘米】粳米、籼米。

精 zéng^{1} ❶形容词。机灵，精明。❷形容词。形容人善于取巧，爱要小聪明。

糁 sem^{3} 动词。撒。

糭 yid^{3} 名词。一种点心，用糯米粉做成，有馅，用竹叶夹着蒸熟。

艮 部

艮 gen^{3} 形容词。身体接触冰冷物的感觉。

羽 部

翾 yim^{5} 【碎翾翾】碎碎的，粉碎。

翳 ngei^{3} ❶形容词。阴暗，昏暗。❷形容词。房屋低矮，使人有不舒服的感觉。❸形容词。烦闷，憋气。❹动词。气，使生气。

纟 部

索 sog^{3} ❶名词。绳子。❷名词。活套。❸动词。套，勒。

纰 péi^{1} ❶动词。物体边缘或表面破损。❷动词。衣物久磨起毛变薄。❸动词。面料边缘松散。

纵 zung^{3} 动词。溺爱，娇宠。

续 zug^{6} ❶动词。连接。❷动词。找钱，指买卖时找补零钱。

绹 tou^{4} ❶动词。拴(牛马等)。❷动词。绑。

缐 nan^{3} ❶动词。绗。❷动词。绷，粗粗地缝。

缬 lid^{3} ❶名词。结子。❷名词。节。

繑 kiu^{5} 动词。缠绕。

走 部

趌 qi^{1} 【趌车转】1. 飞快地转动。2. 团团转。

趟 tong^{3} 动词。沿着轨道或平面推。

趜 gug^{1} 动词。鞋小夹脚。【趜脚】鞋小夹脚难受

趨 tem^{4} 【趨趨圈】圆圆的圈。【趨趨转】团团转，多用来形容忙碌或焦急的样子。

趯 dég^{3}，㊣ tig^{1} ❶动词。逃跑。❷动词。跑，走动。❸动词。驱赶。

赤 部

赤[𢵌、刺] cég[3] ❶形容词。刺痛，疼痛。❷形容词。手脚冻得发疼。

赧 nan[3] 形容词。鹹咸(过咸)。

酉 部

酷 hug[6] 动词。嗾使，鼓动。

酿 yêng[6] 动词。把肉末等塞在豆腐、瓜里面做食材。

足 部

趸 den[2] ❶名词。底座，墩子。❷名词。引申指某些人。❸动词。放置，放。❹动词。囤积，储存。❺量词。用于建筑物等。

趷[趌] ged[6] ❶动词。一拐一拐地走路。❷动词。翘起。❸动词。踮起。❹动词。单脚跳。【趷跛跛】一种儿童游戏，单腿跳着走。❺动词。走，带贬义。❻动词。滚，滚蛋。❼形容词。不顺，不麻利。

跁 ca[1] 动词。误踩，乱踏。

趻[踸] dem[6] 动词。跺。

跓 nug[6] 动词。踩踏，践踏。

跔 kê[4] 形容词。手足冻僵。

跛 bei[1]，㊀bo[2] 形容词。瘸。

跦 lêu[1] ❶动词。头往里钻。❷动词。突然倒下。❸动词。蜷缩着身躺。

跷 hiu[1]，㊀kiu[2] ❶形容词。凑巧。❷形容词。奇怪，蹊跷。

跭 gong[6] 名词。螯(蟹钳)。

踭 zang[1] ❶名词。脚跟，踵。❷名词。鞋后跟。❸名词。肘。

踬 ngen[3] ❶动词。腿弹动；使东西颤动。❷动词。踮。

踎 meo[1] 动词。蹲。【踎墩】蹲在“墩头”(码头卸货处)等待当苦力。指失业。【地踎】地痞，二流子。

踁 gang[6] 动词。妨碍，阻碍。

踛 lug[6] 动词。践踏。

踗 nim[3] 名词。踮。

踹 nam[3] ❶动词。跨。❷动词。间隔。

踹 cai[2]，㊀yai[2] ❶动词。踩。❷动词。骑。

蹁 xin[3] ❶动词。打滑。❷动词。因脚下打滑而摔倒。

蹪 guan[3] 动词。摔倒，跌跤。

蹱 yang[3] ❶动词。蹬，踹。❷动词。支撑。❸动词。坚决不承认。

蹹 teb[1] 形容词。(青蛙、蚱蜢等)跳跃的样子。

【蹹蹹掂】妥妥当当。

蹪 zed[6] ❶动词。害怕，惊慌。❷动词。突然停止。

躝 lan[1] ❶动词。爬。❷动词。滚。

身 部

躯 pé[5] 形容词。歪着身子，像要倒下。

讠 部

计 gei[2] 名词。计谋，办法，主意。

诇 guen[3]，㊀guen[2] ❶动词。骗。❷动词。不问自取。

谰 ngao³，⊗ao³ 动词。争辩，争论。

谂 nem² ❶动词。思考。❷动词。谋划，斗智。❸动词。想，惦念。

谈 tem³ 动词。哄骗。

谗 ngem¹ 动词。不停地耐心劝说。

谛 dei³ 动词。讽刺，挖苦。

谮 cem³ 形容词。唠叨，啰唆。

谰 lan² ❶动词。装作某种样子。❷动词。表现出某种样子。❸动词。自以为。

青 部

靓 léng³ ❶形容词。美丽，漂亮，好看。❷形容词。好。

韋 部

戟 gig¹ 名词。西式点心的一种，无馅。

雨 部

霎 sab³ ❶动词。眨。❷形容词。声音嘶哑，涩。【霎戆】傻；混账。

露 log⁶ ❶动词。折，倒腾。❷动词。用碗量水或量米。

齿 部

踦 gi¹ 【踦屹】(踦齕)1. 梗阻。2. 猫腻。

齸 yi¹ 动词。龇牙咧嘴。

钅 部

鉎 seng³ ❶名词。铁锈。❷名词。铁锈味。

锲 gai³ 动词。锯开，裁开，割开。

钑 zab⁶ 【钑骨】锁边(缝衣服时用专门的机器把要缝的边沿锁好)。

铌 ngag³⁻² 名词。镯子。

铰 gao³，⊗gao² ❶名词。关节。❷名词。合页，铰链。

镙 lêu¹ 名词。铜圆，铜板。

镕 pang¹ ❶动词。平底锅。〖英语pan的音译。〗❷动词。铝或搪瓷的圆筒形盛物器。

镬 wog⁶ 名词。半球形的炒锅。

鱼 部

鲊 za² 形容词。品质差次的，水准低下的。【发烂鲊】撒泼，蛮横不讲理。

鲠 keng² ❶动词。噎。❷动词。咽。❸动词。艰难吞咽。

骨 部

鹘 wed⁶ 【鹘突】1. 使人恶心的。2. 难看的。3. 冒失，莽撞。

骲［骲］ ❶动词。(猪用嘴)拱。❷动词。用身体推挤。

骿 péng¹ 名词。骿骨(肋骨)。

髀 béi² 名词。大腿。【禾杈髀】叔伯兄弟姐妹的关系。

髆［膊］ 名词。肩。

饣 部

饩 héi³ 动词。饲养（家畜），只限于具体的动作。

蚀[䞋] ❶动词。亏损。❷动词。磨损，损伤。

脐 cei⁴，⊗céi⁴ 名词。糍粑。

𫗦 mem¹，⊗ngem¹ 名词。软而烂的饭（幼儿语）。

馤 ngad³ 名词。臊臭（尿的气味）。

餸 sung³ 名词。菜肴。

𩞄 hin³ 名词。芡，烹饪时用淀粉调成的浓汁。

髟 部

髻 yem¹ 名词。刘海儿（女孩额前的短发）。

髧 dem³ ❶动词。垂下。❷动词。引申作钓。❸词素。【当髧】刚巧碰上倒霉事。

黍 部

黐 qi¹ ❶动词。粘，粘连。❷形容词。黏。❸动词。沾，蹭，揩油。❹动词。缠，紧随不肯离开。

鼠 部

鼠 xu² ❶动词。偷。❷动词。偷偷拿走。

5. 北方方言区人[①] 学习广州话应注意的问题

学习一种新的方言，单是靠学习日常会话教材是远远不够的。必须从理论的高度分析对比两种话的语言三要素入手，并针对两者的差异特点，结合大量的口语练习，才能起到较好的学习效果。本文试图从这个角度来论述北方方言区人学习广州话应注意的问题。

一

一、了解彼此音系的主要差异，学会广州话有而普通话所没有的声、韵、调、音节的发音

普通话有21个声母(未包括零声母)，39个韵母(包括 i[i，1]、e[ε]、er[ɚ])，4个声调。广州话有19个声母，53个韵母，9个声调。两者的声、韵、调有相当大的差异。例如：广州话的舌叶辅音声母 z[tʃ]、c[tʃ]、s[ʃ]，舌根鼻辅音声母 ng[ŋ]，喉辅音声母 h[h]，舌根圆唇塞音声母 gu [kw]、ku [k'w] 和 am [am]、ab [ap]、ad [at]、ag [ak]、ei[ɐi]、eo [ɐu]、em [ɐm]、en [ɐn]、eng [ɐŋ]、eb [ɐp]、ed [ɐt]、eg[ɐk]、éng [εŋ]、ég[εk]、im[im]、ib [ip]、id [it]、ig[ik]、oi [oi]、on [ɔn]、ong [ɔŋ]、od [ɔt]、og [ɔk]、ud [ut]、ug [uk]、üd[yt]、ê[oe]、êu[ɸy]、ên[ɸn]、êng [oeŋ]、êd [ɸt]、êg [oek]、m[m]、ng[ŋ]韵母以及入声调是普通话所没有的。北方方言区人学习广州话时，应首先学会它们的发音，并了解它们各自统属的常用字的读音。

二、了解两种话声、韵、调、音节的主要对应关系和各自统属的常用字的读音。

普通话与广州话声、韵、调、音节的对应关系相当复杂。[②] 除了极少数是一一对应，如广州话的 od 韵母与普通话的 e 韵母对应(如：割、葛、喝、褐、渴)之外，绝大多数是一对二以上的(甚至有些对应是一对十一的)。因此，必须认真学习它们。特别是要学习和掌握广州话有而普通话没有或普通话有而广州话

---

① 北方话以普通话为代表。

② 两种话声、韵、调、音节的对应关系，请参阅饶秉才、欧阳觉亚、周无忌编著《广州话词典》一书472—545页“普通话字音对照表”和欧阳觉亚著《普通话与广州话比较学习》一书第六章“语音比较”，第85—99页。

所没有的那些声、韵、调、音节的对应关系和它们各自统属的常用字的读音。例如，广州话的入声类韵母是普通话没有的，它们与普通话相应韵母的对应关系如下：

ab－ɑ(答、纳、腊、杂)、iɑ(甲、鸭、狭、夹)、i(立、集、习)。

ad－ɑ(八、达、发、辣)、uɑ(括、滑、刷、挖)、iɑ(压、押)、e(遏)、uo(斡)。

ag－e(策、革、客、责)、ɑi(百、白、拆、窄)、o(舶、魄)、ɑ(帕、栅)、i(逆)、－i[－ʅ](掷、掷)、uɑ(划、画$_{\text{笔～}}$)、ei(贼)、iɑ(吓$_{\text{恐～}}$)。

eb [ɐp]－i(急、及、粒、吸)、e(鸽、合、瞌、涩)、－i[ʅ](十、拾、汁、执)、iɑ(恰、侠)、ei(给)、u(入)。

ed[ɐt] －i(毕、蜜、膝)、u(不、物、忽、骨)、i[ʅ](日、实、侄、质)、e(咳、劾、疙)、ɑ(乏、罚)、ü(桔、屈、郁)、iɑ(瞎、黠)、üe(倔、崛)、uɑ(袜)、o(佛、钹)。

eg[ɐk] －e(德、则、特、勒)、o(默、墨、陌)、ei(北、肋)、ɑi(麦、塞)、uo(握)。

ég [ɛk]－i(笛、劈、踢、锡)、i[ʅ](吃、尺、石)、ü(剧)。

id[it]－ie(别、跌、列、切)、e(热、设、彻、折)、i(必、泌)、－1[ʅ](秩、栉)、üe(薛)。

ig[ik]－i(辟、激、力、席)、－1[ʅ](斥、式、值、释)、e(色、x)、ie(液、掖)。

od [ɔt]－e(割、葛、喝、渴)。

og[ɔk]－uo(国、获、索、昨)、e(鄂、各、乐)、o(泊、驳、膜、莫)、üe(觉、确、学、岳)、ɑo(薄、雹、洛、剥)、iɑo(角、壳$_{\text{地～}}$)、u(缚、幕、扑)。

êd[ɵt] －u(出、述、卒)、ü(律、戌、恤)、uɑi(率、摔、蟀)、i(栗、傈)、uo(饳)。

êg[oek]－uo(若、桌、酌、戳)、üe(约、略、虐、雀)、iɑo(脚、药、钥、削)、üe(日)、ɑo(芍)。

ud[ut]－o(钵、勃、末、泼)、uo(活、括、阔)、ei(没)、i(孛)。

ug[uk]－u(促、毒、谷、木)、ü(菊、局、曲、欲)、ou(肉、熟、轴)、iu(六、碌)、uo(缩、捉、浊、沃)。

üd[yt]－üe(月、缺、绝、诀)、uo(夺、说、脱、茁)、ie(劣)、i(乙)、ui(缀)。

又如普通话的 zh、ch、sh、r 声母是广州话所没有的，它们与广州话相应声母的对应关系如下：

zh－z(j)[tʃ](真、张、中、占)、c(q)[tʃ́](昭、诊、贮、柱)、s(x)[ʃ](肇、兆、峙)、d(秩、帙、啄)、y[j](甄、拽、践)。

ch－c(q)[tʃ́](茶、东、陈、潮)、s(x)[ʃ](常、晨、成、船)、z(j)[tʃ](颤、嘲、春、触)。

sh－s(x)(ʃ)(沙、山、烧、书)、c(q)[tʃ́](设、始、束、刷)、z(j)[tʃ][折、剩(口)①、蟀(口)、妁]、k[枢(俗)②]、h[h](厦)。

r－y[j](肉、容、人、日)、n(瓤、稔)、w[w](荣、嵘)、s[ʃ](葚、瑞)、ng[ŋ](韧)。

有些声、韵、调、音节虽然两种话都有，但彼此的对应关系不是一对一的，例如普通话的 i 韵母与广州话的下列韵母相对应：i(衣、医、以、义)、ei[ɐi](艺、低、弟、鸡)、ig[ik](益、的、击、力)、eb[ɐp](急、粒、辑、级$_{供\sim}$)、ed[ɐt](一、笔、吉、疾)、éi[ei](比、地、理、利)、ég[ɐk](笛、脊、屐、沥)、êd[ɸt](栗)、êu[ɸy](裔、里$_{\sim外}$、唳)、ud(孛)、üd[yt](乙)、ab[ap][立(又)③、集、圾]、eg[ɐk](鲫)、ib(楫)、id(诘$_{\sim屈}$)。

有些音虽然两种话都有，但彼此没有对应关系，例如普通话和广州话都有 in 韵母，但普通话的 in 韵母与广州话的 en[ɐn](因、仅、民、新)、em[ɐm](音、今、林、心)、ên[ɸn](进、尽、邻、信)、ing(劲、拼、聘)、am(蟫)、éi[ei](您)韵母相对应，而不与 in 韵母对应。

三、突破难点，避免用自己的语言习惯代替广州音

(一)广州话的 z[tʃ]、c[tʃ́]、s[ʃ]声母是普通话所没有的。④ 这是北方方言区人学习广州话的难点之一。因此，北方人首先必须学会这套声母，并了解和掌握彼此塞擦音和擦音声母的对应关系，以及它们各自统属的常用字的读音：

z(j)[tʃ]－z(在、早、子、走)、zh(张、真、政、朱)、j(静、将、接、节)、ch(颤、嘲、春、触)、sh[折、剩(口)、膻、妁]、s(俗、颂、讼、诵)、x(夕、习、象、续)、q(雀、鹊)、d(掇、裰)、n(碾、蹍)、c(侧)、o(扎$_{\sim绵花}$、屿)。

---

① (口)表示口语音。

② (俗)表示俗读。

③ (又)表示又音。

④ 因为普通话保留了中古时代的 z、c、s 和 zh、ch、sh 两套塞擦音和擦音，广州话则合并为 z[tʃ]、c[tʃ́]、s[ʃ]一套。

c(q)[tʃ′]-c[ts](草、层、词、从)、ch(茶、东、陈、吹)、sh(设、始、奢、恃)、x(详、寻、膝、蓄)、q(千、妻、前、切)、zh(昭、诊、衷、柱)、z(坐、澡、贼、噪)、q(倩、窃、茜~草)、j(缉通~、辑、歼、践)、t(獭)。

s(x)[ʃ]-s(三、送、苏、岁)、sh(沙、山、烧、书)、ch(常、成、纯、船)、x(西、细、先、笑)、c(从~容、篡、粹、悴)、zh(兆、峙、肇、篆)、r(瑞)、j(圾)、d(石一~谷)、O(檐飞~)。

(二)广州话 ng[ŋ]声母是普通话所没有的，它分别与普通话的下列声母相对应：ng[ŋ]-o(岸、外、牙、银)、n(牛、逆、霓、倪)、x(淆、肴)、d(呆)、g(勾、钩)、q(迄)。

(三)分清送气和不送气声母各自统属的常用字的读音

普通话和广州话都有不送气声母 b、d、g 和送气声母 p、t、k，但是普通话有一部分不送气声母 b(如：傍、蚌、棒、抱、刨、蓓、倍、鄙、濒~临)、d[如：韪、傣(俗)、疸、淡(口)、睇、缔、娣、滇、肚、断(口)、盾、舵、驮]、g(如：概、溉、给、沟、佝、箍、括、鸹、剑、馄~边、聒)的字，广州话属送气声母 p、t、k。反过来，普通话有一部分送气声母 p(如：泮、畔、叛、迫、湃、乒、乓、胖、啤、品、坡、鄱、仆、濮、埔黄~、堡、瀑~布、曝)、t(如：踏、沓、特、悌、凸、突)、k(如：咖、锴、扛、窟、匮、馈、篑)的字，广州话则分别属不送气声母 b、d、g。这是北方人说广州话时常常容易说错的。

(四)普通话和广州话都有 g、k、h 声母①，但彼此的对应关系相当复杂。这也是北方方言区人学习广州话的难点之一。下面分别列出广州话的 g、k、h 声母与普通话相应声母的对应关系和例字：

g-g(该、高、哥、公)、j(机、鸡、急、家)、q(杞、讫、羌、揿)、x(廨、莒)、h(饸)、k(扛)。

k-k(卡、楷、杭、靠)、q(其、强、琴、倾)、j(级、决、舅、距)、g(概、购、沟、给~他)、f(科、苦、快、阔)、x(吸、溪、絜、撷)、h(郝、壑、豁)、l(咯~血)。

h-k(开、看、可、空)、h(海、汉、号、红)、x(希、喜、戏、香)、q(起、气、去、牵)、j(侥~幸、圈关闭)、g(汞、坩)、ch(吃)、sh(厦)。

(五)普通话和广州话都有 w，两者除了互相对应外，普通话的 w 还与广州话的 m、ng、y[j]、f 对应。北方人说广州话时，有时容易用自己的语言习惯来

---

① 中古时代的“尖音”与“团音”两组声母在普通话里合并为 j、q、x(如：精~京、前~乾、西~希)，而广州话仍保留了两套读法(团音读 g、k、h)。普通话的 h[x]为舌根清擦音，广州话的 h[h]为喉部清辅音。

代替广州话的音。例如：

w－m(万、文、无、问)、ng(外、我、午、伪)、y[i](完、婉、丸、翁)、f(鲔、洧)。

(六)广州话 ê[oe, ɸ]类韵母是普通话所没有的，北方方言区人很难发准确这类韵母，而且也不知它们与普通话的哪些韵母相对应以及它们各自统属的字音，下面列举它们的对应关系和例字：

ê－uo[朵(口)]、ü(锯)、üe(靴)。

êu－ui(吹、对、水、最)、uai(衰、帅、揣)、ü(取、举、去、女)、ei(雷、累、类、泪)、i(里$_{\text{～面}}$、戾、隽、裔)、ou(佝)、u(除、厨、躇、墅)。

ên－un(春、论、唇、准)、in(秦、邻、信、进)、uan(卵、湍、疃、隽)。

êng－iang(抢、详、香、向)、ang(长、羊、上、张)、uang(双、窗、霜、孀)、an(爿)、ia(俩)。

êd－u(出、术、述、卒)、uo(咄、饳、拙、猝)、ü(律、率$_{\text{速～}}$、恤、戌)、uai(摔、率$_{\text{～领}}$、蟀)。

êg－uo(戳、卓、桌、若)、ao(勺、绰、著$_{\text{高～}}$、芍)、üe(却、略、约、跃)、iao(药、脚、削、钥)、ü[吁$_{\text{呼～}}$、醵$_{\text{(又)}}$]、e(著$_{\text{等～}}$)。

(七)广州话和普通话都有 o① 和 ou 韵母，但对应关系比较复杂。另外，广州话的 oi、on、ong(ɔŋ)、od、og 韵母是普通话所没有的。北方方言区人说广州话时，往往发不准确带这类韵母的字音。因此，首先必须学会发这些韵母，然后弄清彼此的对应关系和它们各自统属的常用字的读音。广州话的 o[ɔ]韵母，除了与普通话的 o 韵母对应外，还与普通话的下列韵母相对应：

o－uo(错、多、火、坐)、e(歌、可、个、和)、u(初、楚、梳、助)、a(旯)。

广州话的 ou 韵母主要与普通话的 ao 韵母相对应，其次与 u，少数与 uo、o、ou 韵母相对应。

ou－ao(保、草、好、老)、u(布、度、路、无)、uo(措、做、厝、胙)、o(摸、模、摹、谟)。

广州话的 oi 韵母是普通话所没有的，它主要与普通话的下列韵母相对：

oi－ai(哀、爱、海、来)、ei[耒、诔、内、馁$_{\text{(又)}}$]、e(颏)、uai(甩)。

广州话的 on 韵母与普通话的 an 韵母对应，只有个别字例外，例如“摁”字普通话韵母是 en。

广州话的 ong[oŋ]韵母与普通话的下列韵母相对应：

---

① 广州话的 o 是[ɔ]，普通话的 o 是[o]。

ong[oŋ] －ang（帮、方、旁、忙）、uang（床、光、黄、装）、iang（江、讲、降、腔）。

广州话的 od 韵母与普通话的 e 韵母相对应，例如“割、葛、曷、鹖、鞨、喝、褐、渴”普通话的韵母是 e。

广州话的 og 韵母与普通话的下列韵母相对应：

og－uo（国、作、落、托）、e（各、乐快～、壳、恶～劣）、o（驳、薄、剥、莫）、u［缚、幕、扑、塑(俗)］、ao（薄厚～、雹、洛、郝）、üe（角～斗、觉知～、学、乐音～）、iao（角牛～、壳）、a（咯～血）。

（八）广州话的－m 韵尾是普通话所没有的，它与普通话的－n 韵尾相对应。北方方言区人说广州话时往往用－n 韵尾去代替广州话的－m 韵尾。下列列举广州话的－m 类韵母与普通话相应韵母的对应关系以及它们各自统属的例字：

am－an（参、胆、蓝、三）、ian（减、监、咸、岩）、ai（癌）。

em[ɐm]－an（甘、敢、砍、含）、in（琴、金、禁、林）、eng（泵）、ang（乒、凼）、ian（捐、嵌）、ün（寻、浔、鲟）。

im－ian（点、店、捡、尖）、an（占、闪、蝉、瞻）、in（锓）、a（腊）。

（九）广州话 ei、eo、em、en、eng、eb、ed、eg 中的 e 是短[ɐ]，它们与 ai、ao、am、an、ang、ab、ad、ag 中的长 a[a]处处有对立，例如“三”sam[ʃam]、“心”sem[1][ʃɐm]、“街”gai[1][kai[53]]、“鸡”gei[1][kɐi[53]]。普通话没有短 e[ɐ]类韵母。所以，北方方言区人学习广州话的短 e[ɐ]类韵母以及掌握它们各自统属的常用字的读音相当困难。下列列出广州话短 e[ɐ]类韵母与普通话相应韵母的对应关系，以及它们各自统属的常用字：

ei[ɐi]－i（闭、齐、米、替）、－i[ʅ]（使、世、势、制）、ai（矮、仔、逮、筛）、o（跛）、ie（切一切、携）、ei（废、危、为、位）、ui（归、贵、鬼、惠）、uai（拽、踋）。

广州话 eb[p]、ed [ɐt]、eg [k]韵母与普通话相应韵母的对应关系及它们各自统属的例字见“二”例。

eo [ɐu]－ou（欧、抽、豆、口）、iu（秋、臭、修、酒）、u（浮、蜉、埠）、iao（芜）。

en [ɐn]－en（奔、趁、分、真）、in（宾、亲、斤、民）、ing（槟、禀、亲～家）、un（墩、炖、吞、魂）、ün（训、菌、群、匀）、iong（窘）、iao[捻(口)]。

eng[ɐŋ]－eng（层、灯、等、生）、ing（行、杏、盟、凭）、en（肯、啃、旦、揹）、ong（轰、宏、弘）。

（十）普通话的 e[ɤ]、i[l1，ʅ]韵母是广州话所没有的，北方方言区人说广州话时应避免用自己的语言习惯把这些韵母带进广州话中去。下面把普通话的这些韵母与广州话相应韵母的对应关系及各自的例字列出，以供学习：

e[ɣ]－o（科、哥、可、和）、od（割、喝、褐、渴）、og（恶、各、壳、乐快~）、ag（格、客、责、择）、eg[ɐk]（德、则、肋、塞）、eb[ɐb]（合、鸽、瞌、蛤）。－l[1]－i（子、巳、字、词）、éi[ei]（死、四、肆、驷）。－i[ʅ]－i（知、指、市、时）、ig（织、直、识、食）、ei[ɐi]（使、世、势、制）、ed[ɐt]（失、实、质、室）、ég[ɐk]（尺、吃、石、只一~鸡）、eb[ɐp]（十、湿、汁、执）、ag[ak]（掷、踯）。

（十一）了解并掌握两者在声调方面的差异和彼此的对应关系

普通话只有阴平、阳平、上声、去声四个声调，而广州话则有阴平、阳平、阴上、阳上、阴去、阳去、上阴入、下阴入、阳入九个声调，彼此在调类、调值和调型方面都有相当大的差别，如：

广州话	阴平	阳平	阴上	阳上	阴去	阳去	上阴入	下阴入	阳入
	˥ ˥˧	˩	˧˥	˩˧	˧	˨	˥	˧	˨
	55 53	11	35	13	33	22	5	3	2
普通话	阴平	阳平	上声		去声		阴平　阳平　上声　去声		
	˥	˧˥	˨˩˦		˥˩				
	55	35	214		51				

两者的对应关系也很复杂。这是北方方言区人学习广州话的一大难点。下面列举两种话声调的对应关系（有＊号者为主要对应关系）：

普通话　　广州话

阴平——＊阴平（妈、花、他、诗）、阴上（摸、稍、体、拥）、阴去（播、煽、钢、杉）、阳平（湖、帆、期、危）、阳上（镪）、阳去（待、龅、闷、仆前~后继）、上阴入（出、击、七、曲）、下阴入（跌、接、托、作）、阳入（瞎、拨、肋、夕）。

阳平——＊阳平（才、平、人、文）、阴平（扛、蚊、揩、魔）、阴上（卵、脯胸~、糅、䃅）、阴去（炸~鱼、疼、鄱）、上阴入（德、福、骨、足）、下阴入（国、博、节、洁）、阳入（白、别、服、合）。

上声——＊阴上（口、比、好、手）、＊阳上（老、女、买、有）、下阴入（百、尺、法、角）、阴去（柄、伞、悔、讽）、阴平（挑、岗、谎、挤）、阳去（捕、尽、导、伪）、上阴入（北、笔、曲、色）、阳平（场、蒙、筒、傻）、阳入（辱、属、蜀）。

去声——＊阴去（爱、对、菜、过）、＊阳去（大、代、共、饭）、阳入（力、木、入、麦）、上阴入（毕、促、克、亿）、下阴入（发、设、壳、客）、阳上

(抱、奋、妇、议)、阴平(爸、框、剂、挣)、阴上(境、映、俸、院)、阳平(瞭~望、忘、旋、谊)。

二

词汇是语言的三个组成部分(语音、词汇、语法)之一，它是造句的材料。方言词汇是记录和表现社会生活最直接的语言要素。不同的社会生活、不同的自然环境和不同的历史文化背景，都会在词汇上反映出来。要想学好广州话，只学会语音不行，还要认真学习广州话的方言词语，了解广州话与普通话在词汇方面的主要差异。

广州话的方言词语非常丰富、生动和富于表现力。它占词汇总量的三分之一以上，而在口语中，方言词的出现频率占近百分之五十。下面着重从词形、词义、词源、方言创新等方面来分析广州话和普通话在词汇方面的主要差异，以供学习。

一、词形和词义方面

(一)与普通话词义相同，词形有别的

这类词在广州话中不下数千个，占广州话方言词语的一半以上(其中名词最多，动词、形容词次之)。它是广州话词汇与普通话词汇不同的主要表现。其中又分两类：一类是词义相同，词形完全不同的，如：心抱(媳妇)、脷(舌头)；谂(想、考虑)、孭(背)；牙烟(危险)、叻(聪明、能干)、乜嘢(什么)、边个(谁)；逢亲(凡是)、冚唪呤(统统)；喺(在)、运(从)；同埋(和)、唔单只/止……重……(不但……而且……)、嘅(的)、咗(了)；咩(吗)、啩(吧)；窦(棵)、嚟(股味儿)。另一类是词义相同，词形部分不同的，如：知(知道)、蚁(蚂蚁)、鼻哥(鼻子)、抵死(该死)、多谢(谢谢)、刁蛮(蛮横)、地拖(拖把)、高佬(高个儿)、手指公(大拇指)、薄英英(薄薄的)、单车(自行车)。

(二)与普通话词形相同或相近，词义有别的

有四小类：1. 词形相同或相近，词义有关，但差别很大，甚至相反的。如广州话的“屋”，相当于普通话的“房子”，而普通话的“屋子”，则相当于广州话的“房间”。广州话的“喊”相当于普通话的“哭”，而普通话的“喊”，则相当于广州话的“叫”。2. 词形相同，词义完全无关的。如广州话的“豆皮”相当于普通话的“麻子”。它跟豆子的皮儿或豆腐皮儿完全无关。3. 词形相同，但词义范围大小不同的。如广州话的“话”这个词，包含普通话下列各义：(1)话；(2)告诉；(3)说；(4)劝告；(5)认为；(6)责备。它的词义范围比普通话大。普通话“走”一词的词义范围包含：(1)人或鸟兽的脚交互向前移动；(2)跑，奔走；(3)移

动，挪动；(4)往来运送；(5)(亲友之间)来往；(6)离开；(7)去；(8)通过，由；(9)漏出，泄漏；(10)改变或失去原样；(11)经过。但广州话的“走”只有其中(2)(6)(10)三个义项及(3)(5)(9)的部分含义。4. 词形相同或相近，但词义的灵活性不同的。广州话中有好些多义词的词义范围很不固定，往往要在具体句子中才能确定它的实际词义，这是北方方言区人很难掌握的。例如“鬼”这个词具有多种意义和多种词性。它既可以用来修饰好的、美的事物，又可以用来形容坏的、丑的事物。它可以作名词、代词和形容词，或起副词、语气词的作用：(1)作名词，与普通话同；(2)作代词，相当于“谁”：“鬼叫你唔听话”；(3)作形容词，相当于“奇怪”：“真系鬼喇，食咗呢种药即刻就好晒”；(4)用在代词“咁”前作副词，或在“噉”前作程度补语，相当于“非常”“十分”“很”“极”“……得很”：鬼咁靓、丑怪到鬼噉；(5)插在某些词组或复音词中间，或用在副词“好”(很)的后面，有加强语气的作用：边鬼个咁反斗(谁那么顽皮)；(6)用在动词或代词“乜”(什么)的后面，表示说话人对某事抱否定的态度：睇鬼咩(还看什么)！重玩乜鬼呀(还玩什么)！这类词义不固定的多义词，在广州话里还有很多，如“死”、“巴闭”、“论尽”、lao^2gao^6，等等。这是北方人学习广州话时比较难掌握的。

(三)丰富生动的同义词

广州话的同义词很丰富，词义分得很细致，并且很生动、形象，这是词汇丰富的表现。例如“打”这个意思，由于打的方式、程度、心理状态和感情色彩有所不同，就有如下十多个同义词：表示一般的打叫“打”；用拳头由上而下打叫“舂”；用拳头打而语气稍重叫“扰”；用手背打叫“挞”；用手掌打叫“掴”；用手掌从上而下打叫“冚”；用木棍或其他硬而长的物体打叫“擈”；力稍轻的打叫“敲”；同时用几根小枝条打叫“捅”；曲着指节从上往下打(敲脑袋)叫“凿”；用较隐蔽的方法打叫“做”；狠狠地揍叫“砌”，等等。又如“吃”这个动作也有好些同义词：一般吃叫“食”；比较通俗的说法叫“吃”；比较不文雅的说法叫“擦”；勉强吃叫“挣”；拚命地填塞叫“枳”；等等。

除了近义词同义词外，等义词、同义词也不少。例如，普通话“小孩”这个词，广州话有“细蚊仔”“细路”“细路仔”“细佬哥”等同义词。普通话的“婴儿”，广州话有“BB仔”“B仔”“臊虾仔”“牙呀仔”等同义词。北方方言区人说广州话时，往往无法使用这些丰富的同义词。

(四)通过词的内部曲折形式来改变词义和词性

广州话有些词可以靠声调变化或变调加重叠来改变词义。例如“大”原属阳去调 dai^6，在“咁大”中念原调 gem^3dai^6，是“这么大”的意思；念高升变调 gem^3dai^2，是“这么大而已”的意思；念高平变调 gem^3dai^1，是“这么小”的意思；念高平变调加重叠gem³ dai¹ dai¹，是"这么小小的"意思。有些词可用变调来表示动作的完成与未完成，如"食"这个词，原为阳入调，在"我食喇"中念原调 xig⁶ 时，不表示动作完成，属"未完成体"；念作高升变调则表示动作已完成，成为"完成体"。有些词可用重叠加变调或重叠、变调加助词"哋"表示程度深浅。例如"靓"原为阴去调，念原调 léng³，如"佢好靓"中的"靓"，表示一般的"靓"(漂亮)，重叠为"靓靓"后，第一个音节变读高升变调 léng² léng³，则表示"很漂亮"的意思。重叠后，后一个音节变为高升变调，再加上一个结构助词"哋"，即"靓靓哋"léng² léng² déi²，则表示稍为漂亮的意思，程度浅了。还有些词可用变调加元音变化，或变调加元音变化并重叠来表示多少的。例如，"多"在"咁多"中念原调 gem³ do¹ 表示"这么多"；如果把"多"改变元音和改读高平变调 gem³ dê¹，则表示"这么少"的意思；如果"多"改变元音，改读高平变调并重叠成 gem³ dê¹ dê¹，则表示"这么一点点"的意思。另外，还有些词可以靠声调变化来改变词性的，如"话"读 wa⁶ 是动词，读 wa⁶⁻² 是名词；"架"读 ga³ 是动词，读 ga³⁻² 是名词；等等。像上述这几类通过词的语音内部曲折形式来改变词义和词性的语言现象，普通话是比较少见的。北方方言区人学习广州话时应注意这几类词。

二、词源方源

广州话方言词语的来源主要有下列两方面：

(一)从古代汉语中继承下来的

可分为两类。一类是广州话独自保留的古汉语词语，如：睇(看)、扰(捶、砸)、罂(陶瓷或玻璃的口瓶)、九大簋(丰盛隆重的筵席)、揼(用棍子打)、剎(钳拔)、刡(削)、姣(淫荡)、鬱(弄弯或折断)、赧(裂)、悭(节俭)，等等。另一类是广州话保留的古汉语词，在普通话中仅见于文言词或成语，口语已经不单独使用。其中有些可以用来作构词成分，如：知、食、饮、禾、终须、卒之、于是乎、姑勿论、颈，等等。

(二)从其他民族语言吸收过来的

广州话的外来词比较多，其中英语借词最多(较常用的有二百多个)如：1. 直接音译：巴士(bus 公共汽车)、的士(taxi，出租汽车)、燕梳(insure，保险)、菲林(film，胶卷)、波(ball，球)、祆(tie，领带)、唛(mark，商标)、花臣(fashion，款式、时髦)、士巴拿(spanner，扳手)、贴士(tips，赏钱、小费)，等等。2. 音译加说明词的：恤衫(shirt，衬衣)、喼帽(cap，便帽)、泡打粉(powder，发酵粉)、蛋挞(tart，一种点心)，等等。3. 音意兼译的：可口可乐(Coca Cola)、的确良(dacron)，等等。4. 完全意译的：热狗(hot dog)。其次为少数民族词语的同源词，如：呢 ni(这，壮语 nei⁴，黎语 nei²)。虾 ha [hɑ^{53}](欺压，壮语[ha^{24}])、唔 ngam'[ŋam^{55}](刚刚，壮语[ŋam^{35}])、甩 lad'[lɐt](脱落，黎语[lat^{55}])、口 lém^{2}[lɛm^{35}](舔，黎语 [lɛm^{33}])、南 nam^{3}[nam^{33}](跨，黎语[ȵam^{55}])、谂 nem^{2}[nem^{35}](想，瑶语[nǎm^{52}])、骰 ngau^{4}[ŋau^{11}](弯曲，瑶语[ŋau^{11}])。上述两类词也是北方方言区人学习广州时较难掌握的。

三、方言创新的

每一个方言区都有自己独特的自然环境、历史状况、风土人情、生活习惯和土特产，这些也必然要反映到方言词汇中去，例如：

1. 由于地理、气候的特殊情况造成的：粤方言区终年不下雪，也极少结冰，因而群众容易造成冰雪不分，如普通话的“冰箱”“冰棍”，广州话叫“雪柜”“雪条”。此外，霜、雹也和冰、雪混淆起来，如植物霜冻死广州话叫“雪死”，“雹子”叫“雪珠”。

2. 反映方言区特殊事物的：“拍拖”一词原指珠江河面一艘带动力的船和一艘无动力的船并排拖着航行，后引申为男女并肩挽手而走，或谈恋爱。“骑楼底”指为了适应多雨天气而建造的有楼房跨着的人行道。“王老吉”是一种凉茶。

3. 反映方言区经济、文化特殊面貌的：“揾米路”，大米是粤方言区群众的主食，有米才能活。所以用“揾米路”来指谋生手段。“大排档”，指领有营业执照的饮食摊子或小吃店。“古仔”，即历史故事。

4. 反映方言区群众生活特点的：“冲凉”，粤方言区天气比较炎热，人喜欢洗澡，洗后凉快，故称洗澡为“冲凉”。“茶居”，粤方言区人喜欢上茶馆喝茶吃点心，“茶居”即茶馆。“三鸟”，指鸡、鹅、鸭。

5. 反映方言区群众风俗习惯的：“挥春”，指春节时贴的对联。“自梳”，旧社会珠江三角洲南海、番禺、顺德等地不少少女有不结婚的风气。女子到了成年时，将头发梳成髻，表示从此不嫁人，叫“自梳”。“姜酌”，旧指小孩满月时的酒席。

6. 反映群众宗教信仰的：“南无佬”，即“巫师”。“师姑”，即“尼姑”。“庙祝公”，即“看庙的人”。“拜山”，即“扫墓”。

7. 反映忌讳心理状态的：“膶”，即肝。因“肝”与“干瘪”“干枯”的“干”同音，忌而改读滋润的“润”音，并创造方言字“膶”。“脷”，即“舌头”。因“舌”与“蚀”同音，忌而改读“吉利”的“利”音，并创造方言字“脷”。“猪红”，即“猪血”。因忌“血”而改“红”。

8. 方言行业语：“波”即“排档”，“刺住”即“五”，“火嘴”即“火花塞”。“孔明借箭”，一种美食名，猪肘子炖好后放进生猛的泥鳅，泥鳅因受热而拼命往猪蹄膀里钻，像箭射的一样，因而得名。

除上述这些独特的方言词外，有很多并不能明确地指出其反映了什么地方特色，只能说它们本身与普通话不同罢了。这其中包括了大量的基本词汇。例如：餸(菜肴)、瘀(疤)、求其(随便)、嘢(东西、事物)、挽(提；提溜；挎)、掟(掷)、掂(妥当)、屎皮(差劲)、帮衬(光顾)、拌(舀；盛；撮)、掗(占；张开)、巴揸(多嘴；爱管闲事)、奸赖(赖皮；耍赖皮)，等等。

三

了解广州话与普通话在语法方面的主要差异。

广州话与普通话的基本语法虽然大致相同，但在词法和句法方面也有一些差别，例如：

一、词法方面

广州话中有一些词，从形式上看像词组而不像词，但实际上它们在句子中是当词使用的。它们的词义不是几个词素字面意义的相加，而是另有所指的。例如：卖猪仔(旧时劳动人民被人口贩子诱骗到外国去做苦工，没有人身自由，就像牲口一样)，削死牛(拦路抢劫)、扰心口(因懊悔而捶胸；敲诈勒索)、食死猫(背黑锅)，等等。这类，我们也把它当词看待。

普通话的构词形式，广州话基本都有，但在各种构词法所构成的词里面，彼此都有许多词形不同的词。另外广州话也有一些独特的构词法。

广州话单纯词的类型与普通话基本相同，例如单音词：脷(舌头)、嘢(东西)、孭(背；承担某种责任)、刮(刺)、翕(棵)；联绵词：蟛蜞(一种小螃蟹)、蟧蟧(大蜘蛛)；双声词：啰挛(小孩由于不舒服而啼哭；肚子不舒服的感觉；由于身体不舒服而在床上辗转反侧)、求其(随便、马虎)；叠韵词：甲由(蟑螂)、腌尖(爱挑剔的)；拟声词：嘞、时哩沙啦；音译外来词：祆(领带)、巴士(公共汽车)。

广州话的合成词的类型与普通话基本相同，但也有它自己的构词上的一些特点。例如：

(一)联合式：广州话的联合式有两类，一类是并列两部分是均衡的，如“横啫”“知书识墨”；另一类是并列两部分不均衡的，如“口水痰”“晚头夜”，并列两部分是二对一，前二后一，同时指同一事物；“老实威”“大咀衰”也是二对一的联合，并列的两部分结构是不一致的。“腌尖腥闷”是单纯词与联合式并列的；“黄泡髧熟”，前一部分可独立，后一部分不能独立，但它们确实是一个联合结构；“冤崩烂臭”中的“崩”没有实在意义，“冤崩”也不能独立成词。它是一种结构比较特殊的不均衡的并列联合式。另外，广州话中还有一种三个词素并列的联合结构，如“滚热辣”“酸馊臭”“清补凉”。这种由三个形容词词素组成的形容词(前二例)或名词(后例)的格式，在普通话中是罕见的(它与普通话“数理化”“工农兵”“逼供信”一类的简缩词性质不同)。

(二)偏正式：一般的偏正式的结构是前偏后正，即修饰语在前，中心词在后，如“叻仔”“豆沙喉”“熠熟狗头”“桑寄生茶”。广州话还有一种前正后偏的结构，如“人客”(客人)、“猪乸”(母猪)、“黄瓜酸”(酸黄瓜)、“鸡项”(小母鸡)、“萝卜膶”(干萝卜)、“匙羹”(羹匙)、“饽铛” $bog^3 cang^1$ (烙饼)、“妾侍”(侍妾)、“米碎”(碎米)。这种结构形式是普通话所没有的。北方方言区人说广州话时必须小心使用这类词。

(三)动宾式：这种结构的词前一个词素表示动作，后一个词素是受这个动作影响或支配的，如：刮龙、失魂、孭镬。普通话中这种结构的词大多数是动词，少数是名词。广州话则除了动词、名词外，还可以构成形容词，如：吊瘾、反骨、爆棚、生性。

(四)动补式：这种结构广州话和普通话大致相同，如：乌低、匿埋、梳起、埋嚟。

(五)主谓式：这种结构前一词素表示被陈述的事物，后一词素是陈述前一词素的，如：肉赤、头荧、喉急、火滚、口疏。普通话这类结构的词多为形容词，而广州话这类结构构成的形容词有时也可以作动词用，如“使乜咁肉紧佢呀?”“你咁眼冤做乜嗝?”

(六)重叠式：广州话的重叠式有两类。第一类是与普通话基本相同的，如AABB式：“癫癫废废”“巴巴闭闭”“快快脆脆”“戆戆居居”。这是形容词重叠，重叠后增加了强调的意味。另外，还有名词或动词重叠的，如“埕埕塔塔”“饮饮食食”。ABAB式：“欢喜欢喜”。ABAC式：“系威系势”“滚红滚绿”“整鬼整马”“胡天胡帝”。ABCC式：“笑口吟吟”“大只骡骡”“老友鬼鬼”。A里(哩)AB式：“花哩花碌”。AABC式：“头头是道”。ABCB式：“口服心服”。第二类是与普通话重叠的格式表面相同，但实际有很大的差别的，如AA式：“日日”“犇犇”“食食”“谂谂”。单音名词或量词的重叠，有“每一”或“多”的意思；单音动词的重叠，有“尝试”的意思。这是与普通话相同的。除此之外，广州话还有单音形容词的重叠，如“靓靓”“白白”“凉凉”“圆圆”“红红”“长长”。这种重叠可以通过不同的变调表示不同的意思。[见上文一、(四)例]ABB式：“多罗罗”“肥揗揗”“荧焓焓”“若刁刁”。这种一个形容词带两个衬字的重叠式，重叠部分起强调、修饰作用，表示程度加深。同时，一个形容词如果带上不同的重叠成分，它就可以表示不同的意义或不同的感情色彩，如“白雪雪” $bag^6 xud^1 xud^1$，表示雪白(白得可爱)；“白晒晒” $bag^6 sai^4 sai^4$，表示惨白(白得难看)；“白蒙蒙”

bag^{6}mung^{1}mung^{1}，表示粉白。广州话还有以名词带一个重叠部分的。这个重叠部分是动词或形容词，起着说明的作用，等于一个主谓结构的词的陈述部分重叠了，如“牙斩斩”“心思思”“手多多”“面红红”。这类格式多用于人体各部（特别是五官）。由于以眼睛表示的情感特别丰富，因此以“眼”为词根的就特别多，如“眼凸凸”“眼甘甘”“眼蒙蒙”“眼坦坦”“眼屈屈”，等等。AAB 式的种类繁多，如，(1)衬字+字+动词词素：沙沙滚、喙喙吊；(2)衬字+衬字+形容词词素：啰啰挛、立立乱（这类词大多数从两个音节的词扩展而来的，如“啰挛”“立乱”）；(3)形容词词素+形容词词素+名词词素：急急脚；(4)动词词素+动词词素+名词词素：碾碾脚、搡搡斋；(5)拟声词词素+拟声词词素+名词词素：啦啦声、呜呜声。上述五类其实属于偏正结构，前偏后正。广州话还有一类AAB 式的结构比较特殊，前面是动词的重叠，后面带一个衬字或逐步虚化的实词素，如：搞搞震、浮浮泛、嘟嘟贡、死死下。这类词主要意思在前面重叠的动词，后面部分起衬托作用，整个构成一个形容词或动词。这种结构普通话没有，北方人应该注意学习。

（七）附加式：广州话常用的词头有“亚（阿）”，如“亚禢”；“第”，如“第㕭”；“老”，如“老公”。广州话有些词尾比较特别，例如：“仔”，放在名词、形容词或偏正词组和动宾词组后面，有“小”的意思，如“狗仔”“肥仔”“百厌仔”“睇牛仔”；有时带有轻蔑含义，如“戆居仔”“孤寒仔”；有时仅作名词的标志，如“烟仔”“歌仔”。“佬”，加在名词或动宾结构后面，表示成年男子，如“泥水佬”“飞发佬”。有时“佬”加在形容词或地名后面，带有轻蔑的意思，如“傻佬”“孤寒佬”。“婆”，表示成年女子，如“事头婆”“媒人婆”；有时带有轻蔑的意思，如“衰婆”“八卦婆”。“女”，指小女孩或年轻姑娘，如“乖女”“叻女”；有时带有轻蔑的意思，如“戆女”“靓 léng$^{3-1}$女”。“鸡”，加在某些动词后面仍为动词，如“走鸡”“捞鸡”；加在某些名词后合成名词，有轻蔑之意，如“小学鸡”；加在某些形容词后仍为形容词，如“滞鸡”。加上这个词尾后，增添诙谐味道，一般不在比较严肃的场合使用。“斗”，加在某些动词后成为动词或形容词，如“冚斗”“反斗”；加在某些形容词或名词后组成形容词，如“正斗”“屎斗”。加“斗”后，增添了诙谐味道，较严肃的场合一般不用。“包”，无论词根是名词、动词还是形容词，加上“包”后，同样组成名词，如“女包”“喊包”“宿（馊）包”。加“包”后，有轻蔑味道。“哥”，加在表示人的名词后面，表示青年男子，如“新郎哥”“学生哥”。有时放在表示某些器官的名词后面，如“鼻哥”“膝头哥”。广州话还有三个中缀“晒”（乱晒坑）、“乜”（容乜易）、“唔”（耐唔中）。嵌入中缀后，词义略有改变。加“晒”的词有的结构比较松散，抽去“晒”后仍可成词独用，如“乱晒龙”“蚀晒底”；有些结构比较紧密的，“晒”一般不能抽去，如“乱晒坑”。不论能否抽去，加进中缀都有“完”“全”，即程度到了极点的意思。“晒”一般可以改用“咗”强调动作完成。加中缀“乜”“唔”的较少。“容乜易”是“很容易”“多容易”的意思。“耐唔中”与“耐中”同义，都表示“有时”“偶尔”的意思，“唔”这个中缀在这里是没有意义的。

(八)实词素带衬字的：有四类，第一类是单音形容词词素带两个不同的衬字的(这一类很多)，如“红当荡”“花哩碌”“阔咧啡”“直笔甩”。其中两个衬字是双声或叠韵，仅仅是一种声音的衬托，以增加词的音乐美，没有什么实在的意义。普通话没有这样的结构。第二类是单音形容词带三个不同的衬字，如“黑右勒特”“花哩胡碌”“恶死能登”“疏哩大嘩”。这类词只有开头一个词根有意义，后面三个衬字只起加深程度的作用。第三类是双音名词或以名词为中心词的词组带两个不同的衬字。如“胡须勒特”“巢皮睋嗑”“瘦骨□[lai⁴]柴”。这类词也是双声或叠韵的，起加深程度的作用。这也是普通话所没有的。第四类是动宾结构带两个不同的衬字，如“龇牙�哨”。这种带衬字的结构，什么词根带什么衬字有一定的习惯，不能乱套。

(九)四字式：胡哩马杈(乱七八糟)、胡私擘拆(乱七八糟)、乌里单刀(糊里糊涂)、沙哩弄铳(鲁莽、轻率)、乌蓝狗类(肮脏)。

除了构词结构的差异外，广州话有一套独特的量词和语气词，北方方言区人必须认真学习它们。

1. 量词

(1)名量词——广州话和普通话的名量词只有少数是词形相同的，其余绝大部分都不相同。即使是词形相同的量词，它们的使用范围和结合能力均有差别。例如：专用名量词有表示长度的：码(一公尺)、骨(1/4 英尺，借自英语 quarter)、揇(拃)；表示距离的：甫(十田路)；表示重量的：安士(英两，借自英语 ounce)；表示货币的：毫子(角)、文(元)、文鸡(元、块钱)、皮(元)、粒神(角)、撇嘢(千元)；表示计时的：字(五分钟为一个字)、骨(一刻钟为一个骨)。除上述这些以外，还有很多独有专用的名量词(其中有些是双音节的)，如：啲(些、点)、皮(号、层)、爽(截)、停(种)、唞(层)、蔸(棵、丛、条)、朕(股、陈、缕)、飕(股味儿)、丁(个)、夫(块)、卖(计算炒粉、面的单位)、火(烛光)、窦(窝)、戙(摞)、孖(双、对)、啤(对，借自英语 pair)、梳(计算成排的单位，如：一梳香蕉)、棚(排)、揪(串)、揪喽(嘟噜)、咁(块、团)、咁漏(团)、□□kueng³leng³(嘟噜)。借用名量词(借用名词或动词作名量词)，如：辘(截、段)、穷(嘟噜)、翕(棵)、笃(泡)、楷(瓣儿)、窟(块)、橛(截)、底(整块)、笪(块)、唛(铁矸)、杠(箱子)、喼(皮箱)、罂(瓦罐)、笠(筐子)、执(撮、把)、拃(把)、抽(嘟噜)。

广州话名量词的语法特点：甲、可以单独运用。例如：名量词后面紧接着“半”和表示概数的“儿”“零”，而数词是“一”的，那么，名量词可以单独运用，如“个儿银钱”“点零钟”“畀本书我”；量词“晚”“日”“朝”“年”在“有”“冇”“第”后面，可以单独运用，如“有年”、“冇晚”、“第日”；名量词所限定的宾语提前后，此量词可单独留在原位，如“佢悭皮到书都唔舍得买多本”。在及物动词后面的数量词组，若数词是“一”，则数量词可以省去，留下量词单独运用，如“佢想买间屋”；当数词组前是“成”，而数词是“一”时，量词可以单独运用，如“我等咗你成个钟头”。乙、有些名量词单独运用时，具有指示代词“这”“那”或“这些”“那些”的作用，例如，单独作主语的修饰成分时，这个量词就有指示代词的作用，如“张画好靓”（这张画很漂亮）。一般不定量词“啲”单独运用时，都具有指示代词的作用，如“啲人好好心”（这些人心肠很好）。丙、名量词单独运用，有时还具有普通话结构助词的作用，如“你个眼近视”（你的眼睛近视）。丁、当大小几个度量衡单位使用时，最后一个可以省略，如“五斤三”（五斤三两）、“四文三毫七”（四元三角七分）；戊、可以在没有数词或指示代词的情况下受形容词“大”“细”的修饰，如“呢个苹果大个”“吖张被细张得滞”。

(2)动量词——专用的：啖(口)、匀(次、趟)、铺(盘)、仗(次、回、趟)；借用的：轮(回)、排(一段时间)、巴(巴)、锤(拳)、水(次)。

广州话动量词的语法特点：甲、动量词前面的数词“一”，一般是不能省略的，但在动量词“啖、下、餐、铺、场”前面，数词“一”可省略，例如“请你睇场电影”“我饮咗淡酒”；乙、专用动量词“下”几乎可以作所有动词的计算单位，并且往往直接跟在动词后面，例如“你睇下封信啦”（你看一看那封信吧）；丙、动量词“下”可以和动词组成“动词＋动词＋下”或者“动词＋下＋动词＋下”的格式，例如“佢睇睇下瓣起上嚟”“佢唱下唱下突然间停咗”。

2. 语气词

广州话的语气词自成体系。除了单音的语气词外，还有二至三个音节的语气词，总共有五十多个。例如：

(1)疑问语气：咧 lé⁴，表示商量，征求意见。咩 mé¹，表示说话人对某事已知或略有所知。㗎 ga⁴，表示对某事半信半疑或醒悟。啩 gua³，表示对某事半信半疑，无大把握。咋[za⁴]，表示对数量或程度的怀疑，并略带不满情绪。嘅 ge²，表示不可理解或略带质问口吻。噃 bo³，表示商量的语气，等待对方回答。喎 wo⁴，表示意外，带有不满情绪。

(2)陈述语气：㗎 ga³，表示肯定或用在名词、代词之后。啰[lo³]，说明事实真相或表示退让、假设，啰 lo⁴，用于回答对方问话，表示肯定或理当如此。喎 wo³，表示提醒、商量或醒悟。嚹 la³，表示事情已开始、结束或达到某种程度，有提醒、吩咐的意思。嘅 gé³ 表示肯定，有把握。咧 lé³，表示态度坚决或确实如此。咋 za³，表示提醒、说明等意思。咯 log³，表示重申原意，对已发生的事有埋怨情绪或表示退让。啫 zég¹，表示肯定、劝告或表明自己的看法，态度委婉，女孩子多用。嘞 lag³，表示有把握或满足，或表明态度。呃 ag³，表示已对某事胸有成竹，但不公开反对人家意见，或带理直气壮的口气。

(3)反诘语气：啰 lo¹，常与“唔系”连用，表示退让，无所谓或劝说，理所当然的意思。嘛 ma⁵，表示说理，劝告。咩 mé¹，表示不同意，指出对方的错误，带有教训口吻。wo[wo¹³¹]，表示不以为然。咧 lé[lɛ¹³¹]，表示不出所料。咯[gag³]，表示态度坚决，略带有威胁口吻。㗎喇吗 ga³ la³ ma³，表示反问。

(4)祈使语气：吖¹，表示无所谓或不妨尝试一下的意思。咧 lé³，表示提醒、催促或邀请。噃 bo³，多用于疑问语气，用于祈使语气表示要求或吩咐。啰噃 lo³bo³，表示恳求。嘅啰噃 ge³lo³bo³，表示恳求对方同意。

(5)感叹语气：这类语气词多与陈述语气和疑问语气的语气词相通，如：喎 wo³、啰 lo⁴、噃 bo³、咩 mé¹、吖 a³、咧 lé⁴、喇 la¹。

各类语气词之间存在许多交叉现象。

二、句法方面

1. 双宾语的位置

普通话双宾语的位置是指人的宾语(间接宾语)在前，指物宾语(直接宾语)在后。广州话除了这种句式外，口语中另有一种句式是指物宾语在前，指人的宾语在后。如“我畀本书你”(我给你一本书)。如果指物的宾语带有修饰语，则指人的宾语之前往往要加介词“过”。如“我畀幅靓山水画过佢”(我给他一幅漂亮的山水画)。普通话则不能这样说。

2. 比较句

普通话的比较句的格式是“甲 + 比 + 乙 + 形容词”，如“南方比北方热”。广州话的比较句除了有这种格式外，口语中更常用的是“甲 + 形容词 + 过 + 乙”，如“今日冻过琴日”(今日比昨天冷)。如果还有表示数量的补语，就放在句尾，例如“佢功过我多多声”(他比我聪明能干得多)。普通话的比较句没有这种格式。

3. 否定句

广州话的否定句表示否定的格式有三种：一是动词 + 否定词“唔” + 补语，如“车行唔郁”(车子走不动)；二是否定词“唔” + 动词 + “得” + 补语，如“车唔行得郁”(车子走不动)；三是补语是否定式的补语，而宾语是人称代词时，也可以用动词 + 宾语 + 否定词唔 + 补语的格式，如“你挐佢唔郁”(你推不动他)。其中第一种格式与普通话相同，只是所用的否定词不同。第二、三种格式是普通话所没有的。

4. 处置句

对某一对象进行处置的句子，广州话用介词“将”，普通话则用“把”，如“将啲垃圾倒咗”（把这些垃圾倒掉）。另一种是在上面这种格式的后面再加一个第三人称代词“佢”来复指被处置的对象，以加强处置意义。例如“将啲㩒搉倒咗佢”。

5. 判断句

普通话的判断句用判断动词“是”和宾语组成，如“我是广东人”。广州话除了用判断动词“系”和宾语之外，往往还要在宾语之后加“嚟㗎”两字，组成“系+宾语+嚟㗎”（我系广东人嚟㗎）。

6. 疑问句

普通话和广州话表示反复问句的基本句式是通过肯定和否定形式的两个谓语成分的并列来表示疑问。如果是谓语成分含有宾语的，广州话有两种句式：一种是“你打唔打足球”（你打不打足球），另一种是“你打足球唔打”（你打不打足球）。第二种句式是普通话所没有的。如果谓语带着表示可能式的结构助词“得”，广州话则在反复问句的前半部分省去“得”和连带的补语，否定词则加在后半部分的前头，如“攞唔攞得晒”，而普通话的结构助词“得”和补语必须在肯定部分出现，而否定词则插在否定部分的谓语与补语之间，如“拿得完拿不完”。

7. 副词在句中的位置

广州话和普通话的副词一般都是放在动词或形容词之前作状语，但广州话另有一些副词却放在被修饰的动词或形容词的后面，甚至放在句末。这是广州话句子格式的一大特色。例如：

(1)饮杯添，唔使客气(再喝一杯，别客气)。

(2)你翻学校先，我等阵嚟(你先回学校，我等一会儿去)。

(3)唔好瞓觉住(先别睡觉)。

(4)呢件衫肥得滞(这件衣服太宽了)。

(5)呢排唔见佢嚟乜滞(最近几乎没有看见他来)。

(6)佢高翻啲就更靓(她再高一点就更漂亮)。

(7)呢个细佬仔肥过头(这个小孩太胖了)。

(8)今朝冷，着多一件衫啦(今天早上冷，多穿一件衣服吧)!

(9)运动少啲就周身唔妥(少点运动就一身不舒服)。

(10)多谢晒喇(太谢谢你了，很感谢你了)!

(11)香极都唔好闻(再香也不好闻)。

8. “有”字句

广州话的“有”字句是肯定句的一种。“有”是动词，肯定后面谓语性成分所叙述的动作行为、情况等已经存在或已经发生。例如“我有睇电影”（我看了电影了）、“佢有去香港”（他去了香港了）。这种句式出现频率很高，普通话却没有这种句式。

9. 宾语和补语

（1）复合趋向动词作状语，如果同时又有处所宾语，广州话是把处所宾语放在趋向动词之后，而普通话则是把处所宾语插在趋向动词中间，例如“唔该你将啲行李搬入嚟房间里便”（麻烦你把行李搬进屋里来）、“嗰啲书畀佢装咗落去书包喇”（那些书给他装进书包里去了）。

（2）有时广州话的复合趋向动词整个作谓语，处所宾语在后，形成“谓—宾”结构，而普通话则是复合趋向动词分离为谓补结构，处所宾语插在中间，成为“谓—宾—补”结构，例如“我老窦准备翻上海”（我爸爸准备回上海去）。

（3）广州话当数量补语表示动量，宾语除了放在补语之前，有时还可以放在补语之后，例如“佢畀过几次我嘞”（他给过我几次了）。这种情况普通话一般是把宾语放在补语前面。

（4）广州话中，补语是否定形式，宾语有时可以放在补语之前，而普通话则不能这样，例如“你呃我唔到”（你骗不到我）。

6．我国历代纪元简表

夏			约前2070—前1600
商			前1600—前1046
周	西周		前1046—前771
	东周		前770—前256
	春秋时代		前770—前476
	战国时代①		前475—前221
秦			前221—前206
汉	西汉②		前206—公元25
	东汉		25—220
三国	魏		220—265
	蜀		221—263
	吴		222—280
西晋			265—317
东晋 十六国	东晋		317—420
	十六国③		304—439
南北朝	南朝	宋	420—479
		齐	479—502
		梁	502—557
		陈	557—589
	北朝	北魏	386—534
		东魏	534—550
		北齐	550—577
		西魏	535—556
		北周	557—581
隋			581—618
唐			618—907

（续表）

五代十国	后梁	907—923
	后唐	923—936
	后晋	936—947
	后汉	947—950
	后周	951—960
	十国④	902—979
宋	北宋	960—1127
	南宋	1127—1279
辽⑤		907—1125
西夏⑥		1038—1227
金		1115—1234
元⑦		1206—1368
明		1368—1644
清⑧		1616—1911
中华民国		1912—1949
中华人民共和国 1949 年 10 月 1 日成立		

附注：①这时期，主要有秦、魏、韩、赵、楚、燕、齐等国。公元前 256 年，秦灭周；公元前 221 年，秦王政完成统一。

②包括王莽建立的“新”王朝（公元 9 年—23 年）和更始帝（23 年—25 年）。王莽时期，爆发大规模的农民起义，建立了农民政权。23 年，“新”王朝灭亡。25 年，东汉王朝建立。

③这时期，在我国北方和巴蜀，先后存在过一些封建割据政权，其中有：汉（前赵）、成（成汉）、前凉、后赵（魏）、前燕、前秦、后燕、后秦、西秦、后凉、南凉、南燕、西凉、北凉、北燕、夏等国，历史上叫作“十六国”。

④这时期，除后梁、后唐、后晋、后汉、后周外，还先后存在过一些封建割据政权，其中有：吴、前蜀、吴越、楚、闽、南汉、荆南（南平）、后蜀、南唐、北汉等国，历史上叫作“十国”。

⑤辽建国于 907 年，国号契丹，916 年始建年号，938 年（一说 947 年）改国号为辽，983 年复称契丹，1066 年仍称辽。

⑥1032 年（北宋明道元年）元昊嗣夏王位，1034 年始建年号，1038 年称帝，国名大夏。在汉籍中习称西夏。1227 年为蒙古所灭。

⑦铁木真于 1206 年建国。1271 年忽必烈定国号为元，1279 年灭南宋。

⑧清建国于 1616 年，初称后金，1636 年始改国号为清，1644 年入关。

7. 我国少数民族简表

我国是统一的多民族的社会主义国家，由56个民族组成。除汉族外，有55个少数民族，约占全国总人口的8%。

民族名称	主要分布地区
蒙古族	内蒙古、辽宁、新疆、黑龙江、吉林、青海、甘肃、河北、河南等地
回族	宁夏、甘肃、河南、新疆、青海、云南、河北、山东、安徽、辽宁、北京、内蒙古、天津、黑龙江、陕西、吉林、江苏、贵州等地
藏族	西藏、四川、青海、甘肃、云南等地
维吾尔族	新疆
苗族	贵州、云南、湖南、重庆、广西、四川、海南、湖北等地
彝(yí ‖ i⁵)族	云南、四川、贵州、广西等地
壮族	广西及云南、广东、贵州、湖南等地
布依族	贵州
朝鲜族	吉林、黑龙江、辽宁等地
满族	辽宁、黑龙江、吉林、河北、内蒙古、北京等地
侗(dòng ‖ dong⁶)族	贵州、湖南、广西等地
瑶族	广西、湖南、云南、广东、贵州等地
白族	云南、贵州、湖南等地
土家族	湖北、湖南、重庆等地
哈尼族	云南
哈萨克族	新疆、甘肃、青海等地
傣(dǎi ‖ dai²)族	云南
黎族	海南
傈僳(lìsù ‖ liêg⁸ | liag⁸cêg⁴)族	云南、四川等地
佤(wǎ ‖ ua²)族	云南
畲(shē ‖ sia⁵)族	福建、浙江、江西、广东等地
高山族	台湾及福建
拉祜(hù ‖ hu⁶)族	云南
水族	贵州、广西

（续表）

民族名称	主要分布地区
东　乡　族	甘肃、新疆
纳　西　族	云南、四川
景　颇　族	云南
柯 尔 克 孜 族	新疆、黑龙江
土　　族	青海、甘肃
达斡（wò ‖ uêg^{4} ｜ uag^{4}）尔族	内蒙古、黑龙江、新疆等地
仫佬（mùlǎo ‖ moh^{4}lao^{2}）族	广西
羌（qiāng ‖ kiang^{1}）族	四川
布　朗　族	云南
撒　拉　族	青海、甘肃等地
毛　南　族	广西
仡佬（gēlǎo ‖ ngeg^{4}lao^{2}）族	贵州、广西
锡　伯　族	辽宁、新疆、吉林、黑龙江等地
阿　昌　族	云南
塔　吉　克　族	新疆
普　米　族	云南
怒　　族	云南
乌 孜 别 克 族	新疆
俄　罗　斯　族	新疆、黑龙江
鄂　温　克　族	内蒙古、黑龙江
德　昂　族	云南
保　安　族	甘肃
裕　固　族	甘肃
京　　族	广西
塔　塔　尔　族	新疆
独　龙　族	云南
鄂　伦　春　族	内蒙古、黑龙江
赫　哲　族	黑龙江
门　巴　族	西藏
珞（luò ‖ log^{8}）巴族	西藏
基　诺　族	云南

8. 计量单位简表

一、法定计量单位表

长　度

名称	纳米	微米	毫米	厘米	分米	米	千米（公里）
符号	nm	μm	mm	cm	dm	m	km
等数		1 000 纳米	1 000 微米	10 毫米	10 厘米	10 分米	1 000 米

面　积

名称	平方毫米	平方厘米	平方分米	平方米	平方千米（平方公里）
符号	mm^2	cm^2	dm^2	m^2	km^2
等数		100 平方毫米	100 平方厘米	100 平方分米	1 000 000 平方米

体　积

名称	立方毫米	立方厘米	立方分米	立方米
符号	mm^3	cm^3	dm^3	m^3
等数		1 000 立方毫米	1 000 立方厘米	1 000 立方分米

容　积（容　量）

名称	毫升	厘升	分升	升
符号	mL，ml	cL，cl	dL，dl	L(l)
等数		10 毫升	10 厘升	10 分升

质　量（重　量）

名称	毫克	厘克	分克	克	千克（公斤）	吨
符号	mg	cg	dg	g	kg	t
等数		10 毫克	10 厘克	10 分克	1 000 克	1 000 千克（公斤）

二、市制计量单位表

长　度

名称	毫	厘	分	寸	尺（市尺）	丈	里（市里）
等数		10 毫	10 厘	10 分	10 寸	10 尺	150 丈

面　积

名称	平方毫	平方厘	平方分	平方寸	平方尺	平方丈	平方里
等数		100 平方毫	100 平方厘	100 平方分	100 平方寸	100 平方尺	22 500 平方丈

地　积

名称	毫	厘	分	亩	顷
等数		10 毫	10 厘	10 分	100 亩

质　量(重　量)

名称	丝	毫	厘	分	钱	两	斤	担
等数		10 丝	10 毫	10 厘	10 分	10 钱	10 两	100 斤

容　积(容　量)

名称	撮	勺	合	升	斗	石
等数		10 撮	10 勺	10 合	10 升	10 斗

三、计量单位比较表

长度比较表

1 千米(公里)=2 市里=0.621 英里=0.540 海里 1 米(公尺)=3 市尺=3.281 英尺 1 海里=1.852 千米(公里)=3.704 市里=1.150 英里
1 市里=150 丈=0.5 千米(公里)=0.311 英里=0.270 海里 1 市尺=10 市寸=0.333 米=1.094 英尺
1 英里=1.609 千米(公里)=3.219 市里=0.869 海里 1 英尺=12 英寸=0.305 米=0.914 市尺

面积比较表

1 平方千米(平方公里)=100 公顷=4 平方市里=0.386 平方英里 1 平方米=1 平米=9 平方市尺=10.764 平方英尺
1 市顷=100 市亩=6.6667 公顷 1 市亩=10 市分=60 平方市丈=6.6667 公亩=666.67 平方米
1 公顷=10 000 平方米=100 公亩=15 市亩 1 公亩=100 平方米=0.15 市亩

质量(重量)比较表

1 千克(公斤)=2 市斤=2.205 磅
1 市斤=10 市两=0.5 千克(公斤)=1.102 磅
1 磅=16 盎司=0.454 千克(公斤)=0.907 市斤

容积(容量)比较表

1 升(公制)=1 公升=1 立升=1 市升=0.220 加仑(英制) 1 毫升=1 西西=0.001 升(公制)
1 加仑(英制)=4.546 升=4.546 市升

9. 节气表

（按公元月日计算）

春季	立　春 2月3—5日交节	雨　水 2月18—20日交节	惊　蛰 3月5—7日交节
	春　分 3月20—22日交节	清　明 4月4—6日交节	谷　雨 4月19—21日交节
夏季	立　夏 5月5—7日交节	小　满 5月20—22日交节	芒　种 6月5—7日交节
	夏　至 6月21—22日交节	小　暑 7月6—8日交节	大　暑 7月22—24日交节
秋季	立　秋 8月7—9日交节	处　暑 8月22—24日交节	白　露 9月7—9日交节
	秋　分 9月22—24日交节	寒　露 10月8—9日交节	霜　降 10月23—24日交节
冬季	立　冬 11月7—8日交节	小　雪 11月22—23日交节	大　雪 12月6—8日交节
	冬　至 12月21—23日交节	小　寒 1月5—7日交节	大　寒 1月20—21日交节

二十四节气歌

春雨惊春清谷天，夏满芒夏暑相连，
秋处露秋寒霜降，冬雪雪冬小大寒。
每月两节不变更，最多相差一两天，
上半年来六、廿一，下半年是八、廿三。

10. 元素周期表

原子序数 ← 19 K → 元素符号
钾 → 元素名称
原子量 ← 39.0983(1)
注 * 的是人造元素

族/周期	$\mathrm{I_A}$	$\mathrm{II_A}$	$\mathrm{III_B}$	$\mathrm{IV_B}$	$\mathrm{V_B}$	$\mathrm{VI_B}$	$\mathrm{VII_B}$	$\mathrm{VIII_B}$			$\mathrm{I_B}$	$\mathrm{II_B}$	$\mathrm{III_A}$	$\mathrm{IV_A}$	$\mathrm{V_A}$	$\mathrm{VI_A}$	$\mathrm{VII_A}$	$\mathrm{VIII_A}$	电子层
1	1 H 氢 1.00794(7)																	2 He 氦 4.002602(2)	K
2	3 Li 锂 6.941(2)	4 Be 铍 9.012182(3)											5 B 硼 10.811(7)	6 C 碳 12.0107(8)	7 N 氮 14.0067(2)	8 O 氧 15.9994(3)	9 F 氟 18.9984032(5)	10 Ne 氖 20.1797(6)	L K
3	11 Na 钠 22.989770(2)	12 Mg 镁 24.3050(6)											13 Al 铝 26.981538(2)	14 Si 硅 28.0855(3)	15 P 磷 30.973761(2)	16 S 硫 32.065(5)	17 Cl 氯 35.453(2)	18 Ar 氩 39.948(1)	M L K
4	19 K 钾 39.0983(1)	20 Ca 钙 40.078(4)	21 Sc 钪 44.955910(8)	22 Ti 钛 47.867(1)	23 V 钒 50.9415	24 Cr 铬 51.9961(6)	25 Mn 锰 54.938049(9)	26 Fe 铁 55.845(2)	27 Co 钴 58.933200(9)	28 Ni 镍 58.6934(2)	29 Cu 铜 63.546(3)	30 Zn 锌 65.409(4)	31 Ga 镓 69.723(1)	32 Ge 锗 72.64(1)	33 As 砷 74.92160(2)	34 Se 硒 78.96(3)	35 Br 溴 79.904(1)	36 Kr 氪 83.798(2)	N M L K
5	37 Rb 铷 85.4678(3)	38 Sr 锶 87.62(1)	39 Y 钇 88.90585(2)	40 Zr 锆 91.224(2)	41 Nb 铌 92.90638(2)	42 Mo 钼 95.94(3)	43 Tc 锝* 97.907	44 Ru 钌 101.07(2)	45 Rh 铑 102.90550(2)	46 Pd 钯 106.42(1)	47 Ag 银 107.8682(2)	48 Cd 镉 112.411(8)	49 In 铟 114.818(3)	50 Sn 锡 118.710(7)	51 Sb 锑 121.760(1)	52 Te 碲 127.60(3)	53 I 碘 126.90447(3)	54 Xe 氙 131.293(6)	O N M L K
6	55 Cs 铯 132.90545(2)	56 Ba 钡 137.327(7)	57－71 La－Lu 镧系	72 Hf 铪 178.49(2)	73 Ta 钽 180.9479(1)	74 W 钨 183.84(1)	75 Re 铼 186.207(1)	76 Os 锇 190.23(3)	77 Ir 铱 192.217(3)	78 Pt 铂 195.078(2)	79 Au 金 196.96655(2)	80 Hg 汞 200.59(2)	81 Tl 铊 204.3833(2)	82 Pb 铅 207.2(1)	83 Bi 铋 208.98038(2)	84 Po 钋 208.98	85 At 砹 209.99	86 Rn 氡 222.02	P O N M L K
7	87 Fr 钫* (223.02)	88 Ra 镭 (226.03)	89－103 Ac－Lr 锕系	104 Rf 𬬻* (261.11)	105 Db 𬭊* (262.11)	106 Sg 𬭳* (263.12)	107 Bh 𬭛* (264.12)	108 Hs 𬭶* (265.13)	109 Mt 鿏* (266.13)	110 Ds 𫟼* (269)	111 Rg 𬬭* (272)	112 Cn 鿔* (277)	113 Nh 鿭* (276)	114 Fl 𫓧* (289)	115 Mc 镆* (288)	116 Lv 𫟷* (289)	117 Ts 鿬* (294)	118 Og 鿫* (294)	Q P O N M L K

镧系	57 La 镧 138.9055(2)	58 Ce 铈 140.116(1)	59 Pr 镨 140.90765(2)	60 Nd 钕 144.24(3)	61 Pm 钷* 144.91	62 Sm 钐 150.36(3)	63 Eu 铕 151.964(1)	64 Gd 钆 157.25(3)	65 Tb 铽 158.92534(2)	66 Dy 镝 162.500(1)	67 Ho 钬 164.93032(2)	68 Er 铒 167.259(3)	69 Tm 铥 168.93421(2)	70 Yb 镱 173.04(3)	71 Lu 镥 174.967(1)
锕系	89 Ac 锕 227.03	90 Th 钍 232.0381(1)	91 Pa 镤 231.03588(2)	92 U 铀 238.02891(3)	93 Np 镎 237.05	94 Pu 钚 244.06	95 Am 镅* 243.06	96 Cm 锔* 247.07	97 Bk 锫* 247.07	98 Cf 锎* 251.08	99 Es 锿* 252.08	100 Fm 镄* 257.10	101 Md 钔* 258.10	102 No 锘* 259.10	103 Lr 铹* 260.11